Inhaltsverzeichnis des Nachtrages zu Band I:

Jaeger, Das Bürgerliche Gesetzbuch mit Nebengesetzen.

(Ausgabe für Bayern.)

Nachtrag zu den Reichsgesetzen.

		Seite
1.	Gesetz, betr. die Gleichberechtigung der Konfessionen in bürgerlicher und staatsbürgerlicher Beziehung	2
2.	Reichspostgesetz	3—16
3.	Gerichtskostengesetz (Text siehe im Anhang zu Hauptband II, Allfeld)	17
4.	Rechtsanwaltsordnung	17—33
5.	Gesetz, betr. die Unzulässigkeit der Pfändung von Eisenbahnfahrbetriebsmitteln	34
6.	Bekanntmachung des Reichskanzlers, betr. die Zuständigkeit für Todeserklärungen	34
7.	Gesetz über die Konsulargerichtsbarkeit	35—47
	Einführungsgesetz zum Gesetz über die Konsulargerichtsbarkeit	47
8.	Schutzgebietsgesetz (Text siehe bei Allfeld)	48
9.	Gesetz über die privaten Versicherungsunternehmungen (Text siehe bei Allfeld)	48
10.	Gesetz, betr. die freiwillige Gerichtsbarkeit und andere Rechtsangelegenheiten in Heer und Marine	48—50
11.	Gesetz zur Abänderung des Gesetzes, betr. das Flaggenrecht der Kauffahrteischiffe (Text siehe bei Allfeld)	51
12.	Gesetz über das Verlagsrecht	51—59
13.	Gesetz, betr. das Urheberrecht an Werken der Literatur und der Tonkunst (Text siehe bei Allfeld)	59
14.	Gewerbegerichtsgesetz	59—77
15.	Strandungsordnung	78—86
16.	Seemannsordnung (Text siehe bei Allfeld)	86
17.	Gesetz, betr. Abänderung seerechtlicher Vorschriften des Handelsgesetzbuchs	87—90

Nachtrag zum Bayerischen Landesrecht.

18.	Verordnung, die Formel für Entscheidungen der zur Ausübung der Gerichtsbarkeit berufenen Behörden	93
19.	Gesetz, die Abmarkung der Grundstücke betr. (Text siehe bei Buchert)	94
20.	Berggesetz (Text siehe bei Buchert)	94
21.	Feldschadengesetz (Text siehe bei Buchert)	94
22.	Zwangserziehungsgesetz (Text siehe bei Buchert)	94
23.	Gesetz, das Nachlaßwesen betr.	95—100

Inhaltsverzeichniß des Nachtrages zu Band II:

Allfeld, Strafgesetzgebung des Deutschen Reichs.

Erster Theil. Strafgesetze.

Dritter Abschnitt.

B. Gesetze zum Schutze von Gütern der Gesammtheit.

I. Gesetze, betr. das Militärwesen und den Schutz der Staatssicherheit.

1. Gesetz zum Schutze des Genfer Neutralitätszeichens . . . . . 1—2

II. Gesetze, betr. das Finanzwesen.

2. 1. Bekanntmachung betr. die Fassung des Reichsstempelgesetzes . . 2—22
3. 2. Schaumweinsteuergesetz . . . . 22—29
4. 3. Gesetz, betr. die Abänderung des Branntweinsteuergesetzes vom 24. Juni 1887 / 16. Juni 1895 . . . . 29—37

V. Gesetze, betr. das Seewesen.

5. 1. Gesetz zur Abänderung des Gesetzes, betr. das Flaggenrecht der Kauffahrteischiffe 38
6. 2. Gesetz zur Abänderung der Strandungsordnung 39
7. 3. Seemannsordnung . . . . 40—70
8. 4. Gesetz, betr. die Verpflichtung der Kauffahrteischiffe zur Mitnahme heimzuschaffender Seeleute . . . . 70—72
9. 5. Gesetz, betr. die Stellenvermittelung für Schiffsleute . . . . 73—75

VIII. Gesetze, betr. das Versicherungswesen.

10. 1. Gesetz, betr. die Abänderung des Krankenversicherungsgesetzes . 75—76
11. 2. Gesetz, betr. die Abänderung der Unfallversicherungsgesetze . . 76—86
12. 3. Gewerbe-Unfallversicherungsgesetz . . . . 86—135
13. 4. Unfallversicherungsgesetz für Land- und Forstwirthschaft . . . 135—185
14. 5. Bau-Unfallversicherungsgesetz . . . . 185—200
15. 6. See-Unfallversicherungsgesetz . . . . 200—250
16. 7. Gesetz über die privaten Versicherungsunternehmungen . . . . 250—279

IX. Gesetze, betr. das Handels- und Gewerbewesen.

17. 1. Gewerbeordnung für das Deutsche Reich . . . . 280—374
18. 2. Gesetz, betr. Kinderarbeit in gewerblichen Betrieben . . . . 375—381

C. Gesetze zum Schutze von Gütern der Einzelnen.

I. Gesetze zum Schutze von Leben, Gesundheit und Vermögen.

19. 1. Gesetz, betr. die Schlachtvieh- und Fleischbeschau . . . . . 382—388
20. 2. Gesetz, betr. die Bekämpfung gemeingefährlicher Krankheiten . . 389—398
21. 3. Gesetz, betr. den Verkehr mit Wein, weinhaltigen und weinähnlichen Getränken . . . . 398—403
22. 4. Süßstoffgesetz . . . . 403—406

III. Gesetze zum Schutze sog. Individualrechte.

23. 1. Gesetz, betr. die Patentanwälte . . . . 406—410
24. 2. Gesetz, betr. das Urheberrecht an Werken der Literatur und der Tonkunst . . . . 411—421

Zweiter Theil. Strafprozeßgesetze.

25. 1. Gesetz, betr. die militärische Strafrechtspflege im Kiautschou-Gebiete 422
26. 2. Schutzgebietsgesetz . . . . 422—427
27. 3. Gesetz, betr. die Abänderung des § 7 der Strafprozeßordnung . 427

Register . . . . 428—429

Inhaltsverzeichniß des Nachtrages zu Band III:

Buchert, Verwaltungsgesetze.

		Seite
1.	Abmarkungsgesetz	1—8
2.	Advokatengebührenordnung	8—13
3.	Armengesetz-Abänderung	14
4.	Bauordnung	15—42
5.	Bau-Unfallversicherungsgesetz (Text siehe bei Allfeld)	42
6.	Berggesetz	43—95
7	Einkommensteuergesetz-Abänderung	96
8.	Epidemien-Gesetz (Text siehe bei Allfeld)	96
9.	Feldschadengesetz	97—101
10.	Fleischbeschaugesetz (Text siehe bei Allfeld)	101
11	Gewerbe-Unfallversicherungsgesetz (Text siehe bei Allfeld)	101
12.	Gifte, Verkehr mit solchen	102
13	Kaminkehrerordnung	103—108
14.	Krankenversicherungsgesetz-Abänderung (Text siehe bei Allfeld)	108
15	Land- und forstwirthsch. Unfallversicherungsgesetz (Text siehe bei Allfeld)	109
16	Mantelgesetz (Text siehe bei Allfeld)	109
17	Medizinaltaxordnung[1])	109
18.	Nachhaft, korrektionelle	110—113
19.	Polizeistrafgesetzbuch-Novelle	114
20	Reichsgewerbeordnung (Text siehe bei Allfeld)	115
21	Reichsgewerbeordnung, Vollzug derselben	115—117
22.	Reichsstrafgesetzbuch-Novelle	118
23.	Schulbedarfgesetz	119—132
24.	Versicherungsunternehmungen priv. (Text siehe bei Allfeld)	132
25.	Versicherungsunternehmungen priv., Ausführungsgesetz hiezu	133
26.	Versicherungsunternehmungen priv., Vollzugsverordnung hiezu	133
27.	Verwaltungsstreitverfahren bei Unfällen	134—135
28.	Zwangserziehungsgesetz	135—138

[1]) Die neue Verordnung lediglich angeführt.

I.

Dr. E. Jaeger

Das Bürgerliche Gesetzbuch

mit Nebengesetzen.

Das

Bürgerliche Gesetzbuch

mit Nebengesetzen

Für den akademischen und praktischen Gebrauch

herausgegeben von

Professor Dr. Ernst Jaeger
in Würzburg.

Nachtrag

zur

Ausgabe für Bayern.

München 1903
J. Schweitzer Verlag (Arthur Sellier)

Druck von Dr. Frz. Paul Datterer & Cie., G. m. b. H., München-Freising.

Inhalt.

Nachtrag zu den Reichsgesetzen.

Seite

1. Gesetz, betr. die Gleichberechtigung der Konfessionen in bürgerlicher und staatsbürgerlicher Beziehung 2
2. Reichspostgesetz . . . . 3—16
3. Gerichtskostengesetz 17
4. Rechtsanwaltsordnung . . . . 17—33
5. Gesetz, betr. die Unzulässigkeit der Pfändung von Eisenbahnfahrbetriebsmitteln 34
6. Bekanntmachung des Reichskanzlers, betr. die Zuständigkeit für Todeserklärungen 34
7. Gesetz über die Konsulargerichtsbarkeit . . . . 35—47
   Einführungsgesetz zum Gesetz über die Konsulargerichtsbarkeit . . 47
8. Schutzgebietsgesetz 48
9. Gesetz über die privaten Versicherungsunternehmungen 48
10. Gesetz, betr. die freiwillige Gerichtsbarkeit und andere Rechtsangelegenheiten in Heer und Marine . . . . 48—50
11. Gesetz zur Abänderung des Gesetzes, betr. das Flaggenrecht der Kauffahrteischiffe 51
12. Gesetz über das Verlagsrecht . . . . 51—59
13. Gesetz, betr. das Urheberrecht an Werken der Literatur und der Tonkunst 59
14. Gewerbegerichtsgesetz . . . . 59—77
15. Strandungsordnung . . . . 78—86
16. Seemannsordnung 86
17. Gesetz, betr. Abänderung seerechtlicher Vorschriften des Handelsgesetzbuchs 87—90

Nachtrag zum Bayerischen Landesrecht.

18. Verordnung, die Formel für Entscheidungen der zur Ausübung der Gerichtsbarkeit berufenen Behörden 93
19. Gesetz, die Abmarkung der Grundstücke betr. Verwaltungsgesetze . . 94
20. Berggesetz 94
21. Feldschadengesetz 94
22. Zwangserziehungsgesetz 94
23. Gesetz, das Nachlaßwesen betr. . . . . 95—100

Berichtigungen und Abänderungen.*)

Seite 17 des Hauptbandes im § 121 Satz 2 muß es statt „Anwesenden" heißen „Abwesenden".

Seite 237 des Hauptbandes im § 1617 muß es statt „erzogen und unterhalten" heißen „erzogen oder unterhalten".

Seite 425 des Hauptbandes ist § 12 zu streichen (aufgehoben durch § 1 Gesetz vom 12. Juni 1889, R.G.Bl. S. 95).

Seite 544 des Hauptbandes im § 730 erste Zeile muß es statt § 727 Abs. 1 § 726 Abs. 1 heißen.

Vergleiche ferner zu	I	833	des Hauptbandes	**21**,
zu	I	919	„ „	**19**, 30,
zu	VI	961	„ „	**6**,
zu	XXI		„ „	**8**,
zu	XXVI	481, 547—549, 553, 749		**17**,
zu	XXXVII		des Hauptbandes	**11**,
zu	XLIV	104	„ „	**23**, 11 Abs. 1
zu	XLIV	132	„ „	**23**, 11 Abs. 2
zu	XLVII	1 Abs. 2 Satz 2	des Hauptbandes	**23**, 11 Abs. 1 des Ergänzungsbandes.

---

*) Es wird dringend empfohlen, diese Berichtigungen und Abänderungen vor dem Gebrauche der Sammlung an den betreffenden Stellen einzutragen.

Nachtrag

zu den Reichsgesetzen.

1. Das Gesetz, betreffend die Gleichberechtigung der Konfessionen in bürgerlicher und staatsbürgerlicher Beziehung, vom 3. Juli 1869.

(B.G.Bl. S. 292.)

Wir **Wilhelm**, von Gottes Gnaden König von Preußen 2c.

verordnen im Namen des Norddeutschen Bundes, nach erfolgter Zustimmung des Bundesrathes und des Reichstages, was folgt:

Einziger Artikel.

Alle noch bestehenden, aus der Verschiedenheit des religiösen Bekenntnisses hergeleiteten Beschränkungen der bürgerlichen und staatsbürgerlichen Rechte werden hiedurch aufgehoben. Insbesondere soll die Befähigung zur Theilnahme an der Gemeinde- und Landesvertretung und zur Bekleidung öffentlicher Aemter vom religiösen Bekenntniß unabhängig sein.

Urkundlich unter Unserer Höchsteigenhändigen Unterschrift und beigedrucktem Bundes-Insiegel.

Gegeben Schloß Babelsberg, den 3. Juli 1869.

Wilhelm.

Gr. v. Bismarck-Schönhausen.

2. Gesetz über das Postwesen des Deutschen Reichs vom 28. Oktober 1871

in der Fassung der Novellen vom 20. Dezember 1875 und vom 20. Dezember 1899.

(Reichsgesetzblatt 1871 S. 347—358, 1875 S. 318—322, 1899 S. 715—719.)

Abschnitt I.

Grundsätzliche Rechte und Pflichten der Post.

§ 1. Die Beförderung

1. aller versiegelten, zugenähten oder sonst verschlossenen Briefe,
2. aller Zeitungen politischen Inhalts, welche öfter als einmal wöchentlich erscheinen,

gegen Bezahlung von Orten mit einer Postanstalt nach anderen Orten mit einer Postanstalt des In- oder Auslandes auf andere Weise als durch die Post ist verboten. Hinsichtlich der politischen Zeitungen erstreckt dieses Verbot sich nicht auf den zweimeiligen Umkreis ihres Ursprungsortes.

Wenn Briefe und Zeitungen (Nr. 1 und 2) vom Auslande eingehen und nach inländischen Orten mit einer Postanstalt bestimmt sind, oder durch das Gebiet des Deutschen Reichs transitieren sollen, so müssen sie bei der nächsten inländischen Postanstalt zur Weiterbeförderung eingeliefert werden.

Unverschlossene Briefe, welche in versiegelten, zugenähten oder sonst verschlossenen Packeten befördert werden, sind den verschlossenen Briefen gleich zu achten. Es ist jedoch gestattet, versiegelten, zugenähten oder sonst verschlossenen Packeten, welche auf andere Weise, als durch die Post befördert werden, solche unverschlossene Briefe, Fakturen, Preiskurante, Rechnungen und ähnliche Schriftstücke beizufügen, welche den Inhalt des Packets betreffen.

§ 1a.[1]) Die §§ 1, 27, 28, 30 bis 33 dieses Gesetzes finden auch Anwendung auf verschlossene und solchen gleichzuachtende Briefe, die inner-

---

[1]) Die §§ 1a u. 2a sind neueingestellt durch Art. 2 der Novelle v. 20. Dezember 1899. (R.G.Bl. S. 715—719). Artikel 3 derselben bestimmt:

„Anstalten zur gewerbsmäßigen Einsammlung, Beförderung oder Vertheilung von unverschlossenen Briefen, Karten, Drucksachen und Waarenproben, die mit der Aufschrift bestimmter Empfänger versehen sind, dürfen vom 1. April 1900 ab nicht betrieben werden.

Zuwiderhandlungen werden mit Geldstrafe bis zu eintausendfünfhundert Mark oder mit Haft oder mit Gefängniß bis zu sechs Monaten bestraft.

Abgesehen von den bezeichneten Anstalten ist die gewerbsmäßige oder nicht gewerbsmäßige Beförderung von unverschlossenen politischen Zeitungen innerhalb der halb der Gemeindegrenzen ihres mit einer Postanstalt versehenen Ursprungsorts verbleiben.

§ 2. Die Beförderung von Briefen und politischen Zeitungen (§ 1) gegen Bezahlung durch expresse Boten oder Fuhren ist gestattet. Doch darf ein solcher Expresser nur von Einem Absender abgeschickt sein, und dem Postzwange unterliegende Gegenstände weder von Anderen mitnehmen, noch für Andere zurückbringen.

§ 2a.[1]) Die Beförderung von verschlossenen Briefen im Ursprungsorte (§ 1a) gegen Bezahlung durch Boten, welche weder die Einsammlung von Briefen, Karten, Drucksachen, Zeitungen und Zeitschriften oder Waarenproben gewerbsmäßig betreiben, noch im Dienste einer Privatbeförderungsanstalt stehen, ist ohne die im § 2 vorgeschriebenen Einschränkungen gestattet.

Privatbeförderungsanstalten dürfen in eigener Angelegenheit verschlossene Briefe auch durch ihre Bediensteten befördern lassen.

§ 3. Die Annahme und Beförderung von Postsendungen darf von der Post nicht verweigert werden, sofern die Bestimmungen dieses Gesetzes und des Reglements (§ 50) beobachtet sind. Auch darf keine im Gebiete des Deutschen Reichs erscheinende politische Zeitung vom Postdebit ausgeschlossen und ebensowenig darf bei der Normirung der Provision, welche für die Beförderung und Debitirung der im Gebiete des Deutschen Reichs erscheinenden Zeitungen zu erheben ist, nach verschiedenen Grundsätzen verfahren werden. Die Post besorgt die Annahme der Pränumeration auf die Zeitungen, sowie den gesammten Debit derselben.

§ 4. (Novelle vom 20. Dezember 1875):

Art. 1. Der Eisenbahnbetrieb ist, soweit es die Natur und die Erfordernisse desselben gestatten, in die nothwendige Uebereinstimmung mit den Bedürfnissen des Postdienstes zu bringen.

Die Einlegung besonderer Züge für die Zwecke des Postdienstes kann jedoch von der Postverwaltung nicht beansprucht werden.

Bei Meinungsverschiedenheiten zwischen der Postverwaltung und den Eisenbahnverwaltungen über die Bedürfnisse des Postdienstes, die Natur und die Erfordernisse des Eisenbahnbetriebes entscheidet, soweit die Postverwaltung sich bei dem Ausspruche der Landes-Aufsichtsbehörde nicht beruhigt, der Bundesrath, nach Anhörung der Reichs-Postverwaltung und des Reichs-Eisenbahn-Amts.

Art. 2. Mit jedem für den regelmäßigen Beförderungsdienst der Bahn bestimmten Zuge ist auf Verlangen der Postverwaltung Ein von dieser gestellter Postwagen unentgeltlich zu befördern. Diese unentgeltliche Beförderung umfaßt:

Gemeindegrenzen eines Ortes, insbesondere auch wenn sie durch die Post oder durch Expreßboten dorthin befördert wurden, Jedermann gestattet, auch an Sonn- und Feiertagen während der Stunden, in denen die Kaiserliche Post bestellt."

Die Art. 4 u. 5 regeln die Entschädigung der bisherigen Privatbriefbeförderungsanstalten und ihrer Bediensteten. Die Art. 2 bis 5 sind nach Art. 6 am 1. April 1900 in Kraft getreten.

[1]) Siehe die Note zu § 1 a

a) die Briefpostsendungen, Zeitungen, Gelder mit Einschluß des ungemünzten Goldes und Silbers, Juwelen und Pretiosen ohne Unterschied des Gewichts, ferner sonstige Poststücke bis zum Einzelngewichte von 10 Kilogramm einschließlich,

b) die zur Begleitung der Postsendungen, sowie zur Verrichtung des Dienstes unterwegs erforderlichen Postbeamten, auch wenn dieselben vom Dienste zurückkehren,

c) die Geräthschaften, deren die Postbeamten unterwegs bedürfen.

Für Poststücke, welche nicht unentgeltlich zu befördern sind, hat die Postverwaltung eine Frachtvergütung zu zahlen, welche nach der Gesammtmenge der auf der betreffenden Eisenbahn sich bewegenden zahlungspflichtigen Poststücke für den Achskilometer berechnet wird.

Die Mitbeförderung solcher Päckereien, welche nicht zu den Brief- und Zeitungspacketen gehören, soll bei Zügen, deren Fahrzeit besonders kurz bemessen ist, beschränkt oder ausgeschlossen werden, wenn dies von der Eisenbahn-Aufsichtsbehörde zur Wahrung der pünktlichen und sicheren Beförderung der betreffenden Züge für nothwendig erachtet wird, und andere zur Mitnahme der Päckereien geeignete Züge auf der betreffenden Bahn eingerichtet sind.

Art. 3. Auf Grund vorangegangener Verständigung kann an Stelle eines besonderen Postwagens eine Abtheilung eines Eisenbahnwagens gegen Erstattung der für Herstellung und Wiederbeseitigung der für die Zwecke des Postdienstes erforderlichen Einrichtungen von der Eisenbahnverwaltung aufgewendeten Selbstkosten, sowie gegen Zahlung einer Miethe für Hergabe und Unterhaltung benutzt werden, welche nach Artikel 6 Absatz 5 zu berechnen ist.

Art. 4. Bei solchen für den regelmäßigen Beförderungsdienst der Bahn bestimmten Zügen, welche nicht in der in den Artikeln 2 und 3 bezeichneten Weise zur Postbeförderung benutzt werden, kann die Postverwaltung entweder, insoweit dies nach dem Ermessen der Eisenbahnverwaltung zulässig ist, der letzteren Briefbeutel, sowie Brief- und Zeitungspackete zur unentgeltlichen Beförderung durch das Zugpersonal überweisen, oder die Beförderung von Briefbeuteln, sowie Brief- und Zeitungspacketen durch einen Postbeamten besorgen lassen, welchem der erforderliche Platz in einem Eisenbahnwagen unentgeltlich einzuräumen ist.

Art. 5. Reicht der eine Postwagen (Art. 2) oder die an Stelle für Postzwecke bestimmte Wagenabtheilung (Art. 3) für die Bedürfnisse des Postdienstes nicht aus, so sind die Eisenbahnverwaltungen auf rechtzeitige Anmeldung oder Bestellung gehalten, nach Wahl der Postverwaltung

mehrere Postwagen zur Beförderung zuzulassen,

oder der Postverwaltung zur Befriedigung des Mehrbedürfnisses geeignete Güterwagen oder einzelne geeignete Abtheilungen solcher Personenwagen, deren übrige Abtheilungen in dem betreffenden Zuge für Eisenbahnzwecke verwendbar sind, zu gestellen,

oder endlich die ihnen von der Postverwaltung überwiesenen Postsendungen zur eigenen Beförderung zu übernehmen.

Bei Zügen, auf denen die Beförderung von Postpäckereien ausgeschlossen oder beschränkt ist (Art. 2 Abs. 3), darf die Gestellung außerordentlicher Transportmittel seitens der Postverwaltung nicht beansprucht werden. Die Ueberweisung von Postsendungen an die Eisenbahnverwaltungen ist nur insoweit zulässig, als letztere sich bei dem betreffenden Zuge mit der Beförderung von Gütern (Eil- oder Frachtgütern) befaßt und die zu überweisenden Poststücke nicht in Geld- oder Werthsendungen bestehen.

Für die Beförderung eines zweiten oder mehrerer Postwagen, sowie für die Gestellung und Beförderung der erforderlichen Eisenbahn-Transportmittel ist von der Postverwaltung eine für den Achskilometer zu berechnende Vergütung, für die Beförderung der überwiesenen Poststücke aber die tarifmäßige Eisenbahn-Eilfrachtgebühr zu zahlen. Für die Mitbeförderung des etwa erforderlichen Postbegleitungspersonals und der Geräthschaften für den Dienst wird eine Vergütung nicht gezahlt.

Art. 6. Die für den regelmäßigen Dienst erforderlichen Eisenbahn-Postwagen werden für Rechnung der Postverwaltung beschafft.

Die Eisenbahnverwaltungen sind verbunden, die Unterhaltung, äußere Reinigung, das Schmieren und das Ein- und Ausrangieren dieser Wagen gegen eine den Selbstkosten entsprechende Vergütung zu bewirken.

Wenn die im regelmäßigen Dienst befindlichen Eisenbahn-Postwagen während des Stilllagers auf den Bahnhöfen der Endstationen im Freien stehen bleiben, so ist dafür eine Vergütung nicht zu zahlen. Letzteres gilt auch für die Plätze auf den Bahnhöfen, welche der Postverwaltung zur Aufbewahrung der Perronwagen und sonstigen Geräthschaften für das Verladungsgeschäft angewiesen werden.

Unbeladene Postwagen sind gegen Erstattung der für Eisenbahn-Güterwagen tarifmäßig zu entrichtenden Frachtgebühr zu befördern. Für die Beförderung zur Eisenbahn-Reparaturwerkstatt und zurück findet eine Vergütung nicht statt.

Wenn Eisenbahn-Postwagen beschädigt oder laufunfähig werden, so sind die Eisenbahnverwaltungen gehalten, der Postverwaltung geeignete Güterwagen zur Aushülfe zu überlassen. Für diese Güterwagen hat die Postverwaltung die nämliche Miethe zu bezahlen, welche die betreffende Eisenbahnverwaltung im Verkehr mit benachbarten Bahnen für Benutzung fremder Wagen von gleicher Beschaffenheit entrichtet.

Desgleichen sind die theilweise von der Post benutzten Eisenbahnwagen (Art. 3), wenn sie laufunfähig werden, von den Eisenbahnverwaltungen auf ihre Kosten durch andere zu ersetzen.

Art. 7. Bei Errichtung neuer Bahnhöfe oder Stationsgebäude sind auf Verlangen der Postverwaltung die durch den Eisenbahnbetrieb bedingten, für die Zwecke des Postdienstes erforderlichen Diensträume mit den für den Postdienst etwa erforderlichen besonderen baulichen Anlagen von der Eisenbahnverwaltung gegen Miethsentschädigung zu beschaffen und zu unterhalten.

Dasselbe gilt bei dem Um- oder Erweiterungsbau bestehender Stationsgebäude, insofern durch die den Bau veranlassenden Verhältnisse eine Erweiterung oder Veränderung der Postdiensträume bedingt wird.

Bei dem Mangel geeigneter Privatwohnungen in der Nähe der Bahnhöfe sind die Eisenbahnverwaltungen gehalten, bei Aufstellung von Bauplänen zu Bahnhofsanlagen und bei dem Um- oder Erweiterungsbau von Stationsgebäuden auf die Beschaffung von Dienstwohnungsräumen für die Postbeamten, welche zur Verrichtung des durch den Eisenbahnbetrieb bedingten Postdienstes erforderlich sind, Rücksicht zu nehmen. Ueber den Umfang dieser Dienstwohnungsräume wird sich die Postverwaltung mit der Eisenbahnverwaltung und erforderlichen Falls mit der Landes-Aufsichtsbehörde in jedem einzelnen Falle verständigen. Für die Beschaffung und Unterhaltung der Dienstwohnungsräume hat die Postverwaltung eine Miethsentschädigung nach gleichen Grundsätzen wie für die Diensträume auf den Bahnhöfen zu entrichten.

Das Miethsverhältniß bezüglich der der Postverwaltung überwiesenen Dienst- und Dienstwohnungsräume auf den Bahnhöfen kann nur durch das Einverständniß beider Verwaltungen aufgelöst werden.

Werden bei Errichtung neuer Bahnhofsanlagen, sowie bei dem Um- oder Erweiterungsbau bestehender Stationsgebäude zur Unterbringung von Dienst- oder Dienstwohnungsräumen auf Verlangen der Postbehörde besondere Gebäude auf den Bahnhöfen hergestellt, so ist der erforderliche Bauplatz von den Eisenbahnverwaltungen gegen Erstattung der Selbstkosten zu beschaffen, der Bau und die Unterhaltung derartiger Gebäude aber aus der Postkasse zu bestreiten.

Art. 8. Wenn bei dem Betriebe einer Eisenbahn ein im Dienst befindlicher Postbeamter getödtet oder körperlich verletzt worden ist, und die Eisenbahnverwaltung den nach den Gesetzen ihr obliegenden Schadensersatz dafür geleistet hat, so ist die Postverwaltung verpflichtet, derselben das Geleistete zu ersetzen, falls nicht der Tod oder die Körperverletzung durch ein Verschulden des Eisenbahnbetriebs-Unternehmers oder einer der im Eisenbahnbetrieb verwendeten Personen herbeigeführt worden ist.

Art. 9. Der Reichskanzler ist ermächtigt, für Eisenbahnen mit schmalerer als der Normalspur, und für Eisenbahnen, bei welchen wegen ihrer untergeordneten Bedeutung das Bahnpolizei-Reglement für die Eisenbahnen Deutschlands nicht für anwendbar erachtet ist, die vorstehenden Verpflichtungen für die Zwecke des Postdienstes zu ermäßigen oder ganz zu erlassen.

Art. 10. Durch die von dem Reichskanzler, nach Anhörung der Reichs-Postverwaltung und des Reichs-Eisenbahn-Amts, unter Zustimmung des Bundesraths zu erlassenden Vollzugsbestimmungen werden die näheren Anordnungen über die Ausführung der vorstehenden Leistungen, sowie über die Festsetzung und die Berechnung der Vergütung für die gegen Entgelt zu gewährenden Leistungen getroffen.

Art. 11. Auf die bei Erlaß dieses Gesetzes bereits konzessionirten Eisenbahngesellschaften und deren zukünftig konzessionirte Erweiterungen durch Neubauten finden die vorstehenden Vorschriften insoweit Anwendung, als dies nach den Konzessionsurkunden zulässig ist. Im Uebrigen bewendet es für die Verbindlichkeiten der bereits konzessionirten Eisenbahngesellschaften bei den Bestimmungen der Konzessionsurkunden, und bleiben insbesondere in dieser Beziehung die bis dahin zur Anwendung gekommenen Vorschriften über den Umfang des Postzwanges und über die Verbindlichkeiten der Eisenbahnverwaltungen zu Leistungen für die Zwecke des Postdienstes maßgebend.

Die bereits konzessionirten Eisenbahngesellschaften sind jedoch berechtigt, an Stelle der ihnen konzessionsmäßig obliegenden Verpflichtungen für die Zwecke des Postdienstes die durch das gegenwärtige Gesetz angeordneten Leistungen zu übernehmen.

Art. 12. Die vertragsmäßige Vergütung, welche an das Großherzogthum Baden für Leistungen seiner Staatsbahnen zu den Zwecken des Postdienstes zu entrichten ist, wird, sofern nicht eine anderweite Vereinbarung erfolgt, bis zum Ablauf des Jahres 1879 weiter gezahlt. Bis dahin bleiben für die Leistungen der badischen Staatsbahnen zu Zwecken des Postdienstes die Bestimmungen des Reglements über die Verhältnisse der Post zu den Staatseisenbahnen vom 1. Januar 1868 maßgebend.

Im Uebrigen kommen die Vorschriften dieses Gesetzes auf die im Eigenthum des Reichs oder eines Bundesstaates befindlichen, sowie auf die in das Eigenthum des Reichs oder eines Bundesstaates übergehenden Eisenbahnen mit dem Inkrafttreten dieses Gesetzes zur Anwendung.

Art. 13. Dieses Gesetz tritt mit dem 1. Januar 1876 in Kraft. Dasselbe findet auf Bayern und Württemberg keine Anwendung.

§ 5. Das Briefgeheimniß ist unverletzlich. Die bei strafgerichtlichen Untersuchungen und in Konkurs- und civilprozessualischen Fällen nothwendigen Ausnahmen sind durch ein Reichsgesetz festzustellen.[1]) Bis zu dem Erlaß eines Reichsgesetzes werden jene Ausnahmen durch die Landesgesetze bestimmt.

Abschnitt II.

Garantie.

§ 6. Die Postverwaltung leistet dem Absender im Falle reglementsmäßig erfolgter Einlieferung Ersatz:

I. für den Verlust und die Beschädigung
   1. der Briefe mit Werthangabe,
   2. der Packete mit oder ohne Werthangabe;

II. für den Verlust der rekommandirten Sendungen, denen in dieser Beziehung Sendungen gleichgestellt werden, welche zur Beförderung durch Estafette eingeliefert sind.

Für einen durch verzögerte Beförderung oder Bestellung der unter I bezeichneten Gegenstände entstandenen Schaden leistet die Postverwaltung nur dann Ersatz, wenn die Sache durch die verzögerte Beförderung oder Bestellung verdorben ist, oder ihren Werth bleibend ganz oder theilweise verloren hat. Auf eine Veränderung des Kurses oder marktgängigen Preises wird jedoch hierbei keine Rücksicht genommen.

[1]) Vgl. § 121 K.O.

Die Verbindlichkeit der Postverwaltung zur Ersatzleistung bleibt ausgeschlossen, wenn der Verlust, die Beschädigung oder die verzögerte Beförderung oder Bestellung

a) durch die eigene Fahrlässigkeit des Absenders, oder

b) durch die unabwendbaren Folgen eines Naturereignisses, oder durch die natürliche Beschaffenheit des Gutes herbeigeführt worden ist, oder

c) auf einer auswärtigen Beförderungsanstalt sich ereignet hat, für welche die Postverwaltung nicht durch Konvention die Ersatzleistung ausdrücklich übernommen hat; ist jedoch in diesem Falle die Einlieferung bei einer deutschen Postanstalt erfolgt, und will der Absender seine Ansprüche gegen die auswärtige Beförderungsanstalt geltend machen, so hat die Postverwaltung ihm Beistand zu leisten.

Für die auf Postanweisungen eingezahlten Beträge leistet die Postverwaltung Garantie.

Für andere, als die vorstehend bezeichneten Gegenstände, insbesondere für gewöhnliche Briefe, wird weder im Falle eines Verlustes oder einer Beschädigung, noch im Falle einer verzögerten Beförderung oder Bestellung Ersatz geleistet.

§ 7. Wenn der Verschluß und die Verpackung der zur Post gegebenen Gegenstände bei der Aushändigung an den Empfänger äußerlich unverletzt und zugleich das Gewicht mit dem bei der Einlieferung ermittelten übereinstimmend befunden wird, so darf dasjenige, was bei der Eröffnung an dem angegebenen Inhalte fehlt, von der Postverwaltung nicht vertreten werden. Die ohne Erinnerung geschehene Annahme einer Sendung begründet die Vermuthung, daß bei der Aushändigung Verschluß und Verpackung unverletzt und das Gewicht mit dem bei der Einlieferung ermittelten übereinstimmend befunden worden ist.

§ 8. Wenn eine Werthangabe geschehen ist, so wird dieselbe bei der Feststellung des Betrages des von der Postverwaltung zu leistenden Schadenersatzes zum Grunde gelegt. Beweist jedoch die Postverwaltung, daß der angegebene Werth den gemeinen Werth der Sache übersteigt, so hat sie nur diesen zu ersetzen.

Ist in betrüglicher Absicht zu hoch deklarirt worden, so verliert der Absender nicht nur jeden Anspruch auf Schadenersatz, sondern ist auch nach den Vorschriften der Strafgesetze zu bestrafen.

§ 9. Wenn bei Packeten die Angabe des Werthes unterblieben ist, so vergütet die Postverwaltung im Falle eines Verlustes oder einer Beschädigung den wirklich erlittenen Schaden, jedoch niemals mehr, als Einen Thaler für jedes Pfund (= 500 Gramme) der ganzen Sendung. Packete, welche weniger als Ein Pfund wiegen, werden den Packeten zum Gewicht von Einem Pfund gleichgestellt und überschießende Pfundtheile für Ein Pfund gerechnet.

§ 10. Für eine rekommandirte Sendung, sowie für eine zur Beförderung durch Estafette eingelieferte Sendung (§ 6, II) wird dem Absender im Falle des Verlustes, ohne Rücksicht auf den Werth der Sendung, ein Ersatz von vierzehn Thalern gezahlt.

§ 11. Bei Reisen mit den ordentlichen Posten leistet die Postverwaltung Ersatz:

1. für den Verlust oder die Beschädigung des reglementsmäßig eingelieferten Passagiergutes nach Maßgabe der §§ 8 und 9, und
2. für die erforderlichen Kur- und Verpflegungskosten im Falle der körperlichen Beschädigung eines Reisenden, wenn dieselbe nicht erweislich durch höhere Gewalt oder durch eigene Fahrlässigkeit des Reisenden herbeigeführt ist.

Bei der Extrapostbeförderung wird weder für den Verlust oder die Beschädigung an Sachen, welche der Reisende bei sich führt, noch bei einer körperlichen Beschädigung des Reisenden Entschädigung von der Postverwaltung geleistet.

§ 12. Eine weitere, als die in den §§ 8, 9, 10 und 11 nach Verschiedenheit der Fälle bestimmte Entschädigung wird von der Postverwaltung nicht geleistet; insbesondere findet gegen dieselbe ein Anspruch wegen eines durch den Verlust oder die Beschädigung einer Sendung entstandenen mittelbaren Schadens oder entgangenen Gewinnes nicht statt.

§ 13. Der Anspruch auf Schadloshaltung gegen die Postverwaltung muß in allen Fällen gegen die Ober-Postdirektion, beziehungsweise gegen die mit deren Funktionen beauftragte Postbehörde gerichtet werden, in deren Bezirk der Ort der Einlieferung der Sendung oder der Ort der Einschreibung des Reisenden liegt.

§ 14. Der Anspruch auf Entschädigung an die Postverwaltung erlischt mit Ablauf von sechs Monaten, vom Tage der Einlieferung der Sendung oder vom Tage der Beschädigung des Reisenden an gerechnet. Diese Verjährung wird *nicht allein durch Anmeldung der Klage, sondern auch*[1]) durch Anbringung der Reklamation bei der kompetenten Postbehörde (§ 13) unterbrochen. Ergeht hierauf eine abschlägige Bescheidung, so beginnt vom Empfange derselben eine neue Verjährung, welche durch eine Reklamation gegen jenen Bescheid nicht unterbrochen wird.

§ 15. In Fällen des Krieges und gemeiner Gefahr ist die Postverwaltung befugt, durch öffentliche Bekanntmachung jede Vertretung abzulehnen und Briefe, sowie andere Sachen, nur auf Gefahr des Absenders zur Beförderung zu übernehmen. In solchem Falle steht jedoch dem Absender frei, sich ohne Rücksicht auf die Bestimmungen des § 1 jeder anderen Beförderungsgelegenheit zu bedienen.

Abschnitt III.

Besondere Vorrechte der Posten.

§ 16. Die ordentlichen Posten nebst deren Beiwagen, die auf Kosten des Staates beförderten Kuriere und Estafetten, die von Postbeförderungen ledig zurückkommenden Postfuhrwerke und Postpferde, die Briefträger und die Postboten sind von Entrichtung der Chausseegelder

---

[1]) Die kursiv gedruckten Worte sind aufgehoben durch § 13 Abs. 2 Nr. 4 E.G. z. C.P.O.

und anderen Kommunikationsabgaben befreit. Dasselbe gilt von Personenfuhrwerken, welche durch Privatunternehmer eingerichtet und als Ersatz für ordentliche Posten ausschließlich zur Beförderung von Reisenden und deren Effekten und von Postsendungen benützt werden.

Diese Befreiung findet auch, jedoch unbeschadet wohlerworbener Rechte, gegen die zur Erhebung solcher Abgaben berechtigten Korporationen, Gemeinden oder Privatpersonen statt.

§ 17. In besonderen Fällen, in denen die gewöhnlichen Postwege gar nicht oder schwer zu passiren sind, können die ordentlichen Posten, die Extraposten, Kuriere und Estafetten sich der Neben- und Feldwege, sowie der ungehegten Wiesen und Aecker bedienen, unbeschadet jedoch des Rechtes der Eigenthümer auf Schadenersatz.

§ 18. Gegen die ordentlichen Posten, Extraposten, Kuriere und Estafetten ist keine Pfändung erlaubt; auch darf dieselbe gegen einen Postillon nicht geübt werden, welcher mit dem ledigen Gespann zurückkehrt. Bei Zuwiderhandlungen ist eine Geldstrafe von zehn Silbergroschen bis zu zwanzig Thalern verwirkt.

§ 19. Jedes Fuhrwerk muß den ordentlichen Posten, sowie den Extraposten, Kurieren und Estafetten auf das übliche Signal ausweichen. Bei Zuwiderhandlungen ist eine Geldstrafe von zehn Silbergroschen bis zu zehn Thalern verwirkt.

§ 20.[1]) Das Inventarium der Posthaltereien darf im Wege des Arrestes oder der Exekution nicht mit Beschlag belegt werden.

§ 21. Wenn den ordentlichen Posten, Extraposten, Kurieren oder Estafetten unterwegs ein Unfall begegnet, so sind die Anwohner der Straße verbunden, denselben die zu ihrem Weiterkommen erforderliche Hülfe gegen vollständige Entschädigung schleunigst zu gewähren.

§ 22. Die vorschriftsmäßig zu haltenden Postpferde und Postillone dürfen zu den behufs der Staats- und Kommunalbedürfnisse zu leistenden Spanndiensten nicht herangezogen werden.

§ 23. Die Thorwachen, Thor-, Brücken- und Barrierebeamten sind verbunden, die Thore und Schlagbäume schleunigst zu öffnen, sobald der Postillon das übliche Signal giebt. Ebenso müssen auf dasselbe die Fährleute die Ueberfahrt unverzüglich bewirken. Bei Zuwiderhandlungen ist eine Geldstrafe von zehn Silbergroschen bis zu zehn Thalern verwirkt.

§ 24. Auf Requisition der Postbehörden haben die Polizei- und Steuerbeamten und deren Organe zur Verhütung und Entdeckung von Postübertretungen mitzuwirken.

§ 25. Die Postanstalten sind berechtigt, unbezahlt gebliebene Beträge an Personengeld, Porto und Gebühren nach den für die Beitreibung öffentlicher Abgaben bestehenden Vorschriften exekutivisch einziehen zu lassen.

---

[1]) Unanwendbarkeit im Konkurse: § 1 Abs. 2 K.O.

Die mit Beitreibung exekutionsreifer Forderungen im Allgemeinen betrauten Organe sind verpflichtet, die von den Postanstalten angemeldeten rückständigen Beträge an Personengeld, Porto und Gebühren im Wege der Hülfsvollstreckung einzuheben.

Dem Exequirten steht jedoch die Betretung des Rechtsweges offen.

§ 26. Die Beträge, welche in einer Sendung enthalten sind, die weder an den Adressaten bestellt, noch an den Absender zurückgegeben werden kann, oder welche aus dem Verkaufe der vorgefundenen Gegenstände gelöst werden, fließen nach Abzug des Portos und der sonstigen Kosten zur Postarmen- oder Unterstützungskasse. Meldet sich der Absender oder der Adressat später, so zahlt ihm die Postarmen- oder Unterstützungskasse die ihr zugeflossenen Summen, jedoch ohne Zinsen, zurück.

Nach gleichen Grundsätzen ist mit Beträgen, welche auf Postsendungen eingezahlt sind, und mit zurückgelassenen Passagier-Effekten zu verfahren.

Abschnitt IV.

Strafbestimmungen bei Post- und Porto-Defraudationen.

§ 27. Mit dem vierfachen Betrage des defraudirten Portos, jedoch niemals unter einer Geldstrafe von Einem Thaler, wird bestraft:

1. wer Briefe oder politische Zeitungen, den Bestimmungen der §§ 1 und 2 zuwider, auf andere Weise, als durch die Post, gegen Bezahlung befördert oder verschickt, erfolgt die Beförderung in versiegelten, zugenähten oder sonst verschlossenen Packeten, so trifft die Strafe den Beförderer nur dann, wenn er den verbotwidrigen Inhalt des Packets zu erkennen vermochte;
2. wer sich zu einer portopflichtigen Sendung einer, von der Entrichtung des Portos befreienden Bezeichnung bedient oder eine solche Sendung in eine andere verpackt, welche bei Anwendung einer vorgeschriebenen Bezeichnung portofrei befördert wird;
3. wer Postwerthzeichen nach ihrer Entwerthung zur Frankirung einer Sendung benutzt; inwiefern in diesem Falle wegen hinzugetretener Vertilgung des Entwerthungszeichens eine härtere Strafe verwirkt ist, wird nach den allgemeinen Strafgesetzen beurtheilt;
4. wer Briefe oder andere Sachen zur Umgehung der Portogefälle einem Postbeamten oder Postillon zur Mitnahme übergiebt.

In den unter Nr. 2 und 3 bestimmten Fällen ist die Strafe mit der Einlieferung der Sendung zur Post verwirkt.

§ 28. Im ersten Rückfalle wird die Strafe (§ 27) verdoppelt und bei ferneren Rückfällen auf das Vierfache erhöht.

Im Rückfalle befindet sich derjenige, welcher, nachdem er wegen einer der im § 27 bezeichneten Defraudationen vom Gerichte oder im Verwaltungswege (§§ 34, 35) bestraft worden, abermals eine dieser Defraudationen begeht.

Die Straferhöhung wegen Rückfalls tritt auch ein, wenn die frühere Strafe nur theilweise verbüßt, oder ganz oder theilweise erlassen ist, bleibt jedoch ausgeschlossen, wenn seit der Verbüßung oder dem Erlasse der letzten Strafe bis zur Begehung der neuen Defraudation drei Jahre verflossen sind.

§ 29. Wer wissentlich, um der Postkasse das Personengeld zu entziehen, uneingeschrieben mit der Post reist, wird mit dem vierfachen Betrage des defraudirten Personengeldes, jedoch niemals unter einer Geldstrafe von Einem Thaler, bestraft.

§ 30. Außer der Strafe muß in den Fällen des § 27 das Porto, welches für die Beförderung der Gegenstände der Post zu entrichten gewesen wäre, und in dem Falle des § 29 das defraudirte Personengeld gezahlt werden. In dem Falle des § 27 unter Nr. 1 haften der Absender und der Beförderer für das Porto solidarisch.

§ 31. Die Dauer der Haft, welche an die Stelle einer nicht beizutreibenden Geldstrafe tritt, ist vom Richter festzusetzen und darf sechs Wochen nicht übersteigen.

§ 32. Die Postbehörden und Postbeamten, welche eine Defraudation entdecken, sind befugt, die dabei vorgefundenen Briefe oder anderen Sachen, welche Gegenstand der Uebertretung sind, in Beschlag zu nehmen und so lange ganz oder theilweise zurückzuhalten, bis entweder die defraudirten Postgefälle, die Geldstrafe und die Kosten gezahlt oder durch Kaution sichergestellt sind.

§ 33. Die in den §§ 27 bis 29 bestimmten Geldstrafen fließen zur Postarmen- und Unterstützungskasse.

Abschnitt V.

Strafverfahren bei Post- und Porto-Defraudationen.

§ 34. Wenn eine Post- oder Porto-Defraudation entdeckt wird, so eröffnet die Ober-Postdirektion oder die mit den Funktionen der Ober-Postdirektion beauftragte Postbehörde mittelst besonderer Verfügung vor Einleitung eines förmlichen Verfahrens dem Angeschuldigten, welche Geldstrafe für von ihm verwirkt zu erachten sei, und stellt ihm hierbei frei, das fernere Verfahren und die Ertheilung eines Strafbescheides durch Bezahlung der Strafe und Kosten innerhalb einer präklusivischen Frist von zehn Tagen zu vermeiden. Leistet der Angeschuldigte hierauf die Zahlung ohne Einrede, so gilt die Verfügung als rechtskräftiger Strafbescheid; entgegengesetzten Falles erfolgt die Untersuchung und Entscheidung nach Maßgabe der §§ 35 bis 46.

§ 35. Die Untersuchung wird summarisch von den Postanstalten oder von den Bezirksaufsichtsbeamten geführt und darauf im Verwaltungswege von den Ober-Postdirektionen ꝛc. entschieden. Diese können jedoch, so lange noch kein Strafbescheid erlassen worden ist, die Verweisung der Sache zum gerichtlichen Verfahren verfügen, und ebenso kann der Angeschuldigte während der Untersuchung bei der Postbehörde, und binnen zehn Tagen präklusivischer Frist, nach Eröffnung des von letzterer abgefaßten Strafbescheides, auf rechtliches Gehör antragen. Dieser Antrag ist an die Postbehörde zu richten. Der Strafbescheid wird alsdann als nicht ergangen angesehen.

Einer ausdrücklichen Anmeldung der Berufung auf rechtliches Gehör wird es gleich geachtet, wenn der Angeschuldigte auf die Vorladung der Postbehörde nicht erscheint oder die Auslassung vor derselben verweigert.

§ 36. Bei den Untersuchungen im Verwaltungswege werden die Betheiligten mündlich verhört und ihre Aussagen zu Protokoll genommen.

§ 37. Die Zustellungen und die Vorladungen geschehen durch die Beamten oder Unterbeamten der Postanstalten, oder auf deren Requisition nach den für gerichtliche Insinuationen bestehenden Vorschriften.

§ 38. Die Zeugen sind verbunden, den an sie von den Postbehörden ergehenden Vorladungen Folge zu leisten. Wer sich dessen weigert, wird dazu auf Requisition der Postbehörden durch das Gericht in gleicher Art, wie bei gerichtlichen Vorladungen, angehalten.

§ 39. In Sachen, wo die zu verhängende Geldstrafe den Betrag von fünfzig Thalern übersteigt, muß dem Angeschuldigten auf Verlangen eine Frist von acht Tagen bis vier Wochen zur Einreichung einer schriftlichen Vertheidigung gestattet werden.

§ 40. Findet die Ober-Postdirektion ꝛc. die Anwendung einer Strafe nicht begründet, so verfügt sie die Zurücklegung der Akten und benachrichtigt hiervon den Angeschuldigten.

§ 41. Dem Strafbescheide müssen die Entscheidungsgründe beigefügt sein. Auch ist darin der Angeschuldigte sowohl mit den ihm dagegen zustehenden Rechtsmitteln (§ 42), als auch mit der Straferhöhung, welche er beim Rückfalle (§ 28) zu erwarten hat, bekannt zu machen.

Der Strafbescheid ist durch die Postanstalt dem Angeschuldigten entweder zu Protokoll zu publiziren oder in der für die Vorladung vorgeschriebenen Form zu insinuiren.

§ 42. Der Angeschuldigte kann, wenn er von der Befugniß zur Berufung auf richterliche Entscheidung keinen Gebrauch machen will, gegen den Strafbescheid den Rekurs an die der Ober-Postdirektion ꝛc. vorgesetzte Behörde ergreifen. Dies muß jedoch binnen zehn Tagen präklusivischer Frist nach der Eröffnung des Strafbescheides geschehen und schließt fernerhin jedes gerichtliche Verfahren aus. Der Rekurs ist durch Anmeldung bei einer Postbehörde gewahrt.

Wenn mit der Anmeldung des Rekurses nicht zugleich dessen Rechtfertigung verbunden ist, so wird der Angeschuldigte durch die Postanstalt aufgefordert, die Ausführung seiner weiteren Vertheidigung in einem nicht über vier Wochen hinaus anzusetzenden Termine zu Protokoll zu geben oder bis dahin schriftlich einzureichen.

§ 43. Die Verhandlungen werden hiernächst zur Abfassung des Rekursresoluts an die kompetente Behörde eingesandt. Hat jedoch der Angeschuldigte zur Rechtfertigung des Rekurses neue Thatsachen oder Beweismittel, deren Aufnahme erheblich befunden wird, angeführt, so wird mit der Instruktion nach den für die erste Instanz gegebenen Bestimmungen verfahren.

§ 44. Das Rekursresolut, welchem die Entscheidungsgründe beizufügen sind, wird an die betreffende Postbehörde befördert und nach erfolgter Publikation oder Insinuation vollstreckt.

§ 45. Mit der Verurtheilung des Angeschuldigten zu einer Strafe, durch Strafbescheid oder Rekursresolut, ist zugleich die Verurtheilung desselben in die baaren Auslagen des Verfahrens auszusprechen.

Bei der Untersuchung im Verwaltungswege kommen, außer den baaren Auslagen an Porto, Stempel, Zeugengebühren ꝛc., keine Kosten zum Ansatz.

Der Angeschuldigte, welcher wegen Post- oder Porto-Defraudation zu einer Strafe gerichtlich verurtheilt wird, hat auch die durch das Verfahren im Verwaltungswege entstandenen Kosten zu tragen.

§ 46. Die Vollstreckung der rechtskräftigen Erkenntnisse geschieht nach den für die Vollstreckung strafgerichtlicher Erkenntnisse im Allgemeinen bestehenden Vorschriften, die Vollstreckung der Strafbescheide oder der Resolute aber von der Postbehörde; letztere hat dabei nach denjenigen Vorschriften zu verfahren, welche für die Exekution der im Verwaltungswege festgesetzten Geldstrafen ertheilt wird.

Abschnitt VI.

Allgemeine Bestimmungen.

§ 47. Was ein Briefträger oder Postbote über die von ihm geschehene Bestellung auf seinen Diensteid anzeigt, ist so lange für wahr und richtig anzunehmen, bis das Gegentheil überzeugend nachgewiesen wird.

§ 48. Die Postverwaltung ist für die richtige Bestellung nicht verantwortlich, wenn der Adressat erklärt hat, die an ihn eingehenden Postsendungen selbst abzuholen oder abholen zu lassen. Auch liegt in diesem Falle der Postanstalt eine Prüfung der Legitimation desjenigen, welcher sich zur Abholung meldet, nicht ob, sofern nicht auf den Antrag des Adressaten zwischen diesem und der Postanstalt ein desfallsiges besonderes Abkommen getroffen worden ist.

§ 49. Die Postverwaltung ist, nachdem sie das Formular zum Ablieferungsscheine dem Adressaten reglementsmäßig hat ausliefern lassen, nicht verpflichtet, die Echtheit der Unterschrift und des etwa hinzugefügten Siegels unter dem mit dem Namen des Empfangsberechtigten unterschriebenen und beziehungsweise untersiegelten Ablieferungsscheine zu untersuchen. Ebensowenig braucht sie die Legitimation desjenigen zu prüfen, welcher unter Vorlegung des vollzogenen Ablieferungsscheines, oder bei Packeten ohne Werthangabe unter Vorlegung des reglementsmäßig ausgelieferten Begleitbriefes, die Aushändigung der Sendung verlangt.

§ 50.[1]) Durch ein von dem Reichskanzler zu erlassendes Reglement, welches mittelst der für die Publikation amtlicher Bekanntmachungen be-

[1]) Postordnung für das Reich vom 20. März 1900 (Centralblatt S. 53), für Bayern vom 27. März 1900 (G. u. V.Bl. S. 227), für Württemberg vom 21. März 1900 (Reg.Bl. S. 369).

stimmten Blätter zu veröffentlichen ist, werden die weiteren bei Benutzung der Postanstalt zu beobachtenden Vorschriften getroffen.

Diese Vorschriften gelten als Bestandtheil des Vertrages zwischen der Postanstalt und dem Absender, beziehungsweise Reisenden.

Das Reglement hat zu enthalten:

1. die Bedingungen für die Annahme aller behufs der Beförderung durch die Post eingelieferten Gegenstände;
2. das Maximalgewicht der Briefe und Packete;
3. die Bedingungen der Rückforderung von Seite des Absenders und die Vorschriften über die Behandlung unbestellbarer Sendungen;
4. die Bestimmungen wegen schließlicher Verfügung über die unanbringlichen Sendungen;
5. die Bezeichnung der für Beförderung durch die Post unzulässigen Gegenstände;
6. die Gebühren für Postanweisungen, Vorschußsendungen und sonstige Geldübermittelungen durch die Post, für Sendungen von Drucksachen, Waarenproben und Mustern, Korrespondenzkarten, rekommandirte Sendungen, für Zustellung von Sendungen mit Behändigungsscheinen, für Laufschreiben wegen Postsendungen und Ueberweisung der Zeitungen;
7. Anordnungen über die Art der Bestellung der durch die Post beförderten Gegenstände und die hierfür zu erhebenden Gebühren, insbesondere die Gebühren für Bestellung der Expreßsendungen, der Stadtbriefe und Packete, der Werthsendungen, ferner die Vorschriften über Estafettenbeförderung;
8. die Bedingungen für die Beförderung der Reisenden mit den ordentlichen Posten oder mit Extrapost, die Bestimmung des Personengeldes und der Gebühr für Beförderung von Passagiergut;
9. die näheren Anordnungen über Kontirung und Kreditirung von Porto, sowie die dafür zu entrichtenden Gebühren;
10. Anordnungen zur Aufrechthaltung der Ordnung, der Sicherheit und des Anstandes auf den Posten, in den Postlokalen und Passagierstuben.

Die unter Ziffer 2, 4 und 6 bezeichneten Anordnungen unterliegen der Beschlußfassung des Bundesrathes.

Für den inneren Postverkehr der Königreiche Bayern und Württemberg werden die reglementairen Anordnungen von den zuständigen Behörden dieser Staaten erlassen.

§ 51. Alle bisherigen allgemeinen und besonderen Bestimmungen über Gegenstände, worüber das gegenwärtige Gesetz verfügt, soweit jene Bestimmungen nicht auf den mit dem Auslande abgeschlossenen Staatsverträgen oder Konventionen beruhen, werden hierdurch aufgehoben.

§ 52. Das gegenwärtige Gesetz tritt mit dem 1. Januar 1872 in Kraft.

3. Gerichtskostengesetz.

Vom 18. Juni 1878 (R.G.Bl. S. 141) mit den Abänderungen vom 29. Juni 1881 (R.G.Bl. S. 178) und 17. Mai 1898 (R.G.Bl. S. 333) in der Fassung vom 20. Mai 1898 (R.G.Bl. S. 659).

(Der Text dieses Gesetzes ist im Anhang zu Hauptband II: Allfeld, Strafgesetzgebung S. 911 abgedruckt.)

4. Rechtsanwaltsordnung vom 1. Juli 1878.

(R.G.Bl S 177—198.)

Erster Abschnitt.

Zulassung zur Rechtsanwaltschaft.

§ 1. Zur Rechtsanwaltschaft kann nur zugelassen werden, wer die Fähigkeit zum Richteramt erlangt hat.

§ 2. Wer die Fähigkeit zum Richteramt in einem Bundesstaat erlangt hat, kann in jedem Bundesstaate zur Rechtsanwaltschaft zugelassen werden.

§ 3. Ueber den Antrag auf Zulassung entscheidet die Landesjustizverwaltung.

Vor der Entscheidung ist der Vorstand der Anwaltskammer gutachtlich zu hören.

§ 4. Wer zur Rechtsanwaltschaft befähigt ist, muß zu derselben bei den Gerichten des Bundesstaats, in welchem er die zum Richteramte befähigende Prüfung bestanden hat, auf seinen Antrag zugelassen werden.

Das Recht auf Zulassung bei einem mehreren Bundesstaaten gemeinschaftlichen Gerichte wird dadurch begründet, daß der Antragsteller in einem dieser Bundesstaaten die zum Richteramte befähigende Prüfung bestanden hat.

Der Antrag eines nach den vorstehenden Vorschriften berechtigten Antragstellers darf nur aus den in diesem Gesetze bezeichneten Gründen abgelehnt werden.

§ 5. Die Zulassung muß versagt werden:

1. wenn der Antragsteller in Folge strafgerichtlichen Urtheils die Fähigkeit zur Bekleidung öffentlicher Aemter dauernd verloren hat oder zur Zeit nicht besitzt;
2. wenn der Antragsteller in Folge ehrengerichtlichen Urtheils von der Rechtsanwaltschaft ausgeschlossen ist;
3. wenn der Antragsteller in Folge gerichtlicher Anordnung in der Verfügung über sein Vermögen beschränkt ist;
4. wenn der Antragsteller ein Amt bekleidet oder eine Beschäftigung betreibt, welche nach den Gesetzen oder nach dem Gutachten des Vor-

standes der Anwaltskammer mit dem Beruf oder der Würde der Rechtsanwaltschaft nicht vereinbar sind;

5. wenn der Antragsteller nach dem Gutachten des Vorstandes der Anwaltskammer sich eines Verhaltens schuldig gemacht hat, welches die Ausschließung von der Rechtsanwaltschaft bedingen würde;

6. wenn der Antragsteller nach dem Gutachten des Vorstands der Anwaltskammer in Folge eines körperlichen Gebrechens oder wegen eingetretener Schwäche seiner körperlichen oder geistigen Kräfte zur Erfüllung der Pflichten eines Rechtsanwalts dauernd unfähig ist.

§ 6. Die Zulassung kann versagt werden:

1. wenn der Antragsteller, nachdem er die Fähigkeit zur Rechtsanwaltschaft erlangt hatte, während eines Zeitraumes von drei Jahren weder als Rechtsanwalt zugelassen ist, noch ein Reichs-, Staats- oder Gemeindeamt bekleidet hat, noch im Justizdienst oder als Lehrer des Rechts an einer deutschen Universität thätig gewesen ist;

2. wenn der Antragsteller in Folge strafgerichtlichen Urtheils die Fähigkeit zur Bekleidung öffentlicher Aemter auf Zeit verloren hatte;

3. wenn gegen den Antragsteller, welcher früher Rechtsanwalt gewesen ist, innerhalb der letzten zwei Jahre im ehrengerichtlichen Verfahren auf Verweis oder auf Geldstrafe von mehr als einhundertfünfzig Mark erkannt worden ist.

§ 7. Ist gegen den nach § 4 berechtigten Antragsteller wegen einer strafbaren Handlung, welche die Unfähigkeit zur Bekleidung öffentlicher Aemter zur Folge haben kann, die öffentliche Klage erhoben, so ist die Entscheidung über die Zulassung bis zur Beendigung der Untersuchung auszusetzen.

§ 8. Die Zulassung erfolgt bei einem bestimmten Gerichte.

Kammern für Handelssachen, welche ihren Sitz an einem anderen Orte, als an dem des Landgerichts haben, sind im Sinne dieses Gesetzes als besondere Gerichte anzusehen.

§ 9. Der bei einem Amtsgerichte zugelassene Rechtsanwalt kann auf seinen Antrag zugleich bei dem Landgerichte, in dessen Bezirk das Amtsgericht seinen Sitz hat, sowie bei den im Bezirke des Landgerichts befindlichen Kammern für Handelssachen zugelassen werden. Die Zulassung muß erfolgen, wenn sie nach dem übereinstimmenden Gutachten des Oberlandesgerichts und des Vorstandes der Anwaltskammer dem Interesse der Rechtspflege förderlich ist.

§ 10. Der bei einem Kollegialgerichte zugelassene Rechtsanwalt ist auf seinen Antrag zugleich bei einem anderen, an dem Orte seines Wohnsitzes befindlichen Kollegialgerichte zuzulassen, wenn das Oberlandesgericht durch Plenarbeschluß die Zulassung dem Interesse der Rechtspflege für förderlich erklärt.

Erklärt das Oberlandesgericht die Zulassung einer bestimmten Anzahl von Rechtsanwälten für förderlich und beantragt innerhalb einer bekannt zu machenden vierwöchigen Frist eine größere Anzahl von Rechtsanwälten ihre Zulassung, so entscheidet unter den Antragstellern die Landesjustizverwaltung.

§ 11. Ist der Rechtsanwalt bei einem Landgerichte zugelassen, welches zum Bezirk eines mehreren Bundesstaaten gemeinschaftlichen Oberlandesgerichts gehört, so kann er zugleich bei dem letzteren zugelassen werden, auch wenn dasselbe an einem anderen Orte seinen Sitz hat.

§ 12. Auf Antrag eines Landgerichts können bei demselben Rechtsanwälte, welche bei einem benachbarten Landgerichte zugelassen sind, widerruflich zugelassen werden, wenn nach dem Gutachten des Oberlandesgerichts die Zulassung zur ordnungsmäßigen Erledigung der Anwaltsprozesse erforderlich ist.

§ 13. Die Zulassung bei dem im Antrage bezeichneten Gerichte darf wegen mangelnden Bedürfnisses zur Vermehrung der Zahl der bei demselben zugelassenen Rechtsanwälte nicht versagt werden.

§ 14. Die Zulassung bei dem im Antrage bezeichneten Gerichte kann versagt werden, wenn bei demselben ein Richter angestellt ist, mit welchem der Antragsteller in gerader Linie verwandt oder verschwägert oder in der Seitenlinie im zweiten Grade verwandt oder verschwägert ist, auch wenn die Ehe, durch welche die Schwägerschaft begründet wird, nicht mehr besteht.

§ 15. Die Zulassung eines Rechtsanwalts bei einem anderen Gerichte kann versagt werden:

1. wenn gegen den Antragsteller innerhalb der letzten zwei Jahre im ehrengerichtlichen Verfahren auf Verweis oder auf Geldstrafe von mehr als einhundertfünfzig Mark erkannt ist;
2. wenn gegen den Antragsteller die Klage im ehrengerichtlichen Verfahren erhoben ist.

§ 16. Der Bescheid, welcher einem Antragsteller die beantragte Zulassung versagt, muß den Grund der Versagung angeben.

Wird die Zulassung nach dem Gutachten des Vorstandes der Anwaltskammer aus einem der im § 5 Nr. 4, 5, 6 bezeichneten Gründe versagt, so ist auf Verlangen des Antragstellers über den Grund der Versagung im ehrengerichtlichen Verfahren zu entscheiden.

Das Verlangen muß bei der Landesjustizverwaltung innerhalb der Frist von einer Woche seit der Zustellung des Bescheides angebracht werden.

Die Landesjustizverwaltung hat den rechtzeitig gestellten Antrag dem Vorstande der Anwaltskammer zu übersenden.

§ 17. Nach der ersten Zulassung hat der Rechtsanwalt in einer öffentlichen Sitzung des Gerichts, bei welchem er zugelassen ist, folgenden Eid zu leisten:

„Ich schwöre bei Gott dem Allmächtigen und Allwissenden, die Pflichten eines Rechtsanwalts gewissenhaft zu erfüllen, so wahr mir Gott helfe."

§ 18. Der Rechtsanwalt muß an dem Orte des Gerichts, bei welchem er zugelassen ist, seinen Wohnsitz nehmen. Inwieweit benachbarte Orte im Sinne dieser Vorschrift als ein Ort anzusehen sind, bestimmt die Landesjustizverwaltung.

Dieselbe kann einem bei einem Amtsgerichte zugelassenen Rechtsanwalte gestatten, an einem anderen Orte innerhalb des Amtsgerichtsbezirks seinen Wohnsitz zu nehmen.

Ist der Rechtsanwalt bei mehreren Gerichten zugelassen, so muß er im Falle des § 9 am Orte des Amtsgerichts, im Falle des § 11 am Orte des Landgerichts seinen Wohnsitz nehmen.

Die Mehrkosten, welche bei der Vertretung einer Partei vor einem Kollegialgerichte durch einen bei demselben zugelassenen Rechtsanwalt dadurch entstehen, daß der letztere seinen Wohnsitz nicht am Orte des Gerichts hat, ist die Gegenpartei zu erstatten nicht verpflichtet.

§ 19. Ist der Rechtsanwalt an dem Ort eines Gerichts, bei welchem er zugelassen ist, nicht wohnhaft, so muß er bei diesem Gericht einen an dem Orte desselben wohnhaften ständigen Zustellungsbevollmächtigten bestellen.

An den Zustellungsbevollmächtigten kann auch die Zustellung von Anwalt zu Anwalt wie an den Rechtsanwalt selbst erfolgen.

Ist eine Zustellung an den Zustellungsbevollmächtigten am Orte des Gerichts nicht ausführbar, so kann sie an den Rechtsanwalt durch Aufgabe zur Post erfolgen.

§ 20. Bei jedem Gericht ist eine Liste der bei demselben zugelassenen Rechtsanwälte zu führen. In der Liste ist der Wohnsitz der Rechtsanwälte anzugeben.

Hat der Rechtsanwalt den Eid geleistet und seinen Wohnsitz in Gemäßheit des § 18 genommen, so ist er in die Liste einzutragen. Veränderungen des Wohnsitzes hat derselbe unverzüglich anzuzeigen.

Mit der Eintragung beginnt die Befugniß zur Ausübung der Rechtsanwaltschaft.

Die Eintragungen sind von dem Gericht auf Kosten des Rechtsanwalts durch den Deutschen Reichsanzeiger bekannt zu machen.

§ 21. Die Zulassung muß zurückgenommen werden:

1. wenn der Rechtsanwalt seinen Wohnsitz (§ 18) binnen drei Monaten seit Mittheilung des die Zulassung aussprechenden Bescheides nicht genommen hat;
2. wenn der Rechtsanwalt den Wohnsitz (§ 18) aufgiebt;
3. wenn nach der Zulassung sich ergiebt, daß sie in Gemäßheit des § 5 Nr. 1, 2 hätte versagt werden müssen.

Die Zurücknahme kann im Falle des § 5 Nr. 1 unterbleiben, wenn der daselbst bezeichnete Versagungsgrund nicht mehr vorliegt.

Die Zulassung bei einem Gericht, an dessen Orte der Rechtsanwalt nicht wohnhaft ist, muß zurückgenommen werden, wenn der Rechtsanwalt einen Monat lang versäumt hat, einen dort wohnhaften Zustellungsbevollmächtigten zu bestellen.

§ 22. Die Zulassung kann zurückgenommen werden, wenn der Rechtsanwalt in Folge gerichtlicher Anordnung in der Verfügung über sein Vermögen beschränkt ist.

§ 23. Die Zurücknahme der Zulassung erfolgt durch die Landesjustizverwaltung nach Anhörung des Rechtsanwalts und des Vorstandes der Anwaltskammer.

Ein die Zulassung zurücknehmender Bescheid muß den Grund der Zurücknahme angeben.

§ 24. Stirbt der Rechtsanwalt oder giebt er die Zulassung auf oder wird die Zulassung zurückgenommen oder verliert der Rechtsanwalt in Folge Urtheils die Fähigkeit zur Ausübung der Rechtsanwaltschaft, so ist die Eintragung in der Liste zu löschen.

Die Löschung ist von dem Gerichte durch den Deutschen Reichsanzeiger bekannt zu machen.

§ 25. Die Stellvertretung eines an der Ausübung seines Berufs zeitweise verhinderten Rechtsanwalts kann nur einem Rechtsanwalt oder einem Rechtskundigen, welcher mindestens zwei Jahre im Vorbereitungsdienste beschäftigt worden ist, übertragen werden.

Insofern die Stellvertretung nicht von einem bei demselben Gerichte zugelassenen Rechtsanwalt übernommen wird, darf die Bestellung des Stellvertreters nur durch Anordnung der Landesjustizverwaltung erfolgen.

Auf die in Abs. 1 bezeichneten Stellvertreter, auch wenn dieselben nicht Rechtsanwälte sind, finden die Vorschriften des § 143[1]) Abs. 1, 2 der Civilprozeßordnung nicht Anwendung. Das Gleiche gilt für die im Justizdienste befindlichen Rechtskundigen, welche mindestens zwei Jahre im Vorbereitungsdienste beschäftigt worden sind, wenn sie einen Rechtsanwalt ohne als dessen Stellvertreter bestellt zu sein, in Fällen vertreten, in denen eine Vertretung durch einen Rechtsanwalt nicht geboten ist, oder wenn sie unter Beistand des Rechtsanwalts die Ausführung der Parteirechte übernehmen.

Zweiter Abschnitt.

Rechte und Pflichten der Rechtsanwälte.

§ 26. Auf Grund der Zulassung bei einem Gerichte ist der Rechtsanwalt befugt, in den Sachen, auf welche die Strafprozeßordnung, Civilprozeßordnung und die Konkursordnung Anwendung finden, vor jedem Gericht innerhalb des Reichs Vertheidigungen zu führen, als Beistand aufzutreten und, insoweit eine Vertretung durch Anwälte nicht geboten ist, die Vertretung zu übernehmen.

§ 27. Insoweit eine Vertretung durch Anwälte geboten ist, kann nur ein bei dem Prozeßgerichte zugelassener Rechtsanwalt die Vertretung als Prozeßbevollmächtigter übernehmen.

In der mündlichen Verhandlung, einschließlich der vor dem Prozeßgericht erfolgenden Beweisaufnahme, kann jedoch jeder Rechtsanwalt die Ausführung der Parteirechte und für den Fall, daß der bei dem Prozeßgerichte zum Prozeßbevollmächtigten bestellte Rechtsanwalt ihm die Vertretung überträgt, auch diese übernehmen.

§ 28. Der Rechtsanwalt ist verpflichtet, seine Berufsthätigkeit gewissenhaft auszuüben und durch sein Verhalten in Ausübung des Be-

---

[1]) Jetzt § 157

rufs sowie außerhalb desselben sich der Achtung würdig zu zeigen, die sein Beruf erfordert.

§ 29. Der Rechtsanwalt muß, wenn er sich über eine Woche hinaus von seinem Wohnsitze entfernen will, für seine Stellvertretung sorgen, auch dem Vorsitzenden des Gerichts, bei welchem er zugelassen ist, sowie dem Amtsgericht, in dessen Bezirk er seinen Wohnsitz hat, Anzeige machen und den Stellvertreter benennen.

§ 30. Der Rechtsanwalt, dessen Berufsthätigkeit in Anspruch genommen wird, ist verpflichtet, wenn er den Antrag nicht annimmt, die Ablehnung ohne Verzug zu erklären, widrigenfalls er den durch die Verzögerung erwachsenen Schaden zu ersetzen hat.

§ 31. Der Rechtsanwalt hat seine Berufsthätigkeit zu versagen:
1. wenn sie für eine pflichtwidrige Handlung in Anspruch genommen wird;
2. wenn sie von ihm in derselben Rechtssache bereits einer anderen Partei im entgegengesetzten Interesse gewährt ist;
3. wenn er sie in einer streitigen Angelegenheit gewähren soll, an deren Entscheidung er als Richter theilgenommen hat.

§ 32. Der Rechtsanwalt ist nicht verpflichtet, vor Empfang seiner Auslagen und Gebühren die Handakten dem Auftraggeber herauszugeben.

Die Pflicht zur Aufbewahrung der Handakten erlischt mit Ablauf von fünf Jahren nach Beendigung des Auftrags und schon vor Beendigung dieses Zeitraums, wenn der Auftraggeber, zur Empfangnahme der Handakten aufgefordert, sie nicht binnen sechs Monaten nach erhaltener Aufforderung in Empfang genommen hat.

§ 33. Außer den in der Civilprozeßordnung bezeichneten Fällen hat das Prozeßgericht, insoweit eine Vertretung durch Anwälte geboten ist, einer Partei auf Antrag einen Rechtsanwalt zur Wahrnehmung ihrer Rechte beizuordnen, wenn die Partei einen zu ihrer Vertretung geneigten Anwalt nicht findet und die Rechtsverfolgung oder Rechtsvertheidigung nicht muthwillig oder aussichtslos erscheint.

§ 34. Einer Partei, welcher das Armenrecht bewilligt ist, kann auch, insoweit eine Vertretung durch Anwälte nicht geboten ist, zur vorläufig unentgeltlichen Wahrnehmung ihrer Rechte von dem Prozeßgericht ein Rechtsanwalt auf Antrag beigeordnet werden.

§ 35. Gegen die Entscheidung, durch welche die Beiordnung eines Rechtsanwalts abgelehnt wird, steht der Partei die Beschwerde nach Maßgabe der Civilprozeßordnung zu.

§ 36. Die Auswahl eines beizuordnenden Rechtsanwalts erfolgt durch den Vorsitzenden des Gerichts aus der Zahl der bei diesem zugelassenen Rechtsanwälte.

Gegen die Verfügung steht der Partei und dem Rechtsanwalte die Beschwerde nach Maßgabe der Civilprozeßordnung zu.

§ 37. Die Mehrkosten, welche bei der Vertretung einer armen Partei durch den ihr beigeordneten Rechtsanwalt dadurch entstehen, daß der letztere seinen Wohnsitz nicht am Orte des Gerichts hat, ist die Gegenpartei zu erstatten nicht verpflichtet.

§ 38. Im Falle des § 33 kann der beigeordnete Rechtsanwalt die Uebernahme der Vertretung davon abhängig machen, daß ihm ein nach den Vorschriften der Gebührenordnung zu bemessender Vorschuß gezahlt wird.

§ 39. Für die Verpflichtung des Rechtsanwalts, in Strafsachen die Vertheidigung zu führen, sind die Bestimmungen der Strafprozeßordnung maßgebend.

In denjenigen Fällen, in welchen nach § 144 der Strafprozeßordnung die Bestellung des Vertheidigers durch den Vorsitzenden des Landgerichts oder den Amtsrichter zu erfolgen hat, stehen den am Sitze des Gerichts wohnhaften Rechtsanwälten die innerhalb des Bezirks desselben wohnhaften und bei demselben zugelassenen gleich. Auf Reisekosten und Tagegelder für die Reise nach dem Sitze des Gerichts haben dieselben keinen Anspruch.

Ein nach § 12 widerruflich zugelassener Rechtsanwalt kann in Ermangelung von Rechtsanwälten, welche im Bezirke des Gerichts wohnhaft sind, in den Fällen des § 144 der Strafprozeßordnung zum Vertheidiger bestellt werden.

§ 40. Der Rechtsanwalt ist verpflichtet, den im Vorbereitungsdienste bei ihm beschäftigten Rechtskundigen Anleitung und Gelegenheit zu praktischen Arbeiten zu geben.

Dritter Abschnitt.

Anwaltskammern.

§ 41. Die innerhalb des Bezirks eines Oberlandesgerichts zugelassenen Rechtsanwälte bilden eine Anwaltskammer.

Die Kammer hat ihren Sitz am Orte des Oberlandesgerichts.

§ 42. Die Kammer hat einen Vorstand von neun Mitgliedern. Durch die Geschäftsordnung kann die Zahl der Mitglieder bis auf fünfzehn erhöht werden.

§ 43. Der Vorstand wird durch die Kammer gewählt.

Wählbar sind die Mitglieder der Kammer.

Nicht wählbar sind:

1. diejenigen, welche in Folge gerichtlicher Anordnung in der Verfügung über ihr Vermögen beschränkt sind;
2. diejenigen, gegen welche im ehrengerichtlichen Verfahren oder wegen einer strafbaren Handlung, welche die Unfähigkeit zur Bekleidung öffentlicher Aemter zur Folge haben kann, die öffentliche Klage erhoben ist;
3. diejenigen, gegen welche im ehrengerichtlichen Verfahren auf Verweis oder auf Geldstrafe von mehr als einhundertfünfzig Mark erkannt ist, auf die Dauer von fünf Jahren nach der Rechtskraft des Urtheils.

Verliert ein Mitglied des Vorstandes die Wählbarkeit, so scheidet dasselbe aus dem Vorstande.

§ 44. Die Wahl des Vorstandes erfolgt auf vier Jahre jedoch mit der Maßgabe, daß alle zwei Jahre die Hälfte der Mitglieder, bei ungerader Zahl zum ersten Male die größere Zahl ausscheidet. Die zum ersten Mal Ausscheidenden werden durch das Loos bestimmt.

Eine Ersatzwahl für ein vor dem Ablaufe der Wahlperiode ausscheidendes Mitglied erfolgt für den Rest derselben.

§ 45. Die Wahl zum Mitgliede des Vorstandes darf ablehnen:

1. wer das fünfundsechzigste Lebensjahr vollendet hat;
2. wer die letzten vier Jahre Mitglied des Vorstandes gewesen ist, für die nächsten vier Jahre.

Das freiwillige Ausscheiden eines Mitgliedes bedarf der Zustimmung des Vorstandes.

§ 46. Der Vorstand wählt aus seiner Mitte einen Vorsitzenden, einen stellvertretenden Vorsitzenden, einen Schriftführer und einen stellvertretenden Schriftführer.

§ 47. Das Ergebniß der Wahlen wird der Landesjustizverwaltung und dem Oberlandesgericht angezeigt und von dem letzteren auf Kosten der Anwaltskammer durch den Deutschen Reichsanzeiger bekannt gemacht.

§ 48. Der Kammer liegt ob:

1. Die Feststellung der Geschäftsordnung für die Kammer und den Vorstand;
2. die Bewilligung der Mittel zur Bestreitung des für die gemeinschaftlichen Angelegenheiten erforderlichen Aufwandes und die Bestimmung des Beitrages der Mitglieder;
3. die Prüfung und Abnahme der seitens des Vorstandes zu legenden Rechnung.

§ 49. Der Vorstand hat

1. die Aufsicht über die Erfüllung der den Mitgliedern der Kammer obliegenden Pflichten zu üben und die ehrengerichtliche Strafgewalt zu handhaben;
2. Streitigkeiten unter den Mitgliedern der Kammer auf Antrag zu vermitteln;
3. Streitigkeiten aus dem Auftragsverhältnisse zwischen einem Mitgliede der Kammer und dem Auftraggeber auf Antrag des letzteren zu vermitteln;
4. Gutachten, welche von der Landesjustizverwaltung, sowie solche, welche in Streitigkeiten zwischen einem Mitgliede der Kammer und seinem Auftraggeber von den Gerichten erfordert werden, zu erstatten;
5. das Vermögen der Kammer zu verwalten und derselben über die Verwaltung jährlich Rechnung zu legen.

Der Vorstand kann die in Nr. 2, 3 bezeichneten Geschäfte einzelnen seiner Mitglieder übertragen.

§ 50. Der Vorstand sowie die Kammer ist berechtigt, Vorstellungen und Anträge, welche das Interesse der Rechtspflege oder der Rechtsanwaltschaft betreffen, an die Landesjustizverwaltung zu richten.

§ 51. Die Geschäfte des Vorstandes werden von den Mitgliedern unentgeltlich geführt; baare Auslagen werden ihnen erstattet.

§ 52. Der Vorsitzende beruft die Versammlungen der Kammer und des Vorstandes und führt in beiden den Vorsitz.

Die Berufung der Kammer muß erfolgen, wenn zehn Mitglieder derselben, die Berufung des Vorstandes, wenn zwei Mitglieder desselben unter Angabe des zu verhandelnden Gegenstandes schriftlich darauf antragen. Durch die Geschäftsordnung kann die Zahl der Mitglieder, auf deren Antrag die Berufung der Kammer erfolgen muß, erhöht werden. Die Kammer kann auf Beschluß des Vorstandes an jeden innerhalb des Oberlandesgerichtsbezirks belegenen Ort, welcher der Sitz eines Landgerichts ist, berufen werden.

§ 53. Die Versammlungen der Kammer werden mittels öffentlicher Bekanntmachung in den durch die Geschäftsordnung bestimmten Blättern oder mittels schriftlicher Einladung der Mitglieder berufen. Die Berufung des Vorstandes erfolgt mittels schriftlicher Einladung.

Die öffentliche Bekanntmachung muß spätestens am fünften Tage vor der Versammlung erfolgen.

Die schriftliche Einladung von Mitgliedern, welche nicht am Sitze der Kammer wohnen, gilt als bewirkt, wenn das Einladungsschreiben spätestens am fünften Tage vor der Versammlung eingeschrieben zur Post gegeben ist.

Bei der Berufung der Kammer muß der Gegenstand, über welchen in der Versammlung ein Beschluß gefaßt werden soll, bekannt gemacht werden. Ueber andere Gegenstände, mit Ausnahme des Antrags auf abermalige Berufung der Kammer, darf ein Beschluß nicht gefaßt werden.

§ 54. Die Beschlüsse der Kammer und des Vorstandes werden nach absoluter Stimmenmehrheit gefaßt. Das Gleiche gilt für die Wahlen.

Im Falle der Stimmengleichheit entscheidet die Stimme des Vorsitzenden, bei Wahlen das Loos.

Die bei einer Angelegenheit betheiligten Mitglieder sind von der Beschlußfassung über dieselbe ausgeschlossen.

§ 55. Zur Beschlußfähigkeit des Vorstandes ist die Theilnahme der Mehrheit der Mitglieder erforderlich.

Die Beschlüsse des Vorstandes können mittels schriftlicher Abstimmung gefaßt werden, sofern nicht ein Mitglied mündliche Abstimmung verlangt.

§ 56. Ueber die in einer Versammlung gefaßten Beschlüsse und die Ergebnisse der Wahlen ist ein Protokoll aufzunehmen, welches von dem Vorsitzenden und dem Schriftführer zu unterzeichnen ist.

§ 57. Der Vorsitzende hat den geschäftlichen Verkehr der Kammer und des Vorstandes zu vermitteln, die Beschlüsse derselben zur Ausführung zu bringen und die Urkunden im Namen derselben zu vollziehen.

Die Kassengeschäfte liegen dem Schriftführer ob; er ist zur Empfangnahme von Geld berechtigt und vertritt die Kammer in Prozessen.

§ 58. Die Mitglieder der Kammer haben auf die in Gemäßheit des § 49 Abs. 1 Nr. 1 bis 3 und Abs. 2 ergehenden Ladungen zu erscheinen, die verlangten Aufschlüsse zu ertheilen und den zu diesem Zwecke erlassenen Anordnungen Folge zu leisten.

Zur Erzwingung einer solchen Anordnung können Geldstrafen bis zum Gesammtbetrage von dreihundert Mark festgesetzt werden. Der Festsetzung einer Strafe muß deren schriftliche Androhung vorangehen.

Gegen die Anordnungen oder Straffestsetzungen eines beauftragten Mitgliedes des Vorstandes findet Beschwerde an den Vorstand statt.

§ 59. Die Aufsicht über den Geschäftsbetrieb des Vorstandes steht dem Präsidenten des Oberlandesgerichts zu. Derselbe entscheidet über Beschwerden, welche den Geschäftsbetrieb des Vorstandes betreffen. Für die Aufsicht und die Beschwerden sind die landesgesetzlichen Vorschriften maßgebend, welche die Aufsicht und die Beschwerden über den Geschäftsbetrieb der Gerichte regeln.

Gesetzwidrige Beschlüsse oder Wahlen der Kammer oder des Vorstandes können von dem Oberlandesgericht aufgehoben werden.

§ 60. Die Verhandlungen und Erlasse der Kammer und des Vorstandes, sowie die an dieselben gerichteten Erlasse und Eingaben sind, soweit dieselben nicht eine Beurkundung von Rechtsgeschäften enthalten, frei von Gebühren und Stempeln.

§ 61. Der Vorsitzende hat jährlich der Landesjustizverwaltung und dem Oberlandesgericht einen schriftlichen Bericht über die Thätigkeit der Kammer und des Vorstandes zu erstatten.

Vierter Abschnitt.

Ehrengerichtliches Verfahren.

§ 62. Ein Rechtsanwalt, welcher die ihm obliegenden Pflichten (§ 28) verletzt, hat die ehrengerichtliche Bestrafung verwirkt.

§ 63. Die ehrengerichtlichen Strafen sind:

1. Warnung;
2. Verweis;
3. Geldstrafe bis zu dreitausend Mark;
4. Ausschließung von der Rechtsanwaltschaft.

Geldstrafe kann mit Verweis verbunden werden.

§ 64. Wegen Handlungen, welche ein Rechtsanwalt vor seiner Zulassung begangen hat, ist ein ehrengerichtliches Verfahren nur dann zulässig, wenn jene Handlungen die Ausschließung von der Rechtsanwaltschaft begründen.

§ 65. Ist gegen einen Rechtsanwalt wegen einer strafbaren Handlung die öffentliche Klage erhoben, so ist während der Dauer des Strafverfahrens wegen der nämlichen Thatsachen das ehrengerichtliche Verfahren nicht zu eröffnen und, wenn die Eröffnung stattgefunden hat, auszusetzen.

Ist im Strafverfahren auf Freisprechung erkannt, so findet wegen derjenigen Thatsachen, welche in diesem zur Erörterung gekommen sind, ein ehrengerichtliches Verfahren nur insofern statt, als dieselben an sich und unabhängig von dem Thatbestand einer im Strafgesetze vorgesehenen Handlung die ehrengerichtliche Bestrafung begründen.

Ist im Strafverfahren eine Verurtheilung ergangen, welche die Unfähigkeit zur Ausübung der Rechtsanwaltschaft nicht zur Folge hat, so beschließt das Ehrengericht, ob außerdem das ehrengerichtliche Verfahren zu eröffnen oder fortzusetzen sei.

Kann im Strafverfahren eine Hauptverhandlung nicht stattfinden, weil der Angeklagte abwesend ist, so findet die Vorschrift des Absatzes 1 keine Anwendung.

§ 66. Insoweit nicht aus den nachfolgenden Bestimmungen Abweichungen sich ergeben, finden auf das ehrengerichtliche Verfahren die Vorschriften der Strafprozeßordnung über das Verfahren in den zur Zuständigkeit der Landgerichte gehörigen Strafsachen und die Vorschriften der §§ 156 Nr. II 177, 186 bis 200 des Gerichtsverfassungsgesetzes entsprechende Anwendung.

§ 67. Der Vorstand entscheidet im ehrengerichtlichen Verfahren als Ehrengericht in der Besetzung von fünf Mitgliedern. Dasselbe besteht aus dem Vorsitzenden, dem stellvertretenden Vorsitzenden und drei anderen Mitgliedern des Vorstandes. Der Vorstand wählt die letzteren und bestimmt die Reihenfolge, in welcher die übrigen Mitglieder als Stellvertreter zu berufen sind.

§ 68. Zuständig ist das Ehrengericht der Kammer, welcher der Angeschuldigte zur Zeit der Erhebung der Klage angehört.

§ 69. Der Antrag auf Eröffnung der Voruntersuchung kann von dem Ehrengerichte sowohl aus rechtlichen, als aus thatsächlichen Gründen abgelehnt werden.

Gegen den ablehnenden Beschluß steht der Staatsanwaltschaft die sofortige Beschwerde zu.

Gegen den die Voruntersuchung eröffnenden Beschluß steht dem Angeklagten die Beschwerde nur wegen Unzuständigkeit des Ehrengerichts zu.

§ 70. Das Ehrengericht kann beschließen, daß ohne Voruntersuchung das Hauptverfahren zu eröffnen sei.

Beschwerde findet nicht statt.

§ 71. Mit der Führung der Voruntersuchung wird ein Richter durch den Präsidenten des Oberlandesgerichts beauftragt.

§ 72. Die Verhaftung und vorläufige Festnahme sowie die Vorführung des Angeschuldigten ist unzulässig.

§ 73. Die Beeidigung von Zeugen und Sachverständigen kann in der Voruntersuchung erfolgen, auch wenn die Voraussetzungen des § 65 Abs. 2 und des § 222 der Strafprozeßordnung nicht vorliegen.

§ 74. Beantragt die Staatsanwaltschaft eine Ergänzung der Voruntersuchung, so hat der Untersuchungsrichter, wenn er dem Antrage nicht stattgeben will, die Entscheidung des Ehrengerichts einzuholen.

§ 75. Nach geschlossener Voruntersuchung sind dem Angeschuldigten auf seinen Antrag die Ergebnisse des bisherigen Verfahrens mitzutheilen.

§ 76. Die Anklageschrift hat die dem Angeschuldigten zur Last gelegte Pflichtverletzung durch Angabe der sie begründenden Thatsachen zu bezeichnen und, soweit in der Hauptverhandlung Beweise erhoben werden sollen, die Beweismittel anzugeben.

§ 77. Ist der Angeschuldigte außer Verfolgung gesetzt, so kann die Klage nur während eines Zeitraums von fünf Jahren, vom Tage des Beschlusses ab, und nur auf Grund neuer Thatsachen oder Beweismittel wieder aufgenommen werden.

§ 78. In dem Beschlusse, durch welchen das Hauptverfahren eröffnet wird, ist die dem Angeklagten zur Last gelegte Pflichtverletzung durch Angabe der sie begründenden Thatsachen zu bezeichnen.

§ 79. Die Mittheilung der Anklageschrift erfolgt mit der Ladung zur Hauptverhandlung.

§ 80. Die Mitglieder des Vorstandes, welche bei der Entscheidung über die Eröffnung des Hauptverfahrens mitgewirkt haben, sind von der Theilnahme an dem Hauptverfahren nicht ausgeschlossen.

§ 81. In der Hauptverhandlung ist als Gerichtsschreiber ein dem Vorstande nicht angehörender, am Sitze der Kammer wohnhafter Rechtsanwalt von dem Vorsitzenden zuzuziehen.

§ 82. Die Hauptverhandlung ist nicht öffentlich. Die Mitglieder der Kammer sind als Zuhörer zuzulassen, andere Personen nur auf Antrag des Angeklagten nach dem Ermessen des Vorsitzenden.

§ 83. Die Hauptverhandlung kann auch ohne Anwesenheit des Angeklagten stattfinden, sofern er zu derselben geladen ist, auch wenn er im Sinne des § 318 der Strafprozeßordnung als abwesend gilt. Eine öffentliche Ladung ist unzulässig.

Das Ehrengericht kann das persönliche Erscheinen des Angeklagten unter der Verwarnung anordnen, daß bei seinem Ausbleiben ein Vertreter nicht werde zugelassen werden.

§ 84. In der Hauptverhandlung hält nach Verlesung des Beschlusses über die Eröffnung des Hauptverfahrens ein Berichterstatter in Abwesenheit der Zeugen einen Vortrag über die Ergebnisse des bisherigen Verfahrens, soweit dieselben sich auf die in dem Beschlusse über die Eröffnung des Hauptverfahrens enthaltenen Thatsachen beziehen.

§ 85. Das Ehrengericht bestimmt den Umfang der Beweisaufnahme, ohne hierbei durch Anträge, Verzichte oder frühere Beschlüsse gebunden zu sein.

§ 86. Das Ehrengericht kann nach freiem Ermessen die Vernehmung von Zeugen oder Sachverständigen durch einen ersuchten Richter oder in der Hauptverhandlung anordnen.

Auf das Ersuchen finden die §§ 158 bis 160, 166 des Gerichtsverfassungsgesetzes entsprechende Anwendung.

Die Vernehmung muß auf Antrag der Staatsanwaltschaft oder des Angeschuldigten in der Hauptverhandlung erfolgen, sofern nicht voraussichtlich der Zeuge oder Sachverständge am Erscheinen in der Hauptverhandlung verhindert oder sein Erscheinen wegen großer Entfernung besonders erschwert sein wird.

§ 87. Die Verhängung von Zwangsmaßregeln, sowie die Festsetzung von Strafen gegen Zeugen und Sachverständige, welche in der Hauptverhandlung ausbleiben oder ihre Aussage oder deren Beeidigung verweigern, erfolgt auf Ersuchen durch das Amtsgericht, in dessen Bezirke dieselben ihren Wohnsitz und in Ermangelung eines solchen ihren Aufenthalt haben.

§ 88. Die Aussage eines außerhalb der Hauptverhandlung vernommenen Zeugen oder Sachverständigen, dessen Vernehmung nicht in der Hauptverhandlung erfolgen muß, ist, sofern es die Staatsanwaltschaft oder der Angeklagte beantragt oder das Ehrengericht es für erforderlich erachtet, zu verlesen.

§ 89. Für die Verhandlung und Entscheidung über das Rechtsmittel der Beschwerde ist das Oberlandesgericht zuständig.

§ 90. Gegen die Urtheile des Ehrengerichts ist die Berufung an den Ehrengerichtshof zulässig.

Der Ehrengerichtshof besteht aus dem Präsidenten des Reichsgerichts als Vorsitzenden, drei Mitgliedern des Reichsgerichts und drei Mitgliedern der Anwaltskammer bei dem Reichsgerichte.

Die Mitglieder des Reichsgerichts werden nach den Vorschriften der §§ 62, 63, 133 des Gerichtsverfassungsgesetzes bestimmt. Die Mitglieder der Anwaltskammer werden vor Beginn des Geschäftsjahres auf die Dauer desselben von der Anwaltskammer gewählt.

In gleicher Weise werden drei Stellvertreter der Mitglieder des Reichsgerichts und zwei Stellvertreter der Mitglieder der Anwaltskammer bestimmt.

Auf die Vertretung des Präsidenten findet die Vorschrift des § 65 Abs. 2 des Gerichtsverfassungsgesetzes entsprechende Anwendung.

§ 91. Auf das Verfahren in der Beschwerdeinstanz und in der Berufungsinstanz finden die Vorschriften der Strafprozeßordnung und der § 82, 83 Abs. 1, §§ 84, 86 bis 88 dieses Gesetzes entsprechende Anwendung.

§ 92. Die Verrichtungen der Staatsanwaltschaft werden von der Staatsanwaltschaft bei dem Oberlandesgerichte, in der Berufungsinstanz von der Staatsanwaltschaft bei dem Reichsgerichte wahrgenommen.

§ 93. Im Falle des § 16 Abs. 2 wird ohne Beschluß über die Eröffnung des Hauptverfahrens zur Hauptverhandlung geschritten.

Das Ehrengericht kann nach Maßgabe des § 86 auch die Vernehmung des Antragstellers vor der Hauptverhandlung anordnen.

Dem Antragsteller sind auf Verlangen die ihm zur Last gelegten Thatsachen sowie die Beweismittel vor der Hauptverhandlung schriftlich anzugeben.

Das Verfahren ist einzustellen, wenn der Antrag auf Entscheidung im ehrengerichtlichen Verfahren zurückgenommen wird; die Kosten trägt in diesem Falle der Antragsteller.

§ 94. Für das Verfahren werden weder Gebühren noch Stempel, sondern nur baare Auslagen in Ansatz gebracht.

Der Betrag der Kosten ist von dem Vorsitzenden festzustellen. Die Festsetzung ist vollstreckbar.

Kosten, welche weder dem Angeschuldigten noch einem Dritten auferlegt werden oder von dem Verpflichteten nicht eingezogen werden können, fallen der Kammer zur Last. Dieselbe haftet den Zeugen und Sachverständigen für die ihnen zukommende Entschädigung in gleichem Umfange, wie in Strafsachen die Staatskasse. Bei weiterer Entfernung des Aufenthaltsorts der geladenen Personen ist denselben auf Antrag ein Vorschuß zu bewilligen.

Die Hinterlegung der gesetzlichen Entschädigung für Personen, welche von dem Angeklagten unmittelbar geladen sind, erfolgt bei dem Schriftführer des Vorstandes.

§ 95. Ausfertigungen und Auszüge der Urtheile des Ehrengerichts sind von dem Schriftführer des Vorstandes zu ertheilen.

§ 96. Die Ausschließung von der Rechtsanwaltschaft tritt mit der Rechtskraft des Urtheils ein. Dieselbe wird von dem Schriftführer des Vorstandes unter Mittheilung einer mit der Bescheinigung der Vollstreckbarkeit versehenen beglaubigten Abschrift der Urtheilsformel den Gerichten, bei welchen der Rechtsanwalt zugelassen war, und der Landesjustizverwaltung angezeigt.

§ 97. Geldstrafen (§§ 58, 63) fließen zur Kasse der Kammer.

Die Vollstreckung der eine Geldstrafe aussprechenden Entscheidung erfolgt auf Grund einer von dem Schriftführer des Vorstandes ertheilten, mit der Bescheinigung der Vollstreckbarkeit versehenen beglaubigten Abschrift der Entscheidungsformel nach den Vorschriften über die Vollstreckung der Urtheile in bürgerlichen Rechtsstreitigkeiten.

Dasselbe gilt von der Vollstreckung der die Kosten festsetzenden Verfügung.

Die Vollstreckung wird von dem Schriftführer des Vorstandes betrieben.

Fünfter Abschnitt.

Rechtsanwaltschaft bei dem Reichsgerichte.

§ 98. Auf die Rechtsanwaltschaft bei dem Reichsgerichte finden, insoweit nicht in den nachfolgenden Paragraphen abweichende Bestimmungen enthalten sind, die Vorschriften der ersten vier Abschnitte dieses Gesetzes mit der Maßgabe Anwendung, daß an die Stelle der Landesjustizverwaltung der Reichskanzler und an die Stelle des Oberlandesgerichts das Reichsgericht tritt.

§ 99. Die Zulassung zur Rechtsanwaltschaft und die Zurücknahme der Zulassung bei dem Reichsgericht erfolgt durch das Präsidium des Reichsgerichts. Dasselbe entscheidet über den Antrag auf Zulassung nach freiem Ermessen, jedoch vorbehaltlich der Vorschriften der §§ 1, 5.

§ 100. Die Zulassung zur Rechtsanwaltschaft bei dem Reichsgericht ist mit der Zulassung bei einem anderen Gericht unvereinbar.

Die bei dem Reichsgerichte zugelassenen Rechtsanwälte dürfen bei einem anderen Gerichte nicht auftreten.

§ 101. Eine Uebertragung der dem Prozeßbevollmächtigten zustehenden Vertretung auf einen bei dem Reichsgerichte nicht zugelassenen Rechtsanwalt findet nicht statt.

§ 102. Die Anwaltskammer bei dem Reichsgerichte wird durch die bei demselben zugelassenen Rechtsanwälte gebildet.

Die Mitglieder des Ehrengerichtshofs können nicht Mitglieder des Ehrengerichts sein.

Sechster Abschnitt.

Schluß- und Uebergangsbestimmungen.

§ 103. Dieses Gesetz tritt, vorbehaltlich der Bestimmungen der §§ 112, 113, im ganzen Umfange des Reichs gleichzeitig mit dem Gerichtsverfassungsgesetz in Kraft.

§ 104. Der am Orte eines obersten Landesgerichts wohnhafte Rechtsanwalt kann bei diesem Gericht zugelassen werden, wenn nach dem Gutachten des letzteren die Zulassung zur ordnungsmäßigen Erledigung der Anwaltsprozesse erforderlich ist.

§ 105. Die bei einem obersten Landesgerichte zugelassenen Rechtsanwälte sind Mitglieder der Anwaltskammer, in deren Bezirke das Gericht seinen Sitz hat.

§ 106. Die erste Versammlung der Anwaltskammern findet zur Wahl der Mitglieder des Vorstandes binnen drei Monaten nach dem Inkrafttreten dieses Gesetzes statt.

Die Versammlung wird von dem Präsidenten des Oberlandesgerichts, bei dem Reichsgerichte von dem Präsidenten des letzteren berufen. Den Vorsitz in derselben führt der Präsident oder ein von ihm beauftragtes Mitglied des Gerichts.

Der Vorsitzende ernennt für die Versammlung aus deren Mitte einen Schriftführer.

§ 107. Den zur Zeit des Inkrafttretens dieses Gesetzes vorhandenen Rechtsanwälten (Anwälten, Advokaten, Advokatanwälten, Prokuratoren) kann die Zulassung bei einem Landesgerichte, in dessen Bezirke sie bisher ihren Wohnsitz hatten, nicht versagt werden, wenn sie dieselbe vor dem Inkrafttreten dieses Gesetzes oder binnen drei Monaten nach demselben beantragen.

Dieselben sind, sofern sie die Zulassung bei dem Landgericht ihres Wohnsitzes beantragen, befugt, ihren bisherigen Wohnsitz beizubehalten.

Eine nochmalige Beeidigung dieser Rechtsanwälte findet nicht statt.

Den zur Zeit des Inkrafttretens dieses Gesetzes vorhandenen Rechtsanwälten, welche bei den an ihrem Wohnsitze befindlichen mehreren Kollegialgerichten die Anwaltschaft auszuüben berechtigt sind, kann die gleichzeitige Zulassung bei den an demselben Orte an die Stelle der bisherigen tretenden Kollegialgerichten nicht versagt werden, wenn sie dieselbe vor dem Inkrafttreten dieses Gesetzes beantragen. Durch landesherrliche Verordnung kann in diesem Falle für einzelne Orte die gleichzeitige Zulassung bei mehreren Kollegialgerichten ausgeschlossen werden.

§ 108. Diejenigen, welche zur Zeit des Inkrafttretens dieses Gesetzes die Fähigkeit zur Rechtsanwaltschaft erlangt haben, können zur Rechtsanwaltschaft zugelassen werden, auch wenn sie die Fähigkeit zum Richteramte nicht erlangt haben.

Dieselben haben nach Maßgabe des § 4 ein Recht auf Zulassung bei den Gerichten des Bundesstaats, in welchem sie die Fähigkeit zur Rechtsanwaltschaft erlangt haben.

Die Zulassung eines solchen zum Richteramte nicht befähigten Antragstellers kann auch dann versagt werden, wenn dieselbe nicht vor dem Inkrafttreten dieses Gesetzes oder binnen drei Monaten nach demselben oder, falls der Antragsteller zu dieser Zeit ein Amt bekleidet, mit welchem die Rechtsanwaltschaft nicht vereinbar ist, nicht vor Ablauf von drei Monaten nach dem Ausscheiden aus diesem Amte beantragt wird.

§ 109. Die Landesgesetze können für solche Kategorien von Rechtsanwälten und zur Rechtsanwaltschaft Befähigten (§§ 107, 108), für welche die Fähigkeit zum Richteramte nicht erforderlich war, bestimmen, daß deren Zulassung zu versagen oder nur unter Beschränkungen zu ertheilen sei.

§ 110. Durch landesherrliche Verordnung kann die Landesjustizverwaltung auf einen Zeitraum von drei Jahren nach dem Inkrafttreten dieses Gesetzes ermächtigt werden, die Zulassung zur Rechtsanwaltschaft denjenigen zu versagen, welche im Justizdienste sich befinden, sowie denjenigen, welche aus demselben ausgeschieden sind, ohne in einen anderen Zweig des Reichs- oder Staatsdienstes oder in ein besoldetes Gemeindeamt übergegangen oder zur Rechtsanwaltschaft zugelassen worden zu sein.

Auf Grund einer solchen Ermächtigung kann jedoch die Zulassung denjenigen nicht versagt werden, welche dieselbe binnen einem Jahre nach erlangter Fähigkeit zur Rechtsanwaltschaft beantragen und nicht bereits im Justizdienste angestellt worden sind. Für diejenigen, welche die Fähigkeit zur Rechtsanwaltschaft bei dem Inkrafttreten dieses Gesetzes bereits erlangt hatten, läuft diese Frist noch mindestens drei Monate nach diesem Zeitpunkte.

§ 111. Bis zur Wahl des Vorstandes der Anwaltskammer ist die Anhörung desselben nach den Vorschriften der §§ 3, 99 nicht erforderlich.

§ 112. Auf Anordnung der Landesjustizverwaltung können schon vor dem Inkrafttreten des Gerichtsverfassungsgesetzes die Rechtsanwaltslisten (§ 20) angelegt und Eintragungen der in Gemäßheit des § 107 erfolgenden Zulassungen bewirkt werden.

Die Landesjustizverwaltung bestimmt die Gerichte, welche bis zu dem bezeichneten Zeitpunkte die Listen zu führen haben.

§ 113. Ueber den Antrag auf Zulassung zur Rechtsanwaltschaft bei dem Reichsgericht entscheidet vor dem Inkrafttreten des Gerichtsverfassungsgesetzes an Stelle des Präsidiums des Reichsgerichts das Plenum des Reichs-Oberhandelsgerichts.

Das letztere hat bis zu dem bezeichneten Zeitpunkte die Rechtsanwaltsliste zu führen.

§ 114. Mit Zustimmung des Bundesraths kann die Landesjustizverwaltung, wenn in dem Bezirk eines nur einem Bundesstaate angehörigen Oberlandesgerichts das System des französischen Rechts und an dem Sitze einzelner Landgerichte ein anderes System des bürgerlichen Rechts besteht, oder wenn das umgekehrte Verhältniß obwaltet, die bei diesen Landgerichten zugelassenen Rechtsanwälte in den daselbst verhandelten Prozessen bis zur Einführung eines gemeinschaftlichen bürgerlichen Gesetzbuchs zur Vertretung der Parteien auch bei dem Oberlandesgerichte zulassen.

§ 115. Auf die gegen einen Rechtsanwalt (§ 107) zur Zeit des Inkrafttretens dieses Gesetzes anhängigen Disziplinarsachen finden die Bestimmungen der §§ 8, 9, 10, 12 des Einführungsgesetzes zur Strafprozeßordnung entsprechende Anwendung.

An die Stelle des nach den bisherigen Gesetzen zuständigen obersten Landesgerichts tritt der Ehrengerichtshof nach Maßgabe des § 90.

§ 116. Eine nach den bisherigen Gesetzen erkannte zeitige Entziehung der Befugniß zur Ausübung der Rechtsanwaltschaft (Suspension, Dienstsperre) ist im Sinne der § 6 Nr. 3, § 15 Nr. 1, § 43 Nr. 3 für eine härtere Strafe als Verweis zu erachten.

Der Landesgesetzgebung bleibt überlassen, zu bestimmen, in welchem Verhältniß andere bisherige zulässige Strafen zu den im § 63 bezeichneten stehen.

5. Das Gesetz, betr. die Unzulässigkeit der Pfändung von Eisenbahnfahrbetriebsmitteln,[1]) vom 3. Mai 1886

(Reichsgesetzblatt 1886 S. 131)

bestimmt:

Die Fahrbetriebsmittel der Eisenbahnen, welche Personen oder Güter im öffentlichen Verkehr befördern, sind von der ersten Einstellung in den Betrieb bis zur endgültigen Ausscheidung aus den Beständen der Pfändung nicht unterworfen.

Durch diese Bestimmung werden dieselben im Falle des Konkursverfahrens von der Konkursmasse nicht ausgeschlossen.

Auf die Fahrbetriebsmittel ausländischer Eisenbahnen findet die Bestimmung des ersten Absatzes nur insoweit Anwendung, als die Gegenseitigkeit verbürgt ist.

Dieses Gesetz tritt mit dem 1. Juni 1886 in Kraft.

---

6. Die Bekanntmachung des Reichskanzlers, betr. die Zuständigkeit für Todeserklärungen, vom 8. März 1900

(Reichsgesetzblatt 1900 S. 128)

lautet:

Auf Grund des § 961 der Civilprozeßordnung bestimme ich:

Für das Aufgebotsverfahren zum Zwecke der Todeserklärung eines Verschollenen, der weder einen inländischen Wohnsitz gehabt hat noch einem Bundesstaat angehört, ist das Königlich preußische Amtsgericht I in Berlin zuständig.

---

[1]) Verbürgung der Gegenseitigkeit mit Oesterreich-Ungarn durch Erklärung vom 17. März 1887 (R.G.Bl. S. 153).

Das Internationale Uebereinkommen über den Eisenbahnfrachtverkehr vom 14. Oktober 1890 (R.G.Bl. 1892 S. 793) bestimmt im Art. 23 Abs. 5:

In gleicher Weise kann das rollende Material der Eisenbahnen mit Einschluß sämmtlicher beweglicher, der betreffenden Eisenbahn gehörigen Gegenstände, welche sich in diesem Material vorfinden, in dem Gebiete eines anderen Staates als desjenigen, welchem die betreffende Eisenbahn angehört, weder mit Arrest belegt noch gepfändet werden, außer in dem Falle, wenn der Arrest oder die Pfändung auf Grund einer Entscheidung der Gerichte des Staates erfolgt, dem die betreffende Eisenbahn angehört.

7. Gesetz über die Konsulargerichtsbarkeit vom 7. April 1900.

(Reichsgesetzblatt 1900 S. 213—228.)

Wir **Wilhelm**, von Gottes Gnaden Deutscher Kaiser, König von Preußen 2c.

verordnen im Namen des Reichs, nach erfolgter Zustimmung des Bundesraths und des Reichstags, was folgt:

Erster Abschnitt.

Umfang der Konsulargerichtsbarkeit.

§ 1. Die Konsulargerichtsbarkeit wird in den Ländern ausgeübt, in denen ihre Ausübung durch Herkommen oder durch Staatsverträge gestattet ist.

Sie kann durch Kaiserliche Verordnung mit Zustimmung des Bundesraths für bestimmte Gebiete und in Ansehung bestimmter Rechtsverhältnisse außer Uebung gesetzt werden.

§ 2. Der Konsulargerichtsbarkeit sind unterworfen:

1. Deutsche, soweit sie nicht in dem Lande, in dem die Konsulargerichtsbarkeit ausgeübt wird, nach allgemeinen völkerrechtlichen Grundsätzen das Recht der Exterritorialität genießen;
2. Ausländer, soweit sie für ihre Rechtsverhältnisse durch Anordnung des Reichskanzlers oder auf Grund einer solchen dem deutschen Schutze unterstellt sind (Schutzgenossen).

Den Deutschen (Abs. 1 Nr. 1) werden gleichgeachtet Handelsgesellschaften, eingetragene Genossenschaften und juristische Personen, wenn sie im Reichsgebiet oder in einem deutschen Schutzgebiet ihren Sitz haben, juristische Personen auch dann, wenn ihnen durch den Bundesrath oder nach den bisherigen Vorschriften durch einen Bundesstaat die Rechtsfähigkeit verliehen worden ist. Das Gleiche gilt von offenen Handelsgesellschaften und Kommanditgesellschaften, die in einem Konsulargerichtsbezirk ihren Sitz haben, wenn die persönlich haftenden Gesellschafter sämmtlich Deutsche sind. Andere als die bezeichneten Handelsgesellschaften, eingetragenen Genossenschaften und juristischen Personen werden den Ausländern (Abs. 1 Nr. 2) gleichgeachtet.

Durch Anordnung des Reichskanzlers oder auf Grund einer solchen kann bestimmt werden, daß die im Abs. 2 Satz 1 bezeichneten Handelsgesellschaften, eingetragenen Genossenschaften und juristischen Personen, wenn Ausländer daran betheiligt sind, der Konsulargerichtsbarkeit nicht unterstehen.

§ 3. Die Militärgerichtsbarkeit wird durch dieses Gesetz nicht berührt.

Zweiter Abschnitt.

Gerichtsverfassung.

§ 4. Die Konsulargerichtsbezirke werden von dem Reichskanzler nach Vernehmung des Ausschusses des Bundesraths für Handel und Verkehr bestimmt.

§ 5. Die Konsulargerichtsbarkeit wird durch den Konsul (§ 2) des Gesetzes, betreffend die Organisation der Bundeskonsulate, vom 8. November 1867), durch das Konsulargericht und durch das Reichsgericht ausgeübt.

§ 6. Der Konsul ist zur Ausübung der Gerichtsbarkeit befugt, wenn er dazu von dem Reichskanzler ermächtigt wird.

Der Reichskanzler kann neben dem Konsul sowie an dessen Stelle einem anderen Beamten die dem Konsul bei der Ausübung der Gerichtsbarkeit obliegenden Verrichtungen übertragen.

§ 7. Der Konsul ist zuständig:

1. für die durch das Gerichtsverfassungsgesetz, die Prozeßordnungen und die Konkursordnung den Amtsgerichten zugewiesenen Sachen;
2. für die durch Reichsgesetze oder in Preußen geltende allgemeine Landesgesetze den Amtsgerichten übertragenen Angelegenheiten der freiwilligen Gerichtsbarkeit.

§ 8. Das Konsulargericht besteht aus dem Konsul als Vorsitzendem und zwei Beisitzern.

In Strafsachen sind in der Hauptverhandlung vier Beisitzer zuzuziehen, wenn der Beschluß über die Eröffnung des Hauptverfahrens ein Verbrechen oder ein Vergehen zum Gegenstande hat, das weder zur Zuständigkeit der Schöffengerichte noch zu den in den §§ 74, 75 des Gerichtsverfassungsgesetzes bezeichneten Handlungen gehört.

§ 9. Ist in bürgerlichen Rechtsstreitigkeiten die Zuziehung von zwei Beisitzern nicht ausführbar, so tritt an die Stelle des Konsulargerichts der Konsul.

Ist in Strafsachen die vorgeschriebene Zuziehung von vier Beisitzern nicht ausführbar, so genügt die Zuziehung von zwei Beisitzern.

Die Gründe, aus denen die Zuziehung von Beisitzern nicht ausführbar war, müssen in dem Sitzungsprotokoll angegeben werden.

§ 10. Das Konsulargericht ist zuständig:

1. für die durch das Gerichtsverfassungsgesetz und die Prozeßordnung den Landgerichten in erster Instanz sowie den Schöffengerichten zugewiesenen Sachen;
2. für die Verhandlung und Entscheidung über das Rechtsmittel der Beschwerde gegen die Entscheidungen des Konsuls in Strafsachen.

§ 11. In den vor das Konsulargericht gehörenden Sachen steht den Beisitzern ein unbeschränktes Stimmrecht zu.

In den im § 10 Nr. 1 bezeichneten Sachen nehmen die Beisitzer nur an der mündlichen Verhandlung und an den im Laufe oder auf Grund dieser Verhandlung ergehenden Entscheidungen Theil; die sonst erforderlichen Entscheidungen werden von dem Konsul erlassen.

§ 12. Der Konsul ernennt für die Dauer eines jeden Geschäftsjahrs aus den achtbaren Gerichtseingesessenen oder in Ermangelung solcher aus sonstigen achtbaren Einwohnern seines Bezirkes vier Beisitzer und mindestens zwei Hülfsbeisitzer.

Die Gerichtseingesessenen haben der an sie ergehenden Berufung Folge zu leisten; die §§ 53, 55, 56 des Gerichtsverfassungsgesetzes finden entsprechende Anwendung.

§ 13. Die Beeidigung der Beisitzer erfolgt bei ihrer ersten Dienstleistung in öffentlicher Sitzung. Sie gilt für die Dauer des Geschäftsjahrs. Der Vorsitzende richtet an die zu Beeidigenden die Worte: „Sie schwören bei Gott dem Allmächtigen und Allwissenden, die Pflichten eines Beisitzers des deutschen Konsulargerichts getreulich zu erfüllen und Ihre Stimme nach bestem Wissen und Gewissen abzugeben."

Die Beisitzer leisten den Eid, indem jeder einzeln, unter Erhebung der rechten Hand, die Worte spricht: „Ich schwöre es, so wahr mir Gott helfe." Ist ein Beisitzer Mitglied einer Religionsgesellschaft, der das Gesetz den Gebrauch gewisser Betheuerungsformeln an Stelle des Eides gestattet, so wird die Abgabe einer Erklärung unter der Betheuerungsformel dieser Religionsgesellschaft der Eidesleistung gleichgeachtet. Ueber die Beeidigung ist ein Protokoll aufzunehmen.

§ 14. Das Reichsgericht ist zuständig für die Verhandlung und endgültige Entscheidung über die Rechtsmittel

1. der Beschwerde und der Berufung in den vor dem Konsul oder dem Konsulargerichte verhandelten bürgerlichen Rechtsstreitigkeiten und in Konkurssachen;
2. der Beschwerde und der Berufung gegen die Entscheidungen des Konsulargerichts in Strafsachen;
3. der Beschwerde gegen die Entscheidungen des Konsuls in den Angelegenheiten der freiwilligen Gerichtsbarkeit.

§ 15. Eine Mitwirkung der Staatsanwaltschaft findet, soweit nicht in diesem Gesetz ein Anderes vorgeschrieben ist, in den vor den Konsul oder das Konsulargericht gehörenden Sachen nicht statt.

§ 16. Die Personen, welche die Verrichtungen der Gerichtsschreiber und der Gerichtsvollzieher sowie die Verrichtungen der Gerichtsdiener als

Zustellungsbeamten auszuüben haben, werden von dem Konsul bestimmt. Sofern diese Personen nicht bereits den Diensteid als Konsularbeamte geleistet haben, sind sie vor ihrem Amtsantritt auf die Erfüllung der Obliegenheiten des ihnen übertragenen Amtes eidlich zu verpflichten.

Das Verzeichniß der Gerichtsvollzieher ist in der für konsularische Bekanntmachungen ortsüblichen Weise, jedenfalls durch Anheftung an die Gerichtstafel bekannt zu machen.

§ 17. Die Personen, die zur Ausübung der Rechtsanwaltschaft zuzulassen sind, werden von dem Konsul bestimmt. Die Zulassung ist widerruflich.

Gegen eine Verfügung des Konsuls, durch die der Antrag einer Person auf Zulassung zur Ausübung der Rechtsanwaltschaft abgelehnt oder die Zulassung zurückgenommen wird, findet Beschwerde an den Reichskanzler statt.

Das Verzeichniß der zur Ausübung der Rechtsanwaltschaft zugelassenen Personen ist in der für konsularische Bekanntmachungen ortsüblichen Weise, jedenfalls durch Anheftung an die Gerichtstafel bekannt zu machen.

§ 18. Die Vorschriften der §§ 157 bis 169 des Gerichtsverfassungsgesetzes und des § 2 des Reichsgesetzes über die Angelegenheiten der freiwilligen Gerichtsbarkeit finden auf die Leistung der Rechtshülfe unter den bei der Ausübung der Konsulargerichtsbarkeit mitwirkenden Behörden sowie unter diesen Behörden und den Behörden im Reichsgebiet oder in den deutschen Schutzgebieten mit der Maßgabe entsprechende Anwendung, daß für die im § 160 Abs. 1 des Gerichtsverfassungsgesetzes vorgesehene Entscheidung, sofern die Rechtshülfe von dem Konsul versagt oder gewährt wird, das Reichsgericht in erster und letzter Instanz zuständig ist.

Dritter Abschnitt.

Allgemeine Vorschriften über das anzuwendende Recht.

§ 19. In den Konsulargerichtsbezirken gelten für die der Konsulargerichtsbarkeit unterworfenen Personen, soweit nicht in diesem Gesetz ein Anderes vorgeschrieben ist:

1. die dem bürgerlichen Rechte angehörenden Vorschriften der Reichsgesetze und der daneben innerhalb Preußens im bisherigen Geltungsbereiche des preußischen Allgemeinen Landrechts in Kraft stehenden allgemeinen Gesetze sowie die Vorschriften der bezeichneten Gesetze über das Verfahren und die Kosten in bürgerlichen Rechtsstreitigkeiten, in Konkurssachen und in den Angelegenheiten der freiwilligen Gerichtsbarkeit;
2. die dem Strafrecht angehörenden Vorschriften der Reichsgesetze sowie die Vorschriften dieser Gesetze über das Verfahren und die Kosten in Strafsachen.

§ 20. Die in § 19 erwähnten Vorschriften finden keine Anwendung, soweit sie Einrichtungen und Verhältnisse voraussetzen, an denen es für den Konsulargerichtsbezirk fehlt.

Durch Kaiserliche Verordnung können die hiernach außer Anwendung bleibenden Vorschriften, soweit sie zu den im § 19 Nr. 1 erwähnten gehören, näher bezeichnet, auch andere Vorschriften an deren Stelle getroffen werden.

§ 21. Durch Kaiserliche Verordnung können die Rechte an Grundstücken, das Bergwerkseigenthum sowie die sonstigen Berechtigungen, für welche die sich auf Grundstücke beziehenden Vorschriften gelten, abweichend von den nach § 19 maßgebenden Vorschriften geregelt werden.

§ 22. Durch Kaiserliche Verordnung kann bestimmt werden, inwieweit die Vorschriften der Gesetze über den Schutz von Werken der Literatur und Kunst, von Photographien, von Erfindungen, von Mustern und Modellen, von Gebrauchsmustern und von Waarenbezeichnungen in den Konsulargerichtsbezirken Anwendung finden oder außer Anwendung bleiben.

§ 23. Soweit die im § 19 bezeichneten Gesetze landesherrliche Verordnungen oder landesherrliche Genehmigung vorsehen, treten an deren Stelle in den Konsulargerichtsbezirken Kaiserliche Verordnungen oder die Genehmigung des Kaisers.

Die nach diesen Gesetzen im Verwaltungsstreitverfahren zu treffenden Entscheidungen werden für die Konsulargerichtsbezirke in erster und letzter Instanz von dem Bundesrath erlassen.

Soweit in diesen Gesetzen auf Anordnungen oder Verfügungen einer Landes-Zentralbehörde oder einer höheren Verwaltungsbehörde verwiesen wird, treten an deren Stelle in den Konsulargerichtsbezirken Anordnungen oder Verfügungen des Reichskanzlers oder der von diesem bezeichneten Behörde.

Die nach diesen Gesetzen den Polizeibehörden zustehenden Befugnisse werden in den Konsulargerichtsbezirken von dem Konsul ausgeübt.

Bis zum Erlasse der im Abs. 1 vorgesehenen Kaiserlichen Verordnungen sowie der im Abs. 3 vorgesehenen Anordnungen oder Verfügungen des Reichskanzlers finden die innerhalb Preußens im bisherigen Geltungsbereiche des preußischen Allgemeinen Landrechts geltenden landesherrlichen Verordnungen sowie die dort geltenden Anordnungen oder Verfügungen der Landes-Zentralbehörden entsprechende Anwendung.

§ 24. Soweit nach den im § 19 bezeichneten Gesetzen dem Landesfiskus Rechte zustehen oder Verpflichtungen obliegen, tritt in den Konsulargerichtsbezirken an dessen Stelle der Reichsfiskus. Diese Vorschrift findet keine Anwendung auf die Rechte und Verpflichtungen, die für den Landesfiskus mit Rücksicht auf die Staatsangehörigkeit eines Betheiligten begründet sind.

Geldstrafen fließen zur Reichskasse. Durch Kaiserliche Verordnung kann bestimmt werden, daß die wegen Zuwiderhandlung gegen einzelne Gesetze oder Verordnungen verhängten Geldstrafen einem anderen Berechtigten zufallen.

§ 25. Die Rechtsverhältnisse der Schutzgenossen, die keinem Staate angehören, werden, soweit dafür die Staatsangehörigkeit in Betracht kommt, nach den Vorschriften beurtheilt, die für die keinem Bundesstaat angehörenden Deutschen gelten.

Die Rechtsverhältnisse der Schutzgenossen, die einem fremden Staate angehören, werden, soweit dafür die Staatsangehörigkeit in Betracht kommt, nach den für Ausländer geltenden Vorschriften beurtheilt.

§ 26. Durch Kaiserliche Verordnung kann bestimmt werden, inwieweit die Konsulargerichtsbezirke im Sinne der in den §§ 19, 22 bezeichneten Gesetze als deutsches Gebiet oder Inland oder als Ausland anzusehen sind.

§ 27. Soweit die nach § 19 zur Anwendung kommenden Gesetze auf die an einem ausländischen Orte geltenden Vorschriften Bezug nehmen, sind hierunter, falls es sich um einen Ort innerhalb eines Konsulargerichtsbezirkes und um die Rechtsverhältnisse einer der Konsulargerichtsbarkeit unterworfenen Person handelt, die deutschen Gesetze zu verstehen.

Durch Kaiserliche Verordnung kann bestimmt werden, inwieweit in einem Konsulargerichtsbezirke die von der dortigen Staatsgewalt erlassenen Vorschriften neben den deutschen Gesetzen als Gesetze des Ortes anzusehen sind.

§ 28. Zustellungen an die der Konsulargerichtsbarkeit unterworfenen Personen erfolgen im Konsulargerichtsbezirke, sofern sie entweder in einer in diesem Bezirke vor den Konsul oder das Konsulargericht gehörenden Sache oder in nicht gerichtlichen Rechtsangelegenheiten auf Betreiben einer in dem Bezirke befindlichen Person zu geschehen haben, nach den Vorschriften über Zustellungen im Inlande. Falls die Verfolgung dieser Vorschriften mit Schwierigkeiten verbunden ist, kann die Zustellung durch den Konsul nach den Vorschriften über Zustellungen im Auslande mit der Maßgabe bewirkt werden, daß an die Stelle des Ersuchens bei Zustellungen auf Betreiben der Betheiligten deren Antrag und bei Zustellungen von Amtswegen die Anzeige des Gerichtsschreibers tritt.

Im Uebrigen erfolgen Zustellungen im Konsulargerichtsbezirk an die der Konsulargerichtsbarkeit unterworfenen Personen nach den Vorschriften über Zustellungen im Ausland, und zwar in gerichtlichen Angelegenheiten mittelst Ersuchens des Konsuls und in nicht gerichtlichen Rechtsangelegenheiten auf einen von den Betheiligten an ihn zu richtenden Antrag.

§ 29. Die Einrückung einer öffentlichen Bekanntmachung in den Deutschen Reichsanzeiger ist nicht erforderlich, sofern daneben eine andere Art der Veröffentlichung vorgeschrieben ist. Der Reichskanzler kann Ausnahmen von dieser Vorschrift anordnen.

Der Reichskanzler kann bestimmen, daß an die Stelle der Einrückung einer öffentlichen Bekanntmachung in den Deutschen Reichsanzeiger eine andere Art der Veröffentlichung tritt.

§ 30. Neue Gesetze erlangen in den Konsulargerichtsbezirken, die in Europa, in Egypten oder an der asiatischen Küste des Schwarzen oder des Mittelländischen Meeres liegen, mit dem Ablaufe von zwei Monaten, in den übrigen Konsulargerichtsbezirken mit dem Ablaufe von vier Monaten nach dem Tage, an dem das betreffende Stück des Reichs-Gesetzblatts oder der Preußischen Gesetz-Sammlung in Berlin ausgegeben worden ist, verbindliche Kraft, soweit nicht für das Inkrafttreten ein späterer Zeitpunkt festgesetzt ist oder für die Konsulargerichtsbezirke reichsgesetzlich ein Anderes vorgeschrieben wird.

Vierter Abschnitt.

Besondere Vorschriften über das bürgerliche Recht.

§ 31. Auf Vereine, die ihren Sitz in einem Konsulargerichtsbezirke haben, finden die Vorschriften der §§ 21, 22, des § 44 Abs. 1 und der §§ 55 bis 79 des Bürgerlichen Gesetzbuchs keine Anwendung.

§ 32. Die in den §§ 8 bis 10 des Gesetzes, betreffend die Rechtsverhältnisse der deutschen Schutzgebiete (Reichs-Gesetzbl. 1888 S. 75, Reichs-Gesetzbl. 1899 S. 365), für die Errichtung deutscher Kolonialgesellschaften erlassenen Vorschriften finden entsprechende Anwendung auf deutsche Gesellschaften, die den Betrieb eines Unternehmens der im § 8 Abs. 1 des Gesetzes bezeichneten Art in einem Konsulargerichtsbezirke zum Gegenstand und ihren Sitz entweder im Reichsgebiet oder in einem deutschen Schutzgebiet oder in einem Konsulargerichtsbezirke haben.

§ 33. Durch Kaiserliche Verordnung kann für einen Konsulargerichtsbezirk oder für einen Theil eines solchen angeordnet werden, daß statt der in den §§ 246, 247, 288 des Bürgerlichen Gesetzbuchs und im § 352 des Handelsgesetzbuchs aufgestellten Zinssätze ein höherer Zinssatz gilt.

§ 34. Inhaberpapiere der im § 795 Abs. 1 des Bürgerlichen Gesetzbuchs bezeichneten Art, die in einem Konsulargerichtsbezirke von einer der Konsulargerichtsbarkeit unterworfenen Person ausgestellt worden sind, dürfen nur mit Genehmigung des Reichskanzlers in den Verkehr gebracht werden.

§ 35. Durch Anordnung des Reichskanzlers kann bestimmt werden, wer in den Konsulargerichtsbezirken an die Stelle der Gemeinde des Fundorts in den Fällen der §§ 976, 977 und an die Stelle der öffentlichen Armenkasse einer Gemeinde im Falle des § 2072 des Bürgerlichen Gesetzbuchs zu treten hat.

§ 36. Die Form einer Ehe, die in einem Konsulargerichtsbezirke von einem Deutschen oder von einem Schutzgenossen, der keinem Staate angehört, geschlossen wird, bestimmt sich ausschließlich nach den Vorschriften des Gesetzes, betreffend die Eheschließung und die Beurkundung des Personenstandes von Reichsangehörigen im Auslande, vom 4. Mai 1870 (Bundes-Gesetzbl. S. 599, Reichs-Gesetzbl. 1896 S. 614). Ein Schutzgenosse, der einem fremden Staate angehört, kann die Ehe in dieser oder in einer anderen, nach den Gesetzen seines Staates zulässigen Form schließen.

Durch Kaiserliche Verordnung kann bestimmt werden, inwieweit in einem Konsulargerichtsbezirke die Beachtung der Vorschriften genügt, die von der dortigen Staatsgewalt über die Form der Eheschließung erlassen sind.

§ 37. Durch Kaiserliche Verordnung können für die innerhalb der Konsulargerichtsbezirke belegenen Grundstücke die Grundsätze bestimmt werden, nach denen die Sicherheit einer Hypothek, einer Grundschuld oder einer Rentenschuld im Sinne des § 1807 des Bürgerlichen Gesetzbuchs festzustellen ist.

§ 38. Im Falle des § 2249 Abs. 1 des Bürgerlichen Gesetzbuchs kann das Testament durch mündliche Erklärung vor drei Zeugen nach § 2250 errichtet werden; der § 2249 Abs. 2 findet entsprechende Anwendung.

§ 39. Durch Kaiserliche Verordnung können für die Konsulargerichtsbezirke die der Landesgesetzgebung vorbehaltenen Bestimmungen über die Hinterlegung und die Hinterlegungsstellen getroffen werden.

§ 40. In Handelssachen finden die Vorschriften der im § 19 bezeichneten Gesetze nur soweit Anwendung, als nicht das im Konsulargerichtsbezirke geltende Handelsgewohnheitsrecht ein Anderes bestimmt.

Handelssachen im Sinne des Abs. 1 sind die von einem Kaufmanne vorgenommenen Rechtsgeschäfte der im § 1 Abs. 2 des Handelsgesetzbuchs bezeichneten Art sowie die Angelegenheiten, die eines der im § 101 Nr. 3a, d, e, f des Gerichtsverfassungsgesetzes aufgeführten Rechtsverhältnisse zum Gegenstande haben.

Fünfter Abschnitt.

Besondere Vorschriften über das Verfahren in bürgerlichen Rechtsstreitigkeiten, in Konkurssachen und in den Angelegenheiten der freiwilligen Gerichtsbarkeit.

§ 41. In bürgerlichen Rechtsstreitigkeiten richtet sich das Verfahren vor dem Konsul sowie vor dem Konsulargerichte nach den Vorschriften über das Verfahren vor den Amtsgerichten mit der Maßgabe, daß auch die Vorschriften der §§ 348 bis 354 der Civilprozeßordnung Anwendung finden.

§ 42. In Rechtsstreitigkeiten, die die Nichtigkeit einer Ehe zum Gegenstande haben, werden die Verrichtungen der Staatsanwaltschaft von dem Konsul einer der zur Ausübung der Rechtsanwaltschaft zugelassenen Personen, einem anderen achtbaren Gerichtseingesessenen oder sonst im Konsulargerichtsbezirke befindlichen Deutschen oder Schutzgenossen übertragen. Das Gleiche gilt in Entmündigungssachen sowie im Aufgebotsverfahren zum Zwecke der Todeserklärung.

§ 43. In den nach § 7 Nr. 1 zur Zuständigkeit des Konsuls gehörenden bürgerlichen Rechtsstreitigkeiten findet, sofern der Werth des Streitgegenstandes die Summe von dreihundert Mark nicht übersteigt, ein Rechtsmittel nicht statt.

§ 44. Der Konsul ist zur Abänderung seiner durch sofortige Beschwerde angefochtenen Entscheidung auch außer den im § 577 Abs. 3 der Civilprozeßordnung bezeichneten Fällen befugt.

§ 45. Das Rechtsmittel der Berufung wird bei dem Konsul eingelegt. Die Einlegung erfolgt durch Einreichung der Berufungsschrift.

Auf die Einlegung findet die Vorschrift des § 78 Abs. 1 der Civilprozeßordnung keine Anwendung. Die Berufungsschrift ist der Gegenpartei unter Beachtung der Vorschriften des § 179 der Civilprozeßordnung von Amtswegen zuzustellen. Der Konsul hat die Prozeßakten mit dem Nachweise der Zustellung dem Reichsgerichte zu übersenden.

Das Reichsgericht hat den Termin zur mündlichen Verhandlung von Amtswegen zu bestimmen und den Parteien bekannt zu machen.

Die Bekanntmachung des Termins erfolgt an den für die Berufungsinstanz bestellten und dem Reichsgerichte durch Vermittelung des Konsuls oder durch die Partei selbst rechtzeitig benannten Prozeßbevollmächtigten oder Zustellungsbevollmächtigten, in Ermangelung eines solchen an die Partei selbst.

Die im § 520 der Civilprozeßordnung vorgesehene Frist beginnt mit dem Zeitpunkt, in dem der Termin dem Berufungsbeklagten bekannt gemacht worden ist.

§ 46. Die Zwangsvollstreckung im Konsulargerichtsbezirk aus den bei der Ausübung der Konsulargerichtsbarkeit für diesen Bezirk entstandenen vollstreckbaren Schuldtiteln erfolgt gegen die der Konsulargerichtsbarkeit unterworfenen Personen nach den Vorschriften über die Zwangsvollstreckung im Inlande. Im Uebrigen wird die Vollstreckung im Konsulargerichtsbezirke gegen solche Personen durch den Konsul auf ein an ihn gemäß § 791 der Civilprozeßordnung gerichtetes Ersuchen veranlaßt.

§ 47. In den Fällen der §§ 110, 179 der Konkursordnung soll der Termin zur Beschlußfassung über die Wahl eines anderen Verwalters und über die Bestellung eines Gläubigerausschusses sowie der Vergleichstermin nicht über zwei Monate hinaus anberaumt werden.

Diese Termine können bis auf drei Monate hinausgeschoben werden, wenn der Bezirk des Konsulargerichts, vor dem das Verfahren schwebt, nicht in Europa, in Egypten oder an der asiatischen Küste des Schwarzen oder des Mittelländischen Meeres liegt.

Der Zeitraum, der nach § 138 der Konkursordnung zwischen dem Ablaufe der Anmeldefrist und dem allgemeinen Prüfungstermine liegen muß, soll mindestens zwei Wochen und höchstens drei Monate betragen.

An die Stelle der in den §§ 152, 203 der Konkursordnung vorgesehenen Fristen tritt eine Frist von einem Monat, im Falle des Abs. 2 eine Frist von zwei Monaten.

§ 48. Die Vorschrift des § 18 Abs. 2 des Reichsgesetzes über die Angelegenheiten der freiwilligen Gerichtsbarkeit findet auf eine durch Beschwerde angefochtene Verfügung des Konsuls keine Anwendung.

Sechster Abschnitt.

Besondere Vorschriften über das Strafrecht.

§ 49. In den Konsulargerichtsbezirken finden die von der dortigen Staatsgewalt erlassenen Strafgesetze soweit Anwendung, als dies durch Herkommen oder durch Staatsverträge bestimmt ist.

§ 50. Durch Kaiserliche Verordnung kann bestimmt werden, inwieweit in den Konsulargerichtsbezirken die strafrechtlichen Vorschriften der allgemeinen Gesetze Anwendung finden, die innerhalb Preußens im bisherigen Geltungsbereiche des preußischen Allgemeinen Landrechts in Kraft stehen.

§ 51. Der Konsul ist befugt, für seinen Gerichtsbezirk oder einen Theil des Bezirkes polizeiliche Vorschriften mit verbindlicher Kraft für die seiner Gerichtsbarkeit unterworfenen Personen zu erlassen und deren Nichtbefolgung mit Haft, Geldstrafe bis zum Betrage von eintausend Mark und Einziehung einzelner Gegenstände zu bedrohen. Diese Vorschriften sind sofort in Abschrift dem Reichskanzler mitzutheilen.

Der Reichskanzler ist befugt, die von dem Konsul erlassenen polizeilichen Vorschriften aufzuheben.

Die Verkündung der polizeilichen Vorschriften sowie die Verkündung ihrer Aufhebung erfolgt in der für konsularische Bekanntmachungen ortsüblichen Weise, jedenfalls durch Anheftung an die Gerichtstafel.

Siebenter Abschnitt.

Besondere Vorschriften über das Verfahren in Strafsachen.

§ 52. Der Konsul übt in Strafsachen die Verrichtungen des Amtsrichters und des Vorsitzenden der Strafkammer aus.

§ 53. Die Zustellungen, die Ladungen, die Vollstreckung von Beschlüssen und Verfügungen sowie die Strafvollstreckung werden durch den Konsul veranlaßt.

§ 54. Im vorbereitenden Verfahren ist die Beeidigung eines Zeugen oder Sachverständigen auch in den im § 65 Abs. 2 der Strafprozeßordnung bezeichneten Fällen zulässig.

Die Vorschriften des § 126 der Strafprozeßordnung finden keine Anwendung.

§ 55. Erhält der Konsul von dem Verdacht eines zur Zuständigkeit des Reichsgerichts oder der Schwurgerichte gehörenden Verbrechens Kenntniß, so hat er die zur Strafverfolgung erforderlichen Sicherheitsmaßregeln zu treffen sowie die Untersuchungshandlungen, in Ansehung deren Gefahr im Verzug obwaltet oder die Voraussetzungen des § 65 Abs. 2 der Strafprozeßordnung zutreffen, vorzunehmen und demnächst die Akten der Staatsanwaltschaft bei dem zuständigen deutschen Gericht, in Ermangelung eines solchen dem Ober-Reichsanwalte zu übersenden. Im letzteren Falle wird das zuständige Gericht von dem Reichsgerichte bestimmt.

§ 56. Gehört die strafbare Handlung zur Zuständigkeit des Konsulargerichts oder des Konsuls, so ist an Stelle der Staatsanwaltschaft der Konsul zum Einschreiten berufen. Er stellt insbesondere die der Staatsanwaltschaft im vorbereitenden Verfahren obliegenden Ermittelungen an.

§ 57. Eine Voruntersuchung findet nicht statt.

§ 58. An die Stelle der öffentlichen Klage tritt in den Fällen, in denen nicht sofort das Hauptverfahren eröffnet wird, die Verfügung des Konsuls über die Einleitung des Strafverfahrens gegen den Beschuldigten. Diese Verfügung hat die dem Angeschuldigten zur Last gelegte That unter Hervorhebung ihrer gesetzlichen Merkmale und des anzuwendenden Strafgesetzes zu bezeichnen.

Der Beschluß, durch den das Hauptverfahren eröffnet wird, hat auch die Beweismittel anzugeben.

§ 59. Die Vorschrift des § 232 der Strafprozeßordnung findet auch dann Anwendung, wenn nach dem Ermessen des Gerichts die zu erwartende Freiheitsstrafe nicht mehr als sechs Monate beträgt.

§ 60. Den Umfang der Beweisaufnahme bestimmt das Gericht, ohne hierbei durch Anträge, Verzichte oder frühere Beschlüsse gebunden zu sein.

§ 61. In das Protokoll über die Hauptverhandlung sind die wesentlichen Ergebnisse der Vernehmungen aufzunehmen.

§ 62. In den Fällen der §§ 45, 449 der Strafprozeßordnung beträgt die Frist zwei Wochen.

§ 63. Gegen die wegen Uebertretungen erlassenen Entscheidungen ist, sofern eine Verurtheilung auf Grund des § 361 Nr. 3 bis 8 des Strafgesetzbuchs erfolgt oder nur auf Geldstrafe oder auf Geldstrafe und Einziehung erkannt wird, ein Rechtsmittel nicht zulässig.

Im Uebrigen findet in Strafsachen gegen die Urtheile des Konsulargerichts das Rechtsmittel der Berufung statt.

§ 64. Auf Beschwerden gegen Entscheidungen des Konsuls findet die Vorschrift des § 23 Abs. 1 der Strafprozeßordnung keine Anwendung.

In den Fällen des § 353 der Strafprozeßordnung ist der Konsul zur Abänderung seiner durch Beschwerde angefochtenen Entscheidung befugt.

§ 65. Die der Staatsanwaltschaft zustehenden Rechtsmittel können gegen die Entscheidungen des Konsulargerichts von dem Konsul eingelegt werden.

§ 66. In den Fällen der §§ 353, 355, 358, 360 der Strafprozeßordnung beträgt die Frist zwei Wochen.

§ 67. Die Frist zur Anfechtung einer Entscheidung beginnt für den Nebenkläger im Falle des § 439 der Strafprozeßordnung mit der Bekanntmachung der Entscheidung an den Beschuldigten.

§ 68. Der Konsul kann Zeugen und Sachverständige, die zur Rechtfertigung der Berufung benannt sind, vernehmen und beeidigen, wenn die Voraussetzungen des § 65 Abs. 2 der Strafprozeßordnung vorliegen. Die Protokolle über diese Vernehmungen sind dem Ober-Reichsanwalte zu übersenden. Die Vorschriften des § 223 und des § 250 Abs. 2 der Strafprozeßordnung finden entsprechende Anwendung.

§ 69. Der Angeklagte kann in der Hauptverhandlung vor dem Berufungsgericht erscheinen oder sich durch einen mit schriftlicher Vollmacht versehenen Vertheidiger vertreten lassen.

Der nicht auf freiem Fuße befindliche Angeklagte hat keinen Anspruch auf Anwesenheit.

Soweit der Angeklagte die Berufung eingelegt hat, ist über diese auch dann zu verhandeln, wenn weder der Angeklagte noch ein Vertreter für ihn erschienen ist.

§ 70. Die Wiederaufnahme eines durch rechtskräftiges Urtheil geschlossenen Verfahrens kann von Amtswegen erfolgen.

§ 71. Das Gesetz, betreffend die Entschädigung der im Wiederaufnahmeverfahren freigesprochenen Personen, vom 20. Mai 1898 (Reichs-Gesetzbl. S. 345) findet mit folgenden Maßgaben Anwendung.

An die Stelle der Staatsanwaltschaft des Landgerichts tritt der Konsul. Die im § 5 Abs. 3 vorgesehene Ausschlußfrist beträgt sechs Monate. Für die Ansprüche auf Entschädigung ist das Reichsgericht in erster und letzter Instanz zuständig.

§ 72. In Strafsachen, in denen der Konsul oder das Konsulargericht in erster Instanz erkannt hat, steht das Begnadigungsrecht dem Kaiser zu.

Achter Abschnitt.

Besondere Vorschriften über die Kosten.

§ 73. Die Gebühren der Gerichte und der Gerichtsvollzieher in den Konsulargerichtsbezirken werden im doppelten Betrage der Sätze erhoben, die in den nach § 19 maßgebenden Vorschriften bestimmt sind.

Die Gebühr für eine Zustellung in den Konsulargerichtsbezirken nach den Vorschriften über Zustellungen im Auslande beträgt drei Mark.

Die den Gerichtsbeamten und Gerichtsvollziehern zustehenden Tagegelder und Reisekosten werden, soweit es sich um Konsularbeamte handelt, nach Maßgabe der für diese geltenden Vorschriften erhoben.

§ 74. Die Erhebung und Beitreibung der Kosten wird durch den Konsul veranlaßt.

Die Regelung des Beitreibungsverfahrens erfolgt im Anschluß an die Vorschriften der Civilprozeßordnung durch Anordnung des Reichskanzlers.

§ 75. Die bei der Ausübung der Konsulargerichtsbarkeit mitwirkenden Behörden haben einander zum Zwecke der Erhebung und Beitreibung der Kosten Beistand zu leisten.

Das Gleiche gilt für die Beistandsleistung unter diesen Behörden und den Behörden im Reichsgebiet oder in den deutschen Schutzgebieten. Dabei finden die gemäß § 99 des Gerichtskostengesetzes (Reichs-Gesetzbl. 1898 S. 659) erlassenen Vorschriften über den zum Zwecke der Einziehung von Gerichtskosten unter den Bundesstaaten zu leistenden Beistand entsprechende Anwendung.

§ 76. Soweit die Gebühren der Rechtsanwälte durch Ortsgebrauch geregelt sind, kommt dieser zunächst zur Anwendung.

Neunter Abschnitt.

Schlußbestimmungen.

§ 77. Die im § 2 bezeichneten Personen können nach den in Gemäßheit dieses Gesetzes in den Konsulargerichtsbezirken Anwendung findenden strafrechtlichen Vorschriften wegen eines Verbrechens oder Vergehens auch dann verfolgt werden, wenn sie die Handlung in einem Gebiete begangen haben, das keiner Staatsgewalt unterworfen ist.

Im Uebrigen können durch Kaiserliche Verordnung die in Gemäßheit dieses Gesetzes in den Konsulargerichtsbezirken geltenden Vorschriften in Gebieten der im Abs. 1 bezeichneten Art ganz oder theilweise für anwendbar erklärt werden. Soweit hiernach die Vorschriften über die Ausübung der Gerichtsbarkeit Geltung erlangen, ist der Reichskanzler befugt, an Stelle des Konsuls einen anderen Beamten zur Wahrnehmung der Gerichtsbarkeit zu ermächtigen; auch können als Gerichtsbeisitzer Personen zugezogen werden, die nicht Eingesessene oder Einwohner des Gerichtsbezirkes sind.

§ 78. Dieses Gesetz tritt an einem durch Kaiserliche Verordnung festzusetzenden Tage in Kraft.[1])

§ 79. Soweit in Reichsgesetzen oder in Landesgesetzen auf Vorschriften des Gesetzes über die Konsulargerichtsbarkeit vom 10. Juli 1879 verwiesen ist, treten die entsprechenden Vorschriften dieses Gesetzes an deren Stelle.

§ 80. Der Reichskanzler hat die zur Ausführung des Gesetzes erforderlichen Anordnungen zu erlassen.

Urkundlich unter Unserer Höchsteigenhändigen Unterschrift und beigedrucktem Kaiserlichen Insiegel.

Gegeben Berlin, den 7. April 1900.

Wilhelm.

Fürst zu Hohenlohe.

---

[1]) Die Verordnung vom 25. Oktober 1900 zur Einführung des Gesetzes über die Konsulargerichtsbarkeit (R.G.Bl. S. 999) bestimmt:

Art. 1. Das Gesetz über die Konsulargerichtsbarkeit vom 7 April 1900 tritt am 1. Januar 1901 in Kraft.

Art. 2. Für die Uebertragung des Eigenthums an Grundstücken in den Konsulargerichtsbezirken genügt, soweit nicht für diese Grundstücke ein Grundbuch im Sinne der Reichsgesetze angelegt ist, die Beobachtung der Form, die den von der dortigen Staatsgewalt erlassenen Vorschriften entspricht.

Innerhalb Rumäniens, Serbiens und Bulgariens gilt das Gleiche auch für die Form eines anderen Rechtsgeschäfts, das dort vorgenommen, sowie für die Form einer Ehe, die dort geschlossen wird

Art. 3. Statt der in den §§ 246, 247, 288 des Bürgerlichen Gesetzbuchs und im § 352 des Handelsgesetzbuchs aufgestellten Zinssätze gilt in den Konsulargerichtsbezirken ein den landesüblichen Vertragszinsen entsprechender Zinssatz, jedoch höchstens ein solcher von zehn vom Hundert für das Jahr

Art. 4. Diese Verordnung tritt gleichzeitig mit dem Gesetz über die Konsulargerichtsbarkeit in Kraft.

8. Schutzgebietsgesetz nach der Bekanntmachung des Reichskanzlers vom 10. September 1900.

(Reichsgesetzblatt 1900 S. 813—817.)

(Text siehe im Nachtrag zu Allfeld, Strafgesetzgebung.)

9. Gesetz über die privaten Versicherungsunternehmungen vom 12. Mai 1901.

(R.G.Bl S 139—173.)

(Text siehe im Nachtrag zu Allfeld, Strafgesetzgebung.)

10. Gesetz, betreffend die freiwillige Gerichtsbarkeit und andere Rechtsangelegenheiten in Heer und Marine. Vom 28. Mai 1901.

(R.G.Bl. S. 185—188.)

Wir **Wilhelm**, von Gottes Gnaden Deutscher Kaiser, König von Preußen &c.

verordnen im Namen des Reichs, nach erfolgter Zustimmung des Bundesraths und des Reichstags, was folgt:

§ 1. Im Felde (Einführungsgesetz zur Militärstrafgerichtsordnung § 5) sind beim Heere hinsichtlich der im § 1 Nr. 1, 6, 7, 8 der Militärstrafgerichtsordnung vom 1. Dezember 1898 bezeichneten Personen auch die Kriegsgerichtsräthe und die Oberkriegsgerichtsräthe zuständig:

1. für die nach § 167 des Gesetzes über die Angelegenheiten der freiwilligen Gerichtsbarkeit vom 17. Mai 1898 den Amtsgerichten zustehenden Verrichtungen,
2. für die Entgegennahme von Versicherungen an Eidesstatt sowie für die Aufnahme von Urkunden über Thatsachen, auch soweit diese nicht unter die Nr. 1 fallen,
3. für die Erledigung von Ersuchen um Rechtshülfe, jedoch unbeschadet der Vorschriften des § 13 des Einführungsgesetzes zur Militärstrafgerichtsordnung.

§ 2. In den Fällen des § 1 Nr. 1 finden die Vorschriften der §§ 168 bis 183 des Gesetzes über die Angelegenheiten der freiwilligen Gerichtsbarkeit und, sofern ein Testament oder ein Erbvertrag den Gegenstand der Beurkundung bildet, die Vorschriften des Bürgerlichen Gesetzbuchs über die Errichtung von Testamenten und Erbverträgen Anwendung; die Geschäfte eines Gerichtsschreibers versieht der Militärgerichtsschreiber. Die Vorschriften des § 173 Nr. 1 des Gesetzes über die Angelegenheiten der freiwilligen Gerichtsbarkeit und des § 2237 Nr. 1 des Bürgerlichen Gesetzbuchs bleiben außer Anwendung bei Zeugen, die dem aktiven Heere angehören. Die Vorschriften des § 44 des Reichsmilitärgesetzes bleiben unberührt.

§ 3. In den Fällen des § 1 Nr. 2 finden folgende Vorschriften Anwendung:

1. Die Urkunde muß den Ort und den Tag der Verhandlung oder, falls sie nicht in der Form eines Protokolls aufgenommen wird, den Ort und den Tag der Ausstellung angeben und mit der Unterschrift des Kriegsgerichtsraths oder des Oberkriegsgerichtsraths versehen sein. Wird die Urkunde den Betheiligten in Urschrift ausgehändigt, so muß sie auch mit Siegel oder Stempel versehen sein.
2. Die Beurkundung soll, sofern nicht ein Anderes bestimmt ist, in der Form eines Protokolls erfolgen. Außer dem Kriegsgerichtsrath oder dem Oberkriegsgerichtsrathe sollen auch die übrigen bei der Verhandlung mitwirkenden Personen das Protokoll unterzeichnen.

   Das Protokoll ist den Betheiligten behufs der Genehmigung vorzulesen oder ihnen zur Durchsicht vorzulegen und von ihnen zu unterschreiben. Kann ein Betheiligter das Protokoll nicht unterschreiben, so ist dies unter dem Protokoll anzugeben.
3. Bei Zustellungen, bei der Beglaubigung von Abschriften, bei der Sicherstellung der Zeit, zu welcher eine Privaturkunde ausgestellt ist, bei Lebensbescheinigungen und bei sonstigen einfachen Zeugnissen bedarf es nicht der Aufnahme eines Protokolls.
4. Die Beglaubigung einer Abschrift geschieht durch einen unter die Abschrift zu setzenden Vermerk, der die Uebereinstimmung mit der Hauptschrift bezeugt. In dem Vermerke soll ersichtlich gemacht werden, ob die Hauptschrift eine Urschrift, eine einfache oder beglaubigte Abschrift oder eine Ausfertigung ist; ist sie eine beglaubigte Abschrift oder eine Ausfertigung, so ist der Beglaubigungsvermerk oder der Ausfertigungsvermerk in die beglaubigte Abschrift mitaufzunehmen.

   Durchstreichungen, Aenderungen, Einschaltungen, Radirungen oder andere Mängel einer von den Betheiligten vorgelegten Schrift sollen in dem Vermerk angegeben werden.

   Soll ein Auszug aus einer Urkunde beglaubigt werden, so sind in den Auszug außer solchen Theilen der Urkunde, welche die Beobachtung der Förmlichkeiten nachweisen, diejenigen Theile aufzunehmen, welche den Gegenstand betreffen, auf den sich der Auszug beziehen soll. In dem Beglaubigungsvermerk ist der Gegenstand anzugeben und zu bezeugen, daß weitere den Gegenstand betreffende Bestimmungen in der Urkunde nicht enthalten sind.

5. Die Sicherstellung der Zeit, zu welcher eine Privaturkunde ausgestellt ist, geschieht durch einen unter die Urkunde zu setzenden Vermerk, in welchem der Kriegsgerichtsrath oder der Oberkriegsgerichtsrath bezeugt, wann ihm die Urkunde vorgelegt worden ist. Die Vorschriften der Nr. 4 Abs. 2 finden Anwendung.

§ 4. In den Fällen des § 1 werden Beschwerden im Aufsichtswege erledigt. Dies gilt auch bei Ersuchen um Rechtshülfe in Strafsachen (§ 13 des Einführungsgesetzes zur Militärstrafgerichtsordnung).

§ 5. In Ansehung solcher Personen, die zur Besatzung eines in Dienst gestellten Schiffes der Kaiserlichen Marine gehören oder die in anderer Eigenschaft an Bord eines solchen Schiffes sind, finden die Vorschriften des § 1 Nr. 2 und der §§ 3, 4 Anwendung, solange das Schiff sich außerhalb eines inländischen Hafens befindet Den Schiffen stehen die sonstigen Fahrzeuge der Kaiserlichen Marine gleich.

§ 6. Im Felde liegt beim Heere nach dem Tode einer der im § 1 bezeichneten Personen die vorläufige Sicherung des Nachlasses dem zunächst vorgesetzten Offizier oder Beamten ob.

§ 7. Nach dem Tode eines Angehörigen des aktiven Heeres (Reichsmilitärgesetz vom 2. Mai 1874 § 38) hat, unbeschadet der Zuständigkeit des Nachlaßgerichts, die Militärbehörde, welcher der Verstorbene angehörte, für die Sicherung der amtlichen Akten oder der sonstigen Sachen, deren Herausgabe auf Grund des Dienstverhältnisses verlangt werden kann, zu sorgen, soweit hierfür ein Bedürfniß besteht.

Werden bei der Ausführung einer Maßregel, die das Gericht zur Sicherung des Nachlasses angeordnet hat, Sachen der im Abs. 1 bezeichneten Art vorgefunden, so hat das Gericht die Militärbehörde, welcher der Verstorbene angehörte, hiervon zu benachrichtigen und ihr zugleich von den Sicherungsmaßregeln, die in Ansehung dieser Sachen vorgenommen worden sind, Mittheilung zu machen. Der Militärbehörde liegt es ob, das Weitere zu veranlassen.

War der Verstorbene der einzige Beamte der Behörde, so tritt an die Stelle der Militärbehörde das am Standorte befindliche Garnisonkommando.

§ 8. Der § 39 Abs. 3 des Reichsmilitärgesetzes wird aufgehoben.

Für Militärpersonen, deren Truppentheil sich im Ausland aufhält und im Inland einen Garnisonort weder hat noch gehabt hat, kann für Angelegenheiten der streitigen Gerichtsbarkeit ein im Inlande belegener Ort als Garnisonort durch Kaiserliche Verordnung bestimmt werden.

Urkundlich unter Unserer Höchsteigenhändigen Unterschrift und beigedrucktem Kaiserlichen Insiegel.

Gegeben Neues Palais, den 28. Mai 1901.

(L. S.) **Wilhelm.**

Graf von Bülow.

11. Gesetz zur Abänderung des Gesetzes, betreffend das Flaggenrecht der Kauffahrteischiffe, vom 29. Mai 1901.

(R.G.Bl. S. 184.)

(Text siehe im Nachtrag zu Allfeld, Strafgesetzgebung.)

12. Gesetz über das Verlagsrecht vom 19. Juni 1901.

(R.G.Bl. S. 217—226.)

Wir Wilhelm, von Gottes Gnaden Deutscher Kaiser, König von Preußen ꝛc.

verordnen im Namen des Reichs, nach erfolgter Zustimmung des Bundesraths und des Reichstags, was folgt:

§ 1. Durch den Verlagsvertrag über ein Werk der Literatur oder der Tonkunst wird der Verfasser verpflichtet, dem Verleger das Werk zur Vervielfältigung und Verbreitung für eigene Rechnung zu überlassen. Der Verleger ist verpflichtet, das Werk zu vervielfältigen und zu verbreiten.

§ 2. Der Verfasser hat sich während der Dauer des Vertragsverhältnisses jeder Vervielfältigung und Verbreitung des Werkes zu enthalten, die einem Dritten während der Dauer des Urheberrechts untersagt ist.

Dem Verfasser verbleibt jedoch die Befugniß zur Vervielfältigung und Verbreitung:

1. für die Uebersetzung in eine andere Sprache oder in eine andere Mundart;
2. für die Wiedergabe einer Erzählung in dramatischer Form oder eines Bühnenwerkes in der Form einer Erzählung;
3. für die Bearbeitung eines Werkes der Tonkunst, soweit sie nicht blos ein Auszug oder eine Uebertragung in eine andere Tonart oder Stimmlage ist.

Auch ist der Verfasser zur Vervielfältigung und Verbreitung in einer Gesammtausgabe befugt, wenn seit dem Ablaufe des Kalenderjahrs, in welchem das Werk erschienen ist, zwanzig Jahre verstrichen sind.

§ 3. Beiträge zu einem Sammelwerke, für die dem Verfasser ein Anspruch auf Vergütung nicht zusteht, dürfen von ihm anderweit verwerthet werden, wenn seit dem Ablaufe des Kalenderjahrs, in welchem sie erschienen sind, ein Jahr verstrichen ist.

§ 4. Der Verleger ist nicht berechtigt, ein Einzelwerk für eine Gesammtausgabe oder ein Sammelwerk sowie Theile einer Gesammtausgabe oder eines Sammelwerkes für eine Sonderausgabe zu verwerthen. Soweit jedoch eine solche Verwerthung auch während der Dauer des Urheberrechts einem Jeden freisteht, bleibt sie dem Verleger gleichfalls gestattet.

§ 5. Der Verleger ist nur zu einer Auflage berechtigt. Ist ihm das Recht zur Veranstaltung mehrerer Auflagen eingeräumt, so gelten im Zweifel für jede neue Auflage die gleichen Abreden wie für die vorhergehende.

Ist die Zahl der Abzüge nicht bestimmt, so ist der Verleger berechtigt, tausend Abzüge herzustellen. Hat der Verleger durch eine vor dem Beginne der Vervielfältigung dem Verfasser gegenüber abgegebene Erklärung die Zahl der Abzüge niedriger bestimmt, so ist er nur berechtigt die Auflage in der angegebenen Höhe herzustellen.

§ 6. Die üblichen Zuschußexemplare werden in die Zahl der zulässigen Abzüge nicht eingerechnet. Das Gleiche gilt von Freiexemplaren, soweit ihre Zahl den zwanzigsten Theil der zulässigen Abzüge nicht übersteigt.

Zuschußexemplare, die nicht zum Ersatz oder zur Ergänzung beschädigter Abzüge verwendet worden sind, dürfen von dem Verleger nicht verbreitet werden.

§ 7. Gehen Abzüge unter, die der Verleger auf Lager hat, so darf er sie durch andere ersetzen; er hat vorher dem Verfasser Anzeige zu machen.

§ 8. In dem Umfang, in welchem der Verfasser nach den §§ 2 bis 7 verpflichtet ist, sich der Vervielfältigung und Verbreitung zu enthalten und sie dem Verleger zu gestatten, hat er, soweit nicht aus dem Vertrage sich ein Anderes ergiebt, dem Verleger das ausschließliche Recht zur Vervielfältigung und Verbreitung (Verlagsrecht) zu verschaffen.

§ 9. Das Verlagsrecht entsteht mit der Ablieferung des Werkes an den Verleger und erlischt mit der Beendigung des Vertragsverhältnisses.

Soweit der Schutz des Verlagsrechts es erfordert, kann der Verleger gegen den Verfasser sowie gegen Dritte die Befugnisse ausüben, die zum Schutze des Urheberrechts durch das Gesetz vorgesehen sind.

§ 10. Der Verfasser ist verpflichtet, dem Verleger das Werk in einem für die Vervielfältigung geeigneten Zustand abzuliefern.

§ 11. Ist der Verlagsvertrag über ein bereits vollendetes Werk geschlossen, so ist das Werk sofort abzuliefern.

Soll das Werk erst nach dem Abschlusse des Verlagsvertrags hergestellt werden, so richtet sich die Frist der Ablieferung nach dem Zwecke, welchem das Werk dienen soll. Soweit sich hieraus nichts ergiebt, richtet sich die Frist nach dem Zeitraum, innerhalb dessen der Verfasser das Werk bei einer seinen Verhältnissen entsprechenden Arbeitsleistung herstellen kann; eine anderweitige Thätigkeit des Verfassers bleibt bei der Bemessung der Frist nur dann außer Betracht, wenn der Verleger die Thätigkeit bei dem Abschlusse des Vertrags weder kannte noch kennen mußte.

§ 12. Bis zur Beendigung der Vervielfältigung darf der Verfasser Aenderungen an dem Werke vornehmen. Vor der Veranstaltung einer neuen Auflage hat der Verleger dem Verfasser zur Vornahme von Aenderungen Gelegenheit zu geben. Aenderungen sind nur insoweit zulässig, als nicht durch sie ein berechtigtes Interesse des Verlegers verletzt wird.

Der Verfasser darf die Aenderungen durch einen Dritten vornehmen lassen.

Nimmt der Verfasser nach dem Beginne der Vervielfältigung Aenderungen vor, welche das übliche Maß übersteigen, so ist er verpflichtet, die hieraus entstehenden Kosten zu ersetzen; die Ersatzpflicht liegt ihm nicht ob, wenn Umstände, die inzwischen eingetreten sind, die Aenderung rechtfertigen.

§ 13. Der Verleger darf an dem Werke selbst, an dessen Titel und an der Bezeichnung des Urhebers Zusätze, Kürzungen oder sonstige Aenderungen nicht vornehmen.

Zulässig sind Aenderungen, für die der Verfasser seine Einwilligung nach Treu und Glauben nicht versagen kann.

§ 14. Der Verleger ist verpflichtet, das Werk in der zweckentsprechenden und üblichen Weise zu vervielfältigen und zu verbreiten. Die Form und Ausstattung der Abzüge wird unter Beobachtung der im Verlagshandel herrschenden Uebung sowie mit Rücksicht auf Zweck und Inhalt des Werkes von dem Verleger bestimmt.

§ 15. Der Verleger hat mit der Vervielfältigung zu beginnen, sobald ihm das vollständige Werk zugegangen ist. Erscheint das Werk in Abtheilungen, so ist mit der Vervielfältigung zu beginnen, sobald der Verfasser eine Abtheilung abgeliefert hat, die nach ordnungsmäßiger Folge zur Herausgabe bestimmt ist.

§ 16. Der Verleger ist verpflichtet, diejenige Zahl von Abzügen herzustellen, welche er nach dem Vertrag oder gemäß dem § 5 herzustellen berechtigt ist. Er hat rechtzeitig dafür zu sorgen, daß der Bestand nicht vergriffen wird.

§ 17. Ein Verleger, der das Recht hat, eine neue Auflage zu veranstalten, ist nicht verpflichtet, von diesem Rechte Gebrauch zu machen. Zur Ausübung des Rechtes kann ihm der Verfasser eine angemessene Frist bestimmen. Nach dem Ablaufe der Frist ist der Verfasser berechtigt, von dem Vertrage zurückzutreten, wenn nicht die Veranstaltung rechtzeitig erfolgt ist. Der Bestimmung einer Frist bedarf es nicht, wenn die Veranstaltung von dem Verleger verweigert wird.

§ 18. Fällt der Zweck, welchem das Werk dienen sollte, nach dem Abschlusse des Vertrags weg, so kann der Verleger das Vertragsverhältniß kündigen; der Anspruch des Verfassers auf die Vergütung bleibt unberührt.

Das Gleiche gilt, wenn Gegenstand des Verlagsvertrags ein Beitrag zu einem Sammelwerk ist und die Vervielfältigung des Sammelwerkes unterbleibt.

§ 19. Werden von einem Sammelwerke neue Abzüge hergestellt, so ist der Verleger im Einverständnisse mit dem Herausgeber berechtigt, einzelne Beiträge wegzulassen.

§ 20. Der Verleger hat für die Korrektur zu sorgen. Einen Abzug hat er rechtzeitig dem Verfasser zur Durchsicht vorzulegen.

Der Abzug gilt als genehmigt, wenn der Verfasser ihn nicht binnen einer angemessenen Frist dem Verleger gegenüber beanstandet.

§ 21. Die Bestimmung des Ladenpreises, zu welchem das Werk verbreitet wird, steht für jede Auflage dem Verleger zu. Er darf den Ladenpreis ermäßigen, soweit nicht berechtigte Interessen des Verfassers verletzt werden. Zur Erhöhung dieses Preises bedarf es stets der Zustimmung des Verfassers.

§ 22. Der Verleger ist verpflichtet, dem Verfasser die vereinbarte Vergütung zu zahlen. Eine Vergütung gilt als stillschweigend vereinbart, wenn die Ueberlassung des Werkes den Umständen nach nur gegen eine Vergütung zu erwarten ist.

Ist die Höhe der Vergütung nicht bestimmt, so ist eine angemessene Vergütung in Geld als vereinbart anzusehen.

§ 23. Die Vergütung ist bei der Ablieferung des Werkes zu entrichten. Ist die Höhe der Vergütung unbestimmt oder hängt sie von dem Umfange der Vervielfältigung, insbesondere von der Zahl der Druckbogen, ab, so wird die Vergütung fällig, sobald das Werk vervielfältigt ist.

§ 24. Bestimmt sich die Vergütung nach dem Absatze, so hat der Verleger jährlich dem Verfasser für das vorangegangene Geschäftsjahr Rechnung zu legen und ihm, soweit es für die Prüfung erforderlich ist, die Einsicht seiner Geschäftsbücher zu gestatten.

§ 25. Der Verleger eines Werkes der Literatur ist verpflichtet, dem Verfasser auf je hundert Abzüge ein Freiexemplar, jedoch im Ganzen nicht weniger als fünf und nicht mehr als fünfzehn zu liefern. Auch hat er dem Verfasser auf dessen Verlangen ein Exemplar in Aushängebogen zu überlassen.

Der Verleger eines Werkes der Tonkunst ist verpflichtet, dem Verfasser die übliche Zahl von Freiexemplaren zu liefern.

Von Beiträgen, die in Sammelwerken erscheinen, dürfen Sonderabzüge als Freiexemplare geliefert werden.

§ 26. Der Verleger hat die zu seiner Verfügung stehenden Abzüge des Werkes zu dem niedrigsten Preise, für welchen er das Werk im Betriebe seines Verlagsgeschäfts abgiebt, dem Verfasser, soweit dieser es verlangt, zu überlassen.

§ 27. Der Verleger ist verpflichtet, das Werk, nachdem es vervielfältigt worden ist, zurückzugeben, sofern der Verfasser sich vor dem Beginne der Vervielfältigung die Rückgabe vorbehalten hat.

§ 28. Die Rechte des Verlegers sind übertragbar, soweit nicht die Uebertragung durch Vereinbarung zwischen dem Verfasser und dem

Verleger ausgeschlossen ist. Der Verleger kann jedoch durch einen Vertrag, der nur über einzelne Werke geschlossen wird, seine Rechte nicht ohne Zustimmung des Verfassers übertragen. Die Zustimmung kann nur verweigert werden, wenn ein wichtiger Grund vorliegt. Fordert der Verleger den Verfasser zur Erklärung über die Zustimmung auf, so gilt diese als ertheilt, wenn nicht die Verweigerung von dem Verfasser binnen zwei Monaten nach dem Empfange der Aufforderung dem Verleger gegenüber erklärt wird.

Die dem Verleger obliegende Vervielfältigung und Verbreitung kann auch durch den Rechtsnachfolger bewirkt werden. Uebernimmt der Rechtsnachfolger dem Verleger gegenüber die Verpflichtung, das Werk zu vervielfältigen und zu verbreiten, so haftet er dem Verfasser für die Erfüllung der aus dem Verlagsvertrage sich ergebenden Verbindlichkeiten neben dem Verleger als Gesammtschuldner. Die Haftung erstreckt sich nicht auf eine bereits begründete Verpflichtung zum Schadensersatze.

§ 29. Ist der Verlagsvertrag auf eine bestimmte Zahl von Auflagen oder von Abzügen beschränkt, so endigt das Vertragsverhältniß, wenn die Auflagen oder Abzüge vergriffen sind.

Der Verleger ist verpflichtet, dem Verfasser auf Verlangen Auskunft darüber zu ertheilen, ob die einzelne Auflage oder die bestimmte Zahl von Abzügen vergriffen ist.

Wird der Verlagsvertrag für eine bestimmte Zeit geschlossen, so ist nach dem Ablaufe der Zeit der Verleger nicht mehr zur Verbreitung der noch vorhandenen Abzüge berechtigt.

§ 30. Wird das Werk ganz oder zum Theil nicht rechtzeitig abgeliefert, so kann der Verleger, statt den Anspruch auf Erfüllung geltend zu machen, dem Verfasser eine angemessene Frist zur Ablieferung mit der Erklärung bestimmen, daß er die Annahme der Leistung nach dem Ablaufe der Frist ablehne. Zeigt sich schon vor dem Zeitpunkt, in welchem das Werk nach dem Vertrag abzuliefern ist, daß das Werk nicht rechtzeitig abgeliefert werden wird, so kann der Verleger die Frist sofort bestimmen; die Frist muß so bemessen werden, daß sie nicht vor dem bezeichneten Zeitpunkt abläuft. Nach dem Ablaufe der Frist ist der Verleger berechtigt, von dem Vertrage zurückzutreten, wenn nicht das Werk rechtzeitig abgeliefert worden ist; der Anspruch auf Ablieferung des Werkes ist ausgeschlossen.

Der Bestimmung einer Frist bedarf es nicht, wenn die rechtzeitige Herstellung des Werkes unmöglich ist oder von dem Verfasser verweigert wird oder wenn der sofortige Rücktritt von dem Vertrage durch ein besonderes Interesse des Verlegers gerechtfertigt wird.

Der Rücktritt ist ausgeschlossen, wenn die nicht rechtzeitige Ablieferung des Werkes für den Verleger nur einen unerheblichen Nachtheil mit sich bringt.

Durch diese Vorschriften werden die im Falle des Verzugs des Verfassers dem Verleger zustehenden Rechte nicht berührt.

§ 31. Die Vorschriften des § 30 finden entsprechende Anwendung, wenn das Werk nicht von vertragsmäßiger Beschaffenheit ist.

Beruht der Mangel auf einem Umstande, den der Verfasser zu vertreten hat, so kann der Verleger statt des im § 30 vorgesehenen

Rücktrittsrechts den Anspruch auf Schadensersatz wegen Nichterfüllung geltend machen.

§ 32. Wird das Werk nicht vertragsmäßig vervielfältigt oder verbreitet, so finden zu Gunsten des Verfassers die Vorschriften des § 30 entsprechende Anwendung.

§ 33. Geht das Werk nach der Ablieferung an den Verleger durch Zufall unter, so behält der Verfasser den Anspruch auf die Vergütung. Im Uebrigen werden beide Theile von der Verpflichtung zur Leistung frei.

Auf Verlangen des Verlegers hat jedoch der Verfasser gegen eine angemessene Vergütung ein anderes im Wesentlichen übereinstimmendes Werk zu liefern, sofern dies auf Grund vorhandener Vorarbeiten oder sonstiger Unterlagen mit geringer Mühe geschehen kann; erbietet sich der Verfasser, ein solches Werk innerhalb einer angemessenen Frist kostenfrei zu liefern, so ist der Verleger verpflichtet, das Werk an Stelle des untergegangenen zu vervielfältigen und zu verbreiten. Jeder Theil kann diese Rechte auch geltend machen, wenn das Werk nach der Ablieferung in Folge eines Umstandes untergegangen ist, den der andere Theil zu vertreten hat.

Der Ablieferung steht es gleich, wenn der Verleger in Verzug der Annahme kommt.

§ 34. Stirbt der Verfasser vor der Vollendung des Werkes, so ist, wenn ein Theil des Werkes dem Verleger bereits abgeliefert worden war, der Verleger berechtigt, in Ansehung des gelieferten Theiles den Vertrag durch eine dem Erben des Verfassers gegenüber abzugebende Erklärung aufrechtzuerhalten.

Der Erbe kann dem Verleger zur Ausübung des im Abs. 1 bezeichneten Rechtes eine angemessene Frist bestimmen. Das Recht erlischt, wenn sich der Verleger nicht vor dem Ablaufe der Frist für die Aufrechterhaltung des Vertrags erklärt.

Diese Vorschriften finden entsprechende Anwendung, wenn die Vollendung des Werkes in Folge eines sonstigen nicht von dem Verfasser zu vertretenden Umstandes unmöglich wird.

§ 35. Bis zum Beginne der Vervielfältigung ist der Verfasser berechtigt, von dem Verlagsvertrage zurückzutreten, wenn sich Umstände ergeben, die bei dem Abschlusse des Vertrags nicht vorauszusehen waren und den Verfasser bei Kenntniß der Sachlage und verständiger Würdigung des Falles von der Herausgabe des Werkes zurückgehalten haben würden. Ist der Verleger befugt, eine neue Auflage zu veranstalten, so findet für die Auflage diese Vorschrift entsprechende Anwendung.

Erklärt der Verfasser auf Grund der Vorschrift des Abs. 1 den Rücktritt, so ist er dem Verleger zum Ersatze der von diesem gemachten Aufwendungen verpflichtet. Giebt er innerhalb eines Jahres seit dem Rücktritte das Werk anderweit heraus, so ist er zum Schadensersatze wegen Nichterfüllung verpflichtet; diese Ersatzpflicht tritt nicht ein, wenn der Verfasser dem Verleger den Antrag, den Vertrag nachträglich zur Ausführung zu bringen, gemacht und der Verleger den Antrag nicht angenommen hat.

§ 36. Wird über das Vermögen des Verlegers der Konkurs eröffnet, so finden die Vorschriften des § 17 der Konkursordnung auch dann Anwendung, wenn das Werk bereits vor der Eröffnung des Verfahrens abgeliefert worden war.

Besteht der Konkursverwalter auf der Erfüllung des Vertrags, so tritt, wenn er die Rechte des Verlegers auf einen Anderen überträgt, dieser an Stelle der Konkursmasse in die sich aus dem Vertragsverhältniß ergebenden Verpflichtungen ein. Die Konkursmasse haftet jedoch, wenn der Erwerber die Verpflichtungen nicht erfüllt, für den von dem Erwerber zu ersetzenden Schaden wie ein Bürge, der auf die Einrede der Vorausklage verzichtet hat. Wird das Konkursverfahren aufgehoben, so sind die aus dieser Haftung sich ergebenden Ansprüche des Verfassers gegen die Masse sicher zu stellen.

War zur Zeit der Eröffnung des Verfahrens mit der Vervielfältigung noch nicht begonnen, so kann der Verfasser von dem Vertrage zurücktreten.

§ 37. Auf das in den §§ 17, 30, 35, 36 bestimmte Rücktrittsrecht finden die für das vertragsmäßige Rücktrittsrecht geltenden Vorschriften der §§ 346 bis 356 des Bürgerlichen Gesetzbuchs entsprechende Anwendung. Erfolgt der Rücktritt wegen eines Umstandes, den der andere Theil nicht zu vertreten hat, so haftet dieser nur nach den Vorschriften über die Herausgabe einer ungerechtfertigten Bereicherung.

§ 38. Wird der Rücktritt von dem Verlagsvertrag erklärt, nachdem das Werk ganz oder zum Theil abgeliefert worden ist, so hängt es von den Umständen ab, ob der Vertrag theilweise aufrechterhalten bleibt. Es begründet keinen Unterschied, ob der Rücktritt auf Grund des Gesetzes oder eines Vorbehalts im Vertrag erfolgt.

Im Zweifel bleibt der Vertrag insoweit aufrechterhalten, als er sich auf die nicht mehr zur Verfügung des Verlegers stehenden Abzüge, auf frühere Abtheilungen des Werkes oder auf ältere Auflagen erstreckt.

Soweit der Vertrag aufrechterhalten bleibt, kann der Verfasser einen entsprechenden Theil der Vergütung verlangen.

Diese Vorschriften finden auch Anwendung, wenn der Vertrag in anderer Weise rückgängig wird.

§ 39. Soll Gegenstand des Vertrags ein Werk sein, an dem ein Urheberrecht nicht besteht, so ist der Verfasser zur Verschaffung des Verlagsrechts nicht verpflichtet.

Verschweigt der Verfasser arglistig, daß das Werk bereits anderweit in Verlag gegeben oder veröffentlicht worden ist, so finden die Vorschriften des bürgerlichen Rechtes, welche für die dem Verkäufer wegen eines Mangels im Rechte obliegende Gewährleistungspflicht gelten, entsprechende Anwendung.

Der Verfasser hat sich der Vervielfältigung und Verbreitung des Werkes gemäß den Vorschriften des § 2 in gleicher Weise zu enthalten, wie wenn an dem Werke ein Urheberrecht bestände. Diese Beschränkung fällt weg, wenn seit der Veröffentlichung des Werkes durch den Verleger sechs Monate abgelaufen sind.

§ 40. Im Falle des § 39 verbleibt dem Verleger die Befugniß, das von ihm veröffentlichte Werk gleich jedem Dritten von neuem unverändert oder mit Aenderungen zu vervielfältigen. Diese Vorschrift findet keine Anwendung, wenn nach dem Vertrage die Herstellung neuer Auflagen oder weiterer Abzüge von der Zahlung einer besonderen Vergütung abhängig ist.

§ 41. Werden für eine Zeitung, eine Zeitschrift oder ein sonstiges periodisches Sammelwerk Beiträge zur Veröffentlichung angenommen, so finden die Vorschriften dieses Gesetzes Anwendung, soweit sich nicht aus den §§ 42 bis 46 ein Anderes ergiebt.

§ 42. Sofern nicht aus den Umständen zu entnehmen ist, daß der Verleger das ausschließliche Recht zur Vervielfältigung und Verbreitung erhalten soll, verbleibt dem Verfasser die anderweitige Verfügung über den Beitrag.

Ueber einen Beitrag, für welchen der Verleger das ausschließliche Recht zur Vervielfältigung und Verbreitung erhalten hat, darf der Verfasser anderweit verfügen, wenn seit dem Ablaufe des Kalenderjahrs, in welchem der Beitrag erschienen ist, ein Jahr verstrichen ist. Ist der Beitrag für eine Zeitung geliefert, so steht diese Befugniß dem Verfasser alsbald nach dem Erscheinen zu.

§ 43. Der Verleger ist in der Zahl der von dem Sammelwerke herzustellenden Abzüge, die den Beitrag enthalten, nicht beschränkt. Die Vorschrift des § 20 Abs. 1 Satz 2 findet keine Anwendung.

§ 44. Soll der Beitrag ohne den Namen des Verfassers erscheinen, so ist der Verleger befugt, an der Fassung solche Aenderungen vorzunehmen, welche bei Sammelwerken derselben Art üblich sind.

§ 45. Wird der Beitrag nicht innerhalb eines Jahres nach der Ablieferung an den Verleger veröffentlicht, so kann der Verfasser das Vertragsverhältniß kündigen. Der Anspruch auf die Vergütung bleibt unberührt.

Ein Anspruch auf Vervielfältigung und Verbreitung des Beitrags oder auf Schadensersatz wegen Nichterfüllung steht dem Verfasser nur zu, wenn ihm der Zeitpunkt, in welchem der Beitrag erscheinen soll, von dem Verleger bezeichnet worden ist.

§ 46. Erscheint der Beitrag in einer Zeitung, so kann der Verfasser Freiexemplare nicht verlangen.

Der Verleger ist nicht verpflichtet, dem Verfasser Abzüge zum Buchhändlerpreise zu überlassen.

§ 47. Uebernimmt Jemand die Herstellung eines Werkes nach einem Plane, in welchem ihm der Besteller den Inhalt des Werkes sowie die Art und Weise der Behandlung genau vorschreibt, so ist der Besteller im Zweifel zur Vervielfältigung und Verbreitung nicht verpflichtet.

Das Gleiche gilt, wenn sich die Thätigkeit auf die Mitarbeit an encyklopädischen Unternehmungen oder auf Hülfs- oder Nebenarbeiten für das Werk eines Anderen oder für ein Sammelwerk beschränkt.

§ 48. Die Vorschriften dieses Gesetzes finden auch dann Anwendung, wenn derjenige, welcher mit dem Verleger den Vertrag abschließt, nicht der Verfasser ist.

§ 49. In bürgerlichen Rechtsstreitigkeiten, in welchen durch Klage oder Widerklage ein Anspruch auf Grund der Vorschriften dieses Gesetzes geltend gemacht ist, wird die Verhandlung und Entscheidung letzter Instanz im Sinne des § 8 des Einführungsgesetzes zum Gerichtsverfassungsgesetze dem Reichsgerichte zugewiesen.

§ 50. Dieses Gesetz tritt am 1. Januar 1902 in Kraft.

Urkundlich unter Unserer Höchsteigenhändigen Unterschrift und beigedrucktem Kaiserlichen Insiegel.

Gegeben an Bord M. Y. „Hohenzollern", Cuxhaven, den 19. Juni 1901.

Wilhelm.

Graf von Bülow.

13. Gesetz, betreffend das Urheberrecht an Werken der Literatur und der Tonkunst vom 19. Juni 1901.

(R.G.Bl. S. 227—239.)

(Text siehe im Nachtrag zu Allfeld, Strafgesetzgebung.)

14. Gewerbegerichtsgesetz

vom 29. Juli 1890 und vom 30. Juni 1901 in der seit dem 1. Januar 1902 geltenden Fassung (Bekanntmachung des Reichskanzlers vom 29. September 1901, R.G.Bl. S. 353—375).

Erster Abschnitt.

Errichtung und Zusammensetzung der Gewerbegerichte.

§ 1. Für die Entscheidung von gewerblichen Streitigkeiten zwischen Arbeitern einerseits und ihren Arbeitgebern andererseits sowie zwischen Arbeitern desselben Arbeitgebers können Gewerbegerichte errichtet werden.

Die Errichtung erfolgt für den Bezirk einer Gemeinde durch Ortsstatut nach Maßgabe des § 142 der Gewerbeordnung. Die Entscheidung der höheren Verwaltungsbehörde über die Genehmigung des Statuts ist binnen sechs Monaten zu ertheilen. Die Entscheidung, durch welche die Genehmigung versagt wird, muß mit Gründen versehen sein.

Mehrere Gemeinden können sich durch übereinstimmende Ortsstatuten zur Errichtung eines gemeinsamen Gewerbegerichts für ihre Bezirke vereinigen. Für die Genehmigung der übereinstimmenden Ortsstatute ist die höhere Verwaltungsbehörde zuständig, in deren Bezirke das Gewerbegericht seinen Sitz haben soll.

Imgleichen kann ein Gewerbegericht für den Bezirk eines weiteren Kommunalverbandes errichtet werden. Die Errichtung erfolgt in diesem Falle nach Maßgabe der Vorschriften, nach welchen Angelegenheiten des Verbandes statutarisch geregelt werden. Die Zuständigkeit eines solchen Gerichts ist ausgeschlossen, soweit die Zuständigkeit eines für eine oder mehrere Gemeinden des Bezirkes bestehenden oder später errichteten Gewerbegerichts begründet ist.

Die Errichtung kann auf Antrag betheiligter Arbeitgeber oder Arbeiter durch Anordnung der Landes-Zentralbehörde erfolgen, wenn ungeachtet einer von ihr an die betheiligten Gemeinden oder den weiteren Kommunalverband ergangenen Aufforderung innerhalb der gesetzten Frist die Errichtung auf dem im Abs. 2 bis 4 vorgesehenen Wege nicht erfolgt ist. Alle Bestimmungen, welche dieses Gesetz dem Statute vorbehält, erfolgen in diesem Falle durch die Anordnung der Landes-Zentralbehörde.

Vor der Errichtung sind sowohl Arbeitgeber als Arbeiter der hauptsächlichen Gewerbezweige und Fabrikbetriebe in entsprechender Anzahl zu hören.

§ 2. Für Gemeinden, welche nach der jeweilig letzten Volkszählung mehr als zwanzigtausend Einwohner haben, muß ein Gewerbegericht errichtet werden. Die Landes-Zentralbehörde hat erforderlichen Falles die Errichtung nach Maßgabe der Vorschriften des § 1 Abs. 5 anzuordnen, ohne daß es eines Antrags betheiligter Arbeitgeber oder Arbeiter bedarf.

§ 3. Als Arbeiter im Sinne dieses Gesetzes gelten diejenigen Gesellen, Gehülfen, Fabrikarbeiter und Lehrlinge, auf welche der siebente Titel der Gewerbeordnung Anwendung findet.

Imgleichen gelten als Arbeiter im Sinne dieses Gesetzes Betriebsbeamte, Werkmeister und mit höheren technischen Dienstleistungen betraute Angestellte, deren Jahresarbeitsverdienst an Lohn oder Gehalt zweitausend Mark nicht übersteigt.

§ 4. Die Gewerbegerichte sind ohne Rücksicht auf den Werth des Streitgegenstandes zuständig für Streitigkeiten:

1. über den Antritt, die Fortsetzung oder die Auflösung des Arbeitsverhältnisses sowie über die Aushändigung oder den Inhalt des Arbeitsbuchs, Zeugnisses, Lohnbuchs, Arbeitszettels oder Lohnzahlungsbuchs,
2. über die Leistungen aus dem Arbeitsverhältnisse,
3. über die Rückgabe von Zeugnissen, Büchern, Legitimationspapieren, Urkunden, Geräthschaften, Kleidungsstücken, Kautionen und dergleichen, welche aus Anlaß des Arbeitsverhältnisses übergeben worden sind,
4. über Ansprüche auf Schadensersatz oder auf Zahlung einer Vertragsstrafe wegen Nichterfüllung oder nicht gehöriger Erfüllung der Verpflichtungen, welche die unter Nr. 1 bis 3 bezeichneten Gegenstände betreffen, sowie wegen gesetzwidriger oder unrichtiger Eintragungen

in Arbeitsbücher, Zeugnisse, Lohnbücher, Arbeitszettel, Lohnzahlungsbücher, Krankenkassenbücher oder Quittungskarten der Invalidenversicherung,

5. über die Berechnung und Anrechnung der von den Arbeitern zu leistenden Krankenversicherungsbeiträge und Eintrittsgelder (§§ 53a, 65, 72, 73 des Krankenversicherungsgesetzes),
6. über die Ansprüche, welche auf Grund der Uebernahme einer gemeinsamen Arbeit von Arbeitern desselben Arbeitgebers gegen einander erhoben werden.

Streitigkeiten über eine Konventionalstrafe, welche für den Fall bedungen ist, daß der Arbeiter nach Beendigung des Arbeitsverhältnisses ein solches bei anderen Arbeitgebern eingeht oder ein eigenes Geschäft errichtet, gehören nicht zur Zuständigkeit der Gewerbegerichte.

§ 5. Zur Zuständigkeit der Gewerbegerichte gehören ferner Streitigkeiten der im § 4 Abs. 1 Nr. 1 bis 5 bezeichneten Art zwischen Personen, welche für bestimmte Gewerbetreibende außerhalb der Arbeitsstätte der letzteren mit Anfertigung gewerblicher Erzeugnisse beschäftigt sind (Heimarbeiter, Hausgewerbetreibende), und ihren Arbeitgebern, sofern die Beschäftigung auf die Bearbeitung oder Verarbeitung der den ersteren von den Arbeitgebern gelieferten Rohstoffe oder Halbfabrikate beschränkt ist. Das Gleiche gilt von Streitigkeiten der im § 4 Abs. 1 Nr. 6 bezeichneten Art zwischen solchen Hausgewerbetreibenden unter einander.

Streitigkeiten derjenigen Hausgewerbetreibenden, welche die Rohstoffe oder Halbfabrikate selbst beschaffen, unterliegen der Zuständigkeit der Gewerbegerichte, soweit dies durch das Statut bestimmt ist.

§ 6. Durch die Zuständigkeit eines Gewerbegerichts wird die Zuständigkeit der ordentlichen Gerichte ausgeschlossen.

Schiedsverträge, durch welche die Zuständigkeit der Gewerbegerichte für künftige Streitigkeiten ausgeschlossen wird, sind nur dann rechtswirksam, wenn nach dem Schiedsvertrage bei der Entscheidung von Streitigkeiten Arbeitgeber und Arbeiter in gleicher Zahl unter einem Vorsitzenden mitzuwirken haben, welcher weder Arbeitgeber oder Angestellter eines betheiligten Arbeitgebers, noch Arbeiter ist.

§ 7. Die sachliche Zuständigkeit der Gewerbegerichte kann auf bestimmte Arten von Gewerbe- oder Fabrikbetrieben, die örtliche auf bestimmte Theile des Gemeindebezirkes beschränkt werden.

Die Landes-Zentralbehörde kann die örtliche Zuständigkeit eines von ihr errichteten Gewerbegerichts ausdehnen. Die betheiligten Ortsbehörden sind zuvor zu hören.

§ 8. Die Grenze der Zuständigkeit (§ 7) sowie die Zusammensetzung des Gerichts nach Maßgabe der Bestimmungen dieses Gesetzes ist durch das Statut zu regeln.

§ 9. Die Kosten der Einrichtung und der Unterhaltung des Gerichts sind, soweit sie in dessen Einnahmen ihre Deckung nicht finden, von der Gemeinde oder von dem weiteren Kommunalverbande zu tragen. Soll das Gericht nicht ausschließlich für eine Gemeinde oder einen weiteren

Kommunalverband zuständig sein, so ist bei Festsetzung der Zuständigkeit zugleich zu bestimmen, zu welchen Antheilen die einzelnen Bezirke an der Deckung der Kosten theilnehmen.

Gebühren, Kosten und Strafen, welche in Gemäßheit dieses Gesetzes zur Hebung gelangen, bilden Einnahmen des Gerichts.

§ 10. Für jedes Gewerbegericht sind ein Vorsitzender und mindestens ein Stellvertreter desselben sowie die erforderliche Zahl von Beisitzern zu berufen; die Zahl der letzteren soll mindestens vier betragen.

Bei Gewerbegerichten, welche aus mehreren Abtheilungen (Kammern) bestehen, können mehrere Vorsitzende bestellt werden.

§ 11. Zum Mitglied eines Gewerbegerichts soll nur berufen werden, wer das dreißigste Lebensjahr vollendet und in dem der Wahl vorangegangenen Jahre für sich oder seine Familie Armenunterstützung aus öffentlichen Mitteln nicht empfangen oder die empfangene Armenunterstützung erstattet hat Als Beisitzer soll nur berufen werden, wer in dem Bezirke des Gerichts seit mindestens zwei Jahren wohnt oder beschäftigt ist.

Personen, welche zum Amte eines Schöffen unfähig sind (Gerichtsverfassungsgesetz §§ 31, 32), können nicht berufen werden.

§ 12. Der Vorsitzende sowie dessen Stellvertreter dürfen weder Arbeitgeber noch Arbeiter sein.

Sie werden durch den Magistrat und, wo ein solcher nicht vorhanden ist oder das Statut dies bestimmt, durch die Gemeindevertretung, in weiteren Kommunalverbänden durch die Vertretung des Verbandes auf mindestens ein Jahr gewählt.

§ 13. Die Beisitzer müssen zur Hälfte aus den Arbeitgebern, zur Hälfte aus den Arbeitern entnommen werden.

Die ersteren werden mittelst Wahl der Arbeitgeber, die letzteren mittelst Wahl der Arbeiter bestellt. Die Wahl ist unmittelbar und geheim.

Die Wahl erfolgt auf mindestens ein Jahr und auf höchstens sechs Jahre. Eine Wiederwahl ist zulässig.

§ 14. Zur Theilnahme an den Wahlen (§ 13) ist nur berechtigt, wer das fünfundzwanzigste Lebensjahr vollendet und in dem Bezirke des Gewerbegerichts Wohnung oder Beschäftigung hat. Die im § 11 Abs. 2 bezeichneten Personen sind nicht wahlberechtigt.

Ist die Zuständigkeit des Gewerbegerichts auf bestimmte Arten von Gewerbe- oder Fabrikbetrieben beschränkt (§ 7 Abs. 1), so sind nur die Arbeitgeber und Arbeiter dieser Betriebe wählbar und wahlberechtigt.

Mitglieder einer Innung, für welche ein Schiedsgericht in Gemäßheit des § 81 b Nr. 4 und der §§ 91 bis 91 b der Gewerbeordnung errichtet ist, sowie deren Arbeiter sind weder wählbar noch wahlberechtigt.

§ 15. Die näheren Bestimmungen über die Wahl und das Verfahren bei derselben werden durch das Statut getroffen. Es kann insbesondere festgesetzt werden, daß bestimmte gewerbliche Gruppen je einen oder mehrere Beisitzer zu wählen haben. Auch ist eine Regelung nach den Grundsätzen der Verhältnißwahl zulässig; dabei kann die Stimmabgabe auf Vorschlagslisten beschränkt werden, die bis zu einem im Statute festgesetzten Zeitpunkte vor der Wahl einzureichen sind.

Ist in dem Statute bestimmt, daß die Gemeindebehörde Wahllisten aufzustellen hat, so sind die Polizeibehörden sowie Krankenkassen, welche im Bezirke des Gewerbegerichts bestehen oder eine örtliche Verwaltungsstelle haben, verpflichtet, der Gemeindebehörde auf Verlangen die für die Fertigung der Wählerliste für Arbeitgeber und Arbeitnehmer erforderlichen Auskünfte zu geben, insbesondere Einsicht der Mitgliederverzeichnisse beziehungsweise der Gewerbeanzeigen zu gewähren.

§ 16. Als Arbeitgeber im Sinne der §§ 12 bis 14 gelten diejenigen selbständigen Gewerbetreibenden, welche mindestens einen Arbeiter (§ 3) regelmäßig das Jahr hindurch oder zu gewissen Zeiten des Jahres beschäftigen. Den Arbeitgebern stehen im Sinne der bezeichneten Vorschriften die mit der Leitung eines Gewerbebetriebs oder eines bestimmten Zweiges desselben betrauten Stellvertreter der selbständigen Gewerbetreibenden gleich, sofern sie nicht nach § 3 Abs. 2 als Arbeiter gelten.

Inwieweit die nach § 5 der Zuständigkeit der Gewerbegerichte unterstellten Hausgewerbetreibenden als Arbeitgeber oder als Arbeiter wahlberechtigt und wählbar sind, wird durch das Statut bestimmt.

§ 17. Beschwerden gegen die Rechtsgültigkeit der Wahlen sind nur binnen eines Monats nach der Wahl zulässig. Sie werden durch die höhere Verwaltungsbehörde entschieden. Dieselbe hat auf erhobene Beschwerde Wahlen, welche gegen das Gesetz oder die auf Grund des Gesetzes erlassenen Wahlvorschriften verstoßen, für ungültig zu erklären.

Die Wahl der Vorsitzenden und der Stellvertreter bedarf der Bestätigung der höheren Verwaltungsbehörde, in deren Bezirke das Gewerbegericht seinen Sitz hat. Diese Bestimmung findet auf Staats- oder Gemeindebeamte, welche ihr Amt kraft staatlicher Ernennung oder Bestätigung verwalten, keine Anwendung, solange sie dieses Amt bekleiden.

§ 18. Sind Wahlen nicht zu Stande gekommen oder wiederholt für ungültig erklärt, so ist die höhere Verwaltungsbehörde befugt,

a) die Wahlen, soweit sie durch Arbeitgeber oder Arbeiter vorzunehmen waren, durch den Magistrat und, wo ein solcher nicht vorhanden ist oder wo das Statut dies bestimmt, durch die Gemeindevertretung, in weiteren Kommunalverbänden durch die Vertretung des Verbandes vornehmen zu lassen;

b) soweit die Wahlen vom Magistrat oder der Gemeindevertretung oder der Vertretung eines weiteren Kommunalverbandes vorzunehmen waren, die Mitglieder selbst zu ernennen.

§ 19. Namen und Wohnort der Mitglieder des Gewerbegerichts werden nach näherer Bestimmung des Statuts öffentlich bekannt gemacht.

§ 20. Das Amt der Beisitzer ist ein Ehrenamt. Die Uebernahme kann nur aus den Gründen verweigert werden, welche zur Ablehnung eines unbesoldeten Gemeindeamts berechtigen. Wo landesgesetzliche Bestimmungen über die zur Ablehnung von Gemeindeämtern berechtigenden

Gründe nicht bestehen, darf die Uebernahme nur aus denselben Gründen verweigert werden, aus welchen das Amt eines Vormundes abgelehnt werden kann. Wer das Amt eines Beisitzers sechs Jahre versehen hat, kann während der nächsten sechs Jahre die Uebernahme des Amtes ablehnen. Ablehnungsgründe gewählter Beisitzer sind nur zu berücksichtigen, wenn dieselben, nachdem der betheiligte Beisitzer von seiner Wahl in Kenntniß gesetzt ist, schriftlich geltend gemacht werden. Ueber den Ablehnungsantrag entscheidet die im § 12 Abs. 2 bezeichnete Stelle.

Die Beisitzer erhalten für jede Sitzung, der sie beigewohnt haben, Vergütung etwaiger Reisekosten und eine Entschädigung für Zeitversäumniß. Die Höhe der letzteren ist durch das Statut festzusetzen; eine Zurückweisung derselben ist unstatthaft.

§ 21. Ein Mitglied des Gewerbegerichts, hinsichtlich dessen Umstände eintreten oder bekannt werden, welche die Wählbarkeit zu dem von ihm bekleideten Amte nach Maßgabe dieses Gesetzes ausschließen, ist des Amtes zu entheben. Die Enthebung erfolgt durch die höhere Verwaltungsbehörde nach Anhörung des Betheiligten.

Aus den Arbeitgebern entnommene Beisitzer, die erst nach ihrer Wahl Mitglied einer im § 14 Abs. 3 bezeichneten Innung werden, sowie aus den Arbeitern entnommene Beisitzer, die erst nach ihrer Wahl bei einem Mitglied einer solchen Innung in Arbeit treten, bleiben bis zur nächsten Wahl im Amte.

Ein Mitglied des Gewerbegerichts, welches sich einer groben Verletzung seiner Amtspflicht schuldig macht, kann seines Amtes entsetzt werden. Die Entsetzung erfolgt durch das Landgericht, in dessen Bezirke das Gewerbegericht seinen Sitz hat. Hinsichtlich des Verfahrens und der Rechtsmittel finden die Vorschriften entsprechende Anwendung, welche für die zur Zuständigkeit der Landgerichte gehörigen Strafsachen gelten. Die Klage wird von der Staatsanwaltschaft auf Antrag der höheren Verwaltungsbehörde erhoben.

§ 22. Der Vorsitzende des Gewerbegerichts und dessen Stellvertreter sind vor ihrem Amtsantritte durch den von der höheren Verwaltungsbehörde beauftragten Beamten, die Beisitzer vor der ersten Dienstleistung durch den Vorsitzenden auf die Erfüllung der Obliegenheiten des ihnen übertragenen Amtes eidlich zu verpflichten.

§ 23. Beisitzer, welche ohne genügende Entschuldigung zu den Sitzungen nicht rechtzeitig sich einfinden oder ihren Obliegenheiten in anderer Weise sich entziehen, sind zu einer Ordnungsstrafe bis zu dreihundert Mark sowie in die verursachten Kosten zu verurtheilen. Die Verurtheilung wird durch den Vorsitzenden ausgesprochen. Erfolgt nachträglich genügende Entschuldigung, so kann die Verurtheilung ganz oder theilweise zurückgenommen werden.

Gegen die Entscheidungen findet Beschwerde an das Landgericht statt, in dessen Bezirke das Gewerbegericht seinen Sitz hat. Das Verfahren richtet sich nach den Vorschriften der Strafprozeßordnung.

§ 24. Das Gewerbegericht verhandelt und entscheidet, soweit nicht in diesem Gesetz ein Anderes bestimmt ist. in der Besetzung von drei Mitgliedern mit Einschluß des Vorsitzenden.

Durch das Ortsstatut kann bestimmt werden, daß allgemein oder für gewisse Streitigkeiten eine größere Zahl von Beisitzern zuzuziehen ist.

In gleicher Weise ist zu bestimmen, nach welchen Grundsätzen der Vorsitzende die einzelnen Beisitzer zuzuziehen hat.

Arbeitgeber und Arbeiter müssen stets in gleicher Zahl zugezogen werden.

§ 25. Bei jedem Gewerbegerichte wird eine Gerichtsschreiberei eingerichtet.

Für die Bewirkung der Zustellungen in dem Verfahren vor den Gewerbegerichten können an Stelle der Gerichtsvollzieher Gemeindebeamte verwendet werden.

Zweiter Abschnitt.

Verfahren.

§ 26. Auf das Verfahren vor den Gewerbegerichten finden, soweit im Nachstehenden nicht besondere Bestimmungen getroffen sind, die für das amtsgerichtliche Verfahren geltenden Vorschriften der Civilprozeßordnung entsprechende Anwendung.

§ 27. Zuständig ist dasjenige Gewerbegericht, in dessen Bezirke die streitige Verpflichtung zu erfüllen ist oder sich die gewerbliche Niederlassung des Arbeitgebers befindet oder beide Parteien ihren Wohnsitz haben.

Unter mehreren zuständigen Gewerbegerichten hat der Kläger die Wahl.

§ 28. Die Vorschrift im § 11 der Civilprozeßordnung über die bindende Wirkung der rechtskräftigen Entscheidung, durch welche ein Gericht sich für sachlich unzuständig erklärt hat, findet in dem Verhältnisse der Gewerbegerichte und der ordentlichen Gerichte Anwendung. Eine solche Entscheidung des ordentlichen Gerichts ist auch insoweit, als sie auf der Annahme der örtlichen Zuständigkeit eines bestimmten Gewerbegerichts beruht, für das letztere bindend.

§ 29. Ueber Gesuche wegen Ablehnung von Gerichtspersonen entscheidet das Gewerbegericht.

§ 30. Nichtprozeßfähigen Parteien, welche ohne gesetzlichen Vertreter sind, kann auf Antrag bis zum Eintritte des gesetzlichen Vertreters von dem Vorsitzenden ein besonderer Vertreter bestellt werden.

Das Gleiche gilt im Falle erheblicher Entfernung des Aufenthaltsorts des gesetzlichen Vertreters.

Die nichtprozeßfähige Partei ist auf ihr Verlangen selbst zu hören.

§ 31. Rechtsanwälte und Personen, welche das Verhandeln vor Gericht geschäftsmäßig betreiben, werden als Prozeßbevollmächtigte oder Beistände vor dem Gewerbegerichte nicht zugelassen.

§ 32. Die Zustellungen in dem Verfahren vor den Gewerbegerichten erfolgen von Amtswegen.

Urtheile und Beschlüsse, gegen welche ein Rechtsmittel stattfindet, sind den Parteien zuzustellen, soweit diese nicht auf die Zustellung verzichten. Sonstige Urtheile und Beschlüsse sind einer Partei nur zuzustellen, wenn sie nicht in Anwesenheit derselben verkündet sind. Auf Verlangen einer Partei ist derselben auch Ausfertigung eines in ihrer Anwesenheit verkündeten Urtheils oder Beschlusses zu ertheilen.

Anträge und Erklärungen einer Partei, welche zugestellt werden sollen, sind bei dem Gericht einzureichen oder mündlich zum Protokolle des Gerichtsschreibers anzubringen.

Sofern durch die Zustellung eine Frist gewahrt oder die Verjährung unterbrochen werden soll, tritt diese Wirkung, wenn die Zustellung demnächst erfolgt, bereits mit der Einreichung oder Anbringung des Antrags oder der Erklärung ein.

§ 33. Der Gerichtsschreiber hat für die Bewirkung der Zustellung Sorge zu tragen und die bei derselben zu übergebenden Abschriften zu beglaubigen.

Er hat das zu übergebende Schriftstück in einem verschlossenen, mit der Adresse der Person, an welche zugestellt werden soll, sowie mit einer Geschäftsnummer versehenen Briefumschlage dem Zustellungsbeamten und im Falle der Zustellung durch die Post dieser zur Zustellung zu übergeben. Auf den Briefumschlag ist der Vermerk zu setzen: Vereinfachte Zustellung.

Die auf dem Briefumschlag angegebene Geschäftsnummer ist in den Akten zu vermerken.

§ 34. Die von dem Zustellungsbeamten oder dem Postboten aufzunehmende Zustellungsurkunde muß die Art und Weise, in welcher der seiner Adresse und seiner Geschäftsnummer nach bezeichnete Briefumschlag übergeben ist, insbesondere den Ort und die Zeit der Uebergabe sowie die Person, welcher zugestellt ist, bezeichnen und, wenn die Zustellung nicht an den Adressaten persönlich erfolgt ist, den Grund hiervon angeben. Die Urkunde ist von dem die Zustellung vollziehenden Beamten zu unterschreiben.

Bei der Zustellung wird eine Abschrift der Zustellungsurkunde nicht übergeben. Der Tag der Zustellung ist von dem zustellenden Beamten auf dem Briefumschlage zu vermerken.

§ 35. Die zur Erledigung des Rechtsstreits erforderlichen Verhandlungstermine werden von dem Vorsitzenden von Amtswegen angesetzt. Nach Ansetzung des Termins ist die Ladung der Parteien durch den Gerichtsschreiber zu veranlassen Ladungen durch die Parteien finden nicht statt.

Die Zustellung der Ladung muß spätestens am Tage vor dem Termin erfolgen.

Die Zustellung der Ladung an eine Partei ist nicht erforderlich, wenn der Termin in Anwesenheit derselben verkündet oder ihr bei Einreichung oder Anbringung der Klage oder des Antrags, auf Grund dessen die Terminsbestimmung stattfindet, mitgetheilt worden ist. Die erfolgte Mittheilung ist zu den Akten zu vermerken.

§ 36. Nachdem die Klage eingereicht oder zum Protokolle des Gerichtsschreibers angebracht ist, hat der Vorsitzende einen möglichst nahen Termin zur Verhandlung anzusetzen.

Die Klage gilt, unbeschadet der Bestimmung im § 32 Abs. 4, erst mit der Zustellung an den Beklagten als erhoben.

§ 37. An ordentlichen Gerichtstagen können die Parteien zur Verhandlung des Rechtsstreits ohne Terminsbestimmung und Ladung vor dem Gericht erscheinen.

Die Erhebung der Klage erfolgt in diesem Falle durch den mündlichen Vortrag derselben. Die Klage ist zu Protokoll zu nehmen, falls die Sache streitig bleibt.

§ 38. Die Verhandlung vor dem erkennenden Gericht einschließlich der Verkündung der Urtheile und Beschlüsse desselben erfolgt öffentlich.

Durch das Gericht kann die Oeffentlichkeit für die Verhandlung oder für einen Theil derselben nach Maßgabe der Vorschriften in den §§ 173 bis 175 des Gerichtsverfassungsgesetzes ausgeschlossen werden.

Die Vorschriften der §§ 176 bis 193 des Gerichtsverfassungsgesetzes über die Aufrechterhaltung der Ordnung in den Sitzungen und über die Gerichtssprache finden Anwendung.

§ 39. Erscheint der Kläger im Verhandlungstermine nicht, so ist auf Antrag des Beklagten das Versäumnißurtheil dahin zu erlassen, daß der Kläger mit der Klage abzuweisen sei.

Erscheint der Beklagte nicht und beantragt der Kläger das Versäumnißurtheil, so werden die in der Klage behaupteten Thatsachen als zugestanden angenommen. Soweit dieselben den Klageantrag rechtfertigen, ist nach dem Antrage zu erkennen; soweit dies nicht der Fall, ist die Klage abzuweisen.

Bleiben beide Parteien aus, so ruht das Verfahren, bis die Ansetzung eines neuen Verhandlungstermins beantragt wird.

§ 40. Die Partei, gegen welche ein Versäumnißurtheil erlassen ist, kann binnen der Nothfrist von drei Tagen seit der an sie bewirkten Zustellung des Urtheils die Erklärung abgeben, daß sie Einspruch einlege. Die Einlegung gilt mit der Einreichung der Erklärung oder mit der Abgabe derselben zum Protokolle des Gerichtsschreibers als bewirkt.

In dem Versäumnißurtheil ist der Partei zu eröffnen, in welcher Form und Frist ihr der Einspruch zusteht.

Nach Einlegung des Einspruchs hat der Vorsitzende einen neuen Verhandlungstermin anzusetzen.

Erscheint die Partei, welche den Einspruch eingelegt hat, auch in dem neuen Termine nicht, so gilt der Einspruch als zurückgenommen. Anderenfalls wird, sofern der Einspruch zuläßig ist, der Prozeß in die Lage zurückversetzt, in welcher er sich vor Eintritt der Versäumniß befand.

§ 41. Erscheinen die Parteien in dem Termine, so hat das Gewerbegericht thunlichst auf eine gütliche Erledigung des Rechtsstreits hinzuwirken.

Es kann den Sühneversuch in jeder Lage des Verfahrens erneuern und hat denselben bei Anwesenheit der Parteien am Schlusse der Verhandlung zu wiederholen.

Der Inhalt eines vor dem Gericht abgeschlossenen Vergleichs ist durch Aufnahme in das Protokoll festzustellen. Die Feststellung ist den Parteien vorzulesen. In dem Protokoll ist zu bemerken, daß die Vorlesung stattgefunden hat und daß die Genehmigung erfolgt ist, oder welche Einwendungen erhoben sind.

§ 42. Kommt ein Vergleich nicht zu Stande, so ist über den Rechtsstreit zu verhandeln. Die Leitung der Verhandlung liegt dem Vorsitzenden ob. Derselbe hat dahin zu wirken, daß die Parteien über alle erheblichen Thatsachen sich vollständig erklären, die Beweismittel für ihre Behauptungen bezeichnen und die sachdienlichen Anträge stellen. Derselbe kann jederzeit das persönliche Erscheinen der Parteien anordnen und für den Fall des Nichterscheinens eine Geldstrafe bis zu einhundert Mark androhen. Gegen die Festsetzung der Strafe findet Beschwerde nach den Bestimmungen der Civilprozeßordnung statt.

Wird die Fortsetzung der Verhandlung in einem weiteren Termine nothwendig, insbesondere weil eine erforderliche Beweisaufnahme nicht sofort bewirkt werden kann, so ist der weitere Termin alsbald zu verkünden. Der zur Beweisaufnahme vor dem Gericht anberaumte Termin ist zugleich zur Fortsetzung der Verhandlung bestimmt.

Erscheinen in dem zur Fortsetzung der Verhandlung bestimmten Termine die Parteien oder eine derselben nicht, so finden die Vorschriften der §§ 39, 40 Anwendung, auch wenn eine Beweisaufnahme vorausgegangen war.

§ 43. Die Beweisaufnahme erfolgt in der Regel vor dem Gewerbegerichte. Sie kann nur in den Fällen der §§ 372, 375, 382, 434, 479 der Civilprozeßordnung dem Vorsitzenden des Gerichts oder mittelst Ersuchens einem Amtsgericht übertragen werden.

Die Beweisaufnahme ist auch dann zu bewirken, wenn die Parteien oder eine derselben in dem für die Beweisaufnahme bestimmten Termine nicht erscheinen.

§ 44. Beschließt das Gericht die Vernehmung von Zeugen oder Sachverständigen, so sind dieselben, falls sie nicht von den Parteien zur Stelle gebracht sind, zu laden. Von der Ladung der Sachverständigen kann abgesehen werden, wenn schriftliche Begutachtung angeordnet wird.

Die Beeidigung der Zeugen und Sachverständigen erfolgt nur, wenn das Gericht die Beeidigung zur Herbeiführung einer wahrheitsgemäßen Aussage für nothwendig erachtet oder wenn eine Partei dieselbe beantragt. Die Bestimmungen, nach welchen die Beeidigung in gewissen Fällen unzulässig ist (Civilprozeßordnung § 393), bleiben unberührt.

§ 45. Ob die Leistung eines zugeschobenen oder zurückgeschobenen Eides durch bedingtes Urtheil oder durch Beweisbeschluß anzuordnen sei, bestimmt das Gericht nach freiem Ermessen.

§ 46. Erscheint der Schwurpflichtige in dem zur Leistung eines Eides bestimmten Termine nicht, so ist der Eid ohne Weiteres als verweigert anzusehen. Dem Verfahren ist Fortgang zu geben.

Der Schwurpflichtige kann binnen einer Nothfrist von drei Tagen nach dem Termine sich zur nachträglichen Leistung des Eides erbieten. Auf ein inzwischen ergangenes Urtheil finden die Bestimmungen des § 707 der Civilprozeßordnung entsprechende Anwendung. Ein solches Urtheil ist, wenn der Eid nachträglich geleistet wird, insoweit aufzuheben, als es auf der Annahme der Eidesverweigerung beruht.

Erscheint der Schwurpflichtige auch in dem zur nachträglichen Eidesleistung bestimmten Termine nicht, so findet ein nochmaliges Erbieten zur Eidesleistung nicht statt.

§ 47. Ueber die Verhandlung vor dem Gewerbegericht ist ein Protokoll aufzunehmen. Dasselbe ist von dem Vorsitzenden und dem Gerichtsschreiber zu unterzeichnen.

§ 48. Das Urtheil ist in dem Termin, in welchem die Verhandlung geschlossen wird, zu verkünden. Ist dies nicht ausführbar, so erfolgt die Verkündung in einem sofort anzuberaumenden Termine, welcher nicht über drei Tage hinaus anberaumt werden soll.

Die Wirksamkeit der Verkündung des Urtheils ist von der Anwesenheit der Parteien und der Beisitzer nicht abhängig.

§ 49. Aus dem Urtheile müssen ersichtlich sein:

1. die Mitglieder des Gerichts, welche bei der Entscheidung mitgewirkt haben,
2. die Parteien,
3. das Sach- und Streitverhältniß in gedrängter Darstellung nebst den wesentlichen Entscheidungsgründen,
4. der Spruch des Gerichts in der Hauptsache und in Betreff der Kosten. Der Betrag der letzteren mit Einschluß einer der obsiegenden Partei etwa zu gewährenden Entschädigung für Zeitversäumniß soll, soweit sie sofort zu ermitteln sind, im Urtheile festgestellt werden.

Das Urtheil ist von dem Vorsitzenden zu unterzeichnen.

§ 50. Ein über den Grund des Anspruchs vorab entscheidendes Zwischenurtheil ist in Betreff der Rechtsmittel nicht als Endurtheil anzusehen.

§ 51. Erfolgt die Verurtheilung auf Vornahme einer Handlung, so ist der Beklagte zugleich auf Antrag des Klägers für den Fall, daß die Handlung nicht binnen einer zu bestimmenden Frist vorgenommen ist, zur Zahlung einer nach dem Ermessen des Gerichts festzusetzenden Entschädigung zu verurtheilen.

In diesem Falle ist die Zwangsvollstreckung in Gemäßheit der §§ 887, 888 der Civilprozeßordnung ausgeschlossen.

§ 52. Die Verpflichtung der unterliegenden Partei, die Kosten des Rechtsstreits zu tragen, erstreckt sich auf die Erstattung der dem Gegner durch die Zuziehung eines Prozeßbevollmächtigten oder Beistandes entstandenen Auslagen nur unter der Voraussetzung, daß die Zuziehung durch besondere Umstände gerechtfertigt war, und nur in Ansehung des Betrags, welchen das Gericht für angemessen erachtet.

§ 53. Die nicht auf Grund einer mündlichen Verhandlung ergehenden Beschlüsse und Verfügungen werden, soweit nicht ein Anderes bestimmt ist, von dem Vorsitzenden allein erlassen.

Im Uebrigen sind für die Befugnisse des Vorsitzenden und der Beisitzer die Vorschriften über das landgerichtliche Verfahren maßgebend.

In Bezug auf die Berathung und Abstimmung finden die Vorschriften der §§ 194 bis 200 des Gerichtsverfassungsgesetzes entsprechende Anwendung.

§ 54. In dem ersten auf die Klage angesetzten Termine kann die Zuziehung der Beisitzer unterbleiben.

Erscheint in dem Termine nur eine der Parteien, so erläßt auf Antrag derselben der Vorsitzende das Versäumnißurtheil.

Erscheinen beide Parteien, so hat der Vorsitzende einen Sühneversuch vorzunehmen. Kommt ein Vergleich zu Stande, so ist derselbe in Gemäßheit des § 41 Abs. 2 im Protokolle festzustellen. Das Gleiche gilt, wenn die Klage zurückgenommen oder wenn auf den Klageanspruch verzichtet oder wenn derselbe anerkannt wird; in diesen Fällen hat, sofern beantragt wird, die Rechtsfolgen durch Urtheil auszusprechen, der Vorsitzende das Urtheil zu erlassen.

Bleibt die Sache in dem Termine streitig, so hat der Vorsitzende die Entscheidung zu erlassen, wenn dieselbe sofort erfolgen kann und beide Parteien sie beantragen. Anderenfalls ist ein neuer Verhandlungstermin, zu welchem die Beisitzer zuzuziehen sind, anzusetzen und sofort zu verkünden. Zeugen und Sachverständige, deren Vernehmung der Vorsitzende für erforderlich erachtet, sind zu diesem Termine zu laden.

§ 55. In den vor die Gewerbegerichte gehörigen Rechtsstreitigkeiten finden die Rechtsmittel statt, welche in den zur Zuständigkeit der Amtsgerichte gehörigen bürgerlichen Rechtsstreitigkeiten zulässig sind. Die Berufung ist jedoch nur zulässig, wenn der Werth des Streitgegenstandes den Betrag von einhundert Mark übersteigt. Entscheidungen über die Festsetzung der Kosten einschließlich der gemäß § 52 ergangenen sind nicht anfechtbar.

Als Berufungs- und Beschwerdegericht ist das Landgericht, in dessen Bezirke das Gewerbegericht seinen Sitz hat, zuständig.

Ist für das Rechtsmittel gegen eine Entscheidung des Gewerbegerichts eine Nothfrist bestimmt, so beginnt diese für jede Partei mit der an sie bewirkten Zustellung und, sofern auf die Zustellung verzichtet war (§ 32 Abs. 2), mit der Verkündung der Entscheidung. Im Uebrigen richtet sich die Einlegung des Rechtsmittels und das Verfahren in der Rechtsmittelinstanz nach den Vorschriften der Civilprozeßordnung. Die Bestimmung im § 569 Abs. 2 der Civilprozeßordnung über die Einlegung der Beschwerde in den bei einem Amtsgericht anhängigen oder anhängig gewesenen Sachen findet entsprechende Anwendung.

§ 56. Die Anfechtung einer Entscheidung des Gewerbegerichts kann auf Mängel des Verfahrens bei der Wahl der Beisitzer oder auf Umstände, welche die Wählbarkeit eines Beisitzers zu dem von ihm bekleideten Amte nach Maßgabe dieses Gesetzes ausschließen, nicht gestützt werden. Diese Vorschrift findet keine Anwendung, wenn die Anfechtung darauf gestützt wird, daß ein Beisitzer zu den im § 11 Abs. 2 bezeichneten Personen gehöre.

§ 57. Aus den Endurtheilen der Gewerbegerichte, welche rechtskräftig oder für vorläufig vollstreckbar erklärt sind, sowie aus den Vergleichen, welche nach Erhebung der Klage vor dem Gewerbegerichte geschlossen sind, findet die Zwangsvollstreckung statt.

Die der Berufung oder dem Einspruch unterliegenden Urtheile sind von Amtswegen für vorläufig vollstreckbar zu erklären, wenn sie die in Nr. 1 des § 4 bezeichneten Streitigkeiten betreffen oder der Gegenstand der Verurtheilung an Geld oder Geldeswerth die Summe von dreihundert Mark nicht übersteigt.

Die vorläufige Vollstreckbarkeit ist nicht auszusprechen, wenn glaubhaft gemacht wird, daß die Vollstreckung dem Schuldner einen nicht zu ersetzenden Nachtheil bringen würde; auch kann sie von einer vorgängigen Sicherheitsleistung abhängig gemacht werden.

Im Uebrigen finden auf die Zwangsvollstreckung sowie auf den Arrest und die einstweiligen Verfügungen die Vorschriften im achten Buche der Civilprozeßordnung Anwendung. Die für den Beginn der Zwangsvollstreckung erforderlichen Zustellungen (§§ 750, 751, 798 der Civilprozeßordnung) sind, soweit sie nicht bereits vorher erfolgt sind, auf Antrag des Gläubigers durch das Gewerbegericht zu bewirken.

§ 58. Für die Verhandlung des Rechtsstreits vor den Gewerbegerichten wird eine einmalige Gebühr nach dem Werthe des Streitgegenstandes erhoben.

Dieselbe beträgt bei einem Gegenstand im Werthe
- bis 20 Mark einschließlich 1 Mark,
- von mehr als 20 Mark bis 50 Mark einschließlich 1 Mark 50 Pfennig,
- von mehr als 50 Mark bis 100 Mark einschließlich 3 Mark.

Die ferneren Werthsklassen steigen um je einhundert Mark, die Gebühren um je drei Mark. Die höchste Gebühr beträgt dreißig Mark.

Wird der Rechtsstreit durch Versäumnißurtheil oder durch eine auf Grund eines Anerkenntnisses oder einer Zurücknahme der Klage erlassene Entscheidung erledigt, ohne daß eine kontradiktorische Verhandlung vorhergegangen war, so wird eine Gebühr in Höhe der Hälfte der oben bezeichneten Sätze erhoben.

Wird ein zur Beilegung des Rechtsstreits abgeschlossener Vergleich aufgenommen, so wird eine Gebühr nicht erhoben, auch wenn eine kontradiktorische Verhandlung vorausgegangen war.

Schreibgebühren kommen nicht in Ansatz. Für Zustellungen werden baare Auslagen nicht erhoben. Im Uebrigen findet die Erhebung der

Auslagen nach Maßgabe des § 79 des Gerichtskostengesetzes statt. Der § 2 desselben findet Anwendung.

Durch das Statut (§ 1 Abs. 2 bis 4) kann vorgeschrieben werden, daß Gebühren und Auslagen in geringerem Betrag oder gar nicht erhoben werden.

§ 59. Schuldner der entstandenen Gebühren und Auslagen ist derjenige, welchem durch die gerichtliche Entscheidung die Kosten auferlegt sind, oder welcher dieselben durch eine vor dem Gewerbegericht abgegebene oder diesem mitgetheilte Erklärung übernommen hat, und in Ermangelung einer solchen Entscheidung oder Uebernahme derjenige, welcher das Verfahren beantragt hat.

Die Einziehung der Gerichtskosten erfolgt nach den für die Einziehung der Gemeindeabgaben geltenden Vorschriften.

§ 60. Die Kosten der Rechtsmittel und der Zwangsvollstreckung bestimmen sich nach den für die ordentlichen Gerichte maßgebenden Vorschriften. Das Gesuch um Festsetzung der Kosten zweiter Instanz ist bei dem Landgericht anzubringen.

Die Gebührenordnung für Zeugen und Sachverständige findet in dem Verfahren vor den Gewerbegerichten Anwendung.

§ 61. Die ordentlichen Gerichte haben den Gewerbegerichten nach Maßgabe der Bestimmungen des Gerichtsverfassungsgesetzes Rechtshülfe zu leisten.

Dritter Abschnitt.

Thätigkeit des Gewerbegerichts als Einigungsamt.

§ 62. Das Gewerbegericht kann bei Streitigkeiten zwischen Arbeitgebern und Arbeitern über die Bedingungen der Fortsetzung oder Wiederaufnahme des Arbeitsverhältnisses als Einigungsamt angerufen werden.

§ 63. Der Anrufung ist Folge zu geben, wenn sie von beiden Theilen erfolgt und die betheiligten Arbeiter und Arbeitgeber — letztere sofern ihre Zahl mehr als drei beträgt — Vertreter bestellen, welche mit der Verhandlung vor dem Einigungsamte beauftragt werden.

Als Vertreter können nur Betheiligte bestellt werden, welche das fünfundzwanzigste Lebensjahr vollendet haben, sich im Besitze der bürgerlichen Ehrenrechte befinden und nicht durch gerichtliche Anordnung in der Verfügung über ihr Vermögen beschränkt sind.

Soweit Arbeiter in diesem Alter nicht, oder nicht in genügender Anzahl vorhanden sind, können jüngere Vertreter zugelassen werden.

Die Zahl der Vertreter jedes Theiles soll in der Regel nicht mehr als drei betragen. Das Einigungsamt kann eine größere Zahl von Vertretern zulassen.

Ob die Vertreter für genügend legitimirt zu erachten sind, entscheidet das Einigungsamt nach freiem Ermessen.

§ 64. Erfolgt die Anrufung nur von einer Seite, so soll der Vorsitzende dem anderen Theile oder dessen Stellvertretern oder Beauftragten Kenntniß geben und zugleich nach Möglichkeit dahin wirken, daß auch dieser Theil sich zur Anrufung des Einigungsamts bereit findet.

§ 65. Auch in anderen Fällen soll der Vorsitzende bei Streitigkeiten der im § 62 bezeichneten Art auf die Anrufung des Einigungsamts hinzuwirken suchen und dieselbe den Betheiligten bei geeigneter Veranlassung nahe legen.

§ 66. Der Vorsitzende ist befugt, zur Einleitung der Verhandlung und in deren Verlauf an den Streitigkeiten betheiligte Personen vorzuladen und zu vernehmen. Er kann hierbei, wenn das Einigungsamt gemäß § 63 oder § 64 angerufen worden ist, für den Fall des Nichterscheinens eine Geldstrafe bis zu einhundert Mark androhen. Gegen die Festsetzung der Strafe findet Beschwerde nach den Bestimmungen der Civilprozeßordnung statt.

Eine Vertretung betheiligter Personen durch deren allgemeine Stellvertreter (§ 45 der Gewerbeordnung), Prokuristen oder Betriebsleiter ist zulässig.

§ 67. Das Gewerbegericht, welches als Einigungsamt thätig wird, besteht neben dem Vorsitzenden aus Vertrauensmännern der Arbeitgeber und der Arbeiter in gleicher Zahl.

Die Vertrauensmänner sind von den Betheiligten zu bezeichnen. Erfolgt die Bezeichnung nicht, so werden die Vertrauensmänner durch den Vorsitzenden ernannt.

Einigen sich die Betheiligten über die Zahl der zuzuziehenden Vertrauensmänner nicht, so ist die Zahl derselben von dem Vorsitzenden auf mindestens zwei für jeden Theil zu bestimmen.

Die Vertrauensmänner dürfen nicht zu den Betheiligten gehören.

Der Vorsitzende ist befugt, eine oder zwei unbetheiligte Personen als Beisitzer mit berathender Stimme zuzuziehen; vor der Zuziehung sind die beiden Theile zu hören.

§ 68. Das Einigungsamt hat durch Vernehmung der Vertreter beider Theile die Streitpunkte und die für die Beurtheilung derselben in Betracht kommenden Verhältnisse festzustellen.

Das Einigungsamt oder, im Falle des § 64, der Vorsitzende des Gewerbegerichts ist befugt, zur Aufklärung der in Betracht kommenden Verhältnisse Auskunftspersonen vorzuladen und zu vernehmen.

Jedem Beisitzer und Vertrauensmanne steht das Recht zu, durch den Vorsitzenden Fragen an die Vertreter und Auskunftspersonen zu richten.

§ 69. Nach erfolgter Klarstellung der Verhältnisse ist in gemeinsamer Verhandlung jedem Theile Gelegenheit zu geben, sich über das Vorbringen des anderen Theiles sowie über die vorliegenden Aussagen der Auskunftspersonen zu äußern Demnächst findet ein Einigungsversuch zwischen den streitenden Theilen statt.

§ 70. Kommt eine Vereinbarung zu Stande, so ist der Inhalt derselben durch eine von sämmtlichen Mitgliedern des Einigungsamts und von den Vertretern beider Theile zu unterzeichnende Bekanntmachung zu veröffentlichen.

§ 71. Kommt eine Vereinbarung nicht zu Stande, so hat das Einigungsamt einen Schiedsspruch abzugeben, welcher sich auf alle zwischen den Parteien streitigen Fragen zu erstrecken hat.

Die Beschlußfassung über den Schiedsspruch erfolgt mit einfacher Stimmenmehrheit. Stehen bei der Beschlußfassung über den Schiedsspruch die Stimmen sämmtlicher für die Arbeitgeber zugezogenen Vertrauensmänner denjenigen sämmtlicher für die Arbeiter zugezogenen gegenüber, so kann der Vorsitzende sich seiner Stimme enthalten und feststellen, daß ein Schiedsspruch nicht zu Stande gekommen ist.

§ 72. Ist ein Schiedsspruch zu Stande gekommen, so ist derselbe den Vertretern beider Theile mit der Aufforderung zu eröffnen, sich binnen einer zu bestimmenden Frist darüber zu erklären, ob sie sich dem Schiedsspruch unterwerfen. Die Nichtabgabe der Erklärung binnen der bestimmten Frist gilt als Ablehnung der Unterwerfung.

Nach Ablauf der Frist hat das Einigungsamt eine von sämmtlichen Mitgliedern desselben unterzeichnete öffentliche Bekanntmachung zu erlassen, welche den abgegebenen Schiedsspruch und die darauf abgegebenen Erklärungen der Parteien enthält.

§ 73. Ist weder eine Vereinbarung (§ 70) noch ein Schiedsspruch zu Stande gekommen, so ist dies von dem Vorsitzenden des Einigungsamts öffentlich bekannt zu machen.

§ 74. Das Gewerbegericht als Einigungsamt ist nicht zuständig, wenn bei der Streitigkeit ausschließlich Innungsmitglieder und deren Arbeiter betheiligt sind, und für die Innung zur Erfüllung der im § 81 a Nr. 2 der Gewerbeordnung bezeichneten Aufgabe ein besonderes Einigungsamt besteht, dessen Zusammensetzung und Thätigkeit durch das Statut entsprechend den Bestimmungen der §§ 63 bis 73 dieses Gesetzes geregelt sind. Rufen beide Theile das Gewerbegericht als Einigungsamt an, so ist dieses auch bei solchen Streitigkeiten zuständig.

Vierter Abschnitt.

Gutachten und Anträge der Gewerbegerichte.

§ 75. Das Gewerbegericht ist verpflichtet, auf Ansuchen von Staatsbehörden oder des Vorstandes des Kommunalverbandes, für welchen es errichtet ist, Gutachten über gewerbliche Fragen abzugeben.

Das Gewerbegericht ist berechtigt, in gewerblichen Fragen Anträge an Behörden, an Vertretungen von Kommunalverbänden und an die gesetzgebenden Körperschaften der Bundesstaaten oder des Reichs zu richten.

Zur Vorbereitung oder Abgabe von Gutachten sowie zur Vorbereitung von Anträgen können Ausschüsse aus der Mitte des Gewerbegerichts gebildet werden.

Diese Ausschüsse müssen, sofern es sich um Fragen handelt, welche die Interessen beider Theile berühren, zu gleichen Theilen aus Arbeitgebern und Arbeitern zusammengesetzt sein.

Das Nähere bestimmt das Statut.

Fünfter Abschnitt.

Verfahren vor dem Gemeindevorsteher.

§ 76. Ist ein zuständiges Gewerbegericht nicht vorhanden, so kann bei Streitigkeiten der im § 4 Abs. 1 Nr. 1 und 5 bezeichneten Art jede Partei die vorläufige Entscheidung durch den Vorsteher der Gemeinde (Bürgermeister, Schultheiß, Ortsvorsteher u. s. w.) nachsuchen. Zuständig ist der Vorsteher der Gemeinde, in deren Bezirke die streitige Verpflichtung aus dem Arbeitsverhältnisse zu erfüllen ist oder sich die gewerbliche Niederlassung des Arbeitgebers befindet oder beide Parteien ihren Wohnsitz haben.

Den Parteien ist Gelegenheit zu geben, ihre Ausführungen und Beweismittel in einem Termine vorzubringen. Eine Beweisaufnahme durch Ersuchen anderer Behörden findet nicht statt; Vereidigungen sind nicht zulässig.

Kommt ein Vergleich zu Stande, so ist ein Protokoll darüber aufzunehmen und von den Parteien und dem Gemeindevorsteher zu unterschreiben.

§ 77. Die Entscheidung des Gemeindevorstehers ist schriftlich abzufassen; sie geht in Rechtskraft über, wenn nicht binnen einer Nothfrist von zehn Tagen von einer der Parteien Klage bei dem ordentlichen Gericht erhoben wird. Die Frist beginnt mit der Verkündung, gegen eine bei der Verkündung nicht anwesende Partei mit der Behändigung der Entscheidung.

Die Entscheidungen des Gemeindevorstehers sind von Amtswegen für vorläufig vollstreckbar zu erklären.

Die vorläufige Vollstreckbarkeit ist nicht auszusprechen, wenn glaubhaft gemacht wird, daß die Vollstreckung dem Schuldner einen nicht zu ersetzenden Nachtheil bringen würde; auch kann sie von einer vorgängigen Sicherheitsleistung abhängig gemacht werden.

Ist rechtzeitig Klage erhoben, so findet der § 707 der Civilprozeßordnung entsprechende Anwendung.

§ 78. Die vor dem Gemeindevorsteher geschlossenen Vergleiche sowie die rechtskräftigen oder vollstreckbaren Entscheidungen desselben sind, sofern die Partei es beantragt, auf Ersuchen des Gemeindevorstehers durch die Ortspolizeibehörde nach den Vorschriften über das Verwaltungszwangsverfahren zu vollstrecken. Ein unmittelbarer Zwang zur Vornahme einer Handlung ist nur im Falle des § 127d der Gewerbeordnung zulässig; die Leistung von Diensten aus einem Dienstvertrage kann durch Geldstrafen nicht erzwungen werden. Wo ein Verwaltungszwangsverfahren nicht besteht, finden die Bestimmungen über die Zwangsvollstreckung in bürgerlichen Rechtsstreitigkeiten Anwendung.

§ 79. Der Gemeindevorsteher kann die Wahrnehmung der ihm nach den §§ 76 bis 78 obliegenden Geschäfte mit Genehmigung der höheren Verwaltungsbehörde einem Stellvertreter übertragen. Derselbe muß aus der Mitte der Gemeindeverwaltung oder Gemeindevertretung auf mindestens ein Jahr berufen werden. Die Berufung ist öffentlich bekannt zu machen.

§ 80. Durch Anordnung der Landes-Zentralbehörde kann an Stelle des Gemeindevorstehers ein zur Vornahme von Sühneverhandlungen über streitige Rechtsangelegenheiten staatlich bestelltes Organ mit Wahrnehmung der in den §§ 76 bis 78 aufgeführten Geschäfte beauftragt werden. Die Anordnung ist öffentlich bekannt zu machen.

Sechster Abschnitt.

Schlußbestimmungen.

§ 81. Die Bestimmungen dieses Gesetzes finden keine Anwendung auf Gehülfen und Lehrlinge in Apotheken und Handelsgeschäften sowie auf Arbeiter, welche in den unter der Militär- oder Marineverwaltung stehenden Betriebsanlagen beschäftigt sind.

§ 82. Auf Streitigkeiten der in Bergwerken, Salinen, Aufbereitungsanstalten und unterirdisch betriebenen Brüchen und Gruben beschäftigten Arbeiter mit ihren Arbeitgebern finden die Bestimmungen dieses Gesetzes mit der Maßgabe Anwendung, daß die Errichtung von Gewerbegerichten, deren Zuständigkeit auf die vorbezeichneten Betriebe beschränkt wird, unabhängig von den Voraussetzungen des § 1 Abs. 5 durch Anordnung der Landes-Zentralbehörde erfolgen kann.

Für die auf Grund der letzteren Bestimmung errichteten Gewerbegerichte gelten nachstehende besondere Vorschriften:

1. Die Bestimmung des letzten Satzes im Abs. 2 des § 7 findet keine Anwendung.
2. Durch die Zuständigkeit eines solchen Gerichts wird die Zuständigkeit anderer innerhalb seines Bezirkes bestehender oder später errichteter Gewerbegerichte ausgeschlossen.
3. Die Kosten der Gewerbegerichte werden, soweit sie in deren Einnahmen nicht Deckung finden, vom Staate getragen.
4. Der Vorsitzende und dessen Stellvertreter werden von der Landes-Zentralbehörde ernannt. Zur Bewirkung der Zustellungen können an Stelle der Gerichtsvollzieher oder Gemeindebeamten (§ 25 Abs. 2) andere Beamte verwendet werden.
5. Inwieweit den Arbeitgebern im Sinne der §§ 12 bis 14 die mit der Leitung eines Betriebs oder eines bestimmten Zweiges desselben betrauten Stellvertreter der selbständigen Gewerbetreibenden gleichstehen, wird durch Anordnung der Landes-Zentralbehörde bestimmt.
6. Die Bestimmung des § 67 Abs. 4 findet, soweit sie sich auf Beisitzer bezieht, keine Anwendung.

§ 83. Soweit nach den Vorschriften des Krankenversicherungsgesetzes die Entscheidung von Streitigkeiten über die Berechnung und Anrechnung von Versicherungsbeiträgen und Eintrittsgeldern in Gemäßheit dieses Gesetzes zu erfolgen hat, finden die Vorschriften der §§ 76 bis 80 auch dann Anwendung, wenn es sich um Versicherungsbeiträge anderer als der im § 3 bezeichneten Arbeiter handelt. Die Zuständigkeit des Gemeindevorstehers wird in diesem Falle nicht dadurch ausgeschlossen, daß ein Gewerbegericht für die Gemeinde errichtet ist.

§ 84. Die Zuständigkeit der Innungen zur Entscheidung von Streitigkeiten zwischen Arbeitgebern und ihren Lehrlingen (Gewerbeordnung § 81a Nr. 4, § 81b Nr. 4) sowie die Zuständigkeit der Innungsschiedsgerichte (Gewerbeordnung §§ 91 bis 91b) erleiden durch dieses Gesetz keine Einschränkung.

Durch die Zuständigkeit einer Innung oder eines Innungsschiedsgerichts wird die Zuständigkeit eines für den Bezirk der Innung bestehenden oder später errichteten Gewerbegerichts ausgeschlossen.

§ 85. Die nach § 14 Nr. 4 des Gerichtsverfassungsgesetzes zugelassenen, auf Grund der Landesgesetze zur Entscheidung gewerblicher Streitigkeiten berufenen Gewerbegerichte werden mit dem 1. April 1892 aufgehoben, sofern nicht bis zu diesem Zeitpunkt ihre Zusammensetzung den Bestimmungen des § 13 Abs. 1 und 2 entspricht. Auf die Vertretung der Parteien vor den bezeichneten Gerichten finden die Bestimmungen des § 31 Anwendung.

Sofern diese Gerichte den vorbezeichneten Erfordernissen entsprechen, erleidet ihre Zuständigkeit durch dieses Gesetz keine Einschränkung.

§ 86. In dem Verhältnisse der Innungen, der Innungsschiedsgerichte und der im § 85 bezeichneten Gewerbegerichte zu den ordentlichen Gerichten und zu den gemäß § 1 errichteten Gewerbegerichten finden die Vorschriften des § 28 entsprechende Anwendung.

§ 87. Streitigkeiten, welche, bevor ein für dieselben zuständiges Gewerbegericht bestand, anhängig geworden sind, werden von den bis dahin zuständig gewesenen Behörden erledigt.

§ 88. Die Zentralbehörden der Bundesstaaten bestimmen, welche Verbände als weitere Kommunalverbände im Sinne dieses Gesetzes anzusehen, von welchen Organen der Gemeinden und weiteren Kommunalverbände die Statuten über Errichtung von Gewerbegerichten zu beschließen und von welchen Staats- oder Gemeindeorganen die übrigen in diesem Gesetze den Staats- oder Gemeindebehörden sowie den Vertretungen der Gemeinden und weiteren Kommunalverbände zugewiesenen Verrichtungen wahrzunehmen sind.

Mit den von der höheren Verwaltungsbehörde wahrzunehmenden Geschäften können jedoch nur diejenigen höheren Verwaltungsbehörden betraut werden, welche nach Landesrecht die Aufsicht oder Oberaufsicht in Gemeindeangelegenheiten wahrzunehmen haben; auf die in Gemäßheit des § 82 errichteten Gewerbegerichte findet diese Bestimmung keine Anwendung.[1])

---

[1]) Für **Bayern** hat die Kgl. Vollzugsverordnung vom 16. August 1890 (G.V.Bl. S. 571) als Landeszentralbehörde das Staatsministerium des Innern, als höhere Verwaltungsbehörden die Regierungen, Kammern des Innern, (Ausnahme ist für den Bereich der nach § 82 des Gesetzes errichteten Gewerbegerichte zugelassen), als weitere Kommunalverbände die Distriktsgemeinden, vertreten durch den Distriktsrath, bezeichnet und bestimmt, daß die Befugnisse der Gemeindevertretungen und Ortsbehörden in Gemeinden mit städtischer Verfassung von den Magistraten, in Gemeinden mit Landgemeindeverfassung von den Gemeindeausschüssen, in der Pfalz von den Gemeinderäthen wahrgenommen werden (vorbehaltlich der Zustimmung der Gemeindebevollmächtigten bezw der Gemeindeversammlung in gewissen Fällen).

15. Strandungsordnung vom 17. Mai 1874.

in der Fassung der Novelle v. 30. Dez. 1901.

(R.G.Bl. 1874 S. 73—83 1902 S 1 u. 2.)

I. Abschnitt.

Von den Strandbehörden.

§ 1. Die Verwaltung der Strandungsangelegenheiten wird durch Strandämter geführt.

Den Strandämtern werden Strandvögte untergeordnet. Letztere haben insbesondere diejenigen Maßregeln zu leiten, welche zum Zwecke der Bergung oder Hülfsleistung zu ergreifen sind.

§ 2. Die Organisation der Strandämter, die Abgrenzung ihrer Bezirke, die Anstellung der Strandbeamten, die Regelung des Verhältnisses der Strandvögte zu den Strandämtern, und die Bestimmung der Behörden, welche die Aufsicht über diese Aemter und Beamten zu führen haben, sowie die Feststellung der Dienstbezüge der Strandbeamten steht den Landesregierungen nach Maßgabe der Landesgesetze zu.

Der Vorsteher eines Strandamts kann für den ihm überwiesenen Bezirk oder einen Theil desselben zugleich zum Strandvogt bestellt werden.

§ 3. Die Oberaufsicht über die Verwaltung der Strandungsangelegenheiten steht dem Reiche zu.

II. Abschnitt.

Von dem Verfahren bei Bergung und Hülfsleistung in Seenoth.

§ 4. Wer ein auf den Strand gerathenes oder sonst unweit desselben in Seenoth befindliches Schiff wahrnimmt, hat hiervon sofort dem zuständigen Strandvogt oder der nächsten Gemeindebehörde Anzeige zu machen. Der Ueberbringer der ersten Anzeige hat Anspruch auf eine angemessene Vergütung.

§ 5. Die Gemeindebehörde hat unverzüglich für die Mittheilung der Nachricht an den Strandvogt zu sorgen. Die Gemeinden sind verpflichtet, hierzu gegen eine den ortsüblichen Sätzen entsprechende Vergütung einen Boten und die nöthigen Beförderungsmittel (Pferd, Gespann, Boot) zu stellen.

§ 6. Der Strandvogt hat unverzüglich nach Empfang der Nachricht (§ 5) sich an Ort und Stelle zu begeben und daselbst die zur Aufrechterhaltung der Ordnung sowie zur Bergung oder Hülfsleistung erforderlichen Anordnungen zu treffen. Auch hat er für schleunigste Benachrichtigung des Strandamts sowie des nächsten Zollbeamten Sorge zu tragen, bis zur Ankunft des letzteren aber das Zollinteresse selbst wahrzunehmen.

Bis zum Erscheinen des Strandvogts sind die Strand-Unterbeamten und in deren Ermangelung die nächste Gemeindebehörde zu den erforderlichen Anordnungen berufen.

§ 7. Wider den Willen des Schiffers dürfen Maßregeln zum Zweck der Bergung oder Hülfsleistung nicht ergriffen werden. Insbesondere darf wider den Willen des Schiffers weder an das Schiff angelegt, noch dasselbe betreten werden. Ist das Schiff von der Schiffsbesatzung verlassen, so bedarf es zum Anlegen an dasselbe oder zum Betreten desselben, sofern nicht dringende Gefahr im Verzuge liegt, der Erlaubniß des Strandvogts.

Auf die Thätigkeit der Vereine zur Rettung Schiffbrüchiger finden diese Bestimmungen keine Anwendung.

§ 8. Der Schiffer ist befugt, dem Strandvogt die Leitung des Verfahrens jederzeit wieder abzunehmen, sobald er für die etwa bereits entstandenen Bergungs- und Hülfskosten, einschließlich des Berge- und Hülfslohnes (Art. 753 des Allgemeinen Deutschen Handelsgesetzbuchs)[1]), die von dem Vorsteher des Strandamtes oder dem Strandvogt erforderlich befundene Sicherheit bestellt hat.

§ 9. Die Verpflichtung, den polizeilichen Aufforderungen zur Hülfe Folge zu leisten, bestimmt sich nach § 360 Nr. 10 des Strafgesetzbuchs mit der Maßgabe, daß als „Polizeibehörde" im Sinne dieser Vorschrift auch der Strandvogt gilt.

Während der Seenoth ist der Strandvogt befugt, zur Rettung von Menschenleben die erforderlichen Fahrzeuge und Geräthschaften, sowie jeden außerhalb der öffentlichen Wege zum Strande führenden Zugang auch ohne Einwilligung der Verfügungsberechtigten in Anspruch zu nehmen. Der hieraus entstehende wirkliche Schaden ist zu vergüten. Wer der Anordnung des Strandvogts nicht Folge leistet, wird mit der im § 360 Nr. 10 a. a. O. angedrohten Strafe belegt.

Die Fahrzeuge und Geräthschaften der Vereine zur Rettung Schiffbrüchiger dürfen nur, insoweit die Vereinsmannschaft nicht selbst einschreitet, zur Rettung von Menschenleben in Anspruch genommen werden.

§ 10. Die in den §§ 4, 5 und 9 bezeichneten Vergütungen gehören zu den im Art. 745 Abs. 2 des Allgemeinen Deutschen Handelsgesetzbuchs[2]) bestimmten Bergungs- und Hülfskosten. Dieselben werden nach Maßgabe der Bestimmungen des fünften Abschnitts festgesetzt und sind, wenn anderweit die Befriedigung nicht zu erreichen ist, aus Staatsmitteln zu leisten. Auf Verlangen sind sie aus diesen vorschußweise zu zahlen.

§ 11. Der Strandvogt hat vor Allem für die Rettung der Personen zu sorgen. Im Falle der Bergung hat er zunächst die Schiffs-

[1]) Jetzt § 751 H.G.B.
[2]) Jetzt § 743 Abs. 2 H.G.B.

und Ladungspapiere, insbesondere das Schiffsjournal an sich zu nehmen, das letztere sobald als möglich mit dem Datum und seiner Unterschrift abzuschließen und demnächst sämmtliche Papiere dem Schiffer zurückzugeben.

§ 12. Ohne Genehmigung des Schiffers darf nichts aus dem Schiffe fortgeschafft werden. Auch hat zunächst der Schiffer darüber Bestimmung zu treffen, wohin die fortgeschafften Gegenstände sowie das Schiff selbst zu bringen sind. Sowohl jene Genehmigung als auch diese Bestimmung steht dem Strandvogt zu, wenn derselbe die Leitung des Verfahrens übernommen hatte. In Ermangelung einer Bestimmung des Schiffers oder des Strandvogts muß das Geborgene, sofern keine Hindernisse entgegenstehen, bei Verlust des Anspruchs auf Berge- oder Hülfslohn nach dem zunächst erreichbaren deutschen Hafen oder Landungsplatze gebracht und sofort der nächsten Polizeibehörde oder dem Strandvogt angezeigt werden.

Die aus dem Schiffe fortgeschafften Gegenstände sind, sobald dies thunlich, zu verzeichnen.

§ 13. Werden einzelne Stücke der Ladung oder des Schiffs oder sonstige Gegenstände, welche auf dem Schiffe sich befunden, oder zu demselben gehört haben, an das Land getrieben, so hat derjenige, welcher dieselben birgt, dies sofort einem der mitwirkenden Beamten anzuzeigen und auf Erfordern die Sachen abzuliefern.

§ 14. Der Strandvogt hat dem nächsten Steuerbeamten von der Bergung sofort Nachricht zu geben und bis zur Ankunft desselben das steuerfiskalische Interesse wahrzunehmen.

Die geborgenen Gegenstände werden von dem Strandamt und dem Zollbeamten gemeinschaftlich in Gewahrsam genommen.

§ 15. Das Strandamt hat mit Zuziehung des Schiffers und des Zollbeamten ein Inventarium der geborgenen Gegenstände unter Angabe der etwa vorhandenen Marken und Nummern und mit Benutzung der vorläufigen Verzeichnisse (§ 12) aufzunehmen, dabei auch überall den Werth und die Menge zu vermerken, soweit dieselben sich aus vorhandenen Schriftstücken ergeben oder anderweit ohne Verletzung der Verpackung festzustellen sind. Das Inventarium ist von dem Zollbeamten und dem Schiffer zu unterschreiben, die Einsicht desselben oder die Fertigung einer Abschrift ist auch anderen Betheiligten zu gestatten.

§ 16. Die geborgenen Gegenstände sind dem Schiffer, in Ermangelung desselben demjenigen, welcher sonst seine Empfangsberechtigung nachweist, auszuliefern. Die Auslieferung darf jedoch, mit Ausnahme der für das augenblickliche Bedürfniß der Mannschaft und Passagiere erforderlichen Gegenstände, erst nach Bezahlung oder Sicherstellung der Bergungskosten einschließlich des Bergelohns (Art. 753 des Allgemeinen Deutschen Handelsgesetzbuchs)[1]) und nach erfolgter zollamtlicher Abfertigung geschehen.

---

[1]) Jetzt § 751 H.G.B.

§ 17. Behufs Uebernahme der Vertretung der Betheiligten in Bergungs- und Hülfsleistungsfällen können von den Landesregierungen an geeigneten Orten ein für allemal Sachverständige bestellt werden. Dieselben sind in den einzelnen Fällen den Betheiligten von dem Strandamt namhaft zu machen. Die Wahl anderer Vertreter ist hierdurch nicht ausgeschlossen.

§ 18. Leicht verderbliche und solche Gegenstände, deren Aufbewahrung mit Gefahr oder unverhältnißmäßigen Kosten verbunden sein würde, können von dem Strandamt öffentlich verkauft werden, jedoch bei Anwesenheit des Empfangsberechtigten nur mit Zustimmung desselben oder nach fruchtlos an ihn ergangener Aufforderung, die Gegenstände gemäß § 16 in Empfang zu nehmen.

§ 19. Entstehen Zweifel oder Streitigkeiten über die Empfangsberechtigung, oder sind die Empfangsberechtigten nicht alsbald zu ermitteln, so hat das Strandamt die betreffenden Gegenstände oder deren Erlös (§ 18) in Verwahrung zu nehmen, und demnächst nach den Bestimmungen des IV. Abschnitts zu verfahren.

III. Abschnitt.

Von Seeauswurf und strandtriftigen Gegenständen, sowie von versunkenen und seetriftigen Gegenständen.

§ 20. Wenn außer dem Falle der Seenoth eines Schiffes besitzlos gewordene Gegenstände von der See auf den Strand geworfen oder gegen denselben getrieben, und vom Strande aus geborgen werden, so haben auch in diesen Fällen die Berger Anspruch auf Bergelohn nach den Vorschriften des Allgemeinen Deutschen Handelsgesetzbuchs, Buch V. Titel 9.[1]) Sie sind verpflichtet, bei Verlust des Anspruchs auf Bergelohn von den geborgenen Gegenständen der nächsten Polizeibehörde oder dem Strandvogt sofort Anzeige zu machen, und dieselben zur Verfügung zu stellen.

§ 21. Denselben Anspruch und dieselbe Verpflichtung haben die Berger, wenn versunkene Schiffstrümmer oder sonstige Gegenstände vom Meeresgrunde heraufgebracht, oder wenn ein verlassenes Schiff oder sonstige besitzlos gewordene Gegenstände, in offener See treibend, von einem Fahrzeuge geborgen werden.

Die Verpflichtung tritt in diesem Falle ein, sobald das bergende Fahrzeug nach der Bergung an der deutschen Küste anlegt oder vor Anker geht, fällt aber fort, wenn das Fahrzeug inzwischen an einer fremden Küste angelegt hat, oder vor Anker gegangen ist, und die Berger dort die geborgenen Gegenstände dem Eigenthümer oder einer Behörde zur Verfügung gestellt haben.

§ 22. Welche Gewässer bei Anwendung der §§ 20 und 21 der See gleichzustellen sind, bestimmen die Landesregierungen.

---

[1]) Jetzt Buch IV. Achter Abschnitt H.G.B.

§ 23. Das Strandamt hat den Berger über die Zeit, den Ort und die Umstände der Bergung sowie über den beanspruchten Lohn zu hören und für die angemessene Aufbewahrung der Gegenstände zu sorgen, auch dem nächsten Zollbeamten Nachricht zu geben. Die Bestimmungen der §§ 14, 15 und 18 finden auch hier Anwendung.

Kann der Empfangsberechtigte alsbald ermittelt werden, so ist nach der Vorschrift des § 16, andernfalls nach den Vorschriften des IV. Abschnitts, zu verfahren.

§ 24. Die Landesregierungen sind ermächtigt, Anmeldestellen einzurichten, welchen die Strandämter jede Bergung in den Fällen der §§ 20 und 21 mitzutheilen haben. Auf diesen Anmeldestellen ist ein Fundverzeichniß über die geborgenen Gegenstände und den Ort ihrer Aufbewahrung zu führen und zur Einsicht für jedermann auszulegen. Ein Auszug aus dem Verzeichniß wird in angemessenen Fristen bekannt gemacht.

Die Bestimmungen des § 23 finden auch da Anwendung, wo Anmeldestellen bestehen.

§ 25.[1]) Wird die Schiffahrt dadurch beeinträchtigt, daß in einem Fahrwasser, auf einer Rhede oder in einem Hafen ein Schiff oder Wrack hülflos treibt, oder gestrandet oder gesunken ist, oder Anker oder sonstige Gegenstände auf den Grund gerathen, so ist die Behörde befugt, die Beseitigung des Hindernisses zu veranlassen.

Sobald die Behörde eingeschritten und dies öffentlich erkennbar oder den Betheiligten bekannt gemacht ist, darf ohne Genehmigung der Behörde das Hinderniß nicht mehr beseitigt und von dem Schiffe oder Wracke nichts mehr fortgeschafft werden.

Zur Deckung der Kosten der Beseitigung kann die Behörde die beseitigten Gegenstände öffentlich verkaufen, soweit nicht Sicherheit gestellt wird. Dieses Recht erstreckt sich im Falle der Beseitigung eines Schiffes oder Wrackes auch auf alle Gegenstände, welche zur Zeit des Einschreitens der Behörde auf dem Schiffe oder Wracke vorhanden waren, mit Ausnahme der Habe der Schiffsbesatzung, des Reiseguts der Reisenden und der Post. Gegenstände, welche dem Reiche oder einem Bundesstaate gehören, sind zunächst der zuständigen Verwaltung gegen Erstattung des Werthes zur Verfügung zu stellen. Mit dem nach Abzug der Beseitigungskosten etwa verbleibenden Ueberschusse des Erlöses ist nach den §§ 16, 19 zu verfahren. Nach fruchtlosem Aufgebotsverfahren (§ 26) fällt der Ueberschuß der Seemannskasse oder in Ermangelung einer solchen der Armenkasse am Sitze der Behörde zu.

Wird durch einen der im Abs. 1 bezeichneten Vorgänge die Gefahr einer Beeinträchtigung der Schiffahrt herbeigeführt, so ist der Schiffer, in dessen Ermangelung oder Verhinderung sein Stellvertreter, verpflichtet, dem nächsten Strandamt unverzüglich Anzeige zu erstatten.

---

[1]) Fassung nach Art. 1 des Gesetzes vom 30. Dezember 1901 (R.G.Bl. 1902 S. 1 u. 2).

IV. Abschnitt.

Von dem Aufgebotsverfahren in Bergungssachen und dem Rechte auf herrenlose geborgene Gegenstände.

§ 26. Behufs der Ermittelung des Empfangsberechtigten hat das Strandamt, sofern sich genügender Anlaß dazu bietet, geeignete Vorverhandlungen einzuleiten. Dem dadurch ermittelten Berechtigten sind die geborgenen Gegenstände nach Maßgabe des § 16 auszuliefern.

Wenn sich kein Anlaß zu Vorverhandlungen bietet, oder durch dieselben der Empfangsberechtigte nicht ermittelt wird, so tritt das Aufgebotsverfahren (§§ 27 ff.) ein.

§ 27. Im Aufgebotsverfahren werden alle unbekannten Berechtigten aufgefordert, bis zu einem bestimmten Termine bei dem Strandamte ihre Ansprüche anzuzeigen, widrigenfalls dieselben bei der Verfügung über die geborgenen Gegenstände unberücksichtigt bleiben würden.

Der Termin ist auf vier Wochen bis neun Monate zu bestimmen. Das Aufgebot wird durch Aushang (Anschlag) an der Amtsstelle sowie nach dem Ermessen des Strandamtes durch eine oder mehrere Anzeigen in öffentlichen Blättern und Anschlag an Börsen und anderen geeigneten Orten bekannt gemacht. Zur Ersparung von Kosten kann das Aufgebot so lange ausgesetzt werden, bis eine angemessene Zahl von Gegenständen angesammelt ist.

Ein Ausschlußbescheid wird nicht erlassen.

§ 28. Diejenigen Gegenstände, auf welche ein Anspruch nicht angezeigt ist, werden nach Ablauf des Termins den nach § 35 Berechtigten gegen Erlegung der Bergungskosten, zu welchen in den Fällen des ersten Absatzes des § 35 auch der Bergelohn gehört, nach erfolgter zollamtlicher Abfertigung ausgeliefert.

Der Empfänger ist, wenn versäumte Ansprüche später geltend gemacht werden, nur insoweit, als er sich dann im Besitze der Sache noch befindet oder durch den aus derselben gelösten Werth noch bereichert ist, dem Berechtigten zur Entschädigung verpflichtet. In den Fällen des zweiten Absatzes des § 35 behält der Berger auch den noch in seinem Besitze befindlichen Vortheil, insoweit dieser den Bergelohn nicht übersteigt.

§ 29. Sind dagegen Ansprüche angezeigt, so fordert das Strandamt die nach § 35 Berechtigten auf, sich binnen einer bestimmten Frist zu erklären, ob sie diese Ansprüche anerkennen wollen oder nicht, widrigenfalls dieselben für anerkannt erachtet werden würden.

Wenn innerhalb dieser Frist ein Widerspruch seitens der Aufgeforderten nicht erfolgt, so ist die Auslieferung der Gegenstände an denjenigen, welcher den Anspruch angezeigt hat, gemäß § 16 zu bewirken und zwar, falls das Strandamt den Anspruch für nachgewiesen erachtet, sofort, anderenfalls erst nach Ablauf des Aufgebotstermins, sofern auch bis dahin weitere Ansprüche nicht angemeldet werden.

Wenn dagegen ein Widerspruch von einem der Aufgeforderten innerhalb der Erklärungsfrist erfolgt, so sind die angezeigten Ansprüche gegen denselben im Wege der Klage auszuführen.

§ 30. Wenn die Berechtigung zum Empfang streitig, und von keinem der nach § 35 Berechtigten ein Widerspruch erhoben ist, so bestimmt das Strandamt denjenigen, gegen welchen die sonst angezeigten Ansprüche im Wege der Klage auszuführen sind.

Diesem steht auch die Befugniß zu, gegen Leistung der vom Strandamte zu bestimmenden Sicherheit die Auslieferung der geborgenen Gegenstände zu verlangen.

§ 31. Zur Anstellung der Klage (§§ 29 Abs. 3 und 30), welche bei dem für den Ort des Strandamts zuständigen Gerichte zu erheben ist, bestimmt das Strandamt eine angemessene Ausschlußfrist.

§ 32. Im Falle des § 30 hat das Strandamt auf Antrag dafür zu sorgen, daß die nach Abschnitt V. dieses Gesetzes festgestellten Ansprüche aus der bestellten Sicherheit oder durch den Verkauf der geborgenen Gegenstände befriedigt werden.

§ 33. Streitigkeiten über die Empfangsberechtigung werden im Prozeßwege erledigt.

§ 34. Die Kosten der Vorverhandlungen und des Aufgebotsverfahrens gehören zu den im Artikel 745 Absatz 2 des Allgemeinen Deutschen Handelsgesetzbuchs[1]) bestimmten Bergungskosten.

§ 35. Wenn der Empfangsberechtigte auch durch das Aufgebotsverfahren nicht ermittelt wird, so werden Gegenstände, welche in Seenoth vom Strande aus geborgen sind (§§ 4—19), desgleichen Seeauswurf und strandtriftige Güter (§ 20), dem Landesfiskus überwiesen.

Unter gleicher Voraussetzung werden versunkene und seetriftige Gegenstände (§ 21) dem Berger überwiesen.

Die Antheile mehrerer Mitberechtigter im Falle des Artikels 751 des Allgemeinen Deutschen Handelsgesetzbuchs[2]) bestimmen sich auch in Beziehung auf diesen Anspruch nach den dort vorgeschriebenen Grundsätzen. Wer die ihm nach dem § 21 obliegende Anzeige unterläßt, geht dieses Anspruchs zu Gunsten der Seemannskasse des Orts, wo das Strandamt seinen Sitz hat, und in Ermangelung einer solchen, zu Gunsten der Ortsarmenkasse verlustig.

Ob und in welcher Weise diejenigen zu entschädigen sind, welchen nach den bisherigen Bestimmungen die in den vorstehenden Absätzen der Staatskasse und dem Berger überwiesenen Ansprüche zugestanden haben, bestimmen die Landesgesetze.

---

[1]) Jetzt § 743 Abs. 2 H.G.B.
[2]) Jetzt § 749 H.G.B.

V. Abschnitt.

Von der Festsetzung der Bergungs- und Hülfskosten.

§ 36. Wer Berge- oder Hülfslohn oder die Erstattung sonstiger Bergungs- oder Hülfskosten verlangt, hat in Ermangelung einer gütlichen Einigung seine Ansprüche bei dem Strandamt anzumelden.

§ 37. Das Strandamt hat nach Anhörung der Betheiligten, soweit dieselben anwesend sind, eine Berechnung der aufgestellten Forderungen zu entwerfen und mit seinen gutachtlichen Bemerkungen der Aufsichtsbehörde einzureichen.

§ 38. Die Aufsichtsbehörde hat die angemeldeten Ansprüche nach den Bestimmungen des Allgemeinen Deutschen Handelsgesetzbuchs, Buch V. Titel 9,[1]) zu prüfen und durch Bescheid festzusetzen. Jedem Betheiligten ist der Bescheid zu Protokoll bekannt zu machen, oder eine Ausfertigung desselben zuzustellen.

Die Zustellung ist gültig, wenn sie unter Beobachtung der für Zustellungen in bürgerlichen Rechtsstreitigkeiten vorgeschriebenen Formen erfolgt. Die vereideten Verwaltungsbeamten haben dabei die Glaubwürdigkeit der Gerichtsbeamten.

§ 39. Gegen den Bescheid der Aufsichtsbehörde findet nur der Rechtsweg statt.

Die Partei, welche sich durch den Bescheid beschwert fühlt, hat binnen einer Ausschlußfrist von 14 Tagen — vom Tage nach der Bekanntmachung oder Behändigung des Bescheides (§ 38) an gerechnet — die Klage bei dem für den Ort des Strandamts zuständigen Gerichte anzubringen. Das Gericht kann aus Gründen, die in der Sache selbst liegen, diese Frist angemessen verlängern.

Durch rechtzeitige Erhebung der Klage verliert der Bescheid zwischen den Prozeßparteien seine Kraft.

§ 40. Den Landesregierungen steht es zu, die in § 38 der Aufsichtsbehörde zugewiesenen Obliegenheiten dem Strandamt zu übertragen.

§ 41. Die Erhebung der festgesetzten Beträge und die Vertheilung derselben unter die Berechtigten erfolgt in der Regel durch das Strandamt.

Der Vorsteher des Strandamts hat auch in dem Falle keinen Anspruch auf Berge- oder Hülfslohn, wenn er zugleich zum Strandvogt bestellt ist.

VI. Abschnitt.

Allgemeine Bestimmungen.

§ 42. Schiffer im Sinne dieses Gesetzes ist der Führer des Schiffs (Schiffskapitän), in Ermangelung oder Verhinderung desselben dessen Stellvertreter.

---

[1]) Jetzt Buch IV. Achter Abschnitt H.G.B.

§ 43. Wer den Vorschriften der §§ 4, 7 Abs. 1, 12 Abs. 1, 13, 20, 21, 25 Abs. 2, 4[1]) zuwiderhandelt, wird, sofern nicht nach allgemeinen Strafgesetzen eine höhere Strafe verwirkt ist, mit Geldstrafe bis zu einhundertfünfzig Mark oder mit Haft bestraft.

§ 44. Die Bestimmungen des Gesetzes, betreffend die Errichtung eines obersten Gerichtshofes für Handelssachen, vom 12. Juni 1869, sowie die Ergänzungen desselben werden auf diejenigen bürgerlichen Rechtsstreitigkeiten ausgedehnt, in welchen durch Klage oder Widerklage ein Anspruch aus Rechtsverhältnissen geltend gemacht wird, welche auf die Bergung außer dem Falle der Seenoth sich beziehen.

§ 45. Ob und inwieweit im Falle der Bergung des von den Landesregierungen zur Betonnung verwendeten Materials an Tonnen, Ketten und sonstigem Zubehör bestimmte Lohnsätze an Stelle des Bergelohns treten, bestimmt sich, wenn die Bergung im eigenen Gebiete erfolgt, nach dem bezüglichen Landesrecht, anderenfalls nach den etwa abgeschlossenen Staatsverträgen.

§ 46. Die in diesem Gesetz vorgeschriebene Mitwirkung der Zollbehörde findet in den Zollausschlüssen nicht statt.

§ 47. Die Bestimmungen der Staatsverträge über die den Konsuln fremder Staaten in Bergungsfällen zustehenden Rechte werden durch dieses Gesetz nicht berührt.

§ 48. Dieses Gesetz tritt am 1. Januar 1875 in Kraft.

---

1) Das Citat „25 Abs. 2, 4" ist beigefügt durch Art. 2 des Gesetzes v. 30. Dezember 1901 (R.G.Bl. 1902 S. 1 u 2).

16. Seemannsordnung, vom 2. Juni 1902.

(Reichsgesetzblatt 1902 S. 175—211.)

(Text siehe im Nachtrag zu Allfeld, Strafgesetzgebung.)

17. Gesetz, betr. Abänderung seerechtlicher Vorschriften des Handelsgesetzbuchs vom 2. Juni 1902.

(Reichsgesetzblatt S. 218—221.)

Wir Wilhelm, von Gottes Gnaden Deutscher Kaiser, König von Preußen rc.

verordnen im Namen des Reichs, nach erfolgter Zustimmung des Bundesraths und des Reichstags, was folgt:

Art. 1. Die §§ 481, 547 bis 549, 553, 749 des Handelsgesetzbuchs werden durch die nachfolgend unter denselben Ziffern angeführten Vorschriften ersetzt. Hinter § 553 werden die nachfolgend als §§ 553a, 553b bezeichneten Vorschriften eingeschaltet.

§ 481. Zur Schiffsbesatzung werden gerechnet der Schiffer, die Schiffsoffiziere, die Schiffsmannschaft sowie alle übrigen auf dem Schiffe angestellten Personen.

§ 547. Wird ein Schiffer, der für eine bestimmte Reise angestellt ist, entlassen, weil die Reise wegen Krieg, Embargo oder Blokade, wegen eines Einfuhr- oder Ausfuhrverbots oder wegen eines anderen Schiff oder Ladung betreffenden Zufalls nicht angetreten oder fortgesetzt werden kann, so erhält er gleichfalls nur dasjenige, was er von der Heuer, einschließlich aller sonst bedungenen Vortheile, bis dahin verdient hat. Dasselbe gilt, wenn ein auf unbestimmte Zeit angestellter Schiffer aus einem der angeführten Gründe entlassen wird, nachdem er die Ausführung einer bestimmten Reise übernommen hat.

Erfolgt in diesen Fällen die Entlassung während der Reise, so kann der Schiffer außerdem nach seiner Wahl entweder freie Rückbeförderung nach dem Hafen, wo er geheuert worden ist, oder eine entsprechende Vergütung beanspruchen.

Ein nach den Vorschriften dieses Gesetzbuchs begründeter Anspruch auf freie Rückbeförderung umfaßt auch den Unterhalt während der Reise sowie die Beförderung der Sachen des Schiffers.

§ 548. Wird ein Schiffer, der auf unbestimmte Zeit angestellt ist, aus anderen als den in den §§ 546, 547 angeführten Gründen entlassen, nachdem er die Ausführung einer bestimmten Reise übernommen hat, so erhält er außer demjenigen, was ihm nach den Vorschriften des § 547 gebührt, als Entschädigung noch die Heuer für einen Monat und für die nach § 73 der Seemannsordnung zu berechnende voraussichtliche Dauer seiner Reise nach dem Rückbeförderungshafen.

§ 549. War die Heuer nicht zeitweise, sondern in Bausch und Bogen für die ganze Reise bedungen, so wird in den Fällen der §§ 546 bis 548 die verdiente Heuer mit Rücksicht auf den vollen Heuerbetrag nach dem Verhältnisse der geleisteten Dienste sowie des etwa zurückgelegten Theiles der Reise bestimmt. Zur Ermittelung der Heuer für einzelne Monate wird die durchschnittliche Dauer der Reise, einschließlich der Ladungs- und Löschungszeit, unter Berücksichtigung der Beschaffenheit des Schiffes in Ansatz gebracht und danach die Heuer für die einzelnen Monate berechnet. Bei Berechnung der Heuer für einzelne Tage wird der Monat zu dreißig Tagen gerechnet.

§ 553. Falls der Schiffer nach Antritt des Dienstes erkrankt oder eine Verletzung erleidet, so trägt der Rheder die Kosten der Verpflegung und Heilbehandlung. Diese Verpflichtung erstreckt sich:

1. wenn der Schiffer wegen der Krankheit oder Verletzung die Reise nicht antritt, bis zum Ablaufe von drei Monaten seit der Erkrankung oder Verletzung;
2. wenn er die Reise angetreten hat, bis zum Ablaufe von drei Monaten nach dem Verlassen des Schiffes in einem deutschen Hafen und bis zum Ablaufe von sechs Monaten nach dem Verlassen des Schiffes in einem anderen Hafen.

Im Falle einer Verletzung hört die Verpflichtung des Rheders dem Verletzten gegenüber auf, sobald und soweit die Berufsgenossenschaft die Fürsorge übernimmt.

Der Rheder ist berechtigt, die Verpflegung und Heilbehandlung dem Schiffer in einer Krankenanstalt zu gewähren. Hat der Schiffer seinen Wohnsitz an dem Orte, wo er das Schiff verläßt, oder an dem Orte der Krankenanstalt, in welche er aufgenommen werden soll, so kann die Aufnahme nur erfolgen:

1. für den Schiffer, welcher verheirathet ist oder eine eigene Haushaltung hat oder Mitglied der Haushaltung seiner Familie ist, mit seiner Zustimmung, oder unabhängig von derselben, wenn die Art der Krankheit Anforderungen an die Behandlung oder Verpflegung stellt, welchen in der Familie des Erkrankten oder Verletzten nicht genügt werden kann, oder wenn die Krankheit eine ansteckende ist, oder wenn der Zustand oder das Verhalten des Schiffers eine fortgesetzte Beobachtung erfordert;
2. in sonstigen Fällen unbedingt.

Ein Schiffer, der wegen Krankheit oder Verletzung außerhalb des Reichsgebiets zurückgeblieben ist, kann mit seiner Einwilligung und der des behandelnden Arztes oder des Seemannsamts nach einem deutschen Hafen in eine Krankenanstalt überführt werden. Ist der Schiffer außer Stande, die Zustimmung zu ertheilen, oder verweigert er sie ohne berechtigten Grund, so kann sie nach Anhörung eines Arztes durch dasjenige Seemannsamt ersetzt werden, in dessen Bezirke der Schiffer sich zur Zeit befindet. Findet die Ueberführung statt, so erstreckt sich die Verpflichtung des Rheders stets nur bis zum Ablaufe von drei Monaten seit der Aufnahme in die Krankenanstalt des deutschen Hafens.

Der Schiffer, welcher sich der Heilbehandlung ohne berechtigten Grund entzieht und hierdurch nach ärztlichem Gutachten die Heilung vereitelt oder wesentlich erschwert hat, verliert den Anspruch auf kostenfreie Verpflegung und Heilbehandlung. Ueber die Berechtigung des Grundes sowie über Beginn und Dauer des Verlustes entscheidet vorläufig das Seemannsamt.

Falls der Schiffer nicht mit dem Schiffe nach dem Heimathshafen, oder dem Hafen, wo er geheuert worden ist, zurückkehrt, gebührt ihm ferner freie Zurückbeförderung (§ 547) oder nach seiner Wahl eine entsprechende Vergütung.

§ 553a. Die Heuer, einschließlich aller sonst bedungenen Vortheile, bezieht der erkrankte oder verletzte Schiffer:

wenn er die Reise nicht antritt, bis zur Einstellung des Dienstes;

wenn er die Reise angetreten hat, bis zu dem Tage, an welchem er das Schiff verläßt.

Der Bezug der Heuer wird während des Aufenthalts in einer Krankenanstalt nicht gekürzt.

Ist der Schiffer bei Vertheidigung des Schiffes zu Schaden gekommen, so hat er überdies auf eine angemessene, erforderlichen Falles von dem Richter zu bestimmende Belohnung Anspruch.

§ 553b. Auf den Schiffer, welcher die Krankheit oder Verletzung durch eine strafbare Handlung sich zugezogen oder den Dienst widerrechtlich verlassen hat, finden die §§ 553, 553a keine Anwendung.

§ 749. Wird ein Schiff oder dessen Ladung ganz oder theilweise von einem anderen Schiffe geborgen oder gerettet, so wird der Berge- oder Hülfslohn zwischen dem Rheder, dem Schiffer und der übrigen Besatzung des anderen Schiffes in der Weise vertheilt, daß zunächst dem Rheder die Schäden am Schiffe und Betriebsmehrkosten ersetzt werden, welche durch die Bergung oder Rettung entstanden sind, und daß von dem Reste der Rheder eines Dampfschiffs zwei Drittel, eines Segelschiffs die Hälfte, der Schiffer und die übrige Besatzung eines Dampfschiffs je ein Sechstel, eines Segelschiffs je ein Viertel erhält.

Der auf die Schiffsbesatzung mit Ausnahme des Schiffers entfallende Betrag wird unter alle Mitglieder derselben mit besonderer Berücksichtigung der sachlichen und persönlichen Leistungen eines Jeden vertheilt. Die Vertheilung erfolgt durch den Schiffer mittelst eines vor Beendigung der Reise der Besatzung bekannt zu gebenden Vertheilungsplans, der den jedem Betheiligten zukommenden Bruchtheil festsetzt.

Gegen den Vertheilungsplan ist Einspruch bei demjenigen Seemannsamte zuläßig, welches nach Bekanntgabe des Planes zuerst angegangen werden kann. Das Seemannsamt entscheidet nach Anhörung der Betheiligten endgültig, unter Ausschluß des Rechtswegs, über den Einspruch und eine etwaige andere Vertheilung. Beglaubigte Abschrift der Entscheidung ist dem Rheder vom Seemannsamte mit thunlichster Beschleunigung mitzutheilen.

Vereinbarungen, welche den Vorschriften der Abs. 1, 2 zuwiderlaufen, sind nichtig.

Diese Vorschriften finden für den Fall der Bergung oder Rettung durch Bergungs- oder Schleppdampfer keine Anwendung.

Art. 2. Dieses Gesetz tritt am 1. April 1903 in Kraft.

Urkundlich unter Unserer Höchsteigenhändigen Unterschrift und beigedrucktem Kaiserlichen Insiegel.

Gegeben Neues Palais, den 2. Juni 1902.

Wilhelm.

Graf von Posadowsky.

Nachtrag

zum Bayerischen Landesrecht.

18. Königlich Allerhöchste Verordnung, die Formel für Entscheidungen der zur Ausübung der Gerichtsbarkeit berufenen Behörden betr., vom 24. Juli 1879.

(G.V.Bl. 1879 S. 707.)

Ludwig II. von Gottes Gnaden König von Bayern, Pfalzgraf bei Rhein, Herzog von Bayern, Franken und in Schwaben rc. rc.

Wir finden Uns bewogen, auf Grund des Titel VIII § 1 der Verfassungsurkunde zu verordnen, was folgt:

§ 1. Die Urtheile der nach Maßgabe des Reichs-Gerichtsverfassungsgesetzes, des Einführungsgesetzes und des Ausführungsgesetzes zu demselben errichteten Gerichte werden unter der Formel:

„**Im Namen Seiner Majestät des Königs von Bayern**"

erlassen.

Das Gleiche gilt für die Vollstreckungsbefehle, für die Haftbefehle des Richters, des Gerichtes und der Staatsanwaltschaft, die richterlichen und gerichtlichen Beschlüsse auf Verurtheilung von Zeugen und Sachverständigen und auf Anordnung der Zwangshaft, die Beschlüsse auf Anordnung der Haft gegen den Gemeinschuldner, die Beschlüsse auf Eröffnung des Hauptverfahrens und des Konkursverfahrens, die Urkunden über Bestätigung von Familienfideikommissen, die Entscheidungen über Beschwerden in Sachen der nichtstreitigen Rechtspflege und die Erkenntnisse in Disziplinarstrafsachen der Notare.

§ 2. Unter der nämlichen Formel erlassen die Ehrengerichte der Anwaltskammern die Beschlüsse auf Eröffnung des Hauptverfahrens und die Urtheile.

§ 3. Gegenwärtige Verordnung tritt gleichzeitig mit dem Reichs-Gerichtsverfassungsgesetze im ganzen Umfange des Königreichs in Kraft.

Gegeben zu Hohenschwangau, den 24. Juli 1879.

Ludwig.

Dr. v. Fäustle.

Auf Königlich Allerhöchsten Befehl: Der Generalsekretär.
Statt dessen: Ministerialrath v. Loé.

19. Gesetz, die Abmarkung der Grundstücke betr., vom 30. Juni 1900.

(G.V.Bl 1900 S. 553—562.)

(Text siehe im Nachtrag zu Buchert, Verwaltungsgesetze.)

20. Berggesetz.

Berggesetz für das Königreich Bayern vom 20. März 1869 in der Fassung vom 20. Juli 1900.

(G.V.Bl. 1900 S. 775—838.)

(Text siehe im Nachtrag zu Buchert, Verwaltungsgesetze.)

21. Gesetz, das Ersatzgeld und das Pfändungsrecht und die Verfolgung von Ersatzansprüchen aus Feldpolizeiübertretungen betr. (Feldschadengesetz).

(G.V.Bl. 1902 S. 99—105.)

(Text siehe im Nachtrag zu Buchert, Verwaltungsgesetze.)

22. Gesetz, die Zwangserziehung betr., vom 10. Mai 1902.

(G.V.Bl. 1902 S. 180—185.)

(Text siehe im Nachtrag zu Buchert, Verwaltungsgesetze.)

23. Gesetz, das Nachlaßwesen betr. vom 9. August 1902.[1]

(G.V.Bl. 1902 S. 463—469.)

Im Namen Seiner Majestät des Königs. **Luitpold,** von Gottes Gnaden Königlicher Prinz von Bayern, **Regent.**

Wir haben nach Vernehmung des Staatsrathes mit Beirath und Zustimmung der Kammer der Reichsräthe und der Kammer der Abgeordneten beschlossen und verordnen, was folgt:

1. Erstattung der Todesanzeigen.

Art. 1. Der Standesbeamte hat dem Amtsgericht, in dessen Bezirk er seinen Amtssitz hat, jeden Todesfall anzuzeigen, der ihm gemäß § 56 des Gesetzes über die Beurkundung des Personenstandes und die Eheschließung vom 6. Februar 1875 angezeigt wird. Die Staatsministerien der Justiz und des Innern können über die Erstattung der Anzeigen allgemeine Anordnungen treffen.

Von einer Todeserklärung hat das Amtsgericht dem Nachlaßgerichte Mittheilung zu machen.

2. Eröffnung der Verfügungen von Todeswegen.

Art. 2. Für die Eröffnung einer Verfügung von Todeswegen sind die Amtsgerichte zuständig.

Befindet sich jedoch die Verfügung von Todeswegen verschlossen in der amtlichen Verwahrung eines bayerischen Notars und hat dieser seinen Amtssitz an einem anderen Orte als das Nachlaßgericht, so liegt dem Notar an Stelle des Nachlaßgerichts die Eröffnung der Verfügung von Todeswegen ob. Die Verfügung ist nebst einer beglaubigten Abschrift des über die Eröffnung aufgenommenen Protokolls dem Nachlaßgerichte zu übersenden; eine beglaubigte Abschrift der Verfügung ist zurückzubehalten.

3. Amtliche Vermittelung der Auseinandersetzung in Ansehung eines Nachlasses.

Art. 3. Das Nachlaßgericht hat den Erben von Amtswegen zu ermitteln.

Art. 4. Ergeben die Ermittelungen, daß mehrere Erben vorhanden sind, so hat das Nachlaßgericht, sofern die Auseinandersetzung in Ansehung des Nachlasses zwischen ihnen nicht innerhalb der Frist von zwei Monaten seit dem Eintritte des Erbfalls, im Falle der Erbfolge auf Grund einer Verfügung von Todeswegen seit der Eröffnung der Verfügung bewirkt ist, die Auseinandersetzung zwischen den Betheiligten von

[1] Vgl. J.M.Bl. v. 20. März 1903, das Nachlaßwesen betr., J.M.Bl. 1903 S. 111.

Amtswegen zu vermitteln. Die Frist kann von dem Nachlaßgerichte verlängert werden, wenn ihre Einhaltung nach den Umständen des Falles nicht möglich oder nicht thunlich ist. Solange die Auseinandersetzung nach den §§ 2043 bis 2045 des Bürgerlichen Gesetzbuchs ausgeschlossen oder aufgeschoben ist, läuft die Frist nicht. Im Falle der Todeserklärung beginnt die Frist nicht vor der Erlassung des die Todeserklärung aussprechenden Urtheils.

Die Vermittelung unterbleibt, sofern ein zur Bewirkung der Auseinandersetzung berechtigter Testamentsvollstrecker vorhanden ist oder vor der Einleitung der amtlichen Vermittelung der Antrag auf Vermittelung gestellt wird oder sämmtliche Erben erklären, daß sie sich nicht auseinandersetzen wollen.

Art. 5. Zum Zwecke der Vermittelung der Auseinandersetzung hat das Nachlaßgericht die Theilungsmasse von Amtswegen festzustellen. Das Nachlaßgericht kann, wenn die Betheiligten die zur Feststellung der Theilungsmasse erforderlichen Angaben nicht binnen angemessener Frist machen, die Aufnahme eines Nachlaßverzeichnisses anordnen.

Art. 6. Nach der Feststellung der Theilungsmasse soll das Nachlaßgericht, wenn ein Grundstück zu dem Nachlasse gehört, die Vermittelung der Auseinandersetzung, sofern die Betheiligten die Wahl eines Notars vereinbaren, diesem, anderenfalls einem Notar, der im Bezirk oder am Sitze des Nachlaßgerichts aufgestellt ist, überweisen. Auf Antrag sämmtlicher Betheiligter ist die Vermittelung einem Notar auch dann zu übertragen, wenn ein Grundstück nicht zum Nachlasse gehört.

Durch die Ueberweisung gehen auf den Notar die Verrichtungen über, die nach den Vorschriften der §§ 89 bis 95 des Gesetzes über die Angelegenheiten der freiwilligen Gerichtsbarkeit dem Amtsgerichte zustehen. Bei den nach den Vorschriften der Civilprozeßordnung erfolgenden Zustellungen liegen dem Notar auch die Verrichtungen des Gerichtsschreibers ob. Der Notar ist auch für die Festsetzung der einem Betheiligten zu erstattenden Kosten zuständig.

Art. 7. Im Uebrigen finden auf die Auseinandersetzung die Vorschriften der §§ 88 bis 98 des Gesetzes über die Angelegenheiten der freiwilligen Gerichtsbarkeit mit der Maßgabe Anwendung, daß das Nachlaßgericht und, wenn die Vermittelung einem Notar überwiesen ist, dieser bei der im § 89 bestimmten Ladung der Betheiligten zu dem Verhandlungstermine die Betheiligten und die Theilungsmasse zu bezeichnen haben.

4. Vermittelung der Auseinandersetzung in Ansehung eines Nachlasses oder eines Gesammtguts auf Antrag eines Betheiligten.

Art. 8. Für die Vermittelung der Auseinandersetzung in Ansehung eines Nachlasses oder in Ansehung des Gesammtguts einer aufgehobenen ehelichen oder fortgesetzten Gütergemeinschaft auf Antrag eines Betheiligten sind neben den Amtsgerichten die Notare zuständig.

Der Antrag kann, sofern nicht die Betheiligten die Wahl eines anderen Notars vereinbaren, nur bei einem Notar gestellt werden, der im Bezirk oder am Sitze des für die Vermittelung zuständigen Gerichts aufgestellt ist.

Wird der Antrag bei dem Amtsgerichte gestellt, so soll dieses, wenn ein Grundstück zum Nachlaß oder zum Gesammtgute gehört, die Vermittelung nach der Ermittelung der Erben und der Feststellung der Theilungsmasse, sofern die Betheiligten die Wahl eines Notars vereinbaren, diesem, anderenfalls einem Notar, der im Bezirk oder am Sitze des Amtsgerichts aufgestellt ist, überweisen.

Soweit dem Notar die Vermittelung obliegt, ist er für die Verrichtungen zuständig, die nach den §§ 87, 89 bis 95 des Gesetzes über die Angelegenheiten der freiwilligen Gerichtsbarkeit dem Amtsgerichte zustehen. Bei den nach den Vorschriften der Civilprozeßordnung erfolgenden Zustellungen liegen ihm auch die Verrichtungen des Gerichtsschreibers ob. Der Notar ist auch für die Festsetzung der einem Betheiligten zu erstattenden Kosten zuständig.

5. Ertheilung der in den §§ 37, 38 der Grundbuchordnung bezeichneten Zeugnisse und ähnlicher Bescheinigungen.

Art. 9. Hat das Nachlaßgericht einen Erbschein über das Erbrecht sämmtlicher Erben oder ein Zeugniß über die Fortsetzung der Gütergemeinschaft ertheilt, so ist der Notar, welcher die Auseinandersetzung vermittelt hat, auch für die Ertheilung der in den §§ 37, 38 der Grundbuchordnung bezeichneten Zeugnisse zuständig. Anderenfalls ist für die Ertheilung der Zeugnisse nur das Nachlaßgericht zuständig.

Für die Ausstellung der nach den Gesetzen über das Reichsschuldbuch oder das Staatsschuldbuch eines Bundesstaats beizubringenden Bescheinigung, daß der Rechtsnachfolger über die eingetragene Forderung zu verfügen berechtigt ist, ist auch der Notar, vor welchem die Auseinandersetzung erfolgt ist, zuständig.

6. Gebühren in Nachlaß- und Theilungssachen.

Art. 10. Das Gesetz über das Gebührenwesen in der Fassung der Bekanntmachung vom 11. November 1899 wird dahin geändert:

1. Dem Artikel 94 werden folgende Vorschriften als Abs. 3, 4 beigefügt:

Wird der Antrag auf Vermittelung zurückgenommen oder endigt das Verfahren, weil ein Betheiligter im Termine der Vermittelung widerspricht, so wird ein Drittel, wenn aber das Gericht bereits den Vertheilungsplan aufgestellt hatte, die Hälfte der im Abs. 1 bestimmten Gebühr erhoben. Das Gleiche gilt, wenn das Verfahren für beruhend erklärt wird, weil im Termine kein Betheiligter erschienen und das Verfahren seitdem mehr als sechs Monate lang nicht betrieben worden ist.

Endigt das gerichtliche Verfahren mit der Verweisung der Auseinandersetzung an einen Notar, so wird eine Gebühr für das gerichtliche Vermittelungsverfahren nicht erhoben, wenn die Auseinandersetzung innerhalb eines Jahres seit der Verweisung vor dem Notar erfolgt. Anderenfalls wird für das gerichtliche Vermittelungsverfahren $^1/_{10}$ der Sätze des § 8 des Reichs-Gerichtskostengesetzes aus dem Werthe des reinen Nachlasses erhoben; diese Gebühr wird jedoch, wenn später die Auseinandersetzung vor dem Notar erfolgt, auf die Gebühr aus Art. 165 angerechnet. Das Gericht kann die im Satz 1 bezeichnete Frist auf Antrag oder von Amtswegen verlängern.

II. Der Artikel 96 erhält folgende Fassung:

Für die Ertheilung eines Erbscheins einschließlich des vorangehenden Verfahrens werden $^2/_{10}$ und, wenn der Ehegatte oder ein Abkömmling des Erblassers Erbe ist, $^1/_{10}$ der Sätze des § 8 des Reichs-Gerichtskostengesetzes erhoben.

Die Berechnung der Gebühr erfolgt aus dem Werthe des Nachlasses nach Abzug der Schulden. Die Gebühr für den einem Vorerben ertheilten Erbschein wird aus dem Betrage berechnet, aus welchem ein Vorerbe nach den Vorschriften des Erbschaftssteuergesetzes die Erbschaftssteuer zu entrichten hat.

Ist der Erbe nur zu einem Theile der Erbschaft berufen und der Erbschein nur über die Größe dieses Erbtheils zu ertheilen oder ist die Ertheilung des Erbscheins nur für bestimmte Gegenstände beantragt, so erfolgt die Erhebung der Gebühr nur aus dem Werthe dieses Theiles oder dieser Gegenstände. Wird über mehrere Erbfälle ein Erbschein ertheilt, so werden die Beträge der Nachlässe zusammengerechnet.

Die auf den Ehegatten oder einen Abkömmling des Erblassers treffende Gebühr für den Erbschein wird, wenn nach seiner Ertheilung die Auseinandersetzung in Ansehung des Nachlasses erfolgt, auf die nach Art. 146 Ziff. 1 b oder Art. 147 geschuldete Gebühr zur Hälfte angerechnet.

III. Dem Artikel 98 wird folgender Satz 3 beigefügt:

Bei der Berechnung der Gebühr für das Zeugniß über die Fortsetzung der Gütergemeinschaft tritt an die Stelle des Nachlasses der halbe Werth des Gesammtguts der fortgesetzten Gütergemeinschaft nach Abzug der Schulden; sofern dem überlebenden Ehegatten von der gütergemeinschaftlichen Masse ein anderer Bruchtheil als die Hälfte zufällt, wird das Gesammtgut zu diesem Bruchtheil in Ansatz gebracht.

IV. Der Artikel 99 erhält folgende Fassung:

Für die nach den Gesetzen über das Reichsschuldbuch oder das Staatsschuldbuch eines Bundesstaats beizubringende Bescheinigung, daß der Rechtsnachfolger über die eingetragene Forderung zu verfügen berechtigt ist, sowie für das im Art. 51 des Ausführungsgesetzes zum Bürgerlichen Gesetzbuche bezeichnete Zeugniß wird eine Gebühr von $^1/_{10}$ der Sätze des § 8 des Reichs-Gerichtskostengesetzes bis zum Meistbetrage von 10 ℳ erhoben. Die Gebühr wird nach dem Betrage der Forderung berechnet.

Die Gebühr wird, wenn ein Verfahren zum Zwecke der Vermittelung der Auseinandersetzung stattfindet, auf die für dieses zu entrichtende Gebühr angerechnet.

Die in den §§ 37, 38 der Grundbuchordnung bezeichneten Bescheinigungen sind gebührenfrei.

V. Im Artikel 101 erhalten der Satz 2 des Abs. 1 und der Abs. 2 folgende Fassung:

Die Berechnung der Gebühr erfolgt aus dem Werthe des Nachlasses nach Abzug der Schulden. Wenn nur einzelne Theile des Nachlasses Gegenstand der Sicherung sind, wird der Berechnung der Gebühr der Werth dieser Theile zu Grunde gelegt, sofern er geringer ist als der Werth des ganzen Nachlasses nach Abzug der Schulden.

Die Gebühr des Abs. 1 wird auf die Gebühr des Art. 94 angerechnet.

VI. Der Artikel 103 erhält folgende Fassung:

Wird eine Nachlaßverwaltung oder eine Gesammtgutsverwaltung angeordnet, so finden die Vorschriften des Art. 102 mit der Maßgabe Anwendung, daß $^6/_{10}$ der Sätze des § 8 des Reichs-Gerichtskostengesetzes erhoben werden.

VII. Im Artikel 104 erhält

1. der Eingang folgende Fassung:

Für die Entgegennahme von Erklärungen, Anmeldungen und Anzeigen, welche nach gesetzlicher Vorschrift dem Nachlaßgerichte gegenüber abgegeben werden müssen, Seitens des Nachlaßgerichts . . . .

2. An die Stelle des Abs. 1 Satz 2 tritt folgende Vorschrift:

Findet die Entgegennahme in einem in diesem Unterabschnitte bezeichneten Verfahren statt, so wird eine Gebühr nicht erhoben.

VIII. Im Artikel 105 wird zwischen Satz 1 und Satz 2 folgender Satz eingeschaltet:

Finden diese Handlungen in Verbindung mit einem in diesem Unterabschnitte bezeichneten Verfahren statt, so wird eine Gebühr nicht erhoben.

IX. Im Artikel 106 werden nach dem Worte „Nachlaßinventars" die Worte:

„oder eines Nachlaßverzeichnisses"

eingeschaltet.

X. Der Eingang des Artikel 111 hat zu lauten:

Testamente und Erbverträge unterliegen ohne Rücksicht auf den Ort ihrer Errichtung bei ihrer Eröffnung einer besonderen Gebühr . . . . .

XI. Dem Artikel 165 wird folgender neuer Absatz angefügt:

Für die von dem Notar erfolgte Ertheilung der im Art. 99 bezeichneten Zeugnisse und Bescheinigungen wird eine Gebühr nicht erhoben.

7. Schlußbestimmungen.

Art. 11. Der Artikel 104 des Ausführungsgesetzes zum Bürgerlichen Gesetzbuch und der Satz 2 des Artikel 1 Abs. 2 des Notariatsgesetzes werden aufgehoben.

Im Artikel 132 des Ausführungsgesetzes zum Bürgerlichen Gesetzbuche wird der Eingang dahin geändert:

Die Kosten der Auseinandersetzung in Ansehung eines Nachlasses oder des Gesammtguts einer aufgehobenen ehelichen oder fortgesetzten Gütergemeinschaft fallen . . . . .

Art. 12. Dieses Gesetz tritt am 1. Oktober 1902 in Kraft. Für die vor diesem Zeitpunkt eingetretenen Erbfälle bleiben die bisherigen Gesetze maßgebend.

Gegeben zu Vorderriß, den 9. August 1902.

Luitpold, Prinz von Bayern, des Königreichs Bayern Verweser.

Dr. **Graf v. Crailsheim.** Dr. **Frhr. v. Riedel.** Dr. **Frhr. v. Feilitzsch.** **Frhr. v. Asch.**
Staatsrath **v. Heller.** Staatsrath **v. Schraut.**

Auf Allerhöchsten Befehl: Der Ministerialrath im K. Staatsministerium des Innern:
Dr. Proebst.

II.

Dr. Ph. Allfeld

Strafgesetzgebung des Deutschen Reichs.

Die Strafgesetzgebung
des Deutschen Reichs.

Sammlung
aller Reichsgesetze strafrechtlichen und strafprozessualen Inhalts.

Für den akademischen Gebrauch und die Praxis

herausgegeben von

Dr. Philipp Allfeld,

ord. Professor an der Universität Erlangen.

Nachtrag.

München 1903

J. Schweitzer Verlag (Arthur Sellier.)

Druck von Dr Frz. Paul Datterer & Cie., G. m. b. H., München-Freising.

Inhaltsübersicht.

Erster Theil. Strafgesetze.

Dritter Abschnitt.

B. Gesetze zum Schutze von Gütern der Gesammtheit.

I. Gesetze, betr. das Militärwesen und den Schutz der Staatssicherheit.

1. Gesetz zum Schutze des Genfer Neutralitätszeichens . . . . . 1—2

II. Gesetze, betr. das Finanzwesen.

2. 1. Bekanntmachung betr. die Fassung des Reichsstempelgesetzes . . 2—22
3. 2. Schaumweinsteuergesetz . . . . 22—29
4. 3. Gesetz, betr. die Abänderung des Branntweinsteuergesetzes vom 24. Juni 1887 / 16. Juni 1895 . . . . 29—37

V. Gesetze, betr. das Seewesen.

5. 1. Gesetz zur Abänderung des Gesetzes, betr. das Flaggenrecht der Kauffahrteischiffe 38
6. 2. Gesetz zur Abänderung der Strandungsordnung 39
7. 3. Seemannsordnung . . . . 40—70
8. 4. Gesetz, betr. die Verpflichtung der Kauffahrteischiffe zur Mitnahme heimzuschaffender Seeleute . . . . 70—72
9. 5. Gesetz, betr. die Stellenvermittelung für Schiffsleute . . . . 73—75

VIII. Gesetze, betr. das Versicherungswesen.

10. 1. Gesetz, betr. die Abänderung des Krankenversicherungsgesetzes 75—76
11. 2. Gesetz, betr. die Abänderung der Unfallversicherungsgesetze . 76—86
12. 3. Gewerbe-Unfallversicherungsgesetz . . . . 86—135
13. 4. Unfallversicherungsgesetz für Land- und Forstwirthschaft . . 135—185
14. 5. Bau-Unfallversicherungsgesetz . . . . 185—200
15. 6. See-Unfallversicherungsgesetz . . . . 200—250
16. 7. Gesetz über die privaten Versicherungsunternehmungen . . . 250—279

IX. Gesetze, betr. das Handels- und Gewerbewesen.

17. 1. Gewerbeordnung für das Deutsche Reich . . . . 280—374
18. 2. Gesetz, betr. Kinderarbeit in gewerblichen Betrieben . . . . 375—381

C. Gesetze zum Schutze von Gütern der Einzelnen.

I. Gesetze zum Schutze von Leben, Gesundheit und Vermögen.

19. 1. Gesetz, betr. die Schlachtvieh- und Fleischbeschau . . . . . 382—388
20. 2. Gesetz, betr. die Bekämpfung gemeingefährlicher Krankheiten . . 389—398
21. 3. Gesetz, betr. den Verkehr mit Wein, weinhaltigen und weinähnlichen Getränken . . . . 398—403
22. 4. Süßstoffgesetz . . . . 403—406

III. Gesetze zum Schutze sog. Individualrechte.

23. 1. Gesetz, betr. die Patentanwälte . . . . 406—410
24. 2. Gesetz, betr. das Urheberrecht an Werken der Literatur und der Tonkunst . . . . 411—421

Zweiter Theil. Strafprozeßgesetze.

25. 1. Gesetz, betr. die militärische Strafrechtspflege im Kiautschou-Gebiete 422
26. 2. Schutzgebietsgesetz . . . . 422—427
27. 3. Gesetz, betr. die Abänderung des § 7 der Strafprozeßordnung . 427
Register . . . . 428—429

Berichtigung.

Seite 605 des Hauptbandes muß in § 12 des Patentgesetzes der letzte Satz des 1. Absatzes wie folgt lauten:

Der Ort, wo der Vertreter seinen Wohnsitz hat, und in Ermangelung eines solchen der Ort, wo das Patentamt seinen Sitz hat, gilt im Sinne des § 24 der Civilprozeßordnung als der Ort, wo sich der Vermögensgegenstand befindet.

Erster Theil.

Strafgesetze.

Dritter Abschnitt.

B. Gesetze zum Schutze von Gütern der Gesammtheit.

I. Gesetze betr. das Militärwesen und den Schutz der Staatssicherheit.

1.

1. Gesetz zum Schutze des Genfer Neutralitätszeichens.

Vom 22. März 1902.

(R.G.Bl. S. 125).

Wir **Wilhelm**, von Gottes Gnaden Deutscher Kaiser, König von Preußen 2c.

verordnen im Namen des Reichs, nach erfolgter Zustimmung des Bundesraths und des Reichstags, was folgt:

§ 1. Das in der Genfer Konvention zum Neutralitätszeichen erklärte Rothe Kreuz auf weißem Grunde sowie die Worte „Rothes Kreuz" dürfen, unbeschadet der Verwendung für Zwecke des militärischen Sanitätsdienstes, zu geschäftlichen Zwecken sowie zur Bezeichnung von Vereinen oder Gesellschaften oder zur Kennzeichnung ihrer Thätigkeit nur auf Grund einer Erlaubniß gebraucht werden.

Die Erlaubniß wird von den Landes-Zentralbehörden nach den vom Bundesrathe festzustellenden Grundsätzen für das Gebiet des Reichs ertheilt. Die Erlaubniß darf Vereinen oder Gesellschaften, welche sich im Deutschen Reiche der Krankenpflege widmen und für den Kriegsfall zur Unterstützung des militärischen Sanitätsdienstes zugelassen sind, nicht versagt werden.

Die von dem Bundesrathe festgestellten Grundsätze sind dem Reichstag alsbald zur Kenntnißnahme mitzutheilen.

§ 2. Wer den Vorschriften dieses Gesetzes zuwider das Rothe Kreuz gebraucht, wird mit Geldstrafe bis zu einhundertfünfzig Mark oder mit Haft bestraft.

§ 3. Die Anwendung der Vorschriften dieses Gesetzes wird durch Abweichungen nicht ausgeschlossen, mit denen das im § 1 erwähnte Zeichen wiedergegeben wird, sofern ungeachtet dieser Abweichungen die Gefahr einer Verwechselung vorliegt.

§ 4. Dieses Gesetz tritt am 1. Juli 1903 in Kraft.

§ 5. Die Vorschriften dieses Gesetzes finden keine Anwendung auf den Vertrieb der bei der Verkündigung des Gesetzes mit dem Rothen Kreuze bezeichneten Waaren, sofern die Waaren oder deren Verpackung oder Umhüllung nach näherer Bestimmung des Reichskanzlers mit einem amtlichen Stempelabdrucke versehen werden.

§ 6. Bis zum 1. Juli 1906 darf das Rothe Kreuz fortgeführt werden:

1. in Waarenzeichen, die auf Grund einer vor dem 1. Juli 1901 erfolgten Anmeldung in die Zeichenrolle eingetragen worden sind;
2. in Firmen, die auf Grund einer vor dem 1. Juli 1901 erfolgten Anmeldung in das Handels- oder Genossenschaftsregister eingetragen worden sind;
3. in Namen rechtsfähiger Vereine, sofern die Vereine nach ihren Satzungen bereits vor dem 1. Juli 1901 das Rothe Kreuz in ihren Namen geführt haben.

Aenderungen, die sich in Folge dieses Gesetzes an den unter Nr. 2, 3 bezeichneten Firmen und Vereinsnamen erforderlich machen, werden gebührenfrei in das Handelsregister und das Vereinsregister eingetragen, sofern sie vor dem 1. Juli 1906 zur Eintragung angemeldet werden.

§. 7. Waarenzeichen, welche das Rothe Kreuz enthalten, sind von der Verkündung des Gesetzes ab von der Eintragung in die Zeichenrolle ausgeschlossen, sofern nicht die Anmeldung vor dem 1. Juli 1901 erfolgt ist.

II. Gesetze betr. das Finanzwesen.

2.

1. Bekanntmachung

betr. die Fassung des Reichsstempelgesetzes.

Vom 14. Juni 1900.

(R G.Bl. 275).

Auf Grund des Artikel 9 des Gesetzes vom 14. Juni 1900, betreffend Abänderung des Reichsstempelgesetzes vom 27. April 1894, wird die Fassung des Reichsstempelgesetzes nachstehend bekannt gemacht.

Wir **Wilhelm**, von Gottes Gnaden Deutscher Kaiser, König von Preußen ꝛc.

verordnen im Namen des Reichs, nach erfolgter Zustimmung des Bundesraths und des Reichstags, was folgt:

I. Aktien, Kuxe, Renten- und Schuldverschreibungen.

(Tarifnummer 1 bis 3.)

§ 1. Die Verpflichtung zur Entrichtung der unter Nummer 1 bis 3 des anliegenden Tarifs bezeichneten Stempelabgabe wird erfüllt durch Zahlung des Abgabebetrags an eine zuständige Steuerstelle, welche auf dem vorzulegenden Werthpapiere Reichsstempelmarken zum entsprechenden Betrage zu verwenden oder die Aufdrückung des Stempels zu veranlassen hat.

In welchen Fällen und unter welchen Bedingungen der Verpflichtung zur Versteuerung durch rechtzeitige Verwendung von Stempelmarken ohne amtliche Mitwirkung einer Steuerstelle genügt werden kann, bestimmt der Bundesrath.

§ 2. Ausländische Werthpapiere, welche durch ein im Ausland abgeschlossenes Geschäft von einem zur Zeit des Geschäftsabschlusses im Inlande wohnhaften Kontrahenten angeschafft sind und ihm aus dem Ausland übersandt oder von ihm oder einem Vertreter aus dem Ausland abgeholt werden, sind von dem Erwerber binnen vierzehn Tagen nach der Einbringung der Werthpapiere in das Inland zur Versteuerung anzumelden. Wer dieses unterläßt oder wer Werthpapiere der unter den Tarifnummern 1 bis 3 bezeichneten Art im Inland ausgiebt, veräußert, verpfändet oder ein anderes Geschäft unter Lebenden damit macht oder Zahlung darauf leistet, bevor die Verpflichtung zur Versteuerung erfüllt oder den Kontrolvorschriften des Bundesraths genügt ist, verfällt in eine Geldstrafe, welche dem fünfundzwanzigfachen Betrage der hinterzogenen Abgabe gleichkommt, mindestens aber zwanzig Mark für jedes Werthpapier beträgt.

Diese Strafen treffen besonders und zum vollen Betrage Jeden, der als Kontrahent oder in anderer Eigenschaft an der Ausgabe, Veräußerung, Verpfändung oder an dem sonstigen Geschäfte Theil genommen hat.

Dieselben Personen sind für die Entrichtung der Steuer solidarisch verhaftet.

§ 3. Bevor stempelpflichtige inländische Werthpapiere zur Zeichnung aufgelegt werden, oder zu weiteren Einzahlungen auf solche aufgefordert wird, hat der Emittent hiervon der zuständigen Steuerstelle unter Angabe der Zahl, der Gattung und des Nennwerths der Stücke oder des Betrags der zu leistenden Einzahlungen nach Maßgabe eines von dem Bundesrathe zu bestimmenden Formulars Anzeige zu erstatten.

Die Zuwiderhandlung gegen diese Vorschrift zieht Geldstrafe im Betrage von fünfzig bis fünfhundert Mark nach sich.

§ 4. Die der Reichsstempelsteuer unterworfenen Werthpapiere unterliegen in den einzelnen Bundesstaaten keiner weiteren Stempelabgabe (Taxe, Sportel u. s. w.).

Auch ist von der Umschreibung solcher Werthpapiere in den Büchern und Registern der Gesellschaft ꝛc. sowie von den auf die Werthpapiere selbst gesetzten Uebertragungsvermerken (Indossamenten, Cessionen u. s. w.) eine Abgabe nicht zu entrichten.

Im Uebrigen, insbesondere hinsichtlich der Urkunden über Eintragungen in dem Hypothekenbuche (Grundbuche), bleiben die landesgesetzlichen Vorschriften unberührt.

§ 5. Bezüglich der vor dem 1. Juli 1900 ausgegebenen inländischen und mit dem Reichsstempel versehenen ausländischen Werthpapiere bewendet es bei den bisherigen Vorschriften. Dasselbe gilt für die nach dem genannten Zeitpunkt ausgegebenen inländischen Werthpapiere in Ansehung der vorher geleisteten Zahlungen.

Werthpapiere, welche lediglich zum Zwecke des Umtausches, das heißt behufs Erneuerung der Urkunde ohne Veränderung des ursprünglichen Rechtsverhältnisses, ausgestellt worden sind, bleiben steuerfrei, wenn die zum Umtausche gelangenden Stücke ordnungsmäßig versteuert oder steuerfrei sind und den vom Bundesrathe zu erlassenden Kontrolvorschriften genügt worden ist.

II. Kauf- und sonstige Anschaffungsgeschäfte.

(Tarifnummer 4.)

§ 6. Die unter Tarifnummer 4 angeordnete Abgabe ist von allen im Inland abgeschlossenen Geschäften der bezeichneten Art zu erheben.

Im Ausland abgeschlossene Geschäfte unterliegen der Abgabe, wenn beide Kontrahenten im Inlande wohnhaft sind; ist nur der eine Kontrahent im Inlande wohnhaft, so ist die Abgabe nur im halben Betrage zu entrichten. Bei kaufmännischen Firmen entscheidet für die Frage des Wohnorts der Sitz der Handelsniederlassung, welche das Geschäft abgeschlossen hat.

Als im Ausland abgeschlossen gelten auch solche Geschäfte, welche durch briefliche oder telegraphische Korrespondenz zwischen einem Orte des Inlandes und einem Orte des Auslandes zu Stande gekommen sind.

§ 7. Bedingte Geschäfte gelten in Betreff der Abgabepflicht als unbedingte. Ist einem Kontrahenten ein Wahlrecht eingeräumt, oder die Befugniß, innerhalb bestimmter Grenzen den Umfang der Lieferung zu bestimmen, so wird die Abgabe nach dem höchstmöglichen Werthe des Gegenstandes des Geschäfts berechnet.

Jede Verabredung, durch welche die Erfüllung des Geschäfts unter veränderten Vertragsbestimmungen oder gegen Entgelt unter denselben Vertragsbestimmungen auf einen späteren Termin verschoben wird, gilt als neues abgabepflichtiges Geschäft.

Ist das Geschäft von einem Kommissionär (§ 383 des Handelsgesetzbuchs) abgeschlossen, so ist die Abgabe sowohl für das Geschäft zwischen dem Kommissionär und dem Dritten, als auch für das Abwickelungsgeschäft zwischen dem Kommissionär und dem Kommittenten zu entrichten, sofern nicht die Bestimmung des § 11 Abs. 2 eintritt.

Geschäfte, welche vorbehaltlich der Aufgabe („an Aufgabe") abgeschlossen werden, sind abgabepflichtig. Die Bezeichnung des definitiven Gegenkontrahenten (die Aufgabe) ist steuerfrei, wenn dieselbe spätestens am folgenden Werktage gemacht wird; wird dieselbe später gemacht, so gilt sie als ein neues abgabepflichtiges Geschäft.

§ 8. Zur Entrichtung der Abgabe ist zunächst verpflichtet:

1. wenn das Geschäft durch einen im Inlande wohnhaften Vermittler abgeschlossen ist, dieser,
   anderenfalls:
2. wenn nur einer der Kontrahenten im Inlande wohnhaft ist, dieser,
3. wenn von den Kontrahenten nur der eine ein im Inlande wohnhafter nach § 38 des Handelsgesetzbuchs zur Führung von Handelsbüchern verpflichteter Kaufmann ist, der letztere,
4. wenn es sich um das Abwickelungsgeschäft zwischen dem Kommissionär und dem Kommittenten handelt (§ 7 Abs. 3), der Kommissionär,
5. in allen übrigen Fällen der Veräußerer.

Die im Inlande wohnhaften Vermittler und die Kontrahenten haften für die Abgabe als Gesammtschuldner, indessen ist bei Geschäften, für welche die Abgabe nur im halben Betrage zu entrichten ist (§ 6 Abs. 2), der nicht im Inlande wohnhafte Kontrahent für die Entrichtung der Abgabe nicht verhaftet.

Der Vermittler ist berechtigt, den Ersatz der entrichteten Abgabe von jedem für die Abgabe verhafteten Kontrahenten zu fordern.

§ 9. Der zur Entrichtung der Abgabe zunächst Verpflichtete hat über das abgabepflichtige Geschäft am Tage des Geschäftsabschlusses eine Schlußnote auszustellen, welche den Namen und den Wohnort des Vermittlers und der Kontrahenten, den Gegenstand und die Bedingungen des Geschäfts, insbesondere den Preis sowie die Zeit der Lieferung ergeben muß. Die Unterschrift des Ausstellers ist nicht erforderlich.

Die Schlußnote ist doppelt auf einem vorher gestempelten oder mit den erforderlichen Stempelmarken zu versehenden Formular auszustellen, von dem je eine Hälfte für jeden der beiden Kontrahenten bestimmt ist. Spätestens am dritten Tage nach dem Tage des Geschäftsabschlusses hat der Aussteller der Schlußnote die nicht für ihn bestimmte Hälfte der letzteren, wenn derselbe die Schlußnote aber als Vermittler ausgestellt hat (§ 8 Ziffer 1), deren beide Hälften abzusenden.

Vermittler haben diese Absendung und den verwendeten Stempelbetrag in ihren Geschäftsbüchern zu vermerken.

Der zur Entrichtung der Abgabe zunächst Verpflichtete darf unversteuerte Schlußnoten über das abgabepflichtige Geschäft nicht ausstellen und aus der Hand geben.

§ 10. Ist einem für die Entrichtung der Abgabe verhafteten Kontrahenten (§ 8 Abs. 2) eine zu niedrig versteuerte Schlußnote zugestellt worden, so hat derselbe binnen vierzehn Tagen nach dem Tage des Geschäftsabschlusses den fehlenden Stempelbetrag auf der Schlußnote nachträglich zu verwenden; ist einem solchen Kontrahenten eine versteuerte Schlußnote überhaupt nicht zugegangen, so hat derselbe seinerseits binnen der bezeichneten

Frist nach Maßgabe der im § 9 Abs. 1 und 2 gegebenen Bestimmungen zu verfahren.

Sind bei einem durch einen Vermittler abgeschlossenen Geschäfte (§ 8 Ziffer 1) zwei derartige Kontrahenten betheiligt, so hat jeder von ihnen nur die Hälfte des auf der zugestellten Schlußnote fehlenden Betrags nachträglich zu verwenden, im Falle des Nichteinganges der Schlußnote aber zu der von ihm auszustellenden Schlußnote nur die Hälfte des tarifmäßigen Stempels zu verwenden.

Die nach den vorstehenden Bestimmungen mangels des Empfanges der Schlußnote entrichtete Abgabe ist zurückzuerstatten, wenn nachgewiesen wird, daß der zunächst Verpflichtete die ihm nach § 9 obliegenden Verpflichtungen rechtzeitig erfüllt hat. Die Entscheidung erfolgt im Verwaltungswege.

§ 11. Eine Schlußnote kann mehrere abgabepflichtige Geschäfte umfassen, insofern letztere demselben Steuersatze unterliegen und an demselben Tage und unter denselben Kontrahenten, welche in gleicher Eigenschaft gehandelt haben, abgeschlossen worden sind. Die Abgabe ist in diesem Falle von dem Gesammtwerthe der Geschäfte zu berechnen.

Wird bei Kommissionsgeschäften für einen auswärtigen Kommittenten, welcher seinerseits als Kommissionär eines Dritten handelt, die Schlußnote mit dem Zusatze „in Kommission" ausgestellt, so bleibt das Abwickelungsgeschäft zwischen ihm und seinem Kommittenten von der Abgabe befreit, wenn er die Schlußnote mit dem Vermerke versieht, daß sich eine versteuerte, über denselben Betrag oder dieselbe Menge und denselben Preis lautende Schlußnote mit zu bezeichnender Nummer (§ 14) in seinen Händen befindet.

Umfaßt eine Schlußnote ein Kaufgeschäft und gleichzeitig ein zu einer späteren Zeit zu erfüllendes Rückkaufgeschäft über in der Tarifnummer 4 bezeichnete Gegenstände derselben Art und in demselben Betrage beziehungsweise derselben Menge (Report-, Deport-, Kostgeschäft), so ist die Abgabe nur für das dem Werthe nach höhere dieser beiden Geschäfte zu berechnen.

§ 12. Führt der Kommissionär an demselben Tage eine Einkaufskommission und eine Verkaufskommission über Werthpapiere derselben Gattung durch Eintritt als Selbstkontrahent aus, so ist für jedes der beiden Geschäfte, insoweit sie sich ausgleichen, neben der tarifmäßigen Abgabe eine weitere Abgabe in Höhe der Hälfte des Tarifsatzes zu entrichten, es sei denn, daß der Kommissionär zur Deckung eines der beiden Aufträge ein abgabepflichtiges Geschäft mit einem Dritten abgeschlossen hat. Die Bestimmungen über die Erhebung der weiteren Abgabe und über die zur Sicherung dieser Erhebung erforderlichen Maßregeln, insbesondere über die Art der Buchführung, werden vom Bundesrathe getroffen.

§ 13. Tauschgeschäfte, bei welchen verschiedene Abschnitte oder Stücke mit verschiedenen Zinsterminen von Werthpapieren derselben Gattung ohne anderweite Gegenleistung Zug um Zug ausgetauscht werden, sind steuerfrei.

Uneigentliche Leihgeschäfte, das heißt solche, bei denen der Empfänger befugt ist, an Stelle der empfangenen Werthpapiere andere Stücke gleicher Gattung zurückzugeben, bleiben steuerfrei, wenn diese Geschäfte ohne Ausbedingung oder Gewährung eines Leihgeldes, Entgelts, Aufgeldes oder einer sonstigen Leistung und unter Festsetzung einer Frist von längstens einer Woche für die Rücklieferung der Werthpapiere abgeschlossen werden. Die darüber auszufertigenden Schlußnoten müssen diese Festsetzung sowie den Vermerk „Unentgeltliches Leihgeschäft" enthalten.

§ 14. Die Schlußnoten sind nach der Zeitfolge numerirt von denjenigen Anstalten und Personen, welche gewerbsmäßig abgabepflichtige Kauf- und sonstige Anschaffungsgeschäfte betreiben oder vermitteln, fünf Jahre lang, von anderen Personen ein Jahr lang aufzubewahren.

§ 15. Ist bei dem Abschluß eines abgabepflichtigen Geschäfts zwischen zwei Kontrahenten, welche nicht nach § 38 des Handelsgesetzbuchs zur Führung von Handelsbüchern verpflichtet sind, eine beiderseits unterschriebene Vertragsurkunde aufgestellt worden, so bleiben die §§ 8, 9, 10, 11, 14 außer Anwendung. Die Kontrahenten sind verpflichtet, die Vertragsurkunde binnen vierzehn Tagen nach dem Geschäftsabschlusse der Steuerbehörde zur Abstempelung vorzulegen; diese Verpflichtung erstreckt sich bei Geschäften, für welche die Abgabe nur im halben Betrage zu erheben ist (§ 6 Abs. 2), nicht auf den nicht im Inlande wohnhaften Kontrahenten.

§ 16. Bei Geschäften, für welche eine rechtzeitige Berechnung der Steuer nicht möglich ist, bleibt die Besteuerung unter den vom Bundesrathe festzusetzenden Maßgaben solange ausgesetzt, bis die Berechnung möglich wird. Der Bundesrath bestimmt ferner, unter welchen Umständen außerhalb dieses Falles, insbesondere bei im Ausland abgeschlossenen Geschäften, eine andere Frist zur Ausstellung der Schlußnoten eintreten kann.

§ 17. Nach der näheren Bestimmung des Bundesraths dürfen Stempelzeichen zur Entrichtung der in der Tarifnummer 4 angeordneten Abgabe auf Kredit verabfolgt werden.

§ 18. Geschäfte, welche nach Tarifnummer 4 abgabepflichtig sind, oder auf welche die Vorschrift unter „Befreiungen" zu dieser Tarifnummer Anwendung findet, sowie Schriftstücke über solche Geschäfte sind in den einzelnen Bundesstaaten keinen Stempelabgaben (Taxen, Sporteln u. s. w.) unterworfen. Werden diese Schriftstücke indessen gerichtlich oder notariell aufgenommen oder beglaubigt, so unterliegen sie, neben der in Tarifnummer 4 für das Geschäft vorgeschriebenen Abgabe, den in den Landesgesetzen für gerichtliche oder notarielle Aufnahmen und Beglaubigungen etwa vorgeschriebenen Stempeln (Taxen, Sporteln u. s. w.).

§ 19. Wer den Vorschriften im § 9 Abs. 1 und 2, § 10 Abs. 1 und 2 und § 15 zuwiderhandelt oder eine Schlußnote wahrheitswidrig mit dem im § 11 Abs. 2 oder § 13 bezeichneten Vermerke versieht, oder im Falle der Tarifnummer 4a behufs Erlangung einer Steuerermäßigung unrichtige Nachweise vorlegt, hat eine Geldstrafe verwirkt, welche dem fünfzigfachen Betrage der hinterzogenen Abgabe oder der beanspruchten Steuerermäßigung gleichkommt, mindestens aber zwanzig Mark beträgt.

Kann der Betrag der hinterzogenen Abgabe nicht festgestellt werden, so tritt statt der vorstehend bestimmten Strafe eine Geldstrafe von zwanzig bis fünftausend Mark ein.

§ 20. Wer, nachdem er auf Grund des § 19 bestraft worden, von neuem den dortselbst bezeichneten Vorschriften zuwiderhandelt, hat neben der im § 19 vorgesehenen Strafe eine Geldstrafe von einhundertfünfzig bis fünftausend Mark verwirkt.

Diese Rückfallsstrafe tritt ein ohne Rücksicht darauf, ob die frühere Bestrafung in demselben oder in einem anderen Bundesstaat erfolgt ist. Sie ist verwirkt, auch wenn die frühere Strafe nur theilweise entrichtet oder ganz oder theilweise erlassen ist.

Dieselbe ist ausgeschlossen, wenn seit der Entrichtung oder dem Erlasse der letzten Strafe bis zur Begehung der neuen Zuwiderhandlung fünf Jahre verflossen sind.

§ 21. Wer gegen die Vorschriften im § 9 Abs. 3 und § 14 verstößt, ist mit Geldstrafe von drei Mark bis fünftausend Mark zu bestrafen.

III. Spiel und Wette.

(Tarifnummer 5.)

§ 22. Wer im Bundesgebiete Lotterien und Ausspielungen veranstalten will, hat die Stempelabgabe für die gesammte planmäßige Anzahl der Loose oder Ausweise über Spieleinlagen im voraus zu entrichten.

Inwieweit Ausspielungen, bei welchen keine Spielausweise ausgegeben werden, zur Steuer heranzuziehen sind, ist vom Bundesrathe zu bestimmen und öffentlich bekannt zu machen.

§ 23. Den Spieleinlagen stehen im Sinne der Tarifnummer 5 die Wetteinsätze bei öffentlich veranstalteten Rennen und ähnlichen öffentlichen Veranstaltungen gleich

Wer im Inlande solche Wetteinsätze entgegennimmt, ist verpflichtet, versteuerte Ausweise hierüber auszustellen.

§ 24. Vor der Entrichtung der Abgabe darf ohne Genehmigung der zuständigen Steuerstelle mit dem Loosabsatze nicht begonnen werden. Die Genehmigung kann von vorgängiger Sicherstellung der Abgabe abhängig gemacht werden.

§ 25. Wer ausländische Loose oder Ausweise über Spieleinlagen in das Bundesgebiet einführt oder daselbst empfängt, hat dieselben, bevor mit dem Vertriebe begonnen wird, spätestens binnen drei Tagen nach dem Tage der Einführung oder des Empfanges der zuständigen Behörde anzumelden und davon die Stempelabgabe zu entrichten.

Den ausländischen Loosen oder Ausweisen über Spieleinlagen stehen Ausweise über Einsätze bei ausländischen Wettunternehmungen für öffentlich veranstaltete Rennen und ähnliche öffentliche Veranstaltungen gleich. Wer, ohne solche Ausweise vom Ausland einzuführen, Wetten der bezeichneten

Art vermittelt, ist, sofern er diese Vermittelung gewerbsmäßig betreibt, verpflichtet, versteuerte Ausweise über die Wetteinsätze auszustellen.

Gewerbsmäßige Vermittler von Wetten der vorbezeichneten sowie der im § 23 bezeichneten Art unterstehen der Aufsicht der Steuerbehörden nach näherer Bestimmung des Bundesraths.

§ 26. Die Verpflichtung zur Entrichtung der Stempelabgabe wird erfüllt durch Zahlung des Abgabebetrags bei der zuständigen Behörde.

Ob und in welcher Weise eine Verwendung von Stempelzeichen stattzufinden hat, bestimmt der Bundesrath.

§ 27. Die Nichterfüllung der in den §§ 22, 23, 24 und 25 bezeichneten Verpflichtungen wird mit einer dem fünffachen Betrage der hinterzogenen Abgabe gleichkommenden Geldstrafe geahndet. Dieselbe ist jedoch gegen den Unternehmer inländischer Lotterien oder Ausspielungen sowie gegen Jeden, welcher den Vertrieb ausländischer Loose oder Ausweise über Ausspielungen im Bundesgebiete besorgt, nicht unter dem Betrage von zweihundertundfünfzig Mark festzusetzen.

Ist die Zahl der abgesetzten Loose oder die Gesammthöhe der Wetteinsätze nicht zu ermitteln, so tritt Geldstrafe von zweihundertundfünfzig bis fünftausend Mark ein.

§ 28. Ein Anspruch auf Rückerstattung des eingezahlten Abgabebetrags ist ausgeschlossen; eine solche kann von der obersten Landesfinanzbehörde nur dann zugestanden werden, wenn eine beabsichtigte Ausspielung erweislich nicht zu Stande gekommen ist.

§ 29. Die §§ 22 bis 28 leiden auf Staatslotterien deutscher Bundesstaaten keine Anwendung.

Die Stempelsteuer für die Loose der letzteren wird durch die Lotterieverwaltung eingezogen und in einer Summe für die Gesammtzahl der von ihr abgesetzten Loose zur Reichskasse abgeführt.

Eine Abstempelung der Loose findet nicht statt.

§ 30. Loose u. s. w. inländischer Unternehmungen, für welche vor dem 1. Juli 1900 die obrigkeitliche Erlaubniß ertheilt ist, unterliegen, sofern die Ziehung der Loose vor dem 1. Januar 1902 beendet ist, der Reichsstempelabgabe nur nach Maßgabe der bisherigen Bestimmungen.

Ausländische Loose, welche vor dem 1. Juli 1900 eingeführt, auch binnen drei Tagen nach demselben angemeldet sind, und die Loose von Staatslotterien, deren Ausgabe auch nur für eine Klasse bereits vor diesem Zeitpunkte begonnen hat, unterliegen, sofern die Ziehung der Loose vor dem 1. Januar 1901 beendet ist, der Reichsstempelabgabe nur nach Maßgabe der bisherigen Bestimmungen.

Für das Wetten an Totalisatoren auf inländischen Rennplätzen finden die bisherigen Bestimmungen bis zum 1. Januar 1901 Anwendung.

§ 31. Oeffentliche Ausspielungen, Verloosungen und Lotterien, für welche die Reichsstempelabgabe zu entrichten ist, unterliegen in den einzelnen Bundesstaaten keiner weiteren Stempelabgabe (Taxe, Sportel u. s. w.).

IV. Schiffsfrachturkunden.

(Tarifnummer 6.)

§ 32. Die Beförderung von Gütern im Schiffsverkehre zwischen inländischen und ausländischen Seehäfen oder zwischen inländischen Flußhäfen und ausländischen Seehäfen darf nur erfolgen, wenn eine Urkunde der im Tarife bezeichneten Art ausgestellt wird. Die Ablieferung von Gütern, die im Schiffsverkehre vom Auslande nach dem Inlande befördert sind, darf nur erfolgen, wenn eine Urkunde der bezeichneten Art ausgehändigt wird.

Auf den Postverkehr und die Beförderung des Gepäcks der Reisenden finden diese Vorschriften keine Anwendung.

§ 33. Die Verpflichtung zur Entrichtung der unter Nummer 6 des Tarifs bezeichneten Stempelabgabe liegt bei Urkunden, welche im Inland ausgestellt werden, dem Ablader, bei den im Ausland ausgestellten Urkunden dem Empfänger der Sendung ob.

§ 34. Wird eine Urkunde der bezeichneten Art im Inland ausgestellt, so ist die Abgabe von einer Abschrift zu entrichten, die dem Rheder auszuhändigen, oder, falls diesem selbst die Verpflichtung zur Entrichtung der Abgabe obliegt, von ihm zurückzubehalten ist.

Hat der Rheder seine Niederlassung im Auslande, so tritt an seine Stelle der inländische Vertreter.

§ 35. Die Abgabe muß entrichtet werden bei im Inland ausgestellten Schriftstücken, bevor die Aushändigung der Urkunde durch den Ablader erfolgt, bei im Ausland ausgestellten binnen drei Tagen, nachdem die Urkunde in den Besitz des Empfängers der Sendung gelangt ist. Die Schriftstücke, von welchen die Abgabe zu entrichten ist, sind während der Dauer eines Jahres aufzubewahren.

§ 36. Ist die Entrichtung der Abgabe von den dazu verpflichteten Personen unterlassen worden, so ist sie von jedem ferneren Inhaber des nicht gestempelten Schriftstücks binnen drei Tagen nach dem Tage des Empfanges und jedenfalls vor der weiteren Aushändigung des Schriftstücks zu bewirken.

§ 37. Die im § 32 gedachte Verpflichtung wird erfüllt durch Verwendung von Vordrucken, die vor dem Gebrauche vorschriftsmäßig abgestempelt sind, oder von Stempelmarken nach näherer Anordnung des Bundesraths.

Dem Bundesrathe steht auch die Bestimmung darüber zu, ob und in welchen Fällen die Entrichtung der Abgabe ohne Verwendung von Stempelzeichen erfolgen darf.

§ 38. Die Nichterfüllung der Steuerpflicht wird mit einer Geldstrafe bestraft, welche dem fünfundzwanzigfachen Betrage der vorenthaltenen Abgabe gleichkommt, mindestens aber zwanzig Mark beträgt.

Diese Strafe trifft besonders und zum vollen Betrage Jeden, der die ihm obliegende Verpflichtung zur Entrichtung der Abgabe nicht rechtzeitig erfüllt.

Die gleiche Strafe trifft denjenigen, welcher der Vorschrift des § 32 zuwider Güter befördert oder ausliefert, ohne daß eine der vorgeschriebenen Urkunden ausgestellt oder ausgehändigt wird.

Kann der Betrag der hinterzogenen Abgabe nicht festgestellt werden, so tritt statt der im Abs. 1 gedachten Strafe eine Geldstrafe von zwanzig bis fünftausend Mark ein.

§ 39. Wer die Beförderung von Gütern als Gewerbe betreibt, hat, wenn er nach erfolgter Bestrafung auf Grund des § 38 von neuem der dort bezeichneten Vorschrift zuwiderhandelt, neben der Strafe des § 38 die im § 20 vorgesehene Rückfallsstrafe verwirkt.

§ 40. Enthält ein Schriftstück außer der Beurkundung eines Frachtvertrags noch eine andere, einer landesgesetzlichen Stempelabgabe unterliegende Beurkundung, so finden die landesgesetzlichen Vorschriften neben den Bestimmungen dieses Gesetzes Anwendung.

Im Uebrigen unterliegen die Schriftstücke keiner weiteren Stempelabgabe (Taxe, Sportel u. s. w.) in den einzelnen Bundesstaaten.

V. Allgemeine Bestimmungen.

§ 41. Der Bundesrath erläßt die Anordnungen wegen der Anfertigung und des Vertriebs der nach Maßgabe dieses Gesetzes zu verwendenden Stempelmarken und gestempelten Formulare sowie die Vorschriften über die Form der Schlußnoten und über die Art der Verwendung der Marken. Er stellt die Bedingungen fest, unter welchen für verdorbene Marken und Formulare sowie für Stempel auf verdorbenen Werthpapieren Erstattung zulässig ist.

§ 42. Stempelmarken, welche nicht in der vorgeschriebenen Weise verwendet worden sind, werden als nicht verwendet angesehen.

§ 43. In Beziehung auf die Verpflichtung zur Entrichtung der in diesem Gesetze festgestellten Abgaben ist der Rechtsweg zulässig. Die Klage ist bei Verlust des Klagerechts binnen sechs Monaten nach erfolgter Beitreibung oder mit Vorbehalt geleisteter Zahlung zu erheben. Für die Berechnung dieser Frist sind die Bestimmungen der Civilprozeßordnung maßgebend. Zuständig sind ohne Rücksicht auf den Werth des Streitgegenstandes die Landgerichte. Soweit bei denselben Kammern für Handelssachen bestehen, gehört der Rechtsstreit vor diese. Die Revision sowie die Beschwerde gegen Entscheidungen der Oberlandesgerichte geht an das Reichsgericht.

§ 44. Zuwiderhandlungen gegen die Vorschriften dieses Gesetzes oder gegen die zu dessen Ausführung erlassenen Vorschriften, die im Gesetze mit keiner besonderen Strafe belegt sind, ziehen eine Ordnungsstrafe bis zu einhundertfünfzig Mark nach sich.

Dieselbe Strafe tritt ein, wenn in den Fällen der §§ 3, 19, 27 und 38 aus den Umständen sich ergiebt, daß eine Steuerhinterziehung nicht hat verübt werden können oder nicht beabsichtigt worden ist.

§ 45. Die auf Grund dieses Gesetzes zu verhängenden Strafen sind bei Genossenschaften und Aktiengesellschaften gegen die Vorstandsmitglieder, bei Kommanditgesellschaften gegen die persönlich haftenden Gesellschafter, bei offenen Handelsgesellschaften gegen die Gesellschafter nur im einmaligen Betrage, jedoch unter Haftbarkeit jedes einzelnen als Gesammtschuldner festzusetzen. Ebenso ist in anderen Fällen zu verfahren, in denen bei einem Geschäfte mehrere Personen als Vertreter desselben Kontrahenten oder als gemeinschaftliche Kontrahenten betheiligt sind.

Auf die Verhängung der im § 20 vorgeschriebenen Rückfallsstrafe finden diese Bestimmungen keine Anwendung.

§ 46. Hinsichtlich des administrativen Strafverfahrens wegen der Zuwiderhandlungen gegen dieses Gesetz, der Strafmilderung und des Erlasses der Strafe im Gnadenwege, der Vollstreckung der Strafe sowie der Verjährung der Strafverfolgung finden die Vorschriften in § 17 Satz 1, §§ 18 und 19 des Gesetzes vom 10. Juni 1869, betreffend die Wechselstempelsteuer, sinngemäße Anwendung. Die auf Grund des gegenwärtigen Gesetzes erkannten Geldstrafen fallen dem Fiskus desjenigen Staates zu, von dessen Behörde die Strafentscheidung erlassen ist.

§ 47. Die Verwandlung einer Geldstrafe, zu deren Zahlung der Verpflichtete unvermögend ist, in eine Freiheitsstrafe findet nicht statt. Auch darf zur Beitreibung von Geldstrafen ohne Zustimmung des Verurtheilten, wenn dieser ein Deutscher ist, kein Grundstück subhastirt werden.

§ 48. Unter den in diesem Gesetz erwähnten Behörden und Beamten sind, soweit das Gesetz nichts Anderes bestimmt, die betreffenden Landesbehörden und Landesbeamten verstanden.

Welche dieser Behörden und Beamten die in dem Gesetz als zuständig bezeichneten sind, bestimmen, sofern das Gesetz nichts Anderes verfügt, die Landesregierungen.

Den Letzteren liegt auch die Kontrole über die betreffenden Behörden und Beamten ob.

§ 49. Die in den einzelnen Bundesstaaten mit der Beaufsichtigung des Stempelwesens beauftragten Behörden und Beamten haben die ihnen obliegenden Verpflichtungen mit den gleichen Befugnissen, wie sie ihnen hinsichtlich der nach den Landesgesetzen zu entrichtenden Stempelabgaben zustehen, auch hinsichtlich der in diesem Gesetze bestimmten Abgaben wahrzunehmen.

Der Prüfung in Bezug auf die Abgabenentrichtung unterliegen alle diejenigen, welche abgabepflichtige Geschäfte der unter Nummer 4 des Tarifs bezeichneten Art oder die Beförderung von Gütern im Schiffsverkehre (Nummer 6 des Tarifs) gewerbsmäßig betreiben oder vermitteln.

Den revidirenden Beamten sind alle bezüglichen Schriftstücke und erforderlichen Falles auch die Geschäftsbücher zur Einsicht vorzulegen.

Von anderen als den im Abs. 2 bezeichneten Personen kann die Steuerdirektivbehörde die Einreichung der auf bestimmt zu bezeichnende abgabepflichtige Geschäfte bezüglichen Schriftstücke verlangen.

§ 50. Außerdem haben die Reichsbehörden, die Behörden und Beamten der Bundesstaaten und Kommunen, die von Handelsvorständen eingesetzten Sachverständigenkommissionen und Schiedsgerichte sowie die

Notare die Verpflichtung, die Besteuerung der ihnen vorkommenden Urkunden zu prüfen und die zu ihrer Kenntniß gelangenden Zuwiderhandlungen gegen dieses Gesetz bei der zuständigen Behörde zur Anzeige zu bringen.

§ 51. Der Bundesrath ordnet an, in welchen Fällen bei administrativen Straffestsetzungen Sachverständige zu hören sind; solche sind, wo Handelsvorstände bestehen, von diesen zu bezeichnen.

Die Handelsvorstände können unter Berücksichtigung der besonderen Verhältnisse und Gewohnheiten ihres Bezirkes zum Zwecke der Durchführung des Gesetzes und Sicherung der Entrichtung der Abgaben reglementarische Anordnungen erlassen; letztere bedürfen der Zustimmung der Landesregierungen.

§ 52. Bezüglich der Vollstreckbarkeit und des Vollstreckungsverfahrens werden die Reichsstempelabgaben den Landesabgaben gleichgeachtet.

§ 53. Die Kassen des Reichs sind von der Entrichtung der durch dieses Gesetz unter Tarifnummer 1, 2, 3 angeordneten Abgaben befreit.

Andere subjektive Befreiungen finden, soweit nicht ausdrücklich Ausnahmen angeordnet sind, nicht statt.

Wegen der Entschädigung für die Aufhebung solcher Befreiungen, welche etwa auf lästigen Privatrechtstiteln beruhen, sowie wegen der Erstattung der von solchen Berechtigten entrichteten Stempelbeträge, kommen die entsprechenden Bestimmungen des Gesetzes, betreffend die Wechselstempelsteuer (§ 26 Abs. 2 bis 4), zur Anwendung.

§ 54. Jedem Bundesstaate wird von der jährlichen Einnahme, welche in seinem Gebiet aus dem Verkaufe von Stempelmarken oder gestempelten Blankets oder durch baare Einzahlung von Reichsstempelabgaben erzielt wird, mit Ausnahme der Steuer von Loosen der Staatslotterien, der Betrag von zwei Prozent aus der Reichskasse gewährt.

§ 55. Der Ertrag der Abgaben fließt nach Abzug

1. der auf dem Gesetz oder auf allgemeinen Verwaltungsvorschriften beruhenden Steuererlasse und Steuererstattungen,
2. der nach Vorschrift des § 54 zu berechnenden Erhebungs- und Verwaltungskosten

in die Reichskasse und ist den einzelnen Bundesstaaten nach dem Maßstabe der Bevölkerung, mit welcher sie zu den Matrikularbeiträgen herangezogen werden, zu überweisen.

VI. Uebergangs- und Schlußbestimmungen.

§ 56. Insoweit für das Rechnungsjahr 1900 die Erträge an Reichsstempelabgaben das Etats-Soll der Ueberweisungen aus den letzteren übersteigen, ist der Ueberschuß zur Verstärkung der Betriebsmittel der Reichskasse zurückzuhalten.

§ 57. Dieses Gesetz tritt gleichzeitig mit dem zu erlassenden Gesetze, betreffend die deutsche Flotte, am 1. Juli 1900 in Kraft.

Für das Gebiet der Insel Helgoland wird der Zeitpunkt des Inkrafttretens des Gesetzes durch Kaiserliche Verordnung unter Zustimmung des Bundesraths festgesetzt.

Tarif.

Laufende Nr.	Gegenstand der Besteuerung.	Steuersatz vom Hundert.	vom Tausend.	Mk.	Pf.	Berechnung der Stempelabgabe.
	Aktien, Kuxe, Renten- und Schuldverschreibungen.					
1	a) Inländische Aktien, Aktienantheilsscheine und Reichsbankantheilsscheine sowie Interimsscheine über Einzahlungen auf diese Werthpapiere	2	—	—	—	vom Nennwerthe, bei Interimsscheinen und nicht voll gezahlten Namensaktien vom Betrage der bescheinigten Einzahlungen, und zwar: zu 1a in Abstufungen von 2 Mark, zu 1b in Abstufungen von $2\frac{1}{2}$ Mark für je 100 Mark oder einen Bruchtheil dieses Betrags. Bei inländischen Aktien u. s. w. erfolgt die Versteuerung zuzüglich des Betrags, zu welchem sie höher, als der Nennwerth lautet, ausgegeben werden. Der nachweislich versteuerte Betrag der Interimsscheine wird auf den Betrag der demnächst etwa zu versteuernden Aktien u. s. w. angerechnet. Das Gleiche gilt von dem versteuerten Betrage nicht voll gezahlter Aktien bei späteren Einzahlungen. Ausländische Werthe werden nach den Vorschriften wegen Erhebung des Wechselstempels umgerechnet.
	b) Ausländische Aktien und Aktienantheilsscheine, wenn sie im Inland ausgehändigt, veräußert, verpfändet oder wenn daselbst andere Geschäfte unter Lebenden damit gemacht oder Zahlungen darauf geleistet werden, unter der gleichen Voraussetzung auch Interimsscheine über Einzahlungen auf diese Werthpapiere . . . . Die Abgabe ist von jedem Stücke nur einmal zu entrichten.	$2\frac{1}{2}$	—	—	—	
	c) Antheilsscheine gewerkschaftlich betriebener Bergwerke (Kuxe, Kuxscheine) . . . Außerdem für alle nach dem 1. Juli 1900 auf Werthe der angegebenen Art ausgeschriebenen Einzahlungen, soweit solche nicht zur Deckung von Betriebs-	—	—	1	50	von jeder einzelnen Urkunde.

Laufende Nr.	Gegenstand der Besteuerung.	Steuersatz vom Hundert.	Steuersatz vom Tausend.	Mk.	Pf.	Berechnung der Stempelabgabe.
(1.)	verlusten dienen oder zur Erhaltung des Betriebs in seinem bisherigen Umfange bestimmt sind und verwendet werden	1	—	—	—	vom Betrage der Einzahlung, und zwar in Abstufungen von 1 Mark für je 100 Mark oder einen Bruchtheil dieses Betrags.
	Zur Entrichtung des Stempels für die nach dem 1. Juli 1900 ausgeschriebenen Einzahlungen ist die Gewerkschaft verpflichtet, und zwar spätestens zwei Wochen nach dem von der Gewerkschaftsvertretung festgesetzten Einzahlungstermine.					
	Befreit sind:					
	Inländische Aktien und Aktienantheilscheine sowie Interimsscheine über Einzahlungen auf diese Werthpapiere, sofern sie von Aktiengesellschaften ausgegeben werden, welche nach der Entscheidung des Bundesraths ausschließlich gemeinnützigen Zwecken dienen, den zur Vertheilung gelangenden Reingewinn satzungsmäßig auf eine höchstens vierprozentige Verzinsung der Kapitaleinlagen beschränken, auch bei Ausloosungen oder für den Fall der Auflösung nicht mehr als den Nennwerth ihrer Antheile zusichern und bei der Auflösung den etwaigen Rest des Gesellschaftsvermögens für gemeinnützige Zwecke bestimmen.					
	Die von solchen Aktiengesellschaften beabsichtigten Veranstaltungen müssen auch für die minder begüterten Volksklassen bestimmt sein.					
2.	a) Inländische für den Handelsverkehr bestimmte Renten- und Schuldverschreibungen (auch Partialobligationen), sofern sie nicht unter Nummer 3 fallen, sowie In-					

Laufende Nr.	Gegenstand der Besteuerung.	Steuersatz vom Hundert.	Steuersatz vom Tausend.	Mk.	Pf.	Berechnung der Stempelabgabe.
(2.)	terimsscheine über Einzahlungen auf diese Werthpapiere	—	6	—	—	
	b) Renten- und Schuldverschreibungen ausländischer Staaten und Eisenbahngesellschaften, wenn sie im Inland ausgehändigt, veräußert, verpfändet oder wenn daselbst andere Geschäfte unter Lebenden damit gemacht oder Zahlungen darauf geleistet werden, unter der gleichen Voraussetzung auch Interimsscheine über Einzahlungen auf diese Werthpapiere . . . . Die Abgabe ist von jedem Stücke nur einmal zu entrichten.	—	6	—	—	vom Nennwerthe, bei Interimsscheinen vom Betrage der bescheinigten Einzahlungen, und zwar: zu 2a und b in Abstufungen von 60 Pfennig, zu 2c in Abstufungen von 1 Mark für je 100 Mark oder einen Bruchtheil dieses Betrags. Der nachweislich versteuerte Betrag der Interimsscheine wird auf den Betrag der demnächst etwa zu versteuernden Rentenverschreibungen u. s. w. angerechnet. Ist der Kapitalwerth von Rentenverschreibungen aus diesen selbst nicht ersichtlich, so gilt als solcher der 25fache Betrag der einjährigen Rente. Ausländische Werthe werden nach den Vorschriften wegen Erhebung des Wechselstempels umgerechnet.
	c) Renten- und Schuldverschreibungen ausländischer Korporationen, Aktiengesellschaften oder industrieller Unternehmungen und sonstige für den Handelsverkehr bestimmte ausländische Renten- und Schuldverschreibungen, sofern sie nicht unter 2b fallen, wenn sie im Inland ausgehändigt, veräußert, verpfändet oder wenn daselbst andere Geschäfte unter Lebenden damit gemacht oder Zahlungen darauf geleistet werden, unter der gleichen Voraussetzung auch Interimsscheine über Einzahlungen auf diese Werthpapiere . . Die Abgabe ist von jedem Stücke nur einmal zu entrichten.	1	—	—	—	
	Befreit sind: 1. Renten- und Schuldverschreibungen des Reichs und der Bundesstaaten sowie Interimsscheine über Einzahlungen auf diese Werthpapiere; 2. die auf Grund des Reichsgesetzes vom 8. Juni 1871					

Laufende Nr.	Gegenstand der Besteuerung.	Steuersatz vom Hundert.	Steuersatz vom Tausend.	Steuersatz Mk.	Steuersatz Pf.	Berechnung der Stempelabgabe.
(2.)	abgestempelten ausländischen Inhaberpapiere mit Prämien.					
	Anmerkung zu Tarifnummer 1 und 2.					
	Der Aushändigung ausländischer Werthpapiere im Inlande wird es gleichgeachtet, wenn solche Werthpapiere, welche durch ein im Ausland abgeschlossenes Geschäft von einem zur Zeit des Geschäftsabschlusses im Inlande wohnhaften Kontrahenten angeschafft sind, diesem aus dem Ausland übersandt oder von ihm oder einem Vertreter aus dem Ausland abgeholt werden.					
	Genußscheine und ähnliche zum Bezug eines Antheils an dem Gewinn einer Aktienunternehmung berechtigende Werthpapiere, sofern sie sich nicht als Aktien oder Aktienantheilsscheine (Tarifnummer 1) oder als Renten- oder Schuldverschreibungen (Tarifnummer 2) darstellen, unterliegen einer festen Abgabe, die für					
	a) solche, welche als Ersatz an Stelle erloschener Aktien ausgegeben werden .	—	—	—	50	von jeder einzelnen Urkunde.
	b) alle übrigen und zwar					
	1 inländische	—	—	15	—	von jeder einzelnen Urkunde.
	2. ausländische	—	—	20	—	
	beträgt.					
	Vor dem 1. Juli 1900 ausgegebene Genußscheine werden nach den bisherigen Bestimmungen besteuert.					
3.	Inländische auf den Inhaber lautende und auf Grund staatlicher Genehmigung ausgegebene Renten- und Schuldverschreibungen der Kommunalverbände und Kommunen, der Korporationen ländlicher oder städtischer Grundbesitzer, der Grundkredit- und Hypothekenbanken oder der Eisenbahngesell-					vom Nennwerthe beziehungsweise vom Betrage der bescheinigten Einzahlungen nach Maßgabe der Vorschriften für die Abgabenberechnung bei inländischen Werthpapieren der unter Nummer 2 bezeichneten Art, und zwar in Abstufungen von 20 Pfen-

Laufende Nr.	Gegenstand der Besteuerung.	Steuersatz vom Hundert	Steuersatz vom Tausend	Mk.	Pf	Berechnung der Stempelabgabe.
(3.)	schaften sowie Interimsscheine über Einzahlungen auf diese Werthpapiere . .	—	2	—	—	nig für je 100 Mark oder einen Bruchtheil dieses Betrags.
	Kauf- und sonstige Anschaffungsgeschäfte.					
4.	a) Kauf und sonstige Anschaffungsgeschäfte über: 1. ausländische Banknoten, ausländisches Papiergeld, ausländische Geldsorten.	—	$^{2}/_{10}$	—	—	
	2. Werthpapiere der unter Nummer 2a, 2b und 3 des Tarifs bezeichneten Art.	—	$^{2}/_{10}$	—	—	
	3. Antheile von bergrechtlichen Gewerkschaften oder die darüber ausgestellten Urkunden (Kuxscheine, Bezugsscheine, Abtretungsscheine)	—	1	—	—	
	4. sonstige Werthpapiere der unter 1 bis 3 des Tarifs bezeichneten Art einschließlich der Genußscheine . .	—	$^{3}/_{10}$	—	—	
	Den Kauf- und sonstigen Anschaffungsgeschäften steht gleich die bei Errichtung einer Aktiengesellschaft oder Kommanditgesellschaft auf Aktien erfolgende Zutheilung der Aktien auf Grund vorhergehender Zeichnung, die bei Errichtung einer Aktiengesellschaft stattfindende Uebernahme der Aktien durch die Gründer und die Ausreichung von Werthpapieren an den ersten Erwerber.					vom Werthe des Gegenstandes des Geschäfts und zwar in Abstufungen von zu 4a 1 und 2 0,20 Mark, zu 4a 3: 1,00 Mark, zu 4a 4: 0,30 Mark, zu 4b: 0,40 Mark für je 1000 Mark oder einen Bruchtheil dieses Betrags.
	Ermäßigung. Hat ein Kontrahent nachweislich im Arbitrageverkehr unter die Tarifnummer 4a, 1, 2 und 4 fallende Gegenstände derselben Gattung im Inlande gekauft und im Auslande verkauft oder um-					Der Werth des Gegenstandes wird nach

Laufende Nr.	Gegenstand der Besteuerung.	Steuersatz vom Hundert.	Steuersatz vom Tausend.	Mk.	Pf.	Berechnung der Stempelabgabe.
(4.)	gekehrt, oder an dem einen Börsenplatze des Auslandes gekauft und an dem anderen verkauft, so ermäßigt sich die Stempelabgabe von jedem dieser Geschäfte, soweit deren Werthbeträge sich decken, zu Gunsten dieses Kontrahenten für die unter Tarifnummer 4a 1 und 2 fallenden Gegenstände um ein Zwanzigstel und für die unter Tarifnummer 4a 4 fallenden Gegenstände um ein Zehntel vom Tausend, wenn die beiden einander gegenüberstehenden Geschäfte zu festen Kursen an demselben oder an zwei unmittelbar auf einander folgenden Börsentagen abgeschlossen sind. Es macht keinen Unterschied, ob der Kontrahent die Geschäfte im Auslande selbst oder durch eine Metaverbindung abgeschlossen hat. Unter den gleichen Voraussetzungen tritt die Steuerermäßigung (um ein Zwanzigstel vom Tausend) ein, wenn An- und Verkäufen von ausländischen Banknoten oder ausländischem Papiergelde Geschäfte über Kontanten oder Wechsel gegenüberstehen. Eine einmalige, längstens halbmonatliche Prolongation im Ausland abgeschlossener Geschäfte dieser Art bleibt steuerfrei. Die Geschäfte sind zunächst nach dem vollen Betrage zu versteuern. Der Bundesrath erläßt die näheren Vorschriften darüber, auf Grund welcher Nachweise die Erstattung des zuviel verwendeten Stempels erfolgt. b) Kauf- und sonstige Anschaffungsgeschäfte, welche unter Zugrundelegung von Usancen					dem vereinbarten Kauf- oder Lieferungspreise, sonst durch den mittleren Börsen- oder Marktpreis am Tage des Abschlusses bestimmt. Die zu den Werthpapieren gehörigen Zins- und Gewinnantheilsscheine bleiben bei Berechnung der Abgabe außer Betracht. Ausländische Werthe sind nach den Vorschriften wegen Erhebung des Wechselstempels umzurechnen.

Laufende Nr.	Gegenstand der Besteuerung.	Steuersatz vom Hundert.	Steuersatz vom Tausend.	Mk.	Pf.	Berechnung der Stempelabgabe.
(4.)	einer Börse geschlossen werden (Loko-, Zeit-, Fix-, Termin-, Prämien- u. s. w. Geschäfte), über Mengen von Waaren, die börsenmäßig gehandelt werden	—	4/10	—	—	
	Als börsenmäßig gehandelt gelten diejenigen Waaren, für welche an der Börse, deren Usancen für das Geschäft maßgebend sind, Terminpreise notirt werden, und bei Waaren, in denen der Börsenterminhandel untersagt ist (§ 50 Abs. 1 und 3 des Börsengesetzes vom 22. Juni 1896), diejenigen, für welche an der in Betracht kommenden Börse Preise für Zeitgeschäfte notirt werden.					
	Befreiungen.					
	Die vorbestimmte Abgabe wird nicht erhoben:					
	1. falls die Waaren, welche Gegenstand eines nach Nummer 4b stempelpflichtigen Geschäfts sind, von einem der Vertragsschließenden im Inland erzeugt oder hergestellt sind;					
	2. für die Ausreichung der von den Pfandbriefinstituten und Hypothekenbanken ausgegebenen, auf den Inhaber lautenden Schuldverschreibungen als Darlehnsvaluta an den kreditnehmenden Grundbesitzer;					
	3. für sogenannte Kontantgeschäfte über die unter Nummer 4a 1 bezeichneten Gegenstände sowie über ungemünztes Gold oder Silber.					
	Als Kontantgeschäfte gelten solche Geschäfte, welche vertragsmäßig durch Lieferung des Ge-					

Laufende Nr.	Gegenstand der Besteuerung.	Steuersatz vom Hundert.	Steuersatz vom Tausend.	Steuersatz Mk.	Steuersatz Pf.	Berechnung der Stempelabgabe.
(4.)	genstandes seitens des Verpflichteten an dem Tage des Geschäftsabschlusses zu erfüllen sind; 4. von den zur Versicherung von Werthpapieren gegen Verloosung geschlossenen Geschäften, unbeschadet der Stempelpflicht der nach erfolgter Verloosung stattfindenden Kauf- oder sonstigen Anschaffungsgeschäfte.					
	Lotterieloose.					
5.	Loose öffentlicher Lotterien sowie Ausweise über Spieleinlagen bei öffentlich veranstalteten Ausspielungen von Geld- oder anderen Gewinnen					
	a) inländische	20	—	—	—	bei inländischen Loosen vom planmäßigen Preise (Nennwerthe) sämmtlicher Loose oder Ausweise mit Ausschluß des auf die Reichsstempelabgabe entfallenden Betrags; bei ausländischen Loosen von dem Preise der einzelnen Loose in Abstufungen von 1 Mk. für je 4 Mk. oder einen Bruchtheil des Betrags
	b) ausländische	25	—	—	—	
	Befreit sind: Loose der von den zuständigen Behörden genehmigten Ausspielungen und Lotterien, sofern der Gesammtpreis der Loose einer Ausspielung die Summe von einhundert Mark und bei Ausspielungen zu ausschließlich mildthätigen Zwecken die Summe von fünfundzwanzigtausend Mark nicht übersteigt.					
	Schiffsfrachturkunden.					
6.	Konnossemente und Frachtbriefe im Schiffsverkehre zwischen inländischen und ausländischen Seehäfen oder zwischen inländischen Flußhäfen und ausländischen Seehäfen, sofern sie im Inlande ausgestellt oder behufs Empfangnahme oder Ablieferung der darin bezeichneten Sendung im Inlande vorgelegt oder ausgehändigt werden.	—	—	1	—	

Laufende Nr.	Gegenstand der Besteuerung.	Steuersatz vom Hundert.	Steuersatz vom Tausend.	Mk.	Pf	Berechnung der Stempelabgabe.
(6.)	Im Verkehre zwischen inländischen Hafenplätzen und ausländischen Hafenplätzen der Nord- und Ostsee, des Kanals oder der norwegischen Küste ausgestellte, vorgelegte oder ausgehändigte Konnossemente und Frachtbriefe	—	—	—	10	von der einzelnen Urkunde. Die Abgabe ist für jede Sendung nur einmal zu entrichten

3.

2. Schaumweinsteuergesetz.

Vom 9. Mai 1902.

(R.G.Bl. S. 155).

Wir **Wilhelm**, von Gottes Gnaden Deutscher Kaiser, König von Preußen rc.

verordnen im Namen des Reichs, nach erfolgter Zustimmung des Bundesraths und des Reichstags, was folgt:

1. Gegenstand der Besteuerung.

§ 1. Schaumwein aus Traubenwein, aus Obst- oder Beerenwein (Fruchtwein) sowie alle schaumweinähnlichen Getränke unterliegen, sofern sie zum Verbrauch im Inlande bestimmt sind, einer in die Reichskasse fließenden Verbrauchsabgabe (Schaumweinsteuer).

Schaumwein im Sinne dieses Gesetzes sind alle der Schaumweinsteuer unterliegende Getränke.

Schaumwein, welcher nachweislich der Verzollung unterlegen hat, bleibt von der Abgabe befreit.

2. Höhe der Steuer.

§ 2. Die Schaumweinsteuer beträgt:

a) für Schaumwein, der aus Fruchtwein ohne Zusatz von Traubenwein hergestellt ist, zehn Pfennig für jede Flasche;

b) für anderen Schaumwein und schaumweinähnliche Getränke fünfzig Pfennig für jede Flasche.

Für jede halbe Flasche ist die Hälfte und für jede kleinere Flasche ein Viertel der auf die Flasche entfallenden Steuer zu entrichten.

Als ganze Flaschen werden alle Schaumwein enthaltenden Umschließungen mit Raumgehalt über 425 bis 850 Kubikcentimeter behandelt;

Umschließungen mit Raumgehalt über 230 bis 425 Kubikcentimeter gelten als halbe Flaschen. Der Bundesrath ist ermächtigt, für Umschließungen mit Raumgehalt über 850 oder unter 120 Kubikcentimeter besondere Steuersätze unter Zugrundelegung der Einheitssätze des Abs. 1 festzusetzen.

3. Entrichtung und Stundung der Steuer.

§ 3. Die Schaumweinsteuer ist vom Hersteller des Schaumweins mittelst Anbringung eines Steuerzeichens an der Umschließung zu entrichten, bevor der fertige Schaumwein aus der Erzeugungsstätte entfernt oder innerhalb derselben getrunken wird. Die näheren Bestimmungen über die Form, die Anfertigung, den Betrieb und die Art der Verwendung der Steuerzeichen trifft der Bundesrath. Er stellt die Voraussetzungen fest, unter welchen für verwendete Steuerzeichen ein unentgeltlicher Ersatz und für noch nicht verwendete Steuerzeichen ein unentgeltlicher Umtausch oder eine Rückzahlung gewährt werden darf. Steuerzeichen, welche nicht in der vorgeschriebenen Weise verwendet worden sind, werden als nicht vorhanden angesehen.

Die Anbringung eines Steuerzeichens ist nicht erforderlich, wenn der Schaumwein vor der Entnahme aus der Erzeugungsstätte zur Ausfuhr unter amtlicher kostenfreier Kontrole angemeldet wird.

Gegen Sicherheitsbestellung ist die Schaumweinsteuer für eine Frist von wenigstens neun Monaten zu stunden. Für eine Frist bis zu drei Monaten kann sie auch ohne Sicherheitsbestellung gestundet werden.

4. Vergütung des Weinzolls.

§ 4. Der Bundesrath kann darüber Bestimmung treffen, daß auf in das Ausland geführten deutschen Schaumwein eine entsprechende Vergütung gewährt wird für verauslagten Zoll auf zur Herstellung dieses Schaumweins verwendeten ausländischen Rohwein.

5. Vergütung der Steuer für Proben u. s. w.

§ 5. Für versteuerten Schaumwein, der als Probe abgegeben oder der dem Hersteller vom Empfänger als unbrauchbar zur Verfügung gestellt wird, erhält der Hersteller eine Vergütung der Steuer. Dieselbe wird jährlich in einer Pauschsumme von fünf Hundertstel des Steuerwerths der in der Fabrik verwendeten Schaumweinsteuerzeichen gewährt.

6. Verjährung der Steuer.

§. 6. Ansprüche auf Zahlung und Erstattung von Schaumweinsteuer verjähren in zwei Jahren von dem Tage des Eintritts der Steuerpflicht oder der Steuerentrichtung. Der Anspruch auf Nachzahlung hinterzogener Steuer verjährt in drei Jahren.

7. Kontrole der Schaumweinfabriken.

a. Anmeldung der Fabriken.

§. 7. Wer Schaumwein herstellen will, hat vor der Eröffnung des Betriebs der Steuerbehörde einen Grundriß und eine Beschreibung der Betriebs- und Lagerräume sowie der damit in Verbindung stehenden oder unmittelbar daran angrenzenden Räume vorzulegen.

Diejenigen Räume, welche zur Lagerung von fertigem unversteuerten Schaumweine dienen sollen, bedürfen der Genehmigung der Steuerbehörde.

Räume, in denen der Ausschank oder der Verkauf von Schaumwein in einzelnen Flaschen betrieben wird, müssen auf Verlangen der Steuerbehörde von den Lagerräumen für fertigen unversteuerten Schaumwein derartig getrennt sein, daß Schaumwein nicht anders als auf offener Straße in sie übergeführt werden kann.

b) Bezeichnung des Besitzers und Betriebsleiters.

§ 8. Jeder Wechsel im Besitz einer Schaumweinfabrik ist der Steuerbehörde binnen einer Woche vom neuen Besitzer anzuzeigen.

Gesellschaften, welche Schaumwein herstellen, und Inhaber von Schaumweinfabriken, die den Betrieb nicht selbst leiten, haben der Steuerbehörde diejenige Person zu bezeichnen, welche als Betriebsleiter in ihrem Namen und Auftrage handelt.

c) Lagerung des fertigen unversteuerten Schaumweins; Buchführung.

§ 9. Fertiger unversteuerter Schaumwein darf nur in den dazu genehmigten Lagerräumen gelagert, behandelt und verpackt werden. Ueber Zu- und Abgang desselben sind nach näherer Anordnung des Bundesraths Anschreibungen zu führen, welche der Bestimmung der Steuerbehörde entsprechend aufzubewahren und den Beamten zugänglich zu halten sind.

Die Bestände sind von Zeit zu Zeit amtlich festzustellen und mit den Anschreibungen zu vergleichen. Von der Erhebung der Steuer für Fehlmengen ist abzusehen, wenn und soweit dargethan wird, daß eine Steuerhinterziehung nicht stattgefunden hat, sondern daß die Fehlmengen auf andere, eine Steuerschuld nicht begründende Umstände zurückzuführen sind.

d. Revisionsbefugniß der Steuerbeamten.

§ 10. Die Schaumweinfabriken unterliegen der steuerlichen Revision. Die Steuerbeamten sind befugt, die Betriebs- und Lagerräume, solange sie geöffnet sind oder darin gearbeitet wird, zu jeder Zeit, anderenfalls von Morgens 6 Uhr bis Abends 9 Uhr zu besuchen und, falls die Fabrik verschlossen sein sollte, sofortigen Einlaß zu verlangen. Die Revisionsbefugniß erstreckt sich auf alle Räume der Fabrik sowie auf die mit derselben in Verbindung stehenden oder unmittelbar daran grenzenden Räume. Die Zeitbeschränkung fällt fort, wenn Gefahr im Verzuge liegt.

e. Hülfsleistung bei Ausübung der Steuerkontrole.

§ 11. Der Fabrikinhaber hat den Steuerbeamten jede im Steuerinteresse oder zu statistischen Zwecken erforderliche Auskunft über den Fabrikbetrieb zu ertheilen und bei allen zum Zwecke der Kontrole oder Abfertigung stattfindenden Amtshandlungen die Hülfsdienste zu leisten oder leisten zu lassen, welche nothwendig sind, damit die Beamten die ihnen obliegenden Geschäfte in den vorgeschriebenen Grenzen vollziehen können. Insbesondere ist auch für Beleuchtung zu sorgen.

Den Oberbeamten der Steuerverwaltung sind die auf die Herstellung und Veräußerung von Schaumwein sich beziehenden Geschäftsbücher und Geschäftspapiere auf Erfordern zu jeder Zeit zur Einsicht vorzulegen.

f. Halbfertige Erzeugnisse.

§ 12. Der Bundesrath kann anordnen, daß die Versendung solcher Erzeugnisse, die als fertiger, der Steuer zu unterwerfender Schaumwein noch nicht anzusehen sind, unter Kontrole gestellt wird.

8. Erhaltung der Steuerzeichen.

§ 13. Die Schaumweinsteuerzeichen sind an den Umschließungen solange zu erhalten, bis diese geöffnet werden.

Wer Schaumwein empfängt, welcher der Vorschrift des Gesetzes zuwider mit den erforderlichen Steuerzeichen nicht versehen ist, hat hiervon binnen drei Tagen der Steuerbehörde Anzeige zu machen.

Händler mit Schaumwein und Wirthe sind verbunden, den Oberbeamten der Steuerverwaltung ihre Vorräthe an Schaumwein zum Nachweise, daß solche mit den vorgeschriebenen Steuerzeichen versehen sind, auf Verlangen vorzuzeigen.

9. Verschärfung der Kontrole.

§ 14. Hersteller von Schaumwein sowie Händler und Wirthe, welche selbst oder deren Betriebsleiter wegen Defraudation der Schaumweinsteuer bestraft sind, können auf ihre Kosten besonderen Kontrolen unterworfen werden.

10. Strafbestimmungen.

a. Einziehung.

§ 15. Schaumwein, welcher der Vorschrift dieses Gesetzes zuwider mit den erforderlichen Steuerzeichen (§§ 3 und 29) oder Zollzeichen (§ 30) nicht versehen ist, unterliegt der Einziehung, gleichviel wem er gehört und ob gegen eine bestimmte Person ein Strafverfahren eingeleitet wird.

Wird mit der Herstellung von Schaumwein begonnen, bevor die Betriebs- und Lagerräume angemeldet sind, so unterliegen außer dem hergestellten Schaumwein auch der in der Herstellung begriffene Schaumwein und die zur Herstellung, Lagerung und Aufmachung von Schaumwein geeigneten Geräthe und Materialien in gleicher Weise der Einziehung.

b. Defraudation der Schaumweinsteuer.

§ 16. Wer es unternimmt, die Schaumweinsteuer zu hinterziehen, macht sich der Defraudation schuldig.

Die Defraudation wird insbesondere als vollbracht angenommen:

a) wenn mit der Herstellung von Schaumwein begonnen wird, bevor die Betriebs- und Lagerräume in der vorgeschriebenen Weise angemeldet sind (§ 7);
b) wenn fertiger unversteuerter Schaumwein vom Hersteller in anderen als den dazu genehmigten Lagerräumen aufbewahrt wird (§ 9);
c) wenn Hersteller, Händler oder Wirthe Schaumwein in Gewahrsam haben, welcher der Vorschrift dieses Gesetzes zuwider mit den erforderlichen Steuerzeichen (§§ 3 und 29) oder Zollzeichen (§ 30) nicht versehen ist.

Das Dasein der Defraudation wird in den Fällen des Abs. 2 durch die daselbst bezeichneten Thatsachen begründet. Wird festgestellt, daß eine Hinterziehung nicht verübt oder nicht beabsichtigt ist, so findet nur eine Ordnungsstrafe nach § 19 statt.

c. Strafe der Defraudation.

§ 17. Wer eine Defraudation begeht, hat eine Geldstrafe verwirkt, die dem vierfachen Betrage der vorenthaltenen Steuer gleichkommt, mindestens aber dreißig Mark für jeden einzelnen Fall beträgt. Außerdem ist die Steuer nachzuzahlen.

Kann ein vorenthaltener Steuerbetrag nicht festgestellt werden, so tritt eine Geldstrafe von dreißig Mark bis zu zehntausend Mark ein.

Liegt eine Uebertretung vor, so sind die Beihülfe und die Begünstigung mit Geldstrafe bis zu einhundertfünfzig Mark zu bestrafen.

d. Defraudation im Rückfalle.

§ 18. Im Falle der Wiederholung der Defraudation nach vorausgegangener Bestrafung wird die im § 17 angedrohte Strafe verdoppelt.

Jeder fernere Rückfall zieht Gefängniß bis zu drei Jahren nach sich, doch kann nach richterlichem Ermessen mit Berücksichtigung aller Umstände und der vorangegangenen Fälle auf Haft oder auf Geldstrafe nicht unter dem Doppelten der für den ersten Rückfall angedrohten Strafe erkannt werden.

Die Rückfallstrafe ist verwirkt, auch wenn die frühere Strafe nur theilweise verbüßt oder ganz oder theilweise erlassen ist, bleibt dagegen ausgeschlossen, wenn seit der Verbüßung oder dem Erlasse der früheren Strafe bis zur Begehung der neuen Strafthat drei Jahre verflossen sind.

e. Ordnungsstrafen.

§ 19. Zuwiderhandlungen gegen die Bestimmungen dieses Gesetzes und die dazu erlassenen und öffentlich oder den Betheiligten besonders bekannt gemachten Verwaltungsvorschriften werden, sofern nicht eine schwerere Strafe verwirkt ist, mit einer Ordnungsstrafe von einer Mark bis zu dreihundert Mark geahndet.

Mit Ordnungsstrafe nach Maßgabe des Abs. 1 wird ferner belegt:
a) wer einen zur Wahrnehmung des Steuerinteresses verpflichteten Beamten oder dessen Angehörigen wegen einer auf die Erhebung oder Ueberwachung der Schaumweinsteuer bezüglichen amtlichen Handlung

oder Unterlassung einer solchen Geschenke oder andere Vortheile anbietet, verspricht oder gewährt, sofern nicht der Thatbestand des § 333 des Strafgesetzbuches vorliegt;

b) wer sich Handlungen oder Unterlassungen zu Schulden kommen läßt, durch welche ein solcher Beamter an der rechtmäßigen Ausübung seines Amtes in Bezug auf die Schaumweinsteuer verhindert wird, sofern nicht der Thatbestand des § 113 oder des § 114 des Strafgesetzbuchs vorliegt.

f. Haftung für andere Personen.

§ 20. Hersteller von Schaumwein sowie Händler und Wirthe haften für die von ihren Verwaltern, Geschäftsführern, Gehülfen und sonstigen in ihrem Dienste oder Lohne stehenden Personen sowie von ihren Familien- oder Haushaltungsmitgliedern verwirkten Geldstrafen und Prozeßkosten und für die nachzuzahlende Steuer im Falle des Unvermögens der eigentlich Schuldigen. Wird nachgewiesen, daß die Zuwiderhandlung ohne ihr Wissen verübt ist, so haften sie nur für die Steuer. Die Haftung für Geldstrafen kann nur durch richterliches Urtheil ausgesprochen werden.

Ist die Geldstrafe von dem Schuldigen nicht beizutreiben, so kann die Steuerbehörde davon absehen, den für die Geldstrafe Haftenden in Anspruch zu nehmen, und die an Stelle der Geldstrafe tretende Freiheitsstrafe an dem Schuldigen vollstrecken lassen.

g. Zwangsmaßregeln.

§ 21. Unbeschadet der verwirkten Ordnungsstrafen kann die Steuerbehörde die Beobachtung der auf Grund dieses Gesetzes getroffenen Anordnungen durch Androhung und Einziehung von Geldstrafen bis zu fünfhundert Mark erzwingen.

h. Fälschung von Steuerzeichen.

§ 22. Mit Gefängniß nicht unter drei Monaten wird bestraft, wer unechte Schaumweinsteuerzeichen (§§ 3 und 29) oder unechte Zollzeichen (§ 30) in der Absicht anfertigt, sie als echt zu verwenden, oder echte Schaumweinsteuerzeichen in der Absicht verfälscht, sie zu einem höheren Werthe zu verwenden, oder wissentlich von falschen oder verfälschten Schaumweinsteuer- oder Zollzeichen Gebrauch macht. Neben der Strafe kann auf Verlust der bürgerlichen Ehrenrechte erkannt werden.

§ 23. Wer wissentlich schon einmal verwendete Schaumweinsteuer- oder Zollzeichen verwendet, wird mit Geldstrafe bis zu sechshundert Mark bestraft.

§ 24. Neben der in den §§ 22 und 23 angedrohten Strafe kommt die durch die Hinterziehung der Schaumweinsteuer begründete Strafe zur Anwendung.

§ 25. Mit Geldstrafe bis zu einhundertfünfzig Mark oder mit Haft wird bestraft, wer ohne schriftlichen Auftrag einer Behörde

1. Stempel, Siegel, Stiche, Platten oder andere Formen, welche zur Anfertigung von Schaumweinsteuer- oder Zollzeichen dienen können, anfertigt oder an einen Anderen als die Behörde verabfolgt;
2. den Abdruck der in Nr. 1 bezeichneten Stempel, Stiche, Platten oder Formen unternimmt oder Abdrücke an einen Anderen als die Behörde verabfolgt.

Neben der Strafe kann auf Einziehung der Stempel, Siegel, Stiche Platten oder anderen Formen sowie der Abdrücke erkannt werden, ohne Unterschied ob sie dem Verurtheilten gehören oder nicht.

§ 26. Mit Geldstrafe bis zu einhundertfünfzig Mark wird bestraft, wer wissentlich schon einmal verwendete Schaumweinsteuer- oder Zollzeichen veräußert oder feilhält.

i. Strafverfahren und Verjährung der Strafverfolgung.

§ 27. In den Fällen der §§ 15 bis 21 kommen hinsichtlich des Strafverfahrens sowie in Betreff der Strafmilderung und des Erlasses der Strafe im Gnadenwege die Vorschriften zur Anwendung, nach denen sich das Verfahren wegen Zuwiderhandlungen gegen die Zollgesetze bestimmt. Der Erlös aus eingezogenem Schaumweine sowie Geldstrafen fallen dem Staate zu, von dessen Behörden die Strafentscheidung erlassen ist.

Die Strafverfolgung von Defraudationen verjährt in drei Jahren, von anderen Zuwiderhandlungen in einem Jahre.

11. Verwaltung der Schaumweinsteuer und Ausgleichungsbeträge.

§ 28. Die Erhebung und Verwaltung der Schaumweinsteuer erfolgt durch die Landesbehörden. Für die erwachsenden Kosten wird den Bundesstaaten nach Maßgabe der vom Bundesrathe zu erlassenden Bestimmungen Vergütung gewährt.

Die Reichsbevollmächtigten für Zölle und Steuern und die Stationskontroleure üben in Bezug auf die Ausführung des Schaumweinsteuergesetzes dieselben Rechte und Pflichten, welche ihnen bezüglich der Erhebung und Verwaltung der Zölle und Verbrauchssteuern beigelegt sind.

Die außerhalb der gemeinschaftlichen Zollgrenze liegenden Theile des Reichsgebiets zahlen an Stelle der Schaumweinsteuer einen entsprechenden Ausgleichungsbetrag an die Reichskasse.

12. Schaumwein aus Zollanschlüssen.

§ 29. Schaumwein, der aus den dem Zollgebiet angeschlossenen Staaten und Gebietstheilen zum Verbrauch eingeht und nicht nachweislich der Verzollung unterlegen hat, ist spätestens beim Eintritt in das Inland mit dem nach § 3 anzubringenden Steuerzeichen zu versehen.

Der Reichskanzler kann unter Zustimmung des Bundesraths mit den zuständigen fremden Regierungen wegen Herbeiführung einer den Bestimmungen dieses Gesetzes entsprechenden Besteuerung des Schaumweins in den dem Zollgebiet angeschlossenen Staaten und Gebietstheilen, wegen Ueberweisung der Steuer für den im gegenseitigen Verkehr übergehenden

Schaumwein oder wegen Begründung einer Steuergemeinschaft Vereinbarungen treffen.

13. Verzollter Schaumwein.

§ 30. Der Bundesrath kann anordnen, daß die Umschließungen des verzollten Schaumweins mit einer amtlichen Bezeichnung zu versehen sind, welche erkennen läßt, daß der Zoll erhoben ist. In Bezug auf diese Bezeichnung findet der § 13 Anwendung.

14. Schlußbestimmungen; Nachsteuer.

§ 31. Dieses Gesetz tritt am 1. Juli 1902 mit der Maßgabe in Kraft, daß für bestehende Fabriken die nach § 7 und § 8 Abs. 2 erforderlichen Anzeigen bei Vermeidung der im § 19 vorgesehenen Ordnungsstrafen bis zum 1. Juni 1902 zu erstatten sind.

Vom 1. Juli 1902 ab werden Landessteuern vom Schaumweine nicht mehr erhoben.

Schaumwein, der sich am 1. Juli 1902 außerhalb einer Schaumweinfabrik oder einer Zollniederlage befindet, unterliegt nach näherer Bestimmung des Bundesraths der Schaumweinsteuer in Form einer Nachsteuer.

Schaumwein im Besitze von Haushaltungsvorständen, die weder Ausschank noch Handel mit Getränken betreiben, bleibt, sofern die Gesammtmenge nicht mehr als dreißig Flaschen beträgt, von der Nachsteuer befreit.

4.

5. Gesetz,

betr. die Abänderung des Branntweinsteuergesetzes vom $\frac{\text{24. Juni 1887}}{\text{16. Juni 1895}}$.

Vom 7. Juli 1902.

(R.G.Bl. S. 243).

Wir **Wilhelm**, von Gottes Gnaden Deutscher Kaiser, König von Preußen ꝛc.

verordnen im Namen des Reichs, nach erfolgter Zustimmung des Bundesraths und des Reichstags, was folgt:

Art. I. Die §§ 1, 2, 41 und 42 des Gesetzes, betreffend die Besteuerung des Branntweins, vom $\frac{\text{24. Juni 1887}}{\text{16. Juni 1895}}$ (Reichs-Gesetzbl. 1895 S. 276) werden in nachstehender Weise abgeändert:

1. § 1. Absätze 4 und 5. Von der Verbrauchsabgabe befreit und bei Feststellung der nach dem Vorstehenden maßgebenden Jahresmenge außer Ansatz bleibt:

1. Branntwein, welcher ausgeführt wird;
2. Branntwein, welcher zu gewerblichen Zwecken, zur Essigbereitung oder zu Putz-, Heizungs-, Koch- oder Beleuchtungszwecken verwendet wird,

nach näherer Bestimmung des Bundesraths. Die Brennereibesitzer sind gegen Uebernahme der Kosten berechtigt, die amtliche Denaturirung ihres Branntweins in ihren Brennereien zu verlangen.

Der Bundesrath ist ermächtigt, auch solchen Branntwein von der Verbrauchsabgabe frei zu lassen, der in öffentlichen Kranken-, Entbindungs- und ähnlichen Anstalten oder in öffentlichen wissenschaftlichen Anstalten verwendet wird.

2. § 2. Absätze 3 bis 8. Von fünf zu fünf Jahren wird für die einzelnen bisher betheiligten Brennereien und für die inzwischen entstandenen landwirthschaftlichen (§ 41 I) oder Materialbrennereien (§ 41 III) die Jahresmenge Branntwein, welche sie zu dem niedrigeren Abgabesatze herstellen dürfen (das Kontingent), neu bemessen. Die Neukontingentirung erfolgt im Laufe des letzten Jahres der jeweiligen fünfjährigen Periode für die folgenden fünf Betriebsjahre nach folgenden Grundsätzen:

a) Regelmäßiges Verfahren.

Die bisher betheiligten Brennereien werden nach Maßgabe der in den vorhergehenden fünf Betriebsjahren durchschnittlich zum niedrigeren Abgabesatze hergestellten Alkoholmengen weiter betheiligt. Bei Brennereien, die in einem oder mehreren der fünf Jahre das Kontingent überhaupt nicht oder nicht vollständig herstellen, wird für diese Jahre gleichwohl die volle Kontingentsmenge als hergestellt angenommen, wenn wenigstens in einem der fünf Jahre das Kontingent vollständig hergestellt worden ist. In Abfindungsbrennereien (§ 13) werden die Kontingente auch dann als hergestellt angenommen, wenn dieselben in der Kontingentsperiode überhaupt nicht oder nicht vollständig hergestellt worden sind.

b) Kontingentsminderung beim Betriebswechsel.

Die für die einzelne Brennerei bei der Neukontingentirung in Rechnung zu stellende Alkoholmenge wird,

1. wenn eine dickmaischende Getreidebrennerei während der letzten fünf Betriebsjahre zur Hefenerzeugung übergegangen ist, um drei Siebentel,
2. wenn eine Brennerei, die zuvor andere Stoffe als Getreide verarbeitet hat, in dieser Zeit zur Hefenerzeugung übergegangen ist, um die Hälfte, und wenn sie zur Getreideverarbeitung ohne Hefenerzeugung übergegangen ist, um ein Achtel

gekürzt. Ist der Uebergang nur ein theilweiser gewesen, so erfolgt Kürzung zu einem entsprechenden Theile. Bei Wiederholung eines Betriebswechsels derselben Art findet eine erneute Kürzung nur insoweit statt, als die Aenderung der Betriebsart bei der früheren Kürzung noch nicht berücksichtigt ist.

c) Neuveranlagung zum Kontingent.

Die Neuveranlagung zum Kontingent findet statt:

1. für die bis zum Beginne des letzten Jahres der jeweiligen Kontingentsperiode neu entstandenen und betriebsfähig hergerichteten landwirthschaftlichen und Materialbrennereien,
2. für diejenigen bisher betheiligten landwirthschaftlichen Brennereien, deren wirthschaftliche Lage durch Verringerung oder Vergrößerung

der regelmäßig beackerten oder sonst landwirthschaftlich genutzten Fläche während der letzten fünf Betriebsjahre eine wesentliche Veränderung erfahren hat,

3. für diejenigen landwirthschaftlichen Brennereien, welche als dickmaischende Getreide- oder als Hefebrennereien am Kontingent betheiligt waren und im Laufe der vorhergehenden fünf Jahre dauernd entweder zur Verarbeitung von Kartoffeln übergegangen sind oder die Hefenerzeugung aufgegeben haben,

4. für diejenigen landwirthschaftlichen Brennereien, bei deren früherer Neukontingentirung wesentliche Veränderungen des Areals unberücksichtigt geblieben sind.

Für die bezeichneten Brennereien ist nach dem Umfang ihrer Betriebseinrichtungen unter Berücksichtigung des beackerten oder sonst landwirthschaftlich genutzten Areals und der gesammten wirthschaftlichen Verhältnisse sowie des Betriebsumfanges anderer am Kontingent betheiligter Brennereien nach Anhörung zweier Sachverständigen aus den Kreisen der Besitzer landwirthschaftlicher Brennereien diejenige Alkoholmenge zu ermitteln, deren jährliche Herstellung als angemessen zu erachten ist. Der Bemessung des künftigen Kontingents ist von dieser Menge derjenige Theil zu Grunde zu legen, welcher dem Verhältniß entspricht, das in den ohne Neuveranlagung am Kontingent zu betheiligenden Brennereien derselben Art zwischen ihrer Gesammterzeugung und der von ihnen zum niedrigeren Abgabesatze hergestellten Alkoholmenge während der vorhergehenden fünf Jahre durchschnittlich bestanden hat.

d) Falls die auf Grund der Vorschriften unter a, b und c in Rechnung zu stellenden Alkoholmengen 150 000 Liter übersteigen, werden sie um ein Zwanzigstel, jedoch nicht unter den Betrag von 150 000 Liter herabgesetzt.

Die auf Grund der Vorschriften unter c in Rechnung zu stellenden Alkoholmengen dürfen im Falle einer Neubetheiligung am Kontingent oder einer Kontingentserhöhung für landwirthschaftliche Brennereien 80 000 Liter, für Materialbrennereien 8000 Liter nicht überschreiten.

e) Die auf Grund der Vorschriften unter b, c und d neu zugetheilten Kontingentsmengen sind bei der nächsten Neubemessung auch für das letzte Jahr der vorangegangenen Vertheilungsperiode in Rechnung zu stellen.

Für Brennereien, welche bis zum 1. Oktober 1902 betriebsfähig hergerichtet sind, darf die in Rechnung zu stellende Alkoholmenge (§ 2 des Gesetzes) 50 000 Liter nicht überschreiten. Jedoch kann für neue Brennereien, welche bis zum 1. Oktober 1901 betriebsfähig hergerichtet sind, diese Menge bis auf 80 000 Liter bemessen werden, sofern die Verträge über den Bau des Brennereigebäudes sowie die erforderlichen Maschinen und Brenngeräthe vor dem 16. April 1901 rechtsverbindlich abgeschlossen sind. Das Gleiche gilt für die bisher betheiligten Brennereien, sofern der Grund zur Neuveranlagung bereits vor dem 16. April 1901 bestanden hat.

Die nach Abs. 3 unter b für den Fall der Neukontingentirung vorgesehenen Kontingentsminderungen sind unbeschadet der endgültigen Festsetzung des Kontingents am Schlusse jeder Periode nach den dort bezeichneten Grundsätzen schon am Schlusse jedes Betriebsjahrs vorzunehmen.

Landwirthschaftliche und Materialbrennereien, die zum gewerblichen Betriebe (§ 42 I) übergehen, dürfen Branntwein zu dem niedrigeren Abgabesatze nicht herstellen.

Landwirthschaftliche und Materialbrennereien, welche in einem Betriebsjahre nicht mehr als 10 Hektoliter reinen Alkohols herstellen, dürfen ihr gesammtes Erzeugniß zu dem niedrigeren Abgabesatze herstellen.

Den Materialbrennereien, welchen eine jährliche Kontingentsmenge von nicht mehr als 10 Hektoliter reinen Alkohols zugetheilt ist, steht es frei, die fünfjährige Gesammt-Kontingentsmenge innerhalb der Kontingentsperiode nach Belieben abzubrennen.

3. § 41. I. Die Erhebung der Maischbottichsteuer erfolgt nur noch in den landwirthschaftlichen Brennereien.

Als landwirthschaftliche Brennereien gelten diejenigen während des ganzen Betriebsjahrs ausschließlich Getreide oder Kartoffeln verarbeitenden Brennereien, bei deren Betriebe die sämmtlichen Rückstände in einer oder mehreren den Eigenthümern oder Besitzern der Brennerei gehörenden oder von denselben betriebenen Wirthschaften verfüttert werden und der erzeugte Dünger vollständig auf dem den Eigenthümern oder Besitzern der Brennerei gehörigen oder von denselben bewirthschafteten Grund und Boden verwendet wird. Nach näherer Bestimmung des Bundesraths kann der Brennereibetrieb als landwirthschaftlicher auch dann behandelt werden, wenn eine vorübergehende Veräußerung von Schlempe oder Dünger erfolgt oder wenn neben Kartoffeln und Getreide im Zwischenbetriebe nichtmehlige Stoffe allein verwendet werden.

Brennereien, welche nach dem 1. September 1902 betriebsfähig werden, gelten nur dann als landwirthschaftliche Brennereien, wenn die für die Brennereien erforderlichen Rohstoffe an Kartoffeln und Getreide, mit Ausnahme von Roggen, Weizen, Hafer und Gerste, in der Hauptsache von den Besitzern der Brennereien selbst gewonnen sind. Bei Genossenschaftsbrennereien müssen die so gewonnenen Rohstoffe in der Hauptsache von den einzelnen Theilnehmern auch nach Verhältniß ihrer Betheiligung an der Brennerei geliefert und außerdem die sämmtlichen Brennereirückstände von den Theilnehmern im gleichen Verhältnisse verfüttert werden. Der Bundesrath ist ermächtigt, im Falle von Mißernten Ausnahmen zu gestatten.

II. Die Maischbottichsteuer beträgt 1,31 Mark für jedes Hektoliter des Rauminhalts der Maischbottiche und für jede Einmaischung. Bei der Steuerberechnung bleibt der überschießende Rauminhalt, welcher 25 Liter nicht erreicht, außer Betracht.

In Brennereien, welche nur während der Zeit vom 16. September bis 15. Juni nicht länger als $8^1/_2$ Monate betrieben werden, wird die Maischbottichsteuer

a) wenn an einem Tage durchschnittlich nicht über 1050 Liter Bottichraum bemaischt werden, nur zu sechs Zehnteln,

b) wenn an einem Tage durchschnittlich mehr als 1050, jedoch nicht über 1500 Liter Bottichraum bemaischt werden, nur zu acht Zehnteln,

c) wenn an einem Tage durchschnittlich mehr als 1500, jedoch nicht über 3000 Liter Bottichraum bemaischt werden, nur zu neun Zehnteln

des im Abs. 1 festgesetzten Steuerbetrags erhoben. Gelangen während eines Kalendermonats in einer der bezeichneten Brennereien mehr als 1050, 1500 oder 3000 Liter Bottichraum durchschnittlich täglich zur Bemaischung, so wird für den Monat der entsprechend höhere Steuersatz erhoben. Wird die Betriebsfrist von $8^1/_2$ Monaten überschritten, so ist der volle Maischbottichsteuersatz für die ganze Betriebszeit zu entrichten.

III. Als Materialbrennereien gelten diejenigen Brennereien, welche während des ganzen Betriebsjahrs lediglich nichtmehlige Stoffe, mit Ausnahme von Melasse, Rüben und Rübensaft, verarbeiten.

Die Branntweinmaterialsteuer beträgt vom Hektoliter:

a) Treber von Kernobst und eingestampfte Weintreber 0,25 Mark,
b) Kernobst 0,35 Mark,
c) Beerenfrüchte aller Art 0,45 Mark,
d) Brauereiabfälle, Hefenbrühe, gepreßte Weinhefe und Wurzeln aller Art 0,50 Mark,
e) Trauben- oder Obstwein, flüssige Weinhefe und Steinobst 0,85 Mark.

Die Materialsteuer wird

a) von denjenigen Brennern, welche in einem Jahre nicht mehr als 50 Liter reinen Alkohols erzeugen, nur zu vier Zehnteln,
b) von denjenigen Brennern, welche in einem Jahre mehr als 50 Liter, jedoch nicht über 1 Hektoliter reinen Alkohols erzeugen, nur zu acht Zehnteln

der vollen Steuersätze erhoben.

IV. Für diejenigen Brennereien, welche in einem Betriebsjahre nicht mehr als 1500 Hektoliter Bottichraum bemaischen, sowie für die Abfälle der Biererzeugung verarbeitenden Brennereien dieser Größe und die Materialbrennereien kann von der Landesregierung angeordnet werden, daß die nach der bestehenden Gesetzgebung angeordneten Betriebseinrichtungen und Kontrolen in Wegfall kommen. Die Steuer ist in diesem Falle von dem angesagten Maischbottichraum oder der zur Verarbeitung auf Branntwein angemeldeten Stoffmenge oder derjenigen Material- oder Maischmenge, welche während der erklärten Betriebszeit mit der zum Gebrauche bestimmten Brennvorrichtung nach ihrer Leistungsfähigkeit abgetrieben werden kann, im voraus durch die Steuerbehörde bindend festzusetzen.

V. Eine Rückvergütung der Maischbottich- oder Branntweinmaterialsteuer kann nach näherer Bestimmung des Bundesraths außer für gewerbliche Zwecke auch für Branntwein erfolgen, welcher in öffentlichen Kranken-, Entbindungs- und ähnlichen Anstalten oder in öffentlichen wissenschaftlichen Anstalten oder zu Putz-, Heizungs-, Koch- oder Beleuchtungszwecken Verwendung findet, oder welcher, solange er unter Steuerkontrole steht, durch Verdunstung oder sonstige natürliche Einflüsse verloren geht.

4. § 42. I. In den gewerblichen Brennereien findet die Erhebung der Maischbottichsteuer und der Branntweinmaterialsteuer nicht mehr statt.

Als gewerbliche Brennereien gelten alle Brennereien, welche weder zu den landwirthschaftlichen noch zu den Materialbrennereien gehören.

II. Von dem in gewerblichen Brennereien hergestellten Branntweine wird, soweit er der Verbrauchsabgabe unterliegt, ein Zuschlag zu dieser erhoben, welcher 0,20 Mark für das Liter reinen Alkohols beträgt.

Bei solchen gewerblichen Brennereien, welche vor dem 1. April 1887 bereits bestanden haben und nicht mehr als 10 000 Liter Bottichraum an einem Tage bemaischen, tritt für den Umfang des vor dem 1. Oktober 1887 geübten Betriebs, nach näherer Bestimmung des Bundesraths, eine Ermäßigung des Zuschlags um 0,04 Mark für das Liter reinen Alkohols ein. Bemaischen Brennereien dieser Art mehr als 10 000 Liter, jedoch nicht über 20 000 Liter Bottichraum, so beträgt diese Ermäßigung des Zuschlags 0,02 Mark. Diese Bestimmung findet keine Anwendung während derjenigen Monate, in denen Hefe erzeugt, oder Melasse, Rüben oder Rübensaft verarbeitet wird.

III. Auf Antrag sind auch landwirthschaftliche und Materialbrennereien von der Erhebung der Maischbottich- oder Branntweinmaterialsteuer frei zu lassen.

Sofern hiervon Gebrauch gemacht wird, werden von dem hergestellten Branntweine folgende Zuschläge zur Verbrauchsabgabe für das Liter reinen Alkohols erhoben:

a) an Stelle der Maischbottichsteuer:

1. in Brennereien, die in einem Jahre nicht mehr als 100 Hektoliter reinen Alkohols erzeugen,
   während derjenigen Monate, in denen sie ohne Hefenerzeugung betrieben werden 0,10 Mark,
   während derjenigen Monate, in denen sie mit Hefenerzeugung betrieben werden 0,14 Mark;
2. in Brennereien, die in einem Jahre mehr als 100, jedoch nicht über 150 Hektoliter reinen Alkohols erzeugen,
   während derjenigen Monate, in denen sie ohne Hefenerzeugung betrieben werden 0,11 Mark,
   während derjenigen Monate, in denen sie mit Hefenerzeugung betrieben werden 0,15 Mark;
3. in Brennereien, die in einem Jahre mehr als 150, jedoch nicht über 300 Hektoliter reinen Alkohols erzeugen,
   während derjenigen Monate, in denen sie ohne Hefenerzeugung betrieben werden 0,12 Mark,
   während derjenigen Monate, in denen sie mit Hefenerzeugung betrieben werden 0,16 Mark;
4. in Brennereien, die in einem Jahre mehr als 300, jedoch nicht über 500 Hektoliter reinen Alkohols erzeugen,
   während derjenigen Monate, in denen sie ohne Hefenerzeugung betrieben werden 0,13 Mark,
   während derjenigen Monate, in denen sie mit Hefenerzeugung betrieben werden 0,17 Mark;
5. in Brennereien, die in einem Jahre mehr als 500 Hektoliter reinen Alkohols erzeugen,

während derjenigen Monate, in denen sie ohne Hefenerzeugung betrieben werden 0,16 Mark,

während derjenigen Monate, in denen sie mit Hefenerzeugung betrieben werden 0,20 Mark;

b) an Stelle der Branntweinmaterialsteuer:

1. soweit von einem Brenner in einem Jahre nicht mehr als 50 Liter reinen Alkohols erzeugt werden 0,04 Mark,
2. soweit von einem Brenner in einem Jahre mehr als 50, jedoch nicht über 100 Liter reinen Alkohols erzeugt werden 0,08 Mark,
3. soweit von einem Brenner in einem Jahre mehr als 100, jedoch nicht über 200 Liter reinen Alkohols erzeugt werden 0,12 Mark,
4. soweit von einem Brenner in einem Jahre mehr als 200 Liter reinen Alkohols erzeugt werden 0,20 Mark.

Die Steuerbehörde kann Materialbrennereien auch ohne deren Antrag dem Zuschlage zur Verbrauchsabgabe statt der Materialsteuer unterstellen.

IV. Die in den §§ 11 bis 39 des gegenwärtigen Gesetzes hinsichtlich der Verbrauchsabgabe gegebenen Bestimmungen finden auf den Zuschlag zu derselben entsprechende Anwendung.

V. Für Brennereien, in welchen nach Ziffer II und III der Zuschlag zur Verbrauchsabgabe erhoben wird, gelten die sonstigen Bestimmungen des Gesetzes vom 8. Juli 1868 mit folgenden Aenderungen:

a) die Größe und Zahl der Nebengefäße, als: Hefengefäße, Maischbehälter u. s. w., bedürfen einer Genehmigung nicht;

b) Abänderungen des angemeldeten Betriebs sind mit der Maßgabe zulässig, daß die Abweichung vorher im Betriebsplane bemerkt und binnen 24 Stunden der Steuerbehörde angezeigt werden muß;

c) die Brennfrist kann von der Steuerbehörde dem wirklichen Bedürfniß entsprechend eingeschränkt werden;

d) die unbefugte Benutzung von Maischgefäßen, welche seitens der Steuerbehörde außer Gebrauch gesetzt worden sind, zum Einmaischen, sowie die Einmaischung oder Zubereitung von Maische, die dem Steuerbeamten gar nicht angesagt, oder die an anderen Tagen, in anderen Räumen oder in anderen Gefäßen als den in dem amtlich bestätigten Betriebsplane dazu angemeldeten vorgenommen wird, unterliegt einer Geldstrafe von einer bis zu dreihundert Mark.

Art. II. An Stelle der §§ 43a, 43b, 43c, 43d, und 43e des Gesetzes, betreffend die Besteuerung des Branntweins, vom $\frac{\text{24. Juni 1887}}{\text{16. Juni 1895}}$ (Reichs-Gesetzbl. 1895 S. 276) treten folgende Bestimmungen:

1. § 43a. Neben den bestehenden Branntweinsteuern wird in denjenigen Brennereien, welche in einem Jahre mehr als 200 Hektoliter reinen Alkohols erzeugen, von der mehr erzeugten Alkoholmenge ein besonderer Zuschlag zur Verbrauchsabgabe (Brennsteuer) erhoben, und zwar:

für die Erzeugung

über	200	bis	300	Hektoliter	je	2	Mark,
„	300	„	400	„	„	2,50	„
„	400	„	600	„	„	3	„
„	600	„	800	„	„	3,50	„

über	800	bis	1000 Hektoliter	je	4	Mark
„	1000	„	1200 „	„	4,50	„
„	1200	„	1400 „	„	5	„
„	1400	„	1600 „	„	5,50	„
„	1600	„	1800 „	„	6	„
„	1800	Hektoliter		„	6,50	„

vom Hektoliter reinen Alkohols.

In denjenigen Brennereien, welche ausschließlich Roggen, Weizen, Hafer und Gerste verarbeiten, wird die Brennsteuer für die Erzeugung bis zu 300 Hektoliter überhaupt nicht und für die Erzeugung über 300 Hektoliter bis zu 600 Hektoliter nur zur Hälfte erhoben.

In landwirthschaftlichen Genossenschaftsbrennereien, die als solche am 1. April 1895 bestanden haben, wird für den Umfang des damaligen Betriebs die Brennsteuer nur zu vier Fünfteln der vorbezeichneten Sätze erhoben.

In landwirthschaftlichen Brennereien, welche im Laufe des Betriebsjahrs Kartoffeln oder Mais verarbeiten, wird außerdem für jedes in der Zeit vom 16. Juni bis 15. September hergestellte Hektoliter reinen Alkohols eine Brennsteuer von 3 Mark erhoben. Die Steuer fällt weg, insoweit für den Branntwein Zuschlag von mindestens 16 Mark zu entrichten ist. In Brennereien, die in der Zeit vom 16. Juni bis 15. September der Maischbottichsteuer unterliegen, findet eine Ermäßigung statt und zwar:

a) sofern während dieser Zeit an einem Tage durchschnittlich mehr als 1050, aber nicht über 1500 Liter Bottichraum bemaischt werden, auf 1 Mark,

b) sofern während dieser Zeit an einem Tage durchschnittlich mehr als 1500, aber nicht über 3000 Liter Bottichraum bemaischt werden, auf 2 Mark;

außerdem bleiben die Brennereien, die während dieser Zeit an einem Tage durchschnittlich nicht über 1050 Liter Bottichraum bemaischen, von der Steuer befreit. Die auf den Sommerbrand gelegte Brennsteuer ist auch zu erheben, soweit der Betrieb vom 16. September bis 15. Juni $8^1/_2$ Monate überschreitet.

In denjenigen am Kontingent betheiligten gewerblichen Brennereien, die Melasse, Rüben oder Rübensaft verarbeiten, wird, insofern sie in einem Betriebsjahr eine Alkoholmenge herstellen, die das im Betriebsjahr 1894/95 innegehabte Kontingent um mehr als ein Fünftel übersteigt, die Brennsteuer um 6 Mark für jedes weitere Hektoliter reinen Alkohols erhöht. In denjenigen Brennereien der bezeichneten Art, welche nicht kontingentirt sind, tritt die gleiche Erhöhung insoweit ein, als ihre Gesammterzeugung 20 000 Hektoliter reinen Alkohols übersteigt; gehen diese Brennereien zur Erzeugung von Hefe über, so wird von dem betreffenden Betriebsjahr an die Alkoholmenge, die der um 6 Mark erhöhten Brennsteuer nicht unterliegt, um die Hälfte gekürzt. Nach dem 1. Juli 1895 neu entstandene oder neu entstehende Brennereien, die Melasse, Rüben, Rübensaft oder Zellstoffe verarbeiten, unterliegen für ihre gesammte Erzeugung einer erhöhten Brennsteuer von 15 Mark mit der Maßgabe, daß auch für die Erzeugung bis zu 200 Hektoliter je 15 Mark vom Hektoliter reinen Alkohols erhoben werden.

2. § 43 b. Die Brennsteuer ist zu entrichten, sobald die erzeugte Alkoholmenge in der Brennerei amtlich festgestellt ist oder die Berechnung der steuerpflichtigen Alkoholmenge im Wege der Abfindung stattgefunden hat. Zur Entrichtung ist der Brennereibesitzer verpflichtet. Eine Stundung findet nicht statt.

3. § 43 c. Aus der nach § 43 a zu erhebenden Brennsteuer sind innerhalb des Betriebsjahrs 1902/1903 diejenigen Beträge an die Reichskasse zu erstatten, welche dieselbe über die Gesammteinnahmen aus der Brennsteuer hinaus an Vergütungen gewährt hat.

Außerdem ist in denjenigen Fällen, in welchen bei der Ausfuhr von Branntwein sowie von Fabrikaten, zu deren Herstellung Branntwein verwendet worden ist, nach dem Ausland ein Erlaß oder eine Vergütung der Branntwein-Verbrauchsabgabe eintritt, der Betrag von 6 Mark für jedes Hektoliter reinen Alkohols zu erstatten. Ebenso wird dem gemäß der Bestimmung des § 1 Abs. 4 unter 2 von der Verbrauchsabgabe befreiten Branntwein eine Vergütung der Brennsteuer in gleicher Höhe gewährt, sofern derselbe vollständig oder unvollständig denaturirt wird.

Dieser Vergütungssatz unterliegt nach näherer Bestimmung des Bundesraths alljährlich einer Revision und ist vom Bundesrath entsprechend zu erhöhen oder herabzusetzen unter Wahrung des Grundsatzes, daß die Gesammtausgaben an Vergütungen bis zum 30. September 1912 den Einnahmen an Brennsteuer entsprechen.

Die Erhöhung oder Herabsetzung der Vergütungssätze hat gegebenenfalls für alle Verwendungszwecke in gleichem Verhältnisse zu erfolgen.

Für die Zeit vom 1. Oktober bis 31. Dezember 1902 wird diese Vergütung nur in Höhe von 4 Mark, in der Zeit vom 1. Januar bis 31. März 1903 in der Höhe von 5 Mark gewährt.

4. § 43 d. Die in den §§ 16 bis 24, 26, 27 und 30 bis 38 des Branntweinsteuergesetzes vom 24. Juni 1887 hinsichtlich der Branntwein-Verbrauchsabgabe gegebenen Bestimmungen finden auf die Brennsteuer entsprechende Anwendung.

Für die Erhebung und Verwaltung der Brennsteuer wird eine besondere Vergütung an die Einzelstaaten nicht gezahlt.

5. § 43 e. Der Bundesrath wird ermächtigt:

a) den Kleinhandel mit denaturirtem Spiritus abweichend von den Vorschriften des § 33 der Gewerbeordnung zu regeln,

b) dahin Bestimmung zu treffen, daß beim Kleinhandel mit denaturirtem oder undenaturirtem Spiritus die Alkoholstärke des abzugebenden Spiritus durch Aushang an der Verkaufsstelle dem Publikum ersichtlich zu machen ist.

Zuwiderhandlungen gegen die vom Bundesrath erlassenen Bestimmungen werden mit einer Geldstrafe bis zu einhundertundfünfzig Mark bestraft.

Art. III. Die Bestimmungen des § 43 a über den Sommerbrand treten sofort in Kraft. Die übrigen Bestimmungen des Gesetzes treten mit dem 1. Oktober 1902 in Kraft. Die §§ 43 a bis 43 d treten mit dem 30. September 1912 außer Kraft.

V. Gesetze betr. das Seewesen.

5. **1. Gesetz**

zur Abänderung des Gesetzes, betr. das Flaggenrecht der Kauffahrteischiffe.

Vom 29. Mai 1901.

(R.G.Bl. S. 184).

Wir Wilhelm, von Gottes Gnaden Deutscher Kaiser, König von Preußen rc.

verordnen im Namen des Reichs, nach erfolgter Zustimmung des Bundesraths und des Reichstags, was folgt:

An die Stelle des § 26 des Gesetzes, betreffend das Flaggenrecht der Kauffahrteischiffe, vom 22. Juni 1899 (Reichs-Gesetzbl. S. 319) treten die nachstehenden Vorschriften:

§ 26. Die Vorschriften dieses Gesetzes finden auch Anwendung auf seegehende Lustyachten, auf ausschließlich zur Ausbildung von Seeleuten bestimmte Seefahrzeuge (Schulschiffe) sowie auf solche Seefahrzeuge, welche für Rechnung von auswärtigen Staaten oder deren Angehörigen im Inland erbaut sind. Machen solche Fahrzeuge von dem Rechte zur Führung der Reichsflagge Gebrauch, so unterliegen sie den für Kauffahrteischiffe geltenden Vorschriften.

Durch Kaiserliche Verordnung mit Zustimmung des Bundesraths kann die Geltung der im Abs. 1 bezeichneten Vorschriften auch auf andere nicht zum Erwerbe durch die Seefahrt bestimmte Seefahrzeuge erstreckt werden.

§ 26 a. Durch Kaiserliche Verordnung mit Zustimmung des Bundesraths kann bestimmt werden, daß die Vorschriften dieses Gesetzes auch auf Binnenschiffe, die ausschließlich auf ausländischen Gewässern verkehren, Anwendung finden. Die Schiffsregister für solche Schiffe werden bei den durch den Reichskanzler bestimmten deutschen Konsulaten geführt.

6.

2. Gesetz
zur Abänderung der Strandungsordnung.

Vom 30. Dezember 1901.

(R.G.Bl. 1902 S. 1.)

Wir **Wilhelm**, von Gottes Gnaden Deutscher Kaiser, König von Preußen ꝛc.

verordnen im Namen des Reichs, nach erfolgter Zustimmung des Bundesraths und des Reichstags, was folgt:

Art. 1. Der § 25 der Strandungsordnung vom 17. Mai 1874 (Reichs-Gesetzbl. S. 73) erhält folgende Fassung:

§ 25. Wird die Schiffahrt dadurch beeinträchtigt, daß in einem Fahrwasser, auf einer Rhede oder in einem Hafen ein Schiff oder Wrack hülflos treibt, oder gestrandet oder gesunken ist, oder Anker oder sonstige Gegenstände auf den Grund gerathen, so ist die Behörde befugt, die Beseitigung des Hindernisses zu veranlassen.

Sobald die Behörde eingeschritten und dies öffentlich erkennbar oder den Betheiligten bekannt gemacht ist, darf ohne Genehmigung der Behörde das Hinderniß nicht mehr beseitigt und von dem Schiffe oder Wracke nichts mehr fortgeschafft werden.

Zur Deckung der Kosten der Beseitigung kann die Behörde die beseitigten Gegenstände öffentlich verkaufen, soweit nicht Sicherheit gestellt wird. Dieses Recht erstreckt sich im Falle der Beseitigung eines Schiffes oder Wrackes auch auf alle Gegenstände, welche zur Zeit des Einschreitens der Behörde auf dem Schiffe oder Wracke vorhanden waren, mit Ausnahme der Habe der Schiffsbesatzung, des Reiseguts der Reisenden und der Post. Gegenstände, welche dem Reiche oder einem Bundesstaate gehören, sind zunächst der zuständigen Verwaltung gegen Erstattung des Werthes zur Verfügung zu stellen. Mit dem nach Abzug der Beseitigungskosten etwa verbleibenden Ueberschusse des Erlöses ist nach den §§ 16, 19 zu verfahren. Nach fruchtlosem Aufgebotsverfahren (§ 26) fällt der Ueberschuß der Seemannskasse oder in Ermangelung einer solchen der Armenkasse am Sitze der Behörde zu.

Wird durch einen der im Abs. 1 bezeichneten Vorgänge die Gefahr einer Beeinträchtigung der Schiffahrt herbeigeführt, so ist der Schiffer, in dessen Ermangelung oder Verhinderung sein Stellvertreter, verpflichtet, dem nächsten Strandamt unverzüglich Anzeige zu erstatten.

Art. 2. Im § 43 der Strandungsordnung wird vor dem Worte „zuwiderhandelt" eingeschaltet: „25 Abs. 2, 4".

7.

3. Seemannsordnung.

Vom 2. Juni 1902.

(R.G.Bl. S. 175).

Wir **Wilhelm**, von Gottes Gnaden Deutscher Kaiser, König von Preußen rc.

verordnen im Namen des Reichs, nach erfolgter Zustimmung des Bundesraths und des Reichstags, was folgt:

Erster Abschnitt.

Einleitende Vorschriften.

§ 1. Die Vorschriften dieses Gesetzes finden auf alle Kauffahrteischiffe (Gesetz vom 22. Juni 1899 § 1, Reichs-Gesetzbl. 1899 S. 319, Reichs-Gesetzbl. 1901 S. 184) Anwendung, welche das Recht, die Reichsflagge zu führen, ausüben dürfen.

Sie sind der Abänderung durch Vertrag entzogen, soweit nicht eine anderweitige Vereinbarung ausdrücklich zugelassen ist.

Durch Kaiserliche Verordnung mit Zustimmung des Bundesraths kann bestimmt werden, inwieweit die Vorschriften dieses Gesetzes auf Binnenschiffe Anwendung finden, welche das Recht, die Reichsflagge zu führen, ausüben dürfen (Gesetz vom 22. Juni 1899 § 26a).

§ 2. Kapitän im Sinne dieses Gesetzes ist der Führer des Schiffes (Schiffer), in dessen Ermangelung oder Verhinderung sein Stellvertreter.

Schiffsoffiziere im Sinne dieses Gesetzes sind diejenigen zur Unterstützung des Kapitäns in der Führung des Schiffes bestimmten Angestellten, welche zur Ausübung ihres Dienstes eines staatlichen Befähigungsnachweises bedürfen. Außerdem gelten als Schiffsoffiziere die Aerzte, Proviant- und Zahlmeister.

Schiffsmann im Sinne dieses Gesetzes ist jede sonstige zum Dienste auf dem Schiffe während der Fahrt für Rechnung des Rheders angestellte Person, ohne Unterschied, ob die Anmusterung (§ 13) erfolgt ist, oder nicht. Auch die weibliche Angestellte hat die Rechte und Pflichten des Schiffsmanns. Der Lootse gilt nicht als Schiffsmann. Die Gesammtheit der Schiffsleute bildet die Schiffsmannschaft.

§ 3. Der Kapitän ist der Dienstvorgesetzte der Schiffsoffiziere und Schiffsleute. Seine Stellvertretung liegt, soweit nicht vom Rheder oder vom Kapitän hinsichtlich der Vertretung in einzelnen Dienstzweigen anderweitige Anordnung getroffen ist, dem Steuermann, in Ermangelung eines solchen dem Bestmann ob.

Die Schiffsoffiziere sind Vorgesetzte sämmtlicher Schiffsleute. Auf die Schiffsoffiziere finden die für die Schiffsmannschaft oder den Schiffsmann geltenden Vorschriften, soweit nicht ausdrücklich ein Anderes festgesetzt ist, Anwendung.

Das dienstliche Verhältniß der Schiffsoffiziere unter einander, insbesondere das Verhältniß zwischen Offizieren verschiedener Dienstzweige, bestimmt sich nach den vom Rheder oder vom Kapitän getroffenen besonderen Festsetzungen. Auf Dampfschiffen ist jedoch während der Ausübung des Wachtdienstes der wachthabende Maschinist dem wachthabenden Steuermann insofern untergeordnet, als er die von diesem nach der Maschine gegebenen Befehle auszuführen hat.

Die außer den Schiffsoffizieren in den einzelnen Dienstzweigen als Vorgesetzte geltenden Schiffsleute werden vom Kapitän bestimmt und sind der Schiffsmannschaft durch Aushang bekannt zu geben.

§ 4. Der Bundesrath erläßt Bestimmungen über Zahl und Art der Schiffsoffiziere, mit welchen die Schiffe zu besetzen sind, sowie über den Grad des Befähigungszeugnisses, das der Kapitän und die Schiffsoffiziere besitzen müssen. Die Bestimmungen sind dem Reichstage bei seinem nächsten Zusammentritte zur Kenntnißnahme vorzulegen.

§ 5. Seemannsämter mit den durch dieses Gesetz ihnen zugewiesenen Befugnissen und Obliegenheiten sind im Reichsgebiete die landesrechtlich, in den Schutzgebieten die vom Reichskanzler bestellten Behörden, im Auslande die Konsulate des Reichs für Hafenplätze.

Die Einrichtung der Seemannsämter im Reichsgebiete steht den Landesregierungen nach Maßgabe der Landesgesetze zu. Ihre Geschäftsführung unterliegt der Oberaufsicht des Reichs. Bei der Entscheidung in den im § 122 bezeichneten Fällen müssen die Seemannsämter innerhalb des Reichsgebiets mit einem Vorsitzenden und zwei schiffahrtskundigen Beisitzern besetzt sein.

Ist ein Konsul Mitinhaber oder Agent der Rhederei des Schiffes, so ist er von der Wahrnehmung der im § 58 bezeichneten Geschäfte eines Seemannsamts in Bezug auf dieses Schiff ausgeschlossen, wenn von dem beschwerdeführenden Schiffsoffizier oder der Mehrzahl der beschwerdeführenden Schiffsleute gegen seine Mitwirkung Widerspruch erhoben wird.

§ 6. Die Schutzgebiete gelten im Sinne dieses Gesetzes als Inland. Deutsche Häfen im Sinne dieses Gesetzes sind nur die Häfen des Reichsgebiets.

Zweiter Abschnitt.

Seefahrtsbücher und Musterung.

§ 7. Niemand darf im Reichsgebiet als Schiffsmann in Dienst treten, bevor er sich über Namen, Geburtsort und Alter vor einem Seemannsamt ausgewiesen und von demselben ein Seefahrtsbuch ausgefertigt erhalten hat.

Ist der Schiffsmann ein Deutscher, so darf er vor vollendetem vierzehnten Lebensjahre zur Uebernahme von Schiffsdiensten nicht zugelassen werden; auch hat er sich über seine Militärverhältnisse sowie, wenn er noch minderjährig ist, darüber auszuweisen, daß er von seinem gesetzlichen Vertreter zur Uebernahme von Schiffsdiensten ermächtigt worden ist. Der Genehmigung des Vormundschaftsgerichts bedarf es nicht.

Mit dem Seefahrtsbuch ist dem Schiffsmanne zugleich ein Abdruck der Seemannsordnung, des Gesetzes, betreffend die Verpflichtung der Kauffahrteischiffe zur Mitnahme heimzuschaffender Seeleute, des Gesetzes, betreffend die Stellenvermittelung für Schiffsleute, und einer amtlichen Zusammenstellung der Bestimmungen über die Militärverhältnisse der seemännischen und halbseemännischen Bevölkerung auszuhändigen.

Der Bundesrath bestimmt, inwieweit als Schiffsleute nur solche Personen angemustert werden dürfen, welche nach Untersuchung ihres körperlichen Zustandes für den zu übernehmenden Dienst geeignet sind.

§ 8. Die für einen einzelnen Fall ertheilte Ermächtigung des gesetzlichen Vertreters (§ 7) gilt im Zweifel als ein für allemal ertheilt.

Kraft derselben ist der Minderjährige für solche Rechtsgeschäfte unbeschränkt geschäftsfähig, welche die Eingehung oder Aufhebung von Heuerverträgen oder die Erfüllung der sich aus einem solchen Vertrag ergebenden Verpflichtungen betreffen.

§ 9. Wer bereits ein Seefahrtsbuch ausgefertigt erhalten hat, muß behufs Erlangung eines neuen Seefahrtsbuchs das ältere vorlegen oder dessen Verlust glaubhaft machen. Daß dies geschehen, wird von dem Seemannsamt in dem neuen Seefahrtsbuche vermerkt.

Wird der Verlust glaubhaft gemacht, so ist diesem Vermerke zugleich eine Bescheinigung des Seemannsamts über die früheren Rang- und Dienstverhältnisse sowie über die Dauer der Dienstzeit und über die dem Schiffsmann anzurechnenden Beitragswochen für die Invalidenversicherung, soweit derselbe sich hierüber genügend ausweist, beizufügen.

§ 10. Wer nach Inhalt seines Seefahrtsbuchs angemustert ist, darf nicht von neuem angemustert werden, bevor er sich über die Beendigung des früheren Dienstverhältnisses durch den in das Seefahrtsbuch einzutragenden Vermerk (§§ 22, 25) ausgewiesen hat. Kann nach dem Ermessen des Seemannsamts ein solcher Vermerk nicht beigebracht werden, so dient statt desselben, sobald die Beendigung des Dienstverhältnisses auf andere Art glaubhaft gemacht ist, ein vom Seemannsamte hierüber einzutragender Vermerk im Seefahrtsbuche.

§ 11. Einrichtung und Preis des Seefahrtsbuchs bestimmt der Bundesrath. Die Ausfertigung erfolgt kosten- und stempelfrei.

Das Seefahrtsbuch muß über die Militärverhältnisse und die Invalidenversicherung des Inhabers Auskunft geben.

§ 12. Der Kapitän hat die Musterung (Anmusterung, Abmusterung) der Schiffsmannschaft nach Maßgabe der folgenden Bestimmungen (§§ 13 bis 26) zu veranlassen.

Der Kapitän oder ein zum Abschlusse von Heuerverträgen bevollmächtigter Vertreter der Rhederei und der Schiffsmann müssen bei der Musterung zugegen sein; gewerbsmäßige Stellenvermittler für Schiffsleute dürfen als Vertreter nicht bestellt werden.

§ 13. Die Anmusterung besteht in der Verlautbarung des mit dem Schiffsmanne geschlossenen Heuervertrags vor einem Seemannsamte. Sie muß vor Antritt oder Fortsetzung der Reise, wenn dies aber ohne Verzögerung der Reise unausführbar ist, sobald ein Seemannsamt angegangen werden kann, erfolgen; die Gründe für die Verzögerung oder Unterlassung der Anmusterung sind in das Schiffstagebuch einzutragen. Geschieht die Anmusterung innerhalb des Reichsgebiets, so ist dabei das Seefahrtsbuch vorzulegen.

§ 14. Die Anmusterungsverhandlung wird vom Seemannsamt als Musterrolle ausgefertigt. Wenn die gesammte Schiffsmannschaft nicht gleichzeitig mittelst Einer Verhandlung angemustert wird, so erfolgt die Ausfertigung auf Grund der ersten Verhandlung.

Die Musterrolle muß enthalten: Namen und Nationalität des Schiffes, Namen und Wohnort des Kapitäns, Namen, Wohnort und dienstliche Stellung jedes Schiffsmanns, den Hafen der Ausreise, die Bestimmungen des Heuervertrags, namentlich auch den Ueberstundenlohnsatz (§ 35 Abs. 3, § 37 Abs. 3) und etwaige besondere Verabredungen. Insbesondere muß aus der Musterrolle erhellen, was dem Schiffsmanne für den Tag an Speise und Trank gebührt. Bei besonderen Verabredungen mit Schiffsoffizieren kann die Eintragung auf die Wiedergabe des wesentlichen Inhalts beschränkt werden. Abreden, welche nach § 1 Abs. 2 unzulässig sind, dürfen nicht aufgenommen werden.

Im Uebrigen wird die Einrichtung der Musterrolle vom Bundesrathe bestimmt.

Die Musterrolle muß sich während der Reise an Bord befinden; auf Erfordern ist sie dem Seemannsamte vorzulegen.

§ 15. Wird ein Schiffsmann erst nach Ausfertigung der Musterrolle angemustert, so hat das Seemannsamt eine solche Musterung in die Musterrolle einzutragen.

§ 16. Bei jeder innerhalb des Reichsgebiets erfolgenden Anmusterung wird vom Seemannsamte hierüber und über die Zeit des Dienstantritts in das Seefahrtsbuch jedes Schiffsmanns ein Vermerk eingetragen, welcher zugleich als Ausgangs- oder Seepaß dient. Außerhalb des Reichsgebiets erfolgt eine solche Eintragung nur, wenn das Seefahrtsbuch zu diesem Zwecke vorgelegt wird.

Das Seefahrtsbuch ist demnächst vom Kapitän für die Dauer des Dienstverhältnisses in Verwahrung zu nehmen.

§ 17. Wird ein angemusterter Schiffsmann durch ein unabwendbares Hinderniß außer Stande gesetzt, den Dienst anzutreten, so hat er sich hierüber sobald wie möglich gegen den Kapitän und das Seemannsamt, vor welchem die Anmusterung erfolgt ist, auszuweisen. Der Kapitän hat das Seefahrtsbuch dem Schiffsmann oder dem Seemannsamte, vor welchem die Anmusterung erfolgt ist, sobald als thunlich zu übersenden.

§ 18. Die Abmusterung besteht in der Verlautbarung der Beendigung des Dienstverhältnisses seitens des Kapitäns und der aus diesem Verhältniß ausscheidenden Mannschaft vor einem Seemannsamte. Sie muß, sobald das Dienstverhältniß beendigt ist, erfolgen, und zwar, wenn nicht ein Anderes vereinbart wird, vor dem Seemannsamte desjenigen Hafens, wo das Schiff liegt, und nach Verlust des Schiffes vor demjenigen Seemannsamte, welches zuerst angegangen werden kann.

§ 19. Vor der Abmusterung hat der Kapitän dem abzumusternden Schiffsmann im Seefahrtsbuche die bisherigen Rang- und Dienstverhältnisse und die Dauer der Dienstzeit zu bescheinigen, auf Verlangen auch ein Führungszeugniß zu ertheilen. Das Zeugniß darf in das Seefahrtsbuch nicht eingetragen werden. Dasselbe ist kosten- und stempelfrei.

§ 20. Die Unterschriften des Kapitäns unter der Bescheinigung und dem Zeugnisse (§ 19) werden von dem Seemannsamte, vor welchem die Abmusterung stattfindet, kosten- und stempelfrei beglaubigt.

§ 21. Verweigert der Kapitän die Ausstellung des Zeugnisses (§ 19), oder enthält dieses oder die Bescheinigung im Seefahrtsbuche (§ 19) Angaben, deren Richtigkeit der Schiffsmann bestreitet, so hat auf dessen Antrag das Seemannsamt den Sachverhalt zu untersuchen und das Ergebniß der Untersuchung dem Schiffsmanne zu bescheinigen.

§ 22. Die erfolgte Abmusterung wird vom Seemannsamt in dem Seefahrtsbuche des abgemusterten Schiffsmanns und in der Musterrolle vermerkt.

§ 23. Sind seit der Ausfertigung der Musterrolle mindestens zwei Jahre verflossen, so ist auf Antrag des Kapitäns diesem vom Seemannsamt ein dem gegenwärtigen Bestande der Schiffsmannschaft entsprechender beglaubigter Auszug aus der Musterrolle zu ertheilen, welcher fernerhin als Musterrolle zu benutzen ist.

§ 24. Die Musterrolle sowie der etwa nach § 23 ertheilte Auszug sind nach Beendigung derjenigen Reise oder derjenigen Zeit, auf welche die als Musterrolle ausgefertigte Anmusterungsverhandlung (§ 14) sich bezieht, dem Seemannsamte, vor welchem abgemustert wird, zu überliefern.

Letzteres übersendet die Schriftstücke dem Seemannsamte des Heimathshafens und in Ermangelung eines solchen dem Seemannsamte des Registerhafens.

§ 25. Erfährt der Bestand der Mannschaft Aenderungen, bei welchen eine Musterung (§ 12) nach Maßgabe vorstehender Bestimmungen ohne Verzögerung der Reise unausführbar ist, so hat der Kapitän, sobald ein Seemannsamt angegangen werden kann, bei demselben unter Darlegung der Hinderungsgründe die Musterung nachzuholen, oder, sofern auch diese nachträgliche Musterung nicht mehr möglich ist, den Sachverhalt anzuzeigen. Ein Vermerk über die Anzeige ist vom Seemannsamt in die Musterrolle und in die Seefahrtsbücher der betheiligten Schiffsleute einzutragen.

§ 26. Die Kosten der Musterungsverhandlungen, einschließlich der Ausfertigung der Musterrolle, fallen dem Rheder zur Last.

Die Bestimmungen über die in gleicher Höhe für alle Seemannsämter innerhalb des Reichsgebiets festzustellenden Kosten erfolgen durch den Bundesrath.

Dritter Abschnitt.

Vertragsverhältniß.

§ 27. Die Gültigkeit des Heuervertrags ist durch schriftliche Abfassung und durch den nachfolgenden Vollzug der Anmusterung nicht bedingt. Jedoch ist dem Schiffsmanne bei der Anheuerung ein von dem Kapitän oder dem Vertreter der Rhederei (§ 12 Abs. 2) unterschriebener Ausweis (Heuerschein) zu geben, welcher enthält:

Namen des Schiffes,
Angabe der Dienststellung,
Angabe der Reise oder Dauer des Vertrags,
Höhe der Heuer,
Zeit und Ort der Anmusterung.

Aufkündigungsfristen und sonstige die Lösung des Heuervertrags betreffende Zeitbestimmungen sollen für beide vertragschließende Theile gleich sein. Bei entgegenstehender Vereinbarung kann der Schiffsmann die dem anderen Theile zugestandene Frist oder Zeitbestimmung für sich in Anspruch nehmen.

§ 28. Der Heuervertrag kann für eine Reise oder auf Zeit abgeschlossen werden.

Ist bei der Anheuerung für eine Reise deren Endziel nicht angegeben, so läuft in Ermangelung anderweitiger Vereinbarung, unbeschadet der Vorschrift des § 69, der Heuervertrag bis zur Rückkehr in den Hafen der Ausreise (§ 14).

Bei Anheuerung auf unbestimmte Zeit soll im Heuervertrag eine Kündigungsfrist angegeben oder in anderer Weise über die Beendigung des Dienstverhältnisses Bestimmung getroffen werden. Ist dies nicht geschehen, so kann jeder Theil in jedem Hafen, welchen das Schiff zum Löschen oder Laden anläuft, vom Vertrag unter Einhaltung einer Kündigungsfrist von vierundzwanzig Stunden zurücktreten.

§ 29. Ist bei dem Abschlusse des Heuervertrags die Vereinbarung über den Betrag der Heuer nicht durch ausdrückliche Erklärung getroffen worden, so wird im Zweifel die Heuer als vereinbart angesehen, die das Seemannsamt des Hafens, in welchem der Schiffsmann angemustert wird, für die daselbst zur Zeit der Anmusterung übliche erklärt.

§ 30. Hat ein Schiffsmann sich durch mehrere Verträge für ein und dieselbe Zeit verheuert, so geht, falls auf Grund eines der Verträge eine Anmusterung stattgefunden hat, dieser, sonst der zuerst abgeschlossene Vertrag vor.

§ 31. Wird ein Schiffsmann erst nach Anfertigung der Musterrolle geheuert, so gelten für ihn in Ermangelung anderer Vertragsbestimmungen die nach Inhalt der Musterrolle mit der übrigen Schiffsmannschaft getroffenen Abreden.

§ 32. Die Verpflichtung des Schiffsmanns, sich mit seinen Sachen an Bord einzufinden und Schiffsdienste zu leisten, beginnt, wenn nicht ein Anderes bedungen ist, mit der Anmusterung. Der Zeitpunkt, zu welchem der Dienstantritt erfolgen soll, ist dem Schiffsmanne bei der Anheuerung, der Liegeplatz oder ein Meldeort ist ihm bei der Anmusterung anzugeben.

Wenn der Schiffsmann den Dienstantritt länger als vierundzwanzig Stunden verzögert, ist der Kapitän oder der Rheder zum Rücktritte von dem Heuervertrage befugt. Die Ansprüche wegen etwaiger Mehrausgaben für einen Ersatzmann und wegen sonstiger aus der Verzögerung erwachsener Schäden werden hierdurch nicht berührt.

§ 33. Der Schiffsmann, welcher nach der Anmusterung ohne einen genügenden Entschuldigungsgrund dem Antritt oder der Fortsetzung des Dienstes sich entzieht, kann auf Antrag des Kapitäns vom Seemannsamte, wo aber ein solches nicht vorhanden ist, von der Ortspolizeibehörde zwangsweise zur Erfüllung seiner Pflicht angehalten werden.

Die daraus erwachsenden Kosten hat der Schiffsmann zu ersetzen.

§ 34. Der Schiffsmann ist verpflichtet, in Ansehung des Schiffsdienstes den Anordnungen des Kapitäns, der Schiffsoffiziere und seiner sonstigen Dienstvorgesetzten unweigerlich Gehorsam zu leisten und zu jeder Zeit alle für Schiff und Ladung ihm übertragene Arbeiten zu verrichten.

Er hat diese Verpflichtung zu erfüllen, sowohl an Bord des Schiffes und in dessen Booten, als auch in den Leichterfahrzeugen und auf dem Lande, sowohl unter gewöhnlichen Umständen, als auch unter Havarie.

Ohne Erlaubniß des Kapitäns oder eines Schiffsoffiziers darf er das Schiff bis zur Abmusterung nicht verlassen, doch darf ihm in einem Hafen des Reichsgebiets in seiner dienstfreien Zeit, wenn nicht triftige Gründe vorliegen, die Erlaubniß nicht verweigert werden. Ist ihm eine solche Erlaubniß erteilt, so muß er zur festgesetzten Zeit zurückkehren.

§ 35. Liegt das Schiff im Hafen oder auf der Rhede, so ist der Schiffsmann nur in dringenden Fällen schuldig, länger als zehn Stunden täglich zu arbeiten. In den Tropen wird diese Zeit, soweit es sich nicht ausschließlich um Aufsichtsdienst oder Arbeiten zur Verpflegung und Bedienung der an Bord befindlichen Personen handelt, auf acht Stunden beschränkt. Bei Berechnung dieser Arbeitsdauer ist der Wachtdienst in Rechnung zu bringen.

Die Vorschriften des Abs. 1 finden auf Schiffsoffiziere keine Anwendung. Den Schiffsoffizieren ist im Hafen oder auf der Rhede eine Ruhezeit von mindestens acht Stunden innerhalb jeder vierundzwanzig Stunden zu gewähren.

Arbeit, welche über die im Abs. 1 bestimmte Dauer von zehn oder acht Stunden geleistet wird, ist als Ueberstundenarbeit zu vergüten, soweit sie nicht zur Verpflegung und Bedienung der an Bord befindlichen Personen oder zur Sicherung des Schiffes in dringender Gefahr erforderlich ist.

§ 36. Auf See geht die Mannschaft des Decks- und Maschinendienstes Wache um Wache. Die abgelöste Wache darf nur in dringenden Fällen zu Schiffsdiensten verwendet werden. Auf Dampfschiffen ist die ablösende Maschinenwache verpflichtet, das vor der Ablösung erforderliche Aschehieven zu besorgen. Diese Vorschriften gelten nicht für Fahrten von nicht mehr als zehnstündiger Dauer.

Auf Dampfschiffen in transatlantischer Fahrt wird für das Maschinenpersonal der Dienst in drei Wachen eingetheilt.

Unter welchen Umständen im Uebrigen eine Mannschaft in mehr als zwei Wachen zu gehen hat, bestimmt der Bundesrath.

§ 37. An Sonn- und Festtagen dürfen, solange das Schiff im Hafen oder auf der Rhede liegt, Arbeiten, einschließlich des Wachtdienstes, nur gefordert werden, soweit sie unumgänglich oder unaufschieblich oder durch den Personenverkehr bedingt sind.

Mit Löschen und Laden dürfen, solange das Schiff innerhalb des Reichsgebiets im Hafen oder auf der Rhede liegt, die zur Schiffsmannschaft gehörigen Personen an Sonn- und Festtagen nicht beschäftigt werden. Diese Vorschrift gilt nicht für die Ladung derjenigen Dampfschiffe, welche in regelmäßigem Fahrplane die Kaiserlich deutsche Post befördern, und für die zum Löschen und Laden dieser Dampfschiffe dienenden Fahrzeuge sowie für das Gepäck der Reisenden und für leicht verderbende Güter. Außerdem können von einer durch die Zentralbehörde des Bundesstaats zu bestimmenden Behörde in Nothfällen Ausnahmen von dieser Vorschrift auf jedesmaligen Antrag gestattet werden.

Sonn- und Festtagsarbeit (Abs. 1, 2) ist als Ueberstundenarbeit zu vergüten, soweit sie nicht zur Verpflegung und Bedienung der an Bord befindlichen Personen oder zur Sicherung des Schiffes in dringender Gefahr erforderlich ist.

Soweit nicht dringende Gründe entgegenstehen, ist an Sonn- und Festtagen im Hafen und auf der Rhede der Schiffsmannschaft Gelegenheit zur Theilnahme am Gottesdienst ihrer Konfession zu geben und der hierzu erforderliche Urlaub zu ertheilen.

§ 38. Auf See darf an Sonn- und Festtagen über das hinaus, was zur Sicherheit und zur Fahrt des Schiffes, zur Bedienung der Maschine, zum Segeltrocknen, Bootsdienst und zur Verpflegung und Bedienung der an Bord befindlichen Personen unbedingt erforderlich ist, der Schiffsmannschaft Arbeit nur in dringenden Fällen auferlegt werden.

Die Vorschrift des § 37 Abs. 4 findet auf See entsprechende Anwendung. Auch ist dem Schiffsmanne, der es verlangt, die Theilnahme an gemeinschaftlichen Andachten seiner Konfession zu gestatten.

§ 39. Als Festtage im Sinne der §§ 37, 38 gelten im Inlande die von der Landesregierung des Liegeorts bestimmten Tage, im Ausland und auf See die Festtage des inländischen Heimathshafens; in Ermangelung eines solchen werden die Festtage durch Anordnung des Reichskanzlers bestimmt. Im Sinne des § 37 Abs. 4 gelten als Festtage im Ausland auch die kirchlich gebotenen Festtage des Liegeorts.

§ 40. Die Vorschriften des § 35 Abs. 3 und des § 37 Abs. 3 finden auf Schiffsoffiziere keine Anwendung, sofern nicht ein Anderes vereinbart ist.

§ 41. Bei Seegefahr, besonders bei drohendem Schiffbruche, sowie bei Gewalt und Angriff gegen Schiff oder Ladung hat der Schiffsmann alle befohlene Hülfe zur Erhaltung von Schiff und Ladung unweigerlich zu leisten und darf ohne Einwilligung des Kapitäns, solange dieser selbst an Bord bleibt, das Schiff nicht verlassen.

Er bleibt verbunden, bei Schiffbruch für Rettung der Personen und ihrer Sachen sowie für Sicherstellung der Schiffstheile, der Geräthschaften und der Ladung, den Anordnungen des Kapitäns gemäß, nach besten Kräften zu sorgen und bei der Bergung gegen Fortbezug der Heuer und der Verpflegung Hülfe zu leisten.

§ 42. Der Schiffsmann ist, auch wenn der Heuervertrag in Folge eines Verlustes des Schiffes beendigt ist (§ 69), verpflichtet, auf Verlangen bei der Verklarung mitzuwirken und seine Aussage eidlich zu bestärken.

Dieser Verpflichtung hat er gegen Zahlung der etwa erwachsenden Versäumniß-, Reise- und Verpflegungskosten, deren Höhe im Streitfalle die Verklarungsbehörde, im Auslande der Konsul, festzusetzen hat, nachzukommen. Auf Verlangen des Schiffsmanns ist ihm für die Versäumniß-, Reise- und Verpflegungskosten ein angemessener Vorschuß zu zahlen.

§ 43. Stellt sich nach Antritt der Reise heraus, daß der Schiffsmann zu dem Dienste, zu welchem er sich verheuert hat, untauglich ist, so ist der Kapitän befugt, ihn im Range herabzusetzen und seine Heuer verhältnißmäßig zu verringern. Diese Befugniß besteht nicht gegenüber Schiffsoffizieren.

Wird von dieser Befugniß Gebrauch gemacht, so hat der Kapitän die getroffene Anordnung und die die Anordnung begründenden Thatsachen, sobald thunlich, in das Schiffstagebuch einzutragen, die Eintragung dem Schiffsmanne vorzulesen und in dem Tagebuche zu vermerken, daß und wann dies geschehen ist. Vor der Eröffnung und Eintragung tritt die Verringerung der Heuer nicht in Wirksamkeit.

Dem Schiffsmann ist auf Verlangen eine vom Kapitän unterzeichnete Abschrift der Eintragung auszuhändigen.

Gegen die getroffene Anordnung kann der Schiffsmann die Entscheidung des Seemannsamts anrufen, welches zuerst angegangen werden kann. Erst nach Entscheidung des Seemannsamts, falls aber ein solches nicht angerufen ist, bei der Abmusterung, dürfen Eintragungen über den Sachverhalt in das Seefahrtsbuch, und zwar nur durch das Seemannsamt, vorgenommen werden.

§ 44. Die Heuer ist vom Tage der Anmusterung, falls diese dem Dienstantritte vorangeht, sonst vom Tage des Dienstantritts an zu zahlen.

Als Dienstzeit gilt auch die zur Erreichung des Meldeorts (§ 32) erforderliche Reisezeit.

§ 45. Die Heuer hat der Schiffsmann, sofern keine andere Vereinbarung getroffen ist, erst nach Beendigung der Reise oder des Dienstverhältnisses zu beanspruchen.

Der Schiffsmann kann jedoch in einem Hafen, in welchem das Schiff ganz oder zum größeren Theil entlöscht wird, die Auszahlung der Hälfte der bis dahin verdienten Heuer (§ 80) verlangen, sofern bereits drei Monate seit der Anmusterung verflossen sind. In gleicher Weise ist der Schiffsmann bei Ablauf je weiterer drei Monate nach der früheren Auszahlung wiederum die Auszahlung der Hälfte der seit der letzten Auszahlung verdienten Heuer zu fordern berechtigt.

Ist die Anheuerung auf Zeit erfolgt (§ 28), so kann der Schiffsmann bei Rückkehr in den Hafen der Ausreise die bis dahin verdiente Heuer beanspruchen.

§ 46. Die Auszahlung des dem Schiffsmanne bei der Beendigung des Dienstverhältnisses zustehenden Heuerguthabens muß an ihn persönlich und, soweit nicht im Auslande die dortigen Gesetze eine andere Behörde bestimmen, vor dem abmusternden Seemannsamt oder durch dessen Vermittelung geschehen und von diesem in der Abmusterungsverhandlung bescheinigt werden. Bei Verhinderung des Schiffsmanns ist mit dessen Zustimmung die Auszahlung an ein Familienmitglied zulässig. In einer Gast- oder Schankwirthschaft darf die Auszahlung nicht vorgenommen werden.

Von der Mitwirkung des Seemannsamts darf abgesehen werden, wenn sie ohne Verzögerung der Reise nicht herbeigeführt werden kann.

Das Seemannsamt ist verpflichtet, bei der Abmusterung die dem Schiffsmann auszuzahlende Heuer auf dessen Antrag ganz oder theilweise in Empfang zu nehmen und nach Angabe des Schiffsmanns an auswärts wohnende Angehörige desselben oder an Sparkassen oder sonstige Verwahrungsstellen gebührenfrei zu übermitteln. Die durch die Uebermittelung entstehenden baaren Auslagen werden, sofern der Schiffsmann ein Deutscher ist, von dem Rheder getragen.

§ 47. Inwieweit vor dem Antritte der Reise Vorschußzahlungen auf die Heuer zu leisten oder Handgelder zu zahlen sind, bestimmt in Ermangelung einer Vereinbarung der Ortsgebrauch des Hafens, in welchem der Schiffsmann angemustert wird.

§ 48. Alle Zahlungen an Schiffsleute müssen nach Wahl derselben, Vorschußzahlungen jedoch nach Wahl des Kapitäns, entweder in baar oder mittelst einer auf den Rheder ausgestellten Anweisung geleistet werden. Die Zahlbarkeit der Anweisungen darf bei Vorschußzahlungen an die Bedingung geknüpft werden, daß der Schiffsmann sich bei der Abfahrt des Schiffes an Bord befindet. Im Uebrigen muß die Anweisung unbedingt und auf Sicht gestellt sein.

§ 49. Vor Antritt der Reise ist ein Abrechnungsbuch anzulegen, in welchem die verdiente Heuer und der verdiente Ueberstundenlohn in regelmäßigen Zeitabschnitten zu berechnen sowie alle auf die Heuer geleisteten Vorschuß- und Abschlagszahlungen und die etwa gegebenen Handgelder, bei Zahlung in fremder Währung auch der zu Grunde gelegte Kurs, einzutragen sind. In dem Abrechnungsbuch ist von dem Schiffsmann über den Empfang jeder Zahlung zu quittiren. Die Zahl der geleisteten Ueberstunden sowie der danach verdiente Ueberstundenlohn ist wöchentlich und spätestens am Tage nach dem jedesmaligen Verlassen eines Hafens in dem Abrechnungsbuche zu vermerken; sodann ist dieser Vermerk dem Schiffsmanne zur unterschriftlichen Anerkennung vorzulegen. Verweigert er die Anerkennung, so ist auch dies und der hierfür angegebene Grund im Abrechnungsbuche zu vermerken.

Ferner ist jedem Schiffsmanne, der es verlangt, noch ein besonderes Heuerbuch zu übergeben und darin ebenfalls die verdiente Heuer, der verdiente Ueberstundenlohn sowie jede auf die Heuer des Inhabers geleistete Zahlung, bei Zahlung in fremder Währung auch der zu Grunde gelegte Kurs, einzutragen. Vor der Abmusterung ist dem Schiffsmann in diesem Heuerbuche sein Gesammtguthaben zu berechnen.

§ 50. Wenn die Zahl der Mannschaft des Decks- oder Maschinendienstes sich während der Reise vermindert und der weitere Verlauf der Reise eine Verminderung der Arbeitsanforderungen nicht in Aussicht stellt, so muß der Kapitän die Mannschaft ergänzen, soweit die Umstände es gestatten. Solange eine Ergänzung nicht erfolgt, sind die während der Fahrt ersparten Heuergelder unter diejenigen Schiffsleute desselben Dienstzweigs, welchen dadurch eine Mehrarbeit erwachsen ist, nach Verhältniß dieser und der Heuer zu vertheilen. Ein Anspruch auf die Vertheilung findet jedoch nicht statt, wenn die Verminderung der Mannschaft durch Entweichung herbeigeführt ist und die Sachen des entwichenen Schiffsmanns nicht an Bord zurückgeblieben sind.

§ 51. Wird ein Schiffsmann bei Abfahrt des Schiffes vermißt, so hat der Kapitän demjenigen Seemannsamt, in dessen Bezirke zuerst diese Wahrnehmung gemacht wird, behufs Ermittelung sobald als thunlich Anzeige zu erstatten und das Seefahrtsbuch des Vermißten zu übermitteln.

§ 52. In allen Fällen, in welchen ein Schiff mehr als zwei Jahre auswärts verweilt, tritt für den seit zwei Jahren im Dienste befindlichen Schiffsmann eine Erhöhung der Heuer ein, wenn diese nach Zeit bedungen ist.

Diese Erhöhung wird, wie folgt, bestimmt:

1. der Schiffsjunge tritt mit Beginn des dritten Jahres in die in der Musterrolle bestimmte oder aus derselben als Durchschnittsbetrag sich ergebende Heuer der Leichtmatrosen und mit Beginn des vierten Jahres in die in der Musterrolle bestimmte Heuer der Vollmatrosen ein;
2. der Leichtmatrose erhält mit Beginn des dritten[1]) Jahres die in der Musterrolle bestimmte Heuer der Vollmatrosen und mit Beginn des vierten Jahres ein Fünftel derselben mehr an Heuer;
3. für die übrige Schiffsmannschaft steigt die in der Musterrolle angegebene Heuer mit Beginn des dritten Jahres um ein Fünftel und mit Beginn des vierten Jahres um ein ferneres Fünftel ihres ursprünglichen Betrags.

In den Fällen des Abs. 2 Nr. 1, 2 tritt der Schiffsmann mit der Erhöhung der Heuer zugleich in die entsprechende Rangklasse ein.

---

[1]) Fassung gem. Ges. zur Abänderung der Seemannsordnung v. 23. März 1903, Art. 1 (statt „zweiten" Jahres nach der ursprünglichen Fassung).

§ 53. Die aus den Dienst- und Heuerverträgen herrührenden Forderungen des Kapitäns und der zur Schiffsmannschaft gehörigen Personen, welche auf einem nach den §§ 862, 863 des Handelsgesetzbuchs als verschollen anzusehenden Schiffe sich befunden haben, werden fällig mit Ablauf der Verschollenheitsfrist. Das Dienstverhältniß gilt sodann einen halben Monat nach dem Tage für beendet, bis zu welchem die letzte Nachricht über das Schiff reicht.

Der Betrag der Forderungen ist dem Seemannsamte des Heimathshafens und in Ermangelung eines solchen dem Seemannsamte des Registerhafens zu übergeben. Das Seemannsamt hat die Aushändigung an die Empfangsberechtigten zu vermitteln.

§ 54. Dem Schiffsmanne gebührt Beköstigung für Rechnung des Schiffes von dem Zeitpunkte des Dienstantritts an bis zur Abmusterung, jedoch wenn diese ohne Verzögerung der Reise unausführbar ist, bis zur Beendigung des Dienstverhältnisses. Er darf die verabreichten Speisen und Getränke nur zu seinem eigenen Bedarfe verwenden und nichts davon veräußern, vergeuden oder sonst bei Seite bringen. Anstatt der Beköstigung kann auf Grund besonderer Abrede eine entsprechende Geldentschädigung gewährt werden.

§ 55. Die Schiffsmannschaft hat an Bord des Schiffes vom Zeitpunkte des Dienstantritts an bis zur Abmusterung, jedoch wenn diese ohne Verzögerung der Reise unausführbar ist, bis zur Beendigung des Dienstverhältnisses Anspruch auf einen, ihrer Zahl und der Größe des Schiffes entsprechenden, nur für sie und ihre Sachen bestimmten wohlverwahrten und genügend zu lüftenden Logisraum.

Kann dem Schiffsmann in Folge eines Unfalls oder aus anderen Gründen zeitweilig ein Unterkommen auf dem Schiffe nicht gewährt werden, so ist ihm ein anderweitiges angemessenes Unterkommen zu verschaffen.

§ 56. Die dem Schiffsmanne für den Tag mindestens zu verabreichenden Speisen und Getränke (§ 54) bestimmen sich, soweit nicht ein Anderes vereinbart ist, nach dem örtlichen Rechte des Heimathshafens und in Ermangelung eines solchen nach dem örtlichen Rechte des Registerhafens. Der Erlaß näherer Bestimmungen steht den Landesregierungen im Verordnungswege und, sofern es an einem inländischen Heimathshafen oder Registerhafen fehlt, dem Reichskanzler zu.

Ueber Größe und Einrichtung des Logisraums (§ 55), über die Einrichtung von Wasch- und Baderäumen und Aborten an Bord der Schiffe und die mindestens mitzunehmenden Heilmittel beschließt der Bundesrath. Die Beschlüsse des Bundesraths sind dem Reichstage bei seinem nächsten Zusammentritte zur Kenntnißnahme vorzulegen.

§ 57. Der Kapitän ist berechtigt, bei ungewöhnlich langer Dauer der Reise oder wegen eingetretener Unfälle, eine Kürzung der Rationen oder eine Aenderung hinsichtlich der Wahl der Speisen und Getränke eintreten zu lassen.

Er hat im Schiffstagebuche zu vermerken, wann, aus welchem Grunde und in welcher Weise eine Kürzung oder Aenderung eingetreten ist.

Dem Schiffsmanne gebührt eine den erlittenen Entbehrungen entsprechende Vergütung. Ueber diesen Anspruch entscheidet unter Vorbehalt des Rechtswegs das Seemannsamt, vor welchem abgemustert wird.

§ 58. Wenn ein Schiffsoffizier oder nicht weniger als drei Schiffsleute bei einem Seemannsamte Beschwerde darüber erheben, daß das Schiff, für welches sie angemustert sind, nicht seetüchtig ist, oder daß die Vorräthe, welche das Schiff für den Bedarf der Mannschaft an Speisen und Getränken mit sich führt, ungenügend oder verdorben sind, so hat das Seemannsamt mit möglichster Beschleunigung unter Hinzuziehung von erreichbaren Sachverständigen und der ortsanwesenden Beschwerdeführer eine Untersuchung des Schiffes oder der Vorräthe zu veranlassen und das Ergebniß in das Schiffstagebuch einzutragen. Auch hat das Seemannsamt, falls die Beschwerde sich als begründet erweist, für die geeignete Abhülfe Sorge zu tragen.

Kommt der Kapitän den zu diesem Behufe getroffenen Anordnungen nicht nach, so kann jeder Schiffsoffizier und jeder Schiffsmann seine Entlassung mit der für den Fall des § 74 Nr. 1 vorgesehenen Wirkung (§ 76) fordern.

§ 59. Falls der Schiffsmann nach Antritt des Dienstes oder nach der Anmusterung erkrankt oder eine Verletzung erleidet, so trägt der Rheder die Kosten der Verpflegung und Heilbehandlung. Diese Verpflichtung erstreckt sich:

1. wenn der Schiffsmann wegen der Krankheit oder Verletzung die Reise nicht antritt, bis zum Ablaufe von drei Monaten seit der Erkrankung oder Verletzung;
2. wenn er die Reise angetreten hat, bis zum Ablaufe von drei Monaten nach dem Verlassen des Schiffes in einem deutschen Hafen und bis zum Ablaufe von sechs Monaten nach dem Verlassen des Schiffes in einem anderen Hafen.

Im Falle einer Verletzung hört die Verpflichtung des Rheders dem Verletzten gegenüber auf, sobald und soweit die Berufsgenossenschaft die Fürsorge übernimmt.

Der Rheder ist berechtigt, die Verpflegung und Heilbehandlung dem Schiffsmann in einer Krankenanstalt zu gewähren.

Ein Schiffsmann, der wegen Krankheit oder Verletzung außerhalb des Reichsgebiets zurückgeblieben ist, kann mit seiner Einwilligung und der des behandelnden Arztes oder des Seemannsamts nach einem deutschen Hafen in eine Krankenanstalt überführt werden. Ist der Schiffsmann außer Stande, die Zustimmung zu ertheilen, oder verweigert er sie ohne berechtigten Grund, so kann sie nach Anhörung eines Arztes durch dasjenige Seemannsamt ersetzt werden, in dessen Bezirke der Schiffsmann sich zur Zeit befindet. Findet die Ueberführung statt, so erstreckt sich die Verpflichtung des Rheders stets nur bis zum Ablaufe von drei Monaten seit der Aufnahme in die Krankenanstalt des deutschen Hafens.

Der Schiffsmann, welcher sich der Heilbehandlung ohne berechtigten Grund entzieht und hierdurch nach ärztlichem Gutachten die Heilung vereitelt oder wesentlich erschwert hat, verliert den Anspruch auf kostenfreie

Verpflegung und Heilbehandlung. Ueber die Berechtigung des Grundes sowie über Beginn und Dauer des Verlustes entscheidet vorläufig das Seemannsamt.

Dem Schiffsmanne gebührt, falls er nicht mit dem Schiffe nach dem Hafen der Ausreise (§ 14) zurückkehrt, freie Zurückbeförderung (§§ 78, 79) nach diesem Hafen oder nach Wahl des Kapitäns eine entsprechende, im Streitfalle vom Seemannsamte vorläufig festzusetzende Vergütung.

§ 60. Liegt der Hafen der Ausreise außerhalb des Reichsgebiets, so kann der in einem deutschen Hafen geheuerte Schiffsmann in den Fällen des § 59 Abs. 6, des § 66 Abs. 3 und der §§ 69, 71, 72, 79 die Rückbeförderung auch nach dem Hafen, an welchem er geheuert ist, verlangen. Im Uebrigen kann vereinbart werden, daß für die dem Schiffsmann in den vorbezeichneten Fällen zustehenden Rückbeförderungsansprüche an Stelle des Hafens der Ausreise ein anderer Hafen, insbesondere derjenige, an welchem die Heuerung oder die Anmusterung stattgefunden hat, treten soll.

Unterläßt es der Rheder oder sein Vertreter, dem Anspruche des Schiffsmanns auf freie Zurückbeförderung innerhalb einer vom Seemannsamte gestellten Frist zu genügen, oder befindet sich der Rheder oder sein Vertreter wegen Abwesenheit nicht in der Lage, entsprechende Vorkehrungen zu treffen, so kann das Seemannsamt, sofern dadurch dem Rheder keine höheren Kosten erwachsen, auf Antrag des Schiffmanns anordnen, daß an die Stelle des gesetzlich oder vertragsmäßig bestimmten Rückbeförderungshafens ein anderer, vom Seemannsamte zu bezeichnender Hafen tritt.

§ 61. Die Heuer bezieht der erkrankte oder verletzte Schiffsmann:

1 wenn er die Reise nicht antritt, bis zur Einstellung des Dienstes;
2. wenn er die Reise angetreten hat, bis zu dem Tage, an welchem er das Schiff verläßt.

Für die Dauer des Aufenthalts in einer Krankenanstalt gebührt dem Schiffsmanne keine Heuer. Hat er aber Angehörige, deren Unterhalt er bisher ganz oder überwiegend aus seinem Heuerverdienste bestritten hat, so ist ein Viertel der Heuer zu zahlen. Die Zahlung kann unmittelbar an die Angehörigen erfolgen.

Ist der Schiffsmann bei der Vertheidigung des Schiffes zu Schaden gekommen, so hat er auf eine angemessene, im Streitfalle vom Seemannsamte vorläufig festzusetzende Belohnung Anspruch.

§ 62. Auf den Schiffsmann, welcher die Krankheit oder Verletzung durch eine strafbare Handlung sich zugezogen oder den Dienst ohne einen ihn nach § 74 dazu berechtigenden Grund verlassen hat, finden die §§ 59 bis 61 keine Anwendung.

Ob die Voraussetzungen des Abs. 1 vorliegen, entscheidet vorläufig das Seemannsamt.

§ 63. Muß der Schiffsmann wegen Erkrankung oder Verletzung am Lande zurückgelassen werden, so hat, soweit der Schiffsmann nicht ein Anderes bestimmt, der Kapitän die Sachen und das Heuerguthaben des Schiffsmanns behufs Fürsorge für deren Aufbewahrung dem am Orte der Zurücklassung befindlichen Seemannsamte zu überliefern. Mit Genehmigung dieses Seemannsamts kann die Ueberlieferung an eine andere geeignete Stelle, insbesondere an die Verwaltung der Krankenanstalt, in welche der Schiffsmann aufgenommen ist, erfolgen. Das Gleiche gilt, wenn sich am Orte der Zurücklassung kein Seemannsamt befindet. In diesem Falle hat der Kapitän dem Seemannsamt, in dessen Bezirke die Zurücklassung erfolgt, von dem Sachverhalt Anzeige zu machen.

Der Kapitän hat bei Ueberlieferung der Sachen eine von ihm und einem Schiffsoffizier, in Ermangelung eines solchen von einem Schiffsmanne, zu unterschreibende Aufzeichnung der Sachen und des Betrags des Heuerguthabens beizufügen und ein zweites Exemplar der Aufzeichnung unter Vermerk der Aufbewahrungsstelle dem Schiffsmanne zu übergeben.

Bei Erkrankung oder Verletzung des Kapitäns hat der Stellvertreter mit den Sachen des Kapitäns nach den Vorschriften der Abs. 1, 2 zu verfahren.

§ 64. Stirbt der Schiffsmann nach Antritt des Dienstes, so hat der Rheder die bis zum Todestage verdiente Heuer (§ 80) zu zahlen und, sofern der Tod innerhalb der Zeit der Fürsorgepflicht des Rheders (§ 59) erfolgt, die Bestattungskosten zu tragen.

Ist anzunehmen, daß das Schiff innerhalb vierundzwanzig Stunden einen Hafen erreicht, so ist, falls nicht gesundheitliche Bedenken entgegenstehen, die Leiche mitzunehmen und für deren Bestattung am Lande Sorge zu tragen.

Die Art der Bestattung auf See muß den Seegebräuchen entsprechen.

Wird der Schiffsmann bei Vertheidigung des Schiffes getödtet, so hat der Rheder eine angemessene, erforderlichen Falles von dem Richter zu bestimmende Belohnung zu entrichten.

§ 65. Der auf dem Schiffe während der Reise eintretende Tod des Kapitäns oder eines Schiffsmanns ist gemäß §§ 61 bis 64 des Gesetzes über die Beurkundung des Personenstandes und die Eheschließung vom 6. Februar 1875 (Reichs-Gesetzbl. S. 23) bei Vermeidung der im § 68 daselbst angedrohten Strafe zu beurkunden.

Soweit der Nachlaß eines verstorbenen Schiffsmanns sich an Bord befindet, hat der Kapitän für die Aufzeichnung und sorgfältige Aufbewahrung sowie erforderlichen Falles für den Verkauf des Nachlasses im Wege der Versteigerung Sorge zu tragen. Die Aufzeichnung ist unter Zuziehung von zwei Schiffsoffizieren oder anderen glaubhaften Personen vorzunehmen.

Die Nachlaßgegenstände selbst, der etwaige Erlös aus denselben sowie das etwaige Heuerguthaben sind nebst der erwähnten Aufzeichnung und dem Nachweis über den Todesfall demjenigen Seemannsamte, bei dem es zuerst geschehen kann, oder mit dessen Genehmigung dem Seemannsamte des Ausreise- oder des Heimathshafens zu übergeben.

Für den Nachlaß des während der Reise verstorbenen Kapitäns hat der Stellvertreter nach Maßgabe der Vorschriften der Abs. 2, 3 Sorge zu tragen.

§ 66. Der für eine Reise geheuerte Schiffsmann ist verpflichtet, während der ganzen Reise, einschließlich etwaiger Zwischenreisen, bis zur Beendigung der Rückreise im Dienste zu verbleiben, wenn in dem Heuervertrage nicht ein Anderes bestimmt ist.

Unter Rückreise im Sinne des Abs. 1 ist die Reise nach dem Hafen zu verstehen, von welchem das Schiff seine Ausreise angetreten hat. Wenn jedoch das Schiff von einem nicht europäischen Hafen (§ 82) kommt und seine Ausreise von einem deutschen Hafen angetreten hat, so gilt auch jede Reise nach einem Hafen Großbritanniens, des Kanals, der Nordsee, des Kattegats, des Sundes oder der Ostsee als Rückreise, falls die Reise thatsächlich in dem betreffenden Hafen endet, und dies der Schiffsmannschaft spätestens alsbald nach der Ankunft vom Kapitän erklärt wird.

Endet die Rückreise nicht in dem Hafen der Ausreise, so hat der Schiffsmann Anspruch auf freie Zurückbeförderung (§§ 78, 79) nach diesem Hafen oder nach Wahl des Kapitäns auf eine entsprechende, im Streitfalle vom Seemannsamte vorläufig festzusetzende Vergütung; außerdem gebührt ihm neben der verdienten Heuer die Heuer für die Dauer der Zurückbeförderung (§ 73).

§ 67. Der für eine bestimmte Zeit geheuerte Schiffsmann ist, sofern keine andere Vereinbarung getroffen ist, verpflichtet, bis zum Ablaufe dieser Zeit im Dienste zu verbleiben.

Läuft die Dienstzeit während einer Reise ab, so kann in Ermangelung einer anderen Vereinbarung der Schiffsmann seine Entlassung erst im nächsten Hafen, welchen das Schiff zum Löschen oder Laden anläuft, verlangen. Ist es nach Bescheinigung des Seemannsamts oder in Ermangelung eines solchen der örtlichen Behörde dem Kapitän nicht möglich, in dem Hafen einen Ersatzmann anzuheuern, so ist der Schiffsmann verpflichtet, gegen eine Erhöhung der Heuer um ein Viertel, den Dienst bis zu einem Hafen, in welchem der Ersatz möglich ist, längstens aber noch drei Monate hindurch fortzusetzen. Ist der Schiffsmann in einem deutschen Hafen geheuert, so muß auf sein Verlangen das Dienstverhältniß unter den bisherigen Bedingungen bis zur Rückkehr nach einem deutschen Hafen, längstens aber noch drei Monate hindurch fortgesetzt werden.

§ 68. Nach beendigter Reise kann der Schiffsmann seine Entlassung nicht früher verlangen, als bis die Ladung gelöscht, das Schiff gereinigt und im Hafen oder an einem anderen Orte festgemacht; auch die etwa erforderliche Verklarung abgelegt ist.

§ 69. Der Heuervertrag endet, wenn das Schiff durch einen Zufall dem Rheder verloren geht, insbesondere

1. wenn es verunglückt;
2. wenn es als reparaturunfähig oder reparaturunwürdig kondemnirt (§ 479 des Handelsgesetzbuchs) und in dem letzteren Falle ohne Verzug öffentlich verkauft wird;
3. wenn es geraubt wird;
4. wenn es aufgebracht oder angehalten und für gute Prise erklärt wird.

Der Schiffsmann hat alsdann Anspruch auf freie Zurückbeförderung (§§ 78, 79) nach dem Hafen der Ausreise oder nach Wahl des Kapitäns auf eine entsprechende, im Streitfalle vom Seemannsamte vorläufig festzusetzende Vergütung; außerdem ist ihm neben der verdienten Heuer noch der Betrag der halben Heuer für die Dauer der Zurückbeförderung (§ 73) zu gewähren.

§ 70. Der Kapitän kann den Schiffsmann vor Ablauf der Dienstzeit entlassen:

1. solange die Reise noch nicht angetreten ist, wenn der Schiffsmann zu dem Dienste, zu welchem er sich verheuert hat, untauglich ist;
2. wenn der Schiffsmann eines groben Dienstvergehens, insbesondere wiederholten Ungehorsams, fortgesetzter Widerspenstigkeit, wiederholter Trunkenheit im Dienste oder der Schmuggelei sich schuldig macht;
3. wenn der Schiffsmann des Vergehens des Diebstahls, Betrugs, der Untreue, Unterschlagung, Hehlerei oder Urkundenfälschung oder einer mit Todesstrafe oder mit Zuchthaus bedrohten Handlung sich schuldig macht;
4. wenn der Schiffsmann durch eine strafbare Handlung eine Krankheit oder Verletzung sich zuzieht, welche ihn arbeitsunfähig macht;
5. wenn der Schiffsmann mit einer geschlechtlichen Krankheit behaftet ist, die den übrigen an Bord befindlichen Personen Gefahr bringen kann. Ob dies der Fall ist, bestimmt sich, sofern ein Arzt zu erlangen ist, nach dessen Gutachten;
6. wenn die Reise, für welche der Schiffsmann geheuert war, wegen Krieg, Embargo oder Blokade, wegen eines Ausfuhr- oder Einfuhrverbots oder wegen eines anderen, Schiff oder Ladung betreffenden Zufalls nicht angetreten oder fortgesetzt werden kann.

Der Kapitän muß die Entlassung sowie deren Grund, sobald es geschehen kann, dem Schiffsmanne mittheilen und in den Fällen des Abs. 1 Nr. 2 bis 5 spätestens, bevor dieser das Schiff verläßt, in das Schiffstagebuch eintragen. Dem Schiffsmann ist auf Verlangen eine vom Kapitän unterzeichnete Abschrift der Eintragung auszuhändigen.

§ 71. Dem Schiffsmanne gebührt in den Fällen des § 70 Nr. 1 bis 4 nicht mehr als die verdiente Heuer (§ 80).

Im Falle der Nr. 5 bestimmen sich die Ansprüche des Schiffsmanns nach den Vorschriften der §§ 59 bis 61. Dies gilt für Angehörige eines auswärtigen Staates nur insoweit, als nach einer im Reichs-Gesetzblatt enthaltenen Bekanntmachung Deutschen, die zum Dienste auf einem Schiffe dieses Staates angestellt sind, durch die dortige Gesetzgebung oder durch Staatsvertrag eine entsprechende Fürsorge gewährleistet ist.

In den Fällen der Nr. 6 stehen dem Schiffsmanne, wenn die Entlassung nach Antritt der Reise erfolgt, die im § 69 Abs. 2 bezeichneten Ansprüche zu.

§ 72. Der für eine Reise geheuerte Schiffsmann, welcher aus anderen als aus den im § 70 erwähnten Gründen vor Ablauf des Heuervertrags entlassen wird, erhält als Entschädigung die Heuer für einen Monat unter Anrechnung der etwa empfangenen Hand- und Vorschußgelder.

Ist die Entlassung erst nach Antritt der Reise erfolgt, so hat er außerdem Anspruch auf freie Zurückbeförderung (§§ 78, 79) nach dem

Hafen der Ausreise oder nach Wahl des Kapitäns auf eine entsprechende, im Streitfalle von dem Seemannsamte vorläufig festzusetzende Vergütung. Auch erhält er außer der im Abs. 1 vorgesehenen und der verdienten Heuer (§ 80) die Heuer für die nach § 73 zu berechnende voraussichtliche Dauer seiner Reise nach dem Rückbeförderungshafen.

§ 73. Ist der Rückbeförderungshafen ein deutscher, so wird in Fällen vorzeitiger Entlassung nach Antritt der Reise (§ 72 Abs. 2) behufs Ermittelung der dem Schiffsmanne für die Rückreise gebührenden Heuer die Dauer der Reise unter Zugrundelegung von Dampfschiffsbeförderung, wie folgt, gerechnet:

bei Entlassung:	zu:
a) in einem Hafen der Nordsee oder des Englischen Kanals, der Ostsee oder der an diese angrenzenden Gewässer .	$^1/_2$ Monat,
b) in einem sonstigen europäischen Hafen (§ 82) . . .	1 "
c) in einem außereuropäischen Hafen, mit Ausnahme der unter d genannten	$1^1/_2$ "
d) in einem Hafen des Großen Ozeans oder Australiens	2 "

Muß die Rückbeförderung ganz oder theilweise mittelst Segelschiffs stattfinden, so ist für die mittelst Segelschiffs zurückzulegende Strecke das Doppelte der Dauer der Dampfschiffsbeförderung zu rechnen.

Erfolgt in den Fällen a und b des Abs. 1 die Rückbeförderung unter ausschließlicher Benutzung der Eisenbahn, so wird die Dauer der Reise nicht in Ansatz gebracht.

Die Dauer der Rückreise wird nach Maßgabe des Vorstehenden, bei Rückbeförderung nach einem außerdeutschen Hafen unter angemessener Berücksichtigung der Sätze a bis d, im Streitfalle vom Seemannsamte vorläufig festgesetzt.

§ 74. Der Schiffsmann kann seine Entlassung fordern:

1. wenn sich der Kapitän einer schweren Verletzung seiner Pflichten gegen den Schiffsmann, insbesondere durch Mißhandlung oder durch Duldung solcher seitens anderer Personen der Schiffsbesatzung, durch grundlose Vorenthaltung von Speise und Trank oder durch Verabreichung verdorbenen Proviants schuldig macht;
2. wenn das Schiff die Flagge wechselt;
3. wenn nach Beendigung der Ausreise eine Zwischenreise beschlossen, oder wenn eine Zwischenreise beendigt ist, sofern seit dem Dienstantritt ein oder ein und ein halbes Jahr, je nachdem das Schiff in einem europäischen (§ 82) oder in einem nicht europäischen Hafen sich befindet, verflossen ist;
4. wenn das Schiff nach einem Hafen bestimmt ist, oder einen Hafen anlaufen soll, der schon zur Zeit der Anmusterung durch Pest, Cholera oder Gelbfieber verseucht war, sofern nicht dem Schiffsmanne bei der Anmusterung dieser Hafen und die Verseuchung mitgetheilt worden ist. Als verseucht im Sinne dieser Vorschrift gilt ein Hafen, in dem ein Pest-, Cholera- oder Gelbfieberherd vorhanden ist. Der Anspruch auf Entlassung fällt fort, sobald die Verseuchung aufgehört hat;

5. wenn der Schiffsmann beabsichtigt, sich für die Maschinisten-, Steuermanns- oder Schifferprüfung vorzubereiten oder eine ihm nachweislich angebotene Stellung als Kapitän anzunehmen, sofern er einen geeigneten Ersatzmann stellt und durch den Wechsel dem Schiffe kein Aufenthalt entsteht. Ob der vorgeschlagene Ersatzmann geeignet ist, entscheidet im Streitfalle das nächste Seemannsamt.

Der Wechsel des Rheders oder Kapitäns giebt dem Schiffsmanne kein Recht, die Entlassung zu fordern.

§ 75. Im Falle des § 74 Nr. 3 kann die Entlassung nicht gefordert werden:

1. wenn der Schiffsmann für eine längere als die daselbst angegebene Zeit sich verheuert hat. Die Verheuerung auf unbestimmte Zeit oder mit der allgemeinen Bestimmung, daß nach Beendigung der Ausreise der Dienst für alle Reisen, welche noch beschlossen werden möchten, fortzusetzen sei, wird als Verheuerung auf solche Zeit nicht angesehen;
2. sobald die Rückreise angeordnet ist.

§ 76. Der Schiffsmann hat in den Fällen des § 74 Nr. 1, 2 dieselben Ansprüche, welche für den Fall des § 72 bestimmt sind.

In den Fällen des § 74 Nr. 3 bis 5 gebührt ihm nicht mehr als die verdiente Heuer. Jedoch hat er im Falle der Nr. 4 die im § 72 bestimmten Ansprüche, sofern bei der Anmusterung im Heimathshafen der Rheder, sein Vertreter (§ 12 Abs. 2) oder der Kapitän, bei der Anmusterung in einem anderen Hafen der Kapitän von der Verseuchung Kenntniß hatte.

§ 77. Im Auslande darf der Schiffsmann, welcher seine Entlassung fordert, außer in dem Falle eines Flaggenwechsels gegen den Willen des Kapitäns erst auf Grund einer vorläufigen Entscheidung des Seemannsamts (§ 129) den Dienst verlassen.

§ 78. Ist nach den Bestimmungen dieses Gesetzes ein Anspruch auf freie Zurückbeförderung begründet, so umfaßt er auch den Unterhalt während der Reise sowie die Beförderung der Sachen des Schiffsmanns. Den Schiffsoffizieren ist die Zurückbeförderung und der Unterhalt in der Kajüte zu gewähren.

Im Streitfall entscheidet über die Art der Zurückbeförderung vorläufig das abmusternde Seemannsamt.

§ 79. Dem Anspruch auf freie Zurückbeförderung und auf Fortbezug von Heuer für die Dauer der Zurückbeförderung wird genügt, wenn dem Schiffsmanne, welcher arbeitsfähig ist, mit Genehmigung des Seemannsamts ein seiner früheren Stellung entsprechender und durch angemessene Heuer zu vergütender Dienst auf einem deutschen Kauffahrteischiffe nachgewiesen wird, welches nach dem Rückbeförderungshafen oder einem demselben nahe belegenen Hafen geht; im letzteren Falle gebührt dem Schiffsmann eine entsprechende Vergütung für die weitere freie Zurückbeförderung (§ 78) bis zu dem zuerst bezeichneten Hafen.

Ist der Schiffsmann kein Deutscher, so wird ein Schiff seiner Nationalität einem deutschen Schiffe gleichgeachtet.

§ 80. In den Fällen der §§ 45, 53, 61, 64, 69, 71, 72, 76 wird die verdiente Heuer, sofern die Heuer nicht zeitweise, sondern in Bausch und Bogen für die ganze Reise bedungen ist, mit Rücksicht auf den vollen Heuerbetrag nach Verhältniß der geleisteten Dienste sowie des etwa zurückgelegten Theiles der Reise bestimmt. Zur Ermittelung der in den §§ 72, 73 erwähnten Heuer für einzelne Monate wird die durchschnittliche Dauer der Reise, einschließlich der Ladungs- und Löschungszeit, unter Berücksichtigung der Beschaffenheit des Schiffes in Ansatz gebracht und danach die Heuer für die einzelnen Monate berechnet. Bei Berechnung der Heuer für einzelne Tage wird der Monat zu dreißig Tagen gerechnet.

§ 81. Der dem Schiffsmann als Lohn zugestandene Antheil an der Fracht oder am Gewinne wird als Heuer im Sinne dieses Gesetzes nicht angesehen.

§ 82. In den Fällen der §§ 66, 73, 74 sind die nicht europäischen Häfen des Mittelländischen und des Schwarzen Meeres den europäischen Häfen gleichzustellen.

§ 83. Der Kapitän darf einen Schiffsmann außerhalb des Reichsgebiets nicht ohne Genehmigung des Seemannsamts zurücklassen. Wenn für den Fall der Zurücklassung eine Hülfsbedürftigkeit des Schiffsmanns zu besorgen ist, so kann die Ertheilung der Genehmigung davon abhängig gemacht werden, daß der Kapitän gegen den Eintritt der Hülfsbedürftigkeit für einen Zeitraum bis zu drei Monaten Sicherstellung leistet.

Ist der Schiffsmann mit der Zurücklassung einverstanden und befindet sich kein Seemannsamt am Platze und läßt sich auch die Genehmigung eines anderen Seemannsamts ohne Verzögerung der Reise nicht einholen, so ist der Kapitän befugt, den Schiffsmann ohne Genehmigung zurückzulassen. Der Rheder bleibt in diesem Falle für die aus einer etwaigen Hülfsbedürftigkeit des Schiffsmanns während der nächsten drei Monate erwachsenden Kosten haftbar.

Die Bestimmungen des § 127 werden hierdurch nicht berührt.

Vierter Abschnitt.

Disziplinarvorschriften.

§ 84. Der Schiffsmann ist der Disziplinargewalt des Kapitäns unterworfen. Die Ausübung der Disziplinargewalt des Kapitäns kann nur auf den ersten Offizier des Decksdienstes und den ersten Offizier des Maschinendienstes innerhalb ihres Dienstbereichs übertragen werden. Dieselben haben jeden Fall der Ausübung der Disziplinargewalt binnen vierundzwanzig Stunden dem Kapitän anzuzeigen.

§ 85. Der Schiffsmann ist verpflichtet, sich stets nüchtern zu halten und gegen Jedermann ein angemessenes und friedfertiges Betragen zu beobachten.

Dem Kapitän, den Schiffsoffizieren und seinen sonstigen Vorgesetzten hat er mit Achtung zu begegnen und ihren dienstlichen Befehlen unweigerlich Folge zu leisten.

§ 86. Der Schiffsmann hat dem Kapitän auf Verlangen wahrheitsgemäß und vollständig mitzutheilen, was ihm über die den Schiffsdienst betreffenden Angelegenheiten bekannt ist.

§ 87. Der Schiffsmann darf ohne Erlaubniß des Kapitäns keine Güter an Bord bringen oder bringen lassen. Für die gegen dieses Verbot beförderten eigenen oder fremden Güter muß er die höchste am Abladungsorte zur Abladungszeit für solche Reisen und Güter bedungene Fracht erstatten, unbeschadet der Verpflichtung zum Ersatz eines erweislich höheren Schadens.

Der Kapitän ist auch befugt, solche Güter über Bord zu werfen, wenn ihr Verbleib an Bord Schiff oder Ladung oder die Gesundheit der an Bord befindlichen Personen gefährden oder das Einschreiten einer Behörde zur Folge haben kann.

§ 88. Die Vorschriften des § 87 finden auch Anwendung, wenn der Schiffsmann ohne Erlaubniß des Kapitäns Waffen oder Munition, Branntwein oder andere geistige Getränke oder mehr an Taback und Tabackswaaren, als er zu seinem Gebrauch auf der beabsichtigten Reise bedarf, an Bord bringt oder bringen läßt.

Die gegen dieses Verbot mitgenommenen Gegenstände verfallen dem Schiffe.

§ 89. Der Kapitän hat die auf Grund der Vorschriften der §§ 87, 88 getroffenen Anordnungen, sobald es geschehen kann, in das Schiffstagebuch einzutragen.

§ 90. Liegt das Schiff im Hafen oder auf der Rhede, so ist der Kapitän befugt, wenn nach den Umständen eine Entweichung zu befürchten ist, die Sachen der Schiffsleute bis zur Abreise des Schiffes in Verwahrung zu nehmen.

§ 91. Zur Aufrechterhaltung der Ordnung und zur Sicherung der Regelmäßigkeit des Dienstes ist der Kapitän befugt, die geeigneten Maßregeln zu ergreifen. Geldbußen, Kostschmälerung von mehr als dreitägiger Dauer, Einsperrung und körperliche Züchtigung darf er jedoch zu diesem Zwecke weder als Strafe verhängen, noch als Zwangsmittel anwenden.

Bei einer Widersetzlichkeit oder bei beharrlichem Ungehorsam ist der Kapitän zur Anwendung aller Mittel befugt, welche erforderlich sind, um seinen Befehlen Gehorsam zu verschaffen. Zu diesem Zwecke ist ihm auch die Anwendung von körperlicher Gewalt in dem durch die Umstände gebotenen Maße gestattet. Er darf ferner gegen die Betheiligten die geeigneten Sicherungsmaßregeln ergreifen und sie nöthigenfalls während der Reise fesseln.

Jeder Schiffsmann muß dem Kapitän auf Erfordern Beistand zur Aufrechterhaltung der Ordnung sowie zur Abwendung oder Unterdrückung einer Widersetzlichkeit leisten.

Im Auslande kann der Kapitän in dringenden Fällen die Kommandanten der ihm zugänglichen Schiffe der Kriegsmarine des Reichs um Beistand zur Aufrechterhaltung der Disziplin angehen.

§ 92. Der Kapitän hat jede in Gemäßheit der Vorschriften des §. 91 getroffene Maßregel mit Angabe der Veranlassung, sobald es geschehen kann, in das Schiffstagebuch einzutragen.

Fünfter Abschnitt.

Strafvorschriften.

§ 93. Ein Schiffsmann, welcher nach Abschluß des Heuervertrags sich verborgen hält, um sich dem Antritte des Dienstes zu entziehen, wird mit Geldstrafe bis zu sechzig Mark bestraft.

Wenn ein Schiffsmann, um sich der Fortsetzung des Dienstes zu entziehen, entweicht oder sich verborgen hält, so tritt Geldstrafe bis zu dreihundert Mark oder Gefängnißstrafe bis zu drei Monaten ein.

Ein Schiffsmann, welcher mit der Heuer entweicht oder sich verborgen hält, um sich dem übernommenen Dienste zu entziehen, wird mit der im § 298 des Strafgesetzbuchs angedrohten Gefängnißstrafe bis zu einem Jahre belegt. Sind mildernde Umstände vorhanden, so kann auf Geldstrafe bis zu dreihundert Mark erkannt werden.

In den Fällen der Abs. 1, 2 tritt die Verfolgung nur auf Antrag des Kapitäns ein. Die Zurücknahme des Antrags ist zulässig.

§ 94. In den Fällen des § 93 Abs. 2, 3 verliert der Schiffsmann, wenn er vor Abgang des Schiffes weder zur Fortsetzung des Dienstes freiwillig zurückkehrt, noch zwangsweise zurückgebracht wird, den Anspruch auf die bis dahin verdiente Heuer. Die Heuer und, sofern diese nicht ausreicht, auch die an Bord zurückgelassenen Sachen des Schiffsmanns können von dem Rheder zur Deckung seiner Schadensansprüche aus dem Heuer- oder Dienstvertrag in Anspruch genommen werden; soweit die Heuer hierzu nicht erforderlich ist, wird mit ihr nach Maßgabe des § 132 verfahren. Dem Seemannsamte, bei welchem die Meldung von der Entweichung erfolgt (§ 25) ist, sobald es geschehen kann, eine Aufstellung über den Betrag der Schadensansprüche und des Heuerguthabens einzureichen, widrigenfalls die vorgedachte Befugniß erlischt.

§ 95. Hat der Schiffsmann sich im Auslande dem Dienste in einem der Fälle des § 74 Nr. 1, 3, 4, 5 der Vorschrift des § 77 entgegen entzogen, so tritt Geldstrafe bis zum Betrag einer Monatsheuer ein.

§ 96. Mit Geldstrafe bis zum Betrag einer Monatsheuer wird ein Schiffsmann bestraft, welcher sich einer gröblichen Verletzung seiner Dienstpflichten schuldig macht.

Als Verletzung der Dienstpflicht, die, wenn sie in gröblicher Weise erfolgt, nach Abs. 1 strafbar ist, wird insbesondere angesehen:

1. Nachlässigkeit im Wachtdienste;
2. Ungehorsam gegen den Dienstbefehl eines Vorgesetzten;

3. Ungebührliches Betragen gegen Vorgesetzte, gegen andere Mitglieder der Schiffsmannschaft oder gegen Reisende;
4. Verlassen des Schiffes ohne Erlaubniß oder Ausbleiben über die festgesetzte Zeit;
5. Wegbringen eigener oder fremder Sachen von Bord des Schiffes und an Bord bringen oder an Bord bringen lassen von Gütern oder sonstigen Gegenständen ohne Erlaubniß;
6. Eigenmächtige Zulassung fremder Personen an Bord und Gestattung des Anlegens von Fahrzeugen an das Schiff;
7. Trunkenheit im Schiffsdienste;
8. Vergeudung, unbefugte Veräußerung oder bei Seite bringen von Proviant.

Gegen Schiffsoffiziere kann die Strafe bis auf den Betrag einer zweimonatlichen Heuer erhöht werden.

Die Verfolgung tritt nur auf Antrag des Kapitäns oder eines verletzten Schiffsmanns ein. Der Antrag kann bis zur Abmusterung gestellt werden. Die Zurücknahme ist bis zur rechtskräftigen Entscheidung zulässig.

§ 97. In den Fällen der §§ 95, 96 wird, wenn die Heuer nicht monatsweise bedungen ist, bei der Festsetzung der Geldstrafe der einer Monatsheuer entsprechende Geldbetrag nach dem Ermessen des Seemannsamts berechnet.

§ 98. Der Kapitän hat, sobald es geschehen kann, jede gröbliche Verletzung der Dienstpflicht (§ 96) mit genauer Angabe des Sachverhalts in das Schiffstagebuch einzutragen und dem Schiffsmanne von dem Inhalte der Eintragung unter ausdrücklicher Hinweisung auf die Strafandrohung des § 96 Mittheilung zu machen, auch demselben auf Verlangen eine Abschrift der Eintragung auszuhändigen.

Unterbleibt die Mittheilung, so sind die Gründe der Unterlassung im Tagebuch anzugeben. Ist die Eintragung versäumt, so tritt keine Verfolgung ein, soweit nicht im Falle des § 96 Abs. 2 Nr. 3 der verletzte Schiffsmann darauf anträgt.

§ 99. Beschwert sich ein Schiffsmann über ungebührliches Betragen der Vorgesetzten oder anderer Mitglieder der Schiffsmannschaft oder darüber, daß das Schiff, für welches er angemustert ist, nicht seetüchtig ist, oder daß die Vorräthe, welche das Schiff für den Bedarf der Mannschaft an Speisen und Getränken mit sich führt, ungenügend oder verdorben sind, so hat der Kapitän die Beschwerde mit genauer Angabe des Sachverhalts in das Schiffstagebuch einzutragen und dem Beschwerdeführer auf Verlangen eine Abschrift der Eintragung auszuhändigen.

§ 100. Ein Schiffsmann, welcher den wiederholten Befehlen des Kapitäns, eines Schiffsoffiziers oder eines anderen Vorgesetzten den schuldigen Gehorsam verweigert, wird mit Gefängniß bis zu drei Monaten oder mit Geldstrafe bis zu dreihundert Mark bestraft.

§ 101. Wenn zwei oder mehrere zur Schiffsmannschaft gehörige Personen dem Kapitän, einem Schiffsoffizier oder einem anderen Vorgesetzten den schuldigen Gehorsam auf Verabredung gemeinschaftlich verweigern, so tritt gegen jeden Betheiligten Gefängnißstrafe bis zu einem Jahre ein. Der Rädelsführer wird mit Gefängniß bis zu drei Jahren bestraft.

Sind mildernde Umstände vorhanden, so kann auf Geldstrafe bis zu sechshundert Mark erkannt werden. Der Rädelsführer wird in diesem Falle mit Gefängniß bis zu einem Jahre bestraft.

§ 102. Ein Schiffsmann, welcher zwei oder mehrere zur Schiffsmannschaft gehörige Personen zur Begehung einer nach den §§ 101, 105 strafbaren Handlung auffordert, ist gleich dem Anstifter zu bestrafen, wenn die Aufforderung die strafbare Handlung oder einen strafbaren Versuch derselben zur Folge gehabt hat.

Ist die Aufforderung ohne Erfolg geblieben, so tritt im Falle des § 101 Geldstrafe bis zu dreihundert Mark, im Falle des § 105 Geldstrafe bis zu sechshundert Mark oder Gefängnißstrafe bis zu einem Jahre ein.

§ 103. Ein Schiffsmann, welcher den Kapitän, einen Schiffsoffizier oder einen anderen Vorgesetzten durch Gewalt oder durch Bedrohung mit Gewalt oder durch Verweigerung der Dienste zur Vornahme oder zur Unterlassung einer dienstlichen Verrichtung nöthigt, wird mit Gefängniß bis zu zwei Jahren bestraft. Sind mildernde Umstände vorhanden, so kann auf Geldstrafe bis zu sechshundert Mark erkannt werden. Der Versuch ist strafbar.

§ 104. Dieselben Strafvorschriften (§ 103) finden auf den Schiffsmann Anwendung, welcher dem Kapitän, einem Schiffsoffizier oder einem anderen Vorgesetzten in Ausübung seiner Dienstbefugnisse durch Gewalt oder durch Bedrohung mit Gewalt Widerstand leistet, oder den Kapitän, einen Schiffsoffizier oder einen anderen Vorgesetzten thätlich angreift.

§ 105. Wird eine der in den §§ 103, 104 bezeichneten Handlungen von mehreren Schiffsleuten auf Verabredung gemeinschaftlich begangen, so kann die Strafe bis auf das Doppelte des angedrohten Höchstbetrags erhöht werden.

Der Rädelsführer sowie diejenigen, welche gegen den Kapitän, einen Schiffsoffizier oder einen anderen Vorgesetzten Gewaltthätigkeiten verüben, werden mit Zuchthaus bis zu fünf Jahren oder mit Gefängniß von gleicher Dauer bestraft; auch kann neben der Zuchthausstrafe auf Zulässigkeit von Polizeiaufsicht erkannt werden. Sind mildernde Umstände vorhanden, so tritt Gefängnißstrafe nicht unter drei Monaten ein.

§ 106. Ein Schiffsmann, welcher solchen Befehlen des Kapitäns, eines Schiffsoffiziers oder eines anderen Vorgesetzten den Gehorsam verweigert, welche sich auf die Abwehr oder auf die Unterdrückung der in den §§ 103, 104 bezeichneten Handlungen beziehen, wird mit Gefängniß bis zu sechs Monaten oder mit Geldstrafe bis zu dreihundert Mark bestraft.

§ 107. Mit Geldstrafe bis zu sechzig Mark oder mit Haft bis zu vierzehn Tagen wird bestraft ein Schiffsmann, welcher

1. bei Verhandlungen, die sich auf die Ertheilung eines Seefahrtsbuchs, auf eine Eintragung in dasselbe oder auf eine Musterung beziehen,

wahre Thatsachen entstellt oder unterdrückt oder falsche vorspiegelt, um ein Seemannsamt zu täuschen;
2. es unterläßt, sich gemäß § 12 zur Musterung zu stellen;
3. im Falle eines dem Dienstantritt entgegenstehenden Hindernisses es unterläßt, sich hierüber gemäß § 17 gegen das Seemannsamt auszuweisen;
4. wider besseres Wissen eine auf unwahre Behauptungen gestützte Beschwerde gemäß § 99 bei dem Kapitän vorbringt;
5. der vorläufigen Entscheidung des Seemannsamts (§ 129 Abs. 3) zuwiderhandelt.

Durch die Bestimmung des Abs. 1 Nr. 1 wird die Vorschrift des § 271 des Strafgesetzbuchs nicht berührt.

§ 108. Wer wider besseres Wissen eine auf unwahre Behauptungen gestützte Beschwerde über Seeuntüchtigkeit des Schiffes oder Mangelhaftigkeit des Proviants bei einem Seemannsamte vorbringt (§ 58) und hierdurch eine Untersuchung veranlaßt, wird mit Gefängniß bis zu drei Monaten oder mit Geldstrafe bis zu dreihundert Mark bestraft.

Wer leichtfertig eine auf unwahre Behauptungen gestützte Beschwerde über Seeuntüchtigkeit des Schiffes oder Mangelhaftigkeit des Proviants bei einem Seemannsamte vorbringt und hierdurch eine Untersuchung veranlaßt, wird mit Geldstrafe bis zu einhundert Mark bestraft.

§ 109. Ein Schiffsmann, welcher vorsätzlich und rechtswidrig Theile des Schiffskörpers, der Maschine, der Takelung oder Ausrüstungsgegenstände oder Vorrichtungen, welche zur Rettung von Menschenleben dienen, zerstört oder beschädigt, wird mit Geldstrafe bis zu eintausend Mark oder Gefängniß bis zu zwei Jahren bestraft.

Der Versuch ist strafbar.

Die Verfolgung tritt nur auf Antrag ein.

§ 110. Die Verhängung einer in diesem Abschnitt oder durch sonstige strafgesetzliche Vorschriften angedrohten Strafe wird dadurch nicht ausgeschlossen, daß der Schuldige aus Anlaß der ihm zur Last gelegten That bereits disziplinarisch bestraft worden ist. Jedoch muß eine Disziplinarstrafe, sowohl in dem Strafbescheide des Seemannsamts (§ 123), wie in dem gerichtlichen Strafurtheile bei Abmessung der Strafe berücksichtigt werden.

§ 111. Der Kapitän, Schiffsoffizier oder sonstige Vorgesetzte, welcher einem Schiffsmanne gegenüber seine Disziplinargewalt mißbraucht, wird mit Geldstrafe bis zu eintausend Mark oder mit Gefängniß bis zu einem Jahre bestraft.

§ 112. Der Kapitän, welcher die gehörige Verproviantirung des Schiffes vor Antritt oder während der Reise vorsätzlich unterläßt, wird mit Gefängniß bestraft, neben welchem auf Geldstrafe bis zu eintausendfünfhundert Mark sowie auf Verlust der bürgerlichen Ehrenrechte erkannt werden kann.

Ist die Unterlassung aus Fahrlässigkeit geschehen, so tritt, wenn in Folge dessen der Schiffsmannschaft die gebührende Kost nicht gewährt werden kann, Geldstrafe bis zu fünfhundert Mark oder Gefängniß bis zu einem Jahre ein.

§ 113. Mit Geldstrafe bis zu dreihundert Mark, mit Haft oder mit Gefängniß bis zu drei Monaten wird bestraft ein Kapitän, welcher

1. den Verpflichtungen zuwiderhandelt, welche ihm durch die gemäß § 56 Abs. 2 vom Bundesrath erlassenen Vorschriften auferlegt werden;
2. den Verpflichtungen zuwiderhandelt, welche ihm durch die gemäß § 4 vom Bundesrath erlassenen Vorschriften über die Besetzung der Schiffe mit Schiffsoffizieren auferlegt werden;
3. einem Schiffsmanne grundlos Speise und Trank vorenthält oder ohne Noth verdorbenen Proviant verabreicht;
4. einem Schiffsmann, abgesehen von dem Falle des § 83 Abs. 2, im Ausland ohne Genehmigung des Seemannsamts zurückläßt.

§ 114. Mit Geldstrafe bis zu einhundertundfünfzig Mark oder mit Haft wird bestraft ein Kapitän, welcher

1. es unterläßt, für die Bekanntgabe der Vorgesetzten durch Aushang (§ 3 Abs. 4) Sorge zu tragen;
2. es unterläßt, bei der Anheuerung dem Schiffsmanne den vorgeschriebenen Heuerschein (§ 27) einzuhändigen;
3. den ihm in Ansehung der Musterung obliegenden Verpflichtungen nicht genügt, oder unterläßt, dafür zu sorgen, daß die Musterrolle sich während der Reise an Bord befindet;
4. bei Verhandlungen, welche sich auf eine Musterung oder eine Eintragung in ein Seefahrtsbuch beziehen, wahre Thatsachen entstellt oder unterdrückt oder falsche vorspiegelt, um ein Seemannsamt zu täuschen;
5. der Vorschrift des § 34 Abs. 3 zuwider dem Schiffsmann ohne triftigen Grund die Erlaubniß zum Verlassen des Schiffes verweigert; die Bestrafung tritt nur ein, wenn der Schiffsmann sie binnen drei Tagen nach der Verweigerung des Urlaubs beim Seemannsamte beantragt;
6. den Vorschriften des § 37 Abs. 2, 4 und des § 38 zuwiderhandelt;
7. den Vorschriften der §§ 46, 48, betreffend die Auszahlung der Heuer und der Vorschüsse, zuwiderhandelt;
8. es unterläßt, für die Erfüllung der im § 49 vorgesehenen Obliegenheiten Sorge zu tragen;
9. den Vorschriften des § 50 zuwider die Mannschaft nicht ergänzt;
10. die ihm obliegende Fürsorge für das Seefahrtsbuch (§ 17), für die Sachen und für das Heuerguthaben des erkrankten oder für den Nachlaß des verstorbenen Schiffsmanns verabsäumt (§§ 63, 65);
11. den Vorschriften des § 64 Abs. 2, 3 zuwiderhandelt;
12. eine der in den §§ 70, 89, 92, 99 vorgeschriebenen Eintragungen in das Schiffstagebuch unterläßt;
13. den ihm bei Vergehen und Verbrechen nach den §§ 126, 127 obliegenden Verpflichtungen nicht genügt;
14. dem Schiffsmann ohne dringenden Grund die Gelegenheit versagt, die Entscheidung des Seemannsamts nachzusuchen (§§ 129, 130);

15. der Anordnung eines Seemannsamts wegen Vollstreckung eines Strafbescheids (§ 125 Abs. 2) nicht Folge leistet oder der vorläufigen Entscheidung eines Seemannsamts (§ 129 Abs. 3) zuwiderhandelt;
16. es unterläßt, dafür Sorge zu tragen, daß die im § 133 vorgeschriebenen Abdrücke und Schriftstücke im Volkslogis zugänglich sind.

Durch die Vorschrift des Abs. 1 Nr. 4 wird die Vorschrift des § 271 des Strafgesetzbuchs nicht berührt.

§ 115. Mit Geldstrafe bis zu zehn Mark oder mit einem Tage Haft wird bestraft ein Kapitän oder ein Schiffsmann, der sich vor dem Seemannsamt ungebührlich benimmt.

§ 116. Ein Schiffsoffizier, welcher es unterläßt, gemäß § 84 von der Ausübung der Disziplinargewalt binnen vierundzwanzig Stunden dem Kapitän Mittheilung zu machen, wird mit Geldstrafe bis zu einhundertundfünfzig Mark oder mit Haft bestraft.

§ 117. Wer als Rheder oder als Vertreter eines Rheders vorsätzlich den gemäß § 56 Abs. 2 vom Bundesrath erlassenen Vorschriften zuwiderhandelt oder den Kapitän außer Stand setzt, für die genügende Verproviantirung des Schiffes oder die Mitnahme der vorschriftsmäßigen Heilmittel zu sorgen, wird, sofern nicht in den letzteren Fällen nach anderen Vorschriften eine schwerere Strafe verwirkt ist, mit Geldstrafe bis zu eintausend Mark oder mit Gefängniß bis zu einem Jahre bestraft.

Gleiche Strafe verwirkt, wer in der im Abs. 1 bezeichneten Eigenschaft vorsätzlich den gemäß § 4 vom Bundesrath erlassenen Vorschriften über die Besetzung der Schiffe mit Kapitänen und Schiffsoffizieren zuwiderhandelt.

§ 118. Wer als Rheder oder als Vertreter eines Rheders durch seine Anordnung den Vorschriften des § 37 Abs. 2, 4 und des § 38 über die Sonntagsruhe zuwiderhandelt, wird mit Geldstrafe bis zu dreihundert Mark oder mit Haft bestraft.

§ 119. Wer als Rheder oder als Vertreter eines Rheders es unterläßt, bei der Anheuerung dem Schiffsmanne den vorgeschriebenen Heuerschein (§ 27) einzuhändigen, wird mit Geldstrafe bis zu einhundertundfünfzig Mark oder mit Haft bestraft.

§ 120. Als Rheder im Sinne der §§ 117 bis 119 gelten auch die Vorstandsmitglieder von Aktiengesellschaften oder sonstigen durch einen Vorstand vertretenen Handelsgesellschaften, eingetragenen Genossenschaften und juristischen Personen, welche Rhederei betreiben.

§ 121. Die Verfolgung wegen der in den §§ 93 bis 119 bezeichneten strafbaren Handlungen findet auch dann statt, wenn die strafbaren Handlungen außerhalb des Reichsgebiets begangen sind.

Die Verjährung der Strafverfolgung beginnt in diesem Falle erst mit dem Tage, an welchem das Schiff, dem der Thäter zur Zeit der Begehung angehörte, zuerst ein Seemannsamt erreicht.

Die Verfolgung wird nicht dadurch ausgeschlossen, daß der Thäter ein Ausländer ist.

§ 122. In den Fällen des § 93 Abs. 1, 2 und der §§ 95, 96, 107, 114 bis 116, 118, 119 erfolgt die Untersuchung und Entscheidung durch das Seemannsamt, im Falle des § 93 Abs. 2 jedoch nur, wenn dieses seinen Sitz außerhalb des Reichsgebiets hat, und in den Fällen der §§ 118, 119 nur, wenn es seinen Sitz im Inlande hat.

§ 123. Das Seemannsamt hat den Angeschuldigten verantwortlich zu vernehmen und den Thatbestand mit möglichster Beschleunigung festzustellen. Eine Vereidigung von Zeugen findet nicht statt. Nach Abschluß der Untersuchung ist ein mit Gründen versehener Bescheid zu ertheilen, welcher zu verkünden und dem Angeschuldigten im Falle seiner Abwesenheit in Ausfertigung zuzustellen ist. Wird eine Strafe festgesetzt, so ist die Dauer der für den Fall des Unvermögens an Stelle der Geldstrafe tretenden Freiheitsstrafe zu bestimmen. Der Bescheid wirkt in Betreff der Unterbrechung der Verjährung wie eine richterliche Handlung.

Das Verfahren vor dem Seemannsamt ist gebührenfrei.

Im Inlande finden auf dasselbe die Vorschriften der §§ 170, 173 bis 176 des Gerichtsverfassungsgesetzes über die Oeffentlichkeit entsprechende Anwendung.

Im Uebrigen wird das Verfahren vor dem Seemannsamte durch Verordnung des Bundesraths geregelt. Die Verordnung ist dem Reichstage bei seinem nächsten Zusammentritte zur Kenntnißnahme vorzulegen.

§ 124. Gegen den Bescheid des Seemannsamts kann der Beschuldigte innerhalb einer zehntägigen Frist von der Verkündigung oder der Zustellung ab auf gerichtliche Entscheidung antragen. Der Antrag ist bei dem Seemannsamte zu Protokoll oder schriftlich anzubringen. Dasselbe hat dem Antragsteller auf Verlangen eine Bescheinigung über den Antrag zu ertheilen.

Verläßt das Schiff vor Ablauf der Frist den Hafen, so kann der Schiffsmann auch bei dem Kapitän zu Protokoll oder schriftlich innerhalb der Frist Einspruch einlegen. Dem Schiffsmann ist auf Verlangen eine Bescheinigung über den erhobenen Einspruch einzuhändigen. Der Kapitän hat, sobald es geschehen kann, den Einspruch in das Schiffstagebuch einzutragen und den Antrag dem Seemannsamte zu übersenden. Die Verjährung ruht von der Einlegung des Einspruchs bis zum Eingange des Antrags beim Seemannsamte.

Hat das Seemannsamt seinen Sitz im Inlande, so ist für das weitere Verfahren dasjenige Gericht örtlich zuständig, in dessen Bezirke dieser Sitz belegen ist. Hat es seinen Sitz im Auslande, so ist dasjenige Gericht örtlich zuständig, in dessen Bezirke sich der inländische Heimathshafen oder in Ermangelung eines solchen der Registerhafen des Schiffes befindet; fehlt es an einem hiernach zuständigen deutschen Gerichte, so wird das Gericht von dem Reichsgerichte bestimmt.

§ 125. Der Bescheid des Seemannsamts ist in Betreff der Beitreibung der Geldstrafe vorläufig vollstreckbar.

Die Vollstreckung der Strafbescheide der inländischen Seemannsämter erfolgt durch die landesgesetzlich hierzu bestimmten Behörden. Die Vollstreckung der von einem Seemannsamt im Ausland erlassenen Strafbescheide erfolgt gebührenfrei durch dieses selbst, wobei der Kapitän den auf Beitreibung der Geldstrafe gerichteten Anordnungen des Seemannsamts Folge zu leisten hat; die Vorschriften der §§ 811, 850 der Civilprozeßordnung über die Unpfändbarkeit von Sachen und Ansprüchen finden entsprechende Anwendung.

Die im Abs. 2 bezeichneten inländischen Vollstreckungsbehörden haben auf Ersuchen auch die von einem Seemannsamt außerhalb ihres Amtsbereichs erlassenen Strafbescheide gegen die innerhalb ihres Amtsbereichs befindlichen Personen zu vollstrecken. Auf die Erledigung des Ersuchens finden die Vorschriften des Gesetzes über den Beistand bei Einziehung von Abgaben und Vollstreckung von Vermögensstrafen vom 9. Juni 1895 (Reichs-Gesetzbl. S. 256) entsprechende Anwendung.

§ 126. Begeht ein Schiffsmann, während das Schiff sich auf der See oder im Auslande befindet, ein Vergehen oder Verbrechen, so hat der Kapitän unter Zuziehung von Schiffsoffizieren und anderen glaubhaften Personen alles dasjenige genau aufzuzeichnen, was auf den Beweis der That und auf deren Bestrafung Einfluß haben kann. Insbesondere ist in den Fällen der Tödtung oder schweren Körperverletzung die Beschaffenheit der Wunden genau zu beschreiben, auch zu vermerken, wie lange der Verletzte etwa noch gelebt hat, ob und welche Heilmittel angewendet sind und welche Nahrung der Verletzte zu sich genommen hat.

§ 127. Der Kapitän ist ermächtigt, jederzeit die Sachen der Schiffsleute, welche der Betheiligung an einer strafbaren Handlung verdächtig sind, zu durchsuchen.

Der Kapitän ist ferner ermächtigt, denjenigen Schiffsmann, der sich einer der im § 70 Nr. 3 und im § 93 Abs. 2, 3 bezeichneten strafbaren Handlungen schuldig macht, festzunehmen. In den Fällen des § 70 Nr. 3 ist er hierzu verpflichtet, wenn das Entweichen des Thäters zu besorgen steht. In den Fällen des § 93 Abs. 2, 3 ist von einer Einsperrung abzusehen, sofern sich das Schiff auf hoher See befindet.

Der Thäter ist unter Mittheilung der aufgenommenen Verhandlungen an dasjenige Seemannsamt, bei welchem es zuerst geschehen kann, abzuliefern. Wenn im Auslande das Seemannsamt aus besonderen Gründen die Uebernahme ablehnt, so hat der Kapitän die Ablieferung bei demjenigen Seemannsamte zu bewirken, bei welchem es anderweit zuerst geschehen kann.

In dringenden Fällen ist der Kapitän, wenn im Ausland ein Seemannsamt nicht rechtzeitig angegangen werden kann, ermächtigt, den Thäter der fremden Behörde behufs dessen Uebermittelung an eine zuständige deutsche Behörde zu übergeben. Hiervon hat er bei demjenigen Seemannsamte, bei welchem es zuerst geschehen kann, Anzeige zu machen.

Sechster Abschnitt.

Allgemeine Vorschriften.

§ 128. Jedes Seemannsamt ist verpflichtet, die gütliche Ausgleichung der zu seiner Kenntniß gebrachten, zwischen dem Kapitän und dem Schiffsmanne bestehenden Streitigkeiten zu versuchen. Insbesondere hat das Seemannsamt, vor welchem die Abmusterung des Schiffsmanns erfolgt, hinsichtlich solcher Streitigkeiten einen Güteversuch zu veranstalten.

§ 129. Der Schiffsmann darf den Kapitän vor einem ausländischen Gerichte weder strafrechtlich noch civilrechtlich belangen, sofern gegen ihn ein Gerichtsstand im Inlande begründet ist. Handelt er dieser Bestimmung zuwider, so ist er nicht allein für den daraus entstehenden Schaden verantwortlich, sondern er wird außerdem der bis dahin verdienten Heuer verlustig.

Er kann in den Fällen, die keinen Aufschub leiden, die vorläufige Entscheidung des Seemannsamts nachsuchen. Die Gelegenheit hierzu darf der Kapitän ohne dringenden Grund nicht versagen. Auch dem Kapitän steht unter denselben Voraussetzungen, wie dem Schiffsmanne, die Befugniß zu, die Entscheidung des Seemannsamts nachzusuchen.

Jeder Theil hat die Entscheidung des Seemannsamts einstweilen zu befolgen, vorbehaltlich der Befugniß, seine Rechte vor der zuständigen Behörde geltend zu machen.

Im Falle eines Zwangsverkaufs des Schiffes finden die Vorschriften des Abs. 1 auf die Geltendmachung der Forderungen des Schiffsmanns aus dem Heuervertrage keine Anwendung.

§ 130. Im Inlande wird der Streit zwischen dem Kapitän und dem Schiffsmanne, welcher nach der Anmusterung über den Antritt oder die Fortsetzung des Dienstes entsteht, von dem Seemannsamt, in dessen Bezirke das Schiff liegt, unter Vorbehalt des Rechtswegs entschieden.

§ 131. Die nach den §§ 129, 130 getroffene Entscheidung des Seemannsamts steht einem für vorläufig vollstreckbar erklärten Urtheile gleich. Der Ertheilung der Vollstreckungsklausel bedarf es nicht. Ist die zuständige Behörde angerufen oder der Rechtsweg beschritten, so findet § 707 der Civilprozeßordnung entsprechende Anwendung.

§ 132. Die nach den Vorschriften des fünften Abschnitts festgesetzten oder erkannten Geldstrafen fließen der Seemannskasse und in Ermangelung einer solchen der Ortsarmenkasse des inländischen Heimathshafens des Schiffes, welchem der Thäter zur Zeit der Begehung der strafbaren Handlung angehörte, zu, insofern sie nicht im Wege der Landesgesetzgebung zu anderen ähnlichen Zwecken bestimmt werden. In Ermangelung eines inländischen Heimathshafens tritt an dessen Stelle der inländische Registerhafen; fehlt es auch hieran, so erfolgt die Bestimmung durch den Reichskanzler.

§ 133. Ein Abdruck dieses Gesetzes, der für das Schiff über Kost und Logis geltenden Vorschriften (§ 56) und einer amtlichen Zusammenstellung der Bestimmungen über die Militärverhältnisse der seemännischen und halbseemännischen Bevölkerung (§ 7) sowie eine Abschrift der in der Musterrolle enthaltenen Bestimmungen des Heuervertrags einschließlich aller Nebenbestimmungen müssen im Volkslogis zur jederzeitigen Einsicht der Schiffsleute vorhanden sein.

§ 134. Die Anwendung des § 1 Abs. 2, des zweiten Abschnitts, der §§ 36, 43, 44, des § 49, der §§ 59 bis 64, des § 65 Abs. 2, 3 und des § 133 auf kleinere Fahrzeuge (Küstenfahrer u. s. w.) kann durch Verordnung des Bundesraths ganz oder theilweise ausgeschlossen werden. Die Verordnung ist dem Reichstage bei seinem nächsten Zusammentritte zur Kenntnißnahme vorzulegen.

§ 135. Keine Anwendung finden:

1. auf Seeschlepper der § 1 Abs. 2 und die §§ 35 bis 38;
2. auf Bergungsfahrzeuge der § 1 Abs. 2 und, soweit diese Fahrzeuge in Thätigkeit sind, die §§ 35 bis 38;
3. auf Hochseefischereifahrzeuge der § 36, der § 37 Abs. 2 und der § 38 Abs. 1 und, soweit die Mannschaft vertragsmäßig am Gewinne betheiligt ist, der § 1 Abs. 2.

§ 136. Soweit im Auslande nach den dortigen Gesetzen eine Verlautbarung des Dienstvertrags oder der Beendigung des Dienstverhältnisses für die Mannschaft deutscher Schiffe vor der ausländischen Behörde erfolgen muß, kann der Reichskanzler bestimmen, daß die An- und Abmusterung vor dem Seemannsamte (§§ 13, 18) durch einen von diesem in die Musterrolle einzutragenden Hinweis auf die Verlautbarung vor der ausländischen Behörde ersetzt werden darf.

§ 137. Dieses Gesetz tritt am 1. April 1903 in Kraft. Die Seemannsordnung vom 27. Dezember 1872 tritt mit demselben Tage außer Kraft.

§ 138. Wenn in anderen Gesetzen auf Vorschriften verwiesen wird, welche durch dieses Gesetz außer Kraft gesetzt sind, so treten die entsprechenden Vorschriften dieses Gesetzes an deren Stelle.

8.

4. Gesetz,

betr. die Verpflichtung der Kauffahrteischiffe zur Mitnahme heimzuschaffender Seeleute.

Vom 2. Juni 1902.

(R.G.Bl. S. 212.)

Wir **Wilhelm**, von Gottes Gnaden Deutscher Kaiser, König von Preußen rc.

verordnen im Namen des Reichs, nach erfolgter Zustimmung des Bundesraths und des Reichstags, was folgt:

§ 1. Jedes deutsche Kauffahrteischiff, welches von einem außerdeutschen Hafen nach einem deutschen Hafen oder nach einem Hafen des Kanals, Großbritanniens, des Sundes oder des Kattegats oder nach einem außerdeutschen Hafen der Nordsee oder der Ostsee bestimmt ist, ist verpflichtet, deutsche Seeleute, welche außerhalb des Reichsgebiets sich in hülfsbedürftigem Zustande befinden oder wegen einer nach den Reichsgesetzen strafbaren Handlung an die heimischen Behörden abgeliefert werden sollen, behufs ihrer Zurückbeförderung nach Deutschland auf schriftliche Anweisung des Seemannsamts gegen eine Entschädigung (§ 5) nach seinem Bestimmungshafen mitzunehmen. Das Gleiche gilt, wenn das Schiff nach einem anderen außerdeutschen Hafen bestimmt ist, von welchem aus die Weiterbeförderung nach einem der vorbezeichneten Häfen erfolgen kann. Deutsche Häfen im Sinne dieses Absatzes sind nur die Häfen des Reichsgebiets.

In Ansehung ausländischer Seeleute, welche unmittelbar nach einem Dienste auf einem deutschen Kauffahrteischiff außerhalb des Reichsgebiets sich in einem hülfsbedürftigen Zustande befinden, liegt den nach deren Heimathslande bestimmten deutschen Kauffahrteischiffen eine gleiche Verpflichtung ob.

Zur Erfüllung dieser Verpflichtungen kann der Kapitän vom Seemannsamte zwangsweise angehalten werden.

§ 2. Bieten mehrere Schiffe Gelegenheit zur Mitnahme, so sind die zu befördernden Seeleute durch das Seemannsamt nach Verhältniß der Größe der Schiffe und der Zahl ihrer Mannschaften auf die einzelnen Schiffe zu vertheilen.

§ 3. Die Mitnahme kann verweigert werden:

1. wenn und soweit an Bord kein angemessener Platz für die Mitzunehmenden vorhanden ist;
2. wenn der Mitzunehmende bettlägerig krank oder mit einer die Gesundheit oder Sicherheit der an Bord befindlichen Personen gefährdenden geschlechtlichen oder sonstigen Krankheit behaftet ist;
3. wenn und soweit die Zahl der Mitzunehmenden bei Hülfsbedürftigen ein Viertel, bei Straffälligen ein Sechstel der Schiffsmannschaft übersteigt, oder mehr als ein Straffälliger mitgenommen werden soll;
4. wenn die Mitnahme nicht mindestens zwei Tage vor dem Zeitpunkte verlangt wird, an welchem das Schiff zum Abgehen fertig ist;
5. wenn der Hafen von einer deutschen Dampferlinie, die zur Mitnahme vertragsmäßig verpflichtet ist, auf der Heimreise nach Deutschland in regelmäßiger Fahrt angelaufen wird.

Die Entscheidung über den Grund der Weigerung steht dem Seemannsamte zu.

§ 4. Während der Reise erhält der wegen Hülfsbedürftigkeit Mitgenommene seiner Stellung entsprechend (§ 5) Kost und Logis von Seiten des Schiffes.

Der wegen einer strafbaren Handlung Mitgenommene ist nach den vom Seemannsamte zu ertheilenden Weisungen zu behandeln. Die Bewachung liegt dem Kapitän ob, sofern nicht ein besonderer Begleiter mitgegeben wird.

Der Mitgenommene ist der Disziplinargewalt des Kapitäns unterworfen.

§ 5. Als Entschädigung (§ 1) ist, in Ermangelung einer anderweitigen Vereinbarung, zu zahlen

a) bei Mitnahme Hülfsbedürftiger für jeden Tag des Aufenthalts an Bord:
   1. für einen Kapitän oder einen Schiffsoffizier 3 Mark auf Segelschiffen und 6 Mark auf Dampfschiffen;
   2. für jeden anderen Seemann 1,50 Mark auf Segelschiffen und 3 Mark auf Dampfschiffen;

b) bei Mitnahme Straffälliger der gewöhnliche Ueberfahrtspreis oder, falls ein solcher nicht zu ermitteln ist, das Doppelte der für die Mitnahme Hülfsbedürftiger aufgestellten Sätze und außerdem, wenn ein besonderer Begleiter nicht mitgegeben wird, eine angemessene von dem anweisenden Seemannsamte (§ 1) vorläufig festzusetzende Vergütung für die Bewachung. Für die Bemessung dieser Vergütung kann der Bundesrath bestimmte Sätze aufstellen.

§ 6. Die Entschädigung wird im Bestimmungshafen durch das Seemannsamt gegen Auslieferung der wegen der Mitnahme ertheilten Anweisung (§ 1) für Rechnung des Reichs ausgezahlt.

§ 7. Der wegen Hülfsbedürftigkeit Mitgenommene haftet für die durch die Zurückbeförderung verursachten Aufwendungen.

Die Vorschriften, welche den Rheder oder andere Personen zur Erstattung solcher Aufwendungen verpflichten, werden durch dieses Gesetz nicht berührt.

Bei Mitnahme eines Straffälligen bleibt dem Reiche der Rückgriff an den Bundesstaat vorbehalten, dessen Behörden der Mitgenommene zur Strafverfolgung oder Strafvollstreckung zugeführt wird.

§ 8. Wer sich der Erfüllung einer ihm nach § 1 obliegenden Verpflichtung entzieht, wird mit Geldstrafe bis zu einhundertundfünfzig Mark oder mit Haft bestraft. Für die Festsetzung der Strafe und für das weitere Verfahren kommen die in den §§ 5, 122 bis 125 der Seemannsordnung enthaltenen Vorschriften zur Anwendung.

§ 9. Dieses Gesetz tritt am 1. April 1903 in Kraft. An demselben Tage tritt das Gesetz, betreffend die Verpflichtung deutscher Kauffahrteischiffe zur Mitnahme hülfsbedürftiger Seeleute, vom 27. Dezember 1872 (Reichs-Gesetzbl. S. 432) außer Kraft.

§ 10. Soweit in anderen Gesetzen auf Vorschriften des Gesetzes, betreffend die Verpflichtung deutscher Kauffahrteischiffe zur Mitnahme hülfsbedürftiger Seeleute, vom 27. Dezember 1872 verwiesen ist, treten die entsprechenden Vorschriften dieses Gesetzes an deren Stelle.

9.

5. Gesetz,
betr. die Stellenvermittelung für Schiffsleute.

Vom 2. Juni 1902.

(R.G.Bl. S. 215.)

Wir **Wilhelm**, von Gottes Gnaden Deutscher Kaiser, König von Preußen 2c.

verordnen im Namen des Reichs, nach erfolgter Zustimmung des Bundesraths und des Reichstags, was folgt:

§ 1. Auf die gewerbsmäßige Stellenvermittelung für Schiffsleute finden die Vorschriften der Gewerbeordnung insoweit Anwendung, als nicht nachstehend besondere Bestimmungen getroffen sind.

§ 2. Wer die Stellenvermittelung für Schiffsleute gewerbsmäßig betreiben will, bedarf dazu der Erlaubniß der höheren Verwaltungsbehörde.

Die Erlaubniß ist zu versagen:

1. wenn Thatsachen vorliegen, welche die Unzuverlässigkeit des Nachsuchenden in Bezug auf den beabsichtigten Gewerbebetrieb darthun;
2. wenn der Nachsuchende eines der im § 3 Abs. 1 bezeichneten Gewerbe betreibt; die Landes-Zentralbehörden sind befugt, Ausnahmen von dieser Vorschrift zuzulassen.

§ 3. Wer die Stellenvermittelung für Schiffsleute gewerbsmäßig betreibt, darf gewerbsmäßige Vermiethung von Wohn- und Schlafstellen, Gastwirthschaft, Schankwirthschaft, Kleinhandel mit geistigen Getränken, Handel mit Ausrüstungsgegenständen für Schiffsleute und das Geschäft eines Geldwechslers oder Pfandleihers weder selbst noch durch Andere betreiben. Die Landes-Zentralbehörden sind befugt, Ausnahmen von dieser Vorschrift zuzulassen.

Der Stellenvermittler darf ferner mit Gewerbetreibenden der vorbezeichneten Art nicht dergestalt in Geschäftsverbindung treten, daß er sich für die Ausübung seiner Vermittlerthätigkeit von ihnen Vergütungen irgend welcher Art gewähren oder versprechen läßt.

§ 4. Die den Stellenvermittlern für Schiffsleute zukommenden Gebühren werden durch Taxen bestimmt, welche von den Landesregierungen oder den von diesen bezeichneten Behörden nach Anhörung von Vertretern der Stellenvermittler, der Rheder und der Schiffsleute festgesetzt werden.

Die Gebühr ist von dem Rheder und dem Schiffsmanne je zur Hälfte zu zahlen; eine entgegenstehende Vereinbarung zu Ungunsten des Schiffsmanns ist nichtig. Der Anspruch des Stellenvermittlers auf die vom Rheder zu zahlende Hälfte erlischt, wenn der Schiffsmann seinen Dienst nicht zur festgesetzten Zeit antritt.

§ 5. Die Landesregierungen erlassen Vorschriften darüber, in welcher Weise die Stellenvermittler für Schiffsleute ihre Bücher zu führen und welcher polizeilichen Kontrole über den Umfang und die Art ihres Geschäftsbetriebs sie sich zu unterwerfen haben.

§ 6. Die Erlaubniß zum Gewerbebetriebe muß zurückgenommen werden, wenn aus Handlungen oder Unterlassungen des Inhabers die Unzuverlässigkeit desselben in Bezug auf den Gewerbebetrieb klar erhellt.

Die Unzuverlässigkeit in Bezug auf den Gewerbebetrieb ist stets anzunehmen, wenn der Stellenvermittler wiederholt die festgesetzte Gebührentaxe überschritten oder sich außer den taxmäßigen Gebühren Vergütungen irgend welcher Art von dem Schiffsmanne hat gewähren oder versprechen lassen, oder wenn er dem Verbote des § 3 zuwiderhandelt.

Stellenvermittlern für Schiffsleute, welche vor dem Inkrafttreten dieses Gesetzes den Gewerbebetrieb begonnen haben, muß derselbe untersagt werden, wenn Thatsachen vorliegen, welche die Unzuverlässigkeit des Gewerbetreibenden in Bezug auf den Gewerbebetrieb darthun.

§ 7. Wegen des Verfahrens und der Behörden, welche in Bezug auf die Zurücknahme der Erlaubniß und die Untersagung des Gewerbebetriebs maßgebend sind, gelten die Vorschriften der §§ 20, 21 der Gewerbeordnung.

§ 8. Mit Geldstrafe bis zu dreihundert Mark oder mit Haft wird bestraft:

1. wer den Gewerbebetrieb eines Stellenvermittlers für Schiffsleute ohne die vorgeschriebene Erlaubniß unternimmt oder fortsetzt oder von den bei Ertheilung der Erlaubniß festgesetzten Bedingungen abweicht;
2. ein Stellenvermittler für Schiffsleute, welcher
   a) einen nach § 3 Abs. 1 ihm verbotenen Gewerbebetrieb unternimmt oder fortsetzt, oder welcher sich von Gewerbetreibenden der dort bezeichneten Art für die Ausübung seiner Vermittlerthätigkeit Vergütungen irgend welcher Art gewähren oder versprechen läßt;
   b) die von der Behörde festgesetzte Taxe überschreitet, oder sich außer den taxmäßigen Gebühren Vergütungen anderer Art von dem Schiffsmanne gewähren oder versprechen läßt;
   c) es unternimmt, einen Schiffsmann zum Bruche des eingegangenen Heuervertrags zu verleiten;
3. ein Gewerbetreibender der im § 3 Abs. 1 bezeichneten Art, welcher es unternimmt, einen Stellenvermittler für Schiffsleute durch Gewährung oder Versprechung von Vergütungen irgend welcher Art zu einer den Interessen des Schiffsmanns widerstreitenden Ausübung der Vermittlerthätigkeit zu bestimmen.

§ 9. Mit Geldstrafe bis zu einhundertundfünfzig Mark oder mit Haft wird bestraft:

1. ein Stellenvermittler für Schiffsleute, welcher den im § 5 bezeichneten Vorschriften zuwiderhandelt;
2. ein Stellenvermittler für Schiffsleute oder ein Gewerbetreibender der im § 3 Abs. 1 bezeichneten Art, welcher im Inlande den von einer zuständigen Behörde erlassenen Vorschriften zur Verhinderung des vor-

zeitigen Betretens einlaufender Schiffe und des Anbordbringens von geistigen Getränken zuwiderhandelt;

3. der Kapitän, der im Inlande den Vorschriften einer zuständigen Behörde, im Auslande den Anordnungen eines Seemannsamts zuwider Stellenvermittler für Schiffsleute oder Gewerbetreibende der im § 3 Abs. 1 bezeichneten Art an Bord läßt oder an Bord duldet;

4. der Kapitän, welcher es unterläßt, dafür zu sorgen, daß ein Abdruck dieses Gesetzes im Volkslogis zugänglich ist (§ 10).

In den Fällen des Abs. 1 Nr. 3, 4 kommen im Auslande für die Festsetzung der Strafe und für das weitere Verfahren die in den §§ 5, 122 bis 125 der Seemannsordnung enthaltenen Vorschriften zur Anwendung.

§ 10. Ein Abdruck dieses Gesetzes muß auf jedem deutschen Kauffahrteischiff im Volkslogis zur jederzeitigen Einsicht der Schiffsleute vorhanden sein.

§ 11. Dieses Gesetz tritt am 1. April 1903 in Kraft.

VIII. Gesetze betr. das Versicherungswesen.

10.

1. Gesetz,

betreffend die Abänderung des Krankenversicherungsgesetzes.

Vom 30. Juni 1900.

(R.G.Bl. S. 332.)

Wir **Wilhelm**, von Gottes Gnaden Deutscher Kaiser, König von Preußen rc.

verordnen im Namen des Reichs, nach erfolgter Zustimmung des Bundesraths und des Reichstags, was folgt:

Art. I. Das Krankenversicherungsgesetz wird wie folgt abgeändert:

I. Der § 2 erhält als vierten Absatz folgenden Zusatz:

Auf die im Abs. 1 Ziffer 4 bezeichneten Gewerbetreibenden kann die Anwendung der Vorschriften des § 1 auch durch Beschluß des Bundesraths erstreckt werden. Die Anordnung kann auch für bestimmte Gewerbszweige und für örtliche Bezirke erfolgen.

II. Der § 54 Abs. 2 erhält als Ziffer 3 folgenden Zusatz:

3. daß und inwieweit in Fällen, in welchen die Beschäftigung von Hausgewerbetreibenden (§ 2 Abs. 1 Ziffer 4) durch Zwischenpersonen (Ausgeber, Faktoren, Zwischenmeister u. s. w.) vermittelt wird, diejenigen Gewerbetreibenden, in deren Auftrag die Zwischenpersonen die Waaren herstellen oder bearbeiten lassen, die Beiträge (§§ 9, 10, 22, § 26a Abs. 2 Ziffer 6,

§ 64, 73) und Eintrittsgelder (§ 26 Abs. 3) für die Hausgewerbetreibenden sowie für deren Gesellen (Gehülfen) und Lehrlinge einzuzahlen und die Beiträge zu einem Drittel aus eigenen Mitteln zu entrichten haben.

III. Der § 54 erhält als dritten bis siebenten Absatz folgende Zusätze:

Auf Gewerbetreibende, für welche Anordnungen der im Abs. 2 Ziffer 3 bezeichneten Art getroffen worden sind, finden die für Arbeitgeber geltenden Vorschriften der §§ 52, 52a, 52b, 53, 53a, 57a, 80, 82, 82a, 82b entsprechende Anwendung.

Die den Bestimmungen der Abs. 1, 2 entsprechenden Anordnungen können in den Fällen des § 2 Abs. 4 auch durch Beschluß des Bundesraths getroffen werden.

Auf dem in den Abs. 1, 4 bezeichneten Wege kann bestimmt werden, daß Eintrittsgelder (§ 26 Abs. 3) von Hausgewerbetreibenden sowie von deren Gesellen (Gehülfen) und Lehrlingen nicht erhoben werden dürfen.

Wird eine Bestimmung der im Abs. 2 Ziffer 2 und 3 bezeichneten Art erlassen, so steht den die Arbeit vergebenden Gewerbetreibenden das Recht zu, zwei Drittel der von ihnen entrichteten Beiträge von den Hausgewerbetreibenden oder, wenn sie die Waaren durch Zwischenpersonen herstellen oder bearbeiten lassen, von den Zwischenpersonen sich erstatten zu lassen. Die Zwischenpersonen, welche den Gewerbetreibenden (Ziffer 3) diese zwei Drittel erstattet haben, sind befugt, diesen Betrag von den Hausgewerbetreibenden wieder einzuziehen.

Auf Streitigkeiten finden die Bestimmungen des § 58 Abs. 1 entsprechende Anwendung.

Art. II. Dieses Gesetz tritt gleichzeitig mit dem Gesetze, betreffend die Abänderung der Gewerbeordnung, in Kraft.

11.

2. Gesetz,

betr. die Abänderung der Unfallversicherungsgesetze.

Vom 30. Juni 1900.
(R.G.Bl. S. 573.)

Wir **Wilhelm**, von Gottes Gnaden Deutscher Kaiser, König von Preußen ꝛc.

verordnen im Namen des Reichs, nach erfolgter Zustimmung des Bundesraths und des Reichstags, was folgt:

Abänderung der bisherigen Gesetze.

§ 1. Das Unfallversicherungsgesetz vom 6. Juli 1884 (Reichs-Gesetzbl. S. 69), der Abschnitt A des Gesetzes, betreffend die Unfall- und Krankenversicherung der in land- und forstwirthschaftlichen Betrieben beschäftigten Personen, vom 5. Mai 1886 (Reichs-Gesetzbl. S. 132), das Gesetz, betreffend die Unfallversicherung der bei Bauten beschäftigten Personen, vom 11. Juli 1887 (Reichs-Gesetzbl. S. 287) und das Gesetz, betreffend die Unfallversicherung der Seeleute und anderer bei der Seeschiffahrt betheiligter Personen, vom 13. Juli 1887 (Reichs-Gesetzbl. S. 329) erhalten die aus den Anlagen ersichtliche Fassung.

Das Gesetz über die Ausdehnung der Unfall- und Krankenversicherung vom 28. Mai 1885 (Reichs-Gesetzbl. S. 159) wird aufgehoben.

Wo in Gesetzen auf Bestimmungen Bezug genommen wird, welche hiernach abgeändert oder aufgehoben werden, sind darunter die an deren Stelle getretenen Bestimmungen zu verstehen.

Errichtung neuer Berufsgenossenschaften.

§ 2. Die Errichtung von Berufsgenossenschaften für die durch § 1 des Gewerbe-Unfallversicherungsgesetzes der Unfallversicherung neu unterstellten Gewerbszweige oder deren Zutheilung zu bestehenden Berufsgenossenschaften erfolgt durch den Bundesrath nach Anhörung von Vertretern der betheiligten Gewerbszweige und Genossenschaften.

Bis zur Genehmigung der Statuten der auf Grund dieses Gesetzes errichteten Berufsgenossenschaften können durch Beschluß des Bundesraths aus den auf Grund der Gesetze vom 6. Juli 1884 (Reichs-Gesetzbl. S. 69), vom 28. Mai 1885 (Reichs-Gesetzbl. S. 159), vom 11. Juli 1887 Reichs-Gesetzbl. S. 287) und vom 13. Juli 1887 (Reichs-Gesetzbl. S. 329) errichteten Berufsgenossenschaften, ohne Rücksicht auf die in diesen Gesetzen vorgeschriebenen Voraussetzungen, nach Anhörung der betheiligten Genossenschaftsvorstände Gewerbszweige ausgeschieden und einer anderen Berufsgenossenschaft zugetheilt werden.

In den neu errichteten Berufsgenossenschaften wird das Statut durch eine konstituirende Genossenschaftsversammlung beschlossen. Diese besteht aus Delegirten von Handelskammern, Gewerbekammern oder ähnlichen wirthschaftlichen Vertretungen, welchen die Unternehmer der betreffenden Gewerbszweige angehören. Die Landes-Zentralbehörden bezeichnen diejenigen Stellen, welche zur Entsendung von Delegirten befugt sein sollen, und bestimmen für jede derselben unter Berücksichtigung ihrer wirthschaftlichen Bedeutung die Zahl der Delegirten. Erstreckt sich der Bezirk der Berufsgenossenschaften über das Gebiet eines Bundesstaats hinaus, so werden die zur Entsendung von Delegirten befugten Stellen und die Zahl der einer jeden derselben zustehenden Delegirten nach Benehmen mit den betheiligten Landesregierungen vom Reichskanzler bestimmt.

Die Berufung der konstituirenden Genossenschaftsversammlung und die Leitung ihrer Verhandlungen erfolgt bis zur Wahl eines provisorischen Vorstandes durch das Reichs-Versicherungsamt.

Bei den neu errichteten Genossenschaften endet die erste Wahlperiode der Vertreter der Arbeiter mit dem 1. Januar 1906.

Schiedsgerichte.

§ 3. Die Entscheidung von Streitigkeiten über Entschädigungen auf Grund der Unfallversicherungsgesetze wird den gemäß §§ 103 ff. des

Invalidenversicherungsgesetzes errichteten Schiedsgerichten übertragen. Diese führen fortan die Bezeichnung: „Schiedsgericht für Arbeiterversicherung" mit Angabe des Bezirkes und des Sitzes. Bei Streitigkeiten über Entschädigungen für die Folgen von Unfällen in Betrieben, für welche zugelassene besondere Kasseneinrichtungen bestehen (§§ 8, 10, 11 des Invalidenversicherungsgesetzes), treten die für diese errichteten Schiedsgerichte an die Stelle der Schiedsgerichte für Arbeiterversicherung.

Die bisherigen Schiedsgerichte für die einzelnen Berufsgenossenschaften und Ausführungsbehörden werden aufgehoben. Die bei diesen Gerichten schwebenden Streitigkeiten gehen in der Lage, in welcher sie sich zu dem im § 25 Abs. 1 bezeichneten Zeitpunkte befinden, auf die nach diesem Gesetze zuständigen Schiedsgerichte über und sind von diesen zu erledigen.

§ 4. Die Zahl der Beisitzer der Schiedsgerichte (§ 104 Abs. 3 des Invalidenversicherungsgesetzes) kann von der Zentralbehörde des Bundesstaats, in welchem der Sitz des Schiedsgerichts belegen ist, oder von der durch sie bestimmten anderen Behörde erhöht werden; dabei kann zugleich bestimmt werden, wieviel Beisitzer am Sitze des Schiedsgerichts oder in dessen naher Umgebung wohnen oder beschäftigt sein müssen. Erstreckt sich der Bezirk des Schiedsgerichts über Gebiete oder Gebietstheile mehrerer Bundesstaaten, so wird die Bestimmung, sofern ein Einverständniß unter den betheiligten Landesregierungen nicht erzielt wird, vom Reichskanzler getroffen. Die Zahl der Beisitzer muß aus der Klasse der Arbeitgeber und der Versicherten mindestens je zwanzig betragen.

In den Schiedsgerichten, deren Bezirk Theile der Seeküste umfaßt, sind zu Vertretern der Versicherten (§ 88 Abs. 2 a. a. O.) auch befahrene Schiffahrtskundige, die nicht Rheder, Korrespondentrheder oder Bevollmächtigte (§ 33 des See-Unfallversicherungsgesetzes) sind, wählbar.

§ 5. Die für den Sitz des Schiedsgerichts zuständige Landes-Zentralbehörde oder die durch sie bestimmte andere Behörde entscheidet, wieviel Beisitzer von dem Ausschusse der Versicherungsanstalt (§ 104 Abs. 3 des Invalidenversicherungsgesetzes) aus solchen Berufsgenossenschaften oder Ausführungsbehörden zu wählen sind, die im Bezirke des Schiedsgerichts vertreten sind. Die Bestimmung des § 4 Abs. 1 Satz 2 findet Anwendung.

Wird eine solche Anordnung getroffen, so sind die zur Vertretung der Arbeitgeber bestimmten Beisitzer für die Berufsgenossenschaften aus den stimmberechtigten Mitgliedern der Genossenschaften, deren gesetzlichen Vertretern und bevollmächtigten Leitern ihrer Betriebe, für die Ausführungsbehörden aus den Beamten der Betriebe, für welche die Ausführungsbehörde bestellt ist, zu wählen. Den Vorständen der Berufsgenossenschaften und den Ausführungsbehörden ist Gelegenheit zu geben, geeignete Personen in Vorschlag zu bringen. Ausgeschlossen sind Personen, welche dem Vorstand einer für den Bezirk in Betracht kommenden Berufsgenossenschaft oder Sektion oder einer für den Bezirk in Betracht kommenden Ausführungsbehörde angehören, sowie die Vertrauensmänner. Die zur Vertretung der Versicherten bestimmten Beisitzer sind aus den Personen zu wählen, welche in einem der Genossenschaft zugehörenden oder der Ausführungsbehörde unterstehenden Betriebe beschäftigt sind.

Wird die im Abs. 1 bezeichnete Anordnung für eine Knappschafts-Berufsgenossenschaft getroffen, so kann durch deren Statut bestimmt werden, daß die zur Vertretung der Versicherten bestimmten Beisitzer von den Knappschaftsältesten zu wählen sind.

§ 6. Solange und soweit die festgesetzte Zahl von Beisitzern nicht gewählt ist oder die Gewählten ihre Dienstleistung verweigern, hat die untere Verwaltungsbehörde, in deren Bezirke sich der Sitz des Schiedsgerichts befindet, die fehlenden Beisitzer aus der Zahl der wählbaren Personen zu berufen.

§ 7. Bei der Verhandlung sind, soweit es sich um Unfälle in der Land- und Forstwirthschaft oder im Bergbaubetriebe handelt, Beisitzer aus diesen Berufszweigen, im Uebrigen Beisitzer aus den sonstigen der Versicherung unterliegenden Betrieben zuzuziehen. Ausnahmen sind nur in einzelnen Fällen aus besonderen Gründen zulässig.

Im Uebrigen kann der Vorsitzende des Schiedsgerichts auf Antrag der Berufsgenossenschaft, der Ausführungsbehörde oder eines Entschädigungsberechtigten zur Verhandlung und Entscheidung in einem einzelnen Falle, abweichend von der festgesetzten Reihenfolge, Beisitzer aus den Betrieben derjenigen Berufsgenossenschaft oder Ausführungsbehörde zuziehen, welcher der Betrieb, in dem sich der Unfall ereignet hat, angehört. Sofern solche Beisitzer nicht vorhanden sind, können Beisitzer aus anderen Betrieben bestimmt werden, die dem Betrieb, in welchem sich der Unfall ereignet hat, wirthschaftlich nahe stehen. Hat der Vorsitzende einen solchen Antrag abgelehnt, so kann vor Beginn der Verhandlung eine Entscheidung des Schiedsgerichts über den Antrag beansprucht werden, welche endgültig ist.

§ 8. Das Schiedsgericht wählt bei Beginn eines jeden Geschäftsjahrs in seiner ersten Spruchsitzung, in der Regel nach Anhörung der für den betreffenden Bezirk oder Bundesstaat zuständigen Aerztevertretung, aus der Zahl der am Sitze des Schiedsgerichts wohnenden approbirten Aerzte diejenigen aus, welche als Sachverständige bei den Verhandlungen vor dem Schiedsgericht in der Regel nach Bedarf zuzuziehen sind. Den zugezogenen Sachverständigen ist zur Abgabe ihres Gutachtens Einsicht in die Akten des Schiedsgerichts und der Berufsgenossenschaft zu gewähren. Die Namen der gewählten Aerzte sind öffentlich bekannt zu machen.

Im Uebrigen wird die Durchführung dieser Bestimmung durch die Landes-Zentralbehörde geregelt.

§ 9. Das Schiedsgericht ist befugt, denjenigen Theil des Betriebs, in welchem der Unfall vorgekommen ist, in Augenschein zu nehmen. Weigert sich der Betriebsunternehmer oder dessen Stellvertreter, die Einnahme des Augenscheins zu gestatten, so ist er hierzu auf Antrag des Schiedsgerichtsvorsitzenden durch die Ortspolizeibehörde anzuhalten.

Soll die Augenscheinseinnahme in einem Dienstraum einer Behörde oder in einem Fahrzeuge der Kaiserlichen Marine stattfinden, so ist die zuständige Dienst- beziehungsweise Kommandobehörde um Gestattung derselben zu ersuchen.

Die Beisitzer haben über die Thatsachen, welche durch die Besichtigung des Betriebs zu ihrer Kenntniß kommen, Verschwiegenheit zu beobachten und sich der Nachahmung der von dem Betriebsunternehmer geheim gehaltenen, zu ihrer Kenntniß gelangten Betriebseinrichtungen und Betriebsweisen, solange als diese Betriebsgeheimnisse sind, zu enthalten.

Dem Schiedsgericht eingereichte Urkunden sind sowohl der Berufsgenossenschaft als auch dem Verletzten rechtzeitig mitzutheilen; inwieweit ärztliche Zeugnisse in gleicher Weise mitzutheilen sind, unterliegt zunächst der Entscheidung des Vorsitzenden. Das Schiedsgericht ist befugt, anzuordnen, daß die unterlassene Mittheilung nachzuholen ist.

Das Schiedsgericht ist befugt, den Verletzten, deren Erscheinen bei der Verhandlung als erforderlich bezeichnet ist oder angesehen wird, eine Reiseentschädigung zuzubilligen.

§ 10. Die Kosten des Schiedsgerichts sind nach Ablauf des Rechnungsjahrs der Versicherungsanstalt von den betheiligten Berufsgenossenschaften und Ausführungsbehörden antheilig zu erstatten. Dabei wird das Verhältniß zu Grunde gelegt, in welchem die Zahl derjenigen gegen ihre Bescheide eingelegten Berufungen, welche in diesem Jahre erledigt worden sind, zur Gesammtzahl der vor dem Schiedsgericht in demselben Zeitraum erledigten Berufungen steht. Die Vertheilung der Kosten auf die Versicherungsanstalten, die Berufsgenossenschaften und Ausführungsbehörden erfolgt durch den Vorsitzenden des Schiedsgerichts.

Die Kosten des Verfahrens, welche durch die einzelnen Streitfälle erwachsen, sowie solche besondere Kosten, welche durch die ausnahmsweise Zuziehung von Beisitzern gemäß § 7 Abs. 2 entstehen, sind von demjenigen Träger der Versicherung zu zahlen, gegen dessen Bescheid die Berufung eingelegt ist.

Das Reichs-Versicherungsamt ist befugt, hierüber nähere Bestimmungen zu erlassen.

Das Schiedsgericht ist befugt, den Betheiligten solche Kosten des Verfahrens zur Last zu legen, welche durch Muthwillen oder durch ein auf Verschleppung oder Irreführung berechnetes Verhalten derselben veranlaßt worden sind.

Reichs-Versicherungsamt.

§ 11. Das Reichs-Versicherungsamt hat seinen Sitz in Berlin und besteht aus ständigen und nichtständigen Mitgliedern.

Der Präsident und die übrigen ständigen Mitglieder werden auf Vorschlag des Bundesraths vom Kaiser auf Lebenszeit ernannt. Aus den ständigen Mitgliedern werden vom Kaiser die Direktoren und die Vorsitzenden der Senate ernannt. Die übrigen Beamten des Reichs-Versicherungsamts werden vom Reichskanzler ernannt.

Von den nichtständigen Mitgliedern werden sechs vom Bundesrath, und zwar mindestens vier aus seiner Mitte, sechs als Vertreter der Arbeitgeber von den Vorständen der Berufsgenossenschaften und den Ausführungsbehörden sowie sechs als Vertreter der Versicherten von den dem Arbeiterstand angehörenden Beisitzern der Schiedsgerichte gewählt.

Die Vertreter der Arbeitgeber und der Versicherten werden auf die Berufsgenossenschaften und Ausführungsbehörden in der Weise vertheilt, daß
a) für den Bereich des Gewerbe- und des Bau-Unfallversicherungsgesetzes,
b) für den Bereich des Unfallversicherungsgesetzes für Land- und Forstwirthschaft,
c) für den Bereich des See-Unfallversicherungsgesetzes

je zwei Vertreter der Arbeitgeber und je zwei Vertreter der Versicherten gewählt werden.

Bei der Wahl der Vertreter der Versicherten sind wahlberechtigt
a) für die Land- und Forstwirthschaft nur die land- und forstwirthschaftlichen Beisitzer der Schiedsgerichte,
b) für die See-Unfallversicherung nur die auf Grund des See-Unfallversicherungsgesetzes versicherten oder auf Grund des § 4 Abs. 2 berufenen Beisitzer der Schiedsgerichte,
c) für die gewerbliche und die Bau-Unfallversicherung die sonstigen Beisitzer der Schiedsgerichte einschließlich der Beisitzer der auf Grund der §§ 8, 10 des Invalidenversicherungsgesetzes errichteten Schiedsgerichte.

§ 12. Wählbar sind deutsche, männliche, volljährige, im Reichsgebiete wohnende Personen. Nicht wählbar ist, wer zum Amte eines Schöffen unfähig ist (§ 32 des Gerichtsverfassungsgesetzes).

Wählbar zu Vertretern der Arbeitgeber sind die stimmberechtigten Mitglieder der Genossenschaften, deren gesetzliche Vertreter sowie die bevollmächtigten Leiter ihrer Betriebe, außerdem für Ausführungsbehörden die die Geschäfte der Genossenschaftsvorstände führenden Beamten sowie die sonstigen Beamten der Betriebe, für welche die Ausführungsbehörde bestellt ist.

Wählbar zu Vertretern der Versicherten sind Personen, die auf Grund der betreffenden Unfallversicherungsgesetze versichert sind, für den Bereich der See-Unfallversicherung auch befahrene Schiffahrtskundige, welche nicht Rheder, Mitrheder, Korrespondentrheder oder Bevollmächtigte (§ 33 des See-Unfallversicherungsgesetzes) sind.

§ 13. Für die Vertreter der Arbeitgeber und der Versicherten sind in der gleichen Weise nach Bedürfniß Stellvertreter zu wählen, welche die Mitglieder in Behinderungsfällen zu vertreten haben. Scheidet ein solches Mitglied während der Wahlperiode aus, so haben für den Rest derselben die Stellvertreter in der Reihenfolge ihrer Wahl als Mitglied einzutreten.

§ 14. Die Wahl der Vertreter der Arbeitgeber und der Versicherten erfolgt unter Leitung des Reichs-Versicherungsamts in getrennter Wahlhandlung mittelst schriftlicher Abstimmung nach relativer Mehrheit der Stimmen; bei Stimmengleichheit entscheidet das Loos. Das Stimmenverhältniß der einzelnen Wahlkörper bestimmt der Bundesrath unter Berücksichtigung der Zahl der versicherten Personen. Der Bundesrath kann bestimmen, daß und in welcher Weise die Wahlen nach Bezirken zu erfolgen haben und wie die zu wählenden Personen auf einzelne Bezirke zu vertheilen sind. Das Ergebniß der Wahl ist öffentlich bekannt zu machen.

Die Amtsdauer der nichtständigen Mitglieder und ihrer Stellvertreter währt fünf Jahre. Die Gewählten bleiben nach Ablauf dieser Zeit solange im Amte, bis ihre Nachfolger ihr Amt angetreten haben. Die Ausscheidenden sind wieder wählbar.

Werden hinsichtlich eines Gewählten Thatsachen bekannt, welche dessen Wählbarkeit nach Maßgabe dieses Gesetzes ausschließen, oder welche sich als grobe Verletzungen der Amtspflicht darstellen, so ist der Gewählte, nachdem ihm Gelegenheit zur Aeußerung gegeben worden ist, durch Beschluß des Reichs-Versicherungsamts seines Amtes zu entheben.

§ 15. Die Entscheidungen des Reichs-Versicherungsamts sind endgültig, soweit in den Gesetzen nicht ein Anderes bestimmt ist.

§ 16. Die Entscheidungen des Reichs-Versicherungsamts erfolgen in der Besetzung von fünf Mitgliedern einschließlich des Vorsitzenden, unter denen sich je ein Vertreter der Arbeitgeber und der Versicherten befinden muß, und unter Zuziehung von zwei richterlichen Beamten, wenn es sich handelt

1. um die Entscheidung auf Rekurse gegen die Entscheidungen der Schiedsgerichte;
2. um die Entscheidung vermögensrechtlicher Streitigkeit bei Veränderungen des Bestandes der Berufsgenossenschaften;
3. um die Entscheidung in den Fällen des § 73 Abs. 2, §§ 82, 83 Abs. 1, 2, §§ 85, 116, 124 Abs. 3 des Gewerbe-Unfallversicherungsgesetzes, § 79 Abs. 2, §§ 88, 89 Abs. 1, 2, §§ 91, 124, 130 Abs. 3 des Unfallversicherungsgesetzes für Land- und Forstwirthschaft, § 78 Abs. 2, §§ 86, 87, Abs. 1, 2, §§ 89, 122 Abs. 1, § 126 Abs. 3 des See-Unfallversicherungsgesetzes.

Beschlüsse, durch welche Rekurse ohne mündliche Verhandlung zurückgewiesen werden (Gewerbe-Unfallversicherungsgesetz § 81 Abs. 1, Unfallversicherungsgesetz für Land- und Forstwirthschaft § 87 Abs. 1, See-Unfallversicherungsgesetz § 85 Abs. 1) erfolgen in der Besetzung mit drei Mitgliedern, unter denen sich je ein Vertreter der Arbeitgeber und der Versicherten befinden muß.

Die Vertreter der Arbeitgeber und der Versicherten sind, sofern es sich nicht um allgemeine Angelegenheiten handelt, nur zu denjenigen Verhandlungen zuzuziehen, bei denen es sich um Angelegenheiten der Berufsgenossenschaften handelt, für welche sie gewählt sind.

§ 17. Will ein Senat des Reichs-Versicherungsamts in einer grundsätzlichen Rechtsfrage von der Entscheidung eines anderen Senats abweichen, so ist die Sache zur Entscheidung an einen erweiterten Senat zu verweisen. Dieser entscheidet unter dem Vorsitze des Präsidenten des Reichs-Versicherungsamts in der Besetzung mit zwei nichtständigen Mitgliedern des Reichs-Versicherungsamts aus den vom Bundesrathe gewählten Mitgliedern, zwei ständigen Mitgliedern, zwei richterlichen Beamten und je zwei Vertretern der Arbeitgeber und der Arbeitnehmer. An Stelle der vom Bundesrathe gewählten Mitglieder können ständige Mitglieder des Reichs-Versicherungsamts zugezogen werden.

Das Gleiche gilt, wenn ein Senat von der Entscheidung des erweiterten Senats abweichen will.

§ 18. In folgenden Angelegenheiten:

1. bei der Vorbereitung der Beschlußfassung des Bundesraths über die Bestimmung, welche Betriebe mit besonderer Unfallgefahr nicht verbunden und deshalb nicht versicherungspflichtig sind (§ 1 Abs. 3 des Gewerbe-Unfallversicherungsgesetzes);
2. bei der Vorbereitung der Beschlußfassung des Bundesraths über die Genehmigung von Veränderungen des Bestandes der Berufsgenossenschaften (§ 52 a. a. O., § 62 des Unfallversicherungsgesetzes für Land- und Forstwirthschaft), über die Auflösung einer leistungsunfähigen Genossenschaft (§ 54 des Gewerbe-Unfallversicherungsgesetzes, § 64 des Unfallversicherungsgesetzes für Land- und Forstwirthschaft, § 57 des See-Unfallversicherungsgesetzes);
3. bei der Beschlußfassung über die Genehmigung von Vorschriften zur Verhütung von Unfällen (§ 112 des Gewerbe-Unfallversicherungsgesetzes, § 120 des Unfallversicherungsgesetzes für Land- und Forstwirthschaft, § 118 des See-Unfallversicherungsgesetzes)

ist mindestens je ein nichtständiges Mitglied aus den Vertretern der Arbeitgeber und der Versicherten zuzuziehen.

§ 19. Die Kosten des Reichs-Versicherungsamts und des Verfahrens vor demselben trägt das Reich.

Das Reichs-Versicherungsamt ist befugt, den Betheiligten solche Kosten des Verfahrens zur Last zu legen, welche durch Muthwillen oder durch ein auf Verschleppung oder Irreführung berechnetes Verhalten derselben veranlaßt worden sind.

Die nichtständigen Mitglieder erhalten für die Theilnahme an den Arbeiten und Sitzungen des Reichs-Versicherungsamts eine nach dem Jahresbetrage festzusetzende Vergütung, und diejenigen, welche außerhalb Berlins wohnen, außerdem Ersatz der Kosten der Hin- und Rückreise nach den für die vortragenden Räthe der obersten Reichsbehörden geltenden Sätzen (Verordnung vom 21. Juni 1875, Reichs-Gesetzbl. S. 249). Die Bestimmungen im § 16 des Gesetzes, betreffend die Rechtsverhältnisse der Reichsbeamten, vom 31. März 1873 (Reichs-Gesetzbl. S. 61) finden auf sie keine Anwendung.

Im Uebrigen werden die Formen des Verfahrens und der Geschäftsgang des Reichs-Versicherungamts durch Kaiserliche Verordnung oder Zustimmung des Bundesraths geregelt.

Regelung des Gebührenwesens.

§ 20. Die Gebühren der Rechtsanwälte im Verfahren vor den Schiedsgerichten und dem Reichs-Versicherungsamte werden durch Kaiserliche Verordnung mit Zustimmung des Bundesraths, die Gebühren im Verfahren vor den Landes-Versicherungsämtern von den Landesregierungen festgesetzt.

Eine Vereinbarung über höhere Beträge ist nichtig.

Landes-Versicherungsämter.

§ 21. In den einzelnen Bundesstaaten können für das Gebiet und auf Kosten derselben Landes-Versicherungsämter errichtet werden.

Die Wirksamkeit des Landes-Versicherungsamts beschränkt sich auf Berufsgenossenschaften, welche nur solche Betriebe umfassen, deren Sitz im Gebiete des betreffenden Bundesstaats belegen ist.

§ 22. Das Landes-Versicherungsamt besteht aus ständigen und nichtständigen Mitgliedern.

Die ständigen Mitglieder werden von dem Landesherrn des betreffenden Bundesstaats auf Lebenszeit ernannt. Von den nichtständigen Mitgliedern werden in getrennter Wahlhandlung unter Leitung des Landes-Versicherungsamts mittelst schriftlicher Abstimmung vier als Vertreter der Arbeitgeber und vier als Vertreter der Versicherten und zwar in der Art gewählt, daß aus jeder Kategorie mindestens zwei auf die Land- und Forstwirthschaft und, soweit sonstige Träger der Unfallversicherung unter der Aufsicht des Landes-Versicherungsamts stehen, auf diese Träger mindestens je einer entfallen.

Die Wahl erfolgt unter entsprechender Anwendung der Vorschriften des § 11 Abs. 5, der §§ 12, 13, 14 Abs. 1, 2 mit der Maßgabe, daß an die Stelle des Bundesraths die Landes-Zentralbehörde tritt. Jedoch nehmen an der Wahl der Vertreter der Arbeitgeber nur die Vorstände derjenigen Berufsgenossenschaften Theil, welche Betriebe, deren Sitz im Gebiet eines anderen Bundesstaats belegen ist, nicht umfassen, sowie die auf das Gebiet des Bundesstaats beschränkten Ausführungsbehörden, und an der Wahl der Vertreter der Versicherten nehmen nur die Beisitzer derjenigen Schiedsgerichte Theil, deren Sitz im Gebiete des Bundesstaats belegen ist.

Umfaßt der Wirkungskreis des Landes-Versicherungsamts außer land- und forstwirthschaftlichen Betrieben nur noch Ausführungsbehörden für Bauarbeiten, so brauchen demselben als nichtständige Mitglieder nur je zwei Vertreter der Land- und Forstwirthschaft anzugehören.

Das Stimmenverhältniß der einzelnen Wahlkörper bestimmt die Landesregierung unter Berücksichtigung der Zahl der bei den betreffenden Genossenschaften und Ausführungsbehörden versicherten Personen.

Die Enthebung eines Vertreters der Arbeitgeber oder der Versicherten (§ 14 Abs. 3) erfolgt durch das Landes-Versicherungsamt.

Die Bestimmungen der §§ 16, 18, 19 Abs. 2 finden auf das Landes-Versicherungsamt entsprechende Anwendung.

Im Uebrigen regelt die Landesregierung die Formen des Verfahrens und den Geschäftsgang bei dem Landes-Versicherungsamte sowie die den nichtständigen Mitgliedern zu gewährende Vergütung.

Weitere Einrichtungen der Berufsgenossenschaften.

§ 23. Die Berufsgenossenschaften sind berechtigt, Einrichtungen zu treffen

1. zur Versicherung der Betriebsunternehmer und der ihnen in Bezug auf Haftpflicht gleichgestellten Personen gegen Haftpflicht;

2. zur Errichtung von Rentenzuschuß- und Pensionskassen für Betriebsbeamte sowie für die Mitglieder der Berufsgenossenschaft, die bei ihr versicherten Personen und die Beamten der Berufsgenossenschaft sowie für die Angehörigen dieser Personen.

Die Theilnahme an diesen Einrichtungen ist freiwillig. Soweit es sich um Haftpflichtansprüche aus der reichsgesetzlichen Unfallversicherung handelt, darf bei der Einrichtung unter 1 nicht mehr als zwei Drittel durch Versicherung gedeckt werden.

Beschlüsse der Genossenschaftsversammlung, durch welche Einrichtungen der im Abs. 1 bezeichneten Art getroffen werden, sowie die hierfür erlassenen Statuten und deren Abänderung bedürfen der Genehmigung des Bundesraths.

Die Berufsgenossenschaften unterliegen auch in Bezug auf diese Einrichtungen der Aufsicht des Reichs-Versicherungsamts.

Uebergangsbestimmung.

§ 24. Die Wahlperiode der nach den bisherigen Bestimmungen gewählten Vertreter der Versicherten und nichtständigen Mitglieder des Reichs-Versicherungsamts sowie der Landes-Versicherungsämter und die Wahlperiode ihrer Stellvertreter endet mit dem 1. Januar 1902. Die Ausscheidenden bleiben jedoch solange im Amte, bis die nach den neuen Bestimmungen an deren Stelle Gewählten ihr Amt angetreten haben.

Gesetzeskraft.

§ 25. Der Zeitpunkt, von welchem ab

1. die im § 3 bezeichneten Schiedsgerichte an die Stelle der bisherigen nach Berufsgenossenschaften errichteten Schiedsgerichte treten;
2. die Unfallversicherung für solche Betriebszweige in Kraft tritt, welche durch §§ 1, 2 des Gewerbe-Unfallversicherungsgesetzes und durch §§ 152 ff. des See-Unfallversicherungsgesetzes der Unfallversicherung neu unterstellt sind,

wird mit Zustimmung des Bundesraths durch Kaiserliche Verordnung bestimmt.

Die Bestimmungen des § 20 dieses Gesetzes, der §§ 25 bis 27 des Gewerbe-Unfallversicherungsgesetzes, der §§ 30 bis 32, 51, 53 Abs. 3, §§ 57, 107, 108, 109 des Unfallversicherungsgesetzes für Land- und Forstwirthschaft sowie der §§ 29 bis 31, 49, 104 des See-Unfallversicherungsgesetzes treten erst am 1. Januar 1902 an die Stelle der bisherigen Bestimmungen.

Im Uebrigen tritt dieses Gesetz am 1. Oktober 1900 in Kraft.

§ 26. Sofern bis zum 1. Januar 1902 die Statuten einer Berufsgenossenschaft die nach dem gegenwärtigen Gesetz erforderlichen Aenderungen nicht rechtzeitig erfahren sollten, werden diese Abänderungen durch das Reichs-Versicherungsamt von Aufsichtswegen vollzogen.

§ 27. Die Bestimmungen dieses Gesetzes insoweit sie für die Berechtigten günstiger sind, finden auch Anwendung auf die erste Feststellung von Entschädigungsansprüchen aus Unfällen, welche sich vor dem Inkrafttreten dieses Gesetzes ereignet haben, sofern diese Ansprüche bereits nach den bisherigen Unfallversicherungsgesetzen begründet waren und zu jenem Zeitpunkt über dieselben noch nicht rechtskräftig entschieden ist.

§ 28. Der Reichskanzler wird ermächtigt, den Text der Unfallversicherungsgesetze unter fortlaufender Nummernfolge der Paragraphen jedes einzelnen dieser Gesetze durch das Reichs-Gesetzblatt bekannt zu machen.

---

12. ## 5. Gewerbe-Unfallversicherungsgesetz.

(R.G.Bl. S. 585.)

I. Allgemeine Bestimmungen.

Umfang der Versicherung.

§ 1. Alle Arbeiter und Betriebsbeamte, letztere sofern ihr Jahresarbeitsverdienst an Lohn oder Gehalt dreitausend Mark nicht übersteigt, werden nach Maßgabe dieses Gesetzes gegen die Folgen der bei dem Betriebe sich ereignenden Unfälle versichert, wenn sie beschäftigt sind:

1. in Bergwerken, Salinen, Aufbereitungsanstalten, Steinbrüchen, Gräbereien (Gruben), auf Werften und Bauhöfen sowie in Fabriken, gewerblichen Brauereien und Hüttenwerken;
2. in Gewerbebetrieben, welche sich auf die Ausführung von Maurer-, Zimmer-, Dachdecker-, oder sonstigen durch Beschluß des Bundesraths für versicherungspflichtig erklärten Bauarbeiten oder von Steinhauer-, Schlosser-, Schmiede- oder Brunnenarbeiten erstrecken, sowie im Schornsteinfeger-, Fensterputzer- und Fleischergewerbe;
3. im gesammten Betriebe der Post-, Telegraphen- und Eisenbahnverwaltungen sowie in Betrieben der Marine- und Heeresverwaltungen und zwar einschließlich der Bauten, welche von diesen Verwaltungen für eigene Rechnung ausgeführt werden;
4. im gewerbsmäßigen Fuhrwerks-, Binnenschiffahrts-, Flößerei-, Prahm- und Fährbetriebe, im Gewerbebetriebe des Schiffsziehens (Treidelei) sowie im Baggereibetriebe;
5. im gewerbsmäßigen Speditions-, Speicher-, Lagerei- und Kellereibetriebe;
6. im Gewerbebetriebe der Güterpacker, Güterlader, Schaffer, Bracker, Wäger, Messer, Schauer und Stauer;
7. in Lagerungs-, Holzfällungs- oder der Beförderung von Personen oder Gütern dienenden Betrieben, wenn sie mit einem Handelsgewerbe, dessen Inhaber im Handelsregister eingetragen steht, verbunden sind.

Auf Personen in land- und forstwirthschaftlichen Nebenbetrieben (§ 1 Abs. 2, 3 des Unfallversicherungsgesetzes für Land- und Forstwirthschaft findet dieses Gesetz keine Anwendung.

Für Betriebe, welche mit besonderer Unfallgefahr für die darin beschäftigten Personen nicht verknüpft sind, kann durch Beschluß des Bundesraths die Versicherungspflicht ausgeschlossen werden.

§ 2. Den Betriebsbeamten im Sinne dieses Gesetzes werden Werkmeister und Techniker gleichgestellt.

Den Fabriken im Sinne dieses Gesetzes gelten alle Betriebe gleich, für welche Dampfkessel oder durch elementare Kraft (Wind, Wasser, Dampf, Gas, heiße Luft, Elektrizität u. s. w.) oder durch thierische Kraft bewegte Triebwerke nicht blos vorübergehend zur Anwendung kommen.

Im Uebrigen gelten als Fabriken im Sinne dieses Gesetzes insbesondere diejenigen Betriebe, in welchen die Bearbeitung oder Verarbeitung von Gegenständen gewerbsmäßig ausgeführt wird und zu diesem Zwecke mindestens zehn Arbeiter regelmäßig beschäftigt werden, sowie Betriebe, in welchen Explosivstoffe oder explodirende Gegenstände gewerbsmäßig erzeugt werden.

Welche Betriebe außerdem als Fabriken im Sinne dieses Gesetzes anzusehen sind, bestimmt das Reichs-Versicherungsamt.

Auf gewerbliche Anlagen, Eisenbahn- und Schiffahrtsbetriebe, welche wesentliche Bestandtheile eines der vorbezeichneten oder der im § 1 bezeichneten Betriebe sind, finden die Bestimmungen dieses Gesetzes ebenfalls Anwendung.

§ 3. Die Versicherung erstreckt sich auf häusliche und andere Dienste, zu denen versicherte Personen neben der Beschäftigung im Betriebe von ihren Arbeitgebern oder von deren Beauftragten herangezogen werden.

§ 4. Der Reichskanzler wird ermächtigt, unter Zustimmung des Bundesraths mit den Regierungen solcher Staaten, die für Arbeiter und Betriebsbeamte eine der deutschen Unfallversicherung entsprechende Fürsorge durchgeführt haben, im Falle der Gegenseitigkeit Abkommen zu schließen, durch welche die Anwendung dieses Gesetzes

1. auf Betriebe im Inlande, welche Bestandtheile eines ausländischen Betriebs darstellen, ausgeschlossen,
2. auf Betriebe im Auslande, welche Bestandtheile eines versicherungspflichtigen inländischen Betriebs darstellen, erstreckt wird.

§ 5. Durch Statut (§ 37) kann die Versicherungspflicht erstreckt werden:

a) auf Betriebsunternehmer, deren Jahresarbeitsverdienst dreitausend Mark nicht übersteigt, oder welche nicht regelmäßig mehr als zwei Lohnarbeiter beschäftigen;
b) ohne Rücksicht auf die Zahl der von ihnen beschäftigten Lohnarbeiter auf solche Unternehmer eines in den §§ 1 und 2 bezeichneten Betriebs, welche in eigenen Betriebsstätten im Auftrag und für Rechnung anderer Gewerbetreibenden mit der Herstellung oder Bearbeitung gewerblicher Erzeugnisse beschäftigt werden (Hausgewerbetreibende), und zwar auch dann, wenn sie die Roh- und Hülfsstoffe selbst beschaffen;

c) auf Betriebsbeamte mit einem dreitausend Mark übersteigenden Jahresarbeitsverdienste. Bei der Versicherung von Betriebsbeamten ist, vorbehaltlich der Bestimmungen des § 10 Abs. 1, der volle Jahresarbeitsverdienst zu Grunde zu legen.

Betriebsunternehmer, deren Jahresarbeitsverdienst dreitausend Mark nicht übersteigt, oder welche nicht regelmäßig mehr als zwei Lohnarbeiter beschäftigen, sind berechtigt, gegen die Folgen von Betriebsunfällen sich selbst zu versichern. Durch Statut kann diese Berechtigung auf Unternehmer mit einem höheren Jahresarbeitsverdienst erstreckt werden.

Durch Statut kann ferner bestimmt werden, daß und unter welchen Bedingungen gegen die Folgen der bei dem Betrieb oder Dienste sich ereignenden Unfälle versichert werden können

a) im Betriebe beschäftigte, aber nach §§ 1 oder 2 nicht versicherte Personen durch den Betriebsunternehmer;
b) nicht im Betriebe beschäftigte, aber die Betriebsstätte besuchende oder auf derselben verkehrende Personen durch den Betriebsunternehmer oder den Vorstand der Berufsgenossenschaft (§ 28);
c) Organe und Beamte der Berufsgenossenschaft durch deren Vorstand.

§ 6. Als Gehalt oder Lohn im Sinne dieses Gesetzes gelten auch Tantiemen, Naturalbezüge und sonstige Bezüge, welche den Versicherten, wenn auch nur gewohnheitsmäßig, gewährt werden und ganz oder theilweise an Stelle des Gehalts oder Lohnes treten. Der Werth der Naturalbezüge ist nach Ortsdurchschnittspreisen in Ansatz zu bringen. Dieselben werden von der unteren Verwaltungsbehörde festgesetzt.

Beamte und Personen des Soldatenstandes.

§ 7. Auf die im § 1 des Gesetzes, betreffend die Fürsorge für Beamte und Personen des Soldatenstandes in Folge von Betriebsunfällen, vom 15. März 1886 (Reichs-Gesetzbl. S. 53) bezeichneten Personen, auf Beamte, welche in Betriebsverwaltungen eines Bundesstaats oder eines Kommunalverbandes mit festem Gehalt und Pensionsberechtigung angestellt sind, sowie auf andere Beamte eines Bundesstaats oder Kommunalverbandes, für welche die im § 12 a. a. O. vorgesehene Fürsorge in Kraft getreten ist, findet dieses Gesetz keine Anwendung.

Gegenstand der Versicherung und Umfang der Entschädigung.

§ 8. Gegenstand der Versicherung ist der nach Maßgabe der nachfolgenden Bestimmungen zu bemessende Ersatz des Schadens, welcher durch Körperverletzung oder Tödtung entsteht.

Dem Verletzten und seinen Hinterbliebenen steht ein Anspruch nicht zu, wenn er den Unfall vorsätzlich herbeigeführt hat. Der Anspruch kann ganz oder theilweise abgelehnt werden, wenn der Verletzte den Unfall bei Begehung eines durch strafgerichtliches Urtheil festgestellten Verbrechens oder vorsätzlichen Vergehens sich zugezogen hat. In Fällen der letzteren Art, kann die Rente, sofern der Verletzte im Inlande wohnende Angehörige hat, welche im Falle seines Todes Anspruch auf Rente haben würden, ganz oder theilweise den Angehörigen überwiesen werden.

Die Ablehnung kann, auch ohne daß die vorgesehene Feststellung durch strafgerichtliches Urtheil stattgefunden hat, erfolgen, falls diese Feststellung wegen des Todes oder der Abwesenheit des Betreffenden oder aus einem anderen in seiner Person liegenden Grunde nicht erfolgen kann.

§ 9. Im Falle der Verletzung werden als Schadensersatz vom Beginne der vierzehnten Woche nach Eintritt des Unfalls ab gewährt:

1. freie ärztliche Behandlung, Arznei und sonstige Heilmittel sowie die zur Sicherung des Erfolges des Heilverfahrens und zur Erleichterung der Folgen der Verletzung erforderlichen Hülfsmittel (Krücken, Stützapparate und dergleichen);
2. eine Rente für die Dauer der Erwerbsunfähigkeit.

Die Rente beträgt:

a) im Falle völliger Erwerbsunfähigkeit für die Dauer derselben sechsundsechzigzweidrittel Prozent des Jahresarbeitsverdienstes (Vollrente);
b) im Falle theilweiser Erwerbsunfähigkeit für die Dauer derselben denjenigen Theil der Vollrente, welcher dem Maße der durch den Unfall herbeigeführten Einbuße an Erwerbsfähigkeit entspricht (Theilrente).

Ist der Verletzte in Folge des Unfalls nicht nur völlig erwerbsunfähig, sondern auch derart hülflos geworden, daß er ohne fremde Wartung und Pflege nicht bestehen kann, so ist für die Dauer dieser Hülflosigkeit die Rente bis zu hundert Prozent des Jahresarbeitsverdienstes zu erhöhen.

War der Verletzte zur Zeit des Unfalles bereits dauernd völlig erwerbsunfähig, so beschränkt sich der zu leistende Schadensersatz auf die im Abs. 1 Ziffer 1 bezeichneten Leistungen. Wird ein solcher Verletzter in Folge des Unfalls derart hülflos, daß er ohne fremde Wartung und Pflege nicht bestehen kann, so ist eine Rente bis zur Hälfte der Vollrente zu gewähren.

Solange der Verletzte aus Anlaß des Unfalls thatsächlich und unverschuldet arbeitslos ist, kann der Genossenschaftsvorstand die Theilrente bis zum Betrage der Vollrente vorübergehend erhöhen.

§ 10. Die Rente ist nach Maßgabe desjenigen Jahresarbeitsverdienstes zu berechnen, den der Verletzte während des letzten Jahres seiner Beschäftigung in dem Betrieb an Gehalt oder Lohn (§ 6) bezogen hat, wobei der fünfzehnhundert Mark übersteigende Betrag nur mit einem Drittel zur Anrechnung kommt.

Als Jahresarbeitsverdienst gilt, soweit sich derselbe nicht aus mindestens wochenweise fixirten Beträgen zusammensetzt, das Dreihundertfache des durchschnittlichen täglichen Arbeitsverdienstes. Für versicherte Personen in Betrieben, in welchen die übliche Betriebsweise eine höhere oder eine niedrigere Zahl von Arbeitstagen ergiebt, wird diese Zahl statt der Zahl dreihundert der Berechnung des Jahresarbeitsverdienstes zu Grunde gelegt.

War der Verletzte in dem Betriebe vor dem Unfalle nicht ein volles Jahr, von dem Unfalle zurückgerechnet, beschäftigt, so ist die Rente nach demjenigen Jahresarbeitsverdienste zu berechnen, welchen während dieses Zeitraums versicherte Personen derselben Art in demselben Betrieb oder in benachbarten gleichartigen Betrieben bezogen haben. Ist dies nicht möglich, so ist der dreihundertfache Betrag desjenigen Arbeitslohns zu

Grunde zu legen, welchen der Verletzte während des letzten Jahres vor dem Unfall an denjenigen Tagen, an welchen er beschäftigt war, im Durchschnitte bezogen hat.

Bei versicherten Personen, welche keinen Lohn oder weniger als den dreihundertfachen Betrag des für ihren Beschäftigungsort festgestellten ortsüblichen Tagelohns gewöhnlicher erwachsener Tagearbeiter beziehen (§ 8 des Krankenversicherungsgesetzes), gilt als Jahresarbeitsverdienst das Dreihundertfache dieses ortsüblichen Tagelohns.

In den Fällen des Abs. 4 ist bei Berechnung der Rente für Personen, welche vor dem Unfalle bereits theilweise erwerbsunfähig waren, derjenige Theil des ortsüblichen Tagelohns zu Grunde zu legen, welcher dem Maße der bisherigen Erwerbsfähigkeit entspricht.

§ 11. Die Berufsgenossenschaft ist befugt, der Krankenkasse, welcher der Verletzte angehört oder zuletzt angehört hat, gegen Ersatz der ihr dadurch erwachsenden Kosten die Fürsorge für den Verletzten über den Beginn der vierzehnten Woche hinaus bis zur Beendigung des Heilverfahrens in demjenigen Umfange zu übertragen, welchen die Berufsgenossenschaft für geboten erachtet. Zu ersetzen ist bei Gewährung der im § 6 Abs. 1 Ziffer 1 des Krankenversicherungsgesetzes bezeichneten Leistungen die Hälfte, bei Unterbringung des Verletzten in ein Krankenhaus oder in eine Anstalt für Genesende das Einundeinhalbfache des in jenem Gesetze bestimmten Mindestbetrags des Krankengeldes, sofern nicht höhere Aufwendungen nachgewiesen werden.

Die Bestimmungen der §§ 76b bis 76d des Krankenversicherungsgesetzes finden auch auf Knappschaftskassen (§ 74 a. a. O.) Anwendung. Haben Knappschaftskassen, sonstige Krankenkassen oder Verbände von Krankenkassen Heilanstalten errichtet, in welchen ausreichende Einrichtungen für die Heilung der durch Unfall herbeigeführten Verletzungen getroffen sind, so kann die Landes-Zentralbehörde anordnen, daß die Mitglieder der betreffenden Kassen bis zum Beginne der vierzehnten Woche nach Eintritt des Unfalls nur mit Genehmigung der Vorstände dieser Kassen oder Kassenverbände in andere Heilanstalten untergebracht werden dürfen.

Verletzte Personen, welche auf Veranlassung von Knappschaftskassen, sonstigen Krankenkassen, Verbänden von Krankenkassen oder von Organen der Berufsgenossenschaften in eine Heilanstalt untergebracht sind, dürfen während des Heilverfahrens in andere Heilanstalten nur mit ihrer Zustimmung übergeführt werden. Diese Zustimmung kann durch die untere Verwaltungsbehörde des Aufenthaltsorts ergänzt werden.

Als Krankenkassen im Sinne der vorstehenden Bestimmungen sowie der §§ 76b bis 76d des Krankenversicherungsgesetzes gelten außer der Gemeinde-Krankenversicherung auch diejenigen Hülfskassen, welche die im § 75a a. a. O. vorgesehene amtliche Bescheinigung besitzen.

§ 12. Vom Beginne der fünften Woche nach Eintritt des Unfalls bis zum Ablaufe der dreizehnten Woche ist das Krankengeld, welches den durch einen Betriebsunfall verletzten Personen auf Grund des Krankenversicherungsgesetzes gewährt wird, auf mindestens zwei Drittel des bei der Berechnung desselben zu Grunde gelegten Arbeitslohns zu bemessen.

Die Differenz zwischen diesen zwei Dritteln und dem gesetzlich oder statutengemäß zu gewährenden niedrigeren Krankengeld ist der betheiligten Krankenkasse (Gemeinde-Krankenversicherung) von dem Unternehmer desjenigen Betriebs zu ersetzen, in welchem der Unfall sich ereignet hat. Die zur Ausführung dieser Bestimmung erforderlichen Vorschriften erläßt das Reichsversicherungsamt.

Den nach §§ 1 oder 2 versicherten Arbeitern und Betriebsbeamten, letzteren bei einem Jahresarbeitsverdienste bis zu zweitausend Mark, welche nicht nach den Bestimmungen des Krankenversicherungsgesetzes versichert sind, hat der Betriebsunternehmer die in den §§ 6, 7 des Krankenversicherungsgesetzes vorgesehenen Unterstützungen einschließlich des aus dem vorhergehenden Absatze sich ergebenden Mehrbetrags für die ersten dreizehn Wochen aus eigenen Mitteln zu gewähren. Die Berufsgenossenschaft kann die dem Unternehmer obliegenden Leistungen ganz oder theilweise statt desselben übernehmen. Der Unternehmer hat in diesem Falle der Berufsgenossenschaft Ersatz zu leisten. Dabei gilt als Ersatz der im § 9 Abs. 1 Ziffer 1 bezeichneten Leistungen die Hälfte desjenigen Krankengeldes, welches dem Verletzten nach § 6 Abs. 1 Ziffer 2 des Krankenversicherungsgesetzes zustehen würde, wenn er nach dessen Bestimmungen versichert wäre.

§ 13. Wenn der aus der Krankenversicherung oder aus der Bestimmung des § 12 Abs. 2 erwachsende Anspruch auf Krankengeld vor dem Ablaufe von dreizehn Wochen nach Eintritt des Unfalls weggefallen, aber bei dem Verletzten eine noch über die dreizehnte Woche hinaus andauernde Beschränkung der Erwerbsfähigkeit zurückgeblieben ist, so hat die Berufsgenossenschaft dem Verletzten die Unfallrente (§ 9 Abs. 2 lit. b) schon von dem Tage ab zu gewähren, an welchem der Anspruch auf Krankengeld in Wegfall kommt. Erachtet die Berufsgenossenschaft die Voraussetzungen des Anspruchs schon vor dem Ablaufe der dreizehnten Woche nach dem Unfalle für gegeben, so hat sie die Rente zu diesem früheren Zeitpunkte festzustellen.

Durch Statut kann bestimmt werden, daß die Rente nach dem Wegfalle des Anspruchs auf Krankengeld auch dann zu gewähren ist, wenn nach jenem Zeitpunkte zwar noch eine Beschränkung der Erwerbsfähigkeit in Folge des Unfalls verblieben ist, aber voraussichtlich schon vor Ablauf der dreizehnten Woche nach dem Unfalle fortfallen wird.

Hat die Krankenkasse die ihr aus der Krankenversicherung, oder hat der Betriebsunternehmer die ihm aus § 12 Abs. 2 obliegenden Leistungen vor dem Ablaufe der dreizehnten Woche zu Unrecht eingestellt, so geht der Anspruch des Verletzten auf Krankengeld auf die Berufsgenossenschaft bis zu demjenigen Betrag über, welcher der gemäß Abs. 1, 2 gewährten Entschädigung gleichkommt.

§ 14. Streitigkeiten, welche aus Anlaß der in § 11 Abs. 1, §§ 12, 13 Abs. 3 enthaltenen Bestimmungen unter den Betheiligten entstehen, werden, wenn es sich um Ersatzansprüche handelt, nach § 58 Abs. 2 des Krankenversicherungsgesetzes, im Uebrigen nach § 58 Abs. 1 des Krankenversicherungsgesetzes entschieden, und zwar in den Fällen des § 12 Abs. 2 von der für die Ortskrankenkassen des Beschäftigungsorts zuständigen Aufsichtsbehörde Gehört diese zu den Betheiligten, so wird die zur Entscheidung des Streitfalls berufene Behörde durch die für den Beschäftigungsort zuständige höhere Verwaltungsbehörde bestimmt.

§ 15. Im Falle der Tödtung ist als Schadensersatz außerdem zu leisten:

1. als Sterbegeld der fünfzehnte Theil des nach § 10 Abs. 1 bis 4 zu Grunde zu legenden Jahresarbeitsverdienstes, jedoch mindestens ein Betrag von fünfzig Mark;
2. eine den Hinterbliebenen vom Todestage des Verstorbenen ab zu gewährende Rente. Dieselbe besteht nach näherer Bestimmung der §§ 16 bis 20 in einem Bruchtheile seines nach § 10 Abs. 1 bis 4 ermittelten Jahresarbeitsverdienstes.

Ist der der Berechnung zu Grunde zu legende Jahresarbeitsverdienst in Folge eines früher erlittenen, nach den reichsgesetzlichen Bestimmungen über Unfallversicherung entschädigten Unfalls geringer als der vor diesem Unfalle bezogene Lohn, so ist die aus Anlaß des früheren Unfalls bei Lebzeiten bezogene Rente dem Jahresarbeitsverdienste bis zur Höhe des der früheren Rentenfeststellung zu Grunde gelegten Jahresarbeitsverdienstes hinzuzurechnen.

§ 16. Hinterläßt der Verstorbene eine Wittwe oder Kinder, so beträgt die Rente für die Wittwe bis zu deren Tode oder Wiederverheirathung sowie für jedes hinterbliebene Kind bis zu dessen zurückgelegtem fünfzehnten Lebensjahre je zwanzig Prozent des Jahresarbeitsverdienstes.

Im Falle der Wiederverheirathung erhält die Wittwe sechzig Prozent des Jahresarbeitsverdienstes als Abfindung.

Der Anspruch der Wittwe ist ausgeschlossen, wenn die Ehe erst nach dem Unfalle geschlossen worden ist; die Berufsgenossenschaft kann jedoch in besonderen Fällen auch dann eine Wittwenrente gewähren.

Die Bestimmungen über die Renten der Kinder finden auch Anwendung, wenn der Unfall eine alleinstehende weibliche Person betroffen hat und diese mit Hinterlassung von Kindern verstirbt.

§ 17. War die Verstorbene beim Eintritte des Unfalls verheirathet, aber der Lebensunterhalt ihrer Familie wegen Erwerbsunfähigkeit des Ehemanns ganz oder überwiegend durch sie bestritten worden, so erhalten bis zum Wegfalle der Bedürftigkeit an Rente

a) der Wittwer zwanzig Prozent,
b) jedes hinterbliebene Kind bis zu dessen zurückgelegtem fünfzehnten Lebensjahre zwanzig Prozent des Arbeitsverdienstes.

Die Berufsgenossenschaft ist berechtigt, im Falle der Tödtung einer Ehefrau, deren Ehemann sich ohne gesetzlichen Grund von der häuslichen Gemeinschaft ferngehalten und der Pflicht der Unterhaltung der Kinder entzogen hat, diesen Kindern die Rente zu gewähren.

§ 18. Hinterläßt der Verstorbene Verwandte der aufsteigenden Linie, so wird ihnen, falls ihr Lebensunterhalt ganz oder überwiegend durch den Verstorbenen bestritten worden war bis zum Wegfalle der Bedürftigkeit eine Rente von insgesammt zwanzig Prozent des Jahresarbeitsverdienstes gewährt.

§ 19. Hinterläßt der Verstorbene elternlose Enkel, so wird ihnen, falls ihr Lebensunterhalt ganz oder überwiegend durch den Verstorbenen bestritten worden war, im Falle der Bedürftigkeit bis zum zurückgelegten fünfzehnten Lebensjahr eine Rente von insgesammt zwanzig Prozent des Jahresarbeitsverdienstes gewährt.

§ 20. Die Renten der Hinterbliebenen dürfen insgesammt sechzig Prozent des Jahresarbeitsverdienstes nicht übersteigen. Ergiebt sich ein höherer Betrag, so werden die Renten gekürzt. Bei Ehegatten und Kindern erfolgt die Kürzung im Verhältnisse der Höhe ihrer Renten; Verwandte der aufsteigenden Linie haben einen Anspruch nur insoweit, als der Höchstbetrag der Renten nicht für Ehegatten oder Kinder in Anspruch genommen wird; Enkel nur insoweit, als der Höchstbetrag der Renten nicht für Ehegatten, Kinder oder Verwandte der aufsteigenden Linie in Anspruch genommen wird.

Sind aus der aufsteigenden Linie Verwandte verschiedenen Grades vorhanden, so wird die Rente den Eltern vor den Großeltern gewährt.

§ 21. Die Hinterbliebenen eines Ausländers, welche zur Zeit des Unfalls nicht im Inland ihren gewöhnlichen Aufenthalt hatten, haben keinen Anspruch auf die Rente. Durch Beschluß des Bundesraths kann diese Bestimmung für bestimmte Grenzgebiete sowie für die Angehörigen solcher auswärtigen Staaten, durch deren Gesetzgebung eine entsprechende Fürsorge für die Hinterbliebenen durch Betriebsunfall getödteter Deutscher gewährleistet ist, außer Kraft gesetzt werden.

§ 22. An Stelle der in den §§ 9 und 12 vorgeschriebenen Leistungen kann von der Berufsgenossenschaft freie Kur und Verpflegung in einer Heilanstalt gewährt werden, und zwar:

1. für Verletzte, welche verheirathet sind oder eine eigene Haushaltung haben oder Mitglieder der Haushaltung ihrer Familie sind, mit ihrer Zustimmung. Der Zustimmung bedarf es nicht, wenn die Art der Verletzung Anforderungen an die Behandlung oder Verpflegung stellt, denen in der Familie nicht genügt werden kann, oder wenn der für den Aufenthaltsort des Verletzten amtlich bestellte Arzt bezeugt, daß Zustand oder Verhalten des Verletzten eine fortgesetzte Beobachtung erfordert;
2. für sonstige Verletzte in allen Fällen.

Hat die Berufsgenossenschaft von dieser Befugniß in den Fällen des § 12 Abs. 2 Gebrauch gemacht, so hat der Betriebsunternehmer als Ersatz für die freie Kur und Verpflegung der Berufsgenossenschaft das Einundeinhalbfache des im § 12 Abs. 2 bezeichneten Krankengeldes zu vergüten. Auf Streitigkeiten, welche aus Anlaß dieser Bestimmung zwischen der Berufsgenossenschaft und dem Betriebsunternehmer entstehen, findet der § 14 Anwendung.

Für die Zeit der Verpflegung des Verletzten in der Heilanstalt steht seinen Angehörigen ein Anspruch auf Rente insoweit zu, als sie dieselbe im Falle seines Todes würden beanspruchen können (§§ 16 ff.).

Die Berufsgenossenschaften sind befugt, auf Grund statutarischer Bestimmung allgemein, ohne eine solche im Falle der Bedürftigkeit, dem in einer Heilanstalt untergebrachten Verletzten sowie seinen Angehörigen eine besondere Unterstützung zu gewähren.

§ 23. Ist begründete Annahme vorhanden, daß der Empfänger einer Unfallrente bei Durchführung eines Heilverfahrens eine Erhöhung seiner Erwerbsfähigkeit erlangen werde, so kann die Berufsgenossenschaft zu diesem Zwecke jederzeit ein neues Heilverfahren eintreten lassen. Dabei finden die Bestimmungen der §§ 11, 22 Abs. 1, 3, 4 Anwendung.

Hat sich der Verletzte solchen Maßnahmen der Berufsgenossenschaft, den gemäß § 9 Abs. 1 Ziffer 1, §§ 11, 12 Abs. 2, § 22 oder gemäß den Bestimmungen der §§ 76 c, 76 d des Krankenversicherungsgesetzes getroffenen Anordnungen ohne gesetzlichen oder sonst triftigen Grund entzogen, so kann ihm der Schadensersatz auf Zeit ganz oder theilweise versagt werden, sofern er auf diese Folge hingewiesen worden ist, und nachgewiesen wird, daß durch sein Verhalten die Erwerbsfähigkeit ungünstig beeinflußt wird.

§ 24. Der Vorstand der Berufsgenossenschaft kann einem Rentenempfänger auf seinen Antrag an Stelle der Rente Aufnahme in ein Invalidenhaus oder in ähnliche von Dritten unterhaltene Anstalten auf Kosten der Berufsgenossenschaften gewähren. Der Aufgenommene ist auf ein Vierteljahr und, wenn er die Erklärung nicht einen Monat vor Ablauf dieses Zeitraums zurücknimmt, jedesmal auf ein weiteres Vierteljahr an den Verzicht auf die Rente gebunden.

Verhältniß zu Krankenkassen, Armenverbänden rc.

§ 25. Die Verpflichtung der eingeschriebenen Hülfskassen sowie der sonstigen Kranken-, Sterbe-, Invaliden- und anderen Unterstützungskassen, den von Unfällen betroffenen Arbeitern und Betriebsbeamten sowie deren Angehörigen und Hinterbliebenen Unterstützungen zu gewähren, sowie die Verpflichtung von Gemeinden oder Armenverbänden zur Unterstützung hülfsbedürftiger Personen wird durch dieses Gesetz nicht berührt.

Wenn auf Grund solcher Verpflichtung Unterstützungen für einen Zeitraum geleistet werden, für welchen den Unterstützten nach Maßgabe dieses Gesetzes ein Entschädigungsanspruch zustand oder noch zusteht, so ist hierfür den die Unterstützung gewährenden Kassen, Gemeinden oder Armenverbänden durch Ueberweisung von Rentenbeträgen Ersatz zu leisten.

In Fällen dieser Art gilt für die unter das Krankenversicherungsgesetz fallenden Kassen als Ersatz der im § 6 Abs. 1 Ziffer 1 des Krankenversicherungsgesetzes bezeichneten Leistungen die Hälfte des gesetzlichen Mindestbetrags des Krankengeldes dieser Kassen, sofern nicht höhere Aufwendungen nachgewiesen werden.

Ist die von Kassen, Gemeinden oder Armenverbänden geleistete Unterstützung eine vorübergehende, so können als Ersatz höchstens drei Monatsbeträge der Rente, und zwar mit nicht mehr als der Hälfte in Anspruch genommen werden.

Ist die Unterstützung eine fortlaufende, so kann als Ersatz, wenn die Unterstützung in der Gewährung des Unterhalts in einer Anstalt besteht, für dessen Dauer und in dem zur Ersatzleistung erforderlichen Betrage die fortlaufende Ueberweisung der vollen Rente, im Uebrigen die fortlaufende Ueberweisung von höchstens der halben Rente beansprucht werden.

§ 26. Der Antrag auf Ueberweisung von Rentenbeträgen (§ 25 Abs. 2 bis 5) ist bei der Berufsgenossenschaft anzumelden; soweit es sich um den Ersatz für eine vorübergehende Unterstützung handelt, ist der Anspruch bei Vermeidung des Ausschlusses spätestens binnen drei Monaten seit Beendigung der Unterstützung geltend zu machen.

Streitigkeiten, welche aus den Bestimmungen des § 25 Abs. 2 bis 5 zwischen den Betheiligten über den Anspruch auf Ueberweisung von Rentenbeträgen entstehen, werden im Verwaltungsstreitverfahren und, wo ein solches nicht besteht, durch die dem Ersatzberechtigten vorgesetzte Aufsichtsbehörde entschieden. Die Entscheidung der Letzteren kann innerhalb eines Monats nach der Zustellung im Wege des Rekurses nach Maßgabe der §§ 20, 21 der Gewerbeordnung angefochten werden.

§ 27. Die Bestimmungen der §§ 25, 26 gelten auch für Betriebsunternehmer und Kassen, welche die den Gemeinden oder Armenverbänden obliegende Verpflichtung zur Unterstützung Hülfsbedürftiger auf Grund gesetzlicher Vorschrift erfüllen.

Träger der Versicherung (Berufsgenossenschaften).

§ 28. Die Versicherung erfolgt auf Gegenseitigkeit durch die Unternehmer der unter §§ 1, 2 fallenden Betriebe, welche zu diesem Zwecke in Berufsgenossenschaften vereinigt werden. Die Berufsgenossenschaften sind für bestimmte Bezirke zu bilden und umfassen innerhalb derselben alle Betriebe derjenigen Gewerbszweige, für welche sie errichtet sind. Von letzterer Bestimmung kann bei der Errichtung von Berufsgenossenschaften für Eisenbahnen oder die im § 1 Abs. 1 Ziffer 4 bezeichneten Betriebe abgesehen werden. Die auf Grund der §§ 12 bis 15, 31 des Unfallversicherungsgesetzes vom 6. Juli 1884 (Reichs-Gesetzbl. S. 69) und des § 11 des Gesetzes über die Ausdehnung der Unfall- und Krankenversicherung vom 28. Mai 1885 (Reichs-Gesetzbl. S. 159) errichteten Berufsgenossenschaften bleiben, vorbehaltlich der nach § 2 Abs. 2 des Gesetzes, betreffend die Abänderung der Unfallversicherungsgesetze, und nach § 52 dieses Gesetzes zulässigen Abänderungen, bestehen.

Betriebe, welche wesentliche Bestandtheile verschiedenartiger Gewerbszweige umfassen, sind derjenigen Berufsgenossenschaft zuzutheilen, welcher der Hauptbetrieb angehört. Durch das Genossenschaftsstatut kann bestimmt werden, daß die Versicherung auch bei den dem Betriebe der Land- oder Forstwirthschaft dienenden Nebenbetrieben gewerblicher Betriebe nach den Bestimmungen dieses Gesetzes zu erfolgen hat, wenn in diesen Nebenbetrieben überwiegend die im Hauptbetriebe verwendeten gewerblichen Arbeiter beschäftigt werden. Wenn das Statut eine solche Bestimmung enthält, so scheiden mit dem Zeitpunkt ihres Inkrafttretens die davon betroffenen Betriebe aus der Versicherung bei der Berufsgenossenschaft des Unfallversicherungsgesetzes für Land- und Forstwirthschaft aus.

Als Unternehmer gilt derjenige, für dessen Rechnung der Betrieb erfolgt.

Unfälle in fremden Betrieben hat die Berufsgenossenschaft dann zu entschädigen, wenn sich diese Unfälle bei Betriebshandlungen ereignen, zu welchen ein der Berufsgenossenschaft angehörender Betriebsunternehmer den Auftrag gegeben und für welche er die Löhne zu zahlen hat.

Die Berufsgenossenschaften können unter ihrem Namen Rechte erwerben und Verbindlichkeiten eingehen, vor Gericht klagen und verklagt werden.

Für die Verbindlichkeiten der Berufsgenossenschaft haftet den Gläubigern derselben nur das Genossenschaftsvermögen.

Aufbringung der Mittel.

§ 29. Die Mittel zur Deckung der von den Berufsgenossenschaften zu leistenden Entschädigungen und der Verwaltungskosten werden durch Beiträge aufgebracht, welche auf die Mitglieder nach Maßgabe der in ihren Betrieben von den Versicherten verdienten Gehälter und Löhne beziehungsweise des nach § 10 Abs. 4 anzurechnenden ortsüblichen Tagelohns gewöhnlicher erwachsener Tagearbeiter sowie der statutenmäßigen Gefahrentarife (§ 49) jährlich umgelegt werden.

Gehälter und Löhne, welche während der Beitragsperiode den Jahresbetrag von fünfzehnhundert Mark übersteigen, kommen hierbei mit dem überschießenden Betrage nur zu einem Drittel in Anrechnung.

§ 30. Abweichend von den Vorschriften im § 29 kann durch das Statut bestimmt werden, daß für die Umlegung der Beiträge die wirklich verdienten Gehälter und Löhne in Anrechnung kommen.

Für Betriebe, in welchen regelmäßig nicht mehr als fünf Arbeiter beschäftigt werden, kann durch Statut ferner bestimmt werden, daß und nach welchen Grundsätzen mit Zustimmung des Betriebsunternehmers ein Pauschbetrag statt der Einzellöhne bei der Berechnung der Beträge zu Grunde zu legen ist oder daß ein einheitlicher Mindestbeitrag, der vier Mark jährlich nicht übersteigen darf, zu entrichten ist.

Durch Statut kann bestimmt werden, daß die Arbeitgeber der im § 5 Abs. 1 lit. b bezeichneten Gewerbetreibenden die Beiträge für die von diesen beschäftigten versicherten Personen und, sofern die Versicherung auf die im § 5 Abs. 1 lit. b bezeichneten Gewerbetreibenden selbst durch Statut ausgedehnt ist, die Beiträge auch für diese zu zahlen haben.

§ 31. Zu anderen Zwecken als zur Deckung der von der Genossenschaft zu leistenden Entschädigungen und der Verwaltungskosten, zur Ansammlung des Reservefonds (§ 34), zur Gewährung von Prämien für Rettung Verunglückter und zu Zwecken der Unfallverhütung sowie mit Genehmigung des Reichs-Versicherungsamts zur Errichtung von Heil- oder Genesungsanstalten dürfen weder Beiträge von den Mitgliedern der Genossenschaft erhoben werden, noch Verwendungen aus dem Vermögen der Genossenschaft erfolgen.

Behufs Bestreitung der Verwaltungskosten können die Berufsgenossenschaften von den Mitgliedern für das erste Jahr einen Beitrag im voraus erheben. Falls das Statut hierüber nichts Anderes bestimmt, erfolgt die Aufbringung dieser Mittel nach Maßgabe der Zahl der von den Mitgliedern in ihren Betrieben beschäftigten versicherungspflichtigen Personen (§ 35).

§ 32. Auf die Beiträge können von den Mitgliedern nach Bestimmung des Statuts viertel- oder halbjährige Vorschüsse erfordert werden. Dieselben bemessen sich für die einzelnen Mitglieder nach der Höhe der für das letztvergangene Rechnungsjahr auf sie umgelegten oder nach § 30 Abs. 2 gezahlten Beiträge und betragen jedesmal den vierten Theil beziehungsweise die Hälfte der letzteren, solange nicht die Genossenschaftsversammlung einen niedrigeren Betrag festgesetzt hat. Für neu eintretende Mitglieder sind die Vorschüsse nach demjenigen Betrage zu bemessen, welchen diese Mitglieder nach dem Umfang ihres Betriebs zu den Jahreslasten des letztvergangenen Rechnungsjahrs hätten beitragen müssen, wenn sie in demselben schon Mitglieder der Berufsgenossenschaft gewesen wären.

Die Vorschüsse sind binnen zwei Wochen nach den durch das Statut oder die Genossenschaftsversammlung bestimmten Fälligkeitsterminen an den Vorstand einzuzahlen.

§ 33. Unternehmer von Betrieben, deren Sitz sich im Auslande befindet, können, wenn sie vorübergehend im Inland einen versicherungspflichtigen Betrieb ausüben, vom Genossenschaftsvorstande mit Beiträgen bis zur doppelten Höhe und zur Sicherheitsleistung herangezogen werden.

§ 34. Die Berufsgenossenschaften haben einen Reservefonds anzusammeln. An Zuschlägen zur Bildung desselben sind bei der erstmaligen Umlegung der Entschädigungsbeträge dreihundert Prozent, bei der zweiten zweihundert, bei der dritten einhundertundfünfzig, bei der vierten einhundert, bei der fünften achtzig, bei der sechsten sechzig und von da an bis zur elften Umlegung jedesmal zehn Prozent weniger als Zuschlag zu den Entschädigungsbeträgen zu erheben. Nach Ablauf der ersten elf Jahre und, sofern das elfte Jahr beim Inkrafttreten dieses Gesetzes schon überschritten ist, von diesem letzteren Zeitpunkt ab haben die Berufsgenossenschaften dem jeweiligen Bestande des gesetzlichen Reservefonds drei Jahre lang je zehn Prozent und weiter in Zeiträumen von je drei Jahren je ein Prozent weniger bis herab zu je vier Prozent alljährlich zuzuschlagen und zwar jedesmal unter Anrechnung der Zinsen. Nach Ablauf dieser Zeit sind aus den Zinsen des Reservefonds diejenigen Beträge zu entnehmen, welche erforderlich sind, um eine weitere Steigerung des auf eine jede versicherte Person im Durchschnitt entfallenden Umlagebeitrags zu beseitigen. Der Rest der Zinsen ist dem Reservefonds weiter zuzuschlagen.

In dringenden Bedarfsfällen kann die Genossenschaft mit Genehmigung des Reichs-Versicherungsamts schon vorher die Zinsen und erforderlichen Falles auch den Kapitalbestand des Reservefonds angreifen. Die Wiederergänzung erfolgt alsdann nach näherer Anordnung des Reichs-Versicherungsamts.

Auf Antrag des Genossenschaftsvorstandes kann die Genossenschaftsversammlung jederzeit weitere Zuschläge zum Reservefonds beschließen. Solche Beschlüsse bedürfen der Genehmigung des Reichs-Versicherungsamts.

II. Organisation und Veränderung der Berufsgenossenschaften.

Ermittelung der versicherungspflichtigen Betriebe.

§ 35. Jeder Unternehmer eines unter §§ 1 oder 2 fallenden, bisher der reichsgesetzlichen Unfallversicherung nicht unterstellten Betriebs hat diesen binnen einer von dem Reichs-Versicherungsamte zu bestimmenden und öffentlich bekannt zu machenden Frist unter Angabe des Gegenstandes und der Art desselben sowie die Zahl der durchschnittlich darin beschäftigten versicherungspflichtigen Personen bei der unteren Verwaltungsbehörde anzumelden.

Für die nicht angemeldeten Betriebe hat die untere Verwaltungsbehörde die Angaben nach ihrer Kenntniß der Verhältnisse zu ergänzen.

Dieselbe ist befugt, die Unternehmer nicht angemeldeter Betriebe zu einer Auskunft darüber innerhalb einer zu bestimmenden Frist durch Geldstrafen im Betrage bis zu einhundert Mark anzuhalten.

Die untere Verwaltungsbehörde hat ein nach Gewerbszweigen geordnetes Verzeichniß der Betriebe ihres Bezirkes unter Angabe des Gegenstandes und der Art des Betriebs sowie der Zahl der darin beschäftigten versicherungspflichtigen Personen aufzustellen. Das Verzeichniß ist der höheren Verwaltungsbehörde einzureichen und von dieser erforderlichen Falles zu berichtigen.

Die höhere Verwaltungsbehörde hat die Verzeichnisse sämmtlicher versicherungspflichtigen Betriebe ihres Bezirkes dem Reichs-Versicherungsamt einzureichen, welches sie den zuständigen Genossenschaftsvorständen überweist.

Statut der Berufsgenossenschaften.

§ 36. Die Berufsgenossenschaften regeln ihre innere Verwaltung sowie ihre Geschäftsordnung durch ein von der Genossenschaftsversammlung zu beschließendes Statut. Bis zur Uebernahme der Geschäfte durch den auf Grund eines gültigen Genossenschaftsstatuts (§ 39) gewählten Vorstand hat der von der konstituirenden Genossenschaftsversammlung gewählte provisorische Vorstand, welcher aus einem Vorsitzenden, einem Schriftführer und mindestens drei Beisitzern zu bestehen hat, die Genossenschaftsversammlung zu leiten und die Geschäfte der Genossenschaft zu führen.

Die Mitglieder der Berufsgenossenschaften können sich in der Genossenschaftsversammlung durch andere stimmberechtigte Mitglieder oder durch einen bevollmächtigten Leiter ihres Betriebs vertreten lassen.

§ 37. Das Genossenschaftsstatut muß Bestimmung treffen:

1. über Namen und Sitz der Genossenschaft;
2. über die Bildung des Genossenschaftsvorstandes und über den Umfang seiner Befugnisse;
3. über die Berufung der Genossenschaftsversammlung sowie über die Art ihrer Beschlußfassung;
4. über das Stimmrecht der Mitglieder der Genossenschaft und die Prüfung ihrer Vollmachten;

5. über das von den Organen der Genossenschaft bei der Einschätzung der Betriebe in die Klassen des Gefahrentarifs zu beobachtende Verfahren (§ 49);
6. über das Verfahren bei Betriebsveränderungen sowie bei Aenderungen in der Person des Unternehmers (§ 60 Abs. 2, §§ 61, 62);
7. über die Folgen der Betriebseinstellungen oder eines Wechsels der Betriebsunternehmer, insbesondere über die Sicherstellung der Beiträge der Unternehmer, welche den Betrieb einstellen;
8. über die den Vertretern der versicherten Arbeiter zu gewährenden Vergütungssätze (§ 114 Abs. 4);
9. über die Aufstellung, Prüfung und Abnahme der Jahresrechnung;
10. über die Ausübung der der Genossenschaft zustehenden Befugnisse zum Erlasse von Vorschriften behufs der Unfallverhütung und zur Ueberwachung der Betriebe (§§ 112 ff.);
11. über die Voraussetzungen einer Abänderung des Statuts;
12. über das bei der Anmeldung und dem Ausscheiden der versicherten Betriebsunternehmer und anderer nach §§ 1 oder 2 nicht versicherter Personen (§ 5) zu beobachtende Verfahren sowie über die Höhe des der Versicherung der Unternehmer zu Grunde zu legenden Jahresarbeitsverdienstes und dessen Ermittelung (§§ 5, 10).

§ 38. Das Statut kann vorschreiben, daß die Genossenschaftsversammlung aus Vertretern zusammengesetzt wird, daß die Berufsgenossenschaft in örtlich abgegrenzte Sektionen eingetheilt wird und daß Vertrauensmänner als örtliche Genossenschaftsorgane eingesetzt werden. Enthält dasselbe Vorschriften dieser Art, so ist darin zugleich über die Wahl der Vertreter, über Sitz und Bezirk der Sektionen, über die Zusammensetzung und Berufung der Sektionsversammlungen sowie über die Art ihrer Beschlußfassung, über die Bildung der Sektionsvorstände und über den Umfang ihrer Befugnisse sowie über die Abgrenzung der Bezirke der Vertrauensmänner, die Wahl der letzteren und ihrer Stellvertreter und den Umfang ihrer Befugnisse Bestimmung zu treffen.

Die Abgrenzung der Bezirke der Vertrauensmänner sowie die Wahl der letzteren und ihrer Stellvertreter kann von der Genossenschaftsversammlung dem Genossenschafts- oder Sektionsvorstande, die Wahl der Sektionsvorstände den Sektionsversammlungen übertragen werden.

§ 39. Das Genossenschaftsstatut bedarf zu seiner Gültigkeit der Genehmigung des Reichs-Versicherungsamts. Das Gleiche gilt von Abänderungen des Statuts. Gegen die Versagung der Genehmigung findet innerhalb eines Monats nach der Zustellung die Beschwerde an den Bundesrath statt.

Ist die Genehmigung des Statuts endgültig versagt, so hat das Reichs-Versicherungsamt innerhalb eines Monats eine neue konstituirende Genossenschaftsversammlung behufs anderweiter Beschlußfassung über das Statut einzuladen. Wird auch dem von dieser Versammlung beschlossenen Statute die Genehmigung endgültig versagt, so wird ein solches vom Reichs-Versicherungsamt erlassen.

Veröffentlichung des Namens und Sitzes der Genossenschaft rc.

§ 40. Nach endgültiger Feststellung des Statuts hat der Genossenschaftsvorstand durch den Reichsanzeiger bekannt zu machen:

1. den Namen und den Sitz der Genossenschaft,
2. die Bezirke der Sektionen.

Etwaige Aenderungen sind in gleicher Weise zur öffentlichen Kenntniß zu bringen.

Genossenschaftsvorstände.

§ 41. Dem Genossenschaftsvorstande liegt die gesammte Verwaltung der Genossenschaft ob, soweit nicht einzelne Angelegenheiten durch Gesetz oder Statut der Beschlußnahme der Genossenschaftsversammlung vorbehalten oder anderen Organen der Genossenschaft übertragen sind.

Die Beschlußfassung der Vorstände kann in eiligen Fällen durch schriftliche Abstimmung erfolgen.

Der Beschlußnahme der Genossenschaftsversammlung müssen vorbehalten werden:

1. die Wahl der Mitglieder des Genossenschaftsvorstandes,
2. Abänderungen des Statuts,
3. die Prüfung und Abnahme der Jahresrechnung, falls diese nicht von der Genossenschaftsversammlung einem Ausschuß übertragen wird.

§ 42. Die Genossenschaft wird durch ihren Vorstand gerichtlich und außergerichtlich vertreten. Die Vertretung erstreckt sich auch auf diejenigen Geschäfte und Rechtshandlungen, für welche nach den Gesetzen eine Spezialvollmacht erforderlich ist. Durch das Statut kann die Vertretung auch einem Mitglied oder mehreren Mitgliedern des Vorstandes übertragen werden.

Durch die Geschäfte, welche der Vorstand der Genossenschaft und die Vorstände der Sektionen sowie die Vertrauensmänner innerhalb der Grenzen ihrer gesetzlichen und statutarischen Vollmacht im Namen der Genossenschaft abschließen, wird die letztere berechtigt und verpflichtet.

Zur Legitimation der Vorstände bei Rechtsgeschäften genügt die Bescheinigung der höheren Verwaltungsbehörde, daß die darin bezeichneten Personen den Vorstand bilden.

Der Vorstand der Genossenschaft kann unbeschadet seiner eigenen Verantwortung (§ 45) bestimmte Geschäfte besoldeten Geschäftsführern übertragen. Die zur Ausführung dieser Bestimmung erforderlichen Vorschriften erläßt das Reichs-Versicherungsamt.

§ 43. Wählbar zu Mitgliedern der Vorstände und zu Vertrauensmännern sind die stimmberechtigten Mitglieder der Genossenschaft sowie deren gesetzliche Vertreter und, sofern das Statut dies zuläßt, die von den Unternehmern bevollmächtigten Leiter ihrer Betriebe. Nicht wählbar ist, wer zum Amte eines Schöffen unfähig ist (§§ 31, 32 des Gerichtsverfassungsgesetzes).

Die Ablehnung der Wahl ist nur aus denselben Gründen zulässig, aus welchen gemäß § 1786 Abs. 1 Ziffer 2 bis 4 und 8 des Bürgerlichen Gesetzbuchs das Amt eines Vormundes abgelehnt werden kann. Die

Wahrnehmung eines auf Grund der Gesetze über Krankenversicherung, Unfallversicherung oder Invalidenversicherung übertragenen Ehrenamts steht der Führung einer Vormundschaft gleich. Durch das Statut können noch andere Ablehnungsgründe festgesetzt werden. Die Wiederwahl kann für eine Wahlperiode abgelehnt werden.

Personen, welche die Wahl ohne zulässigen Grund ablehnen oder sich der Ausübung ihres Amtes ohne hinreichende Entschuldigung entziehen, können vom Vorstande mit Geldstrafen bis zu fünfhundert Mark belegt werden.

§ 44. Die Mitglieder der Vorstände und die Vertrauensmänner verwalten ihr Amt als unentgeltliches Ehrenamt, sofern nicht durch das Statut eine Entschädigung für den durch Wahrnehmung der Genossenschaftsgeschäfte ihnen erwachsenden Zeitverlust bestimmt wird. Die Höhe der Entschädigung unterliegt der Genehmigung des Reichs-Versicherungsamts. Baare Auslagen werden ihnen von der Genossenschaft ersetzt, und zwar, soweit sie in Reisekosten bestehen, nach festen, von der Genossenschaftsversammlung zu bestimmenden Sätzen. Die Mitglieder des Vorstandes dürfen neben diesen Vergütungen eine Besoldung für die Geschäftsführung nicht erhalten.

§ 45. Die Mitglieder der Vorstände sowie die Vertrauensmänner haften der Genossenschaft für getreue Geschäftsverwaltung wie Vormünder ihren Mündeln und unterliegen, wenn sie absichtlich zum Nachtheile der Genossenschaft handeln, der Strafbestimmung des § 266 des Strafgesetzbuchs.

§ 46. Kommt eine Wahl der gesetzlichen Organe einer Genossenschaft nicht zu Stande, oder verweigern die Gewählten die Erfüllung ihrer gesetzlichen oder statutarischen Obliegenheiten, so hat, solange und soweit dies der Fall ist, das Reichs-Versicherungsamt die Obliegenheiten auf Kosten der Genossenschaft wahrzunehmen oder durch Beauftragte wahrnehmen zu lassen.

§ 47. Werden hinsichtlich eines Gewählten Thatsachen bekannt, welche dessen Wählbarkeit nach Maßgabe dieses Gesetzes ausschließen, oder welche sich als grobe Verletzungen der Amtspflicht darstellen, so ist der Gewählte, nachdem ihm Gelegenheit zur Aeußerung gegeben worden ist, durch Beschluß des Vorstandes seines Amtes zu entheben. Gegen den Beschluß ist innerhalb eines Monats Beschwerde beim Reichs-Versicherungsamte zulässig; sie ist ohne aufschiebende Wirkung.

Genossenschaftsbeamte.

§ 48. Die Genossenschaftsversammlung hat eine Dienstordnung zu beschließen, durch welche die Rechtsverhältnisse und allgemeinen Anstellungsbedingungen der Genossenschaftsbeamten geregelt werden. Diese Dienstordnung bedarf der Bestätigung durch das Reichs-Versicherungsamt.

Die Gehälter der Beamten werden im Einzelnen durch den Haushaltsplan der Genossenschaft festgestellt.

Bildung der Gefahrenklassen.

§ 49. Durch die Genossenschaftsversammlung sind für die zur Genossenschaft gehörenden Betriebe je nach dem Grade der mit denselben verbundenen Unfallgefahr entsprechende Gefahrenklassen zu bilden und über die Höhe der in denselben zu leistenden Beiträge (Gefahrentarif) Bestimmungen zu treffen.

Durch Beschluß der Genossenschaftsversammlung kann die Aufstellung und Aenderung des Gefahrentarifs einem Ausschuß oder dem Vorstand übertragen werden.

Die Aufstellung und Abänderung des Gefahrentarifs bedarf der Genehmigung des Reichs-Versicherungsamts. Wird ein Gefahrentarif von der Genossenschaft innerhalb einer vom Reichs-Versicherungsamte zu bestimmenden Frist nicht aufgestellt, oder dem aufgestellten die Genehmigung versagt, so hat das Reichs-Versicherungsamt nach Anhörung der mit der Aufstellung beauftragten Organe der Genossenschaft den Tarif selbst festzusetzen.

Die Veranlagung der Betriebe zu den einzelnen Gefahrenklassen liegt nach näherer Bestimmung des Statuts (§ 37) den Organen der Genossenschaft ob. Gegen die Veranlagung steht dem Betriebsunternehmer binnen einer Frist von zwei Wochen die Beschwerde an das Reichs-Versicherungsamt zu. Nach der Veranlagung kann die Genossenschaft einen Betrieb während der Tarifperiode neu veranlagen, wenn die vorige Veranlagung auf unrichtigen Angaben des Betriebsunternehmers beruht. Auf die erneute Veranlagung finden die für die vorige Veranlagung maßgebenden Vorschriften Anwendung.

Der Gefahrentarif ist nach Ablauf von längstens zwei Rechnungsjahren und sodann mindestens von fünf zu fünf Jahren unter Berücksichtigung der in den einzelnen Betrieben vorgekommenen Unfälle einer Revision zu unterziehen. Die Ergebnisse derselben sind mit dem Verzeichnisse der in den einzelnen Betriebszweigen vorgekommenen, auf Grund dieses Gesetzes zu entschädigenden Unfälle der Genossenschaftsversammlung zur Beschlußfassung über die Beibehaltung oder Aenderung der bisherigen Gefahrenklassen oder Gefahrentarife vorzulegen. Die über die Aenderung der bisherigen Gefahrenklassen oder Gefahrentarife gefaßten Beschlüsse bedürfen zu ihrer Gültigkeit der Genehmigung des Reichs-Versicherungsamts; demselben ist das Verzeichniß der vorgekommenen Unfälle vorzulegen.

Die Genossenschaftsversammlung kann den Unternehmern nach Maßgabe der in ihren Betrieben vorgekommenen Unfälle für die nächste Periode Zuschläge auflegen oder Nachlässe bewilligen.

Theilung des Risikos.

§ 50. Durch das Statut kann vorgeschrieben werden, daß die Entschädigungsbeträge bis zu fünfundsiebenzig Prozent von den Sektionen zu tragen sind, in deren Bezirken die Unfälle eingetreten sind.

Die hiernach den Sektionen zur Last fallenden Beträge sind auf die Mitglieder derselben nach Maßgabe der für die Genossenschaft festgesetzten Gefahrenklassen und der in diesen zu leistenden Beiträge (§§ 29, 30, 49) umzulegen.

Gemeinsame Tragung des Risikos.

§ 51. Vereinbarungen von Genossenschaften, die von ihnen zu leistenden Entschädigungsbeträge ganz oder zum Theil gemeinsam zu tragen, sind zulässig. Derartige Vereinbarungen bedürfen zu ihrer Gültigkeit der Zustimmung der betheiligten Genossenschaftsversammlungen sowie der Genehmigung des Reichs-Versicherungsamts. Dieselben dürfen nur mit dem Beginn eines neuen Rechnungsjahrs in Wirksamkeit treten.

Die Vereinbarung hat sich darauf zu erstrecken, in welcher Weise der gemeinsam zu tragende Entschädigungsbetrag auf die betheiligten Genossenschaften zu vertheilen ist.

Ueber die Vertheilung des auf eine jede Genossenschaft entfallenden Antheils an der gemeinsam zu tragenden Entschädigung unter die Mitglieder der Genossenschaft entscheidet die Genossenschaftsversammlung. Mangels einer anderweiten Bestimmung wird dieser Antheil in gleicher Weise wie die von der Genossenschaft nach Maßgabe dieses Gesetzes zu leistenden Entschädigungsbeträge (§§ 29, 30, 49) umgelegt.

Abänderung des Bestandes der Berufsgenossenschaften.

§ 52. Nach erfolgtem Abschlusse der Organisation der Berufsgenossenschaften sind Aenderungen in deren Bestande mit dem Beginn eines neuen Rechnungsjahrs unter nachstehenden Voraussetzungen zulässig:

1. Die Vereinigung mehrerer Genossenschaften erfolgt auf übereinstimmenden Beschluß der Genossenschaftsversammlungen mit Genehmigung des Bundesraths.
2. Das Ausscheiden einzelner Gewerbszweige oder örtlich abgegrenzter Theile aus einer Genossenschaft und die Zutheilung derselben zu einer anderen Genossenschaft erfolgt auf Beschluß der betheiligten Genossenschaftsversammlungen mit Genehmigung des Bundesraths. Die Genehmigung kann versagt werden, wenn durch das Ausscheiden die Leistungsfähigkeit einer der betheiligten Genossenschaften in Bezug auf die ihr obliegenden Pflichten gefährdet wird.
3. Wird die Vereinigung mehrerer Genossenschaften oder das Ausscheiden einzelner Gewerbszweige oder örtlich abgegrenzter Theile aus einer Genossenschaft und die Zutheilung derselben zu einer anderen Genossenschaft auf Grund eines Genossenschaftsbeschlusses beantragt, dagegen von der anderen betheiligten Genossenschaft abgelehnt, so entscheidet auf Anrufen der Bundesrath.
4. Anträge auf Ausscheidung einzelner Gewerbszweige oder örtlich abgegrenzter Theile aus einer Genossenschaft und Errichtung einer besonderen Genossenschaft für dieselben sind zunächst der Beschlußfassung der Genossenschaftsversammlung zu unterbreiten und sodann dem Bundesrathe zur Entscheidung vorzulegen.

Die Genehmigung zur Errichtung der neuen Genossenschaft kann versagt werden, wenn die Anzahl der Betriebe, für welche die Berufsgenossenschaft gebildet werden soll, oder die Anzahl der in denselben beschäftigten Arbeiter zu gering ist, um die dauernde Leistungsfähigkeit der Berufsgenossenschaft in Bezug auf die bei der Unfallversicherung ihr obliegenden Pflichten zu gewährleisten, oder wenn Betriebe von der Aufnahme in die Berufsgenossenschaft ausgeschlossen werden sollen, welche wegen ihrer geringen Zahl oder wegen der geringen Zahl der in ihnen beschäftigten Arbeiter eine eigene leistungsfähige Berufsgenossenschaft zu bilden außer Stande sind und auch einer anderen Berufsgenossenschaft zweckmäßig nicht zugetheilt werden können.

Wird die Genehmigung ertheilt, so erfolgt die Beschlußfassung über das Statut für die neue Genossenschaft nach Maßgabe der Bestimmungen in den §§ 36 bis 39.

§ 53. Werden mehrere Genossenschaften zu einer Genossenschaft vereinigt, so gehen mit dem Zeitpunkte, zu welchem die Veränderung in Wirksamkeit tritt, alle Rechte und Pflichten der vereinigten Genossenschaften auf die neuerrichtete Genossenschaft über.

Wenn einzelne Gewerbszweige oder örtlich abgegrenzte Theile aus einer Genossenschaft ausscheiden und einer anderen Genossenschaft angeschlossen werden, so sind von dem Eintritte dieser Veränderung ab die Entschädigungsansprüche, welche gegen die erstere Genossenschaft aus den in Betrieben der ausscheidenden Genossenschaftstheile eingetretenen Unfällen erwachsen sind, von der Genossenschaft zu befriedigen, welcher die Genossenschaftstheile nunmehr angeschlossen sind.

Scheiden einzelne Gewerbszweige oder örtlich abgegrenzte Theile aus einer Genossenschaft unter Errichtung einer neuen Genossenschaft aus, so sind von dem Zeitpunkte der Ausscheidung ab die Entschädigungsansprüche, welche gegen die erstere Genossenschaft aus den in Betrieben der ausscheidenden Genossenschaftstheile eingetretenen Unfällen erwachsen sind, von der neuerrichteten Genossenschaft zu befriedigen.

Insoweit zufolge des Ausscheidens von Gewerbszweigen oder örtlich abgegrenzten Theilen Entschädigungsansprüche auf andere Genossenschaften übergehen, haben die letzteren Anspruch auf einen entsprechenden Theil des Reservefonds und des sonstigen Vermögens derjenigen Genossenschaft, aus welcher die Ausscheidung stattfindet.

Die Bestimmungen der Abs. 2 und 4 finden entsprechende Anwendung, wenn einzelne Betriebe oder Nebenbetriebe in Folge von Berichtigungen der Kataster von einer Berufsgenossenschaft auf eine andere übergehen.

Die vorstehenden Bestimmungen können durch übereinstimmenden Beschluß der betheiligten Genossenschaftsversammlungen abgeändert oder ergänzt werden.

Streitigkeiten, welche in Betreff der Vermögensauseinandersetzung zwischen den betheiligten Genossenschaften entstehen, werden mangels Verständigung derselben über eine schiedsgerichtliche Entscheidung von dem Reichs-Versicherungsamt entschieden.

Auflösung von Berufsgenossenschaften.

§ 54. Berufsgenossenschaften, welche zur Erfüllung der ihnen durch dieses Gesetz auferlegten Verpflichtungen leistungsunfähig werden, können auf Antrag des Reichs-Versicherungsamts von dem Bundesrath aufgelöst werden. Diejenigen Gewerbszweige, welche die aufgelöste Genossenschaft gebildet haben, sind anderen Berufsgenossenschaften nach deren Anhörung zuzutheilen. Mit der Auflösung der Genossenschaft gehen deren Rechtsansprüche und Verpflichtungen, vorbehaltlich der Bestimmung im § 127, auf das Reich über.

III. Mitgliedschaft des einzelnen Betriebs. Betriebsveränderungen.

Mitgliedschaft.

§ 55. Mitglied der Genossenschaft ist jeder Unternehmer eines Betriebs derjenigen Gewerbszweige, für welche die Genossenschaft errichtet ist, sofern der Betrieb im Bezirke der Genossenschaft seinen Sitz hat. Die Mitgliedschaft beginnt mit dem Zeitpunkte der Eröffnung des Betriebs oder des Beginns seiner Versicherungspflicht.

Stimmberechtigt ist jedes Mitglied der Genossenschaft, sofern es sich im Besitze der bürgerlichen Ehrenrechte befindet.

Betriebsanmeldung.

§ 56. Jeder Unternehmer eines versicherungspflichtigen Betriebs, welcher diesen nicht bereits angemeldet hat, ist verpflichtet, binnen einer Woche, nachdem er Mitglied einer Genossenschaft geworden ist (§ 55), der unteren Verwaltungsbehörde, in deren Bezirke der Betrieb belegen ist, eine Anzeige zu erstatten, welche

1. den Gegenstand und die Art des Betriebs,
2. die Zahl der versicherten Personen,
3. die Berufsgenossenschaft, welcher der Betrieb angehört,
4. falls es sich um einen nach dem Inkrafttreten des Gesetzes neu begonnenen oder versicherungspflichtig gewordenen Betrieb handelt, den Tag der Eröffnung beziehungsweise des Beginns der Versicherungspflicht

angiebt. Die Anzeige ist in zwei Exemplaren einzureichen. Ueber dieselbe ist eine Empfangsbescheinigung zu ertheilen.

Wird die Anzeige nicht rechtzeitig erstattet, so ist die untere Verwaltungsbehörde befugt, den Unternehmer zu einer Auskunft über die Beschaffenheit des Betriebs innerhalb einer zu bestimmenden Frist durch Geldstrafen im Betrage bis zu einhundert Mark anzuhalten.

In dem Betriebe hat der Unternehmer durch einen Aushang bekannt zu machen, welcher Berufsgenossenschaft und Sektion der Betrieb angehört, sowie die Adresse des Genossenschafts- und Sektionsvorstandes. Ist ein landwirthschaftlicher Betrieb an den gewerblichen Betrieb gemäß § 28 angeschlossen, so ist in dem Aushange darauf hinzuweisen.

§ 57. Die untere Verwaltungsbehörde hat jeden in ihrem Bezirke belegenen Betrieb, über welchen die Anzeige (§ 56) erstattet ist, binnen einer Woche nach dem Eingange der letzteren durch Einsendung eines Exemplars derselben dem Vorstande der in der Anzeige bezeichneten Genossenschaft zu überweisen.

Gehört der Betrieb nach Ansicht der unteren Verwaltungsbehörde einer anderen als der in der Anzeige bezeichneten Genossenschaft an, so ist dem Vorstande dieser Genossenschaft, unter gleichzeitiger Benachrichtigung des Vorstandes der in der Anzeige bezeichneten Genossenschaft und des Betriebsunternehmers, eine Abschrift der Anzeige zuzustellen.

Für Betriebe, über welche eine Anzeige nicht erstattet ist, hat die untere Verwaltungsbehörde die Ueberweisung binnen einer Woche nach Ablauf der von ihr in Gemäßheit des § 56 Abs. 2 bestimmten Frist dadurch zu bewirken, daß sie die im § 56 Abs. 1 Ziffer 1 bis 4 bezeichneten Angaben selbst macht.

Genossenschaftskataster.

§ 58. Die Genossenschaftsvorstände haben auf Grund der von dem Reichs-Versicherungsamt ihnen mitzutheilenden Verzeichnisse der versicherungspflichtigen Betriebe (§ 35) und der später erfolgenden Ueberweisungen (§ 57) Genossenschaftskataster zu führen.

Die Aufnahme der einzelnen Genossen in das Kataster erfolgt nach vorgängiger Prüfung ihrer Zugehörigkeit zur Genossenschaft.

Den in das Kataster aufgenommenen Genossen werden vom Genossenschaftsvorstande durch Vermittelung der unteren Verwaltungsbehörde Mitgliedscheine zugestellt. Ist die Genossenschaft in Sektionen eingetheilt, so muß der Mitgliedschein die Sektion, welcher der Unternehmer angehört, bezeichnen. Wird die Aufnahme in das Kataster abgelehnt, so ist hierüber ein mit Gründen versehener Bescheid dem Betriebsunternehmer durch Vermittelung der unteren Verwaltungsbehörde zuzustellen.

§ 59. Gegen die Aufnahme in das Kataster sowie gegen die Ablehnung derselben steht dem Unternehmer binnen einer Frist von zwei Wochen nach erfolgter Zustellung des Mitgliedscheines beziehungsweise des ablehnenden Bescheids die Beschwerde an das Reichs-Versicherungsamt zu. Dieselbe ist bei der unteren Verwaltungsbehörde einzulegen. Stellt sich bei der Verhandlung der Beschwerde heraus, daß der Betrieb keiner der vorhandenen Genossenschaften zugehört, so ist derselbe durch das Reichs-Versicherungsamt derjenigen Genossenschaft zuzuweisen, der er seiner Natur nach am nächsten steht.

Wird gegen einen ablehnenden Bescheid von dem Betriebsunternehmer innerhalb der angegebenen Frist Beschwerde nicht erhoben, so kann die untere Verwaltungsbehörde den Fall dem Reichs-Versicherungsamte zur Entscheidung vorlegen. Auf Antrag der Berufsgenossenschaft hat sie von dieser Befugniß Gebrauch zu machen.

Wird in dem Falle des § 57 Abs. 2 die Mitgliedschaft des Unternehmers von dem Vorstande der in der Anzeige bezeichneten Genossenschaft anerkannt, so liegt diesem die Verpflichtung ob, hiervon dem Vorstande der anderen Genossenschaft Mittheilung zu machen. Letzterer ist berechtigt innerhalb zweier Wochen nach dem Empfange der Mittheilung gegen die Anerkennung der Mitgliedschaft beim Reichs-Versicherungsamte die Beschwerde zu erheben.

§ 60. Den Sektionsvorständen sind Auszüge aus dem Kataster in Betreff der zu ihren Sektionen gehörenden Unternehmer mitzutheilen.

Jeder Wechsel in der Person desjenigen, für dessen Rechnung der

Betrieb erfolgt, ist von dem Unternehmer binnen einer durch das Statut festzusetzenden Frist dem Genossenschaftsvorstande behufs Berichtigung des Katasters anzuzeigen. Ist die Anzeige von dem Wechsel nicht erfolgt, so werden die auf die Genossenschaftsmitglieder umzulegenden Beiträge von dem in das Kataster eingetragenen Unternehmer forterhoben. Die Haftung umfaßt noch dasjenige Rechnungsjahr, in welchem die Anzeige geschieht, ohne daß dadurch der neue Unternehmer von der auch ihm gesetzlich obliegenden Haftung für die Beiträge entbunden ist.

Betriebsveränderungen.

§ 61. Jeder Betriebsunternehmer ist verpflichtet, Aenderungen seines Betriebs, welche für die Zugehörigkeit zu einer Genossenschaft von Bedeutung sind, dem Genossenschaftsvorstande binnen einer durch das Statut festzusetzenden Frist anzuzeigen. Erachtet Letzterer in Folge dieser Anzeige oder ohne den Empfang einer solchen von Amtswegen die Ueberweisung des Betriebs an eine andere Genossenschaft für geboten, so theilt er dies unter Angabe der Gründe dem Betriebsunternehmer durch Vermittelung der unteren Verwaltungsbehörde und dem betheiligten Genossenschaftsvorstande mit. Sowohl der Letztere als auch der Betriebsunternehmer können innerhalb zweier Wochen gegen die Ueberweisung bei dem überweisenden Genossenschaftsvorstande Widerspruch erheben.

Wird innerhalb dieser Frist kein Widerspruch erhoben, so erfolgt die Ab- beziehungsweise Zuschreibung des Betriebs in den Genossenschaftskatastern sowie die Ausstellung eines anderweiten Mitgliedscheins für den Betriebsunternehmer.

Wird gegen die Ueberweisung Widerspruch erhoben oder beansprucht der Vorstand einer dritten Genossenschaft unter dem Widerspruche des Betriebsunternehmers oder des Vorstandes der Genossenschaft, welcher der Betrieb bisher angehörte, die Ueberweisung des letzteren, so hat der Vorstand der Genossenschaft, welcher der Betrieb bisher angehört hat, die Entscheidung des Reichs-Versicherungsamts zu beantragen. Dasselbe entscheidet nach Anhörung des betheiligten Betriebsunternehmers sowie der Vorstände der betheiligten Genossenschaften.

Wird dem Ueberweisungsantrage stattgegeben, so tritt die Aenderung in der Zugehörigkeit zur Genossenschaft von dem Tage ab in Wirksamkeit, an welchem der Antrag dem betheiligten Genossenschaftsvorstande zugestellt ist.

§ 62. In Betreff der Anmeldung von Aenderungen in dem Betriebe, welche für dessen Einschätzung in den Gefahrentarif (§ 49) von Bedeutung sind, sowie in Betreff des weiteren Verfahrens hat das Genossenschaftsstatut Bestimmung zu treffen. Gegen den auf die Anmeldung der Aenderung oder von Amtswegen erfolgenden Bescheid des Genossenschaftsvorstandes oder des Ausschusses (§ 49) steht dem Betriebsunternehmer binnen einer Frist von zwei Wochen die Beschwerde an das Reichs-Versicherungsamt zu.

IV. Feststellung und Auszahlung der Entschädigungen.

Anzeige und Untersuchung der Unfälle.

§ 63. Von jedem in einem versicherten Betriebe vorkommenden Unfalle, durch welchen eine in demselben beschäftigte Person getödtet wird oder eine Körperverletzung erleidet, welche eine völlige oder theilweise Arbeitsunfähigkeit von mehr als drei Tagen oder den Tod zur Folge hat, ist von dem Betriebsunternehmer bei der Ortspolizeibehörde und dem durch Statut zu bestimmenden Genossenschaftsorgane schriftlich Anzeige zu erstatten.

Dieselbe muß binnen drei Tagen nach dem Tage erfolgen, an welchem der Betriebsunternehmer von dem Unfalle Kenntniß erlangt hat.

Für den Betriebsunternehmer kann derjenige, welcher zur Zeit des Unfalls den Betrieb oder den Betriebstheil, in welchem sich der Unfall ereignete, zu leiten hatte, die Anzeige erstatten; im Falle der Abwesenheit oder Behinderung des Betriebsunternehmers ist er dazu verpflichtet.

Das Formular für die Anzeige wird vom Reichs-Versicherungsamte festgestellt.

Die Vorstände der unter Reichs- oder Staatsverwaltung stehenden Betriebe haben die im Abs. 1 vorgeschriebene Anzeige der vorgesetzten Dienstbehörde nach näherer Anweisung derselben zu erstatten.

§ 64. Jeder zur Anzeige gelangte Unfall, durch welchen eine versicherte Person getödtet ist oder eine Körperverletzung erlitten hat, die voraussichtlich einen Entschädigungsanspruch auf Grund dieses Gesetzes zur Folge haben wird, ist sobald als möglich, in den im § 76b des Krankenversicherungsgesetzes und im § 13 dieses Gesetzes bezeichneten Fällen spätestens unmittelbar nach Eingang eines entsprechenden Ersuchens der Berufsgenossenschaft oder der betheiligten Krankenkasse, von der Ortspolizeibehörde einer Untersuchung zu unterziehen, durch welche festzustellen sind:

1. die Veranlassung und Art des Unfalls,
2. die getödteten oder verletzten Personen,
3. die Art der vorgekommenen Verletzungen,
4. der Verbleib der verletzten Personen,
5. die Hinterbliebenen der durch den Unfall getödteten und die Angehörigen der durch den Unfall verletzten Personen, welche auf Grund dieses Gesetzes einen Entschädigungsanspruch erheben können,
6. die Höhe der Renten, welche der Verletzte etwa auf Grund der Unfallversicherungsgesetze oder des Invalidenversicherungsgesetzes bezieht.

Auf Antrag des Vorstandes der Genossenschaft oder der Sektion oder der betheiligten Krankenkasse hat die Ortspolizeibehörde die Untersuchung auch dann vorzunehmen, wenn sie die Voraussetzung des ersten Absatzes nicht als gegeben ansieht.

§ 65. An den Untersuchungsverhandlungen können Theil nehmen: der staatliche Aufsichtsbeamte (§ 139b der Gewerbeordnung), Vertreter der Genossenschaft, ein von dem Vorstande der Krankenkasse, welcher der Getödtete oder Verletzte zur Zeit des Unfalls angehört hat, bestellter

Bevollmächtigter sowie der Betriebsunternehmer oder ein Vertreter desselben. Zu diesem Zwecke ist dem staatlichen Aufsichtsbeamten, dem Genossenschaftsvorstande, dem Kassenvorstand und dem Betriebsunternehmer von der Einleitung der Untersuchung rechtzeitig Kenntniß zu geben. Ist die Genossenschaft in Sektionen getheilt oder sind von der Genossenschaft Vertrauensmänner bestellt, so ist die Mittheilung von der Einleitung der Untersuchung an den Sektionsvorstand beziehungsweise an den Vertrauensmann zu richten.

Außerdem sind, soweit thunlich, die sonstigen Betheiligten und auf Antrag und Kosten der Genossenschaft Sachverständige zuzuziehen.

§ 66. Von dem über die Untersuchung aufgenommenen Protokolle sowie von den sonstigen Untersuchungsverhandlungen ist den Betheiligten auf ihren Antrag Einsicht und gegen Erstattung der Schreibgebühren Abschrift zu ertheilen. Die Erstattung der Schreibgebühren kann erlassen werden.

§ 67. Bei den im § 63 Abs. 5 bezeichneten Betrieben bestimmt die vorgesetzte Dienstbehörde diejenige Behörde, welche die Untersuchung nach den Bestimmungen der §§ 64 bis 66 vorzunehmen hat.

§ 68. Ereignet sich ein Unfall auf der Reise, so ist die nach § 63 Abs. 1 zu erstattende Anzeige an diejenige Ortspolizeibehörde im Inlande zu richten, in deren Bezirke sich der Unfall ereignet hat oder der erste Aufenthalt nach demselben genommen wird. Die Untersuchung des Unfalls (§ 64) erfolgt durch diejenige Ortspolizeibehörde, an welche die Anzeige erstattet ist. Auf Antrag Betheiligter (§ 65) kann jedoch die der Ortspolizeibehörde vorgesetzte Behörde die Untersuchung durch eine andere Ortspolizeibehörde herbeiführen. Die zur Führung der Untersuchung berufene Ortspolizeibehörde hat der Krankenkasse, welcher der Verletzte angehört, rechtzeitig von dem Zeitpunkt, in welchem die Untersuchung vorgenommen werden wird, Kenntniß zu geben.

Hinsichtlich der unter Reichs- oder Staatsverwaltung stehenden Betriebe bewendet es bei den Vorschriften im § 63 Abs. 5, § 67.

Feststellung der Entschädigungen.

§ 69. Die Beschlußfassung über die Feststellung der Entschädigungen (§§ 8 bis 24) erfolgt

1. sofern die Genossenschaft in Sektionen eingetheilt ist, durch den Vorstand der Sektion, wenn es sich handelt
   a) um die im § 9 Abs. 1 Ziffer 1 bezeichneten Leistungen,
   b) um die für die Dauer einer voraussichtlich vorübergehenden Erwerbsunfähigkeit zu gewährende Rente,
   c) um das Sterbegeld,
   d) um die Aufnahme des Verletzten in eine Heilanstalt,
   e) um die den Angehörigen eines Verletzten für die Zeit seiner Behandlung in einer Heilanstalt zu gewährende Rente;
2. in allen übrigen Fällen durch den Vorstand der Genossenschaft.

Das Genossenschaftsstatut kann bestimmen, daß die Feststellung der Entschädigungen in den Fällen des Abs. 1 Ziffer 1 durch einen Ausschuß des Sektionsvorstandes oder durch besondere Kommissionen oder durch örtliche Beauftragte (Vertrauensmänner), in den Fällen des Abs. 1 Ziffer 2 durch den Sektionsvorstand oder durch einen Ausschuß des Genossenschafts- oder Sektionsvorstandes oder durch besondere Kommissionen zu bewirken ist.

Soll auf Grund eines ärztlichen Gutachtens die Bewilligung einer Entschädigung abgelehnt oder nur eine Theilrente festgestellt werden, so ist vorher der behandelnde Arzt zu hören. Steht dieser zu der Genossenschaft in einem Vertragsverhältnisse, so ist auf Antrag ein anderer Arzt zu hören.

§ 70. Soll die Bewilligung einer Entschädigung abgelehnt werden, so ist diese Absicht dem Verletzten oder im Falle seines Todes seinen Hinterbliebenen, soweit sie nach §§ 16 bis 19, 21 entschädigungsberechtigt sein würden, mitzutheilen. Soll eine Entschädigung bewilligt werden, so ist den genannten Personen die Höhe der in Aussicht genommenen Entschädigung mit den rechnungsmäßigen Grundlagen mitzutheilen.

Der Verletzte sowie seine Hinterbliebenen (§§ 16 bis 19) sind befugt, auf diese Mittheilung innerhalb zweier Wochen sich zu äußern. Auf ihren innerhalb der gleichen Frist gestellten Antrag hat die untere Verwaltungsbehörde diese Aeußerung zu Protokoll zu nehmen. Wird ein solcher Antrag gestellt, so hat hiervon die untere Verwaltungsbehörde unverzüglich dem zuständigen Genossenschaftsorgane Kenntniß zu geben; dieses hat bis zum Eingange des Protokolls den Bescheid auszusetzen.

Bei den im Abs. 1 bezeichneten Mittheilungen hat das zuständige Genossenschaftsorgan auf die aus Abs. 2 und aus § 69 Abs. 3 sich ergebenden Befugnisse sowie auf die im Abs. 2 vorgesehene Frist hinzuweisen.

§ 71. Die Feststellung der Entschädigung hat in beschleunigtem Verfahren von Amtswegen zu erfolgen.

Für diejenigen verletzten Personen, für welche noch nach Ablauf von dreizehn Wochen nach dem Unfall eine weitere ärztliche Behandlung behufs Heilung der erlittenen Verletzungen nothwendig ist, hat sich die Feststellung zunächst mindestens auf die bis zur Beendigung des Heilverfahrens zu leistenden Entschädigungen zu erstrecken. Die weitere Entschädigung ist, sofern deren Feststellung früher nicht möglich ist, nach Beendigung des Heilverfahrens unverzüglich zu bewirken.

Kann die endgültige Feststellung nicht sofort erfolgen, so ist eine Entschädigung vorläufig zuzubilligen.

§ 72. Entschädigungsberechtigte, für welche die Entschädigung nicht von Amtswegen festgestellt ist, haben ihren Entschädigungsanspruch bei Vermeidung des Ausschlusses vor Ablauf von zwei Jahren nach dem Eintritte des Unfalls bei derjenigen Berufsgenossenschaft anzumelden, welcher die Entschädigungspflicht obliegt. Die Frist gilt auch dann als gewahrt, wenn die Anmeldung bei einem nicht zuständigen Genossenschaftsorgan oder bei einer anderen Berufsgenossenschaft oder bei der für den Wohnort des Entschädigungsberechtigten zuständigen unteren Verwaltungsbehörde erfolgt ist. In solchem Falle ist die Anmeldung unverzüglich an die zuständige Stelle abzugeben und der Betheiligte davon zu benachrichtigen.

Nach Ablauf der Frist ist der Anmeldung nur dann Folge zu geben, wenn zugleich glaubhaft bescheinigt wird, daß eine einen Entschädigungsanspruch begründende Folge des Unfalls erst später bemerkbar geworden oder daß der Entschädigungsberechtigte von der Verfolgung seines Anspruchs durch außerhalb seines Willens liegende Verhältnisse abgehalten worden ist, und wenn die Anmeldung innerhalb dreier Monate, nachdem eine Unfallfolge bemerkbar geworden oder das Hinderniß für die Anmeldung weggefallen, erfolgt ist.

§ 73. Wird der angemeldete Entschädigungsanspruch anerkannt, so ist die Entschädigung sofort festzustellen. Ist die Berufsgenossenschaft der Ansicht, daß ein entschädigungspflichtiger Unfall nicht vorliegt, so ist der Anspruch durch schriftlichen Bescheid abzulehnen. Der Bescheid ist mit Gründen zu versehen.

Ist die Genossenschaft der Ansicht, daß zwar ein entschädigungspflichtiger Unfall vorliegt, die Entschädigung aber von einer anderen Genossenschaft zu gewähren ist, so hat der Genossenschaftsvorstand dem Entschädigungsberechtigten eine vorläufige Fürsorge zuzuwenden und sich unter Mittheilung der gepflogenen Verhandlungen wegen Anerkennung der Entschädigungspflicht mit dem Vorstande der anderen Genossenschaft ins Benehmen zu setzen. Wird von diesem die Entschädigungspflicht abgelehnt oder innerhalb einer Frist von sechs Wochen eine Erklärung nicht abgegeben, so ist die Entscheidung des Reichs-Versicherungsamts darüber herbeizuführen, welche Berufsgenossenschaft entschädigungspflichtig ist. Die Entscheidung ist auch dem Entschädigungsberechtigten zuzustellen.

§ 74. Die Mitglieder der Genossenschaften sind verpflichtet, auf Erfordern der Behörden und der nach § 69 zur Feststellung der Entschädigung berufenen Stellen binnen einer Woche diejenigen Gehalts- und Lohnnachweisungen zu liefern, welche zur Feststellung der Entschädigung erforderlich sind.

Bescheid der Vorstände.

§ 75. Ueber die Feststellung der Entschädigung hat diejenige Stelle (§ 69), welche sie vorgenommen hat, dem Entschädigungsberechtigten einen schriftlichen Bescheid zu ertheilen, aus welchem die Höhe der Entschädigung und die Art ihrer Berechnung zu ersehen ist. Bei Entschädigungen für erwerbsunfähig gewordene Verletzte ist namentlich anzugeben, in welchem Maße die Erwerbsunfähigkeit angenommen worden ist.

Berufung.

§ 76. Gegen den Bescheid, durch welchen der Entschädigungsanspruch abgelehnt wird, sowie gegen den Bescheid, durch welchen die Entschädigung festgestellt wird, findet die Berufung auf schiedsgerichtliche Entscheidung statt.

Die Berufung ist bei Vermeidung des Ausschlusses innerhalb eines Monats nach der Zustellung des Bescheids bei dem Schiedsgerichte (Gesetz, betreffend die Abänderung der Unfallversicherungsgesetze, § 3) zu erheben, in dessen Bezirke der Betrieb, in welchem der Unfall sich ereignet hat, belegen ist.

Die Frist gilt auch dann als gewahrt, wenn innerhalb derselben die Berufung bei einer anderen inländischen Behörde oder bei einem Genossenschaftsorgan eingegangen ist. Diese haben die Berufungsschrift unverzüglich an das zuständige Schiedsgericht abzugeben.

Der Bescheid muß die Bezeichnung des für die Berufung zuständigen Schiedsgerichts sowie die Belehrung über die einzuhaltende Frist enthalten.

Die Berufung hat, ausgenommen im Falle des § 23, keine aufschiebende Wirkung.

§ 77. Bildet in dem Falle des § 15 Abs. 1 Ziffer 2 die Anerkennung oder Nichtanerkennung des Rechtsverhältnisses zwischen dem Getödteten und dem die Entschädigung Beanspruchenden die Voraussetzung des Anspruchs, so kann das Schiedsgericht den Betheiligten aufgeben, zuvörderst die Feststellung des betreffenden Rechtsverhältnisses im ordentlichen Rechtswege herbeizuführen. In diesem Falle ist die Klage bei Vermeidung des Ausschlusses binnen einer vom Schiedsgerichte zu bestimmenden, mindestens auf einen Monat zu bemessenden Frist nach der Zustellung des hierüber ertheilten Bescheids des Schiedsgerichts zu erheben.

Nachdem im ordentlichen Rechtsweg eine rechtskräftige Entscheidung ergangen ist, hat das Schiedsgericht auf erneuten Antrag über den Entschädigungsanspruch zu entscheiden.

§ 78. Das Schiedsgericht hat, wenn es den Entschädigungsanspruch für begründet erachtet, zugleich die Höhe der Entschädigung und den Beginn der Rente festzustellen. Hat das Schiedsgericht in besonderen Ausnahmefällen, welche das Reichs-Versicherungsamt näher bestimmen darf, den Anspruch nur dem Grunde nach anerkannt und nicht gleichzeitig über die Höhe der Entschädigung und den Beginn der Rente entschieden, so hat das Schiedsgericht unverzüglich eine vorläufige Entschädigung zu bewilligen, gegen deren Feststellung ein Rechtsmittel nicht stattfindet. Sobald der Entschädigungsanspruch rechtskräftig feststeht, ist die Höhe der Entschädigung und der Beginn der Rente, sofern dies nicht bereits früher geschehen ist, festzustellen. Die vorläufig gezahlten Beträge werden auf die endgültig angewiesene Rente angerechnet.

§ 79. Die Entscheidung des Schiedsgerichts ist dem Berufenden und demjenigen Genossenschaftsorgane, welches den angefochtenen Bescheid erlassen hat, in Ausfertigung zuzustellen.

Rekurs.

§ 80. Gegen die Entscheidung des Schiedsgerichts steht in den Fällen des § 69 Abs. 1 Ziffer 2, vorbehaltlich der Bestimmungen des § 90 Abs. 2 und des § 95 Abs. 1, dem Verletzten oder dessen Hinterbliebenen sowie dem Genossenschaftsvorstande das Rechtsmittel des Rekurses zu. Der Rekurs des Vorstandes hat aufschiebende Wirkung insoweit, als es sich um Beträge handelt, die für die Zeit vor dem Erlasse der angefochtenen Entscheidung nachträglich gezahlt werden sollen. Im Uebrigen hat der Rekurs keine aufschiebende Wirkung.

Werden mit der Anfechtung einer Entscheidung des Schiedsgerichts in den im § 69 Abs. 1 Ziffer 1 bezeichneten Angelegenheiten Rekursanträge wegen der im § 69 Abs. 1 Ziffer 2 bezeichneten Angelegenheiten verbunden, so darf die Entscheidung des Schiedsgerichts über die zuerst bezeichneten Angelegenheiten in dem Rekursverfahren nur dann abgeändert werden, wenn im Uebrigen den Rekursanträgen Folge gegeben wird.

Ueber den Rekurs entscheidet das Reichs-Versicherungsamt. Das Rechtsmittel ist bei demselben zur Vermeidung des Ausschlusses innerhalb eines Monats nach der Zustellung der Entscheidung des Schiedsgerichts einzulegen; die Bestimmung des § 76 Abs. 3 findet entsprechende Anwendung.

§. 81. Ist der Rekurs unzulässig (§ 80 Abs. 1) oder verspätet (§ 80 Abs. 3), so hat das Reichs-Versicherungsamt den Rekurs ohne mündliche Verhandlung zurückzuweisen; ebenso kann es verfahren, wenn die bei dem Beschlusse mitwirkenden Mitglieder einstimmig den Rekurs für offenbar ungerechtfertigt erachten. Anderenfalls hat das Reichs-Versicherungsamt nach mündlicher Verhandlung zu entscheiden.

Wird das angefochtene Urtheil aufgehoben, so kann das Reichs-Versicherungsamt, statt in der Sache selbst zu entscheiden, dieselbe an das Schiedsgericht oder an das zuständige Genossenschaftsorgan zurückverweisen. Dabei kann das Reichs-Versicherungsamt bestimmen, daß dem Entschädigungsberechtigten eine ihrem Betrage nach bestimmte Rente vorläufig zu zahlen ist. Im Falle der Zurückverweisung ist die rechtliche Beurtheilung, auf welche das Reichs-Versicherungsamt die Aufhebung gestützt hat, den weiteren Entscheidungen oder Bescheiden zu Grunde zu legen.

§. 82. Kommt nach Ansicht des Reichs-Versicherungsamts nicht die im Verfahren in Anspruch genommene, sondern eine andere Berufsgenossenschaft als entschädigungspflichtig in Frage, so kann das Reichs-Versicherungsamt diese andere Genossenschaft zur Verhandlung beiladen und gegebenen Falles zur Leistung der Entschädigung verurtheilen, auch wenn ein Anspruch gegen dieselbe bereits rechtskräftig abgelehnt worden ist.

§ 83. Sobald einem Verletzten oder dessen Hinterbliebenen ein Entschädigungsanspruch gegenüber einer Genossenschaft rechtskräftig zuerkannt ist, kann auf Antrag ein gegenüber einer anderen Genossenschaft wegen desselben Unfalls etwa schwebendes Verfahren durch Beschluß des Reichs-Versicherungsamts eingestellt werden.

Sind, abgesehen von den Fällen des § 85, wegen desselben Unfalls Entschädigungsansprüche gegen mehrere Genossenschaften rechtskräftig anerkannt, so hat das Reichs-Versicherungsamt die zu Unrecht ergangene Feststellung oder Entscheidung aufzuheben.

Die auf Grund der aufgehobenen Feststellung oder Entscheidung geleisteten Zahlungen sind zu ersetzen; der Anspruch des Verletzten geht insoweit auf die ersatzberechtigte Genossenschaft über.

§ 84. Auf die Anfechtung rechtskräftiger Entscheidungen über einen Entschädigungsanspruch finden, unbeschadet der Bestimmungen der §§ 82, 83, die Vorschriften der Civilprozeßordnung über die Wiederaufnahme des Verfahrens entsprechende Anwendung, soweit nicht durch Kaiserliche Verordnung mit Zustimmung des Bundesraths etwas Anderes bestimmt wird.

§ 85. Hat die Beschäftigung, bei welcher sich der Unfall ereignet hat, für mehrere zu verschiedenen Berufsgenossenschaften gehörende Betriebe stattgefunden, so können die betheiligten Genossenschaften die Entschädigungsverpflichtung unter sich vertheilen. Kommt eine Einigung nicht zu Stande, so ist das Reichs-Versicherungsamt berechtigt, auf Antrag einer betheiligten Genossenschaft die Vertheilung zu bestimmen. In solchem Falle ist nach Anhörung der betheiligten Vorstände nach billigem Ermessen festzustellen, mit welchem Antheile jede Genossenschaft an der Unfallentschädigung betheiligt ist, und welche Beträge denjenigen, welche vorläufig Entschädigung geleistet hat, zu erstatten sind.

Die Heranziehung einer der im vorstehenden Absatze bezeichneten Genossenschaften zur Aufbringung eines Antheils an der Entschädigung kann auch dann noch erfolgen, wenn ein ablehnender Bescheid der Genossenschaft oder eine den Anspruch des Entschädigungsberechtigten ihr gegenüber zurückweisende Entscheidung rechtskräftig geworden ist.

Die für die Feststellung der Entschädigung zuständige Genossenschaft ist mangels einer Vereinbarung durch das Reichs-Versicherungsamt zu bestimmen.

§ 86. Die Berufsgenossenschaften sind befugt, von der Rückforderung der gemäß §§ 76, 78, 81 Abs. 2 vor rechtskräftiger Entscheidung gezahlten Entschädigungen abzusehen.

§ 87. Nach erfolgter Feststellung der Entschädigung (§§ 69 ff.) hat der Genossenschaftsvorstand dem Berechtigten die mit der Zahlung beauftragte Postanstalt (§ 97) zu bezeichnen und der unteren Verwaltungsbehörde des Wohnorts über die dem Berechtigten zustehenden Bezüge Mittheilung zu machen. Das Gleiche gilt beim Eintritte von Veränderungen.

Veränderung der Verhältnisse.

§ 88. Tritt in den Verhältnissen, welche für die Feststellung der Entschädigung maßgebend gewesen sind, eine wesentliche Veränderung ein, so kann eine anderweite Feststellung erfolgen.

Nach Ablauf von zwei Jahren von der Rechtskraft des Bescheids oder der Entscheidung ab, durch welche die Entschädigung zuerst endgültig festgestellt worden ist, darf wegen einer im Zustande des Verletzten eingetretenen Veränderung eine anderweite Feststellung, sofern nicht zwischen der Berufsgenossenschaft und dem Empfangsberechtigten über einen kürzeren Zeitraum ausdrückliches Einverständniß erzielt ist, nur in Zeiträumen von mindestens einem Jahre beantragt oder vorgenommen werden.

Die anderweite Feststellung erfolgt innerhalb der ersten fünf Jahre von der Rechtskraft der erwähnten Bescheide oder Entscheidungen ab auf Antrag oder von Amtswegen durch Bescheid der Berufsgenossenschaft, später, sofern nicht über die anderweite Feststellung zwischen der Berufsgenossenschaft und dem Empfangsberechtigten ausdrückliches Einverständniß erzielt ist, nur auf Antrag durch Entscheidung des Schiedsgerichts.

Zu dem Antrag auf Wiederaufnahme eines Heilverfahrens ist neben dem Verletzten auch die Krankenkasse, der er angehört, berechtigt.

§ 89. Wird innerhalb der ersten fünf Jahre ein neuer Bescheid erlassen, bevor die frühere Entscheidung über die Höhe der Entschädigung die Rechtskraft erlangt hat, so muß die Rechtsmittelbelehrung in dem die Rente abändernden Bescheide darauf hinweisen, daß durch das gegen den früheren Bescheid eingelegte Rechtsmittel der Eintritt der Rechtskraft des neuen Bescheids nicht gehemmt wird. Abschrift des neuen Bescheids ist derjenigen Stelle, bei welcher das Verfahren über den älteren Bescheid schwebt, mitzutheilen. Diese ist berechtigt, bei Entscheidung der älteren Sache darüber zu befinden, welche Entschädigung für die Zeit nach Erlaß des neuen Bescheids zu gewähren ist. Ein in Folge der Anfechtung des neuen Bescheids etwa eingeleitetes Verfahren ist alsdann einzustellen.

Vor einer Herabsetzung oder Aufhebung der Rente ist dem Rentenempfänger unter Mittheilung derjenigen Unterlagen, auf Grund deren die Herabsetzung oder Aufhebung erfolgen soll, Gelegenheit zur Aeußerung zu geben.

Eine Erhöhung der Rente kann nur für die Zeit nach Anmeldung des höheren Anspruchs gefordert werden.

Eine Minderung, Einstellung (§ 94) oder Aufhebung der Rente tritt mit Ablauf des Monats in Wirksamkeit, in welchem der die Veränderung aussprechende Bescheid zugestellt worden ist.

§ 90. Die anderweite Feststellung einer Rente nach Ablauf der ersten fünf Jahre kann nur für die Zeit nach Zustellung des Antrags gefordert werden. Im Uebrigen wird der Zeitpunkt, von welchem an die Erhöhung, Minderung oder Aufhebung der Rente in Kraft treten soll, in der Entscheidung des Schiedsgerichts festgesetzt. Ebenso bestimmt das Schiedsgericht, in welchen Summen und Fristen die seit dem Inkrafttreten der Rentenminderung etwa bezahlten Mehrbeträge durch Kürzung späterer Rentenbezüge zur Erstattung gelangen sollen. Das Schiedsgericht kann auf Antrag auch schon vor dieser Entscheidung im Wege der einstweiligen Verfügung anordnen, daß die fernere Rentenzahlung bis zur rechtskräftigen Entscheidung über den Antrag auf Aufhebung oder Minderung der Rente ganz oder theilweise eingestellt werde.

Auf die Entscheidungen des Schiedsgerichts finden die Bestimmungen der §§ 80ff. über das Rechtsmittel des Rekurses entsprechende Anwendung. Gegen die im Abs. 1 Satz 2 bis 4 bezeichneten Entscheidungen und Verfügungen des Schiedsgerichts findet jedoch ein Rechtsmittel nicht statt.

Wird der Antrag auf Abänderung der Rente dem Schiedsgericht unterbreitet, bevor die frühere Entscheidung über die Höhe der Entschädigung die Rechtskraft erlangt hat, so ist die Stelle, bei welcher das frühere Verfahren anhängig ist, berechtigt, in diesem darüber zu befinden, welche Entschädigung für die Zeit nach Zustellung des Antrags auf Abänderung der Rente zu gewähren ist.

§ 91. Die anderweite Rentenfestsetzung nach Abschluß eines neuen Heilverfahrens, die Einstellung von Rentenzahlungen (§ 94) sowie die Ablösung einer Rente durch Kapitalzahlung (§ 95) erfolgt auch nach Ablauf des im § 88 Abs. 3 vorgesehenen Zeitraums durch Bescheid der Berufsgenossenschaft.

§ 92. Ist der Verletzte, für welchen eine Entschädigung festgestellt war, in Folge der Verletzung gestorben, so muß der Anspruch auf Gewährung einer Entschädigung für die Hinterbliebenen, falls diese Entschädigung nicht von Amtswegen festgestellt ist, bei Vermeidung des Ausschlusses vor Ablauf von zwei Jahren nach dem Tode des Verletzten bei dem zuständigen Vorstand oder bei der für den Wohnort des Entschädigungsberechtigten zuständigen unteren Verwaltungsbehörde angemeldet werden. Nach Ablauf dieser Frist ist der Anmeldung nur dann Folge zu geben, wenn zugleich glaubhaft bescheinigt wird, daß der Entschädigungsberechtigte von der Verfolgung seines Anspruchs durch außerhalb seines Willens liegende Verhältnisse abgehalten worden ist, und die Anmeldung innerhalb dreier Monate, nachdem das Hinderniß weggefallen, erfolgt ist. Im Uebrigen finden auf das Verfahren die Vorschriften der §§ 69 bis 87 entsprechende Anwendung.

Fälligkeitstermine.

§ 93. Kosten des Heilverfahrens und Sterbegelder sind binnen einer Woche nach ihrer Feststellung, Renten in monatlichen, und wenn sich der Jahresbetrag auf sechzig Mark oder weniger beläuft, in vierteljährlichen Beträgen im voraus zu zahlen, letzteres insoweit, als nicht im voraus anzunehmen ist, daß die Rente vor Ablauf des Vierteljahrs fortfällt. Die Renten werden auf volle fünf Pfennig für den Monat beziehungsweise das Vierteljahr nach oben abgerundet.

Im Einverständnisse mit den Entschädigungsberechtigten kann die Berufsgenossenschaft anordnen, daß die Zahlung in längeren Zeitabschnitten erfolgt.

Fällt das Recht auf den Rentenbezug im Laufe des Monats, für welchen die Rente gezahlt war, fort, so ist von einer Rückforderung abzusehen. Wenn für einen Theil des Monats die Rente für den Verletzten mit der Rente für die Hinterbliebenen zusammentrifft, so haben die Hinterbliebenen den höheren Betrag zu beanspruchen.

Ein Verzicht auf die Rückforderung ist auch dann zulässig, wenn die Rente für längere Zeitabschnitte gezahlt war.

Ruhen der Rente.

§ 94. Das Recht auf Bezug der Rente ruht:

1. solange der Berechtigte eine die Dauer von einem Monat übersteigende Freiheitsstrafe verbüßt oder solange er in einem Arbeitshaus oder einer Besserungsanstalt untergebracht ist. Hat der Berechtigte im Inlande wohnende Angehörige, welche im Falle seines Todes Anspruch auf Rente haben würden, so ist diesen die Rente bis zur Höhe jenes Anspruchs zu überweisen;
2. solange der berechtigte Ausländer nicht im Inlande seinen gewöhnlichen Aufenthalt hat. Diese Bestimmung kann durch Beschluß des Bundesraths für bestimmte Grenzgebiete oder für solche auswärtige Staaten, durch deren Gesetzgebung deutschen, durch einen Betriebs-

unfall verletzten Arbeitern eine entsprechende Fürsorge gewährleistet ist, außer Kraft gesetzt werden;

3. solange der berechtigte Inländer im Auslande sich aufhält und es unterläßt, der Berufsgenossenschaft seinen Aufenthalt mitzutheilen.

Das Reichs-Versicherungsamt hat über die Mittheilung des Aufenthaltsorts nähere Vorschriften zu erlassen und darin anzuordnen, daß der Rentenberechtigte sich von Zeit zu Zeit bei einem deutschen Konsul persönlich vorzustellen hat.

Weist der Entschädigungsberechtigte nach, daß er der Vorstellungspflicht ohne sein Verschulden nicht hat genügen können, so lebt insoweit das Recht auf den Bezug der Rente wieder auf.

Kapitalabfindungen.

§ 95. Ist bei theilweiser Erwerbsunfähigkeit eine Rente von fünfzehn oder weniger Prozent der Vollrente festgestellt, so kann nach Anhörung der unteren Verwaltungsbehörde die Berufsgenossenschaft den Entschädigungsberechtigten auf seinen Antrag durch eine entsprechende Kapitalzahlung abfinden. Der Verletzte muß vor Annahme seines Antrags darüber belehrt werden, daß er nach der Abfindung auch in dem Falle keinerlei Anspruch auf Rente mehr habe, wenn sein Zustand sich erheblich verschlechtern würde. Gegen den Bescheid, durch welchen die Kapitalabfindung festgesetzt wird, ist Berufung (§ 76) zulässig. Das Rechtsmittel hat in diesem Falle aufschiebende Wirkung. Bis zur Verkündung der Entscheidung kann der Antrag zurückgezogen werden. Die Entscheidung des Schiedsgerichts ist endgültig. Sie kann nur auf Bestätigung oder auf Aufhebung des Bescheids lauten.

Ist der Entschädigungsberechtigte ein Ausländer, so kann er, falls er seinen Wohnsitz im Deutschen Reiche aufgiebt, auf seinen Antrag mit dem dreifachen Betrage der Jahresrente abgefunden werden. Durch Beschluß des Bundesraths kann diese Bestimmung für bestimmte Grenzgebiete oder für die Angehörigen solcher auswärtiger Staaten, durch deren Gesetzgebung deutschen, durch Unfall verletzten Arbeitern eine entsprechende Fürsorge gewährleistet ist, außer Kraft gesetzt werden.

Diese Bestimmungen finden auch Anwendung auf solche Renten, welche vor dem Inkrafttreten dieses Gesetzes festgestellt worden sind. Wird eine solche Abfindung im Laufe der ersten drei Jahre nach Inkrafttreten des Gesetzes ausgesprochen, so sind die Berufsgenossenschaften berechtigt, die erforderlichen Mittel aus dem Reservefonds zu entnehmen. Dieser ist dann nach näherer Anordnung des Reichs-Versicherungsamts (§ 34 Abs 2) wieder zu ergänzen.

Uebertragung der Ansprüche.

§ 96. Die Uebertragung der aus diesem Gesetze sich ergebenden Ansprüche auf Dritte sowie deren Verpfändung oder Pfändung hat nur insoweit rechtliche Wirkung, als sie erfolgt:

1. zur Deckung eines Vorschusses, welcher dem Berechtigten auf seine Ansprüche vor Anweisung der Rente oder des Sterbegeldes von dem

Betriebsunternehmer oder einem Genossenschaftsorgan oder dem Mitglied eines solchen Organs gegeben worden ist;
2. zur Deckung der im § 850 Abs. 4 der Civilprozeßordnung bezeichneten Forderungen;
3. zur Deckung von Forderungen der nach §§ 25, 27 ersatzberechtigten Gemeinden, Armenverbände und an deren Stelle getretenen Betriebsunternehmer und Kassen, der Krankenkassen sowie der Versicherungsanstalten für Invalidenversicherung.

Die Ansprüche dürfen nur auf geschuldete Beiträge, auf gezahlte Vorschüsse, auf zu Unrecht gezahlte Entschädigungen, auf die zu erstattenden Kosten des Verfahrens, auf die vom Vorstande verhängten Geldstrafen sowie auf die im § 136 Abs. 1 bezeichneten Regreßansprüche der Berufsgenossenschaften aufgerechnet werden.

Ausnahmsweise darf der Berechtigte den Anspruch ganz oder zum Theil auf Andere übertragen, sofern dies von der unteren Verwaltungsbehörde genehmigt wird.

Auszahlungen durch die Post.

§ 97. Die Auszahlung der auf Grund dieses Gesetzes zu leistenden Entschädigungen wird auf Anweisung des Genossenschaftsvorstandes vorschußweise durch die Postverwaltung und zwar durch diejenigen Postanstalten bewirkt, in deren Bezirke die Empfangsberechtigten ihren Wohnsitz haben.

Verlegt der Empfangsberechtigte seinen Wohnsitz, so hat er die Ueberweisung der Auszahlung der ihm zustehenden Entschädigung an die Postanstalt seines neuen Wohnorts bei dem Vorstande, von welchem die Zahlungsanweisung erlassen worden ist, oder bei der Postanstalt des bisherigen Wohnsitzes zu beantragen.

Liquidationen der Post.

§ 98. Binnen acht Wochen nach Ablauf jedes Rechnungsjahrs haben die Zentral-Postbehörden den einzelnen Genossenschaftsvorständen Nachweisungen der auf Anweisung der Vorstände geleisteten Zahlungen zuzustellen und gleichzeitig die Postkassen zu bezeichnen, an welche die zu erstattenden Beträge einzuzahlen sind.

Umlage- und Erhebungsverfahren.

§ 99. Die von den Zentral-Postverwaltungen zur Erstattung liquidirten Beträge sind von den Genossenschaftsvorständen gleichzeitig mit den Verwaltungskosten unter Berücksichtigung der auf Grund der §§ 50, 51 etwa vorliegenden Verpflichtungen oder Berechtigungen nach dem festgestellten Vertheilungsmaßstab auf die Genossenschaftsmitglieder umzulegen und von denselben einzuziehen.

Zu diesem Zwecke hat jedes Mitglied der Genossenschaft, soweit nicht gemäß § 30 Abs. 2 Pauschbeträge der Berechnung der Beiträge zu Grunde zu legen oder Mindestbeiträge zu entrichten sind, binnen sechs Wochen nach

Ablauf des Rechnungsjahrs dem Genossenschaftsvorstand eine Nachweisung einzureichen, welche enthält:

1. die während des abgelaufenen Rechnungsjahrs im Betriebe beschäftigten versicherten Personen und die von denselben verdienten Gehälter und Löhne,
2. sofern nicht eine statutarische Bestimmung im Sinne des § 30 Abs. 1 getroffen ist, eine Berechnung der bei der Umlegung der Beiträge in Anrechnung zu bringenden Beträge der Gehälter und Löhne,
3. die Gefahrenklasse, in welche der Betrieb eingeschätzt worden ist (§ 49).

Durch Statut kann vorgeschrieben werden, daß die Lohnnachweisungen viertel- oder halbjährlich eingereicht und fortlaufend Lohnlisten (Lohnbücher) geführt werden, aus welchen diese Nachweisungen entnommen werden können. Durch Statut kann ferner vorgeschrieben werden, daß diese Lohnlisten (Lohnbücher) drei Jahre lang aufzubewahren sind.

Für Genossenschaftsmitglieder, welche mit der rechtzeitigen Einsendung der Nachweisung im Rückstande sind, erfolgt deren Aufstellung durch den Genossenschafts- beziehungsweise Sektionsvorstand.

§ 100. Von dem Genossenschaftsvorstande wird auf Grund der ihm vorliegenden Nachweisungen (§ 99) und der gemäß § 30 Abs. 2 festgesetzten Pauschbeträge sowie unter Berücksichtigung der zu entrichtenden Mindestbeiträge eine summarische Gesammtnachweisung der im abgelaufenen Rechnungsjahre von den Mitgliedern der Genossenschaft beschäftigten versicherten Personen und der von denselben verdienten anrechnungsfähigen Gehälter und Löhne aufgestellt und demnächst für jedes Genossenschaftsmitglied der Beitrag berechnet, welcher auf dasselbe zur Deckung des Gesammtbedarfs (§ 99 Abs. 1) entfällt. Bei denjenigen Genossenschaftsmitgliedern, deren Betriebe durch die Vorschriften des § 1 Abs. 1 Ziffer 1, 2, 5, 7, § 2 Abs. 2 der Versicherungspflicht erst unterstellt sind, wird, wenn sie einer bereits bestehenden Berufsgenossenschaft zugetheilt werden und sie einen Mindestbeitrag nicht zu entrichten haben (§ 30 Abs. 2), während der ersten vierzig Jahre nach dem Inkrafttreten dieses Gesetzes nur ein Theil der in ihren Betrieben verdienten anrechnungsfähigen Gehälter und Löhne der Beitragsberechnung zu Grunde gelegt. Dieser Theil bemißt sich in den ersten fünf Jahren auf zwei Fünftel, vom sechsten bis zum zehnten Jahre auf drei Fünftel, vom elften bis zum zwanzigsten Jahre auf drei Viertel, vom einundzwanzigsten bis zum dreißigsten Jahre auf neun Zehntel und vom einunddreißigsten bis zum vierzigsten Jahre auf neunzehn Zwanzigstel.

Nach Ablauf des vierzigsten Jahres wird für Betriebe dieser Art der volle Betrag der in ihnen verdienten anrechnungsfähigen Gehälter und Löhne der Beitragsberechnung zu Grunde gelegt.

§ 101. Jedem Genossenschaftsmitglied ist ein Auszug aus der zu diesem Zwecke aufzustellenden Heberolle mit der Aufforderung zuzustellen, den festgesetzten Beitrag unter Verrechnung der nach § 32 erhobenen Vorschüsse zur Vermeidung der zwangsweisen Beitreibung binnen zwei Wochen einzuzahlen. Der Auszug muß diejenigen Angaben enthalten, welche den Zahlungspflichtigen in den Stand setzen, die Richtigkeit der angestellten Beitragsberechnung zu prüfen.

Nach der Zustellung des Auszugs aus der Heberolle ist die Genossenschaft zu einer anderweiten Feststellung des Beitrags befugt, wenn die Veranlagung des Betriebs zu den Gefahrenklassen nach § 49 Abs. 4 nachträglich abgeändert oder eine im Laufe des Rechnungsjahrs eingetretene Aenderung des Betriebs nachträglich bekannt wird oder die Unrichtigkeit einer Lohnnachweisung sich ergiebt.

Sind in solchen Fällen oder in Folge unterlassener Anmeldung der Eröffnung eines neuen Betriebs schon in früheren Rechnungsjahren der Genossenschaft Beiträge, auf die sie Anspruch hatte, entgangen, so hat der Unternehmer den Fehlbetrag, soweit nicht Verjährung eingetreten ist (§ 103), nachträglich zu entrichten.

Bei der erneuten oder nachträglichen Feststellung des Beitrags ist ebenso zu verfahren wie bei der erstmaligen Feststellung.

§ 102. Die Mitglieder der Genossenschaften können gegen die Feststellung ihrer Beiträge binnen zwei Wochen nach Zustellung des Auszugs aus der Heberolle, unbeschadet der Verpflichtung zur vorläufigen Zahlung, Widerspruch bei dem Genossenschaftsvorstand erheben. Wird demselben entweder überhaupt nicht, oder nicht in dem beantragten Umfange Folge gegeben, so steht ihnen innerhalb zweier Wochen nach der Zustellung der Entscheidung des Genossenschaftsvorstandes die Beschwerde an das Reichs-Versicherungsamt zu.

Die Beschwerde ist nur zulässig, wenn dieselbe sich entweder auf Rechenfehler oder auf die unrichtige Feststellung des anrechnungsfähigen Betrags der Gehälter und Löhne oder auf den irrthümlichen Ansatz einer anderen Gefahrenklasse, als wozu der Betrieb eingeschätzt ist, gründet.

Aus den letzteren beiden Gründen ist die Beschwerde jedoch nicht zulässig, wenn die Feststellung in dem Falle der von dem Genossenschaftsmitglied unterlassenen Einsendung der Nachweisung durch den Vorstand bewirkt worden war (§ 99 Abs. 4).

Tritt in Folge des erhobenen Widerspruchs oder der erhobenen Beschwerde eine Herabminderung des Beitrags ein, so ist der Ausfall bei dem Umlageverfahren des nächsten Rechnungsjahrs zu decken.

Ergiebt sich nachträglich, daß ein ohne Widerspruch (Abs. 1) bezahlter Beitrag zu Unrecht oder in zu hohem Betrag erhoben worden ist, so kann die Rückerstattung auf dem im Abs. 1 bezeichneten Wege verlangt werden. Der Anspruch verjährt in sechs Monaten nach der Zustellung des Auszugs aus der Heberolle.

§ 103. Rückständige Beiträge, Vorschüsse auf die Beiträge (§ 32) sowie Kautionsbeträge (§§ 33, 37 Ziffer 7) werden in derselben Weise beigetrieben wie Gemeindeabgaben.

Der Anspruch auf rückständige Beiträge verjährt, soweit nicht eine absichtliche Hinterziehung vorliegt, in zwei Jahren nach Ablauf des Kalenderjahrs, in welchem sie hätten gezahlt werden müssen.

Uneinziehbare Beiträge fallen der Gesammtheit der Berufsgenossen zur Last. Sie sind vorschußweise aus dem Betriebsfonds (§ 31 Abs. 2) oder erforderlichen Falles aus dem Reservefonds der Berufsgenossenschaft zu decken und bei dem Umlageverfahren des nächsten Rechnungsjahrs zu berücksichtigen.

§ 104. Auf Antrag des Genossenschaftsvorstandes kann die untere Verwaltungsbehörde widerruflich anordnen, daß bei Unternehmern der unter § 1 Abs. 1 Ziffer 2 fallenden versicherungspflichtigen Baubetriebe, sofern sie mit der Zahlung ihrer Beiträge im Rückstande geblieben sind und ihre Zahlungsunfähigkeit im Zwangsbeitreibungsverfahren festgestellt worden ist, der Bauherr für die Beiträge während eines Jahres nach deren endgültiger Feststellung insoweit haftet, als sie nach Erlaß der Anordnung erwachsen sind. Sind im Falle einer solchen Anordnung Zwischenunternehmer vorhanden, so haften diese vor dem Bauherrn.

Die Anordnung muß diejenigen Unternehmer, für welche sie gelten soll, nach Namen, Wohnort und Geschäftsbetrieb deutlich bezeichnen und ist diesen Unternehmern sowie den Ortspolizeibehörden ihres Betriebssitzes und ihres Wohnorts schriftlich mitzutheilen. Wenn der Unternehmer seinen Betriebssitz oder seinen Wohnort verlegt, so hat die Ortspolizeibehörde die für den neuen Betriebssitz oder Wohnort zuständige Ortspolizeibehörde von der getroffenen Anordnung zu benachrichtigen. Die Ortspolizeibehörden haben auf Ersuchen jedem Betheiligten von der getroffenen Anordnung Kenntniß zu geben.

Die von solchen Anordnungen betroffenen Unternehmer sind verpflichtet, vor der Uebernahme eines auf ihr Bauunternehmen bezüglichen Auftrags dem Auftraggeber von der Anordnung schriftlich Kenntniß zu geben. Unterlassen sie dies und wird in Folge dessen der Auftraggeber geschädigt, so werden sie mit Gefängniß bis zu einem Jahre bestraft, neben welchem auf Geldstrafe bis zu dreitausend Mark erkannt werden kann.

§ 105. Die untere Verwaltungsbehörde hat die Anordnung (§ 104) aufzuheben, sobald ihr durch eine Bescheinigung des Genossenschaftsvorstandes nachgewiesen wird, daß von dem Unternehmer oder für dessen Rechnung alle rückständigen und fälligen Verpflichtungen gegenüber der Genossenschaft erfüllt sind.

Gegen die Anordnung der unteren Verwaltungsbehörde, gegen die Versagung einer solchen Anordnung sowie gegen den auf Antrag wegen Aufhebung der Anordnung erlassenen Bescheid findet binnen zwei Wochen nach der Zustellung die Beschwerde an die höhere Verwaltungsbehörde statt. Die Beschwerde hat keine aufschiebende Wirkung. Die Entscheidung der höheren Verwaltungsbehörde ist endgültig.

Streitigkeiten, welche zwischen den Berufsgenossenschaften einerseits und den nach § 104 Abs. 1 haftenden Bauherren oder Zwischenunternehmern andererseits über die Haftung entstehen, entscheidet mit Ausschluß des Rechtswegs das Reichs-Versicherungsamt.

Auf die von den Bauherren und den Zwischenunternehmern zu leistenden Beiträge finden die Bestimmungen im § 103 Abs. 1 Anwendung.

Abführung der Beträge an die Postkassen.

§ 106. Die Genossenschaftsvorstände haben die von den Zentral-Postbehörden liquidirten Beträge innerhalb dreier Monate nach Empfang der Liquidationen an die ihnen bezeichneten Postkassen abzuführen.

Gegen Genossenschaften, welche mit der Erstattung der Beträge im Rückstande bleiben, ist auf Antrag der Zentral-Postbehörden von dem Reichs-Versicherungsamte, vorbehaltlich der Bestimmungen des § 54, das Zwangsbeitreibungsverfahren einzuleiten.

Das Reichs-Versicherungsamt ist befugt, zur Deckung der Ansprüche der Postverwaltungen zunächst über bereite Bestände der Genossenschaftskassen zu verfügen. Soweit diese nicht ausreichen, hat dasselbe das Beitreibungsverfahren gegen die Mitglieder der Genossenschaft einzuleiten und bis zur Deckung der Rückstände durchzuführen.

Vermögensverwaltung.

§ 107. Die Einnahmen und Ausgaben der Berufsgenossenschaften sind von allen den Zwecken der letzteren fremden Vereinnahmungen und Verausgabungen gesondert festzustellen und zu verrechnen, ebenso sind die Bestände gesondert zu verwahren.

Das Reichs-Versicherungsamt trifft nach Bedarf Bestimmung über die Aufbewahrung von Werthpapieren.

§ 108. Die Bestände der Berufsgenossenschaften müssen in der durch §§ 1806 bis 1808 des Bürgerlichen Gesetzbuchs bezeichneten Weise angelegt werden.

Außerdem dürfen dieselben in Werthpapieren, welche nach landesgesetzlichen Vorschriften zur Anlegung von Mündelgeldern zugelassen sind, sowie in solchen auf den Inhaber lautenden Pfandbriefen deutscher Hypotheken-Aktienbanken angelegt werden, welche die Reichsbank in Klasse I beleiht.

§ 109. Die Landes-Zentralbehörde desjenigen Bundesstaats, in dessen Gebiete die Berufsgenossenschaft ihren Sitz hat, kann genehmigen, daß die Bestände der Berufsgenossenschaft auch in Darlehen an Gemeinden und weitere Kommunalverbände angelegt werden; sie kann ferner anordnen, daß bei der Anlegung des Genossenschaftsvermögens einzelne Gattungen zinstragender Papiere nur bis zu einem näher zu bestimmenden Betrag erworben werden dürfen. Erstreckt sich der Bezirk der Genossenschaft auf Gebiete oder Gebietstheile mehrerer Bundesstaaten, so bedarf es der Zustimmung der Zentralbehörden dieser Bundesstaaten oder, sofern ein Einverständniß nicht erzielt wird, der Zustimmung des Bundesraths.

Die Landes-Zentralbehörde desjenigen Bundesstaats, in dessen Gebiete die Berufsgenossenschaft ihren Sitz hat, kann widerruflich gestatten, daß zeitweilig verfügbare baare Bestände auch in anderer als der im § 108 bezeichneten Weise vorübergehend angelegt werden.

§ 110. Die Berufsgenossenschaften können mit Genehmigung des Reichs-Versicherungsamts einen Theil ihres Vermögens in anderer als der nach §§ 108, 109 zulässigen Weise, insbesondere in Grundstücken anlegen.

Will eine Genossenschaft mehr als den vierten Theil ihres Vermögens in dieser Weise anlegen, so bedarf sie dazu außerdem, sofern sie der Aufsicht eines Landes-Versicherungsamts unterstellt ist, der Genehmigung der Landes-Zentralbehörde, im Uebrigen der Genehmigung des Bundesraths. Eine solche Anlage ist jedoch nur in Werthpapieren, oder für die Zwecke der Verwaltung, zur Vermeidung von Vermögensverlusten für die Genossenschaft, oder für solche Veranstaltungen zulässig, welche ausschließlich oder überwiegend der versicherungspflichtigen Bevölkerung zu gute kommen. Mehr als die Hälfte ihres Vermögens darf jedoch eine Berufsgenossenschaft in der bezeichneten Weise nicht anlegen.

§ 111. Ueber die gesammten Rechnungsergebnisse eines Rechnungsjahrs ist nach Abschluß desselben alljährlich dem Reichstag eine vom Reichs-Versicherungsamt aufzustellende Nachweisung vorzulegen.

Das Rechnungsjahr beginnt mit dem 1. Januar und endet mit dem 31. Dezember.

V. Unfallverhütung. Ueberwachung der Betriebe.

Unfallverhütungsvorschriften.

§ 112. Die Genossenschaften sind befugt und können im Aufsichtsweg angehalten werden, Vorschriften zu erlassen:

1. über die von den Mitgliedern zur Verhütung von Unfällen in ihren Betrieben zu treffenden Einrichtungen und Anordnungen unter Bedrohung der Zuwiderhandelnden mit Geldstrafen bis zu eintausend Mark oder mit der Einschätzung ihrer Betriebe in eine höhere Gefahrenklasse oder, falls sich die letzteren bereits in der höchsten Gefahrenklasse befinden, mit Zuschlägen bis zum doppelten Betrag ihrer Beiträge.

   Für die Herstellung der vorgeschriebenen Einrichtungen ist den Mitgliedern eine angemessene Frist zu bewilligen;
2. über das in den Betrieben von den Versicherten zur Verhütung von Unfällen zu beobachtende Verhalten unter Bedrohung der Zuwiderhandelnden mit Geldstrafen bis zu sechs Mark.

Die Genossenschaften sind außerdem befugt, solche Vorschriften für bestimmt abzugrenzende Bezirke oder für bestimmte Gewerbszweige oder Betriebsarten zu erlassen.

In den Unfallverhütungsvorschriften ist anzugeben, in welcher Art diese Vorschriften zur Kenntniß der Versicherten zu bringen sind.

§ 113. Die zu erlassenden Vorschriften sind vor der Beschlußfassung dem Reichs-Versicherungsamt einzureichen und, sofern die Genossenschaft in Sektionen eingetheilt ist, den Vorständen derjenigen Sektionen, für welche sie Gültigkeit haben sollen, zur Begutachtung vorzulegen.

Zu der Berathung und Beschlußfassung über diese Vorschriften sowie zur Begutachtung der nach § 120e Abs. 2 der Gewerbeordnung zu erlassenden Vorschriften haben die Genossenschaftsvorstände Vertreter der Arbeiter mit vollem Stimmrecht und in gleicher Zeit wie die betheiligten Vorstandsmitglieder zuzuziehen.

Das Reichs-Versicherungsamt ist zu der vom Genossenschaftsvorstand anberaumten Sitzung, in welcher über die von der Genossenschaft zu erlassenden Vorschriften berathen und Beschluß gefaßt werden soll, einzuladen.

Sollen die von der Genossenschaft oder die auf Grund des § 120e Abs. 2 der Gewerbeordnung zu erlassenden Vorschriften nur für den Bezirk einzelner Sektionen Gültigkeit haben, so sind zur Begutachtung durch die Sektionsvorstände auch Vertreter der Arbeiter gemäß Abs. 2 zuzuziehen.

Mit der Einladung zu der zur Begutachtung oder zur Berathung und Beschlußfassung anberaumten Sitzung ist den Vertretern der Arbeiter der Entwurf der Vorschriften zuzustellen, welcher der Begutachtung oder der Berathung und Beschlußfassung unterliegen soll.

§ 114. Die Vertreter der Arbeiter werden von den Ausschüssen derjenigen Versicherungsanstalten gewählt, auf deren Bezirke sich die Berufsgenossenschaft oder Sektion erstreckt. Wahlberechtigt sind jedoch nur diejenigen Mitglieder der Ausschüsse, die als Vertreter der Versicherten berufen sind.

Wählbar sind deutsche, männliche, volljährige, auf Grund dieses Gesetzes versicherte Personen, welche in Betrieben der Mitglieder derjenigen Berufsgenossenschaft, für welche die Unfallverhütungsvorschriften erlassen werden sollen, beschäftigt sind. Nicht wählbar ist, wer zum Amte eines Schöffen unfähig ist (§ 32 des Gerichtsverfassungsgesetzes).

Die Wahl erfolgt auf fünf Jahre nach näherer Bestimmung einer Wahlordnung, welche vom Reichs-Versicherungsamte zu erlassen ist; die erste Wahlperiode endet am 1. Januar 1906. Für jeden Vertreter ist ein erster und ein zweiter Ersatzmann zu wählen, welche denselben in Behinderungsfällen zu ersetzen und im Falle des Ausscheidens für den Rest der Periode in der Reihenfolge ihrer Wahl einzutreten haben. Die Leitung der Wahl liegt einem Beauftragten des Reichs-Versicherungsamts ob. Streitigkeiten über die Wahlen werden vom Reichs-Versicherungsamt entschieden. Die Bestimmung des § 47 findet entsprechende Anwendung.

Die Vertreter der Arbeiter erhalten Ersatz für entgangenen Arbeitsverdienst und für Reisekosten nach festen von der Genossenschaft zu bestimmenden Sätzen. Die Feststellung erfolgt durch den Vorsitzenden des Vorstandes.

§ 115. Die Unfallverhütungsvorschriften bedürfen der Genehmigung des Reichs-Versicherungsamts.

Das Reichs-Versicherungsamt kann anordnen, daß vor der Genehmigung, soweit dies nicht gemäß § 113 Abs. 4 schon geschehen ist, zur Begutachtnng der Vorschriften oder einzelner Theile derselben durch die Sektionsvorstände auch die Vertreter der Arbeiter zuzuziehen sind.

Wenn durch Beschluß der Genossenschaftsversammlung (§ 37 Ziffer 10) die gemäß § 113 Abs. 2 vom Vorstande und den Vertretern der Arbeiter gefaßten Beschlüsse abgeändert worden sind, so hat das Reichs-Versicherungsamt zu bestimmen, ob die Vorschriften vor deren Genehmigung einer nochmaligen Berathung und Beschlußfassung seitens des Vorstandes und der Vertreter der Arbeiter zu unterwerfen sind. Wenn das Reichs-Versicherungsamt seine Genehmigung von der Abänderung der beschlossenen

Vorschriften abhängig macht, so hat es gleichfalls zu bestimmen, ob zur Berathung und Beschlußfassung (§ 113 Abs. 2) über die erforderliche Abänderung der Vertreter die Arbeiter zuzuziehen sind.

Dem Antrag auf Genehmigung ist das über die Verhandlungen bei den Vorständen aufgenommene Protokoll, aus welchem die Abstimmung der Vertreter der Arbeiter ersichtlich sein muß, sowie die gutachtliche Aeußerung der Vorstände derjenigen Sektionen, für welche die Vorschriften Gültigkeit haben sollen, beizufügen. Vor der Genehmigung ist den Landes-Zentralbehörden derjenigen Bundesstaaten, auf deren Gebiete sich die Vorschriften erstrecken sollen, Gelegenheit zu einer Aeußerung zu geben.

Die genehmigten Vorschriften sind den höheren Verwaltungsbehörden, auf deren Bezirke dieselben sich erstrecken, durch den Genossenschaftsvorstand mitzutheilen.

§ 116. Die Festsetzung der im § 112 Abs. 1 Ziffer 1 vorgesehenen Geldstrafen sowie die höhere Einschätzung des Betriebs und die Festsetzung von Zuschlägen erfolgt durch den Vorstand der Genossenschaft, die Festsetzung der im § 112 Abs. 1 Ziffer 2 vorgesehenen Geldstrafen durch den Vorstand der Betriebs- (Fabrik-) oder Bau-Krankenkasse, oder, wenn eine solche für den Betrieb nicht errichtet ist, durch die Ortspolizeibehörde. Gegen die Verfügung findet innerhalb zweier Wochen nach der Zustellung die Beschwerde statt. Ueber dieselbe entscheidet, soweit es sich um eine Verfügung des Genossenschaftsvorstandes handelt, das Reichs-Versicherungsamt, im Uebrigen die der Krankenkasse oder Ortspolizeibehörde vorgesetzte Aufsichtsbehörde.

§ 117. Die von den Landesbehörden für bestimmte Gewerbszweige oder Betriebsarten zur Verhütung von Unfällen zu erlassenden Anordnungen sollen, sofern nicht Gefahr im Verzug ist, den betheiligten Genossenschafts- oder Sektionsvorständen zur Begutachtung nach Maßgabe des § 115 Abs. 4 vorher mitgetheilt werden. Dabei finden § 113 Abs. 2, § 114 entsprechende Anwendung.

Die Polizeibehörden sind verpflichtet, von den gemäß § 120d Abs. 1 der Gewerbeordnung zur Verhütung von Unfällen getroffenen Anordnungen derjenigen Genossenschaft, welcher der betheiligte Betrieb angehört, Kenntniß zu geben.

§ 118. Auf Unfallverhütungsvorschriften, welche sich auf die Sicherheit des Eisenbahnbetriebs beziehen, finden die Bestimmungen der §§ 113, 117, 132 keine Anwendung.

Ueberwachung der Betriebe.

§ 119. Die Genossenschaften sind verpflichtet, für die Durchführung der gemäß § 112 erlassenen Unfallverhütungsvorschriften Sorge zu tragen. Sie sind befugt, durch technische Aufsichtsbeamte die Befolgung der zur Verhütung von Unfällen erlassenen Vorschriften zu überwachen und von den Einrichtungen der Betriebe, soweit sie für die Zugehörigkeit zur Genossenschaft oder für die Einschätzung in den Gefahrentarif von Bedeutung sind, Kenntniß zu nehmen. Sie sind ferner befugt, durch Rechnungsbeamte behufs Prüfung der von den Betriebsunternehmern auf Grund gesetzlicher oder statutarischer Bestimmungen eingereichten Arbeiter- und Lohnnachweisungen diejenigen Geschäftsbücher und Listen einzusehen, aus welchen die Zahl der beschäftigten Arbeiter und Beamten und die Beträge der verdienten Gehälter und Löhne ersichtlich werden.

Die Funktionen des technischen Aufsichtsbeamten und des Rechnungsbeamten können mit Genehmigung des Reichs-Versicherungsamts in einer Person vereinigt werden.

Die einer Genossenschaft angehörenden Betriebsunternehmer sind verpflichtet, den als solchen legitimirten technischen Aufsichtsbeamten der betheiligten Genossenschaft auf Erfordern den Zutritt zu ihren Betriebsstätten während der Betriebszeit zu gestatten und den Rechnungsbeamten die bezeichneten Bücher und Listen an Ort und Stelle zur Einsicht vorzulegen. Sie können hierzu, vorbehaltlich der Bestimmungen des § 120, auf Antrag der technischen Aufsichtsbeamten oder der Rechnungsbeamten von der unteren Verwaltungsbehörde durch Geldstrafen im Betrage bis zu dreihundert Mark angehalten werden.

§ 120. Befürchtet der Betriebsunternehmer die Verletzung eines Fabrikgeheimnisses oder die Schädigung seiner Geschäftsinteressen in Folge der Besichtigung des Betriebs durch den technischen Aufsichtsbeamten der Genossenschaft, so kann derselbe die Besichtigung durch andere Sachverständige beanspruchen. In diesem Falle hat er dem Genossenschaftsvorstande, sobald er den Namen des technischen Aufsichtsbeamten erfährt, eine entsprechende Mittheilung zu machen und einige geeignete Personen zu bezeichnen, welche auf seine Kosten die erforderliche Einsicht in den Betrieb zu nehmen und dem Vorstande die für die Zwecke der Genossenschaft nothwendige Auskunft über die Betriebseinrichtungen zu geben bereit sind. In Ermangelung einer Verständigung zwischen dem Betriebsunternehmer und dem Vorstand entscheidet auf Anrufen des letzteren das Reichs-Versicherungsamt.

§ 121. Die Mitglieder der Vorstände der Genossenschaften sowie deren technische Aufsichtsbeamte und Rechnungsbeamte (§§ 119, 120) und die nach § 120 ernannten Sachverständigen haben über die Thatsachen, welche durch die Ueberwachung und Kontrole der Betriebe zu ihrer Kenntniß kommen, Verschwiegenheit zu beobachten und sich der Nachahmung der von den Betriebsunternehmern geheim gehaltenen, zu ihrer Kenntniß gelangten Betriebseinrichtungen und Betriebsweisen, solange als diese Betriebsgeheimnisse sind, zu enthalten. Die technischen Aufsichtsbeamten und Rechnungsbeamten der Genossenschaften und die Sachverständigen sind hierauf von der unteren Verwaltungsbehörde ihres Wohnorts zu beeidigen.

§ 122. Namen und Wohnsitz der technischen Aufsichtsbeamten und Rechnungsbeamten sind von dem Genossenschaftsvorstande den höheren Verwaltungsbehörden, auf deren Bezirke sich ihre Thätigkeit erstreckt, anzuzeigen.

Die Genossenschaften sind verpflichtet, über die Ueberwachungsthätigkeit der technischen Aufsichtsbeamten und deren Ergebnisse dem Reichs-Versicherungsamte Bericht zu erstatten und den nach Maßgabe des § 139b der Gewerbeordnung bestellten staatlichen Aufsichtsbeamten auf Ersuchen Mittheilung zu machen.

§ 123. Hat der technische Aufsichtsbeamte der Genossenschaft bei seiner Ueberwachungsthätigkeit von Anordnungen, welche der staatliche Aufsichtsbeamte zur Verhütung von Unfällen getroffen hat, Kenntniß erhalten, so darf er abweichende Bestimmungen nicht treffen. Erscheinen ihm solche geboten, oder glaubt er, daß eine Anordnung des staatlichen Aufsichtsbeamten einer von der Genossenschaft erlassenen Unfallverhütungsvorschrift widerspricht, so hat er an den Genossenschaftsvorstand zu berichten, welcher die vorgesetzte Behörde des staatlichen Aufsichtsbeamten anrufen kann.

Hält der staatliche Aufsichtsbeamte Anordnungen des technischen Aufsichtsbeamten der Genossenschaft für zweckwidrig oder den erlassenen Unfallverhütungsvorschriften widersprechend, so hat er dem Vorstande der zuständigen Berufsgenossenschaft davon Mittheilung zu machen. Hält der Genossenschaftsvorstand den Einspruch des staatlichen Aufsichtsbeamten nicht für gerechtfertigt, so kann er die vorgesetzte Behörde der staatlichen Aufsichtsbeamten anrufen.

Von sämmtlichen nach Abs. 1 und 2 geführten Verhandlungen hat der Genossenschaftsvorstand dem Reichs-Versicherungsamte Kenntniß zu geben.

§ 124. Die durch die Ueberwachung und Kontrole der Betriebe entstehenden Kosten gehören zu den Verwaltungskosten der Genossenschaft.

Wenn ein Betriebsunternehmer durch Nichterfüllung der ihm obliegenden Verpflichtungen zur Aufwendung solcher Kosten Anlaß gegeben hat, so kann der Vorstand diese Kosten, soweit sie in baaren Auslagen bestehen, dem Betriebsunternehmer auferlegen und gegen diesen außerdem eine Geldstrafe bis zu einhundert Mark verhängen.

Gegen die Auferlegung dieser Kosten und Geldstrafen findet innerhalb zweier Wochen nach Zustellung des Beschlusses die Beschwerde an das Reichs-Versicherungsamt statt. Die Beitreibung erfolgt in derselben Weise wie bei Gemeindeabgaben.

VI. Beaufsichtigung der Berufsgenossenschaften.

§ 125. Die Genossenschaften unterliegen in Bezug auf die Befolgung dieses Gesetzes der Beaufsichtigung durch das Reichs-Versicherungsamt. Die Aufsicht hat sich auf die Beobachtung der gesetzlichen und statutarischen Vorschriften zu erstrecken.

Das Reichs-Versicherungsamt ist befugt, jederzeit eine Prüfung der Geschäftsführung der Genossenschaften vorzunehmen.

Die Vorstandsmitglieder, Vertrauensmänner und Beamten der Genossenschaften sind auf Erfordern des Reichs-Versicherungsamts zur Vorlegung ihrer Bücher, Beläge und ihrer auf den Inhalt der Bücher bezüglichen Korrespondenzen sowie der auf die Festsetzung der Entschädigungen und Jahresbeiträge bezüglichen Schriftstücke an die Beauftragten des Reichs-Versicherungsamts oder an das letztere selbst verpflichtet. Dieselben können hierzu durch Geldstrafen bis zu eintausend Mark angehalten werden.

Der Aufsicht des Reichs-Versicherungsamts unterstehen ferner die von den Berufsgenossenschaften errichteten oder unterhaltenen Heilanstalten. Das Reichs-Versicherungsamt kann zu den zum Zwecke der Aufsicht stattfindenden Revisionen Vertreter der Berufsgenossenschaften und der Arbeiter zuziehen.

§ 126. Das Reichs-Versicherungsamt entscheidet, unbeschadet der Rechte Dritter, über Streitigkeiten, welche sich auf die Rechte und Pflichten der Inhaber der Genossenschaftsämter, auf die Auslegung der Statuten und die Gültigkeit der vollzogenen Wahlen beziehen. Dasselbe kann die Inhaber der Genossenschaftsämter zur Befolgung der gesetzlichen und statutarischen Vorschriften durch Geldstrafen bis zu eintausend Mark anhalten.

§ 127. Ist für das Gebiet eines Bundesstaats ein Landes-Versicherungsamt errichtet, so unterliegen Berufsgenossenschaften, welche nur solche Betriebe umfassen, deren Sitz im Gebiete des betreffenden Bundesstaats belegen ist, der Beaufsichtigung durch das Landes-Versicherungsamt. In den Angelegenheiten dieser Berufsgenossenschaften gehen die in den §§ 23, 26 des Gesetzes, betreffend die Abänderung der Unfallversicherungsgesetze, sowie in den §§ 31, 34, 39, 44, 46 bis 49, 51, 53, 54, 58, 59, 61, 62, 73, 80 bis 85, 95, 102, 105 bis 107, 110, 112 bis 116, 119, 120, 123 bis 126, 128 dieses Gesetzes dem Reichs-Versicherungsamt übertragenen Zuständigkeiten auf das Landes-Versicherungsamt über.

Soweit jedoch in den Fällen der §§ 51, 53, 58, 61, 73, 82, 83, 85 eine der Aufsicht eines anderen Landes-Versicherungsamts oder des Reichs-Versicherungsamts unterstellte Berufsgenossenschaft oder eine Ausführungsbehörde eines anderen Bundesstaats mitbetheiligt ist, entscheidet das Reichs-Versicherungsamt. Das Landes-Versicherungsamt hat in solchen Fällen die Akten an das Reichs-Versicherungsamt zur Entscheidung abzugeben.

Hat das Reichs-Versicherungsamt einen Entschädigungsanspruch um deswillen abgelehnt, weil nicht der in Anspruch genommene Träger der Versicherung, sondern ein anderer Träger zur Entschädigung verpflichtet ist, so kann der Anspruch gegen den letzteren nicht mit der Begründung abgelehnt werden, daß der erstere entschädigungspflichtig sei.

Treten für eine der im Abs. 1 genannten, der Aufsicht eines Landes-Versicherungsamts unterstellten Berufsgenossenschaften die Voraussetzungen des § 54 ein, so gehen die Rechtsansprüche und Verpflichtungen auf den betreffenden Bundesstaat über.

VII. Reichs- und Staatsbetriebe.

§ 128. Für die Post-, Telegraphen-, Marine- und Heeresverwaltungen sowie für die vom Reiche oder von einem Bundesstaate für Reichs- beziehungsweise Staatsrechnung verwalteten Eisenbahnbetriebe, sämmtlich einschließlich der Bauten, welche von denselben für eigene Rechnung ausgeführt werden, tritt an die Stelle der Berufsgenossenschaft das Reich beziehungsweise der Staat, für dessen Rechnung die Verwaltung geführt wird.

Dasselbe gilt hinsichtlich der vom Reiche oder von einem Bundesstaate für Reichs- beziehungsweise Staatsrechnung verwalteten Baggerei-,

Binnenschiffahrts-, Flößerei-, Prahm- und Fährbetriebe, sofern nicht der Reichskanzler beziehungsweise die Landes-Zentralbehörde nach Maßgabe des § 2 des Gesetzes vom 28. Mai 1885 (Reichs-Gesetzbl. S. 159) rechtzeitig erklärt hat, daß diese Betriebe den für sie errichteten Berufsgenossenschaften angehören sollen.

Soweit hiernach das Reich oder ein Bundesstaat an die Stelle der Berufsgenossenschaft tritt, werden die Befugnisse und Obliegenheiten der Genossenschaftsversammlung und des Vorstandes der Genossenschaft durch Ausführungsbehörden wahrgenommen, welche für die Heeresverwaltungen von der obersten Militärverwaltungsbehörde des Kontingents, im Uebrigen für die Reichsverwaltungen vom Reichskanzler, für die Landesverwaltungen von der Landes-Zentralbehörde zu bezeichnen sind. Dem Reichs-Versicherungsamt ist mitzutheilen, welche Behörden als Ausführungsbehörden bezeichnet worden sind. Die auf Grund des § 2 des Gesetzes vom 28. Mai 1885 (Reichs-Gesetzbl. S. 159) eingesetzten Ausführungsbehörden bleiben bestehen.

§ 129. Soweit das Reich oder ein Bundesstaat an die Stelle der Berufsgenossenschaft tritt, finden die §§ 29 bis 52, 54 bis 62, 74, 99 bis 105, 106 Abs. 2, 3, §§ 107 bis 110, 112 bis 117, 119 bis 126, 134, 146 bis 151 keine Anwendung.

§ 130. Die Erstreckung der Versicherungspflicht auf Betriebsbeamte mit einem dreitausend Mark übersteigenden Jahresarbeitsverdienste (§ 5 Abs. 1 lit. c) kann durch die Ausführungsvorschriften erfolgen, soweit diese Beamten nicht nach § 7 von der Anwendung dieses Gesetzes ausgeschlossen sind.

§ 131. Die Feststellung der Entschädigungen (§§ 69 ff.) erfolgt durch die in den Ausführungsvorschriften zu bezeichnende Behörde.

§ 132. Vorschriften der Ausführungsbehörden über das in den Betrieben von den Versicherten zur Verhütung von Unfällen zu beobachtende Verhalten sind, sofern sie Strafbestimmungen enthalten sollen, vor dem Erlasse mindestens drei Vertretern der Arbeiter zur Berathung und gutachtlichen Aeußerung vorzulegen. Die Berathung findet unter Leitung eines Beauftragten der Ausführungsbehörde statt. Der Beauftragte darf kein unmittelbarer Vorgesetzter der Vertreter der Arbeiter sein.

§ 133. Die zur Durchführung der Bestimmungen in §§ 128 bis 132 erforderlichen Ausführungsvorschriften sind für die Heeresverwaltungen von der obersten Militärverwaltungsbehörde des Kontingents, im Uebrigen für die Reichsverwaltungen vom Reichskanzler, für die Landesverwaltungen von der Landes-Zentralbehörde zu erlassen.

VIII. Schluß- und Strafbestimmungen.

Knappschafts-Berufsgenossenschaften.

§ 134. Unternehmer von Betrieben, welche landesgesetzlich bestehenden Knappschaftsverbänden angehören, können auf Antrag der Vorstände der letzteren vom Bundesrathe zu Knappschafts-Berufsgenossenschaften vereinigt werden.

Die Knappschafts-Berufsgenossenschaften können durch Statut bestimmen:

a) daß die Entschädigungsbeträge auch über fünfundsiebenzig Prozent hinaus (§ 50) von denjenigen Sektionen zu tragen sind, in deren Bezirken die Unfälle eingetreten sind;
b) daß den Knappschaftsältesten die Funktionen der in den §§ 113 bis 115 bezeichneten Vertreter der Arbeiter übertragen werden;
c) daß Knappschaftsälteste stimmberechtigte Mitglieder des Genossenschaftsvorstandes oder, sofern die Knappschafts-Berufsgenossenschaft in Sektionen getheilt ist, der Sektionsvorstände sind;
d) daß die Auszahlung der Entschädigungen durch die Knappschaftskassen bewirkt wird (§ 97).

Haftung der Betriebsunternehmer und Betriebsbeamten.

§ 135. Die nach Maßgabe dieses Gesetzes versicherten Personen und die in §§ 16 bis 19 bezeichneten Hinterbliebenen können, auch wenn sie einen Anspruch auf Rente nicht haben, einen Anspruch auf Ersatz des in Folge eines Unfalls erlittenen Schadens gegen den Betriebsunternehmer, dessen Bevollmächtigten oder Repräsentanten, Betriebs- oder Arbeiteraufseher nur dann geltend machen, wenn durch strafgerichtliches Urtheil festgestellt worden ist, daß der in Anspruch Genommene den Unfall vorsätzlich herbeigeführt hat.

In diesem Falle beschränkt sich der Anspruch auf den Betrag, um welchen die den Berechtigten nach anderen gesetzlichen Vorschriften gebührende Entschädigung diejenige übersteigt, auf welche sie nach diesem Gesetz Anspruch haben.

Für das über einen solchen Anspruch erkennende ordentliche Gericht ist die Entscheidung bindend, welche in dem durch dieses Gesetz geordneten Verfahren über die Frage ergeht, ob ein Unfall vorliegt, für welchen aus der Unfallversicherung Entschädigung zu leisten ist, und in welchem Umfang Entschädigung zu gewähren ist.

§ 136. Diejenigen Betriebsunternehmer, Bevollmächtigten oder Repräsentanten, Betriebs- oder Arbeiteraufseher, gegen welche durch strafgerichtliches Urtheil festgestellt worden ist, daß sie den Unfall vorsätzlich oder durch Fahrlässigkeit mit Außerachtlassung derjenigen Aufmerksamkeit, zu der sie vermöge ihres Amtes, Berufs oder Gewerbes besonders verpflichtet sind, herbeigeführt haben, haften für alle Aufwendungen, welche in Folge des Unfalls auf Grund dieses Gesetzes oder des Krankenversicherungsgesetzes von den Gemeinden, Armenverbänden, Krankenkassen und sonstigen Unterstützungskassen (§ 25 Abs. 1) gemacht worden sind. Dieselben Personen haften der Genossenschaft für deren Aufwendungen auch ohne Feststellung durch strafgerichtliches Urtheil. Ist der Unfall durch Fahrlässigkeit mit Außerachtlassung derjenigen Aufmerksamkeit, zu der sie vermöge ihres Amtes, Berufs oder Gewerbes verpflichtet sind, herbeigeführt, so ist die Genossenschaftsversammlung befugt, von der Verfolgung des

Anspruchs abzusehen. Durch das Statut kann diese Befugniß auf den Vorstand übertragen werden.

In gleicher Weise haftet als Betriebsunternehmer eine Aktiengesellschaft, eine Innung oder eingetragene Genossenschaft für die durch ein Mitglied ihres Vorstandes sowie eine Handelsgesellschaft, eine Innung oder eingetragene Genossenschaft für die durch einen der Liquidatoren herbeigeführten Unfälle.

Als Ersatz für die Rente kann in diesen Fällen deren Kapitalwerth gefordert werden.

§ 137. Will der Vorstand den Ersatzanspruch aus § 136 Abs. 1 Satz 3 geltend machen, so hat er den Beschluß dem Ersatzpflichtigen schriftlich mitzutheilen. Der Ersatzpflichtige kann hiergegen die Beschlußfassung der Genossenschaftsversammlung anrufen.

Die Klage darf nicht vor Ablauf eines Monats nach der Zustellung dieser Mittheilung und nur dann angestellt werden, wenn nicht innerhalb dieser Frist die Beschlußfassung seitens des Ersatzpflichtigen angerufen ist. Ist letzteres der Fall, so ist die Beschlußfassung der Genossenschaftsversammlung abzuwarten.

§ 138. Der Anspruch (§ 136 Abs. 1 Satz 1) verjährt in achtzehn Monaten von dem Tage, an welchem das strafgerichtliche Urtheil rechtskräftig geworden ist, im Uebrigen in zwei Jahren nach dem Unfalle. Die Anrufung der Beschlußfassung der Genossenschaftsversammlung (§ 137 Abs. 1) unterbricht die Verjährung.

Die Bestimmung des § 135 Abs. 3 findet Anwendung.

§ 139. Die in den §§ 135, 136 bezeichneten Ansprüche können, auch ohne daß die daselbst vorgesehene Feststellung durch strafgerichtliches Urtheil stattgefunden hat, geltend gemacht werden, falls diese Feststellung wegen des Todes oder der Abwesenheit des Betreffenden oder aus einem anderen in seiner Person liegenden Grunde nicht erfolgen kann.

Haftung Dritter.

§ 140. Die Haftung dritter, in den §§ 135, 136 nicht bezeichneter Personen bestimmt sich nach den sonstigen gesetzlichen Vorschriften. Insoweit den nach Maßgabe dieses Gesetzes entschädigungsberechtigten Personen ein gesetzlicher Anspruch auf Ersatz des ihnen durch den Unfall entstandenen Schadens gegen Dritte erwachsen ist, geht dieser Anspruch auf die Berufsgenossenschaft im Umfang ihrer durch dieses Gesetz begründeten Entschädigungspflicht über.

Verbot vertragsmäßiger Beschränkungen.

§ 141. Den Berufsgenossenschaften sowie den Betriebsunternehmern und ihren Angestellten ist untersagt, durch Uebereinkunft oder mittelst Arbeitsordnungen die Anwendung der Bestimmungen dieses Gesetzes zum Nachtheile der Versicherten ganz oder theilweise auszuschließen oder die Versicherten in der Uebernahme oder Ausübung eines in Gemäßheit dieses Gesetzes ihnen übertragenen Ehrenamts zu beschränken. Vertragsbestimmungen, welche diesem Verbote zuwiderlaufen, haben keine rechtliche Wirkung.

Betriebsunternehmer oder Angestellte, welche gegen die vorstehende Bestimmung verstoßen, werden, sofern nicht nach anderen gesetzlichen Vorschriften eine härtere Strafe eintritt, mit Geldstrafe bis zu dreihundert Mark oder mit Haft bestraft.

Die gleiche Strafe trifft Betriebsunternehmer oder Angestellte, welche Beiträge zur Unfallversicherung den Versicherten ganz oder theilweise auf den Lohn in Anrechnung bringen oder eine solche Anrechnung wissentlich bewirken.

Unbehinderte Ausübung der Funktionen.

§ 142. Die Vertreter der Arbeiter (§§ 113 bis 115) und die Schiedsgerichtsbeisitzer aus der Klasse der Versicherten (Gesetz, betreffend die Abänderung der Unfallversicherungsgesetze, §§ 4, 5, 7) haben in jedem Falle, in welchem sie zur Wahrnehmung ihrer Obliegenheiten berufen werden, die Arbeitgeber hiervon in Kenntniß zu setzen. Die Nichtleistung der Arbeit während der Zeit, in welcher die bezeichneten Personen durch die Wahrnehmung jener Obliegenheiten an der Arbeit verhindert sind, berechtigt den Arbeitgeber nicht, das Arbeitsverhältniß vor dem Ablaufe der vertragsmäßigen Dauer aufzuheben.

Aeltere Versicherungsverträge.

§ 143. Die Rechte und Pflichten aus Versicherungsverträgen, welche von Unternehmern der durch die Vorschriften des § 1 Abs. 1 Ziffer 1, 2, 5, 7, § 2 Abs. 2 der Versicherungspflicht erst unterstellten Betriebe, oder von den in diesen Betrieben beschäftigten versicherten Personen gegen die Folgen der in diesem Gesetze bezeichneten Unfälle vor dem Inkrafttreten desselben mit Versicherungsanstalten abgeschlossen sind, gehen von dem Zeitpunkt ab, zu welchem die Unfallversicherung für den betreffenden Betrieb in Kraft getreten ist oder in Kraft tritt, auf die Berufsgenossenschaft, welcher der Betrieb angehört, über, wenn die Versicherungsnehmer dieses bei dem Vorstande der Genossenschaft beantragen. Die der Genossenschaft hieraus erwachsenden Zahlungsverbindlichkeiten werden durch Umlage auf die Mitglieder (§§ 29, 32, 49) gedeckt.

Rechtshülfe.

§ 144. Die öffentlichen Behörden sind verpflichtet, den im Vollzuge dieses Gesetzes an sie ergehenden Ersuchen des Reichs-Versicherungsamts, der Landesversicherungsämter, der Schiedsgerichte, anderer öffentlicher Behörden sowie der Genossenschafts- und Sektionsvorstände zu entsprechen und den Organen der Berufsgenossenschaften auch unaufgefordert alle Mittheilungen zukommen zu lassen, welche für deren Geschäftsbetrieb von Wichtigkeit sind. Die gleiche Verpflichtung liegt den Organen der Genossenschaften gegen einander und gegenüber den Behörden sowie den Organen der Versicherungsanstalten für Invalidenversicherung und der Krankenkassen ob. Die Verpflichtung der Behörden erstreckt sich insbesondere auch auf die Vollstreckung rechtskräftiger Bescheide und Erkenntnisse.

Die durch die Erfüllung dieser Verpflichtungen entstehenden Kosten sind von den Genossenschaften als eigene Verwaltungskosten (§ 29) insoweit zu erstatten, als sie in Tagegeldern und Reisekosten sowie in Gebühren für Zeugen und Sachverständige oder in sonstigen baaren Auslagen bestehen.

Gebühren- und Stempelfreiheit.

§ 145. Alle zur Begründung und Abwickelung der Rechtsverhältnisse zwischen den Berufsgenossenschaften einerseits und den Versicherten andererseits erforderlichen schiedsgerichtlichen und außergerichtlichen Verhandlungen und Urkunden sind gebühren- und stempelfrei. Dasselbe gilt für die im § 42 Abs. 3 bezeichneten Legitimationsbescheinigungen und für die behufs Vertretung von Berufsgenossen ausgestellten privatschriftlichen Vollmachten.

Strafbestimmungen.

§ 146. Die Genossenschaftsvorstände sind befugt, gegen Betriebsunternehmer Geldstrafen bis zu fünfhundert Mark zu verhängen:

1. wenn die von denselben auf Grund gesetzlicher oder statutarischer Bestimmung eingereichten Arbeiter- und Lohnnachweisungen oder die den zuständigen Genossenschaftsorganen behufs Veranlagung der Betriebe zu den Klassen des Gefahrentarifs abgegebenen Erklärungen thatsächliche Angaben enthalten, deren Unrichtigkeit ihnen bekannt war oder bei Anwendung angemessener Sorgfalt nicht entgehen konnte;
2. wenn in der von ihnen gemäß § 56 erstatteten Anzeige als Zeitpunkt der Eröffnung oder des Beginns der Versicherungspflicht des Betriebs ein späterer Tag angegeben ist als der, an welchem die Eröffnung stattgefunden oder die Versicherungspflicht begonnen hat, vorausgesetzt, daß die Unrichtigkeit der Angabe ihnen bekannt war oder bei Anwendung angemessener Sorgfalt nicht entgehen konnte.

§ 147. Betriebsunternehmer, welche den ihnen obliegenden Verpflichtungen in Betreff der Anmeldung der Betriebe und Betriebsänderungen (§§ 35, 56, 61, 62), in Betreff der Führung und Aufbewahrung der Lohnlisten (Lohnbücher) sowie der Erreichung der Arbeiter- und Lohnnachweisungen (§§ 74, 99) oder in Betreff der Erfüllung der für Betriebseinstellungen und für einen Wechsel des Betriebsunternehmers gegebenen statutarischen Vorschriften (§ 37 Ziffer 7) nicht rechtzeitig nachkommen, können von dem Genossenschaftsvorstande mit Geldstrafen bis zu dreihundert Mark belegt werden.

Die gleiche Strafe kann, wenn die Anzeige eines Unfalls in Gemäßheit des § 63 nicht rechtzeitig erfolgt ist, gegen denjenigen verhängt werden, welcher zu der Anzeige verpflichtet war.

§ 148. Die Strafvorschriften der §§ 146, 147 finden auch gegen die gesetzlichen Vertreter handlungsunfähiger Betriebsunternehmer, desgleichen gegen die Mitglieder des Vorstandes einer Aktiengesellschaft, Innung oder eingetragenen Genossenschaft sowie gegen die Liquidatoren einer Handelsgesellschaft, Innung oder eingetragenen Genossenschaft Anwendung.

§ 149. Gegen Straffestsetzungen des Genossenschaftsvorstandes steht den Betheiligten innerhalb zweier Wochen nach der Zustellung die Beschwerde zu. Ueber dieselbe entscheidet, vorbehaltlich der Bestimmungen der §§ 116, 124 Abs 3, diejenige Behörde, welche von der für den Sitz des Betriebs zuständigen Landes-Zentralbehörde bestimmt ist.

§ 150. Die Mitglieder der Vorstände der Genossenschaften, deren technische Aufsichtsbeamte und Rechnungsbeamte (§§ 119, 120) und die nach § 120 ernannten Sachverständigen sowie die Beisitzer der Schiedsgerichte (§ 9 des Gesetzes, betreffend die Abänderung der Unfallversicherungsgesetze,) werden, wenn sie unbefugt Betriebsgeheimnisse offenbaren, welche kraft ihres Amtes oder Auftrags zu ihrer Kenntniß gelangt sind, mit Geldstrafe bis zu eintausendfünfhundert Mark oder mit Gefängniß bis zu drei Monaten bestraft.

Die Verfolgung tritt nur auf Antrag des Betriebsunternehmers ein.

§ 151. Die im § 150 bezeichneten Personen werden mit Gefängniß, neben welchem auf Verlust der bürgerlichen Ehrenrechte erkannt werden kann, bestraft, wenn sie absichtlich zum Nachtheile der Betriebsunternehmer Betriebsgeheimnisse, welche kraft ihres Amtes oder Auftrags zu ihrer Kenntniß gelangt sind, offenbaren, oder geheim gehaltene Betriebseinrichtungen oder Betriebsweisen, welche kraft ihres Amtes oder Auftrags zu ihrer Kenntniß gelangt sind, solange als diese Betriebsgeheimnisse sind, nachahmen.

Thun sie dies, um sich oder einem Anderen einen Vermögensvortheil zu verschaffen, so kann neben der Gefängnißstrafe auf Geldstrafe bis zu dreitausend Mark erkannt werden.

Zuständige Landesbehörden.

§ 152. Die Zentralbehörden der Bundesstaaten bestimmen, von welchen Staats- oder Gemeindebehörden die in diesem Gesetze den höheren Verwaltungsbehörden, den unteren Verwaltungsbehörden und den Ortspolizeibehörden zugewiesenen Verrichtungen wahrzunehmen sind.

Die in Gemäßheit dieser Vorschrift erlassenen Bestimmungen sind durch den Reichsanzeiger bekannt zu machen.

Die höhere Verwaltungsbehörde kann bestimmte Gemeindebehörden als untere Verwaltungsbehörden im Sinne des § 70 bezeichnen und mit der Wahrnehmung der dort vorgesehenen Geschäfte betrauen.

Strafvollstreckung.

§ 153. Geldstrafen, welche auf Grund dieses Gesetzes verhängt werden, mit Ausnahme derjenigen, auf welche von den Gerichten erkannt ist, werden in derselben Weise beigetrieben wie Gemeindeabgaben.

§ 154. Die im § 112 Abs. 1 Ziffer 2 bezeichneten Geldstrafen fließen in die Krankenkasse, welcher der zu ihrer Zahlung Verpflichtete zur Zeit der Zuwiderhandlung angehört, oder, wenn er keiner Krankenkasse angehört, in die Kasse der Gemeinde-Krankenversicherung des Beschäftigungsorts. Das Gleiche gilt von den Geldstrafen, welche auf Grund der im § 133 bezeichneten Vorschriften verhängt sind.

Die übrigen auf Grund dieses Gesetzes verhängten Geldstrafen fließen, soweit sie nicht von den Gerichten erkannt sind, in die Genossenschaftskasse.

Zustellungen.

§ 155. Zustellungen, welche den Lauf von Fristen bedingen, können durch die Post mittelst eingeschriebenen Briefes erfolgen. Posteinlieferungsscheine begründen nach Ablauf von zwei Jahren seit ihrer Ausstellung die Vermuthung für die in der ordnungsmäßigen Frist nach der Einlieferung erfolgte Zustellung.

Personen, welche nicht im Inlande wohnen, können von den zustellenden Behörden und Genossenschaftsorganen aufgefordert werden, einen Zustellungsbevollmächtigten zu bestellen.

Ist der Aufenthalt einer Person, welcher zugestellt werden soll, nicht ermittelt oder wird der nach Abs. 2 ergangenen Aufforderung nicht innerhalb der gesetzten Frist genügt, so kann die Zustellung durch öffentlichen Aushang während einer Woche in den Geschäftsräumen der zustellenden Behörden oder Genossenschaftsorgane ersetzt werden.

13.

4. Unfallversicherungsgesetz für Land- und Forstwirthschaft.

(R.G.Bl. S. 641.)

I. Allgemeine Bestimmungen.

Umfang der Versicherung.

§ 1. Alle in land- oder forstwirthschaftlichen Betrieben beschäftigten Arbeiter und Betriebsbeamten, letztere sofern ihr Jahresarbeitsverdienst an Gehalt oder Lohn dreitausend Mark nicht übersteigt, werden gegen die Folgen der bei dem Betriebe sich ereignenden Unfälle nach Maßgabe der Bestimmungen dieses Gesetzes versichert.

Dasselbe gilt mit den aus Abs. 3 Ziffer 1, 2 sich ergebenden Ausnahmen von Arbeitern und Betriebsbeamten in solchen Unternehmungen, welche der Unternehmer eines land- oder forstwirthschaftlichen Betriebs neben seiner Land- oder Forstwirthschaft, aber in wirthschaftlicher Abhängigkeit von derselben betreibt (land- und forstwirthschaftliche Nebenbetriebe). Hierzu sind insbesondere solche Betriebe zu rechnen, welche ausschließlich oder vorzugsweise bestimmt sind

1. zur weiteren Bearbeitung oder Verarbeitung von Erzeugnissen der Land- oder Forstwirthschaft des Unternehmers;

2. oder zur Befriedigung von Bedürfnissen seiner Land- oder Forstwirthschaft,
3. oder zur Gewinnung oder Verarbeitung von Bodenbestandtheilen seines Grundstücks.

Unter dieses Gesetz fallen nicht

1. Bergwerke, Salinen, Aufbereitungsanstalten, Werften, Bauhöfe, Hüttenwerke sowie Betriebe, in denen Explosivstoffe oder explodirende Gegenstände gewerbsmäßig erzeugt werden,
2. solche Betriebe, welche nach näherer Bestimmung des Reichs-Versicherungsamts wegen ihres erheblichen Umfanges oder wegen besonderer maschineller Einrichtungen oder wegen der Zahl der verwendeten gewerblichen Arbeiter den unter das Gewerbe-Unfallversicherungsgesetz fallenden Fabriken zuzurechnen sind.

Die laufenden Reparaturen an den zum Betriebe der Land- und Forstwirthschaft dienenden Gebäuden und die zum Wirthschaftsbetriebe gehörenden Bodenkultur- und sonstigen Bauarbeiten, insbesondere die diesem Zwecke dienende Herstellung oder Unterhaltung von Wegen, Dämmen, Kanälen und Wasserläufen gelten als Theile des land- und forstwirthschaftlichen Betriebs, wenn sie von Unternehmern land- oder forstwirthschaftlicher Betriebe ohne Uebertragung an andere Unternehmer auf ihren Grundstücken ausgeführt werden. Die kraft öffentlich-rechtlicher Verpflichtung von Unternehmern land- oder forstwirthschaftlicher Betriebe für Gemeindezwecke geleisteten Arbeiten zur Herstellung oder Unterhaltung von Gebäuden, Wegen, Kanälen, Dämmen und Wasserläufen werden den land- oder forstwirthschaftlichen Betrieben dieser Unternehmer zugerechnet.

Der Landesgesetzgebung bleibt überlassen, zu bestimmen, in welchem Umfang und unter welchen Voraussetzungen Unternehmer der unter Abs. 1 fallenden Betriebe versichert, oder Familienangehörige, welche in dem Betriebe des Familienhaupts beschäftigt werden, von der Versicherung ausgeschlossen sein sollen.

Wer im Sinne dieses Gesetzes als Betriebsbeamter oder als eine solche Person anzusehen ist, welche zum Unterschiede von den gewöhnlichen land- oder forstwirthschaftlichen Arbeitern eine, technische Fertigkeiten erfordernde besondere Stellung einnimmt (z. B. Förster; Gärtner, Gärtnereigehülfen; gewerbliche Facharbeiter, wie Brenner, Maschinenführer, Heizer, Müller, Ziegler, Stellmacher, Schmiede u. A.), wird durch statutarische Bestimmung der Berufsgenossenschaft (§ 33) für ihren Bezirk festgestellt. Bis zum Erlaß entsprechender statutarischer Bestimmungen bleiben diese Personen den sonstigen Arbeitern gleichgestellt.

Als landwirthschaftlicher Betrieb im Sinne dieses Gesetzes gilt auch der Betrieb der gewerblichen Gärtnerei (Kunst- und Handelsgärtnerei, Baumschule und Samengärtnerei), dagegen nicht die ausschließliche Bewirthschaftung von Haus- und Ziergärten.

Welche Betriebszweige im Sinne dieses Gesetzes als land- oder forstwirthschaftliche Betriebe anzusehen sind, bestimmt das Reichs-Versicherungsamt.

§ 2. Die Versicherung erstreckt sich auf hauswirthschaftliche Verrichtungen und andere Dienste, zu denen die auf Grund dieses Gesetzes versicherten Personen, die hauptsächlich in der Land- oder Forstwirthschaft oder in deren Nebenbetrieben beschäftigt werden, von dem Arbeitgeber oder dessen Beauftragten herangezogen werden. Durch Statut kann die Versicherung für Betriebsunternehmer, die hauptsächlich in der Land- oder Forstwirthschaft beschäftigt sind, auf die mit der Land- oder Forstwirthschaft im Zusammenhange stehenden hauswirthschaftlichen Verrichtungen erstreckt werden.

§ 3. Der Reichskanzler wird ermächtigt, unter Zustimmung des Bundesraths mit den Regierungen solcher Staaten, die für Arbeiter und Betriebsbeamte eine der deutschen Unfallversicherung entsprechende Fürsorge durchgeführt haben, im Falle der Gegenseitigkeit Abkommen zu schließen, durch welche die Anwendung dieses Gesetzes

1. auf Betriebe im Inlande, welche Bestandtheile eines ausländischen Betriebs darstellen, ausgeschlossen,
2. auf Betriebe im Auslande, welche Bestandtheile eines versicherungspflichtigen inländischen Betriebs darstellen, erstreckt wird.

§ 4. Durch Statut kann die Versicherungspflicht auf Betriebsunternehmer, deren Jahresarbeitsverdienst dreitausend Mark nicht übersteigt oder welche nicht regelmäßig mehr als zwei Lohnarbeiter beschäftigen, sowie auf Betriebsbeamte mit einem dreitausend Mark übersteigenden Jahresarbeitsverdienst erstreckt werden. Bei der Versicherung von Betriebsbeamten ist, vorbehaltlich der Bestimmung des § 12, der volle Jahresarbeitsverdienst zu Grunde zu legen.

Betriebsunternehmer, deren Jahresarbeitsverdienst dreitausend Mark nicht übersteigt oder welche nicht regelmäßig mehr als zwei Lohnarbeiter beschäftigen, sind berechtigt, gegen die Folgen von Betriebsunfällen sich selbst zu versichern. Durch Statut kann diese Berechtigung auf Unternehmer mit einem höheren Jahresarbeitsverdienst erstreckt werden.

Durch Statut kann ferner bestimmt werden, daß und unter welchen Bedingungen gegen die Folgen der bei dem Betrieb oder Dienste sich ereignenden Unfälle versichert werden können

a) im Betriebe beschäftigte, aber nach § 1 nicht versicherte Personen durch den Betriebsunternehmer;
b) nicht im Betriebe beschäftigte, aber die Betriebsstätte besuchende Personen durch den Betriebsunternehmer oder den Vorstand der Berufsgenossenschaft;
c) Organe und Beamte der Berufsgenossenschaft durch deren Vorstand.

§ 5. Als Gehalt oder Lohn gelten auch Tantiemen, Naturalbezüge und sonstige Bezüge, welche den Versicherten, wenn auch nur gewohnheitsmäßig, gewährt werden und ganz oder theilweise an Stelle des Gehalts oder Lohnes treten. Der Werth der Naturalbezüge ist nach Ortsdurchschnittspreisen in Ansatz zu bringen. Dieselben werden von der unteren Verwaltungsbehörde festgesetzt.

Beamte und Personen des Soldatenstandes.

§ 6. Auf die im § 1 des Gesetzes, betreffend die Fürsorge für Beamte und Personen des Soldatenstandes in Folge von Betriebsunfällen, vom 15. März 1886 (Reichs-Gesetzbl. S. 53) bezeichneten Personen, auf Beamte, welche in Betriebsverwaltungen eines Bundesstaats oder eines Kommunalverbandes mit festem Gehalt und Pensionsberechtigung angestellt sind, sowie auf andere Beamte eines Bundesstaats oder Kommunalverbandes, für welche die im § 12 a. a. O. vorgesehene Fürsorge in Kraft getreten ist, findet dieses Gesetz keine Anwendung.

Gegenstand der Versicherung und Umfang der Entschädigung.

§ 7. Gegenstand der Versicherung ist der nach Maßgabe der nachfolgenden Bestimmungen zu bemessende Ersatz des Schadens, welcher durch Körperverletzung oder Tödtung entsteht.

Dem Verletzten und seinen Hinterbliebenen steht ein Anspruch nicht zu, wenn er den Unfall vorsätzlich herbeigeführt hat. Der Anspruch kann ganz oder theilweise abgelehnt werden, wenn der Verletzte den Unfall bei Begehung eines durch strafgerichtliches Urtheil festgestellten Verbrechens oder vorsätzlichen Vergehens sich zugezogen hat. In Fällen der letzteren Art kann die Rente, sofern der Verletzte im Inlande wohnende Angehörige hat, welche im Falle seines Todes Anspruch auf Rente haben würden, ganz oder theilweise den Angehörigen überwiesen werden.

Die Ablehnung kann, auch ohne daß die vorgesehene Feststellung durch strafgerichtliches Urtheil stattgefunden hat, erfolgen, falls diese Feststellung wegen des Todes oder der Abwesenheit des Betreffenden oder aus einem anderen in seiner Person liegenden Grunde nicht erfolgen kann.

§ 8. Im Falle der Verletzung werden als Schadensersatz vom Beginne der vierzehnten Woche nach Eintritt des Unfalls ab gewährt:

1. freie ärztliche Behandlung, Arznei und sonstige Heilmittel sowie die zur Sicherung des Erfolges des Heilverfahrens und zur Erleichterung der Folgen der Verletzung erforderlichen Hülfsmittel (Krücken, Stützapparate und dergleichen);
2. eine Rente für die Dauer der Erwerbsunfähigkeit.

Die Rente beträgt:

a) im Falle völliger Erwerbsunfähigkeit für die Dauer derselben sechsundsechzigzweidrittel Prozent des Jahresarbeitsverdienstes (Vollrente);
b) im Falle theilweiser Erwerbsunfähigkeit für die Dauer derselben denjenigen Theil der Vollrente, welcher dem Maße der durch den Unfall herbeigeführten Einbuße an Erwerbsfähigkeit entspricht (Theilrente).

Ist der Verletzte in Folge des Unfalls nicht nur völlig erwerbsunfähig, sondern auch derart hülflos geworden, daß er ohne fremde Wartung und Pflege nicht bestehen kann, so ist für die Dauer dieser Hülflosigkeit die Rente bis zu hundert Prozent des Jahresarbeitsverdienstes zu erhöhen.

War der Verletzte zur Zeit des Unfalls bereits dauernd völlig erwerbsunfähig, so beschränkt sich der zu leistende Schadensersatz auf die im Abs. 1 Ziffer 1 bezeichneten Leistungen. Wird ein solcher Verletzter in Folge des Unfalls derart hülflos, daß er ohne fremde Wartung und Pflege nicht bestehen kann, so ist eine Rente bis zur Hälfte der Vollrente zu gewähren.

Solange der Verletzte aus Anlaß des Unfalls thatsächlich und unverschuldet arbeitslos ist, kann der Genossenschaftsvorstand die Theilrente bis zum Betrage der Vollrente vorübergehend erhöhen.

§ 9. Bei Berechnung der Rente für Betriebsbeamte und die übrigen im § 1 Abs. 6 bezeichneten Personen ist der Jahresarbeitsverdienst zu Grunde zu legen, welchen der Verletzte in dem Betrieb, in welchem der Unfall sich ereignete, während des letzten Jahres bezogen hat.

Als Jahresarbeitsverdienst gilt, soweit sich derselbe nicht aus mindestens wochenweise fixirten Beträgen zusammensetzt, das Dreihundertfache des durchschnittlichen täglichen Arbeitsverdienstes an Gehalt oder Lohn (§ 5). Für versicherte Personen in Betrieben, in welchen die übliche Betriebsweise eine höhere oder niedrigere Zahl von Arbeitstagen ergiebt, wird diese Zahl statt der Zahl dreihundert der Berechnung des Jahresarbeitsverdienstes zu Grunde gelegt.

War der Verletzte in dem Betrieb, in welchem der Unfall sich ereignet hat, nicht ein volles Jahr, von dem Unfalle zurückgerechnet, beschäftigt, so ist die Rente nach demjenigen Jahresarbeitsverdienste zu berechnen, welchen während dieses Zeitraums versicherte Personen derselben Art in demselben Betrieb oder in benachbarten gleichartigen Betrieben bezogen haben. Ist dies nicht möglich, so ist der dreihundertfache Betrag desjenigen Arbeitslohns zu Grunde zu legen, welchen der Verletzte während des letzten Jahres vor dem Unfall an denjenigen Tagen, an welchen er beschäftigt war, im Durchschnitte bezogen hat.

§ 10. Bei Berechnung der Rente für Arbeiter, welche nicht unter § 9 fallen, gilt als Jahresarbeitsverdienst derjenige Jahresarbeitsverdienst, welchen land- oder forstwirthschaftliche Arbeiter am Orte der Beschäftigung (§ 28) durch land- oder forstwirthschaftliche sowie durch anderweite Erwerbsthätigkeit durchschnittlich erzielen. Der Betrag dieses durchschnittlichen Jahresarbeitsverdienstes wird durch die höhere Verwaltungsbehörde nach Anhörung der unteren Verwaltungsbehörde je besonders für männliche und weibliche, für jugendliche und erwachsene Arbeiter festgesetzt. Vor Abgabe ihres Gutachtens hat die untere Verwaltungsbehörde eine entsprechende Anzahl Sachverständiger aus dem Kreise der Arbeitgeber und Arbeitnehmer zu hören. Die Festsetzung kann je besonders für die landwirthschaftlichen und die forstwirthschaftlichen Arbeiter erfolgen.

§ 11. Bei Berechnung der Rente für versicherte Betriebsunternehmer sowie für die nach § 4 Abs. 3 versicherten Personen ist der nach § 10 für den Sitz des Betriebs festgestellte durchschnittliche Jahresarbeitsverdienst land- oder forstwirthschaftlicher Arbeiter zu Grunde zu legen, sofern nicht durch das Statut (§ 38) hiervon abweichende Bestimmungen getroffen werden.

§ 12. Uebersteigt der nach §§ 9 bis 11 zu Grunde zu legende Jahresarbeitsverdienst den Betrag von fünfzehnhundert Mark, so ist der überschießende Betrag nur mit einem Drittel anzurechnen.

Erreicht bei den unter § 1 Abs. 6 fallenden Personen der nach § 9 berechnete Jahresarbeitsverdienst nicht das Dreihundertfache des nach § 8 des Krankenversicherungsgesetzes für den Beschäftigungsort festgesetzten ortsüblichen Tagelohns gewöhnlicher Tagearbeiter, so ist das Dreihundertfache dieses ortsüblichen Tagelohns der Berechnung der Rente zu Grunde zu legen.

Der Festsetzung der Rente für verletzte jugendliche Personen ist auf die Zeit bis zum vollendeten sechzehnten Lebensjahre der für jugendliche Arbeiter festgesetzte durchschnittliche Jahresarbeitsverdienst, auf die spätere Zeit der für erwachsene Arbeiter festgesetzte durchschnittliche Jahresarbeitsverdienst zu Grunde zu legen.

§ 13. Soweit die Rente nach dem von der höheren Verwaltungsbehörde festgesetzten durchschnittlichen Jahresarbeitsverdienste land- oder forstwirthschaftlicher Arbeiter oder nach dem ortsüblichen Tagelohne gewöhnlicher Tagearbeiter zu berechnen ist, ist bei dieser Berechnung für Personen, welche vor dem Unfalle bereits theilweise erwerbsunfähig waren, derjenige Theil des durchschnittlichen Jahresarbeitsverdienstes zu Grunde zu legen, welcher dem Maße der bisherigen Erwerbsfähigkeit entspricht.

§ 14. Die Berufsgenossenschaft ist befugt, der Krankenkasse, welcher der Verletzte angehört oder zuletzt angehört hat, gegen Ersatz der ihr dadurch erwachsenden Kosten die Fürsorge für den Verletzten über den Beginn der vierzehnten Woche hinaus bis zur Beendigung des Heilverfahrens in demjenigen Umfange zu übertragen, welchen die Berufsgenossenschaft für geboten erachtet. Zu ersetzen ist bei Gewährung der im § 6 Abs. 1 Ziffer 1 des Krankenversicherungsgesetzes bezeichneten Leistungen die Hälfte, bei Unterbringung des Verletzten in ein Krankenhaus oder eine Anstalt für Genesende das Einundeinhalbfache des in jenem Gesetze bestimmten Mindestbetrags des Krankengeldes, sofern nicht höhere Aufwendungen nachgewiesen werden.

Streitigkeiten, welche aus Anlaß dieser Bestimmungen zwischen den Berufsgenossenschaften und den Krankenkassen entstehen, werden, sofern es sich um die Geltendmachung der den Berufsgenossenschaften eingeräumten Befugnisse handelt, von der nach § 58 Abs. 1 des Krankenversicherungsgesetzes zuständigen Aufsichtsbehörde der betheiligten Krankenkasse endgültig, sofern es sich aber um Ersatzansprüche handelt, nach § 58 Abs. 2 des Krankenversicherungsgesetzes entschieden.

Haben Krankenkassen oder Verbände von Krankenkassen Heilanstalten errichtet, in welchen ausreichende Einrichtungen für die Heilung der durch Unfall herbeigeführten Verletzungen getroffen sind, so kann die Landes-Zentralbehörde anordnen, daß die Mitglieder der betreffenden Kassen bis zum Beginne der vierzehnten Woche nach Eintritt des Unfalls nur mit Genehmigung der Vorstände dieser Kassen in andere Heilanstalten untergebracht werden dürfen.

Verletzte Personen, welche auf Veranlassung von Krankenkassen, Verbänden von Krankenkassen oder von Organen der Berufsgenossenschaften in eine Heilanstalt untergebracht sind, dürfen während des Heilverfahrens in andere Heilanstalten nur mit ihrer Zustimmung übergeführt werden. Diese Zustimmung kann durch die untere Verwaltungsbehörde des Aufenthaltsorts ergänzt werden.

Als Krankenkassen im Sinne der vorstehenden Bestimmungen sowie der §§ 76b bis 76d des Krankenversicherungsgesetzes gelten außer der Gemeinde-Krankenversicherung auch diejenigen Hülfskassen, welche die im § 75a a. a. O. vorgesehene amtliche Bescheinigung besitzen.

§ 15. Wenn der aus der Krankenversicherung erwachsende Anspruch auf Krankengeld vor dem Ablaufe von dreizehn Wochen nach Eintritt des Unfalls weggefallen, aber bei dem Verletzten eine noch über die dreizehnte Woche hinaus andauernde Beschränkung der Erwerbsfähigkeit zurückgeblieben ist, so hat die Berufsgenossenschaft dem Verletzten die Unfallrente (§ 8 Abs. 2 lit. b) schon von dem Tage ab zu gewähren, an welchem der Anspruch auf Krankengeld in Wegfall kommt. Erachtet die Berufsgenossenschaft die Voraussetzungen des Anspruchs schon vor dem Ablaufe der dreizehnten Woche nach dem Unfalle für gegeben, so hat sie die Rente zu diesem früheren Zeitpunkte festzustellen.

Durch Statut kann bestimmt werden, daß die Rente nach dem Wegfalle des Anspruchs auf Krankengeld auch dann zu gewähren ist, wenn nach jenem Zeitpunkte zwar noch eine Beschränkung der Erwerbsfähigkeit in Folge des Unfalls verblieben ist, aber voraussichtlich schon vor Ablauf der dreizehnten Woche nach dem Unfalle fortfallen wird.

Hat die Krankenkasse die aus der Krankenversicherung ihr obliegenden Leistungen vor dem Ablaufe der dreizehnten Woche zu Unrecht eingestellt, so geht der Anspruch des Verletzten auf Krankengeld auf die Berufsgenossenschaft bis zu demjenigen Betrag über, welcher der gemäß Abs. 1, 2 gewährten Entschädigung gleichkommt. Streitigkeiten über diesen Anspruch werden nach § 58 Abs. 2 des Krankenversicherungsgesetzes entschieden.

§ 16. Im Falle der Tödtung ist als Schadensersatz außerdem zu leisten:

1. als Sterbegeld der fünfzehnte Theil des nach §§ 9 bis 12 der Berechnung der Rente zu Grunde zu legenden Jahresarbeitsverdienstes, jedoch mindestens ein Betrag von fünfzig Mark;
2. eine den Hinterbliebenen vom Todestage des Verstorbenen ab zu gewährende Rente. Dieselbe besteht nach näherer Bestimmung der §§ 17 bis 21 in einem Bruchtheile seines nach §§ 9 bis 12 ermittelten Jahresarbeitsverdienstes.

Ist bei Betriebsbeamten und Personen der im § 1 Abs. 6 bezeichneten Art der der Berechnung zu Grunde zu legende Jahresarbeitsverdienst in Folge eines früher erlittenen, nach den reichsgesetzlichen Bestimmungen über Unfallversicherung entschädigten Unfalls geringer als der vor diesem Unfalle bezogene Lohn, so ist die aus Anlaß des früheren Unfalls bei Lebzeiten bezogene Rente dem Jahresarbeitsverdienste bis zur Höhe des der früheren Rentenfeststellung zu Grunde gelegten Jahresarbeitsverdienstes hinzuzurechnen.

§ 17. Hinterläßt der Verstorbene eine Wittwe oder Kinder, so beträgt die Rente für die Wittwe bis zu deren Tode oder Wiederverheirathung sowie für jedes hinterbliebene Kind bis zu dessen zurückgelegtem fünfzehnten Lebensjahre je zwanzig Prozent des Jahresarbeitsverdienstes.

Im Falle der Wiederverheirathung erhält die Wittwe sechzig Prozent des Jahresarbeitsverdienstes als Abfindung.

Der Anspruch der Wittwe ist ausgeschlossen, wenn die Ehe erst nach dem Unfalle geschlossen worden ist; die Berufsgenossenschaft kann jedoch in besonderen Fällen auch dann eine Wittwenrente gewähren.

Die Bestimmungen über die Renten der Kinder finden auch Anwendung, wenn der Unfall eine alleinstehende weibliche Person betroffen hat und diese mit Hinterlassung von Kindern verstirbt.

§ 18. War die Verstorbene beim Eintritte des Unfalls verheirathet, aber der Lebensunterhalt ihrer Familie wegen Erwerbsunfähigkeit des Ehemanns ganz oder überwiegend durch sie bestritten worden, so erhalten bis zum Wegfalle der Bedürftigkeit an Rente

a) der Wittwer zwanzig Prozent,

b) jedes hinterbliebene Kind bis zu dessen zurückgelegtem fünfzehnten Lebensjahre zwanzig Prozent des Arbeitsverdienstes.

Die Berufsgenossenschaft ist berechtigt, im Falle der Tödtung einer Ehefrau, deren Ehemann sich ohne gesetzlichen Grund von der häuslichen Gemeinschaft ferngehalten und der Pflicht der Unterhaltung der Kinder entzogen hat, diesen Kindern die Rente zu gewähren.

§ 19. Hinterläßt der Verstorbene Verwandte der aufsteigenden Linie, so wird ihnen, falls ihr Lebensunterhalt ganz oder überwiegend durch den Verstorbenen bestritten worden war, bis zum Wegfalle der Bedürftigkeit eine Rente von insgesammt zwanzig Prozent des Jahresarbeitsverdienstes gewährt.

§ 20. Hinterläßt der Verstorbene elternlose Enkel, so wird ihnen, falls ihr Lebensunterhalt ganz oder überwiegend durch den Verstorbenen bestritten worden war, im Falle der Bedürftigkeit bis zum zurückgelegten fünfzehnten Lebensjahr eine Rente von insgesammt zwanzig Prozent des Jahresarbeitsverdienstes gewährt.

§ 21. Die Renten der Hinterbliebenen dürfen insgesammt sechzig Prozent des Jahresarbeitsverdienstes nicht übersteigen. Ergiebt sich ein höherer Betrag, so werden die Renten gekürzt. Bei Ehegatten und Kindern erfolgt die Kürzung im Verhältnisse der Höhe ihrer Renten; Verwandte der aufsteigenden Linie haben einen Anspruch nur insoweit, als der Höchstbetrag der Renten nicht für Ehegatten oder Kinder in Anspruch genommen wird; Enkel nur insoweit, als der Höchstbetrag der Renten nicht für Ehegatten, Kinder oder Verwandte der aufsteigenden Linie in Anspruch genommen wird.

Sind aus der aufsteigenden Linie Verwandte verschiedenen Grades vorhanden, so wird die Rente den Eltern vor den Großeltern gewährt.

§ 22. Die Hinterbliebenen eines Ausländers, welche zur Zeit des Unfalls nicht im Inland ihren gewöhnlichen Aufenthalt hatten, haben keinen Anspruch auf die Rente. Durch Beschluß des Bundesraths kann diese Bestimmung für bestimmte Grenzgebiete sowie für die Angehörigen solcher auswärtiger Staaten, durch deren Gesetzgebung eine entsprechende

Fürsorge für die Hinterbliebenen durch Betriebsunfall getödteter Deutscher gewährleistet ist, außer Kraft gesetzt werden.

§ 23. An Stelle der im § 8 vorgeschriebenen Leistungen kann von der Berufsgenossenschaft freie Kur und Verpflegung in einer Heilanstalt gewährt werden, und zwar:

1. für Verletzte, welche verheirathet sind oder eine eigene Haushaltung haben oder Mitglieder der Haushaltung ihrer Familie sind, mit ihrer Zustimmung. Der Zustimmung bedarf es nicht, wenn die Art der Verletzung Anforderungen an die Behandlung oder Verpflegung stellt, denen in der Familie nicht genügt werden kann, oder wenn der für den Aufenthaltsort des Verletzten amtlich bestellte Arzt bezeugt, daß Zustand oder Verhalten des Verletzten eine fortgesetzte Beobachtung erfordert;
2. für sonstige Verletzte in allen Fällen.

Für die Zeit der Verpflegung des Verletzten in der Heilanstalt steht seinen Angehörigen ein Anspruch auf Rente insoweit zu, als sie dieselbe im Falle seines Todes würden beanspruchen können (§§ 16 ff.).

Die Berufsgenossenschaften sind befugt, auf Grund statutarischer Bestimmung allgemein, ohne eine solche im Falle der Bedürftigkeit, dem in einer Heilanstalt untergebrachten Verletzten sowie seinen Angehörigen eine besondere Unterstützung zu gewähren.

§ 24. Ist begründete Annahme vorhanden, daß der Empfänger einer Unfallrente bei Durchführung eines Heilverfahrens eine Erhöhung seiner Erwerbsfähigkeit erlangen werde, so kann die Berufsgenossenschaft zu diesem Zwecke jederzeit ein neues Heilverfahren eintreten lassen. Dabei finden die Bestimmungen der §§ 14, 23 Anwendung.

Hat sich der Verletzte solchen Maßnahmen der Berufsgenossenschaft, den gemäß § 8 Abs. 1 Ziffer 1, §§ 14, 23 oder gemäß den Bestimmungen der §§ 76c, 76d des Krankenversicherungsgesetzes getroffenen Anordnungen ohne gesetzlichen oder sonst triftigen Grund entzogen, so kann ihm der Schadensersatz auf Zeit ganz oder theilweise versagt werden, sofern er auf diese Folge hingewiesen worden ist und nachgewiesen wird, daß durch sein Verhalten die Erwerbsfähigkeit ungünstig beeinflußt wird.

§ 25. Der Vorstand der Berufsgenossenschaft kann einem Rentenempfänger auf seinen Antrag an Stelle der Rente Aufnahme in ein Invalidenhaus oder in ähnliche von Dritten unterhaltene Anstalten auf Kosten der Berufsgenossenschaft gewähren. Der Aufgenommene ist auf ein Vierteljahr und, wenn er die Erklärung nicht einen Monat vor Ablauf dieses Zeitraums zurücknimmt, jedesmal auf ein weiteres Vierteljahr an den Verzicht auf die Rente gebunden.

§ 26. Durch statutarische Bestimmungen einer Gemeinde für ihren Bezirk oder eines weiteren Kommunalverbandes für seinen Bezirk oder Theile desselben kann, sofern daselbst nach Herkommen der Lohn der in land- oder forstwirthschaftlichen Betrieben beschäftigten Arbeiter ganz oder zum Theil in Form von Naturalleistungen gewährt wird, bestimmt werden, daß denjenigen in diesem Bezirke wohnenden Rentenempfängern, welche innerhalb desselben als Arbeiter in land- und forstwirthschaftlichen

Betrieben ihren Gehalt oder Lohn ganz oder zum Theil in Form von Naturalleistungen bezogen haben, sowie den Angehörigen oder Hinterbliebenen solcher Personen auch die Rente bis zu zwei Dritteln ihres Betrags in dieser Form gewährt werde, falls der Bezugsberechtigte dieser Art der Gewährung der Rente zustimmt. Der Werth der Naturalleistungen wird nach Durchschnittspreisen in Ansatz gebracht. Dieselben werden von der höheren Verwaltungsbehörde festgesetzt. Die statutarische Bestimmung bedarf der Genehmigung der höheren Verwaltungsbehörde.

Solchen Personen, welchen wegen gewohnheitsmäßiger Trunksucht nach Anordnung der zuständigen Behörde geistige Getränke in öffentlichen Schankstätten nicht verabfolgt werden dürfen, ist die Rente in derjenigen Gemeinde, für deren Bezirk eine solche Anordnung getroffen worden ist, auch ohne daß die Voraussetzungen des Abs. 1 vorliegen, theilweise oder ihrem vollen Betrage nach in Naturalleistungen zu gewähren. Diese Bestimmung findet keine Anwendung auf Personen, welche wegen Trunksucht entmündigt sind.

Der Anspruch auf die Rente geht zu demjenigen Betrag, in welchem Naturalleistungen gewährt werden, auf den Kommunalverband, für dessen Bezirk eine solche Bestimmung getroffen ist, über, wogegen diesem die Leistung der Naturalien obliegt. Der für die Naturalleistung im Falle des Abs. 2 nicht in Anspruch genommene Betrag der Rente ist der Ehefrau des Bezugsberechtigten, seinen Kindern oder seinen Eltern zu überweisen.

Dem Bezugsberechtigten, auf welchen vorstehende Bestimmungen Anwendung finden sollen, ist dies von dem Kommunalverbande mitzutheilen.

Der Bezugsberechtigte ist befugt, binnen zwei Wochen nach der Zustellung dieser Mittheilung die Entscheidung der Kommunalaufsichtsbehörde anzurufen. Auf demselben Wege werden alle übrigen Streitigkeiten entschieden, welche aus der Anwendung dieser Bestimmungen zwischen dem Bezugsberechtigten und dem Kommunalverband entstehen.

Sobald der Uebergang des Anspruchs auf Rente endgültig feststeht, hat auf Antrag des Kommunalverbandes der Vorstand der Berufsgenossenschaft die Postverwaltung hiervon rechtzeitig in Kenntniß zu setzen.

§ 27. Während der ersten dreizehn Wochen nach dem Unfall eines Arbeiters hat die Gemeinde in deren Bezirke der Verletzte beschäftigt war, demselben die Kosten des Heilverfahrens in dem im § 6 Abs. 1 Ziffer 1 des Krankenversicherungsgesetzes bezeichneten Umfange zu gewähren. Diese Verpflichtung besteht nicht, insoweit die Verletzten auf Grund gesetzlicher Bestimmungen Anspruch auf eine gleiche Fürsorge haben oder nach § 136 des Gesetzes vom 5. Mai 1886 von der Versicherungspflicht befreit sind oder sich im Ausland aufhalten. Soweit aber solchen Personen die im § 6 Abs. 1 Ziffer 1 des Krankenversicherungsgesetzes bezeichneten Leistungen von den zunächst Verpflichteten nicht gewährt werden, hat die Gemeinde dieselben mit Vorbehalt des Ersatzanspruchs zu übernehmen. Die zu diesem Zwecke gemachten Aufwendungen sind von den Verpflichteten zu ersetzen.

Für außerhalb des Gemeindebezirks (Abs. 1) wohnhafte Arbeiter hat die Gemeinde ihres Wohnorts die im Abs. 1 bezeichneten Leistungen unter Vorbehalt des Anspruchs auf Ersatz der aufgewendeten Kosten zu übernehmen.

Die Berufsgenossenschaft ist befugt, die im Abs. 1 bezeichneten Leistungen selbst zu übernehmen.

§ 28. Als Beschäftigungsort im Sinne dieses Gesetzes gilt für Personen, welche in der Land- oder Forstwirthschaft zur Beschäftigung an wechselnden, in verschiedenen Gemeindebezirken belegenen Orten angenommen sind, der Sitz des Betriebs (§ 65).

Der § 65 Abs. 3 findet keine Anwendung auf die Bestimmung derjenigen Gemeinde, welche nach § 27 die Kosten des Heilverfahrens zu gewähren hat.

§ 29. Streitigkeiten über Unterstützungsansprüche, welche aus der Bestimmung des § 27 zwischen den Verletzten einerseits und den Gemeinden andererseits entstehen, werden von der Aufsichtsbehörde entschieden. Die Entscheidung ist vorläufig vollstreckbar. Dieselbe kann innerhalb eines Monats nach der Zustellung der Entscheidung im Verwaltungsstreitverfahren, wo ein solches nicht besteht, im Wege des Rekurses nach Maßgabe der Vorschriften der §§ 20, 21 der Gewerbeordnung angefochten werden.

Streitigkeiten über Ersatzansprüche, welche aus den Bestimmungen des § 27 entstehen, werden im Verwaltungsstreitverfahren, wo ein solches nicht besteht, von der Aufsichtsbehörde der in Anspruch genommenen Gemeinde, Gemeindekrankenversicherung oder Krankenkasse entschieden. Gegen die Entscheidung der Letzteren findet der Rekurs nach Maßgabe der Vorschriften der §§ 20, 21 der Gewerbeordnung statt.

Der Landes-Zentralbehörde bleibt überlassen, vorzuschreiben, daß anstatt des Rekursverfahrens innerhalb der Rekursfrist die Berufung auf den Rechtsweg mittelst Erhebung der Klage stattfinde.

Verhältniß zu Krankenkassen, Armenverbänden ꝛc.

§ 30. Die Verpflichtung der eingeschriebenen Hülfskassen sowie der sonstigen Kranken-, Sterbe-, Invaliden- und anderen Unterstützungskassen, den von Unfällen betroffenen Arbeitern und Betriebsbeamten sowie deren Angehörigen und Hinterbliebenen Unterstützungen zu gewähren, sowie die Verpflichtung von Gemeinden oder Armenverbänden zur Unterstützung hülfsbedürftiger Personen wird durch dieses Gesetz nicht berührt.

Wenn auf Grund solcher Verpflichtung Unterstützungen für einen Zeitraum geleistet werden, für welchen den Unterstützten nach Maßgabe dieses Gesetzes ein Entschädigungsanspruch zustand oder noch zusteht, so ist hierfür den die Unterstützung gewährenden Kassen, Gemeinden oder Armenverbänden durch Ueberweisung von Rentenbeträgen Ersatz zu leisten.

In Fällen dieser Art gilt für die unter das Krankenversicherungsgesetz fallenden Kassen als Ersatz der im § 6 Abs. 1 Ziffer 1 des Krankenversicherungsgesetzes bezeichneten Leistungen die Hälfte des gesetzlichen Mindestbetrags des Krankengeldes dieser Kassen, sofern nicht höhere Aufwendungen nachgewiesen werden.

Ist die von Kassen, Gemeinden oder Armenverbänden geleistete Unterstützung eine vorübergehende, so können als Ersatz höchstens drei Monatsbeträge der Rente, und zwar mit nicht mehr als der Hälfte in Anspruch genommen werden.

Ist die Unterstützung eine fortlaufende, so kann als Ersatz, wenn die Unterstützung in der Gewährung des Unterhalts in einer Anstalt besteht, für dessen Dauer und in dem zur Ersatzleistung erforderlichen Betrage die fortlaufende Ueberweisung der vollen Rente, im Uebrigen die fortlaufende Ueberweisung von höchstens der halben Rente beansprucht werden.

§ 31. Der Antrag auf Ueberweisung von Rentenbeträgen (§ 30 Abs. 2 bis 5) ist bei der Berufsgenossenschaft anzumelden; soweit es sich um den Ersatz für eine vorübergehende Unterstützung handelt, ist der Anspruch bei Vermeidung des Ausschlusses spätestens binnen drei Monaten seit Beendigung der Unterstützung geltend zu machen.

Streitigkeiten, welche aus den Bestimmungen des § 30 Abs. 2 bis 5 zwischen den Betheiligten über den Anspruch auf Ueberweisung von Rentenbeträgen entstehen, werden im Verwaltungsstreitverfahren und, wo ein solches nicht besteht, durch die dem Ersatzberechtigten vorgesetzte Aufsichtsbehörde entschieden. Die Entscheidung der Letzteren kann innerhalb eines Monats nach der Zustellung im Wege des Rekurses nach Maßgabe der §§ 20, 21 der Gewerbeordnung angefochten werden.

§ 32. Die Bestimmungen der §§ 30, 31 gelten auch für Betriebsunternehmer und Kassen, welche die den Gemeinden oder Armenverbänden obliegende Verpflichtung zur Unterstützung Hülfsbedürftiger auf Grund gesetzlicher Vorschrift erfüllen.

Träger der Versicherung (Berufsgenossenschaften).

§ 33. Die Versicherung erfolgt auf Gegenseitigkeit durch die Unternehmer der unter § 1 fallenden Betriebe, welche zu diesem Zwecke nach örtlichen Bezirken in Berufsgenossenschaften vereinigt sind. Die Berufsgenossenschaften umfassen alle im § 1 genannten Betriebe, deren Sitz sich in demjenigen Bezirke befindet, für welchen die Genossenschaft errichtet ist. Die auf Grund des § 18 des Gesetzes, betreffend die Unfall- und Krankenversicherung der in land- und forstwirthschaftlichen Betrieben beschäftigten Personen, vom 5. Mai 1886 (Reichs-Gesetzbl. S. 132) errichteten Berufsgenossenschaften bleiben, vorbehaltlich der nach § 62 dieses Gesetzes zulässigen Abänderungen, bestehen.

Als Unternehmer gilt derjenige, für dessen Rechnung der Betrieb erfolgt.

Unfälle in fremden Betrieben hat die Berufsgenossenschaft dann zu entschädigen, wenn sich diese Unfälle bei Betriebshandlungen ereignen, zu welchen ein der Berufsgenossenschaft angehörender Unternehmer den Auftrag gegeben und für welche er die Löhne zu zahlen hat.

Die Berufsgenossenschaften können unter ihrem Namen Rechte erwerben und Verbindlichkeiten eingehen, vor Gericht klagen und verklagt werden.

Für die Verbindlichkeiten der Berufsgenossenschaft haftet den Gläubigern derselben nur das Genossenschaftsvermögen.

Aufbringung der Mittel.

§ 34. Die Mittel zur Deckung der von den Berufsgenossenschaften zu leistenden Entschädigungen und der Verwaltungskosten werden durch Beiträge aufgebracht, welche auf die Mitglieder jährlich umgelegt werden.

Zu anderen Zwecken als zur Deckung der von der Genossenschaft zu leistenden Entschädigungen und der Verwaltungskosten, zur Ansammlung des Reservefonds (§ 37), zur Gewährung von Prämien für Rettung Verunglückter, und zu Zwecken der Unfallverhütung sowie mit Genehmigung des Reichs-Versicherungsamts zur Errichtung von Heil- und Genesungsanstalten dürfen weder Beiträge von den Genossenschaftsmitgliedern erhoben werden, noch Verwendungen aus dem Vermögen der Genossenschaft erfolgen.

§ 35. Auf die Beiträge können von den Mitgliedern nach Bestimmung des Statuts viertel- oder halbjährliche Vorschüsse erfordert werden. Dieselben bemessen sich für die einzelnen Mitglieder nach der Höhe der für das letztvergangene Rechnungsjahr auf sie umgelegten Beiträge und betragen jedesmal den vierten Theil beziehungsweise die Hälfte der letzteren, solange nicht die Genossenschaftsversammlung einen niedrigeren Betrag festgesetzt hat. Für neu eintretende Mitglieder sind die Vorschüsse nach demjenigen Betrage zu bemessen, welchen diese Mitglieder nach dem Umfang ihres Betriebs zu den Jahreslasten des letztvergangenen Rechnungsjahrs hätten beitragen müssen, wenn sie in demselben schon Mitglieder der Berufsgenossenschaft gewesen wären.

Die Vorschüsse sind binnen zwei Wochen nach den durch das Statut oder die Genossenschaftsversammlung bestimmten Fälligkeitsterminen an den Vorstand einzuzahlen.

§ 36. Durch die Landesgesetzgebung, das Statut oder durch Beschluß der Genossenschaftsversammlung, welcher der Genehmigung der Landes-Zentralbehörde bedarf, kann bestimmt werden, daß Unternehmer solcher Betriebe, welche mit erheblicher Unfallgefahr nicht verbunden sind und in welchen ihres geringen Umfanges wegen Lohnarbeiter nur ausnahmsweise beschäftigt werden, von Beiträgen ganz oder theilweise befreit sein sollen, und in welcher Weise bei der Ermittelung der zu befreienden Unternehmer verfahren werden soll.

Streitigkeiten, welche wegen einer solchen Befreiung zwischen der Berufsgenossenschaft oder ihren Organen einerseits und den Unternehmern andererseits entstehen, werden von der höheren Verwaltungsbehörde endgültig entschieden.

§ 37. Die Berufsgenossenschaften haben einen Reservefonds anzusammeln. Zur Bildung sind, sofern nicht Landesgesetz oder Statuten einen höheren Betrag vorschreiben, bei der Umlegung des Jahresbedarfs jährlich zwei Prozent desselben zuzuschlagen, solange der Reservefonds nicht das Doppelte des jeweiligen Jahresbedarfs erreicht.

In dringenden Bedarfsfällen kann die Genossenschaft mit Genehmigung des Reichs-Versicherungsamts schon vorher die Zinsen und erforderlichen Falles auch den Kapitalbestand des Reservefonds angreifen. Die Wiederergänzung erfolgt alsdann nach näherer Anordnung des Reichs-Versicherungsamts.

Auf Antrag des Genossenschaftsvorstandes kann die Genossenschaftsversammlung jederzeit weitere Zuschläge zum Reservefonds beschließen. Solche Beschlüsse bedürfen der Genehmigung des Reichs-Versicherungsamts.

II. Organisation und Veränderung der Berufsgenossenschaften.

Statut und Berufsgenossenschaft.

§ 38. Die Berufsgenossenschaft regelt ihre Angelegenheiten und ihre Geschäftsordnung durch ein von der Genossenschaftsversammlung zu beschließendes Statut.

Das Genossenschaftsstatut muß Bestimmung treffen:

1. über Namen und Sitz der Genossenschaft;
2. über die Bildung des Genossenschaftsvorstandes und über den Umfang seiner Befugnisse;
3. über die Bildung des Genossenschaftsausschusses zur Entscheidung über Beschwerden (§§ 55, 111);
4. über die Zusammensetzung und Berufung der Genossenschaftsversammlung sowie über die Art ihrer Beschlußfassung;
5. über das den Mitgliedern der Genossenschaftsversammlung zustehende Stimmrecht und die Prüfung ihrer Legitimation;
6. über den Maßstab für die Umlegung der Beiträge und, sofern nicht die Umlegung nach dem Maßstabe von Steuern erfolgt, über das bei der Veranlagung und Abschätzung zu beobachtende Verfahren (§§ 53 bis 56);
7. über das Verfahren bei Aenderungen in der Person des Unternehmers sowie bei Betriebsveränderungen (§§ 68, 69);
8. über die Folgen der Betriebseinstellungen oder eines Wechsels der Betriebsunternehmer, insbesondere über die Sicherstellung der Beiträge der Unternehmer, welche den Betrieb einstellen;
9. über die den Vertretern der versicherten Arbeiter zu gewährenden Vergütungssätze (§ 122 Abs. 1);
10. über die Aufstellung, Prüfung und Abnahme der Jahresrechnung;
11. über die Ausübung der der Genossenschaft zustehenden Befugnisse zum Erlasse von Vorschriften behufs der Unfallverhütung und zur Ueberwachung der Betriebe (§§ 120 ff.);
12. über das bei der Anmeldung und dem Ausscheiden der versicherten Betriebsunternehmer und anderer nach § 1 nicht versicherter Personen (§ 4) zu beobachtende Verfahren, über die Ermittelung des Jahresarbeitsverdienstes der ersteren und darüber, welche in land- und forstwirthschaftlichen Betrieben des betreffenden Genossenschaftsbezirkes beschäftigten Personen als Betriebsbeamte oder als solche Personen anzusehen sind, welche zum Unterschiede von den gewöhnlichen land-

oder forstwirthschaftlichen Arbeitern eine, technische Fertigkeiten erfordernde besondere Stellung einnehmen (§ 1 Abs. 6);
13. über die Voraussetzungen einer Abänderung des Statuts.

§ 39. Die Genossenschaftsversammlung besteht aus Vertretern der versicherungspflichtigen Unternehmer.

Das Statut kann vorschreiben, daß die Berufsgenossenschaft in örtlich abgegrenzte Sektionen eingetheilt wird und daß Vertrauensmänner als örtliche Genossenschaftsorgane eingesetzt werden. Enthält dasselbe Vorschriften dieser Art, so ist darin zugleich über Sitz und Bezirk der Sektionen, über die Zusammensetzung und Berufung der Sektionsversammlungen sowie über die Art ihrer Beschlußfassung, über die Bildung der Sektionsvorstände und über den Umfang ihrer Befugnisse sowie über die Abgrenzung der Bezirke der Vertrauensmänner, die Wahl der letzteren und ihrer Stellvertreter und den Umfang ihrer Befugnisse Bestimmung zu treffen.

Die Abgrenzung der Bezirke der Vertrauensmänner sowie die Wahl der letzteren und ihrer Stellvertreter kann von der Genossenschaftsversammlung dem Genossenschafts- oder Sektionsvorstande, die Wahl der Sektionsvorstände den Sektionsversammlungen übertragen werden.

§ 40. Das Genossenschaftsstatut bedarf zu seiner Gültigkeit der Genehmigung des Reichs-Versicherungsamts. Das Gleiche gilt von Abänderungen des Statuts. Gegen die Versagung der Genehmigung findet innerhalb eines Monats nach der Zustellung die Beschwerde an den Bundesrath statt.

Veröffentlichung des Namens und Sitzes der Genossenschaft 2c.

§ 41. Beschlüsse, welche
1. den Namen und den Sitz der Genossenschaft,
2. die Bezirke der Sektionen

betreffen, hat nach ihrer Genehmigung der Genossenschaftsvorstand durch den Reichsanzeiger, für die über die Grenzen eines Bundesstaats sich nicht hinaus erstreckenden Genossenschaften durch das zu den amtlichen Veröffentlichungen der Landes-Zentralbehörde bestimmte Blatt bekannt zu machen.

Genossenschaftsvorstände.

§ 42. Dem Genossenschaftsvorstande liegt die gesammte Verwaltung der Genossenschaft ob, soweit nicht einzelne Angelegenheiten durch Gesetz oder Statut der Beschlußnahme der Genossenschaftsversammlung vorbehalten oder anderen Organen der Genossenschaft übertragen sind.

Der Beschlußnahme der Genossenschaftsversammlung müssen vorbehalten werden:
1. die Wahl der Mitglieder des Genossenschaftsvorstandes,
2. Abänderungen des Statuts,
3. die Prüfung und Abnahme der Jahresrechnung, falls diese nicht von der Genossenschaftsversammlung einem Ausschuß übertragen wird.

Durch Beschluß der Genossenschaftsversammlung kann für einen bestimmten Zeitraum die Prüfung und Abnahme der Jahresrechnung sowie die Verwaltung der Genossenschaft, soweit sie den Vorständen zustehen würde, ganz oder zum Theil an Organe der Selbstverwaltung mit deren Zustimmung übertragen werden. Eine solche Uebertragung bedarf der Genehmigung der Landes-Zentralbehörde.

Soweit eine solche Uebertragung stattfindet, gehen die Befugnisse und Obliegenheiten der Organe der Genossenschaft auf die betreffenden Organe der Selbstverwaltung über.

§ 43. Die Beschlußfassung der Vorstände kann in eiligen Fällen durch schriftliche Abstimmung erfolgen.

Mitglieder von Selbstverwaltungsbehörden, welche auf Grund des § 42 Abs. 3 die Verwaltung der Genossenschaft führen, dürfen in Angelegenheiten, an deren Bearbeitung sie in Wahrnehmung der Interessen der Genossenschaft Theil genommen haben, bei der Entscheidung im Verwaltungsstreitverfahren oder bei der Entscheidung der Aufsichtsbehörde (§ 29) nicht mitwirken.

§ 44. Die Genossenschaft wird durch ihren Vorstand gerichtlich und außergerichtlich vertreten. Die Vertretung erstreckt sich auch auf diejenigen Geschäfte und Rechtshandlungen, für welche nach den Gesetzen eine Spezialvollmacht erforderlich ist. Durch das Statut kann die Vertretung auch einem Mitglied oder mehreren Mitgliedern des Vorstandes übertragen werden.

Durch die Geschäfte, welche der Vorstand der Genossenschaft und die Vorstände der Sektionen sowie die Vertrauensmänner innerhalb der Grenzen ihrer gesetzlichen und statutarischen Vollmacht im Namen der Genossenschaft abschließen, wird die letztere berechtigt und verpflichtet.

Zur Legitimation der Vorstände bei Rechtsgeschäften genügt die Bescheinigung der höheren Verwaltungsbehörde, daß die darin bezeichneten Personen den Vorstand bilden.

Der Vorstand der Genossenschaft kann unbeschadet seiner eigenen Verantwortung (§ 47) bestimmte Geschäfte besoldeten Geschäftsführern übertragen. Die zur Ausführung dieser Bestimmung erforderlichen Vorschriften erläßt das Reichs-Versicherungsamt.

§ 45. Wählbar zu Mitgliedern der Vorstände und zu Vertrauensmännern sind die Mitglieder der Genossenschaft sowie deren gesetzliche Vertreter und, sofern das Statut dies zuläßt, die von den Unternehmern bevollmächtigten Leiter ihrer Betriebe. Nicht wählbar ist, wer zum Amte eines Schöffen unfähig ist (§§ 31, 32 des Gerichtsverfassungsgesetzes).

Die Ablehnung der Wahl ist nur aus denselben Gründen zulässig, aus welchen gemäß § 1786 Abs. 1 Ziffer 2 bis 4 und 8 des Bürgerlichen Gesetzbuchs das Amt eines Vormundes abgelehnt werden kann. Die Wahrnehmung eines auf Grund der Gesetze über Krankenversicherung, Unfallversicherung oder Invalidenversicherung übertragenen Ehrenamts steht der Führung einer Vormundschaft gleich. Durch das Statut können noch andere Ablehnungsgründe festgesetzt werden. Die Wiederwahl kann für eine Wahlperiode abgelehnt werden.

Personen, welche die Wahl ohne zulässigen Grund ablehnen oder sich der Ausübung ihres Amtes ohne hinreichende Entschuldigung entziehen, können vom Vorstande mit Geldstrafen bis fünfhundert Mark belegt werden.

§ 46. Die Mitglieder der Vorstände und die Vertrauensmänner verwalten ihr Amt als unentgeltliches Ehrenamt, sofern nicht durch das Statut eine Entschädigung für den durch Wahrnehmung der Genossenschaftsgeschäfte ihnen erwachsenden Zeitverlust bestimmt wird. Die Höhe der Entschädigung unterliegt der Genehmigung des Reichs-Versicherungsamts. Baare Auslagen werden ihnen von der Genossenschaft ersetzt, und zwar, soweit sie in Reisekosten bestehen, nach festen, von der Genossenschaftsversammlung zu bestimmenden Sätzen. Die Mitglieder des Vorstandes dürfen neben diesen Vergütungen eine Besoldung für die Geschäftsführung nicht erhalten.

§ 47. Die Mitglieder der Vorstände sowie die Vertrauensmänner haften der Genossenschaft für getreue Geschäftsverwaltung wie Vormünder ihren Mündeln und unterliegen, wenn sie absichtlich zum Nachtheile der Genossenschaft handeln, der Strafbestimmung des § 266 des Strafgesetzbuchs.

§ 48. Kommt eine Wahl der gesetzlichen Organe einer Genossenschaft nicht zu Stande oder verweigern die Gewählten die Erfüllung ihrer gesetzlichen oder statutarischen Obliegenheiten, so hat, solange und soweit dies der Fall ist, das Reichs-Versicherungsamt die Obliegenheiten auf Kosten der Genossenschaft wahrzunehmen oder durch Beauftragte wahrnehmen zu lassen.

§ 49. Werden hinsichtlich eines Gewählten Thatsachen bekannt, welche dessen Wählbarkeit nach Maßgabe dieses Gesetzes ausschließen, oder welche sich als grobe Verletzungen der Amtspflicht darstellen, so ist der Gewählte, nachdem ihm Gelegenheit zur Aeußerung gegeben worden ist, durch Beschluß des Vorstandes seines Amtes zu entheben. Gegen den Beschluß ist innerhalb eines Monats Beschwerde beim Reichs-Versicherungsamte zulässig; sie ist ohne aufschiebende Wirkung.

Genossenschaftsbeamte.

§ 50. Für diejenigen Beamten der Berufsgenossenschaft, welche nicht Staats- oder Kommunalbeamte sind, hat die Genossenschaftsversammlung eine Dienstordnung zu beschließen, durch welche die Rechtsverhältnisse und allgemeinen Anstellungsbedingungen der Genossenschaftsbeamten geregelt werden. Diese Dienstordnung bedarf der Bestätigung durch das Reichs-Versicherungsamt.

Die Gehälter der Beamten werden im Einzelnen durch den Haushaltsplan der Genossenschaft festgestellt.

Maßstab für die Umlegung der Beiträge.

a) Gefahrenklassen und Arbeitsbedarf.

§ 51. Die Umlegung der Beiträge erfolgt, unbeschadet abweichender Regelung gemäß §§ 57, 58, nach der Höhe der mit dem Betriebe verbundenen Unfallgefahr (Gefahrenklasse), nach den Gehältern und Löhnen der Betriebsbeamten und sonstigen im § 1 Abs. 6 bezeichneten Personen sowie nach dem Maße der für die einzelnen Betriebe durchschnittlich erforderlichen sonstigen menschlichen Arbeit (Arbeitsbedarf).

§ 52. Durch die Genossenschaftsversammlung sind für die der Genossenschaft angehörenden Betriebe je nach dem Grade der mit denselben verbundenen Unfallgefahr entsprechende Gefahrenklassen zu bilden und über das Verhältniß der in denselben zu leistenden Beitragssätze Bestimmungen zu treffen (Gefahrentarif).

Durch Beschluß der Genossenschaftsversammlung kann die Aufstellung und Aenderung des Gefahrentarifs einem Ausschuß oder dem Vorstand übertragen werden.

Die Aufstellung und Abänderung des Gefahrentarifs bedarf der Genehmigung des Reichs-Versicherungsamts.

Wird ein Gefahrentarif von der Genossenschaft innerhalb einer vom Reichs-Versicherungsamte zu bestimmenden Frist nicht aufgestellt, oder dem aufgestellten die Genehmigung versagt, so hat das Reichs-Versicherungsamt nach Anhörung der mit der Aufstellung beauftragten Organe der Genossenschaft den Tarif selbst festzusetzen.

Der Gefahrentarif ist mindestens von fünf zu fünf Jahren unter Berücksichtigung der in den einzelnen Betrieben vorgekommenen Unfälle einer Revision zu unterziehen. Die Ergebnisse derselben sind mit dem Verzeichnisse der in den einzelnen Betriebszweigen vorgekommenen, auf Grund dieses Gesetzes zu entschädigenden Unfälle der Genossenschaftsversammlung zur Beschlußfassung über die Beibehaltung oder Aenderung der bisherigen Gefahrenklassen oder Gefahrentarife vorzulegen. Die über die Aenderung der bisherigen Gefahrenklassen oder Gefahrentarife gefaßten Beschlüsse bedürfen zu ihrer Gültigkeit der Genehmigung des Reichs-Versicherungsamts; demselben ist das Verzeichniß der vorgekommenen Unfälle vorzulegen.

Die Genossenschaftsversammlung kann den Unternehmern nach Maßgabe der in ihren Betrieben vorgekommenen Unfälle für die nächste Periode Zuschläge auflegen oder Nachlässe bewilligen.

In Genossenschaften, in welchen die einzelnen Betriebe eine erhebliche Verschiedenheit der Unfallgefahr nicht bieten, kann die Genossenschaftsversammlung beziehungsweise der Vorstand oder Ausschuß (Abs. 2) beschließen, daß von der Aufstellung eines Gefahrentarifs Abstand zu nehmen ist. Der Beschluß bedarf der Genehmigung des Reichs-Versicherungsamts. Diese Genehmigung kann zurückgezogen werden, wenn aus den Verzeichnissen der in den einzelnen Betriebszweigen vorgekommenen Unfälle (Abs. 5) sich ergiebt, daß die Unfallgefahr wesentlich verschieden ist.

§ 53. Für jeden Unternehmer wird unter Berücksichtigung der Zahl der in seinem Betriebe beschäftigten Arbeiter und der Dauer ihrer Beschäftigung die Zahl derjenigen Arbeitstage abgeschätzt, welche zur Bewirthschaftung seines Betriebs im Jahresdurchschnitt erforderlich sind. Durch Statut kann bestimmt werden, daß die hauswirthschaftlichen und anderen Dienste (§ 2) bei der Abschätzung des Arbeitsbedarfs besonders zu berücksichtigen sind.

Der Abschätzung liegt mit den gemäß § 69 zu berücksichtigenden Veränderungen das nach § 34 des Gesetzes vom 5. Mai 1886 (Reichs-Gesetzbl. S. 132) bei Errichtung der Berufsgenossenschaft aufgestellte Verzeichniß zu Grunde, in welchem für jeden Unternehmer angegeben ist, wieviel versicherte männliche und weibliche Betriebsbeamte und Arbeiter er dauernd und wieviel versicherte Personen er vorübergehend im Jahresdurchschnitte beschäftigt.

Bei der Abschätzung sind dauernd beschäftigte Arbeiter mit dreihundert Arbeitstagen in Rechnung zu ziehen, die Arbeitstage weiblicher Personen nach Verhältniß des Jahresarbeitsverdienstes (§ 10) auf Arbeitstage männlicher Arbeiter zurückzuführen, die Arbeitsleistung von Betriebsbeamten und anderen im § 1 Abs. 6 bezeichneten Personen sowie von Betriebsunternehmern und deren nicht versicherten Familienangehörigen (§ 1 Abs. 5) aber nicht zu berücksichtigen (§ 109).

Für Betriebe, in welchen regelmäßig nicht mehr als fünf versicherte Personen voll beschäftigt werden, kann durch Statut bestimmt werden, daß einheitliche Beiträge nach einem im Statut festzusetzenden Maßstabe zu entrichten sind.

§ 54. Die Veranlagung der Betriebe zu den Gefahrenklassen (§ 52) sowie die Abschätzung des Arbeitsbedarfs (§ 53) liegt nach näherer Bestimmung des Statuts (§ 38) den Organen der Genossenschaft ob.

Die Mitglieder der Genossenschaft sind verpflichtet, den Organen derselben auf Erfordern binnen zwei Wochen über ihre Betriebs- und Arbeiterverhältnisse diejenige weitere Auskunft zu ertheilen, welche zur Durchführung der Veranlagung und Abschätzung erforderlich ist.

§ 55. Den Gemeindebehörden sind seitens der Genossenschaft Verzeichnisse mitzutheilen, aus denen sich ergiebt, welche Betriebe der Gemeinde als zur Genossenschaft gehörig erachtet werden, welches das Ergebniß der Veranlagung und Abschätzung ist, und wieviel Arbeiter als dauernd beschäftigt angenommen sind. Die Gemeindebehörde hat diese Verzeichnisse während zweier Wochen zur Einsicht der Betheiligten auszulegen und den Beginn dieser Frist auf ortsübliche Weise bekannt zu machen.

Binnen einer weiteren Frist von einem Monate können die Betriebsunternehmer wegen der Aufnahme oder Nichtaufnahme ihrer Betriebe in die Verzeichnisse sowie gegen die Veranlagung und Abschätzung bei dem Genossenschaftsorgane, durch welches die Veranlagung und Abschätzung erfolgt ist, Einspruch erheben.

Gegen den auf den Einspruch schriftlich zu ertheilenden Bescheid steht dem Betriebsunternehmer binnen zwei Wochen nach der Zustellung die Beschwerde an den Genossenschaftsausschuß (§ 38 Ziffer 3) und gegen die Entscheidung des letzteren binnen gleicher Frist die Berufung an das Reichs-Versicherungsamt zu.

Der auf den Einspruch erfolgende Bescheid ist vorläufig vollstreckbar.

Die Mitglieder des Genossenschaftsausschusses dürfen bei der ersten Veranlagung und Abschätzung der Betriebe nicht mitwirken.

Nach der Veranlagung kann die Genossenschaft einen Betrieb während der Tarifperiode neu veranlagen, wenn die vorige Veranlagung auf unrichtigen Angaben beruht. Auf die erneute Veranlagung finden die für die vorige Veranlagung maßgebenden Vorschriften Anwendung. Das Gleiche gilt von der Abschätzung des Arbeitsbedarfs.

§ 56. In denjenigen Terminen, in welchen der Gefahrentarif zu revidiren ist (§ 52 Abs. 5), ist auch die Veranlagung und die Abschätzung einer Revision zu unterziehen. Hierbei ist in derselben Weise wie bei der ersten Veranlagung und Abschätzung zu verfahren.

Die Gemeindebehörde ist befugt, die Unternehmer zu einer Auskunft über die für die Abschätzung des Arbeitsbedarfs maßgebenden Verhältnisse durch Geldstrafen im Betrage bis zu einhundert Mark anzuhalten. Wird die Auskunft nicht vollständig oder nicht rechtzeitig ertheilt, so hat die Gemeindebehörde nach ihrer Kenntniß der Verhältnisse das Verzeichniß zu berichtigen.

b) Steuerfuß.

§ 57. Durch das Statut kann, sofern nicht durch die Landesgesetzgebung die Versicherung der Familienangehörigen des Betriebsunternehmers ausgeschlossen ist (§ 1 Abs. 5), bestimmt werden, daß die Beiträge der Berufsgenossen durch Zuschläge zu direkten Staats- oder Kommunalsteuern aufgebracht werden, wenn die Anwendung des gesetzlichen Beitragsmaßstabs nach Gefahrenklassen und Arbeitsbedarf (§§ 51 ff.) unzweckmäßig erscheint. Sofern das Statut eine solche Vorschrift, welche in der Genossenschaftsversammlung nur mit Zweidrittel-Mehrheit beschlossen werden kann, enthält, muß dasselbe auch darüber Bestimmung treffen, wie solche Mitglieder, welche die der Erhebung zu Grunde gelegte Steuer für ihren gesammten Betrieb oder einen Theil desselben nicht zu entrichten haben, zu den Genossenschaftslasten heranzuziehen sind.

Bei Beschäftigung von Personen der im § 1 Abs. 6 bezeichneten Art sind nach näherer Bestimmung des Statuts besondere Zuschläge zu den Beiträgen zu entrichten. Ueber die Anmeldung solcher Personen hat das Genossenschaftsstatut Bestimmung zu treffen und deren Nichtbefolgung mit Strafe zu bedrohen. Dasselbe gilt für Betriebsunternehmer, sofern für dieselben der Berechnung der Rente ein höherer wie der durchschnittliche Jahresarbeitsverdienst land- oder forstwirthschaftlicher Arbeiter zu Grunde gelegt wird (§§ 11, 38).

Sind mit einem land- oder forstwirthschaftlichen Betriebe Nebenbetriebe (§ 1 Abs. 2) verbunden, so sind von den Unternehmern dieser Betriebe zur Deckung der Unfallgefahr Zuschläge zu den Beiträgen (Abs. 1) zu erheben. Die Voraussetzung für die Erhebung solcher Zuschläge, ihre Höhe und das Verfahren wird durch das Statut geregelt.

§ 58. Sofern das Statut die Aufbringung der Genossenschaftsmittel nach dem Maßstabe der Grundsteuer anordnet, kann dasselbe ferner bestimmen, daß die Beiträge als Grundsteuerzuschläge von denjenigen Personen zu erheben sind, welche nach gesetzlicher Vorschrift zur Grundsteuer für die den Betrieben der Genossenschaft zugehörenden Grundstücke veranlagt sind oder veranlagt sein würden, wenn die Grundstücke nicht von der Grundsteuer befreit wären.

Wenn hiernach der Beitrag von einer Person erhoben ist, die nicht der Betriebsunternehmer ist, so hat der letztere dem Zahlungspflichtigen den Beitrag zu erstatten.

Streitigkeiten über solche Erstattungsansprüche werden von der unteren Verwaltungsbehörde entschieden, in deren Bezirke sich der Sitz des versicherungspflichtigen Betriebs befindet. Gegen die Entscheidung findet innerhalb eines Monats nach der Zustellung die Beschwerde an die höhere Verwaltungsbehörde statt, welche endgültig entscheidet.

Theilung des Risikos.

§ 59. Durch das Statut kann vorgeschrieben werden, daß die Entschädigungsbeträge bis zu fünfundsiebenzig Prozent von den Sektionen zu tragen sind, in deren Bezirken die Unfälle eingetreten sind.

Die hiernach den Sektionen zur Last fallenden Beträge sind auf die Mitglieder derselben nach Maßgabe der für die Genossenschaft zu leistenden Beiträge umzulegen.

§ 60. Werden Sektionen bei der nach dem Maßstabe der Grundsteuer erfolgenden Umlageberechnung mit mehr als dem Doppelten des für die Sektion an Entschädigungsbeiträgen und Verwaltungskosten wirklich aufgewendeten Betrags belastet, so kann die Genossenschaftsversammlung beschließen, daß der das Doppelte übersteigende Betrag nach Maßgabe der Grundsteuer auf die sämmtlichen Sektionen zu vertheilen ist.

Gemeinsame Tragung des Risikos.

§ 61. Vereinbarungen von Genossenschaften, die von ihnen zu leistenden Entschädigungsbeträge ganz oder zum Theil gemeinsam zu tragen, sind zulässig. Derartige Vereinbarungen bedürfen zu ihrer Gültigkeit der Zustimmung der betheiligten Genossenschaftsversammlungen sowie der Genehmigung des Reichs-Versicherungsamts. Dieselben dürfen nur mit dem Beginn eines neuen Rechnungsjahrs in Wirksamkeit treten.

Die Vereinbarung hat sich darauf zu erstrecken, in welcher Weise der gemeinsam zu tragende Entschädigungsbetrag auf die betheiligten Genossenschaften zu vertheilen ist.

Ueber die Vertheilung des auf eine jede Genossenschaft entfallenden Antheils an der gemeinsam zu tragenden Entschädigung unter die Mitglieder der Genossenschaft entscheidet die Genossenschaftsversammlung. Mangels einer anderweiten Bestimmung wird dieser Antheil in gleicher Weise, wie die von der Genossenschaft zu leistenden Entschädigungsbeträge umgelegt.

Abänderung des Bestandes der Berufsgenossenschaften.

§ 62. Aenderungen im Bestande der Berufsgenossenschaften sind mit dem Beginn eines neuen Rechnungsjahrs unter nachstehenden Voraussetzungen zulässig:

1. Die Vereinigung mehrerer Genossenschaften erfolgt auf übereinstimmenden Beschluß der Genossenschaftsversammlungen mit Genehmigung des Bundesraths.

2. Das Ausscheiden einzelner örtlich abgegrenzter Theile aus einer Genossenschaft und die Zutheilung derselben zu einer anderen Genossenschaft erfolgt auf Beschluß der betheiligten Genossenschaftsversammlungen mit Genehmigung des Bundesraths. Die Genehmigung kann versagt werden, wenn durch das Ausscheiden die Leistungsfähigkeit einer der betheiligten Genossenschaften in Bezug auf die ihr obliegenden Pflichten gefährdet wird.
3. Wird die Vereinigung mehrerer Genossenschaften oder das Ausscheiden einzelner örtlich abgegrenzter Theile aus einer Genossenschaft und die Zutheilung derselben zu einer anderen Genossenschaft auf Grund eines Genossenschaftsbeschlusses beantragt, dagegen von der anderen betheiligten Genossenschaft abgelehnt, so entscheidet auf Anrufen der Bundesrath.
4. Anträge auf Ausscheidung einzelner örtlich abgegrenzter Theile aus einer Genossenschaft und Bildung einer besonderen Genossenschaft für dieselben sind zunächst der Beschlußfassung der Genossenschaftsversammlung zu unterbreiten und sodann dem Bundesrathe zur Entscheidung vorzulegen.

Wird die Genehmigung ertheilt, so ist zur Beschlußfassung über das Statut für die neue Genossenschaft eine Genossenschaftsversammlung einzuberufen, für welche die §§ 20, 21, 24 Abs. 3 des Gesetzes vom 5. Mai 1886 (Reichs-Gesetzbl. S. 132) maßgebend sind.

§ 63. Werden mehrere Genossenschaften zu einer Genossenschaft vereinigt, so gehen mit dem Zeitpunkte, zu welchem die Veränderung in Wirksamkeit tritt, alle Rechte und Pflichten der vereinigten Genossenschaften auf die neugebildete Genossenschaft über.

Wenn einzelne örtlich abgegrenzte Theile aus einer Genossenschaft ausscheiden und einer anderen Genossenschaft angeschlossen werden, so sind von dem Eintritte dieser Veränderung ab die Entschädigungsansprüche, welche gegen die erstere Genossenschaft aus den in Betrieben der ausscheidenden Genossenschaftstheile eingetretenen Unfällen erwachsen sind, von der Genossenschaft zu befriedigen, welcher die Genossenschaftstheile nunmehr angeschlossen sind.

Scheiden einzelne örtlich abgegrenzte Theile aus einer Genossenschaft unter Bildung einer neuen Genossenschaft aus, so sind von dem Zeitpunkte der Ausscheidung ab die Entschädigungsansprüche, welche gegen die erstere Genossenschaft aus den in Betrieben der ausscheidenden Genossenschaftstheile eingetretenen Unfällen erwachsen sind, von der neugebildeten Genossenschaft zu befriedigen.

Insoweit zufolge des Ausscheidens von örtlich abgegrenzten Theilen Entschädigungsansprüche auf andere Genossenschaften übergehen, haben die letzteren Anspruch auf einen entsprechenden Theil des Reservefonds und des sonstigen Vermögens derjenigen Genossenschaft, aus welcher die Ausscheidung stattfindet.

Die Bestimmungen der Abs. 2 und 4 finden entsprechende Anwendung, wenn einzelne Betriebe oder Nebenbetriebe in Folge von Berichtigungen der Kataster von einer Berufsgenossenschaft auf eine andere übergehen.

Die vorstehenden Bestimmungen können durch übereinstimmenden Beschluß der betheiligten Genossenschaftsversammlungen abgeändert oder ergänzt werden.

Streitigkeiten, welche in Betreff der Vermögensauseinandersetzung zwischen den betheiligten Genossenschaften entstehen, werden mangels Verständigung derselben über eine schiedsgerichtliche Entscheidung von dem Reichs-Versicherungsamt entschieden.

Auflösung von Berufsgenossenschaften.

§ 64. Berufsgenossenschaften, welche zur Erfüllung der ihnen durch dieses Gesetz auferlegten Verpflichtungen leistungsunfähig werden, können auf Antrag des Reichs-Versicherungsamts, vorbehaltlich der Bestimmungen des § 144, von dem Bundesrath aufgelöst werden. Diejenigen Betriebe, welche die aufgelöste Genossenschaft gebildet haben, sind anderen Berufsgenossenschaften nach deren Anhörung zuzutheilen.

Mit der Auflösung der Genossenschaft gehen deren Rechtsansprüche und Verpflichtungen, vorbehaltlich der Bestimmungen der §§ 133, 144, 145, auf das Reich über.

III. Mitgliedschaft. Betriebsveränderungen.

Mitgliedschaft.

§ 65. Mitglied der Genossenschaft ist jeder Unternehmer eines unter § 1 fallenden Betriebs, dessen Sitz in dem Bezirke der Genossenschaft belegen ist.

Eine Gesammtheit von Grundstücken eines Unternehmers, für deren landwirthschaftlichen Gesammtbetrieb gemeinsame Wirthschaftsgebäude bestimmt sind, gilt im Sinne dieses Gesetzes als ein einziger Betrieb. Als Sitz eines landwirthschaftlichen Betriebs, welcher sich über die Bezirke mehrerer Gemeinden erstreckt, gilt diejenige Gemeinde, in deren Bezirke die gemeinsamen Wirthschaftsgebäude belegen sind. Dabei entscheiden diejenigen Wirthschaftsgebäude, welche für die wirthschaftlichen Hauptzwecke des Betriebs bestimmt sind. Die betheiligten Gemeinden und Unternehmer können sich über einen anderen Betriebssitz einigen.

Mehrere forstwirthschaftliche Grundstücke eines Unternehmers, welche derselben unmittelbaren Betriebsleitung (Revierverwaltung) unterstellt sind, gelten als ein einziger Betrieb. Forstwirthschaftliche Grundstücke verschiedener Unternehmer gelten als Einzelbetriebe, auch wenn sie zusammen derselben Betriebsleitung unterstellt sind. Als Sitz eines forstwirthschaftlichen Betriebs, welcher sich über mehrere Gemeindebezirke erstreckt, gilt diejenige Gemeinde, in deren Bezirke der größte Theil der Forstgrundstücke belegen ist, sofern nicht die betheiligten Gemeinden und der Unternehmer sich über einen anderen Betriebssitz einigen.

Ueber die Zugehörigkeit gemischter, theils land-, theils forstwirthschaftlicher Betriebe zur Genossenschaft entscheidet der Hauptbetrieb.

Stimmberechtigt sind die Mitglieder der Genossenschaft nur dann, wenn sie sich im Besitze der bürgerlichen Ehrenrechte befinden.

§ 66. Die Mitgliedschaft beginnt für die Unternehmer der unter § 1 fallenden Betriebe, welche zur Zeit der Errichtung der Genossenschaft bestehen, mit diesem Zeitpunkte, für die Unternehmer später eröffneter Betriebe mit dem Zeitpunkte der Eröffnung des Betriebs.

§ 67. Von der Eröffnung eines neuen Betriebs hat die Gemeindebehörde durch Vermittelung der unteren Verwaltungsbehörde dem Genossenschaftsvorstande Kenntniß zu geben. Derselbe hat die Zugehörigkeit zur Genossenschaft zu prüfen. Wird die Zugehörigkeit anerkannt, so ist, soweit nicht § 57 Anwendung findet, nach §§ 54, 55 zu verfahren. Wird die Zugehörigkeit abgelehnt, so hat der Genossenschaftsvorstand der unteren Verwaltungsbehörde hiervon Mittheilung zu machen. Diese kann den Fall dem Reichs-Versicherungsamte zur Entscheidung vorlegen. Auf Antrag der Berufsgenossenschaft hat sie von dieser Befugniß Gebrauch zu machen.

§ 68. Jeder Wechsel in der Person desjenigen, für dessen Rechnung der Betrieb erfolgt, ist von dem Unternehmer binnen einer durch das Statut festzusetzenden Frist dem Genossenschaftsvorstand anzuzeigen. Ist die Anzeige von dem Wechsel nicht erfolgt, so werden die auf die Genossenschaftsmitglieder umzulegenden Beiträge von dem bisherigen Unternehmer forterhoben. Die Haftung umfaßt noch dasjenige Rechnungsjahr, in welchem die Anzeige geschieht, ohne daß dadurch der neue Unternehmer von der auch ihm gesetzlich obliegenden Haftung für die Beiträge entbunden ist.

§ 69. In Betreff der Anmeldung von Aenderungen in dem Betriebe, welche für die Zugehörigkeit desselben zur Genossenschaft oder für die Umlegung der Beiträge (§§ 36, 51 bis 53, 57, 58) von Bedeutung sind, sowie in Betreff des weiteren Verfahrens hat das Genossenschaftsstatut (§ 38) Bestimmung zu treffen.

Gegen die auf die Anmeldung der Aenderung oder von Amtswegen ergehenden Bescheide der zuständigen Genossenschaftsorgane steht dem Betriebsunternehmer binnen einer Frist von zwei Wochen die Beschwerde an das Reichs-Versicherungsamt zu.

IV. Feststellung und Auszahlung der Entschädigungen.

Anzeige und Untersuchung der Unfälle.

§ 70. Von jedem in einem versicherten Betriebe vorkommenden Unfalle, durch welchen eine in demselben beschäftigte Person getödtet wird oder eine Körperverletzung erleidet, welche eine völlige oder theilweise Arbeitsunfähigkeit von mehr als drei Tagen oder den Tod zur Folge hat, ist von dem Betriebsunternehmer bei der Ortspolizeibehörde und dem durch Statut zu bestimmenden Genossenschaftsorgane schriftlich oder mündlich Anzeige zu erstatten.

Dieselbe muß binnen drei Tagen nach dem Tage erfolgen, an welchem der Betriebsunternehmer von dem Unfalle Kenntniß erlangt hat.

Für den Betriebsunternehmer kann derjenige, welcher zur Zeit des Unfalls den Betrieb oder den Betriebstheil, in welchem sich der Unfall ereignete, zu leiten hatte, die Anzeige erstatten; im Falle der Abwesenheit oder Behinderung des Betriebsunternehmers ist er dazu verpflichtet.

Das Formular für die Anzeige wird vom Reichs-Versicherungsamte festgestellt.

Die Vorstände der unter Reichs- oder Staatsverwaltung stehenden Betriebe haben die im Abs. 1 vorgeschriebene Anzeige der vorgesetzten Dienstbehörde nach näherer Anweisung derselben zu erstatten.

§ 71. Jeder zur Anzeige gelangte Unfall, durch welchen eine versicherte Person getödtet ist oder eine Körperverletzung erlitten hat, die voraussichtlich einen Entschädigungsanspruch auf Grund dieses Gesetzes zur Folge haben wird, ist sobald als möglich, in den im § 76 b des Krankenversicherungsgesetzes und im § 15 dieses Gesetzes bezeichneten Fällen spätestens unmittelbar nach Eingang eines entsprechenden Ersuchens der Berufsgenossenschaft oder der betheiligten Krankenkasse, von der Ortspolizeibehörde einer Untersuchung zu unterziehen, durch welche festzustellen sind:

1. die Veranlassung und Art des Unfalls,
2. die getödteten oder verletzten Personen,
3. die Art der vorgekommenen Verletzungen,
4. der Verbleib der verletzten Personen,
5. die Hinterbliebenen der durch den Unfall getödteten und die Angehörigen der durch den Unfall verletzten Personen, welche auf Grund dieses Gesetzes einen Entschädigungsanspruch erheben können,
6. die Höhe der Renten, welche der Verletzte etwa auf Grund der Unfallversicherungsgesetze oder des Invalidenversicherungsgesetzes bezieht.

Auf Antrag des Vorstandes der Genossenschaft oder der Sektion oder der betheiligten Krankenkasse hat die Ortspolizeibehörde die Untersuchung auch dann vorzunehmen, wenn sie die Voraussetzung des ersten Absatzes nicht als gegeben ansieht.

§ 72. An den Untersuchungsverhandlungen können Theil nehmen: Vertreter der Genossenschaft, ein von dem Vorstande der Krankenkasse, welcher der Getödtete oder Verletzte zur Zeit des Unfalls angehört hat, bestellter Bevollmächtigter sowie der Betriebsunternehmer oder ein Vertreter desselben. Zu diesem Zwecke ist dem Genossenschaftsvorstande, dem Kassenvorstand und dem Betriebsunternehmer von der Einleitung der Untersuchung rechtzeitig Kenntniß zu geben. Ist die Genossenschaft in Sektionen getheilt, oder sind von der Genossenschaft Vertrauensmänner bestellt, so ist die Mittheilung von der Einleitung der Untersuchung an den Sektionsvorstand beziehungsweise an den Vertrauensmann zu richten.

Außerdem sind, soweit thunlich, die sonstigen Betheiligten und auf Antrag und Kosten der Genossenschaft Sachverständige zuzuziehen.

§ 73. Von dem über die Untersuchung aufgenommenen Protokolle sowie von den sonstigen Untersuchungsverhandlungen ist den Betheiligten auf ihren Antrag Einsicht und gegen Erstattung der Schreibgebühren Abschrift zu ertheilen. Die Erstattung der Schreibgebühren kann erlassen werden.

§ 74. Bei den im § 70 Abs. 5 bezeichneten Betrieben bestimmt die vorgesetzte Dienstbehörde diejenige Behörde, welche die Untersuchung nach den Bestimmungen der §§ 71 und 72 vorzunehmen hat.

Feststellung der Entschädigungen.

§ 75. Die Beschlußfassung über die Feststellung der Entschädigungen (§§ 7 bis 25) erfolgt:

1. sofern die Genossenschaft in Sektionen eingetheilt ist, durch den Vorstand der Sektion, wenn es sich handelt
   a) um die im § 8 Abs. 1 Ziffer 1 bezeichneten Leistungen,
   b) um die für die Dauer einer voraussichtlich vorübergehenden Erwerbsunfähigkeit zu gewährende Rente,
   c) um das Sterbegeld,
   d) um die Aufnahme des Verletzten in eine Heilanstalt,
   e) um die den Angehörigen eines Verletzten für die Zeit seiner Behandlung in einer Heilanstalt zu gewährende Rente;
2. in allen übrigen Fällen durch den Vorstand der Genossenschaft.

Das Genossenschaftsstatut kann bestimmen, daß die Feststellung der Entschädigungen in den Fällen des Abs. 1 Ziffer 1 durch einen Ausschuß des Sektionsvorstandes oder durch besondere Kommissionen oder durch örtliche Beauftragte (Vertrauensmänner), in den Fällen des Abs. 1 Ziffer 2 durch den Sektionsvorstand oder durch einen Ausschuß des Genossenschafts- oder Sektionsvorstandes oder durch besondere Kommissionen zu bewirken ist.

Soll auf Grund eines ärztlichen Gutachtens die Bewilligung einer Entschädigung abgelehnt oder nur eine Theilrente festgestellt werden, so ist vorher der behandelnde Arzt zu hören. Steht dieser zu der Genossenschaft in einem Vertragsverhältnisse, so ist auf Antrag ein anderer Arzt zu hören.

§ 76. Soll die Bewilligung einer Entschädigung abgelehnt werden, so ist diese Absicht dem Verletzten oder im Falle seines Todes seinen Hinterbliebenen, soweit sie nach §§ 17 bis 20, 22 entschädigungsberechtigt sein würden, mitzutheilen. Soll eine Entschädigung bewilligt werden, so ist den genannten Personen die Höhe der in Aussicht genommenen Entschädigung mit den rechnungsmäßigen Grundlagen mitzutheilen.

Der Verletzte sowie seine Hinterbliebenen (§§ 17 bis 20) sind befugt auf diese Mittheilung innerhalb zweier Wochen sich zu äußern. Auf ihren innerhalb der gleichen Frist gestellten Antrag hat die untere Verwaltungsbehörde diese Aeußerung zu Protokoll zu nehmen. Wird ein solcher Antrag gestellt, so hat hiervon die untere Verwaltungsbehörde unverzüglich dem zuständigen Genossenschaftsorgane Kenntniß zu geben; dieses hat bis zum Eingange des Protokolls den Bescheid auszusetzen.

Bei den im Abs. 1 bezeichneten Mittheilungen hat das zuständige Genossenschaftsorgan auf die aus Abs. 2 und aus § 75 Abs. 3 sich ergebenden Befugnisse sowie auf die im Abs. 2 vorgesehene Frist hinzuweisen.

§ 77. Diese Feststellung der Entschädigung hat in beschleunigtem Verfahren von Amtswegen zu erfolgen.

Für diejenigen verletzten Personen, für welche noch nach Ablauf von dreizehn Wochen nach dem Unfall eine weitere ärztliche Behandlung behufs Heilung der erlittenen Verletzungen nothwendig ist, hat sich die Feststellung zunächst mindestens auf die bis zur Beendigung des Heilverfahrens zu leistenden Entschädigungen zu erstrecken. Die weitere Entschädigung ist, sofern deren Feststellung früher nicht möglich ist, nach Beendigung des Heilverfahrens unverzüglich zu bewirken.

Kann die endgültige Feststellung nicht sofort erfolgen, so ist eine Entschädigung vorläufig zuzubilligen.

§ 78. Entschädigungsberechtigte, für welche die Entschädigung nicht von Amtswegen festgestellt ist, haben ihren Entschädigungsanspruch bei Vermeidung des Ausschlusses vor Ablauf von zwei Jahren nach dem Eintritte des Unfalls bei derjenigen Berufsgenossenschaft anzumelden, welcher die Entschädigungspflicht obliegt. Die Frist gilt auch dann als gewahrt, wenn die Anmeldung bei einem nicht zuständigen Genossenschaftsorgan oder bei einer anderen Berufsgenossenschaft oder bei der für den Wohnort des Entschädigungsberechtigten zuständigen unteren Verwaltungsbehörde erfolgt ist. In solchem Falle ist die Anmeldung unverzüglich an die zuständige Stelle abzugeben und der Betheiligte davon zu benachrichtigen.

Nach Ablauf der Frist ist der Anmeldung nur dann Folge zu geben, wenn zugleich glaubhaft bescheinigt wird, daß eine einen Entschädigungsanspruch begründende Folge des Unfalls erst später bemerkbar geworden oder daß der Entschädigungsberechtigte von der Verfolgung seines Anspruchs durch außerhalb seines Willens liegende Verhältnisse abgehalten worden ist, und wenn die Anmeldung innerhalb dreier Monate, nachdem eine Unfallfolge bemerkbar geworden oder das Hinderniß für die Anmeldung weggefallen, erfolgt ist.

§ 79. Wird der angemeldete Entschädigungsanspruch anerkannt, so ist die Entschädigung sofort festzustellen. Ist die Berufsgenossenschaft der Ansicht, daß ein entschädigungspflichtiger Unfall nicht vorliegt, so ist der Anspruch durch schriftlichen Bescheid abzulehnen. Der Bescheid ist mit Gründen zu versehen.

Ist die Genossenschaft der Ansicht, daß zwar ein entschädigungspflichtiger Unfall vorliegt, die Entschädigung aber von einer anderen Genossenschaft zu gewähren ist, so hat der Genossenschaftsvorstand dem Entschädigungsberechtigten eine vorläufige Fürsorge zuzuwenden und sich unter Mittheilung der gepflogenen Verhandlungen wegen Anerkennung der Entschädigungspflicht mit dem Vorstande der anderen Genossenschaft ins Benehmen zu setzen. Wird von diesem die Entschädigungspflicht abgelehnt oder innerhalb einer Frist von sechs Wochen eine Erklärung nicht abgegeben, so ist die Entscheidung des Reichs-Versicherungsamts darüber herbeizuführen, welche Berufsgenossenschaft entschädigungspflichtig ist. Die Entscheidung ist auch dem Entschädigungsberechtigten zuzustellen.

§ 80. Die Mitglieder der Genossenschaften sind verpflichtet, auf Erfordern der Behörden oder der nach § 75 zur Feststellung der Entschädigungen berufenen Stellen binnen einer Woche diejenigen Gehalts- und Lohnnachweisungen zu liefern, welche zur Feststellung der Entschädigung erforderlich sind.

Bescheid der Vorstände.

§ 81. Ueber die Feststellung der Entschädigung hat diejenige Stelle (§ 75), welche sie vorgenommen hat, dem Entschädigungberechtigten einen schriftlichen Bescheid zu ertheilen, aus welchem die Höhe der Entschädigung und die Art ihrer Berechnung zu ersehen ist. Bei Entschädigungen für erwerbsunfähig gewordene Verletzte ist namentlich anzugeben, in welchem Maße die Erwerbsunfähigkeit angenommen worden ist.

Berufung.

§ 82. Gegen den Bescheid, durch welchen der Entschädigungsanspruch abgelehnt wird, sowie gegen den Bescheid, durch welchen die Entschädigung festgestellt wird, findet die Berufung auf schiedsgerichtliche Entscheidung statt.

Die Berufung ist bei Vermeidung des Ausschlusses innerhalb eines Monats nach der Zustellung des Bescheids bei dem Schiedsgerichte (Gesetz, betreffend die Abänderung der Unfallversicherungsgesetze, § 3) zu erheben, in dessen Bezirke der Betrieb, in welchem der Unfall sich ereignet hat, belegen ist.

Die Frist gilt auch dann als gewahrt, wenn innerhalb derselben die Berufung bei einer anderen inländischen Behörde oder bei einem Genossenschaftsorgan eingegangen ist. Diese haben die Berufungsschrift unverzüglich an das zuständige Schiedsgericht abzugeben.

Der Bescheid muß die Bezeichnung des für die Berufung zuständigen Schiedsgerichts sowie die Belehrung über die einzuhaltende Frist enthalten.

Die Berufung hat, ausgenommen im Falle des § 24, keine aufschiebende Wirkung.

§ 83. Bildet in dem Falle des § 16 Abs. 1 Ziffer 2 die Anerkennung oder Nichtanerkennung des Rechtsverhältnisses zwischen dem Getödteten und dem die Entschädigung Beanspruchenden die Voraussetzung des Anspruchs, so kann das Schiedsgericht den Betheiligten aufgeben, zuvörderst die Feststellung des betreffenden Rechtsverhältnisses im ordentlichen Rechtswege herbeizuführen. In diesem Falle ist die Klage bei Vermeidung des Ausschlusses binnen einer vom Schiedsgerichte zu bestimmenden, mindestens auf einen Monat zu bemessenden Frist nach der Zustellung des hierüber ertheilten Bescheids des Schiedsgerichts zu erheben.

Nachdem im ordentlichen Rechtsweg eine rechtskräftige Entscheidung ergangen ist, hat das Schiedsgericht auf erneuten Antrag über den Entschädigungsanspruch zu entscheiden.

§ 84. Das Schiedsgericht hat, wenn es den Entschädigungsanspruch für begründet erachtet, zugleich die Höhe der Entschädigung und den Beginn der Rente festzustellen. Hat das Schiedsgericht in besonderen Ausnahmefällen, welche das Reichs-Versicherungsamt näher bestimmen darf, den Anspruch nur dem Grunde nach anerkannt und nicht gleichzeitig über die Höhe der Entschädigung und den Beginn der Rente entschieden, so hat das Schiedsgericht unverzüglich eine vorläufige Entschädigung zu bewilligen, gegen deren Feststellung ein Rechtsmittel nicht stattfindet. Sobald der

Entschädigungsanspruch rechtskräftig feststeht, hat der Vorstand die Höhe der Entschädigung und den Beginn der Rente, sofern dies nicht bereits früher geschehen ist, festzustellen. Die vorläufig gezahlten Beträge werden auf die endgültig angewiesene Rente angerechnet.

§ 85. Die Entscheidung des Schiedsgerichts ist dem Berufenden und demjenigen Genossenschaftsorgane, welches den angefochtenen Bescheid erlassen hat, in Ausfertigung zuzustellen.

Rekurs.

§ 86. Gegen die Entscheidung des Schiedsgerichts steht in den Fällen des § 75 Abs. 1 Ziffer 2, vorbehaltlich der Bestimmungen des § 96 Abs. 2 und des § 101 Abs. 1, dem Verletzten oder dessen Hinterbliebenen sowie dem Genossenschaftsvorstande das Rechtsmittel des Rekurses zu. Der Rekurs des Vorstandes hat aufschiebende Wirkung insoweit, als es sich um Beträge handelt, die für die Zeit vor dem Erlasse der angefochtenen Entscheidung nachträglich gezahlt werden sollen. Im Uebrigen hat der Rekurs keine aufschiebende Wirkung.

Werden mit der Anfechtung einer Entscheidung des Schiedsgerichts in den im § 75 Abs. 1 Ziffer 1 bezeichneten Angelegenheiten Rekursanträge wegen der im § 75 Abs. 1 Ziffer 2 bezeichneten Angelegenheiten verbunden, so darf die Entscheidung des Schiedsgerichts über die zuerst bezeichneten Angelegenheiten in dem Rekursverfahren nur dann abgeändert werden, wenn im Uebrigen den Rekursanträgen Folge gegeben wird.

Ueber den Rekurs entscheidet das Reichs-Versicherungsamt. Das Rechtsmittel ist bei demselben zur Vermeidung des Ausschlusses innerhalb eines Monats nach der Zustellung der Entscheidung des Schiedsgerichts einzulegen; die Bestimmung des § 82 Abs. 3 findet entsprechende Anwendung.

§ 87. Ist der Rekurs unzulässig (§ 86 Abs. 1) oder verspätet (§ 86 Abs. 3), so hat das Reichs-Versicherungsamt den Rekurs ohne mündliche Verhandlung zurückzuweisen; ebenso kann es verfahren, wenn die bei dem Beschlusse mitwirkenden Mitglieder einstimmig den Rekurs für offenbar ungerechtfertigt erachten. Anderenfalls hat das Reichs-Versicherungsamt nach mündlicher Verhandlung zu entscheiden.

Wird das angefochtene Urtheil aufgehoben, so kann das Reichs-Versicherungsamt, statt in der Sache selbst zu entscheiden, dieselbe an das Schiedsgericht oder an das zuständige Genossenschaftsorgan zurückverweisen. Dabei kann das Reichs-Versicherungsamt bestimmen, daß dem Entschädigungsberechtigten eine ihrem Betrage nach bestimmte Rente vorläufig zu zahlen ist. Im Falle der Zurückverweisung ist die rechtliche Beurtheilung, auf welche das Reichs-Versicherungsamt die Aufhebung gestützt hat, den weiteren Entscheidungen oder Bescheiden zu Grunde zu legen.

§ 88. Kommt nach Ansicht des Reichs-Versicherungsamts nicht die im Verfahren in Anspruch genommene, sondern eine andere Berufsgenossenschaft als entschädigungspflichtig in Frage, so kann das Reichs-Versicherungsamt diese andere Genossenschaft zur Verhandlung beiladen und gegebenen

Falles zur Leistung der Entschädigung verurtheilen, auch wenn ein Anspruch gegen dieselbe bereits rechtskräftig abgelehnt worden ist.

§ 89. Sobald einem Verletzten oder dessen Hinterbliebenen ein Entschädigungsanspruch gegenüber einer Genossenschaft rechtskräftig zuerkannt ist, kann auf Antrag ein gegenüber einer anderen Genossenschaft wegen desselben Unfalls etwa schwebendes Verfahren durch Beschluß des Reichs-Versicherungsamts eingestellt werden.

Sind, abgesehen von den Fällen des § 91, wegen desselben Unfalls Entschädigungsansprüche gegen mehrere Genossenschaften rechtskräftig anerkannt, so hat das Reichs-Versicherungsamt die zu Unrecht ergangene Feststellung oder Entscheidung aufzuheben.

Die auf Grund der aufgehobenen Feststellung oder Entscheidung geleisteten Zahlungen sind zu ersetzen; der Anspruch des Verletzten geht insoweit auf die ersatzberechtigte Genossenschaft über.

§ 90. Auf die Anfechtung rechtskräftiger Entscheidungen über einen Entschädigungsanspruch finden, unbeschadet der Bestimmungen der §§ 88, 89, die Vorschriften der Civilprozeßordnung über die Wiederaufnahme des Verfahrens entsprechende Anwendung, soweit nicht durch Kaiserliche Verordnung mit Zustimmung des Bundesraths etwas Anderes bestimmt wird.

§ 91. Hat die Beschäftigung, bei welcher sich der Unfall ereignet hat, für mehrere zu verschiedenen Berufsgenossenschaften gehörende Betriebe stattgefunden, so können die betheiligten Genossenschaften die Entschädigungsverpflichtung unter sich vertheilen. Kommt eine Einigung nicht zu Stande, so ist das Reichs-Versicherungsamt berechtigt, auf Antrag einer betheiligten Genossenschaft die Vertheilung zu bestimmen. In solchem Falle ist nach Anhörung der betheiligten Vorstände nach billigem Ermessen festzustellen, mit welchem Antheile jede Genossenschaft an der Unfallentschädigung betheiligt ist und welche Beträge derjenigen, welche vorläufig Entschädigung geleistet hat, zu erstatten sind.

Die Heranziehung einer der im vorstehenden Absatze bezeichneten Genossenschaften zur Aufbringung eines Antheils an der Entschädigung kann auch dann noch erfolgen, wenn ein ablehnender Bescheid der Genossenschaft oder eine den Anspruch des Entschädigungsberechtigten ihr gegenüber zurückweisende Entscheidung rechtskräftig geworden ist.

Die für die Feststellung der Entschädigung zuständige Genossenschaft ist mangels einer Vereinbarung durch das Reichs-Versicherungsamt zu bestimmen.

§ 92. Die Berufsgenossenschaften sind befugt, von der Rückforderung der gemäß §§ 82, 84, 87 Abs. 2 vor rechtskräftiger Entscheidung gezahlten Entschädigungen abzusehen.

§ 93. Nach erfolgter Feststellung der Entschädigung (§§ 75 ff.) hat der Genossenschaftsvorstand dem Berechtigten die mit der Zahlung beauftragte Postanstalt (§ 103) zu bezeichnen und der unteren Verwaltungsbehörde des Wohnorts über die dem Berechtigten zustehenden Bezüge Mittheilung zu machen. Das Gleiche gilt beim Eintritte von Veränderungen.

Veränderung der Verhältnisse.

§ 94. Tritt in den Verhältnissen, welche für die Feststellung der Entschädigung maßgebend gewesen sind, eine wesentliche Veränderung ein, so kann eine anderweite Feststellung erfolgen.

Nach Ablauf von zwei Jahren von der Rechtskraft des Bescheids oder der Entscheidung ab, durch welche die Entschädigung zuerst endgültig festgestellt worden ist, darf wegen einer im Zustande des Verletzten eingetretenen Veränderung eine anderweite Feststellung, sofern nicht zwischen der Berufsgenossenschaft und dem Empfangsberechtigten über einen kürzeren Zeitraum ausdrückliches Einverständniß erzielt ist, nur in Zeiträumen von mindestens einem Jahre beantragt oder vorgenommen werden.

Die anderweite Feststellung erfolgt innerhalb der ersten fünf Jahre von der Rechtskraft der erwähnten Bescheide oder Entscheidungen ab auf Antrag oder von Amtswegen durch Bescheid der Berufsgenossenschaft, später, sofern nicht über die anderweite Feststellung zwischen der Berufsgenossenschaft und dem Empfangsberechtigten ausdrückliches Einverständniß erzielt ist, nur auf Antrag durch Entscheidung des Schiedsgerichts.

Zu dem Antrag auf Wiederaufnahme eines Heilverfahrens ist neben dem Verletzten auch die Krankenkasse, der er angehört, berechtigt.

§ 95. Wird innerhalb der ersten fünf Jahre ein neuer Bescheid erlassen, bevor die frühere Entscheidung über die Höhe der Entschädigung die Rechtskraft erlangt hat, so muß die Rechtsmittelbelehrung in dem die Rente abändernden Bescheide darauf hinweisen, daß durch das gegen den früheren Bescheid eingelegte Rechtsmittel der Eintritt der Rechtskraft des neuen Bescheids nicht gehemmt wird. Abschrift des neuen Bescheids ist derjenigen Stelle, bei welcher das Verfahren über den älteren Bescheid schwebt, mitzutheilen. Diese ist berechtigt, bei Entscheidung der älteren Sache darüber zu befinden, welche Entschädigung für die Zeit nach Erlaß des neuen Bescheids zu gewähren ist. Ein in Folge der Anfechtung des neuen Bescheids etwa eingeleitetes Verfahren ist alsdann einzustellen.

Vor einer Herabsetzung oder Aufhebung der Rente ist dem Rentenempfänger unter Mittheilung derjenigen Unterlagen, auf Grund deren die Herabsetzung oder Aufhebung erfolgen soll, Gelegenheit zur Aeußerung zu geben.

Eine Erhöhung der Rente kann nur für die Zeit nach Anmeldung des höheren Anspruchs gefordert werden.

Eine Minderung, Einstellung (§ 100) oder Aufhebung der Rente tritt mit Ablauf des Monats in Wirksamkeit, in welchem der die Veränderung aussprechende Bescheid zugestellt worden ist.

§ 96. Die anderweite Feststellung einer Rente nach Ablauf der ersten fünf Jahre kann nur für die Zeit nach Zustellung des Antrags gefordert werden. Im Uebrigen wird der Zeitpunkt, von welchem an die Erhöhung, Minderung oder Aufhebung der Rente in Kraft treten soll, in der Entscheidung des Schiedsgerichts festgesetzt. Ebenso bestimmt das Schiedsgericht, in welchen Summen und Fristen die seit dem Inkrafttreten der Rentenminderung etwa bezahlten Mehrbeträge durch Kürzung späterer Rentenbezüge zur Erstattung gelangen sollen. Das Schiedsgericht kann auf Antrag auch schon vor dieser Entscheidung im Wege der einstweiligen Verfügung anordnen, daß die fernere Rentenzahlung bis zur rechtskräftigen Entscheidung über den Antrag auf Aufhebung oder Minderung der Rente ganz oder theilweise eingestellt werde.

Auf die Entscheidungen des Schiedsgerichts finden die Bestimmungen der §§ 86 ff. über das Rechtsmittel des Rekurses entsprechende Anwendung. Gegen die im Abs. 1 Satz 2 bis 4 bezeichneten Entscheidungen und Verfügungen des Schiedsgerichts findet jedoch ein Rechtsmittel nicht statt.

Wird der Antrag auf Abänderung der Rente dem Schiedsgericht unterbreitet, bevor die frühere Entscheidung über die Höhe der Entschädigung die Rechtskraft erlangt hat, so ist die Stelle, bei welcher das frühere Verfahren anhängig ist, berechtigt, in diesem darüber zu befinden, welche Entschädigung für die Zeit nach Zustellung des Antrags auf Abänderung der Rente zu gewähren ist.

§ 97. Die anderweite Rentenfestsetzung nach Abschluß eines neuen Heilverfahrens, die Einstellung von Rentenzahlungen (§ 100) und die Ablösung einer Rente durch Kapitalzahlung (§ 101) erfolgt auch nach Ablauf des im § 94 Abs. 3 vorgesehenen Zeitraums durch Bescheid der Berufsgenossenschaft.

§ 98. Ist der Verletzte, für welchen eine Entschädigung festgestellt war, in Folge der Verletzung gestorben, so muß der Anspruch auf Gewährung einer Entschädigung für die Hinterbliebenen, falls diese Entschädigung nicht von Amtswegen festgestellt ist, bei Vermeidung des Ausschlusses, vor Ablauf von zwei Jahren nach dem Tode des Verletzten bei dem zuständigen Vorstand oder bei der für den Wohnort des Entschädigungsberechtigten zuständigen unteren Verwaltungsbehörde angemeldet werden. Nach Ablauf dieser Frist ist der Anmeldung nur dann Folge zu geben, wenn zugleich glaubhaft bescheinigt wird, daß der Entschädigungsberechtigte von der Verfolgung seines Anspruchs durch außerhalb seines Willens liegende Verhältnisse abgehalten worden ist und die Anmeldung innerhalb dreier Monate, nachdem das Hinderniß weggefallen, erfolgt ist. Im Uebrigen finden auf das Verfahren die Vorschriften der §§ 75 bis 93 entsprechende Anwendung.

Fälligkeitstermine.

§ 99. Kosten des Heilverfahrens und Sterbegelder sind binnen einer Woche nach ihrer Feststellung, Renten in monatlichen, und wenn sich der Jahresbetrag auf sechzig Mark oder weniger beläuft, in vierteljährlichen Beträgen im voraus zu zahlen, letzteres insoweit, als nicht im voraus anzunehmen ist, daß die Rente vor Ablauf des Vierteljahrs fortfällt. Die Renten werden auf volle fünf Pfennig für den Monat beziehungsweise das Vierteljahr nach oben abgerundet.

Im Einverständnisse mit dem Entschädigungsberechtigten kann die Berufsgenossenschaft anordnen, daß die Zahlung in längeren Zeitabschnitten erfolgt.

Fällt das Recht auf den Rentenbezug im Laufe des Monats, für welchen die Rente gezahlt war, fort, so ist von einer Rückforderung abzusehen. Wenn für einen Theil des Monats die Rente für den Verletzten mit der Rente für die Hinterbliebenen zusammentrifft, so haben die Hinterbliebenen den höheren Betrag zu beanspruchen.

Ein Verzicht auf die Rückforderung ist auch dann zulässig, wenn die Rente für längere Zeitabschnitte gezahlt war.

Ruhen der Rente.

§ 100. Das Recht auf Bezug der Rente ruht:

1. solange der Berechtigte eine die Dauer von einem Monat übersteigende Freiheitsstrafe verbüßt oder solange er in einem Arbeitshaus oder einer Besserungsanstalt untergebracht ist. Hat der Berechtigte im Inlande wohnende Angehörige, welche im Falle seines Todes Anspruch auf Rente haben würden, so ist diesen die Rente bis zur Höhe jenes Anspruchs zu überweisen;
2. solange der berechtigte Ausländer nicht im Inlande seinen gewöhnlichen Aufenthalt hat. Diese Bestimmung kann durch Beschluß des Bundesraths für bestimmte Grenzgebiete oder für solche auswärtige Staaten, durch deren Gesetzgebung deutschen, durch einen Betriebsunfall verletzten Arbeitern eine entsprechende Fürsorge gewährleistet ist, außer Kraft gesetzt werden;
3. solange der berechtigte Inländer im Auslande sich aufhält und es unterläßt, der Berufsgenossenschaft seinen Aufenthalt mitzutheilen.

   Das Reichs-Versicherungsamt hat über die Mittheilung des Aufenthaltsorts nähere Vorschriften zu erlassen und darin anzuordnen, daß der Rentenberechtigte sich von Zeit zu Zeit bei einem deutschen Konsul persönlich vorzustellen hat.

   Weist der Entschädigungsberechtigte nach, daß er der Vorstellungspflicht ohne sein Verschulden nicht hat genügen können, so lebt insoweit das Recht auf den Bezug der Rente wieder auf.

Kapitalabfindungen.

§ 101. Ist bei theilweiser Erwerbsunfähigkeit eine Rente von fünfzehn oder weniger Prozent der Vollrente festgestellt, so kann nach Anhörung der unteren Verwaltungsbehörde die Berufsgenossenschaft den Entschädigungsberechtigten auf seinen Antrag durch eine entsprechende Kapitalzahlung abfinden. Der Verletzte muß vor Annahme seines Antrags darüber belehrt werden, daß er nach der Abfindung auch in dem Falle keinerlei Anspruch auf Rente mehr habe, wenn sein Zustand sich erheblich verschlechtern würde. Gegen den Bescheid, durch welchen die Kapitalabfindung festgesetzt wird, ist Berufung (§ 82) zulässig. Das Rechtsmittel hat in diesem Falle aufschiebende Wirkung. Bis zur Verkündung der Entscheidung kann der Antrag zurückgezogen werden. Die Entscheidung des Schiedsgerichts ist endgültig. Sie kann nur auf Bestätigung oder auf Aufhebung des Bescheids lauten.

Ist der Entschädigungsberechtigte ein Ausländer, so kann er, falls er seinen Wohnsitz im Deutschen Reiche aufgiebt, auf seinen Antrag mit dem dreifachen Betrage der Jahresrente abgefunden werden. Durch Beschluß des Bundesraths kann diese Bestimmung für bestimmte Grenzgebiete oder für die Angehörigen solcher auswärtiger Staaten, durch deren Gesetzgebung deutschen, durch Unfall verletzten Arbeitern eine entsprechende Fürsorge gewährleistet ist, außer Kraft gesetzt werden.

Diese Bestimmungen finden auch Anwendung auf solche Renten, welche vor dem Inkrafttreten dieses Gesetzes festgestellt worden sind. Wird eine solche Abfindung im Laufe der ersten drei Jahre nach Inkrafttreten des Gesetzes ausgesprochen, so sind die Berufsgenossenschaften berechtigt, die erforderlichen Mittel aus dem angesammelten Reservefonds zu entnehmen. Dieser ist dann nach näherer Anordnung des Reichs-Versicherungsamts (§ 37 Abs. 2) wieder zu ergänzen.

Uebertragung der Ansprüche.

§ 102. Die Uebertragung der aus diesem Gesetze sich ergebenden Ansprüche sowie deren Verpfändung oder Pfändung hat nur insoweit rechtliche Wirkung, als sie erfolgt:

1. zur Deckung eines Vorschusses, welcher dem Berechtigten auf seine Ansprüche vor Anweisung der Rente oder des Sterbegeldes von dem Betriebsunternehmer oder von einem Genossenschaftsorgan oder dem Mitglied eines solchen Organs gegeben worden ist;
2. zur Deckung der im § 850 Abs. 4 der Civilprozeßordnung bezeichneten Forderungen;
3. zur Deckung von Forderungen der nach §§ 30, 32 ersatzberechtigten Gemeinden, Armenverbände und der an deren Stelle getretenen Betriebsunternehmer und Kassen, der Krankenkassen sowie der Versicherungsanstalten für Invalidenversicherung.

Die Ansprüche dürfen nur auf geschuldete Beiträge, auf gezahlte Vorschüsse, auf zu Unrecht gezahlte Entschädigungen, auf die zu erstattenden Kosten des Verfahrens, auf die vom Vorstande verhängten Geldstrafen sowie auf die im § 147 Abs. 1 bezeichneten Regreßansprüche der Berufsgenossenschaften aufgerechnet werden.

Ausnahmsweise darf der Berechtigte den Anspruch ganz oder zum Theil auf Andere übertragen, sofern dies von der unteren Verwaltungsbehörde genehmigt wird.

Auszahlungen durch die Post.

§ 103. Die Auszahlung der auf Grund dieses Gesetzes zu leistenden Entschädigungen wird auf Anweisung des Genossenschaftsvorstandes vorschußweise durch die Postverwaltungen, und zwar durch diejenigen Postanstalten bewirkt, in deren Bezirke die Empfangsberechtigten ihren Wohnsitz haben.

Verlegt der Empfangsberechtigte seinen Wohnsitz, so hat er die Ueberweisung der Auszahlung der ihm zustehenden Entschädigung an die Postanstalt seines neuen Wohnorts bei dem Vorstande, von welchem die Zahlungsanweisung erlassen worden ist, oder bei der Postanstalt des bisherigen Wohnsitzes zu beantragen.

Liquidationen der Post.

§ 104. Binnen acht Wochen nach Ablauf jedes Rechnungsjahrs haben die Zentral-Postbehörden den einzelnen Genossenschaftsvorständen Nachweisungen der auf Anweisung der Vorstände geleisteten Zahlungen zuzustellen und gleichzeitig die Postkassen zu bezeichnen, an welche die zu erstattenden Beträge einzuzahlen sind.

Umlage- und Erhebungsverfahren.

§ 105. Die von den Zentral-Postverwaltungen zur Erstattung liquidirten Beträge sind von dem Genossenschaftsvorstande gleichzeitig mit den Verwaltungskosten und den etwaigen Rücklagen zum Reservefonds unter Berücksichtigung der auf Grund der §§ 59 bis 61 etwa vorliegenden Verpflichtungen oder Berechtigungen nach dem festgestellten Vertheilungsmaßstab auf die Genossenschaftsmitglieder umzulegen und von denselben einzuziehen.

§ 106. Erfolgt die Umlegung nach dem Maßstabe von Steuern (§ 57 Abs. 1), so ist der Berechnung die betreffende Steuer für denjenigen Zeitabschnitt zu Grunde zu legen, für welchen die Umlegung erfolgt.

§ 107. Werden die Beiträge nach Gefahrenklassen und Arbeitsbedarf umgelegt (§ 51), so ist die Veranlagung in die Gefahrenklasse (§ 52), im Uebrigen für Betriebsbeamte und die im § 1 Abs. 6 bezeichneten Personen eine besondere, jährlich aufzustellende Nachweisung der von denselben thatsächlich bezogenen Gehälter und Löhne (§ 108), für versicherte Betriebsunternehmer deren Jahresarbeitsverdienst (§ 11), für alle übrigen versicherten Personen die Abschätzung (§ 53) zu Grunde zu legen.

§ 108. Zu diesem Zwecke hat jedes Mitglied der Genossenschaft, welches im Laufe des verflossenen Rechnungsjahrs versicherte Betriebsbeamte oder andere Personen der im § 1 Abs. 6 bezeichneten Art beschäftigt hat, binnen sechs Wochen nach Ablauf des Rechnungsjahrs dem Genossenschaftsvorstand eine Nachweisung desjenigen Betrags einzureichen, welchen jeder von diesen Versicherten im abgelaufenen Rechnungsjahr an Gehalt oder Lohn (§ 5) thatsächlich bezogen hat oder welcher für ihn anzurechnen ist.

Für Genossenschaftsmitglieder, welche mit der rechtzeitigen Einsendung der Nachweisung im Rückstande sind, erfolgt deren Aufstellung durch den Genossenschafts- beziehungsweise Sektionsvorstand.

§ 109. Bei der Berechnung der Beiträge wird in der Art verfahren, daß für jeden Betriebsbeamten und jede andere Person der im § 1 Abs. 6 bezeichneten Art die in den Betrieben von ihnen thatsächlich bezogenen oder für sie anzurechnenden Gehälter oder Löhne (§§ 9, 12), für jeden Arbeitstag eines Arbeiters der dreihundertste Theil des nach § 10 für den Sitz des Betriebs ermittelten durchschnittlichen Jahresarbeitsverdienstes für erwachsene männliche Arbeiter, für jeden versicherten Betriebsunternehmer derselbe Jahresarbeitsverdienst, sofern nicht durch das Statut hiervon abweichende Bestimmungen getroffen sind, in Ansatz gebracht wird. Dabei ist der die Höhe von fünfzehnhundert Mark übersteigende Betrag des Jahresarbeitsverdienstes nur mit einem Drittel zur Anrechnung zu bringen.

§ 110. Auf dieser Grundlage wird von dem Genossenschaftsvorstand unter Berücksichtigung der gemäß § 53 Abs. 4 erlassenen Bestimmungen der Beitrag berechnet, welcher auf jeden Unternehmer zur Deckung des Gesammtbedarfs entfällt, und die Heberolle aufgestellt.

Den Gemeindebehörden sind bezüglich der dem Gemeindebezirk angehörenden Genossenschaftsmitglieder Auszüge aus der Heberolle mit der Aufforderung zuzustellen, die Beiträge unter Verrechnung der nach § 35 erhobenen Vorschüsse einzuziehen und in ganzer Summe binnen vier Wochen an den Genossenschaftsvorstand einzusenden. Die Gemeindebehörden haben hierfür von der Berufsgenossenschaft eine Vergütung zu beanspruchen, deren Höhe von den Landes-Zentralbehörden festzusetzen ist.

Die Gemeinde haftet für diejenigen Beiträge, bei denen sie den wirklichen Ausfall oder die fruchtlos erfolgte Zwangsvollstreckung nicht nachweisen kann, und muß sie vorschußweise mit einsenden.

§ 111. Der Auszug aus der Heberolle (§ 110) muß diejenigen Angaben enthalten, welche die Zahlungspflichtigen in den Stand setzen, die Richtigkeit der angestellten Beitragsberechnung zu prüfen. Die Gemeindebehörde hat den Auszug während zweier Wochen zur Einsicht der Betheiligten auszulegen und den Beginn dieser Frist auf ortsübliche Weise bekannt zu machen.

Binnen einer weiteren Frist von zwei Wochen kann der Betriebsunternehmer, unbeschadet der Verpflichtung zur vorläufigen Zahlung, gegen die Beitragsberechnung bei dem Genossenschaftsvorstande Widerspruch erheben. Durch diesen Widerspruch kann die nach §§ 52, 53 erfolgte Veranlagung und Abschätzung nicht angefochten werden. Auf das weitere Verfahren finden die Vorschriften des § 55 Abs. 3 und 4 entsprechende Anwendung.

Tritt in Folge des erhobenen Widerspruchs oder der erhobenen Beschwerde eine Herabminderung des Beitrags ein, so ist der Ausfall bei dem Umlageverfahren des nächsten Rechnungsjahrs zu decken.

Ergiebt sich nachträglich, daß ein ohne Widerspruch (Abs. 2) bezahlter Beitrag zu Unrecht oder in zu hohem Betrag erhoben worden ist, so kann die Rückerstattung auf dem im Abs. 2 bezeichneten Wege verlangt werden. Der Anspruch verjährt in sechs Monaten nach Ablauf der Frist für die Auslegung der Heberolle (Abs. 1).

§ 112. Nach der Zustellung des Auszugs aus der Heberolle ist die Genossenschaft zu einer anderweiten Feststellung des Beitrags befugt, wenn die Veranlagung des Betriebs oder die Abschätzung seines Arbeitsbedarfs gemäß § 55 Abs. 6 nachträglich abgeändert oder eine im Laufe des Rechnungsjahrs eingetretene Aenderung des Betriebs nachträglich bekannt wird oder die Unrichtigkeit einer Lohnnachweisung sich ergiebt.

Sind in solchen Fällen oder in Folge unterlassener Anmeldung der Eröffnung eines neuen Betriebs schon in früheren Rechnungsjahren der Genossenschaft Beiträge, auf die sie Anspruch hatte, entgangen, so hat der Unternehmer den Fehlbetrag, soweit nicht Verjährung eingetreten ist (§ 113), nachträglich zu entrichten.

Bei der erneuten oder nachträglichen Feststellung des Beitrags ist ebenso zu verfahren, wie bei der erstmaligen Feststellung.

§ 113. Rückständige Beiträge, Vorschüsse auf die Beiträge (§ 35) sowie die Kautionsbeträge (§ 38 Ziffer 8) werden in derselben Weise beigetrieben wie Gemeindeabgaben.

Der Anspruch auf rückständige Beiträge verjährt, soweit nicht eine absichtliche Hinterziehung vorliegt, in zwei Jahren nach Ablauf des Kalenderjahrs, in welchem sie hätten gezahlt werden müssen.

Uneinziehbare Beiträge fallen der Gesammtheit der Berufsgenossen zur Last. Sie sind der Gemeinde, welche sie vorgeschossen hat (§ 110 Abs. 3), zu erstatten, vorschußweise aus dem Betriebsfonds oder erforderlichen Falles aus dem Rerservefonds der Berufsgenossenschaft zu decken und bei dem Umlageverfahren des nächsten Rechnungsjahrs zu berücksichtigen

Abführung der Beträge an die Postkassen.

§ 114. Die Genossenschaftsvorstände haben die von den Zentral-Postbehörden liquidirten Beträge innerhalb dreier Monate nach Empfang der Liquidationen an die ihnen bezeichneten Postkassen abzuführen.

Gegen Genossenschaften, welche mit der Erstattung der Beträge im Rückstande bleiben, ist auf Antrag der Zentral-Postbehörden von dem Reichs-Versicherungsamte, vorbehaltlich der Bestimmungen der §§ 64, 144, 145, das Zwangsbeitreibungsverfahren einzuleiten.

Das Reichs-Versicherungsamt ist befugt, zur Deckung der Ansprüche der Postverwaltungen zunächst über bereite Bestände der Genossenschaftskassen zu verfügen. Soweit diese nicht ausreichen, hat dasselbe das Beitreibungsverfahren gegen die Mitglieder der Genossenschaft einzuleiten und bis zur Deckung der Rückstände durchzuführen.

Vermögensverwaltung.

§ 115. Die Einnahmen und Ausgaben der Berufsgenossenschaften sind von allen den Zwecken der letzteren fremden Vereinnahmungen und Verausgabungen gesondert festzustellen und zu verrechnen, ebenso die Bestände gesondert zu verwahren.

Das Reichs-Versicherungsamt trifft, soweit die Verwaltung der Genossenschaft nicht Organen der Selbstverwaltung oder staatlichen Behörden übertragen ist (§ 42 Abs. 3, § 141), nach Bedarf Bestimmung über die Aufbewahrung von Werthpapieren.

§ 116. Die Bestände der Berufsgenossenschaften müssen in der durch §§ 1806 bis 1808 des Bürgerlichen Gesetzbuchs bezeichneten Weise angelegt werden.

Außerdem dürfen dieselben in Werthpapieren, welche nach landesgesetzlichen Vorschriften zur Anlegung von Mündelgeldern zugelassen sind, sowie in solchen auf den Inhaber lautenden Pfandbriefen deutscher Hypotheken-Aktienbanken angelegt werden, welche die Reichsbank in Klasse I beleiht.

§ 117. Die Landes-Zentralbehörde desjenigen Bundesstaats, in dessen Gebiete die Berufsgenossenschaft ihren Sitz hat, kann genehmigen, daß die Bestände der Berufsgenossenschaft auch in Darlehen an Gemeinden und weitere Kommunalverbände angelegt werden; sie kann ferner anordnen, daß bei der Anlegung des Genossenschaftsvermögens einzelne Gattungen zinstragender Papiere nur zu einem näher zu bestimmenden Betrag erworben werden dürfen. Erstreckt sich der Bezirk der Genossenschaft auf Gebiete oder Gebietstheile mehrerer Bundesstaaten, so bedarf es der Zustimmung der Zentralbehörden dieser Bundesstaaten oder, sofern ein Einverständniß nicht erzielt wird, der Zustimmung des Bundesraths.

Die Landes-Zentralbehörde desjenigen Bundesstaats, in dessen Gebiete die Berufsgenossenschaft ihren Sitz hat, kann widerruflich gestatten, daß zeitweilig verfügbare baare Bestände auch in anderer als der im § 116 bezeichneten Weise vorübergehend angelegt werden.

§ 118. Die Berufsgenossenschaften können mit Genehmigung des Reichs-Versicherungsamts einen Theil ihres Vermögens in anderer als der nach §§ 116, 117 zulässigen Weise, insbesondere in Grundstücken anlegen. Will eine Genossenschaft mehr als den vierten Theil ihres Vermögens in dieser Weise anlegen, so bedarf sie dazu außerdem, sofern sie der Aufsicht eines Landes-Versicherungsamts unterstellt ist, der Genehmigung der Landes-Zentralbehörde, im Uebrigen der Genehmigung des Bundesraths. Eine solche Anlage ist jedoch nur in Werthpapieren, oder für die Zwecke der Verwaltung, zur Vermeidung von Vermögensverlusten für die Genossenschaft, oder für solche Veranstaltungen zulässig, welche ausschließlich oder überwiegend der versicherungspflichtigen Bevölkerung zu gute kommen Mehr als die Hälfte ihres Vermögens darf jedoch eine Berufsgenossenschaft in der bezeichneten Weise nicht anlegen.

§ 119. Ueber die gesammten Rechnungsergebnisse eines Rechnungsjahrs ist nach Abschluß desselben alljährlich dem Reichstag eine vom Reichs-Versicherungsamt aufzustellende Nachweisung vorzulegen.

Das Rechnungsjahr beginnt mit dem 1. Januar und endet mit dem 31. Dezember.

V. Unfallverhütung. Ueberwachung der Betriebe.

Unfallverhütungsvorschriften.

§ 120. Die Genossenschaften sind befugt und auf Verlangen des Reichs-Versicherungsamts verpflichtet, für den Umfang des Genossenschaftsbezirkes Vorschriften zu erlassen:

1. über die von den Mitgliedern zur Verhütung von Unfällen in ihren Betrieben zu treffenden Einrichtungen und Anordnungen unter Bedrohung der Zuwiderhandelnden mit Geldstrafe bis zu eintausend Mark oder mit der Einschätzung ihrer Betriebe in eine höhere Gefahrenklasse oder, falls sich die letzteren bereits in der höchsten Gefahrenklasse befinden oder ein Gefahrentarif nicht aufgestellt ist, mit Zuschlägen bis zum doppelten Betrag ihrer Beiträge.

   Für die Herstellung der vorgeschriebenen Einrichtungen ist den Mitgliedern eine angemessene Frist zu bewilligen;

2. über das in den Betrieben von den Versicherten zur Verhütung von Unfällen zu beobachtende Verhalten unter Bedrohung der Zuwiderhandelnden mit Geldstrafen bis zu sechs Mark.

Die Genossenschaften sind außerdem befugt, solche Vorschriften für bestimmt abzugrenzende Bezirke oder für bestimmte Betriebszweige oder Betriebsarten zu erlassen.

In den Unfallverhütungsvorschriften ist anzugeben, in welcher Art die Vorschriften zur Kenntniß der Versicherten zu bringen sind.

§ 121. Die zu erlassenden Vorschriften sind vor der Beschlußfassung dem Reichs-Versicherungsamt einzureichen und, sofern die Genossenschaft in Sektionen eingetheilt ist, den Vorständen derjenigen Sektionen, für welche sie Gültigkeit haben sollen, zur Begutachtung vorzulegen.

Zu der Berathung und Beschlußfassung über diese Vorschriften haben die Genossenschaftsvorstände Vertreter der Arbeiter mit vollem Stimmrecht und in gleicher Zahl, wie die betheiligten Vorstandsmitglieder, zuzuziehen.

Das Reichs-Versicherungsamt ist zu der vom Genossenschaftsvorstand anberaumten Sitzung, in welcher über die von der Genossenschaft zu erlassenden Vorschriften berathen und Beschluß gefaßt werden soll, einzuladen.

Sollen die von der Genossenschaft zu erlassenden Vorschriften nur für den Bezirk einzelner Sektionen Gültigkeit haben, so sind zur Begutachtung durch die Sektionsvorstände auch Vertreter der Arbeiter gemäß Abs. 2 zuzuziehen.

Mit der Einladung zu der zur Begutachtung oder zur Berathung und Beschlußfassung anberaumten Sitzung ist den Vertretern der Arbeiter der Entwurf der Vorschriften zuzustellen, welcher der Begutachtung oder der Berathung und Beschlußfassung unterliegen soll.

§ 122. Die Vertreter der Arbeiter werden aus den dem Arbeiterstand angehörenden land- und forstwirthschaftlichen Beisitzern der im Bezirke der Genossenschaft errichteten Schiedsgerichte durch das in einer Sitzung des Vorstandes durch den Vorsitzenden zu ziehende Loos berufen und erhalten Ersatz für Reisekosten und entgangenen Arbeitsverdienst nach den durch das Genossenschaftsstatut zu bestimmenden Sätzen. Die Festsetzung erfolgt durch den Vorsitzenden.

Wird die Verwaltung der Berufsgenossenschaft durch Organe der Selbstverwaltung oder durch staatliche Behörden geführt (§ 42 Abs. 3, § 141), so sind Vertreter der Arbeitgeber und Vertreter der Arbeiter in gleicher Zahl zuzuziehen. Die Vertreter der Arbeitgeber werden aus dem Stande der Arbeitgeber angehörenden land- und forstwirthschaftlichen Beisitzern der im Abs. 1 bezeichneten Schiedsgerichte durch das in einer Sitzung des Organs der Selbstverwaltung oder der Behörde durch den Vorsitzenden zu ziehende Loos berufen; im Uebrigen finden die Bestimmungen des Abs. 1 entsprechende Anwendung.

Die Berufung der Vertreter erfolgt auf fünf Jahre; die erste Periode endet am 1. Januar 1906. Für jeden Vertreter sind ein erster und ein zweiter Ersatzmann zu wählen, die denselben in Behinderungsfällen zu ersetzen und im Falle des Ausscheidens für den Rest der Periode in der Reihenfolge ihrer Berufung einzutreten haben. Die Bestimmung des § 49 findet entsprechende Anwendung.

§ 123. Die Unfallverhütungsvorschriften bedürfen der Genehmigung des Reichs-Versicherungsamts.

Das Reichs-Versicherungsamt kann anordnen, daß vor der Genehmigung, soweit dies nicht gemäß § 121 Abs. 4 schon geschehen ist, zur Begutachtung der Vorschriften oder einzelner Theile derselben durch die Sektionsvorstände auch die Vertreter der Arbeiter zuzuziehen sind.

Wenn durch Beschluß der Genossenschaftsversammlung (§ 38 Ziffer 11) die gemäß § 121 Abs. 2 vom Vorstand und den Vertretern der Arbeiter gefaßten Beschlüsse abgeändert worden sind, so hat das Reichs-Versicherungsamt zu bestimmen, ob die Vorschriften vor deren Genehmigung einer nochmaligen Berathung und Beschlußfassung (§ 121 Abs. 2) seitens des Vorstandes und der Vertreter der Arbeiter zu unterwerfen sind. Wenn das Reichs-Versicherungsamt seine Genehmigung von der Abänderung der beschlossenen Vorschriften abhängig macht, so hat es gleichfalls zu bestimmen, ob zur Berathung und Beschlußfassung (§ 121 Abs. 2) über die erforderliche Abänderung die Vertreter der Arbeiter zuzuziehen sind.

Dem Antrag auf Genehmigung ist das über die Verhandlungen bei den Vorständen aufgenommene Protokoll, aus welchem die Abstimmung der Vertreter der Arbeiter ersichtlich sein muß, sowie die gutachtliche Aeußerung der Vorstände derjenigen Sektionen, für welche die Vorschriften Gültigkeit haben sollen, beizufügen. Vor der Genehmigung ist den Landes-Zentralbehörden derjenigen Bundesstaaten, auf deren Gebiete sich die Vorschriften erstrecken sollen, Gelegenheit zu einer Aeußerung zu geben.

Die genehmigten Vorschriften sind den höheren Verwaltungsbehörden, auf deren Bezirke dieselben sich erstrecken, durch den Genossenschaftsvorstand mitzutheilen.

§ 124. Die Festsetzung der im § 120 Abs. 1 Ziffer 1 vorgesehenen Geldstrafen sowie die höhere Einschätzung des Betriebs und die Festsetzung von Zuschlägen erfolgt durch den Vorstand der Genossenschaft, die Festsetzung der im § 120 Abs. 1 Ziffer 2 vorgesehenen Geldstrafen durch den Vorstand der Betriebs-Krankenkasse, oder, wenn eine solche für den Betrieb nicht errichtet ist, durch die Ortspolizeibehörde. Gegen die Verfügung findet innerhalb zweier Wochen nach der Zustellung die Beschwerde statt. Ueber dieselbe entscheidet, soweit es sich um eine Verfügung des Genossenschaftsvorstandes handelt, das Reichs-Versicherungsamt, im Uebrigen die der Krankenkasse oder Ortspolizeibehörde vorgesetzte Aufsichtsbehörde.

§ 125. Die von den Landesbehörden für bestimmte Betriebsarten zur Verhütung von Unfällen zu erlassenden Anordnungen sollen, sofern nicht Gefahr im Verzug ist, den betheiligten Genossenschaftsvorständen oder Sektionsvorständen zur Begutachtung nach Maßgabe des § 123 Abs. 4 vorher mitgetheilt werden. Dabei finden § 121 Abs. 2, § 122 entsprechende Anwendung.

Die Polizeibehörden sind verpflichtet, von den zur Verhütung von Unfällen getroffenen Anordnungen derjenigen Genossenschaft, welcher der betheiligte Betrieb angehört, Kenntniß zu geben.

Ueberwachung der Betriebe.

§ 126. Die Genossenschaften sind verpflichtet, für die Durchführung der gemäß § 120 erlassenen Unfallverhütungsvorschriften Sorge zu tragen. Sie sind befugt, durch technische Aufsichtsbeamte die Befolgung der zur Verhütung von Unfällen erlassenen Vorschriften zu überwachen und von den Einrichtungen der Betriebe, soweit sie für die Zugehörigkeit zur Genossenschaft oder für die Einschätzung in den Gefahrentarif von Bedeutung sind, Kenntniß zu nehmen. Sie sind ferner befugt, durch Rechnungsbeamte behufs Prüfung der von den Betriebsunternehmern auf Grund gesetzlicher oder statutarischer Bestimmungen eingereichten Arbeiter- und Lohnnachweisungen diejenigen Geschäftsbücher und Listen einzusehen, aus welchen die Zahl der beschäftigten Arbeiter und Beamten und die Beträge der verdienten Löhne und Gehälter ersichtlich werden.

Die Funktionen des technischen Aufsichtsbeamten und des Rechnungsbeamten können mit Genehmigung des Reichs-Versicherungsamts in einer Person vereinigt werden.

Die Betriebsunternehmer sind verpflichtet, den als solchen legitimirten technischen Aufsichtsbeamten der betheiligten Genossenschaft auf Erfordern den Zutritt zu ihren Betriebsstätten während der Betriebszeit zu gestatten und den Rechnungsbeamten die bezeichneten Bücher und Listen an Ort und Stelle zur Einsicht vorzulegen. Sie können hierzu, vorbehaltlich der Bestimmungen des § 127, auf Antrag der technischen Aufsichtsbeamten oder der Rechnungsbeamten von der unteren Verwaltungsbehörde durch Geldstrafen im Betrage bis zu dreihundert Mark angehalten werden.

§ 127. Befürchtet der Betriebsunternehmer die Verletzung eines Betriebsgeheimnisses oder die Schädigung seiner Geschäftsinteressen in Folge der Besichtigung des Betriebs durch den technischen Aufsichtsbeamten der Genossenschaft, so kann derselbe die Besichtigung durch andere Sachverständige beanspruchen. In diesem Falle hat er dem Genossenschaftsvorstande, sobald er den Namen des technischen Aufsichtsbeamten erfährt, eine entsprechende Mittheilung zu machen und einige geeignete Personen zu bezeichnen, welche auf seine Kosten die erforderliche Einsicht in den Betrieb zu nehmen und dem Vorstande die für die Zwecke der Genossenschaft nothwendige Auskunft über die Betriebseinrichtungen zu geben bereit sind. In Ermangelung einer Verständigung zwischen dem Betriebsunternehmer und dem Vorstand entscheidet auf Anrufen des letzteren das Reichs-Versicherungsamt.

§ 128. Die Mitglieder der Vorstände der Genossenschaften sowie deren technische Aufsichtsbeamte, Rechnungsbeamte (§§ 126, 127) und die nach § 127 ernannten Sachverständigen haben über die Thatsachen, welche durch die Ueberwachung und Kontrole der Betriebe zu ihrer Kenntniß kommen, Verschwiegenheit zu beobachten und sich der Nachahmung der von den Betriebsunternehmern geheim gehaltenen, zu ihrer Kenntniß gelangten Betriebseinrichtungen und Betriebsweisen, solange als diese Betriebsgeheimnisse sind, zu enthalten. Die technischen Aufsichtsbeamten der Genossenschaften, die Rechnungsbeamten und Sachverständigen sind hierauf von der unteren Verwaltungsbehörde ihres Wohnorts zu beeidigen.

§ 129. Namen und Wohnsitz der technischen Aufsichtsbeamten sind von dem Genossenschaftsvorstande den höheren Verwaltungsbehörden, auf deren Bezirke sich ihre Thätigkeit erstreckt, anzuzeigen.

Die Genossenschaften sind verpflichtet, über die Ueberwachungsthätigkeit der technischen Aufsichtsbeamten und deren Ergebnisse dem Reichs-Versicherungsamte Bericht zu erstatten und, soweit sich die Ueberwachungsthätigkeit auf Nebenbetriebe (§ 1 Abs. 2, 3) erstreckt, den nach Maßgabe des § 139 b der Gewerbeordnung bestellten staatlichen Aufsichtsbeamten auf Ersuchen Mittheilung zu machen.

§ 130. Die durch die Ueberwachung und Kontrole der Betriebe entstehenden Kosten gehören zu den Verwaltungskosten der Genossenschaft.

Wenn ein Betriebsunternehmer durch Nichterfüllung der ihm obliegenden Verpflichtungen zur Aufwendung solcher Kosten Anlaß gegeben hat, so kann der Vorstand diese Kosten, soweit sie in baaren Auslagen bestehen, dem Betriebsunternehmer auferlegen und gegen denselben außerdem eine Geldstrafe bis zu einhundert Mark verhängen.

Gegen die Auferlegung dieser Kosten und Geldstrafen findet innerhalb zweier Wochen nach Zustellung des Beschlusses die Beschwerde an das Reichs-Versicherungsamt statt. Die Beitreibung erfolgt in derselben Weise wie bei Gemeindeabgaben.

VI. Beaufsichtigung der Berufsgenossenschaften.

§ 131. Die Genossenschaften unterliegen in Bezug auf die Befolgung dieses Gesetzes der Beaufsichtigung durch das Reichs-Versicherungsamt. Die Aufsicht hat sich auf die Beobachtung der gesetzlichen und statutarischen Vorschriften zu erstrecken.

Das Reichs-Versicherungsamt ist befugt, jederzeit eine Prüfung der Geschäftsführung der Genossenschaften vorzunehmen.

Die Vorstandsmitglieder, Vertrauensmänner und Beamten der Genossenschaften sind auf Erfordern des Reichs-Versicherungsamts zur Vorlegung ihrer Bücher, Beläge und ihrer auf den Inhalt der Bücher bezüglichen Korrespondenzen sowie der auf die Festsetzungen der Entschädigungen und Jahresbeiträge bezüglichen Schriftstücke an die Beauftragten des Reichs-Versicherungsamts oder an das letztere selbst verpflichtet. Dieselben können hierzu durch Geldstrafen bis zu eintausend Mark angehalten werden.

Der Aufsicht des Reichs-Versicherungsamts unterstehen ferner die von den Berufsgenossenschaften errichteten oder unterhaltenen Heilanstalten. Das Reichsversicherungsamt kann zu den zum Zwecke der Aufsicht stattfindenden Revisionen Vertreter der Berufsgenossenschaften und der Arbeiter zuziehen.

§ 132. Das Reichs-Versicherungsamt entscheidet, unbeschadet der Rechte Dritter, über Streitigkeiten, welche sich auf die Rechte und Pflichten der Inhaber der Genossenschaftsämter, auf die Auslegung der Statuten und die Gültigkeit der vollzogenen Wahlen beziehen. Dasselbe kann die Inhaber der Genossenschaftsämter zur Befolgung der gesetzlichen und statutarischen Vorschriften durch Geldstrafen bis zu eintausend Mark anhalten.

Auf die dienstlichen Verhältnisse der auf Grund des § 42 Abs. 3, § 141 mit der Verwaltung einer Berufsgenossenschaft betrauten Organe der Selbstverwaltung oder staatlichen Behörden und Beamten findet diese Vorschrift keine Anwendung.

§ 133. Ist für das Gebiet eines Bundesstaats ein Landes-Versicherungsamt errichtet, so unterliegen Berufsgenossenschaften, welche nur solche Betriebe umfassen, deren Sitz im Gebiete des betreffenden Bundesstaats belegen ist, der Beaufsichtigung durch das Landes-Versicherungsamt. In den Angelegenheiten dieser Berufsgenossenschaften gehen die in den §§ 23, 26 des Gesetzes, betreffend die Abänderung der Unfallversicherungsgesetze, sowie in den §§ 34, 37, 40, 46, 48 bis 50, 52, 55, 56, 61, 63, 64, 67, 69, 79, 86 bis 91, 101, 111, 114, 118, 120, 121, 123, 124, 126, 127, 130 bis 132, 134 dem Reichs-Versicherungsamt übertragenen Zuständigkeiten auf das Landes-Versicherungsamt über.

Soweit jedoch in den Fällen der §§ 55, 61, 63, 67, 69, 79, 88, 89, 91 eine der Aufsicht eines anderen Landes-Versicherungsamts oder des Reichs-Versicherungsamts unterstellte Berufsgenossenschaft oder eine Ausführungsbehörde eines anderen Bundesstaats mitbetheiligt ist, entscheidet das Reichs-Versicherungsamt. Das Landes-Versicherungsamt hat in solchen Fällen die Akten an das Reichs-Versicherungsamt zur Entscheidung abzugeben.

Hat das Reichs-Versicherungsamt einen Entschädigungsanspruch um deswillen abgelehnt, weil nicht der in Anspruch genommene Träger der Versicherung, sondern ein anderer Träger zur Entschädigung verpflichtet ist, so kann der Anspruch gegen den letzteren nicht mit der Begründung abgelehnt werden, daß der erstere entschädigungspflichtig sei.

Treten für eine der im Abs. 1 genannten, der Aufsicht eines Landes-Versicherungsamts unterstellten Berufsgenossenschaften die Voraussetzungen des § 64 ein, so gehen die Rechtsansprüche und Verpflichtungen auf den betreffenden Bundesstaat über.

VII. Reichs- und Staatsbetriebe.

§ 134. Für Betriebe, welche für Rechnung des Reichs oder eines Bundesstaats verwaltet werden, tritt bei Anwendung dieses Gesetzes an die Stelle der Berufsgenossenschaft das Reich beziehungsweise der Staat. Die Befugnisse und Obliegenheiten der Genossenschaftsversammlung und des Genossenschaftsvorstandes werden durch Ausführungsbehörden wahrgenommen, welche für die Heeresverwaltungen von der obersten Militärverwaltungsbehörde des Kontingents, im Uebrigen für die Reichsverwaltungen vom Reichskanzler, für die Landesverwaltungen von der Landes-Zentralbehörde zu bezeichnen sind. Dem Reichs-Versicherungsamt ist mitzutheilen, welche Behörden als Ausführungsbehörden bezeichnet worden sind.

§ 135. Soweit das Reich beziehungsweise der Staat in Gemäßheit des § 134 an die Stelle der Berufsgenossenschaft tritt, finden die §§ 33 bis 62, 65 bis 69, 80, 105 bis 113, 114 Abs. 2, 3, §§ 115 bis 118, 120 bis 132, 156 bis 161 keine Anwendung.

§ 136. Die Erstreckung der Versicherungspflicht auf Betriebsbeamte mit einem dreitausend Mark übersteigenden Jahresarbeitsverdienste (§ 4 Abs. 1) kann durch die Ausführungsvorschriften erfolgen, soweit diese Beamten nicht nach § 6 von der Anwendung dieses Gesetzes ausgeschlossen sind.

Den Ausführungsvorschriften bleibt auch die Bestimmung überlassen, ob und inwieweit die Renten nach Maßgabe des § 26 in Naturalleistungen gewährt werden sollen.

§ 137. Die Feststellung der Entschädigungen (§ 75) erfolgt durch die in den Ausführungsvorschriften zu bezeichnende Behörde.

§ 138. Vorschriften der Ausführungsbehörden über das in den Betrieben von den Versicherten zur Verhütung von Unfällen zu beobachtende Verhalten sind, sofern sie Strafbestimmungen enthalten sollen, vor dem Erlasse mindestens drei Vertretern der Arbeiter zur Berathung und gutachtlichen Aeußerung vorzulegen. Die Berathung findet unter Leitung eines Beauftragten der Ausführungsbehörde statt. Der Beauftragte darf kein unmittelbarer Vorgesetzter der Vertreter der Arbeiter sein.

§ 139. Die zur Durchführung der Bestimmungen der §§ 134 bis 138 erforderlichen Ausführungsvorschriften werden für die Heeresverwaltungen von der obersten Militärverwaltungsbehörde des Kontingents, im Uebrigen für die Reichsverwaltungen vom Reichskanzler, für die Landesverwaltungen von der Landes-Zentralbehörde erlassen.

§ 140. Die Bestimmungen der §§ 134 bis 139 finden auf Betriebe der im § 134 bezeichneten Art keine Anwendung, insoweit der Reichskanzler beziehungsweise die Landes-Zentralbehörde vor der Errichtung der Berufsgenossenschaften für den betreffenden Bezirk erklärt hat, daß solche Betriebe den Berufsgenossenschaften angehören sollen.

VIII. Landesgesetzliche Regelung.

§ 141. Soweit in einem Bundesstaate vor dem 5. Mai 1888 bezügliche Bestimmungen erlassen sind, ist die Landesgesetzgebung befugt, die Abgrenzung der Berufsgenossenschaften, deren Organisation und Verwaltung, das Verfahren bei Betriebsveränderungen, den Maßstab für die Umlegung der Beiträge und das Verfahren bei deren Umlegung und Erhebung, abweichend von den Bestimmungen der §§ 38 bis 41, 42 Abs. 1, 2 Ziffer 3, Abs. 3, §§ 43 bis 61, 67, 68, 69 Abs. 1, §§ 105 bis 113 zu regeln, sowie abweichend von den Bestimmungen dieses Gesetzes die Organe zu bezeichnen, durch welche die Verwaltung der Berufsgenossenschaften geführt wird und die in diesem Gesetze den Vorständen der letzteren übertragenen Befugnisse und Obliegenheiten wahrgenommen werden.

§ 142. Macht die Landesgesetzgebung von der Befugniß des § 141 Gebrauch, so hat dieselbe

1. über die Vertretung der Berufsgenossenschaften bei den Untersuchungsverhandlungen (§ 72),
2. über das Organ, bei welchem der Entschädigungsanspruch anzumelden ist (§ 78) und welches die Entschädigung festzustellen und hierüber den Bescheid zu ertheilen hat (§§ 75, 81),
3. über die Vermögensverwaltung der Berufsgenossenschaften (§§ 115 bis 118)

sowie darüber Bestimmung zu treffen,

4. welche Personen außer den in Gemäßheit der §§ 126, 127 ernannten technischen Aufsichtsbeamten und Sachverständigen den Bestimmungen der §§ 160, 161 unterliegen.

§ 143. Bei Abänderung des Bestandes von Berufsgenossenschaften (§ 62) tritt, falls nur solche Betriebe betheiligt sind, deren Sitz im Gebiete desselben Bundesstaats belegen ist, an die Stelle des Bundesraths die Zentralbehörde dieses Bundesstaats, sofern derselbe von der Befugniß des § 141 Gebrauch gemacht hat.

§ 144. Die Auflösung einer Berufsgenossenschaft wegen Leistungsunfähigkeit (§ 64) und die Zutheilung der zu derselben gehörenden Betriebe zu anderen Berufsgenossenschaften erfolgt durch die Landes-Zentralbehörde, wenn die aufzulösende Berufsgenossenschaft auf Grund landesgesetzlicher Bestimmungen (§ 141) gebildet ist und diejenigen Berufsgenossenschaften, welchen Betriebe der aufgelösten Berufsgenossenschaft zugetheilt werden sollen, nur solche Betriebe umfassen, deren Sitz im Gebiete des betreffenden Bundesstaats belegen ist.

In diesem Falle gehen die Rechtsansprüche und Verpflichtungen der aufgelösten Genossenschaft auf diesen Bundesstaat über.

§ 145. Soweit vor der auf Grund des § 18 des Gesetzes vom 5. Mai 1886 (Reichs-Gesetzbl. S. 132) erfolgten Errichtung der Berufsgenossenschaften durch den Bundesrath ein Bundesstaat sein Gebiet oder Theile desselben der Berufsgenossenschaft eines anderen Bundesstaats, welcher von der im § 141 eingeräumten Befugniß Gebrauch gemacht hat, mit dessen Zustimmung angeschlossen hat, gelten für die Berufsgenossenschaft die landesgesetzlichen Bestimmungen desjenigen Bundesstaats, an welchen der Anschluß erfolgt ist, falls aber auch der anschließende Bundesstaat von der Befugniß des § 141 Gebrauch gemacht hat, die Bestimmungen desjenigen Bundesstaats, in welchem sich der Sitz der Berufsgenossenschaft befindet. Der Sitz der Berufsgenossenschaft ist im letzteren Falle durch Vereinbarung der Landesregierungen zu bestimmen. Wird eine derartige Berufsgenossenschaft durch den Bundesrath wegen Leistungsunfähigkeit aufgelöst (§ 64), so gehen deren Rechtsansprüche und Verpflichtungen nach dem Maßstabe der im letzten Rechnungsjahre gezahlten Beiträge auf die betheiligten Bundesstaaten über.

Kommt eine Einigung nicht zu Stande, so entscheidet auf Anrufen der Bundesrath.

IX. Schluß- und Strafbestimmungen.

Haftpflicht der Betriebsunternehmer und Betriebsbeamten.

§ 146. Die nach Maßgabe dieses Gesetzes versicherten Personen und die §§ 17 bis 20 bezeichneten Hinterbliebenen können, auch wenn sie einen Anspruch auf Rente nicht haben, einen Anspruch auf Ersatz des in Folge eines Unfalls erlittenen Schadens gegen den Betriebsunternehmer, dessen Bevollmächtigten oder Repräsentanten, Betriebs- oder Arbeiteraufseher nur dann geltend machen, wenn durch strafgerichtliches Urtheil festgestellt worden ist, daß der in Anspruch Genommene den Unfall vorsätzlich herbeigeführt hat.

In diesem Falle beschränkt sich der Anspruch auf den Betrag, um welchen die den Berechtigten nach anderen gesetzlichen Vorschriften gebührende Entschädigung diejenige übersteigt, auf welche sie nach diesem Gesetz Anspruch haben.

Die auf gesetzlichen Bestimmungen beruhenden Ansprüche eines Verletzten auf Ersatz des in Folge des Unfalls erlittenen Schadens für die Dauer der ersten dreizehn Wochen nach dem Unfalle bleiben vorbehalten, wenn nicht durch die Landesgesetzgebung oder durch statutarische Bestimmung eine den Vorschriften der §§ 6 und 7 des Krankenversicherungsgesetzes beziehungsweise der §§ 137 ff. des Gesetzes vom 5. Mai 1886 (Reichs-Gesetzbl. S. 132) mindestens gleichkommende Fürsorge für den Verletzten und seine Angehörigen getroffen ist oder der Verletzte auf Grund des § 136 a. a. O. von der Krankenversicherungspflicht befreit ist.

Für das über einen solchen Anspruch erkennende ordentliche Gericht ist die Entscheidung bindend, welche in dem durch dieses Gesetz geordneten Verfahren über die Frage ergeht, ob ein Unfall vorliegt, für welchen aus der Unfallversicherung Entschädigung zu leisten ist und in welchem Umfang Entschädigung zu gewähren ist.

§ 147. Diejenigen Betriebsunternehmer, Bevollmächtigten oder Repräsentanten, Betriebs- oder Arbeiteraufseher, gegen welche durch strafgerichtliches Urtheil festgestellt worden ist, daß sie den Unfall vorsätzlich oder durch Fahrlässigkeit mit Außerachtlassung derjenigen Aufmerksamkeit, zu der sie vermöge ihres Amtes, Berufs oder Gewerbes besonders verpflichtet sind, herbeigeführt haben, haften für alle Aufwendungen, welche in Folge des Unfalls auf Grund dieses Gesetzes oder des Krankenversicherungsgesetzes von den Gemeinden, Armenverbänden oder von Kranken- und anderen Unterstützungskassen (§§ 27, 30 Abs. 1) gemacht worden sind. Dieselben Personen haften der Genossenschaft für deren Aufwendungen auch ohne Feststellung durch strafgerichtliches Urtheil. Ist der Unfall durch Fahrlässigkeit mit Außerachtlassung derjenigen Aufmerksamkeit, zu der sie vermöge ihres Amtes, Berufs oder Gewerbes verpflichtet sind, herbeigeführt, so ist die Genossenschaftsversammlung befugt, von der Verfolgung des Anspruchs abzusehen. Durch das Statut kann diese Befugniß auf den Vorstand übertragen werden.

In gleicher Weise haftet als Betriebsunternehmer eine Aktiengesellschaft, eine Innung oder eingetragene Genossenschaft für die durch ein Mitglied ihres Vorstandes sowie eine Handelsgesellschaft, eine Innung oder eingetragene Genossenschaft für die durch einen der Liquidatoren herbeigeführten Unfälle.

Als Ersatz für die Rente kann in diesen Fällen deren Kapitalwerth gefordert werden.

§ 148. Will der Vorstand den Ersatzanspruch aus § 147 Abs. 1 Satz 3 geltend machen, so hat er den Beschluß dem Ersatzpflichtigen schriftlich mitzutheilen. Der Ersatzpflichtige kann hiergegen die Beschlußfassung der Genossenschaftsversammlung anrufen.

Die Klage darf nicht vor Ablauf eines Monats nach der Zustellung dieser Mittheilung, und nur dann angestellt werden, wenn nicht innerhalb dieser Frist die Beschlußfassung seitens des Ersatzpflichtigen angerufen ist. Ist letzteres der Fall, so ist die Beschlußfassung der Genossenschaftsversammlung abzuwarten.

§ 149. Der Anspruch (§ 147 Abs. 1 Satz 1) verjährt in achtzehn Monaten von dem Tage, an welchem das strafgerichtliche Urtheil rechtskräftig geworden ist, im Uebrigen in zwei Jahren nach dem Unfalle. Die Anrufung der Beschlußfassung der Genossenschaftsversammlung (§ 148 Abs. 1) unterbricht die Verjährung.

Die Bestimmung des § 146 Abs. 4 findet Anwendung.

§ 150. Die in den §§ 146, 147 bezeichneten Ansprüche können, auch ohne daß die daselbst vorgesehene Feststellung durch strafgerichtliches Urtheil stattgefunden hat, geltend gemacht werden, falls diese Feststellung wegen des Todes oder der Abwesenheit des Betreffenden oder aus einem anderen in seiner Person liegenden Grunde nicht erfolgen kann.

Haftung Dritter.

§ 151. Die Haftung dritter, in den §§ 146, 147 nicht bezeichneter Personen bestimmt sich nach den sonstigen gesetzlichen Vorschriften. Insoweit den nach Maßgabe dieses Gesetzes entschädigungsberechtigten Personen ein gesetzlicher Anspruch auf Ersatz des ihnen durch den Unfall entstandenen Schadens gegen Dritte erwachsen ist, geht dieser Anspruch auf die Berufsgenossenschaft im Umfang ihrer durch dieses Gesetz begründeten Entschädigungspflicht über.

Verbot vertragsmäßiger Beschränkungen.

§ 152. Den Berufsgenossenschaften sowie den Betriebsunternehmern und ihren Angestellten ist untersagt, durch Uebereinkunft oder mittelst Arbeitsordnungen die Anwendung der Bestimmungen dieses Gesetzes zum Nachtheile der Versicherten ganz oder theilweise auszuschließen oder die Versicherten in der Uebernahme oder Ausübung eines in Gemäßheit dieses Gesetzes ihnen übertragenen Ehrenamts zu beschränken. Vertragsbestimmungen, welche diesem Verbote zuwiderlaufen, haben keine rechtliche Wirkung.

Betriebsunternehmer oder Angestellte, welche gegen die vorstehende Bestimmung verstoßen, werden, sofern nicht nach anderen gesetzlichen Vorschriften eine härtere Strafe eintritt, mit Geldstrafe bis zu dreihundert Mark oder mit Haft bestraft.

Die gleiche Strafe trifft Betriebsunternehmer oder Angestellte, welche Beiträge zur Unfallversicherung den Versicherten ganz oder theilweise auf den Lohn in Anrechnung bringen oder eine solche Anrechnung wissentlich bewirken.

Unbehinderte Ausübung der Funktionen.

§ 153. Die Vertreter der Arbeiter (§§ 121 bis 123) und die Schiedsgerichtsbeisitzer aus der Klasse der Versicherten (Gesetz, betreffend die Abänderung der Unfallversicherungsgesetze, §§ 4, 5, 7) haben in jedem Falle, in welchem sie zur Wahrnehmung ihrer Obliegenheiten berufen werden, die Arbeitgeber hiervon in Kenntniß zu setzen. Die Nichtleistung der Arbeit während der Zeit, in welcher die bezeichneten Personen durch die Wahrnehmung jener Obliegenheiten an der Arbeit verhindert sind, berechtigt den Arbeitgeber nicht, das Arbeitsverhältniß vor dem Ablaufe der vertragsmäßigen Dauer aufzuheben.

Rechtshülfe.

§ 154. Die öffentlichen Behörden sind verpflichtet, den im Vollzuge dieses Gesetzes an sie ergehenden Ersuchen des Reichs-Versicherungsamts, der Landes-Versicherungsämter, der Schiedsgerichte, anderer öffentlicher Behörden sowie der Genossenschafts- und Sektionsvorstände zu entsprechen und den Organen der Berufsgenossenschaften auch unaufgefordert alle Mittheilungen zukommen zu lassen, welche für deren Geschäftsbetrieb von Wichtigkeit sind. Die gleiche Verpflichtung liegt den Organen der Genossenschaften gegen einander und gegenüber den Behörden sowie den Organen der Versicherungsanstalten für Invalidenversicherung und der Krankenkassen ob. Die Verpflichtung der Behörden erstreckt sich insbesondere auch auf die Vollstreckung rechtskräftiger Bescheide und Erkenntnisse.

Die durch die Erfüllung dieser Verpflichtungen entstehenden Kosten sind von den Genossenschaften als eigene Verwaltungskosten (§ 34) insoweit zu erstatten, als sie in Tagegeldern und Reisekosten sowie in Gebühren für Zeugen und Sachverständige oder in sonstigen baaren Auslagen bestehen.

Gebühren- und Stempelfreiheit.

§ 155. Alle zur Begründung und Abwickelung der Rechtsverhältnisse zwischen den Berufsgenossenschaften einerseits und den Versicherten andererseits erforderlichen schiedsgerichtlichen und außergerichtlichen Verhandlungen und Urkunden sind gebühren- und stempelfrei. Dasselbe gilt für die im § 44 Abs. 3 bezeichneten Legitimationsbescheinigungen, für die behufs Vertretung von Berufsgenossen aufgestellten privatschriftlichen Vollmachten und für die im § 29 bezeichneten Streitigkeiten.

Strafbestimmungen.

§ 156. Betriebsunternehmer können von dem Genossenschaftsvorstande mit Geldstrafen bis zu fünfhundert Mark belegt werden, wenn die von ihnen in Gemäßheit des § 54 Abs. 2, § 56 ertheilte Auskunft oder die in Gemäßheit der §§ 68, 69 erstattete Anzeige oder Anmeldung, imgleichen wenn die von ihnen in Gemäßheit der §§ 80, 108 eingereichten Gehalts- oder Lohnnachweisungen oder die den zuständigen Genossenschaftsorganen behufs Veranlagung der Betriebe zu den Klassen des Gefahrentarifs abgegebenen Erklärungen thatsächliche Angaben enthalten, deren Unrichtigkeit ihnen bekannt war oder bei Anwendung angemessener Sorgfalt nicht entgehen konnte.

§ 157. Betriebsunternehmer, welche der ihnen obliegenden Verpflichtung zur Ertheilung von Auskunft in den Fällen des § 54 Abs. 2, § 56, zur Anzeige oder Anmeldung in den Fällen der §§ 68, 69, zur Einreichung der Gehalts- oder Lohnnachweisungen in den Fällen der §§ 80, 108 oder zur Erfüllung der für Betriebseinstellungen und für einen Wechsel des Betriebsunternehmers gegebenen statutarischen Vorschriften (§ 38 Ziffer 8) nicht rechtzeitig nachkommen, können von dem Genossenschaftsvorstande mit Geldstrafen bis zu dreihundert Mark belegt werden.

Die gleiche Strafe kann, wenn die Anzeige eines Unfalls nicht rechtzeitig in Gemäßheit des § 70 erfolgt ist, gegen denjenigen verhängt werden, welcher zu der Anzeige verpflichtet war.

§ 158. Die Strafvorschriften der §§ 156, 157 finden auch gegen die gesetzlichen Vertreter handlungsunfähiger Betriebsunternehmer, desgleichen gegen die Mitglieder des Vorstandes einer Aktiengesellschaft, Innung oder eingetragenen Genossenschaft sowie gegen die Liquidatoren einer Handelsgesellschaft, Innung oder eingetragenen Genossenschaft Anwendung.

§ 159. Gegen Straffestsetzungen des Genossenschaftsvorstandes steht den Betheiligten innerhalb zweier Wochen nach der Zustellung die Beschwerde zu. Ueber dieselbe entscheidet, vorbehaltlich der Bestimmungen der §§ 124, 130 Abs. 3, diejenige Behörde, welche von der für den Sitz des Betriebs zuständigen Landes-Zentralbehörde bestimmt ist.

§ 160. Die Mitglieder der Vorstände der Genossenschaften und die Mitglieder der Genossenschaftsausschüsse zur Entscheidung über Beschwerden (§ 38 Ziffer 3), imgleichen die in Gemäßheit der §§ 126, 127 ernannten technischen Aufsichtsbeamten und Sachverständigen sowie die Beisitzer der Schiedsgerichte (§ 9 des Gesetzes, betreffend die Abänderung der Unfallversicherungsgesetze,) werden, wenn sie unbefugt Betriebsgeheimnisse offenbaren, welche kraft ihres Amtes oder Auftrags zu ihrer Kenntniß gelangt sind, mit Geldstrafe bis zu eintausendfünfhundert Mark oder mit Gefängniß bis zu drei Monaten bestraft.

Die Verfolgung tritt nur auf Antrag des Betriebsunternehmers ein.

§ 161. Die im § 160 bezeichneten Personen werden mit Gefängniß, neben welchem auf Verlust der bürgerlichen Ehrenrechte erkannt werden kann, bestraft, wenn sie absichtlich zum Nachtheile der Betriebsunternehmer Betriebsgeheimnisse, welche kraft ihres Amtes oder Auftrags zu ihrer Kenntniß gelangt sind, offenbaren, oder geheim gehaltene Betriebseinrichtungen oder Betriebsweisen, welche kraft ihres Amtes oder

Auftrags zu ihrer Kenntniß gelangt sind, solange als diese Betriebsgeheimnisse sind, nachahmen.

Thun sie dies, um sich oder einem Anderen einen Vermögensvortheil zu verschaffen, so kann neben der Gefängnißstrafe auf Geldstrafe bis zu dreitausend Mark erkannt werden.

Zuständige Landesbehörden.

§ 162. Die Zentralbehörden der Bundesstaaten bestimmen, von welchen Staatsbehörden, Gemeindevertretungen oder, wo solche nicht bestehen, Gemeindebehörden die in diesem Gesetze den höheren Verwaltungsbehörden, den unteren Verwaltungsbehörden, den Ortspolizeibehörden, den Gemeindebehörden und den Vertretungen der Gemeinden und weiteren Kommunalverbände zugewiesenen Verrichtungen wahrzunehmen sind.

Die in Gemäßheit dieser Vorschrift erlassenen Bestimmungen sind durch den Reichsanzeiger bekannt zu machen.

Die höhere Verwaltungsbehörde kann bestimmte Gemeindebehörden als untere Verwaltungsbehörden im Sinne des § 76 bezeichnen und mit der Wahrnehmung der dort vorgesehenen Geschäfte betrauen.

Strafvollstreckung.

§ 163. Geldstrafen, welche auf Grund dieses Gesetzes verhängt werden, mit Ausnahme derjenigen, auf welche von den Gerichten erkannt ist, werden in derselben Weise beigetrieben wie Gemeindeabgaben.

§ 164. Die im § 120 Abs. 1 Ziffer 2 bezeichneten Geldstrafen fließen in die Krankenkasse, welcher der zu ihrer Zahlung Verpflichtete zur Zeit der Zuwiderhandlung angehört, oder, wenn er keiner Krankenkasse angehört, in die Kasse der Gemeinde-Krankenversicherung des Beschäftigungsorts. Das Gleiche gilt von den Geldstrafen, welche auf Grund der im § 138 bezeichneten Vorschriften verhängt sind.

Die übrigen auf Grund dieses Gesetzes verhängten Geldstrafen fließen, soweit sie nicht von den Gerichten erkannt sind, in die Genossenschaftskasse.

§ 165. Die in diesem Gesetze für Gemeinden getroffenen Bestimmungen gelten auch für die einem Gemeindeverbande nicht einverleibten selbständigen Gutsbezirke und Gemarkungen. Soweit aus denselben der Gemeinde oder Gemeindebehörde Rechte und Pflichten erwachsen, tritt an ihre Stelle der Gutsherr oder der Gemarkungsberechtigte.

Zustellungen.

§ 166. Zustellungen, welche den Lauf von Fristen bedingen, können durch die Post mittelst eingeschriebenen Briefes erfolgen. Posteinlieferungsscheine begründen nach Ablauf von zwei Jahren seit ihrer Ausstellung die Vermuthung für die in der ordnungsmäßigen Frist nach der Einlieferung erfolgte Zustellung.

Personen, welche nicht im Inlande wohnen, können von den zustellenden Behörden und Genossenschaftsorganen aufgefordert werden, einen Zustellungsbevollmächtigten zu bestellen.

Ist der Aufenthalt einer Person, welcher zugestellt werden soll, nicht zu ermitteln oder wird der nach Abs. 2 ergangenen Aufforderung nicht innerhalb der gesetzten Frist genügt, so kann die Zustellung durch öffentlichen Aushang während einer Woche in den Geschäftsräumen der zustellenden Behörden oder Genossenschaftsorgane ersetzt werden.

Uebergangsbestimmungen.

§ 167. Innerhalb eines Jahres nach dem Inkrafttreten dieses Gesetzes hat in denjenigen Berufsgenossenschaften, in denen auf Grund des Statuts die Beiträge durch Zuschläge zu direkten Staats- oder Kommunalsteuern aufgebracht werden, die Genossenschaftsversammlung zu beschließen, ob dieser Beitragsfuß beizubehalten ist. Die Beibehaltung kann gemäß § 57 Abs. 1 nur mit Zweidrittel-Mehrheit beschlossen werden.

Sind hiernach die Beiträge nach dem Arbeitsbedarfe zu erheben, so ist zugleich zu beschließen, von welchem Zeitpunkt ab dieser Maßstab an die Stelle des bisherigen Maßstabs treten soll.

14. 5. Bau-Unfallversicherungsgesetz.

(R.G.Bl. 1900 S. 698.)

I. Allgemeine Bestimmungen.

Umfang der Versicherung.

§ 1. Arbeiter, welche bei der Ausführung von Bauarbeiten beschäftigt und nicht auf Grund des Gewerbe-Unfallversicherungsgesetzes oder des Unfallversicherungsgesetzes für Land- und Forstwirthschaft gegen Unfall versichert sind, werden gegen die Folgen der bei den Bauarbeiten sich ereignenden Unfälle nach Maßgabe der Bestimmungen dieses Gesetzes versichert.

Dasselbe gilt von den Betriebsbeamten und den ihnen im Sinne dieses Gesetzes gleichgestellten Werkmeistern und Technikern, sofern ihr Jahresarbeitsverdienst an Lohn oder Gehalt dreitausend Mark nicht übersteigt.

Auf die im § 1 des Gesetzes, betreffend die Fürsorge für Beamte und Personen des Soldatenstandes in Folge von Betriebsunfällen, vom 15. März 1886 (Reichs-Gesetzbl. S. 53) bezeichneten Personen, auf Beamte, welche in Betriebsverwaltungen eines Bundesstaats oder eines Kommunalverbandes mit festem Gehalt und Pensionsberechtigung angestellt sind, sowie auf andere Beamte eines Bundesstaats oder eines Kommunalverbandes, für welche die im § 12 a. a. O. vorgesehene Fürsorge in Kraft getreten ist, findet dieses Gesetz keine Anwendung. Die Ausführung von Bauarbeiten gilt als Betrieb im Sinne des Gesetzes vom 15. März 1886.

§ 2. Die Versicherung erstreckt sich auf häusliche und andere Dienste, zu denen versicherte Personen neben der Beschäftigung im Betriebe von ihren Arbeitgebern oder von deren Beauftragten herangezogen werden.

§ 3. Der Reichskanzler wird ermächtigt, unter Zustimmung des Bundesraths mit den Regierungen solcher Staaten, die für Arbeiter und Betriebsbeamte eine der deutschen Unfallversicherung entsprechende Fürsorge durchgeführt haben, im Falle der Gegenseitigkeit Abkommen zu schließen, durch welche die Anwendung dieses Gesetzes

1. auf Betriebe im Inlande, welche Bestandtheile eines ausländischen Betriebs darstellen, ausgeschlossen,
2. auf Betriebe im Auslande, welche Bestandtheile eines versicherungspflichtigen inländischen Betriebs darstellen, erstreckt wird.

§ 4. Durch Statut kann die Versicherungspflicht auf Gewerbetreibende, deren Jahresarbeitsverdienst dreitausend Mark nicht übersteigt oder welche nicht regelmäßig mehr als zwei Lohnarbeiter beschäftigen, sowie auf Betriebsbeamte mit einem dreitausend Mark übersteigenden Jahresarbeitsverdienst erstreckt werden.

Bei der Versicherung von Betriebsbeamten ist der volle Jahresarbeitsverdienst zu Grunde zu legen.

Unternehmer von Bauarbeiten, deren Jahresarbeitsverdienst dreitausend Mark nicht übersteigt oder welche nicht regelmäßig mehr als zwei Lohnarbeiter beschäftigen, sind berechtigt, gegen die Folgen von Betriebsunfällen sich selbst zu versichern. Durch Statut kann diese Berechtigung auf Unternehmer mit einem höheren Jahresarbeitsverdienst erstreckt werden.

Durch Statut kann ferner bestimmt werden, daß und unter welchen Bedingungen gegen die Folgen der bei dem Betrieb oder Dienste sich ereignenden Unfälle versichert werden können

a) im Betriebe beschäftigte, aber nach § 1 nicht versicherte Personen durch den Betriebsunternehmer;
b) nicht im Betriebe beschäftigte, aber die Betriebsstätte besuchende oder auf derselben verkehrende Personen durch den Betriebsunternehmer oder den Vorstand der Berufsgenossenschaft;
c) Organe und Beamte der Berufsgenossenschaft durch deren Vorstand

Unternehmer.

§ 5. Als Unternehmer im Sinne dieses Gesetzes gilt

1. bei Bauarbeiten, welche in einem gewerbsmäßigen Baubetriebe ausgeführt werden, der Baugewerbetreibende, für dessen Rechnung dieser Betrieb erfolgt;
2. bei anderen Bauarbeiten derjenige, für dessen Rechnung sie ausgeführt werden.

Träger der Versicherung.

§ 6. Die Versicherung erfolgt:

1. bei der gewerbsmäßigen Ausführung von Eisenbahn-, Kanal-, Wege-, Strom-, Deich- und anderen Bauarbeiten, welche nicht unter die Bestimmungen des Gewerbe-Unfallversicherungsgesetzes oder unter die nach § 1 Abs. 1 Ziffer 2 a. a. O. vom Bundesrath erlassenen Anordnungen fallen, unbeschadet der Bestimmungen in den Ziffern 2 und 3, auf Gegenseitigkeit durch die Unternehmer. Die Letzteren

werden zu diesem Zwecke in eine Berufsgenossenschaft vereinigt (§§ 12 bis 17);

2. bei Bauarbeiten, welche von dem Reiche oder von einem Bundesstaat als Unternehmer (§ 5) ausgeführt werden und nicht zu den Bauten der im § 128 Abs. 1 des Gewerbe-Unfallversicherungsgesetzes aufgeführten Reichs- und Staatsverwaltungen gehören, vorbehaltlich der Bestimmung des § 8 Abs. 1, auf Kosten des Reichs oder des Staates durch das Reich beziehungsweise den Staat, für dessen Rechnung die Bauarbeit erfolgt, durch Ausführungsbehörden (§§ 42, 43);

3. bei Bauarbeiten, welche in anderen als Eisenbahnbetrieben von einem Kommunalverband oder einer anderen öffentlichen Korporation als Unternehmer (§ 5) ausgeführt werden, vorbehaltlich der Bestimmung des § 8 Abs. 2, auf Kosten dieses Kommunalverbandes oder dieser Korporation, sofern die Landes-Zentralbehörde auf deren Antrag erklärt, daß der Verband oder die Korporation zur Uebernahme der durch die Versicherung entstehenden Lasten für leistungsfähig zu erachten ist, durch Ausführungsbehörden (§§ 42, 43).

   Die Landes-Zentralbehörden sind berechtigt, mehrere Kommunalverbände oder andere öffentliche Korporationen zum Zwecke der gemeinsamen Durchführung der Unfallversicherung bei den von ihnen als Unternehmern ausgeführten Bauarbeiten zu einem Verbande zu vereinigen.

   Das Ausscheiden solcher Korporationen aus Berufsgenossenschaften darf nur am Schlusse des Rechnungsjahrs erfolgen;

4. bei Bauarbeiten, deren Ausführung entweder von anderen als den in Ziffer 2 und 3 bezeichneten Verbänden und Korporationen oder deren Ausführung nicht gewerbsmäßig erfolgt, auf Kosten der Unternehmer (§ 5) beziehungsweise Gemeindeverbände durch die Berufsgenossenschaften der Baugewerbetreibenden (§§ 1, 6 Ziffer 1, §§ 12 ff. dieses Gesetzes, §§ 1, 28 ff. des Gewerbe-Unfallversicherungsgesetzes) nach näherer Bestimmung der §§ 18 ff. (Unfallversicherungsanstalten).

   Bezüglich der Bauten, welche von Eisenbahnverwaltungen für eigene Rechnung ausgeführt werden, sowie bezüglich solcher Bauarbeiten, welche als Nebenbetriebe oder Theile eines andern Betriebs anderweit versicherungspflichtig sind, behält es bei den sonstigen Bestimmungen sein Bewenden.

§ 7. Unfälle in fremden Betrieben hat die Berufsgenossenschaft (§ 6 Abs. 1 Ziffer 1) dann zu entschädigen, wenn sie sich bei Betriebshandlungen ereignen, zu welchen ein der Genossenschaft angehörender Unternehmer den Auftrag gegeben und für welche er die Löhne zu zahlen hat.

§ 8. Das Reich und die Bundesstaaten sind berechtigt, bezüglich aller oder einzelner Arten der unter § 6 Ziffer 2 fallenden, von ihnen als Unternehmer ausgeführten Bauarbeiten derjenigen Berufsgenossenschaft, welche in dem betreffenden Bezirke für die Gewerbetreibenden der betreffenden Art errichtet ist, durch eine von dem Reichskanzler beziehungsweise der

Landes-Zentralbehörde abzugebende entsprechende Erklärung als Mitglied beizutreten.

Dieselbe Berechtigung (Abs. 1) steht den Kommunalverbänden und anderen öffentlichen Korporationen zu. Die Erklärung ist von ihrem Vorstand abzugeben.

Jahresarbeitsverdienst, Gegenstand der Versicherung, Umfang der Entschädigung, Verhältniß zu Krankenkassen ꝛc.

§ 9. Die Ermittelung des Jahresarbeitsverdienstes, der Gegenstand der Versicherung, der Umfang der Entschädigung und das Verhältniß der Unfallversicherung zu den eingeschriebenen Hülfskassen, zu den sonstigen Kranken-, Sterbe-, Invaliden- und anderen Unterstützungskassen, zu den Leistungen der zur Unterstützung hülfsbedürftiger Personen verpflichteten Gemeinden oder Armenverbände sowie der Unternehmer und Kassen, welche die den Gemeinden und Armenverbänden obliegende Verpflichtung zur Unterstützung auf Grund gesetzlicher Vorschrift erfüllt haben, bestimmt sich, vorbehaltlich der Vorschriften der §§ 10, 11 dieses Gesetzes, nach den §§ 6, 8 bis 27 des Gewerbe-Unfallversicherungsgesetzes.

§ 10. Bei Unfällen eines Arbeiters, welche sich bei Bauarbeiten der im § 6 Ziffer 4 Abs. 1 bezeichneten Art ereignen, finden die Bestimmungen der §§ 12 bis 14 des Gewerbe-Unfallversicherungsgesetzes keine Anwendung.

Bei solchen Unfällen hat die Gemeinde, in deren Bezirke der verletzte Arbeiter beschäftigt war, demselben während der ersten dreizehn Wochen nach dem Unfalle die im § 6 Abs. 1 Ziffer 1 des Krankenversicherungsgesetzes bezeichneten Leistungen zu gewähren, sofern nicht der verletzte Arbeiter sich im Ausland aufhält oder auf Grund der Krankenversicherung oder anderer Rechtsverhältnisse Anspruch auf eine mindestens gleiche Fürsorge hat. Soweit solchen Personen diese Leistungen von den zunächst Verpflichteten nicht gewährt werden, hat die Gemeinde dieselben zu übernehmen. Die zu diesem Zwecke gemachten Aufwendungen sind von den Verpflichteten zu ersetzen.

Für außerhalb des Gemeindebezirkes wohnhafte versicherte Personen hat auf Verlangen der verpflichteten Gemeinde die Gemeinde ihres Wohnorts die im Abs. 2 bezeichneten Leistungen, vorbehaltlich des Kostenersatzes, zu übernehmen.

Als Ersatz der Kosten gilt die Hälfte des nach dem Krankenversicherungsgesetze zu gewährenden Mindestbetrags des Krankengeldes, sofern nicht höhere Aufwendungen nachgewiesen werden.

Der weitere Kommunalverband ist befugt, statutarische Anordnungen zu erlassen, nach welchen den Gemeinden die ihnen durch Abs. 2 auferlegten Kosten des Heilverfahrens aus Mitteln des weiteren Kommunalverbandes zu ersetzen sind.

Die Versicherungsanstalt (§ 18) ist befugt, die im Abs. 2 bezeichneten Leistungen selbst zu übernehmen.

§ 11. Streitigkeiten über Unterstützungsansprüche, welche aus der Bestimmung des § 10 zwischen den Verletzten einerseits und den Gemeinden andererseits entstehen, werden von der Aufsichtsbehörde entschieden. Die Entscheidung ist vorläufig vollstreckbar. Dieselbe kann innerhalb eines Monats im Verwaltungsstreitverfahren, wo ein solches nicht besteht, im Wege des Rekurses nach Maßgabe der Vorschriften der §§ 20, 21 der Gewerbeordnung angefochten werden.

Streitigkeiten über Ersatzansprüche, welche aus den Bestimmungen des § 10 entstehen, werden im Verwaltungsstreitverfahren, wo ein solches nicht besteht, von der Aufsichtsbehörde der in Anspruch genommenen Gemeinde, Gemeinde-Krankenversicherung oder Krankenkasse entschieden. Gegen die Entscheidung der Letzteren findet der Rekurs nach Maßgabe der Vorschriften der §§ 20, 21 der Gewerbeordnung statt.

Der Landes-Zentralbehörde bleibt überlassen, vorzuschreiben, daß anstatt des Rekursverfahrens die Berufung auf den Rechtsweg mittelst Erhebung der Klage stattfindet.

II. Berufsgenossenschaft.

Umfang.

§ 12. Die Berufsgenossenschaft (§ 6 Ziffer 1) umfaßt, unbeschadet der Bestimmungen des § 8, alle Baubetriebe der im § 6 Ziffer 1 bezeichneten Art.

Bei Baubetrieben, welche sich auf verschiedene Arten von Bauarbeiten erstrecken, entscheidet für die Zugehörigkeit zur Berufsgenossenschaft der Hauptbetrieb. Auch im Uebrigen folgen Nebenbetriebe den Hauptbetrieben.

Aufbringung der Mittel.

§ 13. Die Mittel zur Deckung der von der Berufsgenossenschaft zu leistenden Entschädigungsbeträge und der Verwaltungskosten werden, vorbehaltlich der Bestimmungen der §§ 23 ff., von den Mitgliedern durch Beiträge aufgebracht. Die Beiträge sind so zu berechnen, daß durch dieselben außer den sonstigen Leistungen der Berufsgenossenschaft der Kapitalwerth der ihr im abgelaufenen Rechnungsjahre zur Last gefallenen Renten gedeckt wird. Die Grundsätze für die Berechnung des Kapitalwerths werden durch das Reichs-Versicherungsamt festgestellt. Die Ausschreibung der Beiträge erfolgt nach Maßgabe der in den Betrieben der Mitglieder von den Versicherten verdienten Löhne und Gehälter beziehungsweise des nach § 10 Abs. 4 des Gewerbe-Unfallversicherungsgesetzes anzurechnenden ortsüblichen Tagelohns gewöhnlicher erwachsener Tagearbeiter sowie des statutenmäßigen Gefahrentarifs (§ 49 a. a. O.):

Der § 29 Abs. 2, §§ 30 bis 33 des Gewerbe-Unfallversicherungsgesetzes finden Anwendung.

Organisation.

§ 14. Auf die Berufsgenossenschaft finden die Bestimmungen des § 28 Abs. 5, 6 und der §§ 36 bis 54 des Gewerbe-Unfallversicherungsgesetzes Anwendung.

§ 15. Der vorhandene Reservefonds ist in seinem Bestande zu erhalten; seine Zinsen können zur Deckung der Genossenschaftslasten verwendet werden. In dringenden Fällen kann die Genossenschaft mit Genehmigung des Reichs-Versicherungsamts auch den Kapitalbestand angreifen. Die Wiederergänzung erfolgt alsdann nach näherer Anordnung des Reichs-Versicherungsamts.

Mitgliedschaft.

§ 16. Mitglied der Genossenschaft ist jeder Unternehmer eines Betriebs der im § 12 bezeichneten Art sowie das Reich, die Bundesstaaten, Kommunalverbände und andere öffentliche Korporationen, soweit diese auf Grund der Bestimmungen des § 8 der Berufsgenossenschaft beigetreten sind.

Die Mitgliedschaft beginnt für das Reich und die Bundesstaaten, für Kommunalverbände und andere öffentliche Korporationen (§ 6 Ziffer 2, 3) mit dem in der Beitrittserklärung angegebenen Zeitpunkt, im Uebrigen mit der Eröffnung des Betriebs.

§ 17. Jedes Mitglied der Genossenschaft, welches seinen Betrieb nicht bereits angemeldet hat, ist verpflichtet, binnen einer Woche nach dem Beginne der Mitgliedschaft (§ 16) der unteren Verwaltungsbehörde, in deren Bezirke der Betrieb belegen ist, über denselben Anzeige zu erstatten. Auf die Anzeige und die Ueberweisung des Betriebs finden die Bestimmungen der §§ 56, 57 des Gewerbe-Unfallversicherungsgesetzes entsprechende Anwendung. Dasselbe gilt von den Bestimmungen der §§ 58 bis 62 a. a. O. über die Genossenschaftskataster und die Betriebsveränderungen.

III. Unfallversicherungsanstalten.

Bildung, Umfang und Organisation.

§ 18. In jeder Berufsgenossenschaft von Baugewerbetreibenden besteht für die Versicherung derjenigen Personen, welche in deren Bezirken von den unter § 6 Ziffer 4 Abs. 1 fallenden Unternehmern bei Bauarbeiten, wie sie in der Berufsgenossenschaft versichert sind, beschäftigt werden, einschließlich der selbstversicherten Unternehmer dieser Art, eine Versicherungsanstalt.

Den Versicherungsanstalten der auf Grund des Gewerbe-Unfallversicherungsgesetzes errichteten Berufsgenossenschaften von Baugewerbetreibenden werden außer denjenigen Arten von Bauarbeiten, für welche sie errichtet sind, die Eisenbahn-, Kanal-, Wege-, Strom-, Deich- und andere Bauarbeiten (vergl. § 6 Ziffer 1), zu deren Ausführung, einzeln genommen, nicht mehr als sechs Arbeitstage thatsächlich verwendet worden sind (vergl. § 23 lit. b), sofern diese Bauarbeiten von den im § 6 Ziffer 4 Abs. 1 bezeichneten Unternehmern ausgeführt werden, innerhalb ihrer Bezirke zugewiesen.

Durch das Genossenschaftsstatut kann bestimmt werden, daß auch die Versicherung von Unternehmern (§ 4), welche als Baugewerbetreibende Mitglieder der Genossenschaften sind, sowie anderer von diesen Baugewerbetreibenden bei der Bauausführung beschäftigten, nach § 1 nicht versicherten Personen (§ 4) bei der Versicherungsanstalt zu erfolgen hat.

Träger der Versicherungsanstalt ist die Berufsgenossenschaft. Der Genossenschaftsvorstand und die Genossenschaftsversammlung sowie die sonstigen Organe der Berufsgenossenschaft führen die Verwaltung der Versicherungsanstalt, unbeschadet der Bestimmungen des § 21 dieses Gesetzes, nach Maßgabe der §§ 41, 42, 45, 46 des Gewerbe-Unfallversicherungsgesetzes.

§ 19. Die Einnahmen und Ausgaben der Versicherungsanstalt sind besonders zu verrechnen und ihre Bestände gesondert zu verwahren.

Für die Versicherungsanstalt ist ein besonderer Reservefonds anzusammeln. Seine Verwendung zu Zwecken der Berufsgenossenschaft ist unstatthaft.

Das für die Zwecke der Versicherungsanstalt bestimmte sonstige Vermögen darf für die übrigen Zwecke der Berufsgenossenschaft nur mit Genehmigung des Reichs-Versicherungsamts verwendet werden. Die Genehmigung darf nur ertheilt werden, wenn der Nachweis erbracht ist, daß der für die Zwecke der Versicherungsanstalt verbleibende Theil dieses Vermögens zur dauernden Befriedigung der bisher festgestellten, von der letzteren zu zahlenden Renten und der sonstigen Verbindlichkeiten der Versicherungsanstalt voraussichtlich ausreichen wird.

Die für den Geschäftsbetrieb der Versicherungsanstalt etwa erforderlichen Mittel hat die Berufsgenossenschaft, soweit nöthig aus ihrem Reservefonds, vorzuschießen.

Die Versicherungsanstalt darf andere als die im § 18 bezeichneten Versicherungen nicht übernehmen.

Die von der Versicherungsanstalt aufzubringenden Verwaltungskosten bestimmen sich nach den durch die besondere Verwaltung derselben thatsächlich erforderlich gewesenen Aufwendungen; neben denselben kann nach näherer Bestimmung des Reichs-Versicherungsamts als Ersatz des auf die Versicherungsanstalt entfallenden Antheils an den gemeinsamen Verwaltungskosten ein Pauschbetrag erhoben werden.

§ 20. Für die Versicherungsanstalt hat die Genossenschaftsversammlung ein Nebenstatut zu errichten. Dasselbe muß Bestimmungen treffen:

1. über die Erfordernisse der An- und Abmeldung der im § 6 Ziffer 4 Abs. 1 bezeichneten Unternehmer, welche von der Befugniß des § 4 Abs. 3 Gebrauch machen wollen;
2. über die Abgrenzung der Befugnisse des Vorstandes und der Genossenschaftsversammlung bei der Verwaltung der Versicherungsanstalt;
3. über die Ansammlung des vorgeschriebenen Reservefonds;
4. über die Aufstellung, Prüfung und Abnahme der Jahresrechnung;
5. über die Veröffentlichung der Rechnungsabschlüsse;
6. über die Voraussetzungen einer Abänderung des Nebenstatuts.

Sofern von der Bestimmung des § 18 Abs. 3 Gebrauch gemacht ist, muß das Nebenstatut über die An- und Abmeldung der demnach versicherten Personen sowie über die Einzahlung der für dieselben zu entrichtenden Prämien Vorschriften enthalten.

§ 21. Durch das Nebenstatut können für die Verwaltung der Versicherungsanstalt besondere Organe bestimmt werden. Enthält dasselbe Vorschriften dieser Art, so ist zugleich über den Sitz dieser Organe, über ihre Zusammensetzung, über die Abgrenzung ihrer Bezirke sowie über den Umfang ihrer Befugnisse Bestimmung zu treffen.

Die Abgrenzung der Bezirke dieser Organe und die Wahl ihrer Mitglieder kann von der Genossenschaftsversammlung dem Genossenschaftsvorstand übertragen werden.

Die Bezirke und die Zusammensetzung dieser besonderen Organe hat der Genossenschaftsvorstand durch den Reichsanzeiger bekannt zu machen.

§ 22. Das Nebenstatut sowie die Abänderungen desselben bedürfen der Genehmigung des Reichs-Versicherungsamts.

Gegen die Entscheidung desselben, durch welche die Genehmigung versagt wird, findet innerhalb eines Monats vom Tage der Zustellung der Entscheidung an den Genossenschaftsvorstand ab die Beschwerde an den Bundesrath statt.

Die Berathungen der Genossenschaftsversammlungen über das Nebenstatut finden in Gegenwart eines Vertreters des Reichs-Versicherungsamts statt, welcher auf sein Verlangen jederzeit gehört werden muß.

§ 23. In der Versicherungsanstalt erfolgt die Unfallversicherung:

a) bei Bauarbeiten, zu deren Ausführung, einzeln genommen, mehr als sechs Arbeitstage thatsächlich verwendet worden sind, auf Kosten des Unternehmers (§ 5 Ziffer 2) gegen feste, im voraus bemessene Prämien nach Maßgabe eines Prämientarifs (§§ 24 ff.);

b) bei Bauarbeiten von geringerer Dauer auf Kosten der Gemeinden und der sonstigen im § 32 bezeichneten Verbände, über deren Bezirke die Berufsgenossenschaft sich erstreckt, gegen Beiträge, welche auf diese Gemeinden oder Verbände nach Maßgabe der in den einzelnen Jahren für Unfälle bei solchen Bauarbeiten thatsächlich erforderlich gewordenen Zahlungen jährlich umgelegt werden.

Versicherung auf Kosten der Unternehmer (§ 23 lit. a).

§ 24. Die im § 6 Ziffer 4 Abs. 1 aufgeführten Unternehmer, welche Bauarbeiten der im § 23 lit. a bezeichneten Art ausführen, haben der von der Landes-Zentralbehörde bestimmten Behörde nach einem von dem Reichs-Versicherungsamte vorzuschreibenden Formulare längstens binnen drei Tagen nach Ablauf eines jeden Monats eine Nachweisung der in diesem Monate bei Ausführung der Bauarbeiten verwendeten Arbeitstage und der von den Versicherten dabei verdienten Löhne und Gehälter vorzulegen.

Soweit die Verpflichteten die Nachweisung nicht rechtzeitig oder nicht vollständig einreichen, hat die in Gemäßheit des ersten Absatzes von der Landes-Zentralbehörde bestimmte Behörde diese Nachweisungen nach ihrer Kenntniß der Verhältnisse selbst aufzustellen oder zu ergänzen. Sie kann zu diesem Zwecke die Verpflichteten zu einer Auskunft innerhalb einer zu bestimmenden Frist durch Geldstrafen bis zu einhundert Mark anhalten.

Die Nachweisungen sind binnen zwei Wochen nach Ablauf des Kalendervierteljahrs an den Genossenschaftsvorstand oder das von diesem bezeichnete Organ der Genossenschaft einzureichen. Dabei hat die in Gemäßheit des ersten Absatzes von der Landes-Zentralbehörde bestimmte Behörde zu bescheinigen, daß ihr über die Ausführung weiterer Bauarbeiten, für welche nach den vorstehenden Vorschriften in ihrem Bezirke Nachweisungen vorzulegen wären, nichts bekannt geworden sei.

Prämientarif.

§ 25. Der Prämientarif (§ 23 lit. a) muß die der Berechnung der Prämien zu Grunde zu legenden Einheitssätze nach Verhältniß der bei der Bauausführung von den Versicherten verdienten Löhne oder Gehälter (vergl. § 27 Abs. 2) beziehungsweise des in Betracht kommenden Jahresarbeitsverdienstes (§ 4) dergestalt ersichtlich machen, daß sich ergiebt, wieviel für jede angefangene halbe Mark des in Betracht kommenden Lohnes an Prämie zu entrichten ist.

Sofern nach dem für die Berufsgenossenschaft bestehenden Gefahrentarife die einzelnen Arten von Bauarbeiten zu verschieden bemessenen Beiträgen herangezogen werden, sind auch die Einheitssätze der an die Versicherungsanstalt zu entrichtenden Prämien nach dem durch den Gefahrentarif der Genossenschaft festgestellten Verhältnisse verschieden zu berechnen.

§ 26. Der Prämientarif wird alle drei Jahre von dem Reichs-Versicherungsamte für jede Berufsgenossenschaft nach Anhörung des Vorstandes derselben im voraus festgesetzt. Als Grundlagen dienen der Kapitalwerth derjenigen Leistungen, welche der Versicherungsanstalt aus den bei Bauarbeiten der im § 23 lit. a bezeichneten Art im Jahre durchschnittlich zu erwartenden Unfällen voraussichtlich erwachsen werden, ferner die zur Bildung des vorgeschriebenen Reservefonds (§ 19) erforderlichen Zuschläge sowie ein Pauschbetrag für Verwaltungskosten, welcher nach der Höhe der in der vorangegangenen Periode im Jahresdurchschnitte für die Versicherungsanstalt entstandenen Verwaltungskosten (§ 19 Abs. 6) unter Berücksichtigung des auf die Gemeinden nach § 33 entfallenden Betrags derselben zu berechnen ist. In Abzug zu bringen sind die Zinsen des Reservefonds, soweit dieselben nicht nach den Bestimmungen des Nebenstatuts (§ 20 Ziffer 3) dem Reservefonds selbst zufließen.

Die näheren Bestimmungen über die Berechnung des Zuschlags für Verwaltungskosten hat das Reichs-Versicherungsamt zu erlassen.

Der Prämientarif ist durch den Reichsanzeiger und diejenigen Blätter zu veröffentlichen, welche zu den amtlichen Bekanntmachungen der Landes-Zentralbehörden oder der höheren Verwaltungsbehörden, in deren Bezirken er Geltung haben soll, bestimmt sind. Die Veröffentlichung erfolgt durch das Reichs-Versicherungsamt.

Die Veröffentlichung muß mindestens zwei Wochen vor demjenigen Zeitpunkt erfolgt sein, mit welchem der Tarif in Kraft treten soll. Bis zu diesem Zeitpunkte sind die Prämien nach dem bisherigen Tarife zu erheben.

Entrichtung der Prämien.

§ 27. Nach Ablauf des Kalendervierteljahrs wird auf der Grundlage des Prämientarifs und der nach § 24 Abs. 3 eingereichten Nachweisungen vom Genossenschaftsvorstande die Prämie berechnet, welche auf jeden Unternehmer entfällt, und die Heberolle aufgestellt.

Für diejenigen Personen, deren bei der Ausführung der Bauarbeit verdiente Löhne und Gehälter für den Arbeitstag den Betrag des von der höheren Verwaltungsbehörde für den Ort der Beschäftigung festgesetzten ortsüblichen Tagelohns gewöhnlicher erwachsener Tagearbeiter nicht erreichen, ist dieser letztere Betrag der Berechnung der Prämie zu Grunde zu legen.

Den Gemeindebehörden sind bezüglich der dem Gemeindebezirk angehörenden Unternehmer Auszüge aus der Heberolle mit der Aufforderung zuzustellen, die Beiträge einzuziehen und in ganzer Summe innerhalb eines Monats an den Genossenschaftsvorstand oder das nach § 21 zuständige andere Organ der Genossenschaft nach Abzug der Portoauslagen einzusenden.

Den Gemeindebehörden ist hierfür von der Berufsgenossenschaft eine Vergütung zu gewähren, deren Höhe von der Landes-Zentralbehörde im Einvernehmen mit dem Reichs-Versicherungsamte festzusetzen ist. Für Bauarbeiten, welche von der Gemeinde selbst für eigene Rechnung ausgeführt werden, wird diese Vergütung nicht gezahlt.

Die Gemeinde haftet für diejenigen Prämien, bei denen sie den wirklichen Ausfall oder die fruchtlos erfolgte Zwangsvollstreckung nicht nachweisen kann, und muß sie vorschußweise mit einsenden.

§ 28. Der Auszug aus der Heberolle (§ 27) muß diejenigen Angaben enthalten, welche die Zahlungspflichtigen in den Stand setzen, die Richtigkeit der angestellten Prämienberechnung zu prüfen. Die Gemeindebehörde hat den Auszug während zweier Wochen zur Einsicht der Betheiligten auszulegen und den Beginn dieser Frist auf ortsübliche Weise bekannt zu machen. Binnen einer weiteren Frist von zwei Wochen kann der Zahlungspflichtige, unbeschadet der Verpflichtung zur vorläufigen Zahlung, gegen die Prämienberechnung bei dem Genossenschaftsvorstand oder dem nach § 21 zuständigen anderen Organe der Genossenschaft Einspruch erheben.

Der Einspruch ist nur zulässig, wenn sich derselbe auf unrichtigen Ansatz der Löhne, auf unrichtige Anwendung des Prämientarifs, auf Rechenfehler oder auf die Behauptung stützt, daß der in Anspruch Genommene zur Entrichtung von Prämien für die von ihm beschäftigten Personen nicht verpflichtet sei. Auf unrichtigen Ansatz der Löhne kann der Einspruch in den Fällen nicht gestützt werden, in welchen die Nachweisung wegen Säumniß des Verpflichteten von der Behörde (§ 24 Abs. 2) aufgestellt worden war.

Wird dem Einspruch überhaupt nicht oder nicht in dem beantragten Umfange Folge gegeben, so steht dem Zahlungspflichtigen binnen zwei Wochen nach der Zustellung der Entscheidung des zuständigen Genossenschaftsorgans die Beschwerde an die untere Verwaltungsbehörde zu. Gegen die Entscheidung derselben ist binnen zwei Wochen nach der Zustellung Rekurs an das Reichs-Versicherungsamt zulässig. Derselbe darf aber nur auf die Behauptung gestützt werden, daß eine Verpflichtung zur Entrichtung von Prämien nicht vorliege.

Ergiebt sich nachträglich, daß ein ohne Widerspruch (Abs. 1) bezahlter Betrag ganz oder theilweise zu Unrecht erhoben worden ist, so kann die

Rückerstattung auf dem im Abs. 1 bezeichneten Wege verlangt werden. Der Anspruch verjährt in zwei Jahren nach Ablauf des Kalenderjahrs, in welchem der Betrag gezahlt worden ist.

§ 29. Für die Prämien und die sonstigen den unter § 6 Ziffer 4 Abs. 1 fallenden Unternehmern in diesem Gesetz auferlegten Leistungen haftet im Falle der Zahlungsunfähigkeit des Bauunternehmers der Bauherr während eines Jahres nach der endgültigen Feststellung der betreffenden Verbindlichkeit.

Sind Zwischenunternehmer vorhanden, so haften diese vor dem Bauherrn.

Streitigkeiten, welche zwischen den Versicherungsanstalten und den Bauherren oder Zwischenunternehmern über die Haftung entstehen, entscheidet mit Ausschluß des Rechtswegs das Reichs-Versicherungsamt.

§ 30. Weitere Zahlungen als die nach diesem Gesetze zu entrichtenden Prämien und die wegen Verletzung bestehender Verpflichtungen einzuziehenden Strafen und Kosten können seitens der Berufsgenossenschaft von den Unternehmern nicht gefordert werden.

§ 31. Für Kommunalverbände, öffentliche Korporationen und andere Bauherren, welche regelmäßig ohne Uebertragung an andere Unternehmer Bauarbeiten ausführen, kann auf ihren Antrag der Betrag der der Berechnung der Prämien zu Grunde zu legenden Arbeitslöhne und Gehälter nach Maßgabe der Zahl der im Jahresdurchschnitte verwendeten Arbeitstage in einem Pauschbetrage festgesetzt werden. Solche Festsetzungen müssen Bestimmungen über die Termine, zu welchen die Prämien einzuzahlen sind, enthalten. Soweit solche Festsetzungen getroffen sind, finden die Bestimmungen der §§ 24 und 27 keine Anwendung.

Versicherung auf Kosten von Gemeinden (§ 23 lit. b).

§ 32. Die Mittel zur Deckung der Entschädigungsbeträge und Verwaltungskosten, welche der Versicherungsanstalt aus Unfällen bei den im § 23 lit. b bezeichneten Bauarbeiten erwachsen sind, werden durch Beiträge der Gemeinden, über deren Bezirke die Berufsgenossenschaft sich erstreckt, aufgebracht und auf dieselben nach dem Verhältnisse der Bevölkerungsziffer jährlich umgelegt. Als Bevölkerungsziffer gilt diejenige Zahl von Einwohnern, welche aus Anlaß der nächstvorhergegangenen Volkszählung von der zuständigen Behörde amtlich festgestellt ist, und zwar von dem auf die Feststellung folgenden Rechnungsjahr ab.

Durch die Landes-Zentralbehörde kann bestimmt werden, daß an Stelle der Gemeinden weitere Kommunalverbände treten, oder daß innerhalb bestimmter Bezirke einzelne Gemeinden zur gemeinschaftlichen Uebernahme der aus der Unfallversicherung bei der Versicherungsanstalt ihnen erwachsenden Last vereinigt werden. Bestimmungen der letzteren Art müssen Festsetzungen über die Vertretung und Verwaltung dieser Vereinigung sowie darüber enthalten, nach welchen Grundsätzen die diesen Vereinigungen zur Last fallenden Beträge auf die einzelnen Gemeinden zu vertheilen sind.

Die Landes-Zentralbehörde kann ferner bestimmen, daß die Umlegung statt auf Gemeinden oder weitere Kommunalverbände auf Verwaltungsbezirke erfolge, und wie von den letzteren die auf sie umgelegten Beträge auf die einzelnen Gemeinden zu vertheilen sind.

Soweit derartige Bestimmungen der Landes-Zentralbehörde nicht erlassen sind, können Gemeinden durch übereinstimmende Beschlüsse zur gemeinsamen Uebernahme der gemäß § 23 lit. b ihnen zufallenden Lasten sich vereinigen. Solche Vereinbarungen müssen Bestimmungen über die Vertretung und Verwaltung dieser Vereinigungen enthalten und bedürfen der Genehmigung der Landes-Zentralbehörde.

Diese Bestimmungen und Vereinbarungen sind den betreffenden Berufsgenossenschaften sowie dem Reichs-Versicherungsamte mitzutheilen.

§ 33. Der Betrag der auf die Verbände umzulegenden Verwaltungskosten wird nach Maßgabe der Vorschriften des § 26 festgesetzt.

§ 34. Innerhalb der einzelnen Gemeinden oder weiteren Kommunalverbände werden die aus den Bestimmungen des § 23 lit. b auf dieselben entfallenden Lasten wie Gemeindeabgaben aufgebracht.

Durch die Landesgesetzgebung oder durch statutarische Bestimmung der einzelnen Gemeinden beziehungsweise weiteren Kommunalverbände, welche der Genehmigung der höheren Verwaltungsbehörde bedarf, kann ein anderer Vertheilungsmaßstab festgestellt, insbesondere bestimmt werden, daß die Lasten von den Grund- oder Gebäudebesitzern zu tragen sind.

§ 35. Auf den besonderen Reservefonds der Versicherungsanstalt haben die Gemeinden und sonstigen im § 32 bezeichneten Verbände rücksichtlich der aus der Bestimmung des § 23 lit. b ihnen erwachsenden Lasten keinen Anspruch.

§ 36. Den Gemeinden im Sinne dieses Gesetzes stehen die selbständigen Gutsbezirke und Gemarkungen gleich. Soweit den Gemeinden aus diesem Gesetze Rechte oder Verbindlichkeiten erwachsen, tritt an die Stelle der Gemeinden der Gutsherr oder der Gemarkungsberechtigte.

IV. Feststellung und Auszahlung der Entschädigungen.

Untersuchung. Entschädigung.

§ 37. Auf die Anzeige und Untersuchung der Unfälle, auf die Feststellung, Auszahlung und Pfändung der Entschädigungen sowie auf die Liquidationen der Postverwaltungen finden die Bestimmungen der §§ 63 bis 98 des Gewerbe-Unfallversicherungsgesetzes entsprechende Anwendung.

Die Verpflichtung zur Einreichung von Lohn- und Gehaltsnachweisungen (§ 74 a. a. O.) erstreckt sich auch auf Unternehmer, welche nicht Mitglieder der Berufsgenossenschaft sind.

Erstattung der Vorschüsse.

§ 38. Der Genossenschaftsvorstand stellt fest, welcher Theil der von den Zentral-Postbehörden liquidirten Beträge der Berufsgenossenschaft, und welcher Theil der Versicherungsanstalt zur Last fällt.

Der erstere Theil ist aus den verfügbaren Mitteln der Berufsgenossenschaft zu entnehmen. Gleichzeitig ist nach den Bestimmungen des

§ 13 der Kapitalwerth der im vergangenen Rechnungsjahre neu entstandenen, der Berufsgenossenschaft erwachsenen Lasten zu berechnen und unter Berücksichtigung der auf Grund der §§ 50, 51 des Gewerbe-Unfallversicherungsgesetzes etwa vorliegenden besonderen Verpflichtungen oder Berechtigungen nach dem festgestellten Vertheilungsmaßstab und unter Verrechnung der erhobenen Vorschüsse (§ 13) von den Mitgliedern einzuziehen. Im Uebrigen finden die Bestimmungen des § 99 Abs. 2 bis 4 sowie der §§ 100 bis 102 a. a. O. Anwendung.

Der der Versicherungsanstalt zur Last fallende Theil ist, soweit er durch Unfälle verursacht ist, die sich bei Bauarbeiten der im § 23 lit. a bezeichneten Art ereignet haben, aus den verfügbaren Beständen an Prämien zu entnehmen. Soweit der Betrag aber durch Unfälle verursacht ist, die sich bei Bauarbeiten der im § 23 lit. b bezeichneten Art ereignet haben, ist derselbe nach dem im § 32 festgesetzten Maßstab auf die im Bezirke der Berufsgenossenschaft belegenen Gemeinden, weiteren Kommunalverbände oder Vereinigungen von Gemeinden, welche an die Stelle der Gemeinden gesetzt sind, umzulegen und von ihnen einzuziehen. Denselben ist zu diesem Zwecke ein Auszug aus der aufzustellenden Heberolle mit der Aufforderung zuzustellen, den festgesetzten Betrag bei Vermeidung der zwangsweisen Beitreibung binnen zwei Wochen einzuzahlen. Der Auszug muß diejenigen Angaben enthalten, welche die Gemeinden ꝛc. in den Stand setzen, die Richtigkeit der angestellten Beitragsberechnung zu prüfen. Den Gemeinden ꝛc. stehen gegen die Feststellung ihrer Beiträge, unbeschadet der Verpflichtung zur sofortigen Zahlung, die im § 102 des Gewerbe-Unfallversicherungsgesetzes angegebenen Rechtsmittel zu; die Beschwerde ist jedoch nur zulässig, wenn sich dieselbe entweder auf Rechenfehler oder auf Irrthümer bei Ansatz der Bevölkerungsziffer gründet.

§ 39. Die Bestimmungen der §§ 103 bis 106 des Gewerbe-Unfallversicherungsgesetzes über die Einziehung, Verjährung und Abführung der Beiträge sowie der §§ 107 bis 111 a. a. O. über die Vermögensverwaltung finden, und zwar auch auf Prämienbeträge, entsprechende Anwendung.

V. Unfallverhütung. Beaufsichtigung.

Unfallverhütung. Ueberwachung durch die Genossenschaft.

§ 40. Die Bestimmungen der §§ 112 bis 124 des Gewerbe-Unfallversicherungsgesetzes finden mit folgenden Maßgaben Anwendung:

1. Unfallverhütungsvorschriften können auch für die Bauarbeiten derjenigen Unternehmer erlassen werden, welche nicht Mitglieder der Genossenschaft sind, aber in deren Bezirke Bauarbeiten ausführen.

   In den Unfallverhütungsvorschriften, welche auf derartige Bauarbeiten Anwendung finden sollen, sind für die Zuwiderhandelnden Zuschläge bis zum doppelten Betrage der Prämie oder, sofern es sich um Bauarbeiten der im § 23 lit. b bezeichneten Art handelt, Geldstrafen bis zu einhundert Mark anzudrohen. Die Vorschriften sind von der höheren Verwaltungsbehörde in geeigneter Weise zu veröffentlichen.

2. Die Berechtigung der Genossenschaft zur Ueberwachung der Betriebe und die Verpflichtungen der Unternehmer wegen Gestattung des Zutritts zu den Betriebsstätten und wegen Vorlegung ihrer Bücher und Nachweisungen erstrecken sich auch auf Unternehmer, welche, ohne Mitglied der Genossenschaft zu sein, in deren Bezirke Bauarbeiten ausführen.

Reichs-Versicherungsamt. Landes-Versicherungsämter.

§ 41. Wegen der Zuständigkeit des Reichs-Versicherungsamts und der Landes-Versicherungsämter bewendet es bei den Bestimmungen der §§ 125 bis 127 des Gewerbe-Unfallversicherungsgesetzes.

Soweit hiernach ein Landes-Versicherungsamt zur Beaufsichtigung der Genossenschaft und zur Entscheidung der im Bezirke derselben vorkommenden Streitigkeiten befugt ist, gehen die im § 26 des Gesetzes, betreffend die Abänderung der Unfallversicherungsgesetze, sowie in den §§ 13, 19, 22, 26 bis 28, 32, 33, 38, 42 dem Reichs-Versicherungsamt übertragenen Zuständigkeiten auf das Landes-Versicherungsamt über.

VI. Bauarbeiten für Rechnung des Reichs, der Bundesstaaten, von Kommunalverbänden und Korporationen.

Ausführungsbehörden.

§ 42. Für Bauarbeiten des Reichs, eines Bundesstaats, eines nach den Bestimmungen des § 6 Ziffer 3 für leistungsfähig erklärten Verbandes oder einer anderen öffentlichen Korporation, bei welchen nach § 6 Ziffer 2, 3 bei Anwendung dieses Gesetzes an die Stelle der Berufsgenossenschaft das Reich, der betreffende Bundesstaat, der betreffende Verband oder die Korporation tritt, werden die Befugnisse und Obliegenheiten der Genossenschaftsversammlung und des Genossenschaftsvorstandes durch Ausführungsbehörden wahrgenommen, welche für die Reichsverwaltungen von dem Reichskanzler, im Uebrigen von der Landes-Zentralbehörde zu bezeichnen sind. Dem Reichsversicherungsamt ist mitzutheilen, welche Behörden als Ausführungsbehörden bezeichnet sind.

Versicherung durch das Reich ꝛc.

§ 43. Soweit das Reich oder ein Bundesstaat, ein Kommunalverband oder eine andere öffentliche Korporation an die Stelle der Berufsgenossenschaft tritt (§ 6 Ziffer 2, 3), finden die §§ 12 bis 36, 38, 40 dieses Gesetzes sowie die §§ 74, 103 bis 105, 106 Abs. 2, 3, §§ 107 bis 110, 125, 126, 146 bis 151 des Gewerbe-Unfallversicherungsgesetzes keine Anwendung. Dagegen sind die Bestimmungen der §§ 130 bis 133 des Gewerbe-Unfallversicherungsgesetzes entsprechend anzuwenden.

VII. Schluß- und Strafbestimmungen.

Erstreckung auf andere Gesetze über Unfallversicherung.

§ 44. Die Bestimmungen der §§ 8, 12 Abs. 2, §§ 18 bis 36, 37 Abs. 2, § 38 Abs. 1, 3, §§ 39 bis 41, 45 finden bei den im Geltungsbereiche des Gewerbe-Unfallversicherungsgesetzes errichteten Berufsgenossenschaften für Baugewerbetreibende gleichfalls entsprechende Anwendung.

Haftpflicht ꝛc. Strafbestimmungen. Zustellungen.

§ 45. Für Arbeiter, welche bei Bauarbeiten der im § 6 Ziffer 4 Abs. 1 bezeichneten Art beschäftigt, aber nicht nach den Bestimmungen des Krankenversicherungsgesetzes gegen Krankheit versichert sind, bleiben die auf gesetzlichen Bestimmungen beruhenden Ansprüche auf Ersatz des in Folge eines Unfalls erlittenen Schadens für die Dauer der ersten dreizehn Wochen nach dem Unfalle vorbehalten.

Im Uebrigen finden die Vorschriften der §§ 135, 139 bis 155 des Gewerbe-Unfallversicherungsgesetzes entsprechende Anwendung, die Strafbestimmungen insbesondere auch bezüglich der Einreichung und Richtigkeit der für die Berechnung der Prämien maßgebenden Nachweisungen (§ 24).

§ 46. Diejenigen Betriebsunternehmer, Bevollmächtigten oder Repräsentanten, Betriebs- oder Arbeiteraufseher, gegen welche durch strafgerichtliches Urtheil festgestellt worden ist, daß sie den Unfall vorsätzlich oder durch Fahrlässigkeit mit Außerachtlassung derjenigen Aufmerksamkeit, zu der sie vermöge ihres Amtes, Berufs oder Gewerbes besonders verpflichtet sind, oder dadurch herbeigeführt haben, daß sie bei der Leitung oder Ausführung eines Baues wider die allgemein anerkannten Regeln der Baukunst verstießen, haften für alle Aufwendungen, welche in Folge des Unfalls auf Grund dieses Gesetzes oder des Krankenversicherungsgesetzes von den Kommunalverbänden (§ 25 Abs. 1 des Gewerbe-Unfallversicherungsgesetzes, § 10 Abs. 2, 5 dieses Gesetzes) oder Krankenkassen gemacht worden sind. Dieselben Personen haften der Genossenschaft für deren Aufwendungen auch ohne Feststellung durch strafgerichtliches Urtheil. Ist der Unfall durch Fahrlässigkeit mit Außerachtlassung derjenigen Aufmerksamkeit, zu der sie vermöge ihres Amtes, Berufs oder Gewerbes besonders verpflichtet sind, herbeigeführt, so ist die Genossenschaftsversammlung befugt, von der Verfolgung des Anspruchs abzusehen. Durch Statut kann diese Befugniß auf den Vorstand übertragen werden.

In gleicher Weise haftet als Betriebsunternehmer eine Aktiengesellschaft, eine Innung oder eingetragene Genossenschaft für die durch ein Mitglied ihres Vorstandes sowie eine Handelsgesellschaft, eine Innung oder eingetragene Genossenschaft für die durch einen der Liquidatoren herbeigeführten Unfälle.

Als Ersatz für die Rente kann in diesen Fällen deren Kapitalwerth gefordert werden.

§ 47. Will der Vorstand den Ersatzanspruch aus § 46 Abs. 1 Satz 3 geltend machen, so hat er den Beschluß dem Ersatzpflichtigen schriftlich mitzutheilen. Der Ersatzpflichtige kann hiergegen die Beschlußfassung der Genossenschaftsversammlung anrufen.

Die Klage darf nicht vor Ablauf eines Monats nach der Zustellung dieser Mittheilung und nur dann angestellt werden, wenn nicht innerhalb dieser Frist die Beschlußfassung seitens des Ersatzpflichtigen angerufen ist.

Ist letzteres der Fall, so ist die Beschlußfassung der Genossenschaftsversammlung abzuwarten.

§ 48. Der Anspruch (§ 46 Abs. 1 Satz 1) verjährt in achtzehn Monaten von dem Tage, an welchem das strafgerichtliche Urtheil rechtskräftig geworden ist, im Uebrigen in zwei Jahren nach dem Unfalle. Die Anrufung der Beschlußfassung der Genossenschaftsversammlung (§ 47 Abs. 1) unterbricht die Verjährung.

Für das über einen solchen Anspruch erkennende ordentliche Gericht ist die Entscheidung bindend, welche in dem durch dieses Gesetz geordneten Verfahren über die Frage ergeht, ob ein Unfall vorliegt, für welchen aus der Unfallversicherung Entschädigung zu leisten ist, und in welchem Betrag Entschädigung zu gewähren ist.

15.

6. See-Unfallversicherungsgesetz.

(R.G.Bl. 1900 S. 716.)

I. Allgemeine Bestimmungen.

Umfang der Versicherung.

§ 1. Personen, welche

1. auf deutschen Seefahrzeugen als Schiffer, Personen der Schiffsmannschaft, Maschinisten, Aufwärter oder in anderer Eigenschaft zur Schiffsbesatzung gehören (Seeleute), Schiffer jedoch nur, sofern sie Lohn oder Gehalt beziehen,
2. ohne zur Schiffsbesatzung zu gehören, auf deutschen Seefahrzeugen in inländischen Häfen beschäftigt werden, soweit sie nicht auf Grund anderer gesetzlicher Bestimmungen gegen Unfall versichert sind,
3. in inländischen Betrieben schwimmender Docks und ähnlicher Einrichtungen sowie in inländischen Betrieben für die Ausübung des Lootsendienstes, für die Rettung oder Bergung von Personen oder Sachen bei Schiffbrüchen, für die Bewachung, Beleuchtung oder Instandhaltung der dem Seeverkehre dienenden Gewässer beschäftigt sind,

werden gegen die Folgen der bei dem Betriebe sich ereignenden Unfälle einschließlich derjenigen Unfälle, welche während des Betriebs in Folge von Elementarereignissen eintreten, nach Maßgabe der Bestimmungen dieses Gesetzes versichert.

Auf Personen in Seeschiffahrts- und anderen unter Abs. 1 fallenden Betrieben, welche wesentliche Bestandtheile eines der Unfallversicherung unterliegenden sonstigen Betriebs sind, findet dieses Gesetz keine Anwendung. Von den Bestimmungen der §§ 3 ff. sind ferner ausgeschlossen die im § 1 des Gesetzes, betreffend die Fürsorge für Beamte und Personen des Soldatenstandes in Folge von Betriebsunfällen, vom 15. März 1886 (Reichs-Gesetzbl. S. 53) bezeichneten Personen, Beamte, welche in Betriebsverwaltungen eines Bundesstaats oder eines Kommunalverbandes mit festem Gehalt und Pensionsberechtigung angestellt sind, sowie andere Beamte eines Bundesstaats oder Kommunalverbandes, für welche die im § 12 a. a. O. vorgesehene Fürsorge in Kraft getreten ist.

Welche Betriebe im Sinne dieses Gesetzes versicherungspflichtig sind, bestimmt im Zweifel nach Anhörung des Genossenschaftsvorstandes (§ 41) das Reichs-Versicherungsamt.

§ 2. Die Versicherung erstreckt sich auf häusliche und andere Dienste, zu denen versicherte Personen neben der Beschäftigung im Betriebe von ihren Arbeitgebern oder von deren Beauftragten herangezogen werden, sowie auf Dienstleistungen versicherter Personen bei Rettung oder Bergung von Personen oder Sachen.

§ 3. Als ein deutsches Seefahrzeug im Sinne dieses Gesetzes gilt jedes ausschließlich oder vorzugsweise zur Seefahrt benutzte Fahrzeug, welches unter deutscher Flagge fährt.

Als Seefahrt (Abs. 1) gilt nicht nur der Verkehr auf See außerhalb der Grenzen, die durch § 1 der zum § 25 des Flaggengesetzes vom 22. Juni 1899 erlassenen Ausführungsbestimmungen vom 10. November 1899 (Centralblatt für das Deutsche Reich S. 380) festgesetzt sind, sondern auch die Fahrt auf Buchten, Haffen und Watten der See, nicht aber auf anderen mit der See in Verbindung stehenden Gewässern, auch wenn sie von Seeschiffen befahren werden.

Betriebe, welche nach den vorstehenden Bestimmungen als Seeschiffahrtsbetriebe sich darstellen, scheiden, sofern sie auf Grund anderer Gesetze einer Berufsgenossenschaft bereits zugetheilt sind, aus der letzteren mit den aus § 53 des Gewerbe-Unfallversicherungsgesetzes sich ergebenden Rechtswirkungen aus.

Rheder im Sinne dieses Gesetzes sind die Eigenthümer der unter dasselbe fallenden Fahrzeuge, sofern eine Rhederei besteht (§ 489 des Handelsgesetzbuchs), die Rhederei.

§ 4. Die Versicherung gilt für die Zeit vom Beginne bis zur Beendigung des Dienstverhältnisses einschließlich der Beförderung vom Lande zum Fahrzeug und vom Fahrzeuge zum Lande. Die Versicherung erstreckt sich auch auf Unfälle, welche die nach § 1 versicherten Personen auf einem deutschen Seefahrzeug, auf welchem sie beschäftigt sind, ohne zur Besatzung desselben zu gehören, bei dem Betrieb erleiden, sowie auf Unfälle, welche deutsche Seeleute bei der auf Grund des Handelsgesetzbuchs oder der Seemannsordnung vom 27. Dezember 1872 (Reichs-Gesetzbl. S. 409) oder des Gesetzes, betreffend die Verpflichtung deutscher Kauffahrteischiffe zur Mitnahme hülfsbedürftiger Seeleute, vom 27. Dezember 1872 (Reichs-Gesetzbl. S. 432) ihnen gewährten freien Zurückbeförderung oder Mitnahme auf deutschen Seefahrzeugen erleiden. Im Falle des Flaggenwechsels gilt als Beendigung des Dienstverhältnisses der Zeitpunkt, in welchem der Versicherte seine Entlassung beanspruchen durfte.

Ausgeschlossen von der Versicherung sind Unfälle, welche der Versicherte während einer Zeit erleidet, in welcher er sich pflichtwidrig von

Bord entfernt hatte, oder welche er während eines Urlaubs an Land erleidet, wenn er in eigener Angelegenheit das Schiff verlassen hat.

§ 5. Durch das Statut kann die Versicherungspflicht auf die Rheder erstreckt werden, sofern sie zur Besatzung des Fahrzeugs gehören und die letztere außer ihnen regelmäßig nicht mehr als zwei Personen umfaßt.

Rheder, welche nicht schon nach den vorstehenden Bestimmungen versichert sind, Lootsen, welche ihr Gewerbe für eigene Rechnung betreiben, sowie die Unternehmer der übrigen nach § 1 versicherten Betriebe sind berechtigt, sich selbst gegen die Folgen der bei dem Betriebe sich ereignenden Unfälle nach Maßgabe der Vorschriften dieses Gesetzes zu versichern.

§ 6. Die Versicherung erstreckt sich auf einen Jahresarbeitsverdienst bis einschließlich dreitausend Mark. Durch das Statut (§ 37) kann die Versicherung auf einen höheren Jahresarbeitsverdienst erstreckt werden.

§ 7. Durch Statut kann ferner bestimmt werden, daß und unter welchen Bedingungen gegen die Folgen der bei dem Betrieb oder Dienste sich ereignenden Unfälle versichert werden können

a) im Betriebe beschäftigte, aber nach §§ 1 oder 2 nicht versicherte Personen durch den Betriebsunternehmer;
b) nicht im Betriebe beschäftigte, aber die Betriebsstätte besuchende oder auf derselben verkehrende Personen durch den Betriebsunternehmer oder den Vorstand der Berufsgenossenschaft (§ 32);
c) Organe und Beamte der Berufsgenossenschaft durch deren Vorstand.

Gegenstand der Versicherung und Umfang der Entschädigung.

§ 8. Gegenstand der Versicherung ist der nach Maßgabe der nachfolgenden Bestimmungen zu bemessende Ersatz des Schadens, welcher durch Körperverletzung oder Tödtung entsteht.

Dem Verletzten und seinen Hinterbliebenen steht ein Anspruch nicht zu, wenn er den Unfall vorsätzlich herbeigeführt hat. Der Anspruch kann ganz oder theilweise abgelehnt werden, wenn der Verletzte den Unfall bei Begehung eines durch strafgerichtliches Urtheil festgestellten Verbrechens oder vorsätzlichen Vergehens sich zugezogen hat. In Fällen der letzteren Art kann die Rente, sofern der Verletzte im Inlande wohnende Angehörige hat, welche im Falle seines Todes Anspruch auf Rente haben würden, ganz oder theilweise den Angehörigen überwiesen werden.

Die Ablehnung kann, auch ohne daß die vorgesehene Feststellung durch strafgerichtliches Urtheil stattgefunden hat, erfolgen, falls diese Feststellung wegen des Todes oder der Abwesenheit des Betreffenden oder aus einem anderen in seiner Person liegenden Grunde nicht erfolgen kann.

§ 9. Im Falle der Verletzung werden für die Zeit nach Beendigung der gesetzlichen Fürsorgepflicht des Rheders oder, soweit eine solche nicht besteht, vom Beginne der vierzehnten Woche nach Eintritt des Unfalls ab als Schadensersatz gewährt:

1. freie ärztliche Behandlung, Arznei und sonstige Heilmittel sowie die zur Sicherung des Erfolges des Heilverfahrens und zur Erleichterung

der Folgen der Verletzung erforderlichen Hülfsmittel (Krücken, Stützapparate und dergleichen);

2. eine Rente für die Dauer der Erwerbsunfähigkeit.

Die Rente beträgt:

a) im Falle völliger Erwerbsunfähigkeit für die Dauer derselben sechsundsechzigzweidrittel Prozent des Jahresarbeitsverdienstes (Vollrente);

b) im Falle theilweiser Erwerbsunfähigkeit für die Dauer derselben denjenigen Theil der Vollrente, welcher dem Maße der durch den Unfall herbeigeführten Einbuße an Erwerbsfähigkeit entspricht (Theilrente).

Ist der Verletzte in Folge des Unfalls nicht nur völlig erwerbsunfähig, sondern auch derart hülflos geworden, daß er ohne fremde Wartung und Pflege nicht bestehen kann, so ist für die Dauer dieser Hülflosigkeit die Rente bis zu hundert Prozent des Jahresarbeitsverdienstes zu erhöhen.

War der Verletzte zur Zeit des Unfalls bereits dauernd völlig erwerbsunfähig, so beschränkt sich der zu leistende Schadensersatz auf die im Abs. 1 Ziffer 1 bezeichneten Leistungen.

Wird ein solcher Verletzter in Folge des Unfalls derart hülflos, daß er ohne fremde Wartung und Pflege nicht bestehen kann, so ist eine Rente bis zur Hälfte der Vollrente zu gewähren.

Solange der Verletzte aus Anlaß des Unfalls thatsächlich und unverschuldet arbeitslos ist, kann der Genossenschaftsvorstand die Theilrente bis zum Betrage der Vollrente vorübergehend erhöhen.

§ 10. Als Jahresarbeitsverdienst der zur Schiffsbesatzung gehörenden Personen gilt im Sinne dieses Gesetzes das Elffache desjenigen vom Reichskanzler festzusetzenden Durchschnittsbetrags, welcher bei der Anmusterung oder Anwerbung durchschnittlich für den Monat an Lohn (Heuer) oder Gehalt gewährt wird, unter Hinzurechnung von zwei Fünfteln des für Vollmatrosen geltenden Durchschnittssatzes als Geldwerth der auf Seefahrzeugen gewährten Beköstigung. Für diejenigen Klassen der Schiffsbesatzung, welche neben dem Lohne oder Gehalte regelmäßige Nebeneinnahmen zu beziehen pflegen, ist bei Festsetzung des Durchschnittsbetrags auch der durchschnittliche Geldwerth dieser Nebeneinnahmen in Ansatz gebracht.

Der Durchschnittsbetrag wird von dem Reichskanzler nach Anhörung der Landes-Zentralbehörden einheitlich für die ganze deutsche Küste festgesetzt. Der Festsetzung sind die an Vollmatrosen auf deutschen Fahrzeugen während der letztvorangegangenen drei Kalenderjahre, in welchen eine Mobilmachung deutscher Streitkräfte nicht stattgefunden hat, gewährten Lohnsätze zu Grunde zu legen. Mindestens alle fünf Jahre erfolgt eine Revision der Festsetzung.

Die Festsetzung findet für Vollmatrosen, Steuerleute, Maschinisten, sonstige Schiffsoffiziere sowie für Schiffer besonders statt, auch können weitere Abstufungen, sei es nach der Gattung der Schiffe, sei es nach Klassen der zur Schiffsbesatzung gehörenden Personen, gemacht werden.

Bei zur Schiffsbesatzung gehörenden Personen, für welche ein besonderer Durchschnittsbetrag nicht festgesetzt ist, kommen drei Viertel des für Vollmatrosen festgesetzten Durchschnittsbetrags in Anrechnung.

Auf die in Schlepper- und Leichterbetrieben beschäftigten Personen finden diese Vorschriften keine Anwendung.

§ 11. Als Jahresarbeitsverdienst der übrigen auf Grund des § 1 versicherten Personen gilt, soweit sich derselbe nicht aus mindestens wochenweise fixirten Beträgen zusammensetzt, das Dreihundertfache des durchschnittlichen täglichen Arbeitsverdienstes. Für versicherte Personen in Betrieben, in welchen die übliche Betriebsweise eine höhere oder niedrigere Zahl von Arbeitstagen ergiebt, wird diese Zahl statt der Zahl dreihundert der Berechnung des Jahresarbeitsverdienstes zu Grunde gelegt.

War der Verletzte in dem Betriebe vor dem Unfalle nicht ein volles Jahr beschäftigt, so ist die Rente nach demjenigen Arbeitsverdienste zu berechnen, welchen während dieses Zeitraums versicherte Personen derselben Art in demselben Betrieb oder in benachbarten gleichartigen Betrieben bezogen haben. Ist dies nicht möglich, so ist der dreihundertfache Betrag desjenigen Arbeitslohns zu Grunde zu legen, welchen der Verletzte während des letzten Jahres vor dem Unfall an denjenigen Tagen, an welchen er beschäftigt war, im Durchschnitte bezogen hat.

Ueber die Ermittelung des Jahresarbeitsverdienstes der nach § 5 versicherten Personen hat das Statut (§ 37) Bestimmung zu treffen.

§ 12. Uebersteigt der nach §§ 10, 11 zu Grunde zu legende Jahresarbeitsverdienst den Betrag von fünfzehnhundert Mark, so ist der überschießende Betrag nur mit einem Drittel anzurechnen.

Erreicht der nach § 11 Abs. 1, 2 berechnete Jahresarbeitsverdienst nicht den dreihundertfachen Betrag desjenigen Lohnes, welcher von der höheren Verwaltungsbehörde nach § 8 des Krankenversicherungsgesetzes für den Ort der Beschäftigung als ortsüblicher Tagelohn gewöhnlicher Tagearbeiter festgesetzt ist, so gilt als Jahresarbeitsverdienst der letztere.

Ist die Rente nach einem geringeren Durchschnittsbetrage bemessen, so ist dieselbe bei Seeleuten vom vollendeten siebzehnten Lebensjahre nach dem für Leichtmatrosen, und vom vollendeten neunzehnten Lebensjahre nach dem für Vollmatrosen festgesetzten Durchschnittsbetrage der Lohnsätze, bei den im § 11 bezeichneten Personen aber vom vollendeten sechzehnten Lebensjahr auf den nach dem ortsüblichen Tagelohn Erwachsener festgesetzten Betrag zu erhöhen.

§ 13. In den Fällen der §§ 10, 12 Abs. 2, 3 ist bei Berechnung der Rente für Personen, welche vor dem Unfalle bereits theilweise erwerbsunfähig waren, derjenige Theil des Durchschnittsbetrags zu Grunde zu legen, welcher dem Maße der bisherigen Erwerbsfähigkeit entspricht.

§ 14. Den unter § 1 fallenden Personen, welche nach den Bestimmungen des Krankenversicherungsgesetzes gegen Krankheit versichert sind, ist im Falle eines Betriebsunfalls vom Beginne der fünften bis zum Ablaufe der dreizehnten Woche nach dem Eintritte des Unfalls ein Krankengeld von mindestens zwei Dritteln des bei der Berechnung zu Grunde gelegten Arbeitslohns zu gewähren. Die Differenz zwischen diesen zwei Dritteln und dem gesetzlich oder statutengemäß zu gewährenden niedrigeren Krankengeld ist der betheiligten Krankenkasse (Gemeindekrankenversicherung) von dem Unternehmer desjenigen Betriebs zu ersetzen, in welchem der Unfall sich ereignet hat. Die zur Ausführung dieser Bestimmung erforderlichen Vorschriften erläßt das Reichs-Versicherungsamt.

Den nach § 1 versicherten Personen, welchen in Krankheitsfällen ein gesetzlicher Anspruch auf mindestens dreizehnwöchentliche Krankenfürsorge weder gegen Rheder noch gegen Krankenkassen zusteht, hat, sofern sie nicht mehr als zweitausend Mark Jahresarbeitsverdienst haben, in Fällen ihrer durch einen Betriebsunfall herbeigeführten Verletzung der Betriebsunternehmer während der ersten dreizehn Wochen nach Eintritt des Unfalls aus eigenen Mitteln Fürsorge zu gewähren. Das Maß dieser Fürsorge richtet sich bei Seeleuten nach den Bestimmungen des § 553 des Handelsgesetzbuchs und der §§ 48 ff. der Seemannsordnung, bei den sonstigen nach § 1 versicherten Personen nach den Bestimmungen der §§ 6, 7 des Krankenversicherungsgesetzes und den Bestimmungen des vorstehenden Absatzes über den bei Unfällen zu gewährenden Mehrbetrag des Krankengeldes. Die Berufsgenossenschaft kann die dem Unternehmer obliegenden Leistungen ganz oder theilweise statt desselben übernehmen. Der Unternehmer hat in diesem Falle der Berufsgenossenschaft Ersatz zu leisten. Dabei gilt als Ersatz der im § 9 Abs. 1 Ziffer 1 bezeichneten Leistungen bei den Seeleuten die Hälfte desjenigen Betrags, der für die Unterbringung des Verletzten in einem Krankenhaus am Sitze der zuständigen Sektion aufzuwenden gewesen wäre, bei den sonstigen Personen die Hälfte desjenigen Krankengeldes, welches dem Verletzten nach § 6 Abs. 1 Ziffer 2 des Krankenversicherungsgesetzes zustehen würde, wenn er nach dessen Bestimmungen versichert wäre.

§ 15. Wenn der aus der Krankenversicherung oder aus der Bestimmung des § 14 Abs. 2 erwachsende Anspruch auf Krankengeld vor dem Ablaufe von dreizehn Wochen nach Eintritt des Unfalls weggefallen, aber bei dem Verletzten eine noch über die dreizehnte Woche hinaus andauernde Beschränkung der Erwerbsfähigkeit zurückgeblieben ist, so hat die Berufsgenossenschaft dem Verletzten die Unfallrente (§ 9 Abs. 2 lit. b) schon von dem Tage ab zu gewähren, an welchem der Anspruch auf Krankengeld in Wegfall kommt. Erachtet die Berufsgenossenschaft die Voraussetzungen des Anspruchs schon vor dem Ablaufe der dreizehnten Woche nach dem Unfalle für gegeben, so hat sie die Rente zu diesem früheren Zeitpunkte festzustellen.

Durch Statut kann bestimmt werden, daß die Rente nach dem Wegfalle des Anspruchs auf Krankengeld auch dann zu gewähren ist, wenn nach jenem Zeitpunkte zwar noch eine Beschränkung der Erwerbsfähigkeit in Folge des Unfalls verblieben ist, aber voraussichtlich schon vor Ablauf der dreizehnten Woche nach dem Unfalle fortfallen wird.

Hat die Krankenkasse die ihr aus der Krankenversicherung, oder hat der Betriebsunternehmer die ihm aus § 14 Abs. 2 obliegenden Leistungen vor dem Ablaufe der dreizehnten Woche zu Unrecht eingestellt, so geht der Anspruch des Verletzten auf Krankengeld auf die Berufsgenossenschaft bis zu demjenigen Betrag über, welcher der gemäß Abs. 1, 2 gewährten Entschädigung gleichkommt.

§ 16. Die Berufsgenossenschaft ist befugt, gegen Ersatz der Kosten demjenigen Betriebsunternehmer, welchem die Fürsorge für die ersten Wochen nach dem Unfall obliegt oder obgelegen hat, oder derjenigen

Krankenkasse, welcher der Verletzte angehört oder zuletzt angehört hat, die Fürsorge für den Verletzten bis zur Beendigung des Heilverfahrens in demjenigen Umfange zu übertragen, welchen die Berufsgenossenschaft für geboten erachtet. Zu ersetzen ist bei Gewährung der im § 9 Abs. 1 Ziffer 1 bezeichneten Leistungen für die Dauer eines Jahres der vierte Theil des Jahresarbeitsverdienstes (§§ 10 bis 12), bei Unterbringung des Verletzten in ein Krankenhaus oder in eine Anstalt für Genesende drei Viertel dieses Jahresarbeitsverdienstes, sofern nicht höhere Aufwendungen nachgewiesen werden.

Haben Krankenkassen oder Verbände von Krankenkassen Heilanstalten errichtet, in welchen ausreichende Einrichtungen für die Heilung der durch Unfall herbeigeführten Verletzungen getroffen sind, so kann die Landes-Zentralbehörde anordnen, daß die Mitglieder der betreffenden Kassen bis zum Beginne der vierzehnten Woche nach Eintritt des Unfalls nur mit Genehmigung der Vorstände dieser Kassen in andere Heilanstalten untergebracht werden dürfen.

Verletzte Personen, welche auf Veranlassung von Krankenkassen, Verbänden von Krankenkassen oder von Organen der Berufsgenossenschaft in eine Heilanstalt untergebracht sind, dürfen während des Heilverfahrens in andere Heilanstalten nur mit ihrer Zustimmung übergeführt werden. Diese Zustimmung kann durch die untere Verwaltungsbehörde des Aufenthaltsorts oder, soweit es sich um Seeleute in ausländischen Krankenhäusern handelt, durch dasjenige Seemannsamt ergänzt werden, in dessen Bezirke das Krankenhaus belegen ist.

Als Krankenkassen im Sinne dieses Paragraphen sowie der §§ 76 b bis 76 d des Krankenversicherungsgesetzes gelten außer der Gemeinde-Krankenversicherung auch diejenigen Hülfskassen, welche die im § 75 a a. a. O. vorgesehene amtliche Bescheinigung besitzen.

§ 17. An Stelle der in den §§ 9, 14 vorgeschriebenen Leistungen kann von der Berufsgenossenschaft freie Kur und Verpflegung in einer Heilanstalt gewährt werden, und zwar:

1. für Verletzte, welche verheirathet sind oder eine eigene Haushaltung haben oder Mitglieder der Haushaltung ihrer Familie sind, mit ihrer Zustimmung. Der Zustimmung bedarf es nicht, wenn die Art der Verletzung Anforderungen an die Behandlung oder Verpflegung stellt, denen in der Familie nicht genügt werden kann, oder wenn der für den Aufenthaltsort des Verletzten amtlich bestellte Arzt bezeugt, daß Zustand oder Verhalten des Verletzten eine fortgesetzte Beobachtung erfordert;
2. für sonstige Verletzte in allen Fällen.

Mit Zustimmung des Verletzten kann an Stelle der freien Kur und Verpflegung in einer Heilanstalt freie Kur und Verpflegung an Bord eines Fahrzeugs gewährt werden.

Hat die Berufsgenossenschaft von der ihr nach Abs. 1, 2 zustehenden Befugniß in den Fällen des § 14 Abs. 2 Gebrauch gemacht, so hat der Betriebsunternehmer als Ersatz für die freie Kur und Verpflegung der Berufsgenossenschaft denjenigen Betrag zu vergüten, der für die Unterbringung des Verletzten in einem Krankenhaus am Sitze der zuständigen Sektion aufzuwenden wäre. Auf Streitigkeiten, welche aus Anlaß dieser Bestimmung zwischen der Berufsgenossenschaft und dem Betriebsunternehmer entstehen, findet der § 20 Abs. 3 Anwendung.

Für die Zeit der Verpflegung des Verletzten in der Heilanstalt oder an Bord eines Fahrzeugs steht seinen Angehörigen ein Anspruch auf Rente insoweit zu, als sie dieselbe im Falle seines Todes würden beanspruchen können (§§ 22 ff.).

Die Berufsgenossenschaft ist befugt, auf Grund statutarischer Bestimmung allgemein, ohne eine solche im Falle der Bedürftigkeit, dem in einer Heilanstalt untergebrachten Verletzten sowie seinen Angehörigen eine besondere Unterstützung zu gewähren.

§ 18. Ist begründete Annahme vorhanden, daß der Empfänger einer Unfallrente bei Durchführung eines Heilverfahrens eine Erhöhung seiner Erwerbsfähigkeit erlangen werde, so kann die Berufsgenossenschaft zu diesem Zwecke jederzeit ein neues Heilverfahren eintreten lassen. Dabei finden die Bestimmungen der §§ 16, 17 Abs. 1, 4, 5 Anwendung.

Hat sich der Verletzte solchen Maßnahmen der Berufsgenossenschaft, den gemäß § 9 Abs. 1 Ziffer 1, § 14 Abs. 2, §§ 16, 17 oder gemäß den Bestimmungen der §§ 76 c, 76 d des Krankenversicherungsgesetzes getroffenen Anordnungen ohne gesetzlichen oder sonst triftigen Grund entzogen, so kann ihm der Schadensersatz auf Zeit ganz oder theilweise versagt werden, sofern er auf diese Folge hingewiesen worden ist, und nachgewiesen wird, daß durch sein Verhalten die Erwerbsfähigkeit ungünstig beeinflußt wird.

§ 19. Der Vorstand der Berufsgenossenschaft kann einem Rentenempfänger auf seinen Antrag an Stelle der Rente Aufnahme in ein Invalidenhaus oder in ähnliche von Dritten unterhaltene Anstalten auf Kosten der Berufsgenossenschaft gewähren. Der Aufgenommene ist auf ein Vierteljahr und, wenn er die Erklärung nicht einen Monat vor Ablauf dieses Zeitraums zurücknimmt, jedesmal auf ein weiteres Vierteljahr an den Verzicht auf die Rente gebunden.

§ 20. Streitigkeiten, welche wegen Gewährung freier Kur und Verpflegung in einem Krankenhaus oder an Bord eines Fahrzeugs im Ausland entstehen, werden bis zu weiterer Entschließung der zuständigen Genossenschaftsorgane durch dasjenige Seemannsamt, welches zuerst angegangen wird, entschieden. Diese Entscheidung ist vorläufig vollstreckbar.

Streitigkeiten, welche aus Anlaß der in den §§ 14, 15 Abs. 3 § 16 enthaltenen Bestimmungen entstehen, werden, soweit es sich um Ansprüche von Seeleuten handelt, durch das Seemannsamt entschieden. Zuständig ist, soweit es sich um die Gewährung von Fürsorge handelt, dasjenige Seemannsamt, welches zuerst angegangen wird, und soweit es sich um Erstattungen handelt, das Seemannsamt des Heimathshafens. Gegen die Entscheidung des Seemannsamts findet die Berufung an das Reichs-Versicherungsamt statt. Das Rechtsmittel ist bei demselben innerhalb eines Monats nach Zustellung der Entscheidung einzulegen. Die Entscheidung ist vorläufig vollstreckbar, soweit es sich um Streitigkeiten über Fürsorge handelt.

Im Uebrigen werden Streitigkeiten der im Abs. 2 bezeichneten Art, wenn es sich um Ersatzansprüche handelt, nach § 58 Abs. 2 des Krankenversicherungsgesetzes, im Uebrigen nach § 58 Abs. 1 des Krankenversicherungsgesetzes entschieden, und zwar in den Fällen des § 14 Abs. 2 von der für die Orts-Krankenkassen des Beschäftigungsorts zuständigen Aufsichtsbehörde. Gehört diese zu den Betheiligten, so wird die zur Entscheidung des Streitfalls berufene Behörde durch die für den Beschäftigungsort zuständige höhere Verwaltungsbehörde bestimmt.

§ 21. Im Falle der Tödtung ist als Schadensersatz außerdem zu leisten:

1. sofern nicht nach § 554 des Handelsgesetzbuchs oder § 51 der Seemannsordnung der Rheder die Bestattungskosten zu tragen hat, und sofern die Bestattung auf dem Lande erfolgt, als Sterbegeld für Seeleute zwei Drittel des nach §§ 10, 12 Abs. 1 für den Monat ermittelten Durchschnittsverdienstes, für die übrigen nach § 1 versicherten Personen der fünfzehnte Theil des nach §§ 11, 12 zu Grunde zu legenden Jahresarbeitsverdienstes, jedoch mindestens ein Betrag von fünfzig Mark;
2. eine den Hinterbliebenen vom Todestage des Verstorbenen ab zu gewährende Rente. Dieselbe besteht nach näherer Bestimmung der §§ 22 bis 26 in einem Bruchtheile seines nach §§ 10 bis 12 ermittelten Jahresarbeitsverdienstes.

Der Anspruch auf Sterbegeld steht demjenigen zu, welcher die Beerdigung besorgt hat.

Ist bei den im § 11 bezeichneten Personen der der Berechnung zu Grunde zu legende Jahresarbeitsverdienst in Folge eines früher erlittenen, nach den reichsgesetzlichen Bestimmungen über Unfallversicherung entschädigten Unfalls geringer als der vor diesem Unfalle bezogene Lohn, so ist die aus Anlaß des früheren Unfalls bei Lebzeiten bezogene Rente dem Jahresarbeitsverdienste bis zur Höhe des der früheren Rentenfeststellung zu Grunde gelegten Jahresarbeitsverdienstes hinzuzurechnen.

§ 22. Hinterläßt der Verstorbene eine Wittwe oder Kinder, so beträgt die Rente für die Wittwe bis zu deren Tode oder Wiederverheirathung sowie für jedes hinterbliebene Kind bis zu dessen zurückgelegtem fünfzehnten Lebensjahre je zwanzig Prozent des Jahresarbeitsverdienstes.

Im Falle der Wiederverheirathung erhält die Wittwe sechzig Prozent des Jahresarbeitsverdienstes als Abfindung.

Der Anspruch der Wittwe ist ausgeschlossen, wenn die Ehe erst nach dem Unfalle geschlossen worden ist; die Berufsgenossenschaft kann jedoch in besonderen Fällen auch dann eine Wittwenrente gewähren.

Die Bestimmungen über die Renten der Kinder finden auch Anwendung, wenn der Unfall eine alleinstehende weibliche Person betroffen hat und diese mit Hinterlassung von Kindern verstirbt.

§ 23. War die Verstorbene beim Eintritte des Unfalls verheirathet, aber der Lebensunterhalt ihrer Familie wegen Erwerbsunfähigkeit des

Ehemanns ganz oder überwiegend durch sie bestritten worden, so erhalten bis zum Wegfalle der Bedürftigkeit an Rente

a) der Wittwer zwanzig Prozent,

b) jedes hinterbliebene Kind bis zu dessen zurückgelegtem fünfzehnten Lebensjahre zwanzig Prozent des Arbeitsverdienstes.

Die Berufsgenossenschaft ist berechtigt, im Falle der Tödtung einer Ehefrau, deren Ehemann sich ohne gesetzlichen Grund von der häuslichen Gemeinschaft ferngehalten und der Pflicht der Unterhaltung der Kinder entzogen hat, diesen Kindern die Rente zu gewähren.

§ 24. Hinterläßt der Verstorbene Verwandte aufsteigender Linie, so wird ihnen, falls ihr Lebensunterhalt ganz oder überwiegend durch den Verstorbenen bestritten worden war, bis zum Wegfalle der Bedürftigkeit eine Rente von insgesammt zwanzig Prozent des Jahresarbeitsverdienstes gewährt.

§ 25. Hinterläßt der Verstorbene elternlose Enkel, so wird ihnen, falls ihr Lebensunterhalt ganz oder überwiegend durch den Verstorbenen bestritten worden war, im Falle der Bedürftigkeit bis zum zurückgelegten fünfzehnten Lebensjahr eine Rente von insgesammt zwanzig Prozent des Jahresarbeitsverdienstes gewährt.

§ 26. Die Renten der Hinterbliebenen dürfen insgesammt sechzig Prozent des Jahresarbeitsverdienstes nicht übersteigen. Ergiebt sich ein höherer Betrag, so werden die Renten gekürzt. Bei Ehegatten und Kindern erfolgt die Kürzung im Verhältnisse der Höhe ihrer Renten; Verwandte aufsteigender Linie haben einen Anspruch nur insoweit, als der Höchstbetrag der Renten nicht für Ehegatten oder Kinder in Anspruch genommen wird; Enkel nur insoweit, als der Höchstbetrag der Renten nicht für Ehegatten, Kinder und Verwandte aufsteigender Linie in Anspruch genommen wird.

Sind aus der aufsteigenden Linie Verwandte verschiedenen Grades vorhanden, so wird die Rente den Eltern vor den Großeltern gewährt.

§ 27. Die Hinterbliebenen eines Ausländers, welche zur Zeit des Unfalls nicht im Inland oder an Bord eines deutschen Schiffes ihren gewöhnlichen Aufenthalt hatten, haben keinen Anspruch auf die Rente. Durch Beschluß des Bundesraths kann diese Bestimmung für bestimmte Grenzbezirke sowie für die Angehörigen solcher auswärtiger Staaten, durch deren Gesetzgebung eine entsprechende Fürsorge für die Hinterbliebenen durch Betriebsunfall getödteter Deutschen gewährleistet ist, außer Kraft gesetzt werden.

§ 28. Den Angehörigen eines Versicherten, welcher sich auf einem in See gegangenen Fahrzeuge befunden hat, steht der Anspruch auf Rente (§§ 21 ff.) auch dann zu, wenn dieses Fahrzeug untergegangen oder nach den Bestimmungen der §§ 862, 863 des Handelsgesetzbuchs als verschollen anzusehen ist, und seit dem Untergange oder seit den letzten Nachrichten von dem Fahrzeug ein Jahr verflossen ist, ohne daß von dem Leben des Vermißten glaubhafte Nachrichten eingegangen sind. Die Genossenschaft kann von den zum Bezuge von Renten berechtigten Hinterbliebenen verlangen, daß sie vor einer zur Abnahme von Eiden zuständigen Behörde die eidesstattliche Versicherung abgeben, von dem Leben des Vermißten keine anderen als die angezeigten Nachrichten erhalten zu haben.

Die Zahlung der Rente beginnt in den Fällen dieser Art mit dem Tage, an welchem das Fahrzeug untergegangen ist, oder, wenn das Fahrzeug verschollen war, nach Ablauf eines halben Monats von dem Tage ab, bis zu welchem die letzte Nachricht über das Fahrzeug reicht (§ 42 der Seemannsordnung). Der Anspruch auf fernere Rentenbezüge erlischt, wenn das Leben des als verstorben geltenden Ernährers nachgewiesen ist.

§ 29. Die Verpflichtung der eingeschriebenen Hülfskassen sowie der sonstigen Kranken-, Sterbe-, Invaliden- und anderen Unterstützungskassen, den von Unfällen betroffenen Versicherten sowie deren Angehörigen und Hinterbliebenen Unterstützungen zu gewähren, sowie die Verpflichtung von Gemeinden oder Armenverbänden zur Unterstützung hülfsbedürftiger Personen wird durch dieses Gesetz nicht berührt.

Wenn auf Grund solcher Verpflichtung Unterstützungen für einen Zeitraum gewährt werden, für welchen den Unterstützten nach Maßgabe dieses Gesetzes ein Entschädigungsanspruch zustand oder noch zusteht, so ist hierfür den die Unterstützung gewährenden Kassen, Gemeinden oder Armenverbänden durch Ueberweisung von Rentenbeträgen Ersatz zu leisten.

In Fällen dieser Art gilt für die unter das Krankenversicherungsgesetz fallenden Kassen als Ersatz der im § 6 Abs. 1 Ziffer 1 des Krankenversicherungsgesetzes bezeichneten Leistungen die Hälfte des gesetzlichen Mindestbetrags des Krankengeldes dieser Kassen, sofern nicht höhere Aufwendungen nachgewiesen werden.

Ist die von Kassen, Gemeinden oder Armenverbänden geleistete Unterstützung eine vorübergehende, so können als Ersatz höchstens drei Monatsbeträge der Rente, und zwar mit nicht mehr als der Hälfte in Anspruch genommen werden.

Ist die Unterstützung eine fortlaufende, so kann als Ersatz, wenn die Unterstützung in der Gewährung des Unterhalts in einer Anstalt besteht, für dessen Dauer und in dem zur Ersatzleistung erforderlichen Betrage die fortlaufende Ueberweisung der vollen Rente, im Uebrigen die fortlaufende Ueberweisung von höchstens der halben Rente beansprucht werden.

§ 30. Der Antrag auf Ueberweisung von Rentenbeträgen (§ 29 Abs. 2 bis 5) ist bei der Berufsgenossenschaft anzumelden; soweit es sich um den Ersatz für eine vorübergehende Unterstützung handelt, ist der Anspruch bei Vermeidung des Ausschlusses spätestens binnen drei Monaten seit Beendigung der Unterstützung geltend zu machen.

Streitigkeiten, welche aus den Bestimmungen des § 29 Abs. 2 bis 5 zwischen den Betheiligten über den Anspruch auf Ueberweisung von Rentenbeträgen entstehen, werden im Verwaltungsstreitverfahren und, wo ein solches nicht besteht, durch die dem Ersatzberechtigten vorgesetzte Aufsichtsbehörde entschieden. Die Entscheidung der Letzteren kann innerhalb eines Monats nach der Zustellung im Wege des Rekurses nach Maßgabe der §§ 20, 21 der Gewerbeordnung angefochten werden.

§ 31. Die Bestimmungen der §§ 29, 30 gelten auch für Betriebsunternehmer und Kassen, welche die den Gemeinden oder Armenverbänden obliegende Verpflichtung zur Unterstützung Hülfsbedürftiger auf Grund gesetzlicher Vorschrift erfüllen.

Träger der Versicherung (Berufsgenossenschaft).

§ 32. Die Versicherung erfolgt, vorbehaltlich der Bestimmung des § 158, auf Gegenseitigkeit durch die Unternehmer der unter § 1 fallenden Betriebe, welche zu diesem Zwecke in eine Berufsgenossenschaft vereinigt bleiben.

Als Unternehmer gilt derjenige, für dessen Rechnung der Betrieb erfolgt, bei Schiffahrtsbetrieben der Rheder (§ 3 Abs. 4).

Unfälle in fremden Betrieben hat die Berufsgenossenschaft dann zu entschädigen, wenn sich diese Unfälle bei Betriebshandlungen ereignen, zu welchen ein der Berufsgenossenschaft angehörender Unternehmer den Auftrag gegeben und für welche er die Löhne zu zahlen hat.

Die Berufsgenossenschaft kann unter ihrem Namen Rechte erwerben und Verbindlichkeiten eingehen, vor Gericht klagen und verklagt werden.

Für die Verbindlichkeiten der Berufsgenossenschaft haftet den Gläubigern derselben nur das Genossenschaftsvermögen.

Bestellung von Bevollmächtigten.

§ 33. Für jedes Fahrzeug hat der Rheder in dem Heimathshafen einen Bevollmächtigten zu bestellen, falls er nicht selbst an diesem Orte seinen Wohnsitz hat. Mitrheder sind zur Bestellung eines gemeinschaftlichen Bevollmächtigten auch dann verpflichtet, wenn sie sämmtlich in dem Heimathshafen des Fahrzeugs ihren Wohnsitz haben. Der Name des Bevollmächtigten sowie etwaige Veränderungen in der Person desselben sind der Berufsgenossenschaft mitzutheilen.

Der Bevollmächtigte ist befugt und verpflichtet, den Rheder in dessen Eigenschaft als Mitglied der Genossenschaft dieser letzteren gegenüber gerichtlich und außergerichtlich zu vertreten. Diese Befugniß und Verpflichtung erstreckt sich auch auf die Geschäfte und Rechtshandlungen, für welche nach den Gesetzen eine Spezialvollmacht erforderlich ist. Zustellungen in Angelegenheiten der Genossenschaft erfolgen an den Bevollmächtigten mit gleicher Wirkung wie an den Rheder selbst. Eine Beschränkung der Befugnisse des Bevollmächtigten hat der Genossenschaft gegenüber keine rechtliche Wirkung.

Bis zur Mittheilung des Namens des Bevollmächtigten oder im Falle eines Wegfalls des letzteren, bis zur Mittheilung des Namens des anderweit bestellten Bevollmächtigten ruhen das Stimmrecht und die Wählbarkeit des Rheders. Bis dahin wird derselbe zu der Generalversammlung und den Genossenschaftsversammlungen nicht geladen; auch können Zustellungen an ihn in Angelegenheiten der Genossenschaft durch öffentlichen Aushang während einer Woche in den Geschäftsräumen der zustellenden Genossenschaftsorgane oder Behörden bewirkt werden. In dem Aushange kann der Name des Rheders, sofern derselbe nicht bekannt sein sollte, durch Bezeichnung des Fahrzeugs ersetzt werden. Durch das Statut können weitere Beschränkungen des Rheders in der Ausübung derjenigen Rechte vorgeschrieben werden, welche ihm als Mitglied der Genossenschaft im Verhältnisse zu dieser zustehen.

Ein von den Mitrhedern bestellter Korrespondentrheder (§§ 492 ff. des Handelsgesetzbuchs) gilt, solange kein besonderer Bevollmächtigter bestellt ist, der Genossenschaft gegenüber als Bevollmächtigter im Sinne der vorstehenden Bestimmungen. Insbesondere hat derselbe alle dem Bevollmächtigten im Verhältnisse zu der Genossenschaft vorstehend beigelegten Rechte und Pflichten.

Aufbringung der Mittel.

§ 34. Die Mittel zur Deckung der von der Berufsgenossenschaft zu leistenden Entschädigungen und der Verwaltungskosten werden durch Beiträge aufgebracht, welche auf die Mitglieder der Berufsgenossenschaft jährlich umgelegt werden (§§ 103, 104).

Zu anderen Zwecken, als zur Deckung der Kosten für die der Genossenschaft obliegende Fürsorge, zur Bestreitung der Verwaltungskosten, zur Ansammlung des Reservefonds, zur Gewährung von Prämien für Rettung Verunglückter und zu Zwecken der Unfallverhütung sowie mit Genehmigung des Reichs-Versicherungsamts zur Errichtung von Heil- oder Genesungsanstalten dürfen weder Beiträge von den Genossenschaftsmitgliedern erhoben werden, noch Verwendungen aus dem Vermögen der Genossenschaft erfolgen.

§ 35. Auf die Beiträge können von den Mitgliedern nach Bestimmung des Statuts viertel- oder halbjährliche Vorschüsse erfordert werden. Dieselben bemessen sich für die einzelnen Mitglieder nach der Höhe der für das letztvergangene Rechnungsjahr auf sie umgelegten Beiträge und betragen jedesmal den vierten Theil beziehungsweise die Hälfte der letzteren, solange nicht die Genossenschaftsversammlung einen niedrigeren Betrag festgesetzt hat. Für neueintretende Mitglieder sind die Vorschüsse nach demjenigen Betrage zu bemessen, welchen diese Mitglieder nach dem Umfang ihres Betriebs zu den Jahreslasten des letztvergangenen Rechnungsjahrs hätten beitragen müssen, wenn sie in demselben schon Mitglieder der Berufsgenossenschaft gewesen wären.

Die Vorschüsse sind binnen zwei Wochen nach den durch das Statut oder die Genossenschaftsversammlung bestimmten Fälligkeitsterminen an den Vorstand einzuzahlen.

§ 36. Die Berufsgenossenschaft hat einen Reservefonds anzusammeln. Dem jeweiligen Bestande desselben sind vom Inkrafttreten dieses Gesetzes ab drei Jahre lang je zehn Prozent und weiter in Zeiträumen von je drei Jahren je ein Prozent weniger bis herab zu je vier Prozent alljährlich zuzuschlagen und zwar jedesmal unter Anrechnung der Zinsen. Nach Ablauf dieser Zeit sind aus den Zinsen des Reservefonds diejenigen Beträge zu entnehmen, welche erforderlich sind, um eine weitere Steigerung des auf eine jede versicherte Person im Durchschnitt entfallenden Umlagebeitrags zu beseitigen. Der Rest der Zinsen ist dem Reservefonds weiter zuzuschlagen.

In dringenden Bedarfsfällen kann die Genossenschaft mit Genehmigung des Reichs-Versicherungsamts schon vorher die Zinsen und erforderlichen Falles auch den Kapitalbestand des Reservefonds angreifen. Die Wiederergänzung erfolgt alsdann nach näherer Anordnung des Reichs-Versicherungsamts.

Auf Antrag des Genossenschaftsvorstandes kann die Genossenschaftsversammlung jederzeit weitere Zuschläge zum Reservefonds beschließen. Solche Beschlüsse bedürfen der Genehmigung des Reichs-Versicherungsamts.

II. Organisation der Berufsgenossenschaft.

Statut der Berufsgenossenschaft.

§ 37. Die Berufsgenossenschaft regelt ihre innere Verwaltung sowie ihre Geschäftsordnung durch ein von der Genossenschaftsversammlung zu beschließendes Statut.

Das Genossenschaftsstatut muß Bestimmungen treffen:

1. über Namen und Sitz der Genossenschaft;
2. über die Bildung des Genossenschaftsvorstandes und über den Umfang seiner Befugnisse;
3. über die Berufung der Genossenschaftsversammlung sowie über die Art ihrer Beschlußfassung;
4. über das Stimmrecht der Mitglieder der Genossenschaft (§ 58 Abs. 3) und die Prüfung ihrer Vollmachten;
5. über das bei der Abschätzung der Seefahrzeuge (§ 49) zu beobachtende Verfahren (§ 52);
6. über das Verfahren bei Aenderung in den Betrieben oder in der Person der Rheder (§§ 62 bis 64);
7. über die Folgen der Betriebseinstellungen oder eines Wechsels der Betriebsunternehmer, insbesondere über die Sicherstellung der Beiträge derjenigen Personen, welche den Betrieb einstellen;
8. über die den Vertretern der Versicherten zu gewährenden Vergütungssätze (§ 120 Abs. 2);
9. über die Aufstellung, Prüfung und Abnahme der Jahresrechnung;
10. über die Ausübung der der Genossenschaft zustehenden Befugnisse zum Erlasse von Vorschriften behufs der Unfallverhütung und der Ueberwachung der Betriebe (§§ 118 ff.);
11. über die Voraussetzungen einer Abänderung des Statuts;
12. über das bei der Anmeldung und dem Ausscheiden der auf Grund des § 5 versicherten Personen zu beobachtende Verfahren sowie über Ermittelung des Jahresarbeitsverdienstes dieser Personen (§ 11).

§ 38. Das Statut kann vorschreiben, daß die Genossenschaftsversammlung aus Vertretern zusammengesetzt, daß die Berufsgenossenschaft in örtlich abgegrenzte Sektionen eingetheilt wird und daß Vertrauensmänner als örtliche Genossenschaftsorgane eingesetzt werden. Enthält dasselbe Vorschriften dieser Art, so ist darin zugleich über die Wahl der Vertreter, über Sitz und Bezirk der Sektionen, über die Zusammensetzung und Berufung der Sektionsversammlungen sowie über die Art ihrer Beschlußfassung, über die Bildung der Sektionsvorstände und über den Umfang ihrer Befugnisse sowie über die Abgrenzung der Bezirke der Vertrauensmänner, die Wahl der letzteren und ihrer Stellvertreter und den Umfang ihrer Befugnisse Bestimmung zu treffen.

Die Abgrenzung der Bezirke der Vertrauensmänner sowie die Wahl der letzteren und ihrer Stellvertreter kann von der Genossenschaftsversammlung dem Genossenschafts- oder Sektionsvorstande, die Wahl der Sektionsvorstände den Sektionsversammlungen übertragen werden.

§ 39. Das Genossenschaftsstatut bedarf zu seiner Gültigkeit der Genehmigung des Reichs-Versicherungsamts. Das Gleiche gilt von Abänderungen des Statuts. Gegen die Versagung der Genehmigung findet innerhalb eines Monats die Beschwerde an den Bundesrath statt.

Veröffentlichung des Namens und Sitzes der Genossenschaft ꝛc.

§ 40. Etwaige Aenderungen des Statuts, sofern sie

1. den Namen und den Sitz der Genossenschaft,
2. die Bezirke der Sektionen

betreffen, hat nach ihrer Genehmigung der Genossenschaftsvorstand durch den Reichsanzeiger bekannt zu machen.

Vorstände.

§ 41. Dem Genossenschaftsvorstande liegt die gesammte Verwaltung der Genossenschaft ob, soweit nicht einzelne Angelegenheiten durch Gesetz oder Statut der Beschlußnahme der Genossenschaftsversammlung vorbehalten oder anderen Organen der Genossenschaft übertragen sind.

Die Beschlußfassung der Vorstände kann in eiligen Fällen durch schriftliche Abstimmung erfolgen.

Der Beschlußnahme der Genossenschaftsversammlung müssen vorbehalten werden:

1. die Wahl der Mitglieder des Genossenschaftsvorstandes,
2. Abänderungen des Statuts,
3. die Prüfung und Abnahme der Jahresrechnung, falls diese nicht von der Genossenschaftsversammlung einem Ausschuß übertragen wird.

§ 42. Die Genossenschaft wird durch ihren Vorstand gerichtlich und außergerichtlich vertreten. Die Vertretung erstreckt sich auch auf diejenigen Geschäfte und Rechtshandlungen, für welche nach den Gesetzen eine Spezialvollmacht erforderlich ist. Durch das Statut kann einem Mitglied oder mehreren Mitgliedern des Vorstandes die Vertretung nach außen übertragen werden.

Durch die Geschäfte, welche der Vorstand der Genossenschaft und die Vorstände der Sektionen sowie die Vertrauensmänner innerhalb der Grenzen ihrer gesetzlichen und statutarischen Vollmacht im Namen der Genossenschaft abschließen, wird die letztere berechtigt und verpflichtet.

Zur Legitimation der Vorstände bei Rechtsgeschäften genügt die Bescheinigung der höheren Verwaltungsbehörde, daß die darin bezeichneten Personen den Vorstand bilden.

Der Vorstand der Genossenschaft kann unbeschadet seiner eigenen Verantwortung (§ 45) bestimmte Geschäfte besoldeten Geschäftsführern übertragen. Die zur Ausführung dieser Bestimmung erforderlichen Vorschriften erläßt das Reichs-Versicherungsamt.

§ 43. Wählbar zu Mitgliedern der Vorstände und zu Vertrauensmännern sind die stimmberechtigten Mitglieder der Genossenschaft sowie deren gesetzliche Vertreter und, sofern das Statut dies zuläßt, die Bevollmächtigten der Rheder sowie die Korrespondentrheder (§ 33). Nicht wählbar ist, wer zum Amte eines Schöffen unfähig ist (§§ 31, 32 des Gerichtsverfassungsgesetzes).

Die Ablehnung der Wahl ist nur aus denselben Gründen zulässig, aus welchen gemäß § 1786 Abs. 1 Ziffer 2 bis 4 und 8 des Bürgerlichen Gesetzbuchs das Amt eines Vormundes abgelehnt werden kann. Die Wahrnehmung eines auf Grund der Gesetze über Krankenversicherung, Unfallversicherung oder Invalidenversicherung übertragenen Ehrenamts steht der Führung einer Vormundschaft gleich. Durch das Statut können noch andere Ablehnungsgründe festgesetzt werden. Die Wiederwahl kann für eine Wahlperiode abgelehnt werden.

Personen, welche die Wahl ohne zulässigen Grund ablehnen oder sich der Ausübung ihres Amtes ohne hinreichende Entschuldigung entziehen, können vom Vorstande mit Geldstrafen bis zu fünfhundert Mark belegt werden.

§ 44. Die Mitglieder der Vorstände und die Vertrauensmänner verwalten ihr Amt als unentgeltliches Ehrenamt, sofern nicht durch das Statut eine Entschädigung für den durch Wahrnehmung der Genossenschaftsgeschäfte ihnen erwachsenden Zeitverlust bestimmt wird. Die Höhe der Entschädigung unterliegt der Genehmigung des Reichs-Versicherungsamts. Baare Auslagen werden ihnen von der Genossenschaft ersetzt, und zwar, soweit sie in Reisekosten bestehen, nach festen, von der Genossenschaftsversammlung zu bestimmenden Sätzen. Die Mitglieder des Vorstandes dürfen neben diesen Vergütungen eine Besoldung für die Geschäftsführung nicht erhalten.

§ 45. Die Mitglieder der Vorstände sowie die Vertrauensmänner haften der Genossenschaft für getreue Geschäftsverwaltung wie Vormünder ihren Mündeln und unterliegen, wenn sie absichtlich zum Nachtheile der Genossenschaft handeln, der Strafbestimmung des § 266 des Strafgesetzbuchs.

§ 46. Kommt eine Wahl der gesetzlichen Organe der Genossenschaft nicht zu Stande oder verweigern die Gewählten die Erfüllung ihrer gesetzlichen oder statutarischen Obliegenheiten, so hat, solange und soweit dies der Fall ist, das Reichs-Versicherungsamt die Obliegenheiten auf Kosten der Genossenschaft wahrzunehmen oder durch Beauftragte wahrnehmen zu lassen.

§ 47. Werden hinsichtlich eines Gewählten Thatsachen bekannt, welche dessen Wählbarkeit nach Maßgabe dieses Gesetzes ausschließen, oder welche sich als grobe Verletzungen der Amtspflicht darstellen, so ist der Gewählte, nachdem ihm Gelegenheit zur Aeußerung gegeben worden ist, durch Beschluß des Vorstandes seines Amtes zu entheben. Gegen den

Beschluß ist innerhalb eines Monats Beschwerde beim Reichs-Versicherungsamte zulässig; sie ist ohne aufschiebende Wirkung.

Genossenschaftsbeamte.

§ 48. Die Genossenschaftsversammlung hat eine Dienstordnung zu beschließen, durch welche die Rechtsverhältnisse und allgemeinen Anstellungsbedingungen der Genossenschaftsbeamten geregelt werden. Diese Dienstordnung bedarf der Bestätigung durch das Reichs-Versicherungsamt.

Die Gehälter der Beamten werden im Einzelnen durch den Haushaltsplan der Genossenschaft festgestellt.

Abschätzung. Gefahrenklassen.

§ 49. Für jedes Fahrzeug, mit Ausnahme der in Schlepper- und Leichterbetrieben verwendeten Fahrzeuge, wird die durchschnittliche Zahl derjenigen Seeleute abgeschätzt, welche als Besatzung desselben erforderlich sind. Die Abschätzung erfolgt nach Klassen (§ 10) auf Grund des Handbuchs für die deutsche Handelsmarine und der nach §§ 21, 22 des Gesetzes vom 13. Juli 1887 (Reichs-Gesetzbl. S. 329) bei Errichtung der Berufsgenossenschaft aufgestellten Unternehmerverzeichnisse sowie der gemäß § 62 zu berücksichtigenden Veränderungen.

§ 50. Durch das Statut kann bestimmt werden, daß für die zur Genossenschaft gehörenden Betriebe je nach der Größe der mit denselben verbundenen Unfallgefahr entsprechende Gefahrenklassen zu bilden und über die Höhe der in denselben zu leistenden Beiträge Bestimmungen zu treffen sind (Gefahrentarif). Wenn das Statut solche Bestimmungen enthält, so muß dasselbe auch über das bei der Veranlagung zu den Klassen des Gefahrentarifs einzuschlagende Verfahren Vorschriften treffen. Die Aufstellung und Abänderung des Gefahrentarifs liegt der Genossenschaftsversammlung ob; sie kann jedoch diese Befugnisse einem Ausschuß oder dem Vorstand übertragen.

§ 51. Der Gefahrentarif bedarf der Genehmigung des Reichs-Versicherungsamts.

Derselbe ist mindestens von fünf zu fünf Rechnungsjahren unter Berücksichtigung der vorgekommenen Unfälle durch den Genossenschaftsvorstand einer Revision zu unterziehen. Ist die Abänderung des Tarifs dem Vorstande nicht übertragen, so hat dieser die Ergebnisse der Revision mit dem Verzeichnisse der vorgekommenen, auf Grund dieses Gesetzes zu entschädigenden Unfälle der Genossenschaftsversammlung oder, sofern ein Ausschuß zuständig ist, dem letzteren zur Beschlußfassung über die Beibehaltung oder Aenderung der bisherigen Tarife und Bestimmungen vorzulegen (§ 50). Die über die Abänderung gefaßten Beschlüsse bedürfen zu ihrer Gültigkeit der Genehmigung des Reichs-Versicherungsamts; demselben ist das Verzeichniß der vorgekommenen Unfälle vorzulegen.

§ 52. Die Abschätzung der Fahrzeuge (§ 49) sowie die Veranlagung der Betriebe zu den Gefahrenklassen (§ 50) liegt nach näherer Bestimmung des Statuts den Organen der Genossenschaft ob.

Regelmäßige Revisionen der Abschätzung und Veranlagung finden in denjenigen Terminen statt, in welchen der Gefahrentarif zu revidiren ist (§ 51). Hierbei ist in derselben Weise wie bei der ersten Abschätzung und Veranlagung zu verfahren.

Die Mitglieder der Genossenschaft sind verpflichtet, den Organen derselben auf Erfordern binnen zwei Wochen diejenige Auskunft zu ertheilen, welche für die Durchführung der Abschätzung oder Veranlagung erforderlich ist. Dasselbe gilt von den Korrespondentrhedern und Bevollmächtigten (§ 33) sowie von dem Führer des betreffenden Fahrzeugs.

§ 53. Jedem Mitgliede der Genossenschaft ist, sofern eine Veranlagung zu Gefahrenklassen stattgefunden hat, diese Veranlagung (§ 52), jedem Rheder aber das Ergebniß der Abschätzung seiner Schiffahrtsbetriebe (§ 49) mitzutheilen. Gegen die Veranlagung beziehungsweise Abschätzung steht den Betheiligten binnen einer Frist von zwei Wochen nach der Mittheilung des Ergebnisses die Beschwerde an das Reichs-Versicherungsamt zu. Nach der Veranlagung kann die Genossenschaft einen Betrieb während der Tarifperiode neu veranlagen, wenn die vorige Veranlagung auf unrichtigen Angaben des Betriebsunternehmers beruht. Auf die erneute Veranlagung finden die für die vorige Veranlagung maßgebenden Vorschriften Anwendung. Das Gleiche gilt von der Abschätzung der Betriebe.

Zuschläge und Nachlässe.

§ 54. Die Genossenschaftsversammlung kann auf Antrag des Vorstandes einzelnen Unternehmern nach Maßgabe der auf ihren Fahrzeugen vorgekommenen Unfälle für die nächste Periode (§ 51) oder einen Theil derselben Zuschläge auferlegen oder Nachlässe bewilligen. Gegen die Auferlegung von Zuschlägen steht dem Unternehmer binnen zwei Wochen nach der Zustellung des dieselben festsetzenden Beschlusses die Beschwerde an das Reichs-Versicherungsamt zu.

Besondere Belastung einzelner Reisen.

§ 55. Durch das Statut kann bestimmt werden, daß bei besonders gefährlicher Ladung, oder bei Reisen in besonders gefährlichen Gewässern oder Jahreszeiten für die Dauer dieser Reisen höhere Beiträge zu zahlen sind. Wenn das Statut eine solche Bestimmung enthält, so hat die Genossenschaftsversammlung über die Grundsätze, nach welchen die Beitragserhöhungen erfolgen sollen, sowie über die Anmeldung und Feststellung derjenigen Thatsachen, welche für die Auferlegung der Beitragserhöhung von Erheblichkeit sind, Vorschriften zu erlassen.

Durch Beschluß der Genossenschaftsversammlung kann der Erlaß dieser Vorschriften einem Ausschuß oder dem Vorstand übertragen werden.

Die Vorschriften bedürfen der Genehmigung des Reichs-Versicherungsamts und sind von Zeit zu Zeit zu revidiren. Auf die Revision finden die Bestimmungen des § 51 entsprechende Anwendung.

§ 56. Die Erhöhung der Beiträge für einzelne Reisen erfolgt nach näherer Bestimmung des Statuts durch die Organe der Genossenschaft nach Verhältniß der in jedem Rechnungsjahre zurückgelegten Reisen. Die Mitglieder der Genossenschaft, Korrespondentrheder und Bevollmächtigten sowie die Schiffsführer sind nach Maßgabe des § 52 Abs. 3 verpflichtet, den Organen der Genossenschaft die für die Erhöhung der Beiträge erforderliche Auskunft zu ertheilen.

Die Auferlegung höherer Beiträge für einzelne Reisen kann im Wege des Widerspruchs gegen die Festsetzung der Beiträge angefochten werden (§ 108); die vorläufige Zahlung wird aber dadurch nicht aufgehalten.

Auflösung der Berufsgenossenschaft.

§ 57. Wenn die Berufsgenossenschaft zur Erfüllung der ihr durch dieses Gesetz auferlegten Verpflichtungen leistungsunfähig wird, so ist sie auf Antrag des Reichs-Versicherungsamts von dem Bundesrath aufzulösen. Mit der Auflösung der Genossenschaft gehen deren bisher erwachsene Rechtsansprüche und Verpflichtungen auf das Reich über; die Abwickelung der Geschäfte erfolgt durch die Organe der aufgelösten Genossenschaft unter Kontrole des Reichs-Versicherungsamts.

III. Mitgliedschaft des einzelnen Betriebs. Veränderungen.

Mitgliedschaft.

§ 58. Mitglied der Genossenschaft ist, vorbehaltlich der Bestimmungen der §§ 129, 158, jeder Unternehmer eines unter § 1 fallenden Betriebs. Die Mitgliedschaft beginnt, soweit sie nicht bereits auf Grund des Gesetzes, betreffend die Unfallversicherung der Seeleute und anderer bei der Seeschiffahrt betheiligter Personen, vom 13. Juli 1887 (Reichs-Gesetzbl. S. 329) besteht, mit der Eröffnung des Betriebs.

Von Vermessungen und Eintragungen neuer Fahrzeuge haben die Schiffsregister- und Schiffsvermessungsbehörden dem Genossenschaftsvorstande, von der Eröffnung anderer unter § 1 fallender Betriebe haben deren Unternehmer den unteren Verwaltungsbehörden und diese dem Genossenschaftsvorstande Mittheilung zu machen.

Stimmberechtigt sind alle Mitglieder der Genossenschaft beziehungsweise deren gesetzliche Vertreter, sofern sie sich im Besitze der bürgerlichen Ehrenrechte befinden. Ueber den Umfang und die Ausübung des Stimmrechts hat das Statut Bestimmungen zu treffen; jedoch ist bei Bemessung der Stimmen der Rheder die durch Abschätzung (§ 49) festgestellte Personenzahl zu Grunde zu legen.

Kataster.

§ 59. Der Genossenschaftsvorstand hat auf Grund des Verzeichnisses deutscher Kauffahrteischiffe in der neuesten Ausgabe des Handbuchs für die deutsche Handelsmarine, auf Grund der von dem Reichs-Versicherungsamte gemäß § 22 des Gesetzes vom 13. Juli 1887 (Reichs-Gesetzbl. S. 329) ihm mitgetheilten Verzeichnisse der Unternehmer und auf Grund der nach § 58 ihm zugehenden Mittheilungen über die Eröffnung neuer Betriebe ein Genossenschaftskataster zu führen.

Die Aufnahme der einzelnen Genossen in das Kataster erfolgt nach vorgängiger Prüfung ihrer Zugehörigkeit zur Genossenschaft.

Den in das Kataster aufgenommenen Genossen werden vom Genossenschaftsvorstande durch Vermittelung der unteren Verwaltungsbehörde Mitgliedscheine zugestellt. Ist die Genossenschaft in Sektionen eingetheilt, so muß der Mitgliedschein die Sektion, welcher der Betrieb angehört, bezeichnen. Wird die Aufnahme in das Kataster verweigert, so ist hierüber ein mit Gründen versehener Bescheid durch Vermittelung der unteren Verwaltungsbehörde dem Betriebsunternehmer zuzustellen.

§ 60. Gegen die Aufnahme in das Kataster sowie gegen die Ablehnung derselben steht dem Unternehmer binnen einer Frist von zwei Wochen nach erfolgter Zustellung des Mitgliedscheins beziehungsweise des ablehnenden Bescheids die Beschwerde an das Reichs-Versicherungsamt zu. Dieselbe ist bei der unteren Verwaltungsbehörde einzulegen.

Wird gegen einen ablehnenden Bescheid von dem Unternehmer innerhalb der angegebenen Frist Beschwerde nicht erhoben, so kann die untere Verwaltungsbehörde den Fall dem Reichs-Versicherungsamte zur Entscheidung vorlegen. Auf Antrag der Berufsgenossenschaft hat sie von dieser Befugniß Gebrauch zu machen.

§ 61. Den Sektionsvorständen sind Auszüge aus dem Kataster, soweit dasselbe die zu ihren Sektionen gehörenden Genossen betrifft, mitzutheilen.

Auf jedem Fahrzeug und in jedem sonstigen versicherten Betrieb ist durch einen Aushang seitens des Betriebsunternehmers bekannt zu machen, welcher Sektion das Fahrzeug oder der Betrieb angehört und welches die Adresse des Vorstandes der Berufsgenossenschaft und der Sektion ist.

Veränderungen.

§ 62. Die Schiffsregisterbehörden sind verpflichtet, alle Veränderungen und Löschungen im Schiffsregister dem Genossenschaftsvorstande mitzutheilen.

Bezüglich solcher unter § 1 fallender Fahrzeuge, welche im Schiffsregister nicht eingetragen sind, haben die Rheder, Korrespondentrheder und Bevollmächtigten (§ 33) binnen einer durch das Statut festzusetzenden Frist den Verlust des Fahrzeugs (§ 106 Abs. 3), Aenderungen in der Person und der Nationalität der Rheder oder Mitrheder, ferner Veränderungen des Heimathshafens, des Namens, der Gattung und der Größe des Fahrzeugs dem Genossenschaftsvorstand anzuzeigen. Ist diese Anzeige oder die nach § 14 des Gesetzes, betreffend das Flaggenrecht der Kauffahrteischiffe, vom 22. Juni 1899 (Reichs-Gesetzbl. S. 319) vorgeschriebene Anzeige an die Registerbehörde nicht erfolgt, so haftet für die auf die Genossenschaftsmitglieder umzulegenden Beiträge der in das Kataster eingetragene Rheder oder Mitrheder. Die Haftung umfaßt noch dasjenige Rechnungsjahr, in welchem die Anzeige erfolgt. Der neue Rheder wird hierdurch von der auch ihm gesetzlich obliegenden Haftung für die Beiträge nicht entbunden.

Binnen der gleichen Frist und zur Vermeidung derselben Rechtsnachtheile haben die Unternehmer der übrigen unter § 1 fallenden Betriebe einen Wechsel in der Person desjenigen, für dessen Rechnung der Betrieb erfolgt, sowie Aenderungen des Betriebs, welche für die Zugehörigkeit zur Genossenschaft von Bedeutung sind, dem Genossenschaftsvorstand anzuzeigen.

§ 63. Erachtet der Vorstand der Genossenschaft in Folge dieser Mittheilung oder Anzeige (§ 62) oder ohne den Empfang einer solchen von Amtswegen die Zugehörigkeit des Betriebs zur Genossenschaft für erloschen oder die Ueberweisung des Betriebs an eine andere Genossenschaft für geboten, so theilt er dies unter Angabe der Gründe dem Betriebsunternehmer durch Vermittelung der unteren Verwaltungsbehörde sowie dem Vorstande der betheiligten anderen Genossenschaft mit. Sowohl der Letztere als auch der Betriebsunternehmer können innerhalb eines Monats gegen die Löschung beziehungsweise die Ueberweisung bei dem Genossenschaftsvorstande (§ 41) Widerspruch erheben.

Wird innerhalb dieser Frist kein Widerspruch erhoben, so erfolgt die Löschung beziehungsweise Ueberweisung an die andere Berufsgenossenschaft.

Wird gegen die Löschung oder Ueberweisung Widerspruch erhoben oder beansprucht der Vorstand einer anderen Genossenschaft unter dem Widerspruche des Unternehmers oder des Vorstandes der Genossenschaft, welcher der Betrieb bisher angehörte, die Ueberweisung des letzteren, so hat der Vorstand der Genossenschaft (§ 41) die Entscheidung des Reichs-Versicherungsamts zu beantragen. Dasselbe entscheidet nach Anhörung des betheiligten Betriebsunternehmers sowie der Vorstände der betheiligten Genossenschaften.

Wird dem Antrag auf Ueberweisung stattgegeben, so tritt die Aenderung in der Zugehörigkeit zur Genossenschaft von dem Tage ab in Wirksamkeit, an welchem der Antrag dem betheiligten Genossenschaftsvorstande zugestellt ist.

§ 64. Aenderungen, welche für die Abschätzung des Betriebs (§ 49) von Bedeutung sind, sind nach näherer Bestimmung des Statuts anzumelden (§ 37 Ziffer 6).

Ueber die Anmeldung von Aenderungen, welche für die Veranlagung des Betriebs zu den Gefahrenklassen (§ 50) von Erheblichkeit sind, hat die Genossenschaftsversammlung Bestimmung zu treffen, sofern ein Gefahrentarif aufgestellt wird. Durch Beschluß der Genossenschaftsversammlung kann der Erlaß dieser Bestimmungen dem Vorstand oder dem Ausschuß übertragen werden, welchem die Aufstellung und Aenderung des Gefahrentarifs obliegt.

Gegen den auf die Anmeldung der Aenderung zu ertheilenden Bescheid des zuständigen Genossenschaftsorgans steht dem betheiligten Mitgliede der Genossenschaft binnen einer Frist von zwei Wochen die Beschwerde an das Reichs-Versicherungsamt zu.

IV. Feststellung und Auszahlung der Entschädigung.

Anzeige und Untersuchung der Unfälle.

§ 65. Jeder Unfall, durch welchen eine auf dem Fahrzeuge beschäftigte Person auf der Reise getödtet wird, oder eine Körperverletzung erleidet, die eine völlige oder theilweise Arbeitsunfähigkeit von mehr als drei Tagen oder den Tod zur Folge hat, ist in das Schiffsjournal (Tagebuch, Loggbuch) einzutragen und in dem letzteren oder einem besonderen Anhange zu demselben kurz zu beschreiben.

Ist ein Journal nicht zu führen, so hat der Schiffsführer eine besondere Nachweisung über die an Bord sich ereignenden Unfälle, welche die im Abs. 1 bezeichneten Folgen haben, zu führen.

Von jeder Eintragung eines Unfalls, welchen eine auf dem Fahrzeuge beschäftigte Person auf der Reise erleidet, hat der Schiffsführer dem Seemannsamte, bei welchem es zuerst geschehen kann, eine von ihm beglaubigte Abschrift zu übergeben. Statt dessen kann das Journal oder die Nachweisung dem Seemannsamte zur Entnahme einer Abschrift der Eintragung vorgelegt werden. Das Seemannsamt hat das Journal oder die Nachweisung binnen vierundzwanzig Stunden zurückzugeben.

Ereignete sich der Unfall im Inlande vor Antritt oder nach Beendigung der Reise, so hat der Schiffsführer binnen zwei Tagen nach dem Tage, an welchem er von dem Unfalle Kenntniß erlangt hat, dem Seemannsamt oder, falls ein solches am Orte des Unfalls nicht vorhanden ist, der Ortspolizeibehörde und dem durch das Statut zu bestimmenden Genossenschaftsorgane von dem Unfall Anzeige zu machen.

Das Seemannsamt beziehungsweise die Ortspolizeibehörde hat diese Abschriften und Anzeigen dem Seemannsamte des Heimathshafens zu übersenden.

§ 66. Die Unternehmer der übrigen unter § 1 fallenden Betriebe haben binnen der im § 65 Abs. 4 bezeichneten Frist von den in ihren Betrieben sich ereignenden Unfällen, welche die im § 65 Abs. 1 bezeichneten Folgen haben, bei der Ortspolizeibehörde, in deren Bezirke sich der Unfall ereignet hat, Anzeige zu machen. Für den Betriebsunternehmer kann derjenige, welcher zur Zeit des Unfalls den Betrieb oder den Betriebstheil, in welchem sich der Unfall ereignete, zu leiten hatte, die Anzeige erstatten, im Falle der Abwesenheit oder Behinderung des Betriebsunternehmers ist er dazu verpflichtet.

Die Vorstände der unter Reichs- oder Staatsverwaltung stehenden Betriebe haben die Anzeige der vorgesetzten Dienstbehörde nach näherer Anweisung derselben zu erstatten.

§ 67. Das Formular für die Beschreibung der Unfälle (§ 65 Abs. 1), für die Nachweisung der Unfälle (§ 65 Abs. 2) und für die Unfallanzeige (§ 65 Abs. 4, § 66 Abs. 1, 2) wird vom Reichs-Versicherungsamte festgestellt.

§ 68. Jeder Unfall, durch welchen eine versicherte Person getödtet ist oder eine Körperverletzung erlitten hat, die voraussichtlich einen Entschädigungsanspruch auf Grund dieses Gesetzes zur Folge haben wird, ist sobald als möglich, in den im § 76 b des Krankenversicherungsgesetzes und im § 15 dieses Gesetzes bezeichneten Fällen spätestens unmittelbar nach Eingang eines entsprechenden Ersuchens der Berufsgenossenschaft oder der betheiligten Krankenkasse, von einem Seemannsamt oder von einer Ortspolizeibehörde des Inlandes nach näherer Bestimmung der §§ 69 bis 73 einer Untersuchung zu unterziehen, durch welche festzustellen sind:

1. die Veranlassung und die Art des Unfalls;
2. die getödteten oder verletzten Personen;
3. die Art der vorgekommenen Verletzungen;
4. der Verbleib der verletzten Personen;
5. die Hinterbliebenen der durch den Unfall getödteten oder nach dem Unfalle verschollenen und die Angehörigen der durch den Unfall verletzten Personen, welche auf Grund dieses Gesetzes einen Entschädigungsanspruch erheben können;
6. die Höhe der Renten, welche der Verletzte etwa auf Grund der Unfallversicherungsgesetze oder des Invalidenversicherungsgesetzes bezieht.

Auf Antrag des Vorstandes der Genossenschaft oder der Sektion oder der betheiligten Krankenkasse hat das Seemannsamt oder die Ortspolizeibehörde die Untersuchung auch dann vorzunehmen, wenn sie die Voraussetzung des ersten Absatzes nicht als gegeben ansieht.

§ 69. Ist die Untersuchung im Auslande zu führen, so hat der Schiffsführer vor demjenigen deutschen Seemannsamte (Konsulat), vor welchem es zuerst geschehen kann, unter Zuziehung von zwei Schiffsoffizieren oder anderen glaubhaften Personen über die nach § 68 festzustellenden Thatsachen eine eidesstattliche Erklärung abzugeben. Das Seemannsamt ist befugt, zur Feststellung des Sachverhalts auch andere als die von dem Schiffsführer zugezogenen Personen eidesstattlich zu vernehmen sowie sonstige Untersuchungsverhandlungen herbeizuführen.

Ist die Untersuchung im Inlande zu führen, so ist dieselbe von dem Schiffsführer bei einem Seemannsamt oder, wo ein solches nicht vorhanden ist, bei einer Ortspolizeibehörde des Inlandes zu beantragen. Die angerufene Behörde hat die Untersuchung zu führen.

Bei Unfällen in anderen unter § 1 fallenden Betrieben, welche nicht Seeschiffahrtsbetriebe sind, erfolgt die Untersuchung durch diejenige Ortspolizeibehörde, an welche die Unfallanzeige (§ 66 Abs. 1) erstattet war.

Auf Antrag Betheiligter (§ 70) kann die höhere Verwaltungsbehörde die Untersuchung einem anderen Seemannsamt oder einer anderen Ortspolizeibehörde übertragen.

Bei den unter Reichs- oder Staatsverwaltung stehenden Betrieben hat die vorgesetzte Dienstbehörde die Untersuchung zu führen oder einer anderen Behörde zu übertragen.

Auf die Verpflichtung der Schiffsmannschaft zur Mitwirkung bei diesen Erklärungen und Verhandlungen finden die Bestimmungen des § 33 der Seemannsordnung entsprechende Anwendung.

§ 70. Zu den Untersuchungsverhandlungen (§ 69) sind, soweit dies ausführbar, der Verletzte beziehungsweise dessen Hinterbliebene oder ein von ihnen zu bestellender Vertreter, ein Vertreter der Genossenschaft und sonstige Betheiligte zu laden und auf Antrag des Betriebsunternehmers, des Schiffsführers oder des Vertreters der Genossenschaft Sachverständige zuzuziehen. Ist die Genossenschaft in Sektionen getheilt, oder sind von der Genossenschaft Vertrauensmänner bestellt, so kann die Mittheilung von der Einleitung der Untersuchung an den Sektionsvorstand beziehungsweise an den Vertrauensmann gerichtet werden. Die Kosten für die Zuziehung von Sachverständigen fallen der Genossenschaft zur Last.

§ 71. Durch eine Verklarung (§§ 522 ff. des Handelsgesetzbuchs) wird die eidesstattliche Erklärung sowie die Unfalluntersuchung ersetzt, wenn bei der Verklarung den Bestimmungen der §§ 68, 70 genügt ist.

§ 72. Beglaubigte Abschrift der Unfalluntersuchungsverhandlung (§ 69) oder Verklarung (§ 71) ist von der Behörde sobald als möglich dem Vorstande der Berufsgenossenschaft zu übersenden. Der Vorstand hat den Betheiligten auf ihren Antrag die Einsicht der Verhandlungen zu gestatten und gegen Erstattung der Schreibgebühren Abschrift zu ertheilen. Die Erstattung der Schreibgebühren kann erlassen werden.

§ 73. Die Bestimmungen des Gesetzes, betreffend die Untersuchung von Seeunfällen, vom 27. Juli 1877 (Reichs-Gesetzbl. S. 549) über die Verpflichtung der Gerichte, Hafenbehörden, Strandbehörden, Seemannsämter und Schiffsregisterbehörden, von den zu ihrer Kenntniß gelangenden Seeunfällen ungesäumt Anzeige zu machen (§ 14 a. a. O.), sowie über die Verpflichtung der deutschen Seemannsämter im Auslande, bei den zu ihrer Kenntniß gelangenden Seeunfällen diejenigen Ermittelungen und Beweiserhebungen vorzunehmen, welche keinen Aufschub dulden (§ 15 a. a. O.), werden auf alle Unfälle erstreckt, welche die im § 68 erwähnten Folgen haben.

Die Anzeigen (§ 14 des Gesetzes vom 27. Juli 1877) sind bei Unfällen der letzteren Art, unbeschadet der bei Seeunfällen bestehenden Verpflichtung, einem zuständigen Seeamt Anzeige zu machen, an den Genossenschaftsvorstand zu richten.

Wenn nach Ablauf von sechs Monaten seit der Kenntniß von dem Unfall eine Benachrichtigung über die Einleitung einer Unfalluntersuchung nicht eingetroffen ist, so sind die Untersuchungsverhandlungen von dem Seemannsamte des Heimathshafens einzuleiten.

Feststellung der Entschädigungen.

§ 74. Die Beschlußfassung über die Feststellung der Entschädigungen (§§ 8 bis 27) erfolgt:

1. sofern die Genossenschaft in Sektionen eingetheilt ist, durch den Vorstand der Sektion, wenn es sich handelt
   a) um die im § 9 Abs. 1 Ziffer 1 bezeichneten Leistungen,
   b) um die für die Dauer einer voraussichtlich vorübergehenden Erwerbsunfähigkeit zu gewährende Rente,
   c) um das Sterbegeld,
   d) um die Aufnahme des Verletzten in eine Heilanstalt,

e) um die den Angehörigen eines Verletzten für die Zeit seiner Behandlung in einer Heilanstalt zu gewährende Rente;

2. in allen übrigen Fällen durch den Vorstand der Genossenschaft.

Zuständig ist die Sektion, in deren Bezirke der Heimathshafen desjenigen Fahrzeugs belegen ist, oder derjenige Betrieb seinen Sitz hat, bei welchem der Unfall sich ereignet hat. Das Genossenschaftsstatut kann bestimmen, daß die Feststellung in den Fällen des Abs. 1 Ziffer 1 und 2 durch ein anderes Organ der Genossenschaft oder durch einen Ausschuß des Genossenschafts- oder Sektionsvorstandes oder durch besondere Kommissionen oder durch örtliche Beauftragte (Vertrauensmänner) zu bewirken ist.

Soll auf Grund eines ärztlichen Gutachtens die Bewilligung einer Entschädigung abgelehnt oder nur eine Theilrente festgestellt werden, so ist vorher der behandelnde Arzt zu hören. Steht dieser zu der Genossenschaft in einem Vertragsverhältnisse, so ist auf Antrag ein anderer Arzt zu hören.

§ 75. Soll die Bewilligung einer Entschädigung abgelehnt werden, so ist diese Absicht dem Verletzten, sofern er im Inland anwesend ist, oder im Falle seines Todes seinen Hinterbliebenen, soweit sie nach §§ 22 bis 25, 27 entschädigungsberechtigt sein würden, mitzutheilen. Soll eine Entschädigung bewilligt werden, so ist den genannten Personen die Höhe der in Aussicht genommenen Entschädigung mit den rechnungsmäßigen Grundlagen mitzutheilen.

Der Verletzte sowie seine Hinterbliebenen (§§ 22 bis 25) sind befugt, auf diese Mittheilung innerhalb zweier Wochen sich zu äußern. Auf ihren innerhalb der gleichen Frist gestellten Antrag hat die untere Verwaltungsbehörde diese Aeußerung zu Protokoll zu nehmen. Wird ein solcher Antrag gestellt, so hat hiervon die untere Verwaltungsbehörde unverzüglich dem zuständigen Genossenschaftsorgane Kenntniß zu geben; dieses hat bis zum Eingange des Protokolls den Bescheid auszusetzen.

Bei den im Abs. 1 bezeichneten Mittheilungen hat das zuständige Genossenschaftsorgan auf die aus Abs. 2 und aus § 74 Abs. 3 sich ergebenden Befugnisse sowie auf die im Abs. 2 vorgesehene Frist hinzuweisen.

§ 76. Die Feststellung der Entschädigung hat in beschleunigtem Verfahren zu erfolgen.

Für diejenigen Verletzten, für welche beim Eintritte der genossenschaftlichen Fürsorge noch eine weitere ärztliche Behandlung behufs Heilung der erlittenen Verletzungen nothwendig ist (§ 9 Abs. 1 Ziffer 1), hat sich die Feststellung zunächst mindestens auf die bis zur Beendigung des Heilverfahrens zu leistenden Entschädigungen zu erstrecken. Die Feststellung der weiteren Entschädigungen hat, sofern sie nicht früher möglich war, sofort nach Beendigung des Heilverfahrens zu erfolgen.

Kann die endgültige Feststellung nicht sofort erfolgen, so ist eine Entschädigung vorläufig zuzubilligen.

§ 77. Entschädigungsberechtigte, für welche die Entschädigung nicht von Amtswegen festgestellt ist, haben ihren Entschädigungsanspruch bei Vermeidung des Ausschlusses vor Ablauf von zwei Jahren nach dem Eintritte des Unfalls, oder falls der Anspruch von Hinterbliebenen solcher

Versicherten erhoben wird, welche auf einem für verschollen zu erachtenden Schiffe gefahren sind, vor Ablauf von zwei Jahren nach Ablauf der Verschollenheitsfristen (§§ 862, 863 des Handelsgesetzbuchs) bei dem Genossenschaftsvorstand anzumelden. Die Frist gilt auch dann als gewahrt, wenn die Anmeldung bei einem nicht zuständigen Genossenschaftsorgan oder bei einer anderen Berufsgenossenschaft oder bei der für den Wohnort des Entschädigungsberechtigten zuständigen unteren Verwaltungsbehörde erfolgt ist. In solchem Falle ist die Anmeldung unverzüglich an die zuständige Stelle abzugeben und der Betheiligte davon zu benachrichtigen.

Nach Ablauf der Frist ist der Anmeldung nur dann Folge zu geben, wenn zugleich glaubhaft bescheinigt wird, daß eine einen Entschädigungsanspruch begründende Folge des Unfalls erst später bemerkbar geworden oder daß der Entschädigungsberechtigte von der Verfolgung seines Anspruchs durch außerhalb seines Willens liegende Verhältnisse abgehalten worden ist, und wenn die Anmeldung innerhalb dreier Monate, nachdem eine Unfallfolge bemerkbar geworden oder das Hinderniß für die Anmeldung weggefallen, erfolgt ist.

§ 78. Wird der angemeldete Entschädigungsanspruch anerkannt, so ist die Entschädigung sofort festzustellen. Ist die Berufsgenossenschaft der Ansicht, daß ein entschädigungspflichtiger Unfall nicht vorliegt, so ist der Anspruch durch schriftlichen Bescheid abzulehnen. Der Bescheid ist mit Gründen zu versehen.

Ist die Genossenschaft der Ansicht, daß zwar ein entschädigungspflichtiger Unfall vorliegt, die Entschädigung aber von einer anderen Genossenschaft zu gewähren ist, so hat der Genossenschaftsvorstand dem Entschädigungsberechtigten eine vorläufige Fürsorge zuzuwenden und sich unter Mittheilung der gepflogenen Verhandlungen wegen Anerkennung der Entschädigungspflicht mit dem Vorstande der anderen Genossenschaft ins Benehmen zu setzen. Wird von diesem die Entschädigungspflicht abgelehnt oder innerhalb einer Frist von sechs Wochen eine Erklärung nicht abgegeben, so ist die Entscheidung des Reichs-Versicherungsamts darüber herbeizuführen, welche Berufsgenossenschaft entschädigungspflichtig ist. Die Entscheidung ist auch dem Entschädigungsberechtigten zuzustellen.

Bescheid der Vorstände.

§ 79. Ueber die Feststellung der Entschädigung hat diejenige Stelle (§ 74), welche sie vorgenommen hat, dem Entschädigungsberechtigten einen schriftlichen Bescheid zu ertheilen, aus welchem die Höhe der Entschädigung und die Art ihrer Berechnung zu ersehen ist. Bei Entschädigungen für erwerbsunfähig gewordene Verletzte ist namentlich anzugeben, in welchem Maße die Erwerbsunfähigkeit angenommen worden ist.

Berufung.

§ 80. Gegen den Bescheid, durch welchen der Entschädigungsanspruch abgelehnt wird, sowie gegen den Bescheid, durch welchen die Entschädigung festgestellt wird, findet die Berufung auf schiedsgerichtliche Entscheidung statt.

Die Berufung ist bei dem Schiedsgerichte (Gesetz, betreffend die Abänderung der Unfallversicherungsgesetze, § 3) zu erheben, in dessen Bezirke der Heimathshafen desjenigen Fahrzeugs belegen ist, oder derjenige Betrieb seinen Sitz hat, in welchem der Unfall sich ereignet hat. Ist der Heimathshafen nicht im Bezirk eines Schiedsgerichts belegen, so ist die Berufung bei dem für den Sitz der Berufsgenossenschaft zuständigen Schiedsgerichte zu erheben.

Die Berufung hat, ausgenommen im Falle des § 18, keine aufschiebende Wirkung.

Die Berufung ist bei Vermeidung des Ausschlusses innerhalb eines Monats, von solchen Personen aber, welche sich außerhalb Europas aufhalten, binnen einer von demjenigen Genossenschaftsorgane, welches den angefochtenen Bescheid erlassen hat, zu bestimmenden, auf mindestens drei Monate zu bemessenden Frist nach der Zustellung des angefochtenen Bescheids einzulegen.

Die Frist gilt auch dann als gewahrt, wenn innerhalb derselben die Berufung bei einer anderen inländischen Behörde, bei einem deutschen Seemannsamt im Ausland oder bei einem Genossenschaftsorgan eingegangen ist. Diese haben die Berufungsschrift unverzüglich an das zuständige Schiedsgericht abzugeben.

Der Bescheid muß die Bezeichnung des für die Berufung zuständigen Schiedsgerichts sowie die Belehrung über die einzuhaltende Frist enthalten.

§ 81. Bildet in dem Falle des § 21 Abs. 1 Ziffer 2 die Anerkennung oder Nichtanerkennung des Rechtsverhältnisses zwischen dem Getödteten und dem die Entschädigung Beanspruchenden die Voraussetzung des Entschädigungsanspruchs, so kann das Schiedsgericht den Betheiligten aufgeben, zuvörderst die Feststellung des betreffenden Rechtsverhältnisses im ordentlichen Rechtswege herbeizuführen. In diesem Falle ist die Klage bei Vermeidung des Ausschlusses binnen einer vom Schiedsgerichte zu bestimmenden, mindestens auf einen Monat zu bemessenden Frist nach der Zustellung des hierüber ertheilten Bescheids des Schiedsgerichts zu erheben.

Nachdem im ordentlichen Rechtsweg eine rechtskräftige Entscheidung ergangen ist, hat das Schiedsgericht auf erneuten Antrag über den Entschädigungsanspruch zu entscheiden.

§ 82. Das Schiedsgericht hat, wenn es den Entschädigungsanspruch für begründet erachtet, zugleich die Höhe der Entschädigung und den Beginn der Rente festzustellen. Hat das Schiedsgericht in besonderen Ausnahmefällen, welche das Reichs-Versicherungsamt näher bestimmen darf, den Anspruch nur dem Grunde nach anerkannt und nicht gleichzeitig über die Höhe der Entschädigung und den Beginn der Rente entschieden, so hat das Schiedsgericht unverzüglich eine vorläufige Entschädigung zu bewilligen, gegen deren Feststellung ein Rechtsmittel nicht stattfindet. Sobald der Entschädigungsanspruch rechtskräftig feststeht, hat der Vorstand die Höhe der Entschädigung und den Beginn der Rente, sofern dies nicht bereits früher geschehen ist, festzustellen. Die vorläufig gezahlten Beträge werden auf die endgültig angewiesene Rente angerechnet.

§ 83. Die Entscheidung des Schiedsgerichts ist dem Berufenden und demjenigen Genossenschaftsorgane, welches den angefochtenen Bescheid erlassen hat, in Ausfertigung zuzustellen.

Rekurs.

§ 84. Gegen die Entscheidung des Schiedsgerichts steht in den Fällen des § 74 Abs. 1 Ziffer 2, vorbehaltlich der Bestimmungen des § 94 Abs. 2 und des § 99 Abs. 1, dem Verletzten oder dessen Hinterbliebenen sowie dem Genossenschaftsvorstande das Rechtsmittel des Rekurses zu. Der Rekurs des Vorstandes hat aufschiebende Wirkung insoweit, als es sich um Beträge handelt, die für die Zeit vor dem Erlasse der angefochtenen Entscheidung nachträglich gezahlt werden sollen. Im Uebrigen hat der Rekurs keine aufschiebende Wirkung.

Werden mit der Anfechtung einer Entscheidung des Schiedsgerichts in den im § 74 Abs. 1 Ziffer 1 bezeichneten Angelegenheiten Rekursanträge wegen der im § 74 Abs. 1 Ziffer 2 bezeichneten Angelegenheiten verbunden, so darf die Entscheidung des Schiedsgerichts über die zuerst bezeichneten Angelegenheiten in dem Rekursverfahren nur dann abgeändert werden, wenn im Uebrigen den Rekursanträgen Folge gegeben wird.

Ueber den Rekurs entscheidet das Reichs-Versicherungsamt. Das Rechtsmittel ist bei demselben zur Vermeidung des Ausschlusses innerhalb eines Monats nach der Zustellung der Entscheidung des Schiedsgerichts einzulegen. Bei denjenigen Personen, welche sich außerhalb Europas aufhalten, beträgt die Frist drei Monate. Die Bestimmung des § 80 Abs. 5 findet entsprechende Anwendung.

§ 85. Ist der Rekurs unzulässig (§ 84 Abs. 1) oder verspätet (§ 84 Abs. 3), so hat das Reichs-Versicherungsamt den Rekurs ohne mündliche Verhandlung zurückzuweisen; ebenso kann es verfahren, wenn die bei dem Beschlusse mitwirkenden Mitglieder einstimmig den Rekurs für offenbar ungerechtfertigt erachten. Andernfalls hat das Reichs-Versicherungsamt nach mündlicher Verhandlung zu entscheiden.

Wird das angefochtene Urtheil aufgehoben, so kann das Reichs-Versicherungsamt, statt in der Sache selbst zu entscheiden, dieselbe an das Schiedsgericht oder an das zuständige Genossenschaftsorgan zurückverweisen. Dabei kann das Reichs-Versicherungsamt bestimmen, daß dem Entschädigungsberechtigten eine ihrem Betrage nach bestimmte Rente vorläufig zu zahlen ist. Im Falle der Zurückverweisung ist die rechtliche Beurtheilung, auf welche das Reichs-Versicherungsamt die Aufhebung gestützt hat, den weiteren Entscheidungen oder Bescheiden zu Grunde zu legen.

§ 86. Kommt nach Ansicht des Reichs-Versicherungsamts nicht die im Verfahren in Anspruch genommene, sondern eine andere Berufsgenossenschaft als entschädigungspflichtig in Frage, so kann das Reichs-Versicherungsamt diese andere Genossenschaft zur Verhandlung beiladen und gegebenen Falles zur Leistung der Entschädigung verurtheilen, auch wenn ein Anspruch gegen dieselbe bereits rechtskräftig abgelehnt worden ist.

§ 87. Sobald einem Verletzten oder dessen Hinterbliebenen ein Entschädigungsanspruch gegenüber einer Genossenschaft rechtskräftig zuerkannt ist, kann auf Antrag ein gegenüber einer anderen Genossenschaft wegen desselben Unfalls etwa schwebendes Verfahren durch Beschluß des Reichs-Versicherungsamts eingestellt werden.

Sind, abgesehen von den Fällen des § 89, wegen desselben Unfalls Entschädigungsansprüche gegen mehrere Genossenschaften rechtskräftig anerkannt, so hat das Reichs-Versicherungsamt die zu Unrecht ergangene Feststellung oder Entscheidung aufzuheben.

Die auf Grund der aufgehobenen Feststellung oder Entscheidung geleisteten Zahlungen sind zu ersetzen; der Anspruch des Verletzten geht insoweit auf die ersatzberechtigte Genossenschaft über.

§ 88. Auf die Anfechtung rechtskräftiger Entscheidungen über einen Entschädigungsanspruch finden, unbeschadet der Bestimmungen der §§ 86, 87, die Vorschriften der Civilprozeßordnung über die Wiederaufnahme des Verfahrens entsprechende Anwendung, soweit nicht durch Kaiserliche Verordnung mit Zustimmung des Bundesraths etwas Anderes bestimmt wird.

§ 89. Hat die Beschäftigung, bei welcher sich der Unfall ereignet hat, für mehrere zu verschiedenen Berufsgenossenschaften gehörende Betriebe stattgefunden, so können die betheiligten Genossenschaften die Entschädigungsverpflichtung unter sich vertheilen. Kommt eine Einigung nicht zu Stande, so ist das Reichs-Versicherungsamt berechtigt, auf Antrag einer betheiligten Genossenschaft die Vertheilung zu bestimmen. In solchem Falle ist nach Anhörung der betheiligten Vorstände nach billigem Ermessen festzustellen, mit welchem Antheile jede Genossenschaft an der Unfallentschädigung betheiligt ist, und welche Beträge derjenigen, welche vorläufig Entschädigung geleistet hat, zu erstatten sind.

Die Heranziehung einer der im vorstehenden Absatze bezeichneten Genossenschaften zur Aufbringung eines Antheils an der Entschädigung kann auch dann noch erfolgen, wenn ein ablehnender Bescheid der Genossenschaft oder eine den Anspruch des Entschädigungsberechtigten ihr gegenüber zurückweisende Entscheidung rechtskräftig geworden ist.

Die für die Feststellung der Entschädigung zuständige Genossenschaft ist mangels einer Vereinbarung durch das Reichs-Versicherungsamt zu bestimmen.

§ 90. Die Berufsgenossenschaft ist befugt, von der Rückforderung der gemäß §§ 80, 82, 85 Abs. 2 vor rechtskräftiger Entscheidung gezahlten Entschädigungen abzusehen.

§ 91. Nach erfolgter Feststellung der Entschädigung (§ 74) hat der Genossenschaftsvorstand dem Berechtigten die mit der Zahlung beauftragte Postanstalt (§ 101) zu bezeichnen und der unteren Verwaltungsbehörde des Wohnorts über die dem Berechtigten zustehenden Bezüge Nachricht zu geben. Das Gleiche gilt beim Eintritte von Veränderungen.

Veränderung der Verhältnisse.

§ 92. Tritt in den Verhältnissen, welche für die Feststellung der Entschädigung maßgebend gewesen sind, eine wesentliche Veränderung ein, so kann eine anderweite Feststellung erfolgen.

Nach Ablauf von zwei Jahren von der Rechtskraft des Bescheids oder der Entscheidung ab, durch welche die Entschädigung zuerst endgültig festgestellt worden ist, darf wegen einer im Zustande des Verletzten eingetretenen Veränderung eine anderweite Feststellung, sofern nicht zwischen der Berufsgenossenschaft und dem Empfangsberechtigten über einen kürzeren Zeitraum ausdrückliches Einverständniß erzielt ist, nur in Zeiträumen von mindestens einem Jahre beantragt oder vorgenommen werden.

Die anderweite Feststellung erfolgt innerhalb der ersten fünf Jahre von der Rechtskraft der erwähnten Bescheide oder Entscheidungen ab auf Antrag oder von Amtswegen durch Bescheid der Berufsgenossenschaft, später, sofern nicht über die anderweite Feststellung zwischen der Berufsgenossenschaft und dem Empfangsberechtigten ausdrückliches Einverständniß erzielt ist, nur auf Antrag durch Entscheidung des Schiedsgerichts.

Zu dem Antrag auf Wiederaufnahme eines Heilverfahrens ist neben dem Verletzten auch die Krankenkasse, der er angehört, berechtigt.

§ 93. Wird innerhalb der ersten fünf Jahre ein neuer Bescheid erlassen, bevor die frühere Entscheidung über die Höhe der Entschädigung die Rechtskraft erlangt hat, so muß die Rechtsmittelbelehrung in dem die Rente abändernden Bescheide darauf hinweisen, daß durch das gegen den früheren Bescheid eingelegte Rechtsmittel der Eintritt der Rechtskraft des neuen Bescheids nicht gehemmt wird. Abschrift des neuen Bescheids ist derjenigen Stelle, bei welcher das Verfahren über den älteren Bescheid schwebt, mitzutheilen. Diese ist berechtigt, bei Entscheidung der älteren Sache darüber zu befinden, welche Entschädigung für die Zeit nach Erlaß des neuen Bescheids zu gewähren ist. Ein in Folge der Anfechtung des neuen Bescheids etwa eingeleitetes Verfahren ist alsdann einzustellen.

Vor einer Herabsetzung oder Aufhebung der Rente ist dem Rentenempfänger, unter Mittheilung derjenigen Unterlagen, auf Grund deren die Herabsetzung oder Aufhebung erfolgen soll, Gelegenheit zur Aeußerung zu geben.

Eine Erhöhung der Rente kann nur für die Zeit nach Anmeldung des höheren Anspruchs gefordert werden.

Eine Minderung, Einstellung (§ 98) oder Aufhebung der Rente tritt mit Ablauf des Monats in Wirksamkeit, in welchem der die Veränderung aussprechende Bescheid zugestellt worden ist.

§ 94. Die anderweite Feststellung einer Rente nach Ablauf der ersten fünf Jahre kann nur für die Zeit nach Zustellung des Antrags gefordert werden. Im Uebrigen wird der Zeitpunkt, von welchem an die Erhöhung, Minderung oder Aufhebung der Rente in Kraft treten soll, in der Entscheidung des Schiedsgerichts festgesetzt. Ebenso bestimmt das Schiedsgericht, in welchen Summen und Fristen die seit dem Inkrafttreten der Rentenminderung etwa bezahlten Mehrbeträge durch Kürzung späterer Rentenbezüge zur Erstattung gelangen sollen. Das Schiedsgericht kann auf Antrag auch schon vor dieser Entscheidung im Wege der einstweiligen Verfügung anordnen, daß die fernere Rentenzahlung bis zur rechtskräftigen Entscheidung über den Antrag auf Aufhebung oder Minderung der Rente ganz oder theilweise eingestellt werde.

Auf die Entscheidungen des Schiedsgerichts finden die Bestimmungen der §§ 84 ff. über das Rechtsmittel des Rekurses entsprechende Anwendung. Gegen die im Abs. 1 Satz 2 bis 4 bezeichneten Entscheidungen und Verfügungen des Schiedsgerichts findet jedoch ein Rechtsmittel nicht statt.

Wird der Antrag auf Abänderung der Rente dem Schiedsgericht unterbreitet, bevor die frühere Entscheidung über die Höhe der Entschädigung die Rechtskraft erlangt hat, so ist die Stelle, bei welcher das frühere Verfahren anhängig ist, berechtigt, in diesem darüber zu befinden, welche Entschädigung für die Zeit nach Zustellung des Antrags auf Abänderung der Rente zu gewähren ist.

§ 95. Die anderweite Rentenfestsetzung nach Abschluß eines neuen Heilverfahrens, die Einstellung von Rentenzahlungen (§ 98) und die Ablösung einer Rente durch Kapitalzahlung (§ 99) erfolgt auch nach Ablauf des im § 92 Abs. 3 vorgesehenen Zeitraums durch Bescheid der Berufsgenossenschaft.

§ 96. Ist der Verletzte, für welchen eine Entschädigung festgestellt war, in Folge der Verletzung gestorben, so muß der Anspruch auf Gewährung einer Entschädigung für die Hinterbliebenen, falls diese Entschädigung nicht von Amtswegen festgestellt ist, bei Vermeidung des Ausschlusses vor Ablauf von zwei Jahren nach dem Tode des Verletzten bei dem zuständigen Vorstand oder bei der für den Wohnort des Entschädigungsberechtigten zuständigen unteren Verwaltungsbehörde angemeldet werden. Nach Ablauf dieser Frist ist der Anmeldung nur dann Folge zu geben, wenn zugleich glaubhaft bescheinigt wird, daß der Entschädigungsberechtigte von der Verfolgung seines Anspruchs durch außerhalb seines Willens liegende Verhältnisse abgehalten worden ist, und die Anmeldung innerhalb dreier Monate, nachdem das Hinderniß weggefallen, erfolgt ist. Im Uebrigen finden auf das Verfahren die Vorschriften der §§ 74 bis 91 entsprechende Anwendung.

Fälligkeitstermine.

§ 97. Kosten des Heilverfahrens und Sterbegelder sind binnen einer Woche nach ihrer Feststellung, Renten in monatlichen, und wenn sich der Jahresbetrag auf sechzig Mark oder weniger beläuft, in vierteljährlichen Beträgen im voraus zu zahlen, letzteres insoweit, als nicht im voraus anzunehmen ist, daß die Rente vor Ablauf des Vierteljahres fortfällt. Die Renten werden auf volle fünf Pfennig für den Monat beziehungsweise das Vierteljahr nach oben abgerundet.

Im Einverständnisse mit dem Entschädigungsberechtigten kann die Berufsgenossenschaft anordnen, daß die Zahlung in längeren Zeitabschnitten erfolgt.

Fällt das Recht auf den Rentenbezug im Laufe des Monats, für welchen die Rente gezahlt war, fort, so ist von einer Rückforderung abzusehen. Wenn für einen Theil des Monats die Rente für den Verletzten mit der Rente für die Hinterbliebenen zusammentrifft, so haben die Hinterbliebenen den höheren Betrag zu beanspruchen.

Ein Verzicht auf die Rückforderung ist auch dann zulässig, wenn die Rente für längere Zeitabschnitte gezahlt war.

Ruhen der Rente.

§ 98. Das Recht auf Bezug der Rente ruht:

1. solange der Berechtigte eine die Dauer von einem Monat übersteigende Freiheitsstrafe verbüßt oder solange er in einem Arbeitshaus oder in einer Besserungsanstalt untergebracht ist. Hat der Berechtigte im Inlande wohnende Angehörige, welche im Falle seines Todes Anspruch auf Rente haben würden, so ist diesen die Rente bis zur Höhe jenes Anspruchs zu überweisen;
2. solange der Berechtigte auf fremden Kriegsschiffen Dienste thut;
3. solange der Berechtigte, ohne auf einem deutschen Schiffe angemustert zu sein, im Auslande sich aufhält und es unterläßt, der Berufsgenossenschaft seinen Aufenthalt mitzutheilen.

Die Berufsgenossenschaft ist befugt, über die Mittheilung des Aufenthaltsorts Vorschriften zu erlassen und darin anzuordnen, daß der Rentenberechtigte sich von Zeit zu Zeit bei einem Seemannsamte persönlich vorzustellen hat. Kürzere als einjährige Fristen dürfen durch diese Vorschriften nicht angeordnet werden. Die Vorschriften bedürfen der Genehmigung des Reichs-Versicherungsamts.

Weist der Entschädigungsberechtigte nach, daß er der Vorstellungspflicht ohne sein Verschulden nicht hat genügen können, so lebt insoweit das Recht auf den Bezug der Rente wieder auf.

Kapitalabfindungen.

§ 99. Ist bei theilweiser Erwerbsunfähigkeit eine Rente von fünfzehn oder weniger Prozent der Vollrente festgestellt, so kann nach Anhörung der unteren Verwaltungsbehörde die Berufsgenossenschaft den Entschädigungsberechtigten auf seinen Antrag durch eine entsprechende Kapitalzahlung abfinden. Der Verletzte muß vor Annahme seines Antrags darüber belehrt werden, daß er nach der Abfindung auch in dem Falle keinerlei Anspruch auf Rente mehr habe, wenn sein Zustand sich erheblich verschlechtern würde. Gegen den Bescheid, durch welchen die Kapitalabfindung festgesetzt wird, ist die Berufung (§ 80) zulässig. Das Rechtsmittel hat in diesem Falle aufschiebende Wirkung. Bis zur Verkündung der Entscheidung kann der Antrag zurückgezogen werden. Die Entscheidung des Schiedsgerichts ist endgültig. Sie kann nur auf Bestätigung oder auf Aufhebung des Bescheids lauten.

Ist der Entschädigungsberechtigte ein Ausländer, so kann er, falls er seinen Wohnsitz im Deutschen Reiche aufgiebt, auf seinen Antrag mit dem dreifachen Betrage der Jahresrente abgefunden werden. Durch Beschluß des Bundesraths kann diese Bestimmung für bestimmte Grenzgebiete oder für die Angehörigen solcher auswärtiger Staaten, durch deren Gesetzgebung deutschen, durch Unfall bei dem Betriebe verletzten Arbeitern eine entsprechende Fürsorge gewährleistet ist, außer Kraft gesetzt werden.

Diese Bestimmungen finden auch Anwendung auf solche Renten, welche vor dem Inkrafttreten dieses Gesetzes festgestellt worden sind. Wird eine solche Abfindung im Laufe der ersten drei Jahre nach Inkrafttreten des Gesetzes ausgesprochen, so ist die Berufsgenossenschaft berechtigt, die erforderlichen Mittel aus dem Reservefonds zu entnehmen. Dieser ist dann nach näherer Anordnung des Reichs-Versicherungsamts (§ 36 Abs. 2) wieder zu ergänzen.

Uebertragung der Ansprüche.

§ 100. Die Uebertragung der aus diesem Gesetze sich ergebenden Ansprüche auf Dritte sowie deren Verpfändung oder Pfändung hat nur insoweit rechtliche Wirkung, als sie erfolgt:

1. zur Deckung eines Vorschusses, welcher dem Berechtigten auf seine Ansprüche vor Anweisung der Rente oder des Sterbegeldes von dem Betriebsunternehmer oder einem Genossenschaftsorgan oder dem Mitglied eines solchen Organs gegeben worden ist;
2. zur Deckung der im § 850 Abs. 4 der Civilprozeßordnung bezeichneten Forderungen;
3. zur Deckung von Forderungen der nach §§ 29, 31 ersatzberechtigten Gemeinden, Armenverbände und der an deren Stelle getretenen Betriebsunternehmer und Kassen, der Krankenkassen sowie der Versicherungsanstalten für Invalidenversicherung.

Die Ansprüche dürfen nur auf geschuldete Beiträge, auf gezahlte Vorschüsse, auf zu Unrecht gezahlte Entschädigungen, auf die zu erstattenden Kosten des Verfahrens, auf die vom Vorstande verhängten Geldstrafen sowie auf die im § 134 Abs. 1 bezeichneten Regreßansprüche der Berufsgenossenschaften aufgerechnet werden.

Ausnahmsweise darf der Berechtigte den Anspruch ganz oder zum Theil auf Andere übertragen, sofern dies von der unteren Verwaltungsbehörde genehmigt wird.

Auszahlung der Entschädigungen.

§ 101. Die Auszahlung der auf Grund dieses Gesetzes zu leistenden Entschädigungen wird auf Anweisung des Genossenschaftsvorstandes vorschußweise durch deutsche Postverwaltungen, und zwar in der Regel durch diejenige Postanstalt bewirkt, in deren Bezirke der Heimathshafen des Schiffes, auf welchem der Unfall sich zugetragen hatte, belegen ist.

Der Entschädigungsberechtigte kann jedoch Ueberweisung der Auszahlung an die Postanstalt seines Wohnorts verlangen.

Liquidationen der Post.

§ 102. Binnen acht Wochen nach Ablauf jedes Rechnungsjahres haben die Zentral-Postbehörden dem Genossenschaftsvorstande Nachweisungen der auf seine Anweisung geleisteten Zahlungen zuzustellen und gleichzeitig die Postkassen zu bezeichnen, an welche die zu erstattenden Beträge einzuzahlen sind.

Umlage- und Erhebungsverfahren.

§ 103. Die von den Zentral-Postverwaltungen zur Erstattung liquidirten Beträge sind von dem Genossenschaftsvorstande gleichzeitig mit den Verwaltungskosten und den Rücklagen zum Reservefonds auf die Genossenschaftsmitglieder umzulegen und von denselben einzuziehen.

Zu diesem Zwecke haben die Unternehmer binnen sechs Wochen nach Ablauf des Rechnungsjahrs dem Genossenschaftsvorstande Nachweisungen einzureichen, aus denen sich ergeben:

a) für jedes Seefahrzeug diejenigen Personen, welche während des abgelaufenen Rechnungsjahrs gemäß § 1 Abs. 1 Ziffer 2 auf demselben beschäftigt worden sind;

b) für Schlepper- und Leichterbetriebe (§ 10 Abs. 5) sowie für die unter § 1 Abs. 1 Ziffer 3 fallenden Betriebe diejenigen Personen, welche darin während des abgelaufenen Rechnungsjahrs beschäftigt worden sind;

ferner für alle diese Personen die von ihnen verdienten sowie die in Anrechnung zu bringenden Gehälter und Löhne.

Durch Statut kann vorgeschrieben werden, daß diese Nachweisungen viertel- oder halbjährlich eingereicht und fortlaufend Lohnlisten (Lohnbücher) geführt werden, aus welchen diese Nachweisungen entnommen werden können. Durch Statut kann ferner vorgeschrieben werden, daß diese Lohnlisten (Lohnbücher) drei Jahre lang aufzubewahren sind.

Für Genossenschaftsmitglieder, welche mit der rechtzeitigen Einsendung der Nachweisung im Rückstande sind, werden diese Grundlagen der Umlageberechnung durch den Genossenschaftsvorstand festgestellt.

§ 104. Die Umlegung erfolgt, sofern ein Gefahrentarif aufgestellt ist, nach Maßgabe der Veranlagung, im Uebrigen

a) für Seefahrzeuge mit Ausnahme der Schlepper- und Leichterfahrzeuge — unter Berücksichtigung der nach §§ 54, 55 etwa festgesetzten Zuschläge, Nachlässe oder Beitragserhöhungen — nach Maßgabe derjenigen Beträge, welche sich für jedes Fahrzeug aus der Summe der nach § 10 berechneten Durchschnittslöhne und -Gehälter für die durch Abschätzung (§ 49) festgestellte Zahl der Besatzung sowie aus der gemäß § 103 Abs. 2 lit. a eingereichten oder nach § 103 Abs. 4 festgestellten Lohnnachweisung ergeben;

b) für andere nach Maßgabe dieses Gesetzes versicherte Betriebe nach der gemäß § 103 Abs. 2 lit. b eingereichten oder nach § 103 Abs. 4 festgestellten Lohnnachweisung.

Der fünfzehnhundert Mark für Person und Jahr übersteigende Betrag kommt nur mit einem Drittel (§ 12 Abs. 1), der dreitausend Mark übersteigende Betrag nur insoweit in Rechnung, als durch das Statut die Versicherung auf einen höheren Jahresarbeitsverdienst erstreckt ist (§ 6).

§ 105. Für Fahrzeuge, welche erweislich ununterbrochen länger als vierzehn Tage hindurch außer Betrieb gewesen sind, ist der Beitrag in demjenigen Verhältnisse zu kürzen, welches der diesen Zeitraum übersteigenden Dauer der Unthätigkeit entspricht. Die Kürzung erfolgt für dasjenige Rechnungsjahr, in welches die angegebene Zeit der Unthätigkeit gefallen ist. Vertheilt sich die ununterbrochene Dauer der Unthätigkeit auf zwei auf einander folgende Rechnungsjahre, so wird die Kürzung insoweit, als sie wegen noch nicht vollendeten Zeitablaufs für das erste

Rechnungsjahr noch nicht hat erfolgen können, für das zweite Rechnungsjahr vorgenommen.

Diese Kürzung tritt nicht ein, wenn der Rheder, Korrespondentrheder oder Bevollmächtigte es unterläßt, binnen sechs Wochen nach Ablauf des Rechnungsjahrs die Dauer der Unthätigkeit des Fahrzeugs in glaubhaft bescheinigter Form dem Genossenschaftsvorstande nachzuweisen. Bei Fahrzeugen, welche beim Ende des Rechnungsjahrs in den Heimathshafen nicht zurückgekehrt waren, kann der Nachweis noch während der ersten sechs Wochen nach der Rückkehr in den Heimathshafen erfolgen. In diesem Falle ist jedoch der Beitrag vorbehaltlich demnächstiger Rückerstattung einstweilen voll zu entrichten.

§ 106. Eine Kürzung des Beitrags erfolgt auch bei Fahrzeugen, welche im Laufe des Rechnungsjahrs verloren oder verschollen (§§ 862, 863 des Handelsgesetzbuchs) sind. Die Zeit, für welche diese Kürzung erfolgt, beginnt mit dem Tage des Verlustes, bei verschollenen Fahrzeugen mit dem Ablauf eines halben Monats von dem Tage ab, bis zu welchem die letzte Nachricht über das Fahrzeug reicht. Diese Kürzung des Beitrags ist von Amtswegen vorzunehmen, sobald die Thatsachen, durch welche die Kürzung bedingt wird, zur Kenntniß des Genossenschaftsvorstandes gelangen. Bereits bezahlte Beiträge sind nach Verhältniß des deren Kürzung begründenden Anspruchs zurückzuerstatten.

Soweit im Falle des Verlustes eines Schiffes deutsche Seeleute freie Zurückbeförderung oder Mitnahme auf deutschen Seefahrzeugen finden (§ 4), tritt die Kürzung nicht ein, solange die Zurückbeförderung oder Mitnahme dauert.

Als verloren gilt im Sinne dieses Gesetzes ein Fahrzeug auch dann, wenn dasselbe untergegangen, als reparaturunfähig oder reparaturunwürdig kondemnirt und in dem letzteren Falle unverzüglich öffentlich verkauft wird, wenn es geraubt, aufgebracht oder angehalten und für gute Prise erklärt worden ist.

§ 107. Auf Grund der vorstehenden Vertheilungsgrundsätze wird von dem Genossenschaftsvorstande der Beitrag berechnet, welcher auf jedes Mitglied der Genossenschaft zur Deckung des Jahresbedarfs entfällt.

Jedem Korrespondentrheder oder Bevollmächtigten (§ 33) und soweit ein solcher nicht bestellt ist, jedem Mitgliede der Genossenschaft ist ein Auszug aus der zu diesem Zwecke aufzustellenden Heberolle mit der Aufforderung zuzustellen, den festgesetzten Beitrag unter Verrechnung der nach § 35 erhobenen Vorschüsse bei Vermeidung der zwangsweisen Beitreibung binnen zwei Wochen einzuzahlen. Der Auszug muß diejenigen Angaben enthalten, welche den Zahlungspflichtigen in den Stand setzen, die Richtigkeit der angestellten Beitragsberechnung zu prüfen.

Nach der Zustellung des Auszugs aus der Heberolle ist die Genossenschaft zu einer anderweiten Feststellung des Beitrags befugt, wenn die Abschätzung oder Veranlagung des Betriebs nach § 53 nachträglich abgeändert oder Voraussetzungen nachträglich bekannt werden, unter denen eine besondere Belastung einzelner Reisen (§ 55) zu erfolgen hat.

Sind in solchen Fällen oder in Folge unterlassener Anmeldung der

Eröffnung eines neuen Betriebs schon in früheren Rechnungsjahren der Genossenschaft Beiträge, auf die sie Anspruch hatte, entgangen, so hat der Unternehmer den Fehlbetrag, soweit nicht Verjährung eingetreten ist (§ 111), nachträglich zu entrichten.

Bei der erneuten oder nachträglichen Feststellung des Beitrags ist ebenso zu verfahren wie bei der erstmaligen Feststellung.

§ 108. Die Korrespondentrheder oder Bevollmächtigten (§ 33) und, soweit solche nicht bestellt sind, die Mitglieder der Genossenschaft können gegen die Festsetzung der auf den betreffenden Betrieb entfallenen Beiträge binnen zwei Wochen nach Zustellung des Auszugs aus der Heberolle, unbeschadet der Verpflichtung zur vorläufigen Zahlung, Widerspruch bei dem Genossenschaftsvorstand erheben. Wird demselben entweder überhaupt nicht oder nicht in dem beantragten Umfange Folge gegeben, so steht ihnen innerhalb zweier Wochen nach der Zustellung der Entscheidung des Genossenschaftsvorstandes die Beschwerde an das Reichs-Versicherungsamt zu. Mit derselben kann die nach § 52 erfolgte Veranlagung und Abschätzung nicht angefochten werden.

Die Beschwerde ist nur zulässig, wenn dieselbe sich auf Rechenfehler, auf den irrthümlichen Ansatz des abgeschätzten Bedarfs an Besatzung (§ 49), auf den irrthümlichen Ansatz einer anderen Klasse des Gefahrentarifs, als zu welcher der Betrieb veranlagt ist, (§ 50), auf ungenügende Berücksichtigung der auf Grund des § 54 beschlossenen Nachlässe, auf unrichtige Feststellung der Beschäftigungsdauer und des Jahresarbeitsverdienstes der in anderen als Seeschiffahrtsbetrieben beschäftigten Personen (§ 104) oder auf ungenügende Abzüge wegen Unthätigkeit des Fahrzeugs (§§ 105, 106) gründet.

Aus den letzteren beiden Gründen ist die Beschwerde jedoch nicht zulässig, wenn die Feststellung durch den Vorstand wegen Verspätung der Anzeige bewirkt worden war (§ 103 Abs. 4) oder wenn die Abzüge wegen nicht rechtzeitiger Erbringung des bescheinigten Nachweises über die Unthätigkeit des Fahrzeugs unterblieben sind (§ 105).

Ergiebt sich nachträglich, daß ein ohne Widerspruch (Abs. 1) bezahlter Beitrag zu Unrecht oder in zu hohem Betrag erhoben worden ist, so kann die Rückerstattung auf dem im Abs. 1 bezeichneten Wege verlangt werden. Der Anspruch verjährt in sechs Monaten nach der Zustellung des Auszugs aus der Heberolle.

§ 109. Sofern nach § 55 Beitragserhöhungen auferlegt worden sind, kann die Beschwerde (§ 108) auch darauf gegründet werden, daß die thatsächlichen Voraussetzungen für die Anwendung der betreffenden Bestimmungen nicht vorliegen.

Aus diesen Gründen aber ist die Beschwerde nicht zulässig, wenn die für die Berechnung der Beitragserhöhungen angeordneten Nachweise nicht rechtzeitig erbracht worden sind.

§ 110. Tritt in Folge des Widerspruchs oder der Beschwerde eine Herabminderung des Beitrags ein, so ist der Ausfall bei dem Umlageverfahren des nächsten Rechnungsjahrs zu decken. Etwaige Ueberzahlungen sind zu erstatten oder auf den Beitrag für das nächste Rechnungsjahr zu verrechnen.

Diese Vorschriften finden auf den Fall, daß der Verlust eines Fahrzeugs erst nachträglich festgestellt wird, entsprechende Anwendung.

§ 111. Für die Beiträge zur Genossenschaft, die Vorschüsse auf die Beiträge (§ 35) und die Kautionsbeiträge (§ 37 Ziffer 7) haftet der Rheder nicht nur mit Schiff und Fracht, sondern auch persönlich. Mitrheder haften nach dem Verhältniß ihrer Antheile am Schiffe.

Rückständige Beiträge, Vorschüsse auf die Beiträge und Kautionsbeträge werden in derselben Weise beigetrieben wie Gemeindeabgaben. Die Genossenschaft ist befugt, die Beitreibung der einer Rhederei oder einem Mitrheder zur Last fallenden Beträge dem Korrespondentrheder oder Bevollmächtigten zu übertragen.

Der Anspruch auf rückständige Beiträge verjährt, soweit nicht eine absichtliche Hinterziehung vorliegt, in zwei Jahren nach Ablauf des Kalenderjahrs, in welchem sie hätten gezahlt werden müssen.

Uneinziehbare Beiträge fallen der Gesammtheit der Berufsgenossen zur Last. Sie sind vorschußweise aus dem Betriebsfonds oder erforderlichen Falles aus dem Reservefonds der Berufsgenossenschaft zu decken und bei dem Umlageverfahren des nächsten Rechnungsjahrs zu berücksichtigen.

Abführung der Beträge an die Postkassen.

§ 112. Der Genossenschaftsvorstand hat die von den Zentral-Postbehörden liquidirten Beträge innerhalb dreier Monate nach Empfang der Liquidationen an die ihm bezeichneten Postkassen abzuführen.

Wenn die Genossenschaft mit der Erstattung der Beträge im Rückstande bleibt, so ist auf Antrag der Zentral-Postbehörden von dem Reichs-Versicherungsamte das Zwangsbeitreibungsverfahren einzuleiten.

Das Reichs-Versicherungsamt ist befugt, zur Deckung der Ansprüche der Postverwaltungen zunächst über bereite Bestände der Genossenschaftskasse zu verfügen. Soweit diese nicht ausreichen, hat dasselbe das Beitreibungsverfahren gegen die Mitglieder der Genossenschaft einzuleiten und bis zur Deckung der Rückstände durchzuführen.

Vermögensverwaltung.

§ 113. Die Einnahmen und Ausgaben der Berufsgenossenschaft sind von allen den Zwecken der letzteren fremden Vereinnahmungen und Verausgabungen gesondert festzustellen und zu verrechnen, ebenso sind die Bestände gesondert zu verwahren.

Das Reichs-Versicherungsamt trifft nach Bedarf Bestimmung über die Aufbewahrung von Werthpapieren.

§ 114. Die Bestände der Berufsgenossenschaft müssen in der durch §§ 1806 bis 1808 des Bürgerlichen Gesetzbuchs bezeichneten Weise angelegt werden.

Außerdem dürfen dieselben in Werthpapieren, welche nach landesgesetzlichen Vorschriften zur Anlegung von Mündelgeldern zugelassen sind, sowie in solchen auf den Inhaber lautenden Pfandbriefen deutscher Hypotheken-Aktienbanken angelegt werden, welche die Reichsbank in Klasse I beleiht.

§ 115. Die Landes-Zentralbehörde desjenigen Bundesstaats, in dessen Gebiete die Berufsgenossenschaft ihren Sitz hat, kann mit Zustimmung der Zentralbehörden derjenigen Bundesstaaten, auf welche sich der Bezirk der Genossenschaft erstreckt, genehmigen, daß die Bestände der Berufsgenossenschaft auch in Darlehen an Gemeinden und weitere Kommunalverbände angelegt werden; sie kann ferner in gleicher Weise anordnen, daß bei der Anlegung des Genossenschaftsvermögens einzelne Gattungen zinstragender Papiere nur bis zu einem näher zu bestimmenden Betrag erworben werden dürfen. Wird eine Einigung nicht erzielt, so kann der Bundesrath die Genehmigung ertheilen oder die Anordnung erlassen.

Die Landes-Zentralbehörde desjenigen Bundesstaats, in dessen Gebiete die Berufsgenossenschaft ihren Sitz hat, kann widerruflich gestatten, daß zeitweilig verfügbare Bestände auch in anderer als der im § 114 bezeichneten Weise vorübergehend angelegt werden.

§ 116. Die Berufsgenossenschaft kann mit Genehmigung des Reichs-Versicherungsamts einen Theil ihres Vermögens in anderer als der nach §§ 114, 115 zulässigen Weise, insbesondere in Grundstücken anlegen. Will die Genossenschaft mehr als den vierten Theil ihres Vermögens in dieser Weise anlegen, so bedarf sie dazu außerdem der Genehmigung des Bundesraths. Eine solche Anlage ist jedoch nur in Werthpapieren, oder für die Zwecke der Verwaltung, zur Vermeidung von Vermögensverlusten für die Genossenschaft, oder für solche Veranstaltungen zulässig, welche ausschließlich oder überwiegend der versicherungspflichtigen Bevölkerung zu gute kommen. Mehr als die Hälfte ihres Vermögens darf jedoch die Berufsgenossenschaft in der bezeichneten Weise nicht anlegen.

§ 117. Ueber die gesammten Rechnungsergebnisse eines Rechnungsjahrs ist nach Abschluß desselben alljährlich dem Bundesrath und dem Reichstag eine vom Reichs-Versicherungsamt aufzustellende Nachweisung vorzulegen.

Als Rechnungsjahr gilt das Kalenderjahr.

V. Unfallverhütung. Ueberwachung durch die Genossenschaft.

Unfallverhütung.

§ 118. Die Genossenschaft ist befugt und kann im Aufsichtsweg angehalten werden, Vorschriften über Einrichtungen und Anordnungen zur Verhütung von Unfällen oder über zu beschaffende Ausrüstungsgegenstände der Fahrzeuge zu erlassen und die Zuwiderhandelnden mit Geldstrafen bis zu eintausend Mark oder mit der Einschätzung in eine höhere Klasse des Gefahrentarifs oder, falls sich das Fahrzeug beziehungsweise der Betrieb bereits in der höchsten Klasse befindet oder ein Gefahrentarif nicht aufgestellt ist, mit Zuschlägen bis zum doppelten Betrag ihrer Beiträge zu bedrohen. Für die Herstellung der vorgeschriebenen Einrichtungen ist den Betriebsunternehmern eine angemessene Frist zu bewilligen.

Die Genossenschaft ist außerdem befugt, solche Vorschriften für bestimmt abzugrenzende Bezirke oder für bestimmte Klassen von Fahrzeugen oder Betrieben zu erlassen.

Die Genossenschaft ist ferner befugt, für die Anbringung und Erhaltung der Einrichtungen sowie für das Vorhandensein der etwa vorgeschriebenen Ausrüstungsgegenstände neben dem Rheder den Schiffsführer für verantwortlich zu erklären und ihm für jede Nachlässigkeit hierin Geldstrafen bis zu einhundert Mark anzudrohen.

§ 119. Die zu erlassenden Vorschriften sind vor der Beschlußfassung dem Reichs-Versicherungsamt einzureichen und, sofern die Genossenschaft in Sektionen eingetheilt ist, den Vorständen derjenigen Sektionen, für welche sie Gültigkeit haben sollen, zur Begutachtung vorzulegen.

Zu der Berathung und Beschlußfassung über diese Vorschriften hat der Genossenschaftsvorstand Vertreter der Versicherten mit vollem Stimmrecht und in gleicher Zahl wie die betheiligten Vorstandsmitglieder zuzuziehen.

Das Reichs-Versicherungsamt ist zu der vom Genossenschaftsvorstand anberaumten Sitzung, in welcher über die von der Genossenschaft zu erlassenden Vorschriften berathen und Beschluß gefaßt werden soll, einzuladen.

Sollen die von der Genossenschaft zu erlassenden Vorschriften nur für den Bezirk einzelner Sektionen Gültigkeit haben, so sind zur Begutachtung durch die Sektionsvorstände auch Vertreter der Arbeiter gemäß Abs. 2 zuzuziehen.

Mit der Einladung zu der zur Begutachtung oder zur Berathung und Beschlußfassung anberaumten Sitzung ist den Vertretern der Arbeiter der Entwurf der Vorschriften zuzustellen, welcher der Begutachtung oder der Berathung und Beschlußfassung unterliegen soll.

§ 120. Die Vertreter der Arbeiter werden aus den zu Vertretern der Versicherten für den Bereich der Seeschiffahrt berufenen Beisitzern der Schiedsgerichte (§ 3 Abs. 1, § 4 Abs. 2, § 5 des Gesetzes, betreffend Abänderung der Unfallversicherungsgesetze,) durch das in einer Sitzung des Vorstandes durch den Vorsitzenden zu ziehende Loos berufen. Die Berufung erfolgt auf fünf Jahre; die erste Wahlperiode endet am 1. Januar 1906. Für jeden Vertreter sind ein erster und ein zweiter Ersatzmann zu berufen, welche denselben in Behinderungsfällen zu ersetzen und im Falle des Ausscheidens für den Rest der Periode in der Reihenfolge ihrer Berufung einzutreten haben. Die Bestimmung des § 47 findet entsprechende Anwendung.

Die Vertreter der Versicherten erhalten Ersatz für entgangenen Arbeitsverdienst und für Reisekosten nach festen von der Genossenschaft zu bestimmenden Sätzen. Die Feststellung erfolgt durch den Vorsitzenden des Vorstandes.

§ 121. Die Unfallverhütungsvorschriften bedürfen der Genehmigung des Reichs-Versicherungsamts.

Das Reichs-Versicherungsamt kann anordnen, daß vor der Genehmigung, soweit dies nicht gemäß § 119 Abs. 4 schon geschehen ist, zur Begutachtung der Vorschriften oder einzelner Theile derselben durch die Sektionsvorstände auch die Vertreter der Arbeiter zuzuziehen sind.

Wenn durch Beschluß der Genossenschaftsversammlung (§ 37 Ziffer 10) die gemäß § 119 Abs. 2 vom Vorstande und den Vertretern der Arbeiter gefaßten Beschlüsse abgeändert worden sind, so hat das Reichs-Versicherungsamt zu bestimmen, ob die Vorschriften vor deren Genehmigung einer nochmaligen Berathung und Beschlußfassung seitens des Vorstandes und der Vertreter der Arbeiter zu unterwerfen sind. Wenn das Reichs-Versicherungsamt seine Genehmigung von der Abänderung der beschlossenen Vorschriften abhängig macht, so hat es gleichfalls zu bestimmen, ob zur Berathung und Beschlußfassung (§ 119 Abs. 2) über die erforderliche Abänderung die Vertreter der Arbeiter zuzuziehen sind.

Dem Antrag auf Genehmigung ist das über die Verhandlungen bei den Vorständen aufgenommene Protokoll, aus welchem die Abstimmung der Vertreter der Arbeiter ersichtlich sein muß, sowie die gutachtliche Aeußerung der Vorstände derjenigen Sektionen, für welche die Vorschriften Gültigkeit haben sollen, beizufügen. Vor der Genehmigung ist den Landes-Zentralbehörden derjenigen Bundesstaaten, auf deren Gebiete sich die Vorschriften erstrecken sollen, Gelegenheit zu einer Aeußerung zu geben.

Die genehmigten Vorschriften sind durch den Genossenschaftsvorstand den höheren Verwaltungsbehörden, auf deren Bezirke sich die Vorschriften erstrecken, sowie sämmtlichen Seemannsämtern mitzutheilen und in den Geschäftsräumen der letzteren sowie in den Mannschaftslogis öffentlich auszuhängen. Die Seemannsämter sind befugt, bezüglich der Befolgung der Vorschriften Untersuchungen der Fahrzeuge zu veranlassen.

§ 122. Die Festsetzung der im § 118 Abs. 1 vorgesehenen Geldstrafen sowie die höhere Einschätzung des Betriebs und die Festsetzung von Zuschlägen erfolgt durch den Vorstand der Genossenschaft. Gegen die Verfügung steht dem Betriebsunternehmer innerhalb zweier Wochen nach der Zustellung die Beschwerde an das Reichs-Versicherungsamt zu.

Die Festsetzung der im § 118 Abs. 3 vorgesehenen Geldstrafen erfolgt durch dasjenige Seemannsamt, welches von der Nachlässigkeit zuerst Kenntniß erhielt. Die Straffestsetzung ist von dem Seemannsamt in das Schiffsjournal einzutragen und sofort vollstreckbar. Gegen die Straffestsetzung steht sowohl dem Schiffsführer wie dem Rheder, Korrespondentrheder oder Bevollmächtigten die Beschwerde an die dem Seemannsamte vorgesetzte Aufsichtsbehörde zu; dieselbe ist spätestens innerhalb zweier Wochen nach Beendigung der Reise zu erheben.

Eine abermalige Straffestsetzung durch dasselbe oder durch ein anderes Seemannsamt ist zulässig, sofern der Schiffsführer nicht nachweist, daß inzwischen die Anordnung nicht hat befolgt werden können.

Ueberwachung.

§ 123. Die Genossenschaft ist verpflichtet, für die Durchführung der gemäß § 118 erlassenen Unfallverhütungsvorschriften Sorge zu tragen. Sie ist befugt, durch technische Aufsichtsbeamte die Befolgung der zur Verhütung von Unfällen erlassenen Vorschriften zu überwachen. Sie ist ferner befugt, durch Rechnungsbeamte behufs Prüfung der auf Grund gesetzlicher oder statutarischer Bestimmungen eingereichten Nachweisungen die Schiffsjournale, Musterrollen, Certifikate, Meßbriefe und sonstigen Schiffspapiere sowie die Listen einzusehen, aus welchen die Zahl der Versicherten sowie der Umfang und die Dauer der zurückgelegten Reisen ersichtlich werden.

Die Funktionen des technischen Aufsichtsbeamten und des Rechnungsbeamten können mit Genehmigung des Reichs-Versicherungsamts in einer Person vereinigt werden.

Die Behörden sind verpflichtet, den als solchen legitimirten Rechnungsbeamten der Genossenschaft die auf die Verhältnisse des Fahrzeugs und der Besatzung sich beziehenden Verhandlungen und Urkunden im Geschäftslokale zur Einsicht vorzulegen. Die Rheder, Korrespondentrheder und Bevollmächtigten sowie die Schiffsführer haben den technischen Aufsichtsbeamten auf Erfordern den Zutritt zu den Fahrzeugen sowie die Besichtigung derselben zu gestatten und den Rechnungsbeamten die Schiffspapiere und Listen an Ort und Stelle zur Einsicht vorzulegen. Diese Verpflichtungen bestehen auch gegenüber dem Seemannsamte (§ 122); demselben ist die Eintragung der von ihm verhängten Strafen in das Schiffsjournal zu gestatten. In gleicher Weise haben die anderen Mitglieder der Berufsgenossenschaft die Besichtigung ihres Betriebs zu gestatten und die im Abs. 1 bezeichneten Listen zur Einsicht vorzulegen.

Die Verpflichteten können hierzu auf Antrag der technischen Aufsichtsbeamten oder der Rechnungsbeamten von dem Seemannsamt oder der unteren Verwaltungsbehörde durch Geldstrafen bis zu dreihundert Mark angehalten werden.

§ 124. Die Mitglieder des Genossenschaftsvorstandes und der Sektionsvorstände sowie deren technische Aufsichtsbeamte und Rechnungsbeamte (§ 123) haben über die Thatsachen, welche durch die Ueberwachung und Kontrole der Betriebe zu ihrer Kenntniß kommen, Verschwiegenheit zu beobachten. Die technischen Aufsichtsbeamten und Rechnungsbeamten sind hierauf von der unteren Verwaltungsbehörde ihres Wohnorts zu beeidigen.

§ 125. Namen und Wohnsitz der technischen Aufsichtsbeamten und Rechnungsbeamten sind von dem Genossenschaftsvorstande den höheren Verwaltungsbehörden, auf deren Bezirke sich ihre Thätigkeit erstreckt, anzuzeigen.

Die Genossenschaft ist verpflichtet, über die Ueberwachungsthätigkeit der technischen Aufsichtsbeamten und deren Ergebnisse dem Reichs-Versicherungsamte Bericht zu erstatten und den höheren Verwaltungsbehörden oder den von diesen bezeichneten Behörden und Beamten auf Ersuchen Mittheilung zu machen.

§ 126. Die durch die Ueberwachung und Kontrole der Betriebe entstehenden Kosten gehören zu den Verwaltungskosten der Genossenschaft.

Wenn ein Betriebsunternehmer durch Nichterfüllung der ihm obliegenden Verpflichtungen zur Aufwendung solcher Kosten Anlaß gegeben hat, so kann der Vorstand diese Kosten, soweit sie in baaren Auslagen bestehen, dem Betriebsunternehmer auferlegen und gegen diesen außerdem eine Geldstrafe bis zu einhundert Mark verhängen.

Gegen die Auferlegung dieser Kosten und Geldstrafen findet innerhalb zweier Wochen nach Zustellung des Beschlusses die Beschwerde an das Reichs-Versicherungsamt statt. Die Beitreibung erfolgt in derselben Weise wie bei Gemeindeabgaben.

VI. Beaufsichtigung der Genossenschaft.

§ 127. Die Genossenschaft unterliegt in Bezug auf die Befolgung dieses Gesetzes der Beaufsichtigung durch das Reichs-Versicherungsamt. Die Aufsicht hat sich auf die Beobachtung der gesetzlichen und statutarischen Vorschriften zu erstrecken.

Das Reichs-Versicherungsamt ist befugt, jederzeit eine Prüfung der Geschäftsführung der Genossenschaft vorzunehmen.

Die Vorstandsmitglieder, Vertrauensmänner und Beamten der Genossenschaft sind auf Erfordern des Reichs-Versicherungsamts zur Vorlegung ihrer Bücher, Beläge und ihrer auf den Inhalt der Bücher bezüglichen Korrespondenzen sowie der auf die Festsetzungen der Entschädigungen und Jahresbeiträge bezüglichen Schriftstücke an die Beauftragten des Reichs-Versicherungsamts oder an das letztere selbst verpflichtet. Dieselben können hierzu durch Geldstrafen bis zu eintausend Mark angehalten werden.

Der Aufsicht des Reichs-Versicherungsamts unterstehen ferner die von der Berufsgenossenschaft errichteten oder unterhaltenen Heilanstalten. Das Reichs-Versicherungsamt kann zu den zum Zwecke der Aufsicht stattfindenden Revisionen Vertreter der Berufsgenossenschaft und der Versicherten zuziehen.

§ 128. Das Reichs-Versicherungsamt entscheidet, unbeschadet der Rechte Dritter, über Streitigkeiten, welche sich auf die Rechte und Pflichten der Inhaber der Genossenschaftsämter, auf die Auslegung der Statuten und die Gültigkeit der vollzogenen Wahlen beziehen. Dasselbe kann die Inhaber der Genossenschaftsämter zur Befolgung der gesetzlichen und statutarischen Vorschriften durch Geldstrafen bis zu eintausend Mark anhalten.

VII. Reichs- und Staatsbetriebe.

§ 129. Für Betriebe des Reichs oder eines Bundesstaats tritt bei Anwendung dieses Gesetzes an die Stelle der Berufsgenossenschaft das Reich beziehungsweise der Bundesstaat. Die Befugnisse und Obliegenheiten der Genossenschaftsversammlung und des Genossenschaftsvorstandes werden durch Ausführungsbehörden wahrgenommen, welche für das Reich vom Reichskanzler, für den Bundesstaat von der Landes-Zentralbehörde zu bezeichnen sind. Dem Reichs-Versicherungsamt ist mitzutheilen, welche Behörden als Ausführungsbehörden bezeichnet worden sind.

Die Bestimmungen des vorhergehenden Absatzes finden keine Anwendung, soweit der Reichskanzler beziehungsweise die Landes-Zentralbehörde erklärt, daß Betriebe dieser Art der Berufsgenossenschaft angehören sollen.

§ 130. Soweit das Reich oder ein Bundesstaat an die Stelle der Berufsgenossenschaft tritt, finden die §§ 32 bis 64, 103 bis 111, 112 Abs. 2, 3, §§ 113 bis 116, 118 bis 128, 143 bis 147 keine Anwendung.

§ 131. Die Feststellung der Entschädigungen (§ 74) erfolgt durch die in den Ausführungsvorschriften zu bezeichnende Behörde.

§ 132. Die zur Durchführung der Bestimmungen in §§ 129 bis 131 erforderlichen Ausführungsvorschriften sind für die Reichsverwaltungen vom Reichskanzler, für die Landesverwaltungen von der Landes-Zentralbehörde zu erlassen.

VIII. Schluß- und Strafbestimmungen.

Haftpflicht der Betriebsunternehmer und Betriebsbeamten.

§ 133. Die nach Maßgabe dieses Gesetzes versicherten Personen und die in §§ 22 bis 25 bezeichneten Hinterbliebenen können, auch wenn sie einen Anspruch auf Rente nicht haben, einen Anspruch auf Ersatz des in Folge eines Unfalls erlittenen Schadens gegen den Betriebsunternehmer, gegen einen Mitrheder, Lootsen, Bevollmächtigten oder Repräsentanten, Betriebs- oder Arbeiteraufseher oder eine Person der Schiffsbesatzung desjenigen Fahrzeugs beziehungsweise Betriebs, in welchem der Unfall sich ereignet hat, nur dann geltend machen, wenn durch strafgerichtliches Urtheil festgestellt worden ist, daß der in Anspruch Genommene den Unfall vorsätzlich herbeigeführt hat.

In diesem Falle beschränkt sich der Anspruch auf den Betrag, um welchen die den Berechtigten nach anderen gesetzlichen Vorschriften gebührende Entschädigung diejenige übersteigt, auf welche sie nach diesem Gesetz Anspruch haben.

Auf die durch §§ 553 ff. des Handelsgesetzbuchs, §§ 48 ff. der Seemannsordnung und § 14 dieses Gesetzes begründete Fürsorgepflicht findet diese Bestimmung keine Anwendung.

Für das über einen solchen Anspruch erkennende ordentliche Gericht ist die Entscheidung bindend, welche in dem durch dieses Gesetz geordneten Verfahren rechtskräftig über die Frage ergeht, ob ein Unfall vorliegt, für welchen aus der Unfallversicherung Entschädigung zu leisten ist, und in welchem Umfang Entschädigung zu gewähren ist.

§ 134. Diejenigen Betriebsunternehmer, Mitrheder, Lootsen, Bevollmächtigten oder Repräsentanten, Betriebs- oder Arbeiteraufseher oder Personen der Schiffsbesatzung, gegen welche durch strafgerichtliches Urtheil festgestellt worden ist, daß sie den Unfall vorsätzlich oder durch Fahrlässigkeit mit Außerachtlassung derjenigen Aufmerksamkeit, zu der sie vermöge ihres Amtes, Berufs oder Gewerbes besonders verpflichtet sind, herbeigeführt haben, haften für alle Aufwendungen, welche in Folge des Unfalls auf Grund dieses Gesetzes oder des Krankenversicherungsgesetzes von den Gemeinden, Armenverbänden, Krankenkassen und sonstigen Unterstützungskassen (§ 29 Abs. 1) gemacht worden sind. Dieselben Personen haften der Genossenschaft für deren Aufwendungen auch ohne Feststellung durch strafgerichtliches Urtheil. Ist der Unfall durch Fahrlässigkeit mit Außerachtlassung derjenigen Aufmerksamkeit, zu der sie vermöge ihres Amtes, Berufs oder Gewerbes verpflichtet sind, herbeigeführt, so ist die Genossenschaftsversammlung befugt, von der Verfolgung des Anspruchs abzusehen. Durch das Statut kann diese Befugniß auf den Vorstand übertragen werden.

In gleicher Weise haftet als Betriebsunternehmer eine Aktiengesellschaft, eine Innung oder eingetragene Genossenschaft für die durch ein Mitglied ihres Vorstandes sowie eine Handelsgesellschaft, eine Innung oder eingetragene Genossenschaft für die durch einen der Liquidatoren herbeigeführten Unfälle.

Als Ersatz für die Rente kann in diesen Fällen deren Kapitalwerth gefordert werden.

§ 135. Will der Vorstand den Ersatzanspruch aus § 134 Abs. 1 Satz 3 geltend machen, so hat er den Beschluß dem Ersatzpflichtigen schriftlich mitzutheilen. Der Ersatzpflichtige kann hiergegen die Beschlußfassung der Genossenschaftsversammlung anrufen.

Die Klage darf nicht vor Ablauf eines Monats nach der Zustellung dieser Mittheilung und nur dann angestellt werden, wenn nicht innerhalb dieser Frist die Beschlußfassung seitens des Ersatzpflichtigen angerufen ist. Ist letzteres der Fall, so ist die Beschlußfassung der Genossenschaftsversammlung abzuwarten.

§ 136. Der Anspruch (§ 134 Abs. 1 Satz 1) verjährt in achtzehn Monaten von dem Tage, an welchem das strafgerichtliche Urtheil rechtskräftig geworden ist, im Uebrigen in zwei Jahren nach dem Unfalle. Die Anrufung der Beschlußfassung der Genossenschaftsversammlung (§ 135 Abs. 1) unterbricht die Verjährung.

Die Bestimmung des § 133 Abs. 4 findet Anwendung.

§ 137. Die in den §§ 133, 134 bezeichneten Ansprüche können, auch ohne daß die daselbst vorgesehene Feststellung durch strafgerichtliches Urtheil stattgefunden hat, geltend gemacht werden, falls diese Feststellung wegen des Todes oder der Abwesenheit des Betreffenden oder aus einem anderen in seiner Person liegenden Grunde nicht erfolgen kann.

Haftung Dritter.

§ 138. Bei Zusammenstößen mehrerer unter dieses Gesetz fallender Fahrzeuge finden die Bestimmungen der §§ 133 bis 137 auf die Rheder oder Mitrheder, Lootsen, Bevollmächtigten und Repräsentanten, Betriebsaufseher oder Personen der Schiffsbesatzungen sämmtlicher bei dem Zusammenstoße betheiligten Fahrzeuge Anwendung.

Im Uebrigen bestimmt sich die Haftung dritter, in den §§ 133, 134 nicht bezeichneter Personen, nach den sonstigen gesetzlichen Vorschriften. Insoweit den nach Maßgabe dieses Gesetzes entschädigungsberechtigten Personen ein gesetzlicher Anspruch auf Ersatz des ihnen durch den Unfall entstandenen Schadens gegen Dritte erwachsen ist, geht dieser Anspruch auf die Berufsgenossenschaft im Umfang ihrer durch dieses Gesetz begründeten Entschädigungspflicht über.

Verbot vertragsmäßiger Beschränkungen.

§ 139. Der Berufsgenossenschaft sowie den Betriebsunternehmern, Mitrhedern, Schiffsführern und ihren Angestellten ist untersagt, durch Uebereinkunft oder mittelst Arbeitsordnungen die Anwendung der Bestimmungen dieses Gesetzes zum Nachtheile der Versicherten ganz oder theilweise auszuschließen oder die Versicherten in der Uebernahme oder Ausübung eines in Gemäßheit dieses Gesetzes ihnen übertragenen Ehrenamts zu beschränken. Vertragsbestimmungen, welche diesem Verbote zuwiderlaufen, haben keine rechtliche Wirkung.

Betriebsunternehmer, Mithreder, Schiffsführer oder Angestellte, welche gegen die vorstehende Bestimmung verstoßen, werden, sofern nicht nach anderen gesetzlichen Vorschriften eine härtere Strafe eintritt, mit Geldstrafe bis zu dreihundert Mark oder mit Haft bestraft.

Die gleiche Strafe trifft Betriebsunternehmer, Mitrheder, Schiffsführer oder deren Angestellte, welche Beiträge zur Unfallversicherung den Versicherten ganz oder theilweise auf den Lohn in Anrechnung bringen oder eine solche Anrechnung wissentlich bewirken.

Unbehinderte Ausübung der Funktionen.

§ 140. Die Vertreter der Versicherten (§§ 119 bis 121) und die Schiedsgerichtsbeisitzer aus der Klasse der Versicherten (Gesetz, betreffend die Abänderung der Unfallversicherungsgesetze, §§ 4, 5, 7) haben in jedem Falle, in welchem sie zur Wahrnehmung ihrer Obliegenheiten berufen werden, die Arbeitgeber hiervon in Kenntniß zu setzen. Die Nichtleistung der Arbeit während der Zeit, in welcher die bezeichneten Personen durch die Wahrnehmung jener Obliegenheiten an der Arbeit verhindert sind, berechtigt den Arbeitgeber nicht, das Arbeitsverhältniß vor dem Ablaufe der vertragsmäßigen Dauer aufzuheben.

Rechtshülfe.

§ 141. Die öffentlichen Behörden sind verpflichtet, den im Vollzuge dieses Gesetzes an sie ergehenden Ersuchen des Reichs-Versicherungsamts, der Schiedsgerichte, anderer öffentlicher Behörden sowie des Genossenschaftsvorstandes und der Sektionsvorstände zu entsprechen und den Organen der Berufsgenossenschaft auch unaufgefordert alle Mittheilungen zukommen zu lassen, welche für deren Geschäftsbetrieb von Wichtigkeit sind. Die gleiche Verpflichtung liegt den Organen der Genossenschaft gegen einander und gegenüber den Behörden sowie den Organen der Versicherungsanstalten für Invalidenversicherung und der Krankenkassen ob. Die Verpflichtung der Behörden erstreckt sich insbesondere auch auf die Vollstreckung rechtskräftiger Bescheide und Erkenntnisse.

Die durch die Erfüllung dieser Verpflichtungen entstehenden Kosten sind von der Genossenschaft als eigene Verwaltungskosten (§ 34) insoweit zu erstatten, als sie in Tagegeldern und Reisekosten sowie in Gebühren für Zeugen und Sachverständige oder in sonstigen baaren Auslagen bestehen.

Gebühren- und Stempelfreiheit.

§ 142. Alle zur Begründung und Abwickelung der Rechtsverhältnisse zwischen den Berufsgenossenschaften einerseits und den Versicherten andererseits erforderlichen schiedsgerichtlichen und außergerichtlichen Verhandlungen und Urkunden einschließlich der Unfalluntersuchungsverhandlungen (§ 69) und der vor inländischen Behörden abgelegten Verklarungen, soweit dieselben an die Stelle der Unfalluntersuchungsverhandlungen treten (§ 71), sind gebühren- und stempelfrei. Dasselbe gilt für die im § 42 Abs. 3 bezeichneten Legitimationsbescheinigungen und für die behufs Vertretung von Berufsgenossen ausgestellten privatschriftlichen Vollmachten und für die im § 20 bezeichneten Streitigkeiten.

Strafbestimmungen.

§ 143. Die Betriebsunternehmer, Mitrheder, Korrespondentrheder und Bevollmächtigten sowie die Schiffsführer können von dem Genossenschaftsvorstande mit Geldstrafen bis zu fünfhundert Mark belegt werden, wenn in den von ihnen auf Grund statutarischer oder gesetzlicher Bestimmungen eingereichten Nachweisungen oder in der auf Grund solcher Bestimmungen von ihnen erforderten Auskunft oder in den Erklärungen, welche den zuständigen Genossenschaftsorganen behufs Veranlagung der Betriebe zu den Klassen des Gefahrentarifs abgegeben sind, thatsächliche Angaben enthalten sind, deren Unrichtigkeit ihnen bekannt war oder bei Anwendung angemessener Sorgfalt nicht entgehen konnte.

§ 144. Betriebsunternehmer, Mitrheder, Korrespondentrheder und Bevollmächtigte sowie die Schiffsführer welche der auf Grund gesetzlicher oder statutarischer Bestimmungen ihnen obliegenden Verpflichtung zur Ernennung von Bevollmächtigten und zur Mittheilung des Namens derselben sowie etwaiger Veränderungen in der Person derselben an den Genossenschaftsvorstand, zur Anmeldung von Betriebsveränderungen, zur Einreichung von Nachweisungen, zur Ertheilung von Auskunft oder zur Erfüllung der für Betriebseinstellungen gegebenen statutarischen Vorschriften nicht rechtzeitig nachkommen, können von dem Genossenschaftsvorstande mit Geldstrafen bis zu dreihundert Mark belegt werden.

Dasselbe gilt bei Zuwiderhandlungen gegen die Verpflichtungen bezüglich

a) der Eintragungen in das Schiffsjournal (§ 65 Abs. 1),
b) der Führung der Unfallnachweisung (§ 65 Abs. 2),
c) der Mittheilung der Eintragungen (§ 65 Abs. 3),
d) der Unfallanzeigen (§ 65 Abs. 4, § 66 Abs. 1),
e) der Herbeiführung der Unfalluntersuchungen (§ 69 Abs. 1 und 2),
f) der Abgabe eidesstattlicher Erklärungen (§ 69 Abs. 1).

§ 145. Die in den §§ 143, 144 für Betriebsunternehmer getroffenen Strafbestimmungen finden Anwendung:

a) wenn eine Aktiengesellschaft, eingetragene Genossenschaft, Innung oder andere juristische Person Rheder oder Mitrheder ist, auf alle Mitglieder des Vorstandes,

b) wenn eine andere Handelsgesellschaft oder eine Kommanditgesellschaft auf Aktien Rheder oder Mitrheder ist, auf alle persönlich haftenden Gesellschafter.

Im Uebrigen finden die Strafvorschriften der §§ 143, 144 auch gegen die gesetzlichen Vertreter handlungsunfähiger Berufsgenossen sowie gegen die Liquidatoren einer Handelsgesellschaft, Innung oder eingetragenen Genossenschaft Anwendung.

§ 146. Die Rheder haften für die ihnen oder dem Schiffsführer auf Grund der §§ 143 bis 145 auferlegten Strafen nach Maßgabe der Bestimmungen des § 111 Abs. 1.

§ 147. Gegen Straffestsetzungen des Genossenschaftsvorstandes steht den Betheiligten innerhalb zweier Wochen nach der Zustellung die Beschwerde zu. Ueber dieselbe entscheidet, vorbehaltlich der Bestimmungen der §§ 122, 126 Abs. 3, diejenige Behörde, welche von der für den Sitz des Betriebs zuständigen Landes-Zentralbehörde bestimmt ist.

Zuständige Landesbehörden.

§ 148. Die Zentralbehörden der Bundesstaaten bestimmen, von welchen Staats- oder Gemeindebehörden die in diesem Gesetze den höheren Verwaltungsbehörden, den unteren Verwaltungsbehörden und den Ortspolizeibehörden zugewiesenen Verrichtungen wahrzunehmen sind.

Die in Gemäßheit dieser Vorschrift erlassenen Bestimmungen sind durch den Reichsanzeiger bekannt zu machen.

Die höhere Verwaltungsbehörde kann bestimmte Gemeindebehörden als untere Verwaltungsbehörden im Sinne des § 75 bezeichnen und mit der Wahrnehmung der dort vorgesehenen Geschäfte betrauen.

Strafvollstreckung.

§ 149. Geldstrafen, welche auf Grund dieses Gesetzes verhängt sind, mit Ausnahme derjenigen, auf welche von den Gerichten erkannt ist, werden in derselben Weise beigetrieben wie Gemeindeabgaben und fließen in die Genossenschaftskasse.

Zustellungen.

§ 150. Zustellungen, welche den Lauf von Fristen bedingen, können durch die Post mittels eingeschriebenen Briefes erfolgen. Posteinlieferungsscheine begründen nach Ablauf von zwei Jahren seit ihrer Ausstellung die Vermuthung für die in der ordnungsmäßigen Frist nach der Einlieferung erfolgte Zustellung.

Personen, welche nicht im Inlande wohnen, können von den zustellenden Behörden und Genossenschaftsorganen aufgefordert werden, einen Zustellungsbevollmächtigten zu bestellen.

Ist der Aufenthalt einer Person, welcher zugestellt werden soll, nicht ermittelt oder wird der nach Abs. 2 ergangenen Aufforderung nicht innerhalb der gesetzlichen Frist genügt, so kann die Zustellung durch öffentlichen Aushang während einer Woche in den Geschäftsräumen der zustellenden Behörden oder Genossenschaftsorgane ersetzt werden.

§ 151. An die Stelle des § 34 Abs. 2 Ziffer 3 des Invalidenversicherungsgesetzes (Reichs-Gesetzbl. 1899 S. 531) tritt folgende Bestimmung:

3. für die auf Grund des See-Unfallversicherungsgesetzes versicherten Seeleute, mit Ausnahme der in Schlepper- und Leichterbetrieben beschäftigten Personen, der Durchschnittsbetrag des Jahresarbeitsverdienstes, welcher gemäß § 10 a. a. O. vom Reichskanzler festgesetzt worden ist.

IX. Unfallversicherung im Kleinbetriebe der Seeschiffahrt sowie in der See- und Küstenfischerei.

§ 152. Die vorstehenden Bestimmungen finden mit den aus den folgenden Paragraphen sich ergebenden Abweichungen entsprechende Anwendung:

1. auf die Besatzung solcher Seefahrzeuge, welche nicht mehr als fünfzig Kubikmeter Brutto-Raumgehalt haben und dabei weder Zubehör eines größeren Fahrzeugs noch auf die Fortbewegung durch Dampf oder andere Maschinenkräfte eingerichtet sind;
2. auf die Besatzung derjenigen Fahrzeuge, welche zur Ausübung der Fischerei in den im § 3 Abs. 2 bezeichneten Gewässern bestimmt und nicht bereits durch den Bundesrath auf Grund früherer gesetzlicher Bestimmungen der Unfallversicherung nach Maßgabe der §§ 1 ff. unterworfen sind;
3. auf die Besatzung von Fahrzeugen, welche zur Ausübung der Fischerei auf anderen mit der See in Verbindung stehenden, von Seeschiffen befahrenen Gewässern innerhalb der vom Bundesrathe zu bestimmenden örtlichen Grenze bestimmt sind.

§ 153. Der Versicherungspflicht unterliegen auch die Unternehmer gewerblicher Schiffahrts- und Fischereibetriebe der im § 152 bezeichneten Art, sofern sie zur Besatzung des Fahrzeugs gehören und bei dem Betriebe regelmäßig keinen oder nicht mehr als zwei Lohnarbeiter beschäftigen.

§ 154. Als Jahresarbeitsverdienst gilt das Dreihundertfache des ortsüblichen Tagelohns gewöhnlicher Tagearbeiter desjenigen Ortes, in welchem der Betrieb seinen Sitz hat.

§ 155. Während der ersten dreizehn Wochen nach Eintritt eines Unfalls hat die Gemeinde, in deren Bezirke der Betrieb seinen Sitz hat, dem Verletzten die im § 6 Abs. 1 Ziffer 1 des Krankenversicherungsgesetzes bezeichneten Leistungen zu gewähren, sofern derselbe sich nicht im Ausland aufhält oder auf Grund der Krankenversicherung oder anderer Rechtsverhältnisse Anspruch auf eine mindestens gleiche Fürsorge hat. Soweit solchen Personen diese Leistungen von dem zunächst Verpflichteten nicht gewährt werden, hat die Gemeinde dieselben zu übernehmen. Die zu diesem Zwecke gemachten Aufwendungen sind von den Verpflichteten zu ersetzen.

Für außerhalb des Gemeindebezirkes wohnhafte Personen hat auf Verlangen der verpflichteten Gemeinde die Gemeinde ihres Wohnorts die im Abs. 1 bezeichneten Leistungen vorbehaltlich des Kostenersatzes zu übernehmen.

Als Ersatz der Kosten gilt die Hälfte des nach dem Krankenversicherungsgesetze zu gewährenden Mindestbetrags des Krankengeldes, sofern nicht höhere Aufwendungen nachgewiesen werden.

Die Versicherungsanstalt (§ 158) ist befugt, die im Abs. 1 bezeichneten Leistungen selbst zu übernehmen.

Die Versicherungsanstalt kann ferner gegen Erstattung der Kosten derjenigen Gemeinde, welcher die Fürsorge für die ersten dreizehn Wochen nach dem Unfall obliegt, die Fürsorge für den Verletzten bis zur Beendigung des Heilverfahrens übertragen.

§ 156. Streitigkeiten über Unterstützungsansprüche, welche aus der Bestimmung des § 155 zwischen den Verletzten einerseits und den Gemeinden andererseits entstehen, werden von der Aufsichtsbehörde entschieden. Die Entscheidung ist vorläufig vollstreckbar. Dieselbe kann im Verwaltungsstreitverfahren, wo ein solches nicht besteht, im Wege des Rekurses nach Maßgabe der Vorschriften der §§ 20, 21 der Gewerbeordnung angefochten werden.

Streitigkeiten über Ersatzansprüche, welche aus den Bestimmungen des § 155 entstehen, werden im Verwaltungsstreitverfahren, wo ein solches nicht besteht, von der Aufsichtsbehörde der in Anspruch genommenen Gemeinde oder Krankenkasse entschieden. Die Entscheidung der Letzteren kann innerhalb eines Monats nach der Zustellung im Wege des Rekurses nach Maßgabe der §§ 20, 21 der Gewerbeordnung angefochten werden.

Der Landes-Zentralbehörde bleibt überlassen, vorzuschreiben, daß anstatt des Rekursverfahrens die Berufung auf den Rechtsweg mittelst Erhebung der Klage stattfindet.

§ 157. Im Falle der Tödtung wird als Sterbegeld, sofern die Bestattung zu Lande erfolgt, das Zwanzigfache des ortsüblichen Tagelohns (§ 154), jedoch mindestens ein Betrag von fünfzig Mark ersetzt.

§ 158. Die Versicherung erfolgt durch eine in der Berufsgenossenschaft errichtete Versicherungsanstalt.

Träger der Versicherungsanstalt ist die Berufsgenossenschaft. Der Genossenschaftsvorstand und die Genossenschaftsversammlung führen die Verwaltung der Versicherungsanstalt, soweit nicht besondere statutarische Bestimmungen getroffen werden.

§ 159. Die Einnahmen und Ausgaben der Versicherungsanstalt sind besonders zu verrechnen und ihre Bestände gesondert zu verwahren.

Das für die Zwecke der Versicherungsanstalt bestimmte Vermögen darf für die übrigen Zwecke der Genossenschaft nicht verwendet werden.

Die für den Geschäftsbetrieb der Versicherungsanstalt etwa erforderlichen Mittel hat die Berufsgenossenschaft, soweit nöthig aus ihrem Reservefonds, vorzuschießen.

Die Versicherungsanstalt darf andere als die in §§ 152, 153 bezeichneten Versicherungen nicht übernehmen.

Die Verwaltungskosten der Versicherungsanstalt trägt die Berufsgenossenschaft.

§ 160. Die Bestimmungen über die Verpflichtung zur Bestellung eines Bevollmächtigten für jedes Fahrzeug (§ 33), über die Abschätzung der Fahrzeuge (§ 49), die Führung eines Katasters (§ 59) sowie über die Verpflichtung zur Führung besonderer Nachweisungen über die an Bord sich ereignenden Unfälle (§ 65) finden keine Anwendung.

§ 161. Für die Versicherungsanstalt hat die Genossenschaftsversammlung ein Nebenstatut zu errichten. Dasselbe muß Bestimmung treffen:

1. über die Abgrenzung der Befugnisse des Vorstandes und der Genossenschaftsversammlung sowie etwaiger sonstiger für die Verwaltung der Versicherungsanstalt bestellter Organe;
2. über die Aufstellung, Prüfung und Abnahme der Jahresrechnung;
3. über die Voraussetzungen einer Abänderung des Nebenstatuts.

Die Bestimmungen des § 39 finden entsprechende Anwendung.

§ 162. Die Mittel zur Deckung der Entschädigungsbeträge werden durch Beiträge aufgebracht, welche vom Reichs-Versicherungsamte mindestens alle fünf Jahre im voraus festzustellen und so zu berechnen sind, daß durch dieselben außer den sonstigen Leistungen der Versicherungsanstalt der Kapitalwerth der von der Versicherungsanstalt voraussichtlich zu gewährenden Renten gedeckt wird.

Die Beiträge sind nach näherer Bestimmung der Landes-Zentralbehörde von den Küstenbezirke umfassenden weiteren Kommunalverbänden der Seeuferstaaten zu entrichten und werden auf dieselben nach der Zahl derjenigen Personen vertheilt, welche in ihren Bezirken in Betrieben der im § 152 bezeichneten Art als erwerbsthätige Personen beschäftigt sind. Der Bundesrath ist befugt, anzuordnen, daß die Vertheilung unter Berücksichtigung der Dauer der Beschäftigung und der Verschiedenheit der ortsüblichen Tagelöhne zu erfolgen hat.

§ 163. Innerhalb der weiteren Kommunalverbände werden die Beiträge zur Hälfte wie die sonstigen Lasten des Kommunalverbandes, zur anderen Hälfte nach näherer Bestimmung des weiteren Kommunalverbandes von den Unternehmern der nach § 152 versicherten Betriebe durch Vermittelung der betheiligten Kommunalverbände oder Gemeinden aufgebracht. Die Letzteren können mit Genehmigung ihrer Aufsichtsbehörde diese Lasten ganz oder theilweise aus eigenen Mitteln bestreiten und haften für uneinziehbare Beiträge. Sie können bestimmen, daß die bezeichneten Unternehmer einen Wechsel in der Person desjenigen, für dessen Rechnung der Betrieb erfolgt, zur Vermeidung der im § 62 angedrohten Rechtsnachtheile dem Vorstande des Kommunalverbandes anzuzeigen haben.

Gegen die Heranziehung zu Beiträgen steht dem Unternehmer innerhalb zweier Wochen nach der Zustellung die Beschwerde an das Reichs-Versicherungsamt zu. Dieselbe kann nur auf die Behauptung gestützt werden, daß eine Verpflichtung zur Entrichtung von Beiträgen nicht vorliegt. Sonstige aus der Heranziehung zu Beiträgen abgeleitete Beschwerden sind innerhalb zweier Wochen nach der Zustellung an die Aufsichtsbehörde zu richten, welche endgültig entscheidet.

Die Landes-Zentralbehörden bestimmen, welche Verbände als Kommunalverbände im Sinne der vorstehenden Bestimmungen anzusehen sind.

§ 164. Die Anzeige des Unfalls (§ 66) ist schriftlich oder mündlich an diejenige Ortspolizeibehörde im Inlande zu richten, in deren Bezirke sich der Unfall ereignet hat oder der erste Aufenthalt nach demselben genommen wird. Die Untersuchung des Unfalls (§ 68) erfolgt durch diejenige Ortspolizeibehörde, an welche die Unfallanzeige erstattet ist. Auf Antrag Betheiligter kann die höhere Verwaltungsbehörde die Untersuchung einer anderen Polizeibehörde übertragen.

16.]

7. Gesetz über die privaten Versicherungsunternehmungen.

Vom 12. Mai 1901.

(R.G.Bl. S. 139.)

Wir Wilhelm, von Gottes Gnaden Deutscher Kaiser, König von Preußen rc.

verordnen im Namen des Reichs, nach erfolgter Zustimmung des Bundesraths und des Reichstags, was folgt:

I. Einleitende Vorschriften.

§ 1. Privatunternehmungen, welche den Betrieb von Versicherungsgeschäften zum Gegenstande haben, unterliegen, vorbehaltlich der in den §§ 116, 117, 122 gegebenen Vorschriften, der Beaufsichtigung nach Maßgabe dieses Gesetzes.

Als Versicherungsunternehmungen im Sinne dieses Gesetzes sind solche Personenvereinigungen nicht anzusehen, die ihren Mitgliedern Unterstützung gewähren, ohne ihnen einen Rechtsanspruch darauf einzuräumen.

§ 2. Die Beaufsichtigung der Versicherungsunternehmungen wird, sofern ihr Geschäftsbetrieb durch die Satzung oder die sonstigen Geschäftsunterlagen auf das Gebiet eines Bundesstaats beschränkt ist, durch Landesbehörden, anderenfalls durch die hierzu bestellte Reichsbehörde ausgeübt.

§ 3. Die Beaufsichtigung von Versicherungsunternehmungen, deren Geschäftsbetrieb auf das Gebiet eines Bundesstaats beschränkt ist, kann auf Antrag dieses Bundesstaats mit Zustimmung des Bundesraths durch Kaiserliche Verordnung der Reichsbehörde übertragen werden.

Im Einvernehmen mit den betheiligten Landesregierungen kann der Reichskanzler bestimmen, daß Unternehmungen, deren Geschäftsbetrieb sich zwar über das Gebiet eines Bundesstaats hinaus erstreckt, aber sachlich, örtlich oder hinsichtlich des Personenkreises eng begrenzt ist, durch die Landesbehörde desjenigen Bundesstaats beaufsichtigt werden, in dessen Gebiete sie ihren Sitz haben.

II. Zulassung zum Geschäftsbetriebe.

§ 4. Versicherungsunternehmungen bedürfen zum Geschäftsbetriebe der Erlaubniß der Aufsichtsbehörde.

Mit dem Antrag auf Ertheilung der Erlaubniß ist der Geschäftsplan einzureichen, welcher den Zweck und die Einrichtung des Unternehmens, das räumliche Gebiet des beabsichtigten Geschäftsbetriebs sowie namentlich auch diejenigen Verhältnisse klarzulegen hat, aus denen sich die dauernde Erfüllbarkeit der künftigen Verpflichtungen des Unternehmens ergeben soll.

Als Bestandtheile des Geschäftsplans sind insbesondere einzureichen:

1. der Gesellschaftsvertrag oder die Satzung, sofern die Unternehmung auf solchen beruht,
2. die allgemeinen Versicherungsbedingungen und die technischen Geschäftsunterlagen, soweit solche nach der Art der zu betreibenden Versicherungen erforderlich sind.

§ 5. Die Ertheilung der Erlaubniß erfolgt unabhängig von dem Nachweis eines Bedürfnisses und, sofern nicht der Wirkungskreis des Unternehmens nach dem Geschäftsplan auf eine bestimmte Zeit oder auf ein kleineres Gebiet beschränkt ist, ohne Zeitbeschränkung beziehungsweise für den Umfang des Reichs.

§ 6. Die Erlaubniß darf Personenvereinigungen, welche die Versicherung ihrer Mitglieder nach dem Grundsatze der Gegenseitigkeit betreiben wollen, nur ertheilt werden, wenn diese Vereinigungen in der Form von Versicherungsvereinen auf Gegenseitigkeit (§§ 15 bis 53) errichtet werden.

Zum Betriebe der verschiedenen Arten der Lebensversicherung sowie zum Betriebe der Unfall-, Haftpflicht-, Feuer- oder Hagelversicherung darf die Erlaubniß außer Versicherungsvereinen auf Gegenseitigkeit nur an Aktiengesellschaften ertheilt werden.

Als Lebensversicherung im Sinne dieses Gesetzes gilt auch die Invaliditäts-, Alters-, Wittwen-, Waisen-, Aussteuer- und Militärdienstversicherung, gleichviel ob auf Kapital oder Renten.

§ 7. Die Erlaubniß zum Geschäftsbetriebe darf nur versagt werden, wenn

1. der Geschäftsplan gesetzlichen Vorschriften zuwiderläuft;
2. nach dem Geschäftsplane die Interessen der Versicherten nicht hinreichend gewahrt sind oder die dauernde Erfüllbarkeit der aus den Versicherungen sich ergebenden Verpflichtungen nicht genügend dargethan ist;
3. Thatsachen vorliegen, welche die Annahme rechtfertigen, daß ein den Gesetzen oder den guten Sitten entsprechender Geschäftsbetrieb nicht stattfinden wird.

Die Erlaubniß kann von der Stellung einer angemessenen Sicherheit abhängig gemacht werden, wobei deren Zweck und die Bedingungen für die Rückgabe festzustellen sind.

§ 8. Der Gesellschaftsvertrag einer Aktiengesellschaft soll die einzelnen Versicherungszweige, auf welche sich der Geschäftsbetrieb erstreckt, sowie die Grundsätze für die Anlegung des Vermögens festsetzen und ersichtlich machen, ob das Versicherungsgeschäft lediglich unmittelbar oder zugleich auch mittelbar (durch Rückversicherung) betrieben werden soll.

Bei Unternehmungen, die durch eine Satzung geregelt sind, sollen die im Abs. 1 bezeichneten Angaben in der Satzung enthalten sein.

§ 9. In den allgemeinen Versicherungsbedingungen sollen diejenigen Bestimmungen enthalten sein, welche getroffen werden:

1. über die Ereignisse, bei deren Eintritte der Versicherer zu einer Leistung verpflichtet ist, und über die Fälle, in denen aus besonderen Gründen diese Verpflichtung ausgeschlossen oder aufgehoben sein soll (wegen unrichtiger Angaben im Antrage, wegen Aenderungen während der Vertragsdauer u. s. w.);
2. über die Art, den Umfang und die Fälligkeit der dem Versicherer obliegenden Leistungen;
3. über die Feststellung und Leistung des vom Versicherten an den Versicherer zu entrichtenden Entgelts und über die Rechtsfolgen eines Verzugs in der Entrichtung des Entgelts;
4. über die Dauer, insbesondere eine stillschweigende Verlängerung, über die Kündigung sowie über die sonstige gänzliche oder theilweise Aufhebung des Versicherungsvertrags und die Verpflichtungen des Versicherers in den Fällen der letzteren Art (Storni, Rückkauf, Umwandlung der Versicherung, Reduktion und dergleichen);
5. über den Verlust des Anspruchs aus dem Versicherungsvertrag in Folge der Versäumung von Fristen;
6. über das Verfahren im Falle von Streitigkeiten aus dem Versicherungsvertrag, über das zuständige Gericht und die Bestellung eines Schiedsgerichts;
7. über die Grundsätze und Maßstäbe, nach denen die Versicherten an den Ueberschüssen Theil nehmen;
8. bei Lebensversicherungen über die Voraussetzungen und den Umfang von Vorauszahlungen oder Darlehen auf Versicherungsscheine (Policen).

Bei Versicherungsvereinen auf Gegenseitigkeit können die im Abs. 1 bezeichneten Gegenstände statt in den allgemeinen Versicherungsbedingungen in der Satzung geregelt werden.

Abweichungen von den allgemeinen Versicherungsbedingungen zu Ungunsten des Versicherten sind nur aus besonderen Gründen sowie unter der Bedingung statthaft, daß der Versicherungsnehmer vor dem Abschlusse des Vertrags auf diese Abweichungen ausdrücklich hingewiesen worden ist und sich hiernach schriftlich damit einverstanden erklärt hat.

§ 10. Vor dem Abschlusse des Versicherungsvertrags ist dem Versicherungsnehmer ein Exemplar der maßgebenden allgemeinen Versicherungsbedingungen gegen eine besonders auszufertigende Empfangsbescheinigung auszuhändigen. Das Gleiche gilt, soweit es sich um Versicherung auf Gegenseitigkeit handelt, auch von der Satzung des Vereins.

Auf solche Feuerversicherungen, deren Abschluß im Börsenverkehr oder nach Börsenusance erfolgt, findet die Vorschrift des Abs. 1 keine Anwendung.

Die Aufsichtsbehörde kann weitere Ausnahmen von den Vorschriften des Abs. 1 zulassen.

§ 11. Der Geschäftsplan einer Lebensversicherungsunternehmung hat die von ihr angenommenen Tarife sowie die Grundsätze für die Berechnung der Prämien und Prämienreserven vollständig darzustellen, namentlich auch den anzuwendenden Zinsfuß und die Höhe des Zuschlags zur Nettoprämie anzugeben. Auch ist anzugeben, ob und in welchem Maße bei der Berechnung der Prämienreserve eine Methode angewandt werden soll, nach welcher anfänglich nicht die volle Prämienreserve zurückgestellt wird, wobei jedoch der Satz von zwölfeinhalb per Mille der Versicherungssumme nicht überschritten werden darf. Die als Grundlage der Berechnungen dienenden Wahrscheinlichkeitstafeln, insbesondere über die Sterblichkeit und die Invaliditäts- und Krankheitsgefahr, sind beizufügen.

Für jede Versicherungsart (Versicherung auf den Lebensfall — auf den Todesfall, Kapitalversicherung — Rentenversicherung u. s. w.) sind die zur Berechnung der Prämien und der Prämienreserven dienenden Formeln vorzulegen und durch ein Zahlenbeispiel zu erläutern.

Sollen auch Versicherungen mit erhöhter Prämie übernommen werden, so ist in dem Geschäftsplane ferner anzugeben, ob und nach welchen Grundsätzen hierfür eine besondere Prämienreserve gebildet werden soll.

§ 12. Soweit Kranken- oder Unfallversicherungsunternehmungen Versicherungen nach Art der Lebensversicherung unter Zugrundelegung bestimmter Wahrscheinlichkeitstafeln betreiben, insbesondere die Versicherung von Renten, Versicherungen mit Prämienrückgewähr oder sonstige die Ansammlung von Prämienreserven erfordernde Versicherungen übernehmen, finden die Vorschriften des § 11 entsprechende Anwendung.

§ 13. Jede Aenderung des Geschäftsplans ist der Aufsichtsbehörde anzuzeigen und bedarf, bevor sie in Kraft gesetzt wird, ihrer Genehmigung. Die Genehmigung darf nur aus den Gründen des § 7 versagt werden.

§ 14. Jedes Uebereinkommen, wodurch der Versicherungsbestand eines Unternehmens in seiner Gesammtheit oder in einzelnen Zweigen mit den darauf bezüglichen Reserven und Prämienüberträgen auf ein anderes Unternehmen übertragen werden soll, bedarf der Genehmigung der für die betheiligten Unternehmungen zuständigen Aufsichtsbehörden. Die Genehmigung darf nur aus den Gründen des § 7 versagt werden.

III. Versicherungsvereine auf Gegenseitigkeit.

§ 15. Ein Verein, welcher die Versicherung seiner Mitglieder nach dem Grundsatze der Gegenseitigkeit betreiben will, erlangt durch die von der Aufsichtsbehörde ertheilte Erlaubniß zum Geschäftsbetrieb als „Versicherungsverein auf Gegenseitigkeit" die Rechtsfähigkeit.

§ 16. Die in Betreff der Kaufleute im ersten und dritten Buche des Handelsgesetzbuchs gegebenen Vorschriften, mit Ausnahme der §§ 1 bis 7, finden auf die Versicherungsvereine auf Gegenseitigkeit entsprechende Anwendung, soweit dieses Gesetz nicht ein Anderes bestimmt.

§ 17. Die Verfassung eines Versicherungsvereins auf Gegenseitigkeit wird durch die Satzung bestimmt, soweit sie nicht auf den nachfolgenden Vorschriften beruht.

Die Satzung bedarf der gerichtlichen oder notariellen Beurkundung.

§ 18. Die Satzung hat den Namen (die Firma) und den Sitz des Vereins zu bestimmen.

Die Firma soll den Sitz des Vereins erkennen lassen. Auch ist in der Firma oder in einem Zusatz auszudrücken, daß Versicherung auf Gegenseitigkeit betrieben wird.

§ 19. Für alle Verbindlichkeiten des Vereins haftet den Vereinsgläubigern nur das Vereinsvermögen. Eine Haftung der Mitglieder gegenüber den Gläubigern des Vereins findet nicht statt.

§ 20. Die Satzung soll Bestimmungen über den Beginn der Mitgliedschaft enthalten. Der Erwerb der Mitgliedschaft setzt die Begründung eines Versicherungsverhältnisses mit dem Vereine voraus. Die Mitgliedschaft endigt, soweit nicht die Satzung ein Anderes bestimmt, mit Beendigung des Versicherungsverhältnisses.

§ 21. Die Beiträge der Mitglieder und die Leistungen des Vereins an die Mitglieder dürfen bei gleichen Voraussetzungen nur nach gleichen Grundsätzen bemessen sein.

Der Verein darf Versicherungsgeschäfte gegen feste Prämien in der Art, daß die Versicherungsnehmer nicht Mitglieder des Vereins werden, nur betreiben, soweit die Satzung dies ausdrücklich gestattet.

§ 22. In der Satzung ist die Bildung eines Gründungsfonds vorzusehen, der zur Deckung der Kosten der Errichtung des Vereins sowie als Garantie- und Betriebsfonds zu dienen hat. Die Satzung soll die Bedingungen, unter denen der Fonds dem Vereine zur Verfügung steht, enthalten und insbesondere bestimmen, in welcher Weise eine Tilgung des Gründungsfonds erfolgen und ob und in welchem Umfange den Personen, welche den Gründungsfonds zur Verfügung gestellt haben, ein Recht zur Theilnahme an der Verwaltung des Vereins eingeräumt sein soll.

Der Gründungsfonds ist baar einzuzahlen, soweit nicht die Satzung an Stelle der Baarzahlung die Hingabe eigener Wechsel gestattet; als Baarzahlung gilt nur die Zahlung in deutschem Gelde, in Reichskassenscheinen sowie in gesetzlich zugelassenen Noten deutscher Banken.

Denjenigen, welche den Gründungsfonds zur Verfügung gestellt haben, darf ein Kündigungsrecht nicht eingeräumt werden. In der Satzung kann ihnen außer einer Verzinsung aus den Jahreseinnahmen eine Betheiligung an dem aus der Jahresbilanz sich ergebenden Ueberschusse zugesichert werden; die Verzinsung darf vier, die gesammten Bezüge dürfen sechs vom Hundert des baar eingezahlten Betrags nicht übersteigen. Der Gründungsfonds darf in Antheile zerlegt werden, über welche Antheilscheine ausgegeben werden können.

Eine Tilgung des Gründungsfonds darf nur aus den Jahreseinnahmen erfolgen und nur in dem Maße, als die Bildung des im § 37 vorgesehenen Reservefonds fortgeschritten ist; sie muß beginnen, nachdem die Kosten der Errichtung und die im ersten Geschäftsjahr entstandenen Kosten der Einrichtung getilgt worden sind.

§ 23. Die Aufsichtsbehörde kann gestatten, von der Bildung eines Gründungsfonds Abstand zu nehmen, wenn nach der Natur der zu betreibenden Geschäfte oder durch besondere Einrichtungen eines Unternehmens anderweitige Sicherheit gegeben ist.

§ 24. Die Satzung hat darüber Bestimmung zu treffen, ob die Deckung der Ausgaben erfolgen soll

1. durch einmalige oder wiederkehrende Beiträge im voraus, und zwar mit Vorbehalt von Nachschüssen oder unter Ausschluß von Nachschüssen mit oder ohne Vorbehalt der Kürzung der Versicherungsansprüche,
2. durch Beiträge, die nach Maßgabe des eingetretenen Bedarfs umgelegt werden.

Die Satzung kann einen Höchstbetrag festsetzen, auf welchen die Pflicht zur Zahlung von Nachschüssen oder Umlagen beschränkt ist. Eine Beschränkung, wonach die Ausschreibung von Nachschüssen oder Umlagen nur zum Zwecke der Deckung von Versicherungsansprüchen der Mitglieder stattfinden darf, ist unzulässig.

§ 25. Zu den Nachschüssen oder Umlagen haben auch die im Laufe des Geschäftsjahrs ausgeschiedenen Mitglieder beizutragen. Die Beitragspflicht dieser Mitglieder sowie der im Laufe des Geschäftsjahrs eingetretenen Mitglieder bemißt sich nach dem Verhältnisse der Zeitdauer der Mitgliedschaft innerhalb des Geschäftsjahrs.

Bemißt sich die Höhe des von dem einzelnen Mitgliede zu leistenden Nachschuß- oder Umlagebetrags nach der Höhe des im voraus erhobenen Beitrags oder der Versicherungssumme, so ist bei der Berechnung, wenn im Laufe des Geschäftsjahrs eine Erhöhung oder Herabsetzung des Beitrags oder der Versicherungssumme eingetreten ist, der höhere Betrag zu Grunde zu legen.

Die Vorschriften der Abs. 1, 2 finden nur insoweit Anwendung, als nicht die Satzung ein Anderes bestimmt.

§ 26. Gegen eine Forderung des Vereins aus der Beitragspflicht kann das Mitglied eine Aufrechnung nicht geltend machen.

§ 27. Die Satzung soll über die Voraussetzungen, unter denen die Ausschreibung von Nachschüssen oder Umlagen zu erfolgen hat, insbesondere darüber Bestimmung treffen, inwieweit zuvor die sonst vorhandenen Deckungsmittel (Gründungsfonds, Rücklagen) zu verwenden sind.

Die Satzung soll ferner bestimmen, in welcher Weise die Nachschüsse oder Umlagen ausgeschrieben und eingezogen werden.

§ 28. Die Satzung hat über die Form Bestimmung zu treffen, in der die Bekanntmachungen des Vereins zu erfolgen haben.

Bekanntmachungen, die durch öffentliche Blätter erfolgen sollen, sind, wenn der Geschäftsbetrieb des Vereins sich über das Gebiet eines Bundesstaats hinaus erstreckt, in den Reichsanzeiger einzurücken. Ist der Geschäftsbetrieb auf das Gebiet eines Bundesstaats beschränkt, so kann die Landes-Zentralbehörde an Stelle des Reichsanzeigers ein anderes Blatt bestimmen. Weitere Blätter bestimmt die Satzung.

§ 29. Die Satzung hat über die Bildung eines Vorstandes, eines Aufsichtsraths und eines obersten Organs (Versammlung von Mitgliedern oder von Vertretern der Mitglieder) Bestimmung zu treffen.

Die durch das oberste Organ auszuübenden Obliegenheiten können auf mehrere dem Vorstand und dem Aufsichtsrath übergeordnete Organe vertheilt sein.

§ 30. Der Verein ist bei dem Gericht, in dessen Bezirk er seinen Sitz hat, von sämmtlichen Mitgliedern des Vorstandes und des Aufsichtsraths zur Eintragung in das Handelsregister anzumelden.

Von jeder Ertheilung der Erlaubniß zum Geschäftsbetriebe (§ 15) hat die Aufsichtsbehörde dem Registergerichte Mittheilung zu machen.

§ 31. Der Anmeldung sind beizufügen:

1. die Urkunde über die Erlaubniß zum Geschäftsbetriebe;
2. die Satzung;
3. die Urkunden über die Bestellung des Vorstandes und des Aufsichtsraths;
4. die Urkunden über die Bestellung des Gründungsfonds nebst einer Erklärung des Vorstandes und des Aufsichtsraths darüber, inwieweit der Gründungsfonds durch Baarzahlung gedeckt und in ihrem Besitz ist.

Die Mitglieder des Vorstandes haben ihre Namensunterschrift zur Aufbewahrung bei dem Gerichte zu zeichnen.

Die der Anmeldung beigefügten Schriftstücke werden bei dem Gericht in Urschrift oder in beglaubigter Abschrift aufbewahrt.

§ 32. Bei der Eintragung in das Handelsregister sind die Firma und der Sitz des Vereins, die Versicherungszweige, auf welche sich der Betrieb erstrecken soll, die Höhe des Gründungsfonds, der Tag, an dem die Erlaubniß zum Geschäftsbetrieb ertheilt ist, und die Mitglieder des Vorstandes anzugeben.

Enthält die Satzung besondere Bestimmungen über die Dauer des Vereins oder über die Befugniß der Mitglieder des Vorstandes oder der Liquidatoren zur Vertretung des Vereins, so sind auch diese Bestimmungen einzutragen.

§ 33. In die Veröffentlichung, durch welche die Eintragung bekannt gemacht wird, sind außer dem Inhalte der Eintragung aufzunehmen:

1. eine Angabe darüber, ob die Deckung der Ausgaben durch Beiträge im voraus oder im Umlageverfahren erfolgen soll, und im ersteren Falle, ob mit Ausschluß oder mit Vorbehalt von Nachschüssen, ob die Beitragspflicht beschränkt ist oder nicht, und ob eine Kürzung der Versicherungsansprüche vorbehalten ist (§ 24);
2. die im § 28 bezeichneten Festsetzungen;
3. die Art der Bestellung und Zusammensetzung der Vereinsorgane;
4. Name, Stand und Wohnort der Mitglieder des ersten Aufsichtsraths;
5. die Form, in der die Berufung des obersten Organs erfolgt.

§ 34. Auf den Vorstand finden die Vorschriften der §§ 231 bis 239, 241, 242 des Handelsgesetzbuchs mit der Maßgabe entsprechende Anwendung, daß das von Beschlüssen der Generalversammlung Gesagte von den Beschlüssen des obersten Organs gilt und daß an die Stelle des § 236 Abs. 1 und des § 241 Abs. 3 des Handelsgesetzbuchs folgende Vorschriften treten:

1. die Mitglieder des Vorstandes dürfen, sofern die Satzung nicht ein Anderes bestimmt, ohne Einwilligung des Aufsichtsraths weder ein

Handelsgewerbe betreiben noch dem Vorstand oder Aufsichtsrath einer gleichartigen Versicherungsunternehmung angehören;

2. die Mitglieder des Vorstandes sind insbesondere zum Schadensersatze verpflichtet, wenn entgegen den Vorschriften des Gesetzes eine Verzinsung oder Tilgung des Gründungsfonds oder eine Vertheilung des Vereinsvermögens erfolgt oder wenn Zahlungen geleistet werden, nachdem die Zahlungsunfähigkeit des Vereins eingetreten ist oder seine Ueberschuldung sich ergeben hat.

§ 35. Auf den Aufsichtsrath finden die Vorschriften der §§ 243 bis 249 des Handelsgesetzbuchs mit der Maßgabe entsprechende Anwendung, daß die der Generalversammlung übertragenen Aufgaben von dem obersten Organe wahrgenommen werden, und daß an die Stelle des § 243 Abs. 4 Satz 2, des § 245 Abs. 1 und des § 249 Abs. 3 Satz 1 des Handelsgesetzbuchs folgende Vorschriften treten:

1. die Satzung hat zu bestimmen, ob für einen Beschluß des obersten Organs, durch den die Bestellung zum Mitgliede des Aufsichtsraths widerrufen wird, eine besondere Mehrheit erforderlich sein soll;
2. eine nach dem Jahresüberschusse bemessene Vergütung für die Mitglieder des Aufsichtsraths darf nur von dem Betrage gewährt werden, welcher verbleibt, nachdem sämmtliche Abschreibungen und Rücklagen bewirkt worden sind und nachdem für diejenigen Personen, welche gegen Zusicherung einer Betheiligung am Ueberschusse den Gründungsfonds zur Verfügung gestellt haben, der nach § 22 Abs. 3 bedungene Antheil am Ueberschuß in Abzug gebracht worden ist;
3. die Mitglieder des Aufsichtsraths sind insbesondere zum Schadensersatze verpflichtet, wenn mit ihrem Wissen und ohne ihr Einschreiten die im § 34 Nr. 2 bezeichneten Handlungen vorgenommen werden.

§ 36. Auf das oberste Organ finden die für die Generalversammlung der Aktionäre gegebenen Vorschriften der §§ 250, 251, des § 252 Abs. 3, 4, der §§ 253, 256 bis 261, 264, 265, des § 266 Abs. 1, des § 267 Abs. 1, 2, der §§ 268 bis 273 des Handelsgesetzbuchs und, wenn als oberstes Organ die Versammlung der Mitglieder bestellt ist, auch die Vorschriften des § 252 Abs. 2 und der §§ 254, 255, 263 des Handelsgesetzbuchs mit folgenden Maßgaben entsprechende Anwendung:

1. soweit nach diesen Vorschriften einer Minderheit von Aktionären, deren Antheile den zehnten oder den zwanzigsten Theil des Grundkapitals erreichen, gewisse Rechte gewährt sind, hat die Satzung die erforderliche Minderheit der Mitglieder des obersten Organs zu bestimmen;
2. die bezeichneten Vorschriften bleiben insoweit außer Anwendung, als sie eine Hinterlegung von Aktien oder die Angabe des Betrags der vertretenen Aktien vorschreiben;
3. die Aufsichtsbehörde kann bei der Erlaubniß zum Geschäftsbetriebe gestatten, daß die Kosten der Errichtung und die im ersten Geschäftsjahr entstehenden Kosten der Einrichtung, soweit sie weder die Hälfte des gesammten Gründungsfonds noch den baar eingezahlten Theil übersteigen, auf mehrere, höchstens jedoch auf die ersten fünf Geschäfts-

jahre vertheilt werden und der jedesmal verbleibende Rest als Aktivum in die Bilanz eingestellt wird.

Die Satzung hat die Form und, soweit nicht nach Abs. 1 die §§ 254, 255 des Handelsgesetzbuchs zur entsprechenden Anwendung gelangen, auch die Voraussetzungen und die Frist für die Berufung des obersten Organs zu bestimmen.

§ 37. Die Satzung hat die Bildung einer Rücklage, die zur Deckung eines aus dem Geschäftsbetriebe sich ergebenden außergewöhnlichen Verlustes zu dienen hat (Reservefonds), insbesondere die Beträge zu bestimmen, welche hierzu jährlich zurückzulegen sind, und den Mindestbetrag, bis zu dessen Erreichung die Zurücklegung zu erfolgen hat.

Aus den Gründen, aus denen von der Bildung eines Gründungsfonds Abstand genommen werden darf (§ 23), kann die Aufsichtsbehörde auch gestatten, von der Bildung eines Reservefonds abzusehen.

§ 38. Ein nach der Bilanz sich ergebender Ueberschuß kommt, soweit er nicht nach der Satzung dem Reservefonds oder anderen Rücklagen zuzuführen oder zur Vertheilung von Tantiemen zu verwenden oder auf das nächste Geschäftsjahr zu übertragen ist, zur Vertheilung unter die in der Satzung bestimmten Mitglieder.

Die Satzung hat über den Maßstab der Vertheilung sowie darüber zu bestimmen, ob die Vertheilung nur unter die am Schlusse des Geschäftsjahrs vorhandenen oder auch unter ausgeschiedene Mitglieder erfolgen soll.

Die Vertheilung darf erst erfolgen, nachdem die Kosten der Errichtung und ersten Einrichtung (§ 36 Abs. 1 Nr. 3) getilgt sind.

§ 39. Die Satzung kann nur durch Beschluß des obersten Organs geändert werden.

Die Vornahme von Aenderungen, die nur die Fassung betreffen, kann durch Beschluß des obersten Organs dem Aufsichtsrath übertragen werden.

Der Aufsichtsrath kann durch Beschluß des obersten Organs ermächtigt werden, den Aenderungsbeschluß für den Fall, daß die Aufsichtsbehörde vor der Genehmigung die Vornahme von Aenderungen verlangt, diesen Aenderungen zu unterziehen.

Der Beschluß des obersten Organs bedarf, wenn durch ihn ein Versicherungszweig aufgegeben oder ein neuer eingeführt werden soll, einer Mehrheit von drei Viertheilen der abgegebenen Stimmen; die Satzung kann noch andere Erfordernisse aufstellen. Zu sonstigen Beschlüssen der im Abs. 1 bis 3 bezeichneten Art bedarf es einer solchen Mehrheit nur dann, wenn die Satzung nicht andere Erfordernisse aufstellt.

§ 40. Die Aenderung der Satzung ist zur Eintragung in das Handelsregister anzumelden. Der Anmeldung ist die Genehmigungsurkunde beizufügen.

Bei der Eintragung genügt, soweit nicht die Aenderung die im § 32 bezeichneten Angaben betrifft, die Bezugnahme auf die bei dem Gericht eingereichten Urkunden über die Aenderung. Die öffentliche Bekanntmachung findet in Betreff aller Bestimmungen statt, auf welche sich die im § 33 vorgeschriebenen Veröffentlichungen beziehen.

Die Aenderung hat keine Wirkung, bevor sie bei dem Gericht, in dessen Bezirke der Verein seinen Sitz hat, in das Handelsregister eingetragen worden ist.

§ 41. Die Vorschriften des § 39 Abs. 1 bis 3 finden auf Aenderungen der nach § 9 festgesetzten allgemeinen Versicherungsbedingungen entsprechende Anwendung.

Der Aufsichtsrath kann durch die Satzung oder durch Beschluß des obersten Organs ermächtigt werden, dringliche Aenderungen der allgemeinen Versicherungsbedingungen mit Genehmigung der Aufsichtsbehörde vorläufig vorzunehmen. Diese Aenderungen sind dem obersten Organe bei seinem nächsten Zusammentritte vorzulegen. Sie sind außer Kraft zu setzen, wenn das oberste Organ dies verlangt.

Durch eine Aenderung der Satzung oder der allgemeinen Versicherungsbedingungen wird ein bestehendes Versicherungsverhältniß nur berührt, wenn der Versicherte der Aenderung ausdrücklich zustimmt. Dies gilt nicht von der Aenderung solcher Bestimmungen, für welche die Satzung ausdrücklich vorsieht, daß ihre Aenderung auch mit Wirkung für die bestehenden Versicherungsverhältnisse geschehen kann.

§ 42. Durch den Ablauf der in der Satzung bestimmten Zeit wird der Verein aufgelöst.

§ 43. Die Auflösung des Vereins kann nur durch das oberste Organ beschlossen werden.

Zu dem Beschlusse bedarf es einer Mehrheit von drei Viertheilen der abgegebenen Stimmen, sofern nicht die Satzung andere Erfordernisse aufstellt. Mitglieder des obersten Organs, welche gegen die Auflösung gestimmt haben, sind berechtigt, gegen den Auflösungsbeschluß Widerspruch zum Protokolle zu erklären (§ 74).

Der Beschluß bedarf der Genehmigung der Aufsichtsbehörde. Von der Genehmigung hat die Aufsichtsbehörde dem Registergerichte Mittheilung zu machen.

Die zwischen den Mitgliedern und dem Vereine bestehenden Versicherungsverhältnisse erlöschen mit dem in dem Beschlusse bestimmten Zeitpunkte, frühestens jedoch mit dem Ablaufe von vier Wochen, mit der Wirkung, daß die bis zu diesem Zeitpunkt entstandenen Versicherungsansprüche geltend gemacht, im Uebrigen aber nur die für künftige Versicherungsperioden vorausbezahlten Beiträge, abzüglich der hierfür aufgewandten Kosten, zurückgefordert werden können.

Auf die Versicherungsverhältnisse aus der Lebensversicherung finden die Vorschriften des Abs. 4 keine Anwendung. Diese Versicherungsverhältnisse bleiben unberührt, soweit die Satzung nicht ein Anderes bestimmt.

§ 44. Die Vorschriften des § 43 Abs. 1, 2 Satz 1 finden auf Beschlüsse, die ein Uebereinkommen der im § 14 bezeichneten Art zum Gegenstande haben, entsprechende Anwendung.

§ 45. Die Auflösung des Vereins ist außer dem Falle des Konkurses durch den Vorstand zur Eintragung in das Handelsregister anzumelden.

§ 46. Nach der Auflösung des Vereins findet die Liquidation statt, sofern nicht über sein Vermögen der Konkurs eröffnet ist.

Bis zur Beendigung der Liquidation gilt der Verein als fortbestehend, soweit nicht aus den folgenden Vorschriften oder dem Zwecke der Liquidation ein Anderes sich ergiebt; insbesondere kann die Ausschreibung und Einziehung von Nachschüssen oder Umlagen (§§ 24 ff.) erfolgen.

Neue Versicherungen dürfen nicht mehr übernommen, die bestehenden nicht erhöht oder verlängert werden.

§ 47. Auf die Liquidation finden die Vorschriften des § 295 Abs. 1, Abs. 3 Satz 2, der §§ 296 bis 299 und des § 302 des Handelsgesetzbuchs entsprechende Anwendung. Auf Antrag des Aufsichtsraths oder einer in der Satzung zu bestimmenden Minderheit von Mitgliedern kann aus wichtigen Gründen die Ernennung von Liquidatoren durch das Gericht erfolgen, in dessen Bezirke der Verein seinen Sitz hat. Die Abberufung von Liquidatoren kann durch das Gericht unter denselben Voraussetzungen wie die Bestellung stattfinden. Die Vorschriften der §§ 145, 146 des Gesetzes über die Angelegenheiten der freiwilligen Gerichtsbarkeit finden entsprechende Anwendung.

Eine Tilgung des Gründungsfonds darf erst erfolgen, nachdem die Ansprüche sämmtlicher übrigen Gläubiger, insbesondere die Ansprüche der Mitglieder aus dem Versicherungsverhältnisse, befriedigt oder sichergestellt worden sind. Zum Zwecke der Tilgung dürfen Nachschüsse oder Umlagen nicht erhoben werden.

§ 48. Das nach der Berichtigung der Schulden verbleibende Vermögen des Vereins wird, sofern nicht in der Satzung andere Anfallberechtigte bestimmt sind, an die zur Zeit der Auflösung vorhanden gewesenen Mitglieder und zwar, sofern die Satzung nicht ein Anderes bestimmt, nach demselben Maßstabe vertheilt, nach welchem während des Bestehens des Vereins die Vertheilung des Ueberschusses stattfindet.

Die Satzung kann vorschreiben, daß die Anfallberechtigten durch Beschluß des obersten Organs bestimmt werden.

Auf die Ausführung der Vertheilung finden die Vorschriften des § 301 des Handelsgesetzbuchs entsprechende Anwendung.

§ 49. Durch die Eröffnung des Konkurses wird der Verein aufgelöst. Die Vorschriften des § 307 Abs. 2, 3 des Handelsgesetzbuchs finden entsprechende Anwendung.

§ 50. Soweit den Mitgliedern oder ausgeschiedenen Mitgliedern nach dem Gesetz oder der Satzung eine Beitragspflicht obliegt (§§ 24 bis 26), haften sie im Falle des Konkurses dem Vereine gegenüber für dessen Schulden.

Ausgeschiedene Mitglieder gelten, wenn ihr Ausscheiden innerhalb des letzten Jahres vor der Konkurseröffnung stattgefunden hat, in Ansehung der Haftung für die Schulden des Vereins noch als dessen Mitglieder.

§ 51. Die Ansprüche auf Tilgung des Gründungsfonds stehen allen übrigen Konkursforderungen nach. Unter den letzteren werden die

Ansprüche aus dem Versicherungsverhältnisse, soweit sie den zur Zeit der Konkurseröffnung dem Verein angehörenden oder den innerhalb des letzten Jahres vor der Konkurseröffnung ausgeschiedenen Mitgliedern zustehen, im Range nach den Ansprüchen der sonstigen Konkursgläubiger befriedigt.

Zur Tilgung des Gründungsfonds dürfen Nachschüsse oder Umlagen nicht erhoben werden.

§ 52. Die Feststellung und Ausschreibung der im Falle des Konkurses erforderlichen Nachschüsse oder Umlagen erfolgt durch den Konkursverwalter. Dieser hat sofort, nachdem die Bilanz auf der Gerichtsschreiberei niedergelegt worden ist (Konkursordnung § 124), zu berechnen, wieviel die Mitglieder zur Deckung des in der Bilanz bezeichneten Fehlbetrags auf Grund ihrer Beitragspflicht vorschußweise beizutragen haben. Auf diese Vorschußberechnung und die erforderlich werdenden Zusatzberechnungen finden die Vorschriften des § 106 Abs. 2, 3 und der §§ 107 bis 113 des Gesetzes, betreffend die Erwerbs- und Wirthschaftsgenossenschaften, entsprechende Anwendung.

Sobald mit dem Vollzuge der Schlußvertheilung (Konkursordnung § 161) begonnen ist, hat der Konkursverwalter in Ergänzung oder Berichtigung der Vorschußberechnung und der etwa ergangenen Zusätze die von den Mitgliedern zu leistenden Beiträge zu berechnen. Auf diese Berechnung und das weitere Verfahren finden die Vorschriften des § 114 Abs. 2 und der §§ 115 bis 118 des Gesetzes, betreffend die Erwerbs- und Wirthschaftsgenossenschaften, entsprechende Anwendung.

§ 53. Auf Vereine, die bestimmungsgemäß einen sachlich, örtlich oder hinsichtlich des Personenkreises engbegrenzten Wirkungskreis haben, finden von den im Abschnitte III gegebenen Vorschriften nur der § 15, der § 17 Abs. 1, der § 18 Abs. 1, die §§ 19, 20, der § 21 Abs. 1, die §§ 22 bis 27, der § 28 Abs. 1, der § 37, der § 38 Abs. 1, 2, der § 39 Abs. 1 bis 3, die §§ 41 bis 44, der § 47 Abs. 2 und die §§ 50 bis 52 Anwendung. Die Uebernahme von Versicherungen gegen feste Prämie ohne Erwerb der Mitgliedschaft durch den Versicherungsnehmer ist ausgeschlossen.

Soweit sich nach Abs. 1 nicht ein Anderes ergiebt, hat es für die daselbst bezeichneten Vereine bei den für Vereine gegebenen allgemeinen Vorschriften der §§ 24 bis 53 des Bürgerlichen Gesetzbuchs mit den Maßgaben sein Bewenden, daß

1. in den Fällen des § 29 und des § 37 Abs. 2 des Bürgerlichen Gesetzbuchs an die Stelle des Amtsgerichts die Aufsichtsbehörde tritt,
2. im Falle des § 45 Abs. 3 des Bürgerlichen Gesetzbuchs das Vermögen an die Mitglieder nach dem im § 48 Abs. 1 dieses Gesetzes bestimmten Maßstabe zu vertheilen ist.

Soll nach der Satzung ein Aufsichtsrath bestellt werden, so finden die Vorschriften des § 36 Abs. 2, 3, der §§ 37 bis 40 und des § 41 Abs. 1, 2, 4 des Gesetzes, betreffend die Erwerbs- und Wirthschaftsgenossenschaften, entsprechende Anwendung.

Darüber, ob ein Verein im Sinne des Abs. 1 als kleinerer Verein anzusehen ist, entscheidet die Aufsichtsbehörde.

IV. Geschäftsführung der Versicherungsunternehmungen.

1. Allgemeine Vorschriften. Rechnungslegung.

§ 54. Zum Erwerbe von Grundstücken bedürfen Versicherungsaktiengesellschaften und Versicherungsvereine auf Gegenseitigkeit der Genehmigung der Aufsichtsbehörde, soweit es sich nicht um den Erwerb von ihnen beliehener Grundstücke im Zwangsversteigerungsverfahren handelt. Die Genehmigung ist zu ertheilen, wenn es sich außerhalb des Zwangsversteigerungsverfahrens um die Sicherung eingetragener Forderungen, oder wenn es sich um den Erwerb von Grundstücken handelt, die für die Zwecke des Geschäftsbetriebs bestimmt sind.

In den Fällen des Abs. 1, auch soweit die Genehmigung der Aufsichtsbehörde nicht erforderlich ist, bedarf es der landesgesetzlich vorgeschriebenen staatlichen Genehmigung (Artikel 86 des Einführungsgesetzes zum Bürgerlichen Gesetzbuche) nicht.

§ 55. Die Bücher einer Versicherungsunternehmung sind jährlich abzuschließen; auf Grund der Bücher ist für das verflossene Geschäftsjahr ein Rechnungsabschluß und ein die Verhältnisse sowie die Entwickelung des Unternehmens darstellender Jahresbericht anzufertigen und der Aufsichtsbehörde einzureichen.

Soweit nicht in diesem Gesetz oder in sonstigen Reichsgesetzen oder durch den Bundesrath Vorschriften über die Buchführung und Rechnungslegung der Versicherungsunternehmungen getroffen sind, können nähere Vorschriften über die Fristen sowie die Art und Form des Rechnungsabschlusses und des Jahresberichts von der Aufsichtsbehörde erlassen werden.

Versicherungsaktiengesellschaften und Versicherungsvereine auf Gegenseitigkeit sind verpflichtet, innerhalb des auf das Berichtsjahr folgenden Geschäftsjahrs jedem Versicherten auf Verlangen ein Exemplar des Rechnungsabschlusses und des Jahresberichts mitzutheilen. Im Uebrigen kann die Aufsichtsbehörde darüber Bestimmung treffen, inwieweit und auf welche Weise alljährlich der Rechnungsabschluß und der Jahresbericht den Versicherten zugänglich zu machen oder zu veröffentlichen sind.

Vor Erlassung von Vorschriften der in den Abs. 2, 3 bezeichneten Art hat die aufsichtführende Reichsbehörde den Versicherungsbeirath zu hören.

2. Besondere Vorschriften über die Prämienreserve bei der Lebensversicherung.

§ 56. Die Prämienreserve für Lebensversicherungen ist hinsichtlich der in Kraft stehenden Versicherungsverträge für den Schluß eines jeden Geschäftsjahrs, unter Anwendung der nach § 11 angenommenen Rechnungsgrundlagen, getrennt nach den einzelnen Versicherungsarten zu berechnen und zu buchen.

Durch mindestens einen mit der Berechnung der Prämienreserve bei Lebens-, Kranken- oder Unfallversicherungsunternehmungen (§ 12) beauftragten Sachverständigen ist, unbeschadet der eigenen Verantwortlichkeit der Vertreter des Unternehmens, unter der Bilanz zu bestätigen, daß die eingestellte Prämienreserve gemäß Abs. 1 berechnet ist. Auf kleinere Vereine im Sinne des § 53 findet diese Vorschrift keine Anwendung.

§ 57. Der Vorstand des Unternehmens hat dafür Sorge zu tragen, daß unverzüglich die der Berechnung gemäß § 56 entsprechenden Beträge dem Prämienreservefonds zugeführt und vorschriftsmäßig angelegt werden. Diese Zuführung darf nur insoweit unterbleiben, als im Auslande zu Gunsten bestimmter Versicherungen besondere Sicherheit aus der Prämieneinnahme gestellt werden muß.

Der Prämienreservefonds (Gelder, Werthpapiere, Urkunden u. s. w.) ist gesondert von jedem anderen Vermögen zu verwalten und am Sitze des Unternehmens in einer der Aufsichtsbehörde bekannt zu gebenden Weise aufzubewahren; die Aufsichtsbehörde kann auch die Genehmigung zur Aufbewahrung an einem anderen Orte des Inlandes ertheilen.

Die den Prämienreservefonds bildenden Bestände sind einzeln in ein Register einzutragen. Jedoch brauchen darin die Forderungen aus Vorauszahlungen oder Darlehen auf die eigenen Versicherungsscheine des Unternehmens (Policenbeleihungen), soweit sie zu den Beständen des Prämienreservefonds gehören, nur in einer Gesammtsumme nachgewiesen zu werden. Am Schlusse eines jeden Geschäftsjahrs ist der Aufsichtsbehörde eine bezüglich ihrer Uebereinstimmung mit dem Originale gerichtlich oder notariell beglaubigte Abschrift der im Laufe des Geschäftsjahrs bewirkten Eintragungen vorzulegen. Die Abschrift ist von der Aufsichtsbehörde aufzubewahren.

§ 58. Bei Rückversicherungen hat das rückversicherte Unternehmen die Prämienreserve auch für die in Rückversicherung gegebenen Summen nach den Vorschriften der §§ 56, 57 zu berechnen sowie selbst aufzubewahren und zu verwalten.

§ 59. Die Anlegung der den Prämienreservefonds bildenden Bestände (§ 57) kann erfolgen:

1. in der im § 1807 Abs. 1 Nr. 1 bis 4 des Bürgerlichen Gesetzbuchs für die Anlegung von Mündelgeld vorgeschriebenen Weise. Außerdem dürfen die Bestände bis höchstens zum zehnten Theile des Prämienreservefonds in Werthpapieren, welche nach landesgesetzlichen Vorschriften zur Anlegung von Mündelgeld zugelassen sind, sowie in solchen auf den Inhaber lautenden Pfandbriefen deutscher Hypotheken-Aktien-Banken angelegt werden, welche die Reichsbank in Klasse I beleiht;
2. gegen Verpfändung solcher Hypotheken oder Werthpapiere, in denen eine Anlegung nach Nr. 1 gestattet ist, bis zu fünfundsiebzig vom Hundert ihres Nennwerths, sofern aber der Kurswerth niedriger ist, bis zu fünfundsiebzig vom Hundert des Kurswerths;
3. in der Weise, daß Vorauszahlungen oder Darlehen auf die eigenen Versicherungsscheine des Unternehmens (Policenbeleihung) nach Maßgabe der allgemeinen Versicherungsbedingungen (§ 9 Nr. 8) gewährt werden;
4. mit Genehmigung der Aufsichtsbehörde in Schuldverschreibungen inländischer kommunaler Körperschaften, Schulgemeinden und Kirchengemeinden, wofern diese Schuldverschreibungen entweder von Seiten des Gläubigers kündbar sind oder einer regelmäßigen Tilgung unterliegen.

Kann die Anlegung den Umständen nach nicht in einer dem Abs. 1 entsprechenden Weise erfolgen, so ist eine vorübergehende Anlegung bei der Reichsbank, bei einer Staatsbank oder bei einer durch die Aufsichtsbehörde dazu für geeignet erklärten anderen inländischen Bank oder öffentlichen Sparkasse gestattet.

§ 60. Bei der Anlegung der Bestände des Prämienreservefonds nach der Vorschrift des § 59 Abs. 1 Nr. 1 darf die Sicherheit einer Hypothek, einer Grundschuld oder einer Rentenschuld angenommen werden, wenn die Beleihung die ersten drei Fünftheile des Werthes des Grundstücks nicht übersteigt. Soweit jedoch die Zentralbehörde eines Bundesstaats gemäß § 11 Abs. 2 des Hypothekenbankgesetzes die Beleihung landwirthschaftlicher Grundstücke bis zu zwei Drittheilen des Werthes gestattet hat, darf die Sicherheit auch bei einer solchen Beleihung angenommen werden.

Die Beleihungen dürfen der Regel nach nur zur ersten Stelle erfolgen.

Beleihungen von Bauplätzen und solchen Neubauten, welche noch nicht fertiggestellt und ertragsfähig sind, sowie von Grundstücken, die einen dauernden Ertrag nicht gewähren, insbesondere von Gruben, Brüchen und Bergwerken, sind ausgeschlossen.

Der bei der Beleihung angenommene Werth des Grundstücks darf den durch sorgfältige Ermittelung festgestellten Verkaufswerth nicht übersteigen. Bei der Feststellung dieses Werthes sind nur die dauernden Eigenschaften des Grundstücks und der Ertrag zu berücksichtigen, welchen das Grundstück bei ordnungsmäßiger Wirthschaft jedem Besitzer nachhaltig gewähren kann.

Auf Verlangen der Aufsichtsbehörde haben die Unternehmungen über die Werthsermittelung eine Anweisung zu erlassen, welche der Genehmigung der Aufsichtsbehörde bedarf.

§ 61. Dem Prämienreservefonds dürfen, abgesehen von den zur Vornahme und Aenderung der Kapitalanlagen erforderlichen Mitteln, nur diejenigen Beträge entnommen werden, welche durch Eintritt des Versicherungsfalls, durch Rückkauf oder andere Fälle der Beendigung von Versicherungsverhältnissen frei werden.

Durch die Eröffnung des Konkurses erlöschen die Lebensversicherungsverhältnisse; die Versicherten können, unbeschadet ihrer weitergehenden Ansprüche aus dem Versicherungsverhältnisse, denjenigen Betrag fordern, der als rechnungsmäßige Prämienreserve zur Zeit der Konkurseröffnung auf sie entfällt.

In Ansehung der Befriedigung aus den in das Register der Bestände des Prämienreservefonds (§ 57 Abs. 3) eingetragenen Gegenständen gehen die Forderungen auf die rechnungsmäßige Prämienreserve insoweit, als für sie die Zuführung zu diesem Fonds vorgeschrieben ist (§ 57 Abs. 1), den Forderungen aller übrigen Konkursgläubiger vor. Unter einander haben sie gleichen Rang. In Betreff des Anspruchs der Versicherten auf Befriedigung aus dem sonstigen Vermögen der Unternehmung finden die für die Absonderungsberechtigten geltenden Vorschriften der §§ 64, 153, 155, 156 und des § 168 Nr. 3 der Konkursordnung entsprechende Anwendung.

§ 62. Das Konkursgericht hat den Versicherten zur Wahrung der ihnen nach § 61 zustehenden Rechte einen Pfleger zu bestellen. Für die Pflegschaft tritt an die Stelle des Vormundschaftsgerichts das Konkursgericht.

Dem Pfleger liegt ob, den Umfang des vorhandenen Prämienreservefonds festzustellen sowie die den Versicherten zustehenden Ansprüche zu ermitteln und anzumelden.

Der Pfleger hat die Versicherten soweit thunlich vor der Anmeldung zu hören und von der erfolgten Anmeldung zu benachrichtigen, ihnen auf Verlangen auch sonst über die für ihre Ansprüche erheblichen Thatsachen Auskunft zu ertheilen. Das Recht des einzelnen Versicherten zur Anmeldung bleibt unberührt. Soweit mit der Anmeldung des Versicherten eine Anmeldung des Pflegers in Widerspruch steht, gilt bis zur Beseitigung des Widerspruchs die dem Versicherten günstigere Anmeldung.

Der Konkursverwalter hat dem Pfleger die Einsichtnahme aller Bücher und Schriften des Gemeinschuldners zu gestatten und ihm auf Verlangen den Bestand des Prämienreservefonds nachzuweisen.

Der Pfleger kann für die Führung seines Amtes eine angemessene Vergütung verlangen. Die ihm zu erstattenden Auslagen und die Vergütung fallen dem Prämienreservefonds zur Last.

Vor der Bestellung des Pflegers und vor der Festsetzung der Vergütung ist die Aufsichtsbehörde zu hören.

§ 63. Auf Kranken- oder Unfallversicherungen der im § 12 bezeichneten Art finden die Vorschriften der §§ 56 bis 62 entsprechende Anwendung.

V. Beaufsichtigung der Versicherungsunternehmungen.

1. Aufgaben und Befugnisse der Aufsichtsbehörden.

§ 64. Der Aufsichtsbehörde liegt es ob, den ganzen Geschäftsbetrieb der Versicherungsunternehmungen, insbesondere die Befolgung der gesetzlichen Vorschriften und die Einhaltung des Geschäftsplans, zu überwachen.

Sie ist befugt, diejenigen Anordnungen zu treffen, welche geeignet sind, den Geschäftsbetrieb mit den gesetzlichen Vorschriften und dem Geschäftsplan im Einklange zu erhalten oder Mißstände zu beseitigen, durch welche die Interessen der Versicherten gefährdet werden oder der Geschäftsbetrieb mit den guten Sitten in Widerspruch geräth.

Zur Befolgung ihrer nach Abs. 2 erlassenen Anordnungen kann die Aufsichtsbehörde die Inhaber und Geschäftsleiter der Unternehmungen durch Geldstrafen bis zu eintausend Mark anhalten. Solche Geldstrafen werden in derselben Weise beigetrieben wie Gemeindeabgaben.

§ 65. Die Aufsichtsbehörde ist befugt, jederzeit die Geschäftsführung und Vermögenslage eines Unternehmens auch nach der Richtung zu prüfen, ob die veröffentlichten Rechnungsabschlüsse und die Jahresberichte mit den Thatsachen und dem Inhalte der Bücher übereinstimmen und ob die vorschriftsmäßigen Reserven vorhanden und vorschriftsmäßig angelegt und verwaltet sind.

Die Inhaber, Geschäftsleiter, Bevollmächtigten und Agenten eines Unternehmens haben innerhalb ihrer Geschäftsräume der Aufsichtsbehörde auf Erfordern alle Bücher, Belege und diejenigen Schriften vorzulegen, welche für die Beurtheilung des Geschäftsbetriebs und der Vermögenslage von Bedeutung sind, sowie jede von ihnen erforderte Auskunft über den Geschäftsbetrieb und die Vermögenslage zu ertheilen. Die Vorschriften des § 64 Abs. 3 finden entsprechende Anwendung.

Bei Versicherungsunternehmungen, die einen Aufsichtsrath, eine Mitgliederversammlung oder ähnliche Gesellschaftsorgane haben, ist die Aufsichtsbehörde befugt, Vertreter in die Versammlungen und Sitzungen dieser Organe zu entsenden; die Vertreter sind jederzeit zu hören. Die Aufsichtsbehörde ist ferner befugt, die Berufung von Versammlungen und Sitzungen sowie die Ankündigung von Gegenständen zur Berathung und Beschlußfassung zu verlangen und, wenn dem Verlangen nicht entsprochen wird, die Berufung oder Ankündigung auf Kosten der Unternehmung selbst vorzunehmen. In den Versammlungen und Sitzungen, welche von der Aufsichtsbehörde berufen sind, führt ein Vertreter der letzteren den Vorsitz. Als Vertreter der Aufsichtsbehörde sind Leiter und Beamte von öffentlichen Versicherungsanstalten ausgeschlossen.

§ 66. Die Aufsicht hat sich auch auf die Liquidation eines Unternehmens und auf die Abwickelung der bestehenden Versicherungen im Falle einer Untersagung oder einer freiwilligen Einstellung des Geschäftsbetriebs sowie im Falle des Widerrufs der Zulassung eines Unternehmens zu erstrecken.

§ 67. Handelt eine Unternehmung fortgesetzt den ihr nach Maßgabe der Gesetze oder des genehmigten Geschäftsplans obliegenden Pflichten zuwider, oder ergeben sich bei Prüfung ihrer Geschäftsführung oder ihrer Vermögenslage so schwere Mißstände, daß bei Fortsetzung des Geschäftsbetriebs die Interessen der Versicherten gefährdet sind, oder befindet sich der Geschäftsbetrieb mit den guten Sitten in Widerspruch, so ist die Aufsichtsbehörde befugt, den Geschäftsbetrieb mit der Wirkung zu untersagen, daß neue Versicherungen nicht abgeschlossen, früher abgeschlossene nicht erhöht oder verlängert werden können.

Im Falle der Untersagung des Geschäftsbetriebs ist die Aufsichtsbehörde berechtigt, alle diejenigen Anordnungen zu treffen, welche zur einstweiligen Sicherstellung des Vermögens der Unternehmung im Interesse der Versicherten nöthig sind, insbesondere die Vermögensverwaltung geeigneten Personen zu übertragen. Die Vorschriften des § 64 Abs. 3 finden entsprechende Anwendung.

Bei Versicherungsvereinen auf Gegenseitigkeit hat die Untersagung des Geschäftsbetriebs die Wirkung eines Auflösungsbeschlusses. Die Eintragung der Untersagung in das Handelsregister erfolgt auf Anzeige der Aufsichtsbehörde.

§ 68. Das Konkursgericht hat, unbeschadet der Vorschrift im § 107 Abs. 1 der Konkursordnung, auf Antrag der Aufsichtsbehörde den Konkurs über das Vermögen einer Versicherungsgesellschaft auf Aktien oder eines Versicherungsvereins auf Gegenseitigkeit zu eröffnen. Der Antrag auf Eröffnung des Konkurses kann nur von der Aufsichtsbehörde gestellt werden. Eine Anfechtung des Eröffnungsbeschlusses findet nicht statt.

Sobald die Zahlungsunfähigkeit eintritt, hat der Vorstand der Aufsichtsbehörde Anzeige zu machen. Das Gleiche gilt, sobald sich bei der Aufstellung der Jahresbilanz oder einer Zwischenbilanz Ueberschuldung ergiebt. Diese Anzeigepflicht tritt an die Stelle der dem Vorstande durch andere gesetzliche Vorschriften auferlegten Pflicht, im Falle der Zahlungsunfähigkeit oder der Ueberschuldung die Eröffnung des Konkurses zu beantragen. Gehen bei Versicherungsvereinen auf Gegenseitigkeit mit Nachschuß- oder Umlagenpflicht ausgeschriebene Nachschüsse oder Umlagen innerhalb fünf Monaten nach der Fälligkeit nicht ein, so hat der Vorstand zu prüfen, ob sich, wenn die nicht baar eingegangenen Nachschuß- oder Umlagebeträge außer Berücksichtigung bleiben, Ueberschuldung ergiebt; liegt eine solche Ueberschuldung vor, so ist innerhalb eines Monats nach dem Ablaufe der bezeichneten Frist der Aufsichtsbehörde Anzeige zu machen. Die gleichen Pflichten liegen den Liquidatoren ob.

§ 69. Ergiebt sich bei der Prüfung der Geschäftsführung und der Vermögenslage eines Unternehmens, daß dieses zur Erfüllung seiner Verpflichtungen für die Dauer nicht mehr im Stande ist, die Vermeidung des Konkurses aber im Interesse der Versicherten geboten erscheint, so kann die Aufsichtsbehörde die zu diesem Zwecke erforderlichen Anordnungen treffen sowie auch die Vertreter des Unternehmens auffordern, binnen bestimmter Frist eine Aenderung der Geschäftsgrundlagen oder die sonstige Beseitigung der Mängel herbeizuführen. Bestimmte Arten von Zahlungen, insbesondere Gewinnvertheilungen, und bei Lebensversicherungen der Rückkauf oder die Beleihung des Versicherungsscheins sowie Vorauszahlungen darauf können zeitweilig verboten werden.

Unter der im Abs. 1 Satz 1 bezeichneten Voraussetzung ist die Aufsichtsbehörde berechtigt, nöthigenfalls die Verpflichtungen einer Lebensversicherungsunternehmung aus ihren laufenden Versicherungen, dem Stande ihres Vermögens entsprechend, jedoch um höchstens dreiunddreißigeindrittel Prozent, zu ermäßigen.

2. Verfassung und Verfahren der Aufsichtsbehörden.

§ 70. Als aufsichtführende Reichsbehörde wird ein Kaiserliches Aufsichtsamt für Privatversicherung mit dem Sitze in Berlin errichtet. Es besteht aus einem Vorsitzenden und der erforderlichen Zahl von ständigen und nichtständigen Mitgliedern.

Der Vorsitzende und die ständigen Mitglieder werden auf Vorschlag des Bundesraths vom Kaiser ernannt, die nichtständigen Mitglieder vom Bundesrathe gewählt. Die Ernennung der ständigen Mitglieder erfolgt, soweit nicht einzelne Mitglieder, die im Reichs- oder Staatsdienst ein anderes Amt bekleiden, für die Dauer dieses Amtes berufen werden, auf Lebenszeit.

Die übrigen Beamten werden vom Reichskanzler ernannt.

Die Mitglieder des Aufsichtsamts dürfen nicht gleichzeitig Leiter oder Beamte von öffentlichen Versicherungsanstalten sein.

§ 71. Zur Erleichterung des Geschäftsverkehrs des Aufsichtsamts für Privatversicherung mit den seiner Aufsicht unterstehenden Unternehmungen können nach Bedarf vom Reichskanzler im Einvernehmen mit der betheiligten Landesregierung aus der Mitte der Landesbeamten besondere Kommissare bestellt werden, welche im Auftrag und nach näherer Anordnung des Amtes bestimmten Unternehmungen gegenüber mit der Ausübung der unmittelbaren Aufsicht betraut werden.

Die Bestimmung des § 70 Abs. 4 findet entsprechende Anwendung.

§ 72. Zur Mitwirkung bei der Aufsicht wird bei dem Amte ein aus Sachverständigen des Versicherungswesens bestehender Beirath gebildet, dessen Mitglieder auf Vorschlag des Bundesraths vom Kaiser auf fünf Jahre ernannt werden.

Die Mitglieder des Versicherungsbeiraths sind berufen, das Amt auf Erfordern bei Vorbereitung wichtigerer Beschlüsse gutachtlich zu berathen und bei den in den §§ 73 bis 76 bezeichneten Entscheidungen mit Stimmrecht mitzuwirken.

Sie verwalten ihr Amt als unentgeltliches Ehrenamt; für ihre Theilnahme an Sitzungen erhalten sie Tagegelder und Vergütung der Reisekosten nach festen, von dem Reichskanzler bestimmten Sätzen. Die Vorschriften des § 16 des Gesetzes, betreffend die Rechtsverhältnisse der Reichsbeamten, vom 31. März 1873 (Reichs-Gesetzbl. S. 61) finden auf sie keine Anwendung.

Die Bestimmung des § 70 Abs. 4 findet auch hier entsprechende Anwendung.

§ 73. Das Aufsichtsamt für Privatversicherung entscheidet auf Grund mündlicher Berathung in der Besetzung von drei Mitgliedern einschließlich des Vorsitzenden unter Zuziehung von zwei Mitgliedern des Versicherungsbeiraths

1. über die Ertheilung der Erlaubniß zum Geschäftsbetriebe (§§ 4 bis 7),
2. über die Genehmigung einer Aenderung des Geschäftsplans (§ 13), sofern bei dem Aufsichtsamte Bedenken bestehen,
3. über die Genehmigung einer Bestandsveränderung (§ 14),
4. über die Genehmigung der Auflösung eines Versicherungsvereins auf Gegenseitigkeit (§ 43),
5. über die Anerkennung eines Vereins als eines kleineren (§ 53),
6. über den Erlaß einer Anordnung der im § 64 Abs. 2 bezeichneten Art, sofern damit eine Strafandrohung nach § 64 Abs. 3 verbunden werden soll,
7. über die Untersagung des Geschäftsbetriebs (§ 67),
8. über die Stellung des Antrags auf Eröffnung des Konkurses (§ 68),
9. über den Erlaß einer Anordnung der im § 69 Abs. 1 Satz 2, Abs. 2 bezeichneten Art.

Die Zuziehung der Mitglieder des Versicherungsbeiraths erfolgt in der Regel nach einer im voraus (§ 80) aufgestellten Reihenfolge. Weicht der Vorsitzende des Amtes aus besonderen Gründen von der Reihenfolge ab, so sind diese aktenkundig zu machen.

Die Bestimmungen der Civilprozeßordnung über Ausschließung und Ablehnung der Gerichtspersonen finden auf alle zur Mitwirkung bei der Entscheidung berufenen Personen entsprechende Anwendung.

Vor der Ertheilung einer ablehnenden Entscheidung in den Fällen der Nr. 1 bis 5 und vor der Ertheilung einer Entscheidung in den Fällen der Nr. 6 bis 9 sind Vertreter der betheiligten Unternehmungen zu hören und auf ihren Antrag zur mündlichen Verhandlung zu laden.

Die ablehnenden Entscheidungen in den Fällen der Nr. 1 bis 5 und die Entscheidungen in den Fällen der Nr. 6 bis 9 sind mit Gründen zu versehen.

In den Fällen der Nr. 1 bis 3 kann der Vorsitzende des Amtes einen ablehnenden Vorbescheid ergehen lassen; gegen diesen ist bis zum Ablaufe von zwei Wochen nach der Zustellung der Antrag auf eine gemäß Abs. 1 bis 5 zu ertheilende Entscheidung statthaft.

Sämmtliche Entscheidungen sind den Betheiligten zuzustellen. Die rechtskräftig erfolgte Ertheilung der Erlaubniß zum Geschäftsbetrieb und die Genehmigung einer Bestandsveränderung sowie die Untersagung des Geschäftsbetriebs ist vom Aufsichtsamt im Reichsanzeiger öffentlich bekannt zu machen.

§ 74. Gegen die gemäß § 73 Abs. 1 ertheilten Entscheidungen steht den Betheiligten der Rekurs zu. Als Betheiligte gelten im Falle des § 73 Abs. 1 Nr. 4, wenn die Genehmigung des Auflösungsbeschlusses versagt ist, nur der Vereinsvorstand, wenn der Auflösungsbeschluß genehmigt ist, nur diejenigen Mitglieder des obersten Organs, welche gegen den Auflösungsbeschluß Widerspruch zum Protokoll erklärt haben. Im Falle des § 73 Abs. 1 Nr. 5 gilt als Betheiligter nur der Vereinsvorstand, gegen dessen Antrag die Anerkennung des Vereins als eines kleineren, versagt worden ist.

Ueber den Rekurs entscheidet das Aufsichtsamt für Privatversicherung in der Besetzung von drei Mitgliedern einschließlich des Vorsitzenden unter Zuziehung von zwei Mitgliedern des Versicherungsbeiraths sowie eines richterlichen Beamten und eines Mitglieds eines höchsten Verwaltungsgerichtshofs in einem deutschen Bundesstaate.

Die richterlichen Beamten sowie die Mitglieder höchster Verwaltungsgerichtshöfe werden für die Dauer ihres Hauptamts auf Vorschlag des Bundesraths vom Kaiser ernannt.

Bezüglich der Zuziehung der Mitglieder des Versicherungsbeiraths gilt die Vorschrift des § 73 Abs. 2, bezüglich der Ausschließung und Ablehnung der zur Mitwirkung bei der Entscheidung berufenen Personen die Vorschrift des § 73 Abs. 3.

§ 75. Der Rekurs ist innerhalb eines Monats nach der Zustellung der Entscheidung bei dem Aufsichtsamte für Privatversicherung schriftlich einzulegen und zu begründen. Der Rekurs gegen die nach § 67 Abs. 2 oder nach § 69 Abs. 1 Satz 2 von der Aufsichtsbehörde getroffenen Anordnungen sowie gegen die Entscheidung auf Stellung des Konkursantrags hat keine aufschiebende Wirkung. Von der Aufhebung der Entscheidung auf Stellung des Konkursantrags hat das Aufsichtsamt für Privatversicherung dem Konkursgerichte Mittheilung zu machen. Das Konkursgericht hat das Verfahren einzustellen.

An der Entscheidung über den Rekurs dürfen außer dem Vorsitzenden des Amtes Personen, die bei der angefochtenen Entscheidung mitgewirkt haben, nicht Theil nehmen.

Der Vorsitzende des Amtes ernennt einen ersten und einen zweiten Berichterstatter; ein Berichterstatter muß aus den richterlichen Beamten oder aus den Mitgliedern höchster Verwaltungsgerichtshöfe ernannt werden.

Die Entscheidung erfolgt nach Ladung der Betheiligten auf Grund mündlicher und öffentlicher Verhandlung. Die Oeffentlichkeit kann aus den Gründen des § 173 des Gerichtsverfassungsgesetzes ausgeschlossen werden.

§ 76. Gegen eine nach § 65 Abs. 2, § 67 Abs. 2 oder § 98 von dem Aufsichtsamte für Privatversicherung erlassene Strafandrohung steht den Betheiligten bis zum Ablaufe von zwei Wochen nach der Zustellung die Beschwerde zu; über die Beschwerde entscheidet das Amt in der im § 73 bestimmten Besetzung.

§ 77. Soweit in diesem Gesetz ein Rechtsmittel nicht ausdrücklich zugelassen ist, steht den Betheiligten ein solches gegen Verfügungen oder Entscheidungen des Aufsichtsamts für Privatversicherung nicht zu.

§ 78. Das Amt kann jeden ihm erforderlich erscheinenden Beweis erheben, insbesondere Zeugen und Sachverständige, auch eidlich, vernehmen oder vernehmen lassen.

§ 79. Die Gerichte und sonstigen öffentlichen Behörden sind verpflichtet, den im Vollzuge dieses Gesetzes an sie ergehenden Ersuchen des Amtes zu entsprechen. Die Ersuchen um eidliche Vernehmungen sind an die zur eidlichen Abhörung von Zeugen und Sachverständigen zuständigen Landesbehörden zu richten. Als Kosten der Rechtshülfe sind der ersuchten Behörde die im § 79 des Gerichtskostengesetzes bezeichneten baaren Auslagen zu erstatten.

§ 80. Die Zahl und die Zuziehung der nichtständigen Mitglieder, die Formen des Verfahrens und der Geschäftsgang des Amtes sowie die Zusammensetzung des Versicherungsbeiraths und die Zuziehung seiner Mitglieder werden, soweit dieses Gesetz keine Vorschriften darüber enthält, durch Kaiserliche Verordnung unter Zustimmung des Bundesraths geregelt. Die Verordnung ist dem Reichstage bei seinem nächsten Zusammentritte zur Kenntnißnahme vorzulegen.

§ 81. Die Kosten des Aufsichtsamts für Privatversicherung und des Verfahrens vor dem Amte trägt das Reich.

Als Gebühren für die Aufsichtsthätigkeit des Amtes werden von den seiner Aufsicht unterstellten Versicherungsunternehmungen Jahresbeträge erhoben, welche nach den einer jeden Unternehmung im letzten Geschäftsjahr aus den im Inland abgeschlossenen Versicherungen erwachsenen Bruttoprämien (Beiträgen, Vor- und Nachschüssen, Umlagen), jedoch abzüglich der zurückgewährten Ueberschüsse oder Gewinnantheile, mit der Maßgabe bemessen werden, daß Eins vom Tausend nicht überschritten werden darf. Nach Anhörung des Versicherungsbeiraths ist der Bundesrath befugt, einen anderweiten Vertheilungsmaßstab zu bestimmen.

Der Gesammtbetrag der Gebühren soll annähernd die Hälfte der im letzten Reichshaushalts-Etat für das Amt festgesetzten fortdauernden Ausgaben betragen. Die genaue Summe wird jährlich durch den Bundesrath bestimmt.

Die Vertheilung der Gebühren erfolgt durch das Amt, welches die Unternehmungen unter Beifügung eines Vertheilungsplans auffordert, die Gebühren an die Reichs-Hauptkasse innerhalb eines Monats einzuzahlen. Nach dem Ablaufe dieser Frist können die Gebühren nach den für die Betreibung öffentlicher Abgaben bestehenden Vorschriften eingezogen werden.

§ 82. Das Amt kann bei einem Beweisverfahren, das durch unbegründete Anträge oder Beschwerden veranlaßt worden ist, sowie bei erfolgloser Einlegung eines Rechtsmittels die dadurch verursachten baaren Auslagen ganz oder theilweise den Antragstellern auferlegen.

§ 83. Das Amt veröffentlicht jährlich Mittheilungen über den Stand der seiner Aufsicht unterliegenden Versicherungsunternehmungen sowie über seine Wahrnehmungen auf dem Gebiete des Versicherungswesens.

Desgleichen veröffentlicht das Amt fortlaufend die Rechts- und Verwaltungsgrundsätze aus dem Bereiche seiner Thätigkeit.

§ 84. Entscheidungen der aufsichtführenden Landesbehörden, bei denen es sich um Gegenstände der im § 73 Abs. 1 bezeichneten Art handelt, können innerhalb eines Monats nach der Zustellung im Wege des Verwaltungsstreitverfahrens oder, wo ein solches nicht besteht, im Wege des Rekurses nach den Vorschriften der §§ 20, 21 der Gewerbeordnung angefochten werden.

Im Uebrigen ist für das Verfahren der Landesbehörden bei Ausübung der Beaufsichtigung das Landesrecht maßgebend.

VI. Ausländische Versicherungsunternehmungen.

§ 85. Ausländische Versicherungsunternehmungen, die im Inlande durch Vertreter, Bevollmächtigte, Agenten oder sonstige Vermittler das Versicherungsgeschäft betreiben wollen, bedürfen hiezu der Erlaubniß.

Die Vorschriften dieses Gesetzes finden auf sie, soweit sich nicht aus den §§ 86 bis 91 ein Anderes ergiebt, entsprechende Anwendung.

§ 86. Zur Entscheidung über den Antrag auf Ertheilung der Erlaubniß ist ausschließlich der Reichskanzler zuständig.

Die Erlaubniß darf nur dann ertheilt werden, wenn

1. das Aufsichtsamt für Privatversicherung nach Anhörung des Versicherungsbeiraths sich gutachtlich dahin äußert, daß keiner der im § 7 bezeichneten Gründe zur Versagung der Erlaubniß vorliegt,
2. die Versicherungsunternehmung den Nachweis führt, daß sie am Sitze des Unternehmens unter ihrem Namen Rechte erwerben und Verbindlichkeiten eingehen, vor Gericht klagen und verklagt werden kann,
3. die Unternehmung sich verpflichtet, innerhalb des Reichsgebiets eine Niederlassung zu unterhalten und für das Inland einen Hauptbevollmächtigten zu bestellen, der innerhalb des Reichsgebiets seinen Wohnsitz hat. Der Hauptbevollmächtigte gilt als ermächtigt, die

Unternehmung zu vertreten, insbesondere die Versicherungsverträge mit Versicherungsnehmern im Inland und über inländische Grundstücke mit verbindlicher Kraft abzuschließen, auch alle Ladungen und Verfügungen für die Unternehmung in Empfang zu nehmen.

Im Uebrigen entscheidet der Reichskanzler nach freiem Ermessen.

§ 87. Zum Geschäftsbetrieb im Inlande zugelassene ausländische Versicherungsunternehmungen dürfen die Versicherungsverträge mit Versicherungsnehmern, die im Inland ihren gewöhnlichen Aufenthalt haben, sowie Versicherungsverträge über inländische Grundstücke nur durch Bevollmächtigte abschließen, die im Inland ihren Wohnsitz haben.

§ 88. Die den Inhabern oder Vertretern einer inländischen Unternehmung nach diesem Gesetz obliegenden Pflichten hat der für das Reichsgebiet bestellte Hauptbevollmächtigte einer ausländischen Unternehmung zu erfüllen.

§ 89. Für Klagen, die aus dem inländischen Versicherungsgeschäfte gegen die Unternehmung erhoben werden, ist das Gericht zuständig, wo die Niederlassung (§ 86 Abs. 2 Nr. 3) sich befindet. Dieser Gerichtsstand darf nicht vertragsmäßig ausgeschlossen werden.

§ 90. Die Vorschriften des § 56, des § 57 Abs. 1 Satz 1, Abs. 2, 3 und der §§ 58 bis 63 finden auf ausländische Unternehmungen nur hinsichtlich der im Inland abgeschlossenen Versicherungen Anwendung.

Der Prämienreservefonds für diese Versicherungen ist nach näherer Bestimmung des Aufsichtsamts für Privatversicherung in der Weise sicherzustellen, daß nur mit Genehmigung des letzteren darüber verfügt werden kann.

§ 91. Die Beaufsichtigung der zugelassenen ausländischen Versicherungsunternehmungen nach Maßgabe dieses Gesetzes wird durch das Aufsichtsamt für Privatversicherung ausgeübt.

Auf Antrag des Reichskanzlers kann auch der Bundesrath gegen zugelassene ausländische Unternehmungen die Untersagung des Geschäftsbetriebs nach freiem Ermessen beschließen. Die Ausführung eines solchen Beschlusses liegt dem Aufsichtsamte für Privatversicherung ob.

VII. Uebergangsvorschriften.

§ 92. Die beim Inkrafttreten dieses Gesetzes in einem oder in mehreren Bundesstaaten landesgesetzlich zum Geschäftsbetriebe befugten Versicherungsunternehmungen bedürfen zur Fortsetzung ihres Geschäftsbetriebs in den von ihnen bisher eingehaltenen oder, sofern ihre Befugniß zum Geschäftsbetrieb auf besonderer Zulassung beruht, in den bisher durch die Zulassung gestatteten Grenzen keiner Erlaubniß nach Maßgabe dieses Gesetzes.

§ 93. Diejenigen beim Inkrafttreten des Gesetzes zum Geschäftsbetriebe befugten deutschen Unternehmungen, deren Geschäftsbetrieb sich über das Gebiet eines Bundesstaats hinaus erstreckt oder welchen durch die Zulassung ein solcher Geschäftsbetrieb gestattet ist, unterstehen der

Aufsicht des Aufsichtsamts für Privatversicherung; die Beaufsichtigung der übrigen deutschen Unternehmungen wird durch Landesbehörden ausgeübt.

§ 94. Beim Ablauf einer landesgesetzlich auf eine bestimmte Zeit erfolgten Zulassung bedarf es der Ertheilung einer neuen Erlaubniß durch die Aufsichtsbehörde nach Maßgabe dieses Gesetzes.

Wenn der Zeitraum vom Inkrafttreten dieses Gesetzes bis zum Ablaufe der auf eine bestimmte Zeit erfolgten Zulassung nicht mehr als sechs Monate beträgt, so gilt die Dauer der Zulassung als um ein Jahr verlängert.

§ 95. Beruht die Zulassung einer Unternehmung auf einer widerruflichen Genehmigung, so unterliegt die Ausübung des Widerrufs solange dem freien Ermessen der Aufsichtsbehörde, als die Unternehmung nicht die Erlaubniß zum Geschäftsbetriebe nach Maßgabe dieses Gesetzes erlangt hat.

§ 96. Versicherungsunternehmungen, die zur Zeit des Inkrafttretens dieses Gesetzes in einem oder in mehreren Bundesstaaten zum Geschäftsbetriebe befugt sind, können jederzeit die Zulassung nach Maßgabe dieses Gesetzes beantragen. Zur Ausdehnung ihres Geschäftsbetriebs auf einen anderen Bundesstaat ist die Erlaubniß des Aufsichtsamts für Privatversicherung erforderlich.

§ 97. Soweit ein Uebergang der Aufsicht von Landesbehörden auf das Aufsichtsamt für Privatversicherung stattfindet, gehen auf dieses kraft Gesetzes auch alle Rechte und Pflichten über, welche durch Kautionsbestellung, Hinterlegung, Eintragung von Schuldverschreibungen in ein Staatsschuldbuch oder in das Reichsschuldbuch oder durch sonstige Sicherungsmaßregeln für die Landesbehörden begründet sind.

In den vorstehend bezeichneten Fällen ist auf Ersuchen des Amts der Gewahrsam und die Verwaltung der vorhandenen Kautionen durch die Landesbehörden einstweilen, jedoch auf höchstens fünf Jahre, weiterzuführen.

§ 98. Die bereits zugelassenen Versicherungsunternehmungen haben der Aufsichtsbehörde auf Erfordern binnen einer von dieser zu bestimmenden Frist die zur Klarlegung ihres Geschäftsplans erforderlichen Angaben (§§ 4 bis 12) zu machen. Die Vorschriften des § 64 Abs. 3 finden entsprechende Anwendung.

§ 99. Bei bereits zugelassenen Unternehmungen finden die Vorschriften der §§ 56 bis 63 auf die Prämienreserve derjenigen Lebensversicherungen sowie derjenigen Kranken- oder Unfallversicherungen der im § 12 bezeichneten Art Anwendung, welche nach dem Inkrafttreten dieses Gesetzes abgeschlossen werden.

Die Prämienreserve für die früher abgeschlossenen Versicherungen ist, dem rechnungsmäßigen Soll entsprechend, binnen drei Jahren nach dem Inkrafttreten dieses Gesetzes aus dem übrigen Vermögen einer Unternehmung auszusondern, dem nach Abs. 1 gebildeten Prämienreservefonds zuzuführen und gemäß § 57, § 61 Abs. 1 aufzubewahren, zu buchen und zu verwalten. Ausnahmsweise kann für eine bestimmte Versicherungsunternehmung die bezeichnete Frist durch den Reichskanzler auf Antrag der Landesregierung desjenigen Bundesstaats, in dessen Gebiete die Unternehmung ihren Sitz hat, verlängert werden; eine solche Verlängerung der Frist ist durch den Reichskanzler im Reichsanzeiger bekannt zu machen.

Auf den gesammten Prämienreservefonds (Abs. 1, 2) finden die Vorschriften des § 61 Abs. 2, 3 und des § 62 mit dem Ablaufe von drei Jahren nach dem Inkrafttreten dieses Gesetzes oder mit dem Ablaufe der nach Abs. 2 Satz 2 durch den Reichskanzler verlängerten Frist Anwendung, sofern sie nicht auf Antrag einer Unternehmung durch die Aufsichtsbehörde schon zu einem früheren von dieser festzusetzenden und im Reichsanzeiger bekannt zu machenden Zeitpunkt in Wirksamkeit gesetzt werden.

Die Anlegung der Prämienreserve in der durch die §§ 59, 60 vorgeschriebenen Weise ist für die älteren Versicherungen binnen einer Frist von fünf Jahren zu bewirken. Hinsichtlich bestimmter Theile der Prämienreserve können Ausnahmen durch die Aufsichtsbehörde gestattet werden.

§ 100. Erachtet die Aufsichtsbehörde die Prämienreserve zur Sicherstellung einer dauernden Erfüllung der aus den Versicherungsverträgen sich ergebenden Verpflichtungen nicht für ausreichend, so kann sie, vorbehaltlich ihrer Befugniß zum Eingreifen nach den §§ 67 bis 69, zur Aenderung der Rechnungsgrundlagen oder sonstigen Beseitigung der Mängel eine angemessene Frist gewähren.

§ 101. Vereine, die zur Zeit des Inkrafttretens dieses Gesetzes die Versicherung ihrer Mitglieder nach dem Grundsatze der Gegenseitigkeit betreiben und die Rechtsfähigkeit besitzen, unterliegen auch den Vorschriften dieses Gesetzes über die Versicherungsvereine auf Gegenseitigkeit (Abschnitt III) mit Ausnahme der Vorschriften über die Bildung eines Gründungs- und eines Reservefonds.

Auf die Anmeldung und Eintragung dieser Vereine finden die §§ 30 bis 33 entsprechende Anwendung.

Die Aufsichtsbehörde hat nach dem Ablaufe der gemäß § 98 bestimmten Frist diejenigen Vereine, welche der Eintragungspflicht unterliegen, den für die Führung des Handelsregisters zuständigen Gerichten mitzutheilen.

§ 102. Den Vorschriften des Abschnitts III unterliegen nicht solche eingetragene Genossenschaften und solche nach dem sächsischen Gesetze vom 15. Juni 1868, betreffend die juristischen Personen, bestehende eingetragene Vereine, welche die Versicherung ihrer Mitglieder nach dem Grundsatze der Gegenseitigkeit betreiben.

Auf die im Abs. 1 bezeichneten Genossenschaften und Vereine finden die Vorschriften des § 68 Abs. 1, 2 Satz 1 bis 3, 5, auf die bezeichneten Vereine auch die Vorschriften des § 16 und des § 68 Abs. 2 Satz 4 entsprechende Anwendung.

§ 103. Auf Vereine, die, ohne die Rechtsfähigkeit zu besitzen, zur Zeit des Inkrafttretens dieses Gesetzes die Versicherung ihrer Mitglieder nach dem Grundsatze der Gegenseitigkeit betreiben, finden die Vorschriften des Abschnitts III keine Anwendung. Solche Vereine können von der Aufsichtsbehörde aufgefordert werden, binnen einer bestimmten Frist ihre Zulassung gemäß den Vorschriften dieses Gesetzes nachzusuchen; die Frist soll wenigstens sechs Monate betragen. Kommt ein Verein einer solchen Aufforderung nicht nach, so ist die Aufsichtsbehörde befugt, ihm den weiteren Geschäftsbetrieb zu untersagen; auf die Untersagung des Geschäftsbetriebs finden die Vorschriften des § 73 Abs. 1 bis 5, der §§ 74, 75 entsprechende Anwendung.

§ 104. Die Vorschriften dieses Gesetzes finden keine Anwendung auf Versicherungsunternehmungen, die sich bei seinem Inkrafttreten in Liquidation oder im Konkurse befinden.

VIII. Strafvorschriften.

§ 105. Wer der Aufsichtsbehörde gegenüber wissentlich falsche Angaben macht, um die Zulassung einer Versicherungsunternehmung zum Geschäftsbetriebe, die Verlängerung einer Zulassung oder die Genehmigung zu einer Aenderung der Geschäftsunterlagen oder des Versicherungsbestandes (§ 14) zu erlangen, wird mit Gefängniß und zugleich mit Geldstrafe bis zu zwanzigtausend Mark bestraft.

Auch kann auf Verlust der bürgerlichen Ehrenrechte erkannt werden.

Sind mildernde Umstände vorhanden, so kann ausschließlich auf die Geldstrafe erkannt werden.

§ 106. Mit Gefängniß bis zu sechs Monaten und zugleich mit Geldstrafe bis zu zweitausend Mark oder mit einer dieser Strafen werden die Mitglieder des Vorstandes, eines Aufsichtsraths oder ähnlichen Organs sowie die Liquidatoren einer Versicherungsgesellschaft auf Aktien oder eines Versicherungsvereins auf Gegenseitigkeit bestraft, wenn sie wissentlich

1. den Vorschriften des Gesetzes oder der Satzung über die Bildung von Reserven zuwider eine Gewinnvertheilung vorschlagen oder zulassen;
2. den gesetzlichen Vorschriften über die Berechnung und Buchung, Verwaltung und Aufbewahrung der Prämienreserve (§§ 56 bis 61, 63, 99) zuwiderhandeln;
3. den satzungsmäßigen Vorschriften über die Anlegung von Geldbeständen zuwiderhandeln.

§ 107. Sachverständige, welche die Berechnung der Prämienreserve bei Lebens-, Kranken- oder Unfallversicherungsunternehmungen zu prüfen haben, werden, wenn sie die nach § 56 Abs. 2 unter der Vermögensübersicht abzugebende Erklärung wissentlich falsch abgeben, mit Gefängniß und zugleich mit Geldstrafe bis zu zwanzigtausend Mark bestraft.

Auch kann auf Verlust der bürgerlichen Ehrenrechte erkannt werden.

Sind mildernde Umstände vorhanden, so kann ausschließlich auf die Geldstrafe erkannt werden.

§ 108. Wer im Inlande das Versicherungsgeschäft ohne die vorgeschriebene Erlaubniß betreibt, wird mit Geldstrafe bis zu eintausend Mark oder mit Haft oder mit Gefängniß bis zu drei Monaten bestraft.

Die gleiche Strafe trifft denjenigen, welcher im Inlande für eine daselbst zum Geschäftsbetriebe nicht befugte Unternehmung einen Versicherungsvertrag als Vertreter oder Bevollmächtigter abschließt oder den Abschluß von Versicherungsverträgen geschäftsmäßig vermittelt.

Die Vorschrift der Nr. 9 des § 360 des Strafgesetzbuchs ist, soweit sie sich auf Versicherungsunternehmungen im Sinne dieses Gesetzes bezieht, aufgehoben.

§ 109. Mit Gefängniß bis zu drei Monaten und zugleich mit Geldstrafe bis zu fünftausend Mark werden die Mitglieder des Vorstandes oder die Liquidatoren einer Versicherungsgesellschaft auf Aktien, eines Versicherungsvereins auf Gegenseitigkeit, einer eingetragenen Genossenschaft oder eines Vereins der im § 102 bezeichneten Art bestraft, wenn entgegen der Vorschrift des § 68 Abs. 2 der Aufsichtsbehörde eine der dort vorgeschriebenen Anzeigen nicht gemacht worden ist.

Sind mildernde Umstände vorhanden, so tritt ausschließlich die Geldstrafe ein.

Straflos bleibt derjenige, bezüglich dessen festgestellt wird, daß die Anzeige ohne sein Verschulden unterblieben ist.

§ 110. Die Mitglieder des Vorstandes, eines Aufsichtsraths oder eines ähnlichen Organs sowie die Liquidatoren eines Versicherungsvereins auf Gegenseitigkeit werden, wenn sie absichtlich zum Nachtheile des Vereins handeln, mit Gefängniß und zugleich mit Geldstrafe bis zu zwanzigtausend Mark bestraft.

Auch kann auf Verlust der bürgerlichen Ehrenrechte erkannt werden.

Sind mildernde Umstände vorhanden, so kann ausschließlich auf die Geldstrafe erkannt werden.

§ 111. Die Mitglieder des Vorstandes, eines Aufsichtsraths oder eines ähnlichen Organs sowie die Liquidatoren eines Versicherungsvereins auf Gegenseitigkeit werden mit Gefängniß bis zu einem Jahre und zugleich mit Geldstrafe bis zu zwanzigtausend Mark bestraft, wenn sie wissentlich in ihren Darstellungen, in ihren Uebersichten über den Vermögensstand des Vereins oder in ihren Vorträgen vor dem obersten Organe den Stand des Vereins unwahr darstellen oder verschleiern.

Zugleich kann auf Verlust der bürgerlichen Ehrenrechte erkannt werden.

Sind mildernde Umstände vorhanden, so kann ausschließlich auf die Geldstrafe erkannt werden.

§ 112. Die Vorschriften der §§ 239 bis 241 der Konkursordnung finden gegen die Mitglieder des Vorstandes und die Liquidatoren eines Versicherungsvereins auf Gegenseitigkeit, welcher seine Zahlungen eingestellt hat oder über dessen Vermögen das Konkursverfahren eröffnet worden ist, Anwendung, wenn sie in dieser Eigenschaft die mit Strafen bedrohten Handlungen begangen haben.

§ 113. Die Vorschriften der §§ 106, 109 bis 112 finden auch auf die Mitglieder des Vorstandes, eines Aufsichtsraths oder ähnlichen Organs sowie die Liquidatoren eines solchen Vereins Anwendung, der nach § 101 als Versicherungsverein auf Gegenseitigkeit im Sinne dieses Gesetzes gilt.

IX. Schlußvorschriften.

§ 114. Zur Ausführung dieses Gesetzes kann der Bundesrath nach Anhörung des Versicherungsbeiraths Vorschriften erlassen. Er kann insbesondere Art und Form der Rechnungslegung der Unternehmungen regeln und die näheren Voraussetzungen bestimmen, unter welchen ein Versicherungsverein auf Gegenseitigkeit als kleinerer Verein im Sinne des § 53 anzusehen ist.

§ 115. Der Vorstand einer Versicherungsunternehmung, deren Geschäftsbetrieb sich über das Gebiet eines Bundesstaats hinaus erstreckt, hat den Landes-Zentralbehörden derjenigen Bundesstaaten, in deren Gebieten sie Geschäfte betreiben will, bei der Eröffnung des Geschäftsbetriebs hiervon Anzeige zu erstatten.

Jedes Versicherungsunternehmen hat in demjenigen Bundesstaat, auf dessen Gebiet es seinen Betrieb erstreckt, ohne daß sein Sitz in diesem Gebiete gelegen ist, auf Verlangen der Zentralbehörde dieses Staates unter der Voraussetzung einen Hauptbevollmächtigten zu bestellen, daß der Geschäftsbetrieb in diesem Staate von einem solchen Umfang ist oder nach dem Geschäftsplane von einem solchen Umfange werden soll, daß darnach die Bestellung eines Hauptbevollmächtigten sich rechtfertigt. Bestreitet das Unternehmen das Vorhandensein dieser Voraussetzung, so entscheidet darüber der Bundesrath auf Grund der ihm vorzulegenden Nachweise. Das Verlangen kann von den Zentralbehörden mehrerer Bundesstaaten zusammen auf Bestellung eines gemeinschaftlichen Hauptbevollmächtigten gerichtet werden. Der Hauptbevollmächtigte muß seinen Wohnsitz innerhalb des betreffenden Bundesstaats beziehungsweise der zusammengehenden Bundesstaaten haben; er gilt als ermächtigt, die Unternehmung zu vertreten, insbesondere die Versicherungsverträge mit Versicherungsnehmern des Bundesstaats beziehungsweise der zusammengehenden Bundesstaaten und über daselbst belegene Grundstücke mit verbindlicher Kraft abzuschließen, auch alle Ladungen und Verfügungen für die Unternehmung in Empfang zu nehmen. Zum Abschlusse der Lebensversicherungsverträge ist jedoch die vorausgegangene Genehmigung der Zentralleitung der Unternehmung erforderlich, die in dem Vertrage zum Ausdrucke gebracht werden muß.

Für Klagen, die aus dem Versicherungsgeschäft innerhalb des Bundesstaats beziehungsweise der zusammengehenden Bundesstaaten gegen die Unternehmung erhoben werden, ist das Gericht zuständig, wo der Hauptbevollmächtigte seinen Wohnsitz hat. Dieser Gerichtsstand darf nicht vertragsmäßig ausgeschlossen werden.

§ 116. Unternehmungen, welche die Versicherung gegen Kursverluste oder die Transportversicherung oder ausschließlich die Rückversicherung zum Gegenstande haben, mit Ausnahme von Versicherungsvereinen auf Gegenseitigkeit, bedürfen keiner Zulassung. Sie unterliegen auch keiner behördlichen Beaufsichtigung ihres Geschäftsbetriebs; der Bundesrath kann jedoch anordnen, daß bestimmte Vorschriften dieses Gesetzes auch auf solche Unternehmungen Anwendung finden.

§ 117. Durch Beschluß des Bundesraths kann angeordnet werden:
1. daß die Vorschrift des § 6 Abs. 2 auch für andere als die dort bezeichneten Versicherungszweige gilt;
2. daß für Versicherungszweige, für welche die Vorschrift des § 6 Abs. 2 nicht gilt, die Vorschriften dieses Gesetzes ganz oder theilweise außer Anwendung bleiben.

§ 118. Alle der Beaufsichtigung nach Maßgabe dieses Gesetzes unterliegenden Unternehmungen sind verpflichtet, dem Aufsichtsamte für Privatversicherung die von diesem erforderten statistischen Nachweise über ihren Geschäftsbetrieb einzureichen. Ueber die hiernach zu erfordernden statistischen Nachweise ist der Versicherungsbeirath zu hören.

§ 119. Die auf Grund landesgesetzlicher Vorschriften errichteten öffentlichen Versicherungsanstalten unterliegen den Vorschriften dieses Gesetzes nicht, sind jedoch verpflichtet, nach näherer Anordnung des Bundesraths bestimmte statistische Nachweise über ihren Geschäftsbetrieb an das Aufsichtsamt für Privatversicherung einzureichen.

§ 120. Unberührt bleiben die landesgesetzlichen Vorschriften, nach denen der Betrieb bestimmter Versicherungsgeschäfte öffentlichen Anstalten vorbehalten ist.

§ 121. Unberührt bleiben die landesrechtlichen Vorschriften über die polizeiliche Ueberwachung der Feuerversicherungsverträge nach ihrem Abschluß und der Auszahlung von Brandentschädigungen; dagegen werden aufgehoben, die landesrechtlichen Vorschriften, welche den Abschluß von Feuerversicherungsgeschäften von einer vorgängigen polizeilichen Genehmigung abhängig machen, sowie die landesrechtlichen Vorschriften, durch welche der unmittelbare Abschluß von Feuerversicherungsverträgen mit solchen Vertretungen verboten wird, die sich nicht im Staatsgebiete befinden.

Unberührt bleiben ferner die landesrechtlichen Vorschriften und die mit Landesbehörden getroffenen Vereinbarungen über die Verpflichtungen der Feuerversicherungsunternehmungen in Bezug auf die Leistung von Abgaben für gemeinnützige Zwecke, insbesondere zur Förderung des Feuerlöschwesens oder zur Unterstützung von Mitgliedern von Feuerwehren und sonstigen bei Hülfeleistung in Brandfällen verunglückten Personen oder ihrer Hinterbliebenen.

Unberührt bleiben auch Verpflichtungen, welche nach dem Stande vom 1. Januar 1901 Feuerversicherungsunternehmungen in einem Bundesstaate nach Landesrecht oder auf Grund von Vereinbarungen mit Landesbehörden hinsichtlich der Uebernahme gewisser Versicherungen obliegen, wenn die Unternehmung ihren Geschäftsbetrieb in dem Bundesstaate fortsetzt oder die Zulassung nach Maßgabe dieses Gesetzes erlangt. Die Erfüllung dieser Verpflichtungen wird von der Aufsichtsbehörde nach Maßgabe dieses Gesetzes überwacht.

§ 122. Den Vorschriften dieses Gesetzes unterliegen nicht die auf Grund des Gesetzes über die eingeschriebenen Hülfskassen vom 7. April 1876 (Reichs-Gesetzbl. S. 125) in der Fassung des Gesetzes vom 1. Juni 1884 (Reichs-Gesetzbl. S. 54) errichteten Kassen, die im § 75 Abs. 4 des

Krankenversicherungsgesetzes bezeichneten, auf Grund landesrechtlicher Vorschriften errichteten Hülfskassen, die auf Grund der Gewerbeordnung von Innungen oder Innungsverbänden errichteten Unterstützungskassen sowie die auf Grund berggesetzlicher Vorschriften errichteten Knappschaftskassen.

§ 123. Die Vorschrift des § 39 Abs. 3 findet auf Versicherungsaktiengesellschaften entsprechende Anwendung.

§ 124. Die Aufsichtsbehörde kann für Vereine auf Gegenseitigkeit, die der Eintragungspflicht nicht unterliegen, hinsichtlich der Zulassung, der Geschäftsführung und der Rechnungslegung Abweichungen von den Vorschriften der §§ 11, 12, 55 bis 57 gestatten.

Soweit die Abweichungen sich auf die Geschäftsführung und die Rechnungslegung beziehen, können sie insbesondere davon abhängig gemacht werden, daß in mehrjährigen Zeiträumen auf Kosten des Vereins eine Prüfung des Geschäftsbetriebs und der Vermögenslage durch einen Sachverständigen vorgenommen und der Prüfungsbericht der Aufsichtsbehörde eingereicht wird.

§ 125. Die Vorschriften des § 70, des § 98 Satz 1 und des § 101 Abs. 3 treten mit dem 1. Juli 1901 in Kraft.

Bis zu dem gleichen Zeitpunkte werden die zur Beaufsichtigung von Versicherungsunternehmungen zuständigen Landesbehörden durch die Landesregierungen bestimmt.

Im Uebrigen wird der Zeitpunkt, mit welchem das Gesetz in Kraft tritt, mit Zustimmung des Bundesraths durch Kaiserliche Verordnung[1]) bestimmt.

Im Königreiche Bayern tritt das Gesetz, soweit es sich um das Immobiliar-Versicherungswesen handelt, nur mit Zustimmung der Königlich bayerischen Regierung in Kraft.

---

[1]) Die Kaiserliche Verordnung vom 24. November 1901, betr. die Inkraftsetzung des Gesetzes über die privaten Versicherungsunternehmungen vom 12. Mai 1901, (R.G.Bl. S. 489) bestimmt:

Das Gesetz über die privaten Versicherungsunternehmungen vom 12. Mai 1901 (Reichs-Gesetzbl. S. 139) tritt mit dem 1. Januar 1902 seinem vollen Umfange nach in Kraft.

IX. Gesetze, betr. das Handels- und Gewerbewesen.

17. 1. Gewerbeordnung für das Deutsche Reich.

Vom 26. Juli 1900.

(R.G.Bl. S. 871.)

Titel I.

Allgemeine Bestimmungen.

§ 1. Der Betrieb eines Gewerbes ist Jedermann gestattet, soweit nicht durch dieses Gesetz Ausnahmen oder Beschränkungen vorgeschrieben oder zugelassen sind.

Wer gegenwärtig zum Betrieb eines Gewerbes berechtigt ist, kann von demselben nicht deshalb ausgeschlossen werden, weil er den Erfordernissen dieses Gesetzes nicht genügt.

§ 2. Die Unterscheidung zwischen Stadt und Land in Bezug auf den Gewerbebetrieb und die Ausdehnung desselben hört auf.

§ 3. Der gleichzeitige Betrieb verschiedener Gewerbe sowie desselben Gewerbes in mehreren Betriebs- oder Verkaufsstätten ist gestattet. Eine Beschränkung der Handwerker auf den Verkauf der selbstverfertigten Waaren findet nicht statt.

§ 4. Den Zünften und kaufmännischen Korporationen steht ein Recht, Andere von dem Betrieb eines Gewerbes auszuschließen, nicht zu.

§ 5. In den Beschränkungen des Betriebs einzelner Gewerbe, welche auf den Zoll-, Steuer- und Postgesetzen beruhen, wird durch das gegenwärtige Gesetz nichts geändert.

§ 6. Das gegenwärtige Gesetz findet keine Anwendung auf die Fischerei, die Errichtung und Verlegung von Apotheken, die Erziehung von Kindern gegen Entgelt, das Unterrichtswesen, die advokatorische und Notariats-Praxis, den Gewerbebetrieb der Auswanderungsunternehmer und Auswanderungsagenten, der Versicherungsunternehmer und der Eisenbahnunternehmungen, die Befugniß zum Halten öffentlicher Fähren und die Rechtsverhältnisse der Schiffsmannschaften auf den Seeschiffen. — Auf das Bergwesen, die Ausübung der Heilkunde, den Verkauf von Arzneimitteln, den Vertrieb von Lotterieloosen und die Viehzucht findet das gegenwärtige Gesetz nur insoweit Anwendung, als dasselbe ausdrückliche Bestimmungen darüber enthält.

Durch Kaiserliche Verordnung wird bestimmt, welche Apothekerwaaren dem freien Verkehre zu überlassen sind.

§ 7. Vom 1. Januar 1873 ab sind, soweit die Landesgesetze solches nicht früher verfügen, aufgehoben:

1. die noch bestehenden ausschließlichen Gewerbeberechtigungen, das heißt die mit dem Gewerbebetriebe verbundenen Berechtigungen, Anderen den Betrieb eines Gewerbes, sei es im Allgemeinen oder hinsichtlich der Benutzung eines gewissen Betriebsmaterials, zu untersagen oder sie darin zu beschränken;
2. die mit den ausschließlichen Gewerbeberechtigungen verbundenen Zwangs- und Bannrechte, mit Ausnahme der Abdeckereiberechtigungen;
3. alle Zwangs- und Bannrechte, deren Aufhebung nach dem Inhalte der Verleihungsurkunde ohne Entschädigung zulässig ist;
4. sofern die Aufhebung nicht schon in Folge dieser Bestimmungen eintritt, oder sofern sie nicht auf einem Vertrage zwischen Berechtigten und Verpflichteten beruhen:
   a) das mit dem Besitz einer Mühle, einer Brennerei oder Brenngerechtigkeit, einer Brauerei oder Braugerechtigkeit, oder einer Schankstätte verbundene Recht, die Konsumenten zu zwingen, daß sie bei den Berechtigten ihren Bedarf mahlen oder schroten lassen, oder das Getränk ausschließlich von denselben beziehen (der Mahlzwang, der Branntweinzwang oder der Brauzwang);
   b) das städtischen Bäckern oder Fleischern zustehende Recht, die Einwohner der Stadt, der Vorstädte oder der sogenannten Bannmeile zu zwingen, daß sie ihren Bedarf an Gebäck oder Fleisch ganz oder theilweise von jenen ausschließlich entnehmen;
5. die Berechtigungen, Konzessionen zu gewerblichen Anlagen oder zum Betriebe von Gewerben zu ertheilen, die dem Fiskus, Korporationen, Instituten oder einzelnen Berechtigten zustehen;
6. vorbehaltlich der an den Staat und die Gemeinde zu entrichtenden Gewerbesteuern, alle Abgaben, welche für den Betrieb eines Gewerbes entrichtet werden, sowie die Berechtigung, dergleichen Abgaben aufzuerlegen.

Ob und in welcher Weise den Berechtigten für die vorstehend aufgehobenen ausschließlichen Gewerbeberechtigungen, Zwangs- und Bannrechte u. s. w. Entschädigung zu leisten ist, bestimmen die Landesgesetze.

§ 8. Von dem gleichen Zeitpunkt (§ 7) ab unterliegen, soweit solches nicht von der Landesgesetzgebung schon früher verfügt ist, der Ablösung:

1. diejenigen Zwangs- und Bannrechte, welche durch die Bestimmungen des § 7 nicht aufgehoben sind, sofern die Verpflichtung auf Grundbesitz haftet, die Mitglieder einer Korporation als solche betrifft, oder Bewohnern eines Ortes oder Distrikts vermöge ihres Wohnsitzes obliegt;
2. das Recht, den Inhaber einer Schankstätte zu zwingen, daß er für seinen Wirthschaftsbedarf das Getränk aus einer bestimmten Fabrikationsstätte entnehme.

Das Nähere über die Ablösung dieser Rechte bestimmen die Landesgesetze.

§ 9. Streitigkeiten darüber, ob eine Berechtigung zu den durch die §§ 7 und 8 aufgehobenen oder für ablösbar erklärten gehört, sind im Rechtswege zu entscheiden.

Jedoch bleibt den Landesgesetzen vorbehalten, zu bestimmen, von welchen Behörden und in welchem Verfahren die Frage zu entscheiden ist, ob oder wie weit eine auf einem Grundstücke haftende Abgabe eine Grundabgabe ist, oder für den Betrieb eines Gewerbes entrichtet werden muß.

§ 10. Ausschließliche Gewerbeberechtigungen oder Zwangs- und Bannrechte, welche durch Gesetz aufgehoben oder für ablösbar erklärt worden sind, können fortan nicht mehr erworben werden.

Realgewerbeberechtigungen dürfen fortan nicht mehr begründet werden.

§ 11. Das Geschlecht begründet in Beziehung auf die Befugniß zum selbständigen Betrieb eines Gewerbes keinen Unterschied.

§ 11 a. Betreibt eine Ehefrau, für deren güterrechtliche Verhältnisse ausländische Gesetze maßgebend sind, im Inlande selbständig ein Gewerbe, so ist es auf ihre Geschäftsfähigkeit in Angelegenheiten des Gewerbes ohne Einfluß, daß sie Ehefrau ist.

Soweit die Frau in Folge des Güterstandes in der Verfügung über ihr Vermögen beschränkt ist, finden die Vorschriften des § 1405 des Bürgerlichen Gesetzbuchs Anwendung. Hat die Frau ihren Wohnsitz nicht im Inlande, so ist der Einspruch des Mannes gegen den Betrieb des Gewerbes und der Widerruf der ertheilten Einwilligung in das Güterrechtsregister des Bezirkes einzutragen, in welchem das Gewerbe betrieben wird.

Betreibt die Frau das Gewerbe mit Einwilligung des Mannes oder gilt die Einwilligung nach § 1405 Abs. 2 des Bürgerlichen Gesetzbuchs als ertheilt, so haftet für die Verbindlichkeiten der Frau aus dem Gewerbebetrieb ihr Vermögen ohne Rücksicht auf die dem Manne kraft des Güterstandes zustehenden Rechte; im Falle des Bestehens einer ehelichen Gütergemeinschaft haftet auch das gemeinschaftliche Vermögen.

§ 12. Hinsichtlich des Gewerbebetriebs der juristischen Personen des Auslandes bewendet es bei den Landesgesetzen.

Diejenigen Beschränkungen, welche in Betreff des Gewerbebetriebs für Personen des Soldaten- und Beamtenstandes sowie deren Angehörige bestehen, werden durch das gegenwärtige Gesetz nicht berührt.

§ 13. Von dem Besitze des Bürgerrechts soll die Zulassung zum Gewerbebetrieb in keiner Gemeinde und bei keinem Gewerbe abhängig sein.

Nach dem begonnenen Gewerbebetrieb ist, soweit dies in der bestehenden Gemeindeverfassung begründet ist, der Gewerbtreibende auf Verlangen der Gemeindebehörde nach Ablauf von drei Jahren verpflichtet, das Bürgerrecht zu erwerben. Es darf jedoch in diesem Falle von ihm das sonst vorgeschriebene oder übliche Bürgerrechtsgeld nicht gefordert und ebenso nicht verlangt werden, daß er sein anderweit erworbenes Bürgerrecht aufgebe.

Titel II.

Stehender Gewerbebetrieb.

I. Allgemeine Erfordernisse.

§ 14. Wer den selbständigen Betrieb eines stehenden Gewerbes anfängt, muß der für den Ort, wo solches geschieht, nach den Landesgesetzen zuständigen Behörde gleichzeitig Anzeige davon machen. Diese Anzeige liegt auch demjenigen ob, welcher zum Betrieb eines Gewerbes im Umherziehen (Titel III) befugt ist.

Außerdem hat, wer Versicherungen für eine Mobiliar- oder Immobiliar-Feuerversicherungsanstalt als Agent oder Unteragent vermitteln will, bei Uebernahme der Agentur, und derjenige, welcher dieses Geschäft wieder aufgiebt, oder welchem die Versicherungsanstalt den Auftrag wieder entzieht, innerhalb der nächsten acht Tage der zuständigen Behörde seines Wohnorts davon Anzeige zu machen. Buch- und Steindrucker, Buch- und Kunsthändler, Antiquare, Leihbibliothekare, Inhaber von Lesekabinetten, Verkäufer von Druckschriften, Zeitungen und Bildern haben bei der Eröffnung ihres Gewerbebetriebs das Lokal desselben sowie jeden späteren Wechsel des letzteren spätestens am Tage seines Eintritts der zuständigen Behörde ihres Wohnorts anzugeben.

§ 15. Die Behörde bescheinigt innerhalb dreier Tage den Empfang der Anzeige.

Die Fortsetzung des Betriebs kann polizeilich verhindert werden, wenn ein Gewerbe, zu dessen Beginn eine besondere Genehmigung erforderlich ist, ohne diese Genehmigung begonnen wird.

§ 15 a. Gewerbetreibende, die einen offenen Laden haben oder Gast- oder Schankwirthschaft betreiben, sind verpflichtet, ihren Familiennamen mit mindestens einem ausgeschriebenen Vornamen an der Außenseite oder am Eingange des Ladens oder der Wirthschaft in deutlich lesbarer Schrift anzubringen.

Kaufleute, die eine Handelsfirma führen, haben zugleich die Firma in der bezeichneten Weise an dem Laden oder der Wirthschaft anzubringen; ist aus der Firma der Familienname des Geschäftsinhabers mit dem ausgeschriebenen Vornamen zu ersehen, so genügt die Anbringung der Firma.

Auf offene Handelsgesellschaften, Kommanditgesellschaften und Kommanditgesellschaften auf Aktien finden diese Vorschriften mit der Maßgabe Anwendung, daß für die Namen der persönlich haftenden Gesellschafter gilt, was in Betreff der Namen der Gewerbetreibenden bestimmt ist.

Sind mehr als zwei Betheiligte vorhanden, deren Namen hiernach in der Aufschrift anzugeben wären, so genügt es, wenn die Namen von zweien mit einem das Vorhandensein weiterer Betheiligter andeutenden Zusatz aufgenommen werden. Die Polizeibehörde kann im einzelnen Falle die Angabe der Namen aller Betheiligter anordnen.

II. Erforderniß besonderer Genehmigung.

1. Anlagen, welche einer besonderen Genehmigung bedürfen.

§ 16. Zur Errichtung von Anlagen, welche durch die örtliche Lage oder die Beschaffenheit der Betriebsstätte für die Besitzer oder Bewohner der benachbarten Grundstücke oder für das Publikum überhaupt erhebliche Nachtheile, Gefahren oder Belästigungen herbeiführen können, ist die Genehmigung der nach den Landesgesetzen zuständigen Behörde erforderlich.

Es gehören dahin:

Schießpulverfabriken, Anlagen zur Feuerwerkerei und zur Bereitung von Zündstoffen aller Art, Gasbereitungs- und Gasbewahrungsanstalten, Anstalten zur Destillation von Erdöl, Anlagen zur Bereitung von Braunkohlentheer, Steinkohlentheer und Koaks, sofern sie außerhalb der Gewinnungsorte des Materials errichtet werden, Glas- und Rußhütten, Kalk-, Ziegel- und Gipsöfen, Anlagen zur Gewinnung roher Metalle, Röstöfen, Metallgießereien, sofern sie nicht bloße Tiegelgießereien sind, Hammerwerke, chemische Fabriken aller Art, Schnellbleichen Firnißsiedereien, Stärkefabriken, mit Ausnahme der Fabriken zur Bereitung von Kartoffelstärke, Stärkesyrupsfabriken, Wachstuch-, Darmsaiten-, Dachpappen- und Dachfilzfabriken, Leim-, Thran- und Seifensiedereien, Knochenbrennereien, Knochendarren, Knochenkochereien und Knochenbleichen, Zubereitungsanstalten für Thierhaare, Talgschmelzen, Schlächtereien, Gerbereien, Abdeckereien, Poudretten- und Düngpulverfabriken, Stauanlagen für Wassertriebwerke (§ 23), Hopfen-Schwefeldörren, Asphaltkochereien und Pechsiedereien, soweit sie außerhalb der Gewinnungsorte des Materials errichtet werden, Strohpapierstoffabriken, Darmzubereitungsanstalten, Fabriken, in welchen Dampfkessel oder andere Blechgefäße durch Vernieten hergestellt werden, Kalifabriken, und Anstalten zum Imprägniren von Holz mit erhitzten Theerölen, Kunstwollefabriken, Anlagen zur Herstellung von Celluloid und Dégrasfabriken, die Fabriken, in welchen Röhren aus Blech durch Vernieten hergestellt werden, sowie die Anlagen zur Erbauung eiserner Schiffe, zur Herstellung eiserner Brücken oder sonstiger eiserner Baukonstruktionen, die Anlagen zur Destillation oder zur Verarbeitung von Theer und von Theerwasser, die Anlagen, in welchen aus Holz oder ähnlichen Fasermaterial auf chemischen Wege Papierstoff hergestellt wird (Cellulosefabriken), die Anlagen, in welchen Albuminpapier hergestellt wird, die Anstalten zum Trocknen und Einsalzen ungegerbter Thierfelle sowie die Verbleiungs-, Verzinnungs- und Verzinkungsanstalten, die Anlagen zur Herstellung von Gußstahlkugeln mittelst Kugelschrotmühlen (Kugelfräsmaschinen), die Anlagen zur Herstellung von Zündschnüren und von elektrischen Zündern.

Das vorstehende Verzeichniß kann, je nach Eintritt oder Wegfall der im Eingange gedachten Voraussetzung, durch Beschluß des Bundesraths, vorbehaltlich der Genehmigung des nächstfolgenden Reichstags, abgeändert werden.

§ 17. Dem Antrag auf die Genehmigung einer solchen Anlage müssen die zur Erläuterung erforderlichen Zeichnungen und Beschreibungen beigefügt werden.

Ist gegen die Vollständigkeit dieser Vorlagen nichts zu erinnern, so wird das Unternehmen mittelst einmaliger Einrückung in das zu den amtlichen Bekanntmachungen der Behörde (§ 16) bestimmte Blatt zur öffentlichen Kenntniß gebracht, mit der Aufforderung, etwaige Einwendungen gegen die neue Anlage binnen vierzehn Tagen anzubringen. Die Frist nimmt ihren Anfang mit Ablauf des Tages, an welchem das die Bekanntmachung enthaltende Blatt ausgegeben worden, und ist für alle Einwendungen, welche nicht auf privatrechtlichen Titeln beruhen, präklusivisch.

§ 18. Werden keine Einwendungen angebracht, so hat die Behörde zu prüfen, ob die Anlage erhebliche Gefahren, Nachtheile oder Belästigungen für das Publikum herbeiführen könne. Auf Grund dieser Prüfung, welche sich zugleich auf die Beachtung der bestehenden bau-, feuer- und gesundheitspolizeilichen Vorschriften erstreckt, ist die Genehmigung zu versagen, oder, unter Festsetzung der sich als nöthig ergebenden Bedingungen, zu ertheilen. Zu den Letzteren gehören auch diejenigen Anordnungen, welche zum Schutze der Arbeiter gegen Gefahr für Gesundheit und Leben nothwendig sind. Der Bescheid ist schriftlich auszufertigen und muß die festgesetzten Bedingungen enthalten; er muß mit Gründen versehen sein, wenn die Genehmigung versagt oder nur unter Bedingungen ertheilt wird.

§ 19. Einwendungen, welche auf besonderen privatrechtlichen Titeln beruhen, sind zur richterlichen Entscheidung zu verweisen, ohne daß von der Erledigung derselben die Genehmigung der Anlage abhängig gemacht wird.

Andere Einwendungen dagegen sind mit den Parteien vollständig zu erörtern. Nach Abschluß dieser Erörterung erfolgt die Prüfung und Entscheidung nach den im § 18 enthaltenen Vorschriften. Der Bescheid ist sowohl dem Unternehmer als dem Widersprechenden zu eröffnen.

§ 19a. In dem Bescheide kann dem Unternehmer auf seine Gefahr, unbeschadet des Rekursverfahrens (§ 20), die unverzügliche Ausführung der baulichen Anlagen gestattet werden, wenn er dies vor Schluß der Erörterung beantragt. Die Gestattung kann von einer Sicherheitsleistung abhängig gemacht werden.

§ 20. Gegen den Bescheid ist Rekurs an die nächstvorgesetzte Behörde zulässig, welche bei Verlust desselben binnen vierzehn Tagen, vom Tage der Eröffnung des Bescheids an gerechnet, gerechtfertigt werden muß.

Der Rekursbescheid ist den Parteien schriftlich zu eröffnen und muß mit Gründen versehen sein.

§ 21. Die näheren Bestimmungen über die Behörden und das Verfahren, sowohl in der ersten als in der Rekurs-Instanz, bleiben den Landesgesetzen vorbehalten. Es sind jedoch folgende Grundsätze einzuhalten:

1. In erster oder in zweiter Instanz muß die Entscheidung durch eine kollegiale Behörde erfolgen. Diese Behörde ist befugt, Untersuchungen an Ort und Stelle zu veranlassen, Zeugen und Sachverständige zu laden und eidlich zu vernehmen, überhaupt den angetretenen Beweis in vollem Umfange zu erheben.
2. Bildet die kollegiale Behörde die erste Instanz, so ertheilt sie ihre Entscheidung in öffentlicher Sitzung, nach erfolgter Ladung und Anhörung der Parteien, auch in dem Falle, wenn zwar Einwendungen nicht angebracht sind, die Behörde aber nicht ohne Weiteres die Genehmigung ertheilen will, und der Antragsteller innerhalb vierzehn

Tagen nach Empfang des die Genehmigung versagenden oder nur unter Bedingungen ertheilenden Bescheids der Behörde auf mündliche Verhandlung anträgt.

3. Bildet die kollegiale Behörde die zweite Instanz, so ertheilt sie stets ihre Entscheidung in öffentlicher Sitzung, nach erfolgter Ladung und Anhörung der Parteien.

4. Als Parteien sind der Unternehmer (Antragsteller), sowie diejenigen Personen zu betrachten, welche Einwendungen erhoben haben.

5. Die Oeffentlichkeit der Sitzungen kann unter entsprechender Anwendung der §§ 173 bis 176 des Gerichtsverfassungsgesetzes ausgeschlossen oder beschränkt werden.

§ 21a. Die Sachverständigen (§ 21 Ziffer 1) haben über die Thatsachen, welche durch das Verfahren zu ihrer Kenntniß kommen, Verschwiegenheit zu beobachten und sich der Nachahmung der von dem Unternehmer geheim gehaltenen, zu ihrer Kenntniß gelangten Betriebseinrichtungen und Betriebsweisen, solange als diese Betriebsgeheimnisse sind, zu enthalten.

§ 22. Die durch unbegründete Einwendungen erwachsenden Kosten fallen dem Widersprechenden, alle übrigen Kosten, welche durch das Verfahren entstehen, dem Unternehmer zur Last.

In den Bescheiden über die Zulässigkeit der neuen Anlage wird zugleich die Vertheilung der Kosten festgesetzt.

§ 23. Bei den Stauanlagen für Wassertriebwerke sind außer den Bestimmungen der §§ 17 bis 22 die dafür bestehenden landesgesetzlichen Vorschriften anzuwenden.

Der Landesgesetzgebung bleibt vorbehalten, die fernere Benutzung bestehender und die Anlage neuer Privatschlächtereien in solchen Orten, für welche öffentliche Schlachthäuser in genügendem Umfange vorhanden sind oder errichtet werden, zu untersagen.

Soweit durch landesrechtliche Vorschriften Bestimmungen getroffen werden, wonach gewisse Anlagen oder gewisse Arten von Anlagen in einzelnen Ortstheilen gar nicht oder nur unter besonderen Beschränkungen zugelassen sind, finden diese Bestimmungen auch auf Anlagen der im § 16 erwähnten Art Anwendung.

§ 24. Zur Anlegung von Dampfkesseln, dieselben mögen zum Maschinenbetriebe bestimmt sein oder nicht, ist die Genehmigung der nach den Landesgesetzen zuständigen Behörde erforderlich. Dem Gesuche sind die zur Erläuterung erforderlichen Zeichnungen und Beschreibungen beizufügen.

Die Behörde hat die Zulässigkeit der Anlage nach den bestehenden bau-, feuer- und gesundheitspolizeilichen Vorschriften sowie nach denjenigen allgemeinen polizeilichen Bestimmungen zu prüfen, welche von dem Bundesrath über die Anlegung von Dampfkesseln erlassen werden. Sie hat nach dem Befunde die Genehmigung entweder zu versagen oder unbedingt zu ertheilen, oder endlich bei Ertheilung derselben die erforderlichen Vorkehrungen und Einrichtungen vorzuschreiben.

Bevor der Kessel in Betrieb genommen wird, ist zu untersuchen, ob die Ausführung den Bestimmungen der ertheilten Genehmigung entspricht.

Wer vor dem Empfange der hierüber auszufertigenden Bescheinigung den Betrieb beginnt, hat die im § 147 angedrohte Strafe verwirkt.

Die vorstehenden Bestimmungen gelten auch für bewegliche Dampfkessel.

Für den Rekurs und das Verfahren über denselben gelten die Vorschriften der §§ 20 und 21.

§ 25. Die Genehmigung zu einer der in den §§ 16 und 24 bezeichneten Anlagen bleibt solange in Kraft, als keine Aenderung in der Lage oder Beschaffenheit der Betriebsstätte vorgenommen wird, und bedarf unter dieser Voraussetzung auch dann, wenn die Anlage an einen neuen Erwerber übergeht, einer Erneuerung nicht. Sobald aber eine Veränderung der Betriebsstätte vorgenommen wird, ist dazu die Genehmigung der zuständigen Behörde nach Maßgabe der §§ 17 bis 23 einschließlich beziehungsweise des § 24 nothwendig. Eine gleiche Genehmigung ist erforderlich bei wesentlichen Veränderungen in dem Betrieb einer der im § 16 genannten Anlagen. Die zuständige Behörde kann jedoch auf Antrag des Unternehmers von der Bekanntmachung (§ 17) Abstand nehmen, wenn sie die Ueberzeugung gewinnt, daß die beabsichtigte Veränderung für die Besitzer oder Bewohner benachbarter Grundstücke oder das Publikum überhaupt neue oder größere Nachtheile, Gefahren oder Belästigungen, als mit der vorhandenen Anlage verbunden sind, nicht herbeiführen werde.

Diese Bestimmungen finden auch auf gewerbliche Anlagen (§§ 16 und 24) Anwendung, welche bereits vor Erlaß dieses Gesetzes bestanden haben.

§ 26. Soweit die bestehenden Rechte zur Abwehr benachtheiligender Einwirkungen, welche von einem Grundstück aus auf ein benachbartes Grundstück geübt werden, dem Eigenthümer oder Besitzer des letzteren eine Privatklage gewähren, kann diese Klage einer mit obrigkeitlicher Genehmigung errichteten gewerblichen Anlage gegenüber niemals auf Einstellung des Gewerbebetriebs, sondern nur auf Herstellung von Einrichtungen, welche die benachtheiligende Einwirkung ausschließen, oder, wo solche Einrichtungen unthunlich oder mit einem gehörigen Betriebe des Gewerbes unvereinbar sind, auf Schadloshaltung gerichtet werden.

§ 27. Die Errichtung oder Verlegung solcher Anlagen, deren Betrieb mit ungewöhnlichem Geräusche verbunden ist, muß, sofern sie nicht schon nach den Vorschriften der §§ 16 bis 25 der Genehmigung bedarf, der Ortspolizeibehörde angezeigt werden. Letztere hat, wenn in der Nähe der gewählten Betriebsstätte Kirchen, Schulen oder andere öffentliche Gebäude, Krankenhäuser oder Heilanstalten vorhanden sind, deren bestimmungsmäßige Benutzung durch den Gewerbebetrieb auf dieser Stelle eine erhebliche Störung erleiden würde, die Entscheidung der höheren Verwaltungsbehörde darüber einzuholen, ob die Ausübung des Gewerbes an der gewählten Betriebsstätte zu untersagen oder nur unter Bedingungen zu gestatten sei.

§ 28. Die höheren Verwaltungsbehörden sind befugt, über die Entfernung, welche bei Errichtung von durch Wind bewegten Triebwerken von benachbarten fremden Grundstücken und von öffentlichen Wegen inne zu halten ist, durch Polizeiverordnungen Bestimmung zu treffen.

2. **Gewerbetreibende, welche einer besonderen Genehmigung bedürfen.**

§ 29. Einer Approbation, welche auf Grund eines Nachweises der Befähigung ertheilt wird, bedürfen Apotheker und diejenigen Personen, welche sich als Aerzte (Wundärzte, Augenärzte, Geburtshelfer, Zahnärzte und Thierärzte) oder mit gleichbedeutenden Titeln bezeichnen oder seitens des Staates oder einer Gemeinde als solche anerkannt oder mit amtlichen Funktionen betraut werden sollen. Es darf die Approbation jedoch von der vorherigen akademischen Doktorpromotion nicht abhängig gemacht werden.

Der Bundesrath bezeichnet mit Rücksicht auf das vorhandene Bedürfniß in verschiedenen Theilen des Reichs die Behörden, welche für das ganze Reich gültige Approbationen zu ertheilen befugt sind, und erläßt die Vorschriften über den Nachweis der Befähigung. Die Namen der Approbirten werden von der Behörde, welche die Approbation ertheilt, in den vom Bundesrathe zu bestimmenden amtlichen Blättern veröffentlicht.

Personen, welche eine solche Approbation erlangt haben, sind innerhalb des Reichs in der Wahl des Ortes, wo sie ihr Gewerbe betreiben wollen, vorbehaltlich der Bestimmungen über die Errichtung und Verlegung von Apotheken (§ 6), nicht beschränkt.

Dem Bundesrathe bleibt vorbehalten, zu bestimmen, unter welchen Voraussetzungen Personen wegen wissenschaftlich erprobter Leistungen von der vorgeschriebenen Prüfung ausnahmsweise zu entbinden sind.

Personen, welche vor Verkündigung dieses Gesetzes in einem Bundesstaate die Berechtigung zum Gewerbebetriebe als Aerzte, Wundärzte, Zahnärzte, Geburtshelfer, Apotheker oder Thierärzte bereits erlangt haben, gelten als für das ganze Reich approbirt.

§ 30. Unternehmer von Privat-Kranken-, Privat-Entbindungs- und Privat-Irrenanstalten bedürfen einer Konzession der höheren Verwaltungsbehörde. Die Konzession ist nur dann zu versagen:

a) wenn Thatsachen vorliegen, welche die Unzuverlässigkeit des Unternehmers in Beziehung auf die Leitung oder Verwaltung der Anstalt darthun,

b) wenn nach den von dem Unternehmer einzureichenden Beschreibungen und Plänen die baulichen und die sonstigen technischen Einrichtungen der Anstalt den gesundheitspolizeilichen Anforderungen nicht entsprechen,

c) wenn die Anstalt nur in einem Theile eines auch von anderen Personen bewohnten Gebäudes untergebracht werden soll und durch ihren Betrieb für die Mitbewohner dieses Gebäudes erhebliche Nachtheile oder Gefahren hervorrufen kann,

d) wenn die Anstalt zur Aufnahme von Personen mit ansteckenden Krankheiten oder von Geisteskranken bestimmt ist und durch ihre örtliche Lage für die Besitzer oder Bewohner der benachbarten Grundstücke erhebliche Nachtheile oder Gefahren hervorrufen kann.

Vor Ertheilung der Konzession sind über die Fragen zu c und d die Ortspolizei- und die Gemeindebehörden zu hören.

Hebammen bedürfen eines Prüfungszeugnisses der nach den Landesgesetzen zuständigen Behörde.

§ 30a. Der Betrieb des Hufbeschlaggewerbes kann durch die Landesgesetzgebung von der Beibringung eines Prüfungszeugnisses abhängig gemacht werden. Das ertheilte Prüfungszeugniß gilt für den ganzen Umfang des Reichs.

§ 31. Seeschiffer, Seesteuerleute, Maschinisten der Seedampfschiffe und Lootsen müssen sich über den Besitz der erforderlichen Kenntnisse durch ein Befähigungszeugniß der zuständigen Verwaltungsbehörde ausweisen.

Der Bundesrath erläßt die Vorschriften über den Nachweis der Befähigung. Die auf Grund dieses Nachweises ertheilten Zeugnisse gelten für das ganze Reich, bei Lootsen für das im Zeugniß angeführte Fahrwasser.

Soweit in Betreff der Schiffer und Lootsen auf Strömen in Folge von Staatsverträgen besondere Anordnungen getroffen sind, behält es dabei sein Bewenden.

§ 32.[1]) Schauspielunternehmer bedürfen zum Betrieb ihres Gewerbes der Erlaubniß. Dieselbe gilt nur für das bei Ertheilung der Erlaubniß bezeichnete Unternehmen. Zum Betrieb eines anderen oder eines wesentlich veränderten Unternehmens bedarf es einer neuen Erlaubniß.

Die Erlaubniß ist zu versagen, wenn der Nachsuchende den Besitz der zu dem Unternehmen nöthigen Mittel nicht nachzuweisen vermag oder wenn die Behörde auf Grund von Thatsachen die Ueberzeugung gewinnt, daß derselbe die zu dem beabsichtigten Gewerbebetrieb erforderliche Zuverlässigkeit insbesondere in sittlicher, artistischer und finanzieller Hinsicht nicht besitzt.

§ 33. Wer Gastwirthschaft, Schankwirthschaft oder Kleinhandel mit Branntwein oder Spiritus betreiben will, bedarf dazu der Erlaubniß.

Diese Erlaubniß ist nur dann zu versagen:

1. wenn gegen den Nachsuchenden Thatsachen vorliegen, welche die Annahme rechtfertigen, daß er das Gewerbe zur Förderung der Völlerei, des verbotenen Spieles, der Hehlerei oder der Unsittlichkeit mißbrauchen werde;
2. wenn das zum Betriebe des Gewerbes bestimmte Lokal wegen seiner Beschaffenheit oder Lage den polizeilichen Anforderungen nicht genügt.

Die Landesregierungen sind befugt, außerdem zu bestimmen, daß

a) die Erlaubniß zum Ausschänken von Branntwein oder zum Kleinhandel mit Branntwein oder Spiritus allgemein,
b) die Erlaubniß zum Betriebe der Gastwirthschaft oder zum Ausschänken von Wein, Bier oder anderen, nicht unter a fallenden geistigen Getränken in Ortschaften mit weniger als 15000 Einwohnern,

---

[1]) Vergleiche hierzu den Artikel 22 des Gesetzes, betreffend die Abänderung der Gewerbeordnung, vom 6. August 1896 (Reichs-Gesetzbl S. 685):

Die Schauspielunternehmern zum Betrieb ihres Gewerbes bisher ertheilte Erlaubniß gilt nur für das beim Inkrafttreten dieses Gesetzes betriebene Unternehmen.

sowie in solchen Ortschaften mit einer größeren Einwohnerzahl, für welche dies durch Ortsstatut (§ 142) festgesetzt wird,

von dem Nachweis eines vorhandenen Bedürfnisses abhängig sein solle.

Vor Ertheilung der Erlaubniß ist die Ortspolizei- und die Gemeindebehörde gutachtlich zu hören.

Die vorstehenden Bestimmungen finden auf Vereine, welche den gemeinschaftlichen Einkauf von Lebens- und Wirthschaftsbedürfnissen im Großen und deren Absatz im Kleinen zum ausschließlichen oder hauptsächlichen Zwecke haben, einschließlich der bereits bestehenden, auch dann Anwendung, wenn der Betrieb auf den Kreis der Mitglieder beschränkt ist.

Die Landesregierungen können anordnen, daß die vorstehenden Bestimmungen, mit Ausnahme derjenigen im Abs. 3 unter b, auch auf andere Vereine, einschließlich der bereits bestehenden, selbst dann Anwendung finden, wenn der Betrieb auf den Kreis der Mitglieder beschränkt ist.

§ 33a. Wer gewerbsmäßig Singspiele, Gesangs- und deklamatorische Vorträge, Schaustellungen von Personen oder theatralische Vorstellungen, ohne daß ein höheres Interesse der Kunst oder Wissenschaft dabei obwaltet, in seinen Wirthschafts- oder sonstigen Räumen öffentlich veranstalten oder zu deren öffentlicher Veranstaltung seine Räume benutzen lassen will, bedarf zum Betriebe dieses Gewerbes der Erlaubniß ohne Rücksicht auf die etwa bereits erwirkte Erlaubniß zum Betriebe des Gewerbes als Schauspielunternehmer.

Die Erlaubniß ist nur dann zu versagen:

1. wenn gegen den Nachsuchenden Thatsachen vorliegen, welche die Annahme rechtfertigen, daß die beabsichtigten Veranstaltungen den Gesetzen oder guten Sitten zuwiderlaufen werden;
2. wenn das zum Betriebe des Gewerbes bestimmte Lokal wegen seiner Beschaffenheit oder Lage den polizeilichen Anforderungen nicht genügt;
3. wenn der den Verhältnissen des Gemeindebezirkes entsprechenden Anzahl von Personen die Erlaubniß bereits ertheilt ist.

Aus den unter Ziffer 1 angeführten Gründen kann die Erlaubniß zurückgenommen und Personen, welche vor dem Inkrafttreten dieses Gesetzes den Gewerbebetrieb begonnen haben, derselbe untersagt werden.

§ 33b. Wer gewerbsmäßig Musikaufführungen, Schaustellungen, theatralische Vorstellungen oder sonstige Lustbarkeiten, ohne daß ein höheres Interesse der Kunst oder Wissenschaft dabei obwaltet, von Haus zu Haus oder auf öffentlichen Wegen, Straßen, Plätzen darbieten will, bedarf der vorgängigen Erlaubniß der Ortspolizeibehörde.

§ 33c. Die Abhaltung von Tanzlustbarkeiten richtet sich nach den landesrechtlichen Bestimmungen.

§ 34. Wer das Geschäft eines Pfandleihers, Pfandvermittlers, Gesindevermiethers oder Stellenvermittlers betreiben will, bedarf dazu der Erlaubniß. Diese ist zu versagen, wenn Thatsachen vorliegen, welche die Unzuverlässigkeit des Nachsuchenden in Bezug auf den beabsichtigten Gewerbebetrieb darthun. Die Landesregierungen sind befugt, außerdem zu bestimmen, daß in Ortschaften, für welche dies durch Ortsstatut (§ 142) festgesetzt wird, die Erlaubniß zum Betriebe des Pfandleihgewerbes von dem Nachweis eines vorhandenen Bedürfnisses abhängig sein solle.

Als Pfandleihgewerbe gilt auch der gewerbsmäßige Ankauf beweglicher Sachen mit Gewährung des Rückkaufsrechts.

Die Landesgesetze können vorschreiben, daß zum Handel mit Giften und zum Betriebe des Lootsengewerbes besondere Genehmigung erforderlich ist, imgleichen, daß das Gewerbe der Markscheider nur von Personen betrieben werden darf, welche als solche geprüft und konzessionirt sind.

§ 35. Die Ertheilung von Tanz-, Turn- und Schwimmunterricht als Gewerbe, sowie der Betrieb von Badeanstalten ist zu untersagen, wenn Thatsachen vorliegen, welche die Unzuverlässigkeit des Gewerbetreibenden in Bezug auf diesen Gewerbebetrieb darthun.

Unter derselben Voraussetzung sind zu untersagen: der Trödelhandel (Handel mit gebrauchten Kleidern, gebrauchten Betten oder gebrauchter Wäsche, Kleinhandel mit altem Metallgeräthe, mit Metallbruch oder dergleichen) sowie der Kleinhandel mit Garnabfällen oder Dräumen von Seide, Wolle, Baumwolle oder Leinen, der Handel mit Dynamit oder anderen Sprengstoffen und der Handel mit Loosen von Lotterien und Ausspielungen, oder mit Bezugs- und Antheilsscheinen auf solche Loose.

Dasselbe gilt von der gewerbsmäßigen Besorgung fremder Rechtsangelegenheiten und bei Behörden wahrzunehmender Geschäfte, insbesondere der Abfassung der darauf bezüglichen schriftlichen Aufsätze, von der gewerbsmäßigen Auskunftertheilung über Vermögensverhältnisse oder persönliche Angelegenheiten, von dem gewerbsmäßigen Betriebe der Viehverstellung (Viehpacht), des Viehhandels und des Handels mit ländlichen Grundstücken, von dem Geschäfte der gewerbsmäßigen Vermittelungsagenten für Immobiliarverträge, Darlehen und Heirathen sowie vom Geschäfte eines Auktionators. Denjenigen, welche gewerbsmäßig das Geschäft eines Auktionators betreiben, ist es verboten, Immobilien zu versteigern, wenn sie nicht von den dazu befugten Staats- oder Kommunalbehörden oder Korporationen als solche angestellt sind (§ 36).

Der Handel mit Droguen und chemischen Präparaten, welche zu Heilzwecken dienen, ist zu untersagen, wenn die Handhabung des Gewerbebetriebs Leben und Gesundheit von Menschen gefährdet. Der Kleinhandel mit Bier kann untersagt werden, wenn der Gewerbetreibende wiederholt wegen Zuwiderhandlungen gegen die Vorschriften des § 33 bestraft ist.

Ist die Untersagung erfolgt, so kann die Landes-Zentralbehörde oder eine andere von ihr zu bestimmende Behörde die Wiederaufnahme des Gewerbebetriebs gestatten, sofern seit der Untersagung mindestens ein Jahr verflossen ist.

Personen, welche die in diesem Paragraphen bezeichneten Gewerbe beginnen, haben bei Eröffnung ihres Gewerbebetriebs der zuständigen Behörde hiervon Anzeige zu machen.

§ 36. Das Gewerbe der Feldmesser, Auktionatoren, Bücherrevisoren, derjenigen, welche den Feingehalt edler Metalle, oder die Beschaffenheit, Menge oder richtige Verpackung von Waaren irgend einer Art feststellen, der Güterbestätiger, Schaffer, Wäger, Messer, Bracker,

Schauer, Stauer u. s. w. darf zwar frei betrieben werden, es bleiben jedoch die verfassungsmäßig dazu befugten Staats- oder Kommunalbehörden oder Korporationen auch ferner berechtigt, Personen, welche diese Gewerbe betreiben wollen, auf die Beobachtung der bestehenden Vorschriften zu beeidigen und öffentlich anzustellen.

Die Bestimmungen der Gesetze, welche den Handlungen der genannten Gewerbetreibenden eine besondere Glaubwürdigkeit beilegen oder an diese Handlungen besondere rechtliche Wirkungen knüpfen, sind nur auf die von den verfassungsmäßig dazu befugten Staats- oder Kommunalbehörden oder Korporationen angestellten Personen zu beziehen.

§ 37. Der Regelung durch die Ortspolizeibehörde unterliegt die Unterhaltung des öffentlichen Verkehrs innerhalb der Orte durch Wagen aller Art, Gondeln, Sänften, Pferde und andere Transportmittel sowie das Gewerbe derjenigen Personen, welche auf öffentlichen Straßen oder Plätzen ihre Dienste anbieten.

§ 38. Die Zentralbehörden sind befugt, über den Umfang der Befugnisse und Verpflichtungen sowie über den Geschäftsbetrieb der Pfandleiher, Pfandvermittler, Gesindevermiether, Stellenvermittler und Auktionatoren, soweit darüber die Landesgesetze nicht Bestimmungen treffen, Vorschriften zu erlassen.

Die in dieser Beziehung hinsichtlich der Pfandleiher bestehenden landesgesetzlichen Bestimmungen finden auf den im § 34 Abs. 2 bezeichneten Geschäftsbetrieb Anwendung. Soweit es sich um diesen Geschäftsbetrieb handelt, gilt die Zahlung des Kaufpreises als Hingabe des Darlehens, der Unterschied zwischen dem Kaufpreis und dem verabredeten Rückkaufspreis als bedungene Vergütung für das Darlehen und die Uebergabe der Sache als Verpfändung derselben für das Darlehen.

Hinsichtlich der Gesindevermiether und Stellenvermittler sind die Zentralbehörden insbesondere befugt, die Ausübung des Gewerbes im Umherziehen sowie die gleichzeitige Ausübung des Gast- und Schankwirthschaftsgewerbes zu beschränken oder zu untersagen.

Die Zentralbehörden sind ferner befugt, Vorschriften darüber zu erlassen, in welcher Weise die im § 35 Abs. 2, 3 verzeichneten Gewerbetreibenden ihre Bücher zu führen und welcher polizeilichen Kontrole über den Umfang und die Art ihres Geschäftsbetriebs sie sich zu unterwerfen haben.

§ 39. Die Landesgesetze können die Einrichtung von Kehrbezirken für Schornsteinfeger gestatten. Jedoch ist, wo Kehrbezirke bestehen oder eingerichtet werden, die höhere Verwaltungsbehörde, soweit nicht Privatrechte entgegenstehen, befugt, die Kehrbezirke aufzuheben oder zu verändern, ohne daß deshalb den Bezirksschornsteinfegern ein Widerspruchsrecht oder ein Anspruch auf Entschädigung zusteht.

§ 40. Die in den §§ 29 bis 33a und im § 34 erwähnten Approbationen und Genehmigungen dürfen weder auf Zeit ertheilt, noch vorbehaltlich der Bestimmungen in den §§ 33a, 53 und 143 widerrufen werden.

Gegen Versagung der Genehmigung zum Betrieb eines der in den §§ 30, 30a, 32 bis 33a und 34, sowie gegen Untersagung des Betriebs der in den §§ 33a, 35 und 37 erwähnten Gewerbe ist der Rekurs zulässig. Wegen des Verfahrens und der Behörden gelten die Vorschriften der §§ 20 und 21.

III. Umfang, Ausübung und Verlust der Gewerbebefugnisse.

§ 41. Die Befugniß zum selbständigen Betrieb eines stehenden Gewerbes begreift das Recht in sich, in beliebiger Zahl Gesellen, Gehülfen, Arbeiter jeder Art und, soweit die Vorschriften des gegenwärtigen Gesetzes nicht entgegenstehen, Lehrlinge anzunehmen. In der Wahl des Arbeits- und Hülfspersonals finden keine anderen Beschränkungen statt, als die durch das gegenwärtige Gesetz festgestellten.

In Betreff der Berechtigung der Apotheker, Gehülfen und Lehrlinge anzunehmen, bewendet es bei den Bestimmungen der Landesgesetze.

§ 41a. Soweit nach den Bestimmungen der §§ 105b bis 105h Gehülfen, Lehrlinge und Arbeiter im Handelsgewerbe an Sonn- und Festtagen nicht beschäftigt werden dürfen, darf in offenen Verkaufsstellen ein Gewerbebetrieb an diesen Tagen nicht stattfinden. Diese Bestimmung findet auf den Geschäftsbetrieb von Konsum- und anderen Vereinen entsprechende Anwendung.

Weitergehenden landesgesetzlichen Beschränkungen des Gewerbebetriebs an Sonn- und Festtagen steht diese Bestimmung nicht entgegen.

§ 41b. Auf Antrag von mindestens zwei Dritteln der betheiligten Gewerbetreibenden kann für eine Gemeinde oder mehrere örtlich zusammenhängende Gemeinden durch die höhere Verwaltungsbehörde vorgeschrieben werden, daß an Sonn- und Festtagen in bestimmten Gewerben, deren vollständige oder theilweise Ausübung zur Befriedigung täglicher oder an diesen Tagen besonders hervortretender Bedürfnisse der Bevölkerung erforderlich ist, ein Betrieb nur insoweit stattfinden darf, als Ausnahmen von den im § 105b Abs. 1 getroffenen Bestimmungen zugelassen sind.

Der Bundesrath ist befugt, Bestimmungen darüber zu erlassen, welche Gewerbetreibende als betheiligt anzusehen sind und in welchem Verfahren die erforderliche Zahl von Gewerbetreibenden festzustellen ist.

§ 42. Wer zum selbständigen Betriebe eines stehenden Gewerbes befugt ist, darf dasselbe innerhalb und unbeschadet der Bestimmungen des dritten Titels auch außerhalb des Gemeindebezirkes seiner gewerblichen Niederlassung ausüben.

Eine gewerbliche Niederlassung gilt nicht als vorhanden, wenn der Gewerbetreibende im Inland ein zu dauerndem Gebrauch eingerichtetes, beständig oder doch in regelmäßiger Wiederkehr von ihm benutztes Lokal für den Betrieb seines Gewerbes nicht besitzt.

§ 42a. Gegenstände, welche von dem Ankauf oder Feilbieten im Umherziehen ausgeschlossen sind, dürfen auch innerhalb des Gemeindebezirkes des Wohnorts oder der gewerblichen Niederlassung von Haus zu Haus oder auf öffentlichen Wegen, Straßen, Plätzen oder an anderen öffentlichen

Orten nicht feilgeboten oder zum Wiederverkauf angekauft werden, mit Ausnahme von Bier und Wein in Fässern und Flaschen und vorbehaltlich des nach § 33 erlaubten Gewerbebetriebs.

Die zuständige Landesregierung ist befugt, soweit ein Bedürfniß dazu obwaltet, anzuordnen, daß und inwiefern weitere Ausnahmen von diesem Verbote stattfinden sollen.

Das Feilbieten geistiger Getränke kann von der Ortspolizeibehörde im Falle besonderen Bedürfnisses vorübergehend gestattet werden.

§ 42b. Durch die höhere Verwaltungsbehörde nach Anhörung der Gemeindebehörde oder durch Beschluß der Gemeindebehörde mit Genehmigung der höheren Verwaltungsbehörde kann für einzelne Gemeinden bestimmt werden, daß Personen, welche in dem Gemeindebezirk einen Wohnsitz oder eine gewerbliche Niederlassung besitzen und welche innerhalb des Gemeindebezirkes auf öffentlichen Wegen, Straßen, Plätzen oder an anderen öffentlichen Orten, oder ohne vorgängige Bestellung von Haus zu Haus

1. Waaren feilbieten, oder
2. Waaren bei anderen Personen als bei Kaufleuten oder solchen Personen, welche die Waaren produziren, oder an anderen Orten als in offenen Verkaufsstellen zum Wiederverkauf ankaufen, oder Waarenbestellungen bei Personen, in deren Gewerbebetriebe Waaren der angebotenen Art keine Verwendung finden, aufsuchen, oder
3. gewerbliche Leistungen, hinsichtlich deren dies nicht Landesgebrauch ist, anbieten wollen,

der Erlaubniß bedürfen. Diese Bestimmung kann auf einzelne Theile des Gemeindebezirkes sowie auf gewisse Gattungen von Waaren und Leistungen beschränkt werden.

Auf die Ertheilung, Versagung und Zurücknahme der Erlaubniß finden die Vorschriften der §§ 57 bis 58 und des § 63 Abs. 1, und auf die Ausübung des Gewerbebetriebs die Vorschriften der §§ 60b, 60c, des § 60d Abs. 1, 2 und des § 63 Abs. 2 entsprechende Anwendung.

In Betreff der im § 59 Ziffer 1 und 2 bezeichneten Erzeugnisse und Waaren, auch wenn dieselben nicht zu den selbstgewonnenen oder selbstverfertigten gehören, ferner in Betreff der Druckschriften, anderen Schriften und Bildwerke, insoweit der Gewerbebetrieb hiermit von Haus zu Haus stattfindet, sowie in Betreff der vom Bundesrath in Gemäßheit des § 44 Abs. 2 gestatteten Ausnahmen darf der betreffende Gewerbebetrieb in dem Gemeindebezirke des Wohnsitzes oder der gewerblichen Niederlassung von einer Erlaubniß nicht abhängig gemacht werden. In Betreff der im § 59 Ziffer 1 und 2 bezeichneten Erzeugnisse und Waaren kann jedoch der Gewerbebetrieb unter den im § 57 Ziffer 1 bis 4 erwähnten Voraussetzungen untersagt sowie nach Maßgabe des § 60b Abs. 2 und des § 60c Abs. 2 beschränkt und gemäß § 60b Abs. 3 verboten werden. Auf die Untersagung dieses Gewerbebetriebs finden die Vorschriften des § 63 Abs. 1, auf die Beschränkung desselben die Vorschriften des § 63 Abs. 2 entsprechende Anwendung.

Die höhere Verwaltungsbehörde ist befugt, die vom Bundesrathe gemäß § 56d getroffenen Bestimmungen auf diejenigen Ausländer entsprechend anzuwenden, welche innerhalb des Gemeindebezirkes ihres Wohnorts oder ihrer gewerblichen Niederlassung auf öffentlichen Wegen, Straßen, Plätzen oder an anderen öffentlichen Orten oder ohne vorgängige Bestellung von Haus zu Haus eins der unter Ziffer 1 bis 3 bezeichneten Gewerbe betreiben wollen.

Kinder unter vierzehn Jahren dürfen, auch wenn eine Bestimmung nach Abs. 1 nicht getroffen ist, auf öffentlichen Wegen, Straßen, Plätzen oder an öffentlichen Orten oder ohne vorgängige Bestellung von Haus zu Haus Gegenstände nicht feilbieten. In Orten, wo ein derartiges Feilbieten durch Kinder herkömmlich ist, darf die Ortspolizeibehörde ein solches für bestimmte Zeitabschnitte, welche in einem Kalenderjahre zusammen vier Wochen nicht überschreiten dürfen, gestatten.

§ 43. Wer gewerbsmäßig Druckschriften oder andere Schriften oder Bildwerke auf öffentlichen Wegen, Straßen, Plätzen oder an anderen öffentlichen Orten ausrufen, verkaufen, vertheilen, anheften oder anschlagen will, bedarf dazu einer Erlaubniß der Ortspolizeibehörde und hat den über diese Erlaubniß auszustellenden, auf seinen Namen lautenden Legitimationsschein bei sich zu führen.

Auf die Ertheilung und Versagung der Erlaubniß finden die Vorschriften des § 57 Ziffer 1, 2, 4, der §§ 57a, 57b Ziffer 1 und 2 und des § 63 Abs. 1 entsprechende Anwendung. Auf das bloße Anheften und Anschlagen findet der Versagungsgrund der abschreckenden Entstellung keine Anwendung.

Zur Vertheilung von Stimmzetteln und Druckschriften zu Wahlzwecken bei der Wahl zu gesetzgebenden Körperschaften ist eine polizeiliche Erlaubniß in der Zeit von der amtlichen Bekanntmachung des Wahltags bis zur Beendigung des Wahlakts nicht erforderlich.

Dasselbe gilt auch bezüglich der nichtgewerbsmäßigen Vertheilung von Stimmzetteln und Druckschriften zu Wahlzwecken.

In geschlossenen Räumen ist zur nichtgewerbsmäßigen Vertheilung von Druckschriften oder anderen Schriften oder Bildwerken eine Erlaubniß nicht erforderlich.

An die Stelle des im § 5 Abs. 1 des Preßgesetzes vom 7. Mai 1874 angezogenen § 57 der Gewerbeordnung treten die Bestimmungen des § 57 Ziffer 1, 2, 4, der §§ 57a, 57b Ziffer 1 und 2 des gegenwärtigen Gesetzes.

§ 44. Wer ein stehendes Gewerbe betreibt, ist befugt, auch außerhalb des Gemeindebezirkes seiner gewerblichen Niederlassung persönlich oder durch in seinem Dienste stehende Reisende für die Zwecke seines Gewerbebetriebs Waaren aufzukaufen und Bestellungen auf Waaren zu suchen.

Die aufgekauften Waaren dürfen nur behufs deren Beförderung nach dem Bestimmungsorte mitgeführt werden; von den Waaren, auf welche Bestellungen gesucht werden, dürfen nur Proben und Muster mitgeführt werden, soweit nicht der Bundesrath für bestimmte Waaren, welche im Verhältnisse zu ihrem Umfang einen hohen Werth haben und übungsgemäß an die Wiederverkäufer im Stücke abgesetzt werden, zum Zwecke des Absatzes an Personen, welche damit Handel treiben, Ausnahmen zuläßt.

Das Aufkaufen darf ferner nur bei Kaufleuten oder solchen Personen, welche die Waaren produziren, oder in offenen Verkaufsstellen erfolgen. Imgleichen darf das Aufsuchen von Bestellungen auf Waaren, mit Ausnahme von Druckschriften, anderen Schriften und Bildwerken und, soweit nicht der Bundesrath noch für andere Waaren oder Gegenden oder Gruppen von Gewerbetreibenden Ausnahmen zuläßt, ohne vorgängige ausdrückliche Aufforderung nur bei Kaufleuten in deren Geschäftsräumen, oder bei solchen Personen geschehen, in deren Geschäftsbetriebe Waaren der angebotenen Art Verwendung finden.

Hinsichtlich des Aufsuchens von Bestellungen auf Druckschriften, andere Schriften und Bildwerke finden die Vorschriften des § 56 Abs. 3 entsprechende Anwendung.

§ 44a. Wer in Gemäßheit des § 44 Waarenbestellungen aufsucht oder Waaren aufkauft, bedarf hierzu einer Legitimationskarte, welche auf den Antrag des Inhabers des stehenden Gewerbebetriebs von der für dessen Niederlassungsort zuständigen Verwaltungsbehörde für die Dauer des Kalenderjahrs und den Umfang des Reichs ausgestellt wird. Die Legitimationskarte enthält den Namen des Inhabers derselben, den Namen der Person oder der Firma, in deren Diensten er handelt, und die nähere Bezeichnung des Gewerbebetriebs.

Der Inhaber der Legitimationskarte ist verpflichtet, dieselbe während der Ausübung des Gewerbebetriebs bei sich zu führen, auf Erfordern der zuständigen Behörden oder Beamten vorzuzeigen und, sofern er hierzu nicht im Stande ist, auf deren Geheiß den Betrieb bis zur Herbeischaffung der Legitimationskarte einzustellen.

Die Legitimationskarte ist zu versagen, wenn bei demjenigen, für welchen sie beantragt wird, eine der im § 57 Ziffer 1 bis 4 bezeichneten Voraussetzungen zutrifft, außerdem darf sie nur dann versagt werden, wenn die im § 57b Ziffer 2 bezeichnete Voraussetzung vorliegt.

Die Legitimationskarte kann durch die Behörde, welche sie ausgestellt hat, zurückgenommen werden, wenn sich ergiebt, daß eine der im § 57 Ziffer 1 bis 4 bezeichneten Voraussetzungen zur Zeit der Ertheilung derselben vorhanden gewesen, der Behörde aber unbekannt geblieben, oder nach Ertheilung derselben eingetreten ist, oder wenn bei dem Geschäftsbetriebe die im § 44 gezogenen Schranken überschritten werden.

Wegen des Verfahrens gelten die Vorschriften des § 63 Abs. 1.

Einer Legitimationskarte bedürfen diejenigen Gewerbetreibenden nicht, welche durch die in den Zollvereins- oder Handelsverträgen vorgesehene Gewerbelegitimationskarte bereits legitimirt sind. In Betreff dieser Gewerbetreibenden finden die vorstehenden Bestimmungen über die Verpflichtung zum Mitführen der Legitimationskarte, über die Folgen der Nichterfüllung dieser Verpflichtung sowie über die Versagung- und Zurücknahme der Karte entsprechende Anwendung.

§ 45. Die Befugnisse zum stehenden Gewerbebetriebe können durch Stellvertreter ausgeübt werden; diese müssen jedoch den für das in Rede stehende Gewerbe insbesondere vorgeschriebenen Erfordernissen genügen.

§ 46. Nach dem Tode eines Gewerbetreibenden darf das Gewerbe für Rechnung der Wittwe während des Wittwenstandes, oder, wenn minderjährige Erben vorhanden sind, für deren Rechnung durch einen nach § 45 qualifizirten Stellvertreter betrieben werden, insofern die über den Betrieb einzelner Gewerbe bestehenden besonderen Vorschriften nicht ein Anderes anordnen. Dasselbe gilt während der Dauer einer Kuratel oder Nachlaßregulirung.

§ 47. Inwiefern für die nach den §§ 34 und 36 konzessionirten oder angestellten Personen eine Stellvertretung zulässig ist, hat in jedem einzelnen Falle die Behörde zu bestimmen, welcher die Konzessionirung oder Anstellung zusteht.

Dasselbe gilt in Beziehung auf diejenigen Schornsteinfeger, denen ein Kehrbezirk zugewiesen ist (§ 39).

§ 48. Realgewerbeberechtigungen können auf jede, nach den Vorschriften dieses Gesetzes zum Betriebe des Gewerbes befähigte Person in der Art übertragen werden, daß der Erwerber die Gewerbeberechtigung für eigene Rechnung ausüben darf.

§ 49. Bei Ertheilung der Genehmigung zu einer Anlage der in den §§ 16 und 24 bezeichneten Arten, imgleichen zur Anlegung von Privat-Kranken-, Privat-Entbindungs- und Privat-Irrenanstalten, zu Schauspielunternehmungen sowie zum Betriebe der im § 33 gedachten Gewerbe kann von der genehmigenden Behörde den Umständen nach eine Frist festgesetzt werden, binnen welcher die Anlage oder das Unternehmen bei Vermeidung des Erlöschens der Genehmigung begonnen und ausgeführt und der Gewerbebetrieb angefangen werden muß. Ist eine solche Frist nicht bestimmt, so erlischt die ertheilte Genehmigung, wenn der Inhaber nach Empfang derselben ein ganzes Jahr verstreichen läßt, ohne davon Gebrauch zu machen.

Eine Verlängerung der Frist kann von der Behörde bewilligt werden, sobald erhebliche Gründe nicht entgegenstehen.

Hat der Inhaber einer solchen Genehmigung seinen Gewerbebetrieb während eines Zeitraums von drei Jahren eingestellt, ohne eine Fristung nachgesucht und erhalten zu haben, so erlischt dieselbe.

Für die im § 16 aufgeführten Anlagen darf die nachgesuchte Fristung so lange nicht versagt werden, als wegen einer durch Erbfall oder Konkurserklärung entstandenen Ungewißheit über das Eigenthum an einer Anlage oder, in Folge höherer Gewalt, der Betrieb entweder gar nicht oder nur mit erheblichem Nachtheile für den Inhaber oder Eigenthümer der Anlage stattfinden kann.

Das Verfahren für die Fristung ist dasselbe wie für die Genehmigung neuer Anlagen.

§ 50. Auf die Inhaber der bereits vor dem Erscheinen des gegenwärtigen Gesetzes ertheilten Genehmigungen finden die im § 49 bestimmten Fristen ebenfalls Anwendung, jedoch mit der Maßgabe, daß diese Fristen von dem Tage der Verkündigung des Gesetzes an zu laufen anfangen.

§ 51. Wegen überwiegender Nachtheile und Gefahren für das Gemeinwohl kann die fernere Benutzung einer jeden gewerblichen Anlage durch die höhere Verwaltungsbehörde zu jeder Zeit untersagt werden. Doch muß dem Besitzer alsdann für den erweislichen Schaden Ersatz geleistet werden.

Gegen die untersagende Verfügung ist der Rekurs zulässig; wegen der Entschädigung steht der Rechtsweg offen.

§ 52. Die Bestimmung des § 51 findet auch auf die zur Zeit der Verkündigung des gegenwärtigen Gesetzes bereits vorhandenen gewerblichen Anlagen Anwendung; doch entspringt aus der Untersagung der ferneren Benutzung kein Anspruch auf Entschädigung, wenn bei der früher ertheilten Genehmigung ausdrücklich vorbehalten worden ist, dieselbe ohne Entschädigung zu widerrufen.

§ 53. Die in dem § 29 bezeichneten Approbationen können von der Verwaltungsbehörde nur dann zurückgenommen werden, wenn die Unrichtigkeit der Nachweise dargethan wird, auf Grund deren solche ertheilt worden sind, oder wenn dem Inhaber der Approbation die bürgerlichen Ehrenrechte aberkannt sind, im letzteren Falle jedoch nur für die Dauer des Ehrenverlustes.

Außer aus diesen Gründen können die in den §§ 30, 30a, 32, 33, 34 und 36 bezeichneten Genehmigungen und Bestallungen in gleicher Weise zurückgenommen werden, wenn aus Handlungen oder Unterlassungen des Inhabers der Mangel derjenigen Eigenschaften, welche bei der Ertheilung der Genehmigung oder Bestallung nach der Vorschrift dieses Gesetzes vorausgesetzt werden mußten, klar erhellt. Inwiefern durch die Handlungen oder Unterlassungen eine Strafe verwirkt ist, bleibt der richterlichen Entscheidung vorbehalten.

Pfandleihern, welche vor dem Inkrafttreten des Gesetzes vom 23. Juli 1879 (Reichs-Gesetzbl. S. 267) den Gewerbebetrieb begonnen haben, sowie Pfandvermittlern, Gesindevermiethern und Stellenvermittlern, welche vor dem 1. Oktober 1900 den Gewerbebetrieb begonnen haben, kann derselbe untersagt werden, wenn Thatsachen vorliegen, welche die Unzuverlässigkeit des Gewerbetreibenden in Bezug auf den Gewerbebetrieb darthun. Ist die Untersagung erfolgt, so kann die Landes-Zentralbehörde oder eine andere von ihr zu bestimmende Behörde die Wiederaufnahme des Gewerbebetriebs gestatten, sofern seit der Untersagung mindestens ein Jahr verflossen ist.

§ 54. Wegen des Verfahrens und der Behörden, welche in Bezug auf die untersagte Benutzung einer gewerblichen Anlage (§ 51), auf die Untersagung eines Gewerbebetriebs (§ 35), und die Zurücknahme einer Approbation, Genehmigung oder Bestallung (§§ 33a, 53) maßgebend sind, gelten die Vorschriften der §§ 20 und 21.

Titel III.

Gewerbebetrieb im Umherziehen.

§ 55. Wer außerhalb des Gemeindebezirkes seines Wohnorts oder der durch besondere Anordnung der höheren Verwaltungsbehörde dem

Gemeindebezirke des Wohnorts gleichgestellten nächsten Umgebung desselben ohne Begründung einer gewerblichen Niederlassung und ohne vorgängige Bestellung in eigener Person

1. Waaren feilbieten,
2. Waarenbestellungen aufsuchen oder Waaren bei anderen Personen als bei Kaufleuten, oder an anderen Orten als in offenen Verkaufsstellen zum Wiederverkauf ankaufen,
3. gewerbliche Leistungen anbieten,
4. Musikaufführungen, Schaustellungen, theatralische Vorstellungen oder sonstige Lustbarkeiten, ohne daß ein höheres Interesse der Kunst oder der Wissenschaft dabei obwaltet, darbieten will,

bedarf eines Wandergewerbescheins, soweit nicht für die in Ziffer 2 bezeichneten Fälle in Gemäßheit des § 44a eine Legitimationskarte genügt.

In dem Falle der Ziffer 4 ist auch für den Marktverkehr (§ 64) ein Wandergewerbeschein erforderlich.

§ 55a. An Sonn- und Festtagen (§ 105a Abs. 2) ist der Gewerbebetrieb im Umherziehen, soweit er unter § 55 Abs. 1 Ziffer 1 bis 3 fällt, sowie der Gewerbebetrieb der im § 42b bezeichneten Personen verboten.

Ausnahmen können von der unteren Verwaltungsbehörde zugelassen werden. Der Bundesrath ist ermächtigt, über die Voraussetzungen und Bedingungen, unter denen Ausnahmen zugelassen werden dürfen, Bestimmungen zu erlassen.

§ 56. Beschränkungen, vermöge deren gewisse Waaren von dem Feilhalten im stehenden Gewerbebetriebe ganz oder theilweise ausgeschlossen sind, gelten auch für deren Feilbieten im Umherziehen.

Ausgeschlossen vom Ankauf oder Feilbieten im Umherziehen sind:

1. geistige Getränke, soweit nicht das Feilbieten derselben von der Ortspolizeibehörde im Falle besonderen Bedürfnisses vorübergehend gestattet ist;
2. gebrauchte Kleider, gebrauchte Wäsche, gebrauchte Betten und gebrauchte Bettstücke, insbesondere Bettfedern, Menschenhaare, Garnabfälle, Enden und Dräumen von Seide, Wolle, Leinen oder Baumwolle;
3. Gold- und Silberwaaren, Bruchgold und Bruchsilber sowie Taschenuhren;
4. Spielkarten;
5. Staats- und sonstige Werthpapiere, Lotterieloose, Bezugs- und Antheilsscheine auf Werthpapiere und Lotterieloose;
6. explosive Stoffe, insbesondere Feuerwerkskörper, Schießpulver und Dynamit;
7. solche mineralische und andere Oele, welche leicht entzündlich sind, insbesondere Petroleum, sowie Spiritus;
8. Stoß-, Hieb- und Schußwaffen;
9. Gifte und gifthaltige Waaren, Arznei- und Geheimmittel sowie Bruchbänder;

10. Bäume aller Art, Sträucher, Schnitt-, Wurzel-Reben, Futtermittel und Sämereien, mit Ausnahme von Gemüse- und Blumensamen;
11. Schmucksachen, Bijouterien, Brillen und optische Instrumente.

Ausgeschlossen vom Feilbieten und Aufsuchen von Bestellungen im Umherziehen sind ferner:

12. Druckschriften, andere Schriften und Bildwerke, insofern sie in sittlicher oder religiöser Beziehung Aergerniß zu geben geeignet sind, oder mittelst Zusicherung von Prämien oder Gewinnen vertrieben werden, oder in Lieferungen erscheinen, wenn nicht der Gesammtpreis auf jeder einzelnen Lieferung an einer in die Augen fallenden Stelle bestimmt verzeichnet ist.

Wer Druckschriften, andere Schriften oder Bildwerke im Umherziehen feilbieten will, hat ein Verzeichniß derselben der zuständigen Verwaltungsbehörde seines Wohnorts zur Genehmigung vorzulegen. Die Genehmigung ist nur zu versagen, soweit das Verzeichniß Druckschriften, andere Schriften oder Bildwerke der vorbezeichneten Art enthält. Der Gewerbetreibende darf nur die in dem genehmigten Verzeichniß enthaltenen Druckschriften, anderen Schriften oder Bildwerke bei sich führen, und ist verpflichtet, das Verzeichniß während der Ausübung des Gewerbebetriebs bei sich zu führen, auf Erfordern der zuständigen Behörden oder Beamten vorzuzeigen und, sofern er hierzu nicht im Stande ist, auf deren Geheiß den Betrieb bis zur Herbeischaffung des Verzeichnisses einzustellen.

§ 56 a. Ausgeschlossen vom Gewerbebetrieb im Umherziehen sind ferner:

1. die Ausübung der Heilkunde, insoweit der Ausübende für dieselbe nicht approbirt ist;
2. das Aufsuchen sowie die Vermittelung von Darlehensgeschäften und von Rückkaufsgeschäften ohne vorgängige Bestellung, ferner das Aufsuchen von Bestellungen auf Staats- und sonstige Werthpapiere, Lotterieloose und Bezugs- und Antheilsscheine auf Werthpapiere und Lotterieloose;
3. das Aufsuchen von Bestellungen auf Branntwein und Spiritus bei Personen, in deren Gewerbebetriebe dieselben keine Verwendung finden;
4. das Feilbieten von Waaren sowie das Aufsuchen von Bestellungen auf Waaren, wenn solche gegen Theilzahlungen unter dem Vorbehalte veräußert werden, daß der Veräußerer wegen Nichterfüllung der dem Erwerber obliegenden Verpflichtungen von dem Vertrage zurücktreten kann (§§ 1 und 6 des Gesetzes, betreffend die Abzahlungsgeschäfte, vom 16. Mai 1894).

§ 56 b. Der Bundesrath ist befugt, soweit ein Bedürfniß obwaltet, anzuordnen, daß und inwiefern der Ankauf oder das Feilbieten von einzelnen der im § 56 Abs. 2 ausgeschlossenen Waaren im Umherziehen gestattet sein soll. Die gleiche Befugniß steht den Landesregierungen für ihr Gebiet oder Theile desselben hinsichtlich der im § 56 Abs. 2 Ziffer 10 bezeichneten Gegenstände zu.

Aus Gründen der öffentlichen Sicherheit sowie zur Abwehr oder Unterdrückung von Seuchen kann durch Beschluß des Bundesraths und in dringenden Fällen durch Anordnung des Reichskanzlers nach Einvernehmen mit dem Ausschusse des Bundesraths für Handel und Verkehr für den Umfang des Reichs oder für Theile desselben bestimmt werden, daß und inwiefern außer den in den §§ 56 und 56 a aufgeführten Gegenständen und Leistungen auch noch andere Gegenstände und Leistungen auf bestimmte Dauer von dem Gewerbebetriebe im Umherziehen ausgeschlossen sein sollen. Die Anordnung ist dem Reichstage sofort, oder, wenn derselbe nicht versammelt ist, bei seinem nächsten Zusammentritte mitzutheilen. Dieselbe ist außer Kraft zu setzen, wenn der Reichstag die Zustimmung nicht ertheilt.

Durch die Landesregierungen kann das Umherziehen mit Zuchthengsten zur Deckung von Stuten untersagt werden. Desgleichen kann zur Abwehr oder Unterdrückung von Seuchen der Handel mit Rindvieh, Schweinen, Schafen, Ziegen oder Geflügel im Umherziehen Beschränkungen unterworfen oder auf bestimmte Dauer untersagt werden.

§ 56 c. Das Feilbieten von Waaren im Umherziehen in der Art, daß dieselben versteigert oder im Wege des Glückspiels oder der Ausspielung (Lotterie) abgesetzt werden, ist nicht gestattet. Ausnahmen von diesem Verbote dürfen von der zuständigen Behörde zugelassen werden, hinsichtlich der Wanderversteigerungen jedoch nur bei Waaren, welche dem raschen Verderben ausgesetzt sind.

Oeffentliche Ankündigungen des Gewerbebetriebs dürfen nur unter dem Namen des Gewerbetreibenden mit Hinzufügung seines Wohnorts erlassen werden. Wird für den Gewerbebetrieb eine Verkaufsstelle benutzt, so muß an derselben in einer für Jedermann erkennbaren Weise ein den Namen und Wohnort des Gewerbetreibenden angebender Aushang angebracht werden. Dies gilt insbesondere von den Wanderlagern.

§ 56 d. Ausländern kann der Gewerbebetrieb im Umherziehen gestattet werden. Der Bundesrath ist befugt, die deshalb nöthigen Bestimmungen zu treffen.

§ 57. Der Wandergewerbeschein ist zu versagen:

1. wenn der Nachsuchende mit einer abschreckenden oder ansteckenden Krankheit behaftet oder in einer abschreckenden Weise entstellt ist;
2. wenn er unter Polizeiaufsicht steht;
3. wenn er wegen strafbarer Handlungen aus Gewinnsucht gegen das Eigenthum, gegen die Sittlichkeit, wegen vorsätzlicher Angriffe auf das Leben und die Gesundheit der Menschen, wegen Land- oder Hausfriedensbruchs, wegen Widerstandes gegen die Staatsgewalt, wegen vorsätzlicher Brandstiftung, wegen Zuwiderhandlungen gegen Verbote oder Sicherungsmaßregeln, betreffend Einführung oder Verbreitung ansteckender Krankheiten oder Viehseuchen, zu einer Freiheitsstrafe von mindestens drei Monaten verurtheilt ist, und seit Verbüßung der Strafe drei Jahre noch nicht verflossen sind;
4. wenn er wegen gewohnheitsmäßiger Arbeitsscheu, Bettelei, Landstreicherei, Trunksucht übel berüchtigt ist;
5. in dem Falle des § 55 Ziffer 4, sobald der den Verhältnissen des Verwaltungsbezirkes der zuständigen Verwaltungsbehörde entsprechenden

Anzahl von Personen Wandergewerbescheine ertheilt oder ausgedehnt sind (§ 60 Abs. 2).

§ 57 a. Der Wandergewerbeschein ist in der Regel zu versagen:

1. wenn der Nachsuchende das fünfundzwanzigste Lebensjahr noch nicht vollendet hat.

   Im Falle der Ziffer 1 ist dem Nachsuchenden der Wandergewerbeschein zu ertheilen, wenn er der Ernährer einer Familie ist und bereits vier Jahre im Wandergewerbe thätig gewesen ist;
2. wenn er blind, taub oder stumm ist, oder an Geistesschwäche leidet.

§ 57 b. Der Wandergewerbeschein darf außerdem nur dann versagt werden:

1. wenn der Nachsuchende im Inland einen festen Wohnsitz nicht hat;
2. wenn er wegen strafbarer Handlungen aus Gewinnsucht, gegen das Eigenthum, gegen die Sittlichkeit, wegen vorsätzlicher Angriffe auf das Leben und die Gesundheit der Menschen, wegen Hausfriedensbruchs, wegen Widerstandes gegen die Staatsgewalt, wegen vorsätzlicher Brandstiftung, wegen Zuwiderhandlungen gegen Verbote oder Sicherungsmaßregeln, betreffend Einführung oder Verbreitung ansteckender Krankheiten oder Viehseuchen, zu einer Freiheitsstrafe von mindestens einer Woche verurtheilt ist, und seit der Verbüßung der Strafe fünf Jahre noch nicht verflossen sind;
3. wenn er wegen Verletzung der auf den Gewerbebetrieb im Umherziehen bezüglichen Vorschriften im Laufe der letzten drei Jahre wiederholt bestraft ist;
4. wenn er ein oder mehrere Kinder besitzt, für deren Unterhalt und, sofern sie im schulpflichtigen Alter stehen, für deren Unterricht nicht genügend gesorgt ist.

§ 58. Der Wandergewerbeschein kann zurückgenommen werden, wenn sich ergiebt, daß eine der im § 57 Ziffer 1 bis 4, § 57a oder § 57b bezeichneten Voraussetzungen entweder zur Zeit der Ertheilung desselben bereits vorhanden gewesen, der Behörde aber unbekannt geblieben, oder erst nach Ertheilung des Scheines eingetreten ist.

§ 59. Eines Wandergewerbescheins bedarf nicht:

1. wer selbstgewonnene oder rohe Erzeugnisse der Land- und Forstwirthschaft, des Garten- und Obstbaues, der Geflügel- und Bienenzucht sowie selbstgewonnene Erzeugnisse der Jagd und Fischerei feilbietet;
2. wer in der Umgegend seines Wohnorts bis zu 15 Kilometer Entfernung von demselben selbstverfertigte Waaren, welche zu den Gegenständen des Wochenmarktverkehrs gehören, feilbietet oder gewerbliche Leistungen, hinsichtlich deren dies Landesgebrauch ist, anbietet;
3. wer selbstgewonnene Erzeugnisse oder selbstverfertigte Waaren, hinsichtlich deren dies Landesgebrauch ist, zu Wasser anfährt und von dem Fahrzeuge aus feilbietet;
4. wer bei öffentlichen Festen, Truppenzusammenziehungen oder anderen außergewöhnlichen Gelegenheiten mit Erlaubniß der Ortspolizeibehörde die von derselben zu bestimmenden Waaren feilbietet.

Die Landesregierungen können in weiterem Umfange den Gewerbebetrieb im Umherziehen mit Gegenständen des gemeinen Verbrauchs ohne Wandergewerbeschein innerhalb ihres Gebiets gestatten.

§ 59 a. In den Fällen des § 59 Ziffer 1 bis 3 kann der Gewerbebetrieb untersagt werden, wenn die Voraussetzungen des § 57 Ziffer 1 bis 4 vorliegen.

§ 60. Der Wandergewerbeschein wird für die Dauer des Kalenderjahrs ertheilt, er berechtigt den Inhaber, in dem ganzen Gebiete des Reichs das bezeichnete Gewerbe nach Entrichtung der darauf haftenden Landessteuern zu betreiben. Soweit nach § 56 Ziffer 1 das Feilbieten von geistigen Getränken im Falle besonderen Bedürfnisses vorübergehend gestattet wird, ist die räumliche und zeitliche Beschränkung dieser Erlaubniß im Wandergewerbeschein anzugeben.

Ein Wandergewerbeschein für den Betrieb der im § 55 Ziffer 4 bezeichneten Gewerbe gewährt die Befugniß zum Gewerbebetrieb in einem anderen als dem Bezirke derjenigen Verwaltungsbehörde, welche ihn ausgestellt hat, nur dann, wenn er auf den anderen Bezirk von dessen Verwaltungsbehörde ausgedehnt ist. Sowohl die Ausstellung als auch die Ausdehnung eines derartigen Wandergewerbescheins kann für eine kürzere Dauer, als das Kalenderjahr, oder für bestimmte Tage während des Kalenderjahrs erfolgen. Die Ausdehnung ist zu versagen, sobald für die den Verhältnissen des Bezirkes entsprechende Anzahl von Personen Wandergewerbescheine bereits ausgestellt oder ausgedehnt sind.

Die Verwaltungsbehörde kann die von ihr bewilligte Ausdehnung nach Maßgabe des § 58 zurücknehmen.

Der Wandergewerbeschein enthält die Personalbeschreibung des Inhabers und die nähere Bezeichnung des Geschäftsbetriebs. Das Formular der Wandergewerbescheine bestimmt der Bundesrath.

§ 60 a. Wer die im § 55 Ziffer 4 bezeichneten Gewerbe an einem Orte von Haus zu Haus oder auf öffentlichen Wegen, Straßen, Plätzen oder an anderen öffentlichen Orten ausüben will, bedarf der vorgängigen Erlaubniß der Ortspolizeibehörde.

§ 60 b. Minderjährigen Personen kann in dem Wandergewerbescheine die Beschränkung auferlegt werden, daß sie das Gewerbe nicht nach Sonnenuntergang, und minderjährigen Personen weiblichen Geschlechts kann außerdem die Beschränkung auferlegt werden, daß sie dasselbe nur auf öffentlichen Wegen, Straßen und Plätzen, nicht aber von Haus zu Haus betreiben dürfen.

Desgleichen kann von der Ortspolizeibehörde minderjährigen Personen verboten werden, daß sie innerhalb des Polizeibezirkes die im § 59 Ziffer 1 und 2 aufgeführten Gegenstände nach Sonnenuntergang, und minderjährigen Personen weiblichen Geschlechts, daß sie dieselben Gegenstände von Haus zu Haus feilbieten.

Das Feilbieten der im § 59 Ziffer 1 und 2 bezeichneten Gegenstände durch Kinder unter vierzehn Jahren kann von der Ortspolizeibehörde verboten werden.

§ 60c. Der Inhaber eines Wandergewerbescheins ist verpflichtet, diesen während der Ausübung des Gewerbebetriebs bei sich zu führen, auf Erfordern der zuständigen Behörden oder Beamten vorzuzeigen und, sofern er hierzu nicht im Stande ist, auf deren Geheiß den Betrieb bis zur Herbeischaffung des Wandergewerbescheins einzustellen. Auf gleiches Erfordern hat er die von ihm geführten Waaren vorzulegen.

Zum Zwecke des Gewerbebetriebs ist ohne vorgängige Erlaubniß der Eintritt in fremde Wohnungen sowie zur Nachtzeit das Betreten fremder Häuser und Gehöfte nicht gestattet.

Denselben Bestimmungen (Abs. 2) unterliegt das Feilbieten der im § 59 Ziffer 1 und 2 aufgeführten Gegenstände.

§ 60d. Der Wandergewerbeschein darf einem Anderen nicht zur Benutzung überlassen werden.

Wer für einen Anderen ein Gewerbe im Umherziehen zu betreiben beabsichtigt, unterliegt für seine Person den Bestimmungen dieses Gesetzes.

Wenn mehrere Personen die im § 55 Ziffer 4 bezeichneten Gewerbe in Gemeinschaft mit einander zu betreiben beabsichtigen, so kann auf ihren Antrag ein gemeinsamer Wandergewerbeschein für die Gesellschaft als solche ausgestellt werden, in welchem jedes einzelne Mitglied aufzuführen ist. Werden für die einzelnen Mitglieder besondere Wandergewerbescheine ausgestellt, so kann in die letzteren ein Vermerk aufgenommen werden, nach welchem dem Inhaber der Gewerbebetrieb nur im Verbande einer bestimmten Gesellschaft, oder einer Gesellschaft überhaupt, gestattet sein soll.

Umherziehenden Schauspielergesellschaften wird der Wandergewerbeschein nur dann ertheilt, wenn der Unternehmer die im § 32 vorgeschriebene Erlaubniß besitzt. In dem Wandergewerbescheine für den Unternehmer einer Schauspielergesellschaft ist ausdrücklich zu vermerken, daß der Gewerbetreibende als Unternehmer auftreten will.

§ 61. Die Ertheilung des Wandergewerbescheins erfolgt durch die für den Wohnort oder Aufenthaltsort des Nachsuchenden zuständige höhere Verwaltungsbehörde. Die Verwaltungsbehörde des Aufenthaltsorts kann den Nachsuchenden an die Behörde seines Wohnorts verweisen.

In dem Falle des § 55 Ziffer 4 erfolgt die Ertheilung des Wandergewerbescheins durch die höhere Verwaltungsbehörde, in deren Bezirke das Gewerbe betrieben werden soll.

Die Zurücknahme des Wandergewerbescheins erfolgt durch die für den Wohnort oder Aufenthaltsort des Inhabers zuständige höhere Verwaltungsbehörde.

§ 62. Wer beim Gewerbebetrieb im Umherziehen andere Personen von Ort zu Ort mit sich führen will, bedarf der Erlaubniß derjenigen Behörde, welche den Wandergewerbeschein ertheilt hat, oder in deren Bezirke sich der Nachsuchende befindet. Die Erlaubniß wird in dem Wandergewerbeschein unter näherer Bezeichnung dieser Personen vermerkt.

Die Erlaubniß ist zu versagen, insoweit bei ihnen eine der im § 57 bezeichneten Voraussetzungen zutrifft; außerdem darf dieselbe nur dann versagt werden, insoweit eine der im § 57a und § 57b bezeichneten

Voraussetzungen vorliegt. Die Zurücknahme der Erlaubniß erfolgt nach Maßgabe des § 58 durch eine für deren Ertheilung zuständige Behörde.

Die Mitführung von Kindern unter vierzehn Jahren zu gewerblichen Zwecken ist verboten.

Die Erlaubniß zur Mitführung von Kindern, welche schulpflichtig sind, ist zu versagen und die bereits ertheilte Erlaubniß zurückzunehmen, wenn nicht für einen ausreichenden Unterricht der Kinder gesorgt ist.

Die Erlaubniß zur Mitführung von Kindern unter vierzehn Jahren kann versagt und von der für die Ertheilung derselben zuständigen Behörde zurückgenommen werden. Dasselbe gilt von der Erlaubniß zur Mitführung von Personen anderen Geschlechts mit Ausnahme der Ehegatten und der über vierzehn Jahre alten eigenen Kinder und Enkel.

§ 63. Wird der Wandergewerbeschein versagt oder zurückgenommen oder wird die erfolgte Ausdehnung desselben zurückgenommen, so ist dies dem Betheiligten mittelst schriftlichen Bescheids unter Angabe der Gründe zu eröffnen. Gegen den Bescheid ist der Rekurs zulässig, jedoch ohne aufschiebende Wirkung. Wegen des Verfahrens und der Behörden gelten die Vorschriften der §§ 20 und 21. Dasselbe gilt von der Versagung der Genehmigung des Druckschriftenverzeichnisses (§ 56 Abs. 4), von der Untersagung des Gewerbebetriebs gemäß § 59a und der Versagung oder Zurücknahme der Erlaubniß in den Fällen des § 62 Abs. 2.

Die in Gemäßheit des § 57 Ziffer 5 erfolgte Versagung des Wandergewerbescheins sowie die auf Grund des § 60 Abs. 2, der §§ 60b und 62 Abs. 4, 5 getroffenen Verfügungen können nur im Wege der Beschwerde an die unmittelbar vorgesetzte Aufsichtsbehörde angefochten werden.

Titel IV.

Marktverkehr.

§ 64. Der Besuch der Messen, Jahr- und Wochenmärkte, sowie der Kauf und Verkauf auf denselben steht einem Jeden mit gleichen Befugnissen frei.

Wo jedoch nach der bisherigen Ortsgewohnheit gewisse Handwerkerwaaren, welche nicht zu den im § 66 bezeichneten Gegenständen gehören, nur von Bewohnern des Marktorts auf dem Wochenmarkte verkauft werden durften, kann die höhere Verwaltungsbehörde auf Antrag der Gemeindebehörde den einheimischen Verkäufern die Fortsetzung des herkömmlichen Wochenmarktverkehrs mit jenen Handwerkerwaaren gestatten, ohne auswärtige Verkäufer derselben Waaren auf dem Wochenmarkte zuzulassen.

Beschränkungen des Marktverkehrs der Ausländer als Erwiderung der im Auslande gegen Reichsangehörige angeordneten Beschränkungen bleiben dem Bundesrathe vorbehalten.

§ 65. Die Zahl, Zeit und Dauer der Messen, Jahr- und Wochenmärkte wird von der zuständigen Verwaltungsbehörde festgesetzt.

Dem Marktberechtigten steht gegen eine solche Anordnung kein Widerspruch zu; ein Entschädigungsanspruch gebührt demselben nur dann, wenn durch die Anordnung die Zahl der bis dahin abgehaltenen Märkte vermindert wird, und eine größere Zahl ausdrücklich und unwiderruflich verliehen war. Gemeinden, welche einen Entschädigungsanspruch geltend machen wollen, müssen außerdem nachweisen, daß ihr Recht auf einen speziellen lästigen Titel sich gründet.

§ 66. Gegenstände des Wochenmarktverkehrs sind:

1. rohe Naturerzeugnisse mit Ausschluß des größeren Viehes;
2. Fabrikate, deren Erzeugung mit der Land- und Forstwirthschaft, dem Garten- und Obstbau oder der Fischerei in unmittelbarer Verbindung steht, oder zu den Nebenbeschäftigungen der Landleute der Gegend gehört, oder durch Taglöhnerarbeit bewirkt wird, mit Ausschluß der geistigen Getränke;
3. frische Lebensmittel aller Art.

Die zuständige Verwaltungsbehörde ist auf Antrag der Gemeindebehörde befugt, zu bestimmen, welche Gegenstände außerdem nach Ortsgewohnheit und Bedürfniß in ihrem Bezirk überhaupt, oder an gewissen Orten zu den Wochenmarktartikeln gehören.

§ 67. Auf Jahrmärkten dürfen außer den im § 66 benannten Gegenständen Verzehrungsgegenstände und Fabrikate aller Art feilgehalten werden.

Zum Verkaufe von geistigen Getränken zum Genuß auf der Stelle bedarf es jedoch der Genehmigung der Ortspolizeibehörde.

§ 68. Der Marktverkehr darf in keinem Falle mit anderen als solchen Abgaben belastet werden, welche eine Vergütung für den überlassenen Raum und den Gebrauch von Buden und Geräthschaften bilden. In den Bestimmungen darüber, ob und in welchem Umfang Abgaben dieser Art erhoben werden dürfen, wird durch gegenwärtiges Gesetz nichts geändert. Ein Unterschied zwischen Einheimischen und Fremden bezüglich der Zahlung der Abgaben darf nicht stattfinden.

§ 69. In den Grenzen der Bestimmungen der §§ 65 bis 68 kann die Ortspolizeibehörde im Einverständnisse mit der Gemeindebehörde die Marktordnung nach dem örtlichen Bedürfnisse festsetzen, namentlich auch für das Feilbieten von gleichartigen Gegenständen den Platz, und für das Feilbieten im Umhertragen, mit oder ohne Ausruf, die Tageszeit und die Gattung der Waaren bestimmen.

§ 70. In Betreff der Märkte, welche bei besonderen Gelegenheiten oder für bestimmte Gattungen von Gegenständen gehalten werden, bewendet es bei den bestehenden Anordnungen.

Erweiterungen dieses Marktverkehrs können von der zuständigen Behörde mit Zustimmung der Gemeindebehörde angeordnet werden.

§ 71. Beschränkungen des Verkehrs mit den zu Messen und Märkten gebrachten, aber unverkauft gebliebenen Gegenständen werden hierdurch aufgehoben. Der Einzelverkauf solcher Gegenstände außer der Marktzeit ist jedoch nur unter denselben Bedingungen zuläßig, unter welchen derselbe statthaft sein würde, wenn die Gegenstände nicht auf den Markt gebracht wären.

Titel V.
Taxen.

§ 72. Polizeiliche Taxen sollen, soweit nicht ein Anderes nachstehend angeordnet worden, künftig nicht vorgeschrieben werden; da, wo sie gegenwärtig bestehen, sind sie in einer von der Ortspolizeibehörde zu bestimmenden, höchstens einjährigen Frist aufzuheben.

§ 73. Die Bäcker und die Verkäufer von Backwaaren können durch die Ortspolizeibehörde angehalten werden, die Preise und das Gewicht ihrer verschiedenen Backwaaren für gewisse von derselben zu bestimmende Zeiträume durch einen von außen sichtbaren Anschlag am Verkaufslokale zur Kenntniß des Publikums zu bringen.

Dieser Anschlag ist kostenfrei mit dem polizeilichen Stempel zu versehen und täglich während der Verkaufszeit auszuhängen.

§ 74. Wo der Verkauf von Backwaaren nur nach den von den Bäckern und Verkäufern an ihren Verkaufslokalen angeschlagenen Preisen erlaubt ist, kann die Ortspolizeibehörde die Bäcker und Verkäufer zugleich anhalten, im Verkaufslokal eine Waage mit den erforderlichen geaichten Gewichten aufzustellen und die Benutzung derselben zum Nachwiegen der verkauften Backwaaren zu gestatten.

§ 75. Die Gastwirthe können durch die Ortspolizeibehörde angehalten werden, das Verzeichniß der von ihnen gestellten Preise einzureichen und in den Gastzimmern anzuschlagen. Die Preise dürfen zwar jederzeit abgeändert werden, bleiben aber solange in Kraft, bis die Abänderung der Polizeibehörde angezeigt und das abgeänderte Verzeichniß in den Gastzimmern angeschlagen ist. Auf Beschwerden Reisender wegen Ueberschreitung der verzeichneten Preise steht der Ortspolizeibehörde eine vorläufige Entscheidung vorbehaltlich des Rechtswegs zu.

§ 75a. Die Gesindevermiether und Stellenvermittler sind verpflichtet, das Verzeichniß der von ihnen für ihre gewerblichen Leistungen aufgestellten Taxen der Ortspolizeibehörde einzureichen und in ihren Geschäftsräumen an einer in die Augen fallenden Stelle anzuschlagen. Diese Taxen dürfen zwar jederzeit abgeändert werden, bleiben aber solange in Kraft, bis die Abänderung der Polizeibehörde angezeigt und das abgeänderte Verzeichniß in den Geschäftsräumen angeschlagen ist.

Die Gesindevermiether und Stellenvermittler sind ferner verpflichtet, dem Stellesuchenden vor Abschluß des Vermittelungsgeschäfts die für ihn zur Anwendung kommende Taxe mitzutheilen.

§ 76. Die Ortspolizeibehörde ist in Uebereinstimmung mit der Gemeindebehörde befugt, für Lohnbediente und andere Personen, welche auf öffentlichen Straßen und Plätzen oder in Wirthshäusern ihre Dienste anbieten (§ 37), sowie für die Benutzung von Wagen, Pferden. Sänften, Gondeln und anderen Transportmitteln, welche öffentlich zum Gebrauch aufgestellt sind, Taxen festzusetzen.

§ 77. Ebenso können für Schornsteinfeger, wenn ihnen Bezirke ausschließlich zugewiesen sind, von der Ortspolizeibehörde, im Einverständnisse mit der Gemeindebehörde, oder, wenn der zugewiesene Bezirk mehr als eine Ortschaft umfaßt, von der unteren Verwaltungsbehörde Taxen aufgestellt werden.

§ 78. Hinsichtlich der Taxen für solche gewerbetreibende Personen, welche nach den Bestimmungen im § 36 von den Behörden zu beeidigen und anzustellen sind, wird durch das gegenwärtige Gesetz nichts geändert. Die nach § 36 zuständigen Behörden sind befugt, für diese Personen auch da Taxen einzuführen, wo dergleichen bisher nicht bestanden.

§ 79. Die in den §§ 73 bis 78 genannten Gewerbetreibenden sind berechtigt, die festgestellten Preise und Taxen zu ermäßigen.

§ 80. Die Taxen für die Apotheker können durch die Zentralbehörden festgesetzt werden, Ermäßigungen derselben durch freie Vereinbarungen sind jedoch zulässig.

Die Bezahlung der approbirten Aerzte u. s. w. (§ 29 Abs. 1) bleibt der Vereinbarung überlassen. Als Norm für streitige Fälle im Mangel einer Vereinbarung können jedoch für dieselben Taxen von den Zentralbehörden festgesetzt werden.

Titel VI.

Innungen, Innungsausschüsse, Handwerkskammern, Innungsverbände.

I. Innungen.

a. Allgemeine Vorschriften.

§ 81. Diejenigen, welche ein Gewerbe selbständig betreiben, können zur Förderung der gemeinsamen gewerblichen Interessen zu einer Innung zusammentreten.

§ 81 a. Aufgabe der Innungen ist:

1. die Pflege des Gemeingeistes sowie die Aufrechterhaltung und Stärkung der Standesehre unter den Innungsmitgliedern;
2. die Förderung eines gedeihlichen Verhältnisses zwischen Meistern und Gesellen (Gehülfen) sowie die Fürsorge für das Herbergswesen und den Arbeitsnachweis;
3. die nähere Regelung des Lehrlingswesens und die Fürsorge für die technische, gewerbliche und sittliche Ausbildung der Lehrlinge, vorbehaltlich der Bestimmungen der §§ 103 e, 126 bis 132 a;
4. die Entscheidung von Streitigkeiten der im § 3 des Gewerbegerichtsgesetzes vom 29. Juli 1890 (Reichs-Gesetzbl. S. 141) und im § 53 a des Krankenversicherungsgesetzes (Reichs-Gesetzbl. 1892 S. 379) bezeichneten Art zwischen den Innungsmitgliedern und ihren Lehrlingen.

§ 81 b. Die Innungen sind befugt, ihre Wirksamkeit auf andere, den Innungsmitgliedern gemeinsame gewerbliche Interessen als die im § 81 a bezeichneten auszudehnen. Insbesondere steht ihnen zu:

1. Veranstaltungen zur Förderung der gewerblichen, technischen und sittlichen Ausbildung der Meister, Gesellen (Gehülfen) und Lehrlinge zu treffen, insbesondere Schulen zu unterstützen, zu errichten und zu leiten,

sowie über die Benutzung und den Besuch der von ihnen errichteten Schulen Vorschriften zu erlassen;

2. Gesellen- und Meisterprüfungen zu veranstalten und über die Prüfungen Zeugnisse auszustellen;
3. zur Unterstützung ihrer Mitglieder und deren Angehörigen, ihrer Gesellen (Gehülfen), Lehrlinge und Arbeiter in Fällen der Krankheit, des Todes, der Arbeitsunfähigkeit oder sonstiger Bedürftigkeit Kassen zu errichten;
4. Schiedsgerichte zu errichten, welche berufen sind, Streitigkeiten der im § 3 des Gewerbegerichtsgesetzes und im § 53 a des Krankenversicherungsgesetzes bezeichneten Art zwischen den Innungsmitgliedern und ihren Gesellen (Gehülfen) und Arbeitern an Stelle der sonst zuständigen Behörden zu entscheiden;
5. zur Förderung des Gewerbebetriebs der Innungsmitglieder einen gemeinschaftlichen Geschäftsbetrieb einzurichten.

§ 82. Der Bezirk, für welchen eine Innung errichtet wird, soll in der Regel nicht über den Bezirk der höheren Verwaltungsbehörde, in welchem die Innung ihren Sitz nimmt, hinausgehen. Ausnahmen bedürfen der Genehmigung der Landes-Zentralbehörde.

Soll der Bezirk, für welchen eine Innung errichtet wird, über das Gebiet eines Bundesstaats hinaus erstreckt werden, so ist hierzu die Genehmigung der betheiligten Landes-Zentralbehörden erforderlich. Wird die Genehmigung ertheilt, so sind die den Behörden übertragenen Befugnisse, soweit nicht eine anderweite Vereinbarung getroffen wird, von den Behörden desjenigen Bundesstaats wahrzunehmen, in welchem die Innung ihren Sitz hat.

Bei der Errichtung ist der Innung ein Name zu geben, welcher von dem aller anderen, an demselben Orte oder in derselben Gemeinde befindlichen Innungen verschieden ist. Die landesüblichen Benennungen (Aemter, Gilden und dergleichen) können beibehalten werden.

§ 83. Die Aufgaben der Innung, die Einrichtung ihrer Verwaltung und die Rechtsverhältnisse ihrer Mitglieder sind, soweit das Gesetz nicht darüber bestimmt, durch das Statut zu regeln.

Dasselbe muß Bestimmung treffen über:

1. Namen, Sitz und Bezirk der Innung sowie die Gewerbszweige, für welche die Innung errichtet ist;
2. die Aufgaben der Innung sowie die dauernden Einrichtungen zur Erfüllung dieser Aufgaben, insbesondere hinsichtlich der Regelung des Lehrlingswesens;
3. Aufnahme, Austritt und Ausschließung der Mitglieder;
4. die Rechte und Pflichten der Mitglieder, insbesondere den Maßstab, nach welchem die Mitgliederbeiträge erhoben werden;
5. die Bildung des Vorstandes, den Umfang seiner Befugnisse und die Formen seiner Geschäftsführung;
6. die Zusammensetzung und Berufung der Innungsversammlung, das Stimmrecht in derselben, die Art der Beschlußfassung und, sofern

die Innungsversammlung aus Vertretern besteht (§ 92 Abs. 3), die Zahl und die Wahl der Vertreter;
7. die Beurkundung der Beschlüsse der Innungsversammlung und des Vorstandes;
8. die Aufstellung und Prüfung der Jahresrechnung;
9. die Bildung und die Geschäftsführung des Gesellenausschusses;
10. die Ueberwachung der Beobachtung der für die Beschäftigung der Gesellen (Gehülfen), Lehrlinge und Arbeiter, den Besuch der Fortbildungs- oder Fachschule und die Regelung des Lehrlingswesens erlassenen Bestimmungen;
11. die Bildung des Organs und das Verfahren zur Entscheidung der im § 81a Ziffer 4 bezeichneten Streitigkeiten;
12. die Voraussetzungen und die Form der Verhängung von Ordnungsstrafen;
13. die Voraussetzungen und die Form einer Abänderung des Statuts und den Erlaß und die Abänderung der Nebenstatuten;
14. die Voraussetzungen und die Form der Auflösung der Innung;
15. die öffentlichen Blätter, in welchen die Bekanntmachungen der Innung zu erfolgen haben.

Das Statut darf keine Bestimmung enthalten, welche mit den in diesem Gesetze bezeichneten Aufgaben der Innung nicht in Verbindung steht oder gesetzlichen Vorschriften zuwiderläuft.

Bestimmungen über Einrichtungen zur Erfüllung der im § 81b Ziffer 3, 4 und 5 bezeichneten Aufgaben dürfen nicht in das Innungsstatut aufgenommen werden.

§ 84. Das Innungsstatut bedarf der Genehmigung durch die höhere Verwaltungsbehörde desjenigen Bezirkes, in welchem die Innung ihren Sitz nimmt. Die Einreichung geschieht durch die Aufsichtsbehörde (§ 96).

Die Genehmigung ist zu versagen:
1. wenn das Innungsstatut den gesetzlichen Anforderungen nicht entspricht;
2. wenn die durch das Innungsstatut vorgesehene Begrenzung des Innungsbezirkes die nach § 82 Abs. 1 oder Abs. 2 erforderliche Genehmigung nicht erhalten hat.

Außerdem darf die Genehmigung nur versagt werden, wenn in dem durch das Innungsstatut vorgesehenen Innungsbezirke für die gleichen Gewerbe eine Innung bereits besteht.

In dem die Genehmigung versagenden Bescheide sind die Gründe anzugeben; gegen denselben findet der Rekurs statt; wegen des Verfahrens und der Behörden gelten die Vorschriften der §§ 20 und 21, soweit nicht landesgesetzlich das Verfahren in streitigen Verwaltungssachen Platz greift.

Abänderungen des Innungsstatuts unterliegen den gleichen Vorschriften.

§ 85. Soll in der Innung eine Einrichtung der im § 81b Ziffer 3, 4 und 5 vorgesehenen Art getroffen werden, so sind die dafür erforderlichen Bestimmungen in Nebenstatuten zusammenzufassen. Dieselben bedürfen der Genehmigung der höheren Verwaltungsbehörde. Vor der Genehmigung ist die Gemeindebehörde des Ortes, an welchem die Innung ihren Sitz hat, sowie die Aufsichtsbehörde zu hören. Die Genehmigung kann nach Ermessen unter Angabe der Gründe versagt werden. Gegen die Verfügung der höheren Verwaltungsbehörde steht den Betheiligten binnen vier Wochen die Beschwerde an die Landes-Zentralbehörde zu. Abänderungen der Nebenstatuten unterliegen den gleichen Vorschriften.

Ueber die Einnahmen und Ausgaben der im § 81 b Ziffer 3 und 5 bezeichneten Einrichtungen ist getrennt Rechnung zu führen und das hierfür bestimmte Vermögen gesondert von dem übrigen Innungsvermögen zu verwalten. Verwendungen für andere Zwecke dürfen aus demselben nicht gemacht werden. Die Gläubiger haben das Recht auf gesonderte Befriedigung aus dem getrennt verwalteten Vermögen.

§ 86. Die Innungen können unter ihrem Namen Rechte erwerben und Verbindlichkeiten eingehen, vor Gericht klagen und verklagt werden. Für ihre Verbindlichkeiten haftet den Gläubigern nur ihr Vermögen.

§ 87. Als Innungsmitglieder können nur aufgenommen werden:

1. diejenigen, welche ein Gewerbe, für welches die Innung errichtet ist, in dem Innungsbezirke selbständig betreiben;
2. diejenigen, welche in einem dem Gewerbe angehörenden Großbetrieb als Werkmeister oder in ähnlicher Stellung beschäftigt sind;
3. diejenigen, welche in dem Gewerbe als selbständige Gewerbetreibende oder als Werkmeister oder in ähnlicher Stellung thätig gewesen sind, diese Thätigkeit aber aufgegeben haben und eine andere gewerbliche Thätigkeit nicht ausüben;
4. die in landwirthschaftlichen oder gewerblichen Betrieben gegen Entgelt beschäftigten Handwerker.

Andere Personen können als Ehrenmitglieder aufgenommen werden.

Von der Ablegung einer Prüfung kann die Aufnahme nur abhängig gemacht werden, wenn Art und Umfang derselben durch das Statut geregelt sind; die Prüfung darf nur den Nachweis der Befähigung zur selbständigen Ausführung der gewöhnlichen Arbeiten des Gewerbes bezwecken.

Ist die Aufnahme von der Zurücklegung einer Lehrlings- oder Gesellenzeit oder von der Ablegung einer Prüfung abhängig gemacht, so ist eine Ausnahme von der Erfüllung dieser Anforderungen nur unter bestimmten, im Statute festgestellten Voraussetzungen zulässig. Von einem Aufnahmesuchenden, welcher bereits von einer anderen Innung desselben Gewerbes eine Aufnahmeprüfung bestanden hat, kann eine solche nicht nochmals verlangt werden.

Gewerbetreibenden, welche den gesetzlichen und statutarischen Anforderungen entsprechen, darf die Aufnahme in die Innung nicht versagt werden.

Von der Erfüllung der gesetzlichen und statutarischen Bedingungen kann zu Gunsten Einzelner nicht abgesehen werden.

§ 87 a. Der Austritt aus der Innung ist, wenn das Innungsstatut eine vorherige Anzeige darüber nicht verlangt, am Schlusse jedes Rechnungsjahrs gestattet. Eine Anzeige über den Austritt kann frühestens sechs Monate vor dem Letzteren verlangt werden.

Ausscheidende Mitglieder verlieren alle Ansprüche an das Innungsvermögen und, soweit nicht statutarisch abweichende Bestimmungen getroffen sind, an die von der Innung errichteten Nebenkassen; sie bleiben zur Zahlung derjenigen Beiträge verpflichtet, deren Umlegung am Tage ihres Austritts bereits erfolgt war. Vertragsmäßige Verbindlichkeiten, welche sie der Innung gegenüber eingegangen sind, werden durch den Austritt nicht berührt.

Wird nach dem Tode eines Innungsmitglieds dessen Gewerbe für Rechnung deren Wittwe oder minderjähriger Erben fortgesetzt, so gehen die Befugnisse und Obliegenheiten des Verstorbenen mit Ausnahme des Stimmrechts auf die Wittwe während des Wittwenstandes beziehungsweise auf die minderjährigen Erben für die Dauer der Minderjährigkeit über. Durch das Statut kann der Wittwe oder dem Stellvertreter das Stimmrecht eingeräumt werden.

§ 88. Den Innungsmitgliedern darf die Verpflichtung zu Handlungen oder Unterlassungen, welche mit den Aufgaben der Innung in keiner Verbindung stehen, nicht auferlegt werden.

Zu anderen Zwecken als der Erfüllung der statutarisch oder durch das Gesetz bestimmten Aufgaben der Innung sowie der Deckung der Kosten der Innungsverwaltung dürfen weder Beiträge von den Innungsmitgliedern oder von den Gesellen derselben erhoben werden, noch Verwendungen aus dem Vermögen der Innung erfolgen.

Die Innungen sind befugt, für die Benutzung der von ihnen getroffenen Einrichtungen, Fachschulen, Herbergen, Arbeitsnachweis und dergleichen Gebühren zu erheben.

§ 89. Die aus der Errichtung und der Thätigkeit der Innung und ihres Gesellenausschusses (§ 95) erwachsenden Kosten sind, soweit sie aus den Erträgen des vorhandenen Vermögens oder aus sonstigen Einnahmen keine Deckung finden, von den Innungsmitgliedern aufzubringen.

Die Verpflichtung zur Zahlung von Beiträgen beginnt mit dem Anfange des auf den Eintritt folgenden Monats.

Die auf Grund des Statuts oder der Nebenstatuten umgelegten Beiträge sowie die für die Benutzung der Innungseinrichtungen zu entrichtenden Gebühren (§ 88 Abs. 3) werden auf Antrag des Innungsvorstandes auf dem für die Beitreibung der Gemeindeabgaben landesrechtlich vorgesehenen Wege zwangsweise eingezogen. Das Gleiche gilt für die Einziehung von Ordnungsstrafen (§ 92 c).

Streitigkeiten wegen Entrichtung von Beiträgen und Gebühren entscheidet die Aufsichtsbehörde. Die Entscheidung kann binnen zwei Wochen durch Beschwerde bei der höheren Verwaltungsbehörde angefochten werden; diese entscheidet endgültig.

§ 89 a. Die Einnahmen und Ausgaben der Innung sind von allen ihren Zwecken fremden Vereinnahmungen und Verausgabungen getrennt festzustellen; ihre Bestände sind gesondert zu verwahren.

Die Bestände müssen in der durch die §§ 1807 und 1808 des Bürgerlichen Gesetzbuchs bezeichneten Weise angelegt werden. Sofern der Bezirk der Innung sich nicht über das Gebiet eines Bundesstaats hinaus erstreckt, kann die Anlegung auch in der nach Artikel 212 des Einführungsgesetzes zum Bürgerlichen Gesetzbuche zugelassenen Weise erfolgen.

Zeitweilig verfügbare Gelder dürfen mit Genehmigung der Aufsichtsbehörde auch in anderer als der durch die §§ 1807 und 1808 des Bürgerlichen Gesetzbuchs bezeichneten Weise vorübergehend angelegt werden.

Ueber die Aufbewahrung von Werthpapieren trifft die Aufsichtsbehörde Bestimmung.

§ 89 b. Die Innung bedarf der Genehmigung der Aufsichtsbehörde bei:

1. dem Erwerbe, der Veräußerung oder der dinglichen Belastung von Grundeigenthum;
2. Anleihen, sofern ihr Betrag nicht nur zur vorübergehenden Aushülfe dient und aus den Ueberschüssen der laufenden Einnahmen über die Ausgaben einer Voranschlagsperiode zurückerstattet werden kann;
3. der Veräußerung von Gegenständen, welche einen geschichtlichen, wissenschaftlichen oder Kunstwerth haben.

§ 90. Auf Innungs-Krankenkassen finden außer den Vorschriften des § 73 des Krankenversicherungsgesetzes auch die §§ 34 bis 38, 45 Abs. 5, § 47 Abs. 3 bis 6 des letzteren entsprechende Anwendung. Jedoch kann die Kassenverwaltung ausschließlich den Gesellen (Gehülfen) und Arbeitern übertragen, und unter der Voraussetzung, daß die Innungsmitglieder die Hälfte der Kassenbeiträge aus eigenen Mitteln bestreiten, beschlossen werden, daß der Vorsitzende sowie die Hälfte der Mitglieder des Vorstandes und der Generalversammlung von der Innung zu bestellen sind.

§ 91. Die auf Grund des § 81 b Ziffer 4 errichteten Innungsschiedsgerichte müssen mindestens aus einem Vorsitzenden und zwei Beisitzern bestehen.

Die Beisitzer und deren Stellvertreter sind zur Hälfte aus den Innungsmitgliedern, zur Hälfte aus den bei ihnen beschäftigten Gesellen (Gehülfen) und Arbeitern zu entnehmen. Die Ersteren sind von der Innungsversammlung, die Letzteren von den Gesellen (Gehülfen) und Arbeitern zu wählen. Auf das Wahlrecht finden die Vorschriften der §§ 10, 13 Abs. 1, § 14 Abs. 1 des Gewerbegerichtsgesetzes Anwendung.

Der Vorsitzende wird von der Aufsichtsbehörde bestimmt; er braucht der Innung nicht anzugehören.

Die Beisitzer erhalten für jede Sitzung, welcher sie beigewohnt haben, Vergütung der baaren Auslagen und eine Entschädigung für Zeitversäumniß; die Höhe der letzteren und der Betrag der dem Vorsitzenden zu gewährenden Vergütung sind im Nebenstatute festzusetzen.

Sind Wahlen nicht zu Stande gekommen, oder verweigern die Gewählten die Dienstleistung, so hat die Aufsichtsbehörde die Beisitzer aus der Zahl der wählbaren Innungsmitglieder, Gesellen (Gehülfen) und Arbeiter zu ernennen.

Die Anberaumung des ersten Termins soll innerhalb acht Tagen nach Eingang der Klage erfolgen und die Entscheidung nach Möglichkeit beschleunigt werden. Wird die achttägige Frist nicht innegehalten, so kann der Kläger verlangen, daß statt des Innungsschiedsgerichts an den Orten, wo Gewerbegerichte bestehen, diese und, wo solche nicht bestehen, die ordentlichen Gerichte entscheiden. Dies Verlangen ist dem darnach zuständigen Gewerbegericht oder ordentlichen Gericht und dem Innungsschiedsgerichte schriftlich mitzutheilen.

§ 91a. Erfolgt durch das Innungsschiedsgericht eine Verurtheilung auf Vornahme einer Handlung, so ist der Beklagte zugleich auf Antrag des Klägers für den Fall, daß die Handlung nicht binnen einer zu bestimmenden Frist vorgenommen wird, zur Zahlung einer nach dem Ermessen des Gerichts festzusetzenden Entschädigung zu verurtheilen. In diesem Falle ist die Zwangsvollstreckung gemäß §§ 887 und 888 der Civilprozeßordnung ausgeschlossen.

§ 91b. Die Entscheidungen der Innung (§ 81a Ziffer 4) und der Innungsschiedsgerichte (§ 81b Ziffer 4) sind schriftlich abzufassen; sie gehen in Rechtskraft über, wenn nicht binnen einer Nothfrist von einem Monat eine Partei Klage bei dem ordentlichen Gericht erhebt. Die Frist beginnt gegen eine bei der Verkündigung nicht anwesende Partei mit der Behändigung der Entscheidung.

Aus Vergleichen, welche nach Erhebung der Klage vor der Innung oder dem Innungsschiedsgerichte geschlossen sind, findet die Zwangsvollstreckung statt.

Die Entscheidungen können von Amtswegen für vorläufig vollstreckbar erklärt werden, wenn sie die im § 3 Ziffer 1 des Gewerbegerichtsgesetzes bezeichneten Streitigkeiten betreffen, oder der Gegenstand der Verurtheilung an Geld oder Geldeswerth die Summe von einhundert Mark nicht übersteigt.

Die vorläufige Vollstreckbarkeit ist nicht auszusprechen, wenn glaubhaft gemacht wird, daß die Vollstreckung dem Schuldner einen nicht zu ersetzenden Nachtheil bringen würde; auch kann sie von einer vorläufigen Sicherheitsleistung abhängig gemacht werden.

Die Vollstreckung erfolgt, sofern die Partei dies beantragt, auf Ersuchen der Innung oder des Innungsschiedsgerichts durch die Polizeibehörde nach Maßgabe der Vorschriften über das Verwaltungszwangsverfahren; wo ein solches Verfahren nicht besteht, finden die Bestimmungen über die Zwangsvollstreckung in bürgerlichen Rechtsstreitigkeiten Anwendung. Ein unmittelbarer Zwang zur Vornahme einer Handlung ist nur im Falle des § 127d zulässig.

Ist rechtzeitig Klage erhoben, so findet der § 707 der Civilprozeßordnung entsprechende Anwendung.

§ 92. Die Angelegenheiten der Innung werden von der Innungsversammlung und dem Vorstande wahrgenommen.

Zur Wahrnehmung einzelner Angelegenheiten können Ausschüsse gebildet werden.

Die Innungsversammlung besteht nach Bestimmung des Statuts

entweder aus allen Innungsmitgliedern oder aus Vertretern, welche von jenen aus ihrer Mitte gewählt werden.

Der Vorstand wird von der Innungsversammlung auf bestimmte Zeit mittelst geheimer Wahl gewählt. Die Wahl durch Zuruf ist zulässig, wenn Niemand widerspricht.

Die Wahlen der Vertreter und des Innungsvorstandes finden unter Leitung des Innungsvorstandes statt. Die erste Wahl nach Errichtung der Innung, sowie spätere Wahlen, bei denen ein Vorstand nicht vorhanden ist, werden von einem Beauftragten der Aufsichtsbehörde geleitet. Ueber die Wahlhandlung ist ein Protokoll aufzunehmen.

§ 92 a. Der Vorstand hat nach näherer Bestimmung des Statuts die laufende Verwaltung zu führen.

Er hat über jede Aenderung in seiner Zusammensetzung und über das Ergebniß jeder Wahl der Aufsichtsbehörde binnen einer Woche Anzeige zu erstatten. Ist die Anzeige nicht erfolgt, so kann die Aenderung dritten Personen nur dann entgegengehalten werden, wenn bewiesen wird, daß sie letzteren bekannt war.

§ 92 b. Die Innungen werden durch ihren Vorstand gerichtlich und außergerichtlich vertreten. Die Vertretung erstreckt sich auch auf diejenigen Geschäfte und Rechtshandlungen, für welche nach den Gesetzen eine Spezialvollmacht erforderlich ist. Durch das Statut kann einem Mitglied oder mehreren Mitgliedern des Vorstandes die Vertretung nach außen übertragen werden.

Zur Legitimation des Vorstandes genügt bei allen Rechtsgeschäften die Bescheinigung der Aufsichtsbehörde, daß die darin bezeichneten Personen zur Zeit den Vorstand bilden.

Die Mitglieder des Vorstandes haften für pflichtmäßige Verwaltung wie Vormünder ihren Mündeln.

§ 92 c. Der Vorstand ist berechtigt, über Innungsmitglieder bei Verstößen gegen statutarische Vorschriften Ordnungsstrafen, insbesondere Geldstrafen bis zum Betrage von zwanzig Mark zu verhängen. Ueber Beschwerden entscheidet die Aufsichtsbehörde. Der Betrag der Geldstrafen fließt in die Innungskasse.

§ 93. Die Innungsversammlung beschließt über alle Angelegenheiten der Innung, deren Wahrnehmung nicht nach Vorschrift des Gesetzes oder des Statuts dem Vorstand obliegt.

Der Innungsversammlung muß vorbehalten bleiben:

1. die Feststellung des Haushaltsplans;
2. die Prüfung und Abnahme der Jahresrechnung;
3. die Bewilligung von Ausgaben, welche im Haushaltsplane nicht vorgesehen sind;
4. die Verfolgung von Ansprüchen, welche der Innung gegen Vorstandsmitglieder aus deren Amtsführung erwachsen, durch Beauftragte;
5. der Erlaß von Vorschriften zur näheren Regelung des Lehrlingswesens;
6. die Beschlußfassung über:

a) den Erwerb, die Veräußerung oder die dingliche Belastung von Grundeigenthum;
b) die Veräußerung von Gegenständen, welche einen geschichtlichen, wissenschaftlichen oder Kunstwerth haben;
c) die Aufnahme von Anleihen;

7. die Wahl der Mitglieder der Organe zur Entscheidung der im § 81a Ziffer 4 und § 81b Ziffer 4 bezeichneten Streitigkeiten, soweit sie aus der Zahl der Innungsmitglieder zu entnehmen sind;
8. die Wahl der Mitglieder der Prüfungsausschüsse, soweit sie aus der Zahl der Innungsmitglieder zu entnehmen sind (§ 131a);
9. die Beschlußfassung über Abänderung des Statuts sowie über Errichtung und Abänderung von Nebenstatuten;
10. die Beschlußfassung über die Auflösung der Innung.

§ 93a. Berechtigt zur Wahl der Vertreter zur Innungsversammlung und stimmberechtigt in der Innungsversammlung sind nur die volljährigen Innungsmitglieder mit Ausnahme derjenigen, welche sich nicht im Besitze der bürgerlichen Ehrenrechte befinden oder durch gerichtliche Anordnung in der Verfügung über ihr Vermögen beschränkt sind.

Wählbar zu Mitgliedern des Vorstandes und der Ausschüsse sowie zu Mitgliedern des im § 83 Abs. 2 Ziffer 11 bezeichneten Organs sind nur solche wahlberechtigte Innungsmitglieder, welche zum Amte eines Schöffen fähig sind (§§ 31, 32 des Gerichtsverfassungsgesetzes).

Durch das Statut kann bestimmt werden, daß Innungsmitglieder, welche mit der Zahlung der Beiträge wiederholt im Rückstande geblieben sind, weder wahlberechtigt noch wählbar und von der Theilnahme an den Geschäften der Innung für gewisse Zeit ausgeschlossen sind.

In gleicher Weise kann bestimmt werden, daß Innungsmitglieder, welche sich nicht im Besitze der bürgerlichen Ehrenrechte befinden, oder durch gerichtliche Anordnung in der Verfügung über ihr Vermögen beschränkt sind, von der Theilnahme an den Geschäften der Innung ausgeschlossen sind.

§ 94. Beschwerden gegen die Rechtsgültigkeit der Wahlen sind nur binnen vier Wochen nach der Wahl zulässig. Sie werden durch die Aufsichtsbehörde endgültig entschieden. Dieselbe hat auf erhobene Beschwerde Wahlen, welche gegen das Gesetz oder auf Grund des Gesetzes erlassene Wahlvorschriften verstoßen, für ungültig zu erklären.

§ 94a. Die Mitglieder der Innungsvorstände, Prüfungsausschüsse und Gesellenausschüsse sowie der Organe zur Entscheidung der im § 81a Ziffer 4 bezeichneten Streitigkeiten verwalten ihr Amt als Ehrenamt unentgeltlich, doch kann ihnen nach näherer Bestimmung des Statuts Ersatz baarer Auslagen und eine Entschädigung für Zeitversäumniß gewährt werden.

Die Annahme der Wahl kann nur aus Gründen verweigert werden, aus denen die Wahl zum Beisitzer eines Gewerbegerichts (§ 18 des Gewerbegerichtsgesetzes) abgelehnt werden kann. Ablehnungsgründe des Gewählten sind nur zu berücksichtigen, wenn sie binnen zwei Wochen, nachdem der Gewählte von seiner Wahl in Kenntniß gesetzt ist, schriftlich geltend gemacht werden. Ueber den Ablehnungsantrag entscheidet die Aufsichtsbehörde endgültig. Diese Bestimmungen finden auf die Mitglieder der Innungsschiedsgerichte entsprechende Anwendung.

§ 94 b. Mitglieder der Innungsvorstände, der Ausschüsse der Innungen, der Gesellenausschüsse sowie der Organe zur Entscheidung der im § 81 a Ziffer 4 und § 81 b Ziffer 4 bezeichneten Streitigkeiten, hinsichtlich deren Umstände eintreten oder bekannt werden, welche die Wählbarkeit ausschließen, haben aus dem Amte auszuscheiden. Im Falle der Weigerung erfolgt die Enthebung des Betheiligten vom Amte durch die Aufsichtsbehörde nach Anhörung des Betheiligten und der Körperschaft, welcher er angehört. Gegen die Verfügung der Aufsichtsbehörde ist binnen vier Wochen die Beschwerde zulässig. Die Entscheidung über die Beschwerde ist endgültig.

§ 94 c. Die Innungen sind befugt, durch Beauftragte die Befolgung der gesetzlichen und statutarischen Vorschriften in den zur Innung gehörigen Betrieben zu überwachen und von der Einrichtung der Betriebsräume und der für die Unterkunft der Lehrlinge bestimmten Räume Kenntniß zu nehmen.

Die Verpflichteten haben den als solchen legitimirten Beauftragten der betheiligten Innungen auf Erfordern während der Betriebszeit den Zutritt zu den Werkstätten und Unterkunftsräumen sowie zu den sonst in Betracht kommenden Räumlichkeiten zu gestatten und ihnen Auskunft über alle Gegenstände zu geben, welche für die Erfüllung ihres Auftrags von Bedeutung sind; sie können hierzu auf Antrag der Beauftragten von der Ortspolizeibehörde angehalten werden.

Namen und Wohnsitz der Beauftragten sind von der Innung der Aufsichtsbehörde anzuzeigen.

Die Beauftragten sind verpflichtet, den im § 139 b bezeichneten Beamten auf Erfordern über ihre Ueberwachungsthätigkeit und deren Ergebnisse Mittheilung zu machen.

Befürchtet der Betriebsunternehmer von der Besichtigung des Betriebs durch den Beauftragten der Innung eine Schädigung seiner Geschäftsinteressen, so kann er die Besichtigung durch einen anderen Sachverständigen beanspruchen. In diesem Falle hat er dem Vorstande der Innung, sobald er den Namen des Beauftragten erfährt, eine entsprechende Mittheilung zu machen und einige geeignete Personen zu bezeichnen, welche auf seine Kosten die erforderlichen Besichtigungen vorzunehmen und dem Vorstande die erforderliche Auskunft über die vorgefundenen Verhältnisse zu geben bereit sind. In Ermangelung einer Verständigung zwischen dem Betriebsunternehmer und dem Vorstand entscheidet auf Ansuchen des letzteren die Aufsichtsbehörde.

Auf Räume, welche Bestandtheile landwirthschaftlicher oder fabrikmäßiger Betriebe sind, finden die vorstehenden Bestimmungen keine Anwendung.

§ 95. Die bei den Innungsmitgliedern beschäftigten Gesellen (Gehülfen) nehmen an der Erfüllung der Aufgaben der Innung und an ihrer Verwaltung Theil, soweit dies durch Gesetz oder Statut bestimmt ist. Sie wählen zu diesem Zwecke den Gesellenausschuß.

Der Gesellenausschuß ist bei der Regelung des Lehrlingswesens und bei der Gesellenprüfung sowie bei der Begründung und Verwaltung aller Einrichtungen zu betheiligen, für welche die Gesellen (Gehülfen) Beiträge entrichten oder eine besondere Mühewaltung übernehmen, oder welche zu ihrer Unterstützung bestimmt sind.

Die nähere Regelung dieser Betheiligung hat durch das Statut mit der Maßgabe zu erfolgen, daß

1. bei der Berathung und Beschlußfassung des Innungsvorstandes mindestens ein Mitglied des Gesellenausschusses mit vollem Stimmrechte zuzulassen ist;
2. bei der Berathung und Beschlußfassung der Innungsversammlung seine sämmtlichen Mitglieder mit vollem Stimmrechte zuzulassen sind;
3. bei der Verwaltung von Einrichtungen, für welche die Gesellen (Gehülfen) Aufwendungen zu machen haben, abgesehen von der Person des Vorsitzenden, Gesellen, welche vom Gesellenausschusse gewählt werden, in gleicher Zahl zu betheiligen sind wie die Innungsmitglieder.

Die Ausführung von Beschlüssen der Innungsversammlung in den im Abs. 2 bezeichneten Angelegenheiten darf nur mit Zustimmung des Gesellenausschusses erfolgen. Wird die Zustimmung versagt, so kann sie durch die Aufsichtsbehörde ergänzt werden.

§ 95 a. Zur Theilnahme an der Wahl des Gesellenausschusses sind die bei einem Innungsmitgliede beschäftigten volljährigen Gesellen (Gehülfen) berechtigt, welche sich im Besitze der bürgerlichen Ehrenrechte befinden.

Wählbar ist jeder wahlberechtigte Geselle, welcher zum Amte eines Schöffen fähig ist (§§ 31, 32 des Gerichtsverfassungsgesetzes).

Die Wahl zum Gesellenausschusse leitet ein Mitglied des Innungsvorstandes, wenn ein solches nicht vorhanden ist, ein Vertreter der Aufsichtsbehörde.

§ 95 b. Für die Mitglieder des Gesellenausschusses sind Ersatzmänner zu wählen, welche für dieselben in Behinderungsfällen oder im Falle des Ausscheidens für den Rest der Wahlperiode in der Reihenfolge der Wahl einzutreten haben. Wird dessenungeachtet der Gesellenausschuß nicht vollzählig, so hat er sich für den Rest der Wahlzeit durch Zuwahl zu ergänzen.

§ 95 c. Mitglieder des Gesellenausschusses behalten, auch wenn sie nicht mehr bei Innungsmitgliedern beschäftigt sind, solange sie im Bezirke der Innung verbleiben, die Mitgliedschaft noch während dreier Monate seit dem Austritt aus der Beschäftigung bei Innungsmitgliedern.

§ 96. Die Innungen unterliegen der Aufsicht der unteren Verwaltungsbehörde, in deren Bezirke sie ihren Sitz haben.

Die Aufsichtsbehörde überwacht insbesondere die Befolgung der gesetzlichen und statutarischen Vorschriften und kann sie durch Androhung,

Festsetzung und Vollstreckung von Ordnungsstrafen gegen die Inhaber der Innungsämter, gegen die Innungsmitglieder und gegen deren Gesellen, soweit diese an den Geschäften der Innung Theil nehmen, erzwingen. Die Geldstrafen fließen in die Innungskasse.

Die Aufsichtsbehörde ist befugt, der Innung, wenn sie es unterläßt, ihr zustehende Ansprüche geltend zu machen, einen Vertreter zur gerichtlichen Verfolgung der Angelegenheit zu bestellen.

Sie entscheidet Streitigkeiten über die Aufnahme und Ausschließung der Mitglieder, über die Wahlen zu den Innungsämtern sowie unbeschadet der Rechte Dritter über die Rechte und Pflichten der Inhaber dieser Aemter.

Sie hat das Recht, einen Vertreter zu den Prüfungen zu entsenden. Sie beruft und leitet die Innungsversammlung, wenn der Innungsvorstand dieselbe zu berufen sich weigert.

Ueber Abänderungen des Innungsstatuts oder der Nebenstatuten und über die Auflösung der Innung kann von der Innungsversammlung nur im Beisein eines Vertreters der Aufsichtsbehörde beschlossen werden.

Gegen die Anordnungen und Entscheidungen der Aufsichtsbehörde ist binnen vier Wochen die Beschwerde zulässig. Die Entscheidung über die Beschwerde ist endgültig.

§ 97. Die Schließung einer Innung kann erfolgen:

1. wenn sich ergiebt, daß nach § 84 die Genehmigung hätte versagt werden müssen und die erforderliche Aenderung des Statuts innerhalb einer zu setzenden Frist nicht bewirkt wird;
2. wenn die Innung wiederholter Aufforderung der Aufsichtsbehörde ungeachtet die Erfüllung der ihr durch § 81 a gesetzten Aufgaben vernachlässigt;
3. wenn die Innung sich gesetzwidriger Handlungen oder Unterlassungen schuldig macht, durch welche das Gemeinwohl gefährdet wird, oder wenn sie andere als die gesetzlich zulässigen Zwecke verfolgt;
4. wenn die Zahl ihrer Mitglieder so weit zurückgeht, daß die Erfüllung ihrer gesetzlichen Aufgaben dauernd gefährdet erscheint.

Die Schließung wird durch die höhere Verwaltungsbehörde ausgesprochen.

Gegen die die Schließung aussprechende Verfügung findet der Rekurs statt; wegen des Verfahrens und der Behörden gelten die Vorschriften der §§ 20 und 21, soweit nicht landesgesetzlich das Verfahren in streitigen Verwaltungssachen Platz greift.

Die Eröffnung des Konkursverfahrens über das Vermögen einer Innung hat die Schließung kraft Gesetzes zur Folge.

§ 98. Bei der Auflösung einer Innung wird die Abwickelung der Geschäfte, sofern die Innungsversammlung nicht anderweitig beschließt, durch den Vorstand unter Aufsicht der Aufsichtsbehörde vollzogen. Genügt der Vorstand seiner Verpflichtung nicht, oder tritt die Schließung der Innung ein, so erfolgt die Abwickelung der Geschäfte durch die Aufsichtsbehörde oder Beauftragte derselben.

Von dem Zeitpunkte der Auflösung oder Schließung ab bleiben die Innungsmitglieder noch für diejenigen Zahlungen verhaftet, zu welchen sie für den Fall eigenen Ausscheidens aus den Innungsverhältnissen verpflichtet sind.

Die höhere Verwaltungsbehörde ist befugt, den bisher mit der Innung verbunden gewesenen, nicht unter § 73 des Krankenversicherungsgesetzes fallenden Unterstützungskassen nach der Auflösung oder Schließung der Innung Korporationsrechte zu verleihen; in diesem Falle verbleiben den Kassen ihre bisherigen Bestände.

§ 98 a. Das bei der Auflösung oder Schließung vorhandene Vermögen ist zunächst zur Berichtigung der vorhandenen Schulden und zur Erfüllung der sonstigen Verpflichtungen der Innung zu verwenden.

Eine Vertheilung des hiernach verbleibenden Reinvermögens unter die Mitglieder kann die Innung nur soweit beschließen, als dasselbe aus Beiträgen dieser Mitglieder entstanden ist. Keinem Anspruchsberechtigten darf mehr als der Gesammtbetrag der von ihm geleisteten Beiträge ausgezahlt werden.

Der Rest des Vermögens wird, sofern in dem Statut oder in den Landesgesetzen nicht ein Anderes ausdrücklich bestimmt ist, der Gemeinde, in welcher die Innung ihren Sitz hatte, zur Benutzung für gewerbliche Zwecke überwiesen.

Streitigkeiten zwischen der Gemeinde und der Innung, welche bei der Ausführung der vorstehenden Bestimmungen entstehen, entscheidet die höhere Verwaltungsbehörde.

§ 99. Die Statuten und Nebenstatuten der Innungen, die Bescheinigung über die Legitimation der Vorstände sowie die Ausfertigung der Vollmachten der Beauftragten sind kosten- und stempelfrei.

b. Zwangsinnungen.

§ 100. Zur Wahrung der gemeinsamen gewerblichen Interessen der Handwerke gleicher oder verwandter Art ist durch die höhere Verwaltungsbehörde auf Antrag Betheiligter (§ 100f Abs. 1) anzuordnen, daß innerhalb eines bestimmten Bezirkes sämmtliche Gewerbetreibende, welche das gleiche Handwerk oder verwandte Handwerke ausüben, einer neu zu errichtenden Innung (Zwangsinnung) als Mitglieder anzugehören haben, wenn

1. die Mehrheit der betheiligten Gewerbetreibenden der Einführung des Beitrittszwanges zustimmt,
2. der Bezirk der Innung so abgegrenzt ist, daß kein Mitglied durch die Entfernung seines Wohnorts vom Sitze der Innung behindert wird, am Genossenschaftsleben Theil zu nehmen und die Innungseinrichtungen zu benutzen, und
3. die Zahl der im Bezirke vorhandenen betheiligten Handwerker zur Bildung einer leistungsfähigen Innung ausreicht.

Der Antrag kann auch darauf gerichtet werden, die im Abs. 1 bezeichnete Anordnung nur für diejenigen daselbst bezeichneten Gewerbetreibenden zu erlassen, welche der Regel nach Gesellen oder Lehrlinge halten.

Der Antrag kann von einer für das betreffende Handwerk bestehenden Innung oder von Handwerkern gestellt werden, welche zu einer neuen Innung zusammentreten wollen.

Ohne Herbeiführung einer Abstimmung (§ 100a) kann der Antrag abgelehnt werden, wenn die Antragsteller einen verhältnißmäßig nur kleinen Bruchtheil der betheiligten Handwerker bilden, oder ein gleicher Antrag bei einer innerhalb der letzten drei Jahre stattgefundenen Abstimmung von der Mehrheit der Betheiligten abgelehnt worden ist, oder durch andere Einrichtungen als diejenige einer Innung für die Wahrnehmung der gemeinsamen gewerblichen Interessen der betheiligten Handwerke ausreichende Fürsorge getroffen ist.

§ 100a. Um festzustellen, ob die Mehrheit zustimmt (§ 100 Abs. 1 Ziffer 1), hat die höhere Verwaltungsbehörde die betheiligten Gewerbetreibenden durch ortsübliche Bekanntmachung oder besondere Mittheilung zu einer Aeußerung für oder gegen die Einführung des Beitrittszwanges aufzufordern. Bei der Abstimmung entscheidet die Mehrheit derjenigen, welche sich an derselben betheiligt haben.

§ 100b. Die Verfügung, durch welche die im § 100 Abs. 1 bezeichnete Anordnung getroffen wird, muß den Zeitpunkt des Eintritts ihrer Wirksamkeit bezeichnen und den Namen und den Sitz der Innung, die Abgrenzung ihres Bezirkes und die Bezeichnung derjenigen Gewerbe enthalten, für welche sie errichtet wird.

Die höhere Verwaltungsbehörde hat die Verfügung durch das zu ihren amtlichen Bekanntmachungen bestimmte Blatt zu veröffentlichen.

Gegen den Erlaß der Anordnung oder deren Versagung steht den betheiligten Gewerbetreibenden binnen vier Wochen die Beschwerde an die Landes-Zentralbehörde zu, welche endgültig entscheidet. Die Frist läuft im Falle des Erlasses der Anordnung vom Tage der Veröffentlichung, im Falle der Versagung vom Tage der Eröffnung des Bescheids ab.

Nach Erlaß der Anordnung sind die für die gleichen Gewerbszweige bestehenden Innungen, deren Sitz sich im Bezirke der Zwangsinnung befindet, zu schließen.

Innungen, welche außer diesen noch andere Gewerbszweige umfassen, bleiben bestehen. Diejenigen Mitglieder, welche der Zwangsinnung anzugehören haben, scheiden kraft Gesetzes aus der bisherigen Innung aus.

§ 100c. Auf Innungen, für welche die im § 100 bezeichnete Anordnung getroffen ist, finden die Vorschriften der §§ 81a bis 99 mit den aus den §§ 100d bis 100u sich ergebenden Aenderungen Anwendung.

§ 100d. Gegen die Versagung der Genehmigung des Innungsstatuts und seiner Abänderungen ist binnen vier Wochen die Beschwerde an die Landes-Zentralbehörde zulässig; diese entscheidet endgültig.

Wird die Genehmigung des Statuts wiederholt versagt, so hat die höhere Verwaltungsbehörde dasselbe mit rechtsverbindlicher Kraft zu erlassen.

Ergiebt sich, daß dem Statut oder seinen Abänderungen die Genehmigung hätte versagt werden müssen, so hat die höhere Verwaltungsbehörde die erforderliche Abänderung anzuordnen; der die Abänderung anordnende Bescheid kann auf dem im Abs. 1 bezeichneten Wege angefochten werden. Unterläßt die Innung, die endgültig angeordnete Abänderung zu beschließen, so hat die Aufsichtsbehörde die Beschlußfassung anzuordnen und, falls dieser Anordnung keine Folge gegeben wird, die erforderliche Abänderung des Statuts von Amtswegen mit rechtsverbindlicher Wirkung zu vollziehen.

§ 100e. Das Statut ist in geeigneter Weise zur Kenntniß der Betheiligten zu bringen.

§ 100f. Als Mitglieder gehören der Innung alle diejenigen an, welche das Gewerbe, wofür die Innung errichtet ist, als stehendes Gewerbe selbständig betreiben. Ausgenommen sind:

1. diejenigen, welche das Gewerbe fabrikmäßig betreiben;
2. im Falle die im § 100 Abs. 1 bezeichnete Anordnung nur für solche Gewerbetreibende getroffen worden ist, welche der Regel nach Gesellen oder Lehrlinge halten, diejenigen, welche der Regel nach weder Gesellen noch Lehrlinge halten.

Inwieweit Handwerker, welche in landwirthschaftlichen oder gewerblichen Betrieben gegen Entgelt beschäftigt sind und der Regel nach Gesellen oder Lehrlinge halten, sowie Hausgewerbetreibende der Innung anzugehören haben, wird mit Genehmigung der höheren Verwaltungsbehörde durch das Statut bestimmt. Vor der Genehmigung ist den bezeichneten Personen Gelegenheit zur Aeußerung zu geben.

Gewerbetreibende, welche mehrere Gewerbe betreiben, gehören derjenigen Innung als Mitglieder an, welche für das hauptsächlich von ihnen betriebene Gewerbe errichtet ist.

Die Mitgliedschaft beginnt für diejenigen, welche zur Zeit der Errichtung der Innung das Gewerbe betreiben, mit diesem Zeitpunkte, für diejenigen, welche den Betrieb des Gewerbes später beginnen, mit dem Zeitpunkte der Eröffnung des Betriebs.

§ 100g. Berechtigt, der für ihr Gewerbe errichteten Innung für ihre Person beizutreten, sind:

1. die im § 87 Abs. 1 Ziffer 2 und 3 bezeichneten Personen sowie die in landwirthschaftlichen oder gewerblichen Betrieben gegen Entgelt beschäftigten Handwerker, welche der Regel nach weder Gesellen noch Lehrlinge halten;
2. mit Zustimmung der Innungsversammlung diejenigen, welche das Gewerbe fabrikmäßig betreiben;
3. in dem Falle des § 100f Abs. 1 Ziffer 2 diejenigen Gewerbetreibenden, welche der Regel nach weder Gesellen noch Lehrlinge halten.

Die nähere Regelung der Rechte dieser Personen erfolgt durch das Statut.

Diesen Personen ist der Austritt aus der Innung am Schlusse jedes Rechnungsjahrs gestattet. Eine vorherige Anzeige kann frühestens sechs Monate vor dem Austritte verlangt werden.

§ 100h. Streitigkeiten darüber, ob Jemand der Innung als Mitglied angehört, sowie darüber, ob Jemand der Innung beizutreten berechtigt ist, entscheidet die Aufsichtsbehörde. Die Entscheidung kann binnen zwei Wochen durch Beschwerde bei der höheren Verwaltungsbehörde angefochten werden; diese entscheidet endgültig.

§ 100i. Die durch Errichtung der Innung erwachsenden Kosten sind auf Antrag der Betheiligten von der Landes-Zentralbehörde vorzuschießen.

§ 100k. Wird in Folge der Errichtung einer Zwangsinnung eine Innung geschlossen (§ 100b Abs. 4), so geht das Vermögen dieser Innung, vorbehaltlich der Bestimmungen der §§ 100l bis 100n, mit Rechten und Pflichten auf die Zwangsinnung mit der Maßgabe über, daß die letztere die daran zu machenden Forderungen nur soweit zu vertreten hat, als das Vermögen reicht.

Scheidet in Folge der Errichtung einer Zwangsinnung aus einer bestehenden Innung ein Theil der Mitglieder aus (§ 100b Abs. 5), so ist der Zwangsinnung ein entsprechender Theil des Vermögens zu überweisen. Dabei ist das Verhältniß der Zahl der ausscheidenden zu der Zahl der in der Innung verbleibenden Mitglieder zu berücksichtigen. Kommt hierüber eine Einigung unter den Innungen nicht zu Stande, so entscheidet die höhere Verwaltungsbehörde, welcher die bestehende Innung untersteht. Gegen die Entscheidung steht den Betheiligten binnen vier Wochen die Beschwerde an die Landes-Zentralbehörde zu. Diese entscheidet endgültig.

§ 100l. Wird in Folge der Errichtung einer Zwangsinnung eine Innung geschlossen (§ 100b Abs. 4), mit welcher eine Innungs-Krankenkasse (§ 73 des Krankenversicherungsgesetzes) verbunden ist, so geht die letztere mit ihren Rechten und Verbindlichkeiten auf die Zwangsinnung über.

Die Innungs-Krankenkasse kann jedoch von der höheren Verwaltungsbehörde geschlossen werden, wenn die Zwangsinnung einen anderen Bezirk oder andere Gewerbszweige umfaßt als diejenige Innung, für welche die Innungs-Krankenkasse errichtet war, oder in Folge der Errichtung der Zwangsinnung mehrere Innungen geschlossen werden, mit welchen Innungs-Krankenkassen verbunden sind. Gegen die Verfügung, durch welche die Kasse geschlossen wird, ist binnen vier Wochen die Beschwerde an die Landes-Zentralbehörde zulässig; diese entscheidet endgültig.

Wenn die Innungs-Krankenkasse auf die Zwangsinnung übergegangen ist, so werden die erforderlichen Abänderungen des Kassenstatuts bis zur anderweiten Beschlußfassung der Innungsversammlung von der höheren Verwaltungsbehörde mit rechtsverbindlicher Kraft vollzogen. Solange diese Abänderungen nicht vollzogen sind, haben die bisherigen Kassenorgane die Verwaltung fortzuführen.

Sind mit der Innung, welche in Folge der Errichtung einer Zwangsinnung geschlossen wird, sonstige Unterstützungskassen verbunden, so finden die §§ 98 und 98a Anwendung. Sofern nicht statutarische oder landesgesetzliche Bestimmungen entgegenstehen, kann die Zwangsinnung mit Zustimmung der Vertretung der Unterstützungskasse diese Kasse mit allen Rechten und Verbindlichkeiten übernehmen. In letzterem Falle bleiben die bisherigen Mitglieder dieser Kasse berechtigt, ihnen anzugehören, auch wenn sie der Zwangsinnung nicht angehören.

§ 100 m. Scheidet in Folge der Errichtung einer Zwangsinnung aus einer bestehenden Innung, mit welcher eine Innungs-Krankenkasse (§ 73 des Krankenversicherungsgesetzes) verbunden ist, ein Theil der Mitglieder aus (§ 100 b Abs. 5), so kann, wenn eine anderweite Einigung unter den Betheiligten nicht zu Stande kommt, derjenigen Krankenkasse oder Gemeinde-Krankenversicherung, welcher die bei den Ausscheidenden beschäftigten Personen künftig anzugehören haben, ein entsprechender Theil des Vermögens durch die höhere Verwaltungsbehörde überwiesen werden; dabei ist das Verhältniß der Zahl der Ausscheidenden zu der Zahl der in der Innung verbleibenden Mitglieder zu berücksichtigen. Gegen die Entscheidung steht den Betheiligten binnen vier Wochen die Beschwerde an die Landes-Zentralbehörde zu; diese entscheidet endgültig. Sonstigen Unterstützungskassen können die aus der Innung ausscheidenden Mitglieder auch ferner angehören.

§ 100 n. Zur Theilnahme an Unterstützungskassen, auf welche die Vorschriften des § 73 des Krankenversicherungsgesetzes keine Anwendung finden, dürfen Innungsmitglieder gegen ihren Willen nicht verpflichtet werden.

Gemeinsame Geschäftsbetriebe (§ 81 b Ziffer 5) dürfen von der Innung nicht errichtet werden; dagegen ist dieselbe befugt, Veranstaltungen zur Förderung der gemeinsamen, gewerblichen und wirthschaftlichen Interessen ihrer Mitglieder, wie die Errichtung von Vorschußkassen, gemeinsamen Ein- und Verkaufsgeschäften und dergleichen anzuregen und durch Aufwendungen aus dem angesammelten Vermögen zu unterstützen. Beiträge dürfen zu diesem Zwecke nicht erhoben werden.

Werden bei der Errichtung einer Zwangsinnung gemeinschaftliche Geschäftsbetriebe einer nach § 100 b Abs. 4 geschlossenen Innung binnen sechs Monaten nach der Veröffentlichung der im § 100 Abs. 1 bezeichneten Anordnung in Erwerbs- und Wirthschaftsgenossenschaften nach Maßgabe des Gesetzes vom 1. Mai 1889 (Reichs-Gesetzbl. S. 55 ff.) umgewandelt, so geht der für sie ausgesonderte Theil des Innungsvermögens auf die Genossenschaften mit Rechten und Pflichten über. Gemeinsame Geschäftsbetriebe, deren Erhaltung im öffentlichen Interesse wünschenswerth ist, können von der Zwangsinnung mit Genehmigung der höheren Verwaltungsbehörde beibehalten werden. Im Uebrigen sind solche Betriebe durch die höhere Verwaltungsbehörde aufzulösen; mit dem Vermögen ist nach Maßgabe der statutarischen Vorschriften zu verfahren.

§ 100 o. Die Innung hat über den zur Erfüllung ihrer gesetzlichen und statutarischen Aufgaben erforderlichen Kostenaufwand alljährlich einen Haushaltsplan aufzustellen. Der Haushaltsplan ist der Aufsichtsbehörde einzureichen. Dasselbe gilt von Beschlüssen über Aufwendungen für solche Zwecke, welche im Haushaltsplane nicht vorgesehen sind. Wird dem Haushaltsplan oder den bezeichneten Beschlüssen von einem Viertel der Innungsmitglieder widersprochen, so ist die Entscheidung der Aufsichtsbehörde einzuholen.

Die Jahresrechnungen sind der Aufsichtsbehörde einzureichen.

§ 100p. Die von der Innung gemäß § 93 Abs. 2 Ziffer 5 erlassenen Vorschriften zur näheren Regelung des Lehrlingswesens bedürfen der Genehmigung der höheren Verwaltungsbehörde. Diese hat vor der Beschlußfassung die Handwerkskammer zu hören.

§ 100q. Die Innung darf ihre Mitglieder in der Festsetzung der Preise ihrer Waaren oder Leistungen oder in der Annahme von Kunden nicht beschränken.

Entgegenstehende Beschlüsse sind ungültig.

§ 100r. Von den Mitgliedern des Vorstandes und der Ausschüsse müssen mindestens zwei Drittel das Recht zur Anleitung von Lehrlingen besitzen und der Regel nach Gesellen (Gehülfen) oder Lehrlinge beschäftigen. Die Mitglieder derjenigen Ausschüsse, welchen die Fürsorge für die Durchführung der auf die Regelung des Lehrlingswesens bezüglichen Bestimmungen obliegt, müssen sämmtlich diesen Anforderungen genügen.

Zur Theilnahme an den Geschäften der Innung, welche die Regelung des Lehrlingswesens und die Durchführung der hierüber erlassenen Bestimmungen zum Gegenstande haben, können nur solche Gesellen (Gehülfen) herangezogen werden, welche den Anforderungen des § 129 entsprechen, jedoch auch dann, wenn sie das vierundzwanzigste Lebensjahr noch nicht vollendet haben. Während der ersten sechs Jahre nach dem Inkrafttreten dieser Bestimmungen können auch Gesellen (Gehülfen), welche diesen Anforderungen nicht entsprechen, gewählt werden, wenn sie eine Lehrzeit von mindestens zwei Jahren zurückgelegt haben.

§ 100s. Für die Aufbringung der aus der Errichtung und Thätigkeit der Innung und des Gesellenausschusses erwachsenden Kosten (§ 89) ist der Beitragsfuß in der Weise im Statute festzusetzen, daß die Heranziehung der einzelnen Betriebe unter Berücksichtigung ihrer Leistungsfähigkeit zu erfolgen hat. Wo eine Gewerbesteuer erhoben wird, kann die Landes-Zentralbehörde genehmigen, daß die Beiträge durch Zuschläge zu dieser Steuer erhoben werden.

Durch Statut kann bestimmt werden, daß Innungsmitglieder, welche der Regel nach weder Gesellen noch Lehrlinge beschäftigen, von der Verpflichtung zur Zahlung von Beiträgen befreit oder mit geringeren Beiträgen, und Personen, welche der Innung freiwillig beitreten, nach festen Sätzen zu Beiträgen heranzuziehen sind.

Gewerbetreibende, welche neben dem Handwerke, hinsichtlich dessen sie der Innung angehören, noch ein anderes Handwerk oder ein Handelsgeschäft betreiben, sind zu den Beiträgen an die Innung nur nach dem Verhältnisse der Einnahmen aus dem zu der Innung gehörenden Handwerksbetrieb, und soweit die Beiträge durch Zuschläge zu der Gewerbesteuer erhoben werden, nur nach dem Verhältnisse der auf diesen Handwerksbetrieb treffenden Steuer heranzuziehen.

Den Gewerbesteuern im Sinne der Abs. 1, 3 stehen die Steuern auf das Einkommen aus Gewerben gleich.

Eintrittsgelder dürfen nicht erhoben werden.

Die Erhebung von Gebühren für die Benutzung der von der Innung getroffenen Einrichtungen (§ 88 Abs. 3) unterliegt der Genehmigung der Aufsichtsbehörde.

§ 100t. Die im § 100 Abs. 1 bezeichnete Anordnung ist von der höheren Verwaltungsbehörde zurückzunehmen, wenn dies auf Grund eines Beschlusses der Innungsversammlung beantragt wird. Zur Gültigkeit dieses Beschlusses ist erforderlich:

1. daß er von einem Viertel derjenigen Innungsmitglieder, welche der Innung anzugehören verpflichtet sind, bei dem Vorstande beantragt worden ist,
2. daß die Einladung zu der Innungsversammlung, in der die Abstimmung über den Antrag erfolgen soll, mindestens vier Wochen vorher ordnungsmäßig ergangen ist,
3. daß drei Viertel der in Ziffer 1 bezeichneten Innungsmitglieder dem Antrage zustimmen.

Waren in der Innungsversammlung, in welcher die Abstimmung über den Antrag erfolgen soll, weniger als drei Viertel der im Abs. 1 Ziffer 1 bezeichneten Innungsmitglieder erschienen, so ist zur Abstimmung über den Antrag binnen vier Wochen eine zweite Innungsversammlung einzuberufen, in welcher die Zurücknahme von drei Viertel der im Abs. 1 Ziffer 1 bezeichneten und erschienenen Mitglieder beschlossen werden kann. Auf diese Folge ist bei der Einberufung hinzuweisen.

Wird die Zurücknahme der Anordnung auf Grund eines gültigen Beschlusses beantragt, so ist die Innung spätestens mit dem Ablaufe des Rechnungsjahrs von der höheren Verwaltungsbehörde zu schließen.

Auf die Schließung finden die Bestimmungen der §§ 98 und 98a mit der Maßgabe entsprechende Anwendung, daß eine Vertheilung von Reinvermögen unter die bisherigen Mitglieder unstatthaft ist, und der Rest des Vermögens nach Bestimmung der Aufsichtsbehörde entweder den bei der Innung bisher vorhandenen Unterstützungskassen oder einer freien Innung, welche für die an der bisherigen Zwangsinnung betheiligten Gewerbszweige errichtet wird, oder der Handwerkskammer zu überweisen ist. Die Handwerkskammer hat über das Vermögen in einer den bisherigen Zwecken am meisten entsprechenden Weise zu verfügen. Die Verfügung bedarf der Genehmigung der höheren Verwaltungsbehörde.

Gegen die Verfügung der höheren Verwaltungsbehörde ist binnen zwei Wochen die Beschwerde an die Landes-Zentralbehörde zulässig. Diese entscheidet endgültig.

Wird die Innung aus einem der im § 97 bezeichneten Gründe geschlossen, so tritt die Anordnung außer Kraft.

§ 100u. Die Ausdehnung einer Zwangsinnung auf einen größeren Bezirk oder auf andere als die bereits einbezogenen, verwandte Gewerbszweige oder auf die Handwerker, die der Regel nach weder Gesellen noch Lehrlinge halten, ist von der höheren Verwaltungsbehörde anzuordnen, wenn die Innungsversammlung sie beschließt, die Mehrheit der in die Innung einzubeziehenden Gewerbetreibenden zustimmt, und die im § 100 Abs. 1 Ziffer 2 bezeichnete Voraussetzung im Falle dieser Ausdehnung noch zutrifft. Hierbei finden die §§ 100a, 100b, 100d, 100e, 100k bis 100n entsprechende Anwendung.

Die Ausscheidung eines Theiles des Bezirkes einer Zwangsinnung oder eines in diese einbezogenen Gewerbszweigs kann durch die höhere Verwaltungsbehörde verfügt werden, wenn die Ausscheidung zum Zwecke der Zuweisung der Auszuscheidenden zu einer anderen Zwangsinnung erfolgt, außerdem nur dann, wenn die Innungsversammlung oder die Mehrheit der auszuscheidenden Innungsmitglieder es beantragt. In letzterem Falle ist vor Erlaß der Verfügung die Innungsversammlung zu hören. Werden die Ausscheidenden Mitglieder einer anderen Innung, so finden hinsichtlich der vermögensrechtlichen Wirkungen der § 100k Abs. 2 und der § 100m entsprechende Anwendung.

Auf die nach Abs. 1 oder 2 ergehenden Verfügungen der höheren Verwaltungsbehörde finden die Bestimmungen des § 100b entsprechende Anwendung. Die erforderlichen Abänderungen des Statuts können von der höheren Verwaltungsbehörde angeordnet werden. In diesem Falle findet § 100d Abs. 3 Anwendung.

II. Innungsausschüsse.

§ 101. Für alle oder mehrere derselben Aufsichtsbehörde unterstehende Innungen kann ein gemeinsamer Innungsausschuß gebildet werden. Diesem liegt die Vertretung der gemeinsamen Interessen der betheiligten Innungen ob. Außerdem können ihm Rechte und Pflichten der betheiligten Innungen übertragen werden.

Die Errichtung des Innungsausschusses erfolgt durch ein Statut, welches von den Innungsversammlungen der betheiligten Innungen zu beschließen ist. Das Statut bedarf der Genehmigung der höheren Verwaltungsbehörde. In dem die Genehmigung versagenden Bescheide sind die Gründe anzugeben. Gegen die Versagung kann binnen vier Wochen Beschwerde an die Landes-Zentralbehörde eingelegt werden. Abänderungen des Statuts unterliegen den gleichen Vorschriften.

Durch die Landes-Zentralbehörde kann dem Innungsausschusse die Fähigkeit beigelegt werden, unter seinem Namen Rechte zu erwerben, Verbindlichkeiten einzugehen, vor Gericht zu klagen und verklagt zu werden. In solchem Falle haftet den Gläubigern für alle Verbindlichkeiten des Innungsausschusses nur das Vermögen desselben.

Auf die Beaufsichtigung der Innungsausschüsse finden die Bestimmungen des § 96 entsprechende Anwendung.

§ 102. Die Schließung eines Innungsausschusses kann erfolgen, wenn der Ausschuß seinen statutarischen Verpflichtungen nicht nachkommt oder wenn er Beschlüsse faßt, welche über seine statutarischen Rechte hinausgehen.

Die Schließung wird durch die höhere Verwaltungsbehörde ausgesprochen.

Gegen die die Schließung aussprechende Verfügung findet der Rekurs statt. Wegen des Verfahrens und der Behörden gelten die entsprechenden Bestimmungen des § 97 Abs. 3.

Die Eröffnung des Konkursverfahrens über das Vermögen eines Innungsausschusses hat die Schließung kraft Gesetzes zur Folge.

Vom Zeitpunkte der Auflösung oder Schließung eines Innungsausschusses ab bleiben die betheiligten Innungen noch für diejenigen Zahlungen verhaftet, zu welchen sie statutarisch für den Fall eigenen Ausscheidens aus dem Innungsausschusse verpflichtet sind.

Auf die Verwendung des Vermögens finden die Vorschriften des § 98 Abs. 1 und des § 98a entsprechende Anwendung.

Soweit das Statut nicht ein Anderes bestimmt, ist der Austritt aus dem Innungsausschusse jeder Innung mit Ablauf des Rechnungsjahrs gestattet, sofern die Anzeige des Austritts mindestens drei Monate vorher erfolgt.

III. Handwerkskammern.

§ 103. Zur Vertretung der Interessen des Handwerkes ihres Bezirkes sind Handwerkskammern zu errichten.

Die Errichtung erfolgt durch eine Verfügung der Landes-Zentralbehörde, in welcher der Bezirk der Handwerkskammer zu bestimmen ist. Dabei kann die Bildung von Abtheilungen für einzelne Theile des Bezirkes oder für Gewerbegruppen angeordnet werden.

Durch Verfügung der Landes-Zentralbehörde kann der Bezirk der Handwerkskammer abgeändert werden. In diesem Falle hat eine Vermögensauseinandersetzung unter entsprechender Anwendung des § 100k Abs. 2 zu erfolgen.

Mehrere Bundesstaaten können sich zur Errichtung gemeinsamer Handwerkskammern vereinigen. In diesem Falle sind die den Behörden übertragenen Befugnisse, soweit nicht eine anderweite Vereinbarung getroffen wird, von den Behörden desjenigen Bundesstaats wahrzunehmen, in welchem die Handwerkskammer ihren Sitz hat.

§ 103a. Die Zahl der Mitglieder der Handwerkskammer wird durch das Statut bestimmt.

Für die Mitglieder sind Ersatzmänner zu wählen, welche für dieselben in Behinderungsfällen und im Falle des Ausscheidens für den Rest der Wahlperiode in der Reihenfolge der Wahl einzutreten haben.

Die Mitglieder werden gewählt:

1. von den Handwerkerinnungen, welche im Bezirke der Handwerkskammer ihren Sitz haben, aus der Zahl der Innungsmitglieder;
2. von denjenigen Gewerbevereinen und sonstigen Vereinigungen, welche die Förderung der gewerblichen Interessen des Handwerkes verfolgen, mindestens zur Hälfte ihrer Mitglieder aus Handwerkern bestehen und im Bezirke der Handwerkskammer ihren Sitz haben, aus der Zahl ihrer Mitglieder, soweit denselben nach den Bestimmungen dieses Gesetzes die Wählbarkeit zusteht. Mitglieder, welche einer Innung angehören oder nicht Handwerker sind, dürfen an der Wahl nicht betheiligt werden.

Die Vertheilung der zu wählenden Mitglieder auf die Wahlkörper sowie das Wahlverfahren werden durch die von der Landes-Zentralbehörde zu erlassende Wahlordnung geregelt.

§ 103b. Wählbar sind nur solche Personen, welche
1. zum Amte eines Schöffen fähig sind (§§ 31, 32 des Gerichtsverfassungsgesetzes);
2. das 30. Lebensjahr zurückgelegt haben;
3. im Bezirke der Handwerkskammer ein Handwerk mindestens seit drei Jahren selbständig betreiben;
4. die Befugniß zur Anleitung von Lehrlingen besitzen.

§ 103c. Die Wahlen zu den Handwerkskammern und ihren Organen erfolgen auf sechs Jahre. Alle drei Jahre scheidet die Hälfte der Gewählten aus; eine Wiederwahl ist zulässig.

Die Bestimmungen der §§ 94 bis 94b finden entsprechende Anwendung.

§ 103d. Die Handwerkskammer kann sich nach näherer Bestimmung des Statuts bis zu einem Fünftel ihrer Mitgliederzahl durch Zuwahl von sachverständigen Personen ergänzen und zu ihren Verhandlungen Sachverständige mit berathender Stimme zuziehen.

Die Handwerkskammer ist berechtigt, aus ihrer Mitte Ausschüsse zu bilden und mit besonderen regelmäßigen oder vorübergehenden Aufgaben zu betrauen. Die Ausschüsse können zu ihren Verhandlungen Sachverständige mit berathender Stimme zuziehen.

§ 103e. Der Handwerkskammer liegt insbesondere ob:
1. die nähere Regelung des Lehrlingswesens;
2. die Durchführung der für das Lehrlingswesen geltenden Vorschriften zu überwachen:
3. die Staats- und Gemeindebehörden in der Förderung des Handwerkes durch thatsächliche Mittheilungen und Erstattung von Gutachten über Fragen zu unterstützen, welche die Verhältnisse des Handwerkes berühren;
4. Wünsche und Anträge, welche die Verhältnisse des Handwerkes berühren, zu berathen und den Behörden vorzulegen sowie Jahresberichte über ihre die Verhältnisse des Handwerkes betreffenden Wahrnehmungen zu erstatten;
5. die Bildung von Prüfungsausschüssen zur Abnahme der Gesellenprüfung (§ 131 Abs. 2);
6. die Bildung von Ausschüssen zur Entscheidung über Beanstandungen von Beschlüssen der Prüfungsausschüsse (§ 132).

Die Handwerkskammer soll in allen wichtigen, die Gesammtinteressen des Handwerkes oder die Interessen einzelner Zweige desselben berührenden Angelegenheiten gehört werden.

Sie ist befugt, Veranstaltungen zur Förderung der gewerblichen, technischen und sittlichen Ausbildung der Meister, Gesellen (Gehülfen) und Lehrlinge zu treffen sowie Fachschulen zu errichten und zu unterstützen.

§ 103f. Die Innungen und Innungsausschüsse sind verpflichtet, den von der Handwerkskammer innerhalb ihrer Zuständigkeit erlassenen Anordnungen Folge zu leisten.

Soweit die Bestimmungen des Statuts der Innungen und der Innungsausschüsse oder die von der Innungsversammlung zur näheren

Regelung des Lehrlingswesens erlassenen Vorschriften (§ 93 Abs. 2 Ziffer 5) mit den Anordnungen, welche von der Handwerkskammer in Ausübung ihrer gesetzlichen Befugnisse getroffen werden, in Widerspruch treten, sind sie unverbindlich.

§ 103g. Die Handwerkskammer hat aus ihrer Mitte einen Vorstand zu wählen, welchem nach näherer Bestimmung des Statuts die laufende Verwaltung und Geschäftsführung obliegt.

Auf den Vorstand finden die Bestimmungen des § 92a Abs. 2 und des § 92b entsprechende Anwendung.

Der Beschlußfassung der Gesammtheit der Handwerkskammer bleibt mindestens vorbehalten:

1. die Wahl des Vorstandes und der Ausschüsse;
2. die Feststellung des Haushaltsplans, die Prüfung und Abnahme der Jahresrechnung, die Bewilligung von Ausgaben, welche im Haushaltsplane nicht vorgesehen sind, sowie die Aufnahme von Anleihen;
3. die Abgabe von Gutachten und Anbringung von Anträgen bei den Behörden und gesetzgebenden Körperschaften über Gegenstände, welche die Gesammtinteressen, insbesondere die Gesetzgebung über die Verhältnisse des Handwerkes, betreffen;
4. der Erlaß von Vorschriften zur Regelung des Lehrlingswesens;
5. die Wahl des Sekretärs. Soll die Anstellung für mehr als sechs Jahre erfolgen, so ist die Genehmigung der Aufsichtsbehörde erforderlich.

Die Vorschriften zur Regelung des Lehrlingswesens bedürfen der Genehmigung der Landes-Zentralbehörde und sind zu veröffentlichen.

§ 103h. Bei der Handwerkskammer ist von der Aufsichtsbehörde (§ 103o) ein Kommissar zu bestellen. Derselbe ist zu jeder Sitzung der Handwerkskammer, ihres Vorstandes und der Ausschüsse einzuladen und muß auf Verlangen jederzeit gehört werden.

Der Kommissar kann jederzeit von den Schriftstücken der Handwerkskammer Einsicht nehmen, Gegenstände zur Berathung stellen und die Einberufung der Handwerkskammer und ihrer Organe verlangen. Er kann Beschlüsse der Handwerkskammer und ihrer Organe, welche deren Befugnisse überschreiten oder die Gesetze verletzen, mit aufschiebender Wirkung beanstanden; über die Beanstandung entscheidet nach Anhörung der Handwerkskammer oder ihrer Organe die Aufsichtsbehörde.

§ 103i. Bei der Handwerkskammer ist ein Gesellenausschuß zu bilden.

Die Zahl seiner Mitglieder und ihre Vertheilung auf die einzelnen Gesellenausschüsse des Bezirkes wird durch das Statut der Handwerkskammer bestimmt.

Für die Mitglieder sind Ersatzmänner zu wählen, welche für dieselben in Behinderungsfällen und im Falle des Ausscheidens für den Rest der Wahlzeit in der Reihenfolge ihrer Wahl einzutreten haben.

Die Mitglieder und Stellvertreter werden unter Leitung der Aufsichtsbehörde mittelst schriftlicher Abstimmung von den Gesellenausschüssen der Innungen gewählt.

Durch die Landes-Zentralbehörde kann angeordnet werden, daß und in welcher Zahl dem Gesellenausschuß auch Vertreter derjenigen Gesellen angehören sollen, welche von den nach § 103a Abs. 3 Ziffer 2 wahlberechtigten Mitgliedern der dort bezeichneten Gewerbevereine und sonstigen Vereinigungen beschäftigt werden. In diesem Falle ist von der Landes-Zentralbehörde auch die Wahl dieser Vertreter zu regeln.

Auf die Wahlberechtigung und die Wählbarkeit finden die Vorschriften des § 95a Abs. 1, 2 und des § 95c entsprechende Anwendung.

§ 103k. Der Gesellenausschuß muß mitwirken:

1. beim Erlasse von Vorschriften, welche die Regelung des Lehrlingswesens zum Gegenstande haben;
2. bei Abgabe von Gutachten und Erstattung von Berichten über Angelegenheiten, welche die Verhältnisse der Gesellen (Gehülfen) und Lehrlinge berühren;
3. bei der Entscheidung über Beanstandungen von Beschlüssen der Prüfungsausschüsse (§ 132).

Mit dieser Maßgabe finden die Vorschriften des § 95 Abs. 3 entsprechende Anwendung; im Falle der Ziffer 2 ist der Gesellenausschuß berechtigt, ein besonderes Gutachten abzugeben oder einen besonderen Bericht zu erstatten.

§ 103l. Die aus der Errichtung und Thätigkeit der Handwerkskammern erwachsenden Kosten werden, soweit sie nicht anderweit Deckung finden, von den Gemeinden des Handwerkskammerbezirkes nach näherer Bestimmung der höheren Verwaltungsbehörde getragen. Die Gemeinden sind ermächtigt, die auf sie entfallenden Antheile nach einem von der höheren Verwaltungsbehörde zu bestimmenden Vertheilungsmaßstab auf die einzelnen Handwerksbetriebe umzulegen. Werden Veranstaltungen der im § 103e Abs. 3 bezeichneten Art für einzelne Gewerbszweige getroffen, so können die hieraus entstehenden Kostenantheile von den Gemeinden nur auf solche Betriebe umgelegt werden, welche diesen Gewerbszweigen angehören.

Die Landes-Zentralbehörde kann bestimmen, daß die Kosten der Handwerkskammer von weiteren Kommunalverbänden statt von den Gemeinden aufgebracht werden. Die Kommunalverbände sind ermächtigt, die Kosten der auf Grund des § 103e Abs. 3 für einzelne Gewerbszweige getroffenen Veranstaltungen nach einem von der höheren Verwaltungsbehörde zu bestimmenden Vertheilungsmaßstab auf die diesen Gewerbszweigen angehörenden Handwerksbetriebe umzulegen.

Bei der Umlegung der Kosten kann bestimmt werden, daß Personen, welche der Regel nach weder Gesellen noch Lehrlinge halten, von der Verpflichtung zur Zahlung von Beiträgen befreit sind.

§ 103m. Für die Handwerkskammer ist von der Landes-Zentralbehörde ein Statut zu erlassen. Ueber Abänderungen des Statuts beschließt die Handwerkskammer. Der Beschluß bedarf der Genehmigung der Landes-Zentralbehörde.

Das Statut muß Bestimmung treffen über:

1. Namen, Sitz und Bezirk der Handwerkskammer;
2. die Zahl der Mitglieder der Handwerkskammer;

3. die Ergänzung der Handwerkskammer durch Zuwahl;
4. die Form der Beschlußfassung;
5. die Wahl und die Befugnisse des Vorstandes;
6. die Form und die Voraussetzungen für die Zusammenberufung der Handwerkskammer und ihrer Organe;
7. die Beurkundung der Beschlüsse der Handwerkskammer und des Vorstandes;
8. die Aufstellung und Genehmigung des Haushaltsplans;
9. die Aufstellung und Abnahme der Jahresrechnung;
10. die Voraussetzungen und die Form einer Abänderung des Statuts;
11. die Bildung von Prüfungsausschüssen;
12. die öffentlichen Blätter, durch welche die Bekanntmachungen der Handwerkskammer zu erfolgen haben.

Die Vorschriften des § 83 Abs. 3 und des § 100d Abs. 3 finden entsprechende Anwendung.

Das Statut und seine Abänderungen sind in den Blättern bekannt zu machen, welche für die amtlichen Veröffentlichungen der höheren Verwaltungsbehörden bestimmt sind, über deren Bezirke sich der Bezirk der Handwerkskammer erstreckt.

§ 103n. Auf die Handwerkskammern finden die Bestimmungen der §§ 86, 88, 89 Abs. 3, 4 und der §§ 89a, 89b, 94c, 99 entsprechende Anwendung.

Die Handwerkskammer ist befugt, Zuwiderhandlungen gegen die von ihr innerhalb ihrer Zuständigkeit erlassenen Vorschriften mit Geldstrafen bis zu zwanzig Mark zu bedrohen. Die Festsetzung dieser Geldstrafen erfolgt auf Antrag des Vorstandes oder eines Beauftragten (§ 94c) der Handwerkskammer von der unteren Verwaltungsbehörde. Gegen die Festsetzung steht dem Verurtheilten binnen zwei Wochen die Beschwerde an die unmittelbar vorgesetzte Aufsichtsbehörde zu. Diese entscheidet endgültig.

Der Haushaltsplan der Handwerkskammer bedarf der Genehmigung der Aufsichtsbehörde.

Die durch die Errichtung der Handwerkskammer erwachsenden Kosten sind von der Landes-Zentralbehörde vorzuschießen.

§ 103o. Die Handwerkskammer unterliegt der Aufsicht der höheren Verwaltungsbehörde, in deren Bezirke sie ihren Sitz hat, soweit nicht im Falle der Ausdehnung des Handwerkskammerbezirkes über die Bezirke mehrerer höheren Verwaltungsbehörden durch die Landes-Zentralbehörde eine abweichende Bestimmung getroffen wird.

Die Vorschriften des § 96 Abs. 2 bis 7 finden mit der Maßgabe entsprechende Anwendung, daß über Beschwerden gegen Anordnungen und Entscheidungen der Aufsichtsbehörde die Landes-Zentralbehörde entscheidet.

Wenn die Handwerkskammer wiederholter Aufforderung der Aufsichtsbehörde ungeachtet die Erfüllung ihrer Aufgaben vernachlässigt oder sich gesetzwidriger Handlungen oder Unterlassungen schuldig macht, durch welche das Gemeinwohl gefährdet wird, oder andere als die gesetzlich zulässigen Zwecke verfolgt, so kann die Aufsichtsbehörde sie auflösen und Neuwahlen anordnen. Von den bisherigen Mitgliedern kann gegen die Verfügung der Aufsichtsbehörde binnen zwei Wochen Beschwerde an die Landes-Zentralbehörde eingelegt werden, welche endgültig entscheidet.

§ 103p. Die Behörden sind innerhalb ihrer Zuständigkeit verpflichtet, den im Vollzuge dieses Gesetzes an sie ergehenden Ersuchen der Handwerkskammern und ihrer Organe zu entsprechen. Die gleiche Verpflichtung liegt den Organen der Handwerkskammern unter einander ob. Die höhere Verwaltungsbehörde kann bestimmen, inwieweit die durch die Erfüllung dieser Verpflichtung entstehenden Kosten von der Handwerkskammer als eigene Verwaltungskosten zu erstatten sind.

§ 103q. Die Landes-Zentralbehörden derjenigen Bundesstaaten, in welchen andere gesetzliche Einrichtungen (Handels- und Gewerbekammern, Gewerbekammern) zur Vertretung der Interessen des Handwerkes vorhanden sind, können diesen Körperschaften die Wahrnehmung der Rechte und Pflichten der Handwerkskammer übertragen, wenn ihre Mitglieder, soweit sie mit der Vertretung der Interessen des Handwerkes betraut sind, aus Wahlen von Handwerkern des Kammerbezirkes hervorgehen und eine gesonderte Abstimmung der dem Handwerk angehörenden Mitglieder gesichert ist.

IV. Innungsverbände.

§ 104. Innungen, welche nicht derselben Aufsichtsbehörde unterstehen, können zu Verbänden zusammentreten; der Beitritt ist durch die Innungsversammlung zu beschließen.

Die Innungsverbände haben die Aufgabe, zur Wahrnehmung der Interessen der in ihnen vertretenen Gewerbe die Innungen, Innungsausschüsse und Handwerkskammern in der Verfolgung ihrer gesetzlichen Aufgaben sowie die Behörden durch Vorschläge und Anregungen zu unterstützen; sie sind befugt, den Arbeitsnachweis zu regeln sowie Fachschulen zu errichten und zu unterstützen.

§ 104a. Für den Innungsverband ist ein Statut zu errichten, welches Bestimmungen enthalten muß:

a) über Namen, Zweck und Bezirk des Verbandes;
b) über die Bedingungen der Aufnahme in den Verband und des Ausscheidens aus demselben;
c) über Bildung, Sitz und Befugnisse des Vorstandes;
d) über die Vertretung des Verbandes und ihre Befugnisse;
e) über die Beitäge zu den Ausgaben des Innungsverbandes;
f) über die Voraussetzungen und die Formen einer Abänderung des Statuts;
g) über die Voraussetzungen und die Formen einer Auflösung des Verbandes.

Durch Statut kann bestimmt werden, daß einzelne Gewerbetreibende dem Innungsverband ihres Gewerbes mit den Rechten und Pflichten der Mitglieder der ihm angehörenden Innungen beizutreten berechtigt sind.

Das Statut darf keine Bestimmung enthalten, welche mit den gesetzlichen Zwecken des Verbandes nicht in Verbindung steht oder gesetzlichen Vorschriften zuwiderläuft.

§ 104b. Das Verbandsstatut bedarf der Genehmigung, und zwar:

a) für Innungsverbände, deren Bezirk nicht über den Bezirk einer höheren Verwaltungsbehörde hinausgreift, durch die letztere;

b) für Innungsverbände, deren Bezirk in die Bezirke mehrerer höherer Verwaltungsbehörden desselben Bundesstaats sich erstreckt, durch die Landes-Zentralbehörde;

c) für Innungsverbände, deren Bezirk sich auf mehrere Bundesstaaten erstreckt, durch den Reichskanzler.

Die Genehmigung ist zu versagen:

1. wenn die Zwecke des Verbandes sich nicht in den gesetzlichen Grenzen halten;

2. wenn das Verbandsstatut den gesetzlichen Anforderungen nicht entspricht.

Außerdem darf die Genehmigung nur versagt werden, wenn die Zahl der dem Verbande beigetretenen Innungen nicht hinreichend erscheint, um die Zwecke des Verbandes wirksam zu verfolgen.

Gegen die Versagung der Genehmigung ist, sofern sie durch eine höhere Verwaltungsbehörde erfolgt, die Beschwerde zulässig.

Aenderungen des Statuts unterliegen den gleichen Vorschriften.

§ 104c. Der Verbandsvorstand hat alljährlich im Monat Januar ein Verzeichniß derjenigen Innungen, welche dem Verband angehören, der höheren Verwaltungsbehörde, in deren Bezirk er seinen Sitz hat, einzureichen.

Die Zusammensetzung des Vorstandes und Veränderungen in derselben sind dieser Behörde anzuzeigen. Eine gleiche Anzeige hat zu erfolgen, wenn der Sitz des Vorstandes an einen anderen Ort verlegt wird. Liegt letzterer nicht in dem Bezirke der vorbezeichneten Behörde, so ist die Anzeige an diese und an die höhere Verwaltungsbehörde, in deren Bezirke der Sitz verlegt wird, gleichzeitig zu richten.

§ 104d. Versammlungen des Verbandsvorstandes und der Vertretung des Verbandes dürfen nur innerhalb des Verbandsbezirkes abgehalten werden.

Sie sind der höheren Verwaltungsbehörde, in deren Bezirke der Vorstand seinen Sitz hat, sowie der höheren Verwaltungsbehörde, in deren Bezirke die Versammlung abgehalten werden soll, unter Einreichung der Tagesordnung mindestens eine Woche vorher anzuzeigen. Der Letzteren steht das Recht zu,

a) die Versammlung zu untersagen, wenn die Tagesordnung Gegenstände umfaßt, welche zu den Zwecken des Verbandes nicht in Beziehung stehen;

b) in die Versammlung einen Vertreter zu entsenden und durch diesen die Versammlung zu schließen, wenn die Verhandlungen auf Gegenstände sich erstrecken, welche zu den Zwecken des Verbandes nicht in Beziehung stehen, oder wenn Anträge oder Vorschläge erörtert werden, welche eine Aufforderung oder Anreizung zu strafbaren Handlungen enthalten.

§ 104e. Die Verbandsvorstände sind befugt, in Betreff der Verhältnisse der in dem Verbande vertretenen Gewerbe an die für die Genehmigung des Verbandsstatuts zuständige Stelle Bericht zu erstatten und Anträge zu richten.

Sie sind verpflichtet, auf Erfordern dieser Stelle Gutachten über gewerbliche Fragen abzugeben.

§ 104 f. Die Innungsverbände können geschlossen werden,

1. wenn sich ergiebt, daß nach § 104 b Ziffer 1 und 2 die Genehmigung hätte versagt werden müssen und die erforderliche Aenderung des Statuts innerhalb einer zu setzenden Frist nicht bewirkt wird;
2. wenn den auf Grund des § 104 d erlassenen Verfügungen nicht Folge geleistet ist;
3. wenn der Verbandsvorstand oder die Vertretung des Verbandes sich gesetzwidriger Handlungen schuldig machen, welche das Gemeinwohl gefährden, oder wenn sie andere als die gesetzlich zulässigen Zwecke verfolgen.

Die Schließung erfolgt durch Beschluß der für die Genehmigung des Verbandsstatuts zuständigen Stelle.

Gegen den Beschluß der höheren Verwaltungsbehörde ist die Beschwerde zulässig.

§ 104 g. Durch Beschluß des Bundesraths kann Innungsverbänden die Fähigkeit beigelegt werden, unter ihren Namen Rechte zu erwerben, Verbindlichkeiten einzugehen, vor Gericht zu klagen oder verklagt zu werden. In solchem Falle haftet dem Gläubiger für alle Verbindlichkeiten des Innungsverbandes nur das Vermögen desselben.

Der Beschluß des Bundesraths ist durch den Reichsanzeiger zu veröffentlichen. Auf diejenigen Innungsverbände, welchen die gedachte Fähigkeit beigelegt ist, finden die Bestimmungen der §§ 104 h bis 104 n Anwendung.

§ 104 h. Der Innungsverband wird bei gerichtlichen wie bei außergerichtlichen Verhandlungen durch seinen Vorstand vertreten. Die Befugniß zur Vertretung erstreckt sich auch auf diejenigen Geschäfte und Rechtshandlungen, für welche nach den Gesetzen eine Spezialvollmacht erforderlich ist. Durch das Statut kann einem Mitglied oder mehreren Mitgliedern des Vorstandes die Vertretung des Innungsverbandes nach außen übertragen werden.

Zur Legitimation der Vertreter des Innungsverbandes genügt bei allen Rechtsgeschäften die Bescheinigung der höheren Verwaltungsbehörde, in deren Bezirke der Vorstand seinen Sitz hat, daß die bezeichneten Personen zur Vertretung des Verbandes befugt sind.

§ 104 i. Der Innungsverband ist befugt, für die Mitglieder der ihm angeschlossenen Innungen und deren Angehörige zur Unterstützung in Fällen der Krankheit, des Todes, der Arbeitsunfähigkeit oder sonstiger Bedürftigkeit Kassen zu errichten. Die dafür erforderlichen Bestimmungen sind in Nebenstatuten zusammenzufassen; diese sowie Abänderungen derselben bedürfen der Genehmigung durch den Reichskanzler.

Auf die von dem Innungsverband errichteten Unterstützungskassen finden dieselben Vorschriften Anwendung, welche für gleichartige von einer Zwangsinnung errichtete Kassen gelten.

§ 104 k. Der Innungsverband unterliegt, vorbehaltlich der Vorschrift des § 104 d, der Aufsicht der höheren Verwaltungsbehörde, in deren Bezirke der Vorstand seinen Sitz hat.

Die Aufsichtsbehörde überwacht die Befolgung der gesetzlichen und statutarischen Vorschriften und kann dieselben durch Androhung, Festsetzung und Vollstreckung von Ordnungsstrafen gegen die Inhaber der Aemter des Verbandes erzwingen.

Sie entscheidet Streitigkeiten über die Aufnahme und Ausschließung von Verbandsmitgliedern, die Beiträge zu den Ausgaben des Innungsverbandes, die Wahlen zu den Verbandsämtern sowie, unbeschadet der Rechte Dritter, über die Rechte und Pflichten der Inhaber derselben.

Der Aufsichtsbehörde ist jährlich ein Rechnungsabschluß nebst Vermögensausweis vorzulegen.

§ 104 l. Die Eröffnung des Konkursverfahrens über das Vermögen des Innungsverbandes hat die Schließung des letzteren kraft Gesetzes zur Folge. Der Vorstand des Innungsverbandes hat jedoch die während des Konkursverfahrens dem Gemeinschuldner zustehenden Rechte wahrzunehmen.

§ 104 m. Bei der statutmäßig beschlossenen Auflösung eines Innungsverbandes wird die Abwickelung der Geschäfte, sofern die Verbandsvertretung nicht anderweitig beschließt, durch den Vorstand unter Aufsicht der im § 104 k bezeichneten Behörde vollzogen. Genügt der Vorstand seiner Verpflichtung nicht oder tritt die Schließung auf Grund des § 104 f oder des § 104 l ein, so erfolgt die Abwickelung der Geschäfte durch einen Beauftragten der Aufsichtsbehörde.

Von dem Zeitpunkte der Auflösung oder Schließung ab bleiben die Verbandsmitglieder noch für diejenigen Zahlungen verhaftet, zu welchen sie statutarisch für den Fall eigenen Ausscheidens aus den Verbandsverhältnissen verpflichtet sind. Das Recht, diese Beiträge auszuschreiben und einzuziehen, steht dem mit Abwickelung der Geschäfte Beauftragten zu.

§ 104 n. Im Falle der Auflösung oder Schließung des Innungsverbandes muß sein Vermögen zuvörderst zur Berichtigung seiner Schulden und zur Erfüllung seiner sonstigen Verbindlichkeiten verwendet werden. War dasselbe bisher ganz oder theilweise zur Fundirung von Unterrichtsanstalten oder zu anderen öffentlichen Zwecken bestimmt, so darf der nach Berichtigung der Schulden übrig bleibende Theil des Vermögens dieser Bestimmung nicht entzogen werden; über seine fernere Verwendung wird von der im § 104 b Abs. 1 bezeichneten Behörde Anordnung getroffen.

Bedarf es zum Fortbestande der von dem Innungsverband errichteten Unterrichtsanstalten oder Unterstützungskassen als selbständiger Anstalten der Genehmigung des Landesherrn oder einer Behörde des Staates, in welchem die fernere Verwaltung der Anstalt stattfinden soll, so hat die im vorstehenden Absatze bezeichnete Behörde diese Genehmigung herbeizuführen.

Das hiernach verbleibende Reinvermögen des Innungsverbandes wird, soweit die Verbandsvertretung nicht anders beschließt, unter die Innungen, welche dem Verbande zur Zeit der Auflösung oder Schließung angehört haben, nach dem Verhältnisse der von ihnen an den Verband in dem der Auflösung oder Schließung vorangegangenen Jahre geleisteten Beiträge vertheilt. Streitigkeiten hierüber werden von der im § 104 k bezeichneten Stelle endgültig entschieden.

Titel VII.

Gewerbliche Arbeiter (Gesellen, Gehülfen, Lehrlinge, Betriebsbeamte Werkmeister, Techniker, Fabrikarbeiter).

I. Allgemeine Verhältnisse.

§ 105. Die Festsetzung der Verhältnisse zwischen den selbständigen Gewerbetreibenden und den gewerblichen Arbeitern ist, vorbehaltlich der durch Reichsgesetz begründeten Beschränkungen, Gegenstand freier Uebereinkunft.

§ 105 a. Zum Arbeiten an Sonn- und Festtagen können die Gewerbetreibenden die Arbeiter nicht verpflichten. Arbeiten, welche nach den Bestimmungen dieses Gesetzes auch an Sonn- und Festtagen vorgenommen werden dürfen, fallen unter die vorstehende Bestimmung nicht.

Welche Tage als Festtage gelten, bestimmen unter Berücksichtigung der örtlichen und konfessionellen Verhältnisse die Landesregierungen.

§ 105 b. Im Betriebe von Bergwerken, Salinen, Aufbereitungsanstalten, Brüchen und Gruben, von Hüttenwerken, Fabriken und Werkstätten, von Zimmerplätzen und anderen Bauhöfen, von Werften und Ziegeleien sowie bei Bauten aller Art dürfen Arbeiter an Sonn- und Festtagen nicht beschäftigt werden. Die den Arbeitern zu gewährende Ruhe hat mindestens für jeden Sonn- und Festtag vierundzwanzig, für zwei auf einander folgende Sonn- und Festtage sechsunddreißig, für das Weihnachts-, Oster- und Pfingstfest achtundvierzig Stunden zu dauern. Die Ruhezeit ist von 12 Uhr Nachts zu rechnen und muß bei zwei auf einander folgenden Sonn- und Festtagen bis 6 Uhr Abends des zweiten Tages dauern. In Betrieben mit regelmäßiger Tag- und Nachtschicht kann die Ruhezeit frühestens um 6 Uhr Abends des vorhergehenden Werktags, spätestens um 6 Uhr Morgens des Sonn- oder Festtags beginnen, wenn für die auf den Beginn der Ruhezeit folgenden vierundzwanzig Stunden der Betrieb ruht.

Im Handelsgewerbe dürfen Gehülfen, Lehrlinge und Arbeiter am ersten Weihnachts-, Oster- und Pfingsttag überhaupt nicht, im Uebrigen an Sonn- und Festtagen nicht länger als fünf Stunden beschäftigt werden. Durch statutarische Bestimmung einer Gemeinde oder eines weiteren Kommunalverbandes (§ 142) kann diese Beschäftigung für alle oder einzelne Zweige des Handelsgewerbes auf kürzere Zeit eingeschränkt oder ganz untersagt werden. Für die letzten vier Wochen vor Weihnachten sowie für einzelne Sonn- und Festtage, an welchen örtliche Verhältnisse einen erweiterten Geschäftsverkehr erforderlich machen, kann die Polizeibehörde eine Vermehrung der Stunden, während welcher die Beschäftigung stattfinden darf, bis auf zehn Stunden zulassen. Die Stunden, während welcher die Beschäftigung stattfinden darf, werden unter Berücksichtigung der für den öffentlichen Gottesdienst bestimmten Zeit, sofern die Beschäftigungszeit durch statutarische Bestimmungen eingeschränkt worden ist, durch letztere, im Uebrigen von der Polizeibehörde festgestellt. Die Feststellung kann für verschiedene Zweige des Handelsgewerbes verschieden erfolgen.

Die Bestimmungen des Abs. 2 finden auf die Beschäftigung von Gehülfen, Lehrlingen und Arbeitern im Geschäftsbetriebe von Konsum- und anderen Vereinen entsprechende Anwendung.

§ 105 c. Die Bestimmungen des § 105 b finden keine Anwendung:

1. auf Arbeiten, welche in Nothfällen oder im öffentlichen Interesse unverzüglich vorgenommen werden müssen;
2. für einen Sonntag auf Arbeiten zur Durchführung einer gesetzlich vorgeschriebenen Inventur;
3. auf die Bewachung der Betriebsanlagen, auf Arbeiten zur Reinigung und Instandhaltung, durch welche der regelmäßige Fortgang des eigenen oder eines fremden Betriebs bedingt ist, sowie auf Arbeiten, von welchen die Wiederaufnahme des vollen werktägigen Betriebs abhängig ist, sofern nicht diese Arbeiten an Werktagen vorgenommen werden können;
4. auf Arbeiten, welche zur Verhütung des Verderbens von Rohstoffen oder des Mißlingens von Arbeitserzeugnissen erforderlich sind, sofern nicht diese Arbeiten an Werktagen vorgenommen werden können;
5. auf die Beaufsichtigung des Betriebs, soweit er nach Ziffer 1 bis 4 an Sonn- und Festtagen stattfindet.

Gewerbetreibende, welche Arbeiter an Sonn- und Festtagen mit Arbeiten der unter Ziffer 1 bis 5 erwähnten Art beschäftigen, sind verpflichtet, ein Verzeichniß anzulegen, in welches für jeden einzelnen Sonn- und Festtag die Zahl der beschäftigten Arbeiter, die Dauer ihrer Beschäftigung sowie die Art der vorgenommenen Arbeiten einzutragen sind. Das Verzeichniß ist auf Erfordern der Ortspolizeibehörde sowie dem im § 139 b bezeichneten Beamten jederzeit zur Einsicht vorzulegen.

Bei den unter Ziffer 3 und 4 bezeichneten Arbeiten, sofern dieselben länger als drei Stunden dauern, oder die Arbeiter am Besuche des Gottesdienstes hindern, sind die Gewerbetreibenden verpflichtet, jeden Arbeiter entweder an jedem dritten Sonntage volle sechsunddreißig Stunden, oder an jedem zweiten Sonntage mindestens in der Zeit von sechs Uhr Morgens bis sechs Uhr Abends von der Arbeit frei zu lassen.

Ausnahmen von den Vorschriften des vorstehenden Absatzes darf die untere Verwaltungsbehörde gestatten, wenn die Arbeiter am Besuche des sonntäglichen Gottesdienstes nicht gehindert werden und ihnen an Stelle des Sonntags eine vierundzwanzigstündige Ruhezeit an einem Wochentage gewährt wird.

§ 105 d. Für bestimmte Gewerbe, insbesondere für Betriebe, in denen Arbeiten vorkommen, welche ihrer Natur nach eine Unterbrechung oder einen Aufschub nicht gestatten, sowie für Betriebe, welche ihrer Natur nach auf bestimmte Jahreszeiten beschränkt sind, oder welche in gewissen Zeiten des Jahres zu einer außergewöhnlich verstärkten Thätigkeit genöthigt sind, können durch Beschluß des Bundesraths Ausnahmen von der Bestimmung des § 105b Abs. 1 zugelassen werden.

Die Regelung der an Sonn- und Festtagen in diesen Betrieben gestatteten Arbeiten und der Bedingungen, unter welchen sie gestattet sind, erfolgt für alle Betriebe derselben Art gleichmäßig und unter Berücksichtigung der Bestimmung des § 105c Abs. 3.

Die vom Bundesrathe getroffenen Bestimmungen sind durch das Reichs-Gesetzblatt zu veröffentlichen und dem Reichstage bei seinem nächsten Zusammentritte zur Kenntnißnahme vorzulegen.

§ 105e. Für Gewerbe, deren vollständige oder theilweise Ausübung an Sonn- und Festtagen zur Befriedigung täglicher oder an diesen Tagen besonders hervortretender Bedürfnisse der Bevölkerung erforderlich ist, sowie für Betriebe, welche ausschließlich oder vorwiegend mit durch Wind oder unregelmäßige Wasserkraft bewegten Triebwerken arbeiten, können durch Verfügung der höheren Verwaltungsbehörde Ausnahmen von den im § 105b getroffenen Bestimmungen zugelassen werden. Die Regelung dieser Ausnahmen hat unter Berücksichtigung der Bestimmungen des § 105c Abs. 3 zu erfolgen.

Der Bundesrath trifft über die Voraussetzungen und Bedingungen der Zulassung von Ausnahmen nähere Bestimmungen; dieselben sind dem Reichstage bei seinem nächsten Zusammentritte zur Kenntnißnahme mitzutheilen.

Das Verfahren auf Anträge wegen Zulassung von Ausnahmen für Betriebe, welche ausschließlich oder vorwiegend mit durch Wind oder unregelmäßige Wasserkraft bewegten Triebwerken arbeiten, unterliegt den Vorschriften der §§ 20 und 21.

§ 105f. Wenn zur Verhütung eines unverhältnißmäßigen Schadens ein nicht vorherzusehendes Bedürfniß der Beschäftigung von Arbeitern an Sonn- und Festtagen eintritt, so können durch die untere Verwaltungsbehörde Ausnahmen von der Bestimmung des § 105b Abs. 1 für bestimmte Zeit zugelassen werden.

Die Verfügung der unteren Verwaltungsbehörde ist schriftlich zu erlassen und muß von dem Unternehmer auf Erfordern dem für die Revision zuständigen Beamten an der Betriebsstelle zur Einsicht vorgelegt werden. Eine Abschrift der Verfügung ist innerhalb der Betriebsstätte an einer den Arbeitern leicht zugänglichen Stelle auszuhängen.

Die untere Verwaltungsbehörde hat über die von ihr gestatteten Ausnahmen ein Verzeichniß zu führen, in welchem die Betriebsstätte, die gestatteten Arbeiten, die Zahl der in dem Betriebe beschäftigten und der an den betreffenden Sonn- und Festtagen thätig gewesenen Arbeiter, die Dauer ihrer Beschäftigung sowie die Dauer und die Gründe der Erlaubniß einzutragen sind.

§ 105g. Das Verbot der Beschäftigung von Arbeitern an Sonn- und Festtagen kann durch Kaiserliche Verordnung mit Zustimmung des Bundesraths auf andere Gewerbe ausgedehnt werden. Diese Verordnungen sind dem Reichstage bei seinem nächsten Zusammentritte zur Kenntnißnahme vorzulegen. Auf die von dem Verbote zuzulassenden Ausnahmen finden die Bestimmungen der §§ 105c bis 105f entsprechende Anwendung.

§ 105h. Die Bestimmungen der §§ 105a bis 105g stehen weitergehenden landesgesetzlichen Beschränkungen der Arbeit an Sonn- und Festtagen nicht entgegen.

Den Landes-Zentralbehörden bleibt vorbehalten, für einzelne Festtage, welche nicht auf einen Sonntag fallen, Abweichungen von der Vorschrift des § 105b Abs. 1 zu gestatten. Auf das Weihnachts-, Neujahrs-, Oster-, Himmelfahrts- und Pfingstfest findet diese Bestimmung keine Anwendung.

§ 105i. Der § 105a Abs. 1 und die §§ 105b bis 105g finden auf Gast- und Schankwirthschaftsgewerbe, Musikaufführungen, Schaustellungen, theatralische Vorstellungen oder sonstige Lustbarkeiten sowie auf Verkehrsgewerbe keine Anwendung.

Die Gewerbetreibenden können die Arbeiter in diesen Gewerben nur zu solchen Arbeiten an Sonn- und Festtagen verpflichten, welche nach der Natur des Gewerbebetriebs einen Aufschub oder eine Unterbrechung nicht gestatten.

§ 106. Gewerbetreibende, welchen die bürgerlichen Ehrenrechte aberkannt sind, dürfen, solange ihnen diese Rechte entzogen bleiben, mit der Anleitung von Arbeitern unter achtzehn Jahren sich nicht befassen.

Die Entlassung der dem vorstehenden Verbote zuwider beschäftigten Arbeiter kann polizeilich erzwungen werden.

§ 107. Minderjährige Personen dürfen, soweit reichsgesetzlich nicht ein Anderes zugelassen ist, als Arbeiter nur beschäftigt werden, wenn sie mit einem Arbeitsbuche versehen sind. Bei der Annahme solcher Arbeiter hat der Arbeitgeber das Arbeitsbuch einzufordern. Er ist verpflichtet, dasselbe zu verwahren, auf amtliches Verlangen vorzulegen und nach rechtmäßiger Lösung des Arbeitsverhältnisses wieder auszuhändigen. Die Aushändigung erfolgt an den gesetzlichen Vertreter, sofern dieser es verlangt, oder der Arbeiter das sechzehnte Lebensjahr noch nicht vollendet hat, anderenfalls an den Arbeiter selbst. Mit Genehmigung der Gemeindebehörde des im § 108 bezeichneten Ortes kann die Aushändigung des Arbeitsbuchs auch an die zur gesetzlichen Vertretung nicht berechtigte Mutter oder einen sonstigen Angehörigen oder unmittelbar an den Arbeiter erfolgen.

Auf Kinder, welche zum Besuche der Volksschule verpflichtet sind, finden vorstehende Bestimmungen keine Anwendung.

§ 108. Das Arbeitsbuch wird dem Arbeiter durch die Polizeibehörde desjenigen Ortes, an welchem er zuletzt seinen dauernden Aufenthalt gehabt hat, wenn aber ein solcher im Gebiete des Deutschen Reichs nicht stattgefunden hat, von der Polizeibehörde des von ihm zuerst erwählten deutschen Arbeitsorts kosten- und stempelfrei ausgestellt. Die Ausstellung erfolgt auf Antrag oder mit Zustimmung des gesetzlichen Vertreters. Ist die Erklärung des gesetzlichen Vertreters nicht zu beschaffen oder verweigert dieser die Zustimmung ohne genügenden Grund und zum

Nachtheile des Arbeiters, so kann die Gemeindebehörde die Zustimmung ergänzen. Vor der Ausstellung ist nachzuweisen, daß der Arbeiter zum Besuche der Volksschule nicht mehr verpflichtet ist, und glaubhaft zu machen, daß bisher ein Arbeitsbuch für ihn noch nicht ausgestellt war.

§ 109. Wenn das Arbeitsbuch vollständig ausgefüllt oder nicht mehr brauchbar, oder wenn es verloren gegangen oder vernichtet ist, so wird an Stelle desselben ein neues Arbeitsbuch ausgestellt. Die Ausstellung erfolgt durch die Polizeibehörde desjenigen Ortes, an welchem der Inhaber des Arbeitsbuchs zuletzt seinen dauernden Aufenthalt gehabt hat. Das ausgefüllte oder nicht mehr brauchbare Arbeitsbuch ist durch einen amtlichen Vermerk zu schließen.

Wird das neue Arbeitsbuch an Stelle eines nicht mehr brauchbaren, eines verloren gegangenen oder vernichteten Arbeitsbuchs ausgestellt, so ist dies darin zu vermerken. Für die Ausstellung kann in diesem Falle eine Gebühr bis zu fünfzig Pfennig erhoben werden.

§ 110. Das Arbeitsbuch (§ 108) muß den Namen des Arbeiters, Ort, Jahr und Tag seiner Geburt, Namen und letzten Wohnort seines gesetzlichen Vertreters und die Unterschrift des Arbeiters enthalten. Die Ausstellung erfolgt unter dem Siegel und der Unterschrift der Behörde. Letztere hat über die von ihr ausgestellten Arbeitsbücher ein Verzeichniß zu führen.

Die Einrichtung der Arbeitsbücher wird durch den Reichskanzler bestimmt.

§ 111. Bei dem Eintritte des Arbeiters in das Arbeitsverhältniß hat der Arbeitgeber an der dafür bestimmten Stelle des Arbeitsbuchs die Zeit des Eintritts und die Art der Beschäftigung, am Ende des Arbeitsverhältnisses die Zeit des Austritts und, wenn die Beschäftigung Aenderungen erfahren hat, die Art der letzten Beschäftigung des Arbeiters einzutragen.

Die Eintragungen sind mit Tinte zu bewirken und von dem Arbeitgeber oder dem dazu bevollmächtigten Betriebsleiter zu unterzeichnen.

Die Eintragungen dürfen nicht mit einem Merkmale versehen sein, welches den Inhaber des Arbeitsbuchs günstig oder nachtheilig zu kennzeichnen bezweckt.

Die Eintragung eines Urtheils über die Führung oder die Leistungen des Arbeiters und sonstige durch dieses Gesetz nicht vorgesehene Eintragungen oder Vermerke in oder an dem Arbeitsbuche sind unzulässig.

§ 112. Ist das Arbeitsbuch bei dem Arbeitgeber unbrauchbar geworden, verloren gegangen oder vernichtet, oder sind von dem Arbeitgeber unzulässige Merkmale, Eintragungen oder Vermerke in oder an dem Arbeitsbuche gemacht, oder wird von dem Arbeitgeber ohne rechtmäßigen Grund die Aushändigung des Arbeitsbuchs verweigert, so kann die Ausstellung eines neuen Arbeitsbuchs auf Kosten des Arbeitgebers beansprucht werden.

Ein Arbeitgeber, welcher das Arbeitsbuch seiner gesetzlichen Verpflichtung zuwider nicht rechtzeitig ausgehändigt oder die vorschriftsmäßigen

Eintragungen zu machen unterlassen oder unzulässige Merkmale, Eintragungen oder Vermerke gemacht hat, ist dem Arbeiter entschädigungspflichtig. Der Anspruch auf Entschädigung erlischt, wenn er nicht innerhalb vier Wochen nach seiner Entstehung im Wege der Klage oder Einrede geltend gemacht ist.

§ 113. Beim Abgange können die Arbeiter ein Zeugniß über die Art und Dauer ihrer Beschäftigung fordern.

Dieses Zeugniß ist auf Verlangen der Arbeiter auch auf ihre Führung und ihre Leistungen auszudehnen.

Den Arbeitgebern ist untersagt, die Zeugnisse mit Merkmalen zu versehen, welche den Zweck haben, den Arbeiter in einer aus dem Wortlaute des Zeugnisses nicht ersichtlichen Weise zu kennzeichnen.

Ist der Arbeiter minderjährig, so kann das Zeugniß von dem gesetzlichen Vertreter gefordert werden. Dieser kann verlangen, daß das Zeugniß an ihn, nicht an den Minderjährigen ausgehändigt werde. Mit Genehmigung der Gemeindebehörde des im § 108 bezeichneten Ortes kann auch gegen den Willen des gesetzlichen Vertreters die Aushändigung unmittelbar an den Arbeiter erfolgen.

§ 114. Auf Antrag des Arbeiters hat die Ortspolizeibehörde die Eintragung in das Arbeitsbuch und das dem Arbeiter etwa ausgestellte Zeugniß kosten- und stempelfrei zu beglaubigen.

§ 114a. Für bestimmte Gewerbe kann der Bundesrath Lohnbücher oder Arbeitszettel vorschreiben. In diese sind von dem Arbeitgeber oder dem dazu Bevollmächtigten einzutragen:

1. Art und Umfang der übertragenen Arbeit, bei Akkordarbeit die Stückzahl;
2. die Lohnsätze;
3. die Bedingungen für die Lieferung von Werkzeugen und Stoffen zu den übertragenen Arbeiten.

Der Bundesrath kann bestimmen, daß in die Lohnbücher oder Arbeitszettel auch die Bedingungen für die Gewährung von Kost und Wohnung einzutragen sind, sofern Kost oder Wohnung als Lohn oder Theil des Lohnes gewährt werden sollen.

Auf die Eintragungen finden die Vorschriften des § 111 Abs. 2 bis 4 entsprechende Anwendung.

Das Lohnbuch oder der Arbeitszettel ist von dem Arbeitgeber auf seine Kosten zu beschaffen und dem Arbeiter nach Vollziehung der vorgeschriebenen Eintragungen vor oder bei der Uebergabe der Arbeit kostenfrei auszuhändigen.

Die Lohnbücher sind mit einem Abdrucke der Bestimmungen der §§ 115 bis 119a Abs. 1 und des § 119b zu versehen. Im Uebrigen wird die Einrichtung der Lohnbücher durch den Reichskanzler bestimmt.

Auf die von dem Bundesrathe getroffenen Anordnungen findet die Bestimmung im § 120e Abs. 4 Anwendung.

§ 115. Die Gewerbetreibenden sind verpflichtet, die Löhne ihrer Arbeiter in Reichswährung zu berechnen und baar auszuzahlen.

Sie dürfen den Arbeitern keine Waaren kreditiren. Doch ist es gestattet, den Arbeitern Lebensmittel für den Betrag der Anschaffungskosten, Wohnung und Landnutzung gegen die ortsüblichen Mieth- und Pachtpreise, Feuerung, Beleuchtung, regelmäßige Beköstigung, Arzneien und ärztliche Hülfe sowie Werkzeuge und Stoffe zu den ihnen übertragenen Arbeiten für den Betrag der durchschnittlichen Selbstkosten unter Anrechnung bei der Lohnzahlung zu verabfolgen. Zu einem höheren Preise ist die Verabfolgung von Werkzeugen und Stoffen für Akkordarbeiten zulässig, wenn derselbe den ortsüblichen nicht übersteigt und im voraus vereinbart ist.

§ 115a. Lohn- und Abschlagszahlungen dürfen in Gast- und Schankwirthschaften oder Verkaufsstellen nicht ohne Genehmigung der unteren Verwaltungsbehörde erfolgen; sie dürfen an Dritte nicht erfolgen auf Grund von Rechtsgeschäften oder Urkunden über Rechtsgeschäfte, welche nach § 2 des Gesetzes, betreffend die Beschlagnahme des Arbeits- oder Dienstlohns, vom 21. Juni 1869 (Bundes-Gesetzbl. S. 242) rechtlich unwirksam sind.

§ 116. Arbeiter, deren Forderungen in einer dem § 115 zuwiderlaufenden Weise berichtigt worden sind, können zu jeder Zeit Zahlung nach Maßgabe des § 115 verlangen, ohne daß ihnen eine Einrede aus dem an Zahlungsstatt Gegebenen entgegengesetzt werden kann. Letzteres fällt, soweit es noch bei dem Empfänger vorhanden oder dieser daraus bereichert ist, derjenigen Hülfskasse zu, welcher der Arbeiter angehört, in Ermangelung einer solchen einer anderen zum Besten der Arbeiter an dem Orte bestehenden, von der Gemeindebehörde zu bestimmenden Kasse und in deren Ermangelung der Ortsarmenkasse.

§ 117. Verträge, welche dem § 115 zuwiderlaufen, sind nichtig.

Dasselbe gilt von Verabredungen zwischen den Gewerbetreibenden und den von ihnen beschäftigten Arbeitern über die Entnahme der Bedürfnisse der letzteren aus gewissen Verkaufsstellen sowie überhaupt über die Verwendung des Verdienstes derselben zu einem anderen Zwecke als zur Betheiligung an Einrichtungen zur Verbesserung der Lage der Arbeiter oder ihrer Familien.

§ 118. Forderungen für Waaren, welche dem § 115 zuwider kreditirt worden sind, können von dem Gläubiger weder eingeklagt, noch durch Anrechnung oder sonst geltend gemacht werden, ohne Unterschied, ob sie zwischen den Betheiligten unmittelbar entstanden oder mittelbar erworben sind. Dagegen fallen dergleichen Forderungen der im § 116 bezeichneten Kasse zu.

§ 119. Den Gewerbetreibenden im Sinne der §§ 115 bis 118 sind gleich zu achten deren Familienglieder, Gehülfen, Beauftragte, Geschäftsführer, Aufseher und Faktoren sowie andere Gewerbetreibende, bei deren Geschäft eine der hier erwähnten Personen unmittelbar oder mittelbar betheiligt ist.

§ 119a. Lohneinbehaltungen, welche von Gewerbeunternehmern zur Sicherung des Ersatzes eines ihnen aus der widerrechtlichen Auflösung des

Arbeitsverhältnisses erwachsenden Schadens oder einer für diesen Fall verabredeten Strafe ausbedungen werden, dürfen bei den einzelnen Lohnzahlungen ein Viertel des fälligen Lohnes, im Gesammtbetrage den Betrag eines durchschnittlichen Wochenlohns nicht übersteigen.

Durch statutarische Bestimmung einer Gemeinde oder eines weiteren Kommunalverbandes (§ 142) kann für alle Gewerbebetriebe oder gewisse Arten derselben festgesetzt werden:

1. daß Lohn- und Abschlagszahlungen in festen Fristen erfolgen müssen, welche nicht länger als einen Monat und nicht kürzer als eine Woche sein dürfen;
2. daß der von minderjährigen Arbeitern verdiente Lohn an die Eltern oder Vormünder und nur mit deren schriftlicher Zustimmung oder nach deren Bescheinigung über den Empfang der letzten Lohnzahlung unmittelbar an die Minderjährigen gezahlt wird;
3. daß die Gewerbetreibenden den Eltern oder Vormündern innerhalb gewisser Fristen Mittheilung von den an minderjährige Arbeiter gezahlten Lohnbeträgen zu machen haben.

§ 119b. Unter den in §§ 114a bis 119a bezeichneten Arbeitern werden auch diejenigen Personen verstanden, welche für bestimmte Gewerbetreibende außerhalb der Arbeitsstätten der letzteren mit der Anfertigung gewerblicher Erzeugnisse beschäftigt sind, und zwar auch dann, wenn sie die Roh- und Hülfsstoffe selbst beschaffen.

§ 120. Die Gewerbeunternehmer sind verpflichtet, ihren Arbeitern unter achtzehn Jahren, welche eine von der Gemeindebehörde oder vom Staate als Fortbildungsschule anerkannte Unterrichtsanstalt besuchen, hierzu die erforderlichen Falles von der zuständigen Behörde festzusetzende Zeit zu gewähren. Am Sonntage darf der Unterricht nur stattfinden, wenn die Unterrichtsstunden so gelegt werden, daß die Schüler nicht gehindert werden, den Hauptgottesdienst oder einen mit Genehmigung der kirchlichen Behörden für sie eingerichteten besonderen Gottesdienst ihrer Konfession zu besuchen. Ausnahmen von dieser Bestimmung kann die Zentralbehörde für bestehende Fortbildungsschulen, zu deren Besuche keine Verpflichtung besteht, bis zum 1. Oktober 1894 gestatten.

Als Fortbildungsschulen im Sinne dieser Bestimmung gelten auch Anstalten, in welchen Unterricht in weiblichen Hand- und Hausarbeiten ertheilt wird.

Durch statutarische Bestimmung einer Gemeinde oder eines weiteren Kommunalverbandes (§ 142) kann für männliche Arbeiter unter achtzehn Jahren sowie für weibliche Handlungsgehülfen und -Lehrlinge unter achtzehn Jahren die Verpflichtung zum Besuche einer Fortbildungsschule, soweit diese Verpflichtung nicht landesgesetzlich besteht, begründet werden. Auf demselben Wege können die zur Durchführung dieser Verpflichtung erforderlichen Bestimmungen getroffen werden. Insbesondere können durch statutarische Bestimmung die zur Sicherung eines regelmäßigen Schulbesuchs den Schulpflichtigen sowie deren Eltern, Vormündern und Arbeitgebern obliegenden Verpflichtungen bestimmt und diejenigen Vorschriften erlassen werden, durch welche die Ordnung in der Fortbildungsschule und ein gebührliches Verhalten der Schüler gesichert wird. Von der durch statutarische Bestimmung begründeten Verpflichtung zum Besuch einer Fortbildungsschule sind diejenigen befreit, welche eine Innungs- oder andere Fortbildungs- oder Fachschule besuchen, sofern der Unterricht dieser Schule von der höheren Verwaltungsbehörde als ein ausreichender Ersatz des allgemeinen Fortbildungsschulunterrichts anerkannt wird.

§ 120 a. Die Gewerbeunternehmer sind verpflichtet, die Arbeitsräume, Betriebsvorrichtungen, Maschinen und Geräthschaften so einzurichten und zu unterhalten und den Betrieb so zu regeln, daß die Arbeiter gegen Gefahren für Leben und Gesundheit soweit geschützt sind, wie es die Natur des Betriebs gestattet.

Insbesondere ist für genügendes Licht, ausreichenden Luftraum und Luftwechsel, Beseitigung des bei dem Betrieb entstehenden Staubes, der dabei entwickelten Dünste und Gase sowie der dabei entstehenden Abfälle Sorge zu tragen.

Ebenso sind diejenigen Vorrichtungen herzustellen, welche zum Schutze der Arbeiter gegen gefährliche Berührungen mit Maschinen oder Maschinentheilen oder gegen andere in der Natur der Betriebsstätte oder des Betriebs liegende Gefahren, namentlich auch gegen die Gefahren, welche aus Fabrikbränden erwachsen können, erforderlich sind.

Endlich sind diejenigen Vorschriften über die Ordnung des Betriebs und das Verhalten der Arbeiter zu erlassen, welche zur Sicherung eines gefahrlosen Betriebs erforderlich sind.

§ 120 b. Die Gewerbeunternehmer sind verpflichtet, diejenigen Einrichtungen zu treffen und zu unterhalten und diejenigen Vorschriften über das Verhalten der Arbeiter im Betriebe zu erlassen, welche erforderlich sind, um die Aufrechterhaltung der guten Sitten und des Anstandes zu sichern.

Insbesondere muß, soweit es die Natur des Betriebs zuläßt, bei der Arbeit die Trennung der Geschlechter durchgeführt werden, sofern nicht die Aufrechterhaltung der guten Sitten und des Anstandes durch die Einrichtung des Betriebs ohnehin gesichert ist.

In Anlagen, deren Betrieb es mit sich bringt, daß die Arbeiter sich umkleiden und nach der Arbeit sich reinigen, müssen ausreichende, nach Geschlechtern getrennte Ankleide- und Waschräume vorhanden sein.

Die Bedürfnißanstalten müssen so eingerichtet sein, daß sie für die Zahl der Arbeiter ausreichen, daß den Anforderungen der Gesundheitspflege entsprochen wird und daß ihre Benutzung ohne Verletzung von Sitte und Anstand erfolgen kann.

§ 120 c. Gewerbeunternehmer, welche Arbeiter unter achtzehn Jahren beschäftigen, sind verpflichtet, bei der Einrichtung der Betriebsstätte und bei der Regelung des Betriebs diejenigen besonderen Rücksichten auf Gesundheit und Sittlichkeit zu nehmen, welche durch das Alter dieser Arbeiter geboten sind.

§ 120 d. Die zuständigen Polizeibehörden sind befugt, im Wege der Verfügung für einzelne Anlagen die Ausführung derjenigen Maßnahmen anzuordnen, welche zur Durchführung der in §§ 120a bis 120c enthaltenen Grundsätze erforderlich und nach der Beschaffenheit der Anlage ausführbar erscheinen. Sie können anordnen, daß den Arbeitern zur Einnahme von Mahlzeiten außerhalb der Arbeitsräume angemessene, in der kalten Jahreszeit geheizte Räume unentgeltlich zur Verfügung gestellt werden.

Soweit die angeordneten Maßregeln nicht die Beseitigung einer dringenden, das Leben oder die Gesundheit bedrohenden Gefahr bezwecken, muß für die Ausführung eine angemessene Frist gelassen werden.

Den bei Erlaß dieses Gesetzes bereits bestehenden Anlagen gegenüber können, solange nicht eine Erweiterung oder ein Umbau eintritt, nur Anforderungen gestellt werden, welche zur Beseitigung erheblicher, das Leben, die Gesundheit oder die Sittlichkeit der Arbeiter gefährdender Mißstände erforderlich oder ohne unverhältnißmäßige Aufwendungen ausführbar erscheinen.

Gegen die Verfügung der Polizeibehörde steht dem Gewerbeunternehmer binnen zwei Wochen die Beschwerde an die höhere Verwaltungsbehörde zu. Gegen die Entscheidung der höheren Verwaltungsbehörde ist binnen vier Wochen die Beschwerde an die Zentralbehörde zulässig; diese entscheidet endgültig. Widerspricht die Verfügung den von der zuständigen Berufsgenossenschaft erlassenen Vorschriften zur Verhütung von Unfällen, so ist zur Einlegung der vorstehend bezeichneten Rechtsmittel binnen der dem Gewerbeunternehmer zustehenden Frist auch der Vorstand der Berufsgenossenschaft befugt.

§ 120e. Durch Beschluß des Bundesraths können Vorschriften darüber erlassen werden, welchen Anforderungen in bestimmten Arten von Anlagen zur Durchführung der in den §§ 120a bis 120c enthaltenen Grundsätze zu genügen ist.

Soweit solche Vorschriften durch Beschluß des Bundesraths nicht erlassen sind, können dieselben durch Anordnung der Landes-Zentralbehörden oder durch Polizeiverordnungen der zum Erlasse solcher berechtigten Behörden erlassen werden. Vor dem Erlasse solcher Anordnungen und Polizeiverordnungen ist den Vorständen der betheiligten Berufsgenossenschaften oder Berufsgenossenschafts-Sektionen Gelegenheit zu einer gutachtlichen Aeußerung zu geben. Auf diese finden die Bestimmungen des § 113 Abs. 2, 4 und des § 115 Abs. 4 Satz 1 des Gewerbe-Unfallversicherungsgesetzes (Reichs-Gesetzbl. 1900 S. 573, 585) Anwendung.

Durch Beschluß des Bundesraths können für solche Gewerbe, in welchen durch übermäßige Dauer der täglichen Arbeitszeit die Gesundheit der Arbeiter gefährdet wird, Dauer, Beginn und Ende der zulässigen täglichen Arbeitszeit und der zu gewährenden Pausen vorgeschrieben und die zur Durchführung dieser Vorschriften erforderlichen Anordnungen erlassen werden.

Die durch Beschluß des Bundesraths erlassenen Vorschriften sind durch das Reichs-Gesetzblatt zu veröffentlichen und dem Reichstage bei seinem nächsten Zusammentritte zur Kenntnißnahme vorzulegen.

II. Verhältnisse der Gesellen und Gehülfen.

§ 121. Gesellen und Gehülfen sind verpflichtet, den Anordnungen der Arbeitgeber in Beziehung auf die ihnen übertragenen Arbeiten und auf die häuslichen Einrichtungen Folge zu leisten; zu häuslichen Arbeiten sind sie nicht verbunden.

§ 122. Das Arbeitsverhältniß zwischen den Gesellen oder Gehülfen und ihren Arbeitgebern kann, wenn nicht ein Anderes verabredet ist, durch eine jedem Theile freistehende, vierzehn Tage vorher erklärte Aufkündigung gelöst werden. Werden andere Aufkündigungsfristen vereinbart, so müssen sie für beide Theile gleich sein. Vereinbarungen, welche dieser Bestimmung zuwiderlaufen, sind nichtig.

§ 123. Vor Ablauf der vertragsmäßigen Zeit und ohne Aufkündigung können Gesellen und Gehülfen entlassen werden:

1. wenn sie bei Abschluß des Arbeitsvertrags den Arbeitgeber durch Vorzeigung falscher oder verfälschter Arbeitsbücher oder Zeugnisse hintergangen oder ihn über das Bestehen eines anderen, sie gleichzeitig verpflichtenden Arbeitsverhältnisses in einen Irrthum versetzt haben;
2. wenn sie eines Diebstahls, einer Entwendung, einer Unterschlagung, eines Betrugs oder eines liederlichen Lebenswandels sich schuldig machen;
3. wenn sie die Arbeit unbefugt verlassen haben oder sonst den nach dem Arbeitsvertrag ihnen obliegenden Verpflichtungen nachzukommen beharrlich verweigern;
4. wenn sie der Verwarnung ungeachtet mit Feuer und Licht unvorsichtig umgehen;
5. wenn sie sich Thätlichkeiten oder grobe Beleidigungen gegen den Arbeitgeber oder seine Vertreter oder gegen die Familienangehörigen des Arbeitgebers oder seiner Vertreter zu Schulden kommen lassen;
6. wenn sie einer vorsätzlichen und rechtswidrigen Sachbeschädigung zum Nachtheile des Arbeitgebers oder eines Mitarbeiters sich schuldig machen;
7. wenn sie Familienangehörige des Arbeitgebers oder seiner Vertreter oder Mitarbeiter zu Handlungen verleiten oder zu verleiten versuchen oder mit Familienangehörigen des Arbeitgebers oder seiner Vertreter Handlungen begehen, welche wider die Gesetze oder die guten Sitten verstoßen;
8. wenn sie zur Fortsetzung der Arbeit unfähig oder mit einer abschreckenden Krankheit behaftet sind.

In den unter Ziffer 1 bis 7 gedachten Fällen ist die Entlassung nicht mehr zulässig, wenn die zu Grunde liegenden Thatsachen dem Arbeitgeber länger als eine Woche bekannt sind.

Inwiefern in den unter Ziffer 8 gedachten Fällen dem Entlassenen ein Anspruch auf Entschädigung zustehe, ist nach dem Inhalte des Vertrags und nach den allgemeinen gesetzlichen Vorschriften zu beurtheilen.

§ 124. Vor Ablauf der vertragsmäßigen Zeit und ohne Aufkündigung können Gesellen und Gehülfen die Arbeit verlassen:

1. wenn sie zur Fortsetzung der Arbeit unfähig werden;
2. wenn der Arbeitgeber oder seine Vertreter sich Thätlichkeiten oder grobe Beleidigungen gegen die Arbeiter oder gegen ihre Familienangehörigen zu Schulden kommen lassen;
3. wenn der Arbeitgeber oder seine Vertreter oder Familienangehörige derselben die Arbeiter oder deren Familienangehörige zu Handlungen verleiten oder zu verleiten versuchen oder mit den Familienangehörigen der Arbeiter Handlungen begehen, welche wider die Gesetze oder die guten Sitten laufen;
4. wenn der Arbeitgeber den Arbeitern den schuldigen Lohn nicht in der bedungenen Weise auszahlt, bei Stücklohn nicht für ihre ausreichende Beschäftigung sorgt, oder wenn er sich widerrechtlicher Uebervortheilungen gegen sie schuldig macht;
5. wenn bei Fortsetzung der Arbeit das Leben oder die Gesundheit der Arbeiter einer erweislichen Gefahr ausgesetzt sein würde, welche bei Eingehung des Arbeitsvertrags nicht zu erkennen war.

In den unter Ziffer 2 gedachten Fällen ist der Austritt aus der Arbeit nicht mehr zulässig, wenn die zu Grunde liegenden Thatsachen dem Arbeiter länger als eine Woche bekannt sind.

§ 124 a. Außer den in §§ 123 und 124 bezeichneten Fällen kann jeder der beiden Theile aus wichtigen Gründen vor Ablauf der vertragsmäßigen Zeit und ohne Innehaltung einer Kündigungsfrist die Aufhebung des Arbeitsverhältnisses verlangen, wenn dasselbe mindestens auf vier Wochen oder wenn eine längere als vierzehntägige Kündigungsfrist vereinbart ist.

§ 124 b. Hat ein Geselle oder Gehülfe rechtswidrig die Arbeit verlassen, so kann der Arbeitgeber als Entschädigung für den Tag des Vertragsbruchs und jeden folgenden Tag der vertragsmäßigen oder gesetzlichen Arbeitszeit, höchstens aber für eine Woche, den Betrag des ortsüblichen Tagelohns (§ 8 des Krankenversicherungsgesetzes vom 15. Juni 1883, Reichs-Gesetzbl. S. 73) fordern. Diese Forderung ist an den Nachweis eines Schadens nicht gebunden. Durch ihre Geltendmachung wird der Anspruch auf Erfüllung des Vertrags und auf weiteren Schadensersatz ausgeschlossen. Dasselbe Recht steht dem Gesellen oder Gehülfen gegen den Arbeitgeber zu, wenn er von diesem vor rechtmäßiger Beendigung des Arbeitsverhältnisses entlassen worden ist.

§ 125. Ein Arbeitgeber, welcher einen Gesellen oder Gehülfen verleitet, vor rechtmäßiger Beendigung des Arbeitsverhältnisses die Arbeit zu verlassen, ist dem früheren Arbeitgeber für den entstandenen Schaden oder den nach § 124 b an die Stelle des Schadensersatzes tretenden Betrag als Selbstschuldner mitverhaftet. In gleicher Weise haftet ein Arbeitgeber, welcher einen Gesellen oder Gehülfen annimmt, von dem er weiß, daß derselbe einem anderen Arbeitgeber zur Arbeit noch verpflichtet ist.

In dem im vorstehenden Absatze bezeichneten Umfang ist auch derjenige Arbeitgeber mitverhaftet, welcher einen Gesellen oder Gehülfen, von dem er weiß, daß derselbe einem anderen Arbeitgeber zur Arbeit noch verpflichtet ist, während der Dauer dieser Verpflichtung in der Beschäftigung behält, sofern nicht seit der unrechtmäßigen Lösung des Arbeitsverhältnisses bereits vierzehn Tage verflossen sind.

Den Gesellen und Gehülfen stehen im Sinne der vorstehenden Bestimmungen die im § 119b bezeichneten Personen gleich.

III. Lehrlingsverhältnisse.

A. Allgemeine Bestimmungen.

§ 126. Die Befugniß zum Halten oder zur Anleitung von Lehrlingen steht Personen, welche sich nicht im Besitze der bürgerlichen Ehrenrechte befinden, nicht zu.

§ 126a. Die Befugniß zum Halten und zur Anleitung von Lehrlingen kann solchen Personen ganz oder auf Zeit entzogen werden, welche sich wiederholt grober Pflichtverletzungen gegen die ihnen anvertrauten Lehrlinge schuldig gemacht haben, oder gegen welche Thatsachen vorliegen, die sie in sittlicher Beziehung zum Halten oder zur Anleitung von Lehrlingen ungeeignet erscheinen lassen.

Die Befugniß zur Anleitung von Lehrlingen kann ferner solchen Personen entzogen werden, welche wegen geistiger oder körperlicher Gebrechen zur sachgemäßen Anleitung eines Lehrlinges nicht geeignet sind.

Die Entziehung erfolgt durch Verfügung der unteren Verwaltungsbehörde; gegen die Verfügung findet der Rekurs statt. Wegen des Verfahrens und der Behörden gelten die Vorschriften der §§ 20 und 21, soweit nicht landesgesetzlich das Verfahren in streitigen Verwaltungssachen Platz greift.

Durch die höhere Verwaltungsbehörde kann die entzogene Befugniß nach Ablauf eines Jahres wieder eingeräumt werden.

§ 126b. Der Lehrvertrag ist binnen vier Wochen nach Beginn der Lehre schriftlich abzuschließen. Derselbe muß enthalten:

1. die Bezeichnung des Gewerbes oder des Zweiges der gewerblichen Thätigkeit, in welchem die Ausbildung erfolgen soll;
2. die Angabe der Dauer der Lehrzeit;
3. die Angabe der gegenseitigen Leistungen;
4. die gesetzlichen und sonstigen Voraussetzungen, unter welchen die einseitige Auflösung des Vertrags zulässig ist.

Der Lehrvertrag ist von dem Gewerbetreibenden oder seinem Stellvertreter, dem Lehrling und dem gesetzlichen Vertreter des Lehrlinges zu unterschreiben und in einem Exemplare dem gesetzlichen Vertreter des Lehrlinges auszuhändigen. Der Lehrherr ist verpflichtet, der Ortspolizeibehörde auf Erfordern den Lehrvertrag einzureichen.

Auf Lehrlinge in staatlich anerkannten Lehrwerkstätten finden diese Bestimmungen keine Anwendung.

Der Lehrvertrag ist kosten- und stempelfrei.

§ 127. Der Lehrherr ist verpflichtet, den Lehrling in den bei seinem Betriebe vorkommenden Arbeiten des Gewerbes dem Zwecke der Ausbildung entsprechend zu unterweisen, ihn zum Besuche der Fortbildungs- oder Fachschule anzuhalten und den Schulbesuch zu überwachen. Er muß entweder selbst oder durch einen geeigneten, ausdrücklich dazu bestimmten Vertreter die Ausbildung des Lehrlinges leiten, den Lehrling zur Arbeitsamkeit und zu guten Sitten anhalten und vor Ausschweifungen bewahren, er hat ihn gegen Mißhandlungen seitens der Arbeits- und Hausgenossen zu schützen und dafür Sorge zu tragen, daß dem Lehrlinge nicht Arbeitsverrichtungen zugewiesen werden, welche seinen körperlichen Kräften nicht angemessen sind.

Er darf dem Lehrlinge die zu seiner Ausbildung und zum Besuche des Gottesdienstes an Sonn- und Festtagen erforderliche Zeit und Gelegenheit nicht entziehen. Zu häuslichen Dienstleistungen dürfen Lehrlinge, welche im Hause des Lehrherrn weder Kost noch Wohnung erhalten, nicht herangezogen werden.

§ 127 a. Der Lehrling ist der väterlichen Zucht des Lehrherrn unterworfen und dem Lehrherrn sowie demjenigen, welcher an Stelle des Lehrherrn die Ausbildung zu leiten hat, zur Folgsamkeit und Treue, zu Fleiß und anständigem Betragen verpflichtet.

Uebermäßige und unanständige Züchtigungen sowie jede die Gesundheit des Lehrlinges gefährdende Behandlung sind verboten.

§ 127 b. Das Lehrverhältniß kann, wenn eine längere Frist nicht vereinbart ist, während der ersten vier Wochen nach Beginn der Lehrzeit durch einseitigen Rücktritt aufgelöst werden. Eine Vereinbarung, wonach diese Probezeit mehr als drei Monate betragen soll, ist nichtig.

Nach Ablauf der Probezeit kann der Lehrling vor Beendigung der verabredeten Lehrzeit entlassen werden, wenn einer der im § 123 vorgesehenen Fälle auf ihn Anwendung findet oder wenn er die ihm im § 127 a auferlegten Pflichten wiederholt verletzt oder den Besuch der Fortbildungs- oder Fachschule vernachlässigt.

Von Seiten des Lehrlinges kann das Lehrverhältniß nach Ablauf der Probezeit aufgelöst werden, wenn:

1. einer der im § 124 unter Ziffer 1, 3 bis 5 vorgesehenen Fälle vorliegt;
2. der Lehrherr seine gesetzlichen Verpflichtungen gegen den Lehrling in einer die Gesundheit, die Sittlichkeit oder die Ausbildung des Lehrlinges gefährdenden Weise vernächlässigt, oder das Recht der väterlichen Zucht mißbraucht, oder zur Erfüllung der ihm vertragsmäßig obliegenden Verpflichtungen unfähig wird.

Der Lehrvertrag wird durch den Tod des Lehrlinges aufgehoben. Durch den Tod des Lehrherrn gilt der Lehrvertrag als aufgehoben, sofern die Aufhebung binnen vier Wochen geltend gemacht wird.

§ 127 c. Bei Beendigung des Lehrverhältnisses hat der Lehrherr dem Lehrling unter Angabe des Gewerbes, in welchem der Lehrling unterwiesen worden ist, über die Dauer der Lehrzeit und die während derselben erworbenen Kenntnisse und Fertigkeiten sowie über sein Betragen ein Zeugniß auszustellen, welches von der Gemeindebehörde kosten- und stempelfrei zu beglaubigen ist.

An Stelle dieser Zeugnisse treten, wo Innungen oder andere Vertretungen der Gewerbetreibenden bestehen, die von diesen ausgestellten Lehrbriefe.

§ 127 d. Verläßt der Lehrling in einem durch dies Gesetz nicht vorgesehenen Falle ohne Zustimmung des Lehrherrn die Lehre, so kann letzterer den Anspruch auf Rückkehr des Lehrlinges nur geltend machen, wenn der Lehrvertrag schriftlich geschlossen ist. Die Polizeibehörde kann in diesem Falle auf Antrag des Lehrherrn den Lehrling anhalten, solange in der Lehre zu verbleiben, als durch gerichtliches Urtheil das Lehrverhältniß nicht für aufgelöst erklärt ist, oder dem Lehrlinge durch einstweilige Verfügung eines Gerichts gestattet ist, der Lehre fern zu bleiben. Der Antrag ist nur zulässig, wenn er binnen einer Woche nach dem Austritte des Lehrlinges gestellt ist. Im Falle unbegründeter Weigerung der Rückkehr hat die Polizeibehörde den Lehrling zwangsweise zurückführen zu lassen oder durch Androhung von Geldstrafe bis zu fünfzig Mark oder Haft bis zu fünf Tagen zur Rückkehr anzuhalten.

§ 127 e. Wird von dem gesetzlichen Vertreter für den Lehrling oder, sofern der letztere volljährig ist, von ihm selbst dem Lehrherrn die schriftliche Erklärung abgegeben, daß der Lehrling zu einem anderen Gewerbe oder anderen Beruf übergehen werde, so gilt das Lehrverhältniß, wenn der Lehrling nicht früher entlassen wird, nach Ablauf von vier Wochen als aufgelöst. Den Grund der Auflösung hat der Lehrherr in dem Arbeitsbuche zu vermerken.

Binnen neun Monaten nach der Auflösung darf der Lehrling in demselben Gewerbe von einem anderen Arbeitgeber ohne Zustimmung des früheren Lehrherrn nicht beschäftigt werden.

§ 127 f. Erreicht das Lehrverhältniß vor Ablauf der verabredeten Lehrzeit sein Ende, so kann von dem Lehrherrn oder von dem Lehrling ein Anspruch auf Entschädigung nur geltend gemacht werden, wenn der Lehrvertrag schriftlich geschlossen ist. In den Fällen des § 127 b Abs. 1, 4 kann der Anspruch nur geltend gemacht werden, wenn dieses in dem Lehrvertrag unter Festsetzung der Art und Höhe der Entschädigung vereinbart ist.

Der Anspruch der Entschädigung erlischt, wenn er nicht innerhalb vier Wochen nach Auflösung des Lehrverhältnisses im Wege der Klage oder Einrede geltend gemacht ist.

§ 127 g. Ist von dem Lehrherrn das Lehrverhältniß aufgelöst worden, weil der Lehrling die Lehre unbefugt verlassen hat, so ist die von dem Lehrherrn beanspruchte Entschädigung, wenn in dem Lehrvertrage nicht ein geringerer Betrag ausbedungen ist, auf einen Betrag festzusetzen, welcher für jeden auf den Tag des Vertragsbruchs folgenden Tag der Lehrzeit, höchstens aber für sechs Monate, bis auf die Hälfte des in dem Gewerbe des Lehrherrn den Gesellen oder Gehülfen ortsüblich gezahlten Lohnes sich belaufen darf.

Für die Zahlung der Entschädigung sind als Selbstschuldner mitverhaftet der Vater des Lehrlinges, sofern er die Sorge für die Person des Lehrlinges hat, sowie derjenige Arbeitgeber, welcher den Lehrling zum Verlassen der Lehre verleitet oder welcher ihn in Arbeit genommen hat, obwohl er wußte, daß der Lehrling zur Fortsetzung eines Lehrverhältnisses noch verpflichtet war. Hat der Entschädigungsberechtigte erst nach Auflösung des Lehrverhältnisses von der Person des Arbeitgebers, welcher den Lehrling verleitet oder in Arbeit genommen hat, Kenntniß erhalten, so erlischt gegen diese der Entschädigungsanspruch erst, wenn derselbe nicht innerhalb vier Wochen nach erhaltener Kenntniß geltend gemacht ist.

§ 128. Wenn der Lehrherr eine im Mißverhältnisse zu dem Umfang oder der Art seines Gewerbebetriebs stehende Zahl von Lehrlingen hält und dadurch die Ausbildung der Lehrlinge gefährdet erscheint, so kann dem Lehrherrn von der unteren Verwaltungsbehörde die Entlassung eines entsprechenden Theiles der Lehrlinge auferlegt und die Annahme von Lehrlingen über eine bestimmte Zahl hinaus untersagt werden. Die Bestimmungen des § 126a Abs. 3 finden hierbei entsprechende Anwendung.

Unbeschadet der vorstehenden Bestimmung können durch Beschluß des Bundesraths für einzelne Gewerbszweige Vorschriften über die höchste Zahl der Lehrlinge erlassen werden, welche in Betrieben dieser Gewerbszweige gehalten werden darf. Soweit solche Vorschriften nicht erlassen sind, können sie durch Anordnung der Landes-Zentralbehörde erlassen werden.

B. Besondere Bestimmungen für Handwerker.

§ 129. [1]) In Handwerksbetrieben steht die Befugniß zur Anleitung von Lehrlingen nur denjenigen Personen zu, welche das vierundzwanzigste Lebensjahr vollendet haben und in dem Gewerbe oder in dem Zweige des Gewerbes, in welchem die Anleitung der Lehrlinge erfolgen soll,

entweder die von der Handwerkskammer vorgeschriebene Lehrzeit, oder solange die Handwerkskammer eine Vorschrift über die Dauer der Lehrzeit nicht erlassen hat, mindestens eine dreijährige Lehrzeit zurückgelegt und die Gesellenprüfung bestanden haben,

oder fünf Jahre hindurch persönlich das Handwerk selbständig ausgeübt haben oder als Werkmeister oder in ähnlicher Stellung thätig gewesen sind.

Die höhere Verwaltungsbehörde kann Personen, welche diesen Anforderungen nicht entsprechen, die Befugniß zur Anleitung von Lehrlingen verleihen. Gehört die Person einer Innung an oder besteht an ihrem Wohnorte für den Gewerbszweig, welchem sie angehört, eine Innung, so

---

[1]) Vergleiche hierzu den Artikel 7 des Gesetzes, betreffend die Abänderung der Gewerbeordnung, vom 26. Juli 1897 (Reichs-Gesetzbl. S. 663):

Gewerbetreibende, welche bei Erlaß des Gesetzes Lehrlinge halten, sind berechtigt, diese Lehrlinge auszulehren.

Auf Personen, welche beim Inkrafttreten dieser Bestimmungen das siebzehnte Lebensjahr vollendet haben, findet § 129 Abs. 1 mit der Maßgabe Anwendung, daß denselben die Befugniß zur Anleitung von Lehrlingen auch dann zusteht, wenn sie nur eine zweijährige Lehrzeit zurückgelegt haben.

Die untere Verwaltungsbehörde ist befugt, Personen, welche den Voraussetzungen des Abs. 2 nicht entsprechen, die Befugniß zur Anleitung von Lehrlingen zu verleihen.

Die Landes-Zentralbehörde kann für einzelne Gewerbe oder Zweige eines Gewerbes bestimmen, daß den im Abs. 2 bezeichneten Personen die Befugniß zur Anleitung von Lehrlingen auch dann zusteht, wenn sie eine kürzere als zweijährige Lehrzeit zurückgelegt haben.

ist die letztere vor der Entscheidung von der höheren Verwaltungsbehörde zu hören.

Die Unterweisung des Lehrlinges in einzelnen technischen Handgriffen und Fertigkeiten durch einen Gesellen fällt nicht unter die im Abs. 1 vorgesehenen Bestimmungen.

Die Zurücklegung der Lehrzeit kann auch in einem dem Gewerbe angehörenden Großbetrieb erfolgen und durch den Besuch einer Lehrwerkstätte oder sonstigen gewerblichen Unterrichtsanstalt ersetzt werden. Die Landes-Zentralbehörden können den Prüfungszeugnissen von Lehrwerkstätten, gewerblichen Unterrichtsanstalten oder von Prüfungsbehörden, welche vom Staate für einzelne Gewerbe oder zum Nachweise der Befähigung zur Anstellung in staatlichen Betrieben eingesetzt sind, die Wirkung der Verleihung der im Abs. 1 bezeichneten Befugniß für bestimmte Gewerbszweige beilegen.

Der Bundesrath ist befugt, für einzelne Gewerbe Ausnahmen von den Bestimmungen im Abs. 1 zuzulassen.

§ 129 a. Der Unternehmer eines Betriebs, in welchem mehrere Gewerbe vereinigt sind, ist befugt, in allen zu dem Betriebe vereinigten Gewerben Lehrlinge anzuleiten, wenn er für eines dieser Gewerbe den Voraussetzungen des § 129 entspricht.

Wer für einen gesondert betriebenen Zweig eines Gewerbes den Voraussetzungen des § 129 entspricht, ist berechtigt, auch in den übrigen Zweigen dieses Gewerbes Lehrlinge anzuleiten.

Wer für ein Gewerbe den Voraussetzungen des § 129 entspricht, ist berechtigt, auch in den diesem verwandten Gewerben Lehrlinge anzuleiten. Welche Gewerbe als verwandte Gewerbe im Sinne dieser Bestimmung anzusehen sind, bestimmt die Handwerkskammer.

Das gemäß § 131 c Abs. 2 dem Prüfungsausschusse vorzulegende Lehrzeugniß darf nur für dasjenige Gewerbe ausgestellt werden, für welches der Lehrherr oder sein Vertreter (§ 127 Abs. 1) zur Anleitung von Lehrlingen befugt ist.

§ 129 b. Gehört der Lehrherr einer Innung an, so ist er verpflichtet, eine Abschrift des Lehrvertrags binnen vierzehn Tagen nach Abschluß desselben der Innung einzureichen; er kann hierzu durch die Ortspolizeibehörde angehalten werden.

Die Innungen können bestimmen, daß der Abschluß des Lehrvertrags vor der Innung erfolgen soll. In diesem Falle ist dem Lehrherrn und dem Vater oder Vormunde des Lehrlinges eine Abschrift des Lehrvertrags auszuhändigen.

§ 130. Soweit durch den Bundesrath oder die Landes-Zentralbehörde auf Grund des § 128 Abs. 2 Vorschriften über die zulässige Zahl von Lehrlingen nicht erlassen sind, ist die Handwerkskammer und die Innung zum Erlasse solcher Vorschriften befugt.

§ 130 a. Die Lehrzeit soll in der Regel drei Jahre dauern, sie darf den Zeitraum von vier Jahren nicht übersteigen.

Von der Handwerkskammer kann mit Genehmigung der höheren Verwaltungsbehörde die Dauer der Lehrzeit für die einzelnen Gewerbe oder Gewerbszweige nach Anhörung der betheiligten Innungen und der im § 103a Abs. 3 Ziffer 2 bezeichneten Vereinigungen festgesetzt werden.

Die Handwerkskammer ist befugt, Lehrlinge in Einzelfällen von der Innehaltung der festgesetzten Lehrzeit zu entbinden.

§ 131. Den Lehrlingen ist Gelegenheit zu geben, sich nach Ablauf der Lehrzeit der Gesellenprüfung (§ 129 Abs. 1) zu unterziehen.

Die Abnahme der Prüfung erfolgt durch Prüfungsausschüsse. Bei jeder Zwangsinnung wird ein Prüfungsausschuß gebildet, bei anderen Innungen nur dann, wenn ihnen die Ermächtigung zur Abnahme der Prüfungen von der Handwerkskammer ertheilt ist. Soweit für die Abnahme der Prüfungen für die einzelnen Gewerbe nicht durch Prüfungsausschüsse der Innungen und die im § 129 Abs. 4 bezeichneten Lehrwerkstätten, gewerblichen Unterrichtsanstalten und Prüfungsbehörden gesorgt ist, hat die Handwerkskammer die erforderlichen Prüfungsausschüsse zu errichten.

§ 131a. Die Prüfungsausschüsse bestehen aus einem Vorsitzenden und mindestens zwei Beisitzern.

Der Vorsitzende des Prüfungsausschusses wird von der Handwerkskammer bestellt. Von den Beisitzern wird bei dem Prüfungsausschuß einer Innung die Hälfte durch diese, die andere Hälfte aus der Zahl der Gesellen, welche eine Gesellenprüfung bestanden haben, durch den Gesellenausschuß bestellt. Bei den von der Handwerkskammer errichteten Prüfungsausschüssen werden auch die Beisitzer von der Handwerkskammer bestellt; die Hälfte der Beisitzer muß aus Gesellen bestehen.

Die Bestellung der Mitglieder der Prüfungsausschüsse erfolgt in der Regel auf drei Jahre.

Während der ersten sechs Jahre nach dem Inkrafttreten dieser Bestimmungen können auch Gesellen (Gehülfen), welche die Gesellenprüfung nicht abgelegt haben, gewählt werden, wenn sie eine Lehrzeit von mindestens zwei Jahren zurückgelegt haben.

§ 131b. Die Prüfung hat den Nachweis zu erbringen, daß der Lehrling die in seinem Gewerbe gebräuchlichen Handgriffe und Fertigkeiten mit genügender Sicherheit ausübt und sowohl über den Werth, die Beschaffung, Aufbewahrung und Behandlung der zu verarbeitenden Rohmaterialien, als auch über die Kennzeichen ihrer guten oder schlechten Beschaffenheit unterrichtet ist.

Im Uebrigen werden das Verfahren vor dem Prüfungsausschusse, der Gang der Prüfung und die Höhe der Prüfungsgebühren durch eine Prüfungsordnung geregelt, welche von der höheren Verwaltungsbehörde im Einvernehmen mit der Handwerkskammer erlassen wird. Kommt ein Einvernehmen nicht zu Stande, so entscheidet die Landes-Zentralbehörde.

Durch die Prüfungsordnung kann bestimmt werden, daß die Prüfung auch in der Buch- und Rechnungsführung zu erfolgen hat In diesem Falle ist der Prüfungsausschuß befugt, einen besonderen Sachverständigen zuzuziehen, welcher an der Prüfung mit vollem Stimmrechte Theil nimmt. Bei Stimmengleichheit giebt die Stimme des Vorsitzenden den Ausschlag.

Die Kosten der Prüfung werden, sofern diese von dem Prüfungsausschuß einer Innung abgehalten wird, von letzterer, im Uebrigen von der Handwerkskammer getragen. Diesen fließen die Prüfungsgebühren zu.

§ 131 c. Die Innung und der Lehrherr sollen den Lehrling anhalten, sich nach Ablauf der Lehrzeit der Gesellenprüfung (§ 129 Abs. 1) zu unterziehen.

Das Gesuch um Zulassung zur Prüfung hat der Lehrling an den Prüfungsausschuß zu richten. Dem Gesuche sind das Lehrzeugniß (§ 127 c) und, sofern der Prüfling während der Lehrzeit zum Besuch einer Fortbildungs- oder Fachschule verpflichtet war, die Zeugnisse über den Schulbesuch beizufügen.

Der Prüfungsausschuß hat das Ergebniß der Prüfung auf dem Lehrzeugniß oder Lehrbriefe zu beurkunden. Wird die Prüfung nicht bestanden, so hat der Prüfungsausschuß den Zeitraum zu bestimmen, vor dessen Ablaufe die Prüfung nicht wiederholt werden darf.

Die Prüfungszeugnisse sind kosten- und stempelfrei.

§ 132. Der Vorsitzende ist berechtigt, Beschlüsse des Prüfungsausschusses mit aufschiebender Wirkung zu beanstanden. Ueber die Beanstandung entscheidet die Handwerkskammer (§ 103 e Ziffer 6).

§ 132 a. Die Landes-Zentralbehörden sind befugt, die Bestellung der Prüfungsausschüsse, das Verfahren bei der Prüfung, die Gegenstände der Prüfung sowie die Prüfungsgebühren abweichend von den Vorschriften der §§ 131 bis 132 zu regeln, dabei darf jedoch hinsichtlich der bei der Prüfung zu stellenden Anforderungen nicht unter das im § 131 b Abs. 1 bestimmte Maß herabgegangen werden.

IIIa. Meistertitel.

§ 133.[1]) Den Meistertitel in Verbindung mit der Bezeichnung eines Handwerkes dürfen nur Handwerker führen, wenn sie in ihrem Gewerbe die Befugniß zur Anleitung von Lehrlingen erworben (§ 129) und die Meisterprüfung bestanden haben. Zu letzterer sind sie in der Regel nur zuzulassen, wenn sie mindestens drei Jahre als Geselle (Gehülfe) in ihrem Gewerbe thätig gewesen sind. Die Abnahme der Prüfung erfolgt durch Prüfungskommissionen, welche aus einem Vorsitzenden und vier Beisitzern bestehen.

Die Errichtung der Prüfungskommissionen erfolgt nach Anhörung der Handwerkskammer durch Verfügung der höheren Verwaltungsbehörde, welche auch die Mitglieder ernennt; die Ernennung erfolgt auf drei Jahre.

Die Prüfung hat den Nachweis der Befähigung zur selbständigen Ausführung und Kostenberechnung der gewöhnlichen Arbeiten des Gewerbes

---

[1]) Vergleiche hierzu den Artikel 8 des Gesetzes, betreffend die Abänderung der Gewerbeordnung, vom 26. Juli 1897 (Reichs-Gesetzbl. S. 663):

Wer beim Inkrafttreten dieser Bestimmungen persönlich ein Handwerk selbständig ausübt, ist befugt, den Meistertitel (§ 133) zu führen, wenn er in diesem Gewerbe die Befugniß zur Anleitung von Lehrlingen besitzt.

sowie der zu dem selbständigen Betriebe desselben sonst nothwendigen Kenntnisse, insbesondere auch der Buch- und Rechnungsführung, zu erbringen.

Das Verfahren vor der Prüfungskommission, der Gang der Prüfung und die Höhe der Prüfungsgebühren werden durch eine von der Handwerkskammer mit Genehmigung der Landes-Zentralbehörde zu erlassende Prüfungsordnung geregelt.

Die Kosten der Prüfungskommissionen fallen der Handwerkskammer zur Last, welcher die Prüfungsgebühren zufließen.

Die Prüfungszeugnisse sind kosten- und stempelfrei.

Der Meisterprüfung im Sinne der vorstehenden Bestimmungen können von der Landes-Zentralbehörde die von ihr angeordneten Prüfungen bei Anstalten und Einrichtungen der im § 129 Abs. 4 bezeichneten Art gleichgestellt werden, sofern bei denselben mindestens die gleichen Anforderungen gestellt werden wie bei den im Abs. 1 vorgesehenen Prüfungen.

IIIb. Verhältnisse der Betriebsbeamten, Werkmeister, Techniker.

§ 133 a. Das Dienstverhältniß der von Gewerbeunternehmern gegen feste Bezüge beschäftigten Personen, welche nicht lediglich vorübergehend mit der Leitung oder Beaufsichtigung des Betriebs oder einer Abtheilung desselben beauftragt (Betriebsbeamte, Werkmeister und ähnliche Angestellte) oder mit höheren technischen Dienstleistungen betraut sind (Maschinentechniker, Bautechniker, Chemiker, Zeichner und dergleichen), kann, wenn nicht etwas Anderes verabredet ist, von jedem Theile mit Ablauf jedes Kalendervierteljahrs nach sechs Wochen vorher erklärter Aufkündigung aufgehoben werden.

§ 133 aa. Wird durch Vertrag eine kürzere oder längere Kündigungsfrist bedungen, so muß sie für beide Theile gleich sein; sie darf nicht weniger als einen Monat betragen.

Die Kündigung kann nur für den Schluß eines Kalendermonats zugelassen werden.

Die Vorschriften des Abs. 1 finden auch in dem Falle Anwendung, wenn das Dienstverhältniß für bestimmte Zeit mit der Vereinbarung eingegangen wird, daß es in Ermangelung einer vor dem Ablaufe der Vertragszeit erfolgten Kündigung als verlängert gelten soll.

Eine Vereinbarung, die diesen Vorschriften zuwiderläuft, ist nichtig.

§ 133 ab. Die Vorschriften des § 133 aa finden keine Anwendung, wenn der Angestellte ein Gehalt von mindestens fünftausend Mark für das Jahr bezieht.

Sie bleiben ferner außer Anwendung, wenn der Angestellte für eine außereuropäische Niederlassung angenommen ist und nach dem Vertrage der Arbeitgeber für den Fall, daß er das Dienstverhältniß kündigt, die Kosten der Rückreise des Angestellten zu tragen hat.

§ 133 ac. Wird ein Angestellter nur zur vorübergehenden Aushülfe genommen, so finden die Vorschriften des § 133 aa keine Anwendung, es sei denn, daß das Dienstverhältniß über die Zeit von drei Monaten hinaus fortgesetzt wird. Die Kündigungsfrist muß jedoch auch in einem solchen Falle für beide Theile gleich sein.

§ 133 b. Jeder der beiden Theile kann vor Ablauf der vertragsmäßigen Zeit und ohne Innehaltung einer Kündigungsfrist die Aufhebung des Dienstverhältnisses verlangen, wenn ein wichtiger, nach den Umständen des Falles die Aufhebung rechtfertigender Grund vorliegt.

§ 133 c. Gegenüber den im § 133 a bezeichneten Personen kann die Aufhebung des Dienstverhältnisses insbesondere verlangt werden:

1. wenn sie beim Abschlusse des Dienstvertrags den Arbeitgeber durch Vorbringung falscher oder verfälschter Zeugnisse hintergangen oder ihn über das Bestehen eines anderen, sie gleichzeitig verpflichtenden Dienstverhältnisses in einen Irrthum versetzt haben;
2. wenn sie im Dienste untreu sind oder das Vertrauen mißbrauchen;
3. wenn sie ihren Dienst unbefugt verlassen oder den nach dem Dienstvertrag ihnen obliegenden Verpflichtungen nachzukommen, beharrlich verweigern;
4. wenn sie durch anhaltende Krankheit oder durch eine längere Freiheitsstrafe oder Abwesenheit an der Verrichtung ihrer Dienste verhindert werden;
5. wenn sie sich Thätlichkeiten oder Ehrverletzungen gegen den Arbeitgeber oder seinen Vertreter zu Schulden kommen lassen;
6. wenn sie sich einem unsittlichen Lebenswandel ergeben.

In dem Falle zu 4 bleibt der Anspruch auf die vertragsmäßigen Leistungen des Arbeitgebers für die Dauer von sechs Wochen in Kraft, wenn die Verrichtung der Dienste durch unverschuldetes Unglück verhindert worden ist. Jedoch mindern sich die Ansprüche in diesem Falle um denjenigen Betrag, welcher dem Berechtigten aus einer auf Grund gesetzlicher Verpflichtung bestehenden Krankenversicherung oder Unfallversicherung zukommt.

§ 133 d. Die im § 133 a bezeichneten Personen können die Auflösung des Dienstverhältnisses insbesondere verlangen:

1. wenn der Arbeitgeber oder seine Vertreter sich Thätlichkeiten oder Ehrverletzungen gegen sie zu Schulden kommen lassen;
2. wenn der Arbeitgeber die vertragsmäßigen Leistungen nicht gewährt;
3. wenn bei Fortsetzung des Dienstverhältnisses ihr Leben oder ihre Gesundheit einer erweislichen Gefahr ausgesetzt sein würde, welche bei Eingehung des Dienstverhältnisses nicht zu erkennen war.

§ 133 e. Auf die im § 133 a bezeichneten Personen finden die Bestimmungen der §§ 124 b und 125 Anwendung, dagegen nicht die Bestimmungen des § 119 a.

§ 133 f. Eine Vereinbarung zwischen dem Gewerbeunternehmer und einem der im § 133 a bezeichneten Angestellten, durch die der Angestellte für die Zeit nach der Beendigung des Dienstverhältnisses in seiner gewerblichen Thätigkeit beschränkt wird, ist für den Angestellten nur insoweit verbindlich, als die Beschränkung nach Zeit, Ort und Gegenstand nicht die Grenzen überschreitet, durch welche eine unbillige Erschwerung seines Fortkommens ausgeschlossen wird.

Die Vereinbarung ist nichtig, wenn der Angestellte zur Zeit des Abschlusses minderjährig ist.

IV. Verhältnisse der Fabrikarbeiter.

§ 134. Auf Fabrikarbeiter finden die Bestimmungen der §§ 121 bis 125 oder, wenn die Fabrikarbeiter als Lehrlinge anzusehen sind, die Bestimmungen der §§ 126 bis 128 Anwendung.

Den Unternehmern von Fabriken, in welchen in der Regel mindestens zwanzig Arbeiter beschäftigt werden, ist untersagt, für den Fall der rechtswidrigen Auflösung des Arbeitsverhältnisses durch den Arbeiter die Verwirkung des rückständigen Lohnes über den Betrag des durchschnittlichen Wochenlohns hinaus auszubedingen. Auf die Arbeitgeber und Arbeiter in solchen Fabriken finden die Bestimmungen des § 124 b keine Anwendung.

In Fabriken, für welche besondere Bestimmungen auf Grund des § 114 a Abs. 1 nicht erlassen sind, ist auf Kosten des Arbeitgebers für jeden minderjährigen Arbeiter ein Lohnzahlungsbuch einzurichten. In das Lohnzahlungsbuch ist bei jeder Lohnzahlung der Betrag des verdienten Lohnes einzutragen; es ist bei der Lohnzahlung dem Minderjährigen oder seinem gesetzlichen Vertreter auszuhändigen und von dem Empfänger vor der nächsten Lohnzahlung zurückzureichen. Auf das Lohnzahlungsbuch finden die Bestimmungen des § 110 Satz 1 und des § 111 Abs. 2 bis 4 Anwendung.

§ 134 a. Für jede Fabrik, in welcher in der Regel mindestens zwanzig Arbeiter beschäftigt werden, ist innerhalb vier Wochen nach Inkrafttreten dieses Gesetzes oder nach der Eröffnung des Betriebs eine Arbeitsordnung zu erlassen. Für die einzelnen Abtheilungen des Betriebs oder für die einzelnen Gruppen der Arbeiter können besondere Arbeitsordnungen erlassen werden. Der Erlaß erfolgt durch Aushang (§ 134 e Abs. 2).

Die Arbeitsordnung muß den Zeitpunkt, mit welchem sie in Wirksamkeit treten soll, angeben und von demjenigen, welcher sie erläßt, unter Angabe des Datums unterzeichnet sein.

Abänderungen ihres Inhalts können nur durch den Erlaß von Nachträgen oder in der Weise erfolgen, daß an Stelle der bestehenden eine neue Arbeitsordnung erlassen wird.

Die Arbeitsordnungen und Nachträge zu denselben treten frühestens zwei Wochen nach ihrem Erlaß in Geltung.

§ 134 b. Die Arbeitsordnung muß Bestimmungen enthalten:

1. über Anfang und Ende der regelmäßigen täglichen Arbeitszeit sowie der für die erwachsenen Arbeiter vorgesehenen Pausen;
2. über Zeit und Art der Abrechnung und Lohnzahlung mit der Maßgabe, daß die regelmäßige Lohnzahlung nicht am Sonntage stattfinden darf. Ausnahmen können von der unteren Verwaltungsbehörde zugelassen werden;

3. sofern es nicht bei den gesetzlichen Bestimmungen bewenden soll, über die Frist der zulässigen Aufkündigung sowie über die Gründe, aus welchen die Entlassung und der Austritt aus der Arbeit ohne Aufkündigung erfolgen darf;
4. sofern Strafen vorgesehen werden, über die Art und Höhe derselben, über die Art ihrer Festsetzung und, wenn sie in Geld bestehen, über deren Einziehung und über den Zweck, für welchen sie verwendet werden sollen;
5. sofern die Verwirkung von Lohnbeträgen nach Maßgabe der Bestimmung des § 134 Abs. 2 durch Arbeitsordnung oder Arbeitsvertrag ausbedungen wird, über die Verwendung der verwirkten Beträge.

Strafbestimmungen, welche das Ehrgefühl oder die guten Sitten verletzen, dürfen in die Arbeitsordnung nicht aufgenommen werden. Geldstrafen dürfen die Hälfte des durchschnittlichen Tagesarbeitsverdienstes nicht übersteigen; jedoch können Thätlichkeiten gegen Mitarbeiter, erhebliche Verstöße gegen die guten Sitten sowie gegen die zur Aufrechthaltung der Ordnung des Betriebs, zur Sicherung eines gefahrlosen Betriebs oder zur Durchführung der Bestimmungen der Gewerbeordnung erlassenen Vorschriften mit Geldstrafen bis zum vollen Betrage des durchschnittlichen Tagesarbeitsverdienstes belegt werden. Alle Strafgelder müssen zum Besten der Arbeiter der Fabrik verwendet werden. Das Recht des Arbeitgebers, Schadensersatz zu fordern, wird durch diese Bestimmung nicht berührt.

Dem Besitzer der Fabrik bleibt überlassen, neben den im Abs. 1 unter 1 bis 5 bezeichneten, noch weitere die Ordnung des Betriebs und das Verhalten der Arbeiter im Betriebe betreffende Bestimmungen in die Arbeitsordnung aufzunehmen. Mit Zustimmung eines ständigen Arbeiterausschusses können in die Arbeitsordnung Vorschriften über das Verhalten der Arbeiter bei Benutzung der zu ihrem Besten getroffenen mit der Fabrik verbundenen Einrichtungen sowie Vorschriften über das Verhalten der minderjährigen Arbeiter außerhalb des Betriebs aufgenommen werden.

§ 134 c. Der Inhalt der Arbeitsordnung ist, soweit er den Gesetzen nicht zuwiderläuft, für die Arbeitgeber und Arbeiter rechtsverbindlich.

Andere als die in der Arbeitsordnung oder in den §§ 123 und 124 vorgesehenen Gründe der Entlassung und des Austritts aus der Arbeit dürfen im Arbeitsvertrage nicht vereinbart werden. Andere als die in der Arbeitsordnung vorgesehenen Strafen dürfen über den Arbeiter nicht verhängt werden. Die Strafen müssen ohne Verzug festgesetzt und dem Arbeiter zur Kenntniß gebracht werden.

Die verhängten Geldstrafen sind in ein Verzeichniß einzutragen, welches den Namen des Bestraften, den Tag der Bestrafung sowie den Grund und die Höhe der Strafe ergeben und auf Erfordern dem im § 139 b bezeichneten Beamten jederzeit zur Einsicht vorgelegt werden muß.

§ 134 d. Vor dem Erlasse der Arbeitsordnung oder eines Nachtrags zu derselben ist den in der Fabrik oder in den betreffenden Abtheilungen des Betriebs beschäftigten großjährigen Arbeitern Gelegenheit zu geben, sich über den Inhalt derselben zu äußern.

Für Fabriken, für welche ein ständiger Arbeiterausschuß besteht, wird dieser Vorschrift durch Anhörung des Ausschusses über den Inhalt der Arbeitsordnung genügt.

§ 134 e. Die Arbeitsordnung sowie jeder Nachtrag zu derselben ist unter Mittheilung der seitens der Arbeiter geäußerten Bedenken, soweit die Aeußerungen schriftlich oder zu Protokoll erfolgt sind, binnen drei Tagen nach dem Erlaß in zwei Ausfertigungen unter Beifügung der Erklärung, daß und in welcher Weise der Vorschrift des § 134 d genügt ist, der unteren Verwaltungsbehörde einzureichen.

Die Arbeitsordnung ist an geeigneter, allen betheiligten Arbeitern zugänglicher Stelle auszuhängen. Der Aushang muß stets in lesbarem Zustande erhalten werden. Die Arbeitsordnung ist jedem Arbeiter bei seinem Eintritt in die Beschäftigung zu behändigen.

§ 134 f. Arbeitsordnungen und Nachträge zu denselben, welche nicht vorschriftsmäßig erlassen sind, oder deren Inhalt den gesetzlichen Bestimmungen zuwiderläuft, sind auf Anordnung der unteren Verwaltungsbehörde durch gesetzmäßige Arbeitsordnungen zu ersetzen oder den gesetzlichen Vorschriften entsprechend abzuändern.

Gegen diese Anordnung findet binnen zwei Wochen die Beschwerde an die höhere Verwaltungsbehörde statt.

§ 134 g. Arbeitsordnungen, welche vor dem Inkrafttreten dieses Gesetzes erlassen worden sind, unterliegen den Bestimmungen der §§ 134 a bis 134 c, 134 e Abs. 2 und des § 134 f und sind binnen vier Wochen der unteren Verwaltungsbehörde in zwei Ausfertigungen einzureichen. Auf spätere Abänderungen dieser Arbeitsordnungen und auf die seit dem 1. Januar 1891 erstmalig erlassenen Arbeitsordnungen finden die §§ 134 d und 134 e Abs. 1 Anwendung.

§ 134 h. Als ständige Arbeiterausschüsse im Sinne des § 134 b Abs. 3 und des § 134 d gelten nur:

1. diejenigen Vorstände der Betriebs- (Fabrik-) Krankenkassen oder anderer für die Arbeiter der Fabrik bestehender Kasseneinrichtungen, deren Mitglieder in ihrer Mehrheit von den Arbeitern aus ihrer Mitte zu wählen sind, sofern sie als ständige Arbeiterausschüsse bestellt werden;
2. die Knappschaftsältesten von Knappschaftsvereinen, welche die nicht den Bestimmungen der Berggesetze unterstehenden Betriebe eines Unternehmers umfassen, sofern sie als ständige Arbeiterausschüsse bestellt werden;
3. die bereits vor dem 1. Januar 1891 errichteten ständigen Arbeiterausschüsse, deren Mitglieder in ihrer Mehrzahl von den Arbeitern aus ihrer Mitte gewählt werden;
4. solche Vertretungen, deren Mitglieder in ihrer Mehrzahl von den volljährigen Arbeitern der Fabrik oder der betreffenden Betriebsabtheilung aus ihrer Mitte in unmittelbarer und geheimer Wahl gewählt werden. Die Wahl der Vertreter kann auch nach Arbeiterklassen oder nach besonderen Abtheilungen des Betriebs erfolgen.

§ 135. Kinder unter dreizehn Jahren dürfen in Fabriken nicht beschäftigt werden. Kinder über dreizehn Jahre dürfen in Fabriken nur beschäftigt werden, wenn sie nicht mehr zum Besuche der Volksschule verpflichtet sind.

Die Beschäftigung von Kindern unter vierzehn Jahren darf die Dauer von sechs Stunden täglich nicht überschreiten.

Junge Leute zwischen vierzehn und sechzehn Jahren dürfen in Fabriken nicht länger als zehn Stunden täglich beschäftigt werden.

§ 136. Die Arbeitsstunden der jugendlichen Arbeiter (§ 135) dürfen nicht vor fünfeinhalb Uhr Morgens beginnen und nicht über achteinhalb Uhr Abends dauern. Zwischen den Arbeitsstunden müssen an jedem Arbeitstage regelmäßige Pausen gewährt werden. Für jugendliche Arbeiter, welche nur sechs Stunden täglich beschäftigt werden, muß die Pause mindestens eine halbe Stunde betragen. Den übrigen jugendlichen Arbeitern muß mindestens Mittags eine einstündige sowie Vormittags und Nachmittags je eine halbstündige Pause gewährt werden. Eine Vor- und Nachmittagspause braucht nicht gewährt zu werden, sofern die jugendlichen Arbeiter täglich nicht länger als acht Stunden beschäftigt werden, und die Dauer ihrer durch eine Pause nicht unterbrochenen Arbeitszeit am Vor- und Nachmittage je vier Stunden nicht übersteigt.

Während der Pausen darf den jugendlichen Arbeitern eine Beschäftigung in dem Fabrikbetrieb überhaupt nicht und der Aufenthalt in den Arbeitsräumen nur dann gestattet werden, wenn in denselben diejenigen Theile des Betriebs, in welchen jugendliche Arbeiter beschäftigt sind, für die Zeit der Pausen völlig eingestellt werden oder wenn der Aufenthalt im Freien nicht thunlich und andere geeignete Aufenthaltsräume ohne unverhältnißmäßige Schwierigkeiten nicht beschafft werden können.

An Sonn- und Festtagen sowie während der von dem ordentlichen Seelsorger für den Katechumenen- und Konfirmanden-, Beicht- und Kommunionunterricht bestimmten Stunden dürfen jugendliche Arbeiter nicht beschäftigt werden.

§ 137. Arbeiterinnen dürfen in Fabriken nicht in der Nachtzeit von achteinhalb Uhr Abends bis fünfeinhalb Uhr Morgens und am Sonnabend sowie an Vorabenden der Festtage nicht nach fünfeinhalb Uhr Nachmittags beschäftigt werden.

Die Beschäftigung von Arbeiterinnen über sechzehn Jahre darf die Dauer von elf Stunden täglich, an den Vorabenden der Sonn- und Festtage von zehn Stunden, nicht überschreiten.

Zwischen den Arbeitsstunden muß den Arbeiterinnen eine mindestens einstündige Mittagspause gewährt werden.

Arbeiterinnen über sechzehn Jahre, welche ein Hauswesen zu besorgen haben, sind auf ihren Antrag eine halbe Stunde vor der Mittagspause zu entlassen, sofern diese nicht mindestens ein und eine halbe Stunde beträgt.

Wöchnerinnen dürfen während vier Wochen nach ihrer Niederkunft überhaupt nicht und während der folgenden zwei Wochen nur beschäftigt werden, wenn das Zeugniß eines approbirten Arztes dies für zulässig erklärt.

§ 138. Sollen Arbeiterinnen oder jugendliche Arbeiter in Fabriken beschäftigt werden, so hat der Arbeitgeber vor dem Beginne der Beschäftigung der Ortspolizeibehörde eine schriftliche Anzeige zu machen.

In der Anzeige sind die Fabrik, die Wochentage, an welchen die Beschäftigung stattfinden soll, Beginn und Ende der Arbeitszeit und der Pausen sowie die Art der Beschäftigung anzugeben. Eine Aenderung hierin darf, abgesehen von Verschiebungen, welche durch Ersetzung behinderter Arbeiter für einzelne Arbeitsschichten nothwendig werden, nicht erfolgen, bevor eine entsprechende weitere Anzeige der Behörde gemacht ist. In jeder Fabrik hat der Arbeitgeber dafür zu sorgen, daß in den Fabrikräumen, in welchen jugendliche Arbeiter beschäftigt werden, an einer in die Augen fallenden Stelle ein Verzeichniß der jugendlichen Arbeiter unter Angabe ihrer Arbeitstage sowie des Beginns und Endes ihrer Arbeitszeit und der Pausen ausgehängt ist. Ebenso hat er dafür zu sorgen, daß in den betreffenden Räumen eine Tafel ausgehängt ist, welche in der von der Zentralbehörde zu bestimmenden Fassung und in deutlicher Schrift einen Auszug aus den Bestimmungen über die Beschäftigung von Arbeiterinnen und jugendlichen Arbeitern enthält.

§ 138a. Wegen außergewöhnlicher Häufung der Arbeit kann auf Antrag des Arbeitgebers die untere Verwaltungsbehörde auf die Dauer von zwei Wochen die Beschäftigung von Arbeiterinnen über sechzehn Jahre bis zehn Uhr Abends an den Wochentagen außer Sonnabend unter der Voraussetzung gestatten, daß die tägliche Arbeitszeit dreizehn Stunden nicht überschreitet. Innerhalb eines Kalenderjahrs darf die Erlaubniß einem Arbeitgeber für seinen Betrieb oder für eine Abtheilung seines Betriebs auf mehr als vierzig Tage nicht ertheilt werden.

Für eine zwei Wochen überschreitende Dauer kann die gleiche Erlaubniß nur von der höheren Verwaltungsbehörde und auch von dieser für mehr als vierzig Tage im Jahre nur dann ertheilt werden, wenn die Arbeitszeit für den Betrieb oder die betreffende Abtheilung des Betriebs so geregelt wird, daß ihre tägliche Dauer im Durchschnitte der Betriebstage des Jahres die regelmäßige gesetzliche Arbeitszeit nicht überschreitet.

Der Antrag ist schriftlich zu stellen und muß den Grund, aus welchem die Erlaubniß beantragt wird, die Zahl der in Betracht kommenden Arbeiterinnen, das Maß der längeren Beschäftigung sowie den Zeitraum angeben, für welchen dieselbe stattfinden soll. Der Bescheid der unteren Verwaltungsbehörde auf den Antrag ist binnen drei Tagen schriftlich zu ertheilen. Gegen die Versagung der Erlaubniß steht die Beschwerde an die vorgesetzte Behörde zu.

Die untere Verwaltungsbehörde hat über die Fälle, in welchen die Erlaubniß ertheilt worden ist, ein Verzeichniß zu führen, in welches der Name des Arbeitgebers und die für den schriftlichen Antrag vorgeschriebenen Angaben einzutragen sind.

Die untere Verwaltungsbehörde kann die Beschäftigung von Arbeiterinnen über sechzehn Jahre, welche kein Hauswesen zu besorgen haben und eine Fortbildungsschule nicht besuchen, bei den im § 105c Abs. 1 unter Ziffer 3 und 4 bezeichneten Arbeiten an Sonnabenden und Vorabenden von Festtagen Nachmittags nach fünfeinhalb Uhr, jedoch nicht über achteinhalb Uhr Abends hinaus gestatten. Die Erlaubniß ist schriftlich zu ertheilen. Eine Abschrift derselben ist in den Fabrikräumen, in welchen die Arbeiterinnen beschäftigt werden, an einer in die Augen fallenden Stelle auszuhängen.

§ 139. Wenn Naturereignisse oder Unglücksfälle den regelmäßigen Betrieb einer Fabrik unterbrochen haben, so können Ausnahmen von den im § 135 Abs. 2, 3, in §§ 136, 137 Abs. 1 bis 3 vorgesehenen Beschränkungen auf die Dauer von vier Wochen durch die höhere Verwaltungsbehörde, auf längere Zeit durch den Reichskanzler zugelassen werden. In dringenden Fällen solcher Art sowie zur Verhütung von Unglücksfällen kann die untere Verwaltungsbehörde, jedoch höchstens auf die Dauer von vierzehn Tagen, solche Ausnahmen gestatten.

Wenn die Natur des Betriebs oder Rücksichten auf die Arbeiter in einzelnen Fabriken es erwünscht erscheinen lassen, daß die Arbeitszeit der Arbeiterinnen oder jugendlichen Arbeiter in einer anderen als der durch §§ 136 und 137 Abs. 1, 3 vorgesehenen Weise geregelt wird, so kann auf besonderen Antrag eine anderweite Regelung hinsichtlich der Pausen durch die höhere Verwaltungsbehörde, im Uebrigen durch den Reichskanzler gestattet werden. Jedoch dürfen in solchen Fällen die jugendlichen Arbeiter nicht länger als sechs Stunden beschäftigt werden, wenn zwischen den Arbeitsstunden nicht Pausen von zusammen mindestens einstündiger Dauer gewährt werden.

Die auf Grund vorstehender Bestimmungen zu treffenden Verfügungen müssen schriftlich erlassen werden.

§ 139a. Der Bundesrath ist ermächtigt:

1. die Verwendung von Arbeiterinnen sowie von jugendlichen Arbeitern für gewisse Fabrikationszweige, welche mit besonderen Gefahren für Gesundheit oder Sittlichkeit verbunden sind, gänzlich zu untersagen oder von besonderen Bedingungen abhängig zu machen;
2. für Fabriken, welche mit ununterbrochenem Feuer betrieben werden, oder welche sonst durch die Art des Betriebs auf eine regelmäßige Tag- und Nachtarbeit angewiesen sind, sowie für solche Fabriken, deren Betrieb eine Eintheilung in regelmäßige Arbeitsschichten von gleicher Dauer nicht gestattet oder seiner Natur nach auf bestimmte Jahreszeiten beschränkt ist, Ausnahmen von den im § 135 Abs. 2, 3, in §§ 136, 137 Abs. 1 bis 3 vorgesehenen Bestimmungen nachzulassen;
3. für gewisse Fabrikationszweige, soweit die Natur des Betriebs oder die Rücksicht auf die Arbeiter es erwünscht erscheinen lassen, die Abkürzung oder den Wegfall der für jugendliche Arbeiter vorgeschriebenen Pausen zu gestatten;
4. für Fabrikationszweige, in denen regelmäßig zu gewissen Zeiten des Jahres ein vermehrtes Arbeitsbedürfniß eintritt, Ausnahmen von den Bestimmungen des § 137 Abs. 1, 2 mit der Maßgabe zuzulassen,

daß die tägliche Arbeitszeit dreizehn Stunden, an Sonnabenden zehn Stunden nicht überschreitet.

In den Fällen zu 2 darf die Dauer der wöchentlichen Arbeitszeit für Kinder sechsunddreißig Stunden, für junge Leute sechzig, für Arbeiterinnen fünfundsechzig, in Ziegeleien für junge Leute und Arbeiterinnen siebzig Stunden nicht überschreiten. Die Nachtarbeit darf in vierundzwanzig Stunden die Dauer von zehn Stunden nicht überschreiten und muß in jeder Schicht durch eine oder mehrere Pausen in der Gesammtdauer von mindestens einer Stunde unterbrochen sein. Die Tagschichten und Nachtschichten müssen wöchentlich wechseln.

In den Fällen zu 3 dürfen die jugendlichen Arbeiter nicht länger als sechs Stunden beschäftigt werden, wenn zwischen den Arbeitsstunden nicht eine oder mehrere Pausen von zusammen mindestens einstündiger Dauer gewährt werden.

In den Fällen zu 4 darf die Erlaubniß zur Ueberarbeit für mehr als vierzig Tage im Jahre nur dann ertheilt werden, wenn die Arbeitszeit so geregelt wird, daß ihre tägliche Dauer im Durchschnitte der Betriebstage des Jahres die regelmäßige gesetzliche Arbeitszeit nicht überschreitet.

Die durch Beschluß des Bundesraths getroffenen Bestimmungen sind zeitlich zu begrenzen und können auch für bestimmte Bezirke erlassen werden. Sie sind durch das Reichs-Gesetzblatt zu veröffentlichen und dem Reichstage bei seinem nächsten Zusammentritte zur Kenntnißnahme vorzulegen.

V. Aufsicht.

§ 139 b. Die Aufsicht über die Ausführung der Bestimmungen der §§ 105a, 105b Abs. 1, der §§ 105c bis 105h, 120a bis 120e, 134 bis 139a ist ausschließlich oder neben den ordentlichen Polizeibehörden besonderen von den Landesregierungen zu ernennenden Beamten zu übertragen. Denselben stehen bei Ausübung dieser Aufsicht alle amtlichen Befugnisse der Ortspolizeibehörden, insbesondere das Recht zur jederzeitigen Revision der Anlagen zu. Sie sind, vorbehaltlich der Anzeige von Gesetzwidrigkeiten, zur Geheimhaltung der amtlich zu ihrer Kenntniß gelangenden Geschäfts- und Betriebsverhältnisse der ihrer Revision unterliegenden Anlagen zu verpflichten.

Die Ordnung der Zuständigkeitsverhältnisse zwischen diesen Beamten und den ordentlichen Polizeibehörden bleibt der verfassungsmäßigen Regelung in den einzelnen Bundesstaaten vorbehalten.

Die erwähnten Beamten haben Jahresberichte über ihre amtliche Thätigkeit zu erstatten. Diese Jahresberichte oder Auszüge aus denselben sind dem Bundesrath und dem Reichstage vorzulegen.

Die auf Grund der Bestimmungen der §§ 105a bis 105h, 120a bis 120e, 134 bis 139a auszuführenden amtlichen Revisionen müssen die Arbeitgeber zu jeder Zeit, namentlich auch in der Nacht, während des Betriebs gestatten.

Die Arbeitgeber sind ferner verpflichtet, den genannten Beamten oder der Polizeibehörde diejenigen statistischen Mittheilungen über die Verhältnisse ihrer Arbeiter zu machen, welche vom Bundesrath oder von der

Landes-Zentralbehörde unter Festsetzung der dabei zu beobachtenden Fristen und Formen vorgeschrieben werden.

VI. Gehülfen, Lehrlinge und Arbeiter in offenen Verkaufsstellen.

§ 139c. In offenen Verkaufsstellen und den dazu gehörenden Schreibstuben (Komtore) und Lagerräumen ist den Gehülfen, Lehrlingen und Arbeitern nach Beendigung der täglichen Arbeitszeit eine ununterbrochene Ruhezeit von mindestens zehn Stunden zu gewähren.

In Gemeinden, welche nach der jeweilig letzten Volkszählung mehr als zwanzigtausend Einwohner haben, muß die Ruhezeit in offenen Verkaufsstellen, in denen zwei oder mehr Gehülfen und Lehrlinge beschäftigt werden, für diese mindestens elf Stunden betragen; für kleinere Ortschaften kann diese Ruhezeit durch Ortsstatút vorgeschrieben werden.

Innerhalb der Arbeitszeit muß den Gehülfen, Lehrlingen und Arbeitern eine angemessene Mittagspause gewährt werden. Für Gehülfen, Lehrlinge und Arbeiter, die ihre Hauptmahlzeit außerhalb des die Verkaufsstelle enthaltenden Gebäudes einnehmen, muß diese Pause mindestens ein und eine halbe Stunde betragen.

§ 139d. Die Bestimmungen des § 139c finden keine Anwendung

1. auf Arbeiten, die zur Verhütung des Verderbens von Waaren unverzüglich vorgenommen werden müssen,
2. für die Aufnahme der gesetzlich vorgeschriebenen Inventur sowie bei Neueinrichtungen und Umzügen,
3. außerdem an jährlich höchstens dreißig von der Ortspolizeibehörde allgemein oder für einzelne Geschäftszweige zu bestimmenden Tagen.

§ 139e. Von neun Uhr Abends bis fünf Uhr Morgens müssen offene Verkaufsstellen für den geschäftlichen Verkehr geschlossen sein. Die beim Ladenschluß im Laden schon anwesenden Kunden dürfen noch bedient werden.

Ueber neun Uhr Abends dürfen Verkaufsstellen für den geschäftlichen Verkehr geöffnet sein

1. für unvorhergesehene Nothfälle,
2. an höchstens vierzig von der Ortspolizeibehörde zu bestimmenden Tagen, jedoch bis spätestens zehn Uhr Abends,
3. nach näherer Bestimmung der höheren Verwaltungsbehörde in Städten, welche nach der jeweilig letzten Volkszählung weniger als zweitausend Einwohner haben, sowie in ländlichen Gemeinden, sofern in denselben der Geschäftsverkehr sich vornehmlich auf einzelne Tage der Woche oder auf einzelne Stunden des Tages beschränkt.

Die Bestimmungen der §§ 139c und 139d werden durch die vorstehenden Bestimmungen nicht berührt.

Während der Zeit, wo die Verkaufsstellen geschlossen sein müssen, ist das Feilbieten von Waaren auf öffentlichen Wegen, Straßen, Plätzen oder an anderen öffentlichen Orten oder ohne vorherige Bestellung von Haus zu Haus im stehenden Gewerbebetriebe (§ 42b Abs. 1 Ziffer 1) sowie im Gewerbebetrieb im Umherziehen (§ 55 Abs. 1 Ziffer 1) verboten. Ausnahmen können von der Ortspolizeibehörde zugelassen werden. Die Bestimmung des § 55a Abs. 2 Satz 2 findet Anwendung.

§ 139 f. Auf Antrag von mindestens zwei Dritteln der betheiligten Geschäftsinhaber kann für eine Gemeinde oder mehrere örtlich unmittelbar zusammenhängende Gemeinden durch Anordnung der höheren Verwaltungsbehörde nach Anhörung der Gemeindebehörden für alle oder einzelne Geschäftszweige angeordnet werden, daß die offenen Verkaufsstellen während bestimmter Zeiträume oder während des ganzen Jahres auch in der Zeit zwischen acht und neun Uhr Abends und zwischen fünf und sieben Uhr Morgens für den geschäftlichen Verkehr geschlossen sein müssen. Die Bestimmungen der §§ 139c und 139d werden hierdurch nicht berührt.

Auf Antrag von mindestens einem Drittel der betheiligten Geschäftsinhaber hat die höhere Verwaltungsbehörde die betheiligten Geschäftsinhaber durch ortsübliche Bekanntmachung oder besondere Mittheilung zu einer Aeußerung für oder gegen die Einführung des Ladenschlusses im Sinne des vorstehenden Absatzes aufzufordern. Erklären sich zwei Drittel der Abstimmenden für die Einführung, so kann die höhere Verwaltungsbehörde die entsprechende Anordnung treffen.

Der Bundesrath ist befugt, Bestimmungen darüber zu erlassen, in welchem Verfahren die erforderliche Zahl von Geschäftsinhabern festzustellen ist.

Während der Zeit, wo Verkaufsstellen auf Grund des Abs. 1 geschlossen sein müssen, ist der Verkauf von Waaren der in diesen Verkaufsstellen geführten Art sowie das Feilbieten von solchen Waaren auf öffentlichen Wegen, Straßen, Plätzen oder an anderen öffentlichen Orten oder ohne vorherige Bestellung von Haus zu Haus im stehenden Gewerbebetriebe (§ 42b Abs. 1 Ziffer 1) sowie im Gewerbebetrieb im Umherziehen (§ 55 Abs. 1 Ziffer 1) verboten. Ausnahmen können von der Ortspolizeibehörde zugelassen werden. Die Bestimmung des § 55a Abs. 2 Satz 2 findet Anwendung.

§ 139 g. Die Polizeibehörden sind befugt, im Wege der Verfügung für einzelne offene Verkaufsstellen diejenigen Maßnahmen anzuordnen, welche zur Durchführung der im § 62 Abs. 1 des Handelsgesetzbuchs enthaltenen Grundsätze in Ansehung der Einrichtung und Unterhaltung der Geschäftsräume und der für den Geschäftsbetrieb bestimmten Vorrichtungen und Geräthschaften sowie in Ansehung der Regelung des Geschäftsbetriebs erforderlich und nach der Beschaffenheit der Anlage ausführbar erscheinen.

Die Bestimmungen im § 120d Abs. 2 bis 4 finden entsprechende Anwendung.

§ 139 h. Durch Beschluß des Bundesraths können Vorschriften darüber erlassen werden, welchen Anforderungen die Laden-, Arbeits- und Lagerräume und deren Einrichtung sowie die Maschinen und Geräthschaften zum Zwecke der Durchführung der im § 62 Abs. 1 des Handelsgesetzbuchs enthaltenen Grundsätze zu genügen haben. Die Bestimmung im § 120e Abs. 4 findet Anwendung.

Soweit solche Vorschriften durch Beschluß des Bundesraths nicht erlassen sind, können sie durch Anordnung der im § 120c Abs. 2 bezeichneten Behörden erlassen werden.

§ 139i. Die durch § 76 Abs. 4 des Handelsgesetzbuchs sowie durch § 120 Abs. 1 begründete Verpflichtung des Geschäftsinhabers findet an Orten, wo eine vom Staate oder der Gemeindebehörde anerkannte Fachschule besteht, hinsichtlich des Besuchs dieser Schule entsprechende Anwendung.

Der Geschäftsinhaber hat die Gehülfen und Lehrlinge unter achtzehn Jahren zum Besuche der Fortbildungs- und Fachschule anzuhalten und den Schulbesuch zu überwachen.

§ 139k. Für jede offene Verkaufsstelle, in welcher in der Regel mindestens zwanzig Gehülfen und Lehrlinge beschäftigt werden, ist innerhalb vier Wochen nach Inkrafttreten dieses Gesetzes oder nach der Eröffnung des Betriebs eine Arbeitsordnung zu erlassen.

Auf die Arbeitsordnung finden die Vorschriften der §§ 134a, 134b Abs. 1 Ziffer 1 bis 4, Abs. 2, Abs. 3 Satz 1, des § 134c Abs. 1, Abs. 2 Satz 2 und 3, des § 134d Abs. 1 und der §§ 134e, 134f entsprechende Anwendung.

Andere als die in der Arbeitsordnung oder in den §§ 71 und 72 des Handelsgesetzbuchs vorgesehenen Gründe der Entlassung und des Austritts aus der Arbeit dürfen im Arbeitsvertrage nicht vereinbart werden.

Die verhängten Geldstrafen sind in ein Verzeichniß einzutragen, welches den Namen des Bestraften, den Tag der Bestrafung sowie den Grund und die Höhe der Strafe ergeben und auf Erfordern der Ortspolizeibehörde jederzeit zur Einsicht vorgelegt werden muß.

Auf Arbeitsordnungen, welche vor dem Inkrafttreten dieses Gesetzes erlassen worden sind, finden die Bestimmungen der §§ 134a, 134b Abs. 1 Ziffer 1 bis 4, Abs. 2, Abs. 3 Satz 1, des § 134c Abs. 1, Abs. 2 Satz 2 und 3, des § 134e Abs. 2 und des § 134f entsprechende Anwendung. Dieselben sind binnen vier Wochen der unteren Verwaltungsbehörde in zwei Ausfertigungen einzureichen. Auf spätere Abänderungen dieser Arbeitsordnungen und auf die seit dem 1. Oktober 1899 erstmalig erlassenen Arbeitsordnungen finden der § 134d Abs. 1 und der § 134e Abs. 1 entsprechende Anwendung.

§ 139l. Auf das Halten von Lehrlingen in offenen Verkaufsstellen sowie in anderen Betrieben des Handelsgewerbes findet die Bestimmung des § 128 Anwendung.

§ 139m. Die Bestimmungen der §§ 139c bis 139i finden auf den Geschäftsbetrieb der Konsum- und anderer Vereine entsprechende Anwendung.

Titel VIII.

Gewerbliche Hülfskassen.

§ 140. Die durch Ortsstatut oder Anordnung der Verwaltungsbehörde begründete Verpflichtung der selbständigen Gewerbetreibenden, einer mit einer Innung verbundenen oder außerhalb derselben bestehenden Kranken-,

Hülfs- oder Sterbekasse für selbständige Gewerbetreibende beizutreten, wird aufgehoben. Im Uebrigen wird in den Verhältnissen dieser Kassen durch gegenwärtiges Gesetz nichts geändert.

Neue Kassen der selbständigen Gewerbetreibenden für die erwähnten Zwecke erhalten durch die Genehmigung der höheren Verwaltungsbehörde die Rechte juristischer Personen, soweit es zur Erlangung dieser Rechte einer besonderen staatlichen Genehmigung bedarf.

Titel IX.

Statutarische Bestimmungen.

§ 142.[1]) Statutarische Bestimmungen einer Gemeinde oder eines weiteren Kommunalverbandes können die ihnen durch das Gesetz überwiesenen gewerblichen Gegenstände mit verbindlicher Kraft ordnen. Dieselben werden nach Anhörung betheiligter Gewerbetreibender und Arbeiter abgefaßt, bedürfen der Genehmigung der höheren Verwaltungsbehörde und sind in der für Bekanntmachungen der Gemeinde oder des weiteren Kommunalverbandes vorgeschriebenen oder üblichen Form zu veröffentlichen.

Die Zentralbehörde ist befugt, statutarische Bestimmungen, welche mit den Gesetzen oder den statutarischen Bestimmungen des weiteren Kommunalverbandes in Widerspruch stehen, außer Kraft zu setzen.

Titel X.

Strafbestimmungen.

§ 143. Die Berechtigung zum Gewerbebetriebe kann, abgesehen von den in den Reichsgesetzen vorgesehenen Fällen ihrer Entziehung, weder durch richterliche noch administrative Entscheidung entzogen werden.

Ausnahmen von diesem Grundsatze, welche durch die Steuergesetze begründet sind, bleiben solange aufrecht erhalten, als diese Steuergesetze in Kraft bleiben.

Die Bestimmungen der Landesgesetze, nach welchen die Befugniß zur Herausgabe von Druckschriften und zum Vertriebe derselben innerhalb des Reichsgebiets im Verwaltungsweg entzogen werden darf, werden hierdurch aufgehoben.

§ 144. Inwiefern, abgesehen von den Vorschriften über die Entziehung des Gewerbebetriebes (§ 143), Zuwiderhandlungen der Gewerbetreibenden gegen ihre Berufspflichten außer den in diesem Gesetz erwähnten Fällen einer Strafe unterliegen, ist nach den darüber bestehenden Gesetzen zu beurtheilen.

Jedoch werden aufgehoben die für Medizinalpersonen bestehenden besonderen Bestimmungen, welche ihnen unter Androhung von Strafen einen Zwang zu ärztlicher Hülfe auferlegen.

§ 144a. Personen, welche den Bestimmungen der §§ 126, 126a und 129 entgegen Lehrlinge halten, anleiten oder anleiten lassen, können

[1]) Die §§ 141 bis 141f sind aufgehoben, § 87 Gesetz vom 15. Juni 1883, Reichs-Gesetzbl. S. 73.

von der Ortspolizeibehörde durch Zwangsstrafen zur Entlassung der Lehrlinge angehalten werden.

In gleicher Weise kann die Entlassung derjenigen Lehrlinge, welche den auf Grund des § 81a Ziffer 3, des § 128 Abs. 2 und des § 130 erlassenen Vorschriften entgegen angenommen sind, verfügt werden.

§ 145. Für das Mindestmaß der Strafen, das Verhältniß von Geldstrafe zur Freiheitsstrafe sowie für die Verjährung der in den §§ 145a, 146 und 153 verzeichneten Vergehen sind die Bestimmungen des Strafgesetzbuchs für das Deutsche Reich maßgebend.

Die übrigen in diesem Titel mit Strafe bedrohten Handlungen verjähren binnen drei Monaten, von dem Tage an gerechnet, an welchem sie begangen sind.

§ 145a. Die in den Fällen der §§ 16, 24 und 25 gemäß § 21 Ziffer 1 zugezogenen Sachverständigen werden bestraft,

1. wenn sie unbefugt Betriebsgeheimnisse offenbaren, welche durch das Verfahren zu ihrer Kenntniß gelangt sind, mit Geldstrafe bis zu eintausendfünfhundert Mark oder mit Gefängniß bis zu drei Monaten;
2. wenn sie absichtlich zum Nachtheile der Betriebsunternehmer Betriebsgeheimnisse, welche durch das Verfahren zu ihrer Kenntniß gelangt sind, offenbaren oder geheim gehaltene Betriebseinrichtungen oder Betriebsweisen, welche durch das Verfahren zu ihrer Kenntniß gelangt sind, solange als diese Betriebsgeheimnisse sind, nachahmen, mit Gefängniß, neben welchem auf Verlust der bürgerlichen Ehrenrechte erkannt werden kann. Thun sie dies, um sich oder einem Anderen einen Vermögensvortheil zu verschaffen, so kann neben der Gefängnißstrafe auf Geldstrafe bis zu dreitausend Mark erkannt werden.

Im Falle der Ziffer 1 tritt die Verfolgung nur auf Antrag des Betriebsunternehmers ein.

§ 146. Mit Geldstrafe bis zu zweitausend Mark und im Unvermögensfalle mit Gefängniß bis zu sechs Monaten werden bestraft:

1. Gewerbetreibende, welche dem § 115 zuwiderhandeln;
2. Gewerbetreibende, welche den §§ 135 bis 137, 139c oder den auf Grund der §§ 139, 139a getroffenen Verfügungen zuwiderhandeln;
3. Gewerbetreibende, welche dem § 111 Abs. 3, § 113 Abs. 3 oder dem § 114a Abs. 3, soweit daselbst die Bestimmungen des § 111 Abs. 3 für anwendbar erklärt worden sind, zuwiderhandeln;
4. wer dem § 56 Ziffer 6 zuwiderhandelt.

Die Geldstrafen fließen der im § 116 bezeichneten Kasse zu.

Der § 75 des Gerichtsverfassungsgesetzes findet Anwendung.

§ 146a. Mit Geldstrafe bis zu sechshundert Mark, im Unvermögensfalle mit Haft wird bestraft, wer den §§ 105b bis 105g oder den auf Grund derselben erlassenen Anordnungen zuwider Arbeitern an Sonn- und Festtagen Beschäftigung giebt oder den §§ 41a, 55a, 139e, 139f Abs. 4 oder den auf Grund des § 105b Abs. 2 erlassenen statutarischen Bestimmungen oder den auf Grund des § 41b oder des § 139f Abs. 1 getroffenen Anordnungen zuwiderhandelt.

§ 147. Mit Geldstrafe bis zu dreihundert Mark und im Unvermögensfalle mit Haft wird bestraft:

1. wer den selbständigen Betrieb eines stehenden Gewerbes, zu dessen Beginn eine besondere polizeiliche Genehmigung (Konzession, Approbation, Bestallung) erforderlich ist, ohne die vorschriftsmäßige Genehmigung unternimmt oder fortsetzt, oder von den in der Genehmigung festgesetzten Bedingungen abweicht:
2. wer eine gewerbliche Anlage, zu der mit Rücksicht auf die Lage oder Beschaffenheit der Betriebsstätte oder des Lokals eine besondere Genehmigung erforderlich ist (§§ 16 und 24), ohne diese Genehmigung errichtet, oder die wesentlichen Bedingungen, unter welchen die Genehmigung ertheilt worden, nicht innehält, oder ohne neue Genehmigung eine wesentliche Veränderung der Betriebsstätte oder eine Verlegung des Lokals oder eine wesentliche Veränderung in dem Betriebe der Anlage vornimmt;
3. wer, ohne hierzu approbirt zu sein, sich als Arzt (Wundarzt, Augenarzt, Geburtshelfer, Zahnarzt, Thierarzt) bezeichnet oder sich einen ähnlichen Titel beilegt, durch den der Glauben erweckt wird, der Inhaber desselben sei eine geprüfte Medizinalperson;
4. wer den auf Grund der §§ 120d, 139g endgültig erlassenen Verfügungen oder den auf Grund der §§ 120e, 139h erlassenen Vorschriften zuwiderhandelt;
5. wer eine Fabrik betreibt oder eine offene Verkaufsstelle hält, für welche eine Arbeitsordnung (§§ 134a, 139k) nicht besteht, oder wer der endgültigen Anordnung der Behörde wegen Ersetzung oder Abänderung der Arbeitsordnung nicht nachkommt.

Enthält die Handlung zugleich eine Zuwiderhandlung gegen die Steuergesetze, so soll nicht außerdem noch auf eine Steuerstrafe erkannt werden, es ist aber darauf bei Zumessung der Strafe Rücksicht zu nehmen.

In dem Falle zu 2 kann die Polizeibehörde die Wegschaffung der Anlage oder die Herstellung des den Bedingungen entsprechenden Zustandes derselben anordnen.

In dem Falle zu 4 kann die Polizeibehörde bis zur Herstellung des der Verfügung oder der Vorschrift entsprechenden Zustandes die Einstellung des Betriebs, soweit derselbe durch die Verfügung oder die Vorschrift getroffen wird, anordnen, falls dessen Fortsetzung erhebliche Nachtheile oder Gefahren herbeizuführen geeignet sein würde.

§ 148. Mit Geldstrafe bis zu einhundertfünfzig Mark und im Unvermögensfalle mit Haft bis zu vier Wochen wird bestraft:

1. wer außer den im § 147 vorgesehenen Fällen ein stehendes Gewerbe beginnt, ohne dasselbe vorschriftsmäßig anzuzeigen;
2. wer die im § 14 erforderte An- oder Abmeldung einer übernommenen Feuerversicherungsagentur unterläßt;
3. wer die im § 14 erforderten Anzeigen über das Betriebslokal unterläßt;
4. wer der nach § 35 gegen ihn ergangenen Untersagung eines Gewerbebetriebs zuwiderhandelt, oder die im § 35 vorgeschriebene Anzeige unterläßt;

4a. wer außer den Fällen des § 360 Nr. 12, § 367 Nr. 16 des Strafgesetzbuchs den auf Grund des § 38 erlassenen Vorschriften zuwiderhandelt;

5. wer dem § 33b oder außer den im § 149 Ziffer 1 vorgesehenen Fällen den §§ 42a bis 44a zuwiderhandelt, oder seine Legitimationskarte (§ 44a) oder seinen Wandergewerbeschein (§ 55) einem Anderen zur Benutzung überläßt;

6. wer zum Zwecke der Erlangung einer Legitimationskarte, eines Wandergewerbescheins oder der im § 62 vorgesehenen Erlaubniß in Bezug auf seine Person, oder die Personen, die er mit sich zu führen beabsichtigt, wissentlich unrichtige Angaben macht;

7. wer ein Gewerbe im Umherziehen ohne den gesetzlich erforderlichen Wandergewerbeschein, ingleichen wer eines der im § 59 Ziffer 1 bis 3 bezeichneten Gewerbe der nach § 59a ergangenen Untersagung zuwider betreibt;

7a. wer dem § 56 Abs. 1, Abs. 2 Ziffer 1 bis 5, 7 bis 11, Abs. 3, den §§ 56a oder 56b zuwiderhandelt;

7b. wer den Vorschriften der §§ 56c, 60a, 60b Abs. 2, 3 oder des § 60c Abs. 2, 3 zuwiderhandelt;

7c. wer einer ihm in Gemäßheit des § 60 Abs. 1, § 60b Abs. 1 oder des § 60d Abs. 3 in dem Wandergewerbeschein auferlegten Beschränkung zuwiderhandelt;

7d. wer bei dem Gewerbebetrieb im Umherziehen Kinder unter vierzehn Jahren zu gewerblichen Zwecken mit sich führt, oder zu dem nach § 42b Abs. 5 verbotenen Gewerbebetriebe Kinder unter vierzehn Jahren anleitet oder ausschickt;

7e. ein Ausländer, welcher bei dem Gewerbebetrieb im Umherziehen den in Gemäßheit des § 56d vom Bundesrathe getroffenen Bestimmungen zuwiderhandelt;

8. wer bei dem Betriebe seines Gewerbes die durch die Obrigkeit oder durch Anzeige bei derselben festgelegten Taxen überschreitet oder es unterläßt, das gemäß § 75 oder § 75a vorgeschriebene Verzeichniß einzureichen;

9. wer die gesetzlichen Pflichten gegen die ihm anvertrauten Lehrlinge verletzt;

9a. wer den §§ 126 und 126a zuwider Lehrlinge hält, anleitet oder anleiten läßt;

9b. wer dem § 129 oder den auf Grund der §§ 128 und 130 erlassenen Vorschriften zuwider Lehrlinge hält, anleitet oder anleiten läßt;

9c. wer unbefugt den Meistertitel führt;

10. wer wissentlich der Bestimmung im § 127e Abs. 2 zuwider einen Lehrling beschäftigt;

11. wer der Bestimmung des § 134c Abs. 2 zuwider gegen Arbeiter Strafen verhängt, welche in der Arbeitsordnung nicht vorgesehen sind oder den gesetzlich zulässigen Betrag übersteigen, oder wer Strafgelder oder die im § 134b Ziffer 5 bezeichneten Beträge in einer in der Arbeitsordnung nicht vorgesehenen Weise verwendet;

12. wer es unterläßt, der durch § 134e Abs. 1, §§ 134g, 139k Abs. 5 für ihn begründeten Verpflichtung zur Einreichung der Arbeitsordnung, ihrer Abänderungen und Nachträge nachzukommen;
13. wer dem § 115a oder den auf Grund des § 119a erlassenen statutarischen Bestimmungen zuwiderhandelt;
14. wer den Vorschriften des § 15a zuwiderhandelt.

In allen diesen Fällen bleibt die Strafe ausgeschlossen, wenn die strafbare Handlung zugleich eine Zuwiderhandlung gegen die Steuergesetze enthält.

§ 149. Mit Geldstrafe bis zu dreißig Mark und im Unvermögensfalle mit Haft bis zu acht Tagen wird bestraft:

1. wer den im § 42b vorgesehenen Erlaubnißschein oder den im § 43 vorgesehenen Legitimationsschein während der Ausübung des Gewerbebetriebs nicht bei sich führt, oder den Bestimmungen des § 44a Abs. 2 zuwiderhandelt;
2. wer bei dem Gewerbebetrieb im Umherziehen dem letzten Absatze des § 56 oder dem § 60c Abs. 1 zuwiderhandelt;
3. wer ein Gewerbe im Umherziehen, für welches ihm ein auf einen bestimmten Bezirk lautender Wandergewerbeschein ertheilt ist, unbefugt in einem anderen Bezirke betreibt;
4. wer ein Gewerbe im Umherziehen mit anderen Waarengattungen oder unter Darbietung anderer Leistungen betreibt, als sein Wandergewerbeschein angiebt;
5. wer bei dem Gewerbebetrieb im Umherziehen unbefugt Personen mit sich führt, oder einen Gewerbetreibenden, zu welchem er nicht in dem Verhältniß eines Ehegatten, Kindes oder Enkels steht, unbefugt begleitet;
6. wer den polizeilichen Anordnungen wegen des Marktverkehrs zuwiderhandelt;
7. wer es unterläßt, den durch § 105c Abs. 2, § 134e Abs. 2, §§ 138, 138a Abs. 5, § 139b für ihn begründeten Verpflichtungen nachzukommen;

7a. wer es unterläßt, gemäß §§ 75, 75a das Verzeichniß anzuschlagen oder dem Stellesuchenden vor Abschluß des Vermittelungsgeschäfts die für ihn zur Anwendung kommende Taxe mitzutheilen.

In allen diesen Fällen bleibt die Strafe ausgeschlossen, wenn die strafbare Handlung zugleich eine Zuwiderhandlung gegen die Steuergesetze enthält.

§ 150. Mit Geldstrafe bis zu zwanzig Mark und im Unvermögensfalle mit Haft bis zu drei Tagen für jeden Fall der Verletzung des Gesetzes wird bestraft;

1. wer den Bestimmungen der §§ 106 bis 112 zuwider einen Arbeiter in Beschäftigung nimmt oder behält;
2. wer außer dem im § 146 Ziffer 3 vorgesehenen Falle den Bestimmungen dieses Gesetzes in Ansehung der Arbeitsbücher, Lohnbücher oder Arbeitszettel zuwiderhandelt;

3. wer vorsätzlich ein auf seinen Namen ausgestelltes Arbeitsbuch unbrauchbar macht oder vernichtet;
4. wer den Bestimmungen des § 120 Abs. 1, des § 139i oder einer auf Grund des § 120 Abs. 3 erlassenen statutarischen Bestimmung zuwiderhandelt;
4a. der Lehrherr, welcher den Lehrvertrag nicht ordnungsmäßig abschließt (§ 103e Abs. 1 Ziffer 1 und § 126b);
5. wer es unterläßt, den durch § 134c Abs. 3, § 139k Abs. 4 für ihn begründeten Verpflichtungen nachzukommen.

Landesgesetzliche Vorschriften gegen die Verletzung der Schulpflicht, nach welchen eine höhere Strafe eintritt, werden durch die Bestimmung unter Ziffer 4 nicht berührt.

§ 151. Sind bei der Ausübung des Gewerbes polizeiliche Vorschriften von Personen übertreten worden, welche der Gewerbetreibende zur Leitung des Betriebs oder eines Theiles desselben oder zur Beaufsichtigung bestellt hatte, so trifft die Strafe diese letzteren. Der Gewerbetreibende ist neben denselben strafbar, wenn die Uebertretung mit seinem Vorwissen begangen ist oder wenn er bei der nach den Verhältnissen möglichen eigenen Beaufsichtigung des Betriebs, oder bei der Auswahl oder der Beaufsichtigung der Betriebsleiter oder Aufsichtspersonen es an der erforderlichen Sorgfalt hat fehlen lassen.

Ist an eine solche Uebertretung der Verlust der Konzession, Approbation oder Bestallung geknüpft, so findet derselbe auch als Folge der von dem Stellvertreter begangenen Uebertretung statt, wenn diese mit Vorwissen des verfügungsfähigen Vertretenen begangen worden. Ist dies nicht der Fall, so ist der Vertretene bei Verlust der Konzession, Approbation u. s. w. verpflichtet, den Stellvertreter zu entlassen.

§ 152. Alle Verbote und Strafbestimmungen gegen Gewerbetreibende, gewerbliche Gehülfen, Gesellen oder Fabrikarbeiter wegen Verabredungen und Vereinigungen zum Behufe der Erlangung günstiger Lohn- und Arbeitsbedingungen, insbesondere mittelst Einstellung der Arbeit oder Entlassung der Arbeiter, werden aufgehoben.

Jedem Theilnehmer steht der Rücktritt von solchen Vereinigungen und Verabredungen frei, und es findet aus letzteren weder Klage noch Einrede statt.

§ 153. Wer Andere durch Anwendung körperlichen Zwanges, durch Drohungen, durch Ehrverletzung oder durch Verrufserklärung bestimmt oder zu bestimmen versucht, an solchen Verabredungen (§ 152) Theil zu nehmen, oder ihnen Folge zu leisten, oder Andere durch gleiche Mittel hindert oder zu hindern versucht, von solchen Verabredungen zurückzutreten, wird mit Gefängniß bis zu drei Monaten bestraft, sofern nach dem allgemeinen Strafgesetze nicht eine härtere Strafe eintritt.

Schlußbestimmungen.

§ 154. Die Bestimmungen der §§ 105 bis 133e, 139c bis 139m finden auf Gehülfen und Lehrlinge in Apotheken, die Bestimmungen der §§ 105, 106 bis 119b sowie, vorbehaltlich des § 139g Abs. 1 und der §§ 139h, 139l, 139m, die Bestimmungen der §§ 120a bis 133e auf Gehülfen und Lehrlinge in Handelsgeschäften keine Anwendung.

Die Bestimmungen der §§ 134 bis 139b finden auf Arbeitgeber und Arbeiter in Hüttenwerken, in Zimmerplätzen und anderen Bauhöfen, in Werften sowie in solchen Ziegeleien, über Tage betriebenen Brüchen und Gruben, welche nicht blos vorübergehend oder in geringem Umfange betrieben werden, entsprechende Anwendung. Darüber, ob die Anlage vorübergehend oder in geringem Umfange betrieben wird, entscheidet die höhere Verwaltungsbehörde endgültig.

Die Bestimmungen der §§ 135 bis 139b finden auf Arbeitgeber und Arbeiter in Werkstätten, in welchen durch elementare Kraft (Dampf, Wind, Wasser, Gas, Luft, Elektrizität u. s. w.) bewegte Triebwerke nicht blos vorübergehend zur Verwendung kommen, mit der Maßgabe entsprechende Anwendung, daß der Bundesrath für gewisse Arten von Betrieben Ausnahmen von den im § 135 Abs. 2, 3, §§ 136, 137 Abs. 1 bis 3 und § 138 vorgesehenen Bestimmungen nachlassen kann.

Auf andere Werkstätten sowie auf Bauten können durch Kaiserliche Verordnung mit Zustimmung des Bundesraths die Bestimmungen der §§ 135 bis 139b ganz oder theilweise ausgedehnt werden. Werkstätten, in welchen der Arbeitgeber ausschließlich zu seiner Familie gehörige Personen beschäftigt, fallen unter diese Bestimmungen nicht.

Die Kaiserlichen Verordnungen sowie die Ausnahmebestimmungen des Bundesraths können auch für bestimmte Bezirke erlassen werden. Sie sind durch das Reichs-Gesetzblatt zu veröffentlichen und dem Reichstage bei seinem nächsten Zusammentritte zur Kenntnißnahme vorzulegen.

§ 154a. Die Bestimmungen der §§ 115 bis 119a, 135 bis 139b, 152 und 153 finden auf die Besitzer und Arbeiter von Bergwerken, Salinen, Aufbereitungsanstalten und unterirdisch betriebenen Brüchen oder Gruben entsprechende Anwendung.

Arbeiterinnen dürfen in Anlagen der vorbezeichneten Art nicht unter Tage beschäftigt werden. Zuwiderhandlungen unterliegen der Strafbestimmung des § 146.

§ 155. Wo in diesem Gesetz auf die Landesgesetze verwiesen ist, sind unter den letzteren auch die verfassungs- oder gesetzmäßig erlassenen Verordnungen verstanden.

Welche Behörden in jedem Bundesstaat unter der Bezeichnung: höhere Verwaltungsbehörde, untere Verwaltungsbehörde, Gemeindebehörde, Ortsbehörde, Unterbehörde, Polizeibehörde, Ortspolizeibehörde und welche Verbände unter der Bezeichnung weitere Kommunalverbände zu verstehen sind, wird von der Zentralbehörde des Bundesstaats bekannt gemacht.

Für die unter Reichs- und Staatsverwaltung stehenden Betriebe können die den Polizeibehörden, unteren und höheren Verwaltungsbehörden durch § 105b Abs. 2, § 105c Abs. 2, §§ 105e, 105f, 115a, 120d, 134e bis 134g, 138 Abs. 1, §§ 138a, 139, 139b übertragenen Befugnisse und Obliegenheiten auf die der Verwaltung dieser Betriebe vorgesetzten Dienstbehörden übertragen werden.

18.

2. Gesetz,

betreffend Kinderarbeit in gewerblichen Betrieben.

Vom 30 März 1903.

(R.G.Bl. S. 113)

Wir **Wilhelm,** von Gottes Gnaden Deutscher Kaiser,
König von Preußen ꝛc.

verordnen im Namen des Reichs, nach erfolgter Zustimmung des Bundesrats und des Reichstags, was folgt:

I. Einleitende Bestimmungen.

§ 1. Auf die Beschäftigung von Kindern in Betrieben, welche als gewerbliche im Sinne der Gewerbeordnung anzusehen sind, finden neben den bestehenden reichsrechtlichen Vorschriften die folgenden Bestimmungen Anwendung, und zwar auf die Beschäftigung fremder Kinder die §§ 4 bis 11, auf die Beschäftigung eigener Kinder die §§ 12 bis 17.

§ 2. (Kinder im Sinne dieses Gesetzes.) Als Kinder im Sinne dieses Gesetzes gelten Knaben und Mädchen unter dreizehn Jahren sowie solche Knaben und Mädchen über dreizehn Jahre, welche noch zum Besuche der Volksschule verpflichtet sind.

§ 3. (Eigene, fremde Kinder.) Im Sinne dieses Gesetzes gelten als eigene Kinder:

1. Kinder, die mit demjenigen, welcher sie beschäftigt, oder mit dessen Ehegatten bis zum dritten Grade verwandt sind,
2. Kinder, die von demjenigen, welcher sie beschäftigt, oder dessen Ehegatten an Kindesstatt angenommen oder bevormundet sind,
3. Kinder, die demjenigen, welcher sie zugleich mit Kindern der unter 1 oder 2 bezeichneten Art beschäftigt, zur gesetzlichen Zwangserziehung (Fürsorgeerziehung) überwiesen sind,

sofern die Kinder zu dem Hausstande desjenigen gehören, welcher sie beschäftigt.

Kinder, welche hiernach nicht als eigene Kinder anzusehen sind, gelten als fremde Kinder.

Die Vorschriften über die Beschäftigung eigener Kinder gelten auch für die Beschäftigung von Kindern, welche in der Wohnung oder Werkstätte einer Person, zu der sie in einem der in Abs. 1 bezeichneten Verhältnisse stehen und zu deren Hausstande sie gehören, für Dritte beschäftigt werden.

II. Beschäftigung fremder Kinder.

§ 4. (Verbotene Beschäftigungsarten.) Bei Bauten aller Art, im Betriebe derjenigen Ziegeleien und über Tage betriebenen Brüche und Gruben, auf welche die Bestimmungen der §§ 134 bis 139 b der Gewerbeordnung keine Anwendung finden, und der in dem anliegenden Verzeichnis aufgeführten Werkstätten sowie beim Steinklopfen, im Schornsteinfegergewerbe, in dem mit dem Speditionsgeschäfte verbundenen Fuhrwerksbetriebe, beim Mischen und Mahlen von Farben, beim Arbeiten in Kellereien dürfen Kinder nicht beschäftigt werden.

Der Bundesrat ist ermächtigt, weitere ungeeignete Beschäftigungen zu untersagen und das Verzeichnis abzuändern. Die beschlossenen Abänderungen sind durch das Reichsgesetzblatt zu veröffentlichen und dem Reichstage sofort oder, wenn derselbe nicht versammelt ist, bei seinem nächsten Zusammentritt zur Kenntnis vorzulegen.

§ 5. (Beschäftigung im Betriebe von Werkstätten, im Handelsgewerbe und in Verkehrsgewerben.) Im Betriebe von Werkstätten (§ 18), in denen die Beschäftigung von Kindern nicht nach § 4 verboten ist, im Handelsgewerbe (§ 105 b Abs. 2, 3 der Gewerbeordnung) und in Verkehrsgewerben (§ 105 i Abs. 1 a. a. O.) dürfen Kinder unter zwölf Jahren nicht beschäftigt werden.

Die Beschäftigung von Kindern über zwölf Jahre darf nicht in der Zeit zwischen acht Uhr abends und acht Uhr morgens und nicht vor dem Vormittagsunterrichte stattfinden. Sie darf nicht länger als drei Stunden und während der von der zuständigen Behörde bestimmten Schulferien nicht länger als vier Stunden täglich dauern. Um Mittag ist den Kindern eine mindestens zweistündige Pause zu gewähren. Am Nachmittage darf die Beschäftigung erst eine Stunde nach beendetem Unterrichte beginnen.

§ 6. (Beschäftigung bei öffentlichen theatralischen Vorstellungen und anderen öffentlichen Schaustellungen.) Bei öffentlichen theatralischen Vorstellungen und anderen öffentlichen Schaustellungen dürfen Kinder nicht beschäftigt werden.

Bei solchen Vorstellungen und Schaustellungen, bei denen ein höheres Interesse der Kunst oder Wissenschaft obwaltet, kann die untere Verwaltungsbehörde nach Anhörung der Schulaufsichtsbehörde Ausnahmen zulassen.

§ 7. (Beschäftigung im Betriebe von Gast- und von Schankwirtschaften.) Im Betriebe von Gast- und Schankwirtschaften dürfen Kinder unter zwölf Jahren überhaupt nicht und Mädchen (§ 2) nicht bei der Bedienung der Gäste beschäftigt werden. Im übrigen finden auf die Beschäftigung von Kindern über zwölf Jahre die Bestimmungen des § 5 Abs. 2 Anwendung.

§ 8. (Beschäftigung beim Austragen von Waren und bei sonstigen Botengängen.) Auf die Beschäftigung von Kindern beim Austragen von Waren und bei sonstigen Botengängen in den in §§ 4 bis 7 bezeichneten und in anderen gewerblichen Betrieben finden die Bestimmungen des § 5 entsprechende Anwendung.

Für die ersten zwei Jahre nach dem Inkrafttreten dieses Gesetzes kann die untere Verwaltungsbehörde nach Anhörung der Schulaufsichtsbehörde für ihren Bezirk oder Teile desselben allgemein oder für einzelne

Gewerbszweige gestatten, daß die Beschäftigung von Kindern über zwölf Jahre bereits von sechseinhalb Uhr morgens an und vor dem Vormittagsunterrichte stattfindet; jedoch darf sie vor dem Vormittagsunterrichte nicht länger als eine Stunde dauern.

§ 9. (Sonntagsruhe.) An Sonn- und Festtagen (§ 105a Abs. 2 der Gewerbeordnung) dürfen Kinder vorbehaltlich der Bestimmungen in Abs. 2, 3, nicht beschäftigt werden.

Für die öffentlichen theatralischen Vorstellungen und sonstigen öffentlichen Schaustellungen bewendet es auch an Sonn- und Festtagen bei den Bestimmungen des § 6.

Für das Austragen von Waren sowie für sonstige Botengänge bewendet es bei den Bestimmungen des § 8. Jedoch darf an Sonn- und Festtagen die Beschäftigung die Dauer von zwei Stunden nicht überschreiten und sich nicht über ein Uhr nachmittags erstrecken; auch darf sie nicht in der letzten halben Stunde vor Beginn des Hauptgottesdienstes und nicht während desselben stattfinden.

§ 10. (Anzeige.) Sollen Kinder beschäftigt werden, so hat der Arbeitgeber vor dem Beginne der Beschäftigung der Ortspolizeibehörde eine schriftliche Anzeige zu machen. In der Anzeige sind die Betriebsstätte des Arbeitgebers sowie die Art des Betriebs anzugeben.

Die Bestimmung des Abs. 1 findet keine Anwendung auf eine bloß gelegentliche Beschäftigung mit einzelnen Dienstleistungen.

§ 11. (Arbeitskarte.) Die Beschäftigung eines Kindes ist nicht gestattet, wenn dem Arbeitgeber nicht zuvor für dasselbe eine Arbeitskarte eingehändigt ist. Diese Bestimmung findet keine Anwendung auf eine bloß gelegentliche Beschäftigung mit einzelnen Dienstleistungen.

Die Arbeitskarten werden auf Antrag oder mit Zustimmung des gesetzlichen Vertreters durch die Ortspolizeibehörde desjenigen Orts, an welchem das Kind zuletzt seinen dauernden Aufenthaltsort gehabt hat, kosten- und stempelfrei ausgestellt; ist die Erklärung des gesetzlichen Vertreters nicht zu beschaffen, so kann die Gemeindebehörde die Zustimmung ergänzen. Die Karten haben den Namen, Tag und Jahr der Geburt des Kindes sowie den Namen, Stand und letzten Wohnort des gesetzlichen Vertreters zu enthalten.

Der Arbeitgeber hat die Arbeitskarte zu verwahren, auf amtliches Verlangen vorzulegen und nach regelmäßiger Lösung des Arbeitsverhältnisses dem gesetzlichen Vertreter wieder auszuhändigen. Ist die Wohnung des gesetzlichen Vertreters nicht zu ermitteln, so erfolgt die Aushändigung der Arbeitskarte an die im Abs. 2 bezeichnete Ortspolizeibehörde.

Die Bestimmungen des § 4 des Gewerbegerichtsgesetzes vom 29. September 1901 (Reichsgesetzbl. S. 353) über die Zuständigkeit der Gewerbegerichte für Streitigkeiten hinsichtlich der Arbeitsbücher finden entsprechende Anwendung.

III. Beschäftigung eigener Kinder.

§ 12. (Verbotene Beschäftigungsarten.) In Betrieben, in denen gemäß den Bestimmungen des § 4 fremde Kinder nicht beschäftigt werden dürfen, sowie in Werkstätten, in welchen durch elementare Kraft (Dampf, Wind, Wasser, Gas, Luft, Elektrizität u. s. w.) bewegte Triebwerke nicht bloß vorübergehend zur Verwendung kommen, ist auch die Beschäftigung eigener Kinder untersagt.

§ 13. (Beschäftigung im Betriebe von Werkstätten, im Handelsgewerbe und in Verkehrsgewerben.) Im Betriebe von Werkstätten, in denen die Beschäftigung von Kindern nicht nach § 12 verboten ist, im Handelsgewerbe und in Verkehrsgewerben dürfen eigene Kinder unter zehn Jahren überhaupt nicht, eigene Kinder über zehn Jahre nicht in der Zeit zwischen acht Uhr abends und acht Uhr morgens und nicht vor dem Vormittagsunterrichte beschäftigt werden. Um Mittag ist den Kindern eine mindestens zweistündige Pause zu gewähren. Am Nachmittage darf die Beschäftigung erst eine Stunde nach beendetem Unterrichte beginnen.

Eigene Kinder unter zwölf Jahren dürfen in der Wohnung oder Werkstätte einer Person, zu der sie in einem der im § 3 Abs. 1 bezeichneten Verhältnisse stehen, für Dritte nicht beschäftigt werden.

An Sonn- und Festtagen dürfen auch eigene Kinder im Betriebe von Werkstätten und im Handelsgewerbe sowie im Verkehrsgwerbe nicht beschäftigt werden.

§ 14. (Besondere Befugnisse des Bundesrats.) Der Bundesrat ist ermächtigt, für die ersten zwei Jahre nach dem Inkrafttreten dieses Gesetzes für einzelne Arten der im § 12 bezeichneten Werkstätten, in denen durch elementare Kraft bewegte Triebwerke nicht bloß vorübergehend zur Verwendung kommen, und der im § 13 Abs. 1 bezeichneten Werkstätten Ausnahmen von den daselbst vorgesehenen Bestimmungen zuzulassen.

Nach Ablauf dieser Zeit kann der Bundesrat für einzelne Arten der im § 12 bezeichneten Werkstätten mit Motorbetrieb die Beschäftigung eigener Kinder nach Maßgabe der Bestimmungen im § 13 Abs. 1 unter der Bedingung gestatten, daß die Kinder nicht an den durch die Triebkraft bewegten Maschinen beschäftigt werden dürfen. Auch kann der Bundesrat für einzelne Arten der im § 13 Abs. 1 bezeichneten Werkstätten Ausnahmen von dem Verbote der Beschäftigung von Kindern unter zehn Jahren zulassen, sofern die Kinder mit besonders leichten und ihrem Alter angemessenen Arbeiten beschäftigt werden; die Beschäftigung darf nicht in der Zeit zwischen acht Uhr abends und acht Uhr morgens stattfinden; um Mittag ist den Kindern eine mindestens zweistündige Pause zu gewähren; am Nachmittage darf die Beschäftigung erst eine Stunde nach beendetem Unterrichte beginnen. Die Ausnahmebestimmungen können allgemein oder für einzelne Bezirke erlassen werden.

§ 15. (Beschäftigung bei öffentlichen theatralischen Vorstellungen und anderen öffentlichen Schaustellungen.) Auf die Beschäftigungen eigener Kinder bei öffentlichen theatralischen Vorstellungen und anderen öffentlichen Schaustellungen finden die Bestimmungen des § 6 Anwendung.

§ 16. (Beschäftigung im Betriebe von Gast- und von Schankwirtschaften.) Im Betriebe von Gast- und von Schankwirtschaften dürfen Kinder unter zwölf Jahren überhaupt nicht, und Mädchen (§ 2) nicht bei der Bedienung der Gäste beschäftigt werden. Die untere Verwaltungsbehörde ist befugt, nach Anhörung der Schulaufsichtsbehörde in Orten, welche nach der jeweilig letzten Volkszählung weniger als zwanzigtausend Einwohner haben, für Betriebe, in welchen in der Regel ausschließlich zur Familie des Arbeitgebers gehörige Personen beschäftigt werden, Ausnahmen zuzulassen. Im übrigen finden auf die Beschäftigung von eigenen Kindern die Bestimmungen des § 13 Abs. 1 Anwendung.

§ 17. (Beschäftigung beim Austragen von Waren und bei sonstigen Botengängen.) Auf die Beschäftigung beim Austragen von Zeitungen, Milch und Backwaren finden die Bestimmungen im § 8, § 9 Abs. 3 dann Anwendung, wenn die Kinder für Dritte beschäftigt werden.

Im übrigen ist die Beschäftigung von eigenen Kindern beim Austragen von Waren und bei sonstigen Botengängen gestattet. Durch Polizeiverordnungen der zum Erlasse solcher berechtigten Behörden kann die Beschäftigung beschränkt werden.

IV. Gemeinsame Bestimmungen.

§ 18. (Werkstätten im Sinne dieses Gesetzes.) Als Werkstätten gelten neben den Werkstätten im Sinne des § 105 b Abs. 1 der Gewerbeordnung auch Räume, die zum Schlafen, Wohnen oder Kochen dienen, wenn darin gewerbliche Arbeit verrichtet wird, sowie im Freien gelegene gewerbliche Arbeitsstellen.

§ 19. (Abweichungen von der gesetzlichen Zeit.) Beträgt der Unterschied zwischen der gesetzlichen Zeit und der Ortszeit mehr als eine Viertelstunde, so kann die höhere Verwaltungsbehörde bezüglich der in diesem Gesetze vorgesehenen Bestimmungen über Anfang und Ende der zulässigen täglichen Arbeitszeit für ihren Bezirk oder einzelne Teile desselben Abweichungen von der Vorschrift über die gesetzliche Zeit in Deutschland (Gesetz vom 12. März 1893, Reichsgesetzbl. S. 93) zulassen. Die Abweichungen dürfen nicht mehr als eine halbe Stunde betragen. Die gesetzlichen Bestimmungen über die zulässige Dauer der Beschäftigung bleiben unberührt.

§ 20. (Besondere polizeiliche Befugnisse.) Die zuständigen Polizeibehörden können im Wege der Verfügung eine nach den vorstehenden Bestimmungen zulässige Beschäftigung, sofern dabei erhebliche Mißstände zu Tage getreten sind, auf Antrag oder nach Anhörung der Schulaufsichtsbehörde für einzelne Kinder einschränken oder untersagen sowie, wenn für das Kind eine Arbeitskarte erteilt ist (§ 11), diese entziehen und die Erteilung einer neuen Arbeitskarte verweigern.

Die zuständigen Polizeibehörden sind ferner befugt, zur Beseitigung erheblicher, die Sittlichkeit gefährdender Mißstände im Wege der Verfügung für einzelne Gast- und Schankwirtschaften die Beschäftigung von Kindern weiter einzuschränken oder zu untersagen.

§ 21. (Aufsicht.) Insoweit nicht durch Bundesratsbeschluß oder durch die Landesregierungen die Aufsicht anderweitig geregelt ist, finden die Bestimmungen des § 139 b der Gewerbeordnung Anwendung.

In Privatwohnungen, in denen ausschließlich eigene Kinder beschäftigt werden, dürfen Revisionen während der Nachtzeit nur stattfinden, wenn Tatsachen vorliegen, welche den Verdacht der Nachtbeschäftigung dieser Kinder begründen.

§ 22. (Zuständige Behörden.) Welche Behörden in jedem Bundesstaat unter der Bezeichnung: höhere Verwaltungsbehörde, untere Verwaltungsbehörde, Schulaufsichtsbehörde, Gemeindebehörde, Polizeibehörde, Ortspolizeibehörde zu verstehen sind, wird von der Zentralbehörde des Bundesstaats bekannt gemacht.

V. Strafbestimmungen.

§ 23. Mit Geldstrafe bis zu zweitausend Mark wird bestraft, wer den §§ 4 bis 8 zuwiderhandelt.

Im Falle gewohnheitsmäßiger Zuwiderhandlung kann auf Gefängnisstrafe bis zu sechs Monaten erkannt werden.

Der § 75 des Gerichtsverfassungsgesetzes findet Anwendung.

§ 24. Mit Geldstrafe bis zu sechshundert Mark wird bestraft:

1. wer dem § 9 zuwider Kindern an Sonn- und Festtagen Beschäftigung gibt;

2. wer den auf Grund des § 20 hinsichtlich der Beschäftigung fremder Kinder entgültig ergangenen Verfügungen zuwiderhandelt.

Im Falle gewohnheitsmäßiger Zuwiderhandlung kann auf Haft erkannt werden.

§ 25. Mit Geldstrafe bis zu einhundertfünfzig Mark wird bestraft:

1. wer den §§ 12 bis 16, § 17 Abs. 1 zuwiderhandelt;

2. wer den auf Grund des § 20 hinsichtlich der Beschäftigung eigener Kinder endgültig ergangenen Verfügungen oder den auf Grund des § 17 Abs. 2 erlassenen Vorschriften zuwiderhandelt.

Im Falle gewohnheitsmäßiger Zuwiderhandlung kann auf Haft erkannt werden.

§ 26. Mit Geldstrafen bis zu dreißig Mark werden Arbeitgeber bestraft, welche es unterlassen, den durch § 10 für sie begründeten Verpflichtungen nachzukommen.

§ 27. Mit Geldstrafen bis zu zwanzig Mark wird bestraft:

1. wer entgegen der Bestimmung des § 11 Abs. 1 ein Kind in Beschäftigung nimmt oder behält;

2. wer der Bestimmung des § 11 Abs. 3 in Ansehung der Arbeitskarten zuwiderhandelt.

§ 28. Die Strafverfolgung der im § 24 bezeichneten Vergehen verjährt binnen drei Monaten.

§ 29. Die Bestimmungen des § 151 der Gewerbeordnung finden Anwendung.

VI. Schlußbestimmungen.

§ 30. Die vorstehenden Bestimmungen stehen weitergehenden landesrechtlichen Beschränkungen der Beschäftigung von Kindern in gewerblichen Betrieben nicht entgegen.

§ 31. Dieses Gesetz tritt mit dem 1. Januar 1904 in Kraft.

Anlage

Verzeichnis

derjenigen Werkstätten, in deren Betrieb, abgesehen vom Austragen von Waren und von sonstigen Botengängen, Kinder nicht beschäftigt werden dürfen.

Gruppe der Gewerbestatistik.	Bezeichnung der Werkstätten.
IV.	Werkstätten zur Anfertigung von Schieferwaren, Schiefertafeln und Griffeln, mit Ausnahme von Werkstätten, in denen lediglich das Färben, Bemalen und Bekleben sowie die Verpackung von Griffeln und das Färben, Liniieren und Einrahmen von Schiefertafeln erfolgt.
	Werkstätten der Steinmetzen, Steinhauer
	Werkstätten der Steinbohrer, -schleifer und -polierer.
	Kalkbrennereien, Gipsbrennereien.
	Werkstätten der Töpfer.
	Werkstätten der Glasbläser, -ätzer, -schleifer oder -mattierer, mit Ausnahme der Werkstätten der Glasbläser, in denen ausschließlich vor der Lampe geblasen wird.
	Spiegelbelegereien.
V.	Werkstätten, in denen Gegenstände auf galvanischem Wege durch Vergolden, Versilbern, Vernickeln und dergleichen mit Metallüberzügen versehen werden oder in denen Gegenstände auf galvanoplastischem Wege hergestellt werden.
	Werkstätten, in denen Blei- und Zinnspielwaren bemalt werden.
	Blei-, Zink-, Zinn-, Rot- und Gelbgießereien und sonstige Metallgießereien.
	Werkstätten der Gürtler und Bronzeure.
	Werkstätten, in denen Blei Kupfer, Zink oder Legierungen dieser Metalle bearbeitet oder verarbeitet werden.
	Metallschleifereien und -poliereteien.
	Feilenhauereien
VI.	Harnischmachereien, Bleianknüpfereien.
	Werkstätten, in denen Quecksilber verwandt wird.
VII.	Werkstätten zur Herstellung von Explosivstoffen, Feuerwerkskörpern, Zündhölzern und sonstigen Zündwaren.
	Abdeckereien.
IX.	Werkstätten, in denen Gespinste, Gewebe und dergleichen mittels chemischer Agentien gebleicht werden.
	Färbereien.
	Lumpensortierereien.
XI.	Felleinsalzereien, Gerbereien.
	Werkstätten zur Verfertigung von Gummi-, Guttapercha- und Kautschukwaren.
	Werkstätten zur Verfertigung von Polsterwaren.
	Roßhaarspinnereien.
XII.	Werkstätten der Perlmutterverarbeitung.
	Haar- und Borstenzurichtereien. Bürsten- und Pinselmachereien, sofern mit ausländischem tierischen Materiale gearbeitet wird.
XIII	Fleischereien.
XIV.	Hasenhaarschneidereien.
	Bettfedernreinigungsanstalten.
	Chemische Waschanstalten
XV.	Werkstätten der Maler und Anstreicher.

C. Gesetze zum Schutze von Gütern der Einzelnen.

I. Gesetze zum Schutze von Leben, Gesundheit und Vermögen.

19. **1. Gesetz,**

betreffend die Schlachtvieh- und Fleischbeschau.

Vom 3. Juni 1900.

(R.G.Bl. 1900 S. 547.)

Wir **Wilhelm,** von Gottes Gnaden Deutscher Kaiser, König von Preußen rc.

verordnen im Namen des Reichs, nach erfolgter Zustimmung des Bundesraths und des Reichstags, was folgt:

§ 1. Rindvieh, Schweine, Schafe, Ziegen, Pferde und Hunde, deren Fleisch zum Genusse für Menschen verwendet werden soll, unterliegen vor und nach der Schlachtung einer amtlichen Untersuchung. Durch Beschluß des Bundesraths kann die Untersuchungspflicht auf anderes Schlachtvieh ausgedehnt werden.

Bei Nothschlachtungen darf die Untersuchung vor der Schlachtung unterbleiben.

Der Fall der Nothschlachtung liegt dann vor, wenn zu befürchten steht, daß das Thier bis zur Ankunft des zuständigen Beschauers verenden oder das Fleisch durch Verschlimmerung des krankhaften Zustandes wesentlich an Werth verlieren werde oder wenn das Thier in Folge eines Unglücksfalls sofort getödtet werden muß.

§ 2. Bei Schlachtthieren, deren Fleisch ausschließlich im eigenen Haushalte des Besitzers verwendet werden soll, darf, sofern sie keine Merkmale einer die Genußtauglichkeit des Fleisches ausschließenden Erkrankung zeigen, die Untersuchung vor der Schlachtung und, sofern sich solche Merkmale auch bei der Schlachtung nicht ergeben, auch die Untersuchung nach der Schlachtung unterbleiben.

Eine gewerbsmäßige Verwendung von Fleisch, bei welchem auf Grund des Abs. 1 die Untersuchung unterbleibt, ist verboten.

Als eigener Haushalt im Sinne des Abs. 1 ist der Haushalt der Kasernen, Krankenhäuser, Erziehungsanstalten, Speiseanstalten, Gefangenanstalten, Armenhäuser und ähnliche Anstalten sowie der Haushalt der Schlächter, Fleischhändler, Gast-, Schank- und Speisewirthe nicht anzusehen.

§ 3. Die Landesregierungen sind befugt, für Gegenden und Zeiten, in denen eine übertragbare Thierkrankheit herrscht, die Untersuchung aller der Seuche ausgesetzten Schlachtthiere anzuordnen.

§ 4. Fleisch im Sinne dieses Gesetzes sind Theile von warmblütigen Thieren, frisch oder zubereitet, sofern sie sich zum Genusse für Menschen eignen. Als Theile gelten auch die aus warmblütigen Thieren hergestellten Fette und Würste, andere Erzeugnisse nur insoweit, als der Bundesrath dies anordnet.

§ 5. Zur Vornahme der Untersuchungen sind Beschaubezirke zu bilden; für jeden derselben ist mindestens ein Beschauer sowie ein Stellvertreter zu bestellen.

Die Bildung der Beschaubezirke und die Bestellung der Beschauer erfolgt durch die Landesbehörden. Für die in den Armeekonservenfabriken vorzunehmenden Untersuchungen können seitens der Militärverwaltung besondere Beschauer bestellt werden.

Zu Beschauern sind approbirte Thierärzte oder andere Personen, welche genügende Kenntnisse nachgewiesen haben, zu bestellen.

§ 6. Ergiebt sich bei den Untersuchungen das Vorhandensein oder der Verdacht einer Krankheit, für welche die Anzeigepflicht besteht, so ist nach Maßgabe der hierüber geltenden Vorschriften zu verfahren.

§ 7. Ergiebt die Untersuchung des lebenden Thieres keinen Grund zur Beanstandung der Schlachtung, so hat der Beschauer sie unter Anordnung der etwa zu beobachtenden besonderen Vorsichtsmaßregeln zu genehmigen.

Die Schlachtung des zur Untersuchung gestellten Thieres darf nicht vor der Ertheilung der Genehmigung und nur unter Einhaltung der angeordneten besonderen Vorsichtsmaßregeln stattfinden.

Erfolgt die Schlachtung nicht spätestens zwei Tage nach Ertheilung der Genehmigung, so ist sie nur nach erneuter Untersuchung und Genehmigung zulässig.

§ 8. Ergiebt die Untersuchung nach der Schlachtung, daß kein Grund zur Beanstandung des Fleisches vorliegt, so hat der Beschauer es als tauglich zum Genusse für Menschen zu erklären.

Vor der Untersuchung dürfen Theile eines geschlachteten Thieres nicht beseitigt werden.

§ 9. Ergiebt die Untersuchung, daß das Fleisch zum Genusse für Menschen untauglich ist, so hat der Beschauer es vorläufig zu beschlagnahmen, den Besitzer hiervon zu benachrichtigen und der Polizeibehörde sofort Anzeige zu erstatten.

Fleisch, dessen Untauglichkeit sich bei der Untersuchung ergeben hat, darf als Nahrungs- oder Genußmittel für Menschen nicht in Verkehr gebracht werden.

Die Verwendung des Fleisches zu anderen Zwecken kann von der Polizeibehörde zugelassen werden, soweit gesundheitliche Bedenken nicht entgegenstehen. Die Polizeibehörde bestimmt, welche Sicherungsmaßregeln gegen eine Verwendung des Fleisches zum Genusse für Menschen zu treffen sind.

Das Fleisch darf nicht vor der polizeilichen Zulassung und nur unter Einhaltung der von der Polizeibehörde angeordneten Sicherungsmaßregeln in Verkehr gebracht werden.

Das Fleisch ist von der Polizeibehörde in unschädlicher Weise zu beseitigen, soweit seine Verwendung zu anderen Zwecken (Abs. 3) nicht zugelassen wird.

§ 10. Ergiebt die Untersuchung, daß das Fleisch zum Genusse für Menschen nur bedingt tauglich ist, so hat der Beschauer es vorläufig zu beschlagnahmen, den Besitzer hiervon zu benachrichtigen und der Polizeibehörde sofort Anzeige zu erstatten. Die Polizeibehörde bestimmt, unter welchen Sicherungsmaßregeln das Fleisch zum Genusse für Menschen brauchbar gemacht werden kann.

Fleisch, das bei der Untersuchung als nur bedingt tauglich erkannt worden ist, darf als Nahrungs- und Genußmittel für Menschen nicht in Verkehr gebracht werden, bevor es unter den von der Polizeibehörde angeordneten Sicherungsmaßregeln zum Genusse für Menschen brauchbar gemacht worden ist.

Insoweit eine solche Brauchbarmachung unterbleibt, finden die Vorschriften des § 9 Abs. 3 bis 5 entsprechende Anwendung.

§ 11. Der Vertrieb des zum Genusse für Menschen brauchbar gemachten Fleisches (§ 10 Abs. 1) darf nur unter einer diese Beschaffenheit erkennbar machenden Bezeichnung erfolgen.

Fleischhändlern, Gast-, Schank- und Speisewirthen ist der Vertrieb und die Verwendung solchen Fleisches nur mit Genehmigung der Polizeibehörde gestattet; die Genehmigung ist jederzeit widerruflich. An die vorbezeichneten Gewerbetreibenden darf derartiges Fleisch nur abgegeben werden, soweit ihnen eine solche Genehmigung ertheilt worden ist. In den Geschäftsräumen dieser Personen muß an einer in die Augen fallenden Stelle durch deutlichen Anschlag besonders erkennbar gemacht werden, daß Fleisch der im Abs. 1 bezeichneten Beschaffenheit zum Vertrieb oder zur Verwendung kommt.

Fleischhändler dürfen das Fleisch nicht in Räumen feilhalten oder verkaufen, in welchen taugliches Fleisch (§ 8) feilgehalten oder verkauft wird.

§ 12. Die Einfuhr von Fleisch in luftdicht verschlossenen Büchsen oder ähnlichen Gefäßen, von Würsten und sonstigen Gemengen aus zerkleinertem Fleische in das Zollinland ist verboten.

Im Uebrigen gelten für die Einfuhr von Fleisch in das Zollinland bis zum 31. Dezember 1903 folgende Bedingungen:

1. Frisches Fleisch darf in das Zollinland nur in ganzen Thierkörpern, die bei Rindvieh, ausschließlich der Kälber, und bei Schweinen in Hälften zerlegt sein können, eingeführt werden.

   Mit den Thierkörpern müssen Brust- und Bauchfell, Lunge, Herz, Nieren, bei Kühen auch das Euter in natürlichem Zusammenhange verbunden sein; der Bundesrath ist ermächtigt, diese Vorschrift auf weitere Organe auszudehnen.

2. Zubereitetes Fleisch darf nur eingeführt werden, wenn nach der Art seiner Gewinnung und Zubereitung Gefahren für die menschliche Gesundheit erfahrungsgemäß ausgeschlossen sind oder die Unschädlichkeit für die menschliche Gesundheit in zuverlässiger Weise bei der Einfuhr sich feststellen läßt. Diese Feststellung gilt als unausführbar insbesondere bei Sendungen von Pökelfleisch, sofern das Gewicht einzelner Stücke weniger als vier Kilogramm beträgt; auf Schinken, Speck und Därme findet diese Vorschrift keine Anwendung.

Fleisch, welches zwar einer Behandlung zum Zwecke seiner Haltbarmachung unterzogen worden ist, aber die Eigenschaften frischen Fleisches im Wesentlichen behalten hat oder durch entsprechende Behandlung wieder gewinnen kann, ist als zubereitetes Fleisch nicht anzusehen; Fleisch solcher Art unterliegt den Bestimmungen in Ziffer 1.

Für die Zeit nach dem 31. Dezember 1903 sind die Bedingungen für die Einfuhr von Fleisch gesetzlich von neuem zu regeln. Sollte eine Neuregelung bis zu dem bezeichnetem Zeitpunkte nicht zu Stande kommen, so bleiben die im Abs. 2 festgesetzten Einfuhrbedingungen bis auf Weiteres maßgebend.

§ 13. Das in das Zollinland eingehende Fleisch unterliegt bei der Einfuhr einer amtlichen Untersuchung unter Mitwirkung der Zollbehörden. Ausgenommen hiervon ist das nachweislich im Inlande bereits vorschriftsmäßig untersuchte und das zur unmittelbaren Durchfuhr bestimmte Fleisch.

Die Einfuhr von Fleisch darf nur über bestimmte Zollämter erfolgen. Der Bundesrath bezeichnet diese Aemter sowie diejenigen Zoll- und Steuerstellen, bei welchen die Untersuchung des Fleisches stattfinden kann.

§ 14. Auf Wildpret und Federvieh, ferner auf das zum Reiseverbrauche mitgeführte Fleisch finden die Bestimmungen der §§ 12 und 13 nur insoweit Anwendung, als der Bundesrath dies anordnet.

Für das im kleinen Grenzverkehre sowie im Meß- und Marktverkehre des Grenzbezirkes eingehende Fleisch können durch Anordnung der Landesregierungen Ausnahmen von den Bestimmungen der §§ 12 und 13 zugelassen werden.

§ 15. Der Bundesrath ist ermächtigt, weitergehende Einfuhrverbote und Einfuhrbeschränkungen, als in den §§ 12 und 13 vorgesehen sind, zu beschließen.

§ 16. Die Vorschriften des § 8 Abs. 1 und der §§ 9 bis 11 gelten auch für das in das Zollinland eingehende Fleisch. An Stelle der unschädlichen Beseitigung des Fleisches oder an Stelle der polizeilicherseits anzuordnenden Sicherungsmaßregeln kann jedoch, insoweit gesundheitliche Bedenken nicht entgegenstehen, die Wiederausfuhr des Fleisches unter entsprechenden Vorsichtsmaßnahmen zugelassen werden.

§ 17. Fleisch, welches zwar nicht für den menschlichen Genuß bestimmt ist, aber dazu verwendet werden kann, darf zur Einfuhr ohne Untersuchung zugelassen werden, nachdem es zum Genusse für Menschen unbrauchbar gemacht ist.

§ 18. Bei Pferden muß die Untersuchung (§ 1) durch approbirte Thierärzte vorgenommen werden.

Der Vertrieb von Pferdefleisch sowie die Einfuhr solchen Fleisches in das Zollinland darf nur unter einer Bezeichnung erfolgen, welche in deutscher Sprache das Fleisch als Pferdefleisch erkennbar macht.

Fleischhändlern, Gast-, Schank- und Speisewirthen ist der Vertrieb und die Verwendung von Pferdefleisch nur mit Genehmigung der Polizeibehörde gestattet; die Genehmigung ist jederzeit widerruflich. An die vorbezeichneten Gewerbetreibenden darf Pferdefleisch nur abgegeben werden, soweit ihnen eine solche Genehmigung ertheilt worden ist. In den Geschäftsräumen dieser Personen muß an einer in die Augen fallenden Stelle durch deutlichen Anschlag besonders erkennbar gemacht werden, daß Pferdefleisch zum Vertrieb oder zur Verwendung kommt.

Fleischhändler dürfen Pferdefleisch nicht in Räumen feilhalten oder verkaufen, in welchen Fleisch von anderen Thieren feilgehalten oder verkauft wird.

Der Bundesrath ist ermächtigt, anzuordnen, daß die vorstehenden Vorschriften auf Esel, Maulesel, Hunde und sonstige, seltener zur Schlachtung gelangende Thiere entsprechende Anwendung finden.

§ 19. Der Beschauer hat das Ergebniß der Untersuchung an dem Fleische kenntlich zu machen. Das aus dem Ausland eingeführte Fleisch ist außerdem als solches kenntlich zu machen.

Der Bundesrath bestimmt die Art der Kennzeichnung.

§ 20. Fleisch, welches innerhalb des Reichs der amtlichen Untersuchung nach Maßgabe der §§ 8 bis 16 unterlegen hat, darf einer abermaligen amtlichen Untersuchung nur zu dem Zwecke unterworfen werden, um festzustellen, ob das Fleisch inzwischen verdorben ist oder sonst eine gesundheitsschädliche Veränderung seiner Beschaffenheit erlitten hat.

Landesrechtliche Vorschriften, nach denen für Gemeinden mit öffentlichen Schlachthäusern der Vertrieb frischen Fleisches Beschränkungen, insbesondere dem Beschauzwang innerhalb der Gemeinde unterworfen werden kann, bleiben mit der Maßgabe unberührt, daß ihre Anwendbarkeit nicht von der Herkunft des Fleisches abhängig gemacht werden darf.

§ 21. Bei der gewerbsmäßigen Zubereitung von Fleisch dürfen Stoffe oder Arten des Verfahrens, welche der Waare eine gesundheitsschädliche Beschaffenheit zu verleihen vermögen, nicht angewendet werden. Es ist verboten, derartig zubereitetes Fleisch aus dem Ausland einzuführen, feilzuhalten, zu verkaufen oder sonst in Verkehr zu bringen.

Der Bundesrath bestimmt die Stoffe und die Arten des Verfahrens, auf welche diese Vorschriften Anwendung finden.

Der Bundesrath ordnet an, inwieweit die Vorschriften des Abs. 1 auch auf bestimmte Stoffe und Arten des Verfahrens Anwendung finden, welche eine gesundheitsschädliche oder minderwerthige Beschaffenheit der Waare zu verdecken geeignet sind.

§ 22. Der Bundesrath ist ermächtigt,

1. Vorschriften über den Nachweis genügender Kenntnisse der Fleischbeschauer zu erlassen,

2. Grundsätze aufzustellen, nach welchen die Schlachtvieh- und Fleischbeschau auszuführen und die weitere Behandlung des Schlachtviehs und Fleisches im Falle der Beanstandung stattzufinden hat,
3. die zur Ausführung der Bestimmungen in dem § 12 erforderlichen Anordnungen zu treffen und die Gebühren für die Untersuchung des in das Zollinland eingehenden Fleisches festzusetzen.

§ 23. Wem die Kosten der amtlichen Untersuchung (§ 1) zur Last fallen, regelt sich nach Landesrecht. Im Uebrigen werden die zur Ausführung des Gesetzes erforderlichen Bestimmungen, insoweit nicht der Bundesrath für zuständig erklärt ist oder insoweit er von einer durch § 22 ertheilten Ermächtigung keinen Gebrauch macht, von den Landesregierungen erlassen.

§ 24. Landesrechtliche Vorschriften über die Trichinenschau und über den Vertrieb und die Verwendung von Fleisch, welches zwar zum Genusse für Menschen tauglich, jedoch in seinem Nahrungs- und Genußwerth erheblich herabgesetzt ist, ferner landesrechtliche Vorschriften, welche mit Bezug auf

1. die der Untersuchung zu unterwerfenden Thiere,
2. die Ausführung der Untersuchungen durch approbirte Thierärzte,
3. den Vertrieb beanstandeten Fleisches oder des Fleisches von Thieren der im § 18 bezeichneten Arten

weitergehende Verpflichtungen als dieses Gesetz begründen, sind mit der Maßgabe zulässig, daß ihre Anwendbarkeit nicht von der Herkunft des Schlachtviehs oder des Fleisches abhängig gemacht werden darf.

§ 25. Inwieweit die Vorschriften dieses Gesetzes auf das in die Zollausschlüsse eingeführte Fleisch Anwendung zu finden haben, bestimmt der Bundesrath.

§ 26. Mit Gefängniß bis zu sechs Monaten und mit Geldstrafe bis zu eintausendfünfhundert Mark oder mit einer dieser Strafen wird bestraft:

1. wer wissentlich den Vorschriften des § 9 Abs. 2, 4, des § 10 Abs. 2, 3, des § 12 Abs. 1 oder des § 21 Abs. 1, 2 oder einem auf Grund des § 21 Abs. 3 ergangenen Verbote zuwiderhandelt;
2. wer wissentlich Fleisch, das den Vorschriften des § 12 Abs. 1 zuwider eingeführt oder auf Grund des § 17 zum Genusse für Menschen unbrauchbar gemacht worden ist, als Nahrungs- oder Genußmittel für Menschen in Verkehr bringt;
3. wer Kennzeichen der im § 19 vorgesehenen Art fälschlich anbringt oder verfälscht, oder wer wissentlich Fleisch, an welchem die Kennzeichen fälschlich angebracht, verfälscht oder beseitigt worden sind, feilhält oder verkauft.

§ 27. Mit Geldstrafe bis zu einhundertfünfzig Mark oder mit Haft wird bestraft:

1. wer eine der im § 26 Nr. 1 und 2 bezeichneten Handlungen aus Fahrlässigkeit begeht;

2. wer eine Schlachtung vornimmt, bevor das Thier der in diesem Gesetze vorgeschriebenen oder einer auf Grund des § 1 Abs. 1 Satz 2, des § 3, des § 18 Abs. 5 oder des § 24 angeordneten Untersuchung unterworfen worden ist;
3. wer Fleisch in Verkehr bringt, bevor es der in diesem Gesetze vorgeschriebenen oder einer auf Grund des § 1 Abs. 1 Satz 2, des § 3, des § 14 Abs. 1, des § 18 Abs. 5 oder des § 24 angeordneten Untersuchung unterworfen worden ist;
4. wer den Vorschriften des § 2 Abs. 2, des § 7 Abs. 2, 3, des § 8 Abs. 2, des § 11, des § 12 Abs. 2, des § 13 Abs. 2 oder des § 18 Abs. 2 bis 4, imgleichen wer den auf Grund des § 15 oder des § 18 Abs. 5 erlassenen Anordnungen oder den auf Grund des § 24 ergehenden landesrechtlichen Vorschriften über den Vertrieb und die Verwendung von Fleisch zuwiderhandelt.

§ 28. In den Fällen des § 26 Nr. 1 und 2 und des § 27 Nr. 1 ist neben der Strafe auf die Einziehung des Fleisches zu erkennen. In den Fällen des § 26 Nr. 3 und des § 27 Nr. 2 bis 4 kann neben der Strafe auf die Einziehung des Fleisches oder des Thieres erkannt werden. Für die Einziehung ist es ohne Bedeutung, ob der Gegenstand dem Verurtheilten gehört oder nicht.

Ist die Verfolgung oder Verurtheilung einer bestimmten Person nicht ausführbar, so kann auf die Einziehung selbständig erkannt werden.

§ 29. Die Vorschriften des Gesetzes, betreffend den Verkehr mit Nahrungsmitteln, Genußmitteln und Gebrauchsgegenständen, vom 14. Mai 1879 (Reichs-Gesetzbl. S. 145) bleiben unberührt. Die Vorschriften des § 16 des bezeichneten Gesetzes finden auch auf Zuwiderhandlungen gegen die Vorschriften des gegenwärtigen Gesetzes Anwendung.

§ 30. Diejenigen Vorschriften dieses Gesetzes, welche sich auf die Herstellung der zur Durchführung der Schlachtvieh- und Fleischbeschau erforderlichen Einrichtungen beziehen, treten mit dem Tage der Verkündigung dieses Gesetzes in Kraft.

Im Uebrigen wird der Zeitpunkt, mit welchem das Gesetz ganz oder theilweise in Kraft tritt, durch Kaiserliche Verordnung mit Zustimmung des Bundesraths bestimmt.

20.

2. Gesetz,

betr. die Bekämpfung gemeingefährlicher Krankheiten.

Vom 30. Juni 1900.

(R.G.Bl. S. 306).

Wir Wilhelm, von Gottes Gnaden Deutscher Kaiser, König von Preußen ꝛc.

verordnen im Namen des Reichs, nach erfolgter Zustimmung des Bundesraths und des Reichstags, was folgt:

Anzeigepflicht.

§ 1. Jede Erkrankung und jeder Todesfall an
Aussatz (Lepra), Cholera (asiatischer), Fleckfieber (Flecktyphus),
Gelbfieber, Pest (orientalischer Beulenpest), Pocken (Blattern),
sowie jeder Fall, welcher den Verdacht einer dieser Krankheiten erweckt, ist der für den Aufenthaltsort des Erkrankten oder den Sterbeort zuständigen Polizeibehörde unverzüglich anzuzeigen.

Wechselt der Erkrankte den Aufenthaltsort, so ist dies unverzüglich bei der Polizeibehörde des bisherigen und des neuen Aufenthaltsorts zur Anzeige zu bringen.

§ 2. Zur Anzeige sind verpflichtet:

1. der zugezogene Arzt,
2. der Haushaltungsvorstand,
3. jede sonst mit der Behandlung oder Pflege des Erkrankten beschäftigte Person,
4. derjenige, in dessen Wohnung oder Behausung der Erkrankungs- oder Todesfall sich ereignet hat,
5. der Leichenschauer.

Die Verpflichtung der unter Nr. 2 bis 5 genannten Personen tritt nur dann ein, wenn ein früher genannter Verpflichteter nicht vorhanden ist.

§ 3. Für Krankheits- und Todesfälle, welche sich in öffentlichen Kranken-, Entbindungs-, Pflege-, Gefangenen- und ähnlichen Anstalten ereignen, ist der Vorsteher der Anstalt oder die von der zuständigen Stelle damit beauftragte Person ausschließlich zur Erstattung der Anzeige verpflichtet.

Auf Schiffen oder Flößen gilt als der zur Erstattung der Anzeige verpflichtete Haushaltungsvorstand der Schiffer oder Floßführer oder deren Stellvertreter. Der Bundesrath ist ermächtigt, Bestimmungen darüber zu erlassen, an wen bei Krankheits- und Todesfällen, welche auf Schiffen oder Flößen vorkommen, die Anzeige zu erstatten ist.

§ 4. Die Anzeige kann mündlich oder schriftlich erstattet werden. Die Polizeibehörden haben auf Verlangen Meldekarten für schriftliche Anzeigen unentgeltlich zu verabfolgen.

§ 5. Landesrechtliche Bestimmungen, welche eine weitergehende Anzeigepflicht begründen, werden durch dieses Gesetz nicht berührt.

Durch Beschluß des Bundesraths können die Vorschriften über die Anzeigepflicht (§§ 1 bis 4) auf andere als die im § 1 Abs. 1 genannten übertragbaren Krankheiten ausgedehnt werden.

Ermittelung der Krankheit.

§ 6. Die Polizeibehörde muß, sobald sie von dem Ausbruch oder dem Verdachte des Auftretens einer der im § 1 Abs. 1 genannten Krankheiten (gemeingefährliche Krankheiten) Kenntniß erhält, den zuständigen beamteten Arzt benachrichtigen. Dieser hat alsdann unverzüglich an Ort und Stelle Ermittelungen über die Art, den Stand und die Ursache der Krankheit vorzunehmen und der Polizeibehörde eine Erklärung darüber abzugeben, ob der Ausbruch der Krankheit festgestellt oder der Verdacht des Ausbruchs begründet ist. In Nothfällen kann der beamtete Arzt die Ermittelung auch vornehmen, ohne daß ihm eine Nachricht der Polizeibehörde zugegangen ist.

In Ortschaften mit mehr als 10 000 Einwohnern ist nach den Bestimmungen des Abs. 1 auch dann zu verfahren, wenn Erkrankungs- oder Todesfälle in einem räumlich abgegrenzten Theile der Ortschaft, welcher von der Krankheit bis dahin verschont geblieben war, vorkommen.

Die höhere Verwaltungsbehörde kann Ermittelungen über jeden einzelnen Krankheits- oder Todesfall anordnen. Solange eine solche Anordnung nicht getroffen ist, sind nach der ersten Feststellung der Krankheit von dem beamteten Arzte Ermittelungen nur im Einverständnisse mit der unteren Verwaltungsbehörde und nur insoweit vorzunehmen, als dies erforderlich ist, um die Ausbreitung der Krankheit örtlich und zeitlich zu verfolgen.

§ 7. Dem beamteten Arzte ist, soweit er es zur Feststellung der Krankheit für erforderlich und ohne Schädigung des Kranken für zulässig hält, der Zutritt zu dem Kranken oder zur Leiche und die Vornahme der zu den Ermittelungen über die Krankheit erforderlichen Untersuchungen zu gestatten. Auch kann bei Cholera-, Gelbfieber- und Pestverdacht eine Oeffnung der Leiche polizeilich angeordnet werden, insoweit der beamtete Arzt dies zur Feststellung der Krankheit für erforderlich hält.

Der behandelnde Arzt ist berechtigt, den Untersuchungen, insbesondere auch der Leichenöffnung beizuwohnen.

Die in §§ 2 und 3 aufgeführten Personen sind verpflichtet, über alle für die Entstehung und den Verlauf der Krankheit wichtigen Umstände dem beamteten Arzte und der zuständigen Behörde auf Befragen Auskunft zu ertheilen.

§ 8. Ist nach dem Gutachten des beamteten Arztes der Ausbruch der Krankheit festgestellt oder der Verdacht des Ausbruchs begründet, so hat die Polizeibehörde unverzüglich die erforderlichen Schutzmaßregeln zu treffen.

§ 9. Bei Gefahr im Verzuge kann der beamtete Arzt schon vor dem Einschreiten der Polizeibehörde die zur Verhütung der Verbreitung der Krankheit zunächst erforderlichen Maßregeln anordnen. Der Vorsteher der Ortschaft hat den von dem beamteten Arzte getroffenen Anordnungen Folge zu leisten. Von den Anordnungen hat der beamtete Arzt der Polizeibehörde sofort schriftliche Mittheilung zu machen; sie bleiben solange in Kraft, bis von der zuständigen Behörde anderweite Verfügung getroffen wird.

§ 10. Für Ortschaften und Bezirke, welche von einer gemeingefährlichen Krankheit befallen oder bedroht sind, kann durch die zuständige Behörde angeordnet werden, daß jede Leiche vor der Bestattung einer amtlichen Besichtigung (Leichenschau) zu unterwerfen ist.

Schutzmaßregeln.

§ 11. Zur Verhütung der Verbreitung der gemeingefährlichen Krankheiten können für die Dauer der Krankheitsgefahr Absperrungs- und Aufsichtsmaßregeln nach Maßgabe der §§ 12 bis 21 polizeilich angeordnet werden.

Die Anfechtung der Anordnungen hat keine aufschiebende Wirkung.

§ 12. Kranke und krankheits- oder ansteckungsverdächtige Personen können einer Beobachtung unterworfen werden. Eine Beschränkung in der Wahl des Aufenthalts oder der Arbeitsstätte ist zu diesem Zwecke nur bei Personen zulässig, welche obdachlos oder ohne festen Wohnsitz sind oder berufs- oder gewohnheitsmäßig umherziehen.

§ 13. Die höhere Verwaltungsbehörde kann für den Umfang ihres Bezirkes oder für Theile desselben anordnen, daß zureisende Personen, sofern sie sich innerhalb einer zu bestimmenden Frist vor ihrer Ankunft in Ortschaften oder Bezirken aufgehalten haben, in welchen eine gemeingefährliche Krankheit ausgebrochen ist, nach ihrer Ankunft der Ortspolizeibehörde zu melden sind.

§ 14. Für kranke und krankheits- oder ansteckungsverdächtige Personen kann eine Absonderung angeordnet werden.

Die Absonderung kranker Personen hat derart zu erfolgen, daß der Kranke mit anderen als den zu seiner Pflege bestimmten Personen, dem Arzte oder dem Seelsorger nicht in Berührung kommt und eine Verbreitung der Krankheit thunlichst ausgeschlossen ist. Angehörigen und Urkundspersonen ist, insoweit es zur Erledigung wichtiger und dringender Angelegenheiten geboten ist, der Zutritt zu dem Kranken unter Beobachtung der erforderlichen Maßregeln gegen eine Weiterverbreitung der Krankheit gestattet. Werden auf Erfordern der Polizeibehörde in der Behausung des Kranken die nach dem Gutachten des beamteten Arztes zum Zwecke der Absonderung nothwendigen Einrichtungen nicht getroffen, so kann, falls der beamtete Arzt es für unerläßlich und der behandelnde Arzt es ohne Schädigung des Kranken für zulässig erklärt, die Ueberführung des Kranken in ein geeignetes Krankenhaus oder in einen anderen geeigneten Unterkunftsraum angeordnet werden.

Auf die Absonderung krankheits- oder ansteckungsverdächtiger Personen finden die Bestimmungen des Abs. 2 sinngemäße Anwendung. Jedoch dürfen krankheits- oder ansteckungsverdächtige Personen nicht in demselben Raume mit kranken Personen untergebracht werden. Ansteckungsverdächtige Personen dürfen in demselben Raume mit krankheitsverdächtigen Personen nur untergebracht werden, soweit der beamtete Arzt es für zulässig hält.

Wohnungen oder Häuser, in welchen erkrankte Personen sich befinden, können kenntlich gemacht werden.

Für das berufsmäßige Pflegepersonal können Verkehrsbeschränkungen angeordnet werden.

§ 15. Die Landesbehörden sind befugt, für Ortschaften und Bezirke, welche von einer gemeingefährlichen Krankheit befallen oder bedroht sind,

1. hinsichtlich der gewerbsmäßigen Herstellung, Behandlung und Aufbewahrung sowie hinsichtlich des Vertriebs von Gegenständen, welche geeignet sind, die Krankheit zu verbreiten, eine gesundheitspolizeiliche Ueberwachung und die zur Verhütung der Verbreitung der Krankheit erforderlichen Maßregeln anzuordnen; die Ausfuhr von Gegenständen der bezeichneten Art darf aber nur für Ortschaften verboten werden, in denen Cholera, Fleckfieber, Pest oder Pocken ausgebrochen sind,
2. Gegenstände der in Nr. 1 bezeichneten Art vom Gewerbebetrieb im Umherziehen auszuschließen,
3. die Abhaltung von Märkten, Messen und anderen Veranstaltungen, welche eine Ansammlung größerer Menschenmengen mit sich bringen, zu verbieten oder zu beschränken,
4. die in der Schiffahrt, der Flößerei oder sonstigen Transportbetrieben beschäftigten Personen einer gesundheitspolizeilichen Ueberwachung zu unterwerfen und kranke, krankheits- oder ansteckungsverdächtige Personen sowie Gegenstände, von denen anzunehmen ist, daß sie mit dem Krankheitsstoffe behaftet sind, von der Beförderung auszuschließen,
5. den Schiffahrts- und Flößereiverkehr auf bestimmte Tageszeiten zu beschränken.

§ 16. Jugendliche Personen aus Behausungen, in denen Erkrankungen vorgekommen sind, können zeitweilig vom Schul- und Unterrichtsbesuche fern gehalten werden. Hinsichtlich der sonstigen für die Schulen anzuordnenden Schutzmaßregeln bewendet es bei den landesrechtlichen Bestimmungen.

§ 17. In Ortschaften, welche von Cholera, Fleckfieber, Pest oder Pocken befallen oder bedroht sind, sowie in deren Umgegend kann die Benutzung von Brunnen, Teichen, Seen Wasserläufen, Wasserleitungen, sowie der dem öffentlichen Gebrauche dienenden Bade-, Schwimm-, Wasch- und Bedürfnißanstalten verboten oder beschränkt werden.

§ 18. Die gänzliche oder theilweise Räumung von Wohnungen und Gebäuden, in denen Erkrankungen vorgekommen sind, kann, insoweit der beamtete Arzt es zur wirksamen Bekämpfung der Krankheit für unerläßlich erklärt, angeordnet werden. Den betroffenen Bewohnern ist anderweit geeignete Unterkunft unentgeltlich zu bieten.

§ 19. Für Gegenstände und Räume, von denen anzunehmen ist, daß sie mit dem Krankheitsstoffe behaftet sind, kann eine Desinfektion angeordnet werden.

Für Reisegepäck und Handelswaaren ist bei Aussatz, Cholera und Gelbfieber die Anordnung der Desinfektion nur dann zulässig, wenn die Annahme, daß die Gegenstände mit dem Krankheitsstoffe behaftet sind, durch besondere Umstände begründet ist.

Ist die Desinfektion nicht ausführbar oder im Verhältnisse zum Werthe der Gegenstände zu kostspielig, so kann die Vernichtung angeordnet werden.

§ 20. Zum Schutze gegen Pest können Maßregeln zur Vertilgung und Fernhaltung von Ratten, Mäusen und anderem Ungeziefer angeordnet werden.

§ 21. Für die Aufbewahrung, Einsargung, Beförderung und Bestattung der Leichen von Personen, welche an einer gemeingefährlichen Krankheit gestorben sind, können besondere Vorsichtsmaßregeln angeordnet werden.

§ 22. Die Bestimmungen über die Ausführung der in den §§ 12 bis 21 vorgesehenen Schutzmaßregeln, insbesondere der Desinfektion, werden vom Bundesrath erlassen.

§ 23. Die zuständige Landesbehörde kann die Gemeinden oder die weiteren Kommunalverbände dazu anhalten, diejenigen Einrichtungen, welche zur Bekämpfung der gemeingefährlichen Krankheiten nothwendig sind, zu treffen. Wegen Aufbringung der erforderlichen Kosten findet die Bestimmung des § 37 Abs. 2 Anwendung.

§ 24. Zur Verhütung der Einschleppung der gemeingefährlichen Krankheiten aus dem Auslande kann der Einlaß der Seeschiffe von der Erfüllung gesundheitspolizeilicher Vorschriften abhängig gemacht sowie

1. der Einlaß anderer, dem Personen- oder Frachtverkehre dienenden Fahrzeuge,
2. die Ein- und Durchfuhr von Waaren und Gebrauchsgegenständen,
3. der Eintritt und die Beförderung von Personen, welche aus dem von der Krankheit befallenen Lande kommen,

verboten oder beschränkt werden.

Der Bundesrath ist ermächtigt, Vorschriften über die hiernach zu treffenden Maßregeln zu beschließen. Soweit sich diese Vorschriften auf die gesundheitspolizeiliche Ueberwachung der Seeschiffe beziehen, können sie auf den Schiffsverkehr zwischen deutschen Häfen erstreckt werden.

§ 25. Wenn eine gemeingefährliche Krankheit im Ausland oder im Küstengebiete des Reichs ausgebrochen ist, so bestimmt der Reichskanzler oder für das Gebiet des zunächst bedrohten Bundesstaats im Einvernehmen mit dem Reichskanzler die Landesregierung, wann und in welchem Umfange die gemäß § 24 Abs. 2 erlassenen Vorschriften in Vollzug zu setzen sind.

§ 26. Der Bundesrath ist ermächtigt, Vorschriften über die Ausstellung von Gesundheitspässen für die aus deutschen Häfen ausgehenden Seeschiffe zu beschließen.

§ 27. Der Bundesrath ist ermächtigt, über die bei der Ausführung wissenschaftlicher Arbeiten mit Krankheitserregern zu beobachtenden

Vorsichtsmaßregeln sowie über den Verkehr mit Krankheitserregern und deren Aufbewahrung Vorschriften zu erlassen.

Entschädigungen.

§ 28. Personen, welche der Invalidenversicherung unterliegen, haben für die Zeit, während der sie auf Grund des § 12 in der Wahl des Aufenthalts oder der Arbeitsstätte beschränkt oder auf Grund des § 14 abgesondert sind, Anspruch auf eine Entschädigung wegen des ihnen dadurch entgangenen Arbeitsverdienstes, bei deren Berechnung als Tagesarbeitsverdienst der dreihundertste Theil des für die Invalidenversicherung maßgebenden Jahresarbeitsverdienstes zu Grunde zu legen ist.

Dieser Anspruch fällt weg, insoweit auf Grund einer auf gesetzlicher Verpflichtung beruhenden Versicherung wegen einer mit Erwerbsunfähigkeit verbundenen Krankheit Unterstützung gewährt wird oder wenn eine Verpflegung auf öffentliche Kosten stattfindet.

§ 29. Für Gegenstände, welche in Folge einer nach Maßgabe dieses Gesetzes polizeilich angeordneten und überwachten Desinfektion derart beschädigt worden sind, daß sie zu ihrem bestimmungsmäßigen Gebrauche nicht weiter verwendet werden können, oder welche auf polizeiliche Anordnung vernichtet worden sind, ist, vorbehaltlich der in §§ 32 und 33 angegebenen Ausnahmen, auf Antrag Entschädigung zu gewähren.

§ 30. Als Entschädigung soll der gemeine Werth des Gegenstandes gewährt werden ohne Rücksicht auf die Minderung des Werthes, welche sich aus der Annahme ergiebt, daß der Gegenstand mit Krankheitsstoff behaftet sei. Wird der Gegenstand nur beschädigt oder theilweise vernichtet, so ist der verbleibende Werth auf die Entschädigung anzurechnen.

§ 31. Die Entschädigung wird, sofern ein anderer Berechtigter nicht bekannt ist, demjenigen gezahlt, in dessen Gewahrsam sich der beschädigte oder vernichtete Gegenstand zur Zeit der Desinfektion befand. Mit dieser Zahlung erlischt jede Entschädigungsverpflichtung aus § 29.

§ 32. Eine Entschädigung auf Grund dieses Gesetzes wird nicht gewährt:

1. für Gegenstände, welche im Eigenthume des Reichs, eines Bundesstaats oder einer kommunalen Körperschaft sich befinden;
2. für Gegenstände, welche entgegen einem auf Grund des § 15 Nr. 1 oder des § 24 erlassenen Verbot aus- oder eingeführt worden sind.

§ 33. Der Anspruch auf Entschädigung fällt weg:

1. wenn derjenige, welchem die Entschädigung zustehen würde, die beschädigten oder vernichteten Gegenstände oder einzelne derselben an sich gebracht hat, obwohl er wußte oder den Umständen nach annehmen mußte, daß dieselben bereits mit dem Krankheitsstoffe behaftet oder auf polizeiliche Anordnung zu desinfiziren waren;
2. wenn derjenige, welchem die Entschädigung zustehen würde oder in dessen Gewahrsam die beschädigten oder vernichteten Gegenstände sich befanden, zu der Desinfektion durch eine Zuwiderhandlung gegen

dieses Gesetz oder eine auf Grund desselben getroffene Anordnung Veranlassung gegeben hat.

§ 34. Die Kosten der Entschädigungen sind aus öffentlichen Mitteln zu bestreiten. Im Uebrigen bleibt der landesrechtlichen Regelung vorbehalten, Bestimmungen darüber zu treffen:

1. von wem die Entschädigung zu gewähren und wie dieselbe aufzubringen ist,
2. binnen welcher Frist der Entschädigungsanspruch geltend zu machen ist,
3. wie die Entschädigung zu ermitteln und festzustellen ist.

Allgemeine Vorschriften.

§ 35. Die dem allgemeinen Gebrauche dienenden Einrichtungen für Versorgung mit Trink- oder Wirthschaftswasser und für Fortschaffung der Abfallstoffe sind fortlaufend durch staatliche Beamte zu überwachen.

Die Gemeinden sind verpflichtet, für die Beseitigung der vorgefundenen gesundheitsgefährlichen Mißstände Sorge zu tragen. Sie können nach Maßgabe ihrer Leistungsfähigkeit zur Herstellung von Einrichtungen der im Abs. 1 bezeichneten Art, sofern dieselben zum Schutze gegen übertragbare Krankheiten erforderlich sind, jederzeit angehalten werden.

Das Verfahren, in welchem über die hiernach gegen die Gemeinden zulässigen Anordnungen zu entscheiden ist, richtet sich nach Landesrecht.

§ 36. Beamtete Aerzte im Sinne dieses Gesetzes sind Aerzte, welche vom Staate angestellt sind oder deren Anstellung mit Zustimmung des Staates erfolgt ist.

An Stelle der beamteten Aerzte können im Falle ihrer Behinderung oder aus sonstigen dringenden Gründen andere Aerzte zugezogen werden. Innerhalb des von ihnen übernommenen Auftrags gelten die Letzteren als beamtete Aerzte und sind befugt und verpflichtet, diejenigen Amtsverrichtungen wahrzunehmen, welche in diesem Gesetz oder in den hierzu ergangenen Ausführungsbestimmmungen den beamteten Aerzten übertragen sind.

§ 37. Die Anordnung und Leitung der Abwehr- und Unterdrückungsmaßregeln liegt den Landesregierungen und deren Organen ob.

Die Zuständigkeit der Behörden und die Aufbringung der entstehenden Kosten regelt sich nach Landesrecht.

Die Kosten der auf Grund des § 6 angestellten behördlichen Ermittelungen, der Beobachtung in den Fällen des § 12, ferner auf Antrag die Kosten der auf Grund des § 19 polizeilich angeordneten und überwachten Desinfektion und der auf Grund des § 21 angeordneten besonderen Vorsichtsmaßregeln für die Aufbewahrung, Einsargung, Beförderung und Bestattung der Leichen sind aus öffentlichen Mitteln zu bestreiten.

Die Landesregierungen bestimmen, welche Körperschaften unter der Bezeichnung Gemeinde, weiterer Kommunalverband und kommunale Körperschaft zu verstehen sind.

§ 38. Die Behörden der Bundesstaaten sind verpflichtet, sich bei der Bekämpfung übertragbarer Krankheiten gegenseitig zu unterstützen.

§ 39. Die Ausführung der nach Maßgabe dieses Gesetzes zu ergreifenden Schutzmaßregeln liegt, insoweit davon

1. dem aktiven Heere oder der aktiven Marine angehörende Militärpersonen,
2. Personen, welche in militärischen Dienstgebäuden oder auf den zur Kaiserlichen Marine gehörigen oder von ihr gemietheten Schiffen und Fahrzeugen untergebracht sind,
3. maschirende oder auf dem Transporte befindliche Militärpersonen und Truppentheile des Heeres und der Marine sowie die Ausrüstungs- und Gebrauchsgegenstände derselben,
4. ausschließlich von der Militär- oder Marineverwaltung benutzte Grundstücke und Einrichtungen

betroffen werden, den Militär- und Marinebehörden ob.

Auf Truppenübungen finden die nach diesem Gesetze zulässigen Verkehrsbeschränkungen keine Anwendung.

Der Bundesrath hat darüber Bestimmung zu treffen, inwieweit von dem Auftreten des Verdachts und von dem Ausbruch einer übertragbaren Krankheit sowie von dem Verlauf und dem Erlöschen der Krankheit sich die Militär- und Polizeibehörden gegenseitig in Kenntniß zu setzen haben.

§ 40. Für den Eisenbahn-, Post- und Telegraphenverkehr sowie für Schiffahrtsbetriebe, welche im Anschluß an den Eisenbahnverkehr geführt werden und der staatlichen Eisenbahnaufsichtsbehörde unterstellt sind, liegt die Ausführung der nach Maßgabe dieses Gesetzes zu ergreifenden Schutzmaßregeln ausschließlich den zuständigen Reichs- und Landesbehörden ob.

Inwieweit die auf Grund dieses Gesetzes polizeilich angeordneten Verkehrsbeschränkungen und Desinfektionsmaßnahmen

1. auf Personen, welche während der Beförderung als krank, krankheits- oder ansteckungsverdächtig befunden werden,
2. auf die im Dienste befindlichen oder aus dienstlicher Veranlassung vorübergehend außerhalb ihres Wohnsitzes sich aufhaltenden Beamten und Arbeiter der Eisenbahn-, Post- und Telegraphenverwaltungen sowie der genannten Schiffahrtsbetriebe

Anwendung finden, bestimmt der Bundesrath.

§ 41. Dem Reichskanzler liegt ob, die Ausführung dieses Gesetzes und der auf Grund desselben erlassenen Anordnungen zu überwachen.

Wenn zur Bekämpfung der gemeingefährlichen Krankheiten Maßregeln erforderlich sind, von welchen die Gebiete mehrerer Bundesstaaten betroffen werden, so hat der Reichskanzler oder ein von ihm bestellter Kommissar für Herstellung und Erhaltung der Einheit in den Anordnungen der Landesbehörden zu sorgen und zu diesem Behufe das Erforderliche zu bestimmen, in dringenden Fällen auch die Landesbehörden unmittelbar mit Anweisungen zu versehen.

§ 42. Ist in einer Ortschaft der Ausbruch einer gemeingefährlichen Krankheit festgestellt, so ist das Kaiserliche Gesundheitsamt hiervon sofort auf kürzestem Wege zu benachrichtigen. Der Bundesrath ist ermächtigt zu bestimmen, inwieweit im späteren Verlaufe dem Kaiserlichen

Gesundheitsamte Mittheilungen über Erkrankungs- und Todesfälle zu machen sind.

§ 43. In Verbindung mit dem Kaiserlichen Gesundheitsamte wird ein Reichs-Gesundheitsrath gebildet. Die Geschäftsordnung wird vom Reichskanzler mit Zustimmung des Bundesraths festgestellt. Die Mitglieder werden vom Bundesrathe gewählt.

Der Reichs-Gesundheitsrath hat das Gesundheitsamt bei der Erfüllung der diesem Amte zugewiesenen Aufgaben zu unterstützen. Er ist befugt, den Landesbehörden auf Ansuchen Rath zu ertheilen. Er kann sich, um Auskunft zu erhalten, mit den ihm zu diesem Zwecke zu bezeichnenden Landesbehörden unmittelbar in Verbindung setzen, sowie Vertreter absenden, welche unter Mitwirkung der zuständigen Landesbehörden Aufklärungen an Ort und Stelle einziehen.

Strafvorschriften.

§ 44. Mit Gefängniß bis zu drei Jahren wird bestraft:

1. wer wissentlich bewegliche Gegenstände, für welche eine Desinfektion polizeilich angeordnet war, vor Ausführung der angeordneten Desinfektion in Gebrauch nimmt, an Andere überläßt oder sonst in Verkehr bringt;
2. wer wissentlich Kleidungsstücke, Leibwäsche, Bettzeug oder sonstige bewegliche Gegenstände, welche von Personen, die an einer gemeingefährlichen Krankheit litten, während der Erkrankung gebraucht oder bei deren Behandlung oder Pflege benutzt worden sind, in Gebrauch nimmt, an Andere überläßt oder sonst in Verkehr bringt, bevor sie den auf Grund des § 22 vom Bundesrathe beschlossenen Bestimmungen entsprechend desinfizirt worden sind;
3. wer wissentlich Fahrzeuge oder sonstige Geräthschaften, welche zur Beförderung von Kranken oder Verstorbenen der in Nr. 2 bezeichneten Art gedient haben, vor Ausführung der polizeilich angeordneten Desinfektion benutzt oder Anderen zur Benutzung überläßt.

Sind mildernde Umstände vorhanden, so kann auf Geldstrafe bis zu eintausendfünfhundert Mark erkannt werden.

§ 45. Mit Geldstrafe von zehn bis einhundertfünfzig Mark oder mit Haft nicht unter einer Woche wird bestraft:

1. wer die ihm nach den §§ 2, 3 oder nach den auf Grund des § 5 vom Bundesrathe beschlossenen Vorschriften obliegende Anzeige unterläßt oder länger als vierundzwanzig Stunden, nachdem er von der anzuzeigenden Thatsache Kenntniß erhalten hat, verzögert. Die Strafverfolgung tritt nicht ein, wenn die Anzeige, obwohl nicht von dem zunächst Verpflichteten, doch rechtzeitig gemacht worden ist;
2. wer im Falle des § 7 dem beamteten Arzte den Zutritt zu dem Kranken oder zur Leiche oder die Vornahme der erforderlichen Untersuchungen verweigert;
3. wer den Bestimmungen im § 7 Abs. 3 zuwider über die daselbst bezeichneten Umstände dem beamteten Arzte oder der zuständigen

Behörde die Auskunft verweigert oder wissentlich unrichtige Angaben macht;

4. wer den auf Grund des § 13 erlassenen Anordnungen zuwiderhandelt.

§ 46. Mit Geldstrafe bis zu einhundertfünfzig Mark oder mit Haft wird, sofern nicht nach den bestehenden gesetzlichen Bestimmungen eine höhere Strafe verwirkt ist, bestraft:

1. wer den im Falle des § 9 von dem beamteten Arzte oder dem Vorsteher der Ortschaft getroffenen vorläufigen Anordnungen oder den auf Grund des § 10 von der zuständigen Behörde erlassenen Anordnungen zuwiderhandelt;
2. wer den auf Grund des § 12, des § 14 Abs. 5, der §§ 15, 17, 19 bis 22 getroffenen polizeilichen Anordnungen zuwiderhandelt;
3. wer den auf Grund der §§ 24, 26, 27 erlassenen Vorschriften zuwiderhandelt.

Schlußbestimmungen.

§ 47. Die vom Bundesrathe zur Ausführung dieses Gesetzes erlassenen allgemeinen Bestimmungen sind dem Reichstage zur Kenntniß mitzutheilen.

§ 48. Landesrechtliche Vorschriften über die Bekämpfung anderer als der im § 1 Abs. 1 genannten übertragbaren Krankheiten werden durch dieses Gesetz nicht berührt.

§ 49. Dieses Gesetz tritt mit dem Tage der Verkündigung in Kraft.

21.

3. Gesetz,

betr. den Verkehr mit Wein, weinhaltigen und weinähnlichen Getränken.

Vom 24. Mai 1901.

(R.G.Bl. S. 175.)

Wir **Wilhelm**, von Gottes Gnaden Deutscher Kaiser, König von Preußen ꝛc.

verordnen im Namen des Reichs, nach erfolgter Zustimmung des Bundesraths und des Reichstags, was folgt:

§ 1. Wein ist das durch alkoholische Gährung aus dem Safte der Weintraube hergestellte Getränk.

§ 2. Als Verfälschung oder Nachmachung des Weines im Sinne des § 10 des Gesetzes, betreffend den Verkehr mit Nahrungsmitteln, Genußmitteln und Gebrauchsgegenständen, vom 14. Mai 1879 (Reichs-Gesetzbl. S. 145) ist nicht anzusehen:

1. die anerkannte Kellerbehandlung einschließlich der Haltbarmachung des Weines, auch wenn dabei Alkohol oder geringe Mengen von

mechanisch wirkenden Klärungsmitteln (Eiweiß, Gelatine, Hausenblase und dergleichen), von Tannin, Kohlensäure, schwefliger Säure oder daraus entstandener Schwefelsäure in den Wein gelangen; jedoch darf die Menge des zugesetzten Alkohols, sofern es sich nicht um Getränke handelt, die als Dessertweine (Süd=, Süßweine) ausländischen Ursprunges in den Verkehr kommen, nicht mehr als ein Raumtheil auf einhundert Raumtheile Wein betragen;

2. die Vermischung (Verschnitt) von Wein mit Wein;
3. die Entsäuerung mittelst reinen gefällten kohlensaueren Kalkes;
4. der Zusatz von technisch reinem Rohr=, Rüben= oder Invertzucker, technisch reinem Stärkezucker, auch in wässeriger Lösung, sofern ein solcher Zusatz nur erfolgt, um den Wein zu verbessern, ohne seine Menge erheblich zu vermehren; auch darf der gezuckerte Wein seiner Beschaffenheit und seiner Zusammensetzung nach, namentlich auch in seinem Gehalt an Extraktstoffen und Mineralbestandtheilen nicht unter den Durchschnitt der ungezuckerten Weine des Weinbaugebiets, dem der Wein nach seiner Benennung entsprechen soll, herabgesetzt werden.

§ 3. Es ist verboten die gewerbsmäßige Herstellung oder Nachmachung von Wein unter Verwendung

1. eines Aufgusses von Zuckerwasser oder Wasser auf Trauben, Traubenmaische oder ganz oder theilweise entmostete Trauben, jedoch ist der Zusatz wässeriger Zuckerlösung zur vollen Rothweintraubenmaische zu dem im § 2 Nr. 4 angegebenen Zwecke mit den dort bezeichneten Beschränkungen behufs Herstellung von Rothwein gestattet;
2. eines Aufgusses von Zuckerwasser auf Hefen;
3. von getrockneten Früchten (auch in Auszügen oder Abkochungen) oder eingedickten Moststoffen, unbeschadet der Verwendung bei der Herstellung von solchen Getränken, welche als Dessertweine (Süd=, Süßweine) ausländischen Ursprunges in den Verkehr kommen. Betriebe, in welchen eine derartige Verwendung stattfinden soll, sind von dem Inhaber vor dem Beginne des Geschäftsbetriebs der zuständigen Behörde anzuzeigen;
4. von anderen als den im § 2 Nr. 4 bezeichneten Süßstoffen, insbesondere von Saccharin, Dulcin oder sonstigen künstlichen Süßstoffen;
5. von Säuren, säurehaltigen Stoffen, insbesondere von Weinstein und Weinsäure, von Boquetstoffen, künstlichen Moststoffen oder Essenzen, unbeschadet der Verwendung aromatischer oder arzneilicher Stoffe bei der Herstellung von solchen Weinen, welche als landesübliche Gewürzgetränke oder als Arzneimittel unter den hierfür gebräuchlichen Bezeichnungen (Wermuthwein, Maiwein, Pepsinwein, Chinawein und dergleichen) in den Verkehr kommen;
6. von Obstmost und Obstwein, von Gummi oder anderen Stoffen, durch welche der Extraktgehalt erhöht wird, jedoch unbeschadet der Bestimmungen im § 2 Nr. 1, 3, 4.

Getränke, welche den vorstehenden Vorschriften zuwider oder unter Verwendung eines nach § 2 Nr. 4 nicht gestatteten Zusatzes hergestellt sind, dürfen weder feilgehalten noch verkauft werden. Dies gilt auch dann, wenn die Herstellung nicht gewerbsmäßig erfolgt ist.

Die Verwerthung von Trestern, Rosinen und Korinthen in der Branntweinbrennerei wird durch die Bestimmungen des Abs. 1 nicht berührt; jedoch unterliegt sie der Kontrole der Steuerbehörden.

§ 4. Es ist verboten, Wein, welcher einen nach § 2 Nr. 4 gestatteten Zusatz erhalten hat, oder Rothwein, welcher unter Verwendung eines nach § 3 Abs. 1 Nr. 1 gestatteten Aufgusses hergestellt ist, als Naturwein oder unter anderen Bezeichnungen feilzuhalten oder zu verkaufen, welche die Annahme hervorzurufen geeignet sind, daß ein derartiger Zusatz nicht gemacht ist.

§ 5. Die Vorschriften des § 3 Abs. 1 Nr. 1 bis 4, Abs. 2 finden auch auf Schaumwein Anwendung.

§ 6. Schaumwein, der gewerbsmäßig verkauft oder feilgehalten wird, muß eine Bezeichnung tragen, welche das Land und erforderlichen Falles den Ort erkennbar macht, in welchen er auf Flaschen gefüllt worden ist. Schaumwein, der aus Fruchtwein (Obst- oder Beerenwein) hergestellt ist, muß eine Bezeichnung tragen, welche die Verwendung von Fruchtwein erkennen läßt. Die näheren Vorschriften trifft der Bundesrath.

Die vom Bundesrathe vorgeschriebenen Bezeichnungen sind auch in die Preislisten und Weinkarten sowie in die sonstigen im geschäftlichen Verkehr üblichen Angebote mitaufzunehmen.

§ 7. Die nachbenannten Stoffe, nämlich:

lösliche Aluminiumsalze (Alaun und dergleichen), Baryumverbindungen, Borsäure, Glycerin, Kermesbeeren, Magnesiumverbindungen, Salicylsäure, Oxalsäure, unreiner (freien Amylalkohol enthaltender) Sprit, unreiner (nicht technisch reiner) Stärkezucker, Strontiumverbindungen, Theerfarbstoffe,

oder Gemische, welche einen dieser Stoffe enthalten, dürfen Wein, weinhaltigen oder weinähnlichen Getränken, welche bestimmt sind, Anderen als Nahrungs- oder Genußmittel zu dienen, bei oder nach der Herstellung nicht zugesetzt werden.

Der Bundesrath ist ermächtigt, noch andere Stoffe zu bezeichnen, auf welche dieses Verbot Anwendung zu finden hat.

§ 8. Wein, weinhaltige und weinähnliche Getränke, welchen, den Vorschriften des § 7 zuwider, einer der dort oder der vom Bundesrathe gemäß § 7 bezeichneten Stoffe zugesetzt ist, dürfen weder feilgehalten noch verkauft, noch sonst in Verkehr gebracht werden.

Dasselbe gilt für Rothwein, dessen Gehalt an Schwefelsäure in einem Liter Flüssigkeit mehr beträgt, als sich in zwei Gramm neutralen schwefelsauren Kaliums vorfindet. Diese Bestimmung findet jedoch auf solche Rothweine nicht Anwendung, welche als Dessertweine (Süd-, Süßweine) ausländischen Ursprunges in den Verkehr kommen.

§ 9. Jeder Inhaber von Keller-, Gähr- und Kelterräumen oder sonstigen Räumen, in denen Wein oder Schaumwein gewerbsmäßig hergestellt oder behandelt wird, hat dafür zu sorgen, daß in diesen Räumen an einer in die Augen fallenden Stelle ein deutlicher Abdruck der §§ 2 bis 8 dieses Gesetzes ausgehängt ist.

§ 10. Bis zur reichsgesetzlichen einheitlichen Regelung der Beaufsichtigung des Verkehrs mit Nahrungs- und Genußmitteln treffen die Landesregierungen darüber Bestimmung, welche Beamten und Sachverständigen für die in den nachfolgenden Vorschriften bezeichneten Maßnahmen zuständig sind.

Diese Beamten und Sachverständigen sind befugt, außerhalb der Nachtzeit und, falls Thatsachen vorliegen, welche annehmen lassen, daß zur Nachtzeit gearbeitet wird, auch während dieser Zeit, in Räume, in denen Wein, weinhaltige oder weinähnliche Getränke gewerbsmäßig hergestellt, aufbewahrt, feilgehalten oder verpackt werden, einzutreten, daselbst Besichtigungen vorzunehmen, geschäftliche Aufzeichnungen, Frachtbriefe und Bücher einzusehen, auch nach ihrer Auswahl Proben zum Zwecke der Untersuchung gegen Empfangsbescheinigung zu entnehmen. Auf Verlangen ist ein Theil der Probe amtlich verschlossen oder versiegelt zurückzulassen und für die entnommene Probe eine angemessene Entschädigung zu leisten.

Die Nachtzeit umfaßt in dem Zeitraume vom ersten April bis dreißigsten September die Stunden von neun Uhr Abends bis vier Uhr Morgens und in dem Zeitraume vom ersten Oktober bis einunddreißigsten März die Stunden von neun Uhr Abends bis sechs Uhr Morgens.

§ 11. Die Inhaber der im § 10 bezeichneten Räume sowie die von ihnen bestellten Betriebsleiter und Aufsichtspersonen sind verpflichtet, den zuständigen Beamten und Sachverständigen auf Erfordern Auskunft über das Verfahren bei Herstellung der Erzeugnisse, über den Umfang des Betriebs, über die zur Verwendung gelangenden Stoffe, insbesondere auch über deren Menge und Herkunft, zu ertheilen sowie die geschäftlichen Aufzeichnungen, Frachtbriefe und Bücher vorzulegen. Die Ertheilung von Auskunft kann jedoch verweigert werden, soweit derjenige, von welchem sie verlangt wird, sich selbst oder einem der im § 51 Nr. 1 bis 3 der Strafprozeßordnung bezeichneten Angehörigen die Gefahr strafgerichtlicher Verfolgung zuziehen würde.

§ 12. Die Sachverständigen (§ 10) sind, vorbehaltlich der Anzeige von Gesetzwidrigkeiten, verpflichtet, über die Thatsachen und Einrichtungen, welche durch die Aufsicht zu ihrer Kenntniß kommen, Verschwiegenheit zu beobachten und sich der Mittheilung und Nachahmung der von den Gewerbetreibenden geheim gehaltenen, zu ihrer Kenntniß gelangten Betriebseinrichtungen und Betriebsweisen, solange als diese Betriebsgeheimnisse sind, zu enthalten. Sie sind hierauf zu beeidigen.

§ 13. Mit Gefängniß bis zu sechs Monaten und mit Geldstrafe bis zu dreitausend Mark oder mit einer dieser Strafen wird bestraft, wer vorsätzlich

1. den Vorschriften des § 3, abgesehen von der Bestimmung über die Anzeige gewisser Betriebe in der Nr. 3 des Abs. 1, oder den Vorschriften der §§ 5, 7, 8 oder
2. den Vorschriften des § 4

zuwiderhandelt.

Ist der Thäter bereits einmal wegen einer der im Abs. 1 bezeichneten Zuwiderhandlungen bestraft, so tritt Gefängnißstrafe bis zu einem Jahre ein, neben welcher auf Geldstrafe bis zu fünfzehntausend Mark erkannt werden kann. Diese Bestimmung findet Anwendung, auch wenn die frühere Strafe nur theilweise verbüßt oder ganz oder theilweise erlassen ist, bleibt jedoch ausgeschlossen, wenn seit der Verbüßung oder dem Erlasse der letzten Strafe bis zur Begehung der neuen Strafthat drei Jahre verflossen sind.

§ 14. Mit Geldstrafe bis zu eintausendfünfhundert Mark oder mit Gefängniß bis zu drei Monaten wird bestraft, wer den Vorschriften des § 12 zuwider Verschwiegenheit nicht beobachtet, oder der Mittheilung oder Nachahmung von Betriebsgeheimnissen sich nicht enthält.

Die Verfolgung tritt nur auf Antrag des Betriebsunternehmers ein.

§ 15. Mit Geldstrafe von fünfzig bis zu einhundertfünfzig Mark oder mit Haft wird bestraft, wer den Vorschriften der §§ 10, 11 zuwider

1. den Eintritt in die Räume, die Besichtigung, die Einsicht in Aufzeichnungen, Frachtbriefe und Bücher oder die Entnahme von Proben verweigert,
2. die von ihm erforderte Auskunft nicht ertheilt oder bei der Auskunftsertheilung wissentlich unwahre Angaben macht oder die Vorlegung der Aufzeichnungen, Frachtbriefe und Bücher verweigert.

§ 16. Mit Geldstrafe bis zu einhundertfünfzig Mark oder mit Haft wird bestraft:

1. wer die im § 3 Abs. 1 Nr. 3 vorgeschriebene Anzeige unterläßt;
2. wer Schaumwein gewerbsmäßig verkauft, feilhält oder anbietet, ohne daß den Vorschriften des § 6 genügt ist;
3. wer bei der nach § 11 von ihm erforderten Auskunftsertheilung aus Fahrlässigkeit unwahre Angaben macht;
4. wer eine der im § 13 bezeichneten Handlungen aus Fahrlässigkeit begeht.

§ 17. Mit Geldstrafe bis zu dreißig Mark und im Unvermögensfalle mit Haft bis zu acht Tagen wird bestraft, wer es unterläßt, der durch den § 9 für ihn begründeten Verpflichtung nachzukommen.

§ 18. In den Fällen des § 13 Nr. 1 ist neben der Strafe auf Einziehung der Getränke zu erkennen, welche den dort bezeichneten Vorschriften zuwider hergestellt, feilgehalten, verkauft oder sonst in Verkehr gebracht sind, ohne Unterschied, ob sie dem Verurtheilten gehören oder nicht; auch kann die Vernichtung ausgesprochen werden. In den Fällen des § 13 Nr. 2, des § 16 Nr. 2, 4 kann auf Einziehung oder Vernichtung erkannt werden.

Ist die Verfolgung oder Verurtheilung einer bestimmten Person nicht ausführbar, so kann auf die Einziehung selbständig erkannt werden.

§ 19. Die Vorschriften des Gesetzes vom 14. Mai 1879 bleiben unberührt, soweit die §§ 2 bis 11 des gegenwärtigen Gesetzes nicht entgegenstehende Bestimmungen enthalten. Die Vorschriften in den §§ 16, 17 des Gesetzes vom 14. Mai 1879 finden auch bei Zuwiderhandlungen gegen die Vorschriften des gegenwärtigen Gesetzes Anwendung.

§ 20. Der Bundesrath ist ermächtigt:

a) die Grenzen festzustellen, welche für die bei der Kellerbehandlung in den Wein gelangenden Mengen der im § 2 Nr. 1 bezeichneten Stoffe, soweit das Gesetz selbst die Menge nicht festsetzt, maßgebend sein sollen;

b) Grundsätze aufzustellen, welche gemäß § 2 Nr. 4 zweiter Halbsatz für die Beurtheilung der Weine nach ihrer Beschaffenheit und Zusammensetzung, insbesondere auch für die Feststellung des Durchschnittsgehalts an Extraktstoffen und Mineralbestandtheilen, maßgebend sein sollen.

§ 21. Der Bundesrath ist ermächtigt, Grundsätze aufzustellen, nach welchen die zur Ausführung dieses Gesetzes sowie des Gesetzes vom 14. Mai 1879 in Bezug auf Wein, weinhaltige und weinähnliche Getränke erforderlichen Untersuchungen vorzunehmen sind.

§ 22. Dieses Gesetz tritt am 1. Oktober 1901 in Kraft. Mit diesem Zeitpunkte tritt das Gesetz, betreffend den Verkehr mit Wein, weinhaltigen und weinähnlichen Getränken, vom 20. April 1892 (Reichs-Gesetzbl. S. 597) außer Kraft.

Auf Getränke, welche den Vorschriften des § 3 zuwider oder unter Verwendung eines nach § 2 Nr. 4 als übermäßig zu erachtenden Zusatzes wässeriger Zuckerlösung bereits bei Verkündung dieses Gesetzes hergestellt waren und innerhalb eines Monats nach diesem Zeitpunkte der zuständigen Behörde angemeldet worden sind, findet die Vorschrift im § 3 Abs. 2 bis zum 1. Oktober 1902 keine Anwendung, sofern die Vertriebsgefäße mit entsprechenden Kennzeichen amtlich versehen worden sind und die Getränke unter einer ihre Beschaffenheit erkennbar machenden oder einer anderweiten, sie von Wein unterscheidenden Bezeichnung (Tresterwein, Hefenwein, Rosinenwein, Kunstwein oder dergleichen) feilgehalten oder verkauft werden.

22.

4. Süßstoffgesetz.

Vom 7. Juli 1902.

(R.G.Bl. S. 253).

Wir **Wilhelm**, von Gottes Gnaden Deutscher Kaiser, König von Preußen rc.

verordnen im Namen des Reichs, nach erfolgter Zustimmung des Bundesraths und des Reichstags, was folgt:

§ 1. Süßstoff im Sinne dieses Gesetzes sind alle auf künstlichem Wege gewonnenen Stoffe, welche als Süßmittel dienen können und eine höhere Süßkraft als raffinirter Rohr- oder Rübenzucker, aber nicht entsprechenden Nährwerth besitzen.

§ 2. Soweit nicht in den §§ 3 bis 5 Ausnahmen zugelassen sind, ist es verboten:

a) Süßstoff herzustellen oder Nahrungs- oder Genußmitteln bei deren gewerblicher Herstellung zuzusetzen;

b) Süßstoff oder süßstoffhaltige Nahrungs- oder Genußmittel aus dem Ausland einzuführen;

c) Süßstoff oder süßstoffhaltige Nahrungs- oder Genußmittel feilzuhalten oder zu verkaufen.

§ 3. Nach näherer Bestimmung des Bundesraths ist für die Herstellung oder die Einfuhr von Süßstoff die Ermächtigung einem oder mehreren Gewerbetreibenden zu geben.

Die Ermächtigung ist unter Vorbehalt des jederzeitigen Widerrufs zu ertheilen und der Geschäftsbetrieb des Berechtigten unter dauernde amtliche Ueberwachung zu stellen. Auch hat der Bundesrath in diesem Falle zu bestimmen, daß bei dem Verkaufe des Süßstoffs ein gewisser Preis nicht überschritten werden sowie ob und unter welchen Bedingungen eine Ausfuhr von Süßstoff in das Ausland erfolgen darf.

§ 4. Die Abgabe des gemäß § 3 hergestellten oder eingeführten Süßstoffs im Inland ist nur an Apotheken und an solche Personen gestattet, welche die amtliche Erlaubniß zum Bezuge von Süßstoff besitzen.

Diese Erlaubniß ist nur zu ertheilen:

a) an Personen, welche den Süßstoff zu wissenschaftlichen Zwecken verwenden wollen;

b) an Gewerbetreibende zum Zwecke der Herstellung von bestimmten Waaren, für welche die Zusetzung von Süßstoff aus einem die Verwendung von Zucker ausschließenden Grunde erforderlich ist;

c) an Leiter von Kranken-, Kur-, Pflege- und ähnlichen Anstalten zur Verwendung für die in der Anstalt befindlichen Personen;

d) an die Inhaber von Gast- und Speisewirthschaften in Kurorten, deren Besuchern der Genuß mit Zucker versüßter Lebensmittel ärztlicherseits untersagt zu werden pflegt, zur Verwendung für die im Orte befindlichen Personen.

Die Erlaubniß ist ferner nur unter Vorbehalt jederzeitigen Widerrufs und nur dann zu ertheilen, wenn die Verwendung des Süßstoffs zu den angegebenen Zwecken ausreichend überwacht werden kann.

§ 5. Die Apotheken dürfen Süßstoff außer an Personen, welche eine amtliche Erlaubniß (§ 4) besitzen, nur unter den vom Bundesrathe festzustellenden Bedingungen abgeben.

Die im § 4 Abs. 2 zu b benannten Bezugsberechtigten dürfen den Süßstoff nur zur Herstellung der in der amtlichen Erlaubniß bezeichneten Waaren verwenden und letztere nur an solche Abnehmer abgeben, welche derart zubereitete Waaren ausdrücklich verlangen. Der Bundesrath kann bestimmen, daß diese Waaren unter bestimmten Bezeichnungen und in bestimmten Verpackungen feilgehalten und abgegeben werden müssen.

Die zu c und d genannten Bezugsberechtigten dürfen Süßstoff oder unter Verwendung von Süßstoff hergestellte Nahrungs- oder Genußmittel nur innerhalb der Anstalt (zu c) oder des Ortes (zu d) abgeben.

§ 6. Die vom Bundesrathe zur Ausführung der Vorschriften in den §§ 3, 4 und 5 zu erlassenden Bestimmungen sind dem Reichstage bis zum 1. April 1903 vorzulegen. Sie sind außer Kraft zu setzen, soweit der Reichstag dies verlangt.

§ 7. Wer der Vorschrift des § 2 vorsätzlich zuwiderhandelt, wird, soweit nicht die Bestimmungen des Vereinszollgesetzes Platz greifen, mit Gefängniß bis zu sechs Monaten und mit Geldstrafe bis zu eintausendfünfhundert Mark oder mit einer dieser Strafen bestraft.

Ist die Handlung aus Fahrlässigkeit begangen worden, so tritt Geldstrafe bis zu einhundertfünfzig Mark oder Haft ein.

§ 8. Der Strafe des § 7 Abs. 1 unterliegen auch Diejenigen, in deren Besitz oder Gewahrsam Süßstoff in Mengen von mehr als 50 Gramm vorgefunden wird, sofern sie nicht den Nachweis erbringen, daß sie den Süßstoff nach Inkrafttreten dieses Gesetzes von einer zur Abgabe befugten Person bezogen haben.

Ist in solchen Fällen den Umständen nach anzunehmen, daß der vorgefundene Süßstoff nicht verbotswidrig hergestellt oder eingeführt worden ist, so tritt statt der Strafe des § 7 Abs. 1 diejenige des Abs. 2 daselbst ein.

§ 9. In den Fällen des § 7 und § 8 ist neben der Strafe auf Einziehung der Gegenstände zu erkennen, mit Bezug auf welche die Zuwiderhandlung begangen worden ist.

Ist die Verfolgung oder Verurtheilung einer bestimmten Person nicht ausführbar, so kann auf die Einziehung selbständig erkannt werden.

§ 10. Zuwiderhandlungen gegen die auf Grund dieses Gesetzes erlassenen und öffentlich oder den Betheiligten besonders bekannt gemachten Verwaltungsvorschriften werden mit einer Ordnungsstrafe von einer bis zu dreihundert Mark geahndet.

§ 11. Den Inhabern der Süßstofffabriken, die als solche bereits vor dem 1. Januar 1901 betrieben worden sind und diese Fabrikation auch innerhalb der Zeit vom 1. April 1901 bis 1. April 1902 fortgesetzt haben, wird eine vom Bundesrath unter Ausschluß des Rechtswegs festzustellende Entschädigung gewährt.

Die Entschädigung soll das Sechsfache eines Jahresgewinns nach dem Durchschnitte der Betriebsjahre 1898/99, 1899/1900, 1900/1901 unter Annahme der Gewinnhöhe von vier Mark für jedes Kilogramm des innerhalb dieser Zeit hergestellten chemisch-reinen Süßstoffs betragen.

Wird der Inhaber einer Süßstoffabrik gemäß § 3 zur Herstellung von Süßstoff für eigene Rechnung ermächtigt, so tritt eine entsprechende Verminderung der Entschädigung ein; wird die Ermächtigung widerrufen, so ist die Entschädigung entsprechend nachzuvergüten.

Die Inhaber der Fabriken sind verpflichtet, von der ihnen gewährten Entschädigung ihren Beamten und Arbeitern, die in Folge des Verbots aus ihrer Beschäftigung entlassen werden, eine Entschädigung zu gewähren, die bei Arbeitern dem von ihnen in den letzten drei Monaten vor dem Inkrafttreten dieses Gesetzes bezogenen durchschnittlichen Arbeitsverdienste, bei Beamten dem von ihnen in den letzten sechs Monaten vor dem Inkrafttreten dieses Gesetzes bezogenen Gehalt entspricht.

Streitigkeiten zwischen den Inhabern der Fabriken einerseits und den Beamten oder Arbeitern andererseits werden von der für Lohnstreitigkeiten zuständigen Instanz entschieden.

§ 12. Der Reichskanzler ist befugt, von dem Tage der Publikation dieses Gesetzes ab, den einzelnen Fabriken den von ihnen herzustellenden Höchstbetrag von Süßstoff vorzuschreiben.

§ 13. Dieses Gesetz tritt mit dem 1. April 1903 in Kraft. Mit diesem Zeitpunkte tritt das Gesetz, betreffend den Verkehr mit künstlichen Süßstoffen, vom 6. Juli 1898 (Reichs-Gesetzbl. S. 919) außer Kraft.

III. Gesetze zum Schutze sog. Individualrechte.

---

23. 1. Gesetz, betr. die Patentanwälte.

Vom 21. Mai 1900.

(R.G.Bl. S. 233.)

Wir **Wilhelm**, von Gottes Gnaden Deutscher Kaiser, König von Preußen 2c.

verordnen im Namen des Reichs, nach erfolgter Zustimmung des Bundesraths und des Reichstags, was folgt:

§ 1. Bei dem Kaiserlichen Patentamte wird eine Liste der Patentanwälte geführt. In die Liste werden Personen, welche Andere in Angelegenheiten, die zum Geschäftskreise des Patentamts gehören, vor demselben für eigene Rechnung berufsmäßig vertreten wollen, auf ihren Antrag eingetragen.

§ 2. Die Eintragung ist nur zulässig, wenn der Antragsteller gemäß den §§ 3, 4 seine technische Befähigung und den Besitz der erforderlichen Rechtskenntnisse nachweist.

Im Uebrigen ist die Eintragung zu versagen:

1. wenn der Antragsteller nicht im Inlande wohnt;
2. wenn er das fünfundzwanzigste Lebensjahr nicht vollendet hat;
3. wenn er in der Verfügung über sein Vermögen durch gerichtliche Anordnung beschränkt ist;
4. wenn er sich eines unwürdigen Verhaltens schuldig gemacht hat. Als ein unwürdiges Verhalten sind politische, wissenschaftliche und religiöse Ansichten oder Handlungen als solche nicht anzusehen.

Wird die Eintragung gemäß Abs. 2 Nr. 4 versagt, so ist ausschließlich eine Beschwerde nach Maßgabe der folgenden Bestimmungen zulässig. Die

Beschwerde ist innerhalb eines Monats nach der Zustellung der Entscheidung schriftlich bei dem Patentamt anzumelden. Ueber die Beschwerde entscheidet das Ehrengericht. Auf das Verfahren finden die Vorschriften des § 9 Abs. 2, 3 und der §§ 10, 11, 12 und 13 entsprechende Anwendung.

§ 3. Als technisch befähigt gilt, wer im Inland als ordentlicher Hörer einer Universität, einer technischen Hochschule oder einer Bergakademie sich dem Studium naturwissenschaftlicher und technischer Fächer gewidmet, alsdann eine staatliche oder akademische Fachprüfung bestanden, außerdem mindestens ein Jahr in praktischer gewerblicher Thätigkeit gearbeitet und hierauf mindestens zwei Jahre hindurch eine praktische Thätigkeit auf dem Gebiete des gewerblichen Rechtsschutzes ausgeübt hat.

Der Besuch ausländischer Universitäten oder Akademien und die Ausübung der praktischen Thätigkeit im Auslande kann durch Beschluß der Prüfungskommission (§ 4) als ausreichend anerkannt werden. Die Fachprüfung (Abs. 1) muß auch in diesem Falle im Inland abgelegt werden.

§ 4. Der Besitz der erforderlichen Rechtskenntnisse ist durch Ablegung einer Prüfung nachzuweisen. Zu derselben darf nur zugelassen werden, wer die technische Befähigung (§ 3) dargethan hat. Die Prüfung ist eine schriftliche und eine mündliche; sie ist insbesondere auch darauf zu richten, ob der Bewerber die Fähigkeit zur praktischen Anwendung der auf dem Gebiete des gewerblichen Rechtsschutzes geltenden Vorschriften besitzt.

Die Prüfung wird vor einer Kommission abgelegt, in welche Mitglieder des Patentamts und Patentanwälte durch den Reichskanzler zu berufen sind.

Im Falle des Nichtbestehens kann die Prüfung nach Ablauf einer von der Prüfungskommission festzusetzenden Frist von mindestens sechs Monaten einmal wiederholt werden.

Die näheren Bestimmungen über die Zusammensetzung und den Geschäftsgang der Prüfungskommission und über das Prüfungsverfahren und die Prüfungsgebühr werden durch eine vom Bundesrathe zu erlassende Prüfungsordnung getroffen.

§ 5. Der Patentanwalt ist verpflichtet, seine Berufsthätigkeit gewissenhaft auszuüben und durch sein Verhalten in Ausübung des Berufs sowie außerhalb desselben sich der Achtung würdig zu zeigen, welche sein Beruf erfordert. Er wird auf die Erfüllung dieser Obliegenheiten durch Handschlag verpflichtet. Die Bestimmung des § 2 Abs. 2 Ziffer 4 findet Anwendung.

§ 6. Die Eintragung wird vom Patentamte gelöscht:
1. wenn der Eingetragene es beantragt;
2. wenn er gestorben ist;
3. wenn er keinen Wohnsitz im Inlande hat;
4. wenn er in Folge gerichtlicher Anordnung in der Verfügung über sein Vermögen beschränkt ist.

§ 7. Die Eintragung ist ferner zu löschen, wenn nachträglich Thatsachen bekannt werden, welche nach § 2 Abs. 2 Nr. 4 die Versagung der

Eintragung begründen, oder wenn der Eingetragene die ihm nach § 5 obliegenden Pflichten verletzt.

In leichteren Fällen der Pflichtverletzung kann statt der Löschung in der Liste als Ordnungsstrafe ein Verweis oder eine Geldstrafe bis zu dreitausend Mark verhängt werden. Geldstrafe kann mit Verweis verbunden werden.

§ 8. Die Entscheidung in den Fällen des § 7 erfolgt in einem ehrengerichtlichen Verfahren.

§ 9. Die Einleitung des Verfahrens wird vom Reichskanzler verfügt. Derselbe ernennt, falls er eine besondere Voruntersuchung für erforderlich hält, den untersuchungsführenden Beamten.

Der Angeschuldigte ist über die Anschuldigungspunkte zu hören.

In dem Verfahren kann jederzeit die Vernehmung von Zeugen und Sachverständigen angeordnet werden. Die Vorschriften der Strafprozeßordnung über die Beweisaufnahme und die Vertheidigung finden entsprechende Anwendung. Als Vertheidiger können Patentanwälte nicht zurückgewiesen werden.

§ 10. Zuständig zur Verhandlung und Entscheidung ist das Ehrengericht. Es besteht aus zwei Mitgliedern des Patentamts, einem rechtskundigen und einem technischen, sowie drei Patentanwälten. Den Vorsitz führt das rechtskundige Mitglied des Patentamts.

Zu der mündlichen Verhandlung der Sache ist der Angeschuldigte unter schriftlicher Mittheilung der Anschuldigungspunkte zu laden.

Die Vorschriften der Strafprozeßordnung über Ausschließung und Ablehnung der Gerichtspersonen finden entsprechende Anwendung.

Die mündliche Verhandlung ist nicht öffentlich. Das Ehrengericht kann die Oeffentlichkeit der Verhandlung anordnen. Die Anordnung muß erfolgen, falls der Angeschuldigte es beantragt, sofern nicht die Voraussetzungen des § 173 des Gerichtsverfassungsgesetzes vorliegen.

§ 11. Die Entscheidung ist mit Gründen zu versehen, schriftlich auszufertigen und dem Angeschuldigten von Amtswegen zuzustellen.

Dem Angeschuldigten sind im Falle einer zu seinen Ungunsten ergehenden Entscheidung die baaren Auslagen des Verfahrens zur Last zu legen.

§ 12. Gegen die Entscheidung steht dem Angeschuldigten die Berufung zu.

Die Berufung ist innerhalb eines Monats nach der Zustellung der Entscheidung schriftlich bei dem Patentamt einzulegen.

Ueber die Berufung entscheidet der Ehrengerichtshof. Er besteht aus drei Mitgliedern des Patentamts, von denen der Vorsitzende und ein Mitglied rechtskundig sein müssen, und vier Patentanwälten. Auf das Verfahren finden die Vorschriften des § 9 Abs. 2, 3 und der §§ 10, 11 entsprechende Anwendung.

§ 13. Stellt der Angeschuldigte vor rechtskräftiger Entscheidung den Antrag, seinen Namen in der Liste zu löschen, so ist das Verfahren einzustellen. Dem Angeschuldigten fallen die baaren Auslagen des Verfahrens zur Last.

§ 14. Für jedes Jahr im voraus werden vom Reichskanzler diejenigen Mitglieder des Patentamts bestimmt, welche nach den §§ 10, 12 an dem Verfahren mitzuwirken haben, und zwanzig Patentanwälte bezeichnet, von welchen in einer öffentlichen Sitzung der Beschwerdeabtheilung I des Patentamts für jede Spruchsitzung die erforderliche Anzahl von Beisitzern ausgeloost wird.

§ 15. Die Eintragungen und Löschungen in der Liste der Patentanwälte sind zu veröffentlichen.

§ 16. Die Patentanwälte können für Personen, welche sie mit ihrer ständigen Vertretung im Verkehre mit dem Patentamte beauftragt haben, die Eintragung in eine besondere Spalte der Liste nachsuchen. Auf die Eintragung finden die Vorschriften der §§ 2 und 3 entsprechende Anwendung. Jedoch genügt es, wenn der Einzutragende das einundzwanzigste Lebensjahr vollendet und nach Ablegung der staatlichen oder akademischen Fachprüfung mindestens ein Jahr hindurch eine praktische Thätigkeit auf dem Gebiete des gewerblichen Rechtsschutzes ausgeübt hat. Im Uebrigen finden die Vorschriften der §§ 5 bis 13 auf diese Personen entsprechende Anwendung.

§ 17. Der Präsident des Patentamts ist befugt, Personen, welche, ohne in die Liste eingetragen zu sein, die Vertretung vor dem Patentamte berufsmäßig betreiben, von dem Vertretungsgeschäft auszuschließen. Auf Rechtsanwälte findet diese Vorschrift keine Anwendung.

§ 18. Die berufsmäßige Vertretung anderer Personen vor dem Patentamte darf Patentanwälten auf Grund der Vorschrift im § 35 Abs. 3 der Gewerbeordnung nicht untersagt werden.

§ 19. Mit Geldstrafe bis zu dreihundert Mark und im Unvermögensfalle mit Haft wird bestraft, wer, ohne als Patentanwalt eingetragen zu sein, sich als Patentanwalt bezeichnet oder sich einen ähnlichen Titel beilegt, durch den der Glaube erweckt wird, der Inhaber sei als Patentanwalt eingetragen.

§ 20. Auf diejenigen, welche zur Zeit des Inkrafttretens dieses Gesetzes das Vertretungsgeschäft für eigene Rechnung berufsmäßig betreiben, findet § 17 erst vom 1. April 1901 ab Anwendung. Wer von ihnen bis dahin die Erfüllung der im § 3 bezeichneten Voraussetzungen nachweist und die Zulassung zur Prüfung (§ 4) beantragt, kann, sofern nicht einer der im § 2 Abs. 2 bezeichneten Fälle vorliegt, bis zur endgültigen Entscheidung über seine Eintragung in die Liste vom Vertretungsgeschäfte nicht ausgeschlossen werden.

Wer zur Zeit des Inkrafttretens dieses Gesetzes das Vertretungsgeschäft für eigene Rechnung seit 1. Januar 1899 berufsmäßig betreibt, ist, sofern seine Geschäftsführung und sein Verhalten in Ausübung des Berufs sowie außerhalb desselben zu erheblichen Anständen keinen Anlaß gegeben hat, auf Antrag in die Liste der Patentanwälte einzutragen, auch wenn er die in den §§ 3 und 4 bezeichneten Voraussetzungen nicht erfüllt.

Der Antrag, über welchen die Prüfungskommission beschließt, ist spätestens bis zum 1. April 1901 zu stellen. Gegen eine den Antrag ablehnende Entscheidung steht dem Antragsteller die Beschwerde zu. Die Beschwerde ist innerhalb eines Monats nach der Zustellung der Entscheidung schriftlich bei dem Patentamt anzumelden. Ueber die Beschwerde entscheidet endgültig der Ehrengerichtshof (§ 12 Abs. 3). Auf das Verfahren finden die Vorschriften des § 9 Abs. 2, 3 und der §§ 10, 11 entsprechende Anwendung. Bis zur endgültigen Entscheidung kann der Antragsteller vom Vertretungsgeschäfte nicht ausgeschlossen werden.

§ 21. Wer seit dem 1. Januar 1899 das Vertretungsgeschäft berufsmäßig, wenn auch nicht auf eigene Rechnung, betreibt oder wer als technischer Beamter im Patentamte mindestens zwei Jahre hindurch thätig gewesen ist, kann, sofern er durch seine Thätigkeit und durch sein Verhalten zu erheblichen Anständen keinen Anlaß gegeben hat, auf seinen Antrag das Zeugniß über die Befähigung als ständiger Vertreter eines Patentanwalts (§ 16) erhalten, auch wenn er die Voraussetzungen des § 3 nicht erfüllt. Auf den Antrag und das weitere Verfahren finden die Vorschriften des § 20 Abs. 3 Anwendung.

Wer das Zeugniß erhalten hat, ist auf Antrag eines Patentanwalts, der ihn mit seiner ständigen Vertretung beauftragt hat, in die besondere Spalte der Liste (§ 16) einzutragen. Auf seinen eigenen Antrag ist er zur Prüfung (§ 4) zuzulassen und im Falle des Bestehens der Prüfung, sofern nicht einer der im § 2 Abs. 2 vorgesehenen Hinderungsgründe vorliegt, als Patentanwalt einzutragen.

Eine Entbindung von der Prüfung kann durch einstimmigen Beschluß der Prüfungskommission erfolgen, wenn der Besitz der erforderlichen Kenntnisse durch die bisherige Thätigkeit dargethan ist. Ein hierauf bezüglicher Antrag ist spätestens bis zum 1. Oktober 1901 zu stellen.

§ 22. Dieses Gesetz tritt am 1. Oktober 1900 in Kraft.

Solange die zur Ausführung dieses Gesetzes erforderliche Anzahl von Patentanwälten in die Liste noch nicht eingetragen ist, werden an deren Stelle durch den Reichskanzler Personen bestellt, welche bisher Andere in Angelegenheiten des gewerblichen Rechtsschutzes für eigene Rechnung berufsmäßig vertreten haben.

24.

2. Gesetz,

betr. das Urheberrecht an Werken der Literatur und der Tonkunst.

Vom 19. Juni 1901.

(R.G.Bl. S. 227.)

Wir Wilhelm, von Gottes Gnaden Deutscher Kaiser, König von Preußen ꝛc.

verordnen im Namen des Reichs, nach erfolgter Zustimmung des Bundesraths und des Reichstags, was folgt:

Erster Abschnitt.

Voraussetzungen des Schutzes.

§ 1. Nach Maßgabe dieses Gesetzes werden geschützt:

1. die Urheber von Schriftwerken und solchen Vorträgen oder Reden, welche dem Zwecke der Erbauung, der Belehrung oder der Unterhaltung dienen;
2. die Urheber von Werken der Tonkunst;
3. die Urheber von solchen Abbildungen wissenschaftlicher oder technischer Art, welche nicht ihrem Hauptzwecke nach als Kunstwerke zu betrachten sind. Zu den Abbildungen gehören auch plastische Darstellungen.

§ 2. Urheber eines Werkes ist dessen Verfasser. Bei einer Uebersetzung gilt der Uebersetzer, bei einer sonstigen Bearbeitung der Bearbeiter als Urheber.

§ 3. Juristische Personen des öffentlichen Rechtes, die als Herausgeber ein Werk veröffentlichen, dessen Verfasser nicht auf dem Titelblatt, in der Zueignung, in der Vorrede oder am Schlusse genannt wird, werden, wenn nicht ein Anderes vereinbart ist, als Urheber des Werkes angesehen.

§ 4. Besteht ein Werk aus den getrennten Beiträgen Mehrerer (Sammelwerk), so wird für das Werk als Ganzes der Herausgeber als Urheber angesehen. Ist ein solcher nicht genannt, so gilt der Verleger als Herausgeber.

§ 5. Wird ein Schriftwerk mit einem Werke der Tonkunst oder mit Abbildungen verbunden, so gilt für jedes dieser Werke dessen Verfasser auch nach der Verbindung als Urheber.

§ 6. Haben Mehrere ein Werk gemeinsam in der Weise verfaßt, daß ihre Arbeiten sich nicht trennen lassen, so besteht unter ihnen als Urhebern eine Gemeinschaft nach Bruchtheilen im Sinne des Bürgerlichen Gesetzbuchs.

§ 7. Enthält ein erschienenes Werk auf dem Titelblatt, in der Zueignung, in der Vorrede oder am Schlusse den Namen eines Verfassers, so wird vermuthet, daß dieser der Urheber des Werkes sei. Ist das Werk durch Beiträge Mehrerer gebildet, so genügt es, wenn der Name an der Spitze oder am Schlusse des Beitrags angegeben ist.

Bei Werken, die unter einem anderen als dem wahren Namen des Verfassers oder ohne den Namen eines Verfassers erschienen sind, ist der Herausgeber, falls aber ein solcher nicht angegeben ist, der Verleger berechtigt, die Rechte des Urhebers wahrzunehmen.

Bei Werken, die vor oder nach dem Erscheinen öffentlich aufgeführt oder vorgetragen sind, wird vermuthet, daß derjenige der Urheber sei, welcher bei der Ankündigung der Aufführung oder des Vortrags als Verfasser bezeichnet worden ist.

§ 8. Das Recht des Urhebers geht auf die Erben über.

Ist der Fiskus oder eine andere juristische Person gesetzlicher Erbe, so erlischt das Recht, soweit es dem Erblasser zusteht, mit dessen Tode.

Das Recht kann beschränkt oder unbeschränkt auf Andere übertragen werden; die Uebertragung kann auch mit der Begrenzung auf ein bestimmtes Gebiet geschehen.

§ 9. Im Falle der Uebertragung des Urheberrechts hat der Erwerber, soweit nicht ein Anderes vereinbart ist, nicht das Recht, an dem Werke selbst, an dessen Titel und an der Bezeichnung des Urhebers Zusätze, Kürzungen oder sonstige Aenderungen vorzunehmen.

Zulässig sind Aenderungen, für die der Berechtigte seine Einwilligung nach Treu und Glauben nicht versagen kann.

§ 10. Die Zwangsvollstreckung in das Recht des Urhebers oder in sein Werk findet gegen den Urheber selbst ohne dessen Einwilligung nicht statt; die Einwilligung kann nicht durch den gesetzlichen Vertreter ertheilt werden. Gegen den Erben des Urhebers ist ohne seine Einwilligung die Zwangsvollstreckung nur zulässig, wenn das Werk erschienen ist.

Zweiter Abschnitt.

Befugnisse des Urhebers.

§ 11. Der Urheber hat die ausschließliche Befugniß, das Werk zu vervielfältigen und gewerbsmäßig zu verbreiten; die ausschließliche Befugniß erstreckt sich nicht auf das Verleihen. Der Urheber ist ferner, solange nicht der wesentliche Inhalt des Werkes öffentlich mitgetheilt ist, ausschließlich zu einer solchen Mittheilung befugt.

Das Urheberrecht an einem Bühnenwerk oder an einem Werke der Tonkunst enthält auch die ausschließliche Befugniß, das Werk öffentlich aufzuführen.

Der Urheber eines Schriftwerkes oder eines Vortrags hat, solange nicht das Werk erschienen ist, die ausschließliche Befugniß, das Werk öffentlich vorzutragen.

§ 12. Die ausschließlichen Befugnisse, die dem Urheber nach § 11 in Ansehung des Werkes selbst zustehen, erstrecken sich auch auf die Bearbeitungen des Werkes.

Die Befugnisse des Urhebers erstrecken sich insbesondere auf:

1. die Uebersetzung in eine andere Sprache oder in eine andere Mundart derselben Sprache, auch wenn die Uebersetzung in gebundener Form abgefaßt ist;
2. die Rückübersetzung in die Sprache des Originalwerkes;
3. die Wiedergabe einer Erzählung in dramatischer Form oder eines Bühnenwerkes in der Form einer Erzählung;
4. die Herstellung von Auszügen aus Werken der Tonkunst sowie von Einrichtungen solcher Werke für einzelne oder mehrere Instrumente oder Stimmen.

§ 13. Unbeschadet der ausschließlichen Befugnisse, die dem Urheber nach § 12 Abs. 2 zustehen, ist die freie Benutzung seines Werkes zulässig, wenn dadurch eine eigenthümliche Schöpfung hervorgebracht wird.

Bei einem Werke der Tonkunst ist jede Benutzung unzulässig, durch welche eine Melodie erkennbar dem Werke entnommen und einer neuen Arbeit zu Grunde gelegt wird.

§ 14. Im Falle der Uebertragung des Urheberrechts verbleiben, soweit nicht ein Anderes vereinbart ist, dem Urheber seine ausschließlichen Befugnisse:

1. für die Uebersetzung eines Werkes in eine andere Sprache oder in eine andere Mundart;
2. für die Wiedergabe einer Erzählung in dramatischer Form oder eines Bühnenwerkes in der Form einer Erzählung;
3. für die Bearbeitung eines Werkes der Tonkunst, soweit sie nicht blos ein Auszug oder eine Uebertragung in eine andere Tonart oder Stimmlage ist.

§ 15. Eine Vervielfältigung ohne Einwilligung des Berechtigten ist unzulässig, gleichviel durch welches Verfahren sie bewirkt wird; auch begründet es keinen Unterschied, ob das Werk in einem oder mehreren Exemplaren vervielfältigt wird.

Eine Vervielfältigung zum persönlichen Gebrauch ist zulässig, wenn sie nicht den Zweck hat, aus dem Werke eine Einnahme zu erzielen.

§ 16. Zulässig ist der Abdruck von Gesetzbüchern, Gesetzen, Verordnungen, amtlichen Erlassen und Entscheidungen sowie von anderen zum amtlichen Gebrauche hergestellten amtlichen Schriften.

§ 17. Zulässig ist:

1. die Wiedergabe eines Vortrags oder einer Rede in Zeitungen oder Zeitschriften, sofern der Vortrag oder die Rede Bestandtheil einer öffentlichen Verhandlung ist;
2. die Vervielfältigung von Vorträgen oder Reden, die bei den Verhandlungen der Gerichte, der politischen, kommunalen und kirchlichen Vertretungen gehalten werden.

Die Vervielfältigung ist jedoch unzulässig, wenn sie in einer Sammlung erfolgt, die der Hauptsache nach Reden desselben Verfassers enthält.

§ 18. Zulässig ist der Abdruck einzelner Artikel aus Zeitungen, soweit die Artikel nicht mit einem Vorbehalte der Rechte versehen sind; jedoch ist nur ein Abdruck gestattet, durch den der Sinn nicht entstellt wird. Bei dem Abdruck ist die Quelle deutlich anzugeben.

Der Abdruck von Ausarbeitungen wissenschaftlichen, technischen oder unterhaltenden Inhalts ist, auch wenn ein Vorbehalt der Rechte fehlt, unzulässig.

Vermischte Nachrichten thatsächlichen Inhalts und Tagesneuigkeiten dürfen aus Zeitungen oder Zeitschriften stets abgedruckt werden.

§ 19. Zulässig ist die Vervielfältigung:

1. wenn einzelne Stellen oder kleinere Theile eines Schriftwerkes, eines Vortrags oder einer Rede nach der Veröffentlichung in einer selbständigen literarischen Arbeit angeführt werden;
2. wenn einzelne Aufsätze von geringem Umfang oder einzelne Gedichte nach dem Erscheinen in eine selbständige wissenschaftliche Arbeit aufgenommen werden;
3. wenn einzelne Gedichte nach dem Erscheinen in eine Sammlung aufgenommen werden, die Werke einer größeren Zahl von Schriftstellern vereinigt und ihrer Beschaffenheit nach zur Benutzung bei Gesangsvorträgen bestimmt ist;
4. wenn einzelne Aufsätze von geringem Umfang, einzelne Gedichte oder kleinere Theile eines Schriftwerkes nach dem Erscheinen in eine Sammlung aufgenommen werden, die Werke einer größeren Zahl von Schriftstellern vereinigt und ihrer Beschaffenheit nach für den Kirchen-, Schul- oder Unterrichtsgebrauch oder zu einem eigenthümlichen literarischen Zwecke bestimmt ist. Bei einer Sammlung zu einem eigenthümlichen literarischen Zwecke bedarf es, solange der Urheber lebt, seiner persönlichen Einwilligung.

   Die Einwilligung gilt als ertheilt, wenn der Urheber nicht innerhalb eines Monats, nachdem ihm von der Absicht des Verfassers Mittheilung gemacht ist, Widerspruch erhebt.

§ 20. Zulässig ist die Vervielfältigung, wenn kleinere Theile einer Dichtung oder Gedichte von geringem Umfange nach ihrem Erscheinen als Text zu einem neuen Werke der Tonkunst in Verbindung mit diesem wiedergegeben werden. Für eine Aufführung des Werkes darf die Dichtung auch allein wiedergegeben werden, sofern der Abdruck ausschließlich zum Gebrauche der Hörer bestimmt ist.

Unzulässig ist die Vervielfältigung von Dichtungen, die ihrer Gattung nach zur Komposition bestimmt sind.

§ 21. Zulässig ist die Vervielfältigung:

1. wenn einzelne Stellen eines bereits erschienenen Werkes der Tonkunst in einer selbständigen literarischen Arbeit angeführt werden;

2. wenn kleinere Kompositionen nach dem Erscheinen in eine selbständige wissenschaftliche Arbeit aufgenommen werden;
3. wenn kleinere Kompositionen nach dem Erscheinen in eine Sammlung aufgenommen werden, die Werke einer größeren Zahl von Komponisten vereinigt und ihrer Beschaffenheit nach für den Unterricht in Schulen mit Ausschluß der Musikschulen bestimmt ist.

§ 22. Zulässig ist die Vervielfältigung, wenn ein erschienenes Werk der Tonkunst auf solche Scheiben, Platten, Walzen, Bänder und ähnliche Bestandtheile von Instrumenten übertragen wird, welche zur mechanischen Wiedergabe von Musikstücken dienen. Diese Vorschrift findet auch auf auswechselbare Bestandtheile Anwendung, sofern sie nicht für Instrumente verwendbar sind, durch die das Werk hinsichtlich der Stärke und Dauer des Tones und hinsichtlich des Zeitmaßes nach Art eines persönlichen Vortrags wiedergegeben werden kann.

§ 23. Zulässig ist die Vervielfältigung, wenn einem Schriftwerk ausschließlich zur Erläuterung des Inhalts einzelne Abbildungen aus einem erschienenen Werke beigefügt werden.

§ 24. Auf Grund der §§ 19 bis 23 ist die Vervielfältigung eines fremden Werkes nur zulässig, wenn an den wiedergegebenen Theilen keine Aenderung vorgenommen wird. Jedoch sind, soweit der Zweck der Wiedergabe es erfordert, Uebersetzungen eines Schriftwerkes und solche Bearbeitungen eines Werkes der Tonkunst gestattet, die nur Auszüge oder Uebertragungen in eine andere Tonart oder Stimmlage oder Einrichtungen für die im § 22 bezeichneten Instrumente darstellen. Werden einzelne Aufsätze, einzelne Gedichte oder kleinere Theile eines Schriftwerkes in eine Sammlung zum Schulgebrauch aufgenommen, so sind die für diesen Gebrauch erforderlichen Aenderungen gestattet, jedoch bedarf es, solange der Urheber lebt, seiner persönlichen Einwilligung. Die Einwilligung gilt als ertheilt, wenn der Urheber nicht innerhalb eines Monats, nachdem ihm von der beabsichtigten Aenderung Mittheilung gemacht ist, Widerspruch erhebt.

§ 25. Wer ein fremdes Werk nach Maßgabe der §§ 19 bis 23 benutzt, hat die Quelle deutlich anzugeben.

§ 26. Soweit ein Werk nach den §§ 16 bis 24 ohne Einwilligung des Berechtigten vervielfältigt werden darf, ist auch die Verbreitung, die öffentliche Aufführung sowie der öffentliche Vortrag zulässig.

§ 27. Für öffentliche Aufführungen eines erschienenen Werkes der Tonkunst bedarf es der Einwilligung des Berechtigten nicht, wenn sie keinem gewerblichen Zwecke dienen und die Hörer ohne Entgelt zugelassen werden. Im Uebrigen sind solche Aufführungen ohne Einwilligung des Berechtigten zulässig:
1. wenn sie bei Volksfesten, mit Ausnahme der Musikfeste, stattfinden;
2. wenn der Ertrag ausschließlich für wohlthätige Zwecke bestimmt ist und die Mitwirkenden keine Vergütung für ihre Thätigkeit erhalten;
3. wenn sie von Vereinen veranstaltet werden und nur die Mitglieder sowie die zu ihrem Hausstande gehörigen Personen als Hörer zugelassen werden.

Auf die bühnenmäßige Aufführung einer Oper oder eines sonstigen Werkes der Tonkunst, zu welchem ein Text gehört, finden diese Vorschriften keine Anwendung.

§ 28. Zur Veranstaltung einer öffentlichen Aufführung ist, wenn mehrere Berechtigte vorhanden sind, die Einwilligung eines jeden erforderlich.

Bei einer Oper oder einem sonstigen Werke der Tonkunst, zu welchem ein Text gehört, bedarf der Veranstalter der Aufführung nur der Einwilligung desjenigen, welchem das Urheberrecht an dem musikalischen Theile zusteht.

Dritter Abschnitt.

Dauer des Schutzes.

§ 29. Der Schutz des Urheberrechts endigt, wenn seit dem Tode des Urhebers dreißig Jahre und außerdem seit der ersten Veröffentlichung des Werkes zehn Jahre abgelaufen sind. Ist die Veröffentlichung bis zum Ablaufe von dreißig Jahren seit dem Tode des Urhebers nicht erfolgt, so wird vermuthet, daß das Urheberrecht dem Eigenthümer des Werkes zustehe.

§ 30. Steht das Urheberrecht an einem Werke Mehreren gemeinschaftlich zu, so bestimmt sich, soweit der Zeitpunkt des Todes für die Schutzfrist maßgebend ist, deren Ablauf nach dem Tode des Letztlebenden.

§ 31. Ist der wahre Name des Urhebers nicht bei der ersten Veröffentlichung gemäß § 7 Abs. 1, 3 angegeben worden, so endigt der Schutz mit dem Ablaufe von dreißig Jahren seit der Veröffentlichung.

Wird der wahre Name des Urhebers binnen der dreißigjährigen Frist gemäß § 7 Abs. 1, 3 angegeben oder von dem Berechtigten zur Eintragung in die Eintragsrolle (§ 56) angemeldet, so finden die Vorschriften des § 29 Anwendung. Das Gleiche gilt, wenn das Werk erst nach dem Tode des Urhebers veröffentlicht wird.

§ 32. Steht einer juristischen Person nach den §§ 3, 4 das Urheberrecht zu, so endigt der Schutz mit dem Ablaufe von dreißig Jahren seit der Veröffentlichung. Jedoch endigt der Schutz mit dem Ablaufe der im § 29 bestimmten Fristen, wenn das Werk erst nach dem Tode des Verfassers veröffentlicht wird.

§ 33. Bei Werken, die aus mehreren in Zwischenräumen veröffentlichten Bänden bestehen, sowie bei fortlaufenden Berichten oder Heften wird jeder Band, jeder Bericht oder jedes Heft für die Berechnung der Schutzfristen als ein besonderes Werk angesehen.

Bei den in Lieferungen veröffentlichten Werken wird die Schutzfrist erst von der Veröffentlichung der letzten Lieferung an berechnet.

§ 34. Die Schutzfristen beginnen mit dem Ablaufe des Kalenderjahrs, in welchem der Urheber gestorben oder das Werk veröffentlicht worden ist.

§ 35. Soweit der in diesem Gesetze gewährte Schutz davon abhängt, ob ein Werk erschienen oder anderweit veröffentlicht oder ob der wesentliche Inhalt eines Werkes öffentlich mitgetheilt worden ist, kommt nur eine Veröffentlichung oder Mittheilung in Betracht, die der Berechtigte bewirkt hat.

Vierter Abschnitt.

Rechtsverletzungen.

§ 36. Wer vorsätzlich oder fahrlässig unter Verletzung der ausschließlichen Befugniß des Urhebers ein Werk vervielfältigt, gewerbsmäßig verbreitet oder den wesentlichen Inhalt eines Werkes öffentlich mittheilt, ist dem Berechtigten zum Ersatze des daraus entstehenden Schadens verpflichtet.

§ 37. Wer vorsätzlich oder fahrlässig unter Verletzung der ausschließlichen Befugniß des Urhebers ein Werk öffentlich aufführt oder öffentlich vorträgt, ist dem Berechtigten zum Ersatze des daraus entstehenden Schadens verpflichtet. Die gleiche Verpflichtung trifft denjenigen, welcher vorsätzlich oder fahrlässig eine dramatische Bearbeitung, die nach § 12 unzulässig ist, öffentlich aufführt.

§ 38. Mit Geldstrafe bis zu dreitausend Mark wird bestraft:

1. wer in anderen als den gesetzlich zugelassenen Fällen vorsätzlich ohne Einwilligung des Berechtigten ein Werk vervielfältigt oder gewerbsmäßig verbreitet;
2. wer in anderen als den gesetzlich zugelassenen Fällen vorsätzlich ohne Einwilligung des Berechtigten ein Bühnenwerk, ein Werk der Tonkunst oder eine dramatische Bearbeitung, die nach § 12 unzulässig ist, öffentlich aufführt oder ein Werk, bevor es erschienen ist, öffentlich vorträgt.

War die Einwilligung des Berechtigten nur deshalb erforderlich, weil an dem Werke selbst, an dessen Titel oder an der Bezeichnung des Urhebers Aenderungen vorgekommen sind, so tritt Geldstrafe bis zu dreihundert Mark ein.

Soll eine nicht beizutreibende Geldstrafe in Gefängnißstrafe umgewandelt werden, so darf deren Dauer in den Fällen des Abs. 1 sechs Monate, in den Fällen des Abs. 2 einen Monat nicht übersteigen.

§ 39. Wer den wesentlichen Inhalt eines Werkes, bevor der Inhalt öffentlich mitgetheilt ist, vorsätzlich ohne Einwilligung des Berechtigten öffentlich mittheilt, wird mit Geldstrafe bis zu eintausendfünfhundert Mark bestraft. Soll eine nicht beizutreibende Geldstrafe in Gefängnißstrafe umgewandelt werden, so darf deren Dauer drei Monate nicht übersteigen.

§ 40. Auf Verlangen des Berechtigten kann neben der Strafe auf eine an ihn zu erlegende Buße bis zum Betrage von sechstausend Mark erkannt werden. Die zu dieser Buße Verurtheilten haften als Gesammtschuldner.

Eine erkannte Buße schließt die Geltendmachung eines weiteren Anspruchs auf Schadensersatz aus.

§ 41. Die in den §§ 36 bis 39 bezeichneten Handlungen sind auch dann rechtswidrig, wenn das Werk nur zu einem Theile vervielfältigt, verbreitet, öffentlich mitgetheilt, aufgeführt oder vorgetragen wird.

§ 42. Die widerrechtlich hergestellten oder verbreiteten Exemplare und die zur widerrechtlichen Vervielfältigung ausschließlich bestimmten Vorrichtungen, wie Formen, Platten, Steine, Stereotypen, unterliegen der Vernichtung. Ist nur ein Theil des Werkes widerrechtlich hergestellt oder verbreitet, so ist auf Vernichtung dieses Theiles und der entsprechenden Vorrichtungen zu erkennen.

Gegenstand der Vernichtung sind alle Exemplare und Vorrichtungen, welche sich im Eigenthume der an der Herstellung oder der Verbreitung Betheiligten sowie der Erben dieser Personen befinden.

Auf die Vernichtung ist auch dann zu erkennen, wenn die Herstellung oder die Verbreitung weder vorsätzlich noch fahrlässig erfolgt. Das Gleiche gilt, wenn die Herstellung noch nicht vollendet ist.

Die Vernichtung hat zu erfolgen, nachdem dem Eigenthümer gegenüber rechtskräftig darauf erkannt ist. Soweit die Exemplare oder die Vorrichtungen in anderer Weise als durch Vernichtung unschädlich gemacht werden können, hat dies zu geschehen, falls der Eigenthümer die Kosten übernimmt.

§ 43. Der Berechtigte kann statt der Vernichtung verlangen, daß ihm das Recht zuerkannt wird, die Exemplare und Vorrichtungen ganz oder theilweise gegen eine angemessene, höchstens dem Betrage der Herstellungskosten gleichkommende Vergütung zu übernehmen.

§ 44. Wer den Vorschriften des § 18 Abs. 1 oder des § 25 zuwider unterläßt, die benutzte Quelle anzugeben, wird mit Geldstrafe bis zu einhundertfünfzig Mark bestraft.

§ 45. Die Strafverfolgung in den Fällen der §§ 38, 39, 44 tritt nur auf Antrag ein. Die Zurücknahme des Antrags ist zulässig.

§ 46. Die Vernichtung der widerrechtlich hergestellten oder verbreiteten Exemplare und der zur widerrechtlichen Vervielfältigung ausschließlich bestimmten Vorrichtungen kann im Wege des bürgerlichen Rechtsstreits oder im Strafverfahren verfolgt werden.

§ 47. Auf die Vernichtung von Exemplaren oder Vorrichtungen kann auch im Strafverfahren nur auf besonderen Antrag des Berechtigten erkannt werden. Die Zurücknahme des Antrags ist bis zur erfolgten Vernichtung zulässig.

Der Berechtigte kann die Vernichtung von Exemplaren oder Vorrichtungen selbständig verfolgen. In diesem Falle finden die §§ 477 bis 479 der Strafprozeßordnung mit der Maßgabe Anwendung, daß der Berechtigte als Privatkläger auftreten kann.

§ 48. Die §§ 46, 47 finden auf die Verfolgung des im § 43 bezeichneten Rechtes entsprechende Anwendung.

§ 49. Für sämmtliche Bundesstaaten sollen Sachverständigen-Kammern bestehen, die verpflichtet sind, auf Erfordern der Gerichte und der Staatsanwaltschaften Gutachten über die an sie gerichteten Fragen abzugeben.

Die Sachverständigen-Kammern sind befugt, auf Anrufen der Betheiligten über Schadensersatzansprüche, über die Vernichtung von Exemplaren oder Vorrichtungen sowie über die Zuerkennung des im § 43 bezeichneten Rechtes als Schiedsrichter zu verhandeln und zu entscheiden.

Der Reichskanzler erläßt die Bestimmungen über die Zusammensetzung und den Geschäftsbetrieb der Sachverständigen-Kammern.

Die einzelnen Mitglieder der Sachverständigen-Kammern sollen nicht ohne ihre Zustimmung und nicht ohne Genehmigung des Vorsitzenden von den Gerichten als Sachverständige vernommen werden.

§ 50. Der Anspruch auf Schadensersatz und die Strafverfolgung wegen Nachdrucks verjähren in drei Jahren.

Die Verjährung beginnt mit dem Tage, an welchem die Verbreitung der Nachdruckexemplare zuerst stattgefunden hat.

§ 51. Der Anspruch auf Schadensersatz und die Strafverfolgung wegen widerrechtlicher Verbreitung oder Aufführung sowie wegen widerrechtlichen Vortrags verjähren in drei Jahren. Das Gleiche gilt in den Fällen der §§ 36, 39.

Die Verjährung beginnt mit dem Tage, an welchem die widerrechtliche Handlung zuletzt stattgefunden hat.

§ 52. Der Antrag auf Vernichtung der widerrechtlich hergestellten oder verbreiteten Exemplare sowie der zur widerrechtlichen Vervielfältigung ausschließlich bestimmten Vorrichtungen ist solange zulässig, als solche Exemplare oder Vorrichtungen vorhanden sind.

§ 53. Die Verjährung der nach dem § 44 strafbaren Handlung beginnt mit dem Tage, an welchem die erste Veröffentlichung stattgefunden hat.

Fünfter Abschnitt.

Schlußbestimmungen.

§ 54. Den Schutz genießen die Reichsangehörigen für alle ihre Werke, gleichviel ob diese erschienen sind oder nicht.

§ 55. Wer nicht Reichsangehöriger ist, genießt den Schutz für jedes seiner Werke, das im Inland erscheint, sofern er nicht das Werk selbst oder eine Uebersetzung an einem früheren Tage im Auslande hat erscheinen lassen.

Unter der gleichen Voraussetzung genießt er den Schutz für jedes seiner Werke, das er im Inland in einer Uebersetzung erscheinen läßt; die Uebersetzung gilt in diesem Falle als das Originalwerk.

§ 56. Die Rolle für die im § 31 Abs. 2 vorgesehenen Eintragungen wird bei dem Stadtrathe zu Leipzig geführt. Der Stadtrath bewirkt die Eintragungen, ohne die Berechtigung des Antragstellers oder die Richtigkeit der zur Eintragung angemeldeten Thatsachen zu prüfen.

Wird die Eintragung abgelehnt, so steht den Betheiligten die Beschwerde an den Reichskanzler zu.

§ 57. Der Reichskanzler erläßt die Bestimmungen über die Führung der Eintragsrolle. Die Einsicht der Eintragsrolle ist Jedem gestattet. Aus der Rolle können Auszüge gefordert werden; die Auszüge sind auf Verlangen zu beglaubigen.

Die Eintragungen werden im Börsenblatte für den deutschen Buchhandel und, falls das Blatt zu erscheinen aufhören sollte, in einer anderen vom Reichskanzler zu bestimmenden Zeitung öffentlich bekannt gemacht.

§ 58. Eingaben, Verhandlungen, Bescheinigungen und sonstige Schriftstücke, welche die Eintragung in die Eintragsrolle betreffen, sind stempelfrei.

Für jede Eintragung, für jeden Eintragsschein sowie für jeden sonstigen Auszug aus der Eintragsrolle wird eine Gebühr von 1,50 Mark erhoben; außerdem hat der Antragsteller die Kosten für die öffentliche Bekanntmachung der Eintragung zu entrichten.

§ 59. In bürgerlichen Rechtsstreitigkeiten, in welchen durch Klage oder Widerklage ein Anspruch auf Grund der Vorschriften dieses Gesetzes geltend gemacht ist, wird die Verhandlung und Entscheidung letzter Instanz im Sinne des § 8 des Einführungsgesetzes zum Gerichtsverfassungsgesetze dem Reichsgerichte zugewiesen.

§ 60. Einem nachgelassenen Werke, das bei dem Inkrafttreten dieses Gesetzes noch nicht veröffentlicht ist, wird die im § 29 vorgesehene Schutzfrist auch dann zu Theil, wenn die bisherige Schutzfrist bereits abgelaufen ist.

§ 61. Der durch dieses Gesetz gewährte Schutz gegen Aufführung kann nach dessen Inkrafttreten einem Werke der Tonkunst, für welches das Aufführungsrecht bis dahin nicht vorbehalten war, dadurch gesichert werden, daß das Werk nachträglich mit dem Vorbehalte versehen wird. Jedoch ist die Aufführung eines solchen Werkes auch ferner ohne Einwilligung des Urhebers zulässig, sofern nicht bei der Aufführung Noten benutzt werden, die mit dem Vorbehalte versehen sind.

Die ausschließliche Befugniß zur öffentlichen Aufführung eines nach diesen Vorschriften geschützten Werkes steht dem Urheber zu.

§ 62. Die ausschließlichen Befugnisse des Urhebers eines geschützten Werkes bestimmen sich nach den Vorschriften dieses Gesetzes, auch wenn das Werk vor dessen Inkrafttreten entstanden ist. War jedoch eine Uebersetzung oder sonstige Bearbeitung oder eine Sammlung, welche aus den Werken mehrerer Schriftsteller zum Schulgebrauche veranstaltet ist, vor dem Inkrafttreten dieses Gesetzes erlaubterweise ganz oder zum Theil erschienen, so bleibt die Befugniß des Bearbeiters zur Vervielfältigung, Verbreitung und öffentlichen Aufführung unberührt.

§ 63. Soweit eine Vervielfältigung, die nach dem Inkrafttreten dieses Gesetzes unzulässig ist, bisher erlaubt war, darf der bereits begonnene Druck von Exemplaren vollendet werden. Die vorhandenen Vorrichtungen, wie Formen, Platten, Steine, Stereotypen, dürfen noch bis zum Ablaufe von sechs Monaten benutzt werden. Die Verbreitung der gemäß dieser Vorschriften hergestellten sowie der bereits vor dem Inkrafttreten dieses Gesetzes vollendeten Exemplare ist zulässig.

§ 64. Dieses Gesetz tritt mit dem 1. Januar 1902 in Kraft. Die §§ 1 bis 56, 61, 62 des Gesetzes, betreffend das Urheberrecht an Schriftwerken u. s. w., vom 11. Juni 1870 (Bundes-Gesetzbl. S. 339) treten mit demselben Tage außer Kraft. Jedoch bleiben diese Vorschriften insoweit unberührt, als sie in den Reichsgesetzen über den Schutz von Werken der bildenden Künste, von Photographien sowie von Mustern und Modellen für anwendbar erklärt werden.

Zweiter Theil.

Strafprozeßgesetze.

25.

1. Gesetz,

betreffend die militärische Strafrechtspflege im Kiautschou-Gebiete.

Vom 25. Juni 1900.

(R.G.Bl. S. 304).

Wir **Wilhelm,** von Gottes Gnaden Deutscher Kaiser, König von Preußen 2c.

verordnen im Namen des Reichs, nach erfolgter Zustimmung des Bundesraths und des Reichstags, was folgt:

§ 1. Auf die zum Kaiserlichen Gouvernement Kiautschou gehörigen Militärpersonen finden die in der Militärstrafgerichtsordnung vom 1. Dezember 1898 für das Verhältniß „an Bord" gegebenen Vorschriften Anwendung.

§ 2. Dieses Gesetz tritt zugleich mit der Militärstrafgerichtsordnung vom 1. Dezember 1898 in Kraft und hat bis zum 1. Januar 1906 Gültigkeit.

26.

2. Schutzgebietsgesetz[1])

nach der Bekanntmachung des Reichskanzlers

vom 10. September 1900.

(R.G.Bl. S. 813.)

§ 1. Die Schutzgewalt in den deutschen Schutzgebieten übt der Kaiser im Namen des Reichs aus.

§ 2. Auf die Gerichtsverfassung in den Schutzgebieten finden die Vorschriften der §§ 5, 7 bis 15, 18 des Gesetzes über die Konsular=

[1]) Das S. 748 ff. des Hauptbandes abgedruckte Gesetz hat eine abermalige Aenderung erfahren durch Art. 1 der Novelle vom 25. Juli 1900 (R.G.Bl. S. 809).
Art. 2 u. 3 dieser Novelle bestimmen:
Art. 2. Der Reichskanzler wird ermächtigt, den Text des Schutzgebietsgesetzes, wie er sich aus den Aenderungen ergiebt, die im Artikel 1 sowie in dem Gesetze, be=

gerichtsbarkeit vom 7. April 1900 (Reichs-Gesetzbl. S. 213) mit der Maßgabe entsprechende Anwendung, daß an die Stelle des Konsuls der von dem Reichskanzler zur Ausübung der Gerichtsbarkeit ermächtigte Beamte und an die Stelle des Konsulargerichts das in Gemäßheit der Vorschriften über das letztere zusammengesetzte Gericht des Schutzgebietes tritt.

§ 3. In den Schutzgebieten gelten die im § 19 des Gesetzes über die Konsulargerichtsbarkeit bezeichneten Vorschriften der Reichsgesetze und preußischen Gesetze. Die Vorschriften der §§ 20 bis 22, des § 23 Abs. 1 bis 3 und 5, der §§ 26, 29 bis 31, 33 bis 35, 37 bis 45, 47, 48, 52 bis 75 des Gesetzes über die Konsulargerichtsbarkeit finden entsprechende Anwendung.[1])

§ 4. Die Eingeborenen unterliegen der im § 2 geregelten Gerichtsbarkeit und den im § 3 bezeichneten Vorschriften nur insoweit, als dies durch Kaiserliche Verordnung bestimmt wird. Den Eingeborenen können durch Kaiserliche Verordnung bestimmte andere Theile der Bevölkerung gleichgestellt werden.[2])

§ 5. Die Militärgerichtsbarkeit wird durch dieses Gesetz nicht berührt.

§ 6. Durch Kaiserliche Verordnung kann:

1. in Vorschriften über Materien, welche nicht Gegenstand des Strafgesetzbuchs für das Deutsche Reich sind, Gefängniß bis zu einem Jahre, Haft, Geldstrafe und Einziehung einzelner Gegenstände angedroht werden;
2. vorgeschrieben werden, daß in Strafsachen
   a) die Mitwirkung einer Staatsanwaltschaft mit der Maßgabe eintritt,

---

treffend Abänderung und Ergänzung des Gesetzes über die Rechtsverhältnisse der deutschen Schutzgebiete, vom 2. Juli 1899 (Reichs-Gesetzbl. S. 365) vorgesehen sind, unter fortlaufender Reihenfolge der Paragraphenzahlen und Nummern durch das Reichs-Gesetzblatt bekannt zu machen. Hierbei sind die in dem bisherigen Gesetz enthaltenen Verweisungen auf die Vorschriften von Gesetzen, die durch neuere Gesetze aufgehoben oder geändert worden sind, durch Verweisungen auf die an die Stelle jener Vorschriften getretenen neuen Vorschriften zu ersetzen.

Soweit in Reichsgesetzen oder Landesgesetzen auf Vorschriften des Gesetzes, betreffend die Rechtsverhältnisse der deutschen Schutzgebiete, verwiesen ist, treten die entsprechenden Vorschriften des von dem Reichskanzler bekannt gemachten Textes an die Stelle.

Art. 3. Die Vorschriften des Artikel 2 Abs. 1 treten mit dem Tage der Verkündung in Kraft.

Im Uebrigen tritt dieses Gesetz an einem durch Kaiserliche Verordnung festzusetzenden Tage in Kraft. (Am 1. Januar 1901 laut § 1 der Verordnung vom 9. November 1900, R.G.Bl. S. 1005.)

[1]) Siehe namentlich die kaiserlichen Verordnungen vom 9 November 1900, betr die Rechtsverhältnisse in den deutschen Schutzgebieten (R.G.Bl. S. 1005) und vom 21 November 1902, betr. die Rechte an Grundstücken in den deutschen Schutzgebieten (R.G.Bl. S. 283).

[2]) § 2 der Verordnung vom 9. November 1900 bestimmt:

Den Eingeborenen werden im Sinne des § 4 und des § 7 Abs. 3 des Schutzgebietsgesetzes die Angehörigen fremder farbiger Stämme gleichgestellt, soweit nicht der Gouverneur (Landeshauptmann) mit Genehmigung des Reichskanzlers Ausnahmen bestimmt. Japaner gelten nicht als Angehörige farbiger Stämme.

daß, soweit die Staatsanwaltschaft zuständig ist, die Vorschriften der §§ 56, 65 und des § 71 Abs. 2 Satz 1 des Gesetzes über die Konsulargerichtsbarkeit außer Anwendung bleiben,

b) eine Voruntersuchung stattfindet, deren Regelung der Verordnung vorbehalten bleibt,

c) der § 9 Abs. 2 des Gesetzes über die Konsulargerichtsbarkeit keine Anwendung findet;

3. angeordnet werden, daß in Strafsachen, wenn der Beschluß über die Eröffnung des Hauptverfahrens eine Handlung zum Gegenstande hat, welche zur Zuständigkeit der Schöffengerichte oder zu den in den §§ 74, 75 des Gerichtsverfassungsgesetzes bezeichneten Vergehen gehört, in der Hauptverhandlung eine Zuziehung von Beisitzern nicht erforderlich ist;

4. die Gerichtsbarkeit in den zur Zuständigkeit der Schwurgerichte gehörenden Sachen den Gerichten der Schutzgebiete in der Weise übertragen werden, daß für diese Sachen, soweit nicht auf Grund der Nr. 2 etwas Anderes bestimmt wird, die Vorschriften Anwendung finden, welche für die im § 8 Abs. 2 des Gesetzes über die Konsulargerichtsbarkeit bezeichneten Strafsachen gelten;

5. an Stelle der Enthauptung eine andere, eine Schärfung nicht enthaltende Art der Vollstreckung der Todesstrafe angeordnet werden;

6. die nach dem Gesetz über die Konsulargerichtsbarkeit begründete Zuständigkeit des Reichsgerichts einem Konsulargericht oder einem Gerichtshof in einem Schutzgebiet übertragen und über die Zusammensetzung des letzteren Gerichtshofs sowie über das Verfahren in Berufungs- und Beschwerdesachen, die vor einem dieser Gerichte zu verhandeln sind, mit der Maßgabe Anordnung getroffen werden, daß das Gericht aus einem Vorsitzenden und mindestens vier Beisitzern bestehen muß;[1])

7. für die Zustellungen, die Zwangsvollstreckung und das Kostenwesen die Anwendung einfacherer Bestimmungen vorgeschrieben werden;[2])

8. für die gerichtliche und notarielle Beurkundung von Rechtsgeschäften mit Ausschluß der Verfügungen von Todeswegen ein einfacheres Verfahren vorgeschrieben sowie die Zuständigkeit der Notare eingeschränkt werden;[3])

9. die Verlängerung aller zur Geltendmachung von Rechten und zur Erfüllung von Pflichten gesetzlich festgestellten Fristen angeordnet werden.

§ 7. Auf die Eheschließung und die Beurkundung des Personenstandes in den Schutzgebieten finden die §§ 2 bis 9, 11, 12 und 14 des

---

[1]) Vgl. § 8 der Verordnung vom 9 November 1900.

[2]) § 10 der Verordnung vom 9. November 1900 bestimmt:

Für die Zustellungen, die Zwangsvollstreckungen und das Kostenwesen können einfachere Bestimmungen zur Anwendung kommen.

Der Reichskanzler und mit dessen Genehmigung der Gouverneur (Landeshauptmann) sind befugt, die erforderlichen Anordnungen zu treffen.

[3]) § 11 der Verordnung vom 9. November 1900 bestimmt:

Der Reichskanzler ist befugt, Notare zu ernennen.

Die Zuständigkeit der Notare wird auf die Beurkundung von Rechtsgeschäften unter Lebenden beschränkt.

Gesetzes vom 4. Mai 1870 (Bundes-Gesetzbl. S. 599, Reichs-Gesetzbl. 1896 S. 614) entsprechende Anwendung. Die Ermächtigung zur Eheschließung und zur Beurkundung des Personenstandes wird durch den Reichskanzler ertheilt.

Die Form einer Ehe, die in einem Schutzgebiete geschlossen wird, bestimmt sich ausschließlich nach den Vorschriften des bezeichneten Gesetzes.

Die Eingeborenen unterliegen den Vorschriften der Abs. 1, 2 nur insoweit, als dies durch Kaiserliche Verordnung bestimmt wird. Den Eingebornen können durch Kaiserliche Verordnung bestimmte andere Theile der Bevölkerung gleichgestellt werden.[1])

§ 8. Die Befugnisse, welche den deutschen Konsuln im Auslande nach anderen als den beiden in den §§ 2 und 7 bezeichneten Gesetzen zustehen, können durch den Reichskanzler Beamten in den Schutzgebieten übertragen werden.

§ 9. Ausländern, welche in den Schutzgebieten sich niederlassen, sowie Eingeborenen kann durch Naturalisation die Reichsangehörigkeit von dem Reichskanzler verliehen werden. Der Reichskanzler ist ermächtigt, diese Befugniß einem anderen Kaiserlichen Beamten zu übertragen.

Auf die Naturalisation und das durch dieselbe begründete Verhältniß der Reichsangehörigkeit finden die Bestimmungen des Gesetzes über die Erwerbung und den Verlust der Bundes- und Staatsangehörigkeit vom 1. Juni 1870 (Bundes-Gesetzbl. S. 355, Reichs-Gesetzbl. 1896 S. 615) sowie Artikel 3 der Reichsverfassung und § 4 des Wahlgesetzes für den Deutschen Reichstag vom 31. Mai 1869 (Bundes-Gesetzbl. S. 145) entsprechende Anwendung.

Im Sinne des § 21 des bezeichneten Gesetzes sowie bei Anwendung des Gesetzes wegen Beseitigung der Doppelbesteuerung vom 13. Mai 1870 (Bundes-Gesetzbl. S. 119) gelten die Schutzgebiete als Inland.

§ 10. Durch Kaiserliche Verordnung können Eingeborene der Schutzgebiete in Beziehung auf das Recht zur Führung der Reichsflagge (Gesetz, betreffend das Flaggenrecht der Kauffahrteischiffe, vom 22. Juni 1899, Reichs-Gesetzbl. S. 319) den Reichsangehörigen gleichgestellt werden.

Die Führung der Reichsflagge in Folge der Verleihung dieses Rechtes hat nicht die Wirkung, daß das betreffende Schiff als deutsches Seefahrzeug im Sinne des § 1 Abs. 1 Nr. 1 und § 3 Abs. 1 des See-Unfallversicherungsgesetzes vom 30. Juni 1900 (Reichsgesetzbl. S. 716) gilt.

§ 11. Deutschen Kolonialgesellschaften, welche die Kolonisation der deutschen Schutzgebiete, insbesondere den Erwerb und die Verwerthung von Grundbesitz, den Betrieb von Land- oder Plantagenwirthschaft, den Betrieb von Bergbau, gewerblichen Unternehmungen und Handelsgeschäften in denselben zum ausschließenden Gegenstand ihres Unternehmens und ihren Sitz entweder im Reichsgebiet oder in einem Schutzgebiet oder in einem Konsulargerichtsbezirke haben oder denen durch Kaiserliche Schutzbriefe die Ausübung von Hoheitsrechten in den deutschen Schutzgebieten übertragen

---

[1]) Siehe die Note zu § 4.

ist, kann auf Grund eines vom Reichskanzler genehmigten Gesellschaftsvertrags (Statuts) durch Beschluß des Bundesraths die Fähigkeit beigelegt werden, unter ihrem Namen Rechte, insbesondere Eigenthum und andere dingliche Rechte an Grundstücken zu erwerben, Verbindlichkeiten einzugehen, vor Gericht zu klagen und verklagt zu werden. In solchem Falle haftet den Gläubigern für alle Verbindlichkeiten der Kolonialgesellschaft nur das Vermögen derselben.

Das Gleiche gilt für deutsche Gesellschaften, welche den Betrieb eines Unternehmens der im Abs. 1 bezeichneten Art in dem Hinterland eines deutschen Schutzgebiets oder in sonstigen dem Schutzgebiete benachbarten Bezirken zum Gegenstand und ihren Sitz entweder im Reichsgebiet oder in einem Schutzgebiet oder in einem Konsulargerichtsbezirke haben.

Der Beschluß des Bundesraths und im Auszuge der Gesellschaftsvertrag sind durch den Reichsanzeiger zu veröffentlichen.

§ 12. Der Gesellschaftsvertrag hat insbesondere Bestimmungen zu enthalten:

1. über den Erwerb und den Verlust der Mitgliedschaft;
2. über die Vertretung der Gesellschaft Dritten gegenüber;
3. über die Befugnisse der die Gesellschaft leitenden und der die Leitung beaufsichtigenden Organe derselben;
4. über die Rechte und Pflichten der einzelnen Mitglieder;
5. über die Jahresrechnung und Vertheilung des Gewinns;
6. über die Auflösung der Gesellschaft und die nach derselben eintretende Vermögensvertheilung.

§ 13. Die Gesellschaften, welche die im § 11 erwähnte Fähigkeit durch Beschluß des Bundesraths erhalten haben, unterstehen der Aufsicht des Reichskanzlers. Die einzelnen Befugnisse desselben sind in den Gesellschaftsvertrag aufzunehmen.

§ 14. Den Angehörigen der im Deutschen Reiche anerkannten Religionsgemeinschaften werden in den Schutzgebieten Gewissensfreiheit und religiöse Duldung gewährleistet. Die freie und öffentliche Ausübung dieser Kulte, das Recht der Erbauung gottesdienstlicher Gebäude und der Einrichtung von Missionen der bezeichneten Religionsgemeinschaften unterliegen keinerlei gesetzlicher Beschränkung noch Hinderung.

§ 15. Der Reichskanzler hat die zur Ausführung des Gesetzes erforderlichen Anordnungen zu erlassen.

Der Reichskanzler ist befugt, für die Schutzgebiete oder für einzelne Theile derselben polizeiliche und sonstige die Verwaltung betreffende Vorschriften zu erlassen und gegen die Nichtbefolgung derselben Gefängnis bis zu drei Monaten, Haft, Geldstrafe und Einziehung einzelner Gegenstände anzudrohen.

Die Ausübung der Befugniß zum Erlasse von Ausführungsbestimmungen (Abs. 1) und von Verordnungen der im Abs. 2 bezeichneten Art kann vom Reichskanzler der mit einem Kaiserlichen Schutzbriefe für das betreffende Schutzgebiet versehenen Kolonialgesellschaft sowie den Beamten des Schutzgebiets übertragen werden.

§ 16. Für Schutzgebiete, in denen das Gesetz über die Konsulargerichtsbarkeit vom 10. Juli 1879 (Reichs-Gesetzbl. S. 197) und das Gesetz, betreffend die Eheschließung und Beurkundung des Personenstandes von Reichsangehörigen im Auslande, vom 4. Mai 1870 noch nicht in Kraft gesetzt sind, wird der Zeitpunkt, in welchem die §§ 2 bis 7 dieses Gesetzes in Kraft treten, durch Kaiserliche Verordnung bestimmt.

---

27. **3. Gesetz,**

betreffend die Abänderung des § 7 der Strafprozeßordnung.

Vom 13 Juni 1902.

(R G.Bl. S 227.)

Wir **Wilhelm**, von Gottes Gnaden Deutscher Kaiser, König von Preußen ꝛc.

verordnen im Namen des Deutschen Reichs, nach erfolgter Zustimmung des Bundesraths und des Reichstags, was folgt:

Einziger Artikel.

Der § 7 der Strafprozeßordnung erhält folgende Fassung:

§ 7. Der Gerichtsstand ist bei demjenigen Gerichte begründet, in dessen Bezirk die strafbare Handlung begangen ist.

Wird der Thatbestand der strafbaren Handlung durch den Inhalt einer im Inland erschienenen Druckschrift begründet, so ist als das nach Abs. 1 zuständige Gericht nur dasjenige Gericht anzusehen, in dessen Bezirk die Druckschrift erschienen ist. Jedoch ist in den Fällen der Beleidigung, sofern die Verfolgung im Wege der Privatklage stattfindet, auch das Gericht, in dessen Bezirk die Druckschrift verbreitet worden ist, zuständig, wenn in diesem Bezirk die beleidigte Person ihren Wohnsitz oder gewöhnlichen Aufenthalt hat.

Sachregister.

Die fettgedruckten Ziffern verweisen auf die durchlaufend von 1—27 nummerirten Gesetze, die anderen Ziffern auf Paragraphen dieser Gesetze.

A.

Anlagen genehmigungsbedürftige **17** 16 ff., 147.
Anzeige vom Beginn eines Gewerbebetriebs **17** 14, 148; vom Ausbruch einer gemeingefährl. Krankheit **20** 1 ff.
Arbeiter gewerbliche **17** 105 ff., 146, 146a, $147^{4,5}$; 148^{9-15}, 149^{7}, 150, 154, 154a.
Arbeitsbücher **17** 107 ff., 150.
Ärzte, Approbation **17** 29, 147^{8}.
Auktionator **17** 35, 36, 38.

B.

Baunrechte gewerbliche **17** 7 ff.
Bau-Unfallversicherungsgesetz **14**.
Betriebsgeheimnisse, Offenbarung **12** 150, 151; **13** 160, 161; **14** 45; **17** 145a.
Bildwerke **17** 42a, 43.
Branntweinhandel **17** 33.
Branntweinsteuergesetz, Abänderung desselben **4**.
Bücherrevisoren **17** 36.

D.

Droguenhandel **17** 35.
Druckschriften **17** 42b, 43.

E.

Ehefrauen als Gewerbetreibende **17** 11a.

F.

Fabrikarbeiter **17** 134 ff.
Feldmesser **17** 36.
Flaggenrecht s. Kauffahrteischiffe.
Fleischbeschau **19**.
Forstwirthschaft, Unfallversicherung **13**.

G.

Gemeingefährliche Krankheiten, deren Bekämpfung **20**.
Genehmigungsbedürftige Betriebe **17** 16 ff., 29 ff., 147.
Genfer Neutralitätszeichen **1**.
Gerichtsstand der begangenen That **27**.
Gesangsvorträge u. dgl. **17** 33a.
Gesindevermiether **17** 34, 38.
Gewerbebetrieb im Umherziehen **17** 55 ff. 148, 149.
Gewerbeordnung **17**.
Gewerbe-Unfallversicherungsgesetz **12**.

H.

Handwerker **17** 129
Handwerkskammern **17** 103 ff.
Hausierhandel s. Gewerbebetrieb im Umherziehen.
Hebammen **17** 30.
Heirathsvermittler **17** 35.
Heuervertragsbruch **7** 9:
Hufbeschlaggewerbe **17** 30a.
Hülfskassen, gewerbliche **17** 140.

J.

Innungen **17** 81 ff.
Juristische Personen als Gewerbetreibende **17** 12.

K.

Kauffahrteischiffe, Abänderung des Ges. betr. das Flaggenrecht der K. **5**; Verpflichtung der K. zur Mitnahme heimzuschaffender Seeleute **8**.
Kiautschou-Gebiet, militär. Strafrechtspflege daselbst **25**.
Kinderarbeit in gewerbl. Betrieben **18**.
Koalitionszwang **17** 153.

Krankenversicherungsgesetz, Abänderung dess **10.**
Krankheiten gemeingefährliche, deren Bekämpfung **20.**

L.

Land- und Forstwirthschaft, Unfallversicherungsgesetz **13.**
Legitimationskarte 17 44 a.
Lehrlingsverhältnisse 17 126 ff, 144 a, 148.
Literaturwerke, Urheberrecht an solchen **24.**
Lohnzahlung 17 115, 146.
Lotterieloose 17 35.

M.

Marktverkehr 17 64 ff., 149 6.
Meistertitel 17 133, 148 9c.

N.

Nachdruck 24 15 ff., 37, 38 ff.
Neutralitätszeichen Genfer **1.**

P.

Patentanwälte 23.
Pfandleiher, -Vermittler 17 34, 38.
PrivateVersicherungsunternehmungen16.
Privat-Kranken-, -Entbindungs-, -Irrenanstalten 17 30.

R.

Rechtsangelegenheiten, Besorgung fremder 17 35
Rothes Kreuz 1.

S.

Schaumweinsteuergesetz 3.
Schauspielunternehmer 17, 32.
Schaustellungen 17 33 a, 33 b.
Schlachtviehbeschau 19.
Schornsteinfeger 17 39.
Schriften s. Druckschriften
Schutzgebietsgesetz 26.
Schwimmunterricht 17 35.
Seemannsordnung 7
Seeschiffer, Befähigungsnachweis 17 31.
See-Unfallversicherungsgesetz 15.
Stellenvermittler 17 34, 38.
Stellenvermittlung für Schiffsleute, **9.**
Stellvertretung im Gewerbebetrieb, 17 45—47
Stempelgesetz 2.
Strafprozeßordnung, Abänderung des § 7 **27.**
Strandungsordnung, Abänderung ders, **6.**
Süßstoffgesetz 22.

T.

Tanzunterricht 17 35
Taxen 17 72 ff., 148 8, 149 7a.
Theatralische Vorstellungen 17 33 a, 33 b.
Tonwerke, Urheberrecht an solchen **24.**
Trödelhandel u dergl, 17 35.
Turnunterricht 17 35.

U.

Umherziehen s. Gewerbebetrieb im Umh.
Unfallversicherungsgesetze, Abänderung ders., **11.**
Urheberrecht 24.

V.

Vermittlungsagenten 17 35.
Versicherungsunternehmungen, private**16.**
Viehhandel 17 35.

W.

Wandergewerbe 17 55 ff., 148, 149
Warenbestellungen, Aufsuchen solcher 17 44, 44 a.
Weingesetz 21.
Wirthschaften 17 33.

Z.

Zwangsrechte gewerbliche, 17 7 ff.

III.

Karl Buchert

Sammlung von Verwaltungsgesetzen
für das Königreich Bayern.

Sammlung

in der Praxis oft angewandter

Verwaltungs-Gesetze

nebst

einer Anzahl derartiger Verordnungen etc.

für das

Königreich Bayern

unter Berücksichtigung aller bisherigen Aenderungen nach dem nunmehr gültigen Texte mit Beifügung eines Sachregisters

zusammengestellt und herausgegeben

von

Karl Buchert,

Rath des k. b. Verwaltungsgerichtshofes.

Nachtrag.

München 1903

J. Schweitzer Verlag (Arthur Sellier)

Druck von Dr. Frz. Paul Datterer & Cie., G. m. b. H., München-Freising.

Inhalt des Nachtrags,

welcher bestimmt ist, die Sammlung der in der Praxis oft angewandten Verwaltungsgesetze durch Aufnahme der Aenderungen und einschlägigen neuen Gesetze ꝛc. mit dem gegenwärtigen Stande der Gesetzgebung in Uebereinstimmung zu bringen
(Alphabetische Reihenfolge)

		Seite
1.	Abmarkungsgesetz	1—8
2.	Advokatengebührenordnung	8—13
3.	Armengesetz-Abänderung	14
4.	Bauordnung	15—42
5	Bau-Unfallversicherungsgesetz	42
6.	Berggesetz	43—95
7	Einkommensteuergesetz-Abänderung	96
8.	Epidemien-Gesetz	96
9.	Feldschadengesetz	97—101
10.	Fleischbeschaugesetz	101
11	Gewerbe-Unfallversicherungsgesetz	101
12.	Gifte, Verkehr mit solchen	102
13.	Kaminkehrerordnung	103—108
14.	Krankenversicherungsgesetz-Abänderung	108
15.	Land- und forstwirthsch. Unfallversicherungsgesetz	109
16.	Mantelgesetz	109
17	Medizinaltaxordnung[1])	109
18.	Nachhaft, korrektionelle	110—113
19.	Polizeistrafgesetzbuch-Novelle	114
20.	Reichsgewerbeordnung	115
21	Reichsgewerbeordnung, Vollzug derselben	115—117
22.	Reichsstrafgesetzbuch-Novelle	118
23.	Schulbedarfgesetz	119—132
24.	Versicherungsunternehmungen priv.	132
25.	Versicherungsunternehmungen priv., Ausführungsgesetz hiezu	133
26.	Versicherungsunternehmungen priv., Vollzugsverordnung hiezu	133
27.	Verwaltungsstreitverfahren bei Unfällen	134—135
28.	Zwangserziehungsgesetz	135—138

[1]) Die neue Verordnung lediglich angeführt.

1. Abmarkungsgesetz.

Gesetz vom 30. Juni 1900, die Abmarkung der Grundstücke betr.

(Ges.- u. V.-Bl. 1900 S. 553.)

Luitpold, von Gottes Gnaden K. Prinz von Bayern, Regent ꝛc. ꝛc.

Abmarkungspflicht.

Art. 1. Die Eigenthümer von Grundstücken, deren Grenzen unbestritten feststehen, aber nicht durch Grenzzeichen gesichert sind, haben die Pflicht, die Abmarkung dieser Grenzen oder die Ergänzung dieser Abmarkung vornehmen zu lassen:

1. bei den von der zuständigen Behörde angeordneten Neumessungen,
2. bei allen Grenzermittlungsmessungen der k. Messungsbehörden, welche mit Zustimmung der betheiligten Grundeigenthümer zum Abschlusse gebracht werden,
3. wenn von einem Grundstücke ein Theil abgetrennt wird,
4. wenn eine bestrittene Grenzlinie durch eine gerichtliche Entscheidung festgestellt wird, und
5. wenn in einer Gemeinde- oder Ortsflur oder in einer in sich abgeschlossenen Feldlage (Gewanne) die Mehrzahl der betheiligten Grundeigenthümer die Abmarkung will. Sind weniger als zwanzig Grundeigenthümer betheiligt, so müssen mindestens drei Fünftel sich für die Abmarkung erklären. In beiden Fällen muß die Mehrzahl sich zugleich im Besitze von mehr als der Hälfte der abzumarkenden Grundfläche befinden.

Bei Berechnung der Mehrzahl werden die Miteigenthümer eines und desselben Grundstückes für eine einzige Person gezählt. Besteht bei den Miteigenthümern Meinungsverschiedenheit, so ist Zustimmung anzunehmen, wenn wenigstens die Hälfte der Miteigenthümer, nach dem Theilnahmsverhältnisse berechnet, sich für die Abmarkung ausspricht. Besteht über das Eigenthum eines Grundstückes ein Rechtsstreit, und können sich die Betheiligten über die Abgabe der Stimmen nicht einigen, so gilt zunächst der Besitzer als stimmberechtigt; ist auch der Besitz streitig, so ist die Zustimmung für gegeben zu erachten, wenn nur einer der streitenden Theile sich für die Abmarkung ausspricht.

Bei der Abmarkung von Gemeinde- oder Ortsfluren oder abgeschlossenen Feldlagen haben die Eigenthümer der Grundstücke, soweit sie an die Abmarkungsfläche mit nicht oder nicht richtig abgemarkten Grenzlinien anstoßen, an der Abmarkung dieser sich zu betheiligen.

Art der Abmarkung.

Art. 2. Zur Abmarkung sind in der Regel dauerhafte Steine von entsprechender Größe und Form zu verwenden.

Die Steine müssen soweit zugerichtet sein, daß ihre Bedeutung als Grenzzeichen zweifellos erkennbar ist.

Ausnahmsweise sind auch andere Grenzzeichen, insbesondere solche von dauerhaftem Holze zulässig, wenn die Beschaffenheit des Bodens das Setzen von Steinen nicht angezeigt erscheinen läßt, oder wenn die Beschaffung der Steine mit unverhältnißmäßigen Kosten verbunden wäre.

Pflicht zur Erhaltung der Grenzzeichen.

Art. 3. Die von den zuständigen Behörden und Personen gesetzten Grenzzeichen müssen von den betheiligten Grundeigenthümern stets in Stand erhalten werden. Die Grundeigenthümer sind verpflichtet, den Abgang oder die Beschädigung von Grenzzeichen binnen 8 Tagen nach erlangter Kenntniß der Gemeindebehörde anzuzeigen.

Bei der Bearbeitung der Grundstücke sind die Grenzzeichen sorgfältig zu schonen. Wer Arbeiten beabsichtigt, die den festen Stand eines Grenzzeichens gefährden, hat seine Absicht rechtzeitig der Gemeindebehörde anzuzeigen. Diese hat auf seine Kosten die Verlegung des Grenzzeichens zu veranlassen.

Entbehrlich gewordene Grenzzeichen können auf Antrag der betheiligten Grundeigenthümer beseitigt werden.

Zuständigkeit zur Abmarkung.

Art. 4. Zur Vornahme der Abmarkung bei den von der zuständigen Behörde angeordneten Neumessungen (Art. 1 Abs. 1 Ziff. 1) sind die hiezu bestimmten Geometer, zur Vornahme der Abmarkung einer Gemeinde- oder Ortsflur oder einer Feldlage (Art. 1 Abs. 1 Ziff. 5) und der Abmarkungen, die im Anschlusse an Vermessungen zu erfolgen haben, sind die Messungsbehörden ausschließlich zuständig.

Sonstige Abmarkungsgeschäfte können von den Grundeigenthümern gleichfalls der Messungsbehörde übertragen werden.

Ist das k. Eisenbahnärar betheiligt, so kann das Abmarkungsgeschäft durch einen Geometer der Staatseisenbahnen erfolgen. Sind noch andere Grundeigenthümer betheiligt, so ist deren Zustimmung erforderlich.

Im Uebrigen sind zur Vornahme der Abmarkungsgeschäfte die Feldgeschworenen berufen.

Durch Beschluß der Gemeindeverwaltung, in den Landestheilen rechts des Rheins unter Zustimmung der Gemeindeversammlung oder in Gemeinden mit städtischer Verfassung unter Zustimmung der Gemeindebevollmächtigten, kann festgestellt werden, daß in den Fällen, in welchen die Abmarkungen nach Abs. 1, 2, 3 durch die Messungsbehörden oder die hiezu bestimmten Geometer vollzogen werden, das Setzen, Heben, Aufrichten und Entfernen der Grenzzeichen durch die Feldgeschworenen vorzunehmen ist. Liegt ein solcher Gemeindebeschluß nicht vor, so ist jeder der betheiligten Grundeigenthümer berechtigt, bei der die Abmarkung vornehmenden Behörde oder Person den Antrag zu stellen, das Setzen, Heben, Aufrichten und Entfernen der Grenzzeichen durch Feldgeschworene vornehmen zu lassen, und ist diesem Antrage zu entsprechen. Findet bei dem Abmarkungsgeschäfte eine Mitwirkung der Feldgeschworenen nicht statt, so haben die Messungsbehörden und die mit Abmarkungen betrauten Geometer zu dem Abmarkungsgeschäfte den Obmann der Feldgeschworenen oder dessen Stellvertreter beizuziehen.

Feldgeschworene.

Art. 5. In jeder Gemeinde sind vier bis sieben Feldgeschworene aufzustellen.

Die Feldgeschworenen wählen aus ihrer Mitte einen Obmann und einen Stellvertreter desselben.

Besteht eine Gemeinde aus mehreren getrennten Ortschaften, so kann jede Ortschaft besondere Feldgeschworene für ihre Flurmarkung aufstellen.

Art. 6. Die Feldgeschworenen werden da, wo eine erstmalige Wahl nothwendig wird, von der Gemeindeverwaltung oder dem Gemeinderathe aus der Zahl der Gemeindebürger auf Lebensdauer gewählt.

Fällt durch Ableben, Rücktritt oder Enthebung ein Feldgeschworener weg, so ist die festgesetzte Zahl von Feldgeschworenen durch Wahl Seitens der noch vorhandenen Feldgeschworenen zu ergänzen. Sind nur noch zwei Feldgeschworene vorhanden, so ist die Wahl nach Maßgabe des Abs. 1 vorzunehmen.

Art. 7. In Ansehung der Wählbarkeit, der Ablehnung der Wahl und des Austritts oder der Enthebung der Feldgeschworenen finden die jeweiligen gesetzlichen Bestimmungen Anwendung, die für die Mitglieder des Gemeindeausschusses in Landgemeinden oder des Gemeinderathes gelten.

Art. 8. Für jeden ausmärkischen Bezirk werden vier bis sieben Feldgeschworene von dem Distriktsausschusse aus Personen, welche in den benachbarten Gemeinden ihren Wohnsitz haben, auf Lebensdauer aufgestellt.

Die Bestimmungen der Art. 5 Abs. 2, Art. 6 Abs. 2 und Art. 7 finden entsprechende Anwendung.

Die bezüglich der gemeindlichen Feldgeschworenen der Gemeindebehörde zugewiesenen Zuständigkeiten kommen dem Distriktsausschusse zu.

Art. 9. Die Feldgeschworenen sind neben den gemäß Art. 4 berufenen Personen im Umfange ihres Bezirkes ausschließlich befugt, Abmarkungsgeschäfte vorzunehmen, d. i. Grenzzeichen zu setzen, sie zum Zwecke der Untersuchung zu heben, sie wieder in die richtige Lage zu bringen und im Falle der Entbehrlichkeit herauszunehmen.

Zur giltigen Vornahme eines Abmarkungsgeschäftes ist die Anwesenheit von zwei Feldgeschworenen nöthig. Handelt es sich um die Abmarkung einer Flurgrenze zwischen zwei Gemeinden oder zwischen einer Gemeinde und einem ausmärkischen Bezirke, so ist die Mitwirkung je eines Feldgeschworenen der betheiligten Gemeinden und des betheiligten Bezirkes erforderlich.

Art. 10. Die Feldgeschworenen können sich zum Zwecke der Kontrole der Echtheit und Unverrücktheit der Grenzzeichen bei dem Setzen derselben bestimmter geheimer Zeichen, sogenannter Unterlagen, bedienen (Siebenergeheimniß). Sie sind verbunden, das Siebenergeheimniß lebenslänglich zu bewahren.

Art. 11. Die gemeindlichen Feldgeschworenen sind Hilfsorgane der Gemeindebehörde für Herstellung und Unterhaltung der Flur- und Markungsgrenzen.

Art. 12. Die gemeindlichen Feldgeschworenen sind verpflichtet, die Grenzzeichen der gesammten Gemeindeflur und der etwa besonders abgemarkten Abtheilungen derselben (Gewannen), sowie die Grenzzeichen der einzelnen Grundstücke zu beaufsichtigen. Sie haben zu diesem Zwecke auf Anordnung des Vorstandes der Gemeindebehörde die Grenzen mindestens alle drei Jahre zu begehen und zu besichtigen, sowie die hiebei wahrgenommenen Mängel binnen acht Tagen dem Vorstande der Gemeindebehörde und den etwa betheiligten Grundeigenthümern behufs sofortiger Abhilfe anzuzeigen.

In der gleichen Weise haben die gemeindlichen Feldgeschworenen zu verfahren, wenn sie bei sonstiger Gelegenheit Mängel der Abmarkung wahrnehmen.

Art. 13. Die Dienstleistung der gemeindlichen Feldgeschworenen wird durch den Vorstand der Gemeindebehörde und die der Feldgeschworenen für ausmärkische Bezirke durch ihren Obmann vermittelt.

Art. 14. Die Aufsicht über die Feldgeschworenen steht zunächst ihrem Obmann zu.

Die Oberaufsicht über die Feldgeschworenen führt die Distriktsverwaltungsbehörde. Diese entscheidet entgiltig über die Beschwerden gegen die Verfügungen des Obmannes.

Art. 15. Die Geschäftsführung der Feldgeschworenen wird durch eine vom k. Staatsministerium des Innern im Benehmen mit den k. Staatsministerien der Justiz und der Finanzen zu erlassende Dienstanweisung geregelt.[1])

Art. 16. Die Feldgeschworenen werden durch die Distriktsverwaltungsbehörde auf die Dienstanweisung (Art. 15) und auf die lebenslängliche Bewahrung des Siebenergeheimnisses (Art. 10), wo es besteht oder eingeführt wird, mittels Eides verpflichtet.

Vornahme der Abmarkung.

Art. 17. Zur Vornahme der Abmarkungsgeschäfte sind die betheiligten Grundeigenthümer oder deren Vertreter gegen Nachweis zu laden. Die Ladung hat bei Abmarkungsgeschäften der gemeindlichen Feldgeschworenen durch den Vorstand der Gemeindebehörde, bei Abmarkungsgeschäften der Feldgeschworenen für ausmärkische Bezirke durch ihren Ob-

[1]) Feldgeschworenen-Ordnung v. 21 Dezbr. 1900 (Amtsb. des k. Staatsm. d. Innern 1900 S. 819 ff.).

mann und sonst durch die Messungsbehörde oder den beauftragten Geometer zu erfolgen, die sich der Vermittlung der Gemeindebehörde bedienen können.

Erscheinen die Betheiligten nicht, so kann das Abmarkungsgeschäft gleichwohl giltig vorgenommen werden.

Die Kosten eines durch unentschuldigtes Ausbleiben eines Betheiligten vereitelten Termines hat der Nichterschienene zu tragen.

Auf die Folgen des Nichterscheinens ist in der Ladung aufmerksam zu machen.

Beim Legen oder Untersuchen der geheimen Zeichen haben sich die betheiligten Grundeigenthümer und ihre Vertreter zu entfernen.

Art. 18. Ueber die Vornahme der Abmarkungsgeschäfte sind Protokolle zu führen. In denselben ist die Zeit, der Name und die Eigenschaft der Anwesenden anzugeben und die stattgehabte Handlung genau zu beschreiben. Das Protokoll ist von den betheiligten Grundeigenthümern oder deren Vertretern, Geometern und Feldgeschworenen zu unterzeichnen.

Ueber die von den Messungsbehörden und beauftragten Geometern vorgenommenen Abmarkungen sind Handrisse zu fertigen, in welchen der Verlauf der abgemarkten Grenze durch Maßzahlen festzulegen ist.

Die Protokolle und Handrisse der Geometer sind von den Messungsbehörden, die Protokolle der gemeindlichen Feldgeschworenen von der Gemeindebehörde und die Protokolle der Feldgeschworenen für ausmärkische Bezirke von ihrem Obmanne sorgfältig aufzubewahren.

Nach Schluß jeden Jahres haben die Gemeindebehörde und der Obmann der Feldgeschworenen für ausmärkische Bezirke das Buch mit den Protokollen der Feldgeschworenen über die vorgenommenen Abmarkungen der Messungsbehörde zu übersenden. Diese hat auf Grund der Protokolle Vormerkung von den vorgenommenen Abmarkungen behufs Einmessung der Grenzzeichen zu machen, in das Buch der gemeindlichen Feldgeschworenen beglaubigte Auszüge über die von ihr und den Geometern (Art. 4 Abs. 1, 2, 3, Art. 18 Abs. 3 und Art. 30 Abs. 2) während des abgelaufenen Jahres vollzogenen Abmarkungen zu übertragen und sodann die Bücher wieder zurückzusenden.

Zuständigkeit und Verfahren bei Streitigkeiten.

Art. 19. Streitigkeiten über die Abmarkungspflicht und die Art der Abmarkung, über die Giltigkeit einer solchen und über die Erhaltung von Grenzzeichen entscheidet die Distriktsverwaltungsbehörde in erster und der Verwaltungsgerichtshof in zweiter und letzter Instanz.

Bezüglich der Beschwerdefrist und des Verfahrens finden, soweit in diesem Gesetze nichts besonderes bestimmt ist, die Bestimmungen des Abschnittes II des Gesetzes vom 8. August 1878, betreffend die Errichtung eines Verwaltungsgerichtshofes und das Verfahren in Verwaltungsrechtssachen, entsprechende Anwendung.

Streitigkeiten über Feststellung der Grenze bleiben der Entscheidung der Gerichte vorbehalten.

Art. 20. Wird die Entscheidung der Distriktsverwaltungsbehörde nach Art. 19 bezüglich einer neu vorzunehmenden oder zu erneuernden

Abmarkung angerufen, so haben die Antragsteller die Plannummern der Grundstücke, um deren Abmarkung es sich handelt, die Namen der Grundeigenthümer, welche der Abmarkung widersprechen oder eine Erklärung noch nicht abgegeben haben, die Gründe, auf welche der Antrag gestützt wird, sowie die gewünschte Art der Abmarkung anzugeben und erforderlichen Falles den Katasterplan, auf welchem die zu setzenden Grenzzeichen eingetragen sein müssen, vorzulegen.

Art. 21. Die Distriktsverwaltungsbehörde vernimmt zunächst die widersprechenden und noch nicht gehörten Grundeigenthümer mit ihren Erinnerungen, erholt die erforderlichen Gutachten Sachverständiger und entscheidet hienach über den gestellten Antrag.

Findet für die Einvernahme der Betheiligten eine besondere Verhandlungstagfahrt statt, so sind sie hiezu gegen Nachweis mit dem Beifügen zu laden, daß diejenigen Grundeigenthümer, welche ohne Entschuldigung weder in Person erscheinen, noch durch einen Bevollmächtigten sich vertreten lassen, als der Abmarkung zustimmend gelten.

Art. 22. Kommen Grundeigenthümer der ihnen obliegenden Verpflichtung zur Errichtung oder Wiederherstellung von Grenzzeichen binnen der ihnen vorgesetzten angemessenen Frist nicht nach, so ist die Gemeindebehörde, bei ausmärkischen Bezirken die Distriktsverwaltungsbehörde, befugt, dieses auf Kosten der Pflichtigen durch die zur Abmarkung zuständige Behörde oder Person bewirken zu lassen.

Gebühren und Kosten.

Art. 23. Das Verfahren bei den Gemeindebehörden und in der ersten Instanz ist gebührenfrei.

Art. 24. Die Feldgeschworenen beziehen für ihre Dienstesverrichtungen Gebühren nach Maßgabe einer Gebührenordnung, welche durch die Distriktsverwaltungsbehörde nach Einvernahme des Distriktsrathes festzusetzen ist.

Art. 25. Die Kosten für die Betheiligung der staatlichen Geometer an dem Abmarkungsgeschäfte werden auf die Staatskasse übernommen.

Die sonstigen Kosten der Abmarkung und Abmarkungsergänzung sind, insoweit die Betheiligten nichts Anderes vereinbaren, zu gleichen Theilen von den Grundeigenthümern zu tragen, die an der Feststellung des oder der Grenzzeichen ein Interesse haben.

Die Kosten der Abmarkung und Abmarkungsergänzung bei Eisenbahnen fallen dem Unternehmer, bei Staatsstraßen und öffentlichen Kanälen dem Staate, bei Distriktsstraßen dem Distrikte und bei Gemeindeverbindungswegen der Gemeinde zur Last.

Die Kosten der Abmarkung und Abmarkungsergänzung sind eine öffentliche Last der betheiligten Grundstücke.

Die Kosten, welche durch einen abgewiesenen Antrag auf Abmarkung oder durch unbegründete Einwendungen veranlaßt worden sind, können den mit dem Antrage oder der Einwendung Abgewiesenen überbürdet werden.

Die Einziehung der Kosten erfolgt durch die Gemeindebehörde nach den Bestimmungen über die Erhebung und zwangsweise Beitreibung der Gemeindeumlagen.

Art. 26. Aus Staatszuschüssen, deren Höhe jeweils das Budget bestimmt, wird ein Fond — Abmarkungsfond — gebildet, aus welchem vorschußweise die den Betheiligten zur Last fallenden Kosten für die Grenzsteine bei Abmarkungen nach Art. 1 Abs. 1 Ziff. 1, 5 bestritten werden.

Die Rückzahlung dieser Vorschüsse kann unter Berücksichtigung der wirthschaftlichen Lage der betheiligten Grundeigenthümer und des Umfanges der Abmarkung theilweise, höchstens bis zur Hälfte des Gesammtbetrages, nachgelassen werden.

Die zurückzuzahlenden Vorschüsse sind in der Regel in drei gleichen Jahresraten zu erstatten.

Art. 27. Die Gemeinden sind verpflichtet, für die Abmarkungen, welche innerhalb ihrer Bezirke vorzunehmen sind, auf Verlangen der zur Abmarkung zuständigen Behörde oder Person eine angemessene Anzahl von Grenzsteinen und -Pflöcken bereit zu stellen und entweder unentgeltlich oder zum Selbstkostenpreise an die betheiligten Grundeigenthümer abzugeben.

Strafbestimmungen.

Art. 28. Mit Geld bis zu 150 ℳ oder mit Haft wird, soferne nicht nach den bestehenden gesetzlichen Bestimmungen eine höhere Strafe verwirkt ist, bestraft:

1. wer unbefugt ein Abmarkungsgeschäft (Art. 9) vornimmt,
2. wer unbefugt Grenzzeichen, Aussteckungspfähle und andere Merkmale, welche zum Zwecke der Abmarkung von den zuständigen Behörden oder Personen angebracht worden sind, wegnimmt, vernichtet, unkenntlich macht, beschädigt oder verrückt.

Art. 29. Mit Geld bis zu 30 ℳ wird bestraft, wer eine der im Art. 3 vorgeschriebenen Anzeigen unterläßt.

Schlußbestimmungen.

Art. 30. Soweit der Eigenthümer eines Grundstückes nach § 919 des Bürgerlichen Gesetzbuches von dem Eigenthümer eines Nachbargrundstückes die Abmarkung verlangen kann, finden bezüglich der Art der Abmarkung und des Verfahrens die Bestimmungen der Art. 2, 4 bis 10, 13, 15 bis 24, Art. 25 Abs. 1, 4, 6 und Art. 27 dieses Gesetzes Anwendung.

Die in Art. 42 Abs. 2 des Gesetzes, die Flurbereinigung betreffend, in der Fassung der Bekanntmachung vom 30. Juli 1899 vorgeschriebene Abmarkung der neuen Grenzen hat durch den von der Flurbereinigungskommission hiezu bestimmten Geometer zu erfolgen. Die Bestimmungen der Art. 2, 4 Abs. 5, Art. 17 bis 27 dieses Gesetzes finden auf diese Abmarkungen Anwendung.

Art. 31. Die zum Vollzuge dieses Gesetzes erforderlichen Vorschriften werden von den k. Staatsministerien des Innern, der Justiz und der Finanzen erlassen.[1])

Art. 32. Gegenwärtiges Gesetz tritt mit dem 1. Januar 1901 in Kraft.

Von demselben Tage an treten außer Wirksamkeit:

1. das Gesetz, die Vermarkung der Grundstücke betreffend, vom 16. Mai 1868 mit Art. 156 des Ausführungsgesetzes zum Bürgerlichen Gesetzbuche,
2. der Art. 92 Abs. 3 und der Art. 138 Abs. 6 des Gesetzes vom 29. April 1869, die Gemeindeordnung für die Landestheile diesseits des Rheins betreffend, sowie der Art. 71, Abs. 6 des Gesetzes vom 29. April 1869, die Gemeindeordnung für die Pfalz betreffend, und
3. der Art. 8 Ziff. 16 des Gesetzes vom 8. August 1878, die Errichtung eines Verwaltungsgerichtshofes und das Verfahren in Verwaltungsrechtssachen betreffend.

2. Advokatengebührenordnung.

Allerhöchste Verordnung vom 26. März 1902, die Gebühren der Rechtsanwälte in den Angelegenheiten der Verwaltung und der Verwaltungsrechtspflege betr.[2])

(Ges.- u. V.-Bl. 1902 S 144.)

Luitpold, von Gottes Gnaden K. Prinz von Bayern, Regent rc. (auf Grund der Bestimmungen des Artikel 5 des Gesetzes über das Gebührenwesen).

Art. 1. Der Rechtsanwalt erhält für die Thätigkeit, die er zu seiner Information entwickelt, einschließlich der zu diesem Zwecke vorgenommenen Besprechungen und der Einsicht von Akten eine Gebühr von zwei bis vierzig Mark (Informationsgebühr).

Die Gebühr kann in einer Instanz nur einmal beansprucht werden.

Vertritt der Rechtsanwalt den Auftraggeber in mehreren Instanzen, so erhält er die Gebühr in der höheren Instanz nur dann, wenn er in dieser zu seiner Information eine weitere Thätigkeit entwickelt hat.

[1]) Min.-Bek v. 21 Dezbr 1900 (Amtsbl. d k. Staatsm d. Innern 1900 S. 771.).

[2]) Die Advokatengebührenordnung vom 15. Dezbr. 1852 (Buchert, „Verwaltungsgesetze" S. 1013) ist hiemit auch für Verwaltungs- u. Verwaltungsrechtssachen außer Wirksamkeit getreten

Die Gebühr kann nicht gefordert werden, wenn die Thätigkeit des Rechtsanwalts der Einleitung eines Prozesses vorausgeht und dem Rechtsanwalte die Prozeßgebühr oder eine Gebühr nach § 44 der Reichsgebührenordnung für Rechtsanwälte zusteht.

Art. 2. Der Rechtsanwalt erhält für die Ertheilung eines Rathes eine Gebühr von einer Mark bis zwanzig Mark.

Hat der Rechtsanwalt im Anschluß an die Ertheilung des Rathes eines der in den Artikeln 3 bis 7 bezeichneten Geschäfte vorzunehmen, für das nach diesen Artikeln oder nach Artikel 8 eine besondere Gebühr anzusetzen ist, so erhält er für den Rath und für das Geschäft nur eine einzige Gebühr, die innerhalb des weitesten in Betracht kommenden Spielraums zu bemessen ist.

Art. 3. Der Rechtsanwalt erhält für Anträge, Erklärungen und Beschwerden bei Behörden eine Gebühr von drei Mark bis vierzig Mark.

Für bloße Benachrichtigungen, Beschleunigungsgesuche, kurze Anzeigen, Gesuche um Abschriften oder Ausfertigungen und für ähnliche Schreiben erhält er nur Schreibgebühren.

Art. 4. Der Rechtsanwalt erhält für Abfassung eines Schreibens an eine andere Privatperson als den Auftraggeber eine Gebühr von zwei Mark bis zwanzig Mark, wenn es rechtliche Ausführungen oder sachliche Auseinandersetzungen enthält.

Auf ein Schreiben an den Auftraggeber, das einen von diesem erbetenen Rath enthält, findet die Bestimmung des Art. 2 Abs. 1 Anwendung.

Für die Ausarbeitung eines Gutachtens mit juristischer Begründung erhält der Rechtsanwalt eine angemessene Vergütung.

Für andere Schreiben erhält der Rechtsanwalt nur Schreibgebühren.

Art. 5. Für die Wahrnehmung eines Termins vor einer Behörde erhält der Rechtsanwalt eine Gebühr von fünf Mark bis fünfzig Mark (Terminsgebühr).

Die Gebühr für die mündliche Verhandlung vor dem Verwaltungsgerichtshofe beträgt mindestens zehn Mark.

Für die Wahrnehmung eines Termins, der nur zur Uebernahme oder zur Ablieferung von Geldern oder Werthpapieren bestimmt ist, erhält der Rechtsanwalt eine Terminsgebühr nur dann, wenn die Uebernahme oder die Ablieferung in dem Termine nicht stattfindet.

Art. 6. Für die Mitwirkung bei dem Abschluß eines Vergleichs erhält der Rechtsanwalt eine Gebühr von fünf Mark bis fünfzig Mark.

Wird der Vergleich vor einer Behörde abgeschlossen, so erhält der Rechtsanwalt für die Wahrnehmung des Termins und für die Mitwirkung beim Abschlusse des Vergleichs nur eine einzige Gebühr, die zwischen fünf Mark und fünfzig Mark zu bemessen ist.

Art. 7. Für das Entwerfen der Urkunde über ein Rechtsgeschäft erhält der Rechtsanwalt eine Gebühr von fünf Mark bis fünfzig Mark.

Art. 8. Hat der Rechtsanwalt eines der in den Artikeln 2 bis 7 genannten Geschäfte vorbereitet oder begonnen, erledigt sich aber der Auftrag vor der vollständigen Ausführung, so erhält der Rechtsanwalt eine unter entsprechender Anwendung der Bestimmungen dieser Artikel zu bemessende Gebühr.

Art. 9. Eine Gebühr kann nicht beansprucht werden für die mit der Erledigung eines Geschäfts verbundenen Nebengeschäfte und für die zur Vorbereitung eines Geschäfts erforderliche Thätigkeit, soweit nicht eine Gebühr hiefür besonders bestimmt ist. Insbesondere kann hienach eine Gebühr nicht beansprucht werden für das Entwerfen einer dem Rechtsanwalt oder von dem Rechtsanwalte zu ertheilenden Vollmacht, für das Entgegennehmen von Zustellungen sowie für Vermerke zu den Handakten des Rechtsanwalts, wenn sie nur den Zweck haben, Aufschluß über seine Thätigkeit und über den Stand der Sache zu geben.

Art. 10. Soweit diese Verordnung einen Spielraum gewährt, sind bei der Ausmessung der Gebühr die besonderen Umstände des einzelnen Falles, insbesondere der Umfang und die Schwierigkeit der Sache, die von dem Rechtsanwalt entwickelte Thätigkeit, die Bedeutung der Sache für den Auftraggeber und die Leistungsfähigkeit des Pflichtigen zu berücksichtigen.

Art. 11. In Sachen von besonderer Wichtigkeit oder Schwierigkeit kann eine das höchste Maß überschreitende Gebühr bewilligt werden.

Art. 12. Für Geschäfte am Wohnorte stehen dem Rechtsanwalte weder Tagegelder noch Fuhrkosten zu. Dasselbe gilt von Geschäften an Orten, die weniger als zwei Kilometer von dem Wohnort entfernt sind. War der Rechtsanwalt durch außergewöhnliche Umstände genöthigt, sich eines Fuhrwerks zu bedienen, oder waren sonstige nothwendige Unkosten wie Brücken- oder Fährgeld aufzuwenden, so sind die Auslagen zu erstatten.

Bei der Vornahme eines Geschäfts an einem Orte, der außerhalb des Wohnorts gelegen und von diesem nicht weniger als zwei Kilometer entfernt ist, erhält der Rechtsanwalt neben der Gebühr für das Geschäft noch ein Tagegeld von zwanzig Mark für den ganzen und von zehn Mark für den halben Tag. Für Uebernachten gebührt dem Rechtsanwalt außer dem Tagegeld eine Entschädigung von sechs Mark.

Das Tagegeld kann für die außerhalb des Wohnorts wegen des vorzunehmenden Geschäfts zugebrachte Zeit, nach Kalendertagen berechnet, beansprucht werden. Eine Abwesenheit von mehr als sechs Stunden gilt für einen ganzen Tag.

Außer dem Tagegeld und der Entschädigung für Uebernachten erhält der Rechtsanwalt noch Ersatz der Reisekosten.

Bei allen Reisen, die ohne Nachtheil für den Reisezweck durch Benützung von Eisenbahnen oder Dampfschiffen zurückgelegt werden können, hat der Rechtsanwalt nur auf Vergütung der Kosten dieser Beförderungsgelegenheit Anspruch. Auf Eisenbahnen gebührt ihm ein Platz in der zweiten, auf Dampfschiffen in der ersten Klasse. Bei der Benützung dieser Beförderungsgelegenheit gebührt dem Rechtsanwalte noch die Vergütung der auf die Fahrt oder den Gepäcktransport zu und von den Bahnhöfen und den Landungsplätzen bestrittenen Auslagen nach dem ortsüblichen Satze.

Soweit die Benützung der Eisenbahn oder des Dampfschiffs nicht möglich oder nicht thunlich ist, kann der Rechtsanwalt sich eines besonderen Gefährts bedienen. Bei Benützung eines solchen gebührt ihm der ortsübliche Preis und zwar auch dann, wenn er sein eigenes Fuhrwerk benützt.

Legt der Rechtsanwalt bei einer Dienstreise den Weg zu Fuß oder unter Benützung des Fahrrads zurück, so hat er Anspruch auf eine Reisekostenvergütung von 0,20 ℳ für jeden vollen Kilometer des Hin- und Rückwegs. Bruchtheile von Kilometern kommen nicht in Betracht. Würden die Kosten bei Benützung von Eisenbahn, Dampfschiff oder Gefährt geringer sein, so kann die Reisekostenvergütung nur in dem geringeren Betrage beansprucht werden.

Nimmt der Rechtsanwalt auf der nämlichen Reise mehrere Geschäfte vor, so darf er die Reiseentschädigung nur einmal ansetzen; er hat dieselbe auf die verschiedenen Geschäfte in angemessener Weise zu vertheilen.

Art. 13. Im Uebrigen finden die Vorschriften der §§ 2 bis 8, 76, 77, 84 bis 87, 93, 94 der Reichsgebührenordnung[1]) für Rechtsanwälte, soweit nicht ein anderes bestimmt ist, entsprechende Anwendung.

Art. 14. In den anhängigen oder anhängig gewesenen Angelegenheiten, in denen eine Distriktsverwaltungsbehörde, eine der Distriktsverwaltungsbehörde gleich zu achtende oder eine ihr untergeordnete Behörde, eine Kreisregierung oder eine ihr gleich zu achtende Stelle, eine Militärbehörde, die Flurbereinigungskommission, die Oberberufungskommission in Steuersachen, der Verwaltungsgerichtshof oder ein Ministerium zur Entscheidung zuständig ist und der Rechtsanwalt bei einer Behörde thätig gewesen ist, können der Rechtsanwalt und der Auftraggeber die Festsetzung des Betrags der Gebühren und Auslagen verlangen, die der Rechtsanwalt von seinem Auftraggeber für die Thätigkeit in der Instanz zu beanspruchen hat, in der er bei einer Behörde thätig gewesen ist.

Art. 15. Die Festsetzung erfolgt in jeder Instanz durch die in der Angelegenheit selbst zuständige Behörde nach den für das Verfahren in der Angelegenheit selbst maßgebenden Vorschriften; die Festsetzung der bei dem Kompetenzsenate des Verwaltungsgerichtshofs erwachsenen Gebühren und Auslagen erfolgt durch den Verwaltungsgerichtshof. Die Entscheidung ist dem Rechtsanwalt und dem Auftraggeber von Amtswegen zuzustellen.

Die Festsetzung kann, wenn der Antrag nur von dem Rechtsanwalt oder nur von dem Auftraggeber gestellt ist, zunächst unter ausdrücklichem Vorbehalte des Erinnerungsrechts der Betheiligten erfolgen. Diese vorläufige Feststellung kann auch dann, wenn in streitigen Fällen öffentliche mündliche Verhandlung geboten ist, in geheimer Sitzung stattfinden.

Art. 16. Erinnerungen gegen die vorläufige Festsetzung sind binnen einer Frist von zwei Wochen geltend zu machen; die Frist beginnt mit dem Zeitpunkt, in dem die Entscheidung dem Betheiligten zugestellt worden ist.

---

[1]) Reichsges.-Bl. v. J. 1898 S. 659.

Gegen die über die Erinnerungen ergehende Entscheidung und gegen die ohne Vorbehalt des Erinnerungsrechts erfolgende Festsetzung steht dem Rechtsanwalt und dem Auftraggeber das gleiche Rechtsmittel zu, das in der Angelegenheit selbst einem Betheiligten zusteht; in Rayon-Angelegenheiten ist gegen die Entscheidung oder Festsetzung der Festungskommandantur Rekurs an das vorgesetzte Generalkommando zulässig. Ist das Rechtsmittel gegen eine Entscheidung in der Angelegenheit selbst an eine Frist nicht gebunden, so ist es in dem Verfahren der Festsetzung binnen einer Frist von zwei Wochen einzulegen; die Frist beginnt mit dem Zeitpunkt, in dem die Entscheidung der Partei, die das Rechtsmittel einlegt, zugestellt worden ist. Eine Anfechtung der über das Rechtsmittel ergehenden Entscheidung findet nicht statt.

Die Geltendmachung der Erinnerungen und die Einlegung der Rechtsmittel muß schriftlich oder zu Protokoll erfolgen.

Art. 17. Die Festsetzung erfolgt in erster Instanz gebührenfrei. Der Rechtsanwalt kann für den Antrag auf Festsetzung eine Gebühr nicht beanspruchen.

Art. 18. Ist die Festsetzung nach den Artikeln 14 bis 16 erfolgt, so kann der Rechtsanwalt Gebühren oder Auslagen von seinem Auftraggeber nur nach Maßgabe dieser Festsetzung beanspruchen, es sei denn, daß der Betrag der Vergütung durch Vertrag bestimmt ist. Der Umstand, daß die Festsetzung durch eine unzuständige Behörde erfolgt ist, ist ohne Einfluß auf ihre Giltigkeit.

Art. 19. Der Rechtsanwalt darf den Anspruch auf Gebühren und Auslagen gegen den Auftraggeber, wenn eine Festsetzung nach den Artikeln 14 bis 16 zulässig ist, erst nach der Festsetzung bei Gericht geltend machen, es sei denn, daß der Betrag der Vergütung durch Vertrag bestimmt ist.

Art. 20. An Stelle der Vorschriften der Artikel 1 bis 11 dieser Verordnung findet die Reichsgebührenordnung für Rechtsanwälte entsprechende Anwendung auf die Berufsthätigkeit des Rechtsanwalts

1. im Strafverfahren im Verwaltungsweg und
2. im Dienststrafverfahren.

Das Strafverfahren im Verwaltungswege steht dem Vorverfahren in den zur Zuständigkeit des Schöffengerichts gehörenden Sachen gleich, wenn die Sache, falls sie bei Gericht anhängig wäre, zur Zuständigkeit des Schöffengerichts gehören würde, dem Vorverfahren in den zur Zuständigkeit der Strafkammer gehörenden Sachen, wenn die Sache, falls sie bei Gericht anhängig wäre, zur Zuständigkeit der Strafkammer gehören würde.

Das Dienststrafverfahren, in dem eine Hauptverhandlung nicht stattfindet, steht dem Vorverfahren gleich. Das Dienststrafverfahren erster Instanz steht, wenn die Entscheidung von einer Behörde oder einem Beamten erlassen wird, die einer Distriktsverwaltungsbehörde untergeordnet sind, dem Verfahren vor dem Schöffengericht, in allen übrigen Fällen dem Verfahren vor der Strafkammer gleich.

In der Beschwerde- (Rekurs-, Reklamations-) Instanz im Strafverfahren im Verwaltungsweg und in der Beschwerde- (Rekurs-) Instanz im Dienststrafverfahren, in dem eine Hauptverhandlung in erster Instanz nicht stattfindet, kommen, wenn das Verfahren in erster Instanz dem Verfahren vor dem Schöffengerichte gleichsteht, insbesondere die § 63 Nr. 1, § 68 Nr. 1 der Reichsgebührenordnung für Rechtsanwälte und wenn das Verfahren in erster Instanz dem Verfahren vor der Strafkammer gleichsteht, insbesondere die § 63 Nr. 2, § 68 Nr. 2 dieser Gebührenordnung zur Anwendung.

Art. 21. Die Artikel 14 bis 19 finden auf die im Artikel 20 genannten Angelegenheiten keine Anwendung.

Art. 22. Ist für das dem Rechtsanwalt übertragene Geschäft eine Gebühr nicht bestimmt, so erhält er eine unter entsprechender Anwendung der Vorschriften dieser Verordnung zu bemessende Gebühr.

Art. 23. Die Berufsthätigkeit des Rechtsanwalts, die sich auf ein Gesuch um Abhülfe nach Artikel 2 des Gesetzes zur Ausführung der Reichs-Civilprozeßordnung und Konkursordnung[1]) bezieht, wird nach den Bestimmungen dieser Verordnung vergütet.

Art. 24. Diese Verordnung tritt am 1. April 1902 in Kraft.

Die Vergütung für die Berufsthätigkeit des Rechtsanwalts zur Erledigung von Aufträgen, die vor diesem Zeitpunkt ertheilt sind, bestimmt sich nach den bisherigen Vorschriften.

Art. 25. Die Ministerien sind beauftragt, die erforderlichen Ausführungsbestimmungen[2]) zu erlassen und nach Ablauf von drei Jahren über die Wirkung dieser Verordnung und darüber zu berichten, ob nach den gemachten Erfahrungen eine Aenderung dieser Verordnung angezeigt erscheint. Bis zu dieser Zeit sind die Ministerien ermächtigt, im Falle des Bedürfnisses einzelne Aenderungen und Ergänzungen vorzunehmen.

---

[1]) Ges.- u. V.-Bl. vom J. 1899 S. 402.
[2]) s. Min.-Bek. v. 27. März 1902 (Justizmin.-Bl. 1902 S. 498 ff.)

3. Armengesetz-Abänderung.

Königliche Deklaration vom 10. Mai 1902, die Abänderung des Gesetzes über die öffentliche Armen- und Krankenpflege betr.

(Ges.- u. V.-Bl. 1902 S. 185.)

Luitpold, von Gottes Gnaden K. Prinz von Bayern, Regent.

Wir haben nach Vernehmung des Staatsrathes, der an Uns gebrachten Bitte beider Kammern des Landtags entsprechend, in Abänderung des Gesetzes, die öffentliche Armen- und Krankenpflege betreffend, in der Fassung der Bekanntmachung vom 30. Juli 1899 (Gesetz- und Verordnungs-Blatt Seite 469)[1]) beschlossen und verordnen mit Gesetzeskraft, was folgt:[2])

a. Art. 38 Abs. 5 erhält folgenden Wortlaut:

Der Aufwand, welcher den Distriktsgemeinden für die Unterstützung der mit Armenlasten überbürdeten Gemeinden des Distriktes jährlich erwächst, ist von der Kreisgemeinde den Distriktsgemeinden zur Hälfte und, soweit es sich bei diesem Aufwande um Kosten für die Unterbringung von Geisteskranken und Blöden in Irren- und Blöden-Anstalten handelt, zu drei Viertheilen aus Kreismitteln zu ersetzen.

b. Dem Art. 41 wird folgender Abs. 4 beigefügt:

Ist eine der Kreisregierung unmittelbar untergeordnete Gemeinde im Sinne des Art. 38 Abs. 2 mit Armenlasten überbürdet, so sind derselben bis zu drei Viertheilen die Kosten für die Unterbringung von Geisteskranken und Blöden in Irren- und Blöden-Anstalten von der Kreisgemeinde aus Kreismitteln zu ersetzen. Jene Gemeinden, welche einen Ersatz aus Kreismitteln beanspruchen, haben diesen Anspruch jährlich bei der Kreisregierung, Kammer des Innern, schriftlich anzumelden. Letztere entscheidet nach Einvernahme des ständigen Landrathsausschusses darüber, ob die Gemeinde als mit Armenlasten überbürdet zu erachten und in welchem Umfange derselben die bezeichneten Kosten aus Kreismitteln zu ersetzen seien. Der Bescheid ist der Gemeinde schriftlich zuzustellen. Gegen denselben steht der Gemeinde binnen vierzehn Tagen nach der Zustellung die Berufung an das K. Staatsministerium des Innern zu.

---

[1]) s. Buchert „Armengesetz".

[2]) s. hiezu Min.-Bek. v. 8. Juni 1902, Vollzug obiger k. Deklar. betr. (Amtsbl. d. k. Staatsm. d. Innern 1902 S. 233).

4. Bauordnung.

Allerhöchste Verordnung vom 17. Februar 1901, die Bauordnung betr.

(Ges.= u. V.=Bl. 1901 S. 87)

Luitpold, von Gottes Gnaden K. Prinz von Bayern, Regent.

Zum Zwecke der einheitlichen Gestaltung der baupolizeilichen Vorschriften für die Landestheile rechts des Rheins und die Pfalz finden Wir Uns bewogen, im Hinblicke auf § 367 Ziff. 15 und § 368 Ziff. 3 und 8 des Strafgesetzbuches für das Deutsche Reich auf Grund des Art. 2 Ziff. 11 und 14, des Art. 73 Abs. I und des Art. 101 des Polizeistrafgesetzbuches für Bayern vom 26. Dezember 1871 in der Fassung des Gesetzes vom 22. Juni 1900 (Gesetz= und Verordnungsblatt S. 484), dann auf Grund des § 4 des letzteren Gesetzes für den Umfang des Königreiches mit Ausnahme der Haupt= und Residenzstadt München zu verordnen, was folgt:

I. Baulinien und Höhenlage (Niveau), Pläne hierüber und Bauplätze.

§ 1. Wer an bestehenden oder neu anzulegenden öffentlichen Plätzen, Straßen oder Wegen in Städten, Märkten oder zusammenhängend gebauten Dörfern, dann an einer Staats= oder Distriktsstraße oder an einem Gemeindeverbindungswege ein Gebäude oder eine sonstige bauliche Anlage der in § 8 bezeichneten Art neu aufführen, oder an der Umfassung bestehender Gebäude und baulicher Anlagen der vorbezeichneten Art gegen die Straßenseite eine Hauptreparatur oder Hauptänderung vornehmen will, hat die Baulinie einzuhalten. Als „öffentliche" Plätze, Straßen oder Wege im vorstehenden Sinne gelten jene, welche dem allgemeinen Verkehre dienen oder zu dienen bestimmt sind.

Von Einhaltung der Baulinie kann bei Hauptreparaturen oder Hauptänderungen, welche sich nicht auf die ganze Umfassung gegen die Straßenseite erstrecken, Umgang genommen werden, wenn das Fundament der Umfassung noch tragfähig ist, und nicht die ganze Umfassung der betreffenden Gebäudeseite nach ihrer baulichen Beschaffenheit derselben Hauptreparatur oder Hauptänderung bedarf.

Wenn eine Baulinie noch nicht gegeben ist, oder wenn von der bereits gegebenen abgewichen werden soll, so hat vor Allem die Festsetzung der Baulinie zu erfolgen und darf vorher eine Bauführung im Sinne des Abs. 1 nicht vorgenommen werden.

Von der Festsetzung von Baulinien kann Umgang genommen werden bei Aufführung neuer Gebäude oder sonstiger baulicher Anlagen an einer Staats= oder Distriktsstraße oder an einem Gemeindeverbindungswege außerhalb der Städte, Märkte und zusammenhängend gebauten Dörfer, wenn die Festsetzung weder von den betheiligten Privaten angestrebt wird, noch im öffentlichen Interesse geboten erscheint.

In den Fällen des Abs. 4 müssen die Gebäude in der Regel parallel mit den Richtungslinien der betreffenden Straßen oder Wege aufgeführt und stets soweit von den letzteren abgerückt werden, als es im einzelnen Falle die Rücksicht auf die Straße und den Verkehr erfordert. Die Bestimmung des hienach einzuhaltenden Abstandes obliegt der Baupolizeibehörde; dieselbe kann nach Bedürfniß Abweichungen von den Richtungslinien der Straßen oder Wege bewilligen und wird hiebei auch auf bestehende Gebäude Rücksicht nehmen.

§ 2. Bei der Bestimmung der Baulinie muß auch Rücksicht auf die Höhenlage (Niveau) genommen und dieselbe, soferne von der Baupolizeibehörde ein Bedürfniß hiefür anerkannt wird, festgestellt werden; hiebei ist mit besonderer Bedachtnahme auf Schutz gegen Ueberschwemmungen, auf den als höchsten bekannten Grundwasserstand, auf möglichst geringe Steigungen und zweckmäßigste Entwässerungsanlage (Entwässerung der Gebäude und des sie umgebenden Bodens mit Rücksicht auf die Möglichkeit rascher Abführung in Gossen, Abzugskanälen oder Sielen) zu verfahren.

Bei der Bedachtnahme auf die Entwässerungsanlage ist zugleich auf möglichst erleichterten Anschluß der einzelnen Grundstücke an dieselbe Rücksicht zu nehmen.

§ 3. Bei der Festsetzung neuer und der Abänderung bestehender Baulinien und Höhenlagen muß auf Sicherheit und Bequemlichkeit des Verkehrs, sohin auf entsprechende Breite und thunlichste Geradeleitung der Straßen und Wege, auf einen geregelten Wasserablauf, dann auf eine gute Verbindung der neuen Bauanlagen mit schon bestehenden und soweit möglich auf eine geradlinige Abtheilung der einzelnen Bauplätze, sowie darauf gesehen werden, daß die neuen Gebäude und baulichen Anlagen überhaupt soweit thunlich rechtwinkelig zur Baulinie zu stehen kommen.

§ 4. Behufs der Festsetzung neuer und der Abänderung bestehender Baulinien und Höhenlagen sind Pläne vorzulegen, welche in den einer Kreisregierung unmittelbar untergeordneten Städten nach dem Maßstabe von 1 : 1000, in den übrigen Städten, dann in Märkten und auf dem Lande im Maßstabe von 1 : 2500 in doppelter Fertigung herzustellen sind; die Steuerkatasterblätter können, wo sie diesen Maßstäben entsprechen, hiezu gleichfalls angewendet werden.

Die Baulinienpläne haben die betreffende Grundfläche mit den Grenzen der Grundstücke und den Namen ihrer Eigenthümer, die auf derselben befindlichen Bauwerke, Wege und Wasserläufe, sowie die beantragten Bau- und etwaigen Vorgartenlinien zu enthalten.

Die Höhenlagepläne sollen die Höhenlage der Grundfläche in Beziehung zu den nächstgelegenen, genau zu bezeichnenden Fixpunkten sowohl für die Mitte der Straße als auch für die beiderseitigen Trottoire, sowie die Kanäle und Wasserabzugsrinnen darstellen.

§ 5. Alle Bauplätze, welche zur Aufführung neuer Wohngebäude bestimmt sind, müssen den Anforderungen der öffentlichen Gesundheitspflege entsprechen oder entsprechend gemacht werden.

Die Landesgrenze darf bei Herstellung von neuen Gebäuden oder Anbauten nicht überbaut werden.

II. Baugenehmigung und Baupläne.

§ 6. Baupolizeiliche Genehmigung ist zu erholen:

zur Herstellung von neuen Haupt- und Nebengebäuden, zur Verlegung von solchen an einen anderen Ort, sowie zur Vornahme einer Hauptreparatur oder Hauptänderung an denselben.

Baupolizeiliche Genehmigung ist nicht erforderlich:

a) in Städten für die Herstellung von Kegelstätten und Sommerhäuschen ohne Feuerungsanlagen, von offenen Schutzdächern, unheizbaren Federviehställen, Taubenschlägen und dergleichen geringfügigen Bauwerken für wirthschaftliche Zwecke;

b) in Märkten und auf dem Lande außerdem:

1. für offene oder nur mit Latten und dergleichen geschlossene Schupfen, Holzhütten und Remisen, für gewöhnliche Schweineställe und für sonstige Bauten ohne Feuerungsanlagen mit nur Einem Geschoße und höchstens 70 qm Grundfläche, soferne solche Bauten nicht zur Lagerung besonders feuergefährlicher Materialien, wie Pech, Petroleum, Spiritus und dergleichen bestimmt sind, dann mit Ausnahme der Feldkapellen;
2. für Ziegeltrockenstädel und Getreide- und Heuschupfen außerhalb der Ortschaften, für Alpen-, Jagd- und Waldhütten.

§ 7. Als Hauptreparaturen oder Hauptänderungen an Bauten sind zu betrachten:

1. die Veränderung der Höhe, Länge oder Breite eines Gebäudes;
2. die Schwächung, Versetzung, Beseitigung oder Erneuerung von Umfassungen, soferne die Aenderung auf eine ganze Gebäudeseite sich erstreckt oder von solcher Bedeutung ist, daß bei ordnungsmäßigem Verfahren besondere technische Vorsichtsmaßregeln hiezu erforderlich werden;
3. die Anlegung neuer und die Versetzung oder konstruktive Aenderung bestehender Feuerstätten oder Kamine, soweit es sich nicht lediglich um das Setzen von Oefen oder Herden zum häuslichen Gebrauch handelt;
4. in Städten und in Märkten mit geschlossener Bauweise die Erneuerung oder konstruktive Aenderung eines Dachstuhles, sowie die Wohnbarmachung von Räumen im Kellergeschoße oder im Dachraume.
5. die bauliche Aenderung der Façaden von Gebäuden an Straßen und öffentlichen Plätzen in Städten von mehr als 20000 Seelen und auch in anderen Orten, insoferne im Interesse der Verschönerung baupolizeiliche Vorschriften erlassen sind (Art. 101 Abs. III des Polizeistrafgesetzbuches).

§ 8. Durch ortspolizeiliche Vorschrift kann angeordnet werden, daß auch zur Herstellung oder wesentlichen Veränderung von Brunnenschachten,

Kellern, Haus- und Straßenkanälen, von Abtritten, Dung- und Versitzgruben, von Zäunen und Einfriedungen aus Mauer- oder geschlossenem Holzwerk oder Metall an öffentlichen Plätzen, Straßen oder Wegen, oder wo Baulinien in Frage kommen, dann in Städten zum Anbau von Balkonen, Altanen, Erkern, Gallerien und Gängen polizeiliche Genehmigung zu erwirken, oder daß der Ortspolizeibehörde zur Wahrung bestehender Vorschriften binnen bestimmter Frist vor dem Beginne der Ausführung dieser baulichen Anlagen Anzeige zu erstatten ist.

§ 9. Zur Erlangung der baupolizeilichen Genehmigung ist die Vorlage von Plänen nothwendig, welche zu enthalten haben:

a) bei Neubauten
 1. die Lage nach allen Seiten, soweit sie zur richtigen Erkennung und Bestimmung der Stellung des Baues erforderlich ist, mindestens in einem Umkreise von 25 m, mit Darstellung der in demselben befindlichen Gebäude, Straßen und Grundstücke und mit Angabe der betreffenden Eigenthümer;
 2. den Grundriß und Durchschnitt aller Stockwerke des Gebäudes von der Kellersohle bis zum Dachfirste, mit Angabe der Eintheilung der Räume, der wesentlichen Maße, der Feuerungseinrichtungen und des Bau- und Eindeckungsmaterials; bei außergewöhnlichen Konstruktionen entsprechende Detailzeichnungen;
 3. die Façade des Baues von der Straßenseite aus und bei offener Bauweise auch die Seitenfaçaden;

b) bei Hauptreparaturen oder Hauptänderungen an bestehenden Gebäuden die Zeichnungen des betreffenden Baubestandtheiles, wie derselbe zur Zeit ist und wie er werden soll, sowie diejenigen der vorbezeichneten Vorlagen, welche zur Beurtheilung des Unternehmens nothwendig sind.

Bei diesen Plänen sind folgende Maße einzuhalten:

bei den Lageplänen	1 : 1000,
bei den Grundriß-, Durchschnitts- und Façadeplänen	1 : 100,
bei den Detailplänen nicht kleiner als	1 : 50.

§ 10. Bei Bauführungen auf Kosten der Civilliste, des Staatsärars ꝛc., welche nach den deßfalls bestehenden besonderen Vorschriften einer höheren technischen Prüfung unterliegen, sind der Baupolizeibehörde die Entwürfe zur Erinnerung in Bezug auf Baulinien, Höhenlage und sonstige bau- und gesundheitspolizeiliche Verhältnisse mitzutheilen.

§ 11. Die Verpflichtung zur Einhaltung des offenen (Pavillon-) Bausystems bemißt sich nach den auf Grund der Verordnung vom 16. Mai 1876 (Gesetz- und Verordnungsblatt S. 347) erlassenen oder künftig ergehenden Vorschriften. Die Bestimmungen der genannten Verordnung treten auch für die Pfalz in Kraft.

III. Vorschriften für die Bauführung.

1. Allgemeine Vorschriften.

§ 12. Sämmtliche Bauarbeiten bei Bauführungen jeder Art, insbesondere auch an Gerüsten und anderen provisorischen Bauvorrichtungen müssen fest und sicher und den Rücksichten auf Leben und Gesundheit entsprechend nach Maßgabe des genehmigten Planes und der etwaigen besonderen Anordnungen und unter Einhaltung sämmtlicher baupolizeilicher Vorschriften ausgeführt werden.

Die in den bestehenden Verordnungen oder ortspolizeilichen Vorschriften begründeten baupolizeilichen Anordnungen müssen auch bei solchen Bauten eingehalten werden, zu deren Herstellung, Reparatur oder Abänderung eine polizeiliche Genehmigung oder eine vorgängige Anzeige nicht erforderlich ist.

2. Baumaterial.

§ 13. Die Wahl des Baumaterials ist dem Bauherrn anheimgegeben; das gewählte Material muß jedoch diejenigen Dimensionen und jene Beschaffenheit haben, welche eine feste und feuersichere, sowie den gesundheitspolizeilichen Anforderungen entsprechende Bauführung, insbesondere die Herstellung trockener Wände ermöglichen.

Solid hergestellte sogenannte Schwemmsteine sind den Ziegelsteinen gleich zu achten.

Welche weiteren Materialien und Konstruktionen, als den in nachstehenden Bestimmungen genannten gleichwerthig, zum Ersatz derselben verwendet werden dürfen, wird durch Ministerialvorschrift bestimmt.

3. Fundirung und Stärke der Mauern.

§ 14. Sämmtliche massive Mauern eines Gebäudes, diejenigen Hof- und sonstigen Schutz- und Einfriedungsmauern, welche den Boden um mehr als 2 m überragen, dann alle Stützmauern, Tragpfeiler und Säulen müssen auf festem natürlichen oder künstlich befestigtem Grunde unter Frosttiefe fundirt werden.

§ 15. Die Stärke der Umfassungs- und Tragmauern der Gebäude ist vorbehaltlich weitergehender, durch den Zweck oder die besondere Beschaffenheit eines Gebäudes gerechtfertigter Anforderungen nach folgenden Grundsätzen zu bemessen:

a) Die Umfassungsmauern mehrstöckiger Wohngebäude müssen im obersten Stockwerke bei Anwendung von Ziegel- oder Quadersteinen eine Stärke von mindestens 0,38 m ($1^1/_2$ Stein) erhalten; bei Anwendung von Bruchsteinen ist ein Mindestmaß von 0,45 m anzuwenden und auch dieses nur unter der Voraussetzung zulässig, daß dieselben lagerhaft sind und die Herstellung eines schichtenmäßigen Gemäuers in entsprechendem Verbande ermöglichen.

   Diese Vorschrift gilt auch für einstöckige Wohngebäude, deren Stockwerkshöhe 3,50 m und deren freitragende Balkenlänge 6 m überschreitet.

b) Für die Umfassungsmauern einstöckiger Wohngebäude, deren Stockwerkshöhe und freitragende Balkenlänge die vorbezeichneten Ausmaße nicht überschreitet, ist im ersten Stockwerke eine Mauerstärke von 0,25 m (1 Stein) bei Anwendung von Ziegel- oder Quadersteinen zulässig; bei Verwendung von Bruchsteinen muß auch hier die geringste Stärke von 0,45 m eingehalten werden.

Die Erdgeschoßmauern solcher Wohngebäude müssen eine Stärke von 0,38 m bei Anwendung von Ziegel- oder Quadersteinen und eine solche von 0,52 m bei Verwendung von Bruchsteinen erhalten.

c) Bei Wohngebäuden, welche lediglich aus einem Erdgeschoß bestehen und welche weder die unter lit. a Abs. 2 bezeichneten Ausmaße überschreiten, noch eine außergewöhnlich große Belastung zu erhalten bestimmt sind, darf bei Verwendung von Ziegeln oder Quadern die Mauerstärke auf 0,25 m abgemindert werden; Bruchsteinmauern müssen auch in diesem Falle 0,45 m stark ausgeführt werden.

d) Auf Gebäude, welche Wohnzwecken nicht dienen, finden im Allgemeinen vorstehende Bestimmungen ebenfalls Anwendung; jedoch kann von der Baupolizeibehörde im einzelnen Falle unter Berücksichtigung der Höhe der Gebäude, des Baumaterials, der Verbindung, in welcher die Mauern zu einander stehen, der Bestimmung der Gebäude und der Konstruktion der Decken auch eine größere oder geringere Stärke der massiven Mauern festgesetzt werden.

e) Mittelmauern müssen, wenn sie durch Balkenlagen belastet sind, im obersten Stockwerke in einer Stärke von 0,25 m ausgeführt werden und nach unten von zwei zu zwei Stockwerken um 0,13 m (1/2 Stein) zunehmen; wenn dieselben durch Balkenlagen nicht belastet sind, oder bei ebenerdigen und einstöckigen Gebäuden die freitragende Balkenlage 5 m und die Zimmerhöhe 3 m nicht überschreitet, so genügt eine Stärke der Mittelmauern von 0,12 m.

f) Soll ein Gebäude zu ebener Erde massiv und in den oberen Stockwerken aus Riegelwerk ausgeführt werden, so haben die Umfassungsmauern bei Anwendung von Ziegeln oder Quadern

  α) wenn nur Ein Stockwerk aus Riegelwänden aufgesetzt wird, eine Stärke von mindestens 0,25 m,

  β) wenn mehrere Stockwerke aus Riegelwänden aufgesetzt werden, eine Stärke von mindestens 0,38 m zu erhalten.

Bei Anwendung von Bruchsteinen muß die Umfassungsmauer auch in dem Falle unter lit. α mindestens 0,45 m stark sein.

g) Die Stärke der Umfassungsmauern aller mehrstöckigen Wohngebäude muß von oben nach unten bei Anwendung von Ziegeln oder Quadern von zwei zu zwei Stockwerken um wenigstens 0,13 m (1/2 Stein) und bei Anwendung von Bruchsteinen von Stockwerk zu Stockwerk um wenigstens 0,07 m zunehmen.

h) Riegel oder Fachwerk muß in jedem Stockwerke wenigstens 0,12 m stark sein.

i) Stockwerksaufsetzungen auf bestehende Gebäude sind nur dann zuläßig, wenn die in Vorstehendem unter lit. a mit h festgesetzten geringsten Stärken ohne Anblendung von Steinen an die bestehenden Mauern noch eingehalten werden können.

Bei sämmtlichen vorstehend bestimmten Mauerstärken darf der Verputz nicht mitgerechnet werden.

Eine Abweichung von den Vorschriften über Verstärkung der Mauern von oben nach unten kann bei Stockwerksaufsetzungen, dann beim Wiederaufbau abgebrannter oder aus anderen Anlässen theilweise abgebrochener

Gebäude gestattet werden, wenn das in Verwendung kommende Baumaterial und die Beschaffenheit des bestehenden Gemäuers auch bei einer geringeren Stärke desselben vollständige Gewähr für die Festigkeit und Dauerhaftigkeit des Gesammtbaues bietet.

Bei Anwendung besonderer Konstruktionen und Materialien (Eisen, Beton) können ferner Abweichungen von den vorgeschriebenen Mauerstärken durch die Baupolizeibehörden bewilligt werden, wenn genügende Festigkeit und Tragfähigkeit nachgewiesen ist.

§ 16.

1. Brandmauern müssen in der Stärke der Umfassungsmauern aufgeführt, noch am Firste unter der Dachfläche bei Ziegeln und Quadern 0,25 m, bei Bruchsteinen aber mindestens 0,45 m stark gehalten werden und in diesen Dimensionen 0,30 m hoch über die Dachfläche reichen.
2. Zu ihrer Abdeckung darf nur feuersicheres Material mit Ausschluß aller Holztheile verwendet werden.
3. Wenn Blindfeldungen, Sitzbänke, Wandkästchen, Nischen, Kamine und dergleichen an den Brandmauern angebracht werden, so müssen letztere an den betr. Stellen immer noch wenigstens 0,25 m stark sein.
4. Oeffnungen in Brandmauern sind im Allgemeinen unzulässig.

   Die Baupolizeibehörde kann jedoch solche Oeffnungen im Erdgeschoße jener Gebäude gestatten, welche nicht zur Herstellung, Bearbeitung oder Lagerung größerer Mengen leicht entzündlichen oder schwer zu löschenden Materials (vergl. § 47) bestimmt sind.

   In den oberen Stockwerken dürfen Oeffnungen in den Brandmauern der vorbezeichneten Gebäude nur im Bedürfnißfalle gestattet werden.

   Die Oeffnungen dürfen im Lichten höchstens 2 qm Fläche erhalten und müssen im Erdgeschoße auf Einer, in den oberen Stockwerken auf jeder Seite der Brandmauer durch starke, fest versteifte, in allen Theilen eisernen Thüren, welche mindestens 6 cm breite Steinfälze überdecken, dicht verschließbar gemacht werden. Die Thürkegel müssen haltbar eingekittet sein; zu deren Befestigung darf leicht schmelzbares Material, wie Schwefel, Blei und dergleichen nicht verwendet werden.

   Bei Hauptreparaturen oder Hauptänderungen im Sinne des § 7 Ziff. 2 und 3 können solche Verschlüsse auch für bereits bestehende Oeffnungen in Brandmauern angeordnet werden.
5. Balken, Latten und sonstige Holztheile, deßgleichen eiserne Träger und Stützen, dürfen nicht durch eine Brandmauer hindurchgehen, auch in derselben mit den Enden sich nicht berühren, sondern müssen an letzteren, selbst am Dache noch, durch ein wenigstens 0,12 m starkes Mauerwerk verdeckt oder geschieden sein.
6. Gebäude oder Gebäudetheile, welche durch eine Brandmauer getrennt werden müssen, dürfen auch nicht an den Dach- oder Gesimsvorsprüngen, Dachrinnen und dergleichen mit einander in Verbindung stehen, sondern es ist die vorschriftsmäßige Trennung auch an den genannten Gebäudetheilen vollständig durchzuführen.

7. Wo Brandmauern vorgeschrieben sind, müssen dieselben stets in bauordnungsmäßigem Zustande unterhalten werden.

4. Feuerstätten und Kamine (Schornsteine).

§ 17.

1. Kamine sind aus gelegten Backsteinen auf feuerfester Unterlage mindestens 0,80 m über die Dachfläche zu mauern, im einzelnen Falle aber soweit über die Dachung hinauszuführen, als es die Baupolizeibehörde aus feuer- oder gesundheitspolizeilichen Rücksichten, sowie zur Fernehaltung erheblicher Belästigung der Nachbarschaft fordert; sie sind innen und außen auf die ganze Höhe zu verputzen, und feuersicher abzudecken; sie dürfen horizontal in einander nicht eingeleitet werden.
2. Holztheile dürfen in Kaminmauern nicht eingefügt, Holzverschalungen an denselben nicht angebracht werden und allenfallsige eiserne oder steinerne Träger der Kamine nicht auf den Balkenlagen aufruhen.
3. Freistehende und außerhalb der Gebäude befindliche Kamine für Fabriken und sonstige industrielle Unternehmungen dürfen mit baupolizeilicher Bewilligung auch von Eisen hergestellt werden.
4. Die Stärke der Kaminmauern ist nach der Lage und Höhe derselben und nach der Stärke und Zahl der einmündenden Feuerungen zu bemessen und darf bei außergewöhnlichen Feuerungen nicht unter 0,25 m, bei den gewöhnlichen Feuerungen nicht unter 0,12 m betragen.
5. Die innere Weite der besteigbaren Kamine muß mindestens 0,50 m im Quadrate betragen.
6. Schlotmäntel und Rauchkutten sind aus unverbrennlichem Materiale herzustellen.

§ 18. Bei Anwendung nicht besteigbarer Kamine sind nachstehende besondere Vorschriften zu beobachten:

1. solche Kamine müssen eine Lichtweite von nicht unter 0,15 m und nicht über 0,33 m je nach der Stärke und Zahl der einmündenden Feuerungen erhalten;
2. metallene Rauchrohre müssen, wo es die Feuersicherheit erfordert, in einem Abstande von 0,03 m mit einem Eisenblechrohre umgeben und die Zwischenräume mit Asche, Cement, Sand und dergleichen ausgefüllt werden;
3. die Stärke der Zungen darf nicht unter 0,10 m betragen;
4. in der Regel sind solche Kamine an Mauerwerk zu stellen; wo sie freistehen, müssen sie mit Strebepfeilern versehen oder durch Eisenwerk mit massiven Mauern verbunden werden, wenn der freistehende Theil des Kamins das Zehnfache der unteren äußeren Stärke übersteigt;
5. die Putzöffnungen der Kamine müssen mit genau schließenden, versperrbaren Doppelthürchen aus Eisenblech geschlossen werden;
6. der unter diesen Putzöffnungen befindliche Bretterboden muß auf 0,45 m Entfernung mit Metall belegt werden;
7. zwischen je zwei Putzöffnungen darf die Form und Weite der Kamine nicht geändert werden.

§ 19. Rauchrohre müssen von Holztheilen 0,45 m, von mit Mörtel verputzten hölzernen Decken 0,25 m abstehen.

Rauchrohre sind in Kamine einzuleiten; Ausnahmen kann in Nothfällen die Baupolizeibehörde in widerruflicher Weise bewilligen.

§ 20. Offene Feuerstätten dürfen nur an massiven Mauern angebaut werden und müssen, wenigstens soweit Funken und Flammen reichen, mit feuersicherem Boden umgeben und mit Rauchkutten versehen sein, soferne sie nicht eingewölbt sind.

§ 21.

1. Zimmeröfen und geschlossene Herde dürfen nicht auf hölzerne Gestelle aufgesetzt werden.

   Wenn sie auf Bretterboden oder Balkenlagen zu stehen kommen, müssen sie gemauerte Sockel, oder eiserne, auf einer Pflasterung oder auf Stein- oder Metallplatten ruhende Gestelle haben.
2. Werden Zimmeröfen oder geschlossene Herde in Räumen mit Fach- oder Riegelwänden oder mit Wänden aus verputztem Lattenwerk errichtet, so müssen diese Wände in der Richtung gegen die Heizöffnungen auf 0,60 m, nach allen übrigen Richtungen aber auf mindestens 0,30 m Entfernung von den Enden der Oefen- oder Herdseiten an gerechnet, durch massives Mauerwerk ersetzt werden.
3. Die Heiz- und Aschenabfallöffnungen der Oefen und Herde müssen durch metallene, gut schließende Thürchen, die Vorgelegeöffnungen der Kamine unter allen Umständen mit wohlverschließbaren, eisenblechenen Thüren abgeschlossen sein.

   Der Boden vor den Heiz- und Aschenabfallöffnungen muß gepflastert oder mit Metall belegt oder sonstwie feuersicher sein.
4. Die Heizung darf keine Gefahr für die Gesundheit bieten. Die Anbringung von Sperrklappen in den Rauchabzugsrohren, welche einen Zimmerofen mit einem Kamine verbinden, ist verboten. Die Vorrichtungen zur Regulirung des Zuges sind lediglich an den Heizthüren anzubringen.

§ 22. Räucherkammern sind auf feuerfester Unterlage an Wänden und Decken massiv auszuführen und die Oeffnungen mit eisenblechenen Thüren dicht zu schließen.

Kommen die Räucherkammern auf den Dachraum zu stehen, so müssen überdieß Doppelthüren von Eisenblech an den Eingängen dieser Kammern angebracht und die vor dem Eingange befindlichen Bodentheile feuersicher hergestellt werden.

§ 23. Backöfen müssen feuersicher hergestellt sein und Kamine und Vorgewölbe erhalten.

Von dem Erfordernisse der Kamine und Vorgewölbe kann je nach der Größe, dem Zwecke und der Einrichtung der Backöfen Umgang genommen werden, wenn hiedurch die Feuersicherheit nicht beeinträchtigt wird.

§ 24. Neuanzulegende Malzdörren müssen mit gut fundirten Mauern in einer Stärke von mindestens 0,25 m bei Ziegeln oder Quadern und 0,45 m bei Bruchsteinen umgeben und gewölbt werden.

Sämmtliche Oeffnungen in der Umfassung des Dörr-Raumes müssen steinerne Wandungen und eiserne Verschlüsse erhalten.

Der Dunstkamin darf nur in Stein oder Metall ausgeführt werden und ist mit einer im Brandfalle selbstschließenden metallenen Klappe zu versehen.

5. Höhe der Gebäude und deren Abtheilung im Stockwerke.

§ 25. Die Gebäude an den Baulinien sowohl als abseits von denselben dürfen nur eine solche Höhe erhalten, daß mit Rücksicht auf die anliegenden Straßen, freien Plätze, Hofräume und dergleichen keine Gefährdung der Gesundheit zu befürchten ist und die Anwendung der Feuerlöschgeräthschaften gesichert erscheint; insbesondere darf die Höhe der Privatgebäude an einer Straße, sie mögen neu errichtet oder durch Stockwerkaufsetzung erhöht werden, die Breite der Straße mit Einschluß der Trottoire und etwaiger Vorgärten nicht überschreiten. Ist die Straße ungleich breit, so ist die mittlere Breite zwischen den beiden nächsten Querstraßen maßgebend.

Ausnahmsweise kann eine größere Höhe von der Baupolizeibehörde mit Rücksicht auf bereits bestehende Nachbargebäude oder beim Wiederaufbau eines Gebäudes mit Rücksicht auf die frühere Höhe desselben gestattet werden.

In Straßen unter 12 m Breite kann, abgesehen von vorstehender Ausnahme, eine Höhe bis zu 12 m bewilligt werden.

Als Maximalhöhe für Wohngebäude werden 22 m festgesetzt; auch dürfen dieselben nicht mehr als 5 Geschoße einschließlich etwaiger Zwischengeschoße und Mansardenwohnungen enthalten.

Bei Eckhäusern ist für die zulässige Gebäudehöhe die breitere der angrenzenden Straßen maßgebend; in der engeren Straße darf aber diese Höhe nur auf die Länge von 18 m beibehalten werden.

Die Höhe eines Gebäudes wird in der Mitte der Fronte von der Unterkante des Sockels bis zur oberen Kante des Dachgesimses gemessen. Wird der Aufbau von Giebeln, Thürmen, Dacherkern u. s. w. auf der Frontwand über die hienach zulässige Höhe hinaus beabsichtigt, so werden diese Aufbauten nach dem Durchschnitt ihrer Fläche in die zulässige Gebäudehöhe eingerechnet.

§ 26. Die Abtheilung der Gebäude in Stockwerke muß in vollkommen sicherer Weise durch Einwölbung oder entsprechend starke Balkenlagen geschehen.

Die Balken dürfen nicht weiter auseinandergelegt werden, als nach deren Tragkraft und mit Rücksicht auf den Zweck des Gebäudes zulässig ist.

Dieselben müssen genügend oft auf Tragmauern oder festen Durchzügen ruhen.

Wenn zur Scheidung der Stockwerke in Gebäuden mit Feuerstätten nicht wegen besonderer Verhältnisse Einwölbung angeordnet wird, müssen die zur Abtheilung der Stockwerke dienenden Balkenlagen in den mit Feuerstätten versehenen Lokalitäten entweder Weißdecken oder Holzdecken mit an den Fugen aufgenagelten Leisten erhalten.

Zwischen diesen Decken und den Fußböden der unmittelbar darüber befindlichen Räume sind Fehlböden anzubringen und diese Fehlböden nach erfolgtem Verstriche der Fugen 6—8 cm hoch mit reinem, trockenem und unverbrennlichem Material auszufüllen; Urbau darf hiezu nicht verwendet werden.

Auf gleiche Weise oder durch einen Estrichboden sind auch die Speicherräume von den unmittelbar darunter liegenden Räumen mit Feuerstätten zu trennen.

Die Vorschriften der Absätze 5 und 6 sind für Bauten in Märkten und auf dem Lande nicht bindend.

§ 27. Die Fußböden der ebenerdigen Wohn- und jener Arbeitsräume eines neuen Gebäudes, bei welchen es der Betrieb des Geschäftes zuläßt, müssen das Niveau des anstoßenden natürlichen Geländes mindestens um 0,30 m überragen und es kann, wenn es nach der Bodenbeschaffenheit aus gesundheitspolizeilichen Rücksichten nothwendig erscheint, auch verlangt werden, daß solche Fußböden, insoweit sie nicht unterkellert sind, entweder um mehr als 0,30 m über das natürliche Gelände gelegt oder von demselben durch eine Betonlage isolirt werden.

§ 28. Unter Wohnräumen befindliche Keller, Stallungen, Futterräume und Waschküchen, dann Lokale mit starken Feuerungen müssen eingewölbt werden und es ist bei denselben weiter noch für den nöthigen Luftwechsel durch Anlage entsprechender Vorrichtungen zu sorgen.

In Märkten mit nicht geschlossener Bauweise und auf dem Lande kann bei kleineren unter Wohnräumen befindlichen Stallungen oder Futterräumen (nicht über 30 qm Grundfläche) von Einwölbung Umgang genommen werden; dieselben müssen aber von den Wohnräumen durch Weißdecken, Lehmwickeldecken oder Holzdecken mit an den Fugen aufgenagelten Leisten abgeschieden werden.

6. Höhe und Fenster der Wohn- und Arbeitsräume.

§ 29. Die lichte Höhe der Wohn- und Arbeitsräume bei Neubauten, neuen An- und Aufbauten sowie beim Umbau bestehender Gebäude darf keinesfalls weniger als 2,70 m in Städten über 10000 Seelen, und 2,50 m in anderen Städten, 2,40 m in Märkten mit geschlossener Bauweise und 2,20 m in anderen Märkten und auf dem Lande betragen, und muß wenigstens bei Neubauten jedes Wohn- und Schlafgemach sowie in Städten jede Küche und jeder Abtritt mindestens Ein unmittelbar in's Freie gehendes Fenster haben.

7. Dachungen.

§ 30. Die Stärke des Dachstuhlgebälkes, dann die Form und Höhe der Dächer muß nach Lage, Höhe, Tiefe, Breite und Tragkraft der Gebäude, sowie mit Rücksicht darauf bemessen werden, daß nicht eine übermäßige Höhe bei entstehendem Feuer die Gefahr vermehre.

Ueber der zulässigen Fronthöhe der Gebäude dürfen die Dächer nicht steiler als 60° sein.

§ 31. Zur Eindeckung der Gebäude darf im Allgemeinen vorbehaltlich der in Abs. 5 und § 56 zugelassenen Ausnahmen nur feuersicheres Material verwendet werden.

Diese Bestimmung ist vorbehaltlich der erwähnten Ausnahmen auch für bestehende Gebäude maßgebend, wenn an denselben eine Erneuerung oder konstruktive Aenderung des Dachstuhles vorgenommen, oder wenn mindestens die Hälfte einer Dachseite neu eingedeckt wird und die baulichen Zustände des Gebäudes die Eindeckung mit ortsüblichem feuersicheren Material gestatten.

Insoferne nach Vorstehendem die Reparatur oder theilweise Erneuerung einer nicht feuersicheren Eindeckung zulässig ist, sind die Strohdächer den Schindeldächern gleich zu achten.

Bei neuen Ziegelbachungen sind Unterlagen von sogenannten Strohfiedern unzulässig.

Für die in § 6 Abs. 2 bezeichneten Bauten ist in den betreffenden Ortschaften die Eindeckung mit nicht feuersicherem Material gestattet, wenn dieselben nicht mehr als 30 qm Grundfläche einnehmen oder außerhalb der Ortschaften aufgeführt werden; Ziegeltrockenstädel sind jedoch auch in letzterem Falle feuersicher einzudecken.

§ 32. Bei Dachvorsprüngen, beziehungsweise überhängenden Gespärren, deren Anwendung übrigens nur bei nicht geschlossener Bauweise gestattet werden kann, dürfen zwischen den Sparren in der Ebene der Umfassungswände keine Oeffnungen belassen werden.

Hölzerne Dachgesimse müssen durch einen Metallüberzug oder durch Mörtelverputz oder feuersicheren Anstrich gesichert werden und dürfen beim Anschluß an Nachbargebäude mit ihren Holztheilen nicht unmittelbar aneinander anstoßen, sondern müssen beiderseits auf je 0,25 m Länge durch feuersicheres Material getrennt werden.

Bei zusammenhängenden Gebäuden in Städten und Märkten dürfen Dachrinnen nur aus feuersicherem Material hergestellt werden.

8. Kellerwohnungen.

§ 33. Neue Kellerwohnungen dürfen nur bei günstigen Bodenverhältnissen und in der Regel nur in solchen Straßen, in denen die Höhe der Gebäude die Straßenbreite nicht überschreitet, unter der Voraussetzung hergestellt werden, daß

1. deren Fußböden mindestens 0,50 m über den höchsten Wasserstand zu liegen kommen;
2. die Wohnräume eine Höhe von mindestens 2,60 m erhalten;
3. Die Fensterbrüstungen wenigstens 0,30 m über dem anstoßenden Grunde oder der Sohle eines gehörig entwässerten Lichtschachtes und die Decken wenigstens 1,50 m über ersterem angebracht werden;
4. die Mauern bei feuchtem Boden durch äußere Isolirungsmauern gegen das Eindringen der Feuchtigkeit geschützt, und die Fußböden auf eine 0,15 m hohe Betonschichte oder ein doppeltes in Cementmörtel gemauertes Backsteinpflaster gelegt werden, endlich

5. für guten Abfluß des Regenwassers und der Hauswässer vom Gebäude gesorgt ist.

Die nämlichen Bestimmungen gelten für Küchen-, Arbeits- und Wirthschaftsräume im Kellergeschoße.

9. Dachwohnungen.

§ 34. Dachwohnungen oder einzelne heizbare Lokale im Dachraume sind nur in Gebäuden von nicht mehr als drei Stockwerken über dem Erdgeschoß und nur unter folgenden Bedingungen zulässig:

1. Die lichte Höhe solcher Räume muß wenigstens 2,50 m in Städten mit mehr als 10 000 Seelen, und wenigstens 2,30 m in allen anderen Orten betragen und zwar mindestens für die Hälfte der Fußbodenfläche jeder einzelnen Räumlichkeit;
2. die einzelnen heizbaren Lokale, sowie die sämmtlichen, eine Dachwohnung bildenden Räume müssen von gehörig fundirten, massiven oder doch ausgemauerten Fach- oder Riegelwerkwänden umschlossen sein; Scheidewände aus verputztem Lattenwerk sind nur zulässig, wenn die Herstellung vorschriftsmäßiger Scheidewände nach der Besonderheit des Falles nicht thunlich ist;
3. jedes Gemach (Zimmer, Gang ꝛc.) muß durch mindestens ein Fenster gehörig Licht erhalten;
4. der Zugang zu solchen Gelassen darf nicht durch einen offenen Dachraum führen, sondern muß nach Ziff. 2 umschlossen und mit einer Decke nach Vorschrift der Ziff. 7 versehen sein;
5. die Stiege muß in Städten und in Märkten mit geschlossener Bauweise den Anforderungen des § 54 entsprechen;
6. jede Feuerung muß zur Ableitung des Rauches mit einem Kamine in Verbindung gebracht werden;
7. die Decken der Gemächer müssen nach Vorschrift des § 26 hergestellt werden, während die schrägen Flächen mit Brettern und Lattenverputz oder mit Holzstückung, Lehmumwickelung und Rohrverputz herzustellen sind; am Dachfuße muß für den gehörigen Abfluß des Regenwassers gesorgt werden;
8. die Festigkeit des Dachstuhls darf durch die Herstellung von Dachzimmern oder Dachwohnungen nicht benachtheiligt werden.

Sollen solche in bereits bestehenden Gebäuden eingerichtet werden, so kann in Orten von nicht mehr als 10 000 Seelen, wenn gesundheitliche Erwägungen nicht entgegenstehen, das Mindestmaß der lichten Höhe baupolizeilich bis zu 2,20 m zurückgeführt werden.

Die Herstellung von Dachwohnungen oder einzelnen heizbaren Lokalen über dem Kehlgebälk ist untersagt.

10. Aeußere Aufgangsstiegen, Erker und Oberlichtschachte.

§ 35. Hölzerne äußere Aufgangsstiegen sind nur ausnahmsweise bei freistehenden Gebäuden bis zum ersten Stock (über eine Stiege) zulässig, und müssen, wenn sie einer Dachung bedürfen, feuersichere Eindeckung erhalten.

In bestehenden Wohngebäuden sind solche Aufgangsstiegen, wenn sie zu höheren Stockwerken führen, bei Vornahme von Hauptreparaturen oder Hauptänderungen in das Innere der Gebäude zu verlegen und in Städten und in Märkten mit geschlossener Bauweise nach Vorschrift des § 54 herzustellen.

§ 36. Hölzerne Erker sind in der Regel unzulässig.

Nur bei freistehenden Gebäuden kann deren Herstellung gestattet, zugleich aber Metallüberzug oder feuersicherer Anstrich vorgeschrieben werden.

§ 37. Oberlichtschachte müssen mit Mauern oder ausgemauertem und verputztem Riegel- oder Fachwerk oder in Eisen ausgeführt werden.

Die Lichtöffnungen in den Dachräumen und die sogenannten Aufzüge müssen mit einem Verschlusse versehen sein. Ihre Größe kann mit Rücksicht auf die Feuersicherheit und die Benützungsweise der Dachräume bei den Plangenehmigungen ausdrücklich bestimmt werden.

11. Altanen, Balkone und Gallerien.

§ 38. Altanen, Balkone oder Gallerien dürfen über die Baulinie nicht mehr als 1,30 m vorspringen, nur in Straßen, welche einschließlich der Trottoire eine Breite von wenigstens 12 m haben und nur in einer Höhe von mindestens 3,50 m über dem darunter befindlichen Trottoir oder öffentlichen Wege angebracht werden.

Sind Vorgärten von mindestens 5 m Tiefe vorhanden, so kann von der Baupolizeibehörde die Herstellung solcher Vorbauten von Grund auf, jedoch höchstens bis 2,50 m über die Baulinie hinaus gestattet werden.

Erfolgt die Herstellung nicht von Stein oder Metall und stehen die Gebäude nicht frei und entfernt von der Straße, so müssen wenigstens die Untersicht und das Geländer feuersicher gemacht werden.

§ 39. Gallerien und Gänge, welche sonst nicht zugängliche Wohnräume unter sich oder mit der Stiege, oder welche zwei Gebäude mit einander verbinden, müssen, wenn sie nicht von unten auf massiv fundirt sind, aus unverbrennlichem Material ausgeführt werden.

Andere Gallerien und Gänge müssen von unten mit Lattenverputz, und wenn sie unbedeckt sind, mit feuersicherem Boden und Geländer, wenn sie aber gedeckt sind, mit einer feuersicheren Eindeckung versehen sein, die mindestens 0,05 m unter dem Dachgesimse anzubringen ist.

Bei Gebäuden von nicht mehr als Einem Stockwerk über dem Erdgeschoß ist die Herstellung aus Holz gestattet, jedoch die etwaige Eindeckung feuersicher herzustellen.

12. Bauten mit Feuerstätten.

§ 40. Bauten, welche Feuerstätten erhalten, sind vorbehaltlich der Bestimmungen in §§ 41 und 42 mit massiven Umfassungen von Stein oder Eisen auszuführen und wenn sie mit anderen Gebäuden zusammenhängend gebaut werden sollen, von denselben durch Brandmauern zu trennen.

Das Letztere hat auch dann zu geschehen, wenn ein bestehendes Gebäude in mehrere selbständige Anwesen abgetheilt wird.

Stallungen oder Lagerplätze für Futter und dergleichen, welche in Gebäuden mit Feuerstätten angebracht werden, müssen von den daneben befindlichen Wohnräumen durch Mauern getrennt sein.

§ 41. Ausnahmen vom Massivbau sind zulässig:

1. bei kleinen Nebengebäuden bis zu 50 qm Grundfläche und einer Wandhöhe bis zu 6 m;
2. bei Fabrikgebäuden und bei Gebäuden für Werkstatt- und Arbeitsräume, welche mindestens 10 m von der Nachbargrenze und 5 m von anderen Gebäuden entfernt sind oder an überragende Brandmauern angebaut werden;

   diese Gebäude dürfen, soferne nicht bei den in Ziff. 2 bezeichneten § 47 Anwendung findet, aus ausgemauertem Fachwerk hergestellt werden;
3. bei Gebäuden zu vorübergehenden Schaustellungen und anderen vorübergehenden Zwecken; diese dürfen mit besonderer Genehmigung von Holz, jedoch stets nur in provisorischer Weise errichtet werden.

§ 42. In Märkten mit nicht geschlossener Bauweise und auf dem Lande brauchen nur die Umfassungswände des Erdgeschosses der Wohngebäude massiv hergestellt zu werden, während die oberen Stockwerke auch mit Umfassungswänden von ausgemauertem Fach- oder Riegelwerk ausgeführt werden dürfen.

Ueberdieß kann in Märkten mit nicht geschlossener Bauweise und auf dem Lande nach Umständen gestattet werden, daß die Umfassungswände des Erdgeschosses der Wohngebäude auf gemauertem Sockel von ausgemauertem Fach- oder Riegelwerk, die Umfassungswände der oberen Stockwerke dagegen, insoweit letztere nicht zu Wohnräumen bestimmt sind, in gestücktem und verputztem Fach- oder Riegelwerk, oder auch als Blockwände mit oder ohne Verschalung, Verschindelung oder Verschieferung hergestellt werden.

§ 43. Scheidewände aus Holz sind in Gebäuden mit Feuerstätten nur insoweit zulässig, als auch die Umfassungswände von Holz aufgeführt werden dürfen.

Scheidewände, welche keine Tragmauern bilden und an ihren beiden Enden an massive Mauern anstoßen, dann von Feuerstätten und Kaminen mindestens 0,45 m entfernt sind, können aus verputztem Lattenwerke hergestellt werden.

Abtheilungen in Dachräumen, ferner die Umfassungen kleiner verschlagartiger Räume dürfen aus Latten oder Brettern errichtet werden.

13. Bauten ohne Feuerstätten.

§ 44. Bauten ohne Feuerstätten, welche nicht zur Herstellung, Bearbeitung oder Lagerung größerer Quantitäten leicht entzündlichen oder schwer zu löschenden Materials bestimmt sind, können mit ausgemauertem Fach- oder Riegelwerke auf gemauertem Sockel hergestellt werden.

Nach Umständen sind auch Umfassungen aus gestücktem und verputztem Fach- oder Riegelwerke auf gemauertem Sockel zulässig.

Stoßen solche Bauten an Gebäude mit Feuerstätten, so müssen sie durch Brandmauern von denselben getrennt werden.

Liegen dieselben von anderen Gebäuden mindestens 5 m und von der Nachbargrenze 2,50 m entfernt, so ist deren Herstellung auch mit Holzwänden auf gemauertem Sockel gestattet.

Die in § 6 Abs. 2 bezeichneten Bauten dürfen in den betreffenden Ortschaften ohne Rücksicht auf die Entfernung aus Holz hergestellt werden.

§ 45. In Märkten mit nicht geschlossener Bauweise und auf dem Lande treten folgende Erleichterungen ein:

1. Werden an Wohngebäude Stallungen, Scheunen oder Schupfen angebaut, so dürfen diese Anbauten aus Holz auf gemauertem Sockel hergestellt werden.

   Erfolgt der Anbau unter einem Winkel, so muß, soweit eine Brandmauer geboten ist, die an dieselbe anstoßende Umfassung der Anbauten im einspringenden Winkel auf die Entfernung von 5 m mindestens mit ausgemauertem Fach- oder Riegelwerk hergestellt werden.

   Eine Brandmauer ist nicht geboten, wenn die Grundfläche der Anbauten nicht mehr als 200 qm beträgt; in diesem Falle genügt statt der Brandmauer eine Mauer, welche bis zur Höhe der Wohnräume reicht.

   Beträgt die Grundfläche der Anbauten über 200 qm, jedoch nicht mehr als 400 qm, und stößt an die Brandmauer ein gewölbter Raum an, so ist zu ebener Erde ein Verschluß mittels eiserner Thüre nicht geboten.

2. Wenn Stallungen, Scheunen oder Schupfen nicht an das Wohnhaus angebaut werden und von diesem oder anderen Gebäuden weniger als 5 m oder von der Nachbargrenze weniger als 2,5 m entfernt sind, so müssen nur diejenigen Theile der Umfassungen, welche die vorgeschriebene Entfernung von 5 m bezw. 2,5 m nicht haben, auf die ganze Höhe des Gebäudes mindestens mit ausgemauertem Fach- oder Riegelwerk hergestellt werden, und auch dieß ist nicht geboten, wenn entweder ein solches Nebengebäude nicht mehr als 200 qm Grundfläche einnimmt, oder wenn an einer der sich gegenüber liegenden Gebäudeseiten eine massive Mauer ohne Holzvorsprung vorhanden und das Gebäude feuersicher eingedeckt ist.

14. Bauten von mehr als gewöhnlicher Ausdehnung und Brandgefahr.

§ 46. Bei Neubauten, deren obere Stockwerke zu größeren Versammlungen oder öffentlichen Lustbarkeiten bestimmt sind, müssen die Zugänge zu den Versammlungs- oder Gesellschaftsräumen mit unverbrennlichen Treppen versehen werden.

Dasselbe kann bei Fabrikgebäuden von mehr als einem Geschoße gefordert werden.

Die Baupolizeibehörde kann für die in Abs. 1 und 2 bezeichneten Gebäude im Interesse der Gesundheitspflege auch die zur Sicherung einer entsprechenden Ventilation erforderlichen Vorkehrungen anordnen, ohne

Rücksicht darauf, ob die fraglichen Lokalitäten sich im Erdgeschoße oder in oberen Stockwerken befinden.

Bei derartigen Gebäuden von geringerem Umfange dürfen hölzerne Treppen zugelassen werden, deren Wangen aus Mauerwerk oder anderem unverbrennlichem Materiale bestehen.

Wohn= und Fabrikgebäude von größerer Ausdehnung müssen auf angemessene Entfernung von der Hauptstiege mit Nebentreppen versehen werden, deren Zahl und Lage die Baupolizeibehörde zu bestimmen hat.

Wohngebäude von der im § 25 Abs. 4 als zulässig erklärten Maximalhöhe müssen bis zum Dachboden in massiv gemauerten Stiegenhäusern liegende Treppen von unverbrennlichem Material erhalten.

Alle Lokale, welche für größere Versammlungen oder öffentliche Lustbarkeiten bestimmt sind, müssen eine entsprechende Anzahl von Ausgängen erhalten, welche leicht und schnell nach Außen sich öffnen lassen. Von den Ausgängen solcher Räume bis zu den Ausgangsthüren aus den Gebäuden in's Freie müssen die Hausfluren, Gänge und Treppen eine angemessene Breite, massive Umfassungen und gewölbte Decken erhalten. Die Anzahl der Ausgänge, sowie die Breite derselben, dann die Breite der Gänge, Hausfluren und Treppen hat in jedem einzelnen Falle die Baupolizeibehörde festzusetzen.

Vorstehende Bestimmungen finden auch auf schon bestehende Lokale und Gebäude Anwendung, welche für die bezeichneten Zwecke eingerichtet werden sollen.

§ 47. Gebäude, welche zur Herstellung, Bearbeitung oder Lagerung größerer Quantitäten leicht entzündlichen oder schwer zu löschenden Materials bestimmt sind, müssen mit massiven Mauern umgeben und, wenn sie mit anderen Gebäuden zusammenhängend gebaut werden sollen, von diesen durch Backsteinbrandmauern getrennt werden.

Es kann aber auch eine allseitig freie Lage bis zu 9 m Entfernung von anderen Gebäuden, Einwölbung, unverbrennliches Stiegenwerk, dann eiserner Thür= und Fensterverschluß, feuerfester Boden und wenn solche Gebäude über 400 qm Grundfläche haben, deren Abscheidung durch Backsteinbrandmauern in Einzelräume, wie sie dem Betriebe des Geschäftes und der Konstruktion des Baues angemessen sind, gefordert werden.

Die durch Brandmauern getrennten Räume dürfen verbunden werden:

a) mittels eines unter Ausschluß aller Holztheile aus Eisen oder Stein und Glas konstruirten Balkones, welcher durch in die Langmauer eingefügte Thüren von der in § 16 Ziff. 4 Abs. 4 näher beschriebenen Beschaffenheit zugänglich ist;

b) durch einen an die Brandmauer anstoßenden Einbau, der den mittelbaren Zugang in den abgetrennten Gebäudetheil ermöglicht; dieser Einbau ist aus mindestens 0,25 m starkem Backsteinmauerwerk herzustellen und in allen Stockwerken zu wölben; derselbe darf weder eine Stiege noch Holztheile enthalten und auch nicht zur Lagerung irgend welcher Stoffe dienen.

Die Thüren des Einbaues müssen die in § 16 Ziff. 4 Abs. 4 vorgeschriebene Beschaffenheit erhalten und im rechten Winkel zur

Thüre in der Brandmauer stehen; etwaige Fenster sind in der Langmauer anzubringen und deren Stöcke und Rahmen aus unverbrennlichem Materiale herzustellen.

Oeffnungen zur unmittelbaren Verbindung der zu trennenden Räume sind in der Brandmauer nur insoweit gestattet, als sie zur Führung von Transmissionswellen unumgänglich nöthig sind. Solche Oeffnungen müssen an beiden Seiten durch Büchsen geschlossen werden, deren Flanschen in die Brandmauer eingeschraubt sind. Zwischen den Büchsen und der Peripherie der Transmissionswelle ist ein Spielraum von höchstens 15 mm zulässig.

Vorstehende Bestimmungen finden keine Anwendung auf Stallungen, Scheunen und Schupfen.

§ 48. Bei Theatern mit Schnürboden und Versenkungen kann gefordert werden:

a) Trennung des Bühnen- und Zuschauer-Raumes durch zwei mindestens 1 m von einander entfernt stehende, mindestens 1 m starke und ebenso hoch über die Dachfläche reichende Backsteinbrandmauern, die im Prosceniums-Ausschnitte durch Backsteingewölbe oder Eisenkonstruktionstheile verbunden sind; — eine weitere Verbindung beider Räume ist nur nach § 47 Abs. 3 lit. a zulässig;

b) die Aufsetzung von Blitzableitern;

c) die Herstellung und Einwölbung von Vorfluren, Treppenräumen, Gängen und Dachaustritten in genügender Menge, ferner die Herstellung und Einwölbung von eigenen Gebäuden oder Räumen für Gasometer und Heizungsanlagen;

d) die Herstellung von Gangböden und Treppen aus unverbrennlichem Materiale;

e) die Verwendung von Gaslicht oder elektrischer Beleuchtung, von Dampf- oder Heißwasserheizung und die Herstellung von eisernen Vorhängen, Ventilationsapparaten und Löschvorrichtungen.

15. Winkel, Hofräume und Rückgebäude.

§ 49. Winkel und sogenannte Reihen (Ehegräben ꝛc.) zwischen den einzelnen Bauten müssen, wo nur immer möglich, vermieden, unter allen Umständen aber so gepflastert werden, daß ein entsprechender Wasserablauf ermöglicht ist.

Vorrichtungen zur Einleitung des Inhaltes von Abtritten in solche Reihen sind unzulässig und zur Einleitung von Schmutzwasser nur dann erlaubt, wenn eine hinreichende Spülung mit reinem Wasser bewirkt werden kann.

§ 50. Bei allen Wohnhausneubauten müssen Hofräume vorhanden sein und sollen sowohl die neuanzulegenden als auch die bereits bestehenden Hofräume in einer den Anforderungen der Feuersicherheit und Gesundheitspflege entsprechenden Größe, welche in jedem einzelnen Falle nach dem Umfange und der Höhe der Gebäude, jedoch nicht auf weniger als ein Viertel der zur Ueberbauung bestimmten Fläche, zu bemessen ist, unüberbaut erhalten werden.

Solche Hofräume dürfen auch nicht durch Bauten, welche nach § 6 Abs. II polizeilicher Genehmigung nicht bedürfen, weiter verkleinert werden.

Die Ueberdachung eines Hofraumes mit Glas kann unter besonderen Verhältnissen gestattet werden.

§ 51. Alle Hofräume, in welchen Rückgebäude zur Benützung als Wohnungen, Arbeitslokalitäten, Magazine oder Stallungen sich befinden oder hergestellt werden, müssen eine den Verhältnissen angemessene Zufahrt von der Straße aus haben, welche mindestens 2,30 m Breite und 2,70 m Höhe erreichen muß.

Bei unbewohnten kleineren Rückgebäuden genügt ein äußerer Zugang von 2 m Breite, doch darf die Höhe dieses Zugangs nicht unter 2,70 m betragen.

Deßfallsigen Mängeln bei bestehenden Bauanlagen muß bei Hauptreparaturen oder Hauptänderungen des an die Zufahrt anstoßenden Gebäudetheiles abgeholfen werden.

16. Abtritte, Dung- und Versitzgruben.

§ 52. Für die Anlage, Einrichtung oder Abänderung, sowie für die Entleerung und bauliche Instandhaltung von Abtritten, Dung- und Versitzgruben in Wohngebäuden oder in unmittelbarer Nähe von Wohnungen, Brunnen oder Brunnquellen sind die auf Grund des Art. 73 Abs. 1 des Polizeistrafgesetzbuches erlassenen oder künftig ergehenden Vorschriften maßgebend.

Dung- und Versitzgruben müssen unter allen Umständen mindestens 1 m von den Umfassungswänden bewohnter Gebäude entfernt hergestellt und erstere überdieß so angelegt werden, daß ihr etwaiger Ueberlauf sich nicht dem Wohnhause nähert.

17. Besondere Bestimmungen.

a) Für Städte und Märkte mit geschlossener Bauweise.

§ 53. An die Baulinie sollen in der Regel nur Hauptgebäude gestellt werden; wegen besonderer Verhältnisse kann auch die Stellung von Nebengebäuden an die Baulinie gestattet werden.

Bei dem Anstrich der Gebäude ist die Anwendung der reinen Kalkweiße sowie aller grellen Farben untersagt.

Wettermäntel von Holz sind nur bei freistehenden Gebäuden oder an Mauern ohne Fenster- und Thüröffnungen zulässig.

In Städten von mehr als 20000 Seelen ist bei allen Neubauten und Hauptreparaturen an der Straßenseite den Anforderungen der Aesthetik zu genügen. Dieser Anforderung zuwiderlaufende Pläne sind abzuändern und festzusetzen, ohne daß jedoch durch die für nothwendig erkannten Abänderungen die Kosten der Bauführung wesentlich vermehrt werden dürfen.

§ 54. Die Räume, in welche hölzerne Haupttreppen in Wohngebäuden zu stehen kommen, müssen mit massiven Mauern von mindestens 0,25 m Stärke umgeben und von den Speichern nach § 26 Abs. 5 und 6 getrennt, die Treppen aber von unten mit einer verputzten Decke versehen werden.

Auch die vom obersten Stockwerke zu dem Dachraume führenden Treppen müssen zwischen massiven Mauern von vorbezeichneter Stärke liegen.

Haupttreppen müssen in jedem Stockwerk mit mindestens Einem leicht zu öffnenden Fenster von gehöriger Größe versehen sein, welches direkt in's Freie geht.

Diese Vorschriften sind auf bestehende Gebäude, wo es möglich ist, dann anzuwenden, wenn wenigstens ein ganzes Stockwerk eine wesentliche Umgestaltung erhält.

b) **Für Märkte mit nicht geschlossener Bauweise und für Bauten auf dem Lande, dann im Hochgebirge u. s. w.**

§ 55. In Märkten mit nicht geschlossener Bauweise und auf dem Lande sind zwar gleichfalls die Rücksichten auf Feuersicherheit, Festigkeit der Bauführung und auf Gesundheit im Allgemeinen maßgebend, jedoch kann von den Bestimmungen der §§ 25, 32, 33, 34, 35, 36, 38 und 39 insoweit Umgang genommen werden, als dieß mit Rücksicht auf die Baulinie, die Feuersicherheit und Gesundheit nach den örtlichen Verhältnissen von der Baupolizeibehörde für zulässig erachtet wird.

§ 56. Im Hochgebirge, im bayerischen Walde, in den mit diesem Walde oder mit dem Böhmerwalde in gleicher Höhenlage befindlichen und denselben klimatischen Verhältnissen unterliegenden Waldbezirken der Oberpfalz, im Fichtel- und Rhöngebirge, im Spessart, Odenwalde und im fränkischen Walde kann gestattet werden, daß Wohn- und Nebengebäude in Dörfern mit nicht geschlossener Bauweise, in Weilern und Einöden auch aus Blockwänden mit oder ohne Verschalung, Verschindelung oder Verschieferung auf gemauertem Sockel ausgeführt werden. Bei Nebengebäuden ohne Feuerstätten kann auch von Blockwänden abgesehen werden.

In den in Abs. 1 bezeichneten Gegenden kann in Dörfern mit nicht geschlossener Bauweise, dann in Weilern und in Einöden die Verwendung von Holzschindeln zur Eindeckung von Gebäuden von der Baupolizeibehörde unter der Voraussetzung gestattet werden, daß die mit diesem Material einzudeckenden Bauten mindestens 30 m von fremden Gebäuden entfernt sind.

Die gänzliche oder theilweise Erneuerung einer nicht feuersicheren Eindeckung an bestehenden Gebäuden in den in Abs. 1 bezeichneten Gegenden ist allgemein ohne Unterscheidung der Eigenschaft und der Bauart der Ortschaften und ohne Rücksicht auf das Eindeckungsmaterial sowie auf die Entfernung der Gebäude unter sich zulässig.

Unter „Hochgebirge" werden beim Vollzuge vorstehender Bestimmungen alle Gegenden der Alpen und Voralpen sowie des ihnen angeschlossenen gebirgigen Vorlandes verstanden, bei denen die Höhenlage und die klimatischen Verhältnisse in ähnlicher Weise wie in den übrigen in Abs. 1 bemerkten Gegenden gestaltet sind.

c) **Für Villenbauten (Landhäuser).**

§ 57. Bei freistehenden Villen darf mit baupolizeilicher Bewilligung ausnahmsweise von den bestehenden Vorschriften abgewichen werden, wenn hiedurch keinerlei Gefahr für Nachbargebäude erwächst und die Festigkeit der Bauführung nicht beeinträchtigt wird; die Bestimmungen über Feuerstätten und Kamine müssen aber auch in diesem Falle eingehalten werden.

IV. Zuständigkeit und Verfahren.

§ 58. Die Instruktion der Anträge und Projekte wegen Festsetzung neuer oder Abänderung bestehender Baulinien und Höhenlagen steht für die einer Kreisregierung unmittelbar untergeordneten Städte den Stadtmagistraten, für alle übrigen Orte den Bezirksämtern zu.

Die Bescheidung dieser Anträge und Projekte erfolgt für die vorbezeichneten Städte durch die Kreisregierungen, Kammern des Innern, in erster und durch das Staatsministerium des Innern in zweiter und letzter Instanz; für die übrigen Orte durch die Bezirksämter in erster, und durch die Kreisregierungen, Kammern des Innern, in zweiter und letzter Instanz.

In der Pfalz steht die Instruktion der bezeichneten Anträge und Projekte für Städte mit mehr als 10000 Einwohnern den Gemeindebehörden zu. Die Bescheidung erfolgt für die vorbezeichneten Städte durch die Kreisregierung, Kammer des Innern. Zu diesem Behufe sind die Akten und Pläne von der Gemeindebehörde mit Gutachten dem Bezirksamte und von diesem mit etwa veranlaßten Erinnerungen der Regierung vorzulegen. Für alle übrigen Gemeinden steht die Instruktion und Bescheidung den Bezirksämtern zu.

§ 59. Wo die Baulinien noch nicht bestimmt sind, hat deren Festsetzung, insoweit hiezu überhaupt ein Bedürfniß besteht, von Amtswegen zu geschehen und die betreffende Gemeinde die erforderlichen Pläne und sonstigen Instruktionsbehelfe beizubringen.

§ 60. Ist die Abänderung bestehender Baulinien oder Höhenlagen beabsichtigt, so haben diejenigen, welche solche Abänderungen beantragen, die Pläne und sonstigen Instruktionsbehelfe beizubringen.

§ 61. Vor der Beschlußfassung über die in den §§ 59 und 60 bezeichneten Anträge und Projekte sind alle hiebei Betheiligten mit ihren etwaigen Erinnerungen zu hören; zu diesem Behufe sind die Pläne während einer angemessenen Frist zur Einsichtnahme aufzulegen, wovon die aktenmäßig bekannten Betheiligten durch besondere Zustellung, etwa vorhandene andere Betheiligte durch öffentliche Bekanntmachung mit dem Beifügen in Kenntniß zu setzen sind, daß nach Ablauf der Frist jene, welche Erinnerungen nicht abgegeben haben, als zustimmend angesehen werden.

Handelt es sich bei derartigen Anträgen und Projekten um Bauanlagen in der Nähe der Gemeindegrenze, so ist auch die betheiligte Nachbargemeinde zu hören.

§ 62. Die Erledigung etwa in Frage kommender Grundabtretungen zu öffentlichen Plätzen, Straßen oder Wegen fällt dem Uebereinkommen der Gemeinden mit den Betheiligten anheim. In der Pfalz bleiben bis auf Weiteres die einschlägigen besonderen gesetzlichen Bestimmungen unberührt.

Die Bestimmung der Baulinie ist durch die Erledigung der Grundabtretungsfrage nicht aufgehalten; letztere soll aber der ersteren in der Regel vorausgehen.

Die Bewilligung zu Bauführungen in neuen Bauanlagen von Städten, Märkten und zusammenhängend gebauten Dörfern darf erst ertheilt werden, wenn vorher die Herstellung des Straßenkörpers für den treffenden Theil der Straße von einer Querstraße bis zur nächsten Querstraße und für die Verbindung mit einer bereits bestehenden Straße gesichert oder wenigstens Sicherheit dafür geleistet ist, daß diese Herstellung binnen einer zu bestimmenden Frist erfolge. Ist jedoch eine Straße bereits zum Theil mit fertigen Bauten besetzt, ohne daß bisher die Herstellung des Straßenkörpers gesichert worden ist, so hat der Unternehmer von neuen Bauführungen für die Herstellung des Straßenkörpers nur insoweit Sicherheit zu leisten, als die eigenen und die noch unbebauten fremden Grundstücke reichen.

Wurde in Folge dieser Auflage Seitens der Baupolizeibehörde auf Kosten eines Bauunternehmers der Straßenkörper über dessen Bauanlage hinaus längs fremder Grundstücke hergestellt, so darf einem anderen Bauunternehmer ein Neubau auf solchen weiteren Grundstücken nur bewilligt werden, wenn Ersatz für den auf Herstellung der Straße längs dieser Grundstücke gemachten nothwendigen Aufwand geleistet oder durch Kaution gesichert ist. Die gleiche Ersatzpflicht tritt ein, wenn die Herstellung des Straßenkörpers auf Kosten der Gemeinde erfolgt ist.

Die Verpflichtung zur Ersatzleistung erstreckt sich jedoch für die nur an einer Straßenseite angrenzenden Eigenthümer nicht auf mehr als die Hälfte der für Herstellung der betreffenden Straßenstrecke aufgewendeten Kosten.

Der Betrag der zu ersetzenden nothwendigen Auslagen wird durch die Baupolizeibehörde auf Grund der vorzulegenden Nachweise festgestellt.

§ 63. Sind die Vorlagen den gegebenen Vorschriften nicht entsprechend, oder zeigen sich in denselben Fehler, durch welche eine Aenderung der gestellten Anträge bedingt wird, so sind sie den Antragstellern unter genauer Bezeichnung der Mängel oder Fehler zur Berichtigung zurückzugeben.

§ 64. Von den ergehenden Bescheiden ist der betreffenden Gemeinde und den sämmtlichen Betheiligten Kenntniß zu geben.

Ein Exemplar der genehmigten Baulinienpläne ist in der Gemeinde-Registratur zu bewahren.

§ 65. Die Instruktion und Bescheidung der Gesuche wegen Herstellung von Neubauten oder Vornahme von Hauptreparaturen oder Hauptänderungen an vorhandenen Gebäuden steht den Distriktsverwaltungsbehörden in erster, den Kreisregierungen, Kammern des Innern, in zweiter und letzter Instanz zu. In den Städten der Pfalz mit mehr als 10000 Einwohnern steht die Instruktion der Gesuche den Gemeindebehörden zu. Im Interesse der Betheiligten sind die Verhandlungen thunlichst zu beschleunigen.

Das Staatsministerium des Innern kann beim Vorhandensein ganz besonderer Verhältnisse von einzelnen Bestimmungen der allgemeinen Bauordnung dispensiren; hiebei dürfen jedoch weder öffentliche Interessen, noch Rechte oder erhebliche Interessen eines Dritten beeinträchtigt werden.

§ 66. Für die technische Prüfung der Baupläne, sowie für die Ueberwachung der plan- und vorschriftsgemäßen Bauführung muß bei den Baupolizeibehörden erster Instanz durch Aufstellung befähigter Sachverständiger gesorgt werden.

Zur Ueberwachung der plan- und vorschriftsgemäßen Ausführung haben die Sachverständigen alle genehmigungspflichtigen Neubauten einschließlich der bedeutenderen Hauptreparaturen und Hauptänderungen nach erfolgter Vollendung zu besichtigen. Bei sonstigen vollendeten Bauführungen hat eine Besichtigung nur insoweit zu erfolgen, als es gelegentlich anderer Dienstgeschäfte und ohne Verursachung besonderer Kosten thunlich erscheint.

Die Sachverständigen haben auch während der Bauausführung, namentlich bei allen größeren und schwierigeren Bauten, deßgleichen bei umfangreicheren mit genehmigungspflichtigen Bauführungen zusammenhängenden Abbrucharbeiten, je nach Bedürfniß wiederholt, Nachschau zu halten. Bei einfachen Bauführungen auf dem Lande hat diese Nachschau nur insoweit zu erfolgen, als es gelegentlich anderer Dienstgeschäfte und ohne Verursachung besonderer Kosten thunlich erscheint. Die Sachverständigen haben die Sicherheit der Bauführung zu überwachen, und die schleunige Abstellung wahrgenommener Zuwiderhandlungen gegen baupolizeiliche Vorschriften oder Anordnungen sowie die Beseitigung der das Leben, die Gesundheit oder die Sittlichkeit gefährdenden Zustände durch Benehmen mit den Bauleitern, nöthigenfalls durch Anzeige bei der Baupolizeibehörde, auf kürzestem Wege herbeizuführen.

Als Gehilfen der Sachverständigen zur Erfüllung der in Abs. 3 bezeichneten Aufgaben, soweit dieselben nicht eine höhere technische Vorbildung voraussetzen, sind nach Bedürfniß Bauaufseher aus dem Arbeiterstande aufzustellen. Ein Bedürfniß hiezu ist vorwiegend in Gemeinden mit stärker entwickelter Bauthätigkeit als gegeben zu erachten. Ueber das Bestehen eines Bedürfnisses ist erforderlichen Falles im Instanzenwege zu entscheiden.

Die Aufstellung der erforderlichen Zahl verlässiger und befähigter Bauaufseher erfolgt von Amtswegen durch die Baupolizeibehörde, welche bezügliche aus den Kreisen der Arbeitgeber und Arbeiter gemachte Vorschläge entsprechend zu würdigen hat.

Die Bauaufseher sind amtlich zu verpflichten und unterstehen in Bezug auf Dienstaufsicht und Disciplin der Baupolizeibehörde, welche deren Dienstverhältniß durch besondere Vorschrift näher zu regeln hat. In der Dienstvorschrift ist den Bauaufsehern für die Dauer ihrer Funktion die Ausübung eines Bauhandwerks zu untersagen und überhaupt Vorsorge zu treffen, daß den Bauaufsehern eine von den Arbeitgebern und Arbeitern unabhängige Stellung gesichert bleibe.

In den Städten der Pfalz mit mehr als 10000 Einwohnern steht die Aufstellung der erforderlichen Sachverständigen und Bauaufseher behufs der technischen Prüfung der Pläne bezw. der Ueberwachung der Bauführung den Gemeindebehörden unter Mitwirkung des Bezirksamts zu, von welchen Behörden auch die Regelung der Bezüge sowie die Festsetzung, Einhebung und Verwendung der Gebühren zu bethätigen ist.

§ 67. Jeder nach § 9 einzureichende Bauplan muß mit einem Duplikate versehen und jedes der beiden Exemplare von dem Bauherrn, den betheiligten Nachbarn und dem Planfertiger zum Zeichen der Anerkennung unterschrieben sein.

Die Unterschrift der betheiligten Nachbarn haben auch die im § 10 bezeichneten Entwürfe zu erhalten.

Die Ortspolizeibehörde hat, soferne sie nicht selbst zur Bescheidung des Baugesuches zuständig ist, die Vollständigkeit und Richtigkeit der auf dem Plane befindlichen Unterschriften der Betheiligten zu bestätigen und die vom Standpunkte der Ortspolizei etwa veranlaßten Erinnerungen beizufügen.

Verweigern die betheiligten Nachbarn die Planunterschrift, so ist solches auf den Plänen zu bemerken.

Den gegebenen Vorschriften nicht entsprechende oder fehlerhafte Pläne sind zur Ergänzung oder Berichtigung zurückzugeben.

§ 68. Bei folgenden Bauführungen sind die betreffenden Behörden unter Mittheilung der Pläne mit ihren Erinnerungen zu hören, wenn nicht die Zustimmung dieser Behörden schon von den Gesuchstellern beigebracht wird:

1. bei Bauten in der Umgebung von Besitzungen der Civilliste der k. Obersthofmeisterstab, Bauabtheilung;
2. bei Bauten in der Umgebung von Privatbesitzungen des Königs, das Hofsekretariat;
3. bei Bauten in der Umgebung von Militär-Eigenthum und innerhalb eines Festungs-Rayons-Bezirkes die betreffende Kommandantur (vgl. Reichsgesetz vom 21. Dezember 1871, Reichsgesetzblatt S. 459 ff.);
4. bei Bauführungen an Staatsstraßen, öffentlichen Flüssen, Kanälen, oder in der Nähe von Staatsgebäuden das betreffende Bauamt; an anderweitem civilärarialischem Eigenthum die betreffende Aufsichtsbehörde;
5. bei Bauten an Eisenbahn-Eigenthum oder in einer Entfernung von weniger als 60 m vom nächstgelegenen Schienengeleise die einschlägige Eisenbahnbehörde;
6. bei Bauten in der Umgebung von Gebäuden für Zwecke der Wissenschaft oder Kunst und von monumentalen Bauwerken die Aufsichtsbehörde;
7. in den Landestheilen rechts des Rheins bei Bauten in Waldungen oder weniger als 437,8 m (1500 Fuß bayerisch) von solchen entfernt das einschlägige k. Forstamt (Art. 47 des Forstgesetzes in der Fassung vom Jahre 1896, Gesetz- und Verordnungsblatt S. 336); in der Pfalz ist für isolirte Bauführungen in Waldungen oder in einer Entfernung von weniger als 500 m von der Grenze derselben Art. 37 und 38 des revidirten Forst-Strafgesetzes für die Pfalz in der Fassung

vom Jahre 1879 (Gesetz- und Verordnungsblatt S. 1433) maßgebend; die in Art. 37 dieses Gesetzes vorbehaltene Genehmigung wird durch die Distriktsverwaltungsbehörde nach Einvernahme des einschlägigen Forstamtes ertheilt;

8. bei Bauführungen im Sinne der §§ 46, 47 und 48 die k. Versicherungskammer, Abtheilung für Brandversicherung;
9. bei Bauführungen für gewerbliche Zwecke, bei welchen Anordnungen zum Schutze der Arbeiter in Frage kommen können, der Fabriken- und Gewerbe-Inspektor.

Wenn den Erinnerungen der voraufgeführten Behörden nicht entsprochen wird, so ist ihnen von dem betreffenden Beschlusse zur Wahrung des Beschwerderechtes Kenntniß zu geben.

§ 69. Werden gegen ein baupolizeilich statthaftes Baugesuch Einsprüche aus Privatrechtstiteln erhoben, so haben die Behörden erster Instanz eine gütliche Ausgleichung unter den Betheiligten zu versuchen, bei deren Erfolglosigkeit den baupolizeilichen Bescheid zu ertheilen, für Austragung jener Einsprüche aber den Rechtsweg vorzubehalten.

§ 70. Bei allen Baugesuchen, bei welchen es sich um gesundheitspolizeiliche Fragen handelt, ist vor der Sachbescheidung das Gutachten der einschlägigen Medizinalbehörde einzuholen.

§ 71. Bei Genehmigung der Baugesuche sollen die allenfalls veranlaßten besonderen Anordnungen nicht bloß durch deutliche Einzeichnung in die Pläne, sondern auch durch ausdrückliche Aufnahme in die Ausfertigung der Genehmigung dem Bauunternehmer kund gegeben werden.

Sind vom Planrevisor auf dem Bauplane Erinnerungen vorgetragen, so kann auf dieselben in der Ausfertigung der Genehmigung Bezug genommen werden.

§ 72. Erst wenn die Bescheidung eines Baugesuches rechtskräftig ist, darf mit den Bauarbeiten, zu denen auch die Herstellung der Baugruben zu rechnen ist, begonnen werden.

Von dem Beginn jedes genehmigungspflichtigen Baues und jeder umfangreicheren mit einer genehmigungspflichtigen Bauführung zusammenhängenden Abbruchsarbeit hat der Bauherr sowohl der Orts- als auch der Distriktspolizeibehörde vorherige Anzeige zu erstatten. Zugleich ist, falls dieß nicht bereits mit der Einreichung des Bauplans geschehen ist, der mit der Bauleitung betraute Baumeister oder Bauhandwerker namhaft zu machen. Dieser hat die Verantwortung durch unterschriftliche Erklärung zu übernehmen.

Die Baupolizeibehörde kann die als Bauleiter namhaft gemachte Person beanstanden, wenn diese die für eine sichere Bauführung erforderliche Verlässigkeit nicht besitzt. Bis zur Behebung des Anstandes kann die Inangriffnahme oder Fortsetzung der Bauarbeiten untersagt werden.

Die Ortspolizeibehörde hat unter Zuziehung des Bauherrn und Bauleiters für die Aussteckung der Baulinie zu sorgen; wenn besondere Umstände es erfordern, kann die Ortspolizeibehörde auch den in § 66 Abs. 1 bezeichneten Sachverständigen beiziehen.

§ 73. Die Orts- und Distriktspolizeibehörden haben die Einhaltung der Baulinien und der Höhenlagen, sodann bei Privatbauten den Vollzug der baupolizeilichen Vorschriften und Anordnungen sowie der Maßregeln zum Schutze des Lebens, der Gesundheit und der Sittlichkeit zu überwachen. Binnen acht Tagen nach Vollendung jeder genehmigungspflichtigen Bauführung ist durch den Bauherrn der Ortspolizei- und durch diese der Distriktspolizeibehörde Anzeige zu erstatten, damit die plan- und vorschriftsgemäße Bauführung durch den in § 66 Abs. 1 bezeichneten Sachverständigen kontrollirt und je nach dem Ergebnisse weitere Verfügung getroffen werden kann. Bei größeren und schwierigeren Bauten kann durch die Baupolizeibehörde eine gleiche Anzeige auch für den Zeitpunkt der Vollendung der Grundmauern und des Dachstuhles angeordnet werden.

Bei Zuwiderhandlungen, welche nach § 330, § 367 Ziff. 14 und 15 und § 368 Ziff. 3 und 8 des Strafgesetzbuches für das Deutsche Reich, dann nach Art. 73 Abs. 1 und Art. 101 des Polizeistrafgesetzbuches mit Strafe bedroht sind, steht den Behörden erster Instanz gemäß Art. 20 Abs. 1 und Art. 105 Abs. 2 des Polizeistrafgesetzbuches zu, vorbehaltlich der späteren Strafverfolgung, soweit nöthig, die Einstellung der Bauarbeiten und die Beseitigung des ordnungswidrigen Zustandes zu verfügen.

§ 74. Die Zulässigkeit des Beziehens neuhergestellter Wohnungen und Wohnungsräume bemißt sich nach den auf Grund des Art. 73 Abs. 2 des Polizeistrafgesetzbuches erlassenen oder künftig ergehenden Vorschriften.

§ 75. Werden während der Ausführung eines genehmigten Bauplanes solche Abänderungen beabsichtigt, welche zu ihrer Vornahme einer baupolizeilichen Genehmigung bedürfen würden, wenn sie an dem planmäßig hergestellten Bauwerke vorgenommen werden wollten, so müssen über diese Abweichungen neue Pläne oder Tekturen zu den bisherigen Plänen gefertigt und wie letztere der instanziellen Bescheidung unterstellt werden.

§ 76. Die ertheilte Baubewilligung wird unwirksam, wenn mit dem Baue nicht binnen zwei Jahren von der Zeit der ertheilten Genehmigung an begonnen wird.

In solchen Fällen kann, je nach Umständen, entweder eine neue Instruktion und Bescheidung des Gesuches stattfinden, oder auch nach Konstatirung des unveränderten Fortbestandes der einschlägigen Verhältnisse die Erneuerung der Baugenehmigung durch die zuständige Behörde auf ein weiteres Jahr ausgesprochen werden.

Die auf Grund unrichtiger Pläne ertheilte Baugenehmigung ist unwirksam und kann zu jeder Zeit zurückgenommen werden.

§ 77. Bei Beschwerdeführungen in Bausachen muß eine Frist von 14 Tagen bei Vermeidung des Ausschlusses eingehalten werden.

Das Beschwerderecht steht nicht nur den Bauunternehmern, sondern auch sämmtlichen Betheiligten zu.

§ 78. Bezüglich der Gebühren für die Revision der Pläne über Baulinien und Bauführungen sind die Vorschriften der Verordnung vom 26. Juli 1873 (Regierungsblatt S. 1185) maßgebend. An die Stelle der dort in § 3 Abs. 2 angeführten Verordnung vom 18. Februar 1872 tritt die Verordnung vom 11. Februar 1875 (Gesetz- und Verordnungsblatt S. 105).

Der Anspruch der zur Mitwirkung bei der Aussteckung der Baulinie und zur Kontrolle der Bauführung aufgestellten Sachverständigen, sowie der Bauaufseher auf Tagegelder und Reisekosten bei auswärtigen Dienstgeschäften, bemißt sich für die im öffentlichen Dienste angestellten Sachverständigen und die Bauaufseher nach den für dieselben jeweils geltenden Diäten-Regulativen; für die übrigen Sachverständigen haben die Vorschriften der Verordnung vom 11. Februar 1875 analog in Anwendung zu kommen, wobei diese Sachverständigen den in § 6 lit. f dortselbst aufgeführten Beamten und Bediensteten beizuzählen sind.

Für die Vornahme von Dienstgeschäften am Wohnsitze oder in einer Entfernung von weniger als 3 Kilometer von demselben können die in Abs. 2 bezeichneten Sachverständigen sowie die Bauaufseher mit Rücksicht auf die Dauer der hierauf verwendeten Zeit eine Gebühr von 1 bis 6 Mark ansprechen, welche von der Baupolizeibehörde festzusetzen ist. Die Festsetzung kann auch im Wege eines Gebühren-Regulativs erfolgen. Eine anderweitige Regelung der gesammten Bezüge der Sachverständigen und Bauaufseher im Wege des Dienstvertrages bleibt vorbehalten.

Die amtlichen Aerzte können für Gutachten, welche sie auf Grund des § 70 abgeben, eine Gebühr in der Regel nicht beanspruchen.

Müssen dieselben behufs der Abgabe des Gutachtens einen Augenschein und eine Reise vornehmen, so haben sie Anspruch auf Entschädigung für Zeitaufwand und Ersatz der Reisekosten nach Maßgabe der Verordnung vom 20. Dezember 1875, die Vergütung für ärztliche Amtsgeschäfte betreffend (Gesetz- und Verordnungsblatt S. 859).

Die Baupolizeibehörde ist berechtigt, die Ausfertigung der Pläne von der Entrichtung der treffenden Gebühren und Auslagen sowie von der Erlegung eines angemessenen Vorschusses für die Kosten der Baukontrolle abhängig zu machen.

§ 79. Die Kosten der Anfertigung und Revision der Pläne über Baulinien hat derjenige zu tragen, dem nach gegenwärtiger Verordnung die Vorlage solcher Pläne obliegt. Im Uebrigen fallen die Kosten des Verfahrens einschließlich der Kosten für die Anfertigung und Revision der Pläne über Bauführungen sowie für die Aussteckung der Baulinie und für die Kontrolle der Bauführung im Sinne der §§ 66 und 73 dem Bauunternehmer zur Last.

Hinsichtlich der Gebührenpflicht der amtlichen Verhandlungen finden die Bestimmungen des Gesetzes über das Gebührenwesen in der Fassung vom Jahre 1899 (Gesetz- und Verordnungsblatt S. 904) Anwendung. Hienach besteht eine gesetzliche Gebührenfreiheit im Allgemeinen und abgesehen von den Fällen des Art. 3 Ziff. 2 und des Art. 231 des Gebührengesetzes nur für jene Amtshandlungen, welche unabhängig von dem Verschulden einer Partei im öffentlichen Interesse von Amtswegen gepflogen werden (Art. 3 Ziff. 1 a. a. O.).

Kosten, welche durch unbegründete Einsprüche veranlaßt wurden, können demjenigen zur Last gelegt werden, welcher den Einspruch erhoben hat

V. Schlußbestimmungen.

§ 80. Aufgehoben sind die Verordnung vom 31. Juli 1890, die Bauordnung betreffend (Gesetz- und Verordnungsblatt S. 531),[1]) die Verordnung vom 30. August 1890, die Bauordnung für die Pfalz betreffend (Gesetz- und Verordnungsblatt S. 583),[1]) dann Abschnitt I und II der Verordnung vom 21. März 1900, die Abänderung und Ergänzung der Bauordnungen betreffend (Gesetz- und Verordnungsblatt S. 217),[1]) ferner alle der gegenwärtigen Verordnung entgegenstehenden oder durch dieselbe ersetzten sonstigen Bestimmungen.

§ 81. Der Zeitpunkt, von welchem ab der Art. 102 des Polizeistrafgesetzbuches außer Kraft und der Art. 101 des Polizeistrafgesetzbuches in der Pfalz in Kraft tritt, wird auf den 1. Mai 1901 festgesetzt. Am gleichen Tage tritt gegenwärtige Verordnung in Wirksamkeit.

§ 82. In der Pfalz gelten für die Ausführung von Neubauten und Baureparaturen, welche vor dem Inkrafttreten gegenwärtiger Verordnung begonnen worden sind, noch die bisherigen Vorschriften.

---

5. Bau-Unfallversicherungsgesetz

in der Fassung nach dem Reichsgesetz vom 30. Juni 1900, bezw. im Texte der Bekanntmachung des Reichskanzlers vom 5. Juli 1900.[2])

(R.-G.-Bl. 1900 S. 335, 573, 698.)

(Auszug.)

(Text siehe Allfeld, „Strafgesetzgebung." Nachtragsband S. 185 ff.

---

[1]) s. Buchert, „Verwaltungsgesetze" S. 15, 946, 1026.)

[2]) An die Stelle der Fassung vom 11 Juli 1887 (s. Buchert, „Verwaltungsgesetze" S. 1032) getreten.

6. Berggesetz.[1]

Berggesetz für das Königreich Bayern vom 20. März 1869 in der Fassung vom 20. Juli 1900.

(Ges.= u. V.=Bl. 1900 S. 775.)

Erster Titel.

Allgemeine Bestimmungen.

Art. 1. (1.)[2]) Das Eigenthumsrecht an Grund und Boden erstreckt sich nicht auf die nachbezeichneten Mineralien; deren Aufsuchung und Gewinnung ist, soweit nicht für einzelne derselben abweichende Bestimmungen getroffen sind, unter Einhaltung der Vorschriften des gegenwärtigen Gesetzes einem Jeden gestattet.

Diese Mineralien sind:

Gold, mit Ausnahme des Waschgoldes, Silber, Quecksilber, Eisen, Blei, Kupfer, Zinn, Zink, Kobalt, Nickel, Arsenik, Mangan, Antimon und Schwefel, gediegen und als Erze; Alaun= und Vitriolerze; Stein= und Braunkohle; Steinsalz nebst den mit demselben auf der nämlichen Lagerstätte vorkommenden Salzen, namentlich Kali, Magnesia= und Borsalzen, sowie die Soolquellen.

Art. 2. (neu.) Die Aufsuchung und Gewinnung von Steinsalz nebst den mit demselben auf der nämlichen Lagerstätte vorkommenden Salzen, namentlich Kali=, Magnesia= und Borsalzen sowie der Soolquellen bleibt dem Staate vorbehalten.

Das Staatsministerium der Finanzen ist jedoch befugt, die Erlaubniß hiezu Einzelnen oder Gemeinschaften zu ertheilen.

Art. 3. (2.) Bei der vom Staate oder auf Grund einer vom Staatsministerium der Finanzen ertheilten Erlaubniß von sonstigen Unternehmern bethätigten Aufsuchung und Gewinnung von Salzen und Soolquellen finden sowohl hinsichtlich der für den Betrieb maßgebenden Beschränkungen und Verpflichtungen, als auch hinsichtlich des Verhältnisses des Unternehmers zu anderen Bergwerksbesitzern und zu den Muthern, zu den Grundbesitzern und zu den bei dem Betriebe beschäftigten

---

[1]) S. hiezu K. Allerh. Verordn. „Die Organisation u. Wirkungskreis der Bergbehörden" vom 30 Juli 1900 (Ges.= u. V.=Bl. 1900 S. 839) und „Oberbergpolizeiliche Vorschriften vom 30. Juli 1900 (Ges.= u. V.=Bl. 1900 S. 843).

[2]) Soweit die einzelnen Artikel jenen des bisherigen Gesetzes entsprechen, sind die Nummern der letzteren in Klammern beigefügt.

Personen die Vorschriften dieses Gesetzes, soweit sie nach der Natur der Sache zutreffen, entsprechende Anwendung. Im Uebrigen findet dieses Gesetz auf den Erwerb und Betrieb von Bergwerken für Rechnung des Staates in vollem Umfange Anwendung.

Zweiter Titel.

Von der Erwerbung des Bergwerks-Eigenthums.

Erster Abschnitt.

Vom Schürfen.

Art. 4. (3.) Die Aufsuchung der im Art. 1 bezeichneten Mineralien auf ihren natürlichen Ablagerungen — das Schürfen — unterliegt den nachstehenden Vorschriften (Art. 5 bis 12).

Art. 5. (4.) Auf öffentlichen Plätzen, Straßen und Eisenbahnen, sowie auf Friedhöfen ist das Schürfen unbedingt untersagt.

Auf anderen Grundstücken ist das Schürfen unstatthaft, wenn nach der Entscheidung des Oberbergamts überwiegende Gründe des öffentlichen Interesses entgegenstehen.

Unter Gebäuden und in einem Umkreise um dieselben bis zu sechzig Metern, in Gärten und in eingefriedeten Hofräumen darf nicht geschürft werden, es sei denn, daß der Grundbesitzer seine ausdrückliche Einwilligung hiezu ertheilt hat.

Art. 6. (5.) Wer zur Ausführung von Schürfarbeiten fremden Grund und Boden benützen will, hat hiezu die Erlaubniß des Grundbesitzers nachzusuchen.

Mit Ausnahme der im Art. 5 bezeichneten Fälle muß der Grundbesitzer, er sei Eigenthümer oder Nutzungsberechtigter, das Schürfen auf seinem Grund und Boden gestatten.

Art. 7. (6.) Der Schürfer ist verpflichtet, dem Grundbesitzer für die entzogene Nutzung jährlich im Voraus vollständige Entschädigung zu leisten und das Grundstück nach beendigter Benützung wieder zur freien Verfügung des Grundbesitzers zu stellen, auch für den Fall, daß durch die Schürfarbeiten eine Werthsverminderung des Grundstückes eintritt, bei Beendigung der Benützung den Minderwerth zu ersetzen.

Für die Erfüllung dieser letzteren Verpflichtung kann der Grundbesitzer schon vor dem Beginne der Schürfarbeiten die Bestellung angemessener Sicherheit von dem Schürfer verlangen.

Auf die jährlich zu leistende Entschädigung finden die Vorschriften des Art. 162, auf den Ersatz des Minderwerths finden die Vorschriften des Art. 167 entsprechende Anwendung

Art. 8. (7.) Die dem Grundeigenthümer in Art. 159 Abs. 3, Art. 160 und Art. 161 eingeräumten Rechte stehen demselben auch gegen den Schürfer zu.

In diesen Fällen sind für den Antrag des Grundeigenthümers die Bestimmungen des Art. 169 und folgende maßgebend.

Art. 9. (8.) Kann der Schürfer sich mit dem Grundbesitzer über die Gestattung der Schürfarbeiten nicht gütlich einigen, so entscheidet das Oberbergamt darüber, ob und unter welchen Bedingungen die Schürfarbeiten unternommen werden dürfen.

Das Oberbergamt kann die Ermächtigung zum Schürfen nur in den Fällen des Art. 5 versagen.

Das Oberbergamt setzt beim Mangel einer Einigung unter den Betheiligten die Entschädigung und Sicherheitsleistung in Geld (Art. 7) vorbehaltlich der Betretung des Rechtsweges fest. Wird der Rechtsweg betreten, so ist für die Klage das Gericht ausschließlich zuständig, in dessen Bezirk das Grundstück liegt.

Die Kosten des Verfahrens vor dem Oberbergamte fallen dem Schürfer zur Last.

Art. 10. (9.) Durch Beschreitung des Rechtsweges wegen der Festsetzung der Entschädigung oder der Sicherheitsleistung wird der Beginn der Schürfarbeiten nicht aufgehalten, vorausgesetzt, daß die von dem Oberbergamte festgesetzte Entschädigung an den Berechtigten bezahlt oder bei verweigerter Annahme hinterlegt, desgleichen die Hinterlegung der Sicherheitsleistung in dem von dem Oberbergamte festgestellten Betrage geschehen ist.

Art. 11. (10.) In den Feldern fremder Bergwerke darf nach denjenigen Mineralien geschürft werden, auf welche der Bergwerkseigenthümer Rechte noch nicht erworben hat.

Bedrohen jedoch solche Schürfarbeiten die Sicherheit der Baue oder den ungestörten Betrieb des Bergwerkes, so hat die Berginspektion dieselben zu untersagen.

Der Bergwerksbesitzer kann verlangen, daß der Schürfer ihm vor Beginn der Schürfarbeiten angemessene Sicherheit für die etwa zu leistende Entschädigung bestellt.

Auf diese Sicherheitsleistung finden der Art. 9 mit Ausnahme der Bestimmung des Abs. 3 Satz 2 und der Art. 10 Anwendung.

Art. 12. (11.) Der Schürfer ist befugt, über die bei seinen Schürfarbeiten geförderten Mineralien (Art. 1) zu verfügen, insoferne nicht bereits Dritte Rechte auf dieselben erworben haben.

Zweiter Abschnitt.

Vom Muthen.

Art. 13. (12.) Das Gesuch um Verleihung des Bergwerkseigenthums in einem gewissen Felde — die Muthung — muß bei dem Oberbergamt angebracht werden.

Art. 14. (13.) Die Muthung ist schriftlich in zwei gleichlautenden Exemplaren einzulegen.

Jedes Exemplar wird mit Tag und Stunde des Einlaufes versehen und sodann ein Exemplar dem Muther zurückgegeben.

Es ist statthaft, die Muthung bei dem Oberbergamte zu Protokoll zu erklären.

Art. 15. (14.) Jede Muthung muß enthalten:

1. den Namen und Wohnort des Muthers,
2. die Bezeichnung des Minerals, auf welches die Verleihung des Bergwerkseigenthums verlangt wird,
3. die Bezeichnung des Fundpunktes,
4. den dem Bergwerke beizulegenden Namen.

Wird eine Muthung auf das Mineralvorkommen eines verlassenen Bergwerkes eingelegt, so muß dieselbe statt des Erfordernisses unter 3 eine Angabe über die Lage dieses Bergwerkes enthalten.

Fehlt der Muthung eine der Angaben Ziffer 1, 2 und 3 gänzlich, so ist die Muthung ungiltig.

Fehlt die Angabe Ziffer 4 oder sind die Angaben Ziffer 1, 2, 3 und 4 ungenau und wird dem Mangel auf die Aufforderung des Oberbergamts innerhalb einer Woche nicht abgeholfen, so ist die Muthung von Anfang an ungiltig.

Art. 16. (15.) Die Giltigkeit einer Muthung ist dadurch bedingt, daß das in derselben bezeichnete Mineral an dem angegebenen Fundpunkt (Art. 15) auf seiner natürlichen Ablagerung vor Einlegung der Muthung entdeckt worden ist und bei der amtlichen Untersuchung nachgewiesen wird, und daß außerdem nicht bessere Rechte Dritter auf den Fund entgegenstehen.

Art. 17. (16.) Wird eine Muthung auf das Mineralvorkommen eines verlassenen Bergwerkes eingelegt (Art. 15), so bedarf es zur Giltigkeit derselben keiner vorherigen neuen Aufschlüsse.

War jedoch das Mineral erwiesenermaßen bereits bei dem Verlassen des Bergwerkes gänzlich abgebaut, so ist eine solche Muthung von Anfang an ungiltig.

Art. 18. (17.) Der Muther hat die Lage und Größe des begehrten Feldes (Art. 28), letztere nach Quadratmetern anzugeben und die einschlägigen Steuerkatasterpläne in zwei Exemplaren einzureichen, auf welchen der Fundpunkt und die Feldesgrenzen durch einen amtlich bestellten Markscheider oder die Messungsbehörde eingezeichnet sein müssen.

Art. 19. (18). Die Angabe der Lage und Größe des Feldes, sowie die Einreichung der Steuerkatasterpläne (Art. 18) müssen binnen einem Monat nach Einlauf der Muthung bei dem Oberbergamt erfolgen. Geschieht dies nicht, so ist die Muthung von Anfang an ungiltig.

Unterläßt der Muther die Einreichung eines zweiten Exemplars der Steuerkatasterpläne, so kann das Oberbergamt auf Kosten des Muthers solche ankaufen und in dieselben den Situationsriß einzeichnen lassen.

Art. 20. (19.) Die Lage und Größe des begehrten Feldes können nur innerhalb der auf den Steuerkatasterplänen (Art. 18) angegebenen Grenzen abgeändert werden.

Gegen Muthungen Dritter ist das gesetzlich begehrte, auf den Steuerkatasterplänen angegebene Feld einer Muthung für die Dauer ihrer Giltigkeit geschlossen.

Diese Wirkung tritt mit dem Zeitpunkte der Präsentation der Muthung ein und wird auf diesen Zeitpunkt auch dann zurückbezogen, wenn die Steuerkatasterpläne mit Einzeichnung erst später innerhalb der im Art. 19 vorgeschriebenen Frist eingereicht worden sind.

Art. 21. (20.) Das Feld einer Muthung wird sogleich nach Einreichung der Steuerkatasterpläne (Art. 18) von dem Oberbergamt auf die Muthungsübersichtskarte aufgetragen.

Die Einsicht dieser Karte ist einem Jeden gestattet.

Art. 22. (21.) Versuchsarbeiten, welche der Muther etwa noch vor der Verleihung ausführt, unterliegen denselben Vorschriften, wie die Arbeiten des Schürfers (Art. 4 bis 12).

Dritter Abschnitt.

Vom Verleihen.

Art. 23. (22.) Die den gesetzlichen Erfordernissen entsprechende Muthung begründet einen Anspruch auf Verleihung des Bergwerkseigenthums in dem im Art. 28 bestimmten Felde.

Art. 24. (23.) Dieser Anspruch kann jedoch auf dem Rechtswege nicht gegen das zur Ertheilung der Verleihung berufene Oberbergamt, sondern nur gegen diejenigen Personen verfolgt werden, welche dem Muther die Behauptung eines besseren Rechtes entgegensetzen.

Art. 25. (24.) Wer auf eigenem Grund und Boden oder in seinem eigenen Grubengebäude oder durch Schürfarbeiten, welche nach Vorschrift der Art. 4 bis 12 unternommen worden sind, ein Mineral (Art. 1) auf seiner natürlichen Ablagerung entdeckt, hat als Finder das Vorrecht vor anderen nach dem Zeitpunkte seines Fundes eingelegten Muthungen.

Der Finder muß jedoch innerhalb zwei Wochen nach Ablauf des Tages der Entdeckung Muthung einlegen, widrigenfalls sein Vorrecht erlischt.

Art. 26. (25.) In allen übrigen Fällen geht die ältere Muthung der jüngeren vor. Das Alter wird durch das Präsentatum bei dem Oberbergamte, beziehungsweise durch das Datum der Protokollarerklärung (Art. 14) bestimmt.

Art. 27. (26.) Das Bergwerkseigentum wird für Felder verliehen, welche, soweit die Oertlichkeit es gestattet, von geraden Linien an der Oberfläche und von senkrechten Ebenen in die ewige Teufe begrenzt werden. Der Flächeninhalt der Felder ist nach der horizontalen Projektion in Quadratmetern festzustellen.

Art. 28. (27.) Der Muther hat das Recht,

1. für Stein- und Braunkohlen ein Feld bis zu 8 000 000 Quadratmetern (800 Hektaren),

2. für die übrigen Mineralien ein solches bis zu 2000000 Quadratmetern (200 Hektaren)

zu verlangen.

In dieser Ausdehnung kann dem Felde jede beliebige, den Bedingungen des Art. 27 entsprechende Form gegeben werden. Jedoch muß der Fundpunkt (Art. 16) beziehungsweise der frühere Aufschluß des Mineralvorkommens eines verlassenen Bergwerkes (Art. 17) stets in dieses Feld eingeschlossen werden.

Auch darf das Grubenfeld nirgends eine geringere Breite als den 32. Theil der Länge haben.

Art. 29. (28.) Ehe die Verleihung des Bergwerkseigenthums erfolgt, hat der Muther in einem von der Berginspektion anzusetzenden, ihm mindestens zwei Wochen vorher bekannt zu machenden Termin seine Schlußerklärung über die Größe und Begrenzung des Feldes, sowie über etwaige Einsprüche und kollidirende Ansprüche Dritter abzugeben.

Auf Antrag des Muthers kann der Termin verlegt, auch kann zur Fortsetzung des Verfahrens ein fernerer Termin angesetzt werden.

Erscheint der Muther in dem Termin nicht, so wird angenommen, derselbe beharre bei seinem Anspruche auf Verleihung des Bergwerkseigenthums in dem auf dem Steuerkatasterplan (Art. 18) eingezeichneten Felde und erwarte die Entscheidung des Oberbergamts über seinen Anspruch, sowie über die etwaigen Einsprüche und Ansprüche Dritter.

Art. 30. (29.) Zu dem Termin (Art. 29) werden

1) diejenigen Muther, deren Rechte vermöge der Lage ihrer Fundpunkte oder Felder mit dem begehrten Felde bereits kollidiren oder doch in Kollision gerathen können,
2) die Vertreter der durch das begehrte Feld ganz oder theilweise überdeckten und der benachbarten Bergwerke zur Wahrnehmung ihrer Rechte mit dem Eröffnen vorgeladen, daß im Falle ihres Ausbleibens das Oberbergamt lediglich nach Lage der Verhandlungen entscheiden werde.

Art. 31. (30.) Liegen Einsprüche und Kollisionen mit den Rechten Dritter nicht vor und findet sich auch sonst gegen die Anträge des Muthers gesetzlich nichts zu erinnern, so fertigt das Oberbergamt ohne Weiteres die Verleihungsurkunde aus.

Art. 32. (31.) Liegen Einsprüche und Kollisionen mit den Rechten Dritter vor oder kann aus anderen gesetzlichen Gründen den Anträgen des Muthers gar nicht oder nicht in ihrem ganzen Umfange entsprochen werden, so entscheidet das Oberbergamt über die Ertheilung oder Versagung der Verleihung durch einen Beschluß, welcher dem Muther und den betheiligten Dritten in Ausfertigung zugestellt wird.

Einsprüche, welche in diesem Verfahren abgewiesen, ingleichen Ansprüche, welche, ohne angemeldet worden zu sein, hiebei nicht anerkannt wurden, müssen, insoferne sie auf Privatrechtsverhältnissen beruhen, binnen drei Monaten vom Tage der Zustellung der rechtskräftigen Entscheidung an bei Vermeidung des Ausschlusses durch gerichtliche Klage verfolgt werden.

Die in dem Verleihungsverfahren durch unbegründete Einsprüche entstehenden Kosten hat der Widersprechende zu tragen.

Art. 33. (32.) Sind die der Verleihung entgegenstehenden Hindernisse durch rechtskräftige Entscheidung nach Art. 32 oder durch Richterspruch beseitigt, so fertigt das Oberbergamt die Verleihungsurkunde aus.

Art. 34. (33.) Bei Ausfertigung der Verleihungsurkunde werden die beiden Exemplare des mit der Einzeichnung des Situationsrisses versehenen Steuerkatasterplanes von dem Oberbergamte beglaubigt, erforderlichen Falles aber vorher berichtigt und vervollständigt.

Das eine Exemplar hievon erhält der Bergwerkseigenthümer, das andere wird bei dem Oberbergamte aufbewahrt, welches das verliehene Feld in die Muthungsübersichtskarte einzutragen hat.

Art. 35. (34.) Die Verleihungsurkunde muß enthalten:

1. den Namen, Stand und Wohnort des Berechtigten,
2. den Namen des Bergwerkes,
3. den Flächeninhalt und die Begrenzung des Feldes unter Verweisung auf den Steuerkatasterplan (Art. 34),
4. den Namen der Gemeinde, des Polizei- und Regierungsbezirkes, in welchem das verliehene Feld liegt,
5. die Benennung des Minerals oder der Mineralien, auf welche das Bergwerkseigenthum verliehen wird,
6. Datum der Urkunde,
7. Siegel und Unterschrift des Oberbergamtes.

Art. 36. (35.) Die Verleihungsurkunde ist binnen einem Monat nach der Ausfertigung durch das Amtsblatt der Kreisregierung, in deren Bezirk das Bergwerk liegt, unter Verweisung auf die Vorschriften dieses und des folgenden Artikels zur öffentlichen Kenntniß zu bringen.

Muther, welche auf das in der Bekanntmachung bezeichnete Feld oder auf Theile desselben ein Vorzugsrecht geltend machen wollen, haben dieses Recht, insofern über dasselbe nicht bereits in dem Verleihungsverfahren verhandelt und rechtskräftig (Art. 32) entschieden worden ist, bei Vermeidung des Ausschlusses binnen drei Monaten vom Ablaufe des Tages, an welchem das die Bekanntmachung enthaltende Amtsblatt ausgegeben worden ist, durch gerichtliche Klage gegen den Bergwerkseigenthümer zu verfolgen.

Wird das Vorzugsrecht des Widersprechenden durch Richterspruch anerkannt, so hat das Oberbergamt die Verleihungsurkunde je nach Lage des Falles gänzlich aufzuheben oder abzuändern.

Art. 37. (36.) Während der dreimonatigen Frist des Art. 36 ist die Einsicht des eingezeichneten Steuerkatasterplanes (Art. 34) bei der Bergbehörde einem Jeden gestattet.

Art. 38. (36 a.) Das Oberbergamt hat dem Grundbuchamt eine beglaubigte Abschrift der Verleihungsurkunde und eine beglaubigte Zeichnung des Planes (Art. 34) zur Eintragung des verliehenen Bergwerkseigenthums in das Grundbuch mitzutheilen.

In den Fällen des Art. 36 Abs. 3 hat das Oberbergamt das Grundbuchamt um die erforderlichen Eintragungen zu ersuchen. Soweit Hypotheken, Grundschulden oder Rentenschulden von der Aenderung oder Aufhebung der Verleihung betroffen werden, finden auf die Eintragung die Vorschriften der §§ 42 bis 44 der Grundbuchordnung keine Anwendung. Das Grundbuchamt hat den Besitzer des Hypotheken-, Grundschuld- oder Rentenschuldbriefs zur Vorlegung anzuhalten, um nach den Vorschriften des § 62 Abs. 1, des § 69 und des § 70 Abs. 1 der Grundbuchordnung zu verfahren.

Art. 39. (37.) Die Kosten des Verleihungsverfahrens hat mit Ausschluß der durch unbegründete Einsprüche entstandenen (Art. 32) der Muther zu tragen.

Vierter Abschnitt.

Vom Vermessen.

Art. 40. (38.) Der Bergwerkseigenthümer ist befugt, die amtliche Vermessung und Verlochsteinung des durch die Verleihungsurkunde bestimmten Feldes zu verlangen.

Dieselbe Befugniß steht den Eigenthümern angrenzender Bergwerke zu.

Das Geschäft wird unter der Leitung der Berginspektion durch den amtlich bestellten Markscheider oder die Messungsbehörde ausgeführt.

Die Kosten hat der Antragsteller zu tragen.

Art. 41. (39.) Zu der Vermessung und Verlochsteinung werden außer dem Bergwerkseigenthümer die Vertreter der angrenzenden Bergwerke und die Besitzer derjenigen Grundstücke, auf welchen Lochsteine zu setzen sind, zugezogen.

Die Grundbesitzer sind verpflichtet, das Betreten ihrer Grundstücke und das Setzen der Lochsteine gegen vollständigen Ersatz des Schadens zu gestatten.

Dritter Titel.

Von dem Bergwerkseigenthume.

Erster Abschnitt.

Von dem Bergwerkseigenthum im Allgemeinen.

Art. 42. (40.) Auf das Bergwerkseigenthum finden die sich auf Grundstücke beziehenden Vorschriften entsprechende Anwendung.

Art. 43. (41.) Für den Erwerb eines bestehenden Bergwerkseigenthums gelten dieselben Vorschriften wie für den Erwerb des Eigenthums an einem Grundstücke.

Auf die Ansprüche aus dem Bergwerkseigenthume finden die für die Ansprüche aus dem Eigenthume geltenden Vorschriften entsprechende Anwendung.

Art. 44. (42.) Der Bergwerkseigenthümer hat die ausschließliche Befugniß, nach den Bestimmungen des gegenwärtigen Gesetzes das in der Verleihungsurkunde benannte Mineral in seinem Felde aufzusuchen und zu gewinnen, sowie alle hiezu erforderlichen Vorrichtungen unter und über Tag zu treffen.

Diese Befugniß erstreckt sich auch auf die innerhalb des Feldes befindlichen Halden eines früheren Bergbaues.

Art. 45. (43.) Auf Mineralien, welche mit dem in der Verleihungsurkunde benannten Mineral innerhalb der Grenzen des Feldes in einem solchen Zusammenhange vorkommen, daß dieselben nach der Entscheidung des Oberbergamts aus bergtechnischen oder bergpolizeilichen Gründen gemeinschaftlich gewonnen werden müssen, hat der Bergwerkseigenthümer in seinem Felde vor jedem Dritten ein Vorrecht zum Muthen.

Legt ein Dritter auf solche Mineralien Muthung ein, so wird dieselbe dem Bergwerkseigenthümer mitgetheilt. Letzterer muß alsdann binnen einem Monat nach Ablauf des Tages dieser Mittheilung Muthung einlegen, widrigenfalls sein Vorrecht erlischt.

Auf andere Mineralien, welche nicht in dem vorbezeichneten Zusammenhange vorkommen, hat der Bergwerkseigenthümer kein Vorrecht.

Art. 46. (44.) Steht das Recht zur Gewinnung verschiedener Mineralien innerhalb derselben Feldesgrenze verschiedenen Bergwerkseigenthümern zu, so hat jeder Theil das Recht, bei einer planmäßigen Gewinnung seines Minerals auch dasjenige des anderen Theiles insoweit mitzugewinnen, als diese Mineralien nach der Entscheidung des Oberbergamts aus den im Art. 45 angegebenen Gründen nicht getrennt gewonnen werden können.

Die mitgewonnenen, dem anderen Theile zustehenden Mineralien müssen jedoch dem letzteren auf sein Verlangen gegen Erstattung der Gewinnungs- und Förderungskosten herausgegeben werden.

Art. 47. (45.) Der Bergwerkseigenthümer ist befugt, die durch den Betrieb des Bergwerkes gewonnenen, nicht unter den Art. 1 gehörigen Mineralien zum Zwecke seines Betriebs ohne Entschädigung des Grundeigenthümers zu verwenden. Soweit diese Verwendung nicht erfolgt, ist der Bergwerkseigenthümer verpflichtet, die bezeichneten Mineralien dem Grundeigenthümer auf sein Verlangen gegen Erstattung der Gewinnungs- und Förderungskosten herauszugeben.

Will der Grundeigenthümer auf einem bereits verliehenen Felde nicht unter Art. 1 gehörige Mineralien gewinnen, so finden die Bestimmungen des Art. 46 entsprechende Anwendung.

Art. 48. (46.) Dem Bergwerkseigenthümer steht die Befugniß zu, die zur Aufbereitung seiner Bergwerkserzeugnisse erforderlichen Anstalten zu errichten und zu betreiben.

Art. 49. (47.) In der Anlage und Einrichtung der zur Aufsuchung, Gewinnung und Aufbereitung erforderlichen Anstalten bleibt der Bergwerkseigenthümer allen in der Landesgesetzgebung begründeten Beschränkungen und Vorschriften unterworfen.

Der Berginspektion sind die desfallsigen Verhandlungen der Distriktspolizeibehörde zum Gutachten und zur Antragstellung mitzutheilen, ohne Unterschied, ob es sich um Staats- oder Privatbergwerke handelt.

Lauten die polizeilichen Beschlüsse, welche der Berginspektion zuzufertigen sind, dem Antrage oder Gutachten derselben zuwider, so kann diese innerhalb zwei Wochen die Beschwerde an die k. Kreisregierung, Kammer des Innern, ergreifen, welche hierüber vor der Entscheidung das Gutachten des Oberbergamtes zu erholen hat.

Diese Beschwerde ist binnen drei Tagen bei der Distriktspolizeibehörde anzumelden und es wird hiedurch der Vollzug des Beschlusses gehemmt.

Art. 50. (48.) Der Bergwerkseigenthümer ist befugt, im freien Felde Hilfsbaue anzulegen.

Dieselbe Befugniß steht ihm im Felde anderer Bergwerkseigenthümer zu, soferne die Hilfsbaue die Wasser- und Wetterlösung oder den vortheilhafteren Betrieb des Bergwerkes, für welches die Anlage gemacht werden soll, bezwecken und der eigene Bergbau des Anderen dadurch weder gestört, noch gefährdet wird.

Art. 51. (49.) Bestreitet der Bergwerkseigenthümer, in dessen Felde ein Hilfsbau angelegt werden soll, seine Verpflichtung zur Gestattung desselben, so entscheidet hierüber das Oberbergamt mit Ausschluß des Rechtsweges.

Art. 52. (50.) Wird ein Hilfsbau in dem Felde eines anderen Bergwerkseigenthümers angelegt, so muß der Hilfsbauberechtigte für allen Schaden, welcher dem belasteten Bergwerke durch seine Anlagen zugefügt wird, vollständige Entschädigung leisten.

Auf die Entschädigungsforderung finden die Vorschriften des Art. 167 Abs. 1 entsprechende Anwendung.

Art. 53. (51.) Die bei Ausführung eines Hilfsbaues im freien Felde gewonnenen Mineralien (Art. 1) werden als Theil der Förderung des durch den Hilfsbau zu lösenden Bergwerkes behandelt.

Werden bei Ausführung eines Hilfsbaues im Felde eines anderen Bergwerkseigenthümers Mineralien gewonnen, auf welche der letztere berechtigt ist, so müssen diese Mineralien demselben auf sein Verlangen unentgeltlich herausgegeben werden.

Art. 54. (52.) Der Bergwerkseigenthümer hat die Befugniß, die Abtretung des zu seinen bergbaulichen Zwecken (Art. 44 bis 50) erforderlichen Grundes und Bodens, sowie die Benützung des Wassers nach näherer Vorschrift des fünften Titels zu verlangen.

Zweiter Abschnitt.

Von der Vereinigung, der Theilung und dem Austausche.

Art. 55. (53.) Die Vereinigung zweier oder mehrerer Bergwerke zu einem einheitlichen Ganzen unterliegt der Bestätigung des Oberbergamts.

Art. 56. (54.) Zur Vereinigung von Bergwerken ist erforderlich:
1. eine über den Vereinigungsakt errichtete notarielle Urkunde, je nach Beschaffenheit des Falles ein Vertrag oder ein Beschluß der Mitbetheiligten oder eine Erklärung des Alleineigenthümers;
2. ein in die treffenden Steuerkatasterblätter von einem amtlich bestellten Markscheider oder der Messungsbehörde eingezeichneter Situationsplan des ganzen Feldes in zwei Exemplaren;
3. die Angabe des dem zu vereinigenden Bergwerke beizulegenden Namens.

Art. 57. (55.) Kann das durch die Vereinigung entstehende Werk nur als Ganzes mit Hypotheken und dinglichen Lasten beschwert werden (Art. 120), so muß für den Fall, daß auf den einzelnen Bergwerken Hypotheken, Grundschulden, Rentenschulden oder andere Realrechte haften, außer der über den Vereinigungsakt errichteten Urkunde eine mit den Berechtigten vereinbarte Bestimmung darüber beigebracht werden, daß und in welcher Rangordnung die Rechte derselben auf das vereinigte Werk als Ganzes übergehen sollen.

Die Vereinbarung muß öffentlich beurkundet oder öffentlich beglaubigt sein.

Art. 58. (56.) In allen übrigen Fällen muß in der Notariatsurkunde eine Bestimmung des Antheilverhältnisses, nach welchem jedes einzelne Werk in das vereinigte Werk eintreten soll, enthalten sein. Auf diese Fälle finden alsdann die besonderen Vorschriften des Art. 59 bis 62 Anwendung.

Art. 59. (57.) Der wesentliche Inhalt des Vereinigungsakts, insbesondere die Bestimmung des Antheilverhältnisses (Art. 58), wird durch das Oberbergamt den aus dem Grundbuch ersichtlichen Hypotheken-, Grundschuld- und Rentenschuldgläubigern und anderen Realberechtigten, insoferne deren ausdrückliches Einverständniß mit dem Antheilverhältnisse nicht beigebracht ist, unter Verweisung auf diesen und die beiden folgenden Artikel bekannt gemacht.

Außerdem erfolgt diese Bekanntmachung durch das Amtsblatt der Kreisregierung, in deren Bezirke die zu vereinigenden Bergwerke liegen.

Art. 60. (58.) Hypotheken-, Grundschuld- und Rentenschuldgläubiger und andere Realberechtigte, welche durch die Bestimmung des Antheilverhältnisses (Art. 58) an ihren Rechten verkürzt zu sein glauben, sind befugt, gegen diese Bestimmung der Vereinigung Einspruch zu erheben.

Dieses Einspruchsrecht muß bei Vermeidung des Ausschlusses binnen drei Monaten nach Ablauf des Tages, an welchem die Bekanntmachung zugestellt, beziehungsweise das die Bekanntmachung enthaltende Amtsblatt ausgegeben worden ist (Art. 59), durch gerichtliche Klage geltend gemacht werden.

Art. 61. (59.) Statt diese Klage zu erheben, können die vorbezeichneten Gläubiger und anderen Realberechtigten ihre Befriedigung vor der Verfallzeit verlangen, soweit dies die Natur des versicherten Anspruches gestattet.

Dieses Recht muß jedoch ebenfalls bei Vermeidung des Verlustes desselben innerhalb der im Art. 60 bestimmten Frist geltend gemacht werden.

Art 62. (60.) Mit der Bestätigung der Vereinigung (Art. 63) geht das Realrecht ohne Weiteres auf den entsprechenden, nach Maßgabe der vorstehenden Bestimmungen (Art. 58 bis 60) festgestellten Antheil an dem vereinigten Werke über.

Art. 63. (61.) Sind Hypotheken-, Grundschuld- und Rentenschuldgläubiger und andere Realberechtigte nicht vorhanden oder ist in den Fällen des Art. 57 die dort bezeichnete Vereinbarung beigebracht oder sind in den Fällen des Art. 58 Einsprüche nicht erhoben oder die erhobenen Einsprüche (Art. 60, 61) erledigt, so entscheidet das Oberbergamt, ob die Vereinigung zu bestätigen sei.

Die Bestätigung darf nur versagt werden, wenn die Felder der einzelnen Bergwerke nicht aneinander grenzen oder wenn Gründe des öffentlichen Interesses entgegen stehen.

Der Bestätigungsurkunde werden die Verleihungsurkunden der einzelnen Bergwerke beigefügt.

Hinsichtlich der Beglaubigung, Aushändigung und Aufbewahrung der Risse finden die Bestimmungen des Art. 34 Anwendung.

Art. 64. (62.) Die reale Theilung des Feldes eines Bergwerkes in selbstständige Felder, sowie der Austausch von Feldestheilen zwischen angrenzenden Bergwerken unterliegt der Bestätigung des Oberbergamtes.

Dieselbe darf nur versagt werden, wenn überwiegende Gründe des öffentlichen Interesses entgegenstehen.

Hypotheken-, Grundschuld- und Rentenschuldgläubiger und andere Realberechtigte, welche durch die Feldestheilung oder durch den Feldesaustausch an ihren Rechten verkürzt zu sein glauben, können ihre Befriedigung vor der Verfallzeit verlangen, soweit dies die Natur des versicherten Anspruches gestattet. Dieses Recht muß bei Vermeidung des Verlustes desselben innerhalb der im Art. 60 bestimmten Frist geltend gemacht werden. Die Bestätigung wird unter Beobachtung des Verfahrens ertheilt, welches sich aus der Anwendung der Art. 56, 59 und 63 auf die vorstehenden Fälle ergibt.

Bei dem Austausche von Feldestheilen geht das Recht der erwähnten Gläubiger und anderen Realberechtigten mit der Bestätigung des Oberbergamts auf den zu dem belasteten Bergwerke hinzutretenden Feldestheil über, wogegen der abgetretene Feldestheil von der dinglichen Belastung befreit wird.

Art. 65. (62a.) Ist die Bestätigung der Vereinigung mehrerer Bergwerke, der Theilung des Feldes eines Bergwerkes in selbständige Felder oder des Austausches von Feldestheilen erfolgt, so hat das Oberbergamt das Grundbuchamt unter Mittheilung einer beglaubigten Abschrift der Bestätigungsurkunde und beglaubigter Planzeichnungen um die Eintragungen zu ersuchen, welche durch die eingetretenen Rechtsänderungen veranlaßt werden.

Soweit Hypotheken, Grundschulden oder Rentenschulden von der Rechtsänderung betroffen werden, finden die Vorschriften des Art. 38 Abs. 2 Satz 2, 3 entsprechende Anwendung.

Dritter Abschnitt.

Von dem Betriebe und der Verwaltung.

Art. 66. (63.) Der Bergwerksbesitzer ist verpflichtet, das Bergwerk zu betreiben, wenn der Unterlassung oder Einstellung des Betriebes nach der Entscheidung des Oberbergamts überwiegende Gründe des öffentlichen Interesses entgegenstehen.

Das Oberbergamt hat in diesem Falle die Befugniß, den Eigenthümer nach Vernehmung desselben zur Inbetriebsetzung des Bergwerkes oder zur Fortsetzung des unterbrochenen Betriebes binnen einer Frist von sechs Monaten aufzufordern und für den Fall der Nichtbefolgung dieser Aufforderung die Entziehung des Bergwerkseigenthums nach Maßgabe des sechsten Titels anzudrohen.

Art. 67. (64.) Der Bergwerksbesitzer ist verpflichtet, der Berginspektion von der beabsichtigten Inbetriebsetzung des Bergwerkes mindestens einen Monat vorher Anzeige zu machen.

Art. 68. (65.) Der Betrieb darf nur auf Grund eines Betriebsplanes geführt werden.

Derselbe unterliegt der Prüfung durch die Berginspektion und muß der letzteren zu diesem Zwecke vor der Ausführung vorgelegt werden.

Die Prüfung hat sich auf die im Art. 230 festgestellten polizeilichen Gesichtspunkte zu beschränken.

Art. 69. (66.) Erhebt die Berginspektion nicht binnen zwei Wochen nach Vorlegung des Betriebsplanes Einsprache gegen denselben, so ist der Bergwerksbesitzer zur Ausführung befugt.

Wird dagegen innerhalb dieser Frist Einspruch von der Berginspektion erhoben, so ist der Bergwerksbesitzer gleichzeitig zur Erörterung der beanstandeten Betriebsbestimmungen zu einem Termine vorzuladen.

Insoweit auf diesem Wege keine Verständigung erzielt wird, hat die Berginspektion diejenigen Abänderungen des Betriebsplanes, ohne welche derselbe nicht zur Ausführung gebracht werden darf, festzusetzen.

Art. 70. (67.) Die Art. 68 und 69 finden auch auf die späteren Abänderungen der Betriebspläne Anwendung.

Werden jedoch in Folge unvorhergesehener Ereignisse sofortige Abänderungen eines Betriebsplans erforderlich, so genügt es, wenn dieselben binnen der nächsten zwei Wochen der Berginspektion durch den Betriebsführer angezeigt werden.

Art. 71. (68.) Wird ein Betrieb den Vorschriften der Art. 68 bis 70 zuwider geführt, so ist die Berginspektion befugt, nöthigen Falles einen solchen Betrieb einzustellen.

Art. 72. (69.) Will der Bergwerksbesitzer den Betrieb des Bergwerkes einstellen, so hat derselbe der Berginspektion hievon mindestens einen Monat vorher Anzeige zu machen.

Muß der Betrieb in Folge unvorhergesehener Ereignisse schon in kürzerer Frist oder sofort eingestellt werden, so ist die Anzeige binnen längstens zwei Wochen nach erfolgter Betriebseinstellung nachzuholen.

Art. 73. (70.) Der Bergwerksbesitzer hat auf seine Kosten ein Grubenbild in zwei Exemplaren durch einen amtlich bestellten Markscheider anfertigen und regelmäßig nachtragen zu lassen.

In welchen Zeitabschnitten die Nachtragung stattfinden muß, wird durch die Berginspektion vorgeschrieben.

Das eine Exemplar des Grubenbildes ist an die Berginspektion zum Gebrauche derselben abzuliefern, das andere auf dem Bergwerke oder, falls es daselbst an einem geeigneten Orte fehlt, bei dem Betriebsführer aufzubewahren.

Art. 74. (71.) Der Betrieb darf nur unter Leitung, Aufsicht und Verantwortlichkeit von Personen geführt werden, deren Befähigung hiezu anerkannt ist.

Art. 75. (72.) Der Bergwerksbesitzer hat die zur Leitung und Beaufsichtigung des Betriebes angenommenen Personen, wie Betriebsführer, Steiger, technische Aufseher rc. der Berginspektion namhaft zu machen.

Diese Personen sind verpflichtet, ihre Befähigung zu den ihnen zu übertragenden Geschäften nachzuweisen und sich zu diesem Zwecke auf Erfordern einer Prüfung durch die Berginspektion zu unterwerfen.

Erst nachdem letztere die Befähigung anerkannt hat, dürfen die genannten Personen die ihnen übertragenen Geschäfte übernehmen.

Art. 76. (73.) Wird der Betrieb von einer Person geleitet oder beaufsichtigt, welche das erforderliche Anerkenntniß ihrer Befähigung (Art. 75) nicht besitzt, oder welche diese Befähigung wieder verloren hat, so ist die Berginspektion befugt, die sofortige Entfernung derselben zu verlangen und nöthigenfalls den in Betracht kommenden Betrieb so lange einzustellen, bis eine als befähigt anerkannte Person angenommen ist.

Art. 77. (74.) Die Personen, welche die Leitung und Beaufsichtigung des Betriebes übernommen haben, sind für die Einhaltung der Betriebspläne, sowie für die Befolgung aller im Gesetze enthaltenen oder auf Grund desselben ergangenen Vorschriften und Anordnungen verantwortlich.

Art. 78. (75.) Dieselben sind verpflichtet, die Bergbeamten, welche im Dienste das Bergwerk befahren, zu begleiten und denselben auf Erfordern Auskunft über den Betrieb, über die Ausführung der Arbeitsordnung und über alle sonstigen, der Aufsicht der Berginspektion unterliegenden Gegenstände zu ertheilen.

Art. 79. (76.) Der Bergwerksbesitzer muß den mit Fahrscheinen der einschlägigen Berginspektion versehenen Personen, welche sich dem Bergfache gewidmet haben, zum Zwecke ihrer Ausbildung die Befahrung und Besichtigung des Werkes gestatten.

Art. 80. (77.) Der Bergwerksbesitzer ist verpflichtet, in den dafür festgesetzten Zeiträumen und Formen die vom zuständigen k. Staatsministerium vorgeschriebenen statistischen Nachrichten einzureichen.

Art. 81. (neu.) Den Vorschriften der Art. 67 bis 80 unterliegen auch die unterirdischen Baue auf andere als die im Art. 1 bezeichneten Mineralien einschließlich der unterirdischen Steinbrüche und Gräbereien.

Vierter Abschnitt.

Von den Bergleuten und den Betriebsbeamten.

Art. 82. (78.) Das Vertragsverhältniß zwischen den Bergwerksbesitzern und den Bergleuten wird nach den allgemeinen gesetzlichen Bestimmungen beurtheilt, soweit nicht nachstehend etwas Anderes bestimmt ist.

Art. 83. (neu.) Die Berechnung und Auszahlung des Lohnes muß mindestens alle Monate an den zu Anfang des Jahres im Voraus bestimmten Tagen erfolgen. Ungefähr in der Mitte zwischen diesen Zahltagen hat eine Abschlagszahlung zu erfolgen.

Art. 84. (neu.) Soferne der Lohn nach Gedinge sich bemessen soll, muß die Vereinbarung desselben binnen zehn Tagen nach Belegung eines Ortes (Uebernahme der Arbeit) erfolgen. Ist dies nicht der Fall, so hat der Arbeiter Anspruch auf den durchschnittlichen Tagesverdienst gleichwerthiger Arbeiter.

Ist im Falle der Fortsetzung der Arbeit vor demselben Ort das Gedinge nicht bis zu dem bestimmten Zeitpunkt abgeschlossen, so ist der Arbeiter berechtigt, die Feststellung seines Lohnes nach Maßgabe des in der vorausgegangenen Lohnperiode für dieselbe Arbeitsstelle giltig gewesenen Gedinges zu verlangen.

Das Gedinge ist in dem Gedingebuch zu beurkunden und, wenn es länger als vierzehn Tage dauert, den Arbeitern entweder durch einen Gedingzettel für die Kameradschaft oder durch öffentlichen Anschlag bekannt zu machen.

Art. 85. (neu.) Den Bergwerksbesitzern ist untersagt, für den Fall der rechtswidrigen Auflösung des Arbeitsverhältnisses durch den Bergmann die Verwirkung des rückständigen Lohnes über den Wochenbetrag des für den Betriebssitz des Bergwerks geltenden ortsüblichen Taglohnes auszubedingen.

Art. 86. (neu.) Für jedes Bergwerk und die mit demselben verbundenen, unter der Aufsicht der Bergbehörden stehenden Anlagen, in welchen in der Regel mindestens 10 Arbeiter beschäftigt werden, ist innerhalb vier Wochen nach Inkrafttreten dieses Gesetzes oder nach Eröffnung des Betriebs eine Arbeitsordnung von dem Bergwerksbesitzer oder dessen Stellvertreter zu erlassen. Für die einzelnen Abtheilungen des Betriebs, für einzelne der bezeichneten Anlagen oder für die einzelnen Gruppen der Arbeiter können besondere Arbeitsordnungen erlassen werden.

Der Erlaß erfolgt durch Aushang.

Die Arbeitsordnung muß den Namen des Bergwerkes oder die Bezeichnung der besonderen Betriebsanlage sowie den Zeitpunkt, mit welchem sie in Wirksamkeit treten soll, angeben und von dem Bergwerksbesitzer oder dessen Stellvertreter unter Angabe des Datums unterzeichnet sein.

Abänderungen ihres Inhalts können nur durch den Erlaß von Nachträgen oder in der Weise erfolgen, daß an Stelle der bestehenden eine neue Arbeitsordnung erlassen wird.

Die Arbeitsordnungen und Nachträge zu denselben treten frühestens zwei Wochen nach ihrem Erlaß in Geltung.

Art. 87. (neu.) Die Arbeitsordnung muß Bestimmungen enthalten:

1. über Anfang und Ende der regelmäßigen täglichen Arbeitszeit, über Zahl und Dauer der für die erwachsenen Arbeiter vorgesehenen Pausen und darüber, unter welchen Voraussetzungen und in welchem Maße, abgesehen von Fällen der Beseitigung von Gefahren und der Ausführung von Notharbeiten, die Arbeiter verpflichtet sind, die Arbeit über die ordentliche Dauer der Arbeitszeit hinaus fortzusetzen, oder besondere Nebenschichten zu verfahren, bei Arbeiten unter Tage über die Regelung der Ein- und Ausfahrt und über die Ueberwachung der Anwesenheit der Arbeiter in der Grube,
2. über die zur Festsetzung des Schichtlohns und zum Abschlusse, sowie zur Abnahme des Gedinges ermächtigten Personen, über die Art des Gedingabschlusses und die Bekanntmachung des Gedinges an die Betheiligten, über die Voraussetzungen, unter welchen der Bergwerksbesitzer oder der Arbeiter eine Veränderung oder Aufhebung desselben zu verlangen berechtigt ist,
3. über Zeit und Art der Abrechnung und Lohnzahlung, über die Fälle, in denen wegen ungenügender oder vorschriftswidriger Arbeit Abzüge gemacht werden dürfen, über die Vertreter des Bergwerksbesitzers, welchen die Befugniß zur Anordnung von Abzügen wegen ungenügender oder vorschriftswidriger Arbeit zusteht, sowie über den Beschwerdeweg gegen solche Anordnungen,
4. sofern es nicht bei den gesetzlichen Bestimmungen bewenden soll, über die Frist der zuläßigen Aufkündigung, sowie über die Gründe, aus welchen die Entlassung und der Austritt aus der Arbeit ohne Aufkündigung erfolgen darf,
5. sofern Strafen vorgesehen werden, über die Art und Höhe derselben, über die Art ihrer Festsetzung, über die hiezu bevollmächtigten Vertreter des Bergwerksbesitzers und den Beschwerdeweg gegen diese Festsetzung und, wenn sie in Geld bestehen, über deren Einziehung und über den Zweck, für welchen sie verwendet werden söllen,
6. sofern die Verwirkung von Lohnbeträgen nach Maßgabe der Bestimmung des Art. 85 durch Arbeitsordnung oder Arbeitsvertrag ausbedungen wird, über die Verwendung der verwirkten Beträge,
7. über die etwaige Verabfolgung und Berechnung der Betriebsmaterialien und Werkzeuge (§ 115 der Gewerbeordnung).

Dem Bergwerksbesitzer bleibt überlassen, neben den im Abs. 1 bezeichneten noch weitere, die Ordnung des Betriebes und das Verhalten der Arbeiter im Betriebe betreffende Bestimmungen in die Arbeitsordnung aufzunehmen.

Mit Zustimmung eines ständigen Arbeiterausschusses können in die Arbeitsordnung Vorschriften über das Verhalten der Arbeiter bei Benützung der zu ihrem Besten getroffenen, auf dem Bergwerke bestehenden Einrichtungen, sowie Vorschriften über das Verhalten der minderjährigen Arbeiter außerhalb des Betriebs aufgenommen werden.

Art. 88. (neu.) Werden auf Grund der Arbeitsordnung Fördergefässe wegen ungenügender oder vorschriftswidriger Beladung ganz oder theilweise nicht angerechnet, so ist den betheiligten Arbeitern Gelegenheit zu geben, hievon nach Beendigung der Schicht Kenntniß zu nehmen. Der Bergwerksbesitzer ist verpflichtet, zu gestatten, daß die Arbeiter auf ihre Kosten durch einen von ihnen, oder, wenn ein ständiger Arbeiterausschuß besteht, von diesem gewählten Vertrauensmann das Verfahren bei Feststellung solcher Abzüge insofern überwachen lassen, als dadurch eine Störung der Förderung nicht eintritt. Genügend und vorschriftsmäßig beladene Fördergefässe zur Strafe in Abzug zu bringen, ist unzulässig.

Art. 89. (neu.) Strafbestimmungen, welche das Ehrgefühl oder die guten Sitten verletzen, dürfen in die Arbeitsordnung nicht aufgenommen werden. Geldstrafen dürfen in jedem einzelnen Falle die Hälfte des für die vorhergegangene Lohnperiode ermittelten durchschnittlichen Tagesarbeitsverdienstes derjenigen Arbeiterklasse nicht übersteigen, zu welcher der Arbeiter gehört; jedoch können Thätlichkeiten gegen Mitarbeiter, erhebliche Verstöße gegen die guten Sitten, sowie gegen die zur Aufrechterhaltung der Ordnung des Betriebes, zur Sicherung gegen Betriebsgefahren oder zur Durchführung der Bestimmungen dieses Gesetzes und der Gewerbeordnung erlassenen Vorschriften mit Geldstrafen bis zum vollen Betrag dieses durchschnittlichen Tagesarbeitsverdienstes belegt werden. Das Recht des Bergwerksbesitzers, Schadensersatz zu fordern, wird durch diese Bestimmung nicht berührt.

Alle Strafgelder, sowie alle wegen ungenügender oder vorschriftswidriger Beladung der Fördergefässe den Arbeitern in Abzug gebrachten Lohnbeträge müssen der zu Gunsten der Arbeiter des Bergwerks etwa bestehenden Unterstützungskasse, an deren Verwaltung die Arbeiter mitbetheiligt sind, oder, wenn eine solche nicht besteht, der Knappschaftskasse überwiesen werden.

Art. 90. (neu.) Der Inhalt der Arbeitsordnung ist, soweit er den Gesetzen nicht zuwiderläuft, für die Arbeitgeber und die Arbeiter rechtsverbindlich.

Andere als die in der Arbeitsordnung oder in den Art. 97 und 98 vorgesehenen Gründe der Entlassung und des Austritts aus der Arbeit dürfen im Arbeitsvertrage nicht vereinbart werden. Andere als die in der Arbeitsordnung vorgesehenen Strafen dürfen über den Arbeiter nicht verhängt werden. Die Strafen müssen ohne Verzug festgesetzt und dem Arbeiter zur Kenntniß gebracht werden.

Die verhängten Geldstrafen, sowie die sonstigen Strafen sind in gesonderte Verzeichnisse einzutragen, welche den Namen des Bestraften, den Tag der Bestrafung, sowie den Grund und die Höhe der Strafe ergeben und auf Erfordern dem Inspektionsbeamten jederzeit zur Einsicht vorgelegt werden müssen.

Art. 91. (neu.) Vor dem Erlaß der Arbeitsordnung oder eines Nachtrages zu derselben ist den auf dem Bergwerk, in der betreffenden

Betriebsanlage oder in den betreffenden Abtheilungen des Betriebes beschäftigten volljährigen Arbeitern rechtzeitig Gelegenheit zu geben, sich über den Inhalt der Arbeitsordnung zu äußern. Auf Bergwerken, für welche ein ständiger Arbeiterausschuß besteht, wird dieser Vorschrift durch Anhörung des Ausschusses über den Inhalt der Arbeitsordnung genügt.

Auf Bergwerken, welche mehr als 20 Arbeiter beschäftigen, sind ständige Arbeiterausschüsse einzusetzen.

Als solche gelten nur jene Vertretungen, deren Mitglieder in ihrer Mehrzahl von den volljährigen Arbeitern des Bergwerkes, der betreffenden Betriebsabtheilung oder der mit dem Bergwerke verbundenen Betriebsanlagen aus ihrer Mitte in unmittelbarer und geheimer Wahl gewählt werden. Die Wahl der Vertreter kann auch nach Arbeiterklassen oder nach besonderen Abtheilungen des Betriebes erfolgen.

Die Arbeiterausschüsse sind alle drei Jahre neu zu wählen; der Wahltermin ist vier Wochen vor der Wahl bekannt zu geben.

Art. 92. (neu.) Die Arbeitsordnung, sowie jeder Nachtrag zu derselben ist unter Mittheilung der Seitens der Arbeiter geäußerten Bedenken, soweit die Aeußerungen schriftlich oder zu Protokoll erfolgt sind, binnen drei Tagen nach dem Erlaß in zwei Ausfertigungen unter Beifügung der Erklärung, daß und in welcher Weise der Vorschrift des Art. 91 Abs. 1 genügt ist, der Berginspektion einzureichen

Die Arbeitsordnung ist an geeigneter, allen betheiligten Arbeitern zugänglicher Stelle auszuhängen. Der Aushang muß stets in lesbarem Zustande erhalten werden. Die Arbeitsordnung ist jedem Arbeiter bei seinem Eintritt in die Beschäftigung zu behändigen.

Art. 93. (neu.) Arbeitsordnungen und Nachträge zu denselben, welche nicht vorschriftsmäßig erlassen sind, oder deren Inhalt den gesetzlichen Bestimmungen zuwiderläuft, sind auf Anordnung der Berginspektion durch gesetzmäßige Arbeitsordnungen zu ersetzen, oder den gesetzlichen Vorschriften entsprechend abzuändern.

Gegen diese Anordnung findet Beschwerde nach Art. 227 statt.

Art. 94. (neu.) Arbeitsordnungen, welche vor dem Inkrafttreten dieses Gesetzes erlassen worden sind, unterliegen den Bestimmungen der Art. 84 Abs. 1 und 2, 86 bis 90, 92 Abs. 2 und 93 und sind binnen vier Wochen der Berginspektion in zwei Ausfertigungen einzureichen. Auf spätere Abänderungen dieser Arbeitsordnungen und auf die seit dem 1. Mai 1900 erstmalig erlassenen Arbeitsordnungen finden die Art. 91 und 92 Abs. 1 Anwendung.

Art. 95. (neu.) Erfolgt die Lohnberechnung auf Grund abgeschlossener Gedinge, so sind hiebei nachstehende Vorschriften zu beachten:

1. Zur Förderung des gewonnenen Minerals dürfen nur geaichte Gefäße von gleichem Rauminhalte verwendet werden. Der Rauminhalt sowie das Leergewicht der Gefäße ist den Arbeitern durch öffentlichen Anschlag bekannt zu machen.
2. Ausnahmen können aus besonderen Gründen vom Oberbergamt zugelassen werden, welches hiebei die Bedingungen festzusetzen hat, die eine Benachtheiligung der Arbeiter hintanhalten.

Die Bergwerksbesitzer sind verpflichtet, die hienach erforderlichen Einrichtungen zu treffen.

Für Waschabgänge, Halden und sonstige beim Absatz der Produkte gegen die Fördermenge sich ergebende Verluste dürfen dem Arbeiter Abzüge von der Arbeitsleistung oder dem Lohne nicht gemacht werden. Ausnahmen hievon bedürfen der Genehmigung der Berginspektion.

Art. 96. (79.) Das Vertragsverhältniß kann, wenn nicht ein Anderes verabredet ist, durch eine, jedem Theile freistehende, vierzehn Tage vorher zu erklärende Aufkündigung gelöst werden.

Werden andere Aufkündigungsfristen vereinbart, so müssen sie für beide Theile gleich sein. Vereinbarungen, welche dieser Bestimmung zuwiderlaufen, sind nichtig.

Art. 97. (80.) Vor Ablauf der vertragsmäßigen Arbeitszeit und ohne Aufkündigung können Bergleute entlassen werden:

1. wenn sie bei Abschluß des Arbeitsvertrages den Arbeitgeber durch Vorzeigung falscher oder verfälschter Abkehrscheine, Zeugnisse oder Arbeitsbücher hintergangen oder ihn über das Bestehen eines anderen, sie gleichzeitig verpflichtenden Arbeitsverhältnisses in einen Irrthum versetzt haben,
2. wenn sie eines Diebstahles, einer Entwendung, einer Unterschlagung, eines Betrugs oder eines liederlichen Lebenswandels sich schuldig machen,
3. wenn sie die Arbeit unbefugt verlassen haben oder sonst den nach dem Arbeitsvertrag ihnen obliegenden Verpflichtungen nachzukommen beharrlich verweigern,
4. wenn sie eine sicherheitspolizeiliche Vorschrift bei der Bergarbeit übertreten oder sich groben Ungehorsams gegen die den Betrieb betreffenden Anordnungen des Bergwerksbesitzers, dessen Stellvertreters oder der ihnen vorgesetzten Beamten schuldig machen,
5. wenn sie sich Thätlichkeiten oder grober Beleidigungen gegen den Werksbesitzer, dessen Stellvertreter oder die ihnen vorgesetzten Beamten oder gegen die Familienangehörigen derselben zu Schulden kommen lassen,
6. wenn sie einer vorsätzlichen und rechtswidrigen Sachbeschädigung zum Nachtheil des Bergwerksbesitzers, dessen Stellvertreters, der ihnen vorgesetzten Beamten oder eines Mitarbeiters sich schuldig machen,
7. wenn sie die Vertreter des Bergwerksbesitzers, die ihnen vorgesetzten Beamten, die Mitarbeiter oder die Familienangehörigen dieser Personen zu Handlungen verleiten oder zu verleiten suchen, welche wider die Gesetze oder die guten Sitten verstoßen,
8. wenn sie zur Fortsetzung der Arbeit unfähig oder mit einer abschreckenden Krankheit behaftet sind.

In den unter Ziff. 1 bis 7 gedachten Fällen ist die Entlassung nicht mehr zulässig, wenn die zu Grunde liegenden Thatsachen dem Bergwerksbesitzer oder dessen Stellvertreter länger als eine Woche bekannt sind.

Art. 98. (81.) Vor Ablauf der vertragsmäßigen Arbeitszeit und ohne vorhergegangene Aufkündigung können Bergleute die Arbeit verlassen:

1. wenn sie bei Abschluß des Arbeitsvertrags von dem Bergwerksbesitzer oder dessen Stellvertreter durch Vorspiegelung falscher Thatsachen in einen Irrthum versetzt wurden,
2. wenn sie zur Fortsetzung der Arbeit unfähig werden,
3. wenn der Bergwerksbesitzer, dessen Stellvertreter oder die ihnen vorgesetzten Beamten sich Thätlichkeiten oder grobe Beleidigungen gegen die Bergleute oder gegen ihre Familienangehörigen zu Schulden kommen lassen,
4. wenn der Bergwerksbesitzer, dessen Stellvertreter oder Beamte oder Familienangehörige derselben die Bergleute oder deren Familienangehörige zu Handlungen verleiten oder zu verleiten suchen, oder mit den Familienangehörigen der Bergleute Handlungen begehen, welche wider die Gesetze oder die guten Sitten laufen,
5. wenn der Bergwerksbesitzer den Bergleuten den schuldigen Lohn nicht in der bedungenen Weise auszahlt, bei Gedinglohn nicht für ihre ausreichende Beschäftigung sorgt, oder wenn er sich widerrechtlicher Uebervortheilungen gegen sie schuldig macht,
6. wenn bei Fortsetzung der Arbeit das Leben oder die Gesundheit der Arbeiter einer erweislichen Gefahr ausgesetzt sein würde, welche bei Eingehung des Arbeitsvertrages nicht zu erkennen war,
7. wenn in Folge gänzlicher oder theilweiser Unterbrechung des Betriebs an drei oder mehr aufeinanderfolgenden Schichten keine Arbeit gegeben werden kann.

In den unter Ziff. 3 gedachten Fällen ist der Austritt aus der Arbeit nicht mehr zulässig, wenn die zu Grunde liegenden Thatsachen dem Arbeiter länger als eine Woche bekannt sind.

Art. 99. (neu.) Außer den in Art. 97 und 98 bezeichneten Fällen kann jeder der beiden Theile aus wichtigen Gründen vor Ablauf der vertragsmäßigen Zeit und ohne Innehaltung einer Kündigungsfrist die Aufhebung des Arbeitsverhältnisses verlangen, wenn dasselbe mindestens auf vier Wochen oder wenn eine längere als vierzehntägige Kündigungsfrist vereinbart ist.

Art. 100. (82.) Der Bergwerksbesitzer oder dessen Stellvertreter ist verpflichtet, dem abkehrenden volljährigen Bergmann ein Zeugniß über die Art und Dauer seiner Beschäftigung und auf Verlangen auch ein Zeugniß über seine Führung und seine Leistungen auszustellen. Die Unterschrift dieser Zeugnisse hat die Ortspolizeibehörde gebührenfrei zu beglaubigen.

Wird die Ausstellung des Zeugnisses verweigert, so fertigt die Ortspolizeibehörde dasselbe auf Kosten des Verpflichteten aus.

Den Arbeitgebern ist untersagt, die Zeugnisse mit Merkmalen zu versehen, welche den Zweck haben, den Arbeiter in einer aus dem Wortlaut des Zeugnisses nicht ersichtlichen Weise zu kennzeichnen.

Werden dem abkehrenden Bergmann in dem Zeugnisse Beschuldigungen zur Last gelegt, welche seine fernere Beschäftigung hindern würden, so kann er auf Untersuchung bei der Ortspolizeibehörde antragen, welche, wenn die Beschuldigung unbegründet befunden wird, unter dem Zeugnisse den Befund ihrer Untersuchung zu vermerken hat.

Art. 101. (83.) Bergwerksbesitzer oder deren Stellvertreter dürfen volljährige Arbeiter, von welchen ihnen bekannt ist, daß sie schon früher beim Bergbau beschäftigt waren, nicht eher zur Bergarbeit annehmen, bis ihnen von denselben das Zeugniß des Bergwerksbesitzers, bei welchem sie zuletzt in Arbeit gestanden, beziehungsweise das Zeugniß der Ortspolizeibehörde (Art. 100) vorgelegt ist.

Art. 102. (neu.) Minderjährige Arbeiter können beim Abgange ein Zeugniß über die Art und Dauer ihrer Beschäftigung, sowie über ihre Führung und Leistungen verlangen. Hiebei finden die Bestimmungen des Art. 100 entsprechende Anwendung. Der gesetzliche Vertreter des Minderjährigen kann die Ausstellung des Zeugnisses fordern, auch verlangen, daß dasselbe nicht an den Minderjährigen, sondern an ihn ausgehändigt werde. Mit Genehmigung der Gemeindebehörde des Arbeitsortes kann auch gegen den Willen des gesetzlichen Vertreters die Aushändigung unmittelbar an den Arbeiter erfolgen.

Art. 103. (neu.) Minderjährige Personen dürfen auf den den Bestimmungen dieses Gesetzes unterworfenen Anlagen als Arbeiter nur beschäftigt werden, wenn sie mit einem Arbeitsbuche versehen sind. Bei der Annahme solcher Arbeiter hat der Bergwerksbesitzer das Arbeitsbuch einzufordern. Er ist verpflichtet, dasselbe zu verwahren, auf amtliches Verlangen vorzulegen und nach rechtmäßiger Lösung des Arbeitsverhältnisses wieder auszuhändigen. Die Aushändigung erfolgt an den gesetzlichen Vertreter, sofern dieser es verlangt oder der Arbeiter das sechzehnte Lebensjahr noch nicht vollendet hat, andernfalls an den Arbeiter selbst. Mit Genehmigung der Gemeindebehörde des im Art. 104 bezeichneten Ortes kann die Aushändigung des Arbeitsbuchs auch an die zur gesetzlichen Vertretung nicht berechtigte Mutter oder einen sonstigen Angehörigen oder unmittelbar an den Arbeiter erfolgen.

Art. 104. (neu.) Das Arbeitsbuch wird dem Arbeiter durch die Polizeibehörde desjenigen Ortes, an welchem er zuletzt seinen dauernden Aufenthalt gehabt hat, wenn aber ein solcher innerhalb des Staatsgebietes nicht stattgefunden hat, von der Polizeibehörde des von ihm zuerst erwählten Arbeitsortes gebührenfrei ausgestellt. Die Ausstellung erfolgt auf Antrag oder mit Zustimmung des gesetzlichen Vertreters. Ist die Erklärung des gesetzlichen Vertreters nicht zu beschaffen, oder verweigert dieser die Zustimmung ohne genügenden Grund und zum Nachtheile des Arbeiters, so kann die Gemeindebehörde die Zustimmung ergänzen. Vor der Ausstellung ist nachzuweisen, daß der Arbeiter zum Besuche der Volksschule nicht mehr verpflichtet ist, und glaubhaft zu machen, daß bisher ein Arbeitsbuch für ihn noch nicht ausgestellt war.

Arbeitsbücher, welche von der zuständigen Behörde eines anderen deutschen Bundesstaates für minderjährige Bergarbeiter ausgestellt sind, werden den von bayerischen Behörden ausgefertigten gleich geachtet.

Art. 105. (neu.) Wenn das Arbeitsbuch vollständig ausgefüllt oder nicht mehr brauchbar, oder wenn es verloren gegangen oder vernichtet ist, so wird an Stelle desselben ein neues Arbeitsbuch ausgestellt. Die

Ausstellung erfolgt durch die Polizeibehörde desjenigen Ortes, an welchem der Inhaber des Arbeitsbuches zuletzt seinen dauernden Aufenthalt gehabt hat. Das ausgefüllte oder nicht mehr brauchbare Arbeitsbuch ist durch einen amtlichen Vermerk zu schließen.

Wird das neue Arbeitsbuch an Stelle eines nicht mehr brauchbaren, eines verloren gegangenen oder vernichteten Arbeitsbuches ausgestellt, so ist dies darin zu vermerken. Für die Ausstellung kann in diesem Falle eine Gebühr bis zu fünfzig Pfennig erhoben werden.

Art. 106. (neu.) Das Arbeitsbuch (Art. 103) muß den Namen des Arbeiters, Ort, Jahr und Tag seiner Geburt, Namen und letzten Wohnort seines gesetzlichen Vertreters und die Unterschrift des Arbeiters enthalten. Die Ausstellung erfolgt unter dem Siegel und der Unterschrift der Behörde. Letztere hat über die von ihr ausgestellten Arbeitsbücher ein Verzeichniß zu führen.

Die Einrichtung der Arbeitsbücher wird durch das Staatsministerium des Innern bestimmt.

Art. 107. (neu.) Bei dem Eintritt des Arbeiters in das Arbeitsverhältniß hat der Bergwerksbesitzer an der dafür bestimmten Stelle des Arbeitsbuches die Zeit des Eintritts und die Art der Beschäftigung, am Ende des Arbeitsverhältnisses die Zeit des Austritts und, wenn die Beschäftigung Aenderungen erfahren hat, die Art der letzten Beschäftigung des Arbeiters einzutragen.

Die Eintragungen sind mit Tinte zu bewirken und von dem Bergwerksbesitzer oder dem dazu bevollmächtigten Betriebsleiter zu unterzeichnen.

Die Eintragungen dürfen nicht mit einem Merkmal versehen sein, welches den Inhaber des Arbeitsbuches günstig oder nachtheilig zu kennzeichnen bezweckt.

Die Eintragung eines Urtheils über die Führung oder die Leistungen des Arbeiters und sonstige durch das Gesetz nicht vorgesehene Eintragungen oder Vermerke in oder an dem Arbeitsbuche sind unzulässig.

Art. 108. (neu.) Ist das Arbeitsbuch bei dem Bergwerksbesitzer unbrauchbar geworden, verloren gegangen oder vernichtet oder sind von dem Bergwerksbesitzer unzulässige Merkmale, Eintragungen oder Vermerke in oder an dem Arbeitsbuche gemacht, oder wird von dem Bergwerksbesitzer ohne rechtmäßigen Grund die Aushändigung des Arbeitsbuches verweigert, so kann die Ausstellung eines neuen Arbeitsbuches auf Kosten des Bergwerksbesitzers beansprucht werden. Ein Bergwerksbesitzer, welcher das Arbeitsbuch seiner gesetzlichen Verpflichtung zuwider nicht rechtzeitig aushändigt oder die vorschriftsmäßigen Eintragungen zu machen unterlassen oder unzulässige Merkmale, Eintragungen oder Vermerke gemacht hat, ist dem Arbeiter entschädigungspflichtig. Der Anspruch auf Entschädigung erlischt, wenn er nicht innerhalb vier Wochen nach seiner Entstehung im Wege der Klage oder Einrede geltend gemacht ist.

Art. 109. (neu.) Auf Antrag des Minderjährigen oder seines gesetzlichen Vertreters hat die Ortspolizeibehörde die Eintragung in das Arbeitsbuch gebührenfrei zu beglaubigen.

Art. 110. (neu.) Bergwerksbesitzer, welche einen Bergmann verleiten, vor rechtmäßiger Beendigung des Arbeitsverhältnisses die Arbeit zu verlassen, sind dem früheren Arbeitgeber für den entstandenen Schaden als Selbstschuldner mitverhaftet. In gleicher Weise haftet der Bergwerksbesitzer, welcher einen Bergmann annimmt, von dem er weiß, daß derselbe einem anderen Arbeitgeber zur Arbeit noch verpflichtet ist.

In dem im vorstehenden Absatze bezeichneten Umfange ist auch derjenige Bergwerksbesitzer mitverhaftet, welcher einen Bergmann, von dem er weiß, daß derselbe einem anderen Arbeitgeber zur Arbeit noch verpflichtet ist, während der Dauer dieser Verpflichtung in der Beschäftigung behält, sofern nicht seit der unrechtmäßigen Lösung des Arbeitsverhältnisses bereits vierzehn Tage verflossen sind.

Art. 111. (neu.) Die Bergwerksbesitzer sind verpflichtet, ihren Arbeitern unter achtzehn Jahren, welche eine von der Gemeindebehörde oder vom Staate als Fortbildungsschule anerkannte Unterrichtsanstalt besuchen, hiezu die erforderlichen Falles von der Berginspektion festzusetzende Zeit zu gewähren. Am Sonntage darf der Unterricht nur stattfinden, wenn die Unterrichtsstunden so gelegt werden, daß die Schüler nicht gehindert werden, den Hauptgottesdienst oder einen mit Genehmigung der kirchlichen Behörden für sie eingerichteten besonderen Gottesdienst ihrer Konfession zu besuchen.

Als Fortbildungsschulen im Sinne dieser Bestimmungen gelten auch Anstalten, in welchen Unterricht in weiblichen Hand- und Hausarbeiten ertheilt wird.

Durch statutarische Bestimmung einer Gemeinde oder eines weiteren Kommunalverbandes, welche nach Maßgabe des § 142 der Gewerbeordnung erlassen wird, kann mit Zustimmung des Oberbergamtes für männliche Arbeiter unter achtzehn Jahren die Verpflichtung zum Besuche einer Fortbildungsschule begründet werden. Auf demselben Wege können die zur Durchführung dieser Verpflichtung erforderlichen Bestimmungen getroffen werden. Insbesondere können durch statutarische Bestimmung die zur Sicherung eines regelmäßigen Schulbesuches den Schulpflichtigen, sowie deren gesetzlichen Vertretern und Arbeitgebern obliegenden Verpflichtungen bestimmt und diejenigen Vorschriften erlassen werden, durch welche die Ordnung in der Fortbildungsschule und ein gebührliches Verhalten der Schüler gesichert wird. Von der durch statutarische Bestimmung begründeten Verpflichtung zum Besuch einer Fortbildungsschule sind diejenigen befreit, welche eine andere Fortbildungs- oder Fachschule (Steigerschule, Bergvorschule, Bergschule) besuchen, sofern der Unterricht dieser Schule von dem Oberbergamt als ausreichender Ersatz des durch statutarische Bestimmung geregelten Fortbildungsschulunterrichts anerkannt wird.

Art. 112. (neu.) Das Dienstverhältniß der von den Bergwerksbesitzern gegen feste Bezüge zur Leitung und Beaufsichtigung des Betriebes nach Maßgabe der Art. 74 und 75 angenommenen oder dauernd betrauten Personen (Maschinen- und Bautechniker, Chemiker, Zeichner und dergl.) kann, wenn nicht etwas Anderes verabredet ist, von jedem Theile mit

Ablauf jedes Kalender-Vierteljahres nach sechs Wochen vorher erklärter Aufkündigung aufgehoben werden.

Jeder der beiden Theile kann vor Ablauf der vertragsmäßigen Zeit und ohne Innehaltung einer Kündigungsfrist die Aufhebung des Dienstverhältnisses verlangen, wenn ein wichtiger, nach den Umständen des Falles die Aufhebung rechtfertigender Grund vorliegt.

Art. 113. (neu.) Gegenüber den im Art. 112 bezeichneten Personen kann die Aufhebung des Dienstverhältnisses insbesondere verlangt werden:

1. wenn sie beim Abschluß des Dienstvertrages den Bergwerksbesitzer durch Vorzeigung falscher oder verfälschter Zeugnisse hintergangen oder ihn über das Bestehen eines anderen, sie gleichzeitig verpflichtenden Dienstverhältnisses in einen Irrthum versetzt haben,
2. wenn sie im Dienste untreu sind oder das Vertrauen mißbrauchen,
3. wenn sie ihren Dienst unbefugt verlassen oder den nach dem Dienstvertrage ihnen obliegenden Verpflichtungen nachzukommen beharrlich verweigern,
4. wenn sie eine sicherheitspolizeiliche Vorschrift bei der Leitung oder Beaufsichtigung der Bergarbeit übertreten, oder wenn ihnen durch die Berginspektion die Befähigung zum Aufsichtsbeamten aberkannt ist,
5. wenn sie durch anhaltende Krankheit oder durch eine längere Freiheitsstrafe oder Abwesenheit an der Verrichtung ihrer Dienste verhindert werden,
6. wenn sie sich Thätlichkeiten oder Ehrverletzungen gegen den Bergwerksbesitzer, seine Vertreter oder gegen Arbeiter zu Schulden kommen lassen,
7. wenn sie sich einem unsittlichen Lebenswandel ergeben.

In dem Falle zu 5 bleibt der Anspruch auf die vertragsmäßigen Leistungen des Bergwerksbesitzers auf die Dauer von sechs Wochen in Kraft, wenn die Verrichtung der Dienste durch unverschuldetes Unglück verhindert worden ist. Jedoch mindern sich die Ansprüche in diesem Falle um denjenigen Betrag, welcher dem Berechtigten aus einer auf Grund gesetzlicher Verpflichtung bestehenden Kranken- oder Unfall-Versicherung oder aus einer Knappschaftskasse zukommt.

Art. 114. (neu.) Die im Art. 112 bezeichneten Personen können die Aufhebung des Dienstverhältnisses insbesondere verlangen:

1. wenn der Bergwerksbesitzer oder seine Stellvertreter sich Thätlichkeiten oder Ehrverletzungen gegen sie zu Schulden kommen lassen,
2. wenn der Bergwerksbesitzer die vertragsmäßigen Leistungen nicht gewährt,
3. wenn der Bergwerksbesitzer oder dessen Stellvertreter Anordnungen ergehen läßt, welche gegen den Betriebsplan verstoßen, oder wenn er die Mittel zur Ausführung der von der Bergbehörde getroffenen polizeilichen Anordnungen verweigert,
4. wenn bei Fortsetzung des Dienstverhältnisses ihr Leben oder ihre Gesundheit einer erweislichen Gefahr ausgesetzt sein würde, welche bei Eingehung des Dienstverhältnisses nicht zu erkennen war.

Art. 115. (neu.) Unter den in Art. 110 aufgestellten Voraussetzungen tritt die daselbst bestimmte Haftung des Bergwerksbesitzers auch für den Fall ein, wenn die in Art. 112 bezeichneten Personen zur Aufgabe des Dienstverhältnisses verleitet, in Dienst genommen oder im Dienst behalten werden.

Art. 116. (84.) Auf jedem Bergwerke ist über die daselbst beschäftigten Arbeiter eine Liste zu führen, welche die Vor- und Zunamen, das Geburtsjahr, den Wohnort, den Tag des Dienstantrittes und der Entlassung, sowie das Datum des letzten Arbeitszeugnisses enthält.

Die Liste muß der Berginspektion auf Verlangen vorgelegt werden.

Vierter Titel.

Von den Rechtsverhältnissen der Mitbetheiligten eines Bergwerkes.

Art. 117. (85.) Zwei oder mehrere Mitbetheiligte eines Bergwerkes bilden eine Gewerkschaft.

Die Gewerkschaft kann ihre besondere Verfassung durch notariell errichtete Satzungen regeln, welche der Zustimmung von wenigstens drei Viertheilen aller Antheile und der Bestätigung des Oberbergamtes bedürfen. Die Bestimmungen der Art. 118—131, 135 Abs. 2, 144 bis 149 dürfen durch die Satzungen nicht abgeändert werden.

Art. 118. (86.) Die Gewerkschaft führt den Namen des Bergwerkes, sofern sie nicht in den Satzungen einen anderen Namen gewählt hat.

Art. 119. (87.) Die Gewerkschaft kann unter ihrem Namen Rechte erwerben und Verbindlichkeiten eingehen, Eigenthum und andere dingliche Rechte an Bergwerken und Grundstücken erwerben, vor Gericht klagen und verklagt werden.

Art. 120. (88.) Das Bergwerk kann nur von der Gewerkschaft und nur als Ganzes mit Hypotheken, Grundschulden und Rentenschulden und dinglichen Lasten beschwert werden.

Art. 121. (89.) Für die Verbindlichkeiten der Gewerkschaft haftet nur das Vermögen derselben.

Art. 122. (90.) Durch das Ausscheiden einzelner Mitglieder — Gewerken — wird die Gewerkschaft nicht aufgelöst. Auch können einzelne Gewerken nicht auf Theilung klagen.

Art. 123. (91.) Die Zahl der gewerkschaftlichen Antheile — Kuxe — beträgt Hundert.

Durch die Satzungen kann die Zahl auf Tausend bestimmt werden.

Die Kuxe sind untheilbar. Sie haben die Eigenschaft der beweglichen Sachen.

Art. 124. (92.) Die Gewerken nehmen nach dem Verhältniß ihrer Kuxe an dem Gewinne und Verluste Theil.

Sie sind verpflichtet, die Beiträge, welche zur Erfüllung der Schuldverbindlichkeiten der Gewerkschaft und zum Betriebe erforderlich sind, nach Verhältniß ihrer Kuxe zu bezahlen (Art. 150, 151).

Art. 125. (93.) Ueber sämmtliche Mitglieder der Gewerkschaft und deren Kuxe wird ein Verzeichniß — das Gewerkenbuch — geführt.

Auf Grund dieses Gewerkenbuches wird einem jeden Gewerken, welcher es verlangt, ein Antheilschein — Kuxschein — ausgefertigt.

Die Kuxscheine sind nach der Wahl des Gewerken über die einzelnen Kuxe oder über eine Mehrheit derselben auszustellen.

Die Kuxscheine dürfen nur auf einen bestimmten Namen, niemals auf den Inhaber lauten.

Ein abhanden gekommener oder vernichteter Kuxschein kann, wenn nicht das Gegentheil bestimmt ist, im Wege des Aufgebotsverfahrens für kraftlos erklärt werden.

Die Vorschriften der §§ 798, 800 des Bürgerlichen Gesetzbuches finden auf Kuxscheine entsprechende Anwendung.

Das Gewerkenbuch wird von dem Oberbergamte geführt, welches auch die Kuxscheine ausfertigt. Bei der Gewerkschaft wird ein Duplikat des Gewerkenbuches geführt, zu welchem Zwecke das Oberbergamt der Gewerkschaft von jedem Eintrage sofort Nachricht gibt.

Art. 126. (94.) Die Kuxe können ohne Einwilligung der Mitgewerken auf andere Personen übertragen werden.

Art. 127. (95.) Zur Uebertragung der Kuxe ist die schriftliche Form erforderlich.

Der Uebertragende ist zur Aushändigung des Kuxscheines und, wenn dieser verloren ist, zur Beschaffung des Ausschlußurtheils auf seine Kosten verpflichtet.

Die Umschreibung im Gewerkenbuche darf nur auf Grund der Uebertragungsurkunde und gegen Vorlegung des Kuxscheins oder des Ausschlußurtheils erfolgen.

Art. 128. (96.) Wer im Gewerkenbuche als Eigenthümer der Kuxe verzeichnet ist, wird der Gewerkschaft gegenüber bei Ausübung seiner Rechte als solcher angesehen.

Art. 129. (97.) Bei freiwilligen Veräußerungen von Kuxen bleibt der seitherige Eigenthümer derselben der Gewerkschaft für die Beiträge (Art. 124) verpflichtet, deren Erhebung die Gewerkschaft beschlossen hat, bevor die Umschreibung der Kuxe im Gewerkenbuche gesetzlich (Art. 127) beantragt ist.

Art. 130. (98.) Die Verpfändung der Kuxe geschieht durch Uebergabe des Kuxscheins auf Grund eines schriftlichen Vertrages.

Art. 131. (99.) Die Zwangsvollstreckung in den Antheil eines Gewerken erfolgt nach den Vorschriften über die Zwangsvollstreckung in das bewegliche Vermögen.

Der Ansteigerer haftet der Gewerkschaft für die noch nicht bezahlten Beiträge.

Art. 132. (100.) Die Gewerken fassen ihre Beschlüsse in Gewerkenversammlungen.

Das Stimmrecht wird nach Kuxen, nicht nach Personen ausgeübt.

Art. 133. (101.) Zur Giltigkeit eines Beschlusses ist erforderlich, daß alle Gewerken anwesend oder unter Angabe des zu verhandelnden Gegenstandes zu einer Versammlung eingeladen waren.

Einladungen durch die Post erfolgen durch eingeschriebenen Brief.

Gewerken, die nicht im Deutschen Reiche wohnen, haben zur Empfangnahme der Einladungen einen im Deutschen Reiche wohnenden Bevollmächtigten zu bestellen.

Ist dies nicht geschehen, so sind die treffenden Gewerken in einer wenigstens zwei Wochen vor Abhaltung der Gewerkenversammlung zu veröffentlichenden Bekanntmachung zu derselben einzuladen und zwar, wenn zu den öffentlichen Bekanntmachungen der Gewerkschaft satzungsgemäß bestimmte Blätter bezeichnet sind, in diesen, außerdem in dem Amtsblatte des Kreises, in welchem die Gewerkschaft ihren Sitz hat.

Dasselbe gilt bei Gewerken, deren Wohnort unbekannt ist.

Art. 134. (102.) Die Beschlüsse werden in der beschlußfähigen Gewerkenversammlung mit einfacher Stimmenmehrheit gefaßt.

Beschlußfähig ist die erste Versammlung, wenn die Mehrheit aller Kuxe vertreten ist.

Ist die Mehrheit aller Kuxe nicht vertreten, so sind sämmtliche Gewerken zu einer zweiten Versammlung einzuladen.

Die zweite Versammlung ist ohne Rücksicht auf die Zahl der vertretenen Kuxe beschlußfähig.

Diese Folge muß indeß, wenn sie eintreten soll, in der Einladung angegeben werden.

Ueber jede Gewerkenversammlung ist ein Protokoll aufzunehmen.

Art. 135. (103.) Eine Mehrheit von wenigstens drei Viertheilen aller Kuxe ist erforderlich zu Beschlüssen, durch welche über den Gegenstand der Verleihung — Substanz des Bergwerkes — ganz oder theilweise verfügt werden soll. Dies gilt insbesondere von den Fällen des Verkaufes, des Tausches, der Verpfändung oder der sonstigen dinglichen Belastung des Bergwerkes, sowie der Ueberlassung der Ausbeute gegen Entgelt (Verpachtung).

Zu Verfügungen über das verliehene Bergwerkseigenthum durch Verzicht oder Schenkung ist Einstimmigkeit erforderlich.

Art. 136. (104.) Binnen einer ausschließenden Frist von einem Monat vom Ablaufe des Tages, an welchem ein Gewerkschaftsbeschluß gefaßt ist, kann jeder Gewerke, welcher denselben für nachtheilig erachtet, gegen die Gewerkschaft auf Aufhebung des Beschlusses klagen und es hat das Gericht dessen Aufhebung auszusprechen, wenn nachgewiesen wird, daß derselbe der Gewerkschaft zum Nachtheile gereiche.

Durch die Satzungen kann bestimmt werden, daß die Entscheidung dieser Frage in Streitfällen durch ein Schiedsgericht erfolgen, wie das Schiedsgericht gebildet und unter welchen Formen von demselben verfahren werden soll.

Diese Bestimmungen finden auf einen in Gemäßheit des Art. 117 Abs. 2 gefaßten Beschluß keine Anwendung.

Art. 137. (105.) Durch die Anstellung der Klage auf Aufhebung des Gewerkschaftsbeschlusses wird die Ausführung desselben nicht aufgehalten.

Wird der Beschluß aufgehoben, so verliert derselbe erst von der Rechtskraft der richterlichen Entscheidung an seine rechtliche Wirksamkeit.

Diese Bestimmungen finden keine Anwendung, wenn der Beschluß die im Art. 141 bezeichneten Gegenstände betrifft.

Art. 138. (106.) Jede Gewerkschaft ist verpflichtet, einen in Bayern wohnenden Repräsentanten zu bestellen und dem Oberbergamte namhaft zu machen.

Statt eines einzelnen Repräsentanten kann die Gewerkschaft jedoch einen aus zwei oder mehreren Personen bestehenden Grubenvorstand bestellen.

Als Repräsentanten oder Mitglieder des Grubenvorstandes können auch Personen bestellt werden, welche nicht Gewerken sind.

Art. 139. (107.) Die Wahl erfolgt in einer nach Art. 134 beschlußfähigen Versammlung durch absolute Stimmenmehrheit.

Ist eine solche bei der ersten Abstimmung nicht vorhanden, so werden diejenigen beiden Personen, welche die meisten Stimmen erhalten haben, in die engere Wahl gebracht. Bei Stimmengleichheit entscheidet das Loos.

Bei Ausmittelung der in die engere Wahl zu bringenden zwei Personen entscheidet im Falle der Stimmengleichheit ebenfalls das Loos.

Das Protokoll über die Wahlverhandlung ist notariell aufzunehmen. Eine Ausfertigung desselben wird dem Repräsentanten oder dem Grubenvorstande zu seiner Legitimation ertheilt.

Art. 140. (108.) Der Repräsentant oder Grubenvorstand vertritt die Gewerkschaft in allen ihren Angelegenheiten gerichtlich und außergerichtlich.

Eine Spezialvollmacht ist nur in den im Art. 141 bezeichneten Fällen erforderlich.

Beschränkt oder erweitert die Gewerkenversammlung die Befugnisse des Repräsentanten oder Grubenvorstandes, so müssen die treffenden Festsetzungen in die Legitimation (Art. 139) aufgenommen werden.

Art. 141. (109.) Der Repräsentant oder Grubenvorstand bedarf eines besonderen Auftrages der Gewerkenversammlung:

1. wenn es sich um Gegenstände handelt, welche nur von einer Mehrheit von wenigstens drei Viertheilen aller Kuxe oder nur mit Einstimmigkeit beschlossen werden können;
2. wenn Beiträge von den Gewerken erhoben werden sollen.

Art. 142. (110.) Der Repräsentant oder Grubenvorstand ist verpflichtet, für die Führung der erforderlichen Bücher der Gewerkschaft Sorge zu tragen und jedem Gewerken auf Verlangen die Bücher zur Einsicht offen zu legen.

Art. 143. (111.) Der Repräsentant oder Grubenvorstand beruft die Gewerkenversammlungen.

Er muß, wenn das Bergwerk im Betriebe ist, alljährlich eine Gewerkenversammlung berufen und derselben eine vollständig belegte Verwaltungsrechnung vorlegen.

Er ist zur Berufung einer Gewerkenversammlung verpflichtet, wenn dies die Eigenthümer von wenigstens einem Viertheile aller Kuxe verlangen. Unterläßt er die Berufung, so erfolgt dieselbe durch das Oberbergamt auf Antrag.

Zur Vornahme der Wahl eines Repräsentanten oder Grubenvorstandes oder zur Beschlußfassung über den Widerruf der erfolgten Bestellung kann das Oberbergamt auf Antrag eine Gewerkenversammlung berufen.

Art. 144. (112.) Der Repräsentant ist berechtigt und verpflichtet, alle Vorladungen und andere Zustellungen an die Gewerkschaft mit voller rechtlicher Wirkung in Empfang zu nehmen. Bestellt die Gewerkschaft einen Grubenvorstand, so kann die Zustellung an jedes Mitglied des Grubenvorstandes erfolgen.

Art. 145. (113.) Die Bestimmungen der Art. 141, 142 und 143 dürfen nur durch Satzungen (Art. 117), diejenigen des Art. 144 aber gar nicht abgeändert werden.

In keinem Falle darf dem Repräsentanten oder Grubenvorstande die Vertretung der Gewerkschaft bei den Verhandlungen mit der Bergbehörde, mit dem Knappschaftsvereine und mit anderen auf den Bergbau bezüglichen Instituten, sowie in den gegen sie angestellten Rechtsstreiten entzogen werden.

Art. 146. (114.) Die Gewerkschaft wird durch die von dem Repräsentanten oder Grubenvorstand in ihrem Namen geschlossenen Rechtsgeschäfte berechtigt und verpflichtet.

Es ist gleichgiltig, ob das Geschäft ausdrücklich im Namen der Gewerkschaft geschlossen worden ist oder ob die Umstände ergeben, daß es nach dem Willen der Kontrahenten für die Gewerkschaft geschlossen werden sollte.

Art. 147. (115.) Der Repräsentant oder die Mitglieder des Grubenvorstandes sind aus den von ihnen im Namen der Gewerkschaft vorgenommenen Rechtshandlungen Dritten gegenüber für die Verbindlichkeiten der Gewerkschaft persönlich nicht verpflichtet.

Art. 148. (116.) Das Oberbergamt ist befugt, eine Gewerkschaft aufzufordern, innerhalb drei Monaten einen Repräsentanten oder einen Grubenvorstand zu bestellen.

Wird dieser Aufforderung nicht entsprochen, so kann das Oberbergamt bis dahin, daß dies geschieht, einen Repräsentanten bestellen und demselben eine angemessene, von der Gewerkschaft aufzubringende Vergütung zusichern. Das Oberbergamt kann nöthigenfalls die Urkunde, durch welche diese Vergütung zugesichert wurde, vollstreckbar erklären und für deren Beitreibung sorgen.

Dieser interimistische Repräsentant hat die in den Art. 140—144 bestimmten Rechte und Pflichten, insofern das Oberbergamt keine Beschränkungen eintreten läßt.

Art. 149. (117.) Soweit der gegenwärtige Titel nicht Anderes bestimmt, sind die durch die Bestellung eines Repräsentanten oder Grubenvorstandes entstehenden Rechtsverhältnisse nach den allgemeinen Vorschriften über den Auftrag zu beurtheilen.

Art. 150. (118.) Die Klage gegen einen Gewerken auf Zahlung seines durch Gewerkschaftsbeschluß bestimmten Beitrages kann nicht vor Ablauf der in dem Art. 136 bestimmten ausschließenden Frist von einem Monat erhoben werden.

Ist innerhalb dieser Frist von den Gewerken auf Aufhebung des Beschlusses Klage erhoben worden (Art. 136), so findet vor rechtskräftiger Entscheidung über dieselbe die Klage gegen den Gewerken nicht statt.

Art. 151. (119.) Der Gewerke kann seine Verurtheilung und die Zwangsvollstreckung dadurch abwenden, daß er unter Ueberreichung des Kuxscheines den Verkauf seines Antheiles behufs Befriedigung der Gewerkschaft anheimstellt.

Art. 152. (120.) Der Verkauf des Antheils erfolgt nach den Vorschriften über die Zwangsvollstreckung in das bewegliche Vermögen.

Ist der Antheil unverkäuflich, so wird er den anderen Gewerken nach Verhältniß ihrer Antheile in ganzen Kuxen, soweit dies aber nicht möglich ist, der Gewerkschaft als solcher im Gewerkenbuche lastenfrei zugeschrieben.

Art. 153. (121.) Jeder Gewerke ist befugt, auf seinen Antheil freiwillig zu verzichten, wenn auf dem Antheile weder schuldige Beiträge, noch sonstige Schuldverbindlichkeiten haften oder die ausdrückliche Einwilligung der Gläubiger beigebracht wird und außerdem die Rückgabe des Kuxscheins an die Gewerkschaft erfolgt.

Der Antheil soll alsdann, soferne die Gewerkschaft nicht anderweit über denselben verfügt, durch den Repräsentanten zu Gunsten der Gewerkschaft verkauft werden.

Ist der Antheil unverkäuflich, so findet die für diesen Fall in Art. 152 getroffene Bestimmung Anwendung.

Art. 154. (122.) Die Bestimmungen der Art. 117 bis 153 kommen nicht zur Anwendung, wenn die Rechtsverhältnisse der Mitbetheiligten eines Bergwerkes durch Vertrag oder sonstige Willenserklärung anderweit geregelt sind. Ein solches Rechtsgeschäft bedarf zu seiner Giltigkeit der notariellen Beurkundung. Die Urkunde über dasselbe ist dem Oberbergamt einzureichen.

Mitbetheiligte eines Bergwerkes im Sinne des Art. 117 sind nicht die Theilhaber an einer ungetheilten Erbschaft oder an einer sonstigen gemeinschaftlichen Masse, zu welcher ein Bergwerk gehört.

Art. 155. (123.) In den Fällen des Art. 154 muß, wenn die Mitbetheiligten eines Bergwerkes nicht eine Gesellschaft bilden, deren Vertretung durch die allgemeinen Gesetze geregelt ist, ein in Bayern wohnender Repräsentant bestellt und dem Oberbergamte namhaft gemacht werden, widrigen Falles letzteres nach Art. 148 zu verfahren befugt ist.

Dasselbe gilt, wenn der Alleineigenthümer eines Bergwerkes außerhalb Bayerns wohnt.

Dieser Repräsentant hat diejenigen Geschäfte zu besorgen, welche im Art. 145 als solche bezeichnet sind, die dem Repräsentanten oder Grubenvorstande einer Gewerkschaft niemals entzogen werden dürfen. Eine Abänderung ist auch hier unzulässig.

Fünfter Titel.

Von den Rechtsverhältnissen zwischen den Bergbautreibenden und den Grundbesitzern.

Erster Abschnitt.

Von der Grundabtretung.

Art. 156. (124.) Ist für den Betrieb des Bergbaues und zwar zu den Grubenbauen selbst, zu Halden-, Ablage- und Niederlageplätzen, zu Wegen, Eisenbahnen, Kanälen, ohne Unterschied, ob diese Anlagen zur Gewinnung oder zum Absatze der Bergbauerzeugnisse dienen, ingleichen zu Maschinenanlagen, Wasserläufen, Teichen, Hilfsbauen, Zechenhäusern und zu anderen für Betriebszwecke bestimmten Tagegebäuden, Anlagen und Vorrichtungen, zu den im Art. 48 bezeichneten Aufbereitungsanstalten, sowie zu Sooleleitungen und Soolebehältern die Benützung eines fremden Grundstückes nothwendig, so muß der Grundbesitzer, er sei Eigenthümer oder Nutzungsberechtigter, die Benützung desselben dem Bergwerksbesitzer insoweit überlassen, als es der Betriebszweck erfordert.

Art. 157. (125.) Eine solche Ueberlassung kann nach Maßgabe der Vorschriften des Art. 169 erzwungen werden, wenn nicht die Weigerung des Grundbesitzers durch überwiegende Gründe des öffentlichen Interesses unterstützt wird.

Die Benützung des mit Wohn-, Wirthschafts- und Fabrikgebäuden überbauten Grundes und Bodens und der damit in Verbindung stehenden eingefriedeten Hofräume zu überlassen, kann der Grundbesitzer gegen seinen Willen niemals angehalten werden.

Art. 158. (126.) Der Bergwerksbesitzer ist verpflichtet, dem Grundbesitzer für die entzogene Nutzung im Voraus jährlich vollständige Entschädigung zu leisten und das Grundstück nach beendigter Benützung wieder zur freien Verfügung des Grundbesitzers zu stellen.

Ebenso ist er verpflichtet, für die entzogene Ausübung von Dienstbarkeiten, welche auf dem zur Benützung überlassenen Grundstücke ruhen, den Berechtigten jährlich im Voraus vollständige Entschädigung zu leisten.

Art. 159. (127.) Tritt durch die Benützung eines Grundstücks eine Werthsverminderung desselben oder einer darauf ruhenden Dienstbarkeit ein, so muß der Bergwerksbesitzer, wenn er das Grundstück wieder zur freien Verfügung des Grundbesitzers stellt, die Minderwerthe ersetzen.

Für die Erfüllung dieser Verpflichtung kann der Grundbesitzer und der Dienstbarkeitsberechtigte schon bei der Ueberlassung zur Benützung die Bestellung angemessener Sicherheit verlangen.

Der Eigenthümer des Grundstücks ist in diesem Falle zu fordern berechtigt, daß der Bergwerksbesitzer, statt den Minderwerth zu ersetzen, das Eigenthum des Grundstücks erwirbt.

Art. 160. (128.) Wenn feststeht, daß die Benützung des Grundstückes länger als drei Jahre dauern wird, oder wenn die Benützung nach Ablauf von drei Jahren noch fortdauert, so kann der Grundeigenthümer verlangen, daß der Bergwerksbesitzer das Eigenthum des Grundstücks erwirbt.

Art. 161. (129.) Wenn ein Grundstück durch die Ueberlassung einzelner Theile zur Benützung so zerstückelt werden würde, daß die übrig bleibenden Theile nicht mehr zweckmäßig benützt werden können, so muß auch für die letzteren die jährliche Entschädigung auf Verlangen des Grundbesitzers von dem Bergwerksbesitzer geleistet werden.

In diesem Falle kann der Eigenthümer des zerstückelten Grundstückes, soferne hinsichtlich des zur Benützung überlassenen Theiles entweder die Voraussetzung des Art. 159 oder jene des Art. 160 gegeben ist, verlangen, daß der Bergwerksbesitzer das Eigenthum des ganzen Grundstückes erwirbt.

Art. 162. (129a.) Die im Art. 158 und im Art. 161 Abs. 1 bezeichneten Entschädigungsforderungen haften, wenn das benützte Grundstück oder das Grundstück, dessen jeweiligem Eigenthümer die Dienstbarkeit an dem benützten Grundstücke zusteht, mit Reallasten, Hypotheken, Grundschulden oder Rentenschulden belastet ist, für diese Rechte. Die Vorschriften des § 1123 Abs. 2 Satz 1 und der §§ 1124, 1125 des Bürgerlichen Gesetzbuches finden mit der Maßgabe entsprechende Anwendung, daß Verfügungen über die Entschädigungsforderungen den Berechtigten gegenüber unwirksam sind, soweit die Fälligkeit erst später als drei Monate nach der Beschlagnahme eintritt.

Art. 163. (130.) Bei der zwangsweisen Ueberlassung eines Grundstückes zur Benützung oder der Erwerbung des Eigenthums eines Grundstückes zu einer bergbaulichen Anlage kommen diejenigen Werthserhöhungen, welche das Grundstück erst in Folge dieser Anlage erhält, bei der Entschädigung nicht in Anschlag.

Art. 164. (131.) Die Entschädigung für jede zwangsweise Erwerbung des Eigenthums eines Grundstückes von Seite des Bergwerksbesitzers nach den Bestimmungen der Art. 159 Abs. 3, 160 und 161, ingleichen für den von dem letzteren nach Art. 159 Abs. 1 zu ersetzenden Minderwerth des Grundstücks ist nach Art. V des Gesetzes vom 17. November 1837, die Zwangsabtretung von Grundeigenthum für öffentliche Zwecke betreffend, zu bemessen.

Art. 165. (132.) Kleben unkörperliche Rechte dem für den Betrieb des Bergbaues nach den Vorschriften der Art. 159 Abs. 3, 160 und 161 von dem Bergwerksbesitzer zum Eigenthume zu erwerbenden Grundstücke an, so muß der Bergwerksbesitzer

1. nutzbare Rechte auf anderen unbeweglichen Sachen, welche aktiv mit dem zu erwerbenden Grundstücke verbunden sind, auf Verlangen des Eigenthümers gegen volle Entschädigung des letzteren übernehmen;

2. nutzbare Rechte, welche passiv auf dem zu erwerbenden Grundstücke ruhen, durch volle Entschädigung der Berechtigten ablösen, wenn diese darauf dringen oder die Ausübung jener Rechte mit der neuen Bestimmung des Grundstückes nicht mehr vereinbar ist.

Art. 166. (133.) Für die mit dem zu erwerbenden Grundstücke verbundenen, in Art. 165 bezeichneten Rechte, ingleichen für den nach Art. 159 Abs. 1 zu ersetzenden Minderwerth der Dienstbarkeiten ist die Entschädigung nach den im Art. VI des Zwangsabtretungsgesetzes vom 17. November 1837 enthaltenen Bestimmungen zu ermitteln und zu leisten.

Art. 167. (134.) Die von dem Grundeigenthümer nach der Vorschrift des Art. 159 Abs. 1 erworbenen Ansprüche auf Ersatz des Minderwerths haften, wenn das beschädigte Grundstück oder das Grundstück, dessen jeweiligem Eigenthümer die Dienstbarkeit an dem beschädigten Grundstücke zusteht, mit Reallasten, Hypotheken, Grundschulden oder Rentenschulden belastet ist, für diese Rechte nach Maßgabe der Vorschriften des § 1127 Abs. 2 und des § 1128 des Bürgerlichen Gesetzbuchs. Erhebt ein Berechtigter innerhalb der im § 1128 bestimmten Frist Widerspruch gegen die Zahlung der Entschädigung an den Eigenthümer, so kann der Eigenthümer und jeder Berechtigte die Eröffnung eines Vertheilungsverfahrens nach den für die Vertheilung des Erlöses im Falle der Zwangsversteigerung geltenden Vorschriften beantragen. Die Zahlung hat in diesem Falle an das für das Vertheilungsverfahren zuständige Gericht zu erfolgen.

Das Recht, die im Art. 159 Abs. 2 bezeichnete Sicherheitsleistung zu verlangen, steht auch den im Abs. 1 bezeichneten Berechtigten zu. Macht einer der Berechtigten von dieser Befugniß Gebrauch, so ist die Sicherheit in der Weise zu leisten, daß sie auch dem Berechtigten haftet.

Art. 168. (135.) Die auf dem vom Bergwerksbesitzer zum Eigenthume zu erwerbenden Grundstücke ruhenden Hypotheken, Grundschulden und Rentenschulden und die in Beziehung auf dasselbe im Grundbuch etwa eingetragenen Verfügungsbeschränkungen erlöschen durch dessen Abtretung, falls nicht bezüglich der Hypotheken, Grundschulden und Rentenschulden, deren Uebernahme durch den Bergwerksbesitzer im Einverständnisse mit den Hypotheken-, Grundschuld- und Rentenschuldgläubigern erfolgt.

Auf die in den Fällen des Art. 159 Abs. 3, des Art. 160, des Art. 161 Abs. 2 und des Art. 165 zu leistenden Entschädigungen finden, wenn das betroffene Grundstück oder das Grundstück, dessen jeweiligem Eigenthümer das betroffene Recht zusteht, mit Hypotheken, Grundschulden oder Rentenschulden oder mit anderen Rechten belastet ist, für welche eine besondere Entschädigung nicht gewährt wird, die für die Entschädigung im Falle der Zwangsenteignung geltenden Vorschriften Anwendung.

Art. 169. (136.) Können sich die Betheiligten in den Fällen der Art. 156 bis 161 nicht gütlich einigen, so erfolgt die Entscheidung darüber, ob, in welchem Umfange und unter welchen Bedingungen der Grundbesitzer zur Ueberlassung der Benützung oder der Bergwerksbesitzer zum Erwerbe des Eigenthums des Grundstücks verpflichtet ist, durch diejenige Kreisregierung, Kammer des Innern, in deren Bezirk das Grundstück liegt, in einem Senate, welcher aus drei Mitgliedern der Regierung und zwei Mitgliedern des Oberbergamtes besteht.

Die durch diese Zuziehung erwachsenden Reisekosten der Mitglieder des Oberbergamtes dürfen den Parteien nicht aufgerechnet werden.

Art. 170. (137.) Der bei der Berginspektion anzubringende Antrag des Bergwerksbesitzers auf Ueberlassung eines Grundstückes zur Benützung muß enthalten: den Namen und Wohnort des treffenden Grundeigenthümers oder Nutzungsberechtigten, die Bezeichnung der zur Benützung zu überlassenden Grundfläche nach Lage, Größe und Grenzen, die Beschreibung der Anlage, zu welcher dieselbe verwendet werden soll, die muthmaßliche Dauer der Benützung, das Anerbieten einer bestimmten jährlichen Nutzungsentschädigung, endlich die Erklärung, daß eine gütliche Einigung auf der bezeichneten Grundlage vergebens versucht worden sei.

Als Beleg ist dem Antrage beizufügen der Steuerkatasterplan mit einer Einzeichnung der zur Benützung in Anspruch genommenen Grundfläche und der beabsichtigten Anlage.

Art. 171. (138.) Der bei der Berginspektion anzubringende Antrag des Grundeigenthümers auf Erwerbung des Eigenthums des Grundstückes durch den Bergwerkseigenthümer muß in den Fällen der Art. 159 Abs. 3, 160 zweite Alternative und 161 enthalten: den Namen und Wohnort des letzteren, beziehungsweise der Gewerkschaft, die Bezeichnung der bereits zur Benützung überlassenen Grundfläche nach Lage, Größe und Grenzen und des Zeitpunktes der zwangsweise oder freiwillig nach Art. 156 erfolgten Gebrauchsüberlassung, ferner den Kapitalbetrag, für welchen die Abtretung angeboten wird, endlich die Erklärung, daß eine gütliche Vereinigung auf dieser Grundlage erfolglos versucht worden sei.

Ist die Ueberlassung zur Benützung noch nicht erfolgt, und stützt der Grundeigenthümer sein Verlangen auf Erwerbung des Eigenthums des Grundstückes durch den Bergwerksbesitzer auf die Vorschrift des Art. 160 erste Alternative oder des Art. 161, so hat er dieses Verlangen als Gegenantrag dem auf Gebrauchsüberlassung gerichteten Antrage des Bergwerksbesitzers gegenüber anzubringen.

Art. 172. (139.) Die Berginspektion hat den bei ihr eingekommenen Antrag (Art. 170, 171) im Benehmen mit derjenigen Distriktspolizeibehörde, in deren Bezirke das Grundstück liegt, einer vorläufigen Prüfung zu unterstellen. Wird der Antrag unvollständig befunden, so ist er zur Vervollständigung zurückzugeben; wird er unzulässig befunden, sei es wegen Gefährdung öffentlicher Interessen oder aus anderen Gründen, so ist ein Beschluß gemäß Art. 169 herbeizuführen. Liegt keiner dieser Fälle vor, oder ist der Antrag nachträglich vervollständigt worden, so hat die Distriktspolizeibehörde zur weiteren Instruktion des Antrages zu schreiten.

Art. 173. (140.) Die Distriktspolizeibehörde hat vorerst sämmtliche bei dem Antrage Mitbetheiligte im Benehmen mit dem treffenden Rentamte und dem Grundbuchamte zu ermitteln.

Sie setzt hienach gemeinschaftlich mit der Berginspektion einen Termin zur Untersuchung und Verhandlung der Sache an Ort und Stelle an, erläßt die Ladung hiezu an sämmtliche Betheiligte unter genauer Bezeichnung der Zeit und des Ortes und gibt nach Umständen das beabsichtigte Unternehmen in der Gemeinde, in deren Bezirke die Anlage ausgeführt werden soll, durch Anschlag oder durch ein hiefür geeignetes Lokalblatt bekannt.

Die Vorladung der Parteien und der Mitbetheiligten namentlich der Realberechtigten, der Hypotheken=, Grundschuld= und Rentenschuldgläubiger sowie der Eigenthümer der benachbarten Grundstücke, Wasserrechte und Triebwerke hat unter dem ausdrücklichen Beisatze zu geschehen, daß das Nichterscheinen der Geladenen in Person oder durch einen Bevollmächtigten zur rechtlichen Folge haben werde:

1. für den Antragsteller die Verbindlichkeit zur Schadloshaltung der Erschienenen in Bezug auf Auslagen und Versäumnisse, ferner die Annahme, daß der Antrag als auf sich beruhend erachtet werde,
2. für den Gegner des Antragstellers die Verbindlichkeit zur Schadloshaltung der Erschienenen in Bezug auf Auslagen und Versäumnisse und die Wiederaufnahme des Termins auf seine Kosten unter Androhung des weiteren Rechtsnachtheiles, daß bei seinem wiederholten Ausbleiben seine Einwilligung in die verlangte Benützung oder Erwerbung des Grundstücks werde angenommen werden,
3. für die geladenen Mitbetheiligten den Verlust ihrer Einwendungen gegen den Antrag, beziehungsweise gegen die nach der Vorschrift des Art. 175 auszumittelnde Größe der Sicherheitsleistung oder Entschädigung.

Die Bescheinigung der stattgehabten Vorladung ist zu den Akten zu bringen.

Art. 174. (141.) Bei dem Termine selbst, welcher mit der Ortsbesichtigung im Beisein eines Abgeordneten der Berginspektion zu beginnen ist, hat der Distriktspolizeibeamte vor Allem auf die Erzielung einer gütlichen Uebereinkunft zwischen den Theilen über die Abtretungsfrage und die zu leistende Entschädigung hinzuwirken und das Ergebniß zu Protokoll zu nehmen.

Kommt eine solche Uebereinkunft nicht zu Stande, so sind die gegen den Antrag erhobenen Einwendungen vorerst mündlich zu erörtern und hienach mit den Gegenerinnerungen des Antragstellers genau und vollständig zu Protokoll zu nehmen.

Art. 175. (142.) Den Beamten der Distriktspolizeibehörde und der Berginspektion liegt auch ob, bei dem anberaumten Termin (Art. 173) die für die Benützung oder für die Abtretung des Eigenthums des Grundstücks, ingleichen die nach den Vorschriften der Art. 165 und 166 zu leistenden Entschädigungen, sowie die in Art. 159 bezeichnete Sicherheitsleistung auszumitteln.

Diese Ausmittelung hat auch dann zu geschehen, wenn der Gegner des Antrages nach der Vorschrift des Art. 173 Abs. 3 Ziff. 2 die Folgen seines ungehorsamen Ausbleibens hinsichtlich der Abtretungsfrage verwirkt hat.

Art. 176. (143.) Zur Ausmittelung der Entschädigung nach der Vorschrift des Art. 175 und, wo es sonst nach der Sachlage nöthig erscheint, sind Sachverständige beizuziehen.

Die Wahl derselben ist der Uebereinkunft der Betheiligten überlassen.

Es können hiebei nicht mehr als drei Sachverständige aufgestellt werden.

Kommt eine Uebereinkunft hierüber innerhalb einer den Betheiligten vorzusteckenden Frist nicht zu Stande, so werden die Sachverständigen von Amtswegen ernannt und durch Eidesabnahme verpflichtet.

Art. 177. (144.) Nach Abschluß der Verhandlungen (Art. 173 bis 176) hat die Distriktspolizeibehörde die Akten der Kreisregierung, Kammer des Innern, vorzulegen.

Der Beschluß der Kreisregierung (Art. 169), durch welchen die zwangsweise Gebrauchsüberlassung oder die Erwerbung eines Grundstückes zum Eigenthume ausgesprochen wird, muß dasselbe genau bezeichnen und die Bedingungen der Gebrauchsüberlassung oder Erwerbung enthalten.

Ingleichen ist in dem Beschlusse die nach der Vorschrift des Art. 175 ausgemittelte Entschädigung, beziehungsweise Sicherheitsleistung festzusetzen.

Art. 178. (145.) Gegen den Beschluß, durch den die Verpflichtung zur zwangsweisen Ueberlassung der Benützung oder zur Erwerbung eines Grundstücks als Eigenthum ausgesprochen worden ist, findet die Beschwerde nach Maßgabe des Art. 226 statt. Der Rechtsweg ist ausgeschlossen. Gegen die Festsetzung der Entschädigung und der Sicherheitsleistung findet die Beschwerde nicht statt. Dagegen steht den Betheiligten der Rechtsweg zur Herbeiführung der richterlichen Entscheidung über den Betrag der Entschädigung und der Sicherheitsleistung offen. Für die Klage ist das Gericht ausschließlich zuständig, in dessen Bezirke das Grundstück liegt.

Durch die Beschreitung des Rechtsweges wird in diesem Falle die Besitznahme des Grundstücks nicht aufgehalten, vorausgesetzt, daß die ausgemittelte Entschädigung an den Berechtigten gezahlt oder bei verweigerter Annahme hinterlegt, desgleichen die Hinterlegung der festgesetzten Sicherheitsleistung geschehen ist.

Art. 179. (146.) Handelt es sich nach Beendigung der Benützung eines Grundstücks nach Art. 159 Abs. 1 um den Ersatz des Minderwerthes durch den Bergwerksbesitzer, so sind behufs der Festsetzung der Ersatzsumme lediglich die Gerichte zuständig.

Art. 180. (147.) Die Kosten des Verfahrens über die zwangsweise Ueberlassung eines Grundstücks zur Benützung oder über die zwangsweise Erwerbung zum Eigenthume hat für die erste Instanz der Bergwerksbesitzer, für die Beschwerdeinstanz der unterliegende Theil zu tragen.

Zweiter Abschnitt.

Von der Benützung des Wassers.

Art. 181. (148.) Auf Grubenwässer, welche der Bergwerksbesitzer erschroten hat, bleibt demselben, auch wenn er sie zu Tage ausfließen läßt, bis zu deren Vereinigung mit anderen beständigen Tagwässern das Vorrecht der Benützung zum Betriebe des Bergwerkes und der dazu gehörigen Aufbereitungsanstalten vorbehalten.

Art. 182. (149.) Insoweit und solange ein Bergwerksbesitzer seine Grubenwässer zu Betriebszwecken nicht selbst benützt, kann deren Benützung von dem Oberbergamte in widerruflicher Weise auch Anderen gestattet werden.

Den Besitzern benachbarter Bergwerke und Aufbereitungsanstalten gebührt in diesem Falle der Vorrang.

Art. 183. (150.) Hinsichtlich der Benützung des Tagwassers bei dem Betriebe der Berg- und Hüttenwerke kommen die Bestimmungen des Gesetzes vom 28. Mai 1852, die Benützung des Wassers betreffend, zur Anwendung.[1])

Dritter Abschnitt.

Von dem Schadenersatze für Beschädigungen des Grundeigenthums.

Art. 184. (151.) Der Bergwerksbesitzer ist verpflichtet, für allen Schaden, welcher dem Grundeigenthum oder dessen Zubehörungen durch den unterirdisch oder mittels Tagebaues geführten Betrieb des Bergwerkes zugefügt wird, vollständige Entschädigung zu leisten ohne Unterschied, ob der Betrieb unter dem beschädigten Grundstücke stattgefunden hat oder nicht, ob die Beschädigung von dem Bergwerksbesitzer verschuldet ist und ob sie vorausgesehen werden konnte oder nicht.

Auf die Entschädigungsforderung finden im Falle der Beschädigung eines Grundstücks die Vorschriften des Art. 167 Abs. 1 entsprechende Anwendung; im Falle der Beschädigung von Zubehörstücken haftet die Entschädigungsforderung den im Art. 167 Abs. 1 bezeichneten Berechtigten nach Maßgabe der Vorschriften des § 1123 Abs. 2 Satz 1, des § 1124 Abs. 1, 3 und des § 1127 Abs. 2 des Bürgerlichen Gesetzbuches.

Art. 185. (152.) Ist der Schaden durch den Betrieb zweier oder mehrerer Bergwerke verursacht, so sind die Besitzer dieser Bergwerke gemeinschaftlich und zwar zu gleichen Theilen zur Entschädigung verpflichtet.

Im Verhältniß der Bergwerksbesitzer unter sich ist der Nachweis eines anderen Theilnahmeverhältnisses und der Anspruch auf Erstattung des Zuvielbezahlten nicht ausgeschlossen.

Art. 186. (153.) Der Bergwerksbesitzer ist nicht zum Ersatze des Schadens verpflichtet, welcher an Gebäuden oder anderen Anlagen durch den Betrieb des Bergwerkes entsteht, wenn solche Anlagen zu einer Zeit errichtet worden sind, wo die denselben durch den Bergbau drohende Gefahr dem Grundbesitzer bei Anwendung gewöhnlicher Aufmerksamkeit nicht unbekannt bleiben konnte.

Muß wegen einer derartigen Gefahr die Errichtung solcher Anlagen unterbleiben, so hat der Grundbesitzer auf die Vergütung der Werthsverminderung, welche sein Grundstück dadurch erleidet, keinen Anspruch,

[1]) s. „Wasserbenützungsgesetz."

wenn sich aus den Umständen ergibt, daß die Absicht, solche Anlagen zu errichten, nur kundgegeben wird, um jene Vergütung zu erzielen.

Art. 187. (154.) Ansprüche auf Ersatz eines durch den Bergbau verursachten Schadens (Art. 184, 185), welche sich nicht auf Vertrag gründen, verjähren nach den für Ersatzansprüche aus unerlaubten Handlungen geltenden Vorschriften.

Art. 188. (155.) Auf Beschädigung des Grundeigenthums oder der Zubehörungen desselben durch die von Schürfern und Muthern ausgeführten Arbeiten finden die Art. 184 bis 187 ebenfalls Anwendung.

Vierter Abschnitt.

Von den Verhältnissen des Bergbaues zu den öffentlichen Verkehrsanstalten.

Art. 189. (156.) Gegen die Ausführung von öffentlichen Straßen und Wegen, Eisenbahnen, Kanälen und anderen öffentlichen Verkehrsmitteln, zu deren Anlegung dem Unternehmer durch Gesetz oder besondere landesherrliche Verordnung das Recht der Zwangsenteignung beigelegt ist, steht dem Bergbautreibenden ein Widerspruchsrecht nicht zu.

Vor Feststellung der solchen Anlagen zu gebenden Richtung sind diejenigen, über deren Bergwerke dieselben geführt werden sollen, Seitens der zuständigen Behörde darüber zu hören, in welcher Weise unter möglichst geringer Benachtheiligung des Bergwerkseigenthums die Anlage auszuführen sei.

Art. 190. (157.) War der Bergbautreibende zu dem Bergwerksbetriebe früher berechtigt, als die Genehmigung der Anlage (Art. 189) ertheilt ist, so hat derselbe gegen den Unternehmer der Anlage einen Anspruch auf Schadensersatz. Ein Schadensersatz findet nur insoweit statt, als entweder die Herstellung sonst nicht erforderlicher Anlagen in dem Bergwerke oder die sonst nicht erforderliche Beseitigung oder Veränderung bereits in dem Bergwerke vorhandener Anlagen nothwendig wird.

Art. 191. (158.) Können sich die Betheiligten über die zu leistende Entschädigung nicht gütlich einigen, so erfolgt die Festsetzung derselben nach Anhörung beider Theile und mit Vorbehalt des Rechtsweges durch einen Beschluß des Oberbergamtes, welcher vorläufig vollstreckbar ist.

Sechster Titel.

Von der Aufhebung des Bergwerkseigenthums.

Art. 192. (159.) Wird amtlich festgestellt, daß ein Bergwerkseigenthümer die nach Vorschrift des Art. 66 an ihn erlassene Aufforderung zur Inbetriebsetzung des Bergwerkes oder zur Fortsetzung des Betriebes nicht befolgt, so hat das Oberbergamt die Einleitung des Verfahrens wegen Entziehung des Bergwerkseigenthums durch einen Beschluß auszusprechen.

Art. 193. (160.) Der rechtskräftige Beschluß des Oberbergamtes wird den aus dem Grundbuch ersichtlichen Gläubigern und anderen Realberechtigten zugestellt und außerdem durch das Amtsblatt der Kreisregierung, in deren Bezirk das Bergwerk liegt, unter Verweisung auf die Bestimmungen dieses und des folgenden Artikels zur öffentlichen Kenntniß gebracht.

Art. 194. (161.) Jeder Gläubiger, insbesondere die Hypotheken-, Grundschuld- und Rentenschuldgläubiger oder sonstigen Realberechtigten sind befugt, binnen drei Monaten vom Ablauf des Tages, an welchem der Beschluß zugestellt, beziehungsweise an welchem das die Bekanntmachung enthaltende Kreisamtsblatt ausgegeben worden ist, behufs ihrer Befriedigung die gerichtliche Versteigerung des Bergwerkes auf ihre Kosten zu beantragen, vorbehaltlich der Erstattung derselben aus den Kaufgeldern.

Hypotheken-, Grundschuld- und Rentenschuldgläubiger oder sonstige Realberechtigte, welche von diesem Rechte binnen der angegebenen Frist keinen Gebrauch machen, haben bei der demnächstigen Aufhebung des Bergwerkseigenthums das Erlöschen ihrer dinglichen Ansprüche zu erleiden.

Auch der seitherige Eigenthümer des Bergwerkes kann innerhalb jener ausschließenden Frist von drei Monaten die Versteigerung auf seine Kosten beantragen.

Art. 195. (162.) Wird die Versteigerung nicht beantragt oder führt sie nicht zum Verkaufe des Bergwerkes, so spricht das Oberbergamt durch einen Beschluß die Aufhebung des Bergwerkseigenthums aus.

Mit dieser Aufhebung erlöschen alle Ansprüche auf das Bergwerk, von welcher Art sie auch sein mögen.

Die Vorschriften des Art. 38 Abs. 2 finden entsprechende Anwendung.

Art. 196. (163.) Erklärt der Eigenthümer eines Bergwerkes vor dem Oberbergamte seinen freiwilligen Verzicht auf dasselbe, so wird mit dieser Erklärung nach Art. 193 ebenso verfahren, wie mit dem dort bezeichneten Beschlusse.

Die den Gläubigern, insbesondere den Hypotheken-, Grundschuld- und Rentenschuldgläubigern und anderen Realberechtigten im Art. 194 eingeräumte Befugniß steht denselben auch in diesem Falle zu und hinsichtlich der Aufhebung des Bergwerkseigenthums finden die Bestimmungen des Art. 195 ebenfalls Anwendung.

Art. 197. (165.) Bei jeder Aufhebung eines Bergwerkseigenthums darf der bisherige Eigenthümer die Zimmerung und Mauerung des Grubengebäudes nur insoweit wegnehmen, als nach der Entscheidung der Berginspektion nicht polizeiliche Gründe entgegenstehen.

Art. 198. (166.) Die Kosten, welche durch das im gegenwärtigen Titel angeordnete Verfahren bei dem Oberbergamte, beziehungsweise der Berginspektion erwachsen, hat der Bergwerkseigenthümer zu tragen.

Siebenter Titel.

Von den Knappschaftsvereinen.

Art. 199. (167.) Für die Arbeiter aller dem gegenwärtigen Gesetze unterworfenen Bergwerke und Aufbereitungsanstalten, desgleichen für die Arbeiter der Salinen sollen Knappschaftsvereine bestehen, welche den Zweck haben, ihren Theilnehmern und deren Angehörigen nach näherer Bestimmung des Gesetzes Unterstützungen zu gewähren.

Sind mit den vorbezeichneten Werken zugleich Gewerbsanlagen verbunden, welche nicht unter der Aufsicht der Bergbehörde stehen, so können die bei diesen Gewerbsanlagen beschäftigten Arbeiter auf den gemeinschaftlichen Antrag der letzteren und der Werksbesitzer durch den Knappschaftsvorstand in den Knappschaftsverein aufgenommen werden.

Die Knappschaftsvereine erlangen durch die Bestätigung ihrer Satzungen die Eigenschaft juristischer Personen.

Art. 200. (168.) Die bereits bestehenden Knappschaftsvereine bleiben in Wirksamkeit; dieselben können mit Zustimmung ihrer Vertreter einem nach Art. 201 zu bildenden Bezirke einverleibt werden. Der gegenwärtige Titel findet jedoch auch auf sie Anwendung und es sind ihre Satzungen mit den Vorschriften dieses Gesetzes in Uebereinstimmung zu bringen.

Die Besitzer und Arbeiter der Hüttenwerke und der dem gegenwärtigen Gesetze nicht unterworfenen Aufbereitungsanstalten, welche bereits einem Knappschaftsvereine angehören, scheiden auf ihren gemeinschaftlichen Antrag aus dem Vereine aus.

Art. 201. (169.) Die Bestimmung der Bezirke, für welche neue Knappschaftsvereine gegründet werden sollen, hängt zunächst von dem Beschlusse der Betheiligten ab.

Wird von den Betheiligten der zu gründenden Knappschaftsvereine die Bildung eines Bezirks überhaupt nicht beschlossen oder erfolgt über die Bestimmung des Bezirkes keine Einigung unter den Betheiligten, so entscheidet das Oberbergamt nach Anhörung der Werksbesitzer und eines von den Arbeitern zu wählenden Ausschusses.

Art. 202. (170.) Alle in dem Bezirke eines bereits bestehenden oder neu gegründeten Knappschaftsvereines gelegenen Bergwerke, Aufbereitungsanstalten und Salinen (Art. 199) und die auf denselben beschäftigten Arbeiter sind dem Vereine nach näherer Bestimmung der Satzungen beizutreten berechtigt und verpflichtet.

Berechtigt zum Beitritt sind auch die Werksbeamten, sowie die Verwaltungsbeamten des Knappschaftsvereines.

Art. 203. (171.) Für jeden Knappschaftsverein haben die Werksbesitzer unter Mitwirkung eines von den Arbeitern zu wählenden Ausschusses mit dem gegenwärtigen Gesetze in Uebereinstimmung stehende Satzungen aufzustellen.

Dieselben unterliegen der Bestätigung des Oberbergamtes, welche nur versagt werden darf, wenn die Satzungen den gesetzlichen Bestimmungen zuwiderlaufen.

Werden die Satzungen nach vorgängiger Aufforderung nicht innerhalb Jahresfrist vorgelegt, so hat das Oberbergamt dieselben aufzustellen.

Art. 204. (172.) Zu allen Abänderungen von Knappschaftssatzungen ist erforderlich, daß dieselben von den Betheiligten nach den hierüber in die Satzungen aufzunehmenden näheren Bestimmungen beschlossen werden und sodann die Bestätigung des Oberbergamtes nach Maßgabe des Art. 203 erlangen.

Art. 205. (173.) Die Leistungen, welche jeder Knappschaftsverein nach näherer Bestimmung der Satzungen seinen Mitgliedern zu gewähren hat, sind:

1. in Krankheitsfällen eines Knappschaftsgenossen freie Kur und Arznei für seine Person;
2. ein entsprechender Krankenlohn;
3. ein Beitrag zu den Begräbnißkosten der Mitglieder und Invaliden;
4. eine Unterstützung an Wöchnerinnen;
5. eine lebenslängliche Invaliden-Unterstützung bei einer ohne grobes Verschulden eingetretenen Arbeitsunfähigkeit;
6. eine Unterstützung der Wittwen auf Lebenszeit, beziehungsweise bis zur etwaigen Wiederverheirathung;
7. eine Unterstützung zur Erziehung der Kinder verstorbener Mitglieder und Invaliden bis nach zurückgelegtem vierzehnten Lebensjahre.

Für die vollberechtigten Mitglieder sind mindestens die unter Ziff. 1 bis 3, 5 bis 7, für die nicht vollberechtigten Mitglieder mindestens die unter Ziff. 1 bis 4 genannten Leistungen, wenn sie aber bei der Arbeit verunglücken, auch die unter Ziff. 5 bis 7 genannten zu gewähren.

Die unter Ziff. 1 bis 4 bezeichneten Leistungen müssen in allen Fällen die durch das Krankenversicherungsgesetz für die Betriebs- (Fabrik-) Krankenkassen vorgeschriebenen Mindestleistungen erreichen.

Die Gewährung von Krankenlohn (Abs. 1 Ziff. 2) kann durch die Satzungen für die in § 26a Abs. 2 Ziff. 2 des Krankenversicherungsgesetzes vorgesehenen Fälle ausgeschlossen werden.

Art. 206. (neu.) Aus dem Betriebe ausscheidende Mitglieder können durch Entrichtung einer Gebühr, welche den monatlichen Betrag von 1 ℳ nicht übersteigen darf, die bis zum Tage des Austritts erworbenen Pensionsansprüche für sich und ihre Angehörigen wahren, insoferne nicht bei Eintritt in einen anderen Knappschaftsverein die bisherige Dienstzeit angerechnet wird.

Die bezügliche Absicht muß dem Kassenvorstand innerhalb eines Monats nach dem Austritt erklärt werden.

Bleibt der Ausgeschiedene mit der Gebühr länger als drei Monat im Rückstand, so erlischt der vorbehaltene Anspruch ohne Weiteres.

Insofern nicht nach Vorstehendem Pensionsansprüche gewahrt werden wollen, kann der Knappschaftsvorstand ausscheidenden Mitgliedern, welche eine Invalidenunterstützung nicht beziehen, eine einmalige Vergütung gewähren, deren Höhe durch die Knappschaftssatzungen bestimmt wird.

Art. 207. (174.) Für die Leistungen unter 1, 2 und 3 des Art. 205 oder für einzelne derselben können nach dem gemeinschaftlichen Beschlusse der Werksbesitzer, der Knappschaftsältesten und des Knappschaftsvorstandes besondere Krankenkassen auf sämmtlichen zu einem Knappschaftsvereine gehörigen Werken und zwar auf jedem einzelnen Werke oder gruppenweise auf mehreren eingerichtet werden.

Die für die Krankenkassen nach Vorschrift des Art. 203 aufzustellenden Satzungen unterliegen der daselbst erwähnten Bestätigung.

Die Beaufsichtigung der Krankenkassen gehört zu den Obliegenheiten des Knappschaftsvorstandes. In den Satzungen des Knappschaftsvereines sind die näheren Bestimmungen hierüber, sowie über die bei der Abzweigung der Krankenkassen eintretende Herabsetzung der Beiträge zur Hauptkasse zu treffen.

Art. 208. (175.) Die Ansprüche der Berechtigten auf die Leistungen der Knappschafts- und der Krankenkassen sind nicht übertragbar.

Art. 209. (176.) Sowohl die Arbeiter, als auch die Werksbesitzer haben zu den Knappschafts- und den Krankenkassen Beiträge zu leisten.

Art. 210. (177.) Die Beiträge der Arbeiter sollen in einem gewissen Prozentsatze ihres Arbeitslohnes oder in einem entsprechenden Fixum bestehen.

Die Beiträge der Werksbesitzer sollen mindestens die Hälfte des Beitrages der Arbeiter ausmachen.

Art. 211. (178.) Die Werksbesitzer sind verpflichtet, die Beiträge ihrer Arbeiter bei Vermeidung der zwangsweisen Einziehung an die Vereinskasse abzuliefern; sie sind berechtigt, diese Beiträge, soweit dieselben für die betreffende Lohnperiode fällig sind, durch Lohnabzüge einzuheben.

Auch haben die Werksbesitzer ihre Arbeiter und deren Lohnbezüge regelmäßig an den durch die Satzungen festzusetzenden Zeitpunkten bei dem Knappschaftsvorstande anzumelden.

Unterbleibt die Anmeldung, so ist der Vorstand befugt, die Zahl der Arbeiter, für welche die Beiträge zur Knappschaftskasse eingezogen werden sollen, nach seinem Ermessen zu bestimmen oder bei dem Oberbergamt eine Ungehorsamsstrafe gegen den säumigen Werksbesitzer in Antrag zu bringen.

Art. 212. (179.) Alle Beiträge zur Knappschaftskasse, wie zu den Krankenkassen können, nachdem die Ausstandsverzeichnisse von dem Oberbergamte vollstreckbar erklärt sind, zwangsweise beigetrieben werden.

Art. 213. (180.) Ueber Streitigkeiten, die sich aus dem Vollzug der Art. 205 bis 212 ergeben, entscheidet unter Ausschluß des Rechtsweges das Oberbergamt.

Art. 214. (181.) Die Verwaltung eines jeden Knappschaftsvereins erfolgt unter Betheiligung von Knappschaftsältesten durch einen Knappschaftsvorstand.

Art. 215. (182.) Die Knappschaftsältesten werden von den zum Vereine gehörigen Arbeitern in einer durch die Satzungen festzustellenden Zahl aus ihrer Mitte in geheimer Wahl mit verdeckten Stimmzetteln gewählt.

Auch den invaliden Arbeitern und Beamten kann die Wählbarkeit durch die Satzungen beigelegt werden.

Die Knappschaftsältesten vertreten die Knappschaftsmitglieder bei der Wahl des Vorstands und haben im Allgemeinen das Recht und die Pflicht, einerseits die Befolgung der Satzungen durch die Knappschaftsmitglieder zu überwachen und andererseits die Rechte der letzteren gegenüber dem Vorstande wahrzunehmen.

Die Satzungen oder eine besondere Instruktion (Art. 217) regeln ihre Dienstobliegenheiten.

Art. 216. (183.) Die Mitglieder des Knappschaftsvorstandes werden nach näherer Bestimmung der Satzungen zur einen Hälfte von den Werksbesitzern, beziehungsweise von den Repräsentanten und zur anderen Hälfte von den Knappschaftsältesten je aus ihrer Mitte oder aus der Zahl der königlichen oder Privatbergbeamten in geheimer Wahl mit verdeckten Stimmzetteln gewählt.

Die Hälfte des Knappschaftsvorstandes muß aus Arbeitern oder Arbeiterinvaliden bestehen.

Art. 217. (184.) Der Knappschaftsvorstand vertritt den Verein nach außen, leitet die Wahl der Knappschaftsältesten, erwählt die Beamten und Aerzte des Vereines, schließt die Verträge mit denselben, sowie mit den Apothekern ab, erläßt die erforderlichen Instruktionen, verwaltet das Vermögen des Vereins und besorgt alle übrigen durch die Satzungen ihm übertragenen Geschäfte.

Art. 218. (185.) Die jährlich zu legenden Rechnungen müssen nach vorgängiger Prüfung durch den Vorstand den Knappschaftsältesten und den Werksbesitzern zur Einsicht und etwaigen Erklärung offen gelegt werden, bevor der Vorstand dem Kassenbeamten die Entlastung ertheilt.

Art. 219. (186.) Das Oberbergamt hat die Beobachtung der Satzungen und insbesondere die satzungsmäßige Verwaltung des Vermögens zu überwachen.

Art. 220. (187.) In Ausübung dieses Aufsichtsrechtes ist der Beauftragte des Oberbergamtes befugt, allen Sitzungen des Knappschaftsvorstandes, welche zu diesem Zwecke mindestens acht Tage vorher anzuzeigen sind, beizuwohnen und gegen jeden satzungswidrigen Beschluß Einspruch zu erheben. Von der Erhebung soll er dem Oberbergamte sofort Anzeige erstatten. Das Oberbergamt entscheidet, ob der Einspruch aufrecht zu erhalten oder aufzuheben ist. Solange der Einspruch nicht aufgehoben ist, darf der Beschluß nicht vollzogen werden.

Art. 221. (188.) Der Knappschaftsvorstand ist verpflichtet, dem Beauftragten des Oberbergamtes jederzeit auf Verlangen die Einsicht der über seine Verhandlungen zu führenden Protokolle, der Kassenbücher und der gelegten Rechnungen, sowie die Revision der Kasse zu gestatten.

Auch hat er dem Oberbergamte die zur Statistik des Knappschaftswesens erforderlichen Nachrichten zu geben.

Art. 222. (189.) Beschwerden über die Verwaltung des Vorstandes sind bei dem Oberbergamte vorzubringen.

Art. 223. (190.) Für den Fall der Auflösung eines Knappschaftsvereines kann über den nach Erfüllung aller Verbindlichkeiten noch übrig bleibenden Vermögensrest durch die Satzungen oder, wenn diese eine ausreichende Bestimmung darüber nicht enthalten, durch die letzten Mitglieder nur zu Gunsten von anderen Knappschaftsvereinen oder von Gemeinden verfügt werden.

Mangelt eine solche Verfügung, so sind die Knappschaftsvereine oder die Gemeinden, welchen der Vermögensrest zufallen soll, durch die Staatsregierung zu bezeichnen.

Achter Titel.

Von den Bergbehörden.

Art. 224. (191.) Der Vollzug dieses Gesetzes obliegt, soweit nicht nach den Bestimmungen desselben andere Behörden mitzuwirken haben, den Bergbehörden (Berginspektionen, Oberbergamt), deren Organisation und näherer Wirkungskreis durch k. Verordnung bestimmt wird.

Art. 225. (192.) Das Oberbergamt bildet in den in diesem Gesetz ihm zugewiesenen Angelegenheiten, soweit nicht ein Anderes ausdrücklich bestimmt ist, die erste Instanz.

Die Berginspektionen haben außer den in diesem Gesetz ihnen sonst übertragenen Obliegenheiten insbesondere die Handhabung der Bergpolizei nach Vorschrift des Tit. IX dieses Gesetzes wahrzunehmen.

Art. 226. (193.) Zur Bescheidung von Beschwerden gegen erstinstanzielle Entscheidungen im Vollzuge der Art. 9, 32, 51, 63, 64, 117, 169, 192, 195, 203 mit 204, dann 213 ist der Verwaltungsgerichtshof zuständig, soweit nicht nach Art. 13 des Gesetzes vom 8. August 1878, betreffend die Errichtung eines Verwaltungsgerichtshofes und das Verfahren in Verwaltungsrechtssachen,[1]) anders bestimmt ist.

Die Bestimmungen des Art. 45 Abs. 1 bis 3 des bezeichneten Gesetzes finden entsprechende Anwendung.

Im Uebrigen ist gegen die Beschlüsse und die Verfügungen des Oberbergamtes binnen vierzehn Tagen ausschließender Frist vom Tage der Eröffnung an gerechnet Beschwerde an das k. Staatsministerium des Innern zulässig.

Art. 227. (194.) Die Verfügungen der Berginspektionen können binnen vierzehn Tagen ausschließender Frist vom Tage der Eröffnung an gerechnet durch Beschwerde an das Oberbergamt angefochten werden.

---

[1]) s. Buchert, „Verwaltungsgerichtshof-Gesetz."

Art. 228. (195.) Die Beschwerde ist bei der Bergbehörde, welche die beschwerende Verfügung erlassen hat, schriftlich oder zu Protokoll anzumelden.[1])

Widerspricht die Verfügung den von zuständigen Berufsgenossenschaften erlassenen Vorschriften zur Verhütung von Unfällen, so ist zur Einlegung der Beschwerde auch der Vorstand der Berufsgenossenschaft oder der berufsgenossenschaftlichen Sektion befugt.

Art. 229. (196.) Die Beamten des Oberbergamtes und der Berginspektionen können in ihrem Verwaltungsbezirke keine Bergwerke oder Kuxe durch Muthung erwerben. Dasselbe gilt von ihren Ehefrauen und ihren unter der elterlichen Gewalt des Vaters stehenden Kindern.

Zu solchen Erwerbungen durch andere Rechtsgeschäfte unter Lebenden ist die Genehmigung des zuständigen k. Staatsministeriums erforderlich.

Neunter Titel.

Von der Bergpolizei.

Art. 230. (197.) Der Bergbau steht unter der polizeilichen Aufsicht der Bergbehörden.

Unter den Bergbauen, welche der polizeilichen Aufsicht nach den Vorschriften dieses Titels unterliegen, sind die unterirdischen Baue auch auf andere als die in Art. 1 bezeichneten Mineralien einschließlich der unterirdischen Steinbrüche und Gräbereien begriffen.

Die bergpolizeiliche Aufsicht bezweckt die Verhütung von Gefahren für Personen und Eigenthum beim Bergbau und erstreckt sich insbesondere auf:

die thunlichste Sicherheit des Lebens und der Gesundheit der Arbeiter,

die möglichste Sicherheit der Baue,

die Aufrechterhaltung der guten Sitten und des Anstandes durch die Einrichtung des Betriebes,

den Schutz der Oberfläche im Interesse der persönlichen Sicherheit und des öffentlichen Verkehrs,

den Schutz gegen gemeinschädliche Einwirkungen des Bergbaus.

Der bergpolizeilichen Aufsicht unterliegen auch die in den Art. 48 und 49' erwähnten, zur Aufsuchung, Gewinnung, Förderung und Aufbereitung erforderlichen Anstalten.

Art. 231. (198.) Die bergpolizeilichen Bestimmungen in dem im Art. 230 angegebenen Umfange sind durch Verordnung oder oberpolizeiliche Vorschriften zu erlassen.

Die Zuwiderhandlungen gegen diese Bestimmungen können mit Geldstrafe bis zu dreihundert Mark bedroht werden.

Zum Erlaß oberpolizeilicher Vorschriften ist nur das Staatsministerium des Innern zuständig.

---

[1]) s. jedoch K. Deklaration v. 15. Juni 1898 (Buchert, „Verwaltungsgesetze„ S. 801).

Vor der Erlassung oberpolizeilicher Vorschriften, welche sich auf die Sicherheit des Lebens und die Gesundheit der Arbeiter und auf die Aufrechterhaltung der guten Sitten und des Anstandes im Betrieb beziehen, ist dem Vorstande der betheiligten Berufsgenossenschaft oder Genossenschaftssektion Gelegenheit zu einer gutachtlichen Aeußerung zu geben. Auf diese finden die Bestimmungen des § 79 Abs. 1 des Unfallversicherungsgesetzes vom 6. Juli 1884 Anwendung.

Art. 232. (neu.) Für solche Betriebe, in welchen durch übermäßige Dauer der täglichen Arbeitszeit die Gesundheit der Arbeiter gefährdet wird, kann das Oberbergamt Dauer, Beginn und Ende der täglichen Arbeitszeit und der zu gewährenden Pausen vorschreiben und die zur Durchführung dieser Vorschriften erforderlichen Anordnungen erlassen.

Art. 233. (199.) Die den Polizeibehörden durch Art. 21 des Polizeistrafgesetzbuches vom 26. Dezember 1871[1]) eingeräumten Befugnisse zur Anwendung von Zwangsmitteln und von Ungehorsamsstrafen bis zum Betrage von fünfundvierzig Mark stehen zum Vollzuge des Berggesetzes den Bergbehörden zu.

Art. 234. (200.) Tritt auf einem Bergwerke in Beziehung auf die im Art. 230 bezeichneten Gegenstände eine Gefahr ein, so hat die Berginspektion die geeigneten polizeilichen Verfügungen nach Vernehmung des Bergwerksbesitzers oder des Repräsentanten zu treffen.

Ist die Gefahr dringend, so hat die Berginspektion sofort selbst ohne vorgängige Vernehmung des Bergwerksbesitzers oder des Repräsentanten die zur Beseitigung der Gefahr erforderlichen polizeilichen Anordnungen zu treffen.

Bergwerksbesitzer oder deren Repräsentanten, welche diesen Anordnungen nicht nachkommen oder denselben zuwiderhandeln, werden an Geld bis zu dreihundert Mark gestraft.

Art. 235. (201.) Die Bekanntmachung der auf Grund des Art. 234 getroffenen bergpolizeilichen Verfügungen an den Bergwerksbesitzer oder den Repräsentanten erfolgt durch Zustellung der Verfügung, beziehungsweise der Anordnung.

Die Bekanntmachung an den Betriebsführer und die Grubenbeamten wird nach Anweisung der Berginspektion durch Eintragung in das Zechenbuch bewirkt, welches zu diesem Zwecke auf jedem Bergwerke gehalten werden muß.

Soweit eine Bekanntmachung an die Arbeiter erforderlich ist, geschieht dieselbe auf Anweisung der Berginspektion durch Verlesung und durch Anschlag auf dem Werke.

Art. 236. (202.) Sobald auf einem Bergwerke eine Gefahr in Beziehung auf die im Art. 230 bezeichneten Gegenstände eintritt, hat der Betriebsführer und im Verhinderungsfalle der denselben vertretende Grubenbeamte der Berginspektion Anzeige hievon zu erstatten.

---

[1]) s. Buchert, „Polizeistrafgesetzbuch".

Art. 237. (203.) Ereignet sich auf einem Bergwerke unter oder über Tag ein Unglücksfall, welcher den Tod oder die schwere Verletzung einer oder mehrerer Personen herbeigeführt hat oder herbeizuführen droht, so sind die im Art. 236 genannten Personen zur sofortigen Anzeige bei der Berginspektion und bei der Ortspolizeibehörde, in deren Bezirk der Unglücksfall sich ereignet hat, verpflichtet.

Die genannten Behörden ordnen die zur Rettung der verunglückten Personen oder zur Abwendung weiterer Gefahr erforderlichen Maßregeln an.

Die zur Ausführung derselben nothwendigen Arbeiter und Hilfsmittel hat zunächst der Besitzer des Bergwerkes zur Verfügung zu stellen. Auch die Besitzer benachbarter Bergwerke sind zur Hilfeleistung verpflichtet.

Art. 238. (204.) Sämmtliche Kosten für die Ausführung der in Art. 237 bezeichneten Maßregeln trägt der Besitzer des betroffenen Bergwerkes, vorbehaltlich des Entschädigungsanspruchs gegen Dritte, welche den Unglücksfall verschuldet haben.

Art. 239. (205.) In den Fällen des Art. 234 Abs. 2 und des Art. 237 findet der Vollzug der getroffenen Anordnungen ohne Rücksicht auf eine vom Bergwerksbesitzer eingelegte Beschwerde statt, es sei denn, daß die Berginspektion denselben einstellt.

Zehnter Titel.

Strafbestimmungen.

Art. 240. (208.) Mit Geldstrafe bis zu dreihundert Mark und im Unvermögensfalle mit Haft wird der Bergwerksbesitzer oder dessen Stellvertreter bestraft:

1. wenn er ohne Anzeige oder eigenmächtig vor Ablauf der dreißigtägigen Frist das Bergwerk in Betrieb setzt (Art. 67),
2. wenn er das Bergwerk in Betrieb setzt, ohne der Bergbehörde einen Betriebsplan vorgelegt zu haben (Art. 68), oder ehe der Betriebsplan von der Bergbehörde ausdrücklich oder stillschweigend genehmigt ist (Art. 69), oder wenn er von dem genehmigten oder festgestellten Betriebsplan eigenmächtig abweicht, ohne durch unvorhergesehene Ereignisse entschuldigt zu sein und ohne in diesem Falle rechtzeitig Anzeige gemacht zu haben (Art. 70),
3. wenn er den Betrieb trotz Einstellungsbeschluß der Bergbehörde fortsetzt (Art. 71),
4. wenn er die Anzeige über Betriebseinstellung nicht oder nicht rechtzeitig macht (Art. 72),
5. wenn er den Vorschriften des Art. 73 über Anfertigung, Ergänzung oder Ablieferung des Grubenbildes zuwiderhandelt,
6. wenn er die Leitung oder Beaufsichtigung des Bergwerkes Personen überläßt, deren Befähigung nicht anerkannt ist (Art. 74, 75),
7. wenn er unterläßt, die zur Leitung oder Beaufsichtigung des Bergwerkes angenommenen Personen der Bergbehörde namhaft zu machen (Art. 75),

8. wenn er die in Art. 116 vorgesehene Arbeiterliste zu führen unterläßt oder dieselbe vorsätzlich unrichtig führt oder deren Vorlage an die Bergbehörde verweigert,
9. wenn er in einem Bergwerke, dessen Eigenthum er verloren hat oder aufgibt, Zimmerung oder Mauerung ohne oder gegen die Entscheidung der Bergbehörde wegnimmt (Art. 197),
10. wenn er kein Zechenbuch führt, oder Einträge in dasselbe zu machen unterläßt, oder vorsätzlich unrichtig macht, oder die gebotene Bekanntmachung bergpolizeilicher Vorschriften an die Arbeiter zu bewirken unterläßt (Art. 235).

In den Fällen der Ziff. 2, 3 und 6 tritt die Strafe auch dann ein, wenn auf Grund der Art. 71 oder 76 der Betrieb des Bergwerkes von der Berginspektion eingestellt wurde.

Art. 241. (209.) Mit Geldstrafe bis zu dreihundert Mark und im Unvermögensfalle mit Haft wird ferner bestraft:
1. wer an Orten schürft, wo dies untersagt ist, oder wer gegen Verbot der Bergbehörde im freien oder verliehenen Felde schürft, oder wer dies ohne die erforderliche Einwilligung des Grundbesitzers thut (Art. 5 und 11), ferner
2. der Betriebsführer oder dessen Stellvertreter, welcher die sofortige Anzeige einer eingetretenen Gefahr (Art. 236) oder eines Unglücksfalles (Art. 237) unterläßt,
3. wer seinen Obliegenheiten zur Rettung bei Unglücksfällen oder zur Hilfeleistung hiebei nicht nachkommt (Art. 237).

Art. 242. (neu.) Mit Geldstrafe bis zu zweitausend Mark und im Unvermögensfalle mit Gefängniß bis zu sechs Monaten werden Bergwerksbesitzer oder deren Stellvertreter bestraft, welche den Art. 100 Abs. 3, Art. 107 Abs. 3 zuwiderhandeln.

Art. 243. (neu.) Mit Geldstrafe bis zu dreihundert Mark und im Unvermögensfalle mit Haft wird bestraft, wer ein Bergwerk betreibt, für welches eine Arbeitsordnung (Art. 86) nicht besteht, oder wer der endgiltigen Anordnung der Behörde wegen Ersetzung oder Abänderung der Arbeitsordnung (Art. 93) nicht nachkommt.

Art. 244. (neu.) Den Strafbestimmungen des Art. 243 unterliegt, wer den Vorschriften des Art. 83 oder den gemäß Art. 232 getroffenen Anordnungen des Oberbergamtes zuwiderhandelt.

Art. 245. (neu.) Mit Geldstrafe bis zu einhundertfünfzig Mark und im Unvermögensfalle mit Haft bis zu vier Wochen wird bestraft:
1. wer der Bestimmung des Art. 90 Abs. 2 zuwider gegen Arbeiter Strafen verhängt, welche in der Arbeitsordnung nicht vorgesehen sind oder den gesetzlich zulässigen Betrag übersteigen, oder wer Strafgelder, Lohnabzüge oder die im Art. 87 Ziff. 6 bezeichneten Beträge in einer dem Gesetze oder der Arbeitsordnung widersprechenden Weise verwendet,
2. wer es unterläßt, den durch die Art. 88, 92 Abs. 1, 94 und 95 für ihn begründeten Verpflichtungen nachzukommen.

Art. 246. (neu.) Mit Geldstrafe bis zu dreißig Mark und im Unvermögensfalle mit Haft bis zu acht Tagen wird bestraft, wer es unterläßt, der durch Art. 84 Abs. 3 und 92 Abs. 2 für ihn begründeten Verpflichtung nachzukommen.

Art. 247. (neu.) Mit Geldstrafe bis zu zwanzig Mark und im Unvermögensfalle mit Haft bis zu drei Tagen für jeden Fall der Verletzung des Gesetzes wird bestraft:

1. wer den Bestimmungen der Art. 101 und 103 bis 108 zuwider einen Arbeiter in Beschäftigung nimmt oder behält,
2. wer außer dem im Art. 242 vorgesehenen Falle den Bestimmungen dieses Gesetzes in Ansehung der Arbeitsbücher zuwiderhandelt,
3. wer vorsätzlich ein auf seinen Namen ausgestelltes Arbeitsbuch unbrauchbar macht oder vernichtet,
4. wer den Bestimmungen des Art. 111 Abs. 1 oder einer auf Grund des Art. 111 Abs. 3 erlassenen statutarischen Bestimmung zuwiderhandelt,
5. wer es unterläßt, den durch Art. 90 Abs. 3 für ihn begründeten Verpflichtungen nachzukommen.

Art. 248. (211.) Wer, ohne die nach diesem Gesetze erforderliche Befugniß erlangt zu haben, bergbauliche Anlagen zur Gewinnung der im Art. 1 bezeichneten Mineralien macht oder ohne bergbauliche Anlagen zu Tag anstehende Mineralien in der Absicht wegräumt, um sich dieselben anzueignen, wird in dem ersteren Falle mit Geldstrafe bis zu dreihundert Mark, im anderen Falle bis zu zweihundert Mark bestraft.

Die Berginspektion ist berechtigt, vorbehaltlich der Strafverfolgung die unbefugte Gewinnung dieser Mineralien abzustellen.

Art. 249. (212.) Wer bei Benützung seines Bergwerkseigenthums fahrlässiger Weise die Grenzen seines Grubenfeldes überschreitet, wird mit einer Geldstrafe bis zu fünfzig Mark bestraft.

Geschieht eine solche Ueberschreitung der Grenze vorsätzlich, so tritt gegen den Eigenthümer oder dessen Stellvertreter Geldstrafe bis zu dreihundert Mark ein.

Art. 250. (213.) In den Fällen der Art. 248 und 249 unterliegen die widerrechtlich gewonnenen Mineralien vorbehaltlich der Rechte Dritter der Einziehung.

Art. 251. (213.) Alle nach den Bestimmungen dieses Gesetzes erkannten Geldstrafen fließen in die betreffende Knappschaftskasse.

Art. 252. (neu.) Die Strafverfolgung der in diesem Gesetze mit Strafe bedrohten Handlungen verjährt mit Ausnahme der unter Art. 242 fallenden innerhalb drei Monaten von dem Tage an gerechnet, an welchem sie begangen sind.

Elfter Titel.

Uebergangsbestimmungen.

Art. 253. (215.) Die Längenfelder bestehender Bergwerke sind auf Antrag des Berechtigten nach Maßgabe des Art. 27 ff. in gevierte Felder umzuwandeln.

Ein solcher Antrag gilt in Beziehung auf das begehrte freie Feld als Muthung.

Bei vereinigten Bergwerken kann der Antrag für jedes einzelne Feld gestellt werden.

Art. 254. (216.) Von dem durch einen Umwandlungsantrag (Art. 253) begehrten Felde dürfen die Längenfelder anderer Bergwerke nur dann ganz oder theilweise umschlossen werden, wenn die Eigenthümer dieser Bergwerke auf eine desfallsige Aufforderung des Oberbergamtes sich mit der Umschließung ihrer Felder ausdrücklich einverstanden erklären.

Tritt diese Voraussetzung nicht ein, so muß der Antragsteller sich eine entsprechende, nöthigen Falls durch einen Beschluß des Oberbergamtes festzustellende Beschränkung des begehrten gevierten Feldes gefallen lassen.

Art. 255. (217.) Mehrere Umwandlungsanträge, welche auf das nämliche Feld gerichtet sind, begründen für jeden der Antragsteller ein gleiches Recht.

Bei einer solchen Kollision bildet, insoweit eine vertragsmäßige Einigung nicht zu erzielen ist, die Theilung in gleiche Theile die Regel.

Das Oberbergamt ist jedoch befugt, bei der Verleihung von diesem Theilungsverhältnisse abzuweichen, insoweit sich dies für einen zweckmäßigen Betrieb erforderlich darstellt.

Art. 256. (219.) Wird das Eigenthum eines Bergwerkes, dessen Längenfeld von dem gevierten Felde eines anderen Bergwerkes umschlossen ist, nach dem sechsten Titel dieses Gesetzes aufgehoben, so hat der Eigenthümer des andern Bergwerkes, welchen das Oberbergamt von der Aufhebung in Kenntnis zu setzen hat, ein binnen einem Monat nach dieser Bekanntmachung auszuübendes Vorzugsrecht auf die Vereinigung des Längenfeldes mit seinem gevierten Felde.

Die Vereinigung wird durch einen Nachtrag zur Verleihungsurkunde ohne weitere Förmlichkeiten ausgesprochen.

Art. 257. (neu.) Unberührt von der Vorschrift des Art. 2 bleiben die beim Inkrafttreten dieses Gesetzes bereits erworbenen Berechtigungen auf die dem Staate vorbehaltenen Mineralien.

Schürfungen auf diese Mineralien, welche nach dem 1. November 1899 begonnen wurden, begründen keinen Anspruch auf Verleihung des Bergwerkseigenthums.

Art. 258. (221.) Soweit dieses Gesetz auf die bereits bestehenden Bergwerke überhaupt Anwendung findet, unterliegen den Bestimmungen desselben auch diejenigen Bergwerke, Steinbrüche und Gräbereien, welche den seitherigen gesetzlichen Vorschriften gemäß auf Mineralien berechtigt sind, die der Art. 1 dieses Gesetzes nicht mehr aufführt.

Der Titel VII desselben findet jedoch auf solche Bergwerke, Steinbrüche und Gräbereien, welche am 1. Juli 1869 einem Knappschaftsvereine nicht angehört haben, keine Anwendung.

Art. 259. (223.) In Ansehung der bestehenden Erbstollengerechtigkeiten, insbesondere auch der Aufhebungsarten, verbleibt es bei den bisher hiefür geltenden Bestimmungen.

Art. 260. (224.) Bei Verleihung von Bergwerkseigenthum findet ein Anspruch auf Freikuxe irgend einer Art nicht mehr statt.

Den bereits vor dem 1. Juli 1869 von Kirchen und Schulen und von Grundbesitzern erworbenen Freikuxen steht nur eine Realberechtigung auf den durch die damaligen Gesetze bestimmten Ausbeuteantheil an dem Bergwerke zu.

Die Ablösung der Freikuxe bleibt der freien Vereinbarung der Betheiligten vorbehalten.

Art. 261. (226.) Die Rechtsverhältnisse der am 1. Juli 1869 in den Landestheilen diesseits des Rheins bestandenen Gewerkschaften sind, soweit es an vertragsmäßigen Verabredungen fehlt und nicht in den nachfolgenden Art. 262 bis 272 etwas Anderes bestimmt ist, nach den Vorschriften des vierten Titels zu beurtheilen.

Art. 262. (227.) Die Art. 117 bis 120, 123, 125, 127, 128, 130 und 131 finden auf diejenigen Bergwerke keine Anwendung, welche am 1. Juli 1869 sich bereits im Besitze einer Gewerkschaft befunden haben.

Art. 263. (228.) Die seitherige Kuxeintheilung bleibt bestehen. Jedoch kann ein Kux nur noch in Zehntheile getheilt werden.

Die Kuxe behalten die Eigenschaft von Rechten, die den Grundstücken gleichstehen. Die Vorschrift des Art 43 Abs. 1 findet entsprechende Anwendung.

Art. 264. (229.) Eine Verpfändung des ganzen Bergwerkes durch Mehrheitsbeschluß von drei Viertheilen (Art. 135) ist nur dann zulässig, wenn die einzelnen Kuxe nicht mit Hypotheken, Grundschulden und Rentenschulden belastet sind, außerdem nur, wenn die Gläubiger, denen die einzelnen Kuxe verpfändet sind, vorher abgefunden sind oder in die Verpfändung des ganzen Bergwerkes ausdrücklich eingewilligt haben und die Gewerkschaft die Verpfändung einstimmig beschließt. Bei der Geltendmachung bestehender Pfandrechte kommen die für Grundstücke geltenden Bestimmungen zur Anwendung.

Art. 265. (230.) Der Art. 129 findet mit der Maßgabe Anwendung, daß die Erhebung der Beiträge beschlossen sein muß, bevor der seitherige Eigenthümer der Kuxe dieselben veräußert hat.

Art. 266. (231.) Soweit die bereits bestellten Repräsentanten und Grubenvorstände mit besonderen Vollmachten versehen sind, behält es bei denselben sein Bewenden.

Im Uebrigen finden die Art. 140 bis 147 und 149 auf diese Repräsentanten und Grubenvorstände Anwendung.

Art. 267. (232.) In den Fällen der Art. 151, 153 müssen die Erklärungen des Gewerken und der Gläubiger öffentlich beurkundet oder öffentlich beglaubigt sein.

In dem Falle der Art. 151, 152 erfolgt der Verkauf des Antheils im Wege der Zwangsversteigerung unbeweglicher Sachen.

Ein unverkäuflicher Antheil wird in den Fällen der Art. 152, 153 der Gewerkschaft im Grundbuche zugeschrieben.

Art. 268. (233.) Durch einen von einer Mehrheit von wenigstens drei Viertheilen aller Kuxe gefaßten Beschluß kann, soweit nicht vertragsmäßige Verabredungen entgegenstehen, jede bereits bestehende Gewerkschaft sich denjenigen Bestimmungen des vierten Titels, welche nach Art. 262 auf die bestehenden Bergwerke keine Anwendung finden, unterwerfen und insbesondere die Kuxe auf die nach Art. 123 zulässige Eintheilung mit der Wirkung zurückführen, daß die neuen Kuxe die Eigenschaft der beweglichen Sachen haben.

Ist bei dem Eintritt der Gesetzeskraft dieses Gesetzes der Besitz der Kuxe einer Gewerkschaft dergestalt getheilt, daß der Zurückführung derselben auf die vorbezeichnete Eintheilung außergewöhnliche Schwierigkeiten entgegenstehen, so kann mit Genehmigung des Oberbergamtes die Zahl der Kuxe auf zehntausend bestimmt werden.

Das Protokoll über die Gewerkenversammlung, in welcher der Beschluß gefaßt wird, ist notariell aufzunehmen.

Wenn auf gewerkschaftlichen Antheilen Hypotheken, Grundschulden, und Rentenschulden haften, so darf ein solcher Beschluß nur dann ausgeführt werden, wenn diese Gläubiger entweder vorher abgefunden sind oder in die Ausführung ausdrücklich eingewilligt haben.

Art. 269. (234.) Soweit nicht etwas Anderes vereinbart ist, haften den seitherigen Hypotheken-, Grundschuld- und Rentenschuldgläubigern die neuen Kuxe, welche an die Stelle der verpfändeten Antheile treten, in der bisherigen Rangordnung als Pfand.

Die auf den gewerkschaftlichen Antheilen haftenden Hypotheken, Grundschulden und Rentenschulden und anderen Realansprüche, werden aus dem Grundbuche wörtlich in die Kuxscheine übertragen.

Die Löschung dieser Einträge erfolgt nach den für die Löschung im Grundbuche maßgebenden Vorschriften.

Art. 270. (235.) Ist ein Antheil nach Art. 269 mit Pfandrechten, welche an die Stelle bisheriger Hypotheken, Grundschulden und Rentenschulden getreten sind, belastet, so wird der darüber ausgefertigte Kuxschein, soferne nur ein seitheriger Gläubiger vorhanden ist, diesem ausgehändigt, sofern aber zwei oder mehrere solcher Gläubiger vorhanden sind, für diese durch einen von ihnen zu bestimmenden Notar in amtliche Verwahrung genommen.

Art. 271. (236.) Die Befriedigung seitheriger Gläubiger aus dem Kuxscheine erfolgt nach den Vorschriften über die Zwangsvollstreckung in das bewegliche Vermögen.

Der Antragsteller hat bei Meidung des Schadensersatzes den Versteigerungstermin sämmtlichen aus dem Kurscheine ersichtlichen seitherigen Gläubigern bekannt zu machen.

Art. 272. (neu.) Für die Gewerkschaften des älteren Rechtes, welche im vormaligen Fürstenthum Bayreuth die ihnen bergrechtlich verliehene Gewinnung von Granit und Syenit zur Zeit des Inkrafttretens dieses Gesetzes in der Weise betreiben, daß die Gewerken bestimmte Flächen im Einzelbetriebe ausbeuten, gelten die nachstehenden besonderen Vorschriften:

1. Die Bestimmungen im Art. 124 Abs. 1 und im Art. 135 finden keine Anwendung.
2. In der Gewerkenversammlung geben ein bis vier Kuxe eine Stimme, je vier weitere Kuxe eine weitere Stimme. Ein Bruchtheil von drei Kuxen wird als voll gerechnet, ein geringerer Bruchtheil bleibt außer Betracht. Ein Gewerke kann nicht mehr als zehn Stimmen haben.
3. Zu einer Verfügung über das der Gewerkschaft verliehene Recht ist Einstimmigkeit der Gewerken erforderlich.
4. Die Ueberlassung der auszubeutenden Flächen erfolgt nach Maßgabe des fünften Titels an die Gewerkschaft. Die von den einzelnen Gewerken zu benützenden Flächen werden diesen durch den Repräsentanten zugetheilt. Ist die überlassene Fläche unter mehrere Gewerken zu vertheilen, so erfolgt die Zutheilung an sie nach Verhältniß ihres Kuxbesitzes durch Beschluß der Gewerkenversammlung.
5. Wer ohne Einweisung durch den Repräsentanten eine Fläche in Benützung nimmt oder die ihm zugetheilte Fläche vorsätzlich oder fahrlässig überschreitet, wird an Geld bis zu 300 ℳ bestraft.

Einzelbetriebe, die nicht vor dem 1. April 1900 entstanden sind, sind unstatthaft.

Art. 273. (237.) In den Rechtsverhältnissen der Mitbetheiligten der am 1. Juli 1869 in der Pfalz im Besitze mehrerer Personen befindlichen Bergwerke wird durch dieses Gesetz nichts geändert. Jedoch finden die Bestimmungen des Art. 155 auch auf diese Bergwerke Anwendung.

Durch einen von einer Mehrheit von wenigstens drei Viertheilen aller Antheile gefaßten Beschluß können die Mitbetheiligten eines solchen Bergwerkes die im vierten Titel des gegenwärtigen Gesetzes (Art. 117 bis 152) enthaltene gewerkschaftliche Verfassung annehmen, soweit nicht vertragsmäßige Verabredungen entgegenstehen.

Der Beschluß ist notariell aufzunehmen.

Art. 274. (238.) Auf Fälle, in welchen vor dem 1. Juli 1869 für den Betrieb des Bergbaues Grund und Boden eigenthümlich oder zur Benützung abgetreten ist, kommen nicht die Art. 158 bis 169, sondern die bis zum 1. Juli 1869 in Geltung gestandenen Gesetze zur Anwendung.

Art. 275. (neu.) Für die Berechnung der Fristen findet die Vorschrift des § 222 Abs. 1 und 2 der Civilprozeßordnung entsprechende Anwendung.

7. Einkommensteuergesetz-Abänderung.

Königliche Deklaration vom 28. Juli 1902, die Einkommensteuer betr.

(Ges.- u. V.-Bl. 1902 S. 261.)

Luitpold, von Gottes Gnaden K. Prinz von Bayern, Regent. zc.

Einziger Artikel.

Dem Art. 4 des Gesetzes vom 9. Juni 1899, die Einkommensteuer betreffend,[1]) wird als dritter Absatz eingefügt:

Ergeben die nach Abs. 1 zusammenzurechnenden Einkommensbeträge nicht die Summe von 2000 ℳ, so sind die Einkommensbeträge des Haushaltungsvorstandes, der Ehefrau und der in seinem Unterhalte befindlichen Kinder ebenfalls selbständig zu veranlagen.

---

8. Epidemien-Gesetz.

Reichsgesetz vom 30. Juni 1900, die Bekämpfung gemeingefährlicher Krankheiten betr.[2])

(R.-G.-Bl. 1900 S. 306.)

(Text siehe Allfeld, „Strafgesetzgebung", Nachtragsband S. 389 ff.)

---

[1]) s. Buchert „Verwaltungsgesetze" S. 82 ff.
[2]) Vorläufige Ausführungsbestimmungen hiezu s. R.-G.-Bl. 1900 S. 850 ff.

9. Feldschadengesetz.

Gesetz vom 6. März 1902, das Ersatzgeld und das Pfändungsrecht und die Verfolgung von Ersatzansprüchen aus Feldpolizeiübertretungen betr.

(Ges.- u. V.-Bl. 1902 S. 99.)

Luitpold, von Gottes Gnaden K. Prinz von Bayern, Regent rc.

Erster Abschnitt.

Ersatzgeld.

Art. 1. Treten Hausthiere, die einer der im Artikel 2 bezeichneten Arten angehören, auf bestellte fremde Aecker vor der Beendigung der Ernte, auf fremde Wiesen während ihrer Hegezeit oder in fremde Gärten, Weinberge oder Baumschulen über, so ist derjenige, welcher die Thiere hält, zur Zahlung von Ersatzgeld verpflichtet, ohne daß es eines Nachweises des Schadens bedarf.

Treten sonst Hausthiere dieser Arten in fremde Grundstücke über, so ist Ersatzgeld zu zahlen, wenn ein Schaden erweislich ist.

Die Verpflichtung, Ersatzgeld zu zahlen, tritt im Falle des Abs. 1 nicht ein, wenn die Möglichkeit einer Beschädigung des Grundstücks oder der getrennten, aber noch nicht abgeernteten Erzeugnisse ausgeschlossen war.

Als fremde Grundstücke sind die Grundstücke anzusehen, die derjenige, welcher die Thiere hält, für seine Hausthiere zu benutzen nicht berechtigt ist. Als Uebertritt gilt auch das Reiten und das Fahren.

Art. 2. Das Ersatzgeld beträgt bei Pferden, Eseln, Mauleseln, Maulthieren, Rindvieh und Schweinen 25 Pfennig für das Stück, bei Jungvieh einer dieser Arten, das weniger als ein Jahr alt ist, sowie bei Ziegen und Schafen 15 Pfennig für das Stück, bei Federvieh, das über drei Wochen alt ist, 5 Pfennig für das Stück.

Ist gleichzeitig eine Mehrzahl von Thieren übergetreten, so darf der Gesammtbetrag der zu entrichtenden Ersatzgelder bei Federvieh 10 Mark, bei anderen Thieren 20 Mark nicht übersteigen.

Art. 3. Sind Thiere, die von verschiedenen Personen gehalten werden, zu einer Heerde vereinigt, so haften im Falle des Uebertritts der Heerde diejenigen, welche die Thiere halten, als Gesammtschuldner.

Art. 4. Verlangt der Verletzte das Ersatzgeld, so ist die Geltendmachung eines weiteren Schadens ausgeschlossen.

Art. 5. Auf die Verjährung des Ersatzgeldanspruchs finden die Vorschriften im § 852 des Bürgerlichen Gesetzbuchs Anwendung.

Zweiter Abschnitt.

Pfändungsrecht.

Art. 6. Zur Sicherung des Anspruchs auf Schadensersatz oder Ersatzgeld können die übergetretenen Thiere gepfändet werden. Die Pfändung ist nur auf dem Grundstück oder bei sofortiger Verfolgung zulässig. Sie erfolgt durch Besitzergreifung.

Die Pfändung soll sich nur auf so viele Stücke erstrecken, als zur Sicherung des Anspruchs erforderlich sind.

Art. 7. Die Pfändung kann auch von Familienangehörigen oder Bediensteten sowie von den auf dem Grundstücke beschäftigten Arbeitsleuten des Verletzten vorgenommen werden.

Dieselbe Befugniß steht den für den Feldschutz aufgestellten öffentlichen Bediensteten zu.

Art. 8. Durch die Pfändung erwirbt der Verletzte ein Pfandrecht an den gepfändeten Thieren.

Das Pfandrecht geht allen Rechten vor, mit denen die gepfändeten Thiere zur Zeit der Pfändung belastet sind.

Derjenige, welcher die Thiere hält, kann jedes einzelne der gepfändeten Stücke dadurch von dem Pfandrechte befreien, daß er für den Anspruch des Verletzten bis zu dem Betrage des Werthes des Stückes Sicherheit leistet.

Art. 9. Die Pfändung ist binnen vierundzwanzig Stunden nach der Vornahme der Ortspolizeibehörde anzuzeigen, widrigenfalls das Pfandrecht sowie der Anspruch auf Ersatz der durch die Pfändung entstandenen Kosten erlischt. Bei der Anzeige ist der Betrag des Schadensersatzes oder des Ersatzgeldes anzumelden.

Die Ortspolizeibehörde hat demjenigen, welcher die gepfändeten Thiere hält, die Pfändung und den angemeldeten Ersatzanspruch mit dem Hinweise bekannt zu machen, daß der Pfandverkauf zu gewärtigen sei, wenn nicht vor dem Ablauf einer Woche der Pfandgläubiger befriedigt oder Klage auf Rückgabe der gepfändeten Thiere erhoben werde.

Die Ortspolizeibehörde kann die gepfändeten Thiere in Verwahrung nehmen.

Art. 10. Ist unbekannt, wer die gepfändeten Thiere hält, so hat die Ortspolizeibehörde auf Antrag die erforderlichen Ermittelungen zu veranstalten und nöthigen Falls die Pfändung öffentlich bekannt zu machen.

Die öffentliche Bekanntmachung muß die Angabe des Betrags des angemeldeten Ersatzanspruchs und den Hinweis enthalten, daß der Pfandverkauf zu gewärtigen sei, wenn nicht vor dem Ablaufe der in der Bekanntmachung bestimmten Frist der Pfandgläubiger befriedigt oder Klage auf Rückgabe der gepfändeten Thiere erhoben werde. Die Frist wird von der Ortspolizeibehörde bestimmt; sie soll nicht weniger als zwei Wochen und nicht mehr als einen Monat betragen. Die Veröffentlichung der Bekanntmachung erfolgt nach den für die Bekanntmachung eines Fundes geltenden Vorschriften.

Die öffentliche Bekanntmachung der Pfändung hat auch zu erfolgen, wenn die im Artikel 9 Abs. 2 vorgeschriebene Bekanntmachung aus einem anderen als dem im Abs. 1 bezeichneten Grunde unthunlich ist.

Art. 11. Der Verkauf der gepfändeten Thiere ist erst zulässig, nachdem die Pfändung und der angemeldete Ersatzanspruch von der Ortspolizeibehörde demjenigen, welcher die Thiere hält, bekannt gemacht worden sind und seit der Bekanntmachung eine Woche verstrichen ist. Ist die Pfändung nach Artikel 10 öffentlich bekannt gemacht worden, so muß die in der Bekanntmachung bestimmte Frist verstrichen sein.

Wird vor dem Ablaufe der Frist die Klage auf Rückgabe der gepfändeten Thiere erhoben, so darf der Verkauf erst erfolgen, wenn die Klage rechtskräftig abgewiesen ist. Das Gericht kann auf Antrag die öffentliche Versteigerung der Thiere und die Hinterlegung des Erlöses durch einstweilige Verfügung anordnen.

Im Falle schuldhafter Verzögerung des Pfandverkaufs ist der Pfandgläubiger für den daraus entstehenden Schaden verantwortlich.

Art. 12. Die öffentliche Versteigerung der gepfändeten Thiere wird von der Ortspolizeibehörde vorgenommen.

Ist derjenige, welcher die Thiere hält, unbekannt oder nicht zu ermitteln, so finden, soweit der Erlös ihm gebührt, die für den Erlös aus gefundenen Sachen geltenden Vorschriften Anwendung.

Dritter Abschnitt.

Verfolgung von Ersatzansprüchen aus Feldpolizeiübertretungen.

Art. 13. In dem strafgerichtlichen Verfahren wegen Zuwiderhandlungen gegen die Vorschriften des § 368 Nr. 9 und des § 370 Nr. 1, 2 des Strafgesetzbuchs oder des Artikel 112, des Artikel 113 Ziff. 2, 3 und der Artikel 114 bis 121 des Polizeistrafgesetzbuchs kann auch die Verpflichtung zum Ersatze des durch die Zuwiderhandlung verursachten Schadens, in den Fällen der Artikel 1 bis 3 die Verpflichtung zur Zahlung von Ersatzgeld festgestellt werden.

Art. 14. Hat der Verletzte nicht erklärt, daß er sich die Verfolgung seines Anspruchs vorbehalte, so ist auf Antrag der Staatsanwaltschaft mit der Verurtheilung zur Strafe in dem Urtheil oder dem Strafbefehl auch die Verpflichtung des Verurtheilten und der nach den §§ 831, 832 des Bürgerlichen Gesetzbuchs oder nach Artikel 122 Abs. 2 des Polizeistrafgesetzbuchs verantwortlichen Personen zum Schadensersatz oder zur Zahlung von Ersatzgeld festzustellen.

Die Entscheidung über die Verpflichtung zum Schadensersatz oder zur Zahlung von Ersatzgeld steht in Ansehung des Verfahrens, insbesondere der Rechtsmittel der Entscheidung über die Verhängung einer Geldstrafe gleich.

Der Verletzte gilt in dem strafgerichtlichen Verfahren nicht als Betheiligter.

Die Kosten des Verfahrens sind auch insoweit, als sie auf die Entscheidung über den Schadensersatzanspruch oder den Ersatzgeldanspruch erwachsen, als Kosten des Strafverfahrens zu behandeln.

Art. 15. Die Vollstreckung der rechtskräftigen Urtheile und Strafbefehle erfolgt auch in Ansehung des Schadensersatzes oder des Ersatzgeldes von Amtswegen.

Die Vorschriften über die Beitreibung von Geldstrafen finden entsprechende Anwendung.

Art. 16. Kann der zu zahlende Betrag nur theilweise beigetrieben werden, so wird der gezahlte Betrag zunächst auf die Kosten, dann auf den Schadensersatz oder das Ersatzgeld und zuletzt auf die Geldstrafe angerechnet.

Art. 17. Soweit der Schadensersatz oder das Ersatzgeld nicht beigetrieben werden kann, wird dem Verletzten auf Antrag eine vollstreckbare Ausfertigung des Urtheils oder des Strafbefehls zum Zwecke der Zwangsvollstreckung wegen des Ausfalls ertheilt. Die Ertheilung erfolgt auf Grund eines Zeugnisses der Beitreibungsbehörde über die Uneinbringlichkeit. In der Vollstreckungsklausel ist der beigetriebene Betrag anzugeben.

Für das Zeugniß über die Uneinbringlichkeit und die Ertheilung der vollstreckbaren Ausfertigung werden Gebühren nicht erhoben.

Art. 18. Soweit der Strafrichter in dem rechtskräftigen Urtheil oder Strafbefehl dem Anspruch auf Ersatzgeld oder Schadensersatz stattgegeben hat, ist eine anderweitige Verfolgung des Anspruchs ausgeschlossen. Ist der Verletzte mit dem Betrage, den ihm der Strafrichter zugesprochen hat, nicht zufrieden, so kann er den beanspruchten Mehrbetrag im Civilrechtswege geltend machen.

Ebenso kann er seinen Anspruch im Civilrechtswege verfolgen, wenn der Strafrichter die Zuerkennung von Schadensersatz oder Ersatzgeld abgelehnt oder unterlassen hat.

Vierter Abschnitt.

Vorschriften zum Schutze der Fischwasser.

Art. 19. Dringen Enten in fremdes fließendes Fischwasser während der Schonzeit der darin hauptsächlich vorkommenden Fischarten oder in fremde Fischteiche ein, so ist derjenige, welcher die Enten hält, zur Zahlung von Ersatzgeld verpflichtet.

Die Verpflichtung tritt nicht ein, wenn die Möglichkeit einer Beschädigung der Fische oder der Fischbrut ausgeschlossen war.

Als fremdes Fischwasser ist das Fischwasser anzusehen, in das derjenige, welcher die Enten hält, sie einzulassen nicht berechtigt ist.

Die Artikel 2 bis 18 dieses Gesetzes finden entsprechende Anwendung; dabei tritt an die Stelle des im Artikel 13 bezeichneten strafgerichtlichen Verfahrens das strafgerichtliche Verfahren wegen Zuwiderhandlungen gegen die im Artikel 126 Abs. 1 Nr. 1 des Polizeistrafgesetzbuchs vorbehaltenen Vorschriften der Fischereiordnungen.

Schlußbestimmungen.

Art. 20. Dieses Gesetz tritt am 1. April 1902 in Kraft.

Die in den einzelnen Landestheilen geltenden Vorschriften über das Privatpfändungsrecht werden aufgehoben.

Art. 21. Für den Fall des Uebertretens von Hausthieren auf Waldgrundstücke verbleibt es bei den Vorschriften der Forstgesetze.

---

10. Fleischbeschau-Gesetz.

Reichsgesetz vom 3. Juni 1900, betr. die Schlachtvieh- und Fleischbeschau.

(R.-G.-Bl. 1900 S. 547.)

(Text siehe Allfeld, „Strafgesetzgebung", Nachtragsband S. 382 ff)

---

11. Gewerbe-Unfallversicherungsgesetz.

in der Fassung nach dem Reichsgesetze vom 30. Juni 1900, bezw. im Texte der Bekanntmachung des Reichskanzlers vom 5. Juli 1900.[1])

(R.-G.-Bl. 1900 S. 335, 347, 585.)

(Auszug.)

(Text siehe Allfeld, „Strafgesetzgebung", Nachtragsband S. 86.)

---

[1]) An die Stelle der Fassung vom 6. Juli 1884 (s. Buchert, „Verwaltungsgesetze" S. 1036) getreten.

12. Gifte, Verkehr mit solchen.

Allerhöchste Verordnung vom 26. Juni 1901, den Verkehr mit Giften betr.

(Ges.- u. V.-Bl. 1901 S. 469.)

Luitpold, von Gottes Gnaden K. Prinz von Bayern, Regent.

Wir finden Uns bewogen, auf Grund des § 34 der Reichsgewerbeordnung, § 367 Ziff. 3 und 5 des Strafgesetzbuches für das Deutsche Reich und Art. 2 Ziff. 8 und 9 des Polizeistrafgesetzbuches zu verordnen, was folgt:

1. § 14 Abs. 2 und 3 der Verordnung vom 16. Juni 1895,[1]) den Verkehr mit Giften betreffend, hat zu lauten:

„Die Gefäße oder die an ihre Stelle tretenden Umhüllungen müssen mit der im § 4 Abs. 1 angegebenen Aufschrift und Inhaltsangabe sowie mit dem Namen des abgebenden Geschäfts versehen sein. Bei festen, an der Luft nicht zerfließenden oder verdunstenden Giften der Abtheilung 3 darf an Stelle des Wortes Gift die Aufschrift „Vorsicht" verwendet werden.

Bei der Abgabe an Wiederverkäufer, technische Gewerbetreibende und staatliche Untersuchungs- oder Lehranstalten genügt indessen jede andere Verwechselungen ausschließende Aufschrift und Inhaltsangabe, auch brauchen die Gefäße oder die an ihre Stelle tretenden Umhüllungen nicht mit dem Namen des abgebenden Geschäfts versehen zu sein."

2. § 18 Abs. 2 der genannten Verordnung wird durch folgende Bestimmungen ersetzt:

„Arsenhaltiges Fliegenpapier darf nur mit einer Abkochung von Quassiaholz oder Lösung von Quassiaextrakt zubereitet in viereckigen Blättern von 12 : 12 cm, deren jedes nicht mehr als 0,01 g arsenige Säure enthält und auf beiden Seiten mit drei Kreuzen, der Abbildung eines Todtenkopfs und der Aufschrift „Gift" in schwarzer Farbe deutlich und dauerhaft versehen ist, feilgehalten oder abgegeben werden. Die Abgabe darf nur in einem dichten Umschlag erfolgen, auf welchem in schwarzer Farbe deutlich und dauerhaft die Inschriften „Gift" und „Arsenhaltiges Fliegenpapier" und im Kleinhandel außerdem der Name des abgebenden Geschäfts angebracht ist.

Andere arsenhaltige Ungeziefermittel dürfen nur mit einer in Wasser leicht löslichen grünen Farbe vermischt feilgehalten oder abgegeben werden; sie dürfen nur gegen Erlaubnißschein (§ 12) verabfolgt werden."

---

[1]) s. Buchert, „Verwaltungsgesetze" S. 340.

13. Kaminkehrerordnung.[1]

Allerhöchste Verordnung vom 26. März 1903, die Kaminkehrer betr.[2])

(Ges. u. V.-Bl. 1903 S. 115.)

Luitpold, von Gottes Gnaden K. Prinz von Bayern, Regent ꝛc. (auf Grund der §§ 39 und 47 Abs. II der Gewerbeordnung für das Deutsche Reich, Art. 15 des Gesetzes vom 30. Januar 1868, das Gewerbswesen betr., § 368 Nr. 8 des Reichsstrafgesetzbuches und Art. 2 Z. 14 des Polizeistrafgesetzbuches.)

§ 1. I. Die Reinigung der Kamine und der Feuerzüge der Malzdarren, dann das Abziehen und Ausbrennen der Kamine, sowie das Ausbrennen der Rauchrohre darf nur durch die nach Maßgabe der seitherigen Vorschriften oder dieser Verordnung aufgestellten Kaminkehrer und Kaminkehrergeschäftsführer, sowie deren Gehilfen erfolgen.

II. Die Besitzer von Feuerstätten sind verpflichtet, diese Arbeiten ungehindert vornehmen zu lassen.

§ 2. I. Der Kaminkehrer ist auf den ihm zugewiesenen Bezirk beschränkt. Nur in Notfällen oder auf besondere Anordnung der Distriktsverwaltungsbehörde kann er in einem anderen Bezirke tätig sein.

II. An den festgesetzten Kehrterminen hat er alle Kamine und die Feuerzüge der Malzdarren gründlich zu reinigen und den Ruß in feuersicheren, von dem Feuerstättenbesitzer bereit zu haltenden Gefäßen zu sammeln, sofern nicht letzterer für sofortige Entfernung des Rußes aus dem Gebäude sorgt.

III. Der Kaminkehrer hat zu untersuchen, ob die Rohre, welche den Rauch aus den Heizungen in die Kamine leiten und die Feuerzüge der Heizungen entsprechend gereinigt sind; auf Verlangen der Feuerstättenbesitzer hat er die Reinigung selbst vorzunehmen.

IV. Der Kaminkehrer hat bei Ausübung seines Geschäftes darauf zu achten, daß die Feuerstätten sich in gutem baulichen Zustande befinden; auf Mängel ist der Besitzer aufmerksam zu machen; feuergefährliche Zustände sind der Ortspolizeibehörde, in bedeutenderen Fällen auch der Distriktsverwaltungsbehörde alsbald anzuzeigen.

V. Der Kaminkehrer darf die Reinigungsarbeiten durch Gehilfen, welche verlässig, gut beleumundet und im Geschäfte erfahren sind, selbständig vornehmen lassen.

---

[1]) An die Stelle der Kaminkehrerordnung vom 27. Februar 1869 (Buchert, „Verwaltungsgesetze" Seite 463) getreten

[2]) Vollzugsvorschriften hiezu s. Min.E. v. 28. März 1903 (Amtsbl. d. k. Staatsm. d. Innern 1903 S. 119).

VI. Lehrlinge dürfen niemals ohne Aufsicht und Anleitung des Kaminkehrers oder eines nach § 129 der Reichsgewerbeordnung hiezu befähigten Gehilfen beschäftigt, auch darf ihnen die Reinigung der nämlichen Kamine an zwei aufeinanderfolgenden Terminen nicht übertragen werden.

VII. Der Kaminkehrer ist verpflichtet, die Arbeit seiner Gehilfen und den feuersicheren Zustand der Feuerstätten stets zu überwachen und deshalb wenigstens einmal des Jahres persönlich an der Reinigung aller Kamine und Malzdarrenfeuerzüge teilzunehmen.

VIII. Jeder neue Kamin muß vor der Benützung abgezogen werden. Diese Verrichtung, sowie das Ausbrennen der Kamine und Rauchrohre hat der Kaminkehrer persönlich zu leiten. Das Ausbrennen darf nur bei Tageshelle und ruhiger Witterung und unter Beobachtung der hierüber bestehenden besonderen Vorschriften erfolgen. Vorher hat der Kaminkehrer der Ortspolizeibehörde Anzeige zu erstatten.

IX. Der Kaminkehrer hat die nötigen Arbeitsgeräte selbst zu stellen und darf hiefür neben dem Kehrlohne eine besondere Vergütung nur dann beanspruchen, wenn die Bauweise eines Kamines die Beschaffung besonderer Werkzeuge oder Vorrichtungen erfordert.

X. Der Kaminkehrer hat ein Kehrbuch zu führen und darin für jeden Kamin und jede Malzdarre die Kehrtermine, sowie nach jeder Reinigung den Tag und den Namen desjenigen, der die Reinigung vorgenommen hat, vorzumerken.

XI. Dem Kaminkehrer ist untersagt, neben dem Kaminkehrgeschäfte ein anderes Gewerbe zu betreiben. Kaminkehrern, welche seither ein Nebengewerbe betrieben haben, ist zu dessen Aufgabe eine angemessene Frist zu gewähren.

XII. Der Kaminkehrer darf den ihm angewiesenen Wohnsitz nicht eigenmächtig verändern und, soweit es nicht das Kehrgeschäft erfordert, auch nicht ohne Genehmigung der Distriktsverwaltungsbehörde für mehr als 3 Tage verlassen. Von Krankheits- und sonstigen Verhinderungsfällen hat er der Distriktsverwaltungsbehörde Anzeige zu erstatten.

XIII. Den Distriktsverwaltungsbehörden bleibt vorbehalten, die Tätigkeit der Kaminkehrer durch Dienstvorschriften zu regeln.

§ 3. I. Die Bildung der Kehrbezirke und die Bestimmung des Wohnsitzes des Kaminkehrers erfolgt durch die Distriktsverwaltungsbehörden.

II. Der Umfang eines Kehrbezirkes ist so zu bemessen, daß der Kaminkehrer die Reinigungsarbeiten persönlich überwachen kann und durch das Kehrgeschäft ein genügendes Auskommen findet.

III. Ein Kehrbezirk soll sich nicht über den Bezirk einer Distriktsverwaltungsbehörde hinaus erstrecken; Ausnahmen können nur aus besonderen Gründen zugelassen werden.

IV. Die Veränderung von Kehrbezirken ist jederzeit zulässig; den Kaminkehrern steht ein Einspruch hiegegen nicht zu.

§ 4. I. Die Kehrtermine werden von den Distriktsverwaltungsbehörden, in denjenigen Gemeinden der Pfalz, welche für sich einen Kehrbezirk bilden, von den Bürgermeistern bestimmt.

II. Die Kehrlöhne werden nach Maßgabe der Reichsgewerbeordnung § 77[1]) und der Verordnung vom 29. März 1892, den Vollzug der Reichsgewerbeordnung betreffend, § 35[2]) durch die Distriktsverwaltungsbehörden festgesetzt.

§ 5. I. Wer als Bewerber um einen Kehrbezirk auftreten will, muß
1. das 24. Lebensjahr vollendet haben,
2. gesund und rüstig, gut beleumundet und völlig verlässig sein,
3. die Meisterprüfung als Kaminkehrer bestanden haben.

II. Von dem Erfordernisse der Meisterprüfung kann innerhalb der nächsten 2 Jahre von Erlaß dieser Verordnung an abgesehen werden, wenn sich der Bewerber durch Zeugnisse von Arbeitgebern und Behörden über genügende praktische Befähigung zum Geschäftsbetriebe ausweist.

§ 6. Inhaber von Realrechten bedürfen zum Geschäftsbetriebe der amtlichen Ermächtigung, welche ihnen nicht verweigert werden darf, wenn sie den Voraussetzungen des § 5 genügen.

§ 7. I. Erledigte Kehrbezirke, für welche Realrechte nicht bestehen, sind zur Bewerbung auszuschreiben.

II. Das Ausschreiben ist von der Distriktsverwaltungsbehörde zu erlassen, in der Beilage des Kreisamtsblattes zu veröffentlichen und in geeigneten Zeitungen oder Zeitschriften zum Abdrucke zu bringen.

III. In dem Ausschreiben ist der Ertrag des Kehrbezirkes schätzungsweise jedoch ohne Gewähr anzugeben und zu bemerken, ob hierauf eine Witwenunterstützung lastet. Die Bewerbungsfrist ist auf vier Wochen von der Veröffentlichung im Kreisamtsblatte ab festzusetzen.

IV. Den Bewerbungen sind Belege über die Erfüllung der in § 5 bezeichneten Voraussetzungen, sowie Nachweisungen über die gesamte Tätigkeit des Bewerbers im Kaminkehrgewerbe beizufügen.

V. Die Gesuche sind bei der ausschreibenden Distriktsverwaltungsbehörde einzureichen und von dieser zu bescheiden. Ist der Bezirk mit einer Witwenunterstützung belastet, so ist die Verleihung an die Bedingung zu knüpfen, daß der Bewerber sich der berechtigten Witwe gegenüber zu pünktlicher Bezahlung der Unterstützung vertragsmäßig verpflichtet.

§ 8. I. Besteht in einem Kehrbezirke ein Realrecht, so ist dessen Inhaber durch die Distriktsverwaltungsbehörde aufzufordern, binnen einer festzusetzenden Frist entweder unter Erwirkung der nach § 6 erforderlichen Ermächtigung das Geschäft selbst zu übernehmen oder die Aufstellung eines Geschäftsführers auf seine Kosten zu beantragen.

II. Genügt derselbe dieser Vorschrift nicht, so ist durch die Distriktsverwaltungsbehörde ein Geschäftsführer von amtswegen aufzustellen und in die Erträgnisse des Kehrbezirkes einzuweisen.

§ 9. I. Der rechtskräftig aufgestellte Kaminkehrer ist durch die Distriktsverwaltungsbehörde zu gewissenhafter Geschäftsführung durch Handgelübde zu verpflichten und anzuweisen, sein Geschäft binnen einer bestimmten Frist zu übernehmen.

[1]) s. Buchert „Verwaltungsgesetze" S. 1077.
[2]) s. Buchert „Verwaltungsgesetze" S. 1150.

II. Den Gemeinden des Kehrbezirkes ist hievon Kenntnis zu geben.

§ 10. Die Uebertragung eines Kehrbezirkes erlischt:

1. wenn der Kaminkehrer das Geschäft aus eigenem Verschulden nicht innerhalb der bestimmten Frist (§ 9) übernimmt;
2. durch Verlust des Realrechtes;
3. durch Verzicht;
4. durch den Tod des Berechtigten.

§ 11. I. Die Uebertragung eines Kehrbezirkes kann widerrufen werden:

1. wenn sich herausstellt, daß die Voraussetzungen für Verleihung des Kehrbezirkes nicht vorhanden waren;
2. wenn der Kaminkehrer wiederholt wegen Verfehlung gegen diese Verordnung oder eine andere feuerpolizeiliche Vorschrift gestraft worden ist und ungeachtet der ihm von der Distriktsverwaltungsbehörde schriftlich angedrohten Entziehung des Kehrbezirkes wieder in eine solche Strafe verfällt;
3. wenn der Kaminkehrer wegen eines Verbrechens oder wegen Vergehens des Diebstahls, der Unterschlagung, der Begünstigung oder der Hehlerei, der Untreue, des Betruges oder der Urkundenfälschung verurteilt worden ist;
4. wenn der Kaminkehrer ein Nebengewerbe betreibt und dasselbe trotz Aufforderung durch die Distriktsverwaltungsbehörde nicht aufgibt;
5. wenn der Kaminkehrer seinen Verpflichtungen bezüglich der Unterstützung von Kaminkehrerwitwen (§ 7 Absatz V § 14 und 15) nicht nachkommt.

II. Statt der Entziehung des Kehrbezirkes kann auf Antrag des Kaminkehrers die Aufstellung eines Geschäftsführers verfügt werden.

§ 12. I. Die Kaminkehrergehilfen haben die ihnen übertragene Reinigung der Kamine &c. rechtzeitig und gründlich vorzunehmen; die Vorschriften des § 2 Absatz II bis IV und VI gelten auch für die Gehilfen.

II. Gehilfen, welche im Dienste unzuverlässig oder den Anforderungen ihrer Stelle nicht gewachsen sind, hat der Kaminkehrer auf Anordnung der Distriktsverwaltungsbehörde zu entlassen.

III. Kaminkehrergehilfen, welche wiederholt wegen Uebertretung dieser Verordnung oder anderer feuerpolizeilicher Vorschriften oder wegen eines Verbrechens oder wegen Vergehens des Diebstahls, der Unterschlagung, der Begünstigung oder der Hehlerei, der Untreue, des Betruges oder der Urkundenfälschung gestraft worden sind, ferner Gehilfen, welche durch ihr Verhalten Feuerstättenbesitzern zu begründeten Klagen wiederholt Anlaß gegeben haben, und hiewegen von der Distriktsverwaltungsbehörde schriftlich verwarnt worden sind, können von der ferneren Verwendung im Kaminkehrgeschäfte ausgeschlossen werden.

§ 13. I. Bei Erledigung eines Kehrbezirkes (§ 10 Ziffer 1—4) ist bis zu dessen Wiederbesetzung (§ 5 ff.) ein Geschäftsführer aufzustellen. Außer diesem und den in § 8, § 11 Absatz II und § 14 Absatz VII vorgesehenen Fällen darf ein Geschäftsführer nur dann aufgestellt werden, wenn der Kaminkehrer an der persönlichen Ausübung und Ueberwachung des Geschäftes für längere Zeit verhindert ist.

II. Als Geschäftsführer sollen in der Regel solche Personen aufgestellt werden, welche den Voraussetzungen für die Verleihung eines Kehrbezirkes (§ 5) genügen.

III. Die Aufstellung erfolgt in widerruflicher Weise durch Beschluß der Distriktsverwaltungsbehörde. Eine Anfechtung dieses Beschlusses findet nicht statt.

IV. Im Falle des § 8 Absatz II und, soferne nicht eine Witwe bezugsberechtigt ist (§ 14 Absatz I), bei Erledigung eines Kehrbezirkes steht dem Geschäftsführer das volle Erträgnis des Kehrbezirkes zu; in den übrigen Fällen wird der dem Geschäftsführer zukommende Lohn nach Anhörung des Geschäftsinhabers bezw. der zum Bezuge des Kehrbezirkserträgnisses nach § 14 Absatz I berechtigten Witwe von der Distriktsverwaltungsbehörde festgesetzt.

V. Der Geschäftsführer hat das Geschäft nach Maßgabe dieser Verordnung selbständig zu führen; über Annahme und Entlassung von Gehilfen und Lehrlingen, sowie über die zum Geschäftsbetriebe erforderlichen Einrichtungen hat er sich mit dem Geschäftsinhaber, beziehungsweise der zum Bezuge des Kehrbezirkserträgnisses nach § 14 Absatz I berechtigten Witwe zu verständigen; Streitigkeiten entscheidet die Distriktsverwaltungsbehörde unter Ausschluß des Beschwerdeweges.

VI. Der Geschäftsführer ist auf die Erfüllung seiner Obliegenheiten handgelübdlich zu verpflichten. Die Entlassung eines Geschäftsführers wird durch die Distriktsverwaltungsbehörde verfügt; die Entlassung muß erfolgen:

1. wenn die Veranlassung zur Aufstellung wegfällt;
2. auf Antrag des Geschäftsinhabers, wenn das Verhalten des Geschäftsführers jenem Anlaß zu begründeten Klagen gibt.

§ 14. I. Der Witwe eines Kaminkehrers kommt das Erträgnis des ihrem Manne zuletzt verliehenen Kehrbezirkes bis zur Aufstellung eines neuen Kaminkehrers, ferner auf die Dauer des Witwenstandes eine Unterstützung aus dem Erträgnisse dieses Kehrbezirkes zu.

II. Die Unterstützung beträgt 30% des Ertrages beim Tode des Kaminkehrers, keinesfalls aber mehr als 1500 Mk. für ein Jahr.

III. Die Unterstützung ist der Witwe von dem Inhaber des belasteten Kehrbezirkes in monatlichen Raten nachträglich auszuzahlen.

IV. Ist ein Kehrbezirk mit einer Witwenunterstützung belastet, so kann die Auszahlung einer weiteren solchen Unterstützung dem Inhaber nur insoweit auferlegt werden, als 30% des Kehrbezirkserträgnisses hiedurch nicht überschritten werden.

V. Die aus diesen Bestimmungen sich ergebenden Ansprüche und Verbindlichkeiten werden im Verwaltungsverfahren festgesetzt; dem Inhaber des belasteten Bezirkes steht eine Beschwerde gegen die Festsetzung nicht zu.

VI. Auf die Inhaber von Realrechten und deren Witwen finden die Bestimmungen dieses Paragraphen keine Anwendung.

VII. Die Verhältnisse der vorhandenen Witwen werden durch diese Verordnung nur insoweit berührt, als es sich um die künftige Aufstellung und die Tätigkeit der Geschäftsführer handelt.

§ 15. I. Die Gründung einer Witwenkasse zum Zwecke der Erhöhung von Witwenunterstützungen und insbesondere zur Unterstützung solcher Witwen, deren Ansprüche gemäß § 14 Absatz IV nicht oder nur teilweise befriedigt werden können, wird den Kaminkehrern überlassen.

II. Im Falle der Gründung einer solchen Kasse bleibt vorbehalten, den seit Erlaß dieser Verordnung aufgestellten Kaminkehrern den Beitritt zur Zwangspflicht zu machen und bezüglich der übrigen zu bestimmen, daß auf die in § 14 vorgesehene Unterstützung nur die Witwen derjenigen Kaminkehrer Anspruch haben, welche der Kasse beigetreten sind.

§ 16. I. Die Tätigkeit der Kaminkehrer steht unter der Aufsicht der Polizeibehörden.

II. Für alle bei dem Vollzuge dieser Verordnung zu treffenden Entscheidungen und Anordnungen bilden die Distriktsverwaltungsbehörden die erste Instanz. Beschwerden gegen deren Verfügungen und Beschlüsse sind bei der verfügenden Behörde innerhalb einer ausschließenden Frist von 14 Tagen von der Zustellung oder Eröffnung ab schriftlich einzureichen oder zu Protokoll zu geben.

III. Ueber diese Beschwerden entscheiden die Kreisregierungen, Kammern des Innern, nach kollegialer Beratung in zweiter und letzter Instanz.

§ 17. Diese Verordnung, mit deren Vollzug das Staatsministerium des Innern betraut wird, tritt am 1. Mai d. Js. in Kraft; von dem gleichen Tage ab werden:

die Verordnung vom 27. Februar 1869, die Regelung der Verhältnisse der Kaminkehrer betreffend,

§ 23 der Verordnung vom 27. Juni 1862, die Verhütung von Feuersgefahren betreffend,

§ 2 der Verordnung gleichen Betreffs vom 10. Januar 1872 außer Wirksamkeit gesetzt.

---

14. Krankenversicherungsgesetz-Abänderung.[1]

Gesetz vom 30. Juni 1900, die Abänderung des Krankenversicherungsgesetzes betr.

(R.-G.-Bl. 1900 S. 332.)

(Text siehe Allfeld, „Strafgesetzgebung", Nachtragsband S. 75.)

[1]) s. Buchert „Verwaltungsgesetze" S. 487.

15. Land- und forstwirthschaftl. Unfallversicherungsgesetz.

Unfallversicherungsgesetz für Land- und Forstwirthschaft, in der Fassung nach dem Reichsgesetze vom 30. Juni 1900, bezw. im Texte der Bekanntmachung des Reichskanzlers vom 5. Juli 1900.[1]

(R.-G.-Bl. 1900 S. 335, 573, **641.**)

(Text siehe Allfeld, „Strafgesetzgebung", Nachtragsband S. 135 ff.)

---

16. Mantel-Gesetz.

Reichsgesetz vom 30. Juni 1900 „betr. die Abänderung der Unfallversicherungsgesetze." — Text nach der Bekanntmachung des Reichskanzlers vom 5. Juli 1900.

(R.-G.-Bl. 1900 S. 335, **573.**)

(Text siehe Allfeld, „Strafgesetzgebung", Nachtragsband S. 76 ff.)

17. Medizinaltaxordnung (für Privatpraxis).

Allerhöchste Verordnung vom 17. Oktober 1901, ärztliche Gebühren betr.[2]

(Ges.- u. V.-Bl. 1901 S. 629.)

---

[1]) An die Stelle der Fassung vom 5. Mai 1886 (s. Buchert „Verwaltungsgesetze" S. 557) getreten.

[2]) An die Stelle der Medizinaltaxordnung vom 18. Dezember 1875 (Buchert „Verwaltungsgesetze" S. 602) getreten. Vom Abdrucke wurde in diesem Nachtragsbande abgesehen.

18. Nachhaft, korrektionelle.

Gemeinschaftl. Entschließung des k. Staatsministeriums der Justiz und des Innern vom 5. April 1901[1]), die Maßregel der Ueberweisung an die Landespolizeibehörde betr.

(Amtsbl. d. k. Staatsm. d. Innern 1901 S. 169.)

Zufolge Entschließung des k. Staatsministeriums des Innern vom 25. Juli 1895 und vom 9. Februar 1897 waren seither die Distrikts-polizeibehörden der Regierungsbezirke von Oberbayern, von Unterfranken und Aschaffenburg, sowie von Schwaben und Neuburg ermächtigt, geeigneten Falls Beschlüsse auf Einschaffung in ein Arbeitshaus unter der Bedingung eines freiwilligen Aufenthalts auf einer Arbeiterkolonie unvollzogen zu lassen. Die bezüglichen Versuche haben sich bewährt, und es haben sich der Verein für Arbeiterkolonien in Bayern und der Pfälzer Arbeiterkolonieverein bereit erklärt, zur allgemeinen Durchführung dieser Maßregel mitzuwirken.

Ferner hat sich in Folge der Aenderung des § 362 des Reichsstrafgesetzbuchs (Reichsgesetz vom 25. Juni 1900, Reichs-Gesetzblatt S. 301) die Wirkung der Ueberweisung an die Landespolizeibehörde insoferne anders gestaltet, als für den Fall des § 361 Nr. 6 (gewerbsmäßige Unzucht) auch die Unterbringung in Besserungs- oder Erziehungsanstalten oder Asylen vorgesehen ist, und insoferne, als gegenüber Ausländern die Verweisung aus dem Bundesgebiete neben der Unterbringung in ein Arbeitshaus zulässig ist.

Demgemäß ergehen in theilweiser Aenderung der Ministerialentschließung vom 28. März 1891 (Min.-Amtsbl. S. 119) folgende Anordnungen:

I. Bedingter Erlaß der korrektionellen Nachhaft für männliche Verurtheilte.

Männlichen Verurtheilten, deren Unterbringung in ein Arbeitshaus verfügt, aber noch nicht in Vollzug gesetzt worden ist, kann von der zuständigen Landespolizeibehörde der Erlaß der korrektionellen Nachhaft unter der Bedingung zugesichert werden, daß sich dieselben freiwillig während einer bestimmten Zeit auf einer bayerischen Arbeiterkolonie mit tadelloser Führung aufhalten. Für diesen Erlaß gelten folgende Bestimmungen:

---

[1]) Obige Min.-Bek. enthält eine theilweise Abänderung u. Ergänzung der Min.-Bek. v. 28. März 1891; f. Buchert „Verwaltungsgesetze" S. 614.

1. Der bedingte Erlaß der korrektionellen Nachhaft hat zur Voraussetzung, daß die begründete Annahme besteht, es werde der Zweck der ausgesprochenen Ueberweisung eher und sicherer durch freiwilligen Aufenthalt auf einer Arbeiterkolonie als durch Einschaffung in ein Arbeitshaus erreicht werden. In der Regel wird dies nur bei solchen Verurtheilten der Fall sein, welche zum ersten Male der Landespolizeibehörde überwiesen sind.

2. Zum Aufenthalte kann jede der drei bayerischen Arbeiterkolonien Herzogsägmühle (B.-A. Schongau), Schernau (B.-A. Homburg) und Simonshof (B.-A. Mellrichstadt) bestimmt werden; wo nicht besondere Gründe eine andere Bestimmung rechtfertigen, wird von der Landespolizeibehörde die dem Aufenthalts- bezw. Verwahrungsorte des Verurtheilten nächste Arbeiterkolonie gewählt werden.

3. Die Dauer des Aufenthalts auf der Arbeiterkolonie ist von der Landespolizeibehörde auf mindestens vier Monate festzusetzen; ausnahmsweise kann ein längerer Aufenthalt, jedoch nicht über die Dauer von sechs Monaten, zur Bedingung gemacht werden.

4. Jede zwangsweise Verbringung auf die Arbeiterkolonien ist unstatthaft; die Verurtheilten dürfen nur mittelst Vorweises den Arbeiterkolonien zugewiesen werden. Wo von den Vereinen zur Obsorge für entlassene Strafgefangene die Mittel zur Benützung der Eisenbahn gewährt werden, ist Vorsorge zu treffen, daß diese Mittel nicht bestimmungswidrig verbraucht werden; jedenfalls empfiehlt es sich, keine Reiseunterstützungen in Geld, sondern lediglich Fahrkarten und Lebensmittel zu verabfolgen.

5. Die Landespolizeibehörde hat der betreffenden Kolonieverwaltung von dem zu erwartenden Eintreffen des Verurtheilten unter genauer Angabe der Personalien thunlichst einige Tage vorher Kenntniß zu geben. Sieht sich die Landespolizeibehörde wegen Erkrankung des Verurtheilten oder sonstiger triftiger Gründe zu einer Aenderung ihrer Verfügung veranlaßt, so ist die gegebene Nachricht zu widerrufen.

6. Die Verwaltungen der Arbeiterkolonien werden ihrerseits den jeweils zuständigen Landespolizeibehörden sowohl von dem Eintreffen der Verurtheilten, als auch von dem Austritte derselben, letzteren Falls unter Beifügung eines Führungszeugnisses Mittheilung machen. Im Falle des vorzeitigen Austritts oder einer wegen schlechter Führung erfolgten vorzeitigen Entlassung wird die Mittheilung thunlichst beschleunigt werden.

7. Erscheinen nach dem Zeugnisse der Kolonieverwaltung die Voraussetzungen, unter welchen der Vollzug der korrektionellen Nachhaft ausgesetzt wurde, als erfüllt, so ist von dem Vollzuge überhaupt abzusehen; andern Falls, wenn nämlich der Verurtheilte sich nicht in die Arbeiterkolonie begibt oder dieselbe vorzeitig verläßt oder sich schlecht in derselben führt, ist der Beschluß auf Verhängung der korrektionellen Nachhaft bei der ersten sich bietenden Gelegenheit zu vollziehen, ohne daß dem Betheiligten eine nochmalige Wahl zwischen Arbeiterkolonie und Arbeitshaus gelassen wird. Die etwa bereits auf einer Arbeiterkolonie zugebrachte Zeit wird auf die Verwahrungsdauer nicht angerechnet. Von der nachträglich erfolgten Einlieferung in das Arbeitshaus hat die Landespolizeibehörde die einschlägige Arbeiterkolonieverwaltung zu verständigen.

II. Unterbringung weiblicher Verurtheilter in Erziehungs- oder Besserungsanstalten.

Nach § 362 Abs. 3 des Reichsstrafgesetzbuchs neuer Fassung kann eine wegen gewerbsmäßiger Unzucht (§ 361 Nr. 6 des Reichsstrafgesetzbuchs) verurtheilte und der Landespolizeibehörde überwiesene Person anstatt in ein Arbeitshaus in eine Besserungs- oder Erziehungsanstalt oder in ein Asyl untergebracht werden; die Unterbringung in ein Arbeitshaus ist unzulässig hinsichtlich derjenigen Verurtheilten, welche zur Zeit der Verurtheilung das 18. Lebensjahr noch nicht vollendet haben (im Nachstehenden als „Jugendliche" im Gegensatze zu „Erwachsenen" bezeichnet).

Auf die Unterbringung der wegen gewerbsmäßiger Unzucht verurtheilten und der Landespolizeibehörde überwiesenen Personen in Erziehungs- oder Besserungsanstalten findet die angeführte Ministerialentschließung vom 28. März 1891 entsprechende Anwendung, soweit sich nicht aus der Natur der Sache oder aus den folgenden Bestimmungen etwas anderes ergibt:

1. Jugendliche Verurtheilte können nur in eine Besserungs- oder Erziehungsanstalt untergebracht werden. Erwachsene, aber noch minderjährige Verurtheilte können anstatt in ein Arbeitshaus in eine Besserungsanstalt oder in ein Asyl untergebracht werden, wenn nach ihrem Vorleben gegründete Aussicht besteht, daß der angestrebte Besserungszweck auf diese Weise erreicht werde.

2. Abgesehen von besonderen individuellen Verhältnissen, welche die Aufnahme in eine Besserungs- oder Erziehungsanstalt oder in ein Asyl unangemessen erscheinen lassen, können Schwangere und solche Verurtheilte, welche an Epilepsie, an florider oder latenter Syphilis oder an sonstigen ansteckenden Krankheiten leiden, in derartige Anstalten nicht untergebracht werden. Das Nichtvorhandensein solcher Ausschließungsgründe ist nach Maßgabe der angeführten Ministerialentschließung vom 28. März 1891, Ziff. IV, festzustellen.

3. Von der beabsichtigten Unterbringung hat die Landespolizeibehörde der einschlägigen Anstaltsverwaltung so rechtzeitig Kenntniß zu geben, daß, falls aus irgend einem Grunde die Aufnahme nicht möglich sein sollte, die Rückäußerung hierüber vor Ablieferung der Unterzubringenden sicher erwartet werden kann. Der Anstaltsverwaltung ist außer den in Ziff. XIII Abs. 2 und 3 der Ministerialentschließung vom 28. März 1891 (vgl. hiezu nunmehr Min.-Amtsbl. 1896 S. 371) bezeichneten Belegen gegebenen Falls auch das Taufzeugniß mitzutheilen; dies kann auch nachträglich geschehen.

4. Beschwerden gegen die auf Unterbringung, auf Kürzung oder Verlängerung der Unterbringungsdauer lautenden Beschlüsse sind binnen 14 Tagen, von der an den gesetzlichen Vertreter erfolgten Eröffnung an gerechnet, bei der zuständigen Landespolizeibehörde anzubringen.

5. Die Ablieferung der Unterzubringenden erfolgt an die Distriktspolizeibehörde des Anstaltsortes, von welcher die Einbringung in die Anstalt nach Maßgabe der mit dieser getroffenen Vereinbarung zu besorgen ist. Entlassene werden von der Anstaltsverwaltung gleichfalls der Distriktspolizeibehörde des Anstaltsortes zur weiteren Verfügung überwiesen.

6. Die Kosten der Unterbringung werden von den Anstaltsverwaltungen bei den einschlägigen Regierungen, Kammern des Innern, liquidirt und von diesen auf die Position des Etats für Sicherheit „Staatsbeiträge an öffentliche und Privaterziehungsanstalten für verwahrloste jugendliche Personen" angewiesen.

7. In die nach Ziff. XVI der Ministerialentschließung vom 28. März 1891 zu führenden Verzeichnisse sind auch die in Besserungs- und Erziehungsanstalten untergebrachten bezw. unterzubringenden Personen mit entsprechender Vormerkung in der Rubrik „Bemerkungen" einzutragen.

8. Als Erziehungs- und Besserungsanstalten im Sinne des § 362 Abs. 3 des Reichsstrafgesetzbuchs sind dermalen zufolge Uebereinkommens mit den betreffenden Verwaltungen bestimmt:

a) das St. Paulusstift in Herxheim, B.-A. Landau i. Pf., für Katholikinnen aus der Pfalz und für Israelitinnen aus allen Regierungsbezirken;
b) die Rettungsanstalt Ettmannsdorf, B.-A. Burglengenfeld, für erwachsene Katholikinnen aus den Regierungsbezirken rechts des Rheins;
c) die Diakonissenanstalt Neuendettelsau, B.-A. Ansbach für Evangelische aus allen Regierungsbezirken;
d) die Besserungsanstalt in Oberzell, Stadtbezirk Würzburg, für jugendliche Katholikinnen aus den Regierungsbezirken rechts des Rheins.

III. Verfahren gegen Ausländer.

Die Bestimmungen in Ziff. VII der Ministerialentschließung vom 28. März 1891 erleiden folgende Aenderung:

Ausländer (Nichtdeutsche), welche der Landespolizeibehörde überwiesen worden sind, sollen in der Regel lediglich auf Grund des § 362 Abs. 4 des Reichsstrafgesetzbuchs aus dem Gebiete des Deutschen Reichs ausgewiesen werden.

Die Unterbringung in ein Arbeitshaus kann neben der Verweisung aus dem Reichsgebiete ausgesprochen werden, wenn der Vollzug der Ausweisung nicht sofort möglich ist. Auch kann die Verweisung aus dem Reichsgebiete noch nachträglich erfolgen, wenn sich hinsichtlich einer im Arbeitshause untergebrachten Person ergibt, daß dieselbe eine fremde Staatsangehörigkeit besitzt.

Ausländer, welche nach erfolgter Verweisung aus dem Reichsgebiete unerlaubt zurückgekehrt und neuerdings der Landespolizeibehörde überwiesen worden sind, können unbeschadet des wiederholten Vollzuges der Ausweisung in einem Arbeitshause untergebracht werden.

Ausländer, deren Ausweisung aus irgend einem Grunde nicht ausführbar ist, sind unter denselben Voraussetzungen wie Inländer in einem Arbeitshause unterzubringen.

19. Polizeistrafgesetzbuch-Novelle.

Gesetz vom 22. Juni 1900, die Ergänzung und Abänderung des Polizeistrafgesetzbuches für das Königreich Bayern vom 26. Dezember 1871[1]) betr.

(Ges.- u. V.-Bl. 1900 S. 483.)

Luitpold, von Gottes Gnaden K. Prinz von Bayern, Regent rc.

§ 1. Im sechsten Hauptstück des Polizeistrafgesetzbuches vom 26. Dezember 1871 wird nach Art. 72 folgender neue Art. 72 a eingestellt:

Mit Geldstrafe bis zu 150 Mark oder mit Haft wird außer dem Falle des § 367 Abs. 1 Ziff. 5 des Strafgesetzbuches für das Deutsche Reich bestraft, wer den Verordnungen in Bezug auf den Verkehr mit Arznei- oder Geheimmitteln, welche zur Heilung oder Verhütung von Krankheiten der Menschen oder Thiere bestimmt sind, zuwiderhandelt.

§ 2. Der Art. 73 erhält in Absatz II und III folgende Fassung:

Gleicher Strafe unterliegt, wer den Verordnungen, ober- oder ortspolizeilichen Vorschriften zuwiderhandelt, welche aus Rücksichten auf die Gesundheit oder Sittlichkeit über das Beziehen neuhergestellter Wohnungen oder Wohnungsräume, über die Beschaffenheit und die Belegung von Wohnungen oder Wohnungsräumen und über die polizeiliche Beaufsichtigung des Wohnungswesens erlassen sind.

In den Fällen des Absatzes I und II hat der Richter zu erkennen, daß die Polizeibehörde berechtigt ist, die Beseitigung des vorschriftswidrigen Zustandes, beziehungsweise die Räumung der vorschriftswidrigen Wohnung, zu verfügen.

§ 3. Der Art. 101 erhält folgende Fassung:

An Geld bis zu 150 Mark oder mit Haft werden Bauherrn, Baumeister und Bauhandwerker gestraft, wenn sie den baupolizeilichen Vorschriften zuwiderhandeln.

Baupolizeiliche Vorschriften können in Bezug auf Festsetzung und Einhaltung der Bau- und Vorgartenlinien, dann zum Zwecke der Feuersicherheit und Festigkeit der Bauführung, sowie der Gesundheit durch Verordnung, ober- oder ortspolizeiliche Vorschrift erlassen werden.

Im Interesse der Verschönerung können baupolizeiliche Vorschriften für Städte von mehr als 20000 Seelen durch Verordnung oder ortspolizeiliche Vorschrift, für die übrigen Orte durch ortspolizeiliche Vorschrift getroffen werden. Die hierauf gegründeten Abänderungen des Bauplanes dürfen jedoch die Kosten der Bauführung nicht wesentlich vermehren.

§ 4. Der Art. 102 wird aufgehoben.

Der Tag, an welchem dieser Artikel außer Kraft sowie Art. 101 für die Pfalz in Kraft tritt, wird durch Verordnung bestimmt.

[1]) s. Buchert „Verwaltungsgesetze" S. 641.

20. Reichsgewerbeordnung.

Gewerbeordnung für das Deutsche Reich in der Fassung nach dem Reichsgesetze vom 30. Juni 1900, bezw. im Texte der Bekanntm. des Reichskanzlers vom 26. Juli 1900.

(R.=G.=Bl 1900 S. 321, 871.)

(Text siehe Allfeld, „Strafgesetzgebung", Nachtragsband S. 280 ff.)

---

21. Reichsgewerbeordnung, Vollzug derselben.

Allerhöchste Verordnung vom 29. September 1900, den Vollzug des Gesetzes über die Abänderung der Gewerbeordnung vom 30. Juni 1900 betr.

(Ges.= u. V.=Bl. 1900 S. 1157.)

Luitpold, von Gottes Gnaden K. Prinz von Bayern, Regent 2c.

Die Bestimmungen der Verordnung vom 29. März 1892, den Vollzug der Reichsgewerbeordnung betreffend (Ges.= u. Ver.=Bl. 1892 S. 61 ff.),[1]) finden mit nachstehenden Aenderungen entsprechende Anwendung:

1. In § 7 lit. g wird als Abs. 3 eingeschaltet:

Hat der Unternehmer rechtzeitig, d. h. vor Schluß der Erörterung (§ 19 Abs. 2 der Gewerbeordnung) den Antrag auf Gestattung der unverzüglichen Ausführung der baulichen Anlagen gestellt (§ 19a der Gewerbeordnung), so ist auch hierüber zu verhandeln und die Entscheidung in den Beschluß aufzunehmen. Dem Antrage darf nur dann Folge gegeben werden, wenn anzunehmen ist, daß der Unternehmer die von ihm nachgesuchte Erlaubniß ohne wesentliche Aenderung des Planes der baulichen Anlagen erhalten wird und seine Interessen durch die Hinausschiebung der Bauausführungen bis zur Rechtskraft des Bescheides ernstlich gefährdet werden würden.

---

[1]) s. Buchert „Verwaltungsgesetze" S. 1141.

Ist jedoch die Möglichkeit nicht ausgeschlossen, daß berechtigte Interessen der Nachbarn oder des Publikums durch die Ausführung der Bauten gefährdet werden, so darf die unverzügliche Ausführung der Bauten nur gegen Sicherheitsleistung gestattet werden. In diesem Falle ist die Höhe der Sicherheit mindestens auf den Betrag zu bemessen, den die Beseitigung der Bauten voraussichtlich erfordert und im Beschluß festzusetzen, bei welcher Kasse solche zu hinterlegen ist. Mit der Ausführung der baulichen Anlagen darf erst nach erfolgter Sicherheitsbestellung begonnen werden.

2. § 7 lit. h Abs. 1 erhält folgende Fassung:

Im Uebrigen sind die Bestimmungen in §§ 17—21a der Gewerbeordnung und, soweit diese nicht entgegenstehen, die einschlägigen Vorschriften über das Verfahren in Verwaltungsrechtssachen nach dem Gesetze vom 8. August 1878, betreffend die Errichtung eines Verwaltungsgerichtshofes und das Verfahren in Verwaltungsrechtssachen, zu beachten und die sämmtlichen hier in Frage kommenden Angelegenheiten als schleunige zu behandeln und zu erledigen. Die Sachverständigen sind vor ihrer Vernehmung darauf hinzuweisen, daß sie über die Thatsachen, welche durch das Verfahren zu ihrer Kenntniß kommen, Verschwiegenheit zu beobachten und sich der Nachahmung der von dem Unternehmer geheim gehaltenen, zu ihrer Kenntniß gelangten Betriebseinrichtungen und Betriebsweisen, so lange als diese Betriebsgeheimnisse sind, zu enthalten haben (§ 21a der Gewerbeordnung).

Nach Abs. 2 des § 7 lit. h wird folgender Absatz eingeschaltet:

Ist gemäß § 19a des Gesetzes eine Sicherheit gestellt worden, so ist nach rechtskräftiger Genehmigung der baulichen Anlagen gleichzeitig mit der Ertheilung der Genehmigungsurkunde die Zurückzahlung der hinterlegten Sicherheit an den Unternehmer zu verfügen.

Wird die Genehmigung zur Ausführung der Anlage versagt oder von der Abänderung der bereits ausgeführten baulichen Anlagen abhängig gemacht, so hat die die Sicherheitsleistung anordnende Behörde nach Einvernahme der Betheiligten zu entscheiden, ob und unter welchen Bedingungen die Sicherheit zurückzuerstatten ist.

Abs. 4 nun 5 des § 7 lit. h erhält folgende Fassung:

Vor Ertheilung der Genehmigungsurkunde ist abgesehen von den nach § 19a für bauliche Anlagen zugelassenen Ausnahmen die Ausführung der Anlage nicht gestattet.

3. Zu §§ 34 Abs. 1 und 2 und 53 Abs. 2 und 3.

§ 15 hat folgendermaßen zu lauten:

Die Erlaubniß zum Betriebe des Geschäftes eines Pfandleihers, Pfandvermittlers, Gesindevermiethers oder Stellenvermittlers wird von der Distriktspolizeibehörde, in München von der Polizeidirektion, ertheilt.

Dieselben Behörden entscheiden auch über die Zurücknahme der Erlaubniß und die Untersagung des Gewerbebetriebes.

In Ortschaften, für welche dies durch Ortsstatut (§ 142 der Gewerbeordnung) festgesetzt wird, darf die Erlaubniß zum Betriebe des Pfandleihgewerbes nur dann ertheilt werden, wenn ein Bedürfniß hiefür vorhanden und nachgewiesen ist.

4. Nach § 18 wird eingeschaltet:

Zu § 38.

§ 18a.

Die den Centralbehörden eingeräumten Befugnisse werden vom Staatsministerium des Innern ausgeübt.

5. Nach § 33 wird eingefügt:

Zu §§ 75a, 139d, 139e Abs. 2 und 4, 139f Abs. 4 und 139k Abs. 4.

§ 33a. In München werden die Befugnisse der Ortspolizeibehörde im Sinne der §§ 75a, 139d und 139e Abs. 2 von der Polizeidirektion, im Sinne der §§ 139e Abs. 4, 139f Abs. 4 und 139k Abs. 4 vom Magistrat wahrgenommen.

6. Zu §§ 120a—c, 120d Abs. 1 und 139g.

§ 44 erhält folgende Fassung:

Die zum Vollzuge der §§ 120a—c in § 120d Abs. 1 sowie des § 139g der Gewerbeordnung vorgesehenen Anordnungen werden von den Distriktsverwaltungsbehörden, in München, soweit es sich um die bauliche Einrichtung der Arbeits- und Geschäftsräume handelt, von der Lokalbaukommission, ferner soweit Maßnahmen zum Schutze jugendlicher Arbeiter in Fabriken in Frage kommen, von der Polizeidirektion und im Uebrigen vom Magistrate erlassen.

7. Zu §§ 134b Abs. 1, 138a, 139 Abs. 1 und 139k Abs. 5.

§ 49 Abs. 1 hat folgendermaßen zu lauten:

Die in §§ 134b Abs. 1, 138a, 139 Abs. 1 und 139k Abs. 5 der Gewerbeordnung den unteren Verwaltungsbehörden übertragenen Befugnisse werden von den Distriktsverwaltungsbehörden, in München in den Fällen der §§ 134b Abs. 1, 138a und 139 Abs. 1 von der Polizeidirektion, im Falle des § 139k Abs. 5 vom Magistrat ausgeübt.

8. Gegenwärtige Verordnung tritt am 1. Oktober 1900 in Kraft.

22. Reichsstrafgesetzbuch-Novelle.

Gesetz vom 25. Juni 1900, betr. Aenderungen und Ergänzungen des Strafgesetzbuchs.

(R.-G.-Bl. 1900 S. 303.)

(Auszug.)

Wilhelm, von Gottes Gnaden Deutscher Kaiser ꝛc.

In dem Strafgesetzbuche[1]) werden die §§ . . . 362 durch nachstehende unter den gleichen Zahlen aufgeführte Bestimmungen ersetzt . . .:

§ 362. Die nach Vorschrift des § 361 Nr. 3 bis 8 Verurtheilten können zu Arbeiten, welche ihren Fähigkeiten und Verhältnissen angemessen sind, innerhalb und, sofern sie von anderen freien Arbeitern getrennt gehalten werden, auch außerhalb der Strafanstalt angehalten werden.

Bei der Verurtheilung zur Haft kann zugleich erkannt werden, daß die verurtheilte Person nach verbüßter Strafe der Landespolizeibehörde zu überweisen sei. Im Falle des § 361 Nr. 4 ist dieses jedoch nur dann zulässig, wenn der Verurtheilte in den letzten drei Jahren wegen dieser Uebertretung mehrmals rechtskräftig verurtheilt worden ist, oder wenn derselbe unter Drohungen oder mit Waffen gebettelt hat.

Durch die Ueberweisung erhält die Landespolizeibehörde die Befugniß, die verurtheilte Person bis zu zwei Jahren entweder in ein Arbeitshaus unterzubringen oder zu gemeinnützigen Arbeiten zu verwenden. Im Falle des § 361 Nr. 6 kann die Landespolizeibehörde die verurtheilte Person statt in ein Arbeitshaus in eine Besserungs- oder Erziehungsanstalt oder in ein Asyl unterbringen; die Unterbringung in ein Arbeitshaus ist unzulässig, falls die verurtheilte Person zur Zeit der Verurtheilung das achtzehnte Lebensjahr noch nicht vollendet hat.

Ist gegen einen Ausländer auf Ueberweisung an die Landespolizeibehörde erkannt, so kann neben oder an Stelle der Unterbringung Verweisung aus dem Bundesgebiet eintreten.

---

[1]) s. Buchert „Verwaltungsgesetze" S. 686.

23. Schulbedarfgesetz.

Schulbedarfgesetz vom 28. Juli 1902.[1])

(Ges. u. V.-Bl. 1902 S. 265.)

Luitpold, von Gottes Gnaden K. Prinz von Bayern, Regent ꝛc.

I. Abschnitt.

Allgemeiner Theil.

Art. 1. Die vermögensrechtliche Verwaltung der öffentlichen Volksschulen sowie die Feststellung und Aufbringung des gesammten persönlichen und sächlichen Bedarfs für ihre Errichtung und ihren Unterhalt obliegt den politischen Gemeinden als eigentliche Gemeindeangelegenheit, vorbehaltlich der auf den Bestimmungen dieses Gesetzes beruhenden Verpflichtungen der Kreise und des Staats sowie besonderer rechtlicher Verpflichtungen zur Bestreitung des Bedarfs für die öffentlichen Volksschulen.

Greift der Sprengel einer öffentlichen Volksschule über die Markung einer politischen Gemeinde hinaus (zusammengesetzter Schulsprengel), so obliegt unter den im vorstehenden Absatz bezeichneten Vorbehalten die Aufbringung des gesammten persönlichen und sächlichen Bedarfs den zum Schulsprengel ganz oder mit Theilen vereinigten politischen Gemeinden. Die vermögensrechtliche Verwaltung dieser Sprengelschule, einschließlich ihrer Vertretung nach außen, sowie die Feststellung und Vertheilung des gesammten persönlichen und sächlichen Bedarfs für ihre Errichtung und ihren Unterhalt kommt in der Regel der verstärkten Verwaltung der Schulsitzgemeinde zu. Die zum Schulsprengel vereinigten Gemeinden können jedoch aus erheblichen Gründen vereinbaren, daß an Stelle der Verwaltung der Schulsitzgemeinde die Verwaltung einer anderen der betheiligten Gemeinden zu verstärken sei. Derartige Uebereinkommen bedürfen der Genehmigung der vorgesetzten Staats- und Schulaufsichtsbehörde.

Die Verstärkung der Verwaltung der Schulsitzgemeinde oder der durch Vereinbarung bestimmten Gemeindeverwaltung hat in der Weise zu erfolgen, daß zu deren Berathschlagungen und Beschlußfassungen die Bürgermeister oder Bürgermeister-Stellvertreter der übrigen ganz oder theilweise zum Schulsprengel gehörigen Gemeinden, sowie ein weiterer Abgeordneter einer jeden solchen Gemeinde beizuziehen sind. Diese Abgeordneten und deren Ersatzmänner werden durch die Gemeindeverwaltungen der einzelnen zum Schulsprengel gehörenden politischen Gemeinden aus ihrer Mitte auf die Dauer ihrer Wahlperioden gewählt.

---

[1]) An die Stelle des Schulbedarfgesetzes vom 10. Novbr. 1861 (s. Buchert „Verwaltungsgesetze" S. 741) getreten

Art. 2. Der Berathung und Beschlußfassung der verstärkten Gemeindeverwaltung müssen unterstellt werden:

a) die Ermittelung und Feststellung des jährlichen oder eines außerordentlichen Aufwands für die Schule des zusammengesetzten Schulsprengels (Sprengelschule);

b) die Vertheilung des durch die eigenen Einnahmen der Sprengelschule, durch die Rente eines etwaigen Schulfonds oder Stiftungsvermögens, durch Zuschüsse oder durch Leistungen Dritter nicht gedeckten Bedarfs auf die einzelnen ganz oder mit Theilen zum Schulsprengel gehörenden politischen Gemeinden nach dem Verhältnisse der im Schulsprengel von den Betheiligten zu erhebenden oder zu berechnenden direkten Steuern;

c) die Uebernahme einer dauernden Haftungsverbindlichkeit für Schuleinrichtungen;

d) die Regelung des Schulgelds.

Im Uebrigen kann die Verwaltung der Schulsitzgemeinde oder die durch Vereinbarung bestimmte Gemeindeverwaltung (Art. 1 Abs. 2) durch übereinstimmende schriftlich zu beurkundende Willenserklärung der Vertreter der übrigen zum Sprengel gehörigen Gemeinden (Art. 1 Abs. 3) allgemein oder von Fall zu Fall mit der Vornahme von Verwaltungsgeschäften, insbesondere mit dem Vollzuge der zum jährlichen Voranschlage gefaßten Beschlüsse und mit der Ausführung außerordentlicher Unternehmungen an Stelle der verstärkten Verwaltung, sodann mit der Vertretung dieser Verwaltung vor Behörden betraut werden.

In den Angelegenheiten, welche nach Abs. 1 der verstärkten Gemeindeverwaltung vorbehalten sind, kann von jeder in dieser vertretenen politischen Gemeinde binnen vierzehn Tagen vom Tage der Beschlußfassung an Beschwerde wider die Nothwendigkeit und Zweckmäßigkeit beschlossener Unternehmungen und Einrichtungen, gegen Art und Maß des festgesetzten Aufwands, seiner Vertheilung auf die einzelnen politischen Gemeinden und seiner Deckung durch ein gemeinschaftlich aufzunehmendes Anlehen geführt werden. Solche Beschwerden sind von der der Schulsitzgemeinde unmittelbar vorgesetzten Verwaltungsbehörde, wenn sich ein Schulsprengel auf die Bezirke zweier oder mehrerer Verwaltungsbehörden erstreckt, nach vorgängiger Einvernahme der mitbetheiligten Behörden zu entscheiden. Gegen diese Entscheidung steht der verstärkten Gemeindeverwaltung sowohl, als auch den einzelnen Gemeindeverwaltungen die Berufung an die nächsthöhere Behörde zu, welche hierüber in letzter Instanz entscheidet vorbehaltlich der Bestimmungen des Gesetzes vom 8. August 1878 über die Errichtung eines Verwaltungsgerichtshofes und das Verfahren in Verwaltungsrechtssachen.

Auf Grund der Beschlüsse der verstärkten (Art. 1 Abs. 2) und der bevollmächtigten (Art. 2 Abs. 2) Gemeindeverwaltung (ersteren Falls unter der Voraussetzung, daß eine Beschwerde nicht geführt oder eine solche rechtskräftig beschieden wurde) ist zum Vollzuge zu schreiten, ohne daß es neuerlicher Beschlüsse in den einzelnen Gemeinden über die Unternehmungen und Einrichtungen und über die Bewilligung des hiefür erforderlichen Aufwands bedarf. Die Beschlußfassung der einzelnen zum Schulsprengel gehörigen Gemeinden hat sich nur noch auf die Frage zu erstrecken, in welcher Weise der den einzelnen Gemeinden zugetheilte Betrag nach den Bestimmungen der Gemeindeordnungen durch die politische Gemeinde aufzubringen sei.

Staatsaufsichtliche Aufforderungen in Angelegenheiten der vermögensrechtlichen Verwaltung der Sprengelschule sind in sinngemäßer Anwendung der Bestimmungen der Gemeindeordnungen, insbesondere vorbehaltlich des Beschwerdeverfahrens nach Art. 161 der rechtsrheinischen, beziehungsweise Art. 92 der pfälzischen Gemeindeordnung, sowie auch der Vorschriften des angeführten Gesetzes vom 8. August 1878 an die verstärkte Gemeindeverwaltung zu richten. Dieser verstärkten Gemeindeverwaltung gegenüber hat die endgiltige Feststellung der Verpflichtung zu erfolgen; ebenso sind an deren Stelle die zum Vollzuge nöthigen Verfügungen zu treffen und ist gleichermaßen die Bedarfsvertheilung vorzunehmen.

Art. 3. Ist bei Inkrafttreten dieses Gesetzes in einer Gemeinde die Erhebung von Sonderumlagen für Zwecke verschiedener Bekenntnißschulen ordnungsmäßig eingeführt, so kann dieselbe die Forterhebung von Sonderumlagen beschließen. Ist diese beschlossen, so darf der einzelne Umlagenpflichtige nach Maßgabe seiner im Gemeindebezirke veranlagten direkten Steuern nur zu den Sonderumlagen für die Schule jenes Bekenntnisses herangezogen werden, dem er selbst angehört oder dessen Schule er in Ermangelung einer Schule seiner Religion oder Konfession benützt oder benützen müßte. Ist keiner von diesen Fällen gegeben — wie insbesondere bei juristischen Personen —, so sind zur Fernehaltung einer mehrfachen Anlegung mit Umlagen solche Umlagenpflichtige zu den einzelnen Schulumlagen jedesmal nicht mit dem Gesammtbetrag ihrer direkten Staatssteuern, sondern nach dem Verhältnisse heranzuziehen, in dem die einzelnen Religionsparteien an dem Gesammtsteuersoll der Gemeinden betheiligt sind.

Angehörige eines Bekenntnisses, die aus eigenen Mitteln eine Schule ihrer Religion oder Konfession unterhalten, haben aus den im Sprengel dieser Schule angelegten Steuern Umlagen für Zwecke öffentlicher Volksschulen nicht zu entrichten.

II. Abschnitt.

Die Besetzung und Errichtung von Volksschulen.

Art. 4. Volksschulen, an welchen nur *eine* Lehrstelle besteht, sind mit einem Volksschullehrer zu besetzen. Beträgt jedoch die Zahl der Schüler nach einem fünfjährigen Durchschnitte weniger als fünfzig, so kann, wenn nicht die Lehrstelle schon bei Inkrafttreten dieses Gesetzes mit einem Schullehrer besetzt war, gestattet werden, daß ein Schulverweser aufgestellt werde.

Bestehen an einer Volksschule zwei Lehrstellen, so darf hievon eine mit einem Schulverweser, einem Hilfslehrer oder einer weiblichen Lehrkraft besetzt werden. Bestehen an einer Volksschule drei oder mehr Lehrstellen, so sind hievon zwei Drittel mit Volksschullehrern zu besetzen. Bruchtheile kommen nicht in Anrechnung.

Werden an Mädchenschulen nur weibliche Lehrkräfte verwendet, so sind vorstehende Bestimmungen sinngemäß in Anwendung zu bringen.

Bei Schulen, an welchen Kinder beiderlei Geschlechts gemeinschaftlich unterrichtet werden, kann an Stelle eines der Volksschullehrer eine Volksschullehrerin aufgestellt werden.

In besonderen Ausnahmefällen kann durch die Kreisregierungen Befreiung von den Vorschriften des Abs. 1—3 bewilligt werden.

Art. 5. Wenn die Zahl der Schüler einer alle Jahrgänge umfassenden, mit einer Lehrkraft besetzten Volksschule nach einem fünfjährigen Durchschnitte achtzig übersteigt, so kann die Bereitstellung der Mittel für Errichtung einer neuen Lehrstelle angeordnet werden. Ebenso kann bei Schulen von zwei oder mehr Schulklassen die Bereitstellung der Mittel für Errichtung einer neuen Lehrstelle angeordnet werden, wenn die Zahl der Schüler in einer Klasse nach einem fünfjährigen Durchschnitte hundert übersteigt. Falls durch Schulstatut oder Gemeindebeschluß eine geringere Höchstzahl von Schülern für die einzelne Klasse festgesetzt ist, darf diese Zahl nicht mehr erhöht werden.

Wenn sich in einer Gemeinde oder Ortschaft oder in mehreren im Umkreise von dreieinhalb Kilometer gelegenen Gemeinden, Ortschaften, Weilern oder Einzelhöfen zusammen nach einem fünfjährigen Durchschnitte mindestens fünfundzwanzig schulpflichtige Kinder befinden, welche eine über dreieinhalb Kilometer entfernte Schule besuchen müssen, so können die betreffenden Gemeinden zur Bereitstellung der Mittel für Errichtung einer neuen Schule angehalten werden. Das Gleiche kann geschehen, wenn in einem Umkreise von dreieinhalb Kilometer zusammen nach einem fünfjährigen Durchschnitte achtzig oder mehr schulpflichtige Kinder sich befinden, deren Mehrzahl eine zwei oder mehr Kilometer entfernte Schule besuchen muß.

Wenn in einer Gemeinde oder Ortschaft oder in mehreren im Umkreise von dreieinhalb Kilometer gelegenen Gemeinden, Ortschaften, Weilern und Einzelhöfen, für welche lediglich Konfessionsschulen errichtet sind, zusammen nach fünfjährigem Durchschnitte mindestens fünfzig schulpflichtige Kinder der in der Minderheit befindlichen Konfession vorhanden sind, und ihnen nicht eine Schule ihrer Konfession bis zur Entfernung von dreieinhalb Kilometer zur Verfügung steht oder durch eine zweckmäßige Umschulung zugänglich gemacht werden kann, so können die betheiligten Gemeinden zur Bereitstellung der Mittel zur Errichtung einer Schule dieser konfessionellen Minderheit angehalten werden. Außerdem können Gemeinden, in welchen Schüler einer Konfession in größerer Anzahl die Schulen einer anderen Konfession deßhalb besuchen müssen, weil ihnen der Besuch der Schule der eigenen Konfession erheblich erschwert ist, zur Errichtung weiterer Schulen oder Schulklassen für die konfessionelle Minderheit angehalten werden, soferne eine Abhilfe mittels einer anderen Schuleintheilung unmöglich ist.

Art. 6. Die Uebertragung des Volksschulunterrichts an Mitglieder geistlicher Gesellschaften oder religiöser Vereine kann nur mit gemeindlicher Zustimmung erfolgen. Diese Zustimmung ist in Gemeinden mit städtischer Verfassung diesseits des Rheins durch den Magistrat und die Gemeindebevollmächtigten, sonst durch die Gemeindeverwaltung und die Gemeindeversammlung, in zusammengesetzten Schulsprengeln durch die verstärkte Gemeindeverwaltung (Art. 1 Abs. 3) zu ertheilen unter Zustimmung der Gemeindeversammlungen von drei Viertheilen der ganz oder mit Theilen zum Schulsprengel gehörigen Gemeinden, unter welcher Mehrheit die Gemeindeversammlung der Schulsitzgemeinde sich befinden muß.

III. Abschnitt.

Bestimmungen über die Gehalte des Lehrpersonals in Gemeinden ohne Ortsstatuten.

Art. 7. Die Mindestgehalte haben

für Volksschullehrer	1200 *M*
für Volksschullehrerinnen	1000 *M*
für Schulverweser	1000 *M*
für Schulverweserinnen	900 *M*
für Hilfslehrer	820 *M*
für Hilfslehrerinnen	820 *M*

zu betragen.

Das Einkommen aus einem mit dem Schuldienste verbundenen Kirchendienste (Meßner-, Kantoren-, Chorregenten- und Organistendienste) wird in die im vorigen Absatze festgesetzten Mindestgehalte nur insoweit eingerechnet, als es die Summe von 200 *M* jährlich übersteigt.

Bezüge für die Besorgung der Gemeindeschreiberei und ähnliche Dienstverrichtungen dürfen in diese Mindestgehalte überhaupt nicht eingerechnet werden.

Die dem Lehrpersonale zukommenden Stellengehalte sind durch Fassionen auszuweisen. In diesen sind die sämmtlichen Einkommensbestandtheile eines Schuldienstes und des damit etwa verbundenen Kirchendienstes — die Naturalbezüge und -Genüsse in Geld veranschlagt — darzustellen. Derartige fassions- oder dotationsmäßige Einkommensbestandtheile können nicht einseitig, sondern nur nach Einvernahme des betheiligten Stelleninhabers mit Genehmigung der Kreisregierung den Schuldiensten entzogen werden. Jedoch soll die Trennung des Meßnerdienstes vom Schuldienst in der Regel nach Einvernahme der Betheiligten und der kirchlichen Oberbehörde verfügt werden, wenn die erforderlichen Mittel bereit gestellt sind.

Art. 8. Gemeinden unter 2500 Seelen sind verpflichtet, dem Lehrpersonale freie Dienstwohnungen zur Verfügung zu stellen. Diese haben zu bestehen bei Volksschullehrern in einer für den Bedarf einer Familie ausreichenden Wohnung mit den erforderlichen Wirthschaftsräumen, bei Volksschullehrerinnen, ferner bei Schulverwesern im Falle des Art. 4 Abs. 1 in einer die Führung eines selbständigen Haushalts ermöglichenden Wohnung, bei dem übrigen Lehrpersonale in einem geräumigen heizbaren Wohnzimmer. Die Gewährung einer Miethentschädigung an Stelle der Dienstwohnung ist nur mit Genehmigung der Kreisregierung zulässig. Die gleiche Verpflichtung haben in zusammengesetzten Schulsprengeln die vereinigten Gemeinden, wenn die Seelenzahl jener politischen Gemeinde, in deren Bezirk sich der Schulsitz befindet, unter 2500 beträgt. Ueber Umfang und Beschaffenheit der dem Lehrpersonale gebührenden Dienstwohnungen und Wirthschaftsräume nähere Vorschriften zu erlassen, bleibt der Staatsregierung vorbehalten.

In allen übrigen Fällen sind die Gemeinden zur Gewährung von Miethentschädigungen nach den ortsüblichen Miethpreisen für Wohnungen der im vorigen Absatze bezeichneten Beschaffenheit verpflichtet. Ausnahmsweise kann auch einer solchen Gemeinde die Bereitstellung einer Dienstwohnung von der Kreisregierung auferlegt werden. Dienstwohnungen, die in solchen Gemeinden am 1. September 1901 dem Lehrpersonale eingeräumt waren, sind demselben auch ferner zu belassen und dürfen ihrem Zwecke nur mit Genehmigung der Kreisregierung entzogen werden.

Der Nutzungswerth der Dienstwohnung eines Volksschullehrers wird auf 200 ℳ, der Wohnung einer Volksschullehrerin oder eines Schulverwesers im Falle des Art. 4 Abs. 1 auf 120 ℳ, eines heizbaren Zimmers auf 60 ℳ veranschlagt. Eine Anrechnung dieses Anschlags oder einer Miethentschädigung oder eines Theiles einer solchen auf den Anfangsgehalt darf nicht stattfinden.

Die Miethentschädigungen (Abs. 1 Satz 3 und Abs. 2), welche in keinem Falle geringer sein dürfen, als der Nutzanschlag für gleichartige Dienstwohnungen, werden nach Einvernahme der Gemeindeverwaltung, in zusammengesetzten Schulsprengeln der verstärkten Gemeindeverwaltung, und des betheiligten Lehrpersonals durch die Distriktsschulbehörden festgesetzt. Gegen deren Festsetzungsbeschlüsse ist binnen vierzehn Tagen Beschwerde an die zuständige Kreisregierung zulässig. Deren Entscheidung ist mit Beschwerde zum Verwaltungsgerichtshof anfechtbar. Die rechtskräftig festgesetzten Miethentschädigungen können vor Ablauf von zehn Jahren nur mit Einwilligung der Betheiligten abgeändert werden und bleiben auch nach Ablauf von zehn Jahren bis zu ihrer rechtskräftigen Neufestsetzung in Geltung.

Art. 9. Zu den nach Art. 7 bestimmten Anfangsgehalten werden den Volksschullehrern und Volksschullehrerinnen, den Schulverwesern und Schulverweserinnen Dienstalterszulagen aus der Staatskasse nach jeweiliger finanzgesetzlicher Bewilligung gewährt.

Ein rechtlicher Anspruch auf Gewährung von Dienstalterszulagen steht dem Lehrpersonale nicht zu. Die erstmalige Bewilligung einer Dienstalterszulage und jede weitere Vorrückung ist durch die Würdigkeit und befriedigende Dienstführung des Betheiligten bedingt.

Zur erstmaligen Bewilligung staatlicher Dienstalterszulagen, sowie zur Bewilligung jeder Vorrückung sind die Kreisregierungen, Kammern des Innern, zuständig. Gegen deren Entschließungen, durch welche Dienstalterszulagen oder Vorrückungen versagt werden, ist Beschwerde zum Staatsministerium des Innern für Kirchen- und Schulangelegenheiten zulässig.

Art. 10. Für Hilfslehrer und Hilfslehrerinnen kann angeordnet werden, daß sie von einem am gleichen Dienstort angestellten Volksschullehrer volle Verpflegung gegen Entschädigung zu erhalten und bei ihm zu nehmen haben.

An Orten, in denen eine entsprechende Beköstigung schwer zu beschaffen ist, aber auch aus anderweitigen erheblichen dienstlichen Rücksichten können

Volksschullehrer verpflichtet werden, den am gleichen Orte verwendeten Schulverwesern und Schulverweserinnen volle Verpflegung gegen Entschädigung zu gewähren.

Die Höhe dieser Verpflegsentschädigung, welche aus dem Anfangsgehalte der betreffenden Lehrpersonen zu schöpfen ist, wird für den Regierungsbezirk festgesetzt.

Die Erlassung der nach diesem Artikel erforderlichen Anordnungen kommt den Kreisregierungen zu; diese können durch Dienstordnungen das Verhältniß zwischen dem die Verpflegung verabreichenden Volksschullehrer und dem solche empfangenden Lehrpersonale näher regeln.

Auf gleichem Wege kann Schulverwesern und Hilfslehrern, Schulverweserinnen und Hilfslehrerinnen die Verpflichtung auferlegt werden, den Inhabern von Schul- und Kirchendiensten bei der Versehung des Chordienstes unentgeltliche Beihilfe zu leisten.

Art. 11. Lehrpersonen, welche zur Führung zeitlich erledigter Schulstellen oder zur Aushilfeleistung für erkrankte, beurlaubte oder aus sonstigen Gründen verhinderte Stelleninhaber berufen werden, ist eine durch die Kreisregierung von Fall zu Fall festzusetzende angemessene Entschädigung nebst freier Wohnung und Beheizung zu gewähren. Diese Bezüge sind im Falle der Verwesung einer erledigten Stelle aus dem Einkommen dieser Stelle zu schöpfen, in den anderen Fällen durch die Kreise zu gewähren. Die Lehrpersonen, zu deren Gunsten oder wegen deren Verschulden die Unterrichtsaushilfe eingerichtet ist, können zur Gewährung von Wohnung, Beheizung, Beleuchtung und Verköstigung an die Aushilfslehrer gegen mäßige Entschädigung herangezogen werden.

Die Vergütungen für Mitglieder geistlicher Gesellschaften oder religiöser Vereine, welchen der Unterricht an Volksschulen übertragen wird, bleiben auch ferner der freien Vereinbarung überlassen.

Art. 12. Die Auszahlung der aus Gemeinde-, Schul- und Stiftungskassen fließenden Bestandtheile des Lehrereinkommens hat in Monatsraten im Voraus zu erfolgen, soferne nicht für einzelne Leistungen und Reichnisse herkömmlich stiftungs- oder fundationsmäßig bestimmte Fälligkeitstermine bestehen.

IV. Abschnitt.

Bestimmungen über die Gehalte des Lehrpersonals in Gemeinden mit Ortsstatuten.

Art. 13. Die unmittelbaren Städte in den Landestheilen dießseits des Rheins, dann alle Gemeinden mit 5000 und mehr Einwohnern im Königreich sind verpflichtet, alle unter 5000 Einwohner zählenden Gemeinden sind berechtigt, die Gehaltsverhältnisse des gesammten Lehrpersonals an den Volksschulen durch Ortsstatuten zu regeln.

Durch diese Ortsstatuten sind die Anfangsgehalte aller in der betreffenden Gemeinde zur Anstellung und Verwendung gelangenden Lehrerkategorien und die Gehaltsvorrückungen bestimmt festzusetzen. Die in den vorstehenden Artikeln gegebenen Vorschriften über die Mindestgehalte (Art. 7 Abs. 1), dann über Dienstwohnungen und Wohnungsentschädigungen (Art. 8) haben hiebei nur insoferne Maß zu geben, als die statutarischen Anfangsgehalte für keine Kategorie geringer bemessen werden dürfen, als die gesetzlichen Mindestgehalte unter Hinzurechnung des in der betreffenden Gemeinde ortsüblichen Miethzinses für eine Wohnung von der in Art. 8 Abs. 1 bezeichneten Beschaffenheit betragen. Der Zuschlag für die Wohnung darf indeß in keinem Falle niederer bemessen werden als der Nutzungswerth einer Wohnung in Art. 8 Abs. 3 angesetzt ist. Wenn hiezu nach den örtlichen Verhältnissen besonderer Anlaß besteht, ist bei Bemessung der statutarischen Anfangsgehalte von höheren als den nach Art. 7 zu gewährenden Gehalten auszugehen. Dienstwohnungen können nach dem ortsüblichen Miethpreise auf die Anfangsgehalte in Anrechnung gebracht werden.

Die Ortsstatuten unterliegen der Genehmigung der Kreisregierung. Sie müssen die Vorschrift enthalten, daß jede Gehaltsvorrückung durch die Würdigkeit des Betheiligten bedingt und von der Genehmigung der Gemeindeverwaltung abhängig ist, die nur mit Zustimmung der Kreisregierung ertheilt oder versagt werden darf.

Eine Aufhebung von Ortsstatuten über die Gehaltsverhältnisse des Lehrpersonals an den Volksschulen zum Zwecke der Wiedereinführung von Fassionen ist unzulässig.

Die Bestimmungen des Art. 7 Abs. 2 und 3, Art. 10 Abs. 5, Art. 11 Abs. 2 und Art. 12 gelten auch für Gemeinden mit Ortsstatuten.

Art. 14. An Stelle der dem Lehrpersonale der Gemeinden mit statutarischer Regelung der Lehrergehalte seither aus Staatsfonds zugeflossenen Dienstalterszulagen und sonstigen Zulagen wird an die Schulkassen der Gemeinden mit 10000 oder mehr Einwohnern ein Bauschbetrag in der Höhe der durch die Rechnungsnachweisungen für 1902 ausgewiesenen Gesammtaufwendungen des Staates für das aktive Lehrpersonal an den Volksschulen dieser Gemeinden gewährt. Die Bauschabfindungen werden von sechs zu sechs Jahren einer Revision unterstellt, zu welchem Zwecke jeweils dem Landtage die erforderlichen Vorschläge zu unterbreiten sind. Soferne und solange eine Verständigung bezüglich der Revision nicht erfolgt, bleiben die jeweils geltenden Abfindungssätze in Kraft.

Die Bauschbeträge sind zu einer entsprechenden Verbesserung der Gehalte des Lehrpersonals an den Volksschulen zu verwenden.

Ist die Feststellung eines Bauschbetrages erst nach Einführung dieses Gesetzes vorzunehmen, so ist für die Höhe des Bauschbetrages der Gesammtbezug an Dienstalterszulagen im Zeitpunkte jener Feststellung maßgebend.

Das Lehrpersonal der unter 10000 Einwohner zählenden Gemeinden mit statutarischer Regelung der Lehrergehalte nimmt an den staatlichen Dienstalterszulagen nach Art. 9 dieses Gesetzes Theil.

V. Abschnitt.

Besondere Deckungsmittel für den Schulbedarf.

Art. 15. Schulgeld darf als Gebühr für die Gemeinde- oder Schulkasse erhoben werden. Die Höhe des Werktagsschulgelds darf vierteljährlich 72 Pfennig, des Sonntagsschulgelds vierteljährlich 36 Pfennig nicht übersteigen. Dasselbe darf in Monatsraten im Voraus erhoben werden. Wo bisher Schulgeld in höheren Beträgen zur Erhebung gebracht worden ist, ist dasselbe binnen längstens fünf Jahren auf den zulässigen Höchstbetrag zu ermäßigen.

Wenn Schulgeld zur Erhebung kommt, ist dasselbe für alle die Schule besuchenden Kinder zu entrichten. Besuchen mehrere Kinder einer Familie gleichzeitig die Volksschule, so ist nur für das jüngste der Kinder der volle Betrag, für die übrigen Kinder die Hälfte des Schulgelds zu bezahlen. Die Kinder und Waisen von Volksschullehrern und protestantischen Religionslehrern an den Volksschulen sind schulgeldfrei.

Wer außer Stande ist, ohne Beeinträchtigung des für ihn und seine Familie nothwendigen sonstigen Unterhalts das Schulgeld zu bestreiten, hat Anspruch auf Befreiung. Diese gilt nicht als Armenunterstützung.

Die Bestimmungen der vorhergehenden Absätze sind unanwendbar, wenn durch die Erziehungsberechtigten die Aufnahme von Kindern in eine andere Volksschule als die nach der Schuleintheilung zuständige erwirkt wird. In solchen Fällen können die Gemeindeverwaltungen, in zusammengesetzten Schulsprengeln die verstärkten Gemeindeverwaltungen die Zulassung zum Unterrichte von der Zahlung einer erhöhten Gebühr abhängig machen. Werden aber in Fällen, in welchen eine förmliche Umschulung unthunlich ist, Kinder aus gewichtigen Gründen durch die Schulaufsichtsbehörde oder -Stelle einer anderen Schule als der zuständigen zum Unterrichte zugewiesen, so kommen die Bestimmungen der vorhergehenden Absätze gleichmäßig zur Anwendung.

Eine gänzliche oder theilweise Ueberweisung des Schulgelds an das Lehrpersonal als Gehaltstheil oder Gehaltszulage ist unstatthaft.

Art. 16. Gemeinden, welche den vollen Bedarf für die Volksschulen ohne Ueberbürdung auch durch Umlagen nicht aufzubringen vermögen, hat der Landrath des Kreises die nothwendigen Zuschüsse auf die Dauer der nachgewiesenen und von ihm für begründet erachteten Bedürftigkeit aus Kreisfonds zu gewähren. Hiezu haben die Kreise vor allem so viel zu verwenden, als sie nach den Kreisfonds-Hauptrechnungen des Jahres 1901 zur Unterstützung der Gemeinden in Aufbringung des persönlichen und sächlichen Schulbedarfs, insbesondere für Aufbesserung des Lehrereinkommens, ihrerseits verausgabt haben, außerdem den sechsten Theil des zur erstmaligen Erhöhung der Mindestgehalte des Lehrpersonals nach Art. 7 Abs. 1 und 2 dieses Gesetzes erforderlichen Mehrbedarfs. Einen etwaigen weiteren Bedarf haben die Landräthe nach den Bestimmungen des Landrathsgesetzes vom 28. Mai 1852 bereitzustellen.

Zur Fernehaltung einer Ueberbürdung werden den Kreisen zur Unterstützung der Gemeinden in Aufbringung des Schulbedarfs aus Staatsfonds dauernd überwiesen:

1. die nach Maßgabe des Art. VIII des Gesetzes vom 23. Mai 1846, die Ausscheidung der Kreislasten von den Staatslasten und die Bildung der Kreisfonds betr., gebildeten Kreis-Schuldotationen mit den späteren, im außerordentlichen Etat erfolgten Erhöhungen;
2. die Zuschüsse zur Ergänzung und Aufbesserung des Lehrereinkommens, dann die Zulagen an alle Schulverweser, weltlichen Lehrerinnen und

Schulgehilfen aus Staatsfonds, soweit sie nicht zur Abfindung der in Art. 14 dieses Gesetzes bezeichneten Gemeinden erforderlich sind;
3. der im ordentlichen Etat bewilligte Antheil an der Neuen Kreis-Schuldotation und
4. ein jeweilig durch das Finanzgesetz zu bestimmender Zuschuß zur Durchführung dieses Gesetzes, erstmals in der Höhe von vier Sechstel des zur Erhöhung der Mindestgehalte des Lehrpersonals nach Art. 7 Abs. 1 und 2 dieses Gesetzes erforderlichen Mehrbedarfs.

Die staatlichen Leistungen unter Ziffer 1—3 des vorstehenden Absatzes verbleiben den einzelnen Kreisen als Bauschbetrag in der durch die Rechnungsnachweisungen für 1901 ausgewiesenen Höhe.

Art. 17. Der Staatsregierung bleibt vorbehalten, Grundsätze für die Beurtheilung der Leistungsfähigkeit der Gemeinden zur Aufbringung des persönlichen und sächlichen Schulbedarfs aufzustellen und das Verfahren für die Beantragung und Bewilligung von Zuschüssen zur Aufbringung dieses Bedarfs durch eine Instruktion zu regeln.

Die Gemeinden sind zur Bestreitung eines Mehraufwands für die Lehrerbesoldung in der Regel in dem Umfang als leistungsfähig zu erachten, als sie in der Gestalt von Zulagen, Remunerationen u. dergl. dem Lehrpersonale freiwillige Zuschüsse zur Einkommensaufbesserung schon bisher gewährt haben.

VI. Abschnitt.

Fürsorge für das dienstunfähige Lehrpersonal und für Lehrerrelikten.

Art. 18. Volksschullehrern und Volksschullehrerinnen, Schulverwesern und Schulverweserinnen, Hilfslehrern und Hilfslehrerinnen, welche wegen unverschuldeter Dienstunfähigkeit vom Dienst enthoben werden, ist auf die Dauer der letzteren ein Ruhegehalt zu gewähren.

Dieser Ruhegehalt ist aus den bestehenden Kreisanstalten zur Unterstützung dienstunfähiger Lehrpersonen zu schöpfen. Das gesammte ständig verwendete Lehrpersonal an den Volksschulen, desgleichen das nichtpragmatisch angestellte Lehrpersonal an den staatlichen Lehrerbildungsanstalten ist zur Mitgliedschaft und Beitragsleistung verpflichtet. Das aus dem Volksschullehrerstande hervorgegangene übrige, nichtpragmatisch angestellte Lehrpersonal für Elementarfächer an staatlichen und Kreis-Anstalten ist zum Beitritte berechtigt.

Die Satzungen der Kreisanstalten müssen insbesondere enthalten die näheren Vorschriften über die Höhe der in allen Kreisen nach gleichen Sätzen zur Erhebung zu bringenden Eintrittsgelder und Mitgliederbeiträge, über die Höhe der nach der dienstlichen Stellung und dem Dienstalter abzustufenden Ruhegehaltssätze, ferner über die im Falle der Hilfsbedürftigkeit zulässige Gewährung von Sustentationen an Lehrpersonen, welche wegen Verschuldens vom Dienst enthoben werden, über die Rechte und Obliegenheiten des zur Mitgliedschaft verpflichteten und zugelassenen Lehrpersonals, namentlich beim Uebergange von einem Kreise zum andern und beim Uebertritt in nichtpragmatische oder pragmatische lehramtliche Staatsstellen, über die Verwaltung und Beaufsichtigung dieser Kassen und über die Auszahlung der Pensionen. Sie werden nach Einvernahme der Landräthe und der Verwaltungen der bestehenden Kreisanstalten durch Königliche Verordnung erlassen.

Soweit die eigenen Einnahmen der Kreisanstalten zur Aufbringung der Ruhegehalte nicht hinreichen, ist das Fehlende auf Kreisfonds zu übernehmen.

Zu den Ruhegehalten und Sustentationen aus den Kreisanstalten leistet der Staat feste, nach der dienstlichen Stellung und dem Dienstalter der betheiligten Lehrpersonen abgestufte Zuschüsse, außerdem an das Lehrpersonal in Gemeinden unter 10 000 Einwohner einen Theil der zuletzt nach den Bestimmungen des Art. 9 dieses Gesetzes bezogenen Dienstalterszulagen. Die Größe dieser Zuschüsse und Antheile wird jeweilig durch das Finanzgesetz bestimmt.

Die Ruhegehalte des Lehrpersonals der nach Art. 14 dieses Gesetzes abgefundenen Gemeinden sind nach den gleichen Grundsätzen festzusetzen, wie die des in den übrigen Gemeinden verwendeten Lehrpersonals. Der verbleibende Antheil an den Dienstalterszulagen ist deßhalb in solchen Fällen aus dem Betrage zu berechnen, den die betheiligte Lehrperson im Zeitpunkt ihrer Versetzung in den Ruhestand an Dienstalterszulagen bei direktem Empfange nach Art. 9 bezogen haben würde.

Die Gesammtruhegehalte des Lehrpersonals, das neben den Kreisanstalten auch an gemeindlichen Pensionsanstalten irgend einer Art theilnimmt, dürfen die letzten Gesammtaktivitätsbezüge nicht überschreiten. Findet eine solche Ueberschreitung statt, so sind die Staatszuschüsse nach Abs. 5 entsprechend zu kürzen.

Art. 19. Die Kreisvereine zur Unterstützung der Hinterbliebenen der Volksschullehrer sind Körperschaften des öffentlichen Rechts.

Das gesammte ständig verwendete männliche Lehrpersonal an den Volksschulen, deßgleichen das nichtpragmatisch angestellte Lehrpersonal an den staatlichen Lehrerbildungsanstalten ist verpflichtet, diesen Vereinen beizutreten und auch nach Versetzung in den Ruhestand bei denselben zu verbleiben. Die gleiche Verpflichtung wird dem aus dem Volksschullehrerstande hervorgegangenen Lehrpersonal auferlegt, das nach Erlassung dieses Gesetzes an staatlichen und Kreis-Anstalten für den Unterricht in Elementarfächern angestellt wird.

Die dem Lehrpersonale der Stadt München eingeräumte Befreiung von der Verpflichtung zur Theilnahme an dem Kreisvereine bleibt aufrecht erhalten. Neue Befreiungen dieser Art sind unzulässig.

Aus öffentlichen Fonds werden diesen Vereinen zugewiesen:

a) die Interkalargefälle erledigter Schuldienste, soweit sie nicht für den Nachsitz der Hinterbliebenen des Lehrpersonals und für die Bestreitung der Verwesungskosten erforderlich sind,

b) die besonderen Abgaben (Unterstützungsfondsabgaben) des Volksschullehrerpersonals für die Verleihung von Schulstellen und bei Einkommensmehrungen.

Die Vorschriften über die Verwaltung, Berechnung und Ablieferung der Interkalargefälle werden von den Kreisregierungen erlassen.

Die Verwaltung der Kreisvereine wird unter Aufsicht und Leitung der zuständigen Kreisregierung von den Mitgliedern des Vereins geführt.

Die von den Verwaltungen dieser Kreisvereine zu erlassenden Vereinssatzungen haben nähere Bestimmungen zu enthalten insbesondere über die Mitgliedschaft, über Eintrittsgelder und Mitgliederbeiträge, über die Gestattung voller Freizügigkeit bei Versetzungen von Mitgliedern aus einem Kreise in den anderen, über die Zulässigkeit der Fortsetzung der Mitgliedschaft, insbesondere durch Mitglieder, welche in pragmatische lehramtliche Stellungen übertreten, deßgleichen durch Mitglieder, welche wegen Verschuldens vom Dienst enthoben werden, über die Verwaltung und Beaufsichtigung dieser Kassen und über die Gewährung von Unterstützungen. Die Satzungen bedürfen der Genehmigung des Staatsministeriums des Innern für Kirchen- und Schulangelegenheiten. Zur Erzielung einer möglichsten Gleichförmigkeit und Vereinfachung ist den nach Inkrafttreten dieses Gesetzes in allen Kreisen neu zu erlassenden Satzungen ein von dem bezeichneten Staatsministerium aufzustellendes Musterstatut zu Grunde zu legen.

Solange die Einkünfte dieser Kreisvereine nicht zureichen, um den Hinterbliebenen ihrer Mitglieder entsprechende Unterhaltsbeiträge gewähren zu können, werden den Hinterbliebenen des Lehrpersonals an den Volksschulen und im Falle der Hilfsbedürftigkeit auch den Hinterbliebenen von Lehrpersonen, welche wegen Verschuldens von ihrem Dienst enthoben werden, Unterhaltsbeiträge aus Staatsfonds nach jeweiliger finanzgesetzlicher Willigung verabreicht.

Art. 20. Zur Verbesserung der Lage der pensionirten Angehörigen des Volksschullehrerstandes sowie für die Hinterbliebenen der Volksschullehrer werden auf Rechnung des Etats der allgemeinen Reserve des Jahres 1901 drei Millionen Mark mit Zinsen ab 1. Januar 1902 zur Verfügung gestellt in der Weise, daß hievon

a) eine Million Mark nebst Zinsen nach den vom Staatsministerium des Innern für Kirchen- und Schulangelegenheiten zu erlassenden näheren Bestimmungen an die Kreisanstalten zur Unterstützung dienstunfähiger Lehrpersonen zu vertheilen und von diesen zu verwenden,

b) zwei Millionen Mark zur Gründung eines allgemeinen Unterstützungsvereins für die Hinterbliebenen der Volksschullehrer unter Vereinigung der zum Besten dieser bereits bestehenden privaten Kassen und Stiftungen von mehr als lokaler Bedeutung, eventuell zur Gründung einer Pensions- und Relikten-Unterstützungs-Zuschuß-Kasse für das Lehrpersonal, welches an gemeindlichen Pensionseinrichtungen nicht theilnimmt, zu verwenden sind.

Die Zinsen dieses Kapitals sollen bis zum Zustandekommen dieser Vereinigung, beziehungsweise bis zur Schaffung einer Pensions- und Relikten-Unterstützungs-Zuschuß-Kasse, für jeden Fall aber bis zum Ablaufe der XXVI. Finanzperiode dem genannten Staatsministerium zur Unterstützung dürftiger Lehrerrelikten zur Verfügung gestellt werden.

VII. Abschnitt.

Besondere und Schluß-Bestimmungen.

Art. 21. Ein Volksschullehrer, welcher diese Eigenschaft in Folge einer Präsentation vorzeitig erlangt hat, wird in Ansehung der Gewährung von Zuschüssen zum Stelleneinkommen aus Staats- und Kreismitteln gleich einem Schulverweser bis zu jenem Zeitpunkte behandelt, in welchem er auf Grund freien Besetzungsrechtes voraussichtlich Volksschullehrer geworden wäre. Dieser Zeitpunkt ist endgiltig von der für den Dienstort des Lehrers zuständigen Kreisregierung nach billigem Ermessen festzustellen.

Art. 22. Das Vorschlagsrecht (Wahlrecht) der Gemeinden der Pfalz in Bezug auf die Besetzung von Lehrstellen an Volksschulen wird aufgehoben vorbehaltlich der Einräumung besonderer Präsentationsrechte durch Königliche Entschließung.

Art. 23. Dieses Gesetz tritt, soweit es sich um die zu seiner Durchführung erforderlichen Maßnahmen handelt, sowie bezüglich der Art. 4 bis 6 und 21 mit seiner Verkündigung, im Uebrigen mit dem 1. Januar 1903 in Kraft. Die Wirksamkeit der im Vollzuge der Art. 13, 14 und 18 Abs. 6 dieses Gesetzes neu aufzustellenden, abzuändernden oder zu ergänzenden Ortsstatuten (Gehalts- und Pensionsregulative) hat vom 1. Januar 1903 zu beginnen und ist bei einer späteren rechtsgiltigen Feststellung auf diesen Tag zu erstrecken. Bis zur Durchführung der in Gemäßheit der Art. 18 Abs. 3 und 19 Abs. 7 vorzunehmenden Revision der Satzungen der Kreisanstalten zur Unterstützung dienstunfähiger Lehrpersonen und der Kreisvereine zur Unterstützung der Hinterbliebenen der Volksschullehrer bleiben die im Zeitpunkte der Einführung dieses Gesetzes in den einzelnen Kreisen geltenden Satzungen mit den durch Art. 18 Abs. 2 und 5 und Art. 19 Abs. 1, 2, 3, 4 und 8 gebotenen Modifikationen in Kraft.

Die dem Lehrpersonal in Gemeinden ohne Ortsstatuten nach den Bestimmungen dieses Gesetzes zukommenden Anfangsgehalte sind vom 1. Juli 1902 ab zu berechnen und bis spätestens 1. März 1903 zur Auszahlung zu bringen. Zur Durchführung dieser Bestimmung haben die Kreisregierungen die im Vollzuge der Ministerial-Bekanntmachung vom 11. April 1899 hergestellten, revidirten und superrevidirten Fassionen sofort nach Maßgabe der Bestimmungen dieses Gesetzes zu berichtigen und vorbehaltlich der Austragung etwaiger noch nicht bereinigter Anstände und Streitigkeiten abzuschließen. Diese Abschlüsse haben auch beim Obwalten von Anständen und Streitigkeiten solange die Grundlage bei Berechnung und Beschaffung des Bedarfs für die Aufbringung der Anfangsgehalte nach den Bestimmungen dieses Gesetzes zu bilden, bis nach Bereinigung der Anstände und Schlichtung der Streitigkeiten eine endgiltige Feststellung solcher Fassionen möglich ist. Ergeben sich hiebei oder bei späteren Revisionen der Fassionen Mehrungen oder Minderungen der fassionsmäßigen Reinerträgnisse, so sind die erforderlichen Ausgleichungen an den gemeindlichen Leistungen vorzunehmen. Der für die Aufbesserung der Anfangsgehalte des Lehrpersonals für die Zeit vom 1. Juli bis 31. Dezember 1902 erforderliche Gesammtbedarf wird den Gemeinden und Kreisen aus Staatsfonds zur Verfügung gestellt.

Haben einzelne Bestandtheile einer Gemeinde innerhalb der letztverflossenen zehn Jahre vor dem Inslebentreten dieses Gesetzes größere außerordentliche Aufwendungen für Schulzwecke machen müssen, und werden dieselben im Laufe der nächsten fünf Jahre vom Inkrafttreten dieses Gesetzes an neuerdings zu solchen außerordentlichen Leistungen für eine andere Schule der Gemeinde herangezogen, so soll die dadurch etwa begründete Ueberlastung durch Gewährung von Zuschüssen aus Kreismitteln thunlichst ausgeglichen werden. Kann auf diesem Wege die erforderliche Ausgleichung nicht oder nicht genügend herbeigeführt werden, und vermögen sich die Betheiligten auch nicht gütlich zu einigen, so ist hierüber unter entsprechender Anwendung des Art. 11 Abs. 2 und 3 des Gesetzes vom 8. August 1878 über die Errichtung eines Verwaltungsgerichtshofes und das Verfahren in Verwaltungsrechtssachen schiedsrichterliche Entscheidung zu treffen.

Soweit sich nicht aus Abs. 1 und 2 eine frühere Aenderung ergibt, werden mit 1. Januar 1903 aufgehoben:

das Gesetz vom 10. November 1861, die Aufbringung des Bedarfs für die deutschen Schulen betreffend,

die durch Art. 9 Abs. 2 dieses Gesetzes für die Pfalz aufrecht erhaltenen älteren Bestimmungen,

Art. V des Gesetzes vom 22. Juni 1819, die Umlagen für Gemeindebedürfnisse betreffend, dieser in Ansehung der Schulen.

Das Gesetz vom 8. August 1878 über die Errichtung eines Verwaltungsgerichtshofes und das Verfahren in Verwaltungsrechtssachen wird, wie folgt, abgeändert:

Art. 10 Ziff. 18 erhält mit der Verkündigung gegenwärtigen Gesetzes die Fassung:

Verbindlichkeit zur Errichtung neuer Schulen und Lehrstellen auf Grund des Art. 5 des Schulbedarfgesetzes vom 28. Juli 1902.

Art. 10 Ziff. 21 hat vom 1. Januar 1903 an zu lauten:

Einführung, Aufhebung, Erhöhung und Entrichtung des Schulgelds in Volksschulen, Befreiung von demselben, ausgenommen den Fall des Art. 15 Abs. 3 des Schulbedarfgesetzes vom 28. Juli 1902.

---

24. Versicherungsunternehmungen priv.

Reichsgesetz vom 12. Mai 1901 über die privaten Versicherungsunternehmungen.

(R.-G.-Bl. 1901 S. 139.)

(Text siehe Allfeld, „Strafgesetzgebung", Nachtragsband S. 250.)

---

25. Versicherungsunternehmungen priv. Ausführungsgesetz hiezu.

Gesetz vom 20. Dezember 1901, die Ausführung des Reichsgesetzes über die privaten Versicherungsunternehmungen vom 12. Mai 1901 betr.

(Ges.= u. V.=Bl. 1901 S. 733.)

Luitpold, von Gottes Gnaden K. Prinz von Bayern, Regent ꝛc.

Einziger Artikel.

In den Fällen des § 73 Abs. I des Reichsgesetzes über die privaten Versicherungsunternehmungen vom 12. Mai 1901 ist gegen die Entscheidung der Kreisregierung, Kammer des Innern, innerhalb eines Monats nach der Zustellung Beschwerde an den Verwaltungsgerichtshof zulässig. Für diese Beschwerde gelten im Uebrigen die Vorschriften des Artikel 45 Abs. II und III des Gesetzes vom 8. August 1878, betreffend die Errichtung eines Verwaltungsgerichtshofes und das Verfahren in Verwaltungsrechtssachen, mit der Königlichen Deklaration vom 15. Juni 1898, betreffend die Wahrung der Beschwerdefrist in Verwaltungsrechtssachen.

---

26. Versicherungsunternehmungen priv. Vollzugsverordnung hiezu.

Königlich Allerhöchste Verordnung vom 23. Juni 1901, den Vollzug des Reichsgesetzes über die privaten Versicherungsunternehmungen vom 12. Mai 1901 betr.

(Ges.= u. V.=Bl. 1901 S. 461.)

Luitpold, von Gottes Gnaden K. Prinz von Bayern, Regent ꝛc.

1) Private Versicherungsunternehmungen, deren Beaufsichtigung den Landesbehörden zusteht, sind durch die Kreisregierung, Kammer des Innern, zu beaufsichtigen, in deren Bezirke sie ihren Sitz haben.
2) Die Befugnisse der „Landes=Centralbehörde" werden von dem Staatsministerium des Innern ausgeübt.

---

27. Verwaltungsstreitverfahren bei Unfällen.

Gesetz, das Verwaltungsstreitverfahren beim Vollzuge der Unfallversicherungsgesetze betr. vom 20. Dezember 1901.

(Ges.- u. V.-Bl. 1901 S. 734.)

Luitpold, von Gottes Gnaden K. Prinz von Bayern, Regent rc.

Art. 1. Bei den im § 29 Abs. I des Unfallversicherungsgesetzes für Land- und Forstwirthschaft und im § 11 Abs. I des Bau-Unfallversicherungsgesetzes bezeichneten Streitigkeiten über Unterstützungsansprüche findet gegen den Bescheid der Aufsichtsbehörde, wenn diese nicht ohnehin die Kreisregierung ist, Beschwerde an die K. Regierung, Kammer des Innern, binnen einer Frist von einem Monate statt. Gegen die Entscheidung der Kreisregierung ist innerhalb der gleichen Frist Beschwerde an den Verwaltungsgerichtshof zulässig.

Art. 2. Die im § 29 Abs. II des Unfallversicherungsgesetzes für Land- und Forstwirthschaft und im § 11 Abs. II des Bau-Unfallversicherungsgesetzes bezeichneten Streitigkeiten über Ersatzansprüche werden in erster Instanz von der Aufsichtsbehörde der in Anspruch genommenen Gemeinde, Gemeindekrankenversicherung oder Krankenkasse, bei Ansprüchen gegen eine andere — juristische oder natürliche — Person von der Aufsichtsbehörde jener Gemeinde, Gemeindekrankenversicherung oder Krankenkasse, welche den Anspruch erhebt, entschieden.

Die im § 26 Abs. II des Gewerbe-Unfallversicherungsgesetzes, § 31 Abs. II des Unfallversicherungsgesetzes für Land- und Forstwirthschaft, § 30 Abs. II des See-Unfallversicherungsgesetzes bezeichneten Streitigkeiten über den Anspruch auf Ueberweisung von Rentenbeträgen unterliegen in erster Instanz der Entscheidung der Aufsichtsbehörde der den Anspruch erhebenden Kasse oder Gemeinde, in den Fällen des § 27 des Gewerbe-Unfallversicherungsgesetzes, § 32 des Unfallversicherungsgesetzes für Land- und Forstwirthschaft und § 31 des See-Unfallversicherungsgesetzes der Entscheidung der Kreisregierung, Kammer des Innern, in deren Bezirk die den Anspruch begründende Unterstützung geleistet worden ist.

Gegen die Entscheidung der nach Abs. I und II zuständigen Behörde findet, wenn dieselbe nicht ohnehin die Kreisregierung ist, binnen einer Frist von einem Monate Beschwerde an die K. Regierung, Kammer des Innern, statt. Gegen die Entscheidung der Kreisregierung ist innerhalb der gleichen Frist Beschwerde an den Verwaltungsgerichtshof zulässig.

Art. 3. Auf die in den Art. 1 und 2 vorgesehene Beschwerde an den Verwaltungsgerichtshof findet im Uebrigen Art. 45 Abs. II und III des Gesetzes vom 8. August 1878, betreffend die Errichtung eines Verwaltungsgerichtshofes und das Verfahren in Verwaltungsrechtssachen, mit der Königlichen Deklaration, die Wahrung der Beschwerdefrist in Verwaltungsrechtssachen betreffend, vom 15. Juni 1898 Anwendung.

Art. 4. Dieses Gesetz tritt am 1. Januar 1902 in Kraft. Mit dem gleichen Tage tritt das Gesetz, betreffend die Ausführung des Reichsgesetzes vom 11. Juli 1887 über die Unfallversicherung der bei Bauten beschäftigten Personen, vom 3. März 1888 (Gesetz- und Verordnungs-Blatt S. 147) und Art. 23 des Gesetzes, die Ausführung des Reichsgesetzes vom 5. Mai 1886 über die Unfall- und Krankenversicherung der in land- und forstwirthschaftlichen Betrieben beschäftigten Personen betreffend, vom 5. April 1888 (Gesetz- und Verordnungs-Blatt S. 225) außer Wirksamkeit.

---

28. Zwangserziehungsgesetz.

Gesetz vom 10. Mai 1902, die Zwangserziehung betr.

(Ges.- u. V.-Bl. 1902 S. 180.)

Luitpold, von Gottes Gnaden K. Prinz von Bayern, Regent rc.

Art. 1. Das Vormundschaftsgericht kann zum Zwecke der Erziehung eines Minderjährigen dessen Unterbringung in einer geeigneten Familie oder in einer Erziehungs- oder Besserungsanstalt auf öffentliche Kosten (Zwangserziehung) anordnen,

1. wenn die Voraussetzungen des § 1666 oder des § 1838 des Bürgerlichen Gesetzbuchs vorliegen und die Zwangserziehung erforderlich ist, um die sittliche oder körperliche Verwahrlosung des Minderjährigen zu verhüten;
2. wenn der Minderjährige eine strafbare Handlung begangen hat, wegen deren er in Anbetracht seines jugendlichen Alters strafrechtlich nicht verfolgt werden kann, und mit Rücksicht auf die Beschaffenheit der Handlung, die Persönlichkeit der Eltern oder sonstigen Erzieher und die übrigen Lebensverhältnisse des Minderjährigen seiner weiteren sittlichen Verwahrlosung nur durch die Zwangserziehung vorgebeugt werden kann;
3. wenn die Zwangserziehung zur Verhütung des völligen sittlichen Verderbens des Minderjährigen nothwendig ist.

Die Zwangserziehung soll nach Vollendung des sechzehnten Lebensjahres eines Minderjährigen nur in besonderen Fällen angeordnet werden.

Art. 2. Die Staatsanwaltschaften, die Polizeibehörden und die Schulbehörden sind verpflichtet, die zu ihrer Kenntniß gelangenden Thatsachen, welche die Zulässigkeit der Zwangserziehung begründen, dem Vormundschaftsgerichte mitzutheilen.

Art. 3. Vor der Anordnung der Zwangserziehung hat das Vormundschaftsgericht, wenn es ohne erhebliche Verzögerung und ohne unverhältnißmäßige Kosten geschehen kann, die Eltern und den gesetzlichen Vertreter des Minderjährigen, sowie den Minderjährigen selbst, wenn er das vierzehnte Lebensjahr vollendet hat, ferner das Pfarramt und, sofern der Minderjährige noch eine Schule besucht, die zuständige Schulbehörde zu hören.

Die Akten sind sodann der Distriktsverwaltungsbehörde zur Aeußerung mitzutheilen. Die Distriktsverwaltungsbehörde hat der Heimatgemeinde und, wenn der Minderjährige in Bayern eine Heimat nicht besitzt, dem Kreisfiskalate Gelegenheit zu geben, sich über die Anordnung und die Art der Zwangserziehung zu äußern.

Art. 4. Das Vormundschaftsgericht hat über die Anordnung der Zwangserziehung einen förmlichen Beschluß zu fassen, in welchem der Eintritt der gesetzlichen Voraussetzungen unter Bezeichnung der für erwiesen erachteten Thatsachen festzustellen ist.

Bei Gefahr auf Verzug kann das Vormundschaftsgericht, auch bevor das Verfahren abgeschlossen ist, durch einen schriftlichen, mit Gründen versehenen Bescheid eine vorläufige Unterbringung anordnen.

Die Verfügung des Vormundschaftsgerichts, durch welche die Zwangserziehung oder die vorläufige Unterbringung angeordnet wird, ist den Eltern und dem gesetzlichen Vertreter des Minderjährigen, dem Minderjährigen selbst, wenn er das vierzehnte Lebensjahr vollendet hat, der Distriktsverwaltungsbehörde und der Heimatgemeinde zuzustellen und kann von ihnen mit sofortiger Beschwerde angefochten werden. Die Beschwerde gegen die die Zwangserziehung anordnende Verfügung hat aufschiebende Wirkung.

Art. 5. Der Vollzug der gerichtlichen Anordnung, insbesondere die Entscheidung darüber, ob der Minderjährige in einer Familie oder in einer Erziehungs- oder Besserungsanstalt unterzubringen ist, obliegt der Distriktsverwaltungsbehörde.

Auf das Glaubensbekenntniß des Minderjährigen muß bei der Auswahl der Familie oder der Anstalt Rücksicht genommen werden.

Art. 6. Die Aufhebung der Zwangserziehung erfolgt durch Beschluß des Vormundschaftsgerichts. Das Vormundschaftsgericht hat die Zwangserziehung aufzuheben, wenn die Voraussetzungen der Anordnung weggefallen sind. Die Aufhebung kann unter dem Vorbehalte des Widerrufs beschlossen werden. Vor der Entscheidung ist die Distriktsverwaltungsbehörde zu hören.

Der die Zwangserziehung aufhebende Beschluß ist der Distriktsverwaltungsbehörde bekannt zu machen. Dieser steht die sofortige Beschwerde mit aufschiebender Wirkung zu.

Auch ohne Anordnung des Vormundschaftsgerichts ist die Distriktsverwaltungsbehörde berechtigt, die vorläufige Entlassung aus der Zwangserziehung zu verfügen.

Ueber das achtzehnte Lebensjahr des Minderjährigen hinaus soll die Zwangserziehung nur in besonderen Fällen fortgesetzt werden.

Art. 7. Die Distriktsverwaltungsbehörde hat von der Unterbringung und vom der vorläufigen Entlassung dem Vormundschaftsgerichte und von der Unterbringung in einer Familie auch dem Gemeindewaisenrathe Kenntniß zu geben.

Der Gemeindewaisenrath hat über die Erziehung der in Familien untergebrachten Minderjährigen, auch wenn sie nicht unter Vormundschaft stehen, zu wachen und auf Erfordern der Distriktsverwaltungsbehörde Auskunft zu ertheilen, sowie dieser auch unaufgefordert etwaige Mängel anzuzeigen.

Der Gemeindewaisenrath kann zu diesem Zwecke die Mitwirkung der Waisenpflegerinnen in Anspruch nehmen.

Art. 8. Die Kosten der Zwangserziehung sind vorläufig von der Heimatgemeinde des Minderjährigen oder, wenn dieser in Bayern eine Heimat nicht besitzt, von der Staatskasse zu bestreiten.

Besitzt der Minderjährige Vermögen oder erwirbt er binnen zehn Jahren nach der Aufhebung der Zwangserziehung ein Vermögen, welches ihm unbeschadet der Sicherstellung des Lebensunterhaltes die Ersatzleistung ermöglicht, so ist er zum Ersatze der Kosten der Zwangserziehung verpflichtet. Desgleichen haben diejenigen, welche dem Minderjährigen gegenüber nach den Vorschriften des Bürgerlichen Gesetzbuchs während der Dauer der Zwangserziehung unterhaltspflichtig sind, Ersatz der Kosten zu leisten.

Im Ermanglung zahlungsfähiger Verpflichteter kann die Heimatgemeinde beanspruchen, daß ihr ein Fünftel der Kosten von der Distriktsgemeinde und zwei Fünftel der Kosten von der Staatskasse ersetzt werden.

Die Kosten einer vorläufigen Unterbringung sind, wenn die Zwangserziehung demnächst nicht angeordnet wird, von der Staatskasse zu tragen und, soweit dieselben von dem Minderjährigen oder einem Unterhaltspflichtigen, von der Heimatgemeinde oder der Distriktsgemeinde bestritten worden sind, zu ersetzen.

Art. 9. Streitigkeiten über die in Art. 8 Abs. 1, 3, 4 begründeten Ansprüche und Verbindlichkeiten werden von den Distriktsverwaltungsbehörden in erster und von den K. Regierungen, Kammern des Innern, in zweiter Instanz entschieden.

Gegen die Entscheidungen der K. Regierungen, Kammern des Innern, ist Beschwerde nach Art. 45 des Gesetzes vom 8. August 1878, betreffend die Errichtung eines Verwaltungsgerichtshofes und das Verfahren in Verwaltungsrechtssachen, zulässig.

Art. 10. Auf Antrag der Heimatgemeinde oder des Kreisfiskalates können die Eltern und Großeltern des Minderjährigen durch Beschluß der Distriktsverwaltungsbehörde angehalten werden, nach Maßgabe ihrer Unterhaltspflicht die Kosten der Zwangserziehung zu bestreiten und die hiefür gemachten Aufwendungen zu ersetzen. Das Gleiche gilt in Ansehung eines unehelichen Kindes von dem Vater, sofern er seine Vaterschaft nach § 1718 des Bürgerlichen Gesetzbuchs anerkannt hat, oder seine Unterhaltspflicht in einem vollstreckbaren Titel festgestellt ist.

Gegen den Beschluß der Distriktsverwaltungsbehörde kann binnen vierzehn Tagen Beschwerde zur K. Regierung, Kammer des Innern, ergriffen werden, welche vorbehaltlich des Rechtswegs endgiltig entscheidet.

Die Entscheidung der Verwaltungsbehörde ist vorläufig vollstreckbar.

Erfolgt durch rechtskräftiges gerichtliches Urtheil eine abändernde Entscheidung, so hat die Heimatgemeinde oder, wenn der Minderjährige in Bayern eine Heimat nicht besitzt, die Staatskasse dem in Anspruch genommenen Angehörigen das bis dahin Geleistete beziehungsweise das zu viel Geleistete und die Prozeßkosten, soweit diese nicht ihm selbst auferlegt sind, zu ersetzen. Im Weigerungsfalle ist die Heimatgemeinde hiezu im Aufsichtswege anzuhalten. Die Heimatgemeinde kann ihrerseits Ersatz nach Maßgabe des Art. 8 Abs. 3 beanspruchen.

Art. 11. Die den Gemeinden und den Distriktsgemeinden, sowie dem Staate durch die Zwangserziehung Minderjähriger erwachsenden Kosten gelten in keiner Hinsicht als Armenunterstützungen.

Art. 12. Soweit nicht in diesem Gesetze ein Anderes vorgeschrieben ist, sind für die Zuständigkeit und das Verfahren in Angelegenheiten der Zwangserziehung die allgemeinen gesetzlichen Vorschriften, insbesondere für die Zuständigkeit und das Verfahren der Gerichte die für Vormundschaftssachen geltenden Vorschriften maßgebend.

Die örtliche Zuständigkeit der Distriktsverwaltungsbehörde bestimmt sich nach der Heimat des Minderjährigen oder, wenn dieser in Bayern eine Heimat nicht besitzt, nach demjenigen Orte, an welchem die Zuständigkeit des Vormundschaftsgerichts begründet ist. In München ist die K. Polizeidirektion zuständig.

Für die Verhandlungen in Angelegenheiten der Zwangserziehung kommen Gebühren und Porti nicht in Ansatz. Die baaren Auslagen werden aus der Staatskasse bestritten. Die durch unbegründete Anträge und Einwendungen verursachten Kosten können den Betheiligten überbürdet werden.

Art. 13. Mit Geldstrafe bis zu einhundert fünfzig Mark oder mit Haft wird bestraft, wer einen zur Zwangserziehung in einer Familie oder in einer Anstalt untergebrachten Minderjährigen unbefugt entfernt oder zur Entfernung verleitet.

Art. 14. Vorstehender Artikel findet auch bei Unterbringung von Minderjährigen auf Grund des § 56 und des § 362 Abs. 3 Satz 2 des Reichsstrafgesetzbuches Anwendung.

Im Uebrigen sind für solche Fälle die zum Vollzuge dieser Bestimmungen erlassenen oder künftig zu erlassenden Ministerialvorschriften maßgebend. Die Kosten der Unterbringung trägt in diesen Fällen die Staatskasse.

Art. 15. Gegenwärtiges Gesetz tritt am 1. Juli 1902 in Kraft.

Register

zu den 3 Nachträgen.

Register.

Die römischen Zahlen beziehen sich auf die Nachträge:
I. = Jaeger, Das Bürgerliche Gesetzbuch mit Nebengesetzen.
II. = Allfeld, Strafgesetzgebung.
III. = Buchert, Verwaltungsgesetze.

Die fettgedruckten Zahlen bedeuten die fortlaufenden Nummern, unter welchen die betr. Gesetze ꝛc. in den Nachträgen aufgeführt sind, die anderen Zahlen bedeuten die betr. Artikel oder Paragraphen.

A.

Abänderungen des Werkes I **12**, 12, 13.
Abbildungen II **24** 1, 23.
Abkehrscheine III **6** 97 Abs. 1 Ziff. 1, 100, 101.
Ablehnung des Antrags auf Zulassung zur Rechtsanwaltschaft I **4** 4, der Beiordnung eines Rechtsanwalts I **4** 35, der Berufsthätigkeit durch den Anwalt I **4** 30, 31.
Ablieferungsschein I **2** 49.
Abmarkungs-Art III **1** 2.
— Fond III **1** 26.
— Gebühren III **1** 23—27.
— Gesetz III **1**.
— Protokolle III **1** 18.
— Strafbestimmungen III **1** 28, 29.
— Streitigkeiten III **1** 19—22.
— Verfahren III **1** 17—18.
— Zuständigkeit III **1** 4.
— Zwang III **1** 1.
Abmusterung II **7** 12, 18 s. Musterung.
Abrechnungsbuch II **7** 49.
Abschlagszahlungen auf die Heuer II **7** 45, 47.
Absender, Ersatzanspruch I **2** 6 ff.
Abzüge eines Werkes, Form I **12** 14, Kauf derselben durch den Verfasser I **12** 26, Zahl derselben I **12** 5—7.
Advokat I **4** 107.
Advokatengebührenordnung III **2**.
Altersversicherung II **16** 6 Abs. 3.
Anbordnehmen von Gegenständen ohne Erlaubniß II **7** 87, 96.
Aenderungen, unzulässige I **12** 13, 40, 44, II **24** 9, 24, 38 Abs. 2.
Anfallberechtigte bei Auflösung des Vers.-Vereins II **16** 48 Abs. 1 u. 2.
Angaben, falsche, gegenüber den Aufsichtsbehörden II **16** 105.
Anlagen, genehmigungsbedürftige II **17** 16 ff., 147.
Anlegung der Bestände des Prämienreservefonds II **16** 57, 59, 60, 99 Abs. 4.
— der Reserven II **16** 65.
— des Vermögens II **16** 8 Abs. 1.
Anmeldung der Ansprüche der Versicherten II **16** 62.
— der Satzungsänderung II **16** 40.
— des Vereins zur Eintragung in das Handelsregister II **16** 30, 101.
Anmusterung II **7** 12 ff.
Annahme, unbeanstandete I **2** 7.
Antheilscheine II **16** 22.
Anwaltskammer bei dem obersten Landesgericht I **4** 105, bei dem Reichsgericht I **4** 102, **4** 3, 5, 9, 16, 23, 41 ff., deren Geschäftsführung I **4** 51—61, deren Geschäftskreis I **4** 48—50, deren Geschäftsordnung I **4** 42, 44, 46, 52, 53, 54, 67, deren Mitglieder I **4** 41, Vorstand derselben I **4** 42—47, 49—52, 54—60, 67, 111, deren Wahlen I **4** 54, 56, 59.
Anwaltszwang I **4** 27.
Anzeige der Eröffnung des Geschäftsbetriebs II **16** 115, der Untersagung II **16** 67.
— vom Ausbruch einer gemeingefährlichen Krankheit II **20** 1 ff., vom Beginne eines Gewerbebetriebs II **17** 14, 148.
Anzeigepflicht bei Wahrnehmung eines in Seenoth gerathenen Schiffes I **15** 4, der Berger von Seeauswurf I **15** 20, 21.
Arbeiter, Begriff I **14** 3.
— gewerbliche Vorschriften II **17** 105 ff., 146, 146a, 147[4], [5], 148[9-13], 149[7], 150, 154, 154a.
Arbeiterausschüsse, Mitwirkung betr. die Arbeitsordnung III **6** 87 Abs. 3, 88, 91.
Arbeitgeber, Begriff I **14** 16.

Arbeitsbücher, Beglaubigung der Einträge III **6** 109, für Minderjährige III **6** 102—110, II **17** 107 ff., 150.
Arbeitsordnungen, ältere III **6** 94, Aushang derselben III **6** 110 Abs. 2, Einvernahme der volljährigen Arbeiter beim Erlasse III **6** 91, Inhalt derselben III **6** 88—90, Prüfung derselben durch die Berginspektion III **6** 92, 93, Strafbestimmungen derselben III **6** 89.
Armengesetzabänderung III **3.**
Ärzte Approbationen II **17** 29, 147[3].
Aufbereitungsanstalten I **14** 82, **20** 48, 49.
Aufbringung eines Schiffes II 7 69.
Aufführung, öffentliche II **24** 11, 26—28, 61, theilweise II **24** 41.
Aufgebotsverfahren in Bergungssachen I **15** 26 ff., zum Zwecke der Todeserklärung Zuständigkeit hiefür I **6.**
Auflage eines Werkes, Zahl derselben I **12** 5, Neuauflage I **12** 17.
Aufsichtsamt für Privatversicherungen II **16** 70 ff.
Aufsichtsbehörde II **16** 2, 4, 10, 13, 14, 15, 23, 36, 55, 57, 59, 60, 64, 69, 70, 100, 124.
Aufsichtsführende Landesbehörde II **16** 2, 84, 125.
Aufsichtskommission II **16** 71.
Aufsichtsrath II **16** 29, 30, 33, 35, 39, 41, 53, 65, 106.
Auftrag, Verhalten des Anwalts gegen den Auftraggeber I **4** 30—32, 38.
Auktionator II **17** 35, 36, 38.
Auslagen I **3** 79, 86, 93.
Aussteuerversicherung II **16** 6.
Austausch von Feldestheilen III **6** 64.
Ausweichen I 2 19.

B.

Baden, Eisenbahn I **2** 4 art. 12.
Bahnhöfe I **2** art. 6.
Bannrechte, gewerbliche II **17** 7.
Bauordnung III **4** Baulinien u. Höhenlage, Pläne, Bauplätze III **4** 1—5, Baugenehmigung und Baupläne III **4** 6—11, Vorschriften für die Bauführung III **4** 12—57, Zuständigkeit und Verfahren III **4** 58—79.
Bauplätze, Beleihung derselben II **16** 60 Abs. 3.
Bauunfallversicherungsgesetz II **14.**
Bauweise, geschlossene III **4** 53, 54, nicht geschlossene III **4** 55, 56.
Bayern, Eisenbahnen I **2** 4 art. 13, innerer Verkehr (Sonderrechte) I **2** 50.
Beförderung, verzögerte I **2** 6.
Beförderungsanstalt, auswärtige I **2** 6.
Beglaubigung einer Abschrift im Felde I **10** 3 Ziff. **4.**
Begleitungspersonal I **2** 4 art. 2.
Begnadigungsrecht I 7 72.
Beleihung von Bauplätzen II **16** 60 Abs. 3.
— von Versicherungsscheinen II **16** 69.
Bergbehörden III **6** 224—229.
Bergelohn I **15** 12, 20, 21, 36 ff., Vertheilung desselben I **15** 41, I **17** 1 § 749.
Berggesetz III **6.**
Berggewerbegericht I **14** 82.
Berginspektion III **6** 75, 224—229.
Bergleute, Lohnzahlung III **6** 83, 84.
— Kündigung III **6** 96.
— Vertragsverhältniß III **6** 82.
Bergpolizei, Anzeige von Gefahren III **6** 236.
— — von Unfällen III **6** 237.
— Einschränkung der Arbeitszeit III **6** 232.
— Zuständigkeit zum Erlaß von Verordnungen III **6** 231 Abs. 3.
— Zwangsbefugnisse III **6** 233.
Bergschule III **6** 111.
Bergung in Seenoth I **15** 1, 4—19, 26—41, 45, Beihülfe der Schiffsmannschaft hiezu II 7 41, Kosten ders. I **15** 10, 36—41.
Bergwerke, Beleihung ders. II **16** 60, Betrieb III **6** 66, 71, 76, Betriebsplan III **6** 68, 69.
Bergwerkseigenthum, Allgemeines III **6** 42—54, Anspruch auf Verleihung III **6** 23, 24, Aufhebung III **6** 192—198, Eintragung in das Grundbuch III **6** 38, Entziehung dess. III **6** 66, in den Konsulargebieten I 7 21, Kosten III **6** 198, Natur desselben III **6** 42.
Beschlagnahme I **2** 32.
Beschwerden gegen Entscheidungen des Konsuls I 7 17, 45, 64, in freiwilliger Gerichtsbarkeit im Felde I **10** 4.
Bestellung der Postsendung I **2** 47.
— verzögerte I **2** 6.
Bestmann II 7 3.
Betriebsgeheimnisse Offenbarung II **12** 150, 151, **13** 160, 161, **14** 15, **17** 145a.
Beweisgebühr I **3** 18, 36, 64, 65, 67, 70, 71.
Bilanz II **16** 22, 36, 52.
Bildwerke II **17** 42a, 43.
Binnenschiffe in ausländischen Gewässern, deren Flaggenrecht II **5** 27, Schiffsregister derselben II **5** 27.
Bote (Expreß) I 2 2.
Branntweinhandel II **17** 33.
Branntweinsteuergesetz, Abänderung desselben II **4.**
Brief I **2** 1, 4 art. 2.
— -geheimniß I **2** 5.

Briefpostzwang I 2 1, 1a, 27.
— =träger I 2 16.
Brüche, Beleihung derselben II 16 60.
Brücken I 2 23.
Bücherrevisoren II 17 36.
Bulgarien, Auflassungs= und Eheschließungsform in dessen Konsularbezirken I 7 78 Fußnote.
Bundesrath I 2 4, art. 1, 10, 50.
Buße wegen Verletzung des Urheberrechts II 24 40.

C.

Chausseegeldfreiheit I 2 16.

D.

Deckungsmittel für den Schulbedarf III 23 15—17.
Defraudationen I 2 27.
Deklaration, betrügliche I 2 8.
Dienstanzeige I 2 47.
Droguenhandel II 17 35.
Druckschriften II 17 42b, 43.
Durchsuchungsrecht des Schiffers hinsichtlich Effekten der Mannschaft II 7 127.

E.

Ehefrauen als Gewerbetreibende II 17 11a.
Ehrengerichte der Anwaltskammer I 4 67, Rechtsmittel gegen deren Urtheile I 4 89—91, Verfahren vor denselben I 4 69—88, Zuständigkeit derselben I 4 68.
Ehrengerichtshof als Berufungsinstanz I 4 90, Mitglieder und Vorsitzender desselben I 4 90, Zuständigkeit desselben I 4 102, 115.
Eilfrachtgebühr I 2 4 art. 5.
Einführungsgesetz zum Konsulargerichtsbarkeitsgesetz I 7 78 Fußnote.
Eingeborne in den Schutzgebieten II 26 4, 7, 9, 10.
Einigungsamt. Thätigkeit des Gewerbegerichts als solches I 14 62—74.
Einkommensteuergesetz=Abänderung III 7.
Einschreibsendungen (Garantie) I 2 10.
Eintragsrolle II 24 31, Abs. 2, 56, 57, Stempelfreiheit der Eintragungen in dieselbe II 24 58.
Eisenbahnen I 2 4.
— Aufsichtsbehörde I 2 4 art. 2.
— Haftpflicht I 2 4 art. 8.
— Leistungen für Postzwecke I 2 4 art. 1.
— Packbeförderung I 2 4 art. 2.
— Schmalspurige I 2 4 art. 9.
— Verstaatlichte I 2 4 art. 12.
Eisenbahnfahrbetriebsmittel, Unpfändbarkeit derselben I 5.
Eisenbahnfrachtverkehr, internationales Uebereinkommen I 5 Fußnote.
Eisenbahnpostwagen I 2 4 Art. 6
Entscheidungen der aufsichtsführenden Landesbehörden II 16 84, des Aufsichtsamts für Privatversicherung II 16 73, über Rekurse II 16 75.
Entscheidungsformel I 18 1.
Entscheidungsgebühr I 3 18, 23, 49, 100.
Entwerthungszeichen I 2 27.
Epidemiengesetz II 20.
Erbscheinsertheilung, Zuständigkeit I 23 9.
Erbstollengerechtigkeiten III 6 259.
Ersatzgeld bei Feldschaden III 9 1, 13.
— bei Uebertretung von Hausthieren auf Waldgrundstücke III 9 21.
— Haftung für dasselbe III 9 3.
— Höhe desselben III 9 2.
— Verjährung des Anspruchs III 9 5.
Estafetten I 2 10.

F.

Fabrikarbeiter II 17 134 ff.
Fährleute I 2 23.
Feldgeschworene, Aufgabe derselben III 1 4 Abs. 4, 9, 12.
— Aufstellung derselben III 1 5, 8.
— Gebühren derselben III 1 24.
— Geschäftsführung derselben III 1 5.
— Obmann derselben III 1 5, 14, 17.
— Wahl derselben III 1 6, 7.
— Zuständigkeit derselben III 1 9.
Feldmesser II 17 36.
Feldpolizeiübertretungen, Verfolgung von Ersatzansprüchen aus denselben III 9 13—18.
Feldschadengesetz III 9.
Festnahmerecht des Schiffers II 7 127.
Feuerlöschwesen, Förderung desselben II 16 121 Abs. 2.
Feuerversicherung II 16 6, 10, 121.
Feuerversicherungsunternehmungen II 16 121 Abs. 2.
Finder eines Minerals, Vorrecht desselben III 6 25.
Fischwasser, Schutzvorschriften betr. III 9 19.
Flaggenrecht der Kauffahrteischiffe II 5.
Fleischbeschau=Gesetz II 19.
Fördergefäße III 6 88, 95.
Formel für Entscheidungen I 18 1.
Forstwirthschaft Unfallversicherung II 13.
Freiexemplare I 12 6, 25.
Freikuxe III 6 260.
Freiwillige Gerichtsbarkeit und andere Rechtsangelegenheiten in Heer und Marine, Gesetz betr. I 10.

Fundverzeichniß I **15** 24.
Fürsorge für das dienstunfähige Lehrpersonal und Lehrerrelikten III **23** 18—20.

G.

Garantie der Postverwaltung I **2** 6.
Gebühren Festsetzung III **2** 15 ff.
— für Information III **2** 1.
— für Rathertheilung III **2** 2.
— für Terminswahrnehmung III **2** 5.
— für Vergleichsmitwirkung III **2** 6.
Gedinge III **6** 84.
Gedinglohn III **6** 84, 98 Abs. 1 Ziff. 5.
Gegenseitigkeitsverein II **16** 15, 67, 103.
Gegenseitigkeitsversicherungen II **16** 6, 101, 106.
Gehalte des Volksschullehrpersonals III **23** 7—14.
Gemeindevorsteher, vorläufige Entscheidung desselben in Gewerbegerichtssachen I **14** 76—80.
Gemeindewaisenrath, Benachrichtigung und Thätigkeit desselben bei Zwangserziehungen I **23** 7.
Gemeingefährliche Krankheiten, deren Bekämpfung II **20**.
Genfer Neutralitätszeichen II **1**.
Genossenschaften eingetragene II **16** 102.
Gerichtskostengesetz I **3**.
Gerichtsstand der begangenen That II **27**.
Gesammtausgabe I **12** 2 Abs. 2.
Gesammtgut, Vermittlung der Auseinandersetzung desselben I **23** 8.
Gesangsvorträge II **17** 33a
Geschäftsplan, Aenderung des II **16** 13.
— Bestandtheile des II **16** 4.
— Einhaltung des II **16** 64.
— Einreichung des II **16** 4.
— Inhalt des II **16** 11.
Gesindevermiether II **17** 34, 38.
Gewerbebetrieb im Umherziehen II **17** 55 ff., 148, 149.
Gewerbegerichte, Beisitzer I **14** 10, 13, 20, 21—23, 53, 54.
— Besetzung derselben I **14** 10.
— Beweisaufnahme I **14** 43—46.
— Errichtung derselben I **14** 1, 2.
— Gemeinsame I **14** 1 Abs. 3.
— Gerichtschreiberei derselben I **14** 25, 33.
— Gutachten derselben I **14** 75.
— Kammern derselben I **14** 10.
— Kosten I **14** 52, 58—60.
— Mitglieder derselben I **14** 11, 19.
— Protokolle I **14** 47.
— Rechtshilfe I **14** 61.
— Rechtsmittel I **14** 55, 56.
— Sühneversuch I **14** 41, 42.
— Termine I **14** 36—38.
Gewerbegerichte, Verfahren I **14** 26—61.
— Wahlen I **14** 14, 15, 17, 18.
— Zuständigkeit derselben I **14** 4—8, 27, 62, 74.
— Zustellungen I **14** 32—34.
Gewerbegerichtsgesetz I **14**.
Gewerbeordnung II **17**.
— Vollzugsverordnung derselben III **21**.
Gewerbeunfallversicherungsgesetz II **12**.
Gewerkschaft, Antheile (Kuxe) III **6** 123, Beschlüsse III **6** 132—136, Gewinn-Verlustantheile III **6** 124, Haftung III **6** 121, Verfassung III **6** 117, Versammlung III **6** 134, 141.
Gewissensfreiheit in den Schutzgebieten II **26** 14.
Gifte, Verkehr mit solchen III **12**.
Gleichberechtigung der Konfessionen I **1**.
Grenzzeichen III **1** 1, 2.
— Erhaltungspflicht derselben III **1** 3.
— Lieferungspflicht der Gemeinden III **1** 27.
Gruben, Beleihung derselben II **16** 60.
Grubenvorstand III **6** 138, Befugnisse desselben III **6** 140—147, Bestellung desselben III **6** 148.
Grubenwässer III **6** 181, 182.
Grundabtretung, Entschädigung III **6** 158, 162—166, Verfahren III **6** 170—178, Verpflichtung hiezu III **6** 156, 157.
Grundstücke Beleihung derselben II **16** 60.
Gründungsfonds II **16** 22, 23, 32, 36, 51.
Gutachten der Anwaltskammer I **4** 3, 5, 9, 16, 49.
Güter, verbotene, II **7** 87.
Güterwagen I **2** 4 art. 6.
Güterzüge I **2** 4 art. 2.

H.

Haftpflichtversicherung II **16** 6.
Hagelversicherung II **16** 6.
Handakten der Anwälte I **4** 32, 86.
Handwerker II **17** 129.
Handwerkskammern II **17** 103 ff.
Hausierhandel II **17** 55 ff., 148, 149.
Hebammen II **17** 30.
Heirathsvermittler II **17** 35.
Heuer II **7** 27, 44—47, 53, 61—64, 71, 72, I **17** 1 § 547—549, § 553a.
— Buch II **7** 49.
— Erhöhung derselben II **7** 52.
— Schein II **7** 27.
— Vertrag II **7** 21 ff., 69.
— Vorschüsse auf dieselbe II **7** 47, 48, 72.
Hilfskassen, eingeschriebene II **16** 122, gewerbliche II **17** 140.
Hufbeschlaggewerbe II **17** 30a.

J.

Jahresberichte d. Vers.=Unternehmungen II **16** 55.
Immobiliar=Versicherungswesen II **16** 125.
Innungen II **17** 81 ff.
Innungsschiedsgerichte I **14** 84, 86.
Instanzenzug beim Poststrafverfahren I **2** 42.
— in den Schutzgebieten I **8** 6 Ziff. 6.
Invalidenunterstützung von Knappschaftsmitgliedern III **6** 205.
Invaliditätsversicherung II **16** 6.

K.

Kaminkehrerordnung III **13**.
Kapitän II **7** 2 ff., 12, 20, 21, Disziplinargewalt desselben II **7** 84.
Kauffahrteischiffe II **7** 1.
— Verpflichtung der K. zur Mitnahme heimzuschaffender Seeleute II **8**.
Kiautschou=Gebiet, militär. Strafrechtspflege daselbst II **25**.
Kinderarbeit in gewerbl. Betrieben II **18**.
Knappschaftskassen II **16** 122.
Knappschaftsvereine, Aufnahme III **6** 199, Beitrittspflicht III **6** 202, Juristische Persönlichkeit III **6** 199 Abs. 3, Satzungen III **6** 203, Streitigkeiten III **6** 213, Vorstand III **6** 214—218.
Koalitionszwang II **17** 153.
Kolonialgesellschaften, Beaufsichtigung derselben I **8** 13.
— deren Befugnisse I **8** 11, 15 Abs. 3.
— deren Gesellschaftsvertrag I **8** 10—12.
— im Hinterland I **8** 11.
Kommunikationsabgaben I **2** 16.
Konfessionen, Gleichberechtigung der I **1**.
Konkurseröffnung der Vers.=Unternehmungen II **16** 49, 61, 68, 73, 75.
Konsul, dessen Befugnisse I **7** 6, 16, 17, 23, 44, 51, 52, 53, 55, 56, 65.
— Zuständigkeit desselben I **7** 7.
Konsulargebiete, Auflassungsform I **7** 78, Fußnote.
— Bergwerkseigenthum in denselben I **7** 21.
— Eheschließungsform I **7** 36.
— Fundrecht I **7** 35.
— Gesellschaften in I **7** 32.
— Handelssachen I **7** 40.
— Hinterlegungsrecht I **7** 40.
— Hypothekenrecht I **7** 37.
— Inhaberpapiere I **7** 39.
— Militärgerichtsbarkeit I **7** 3.
— Publikation im Reichsanzeiger I **7** 29.
— Rechtsanwalt I **7** 17.
— Rechtskraftbeginn der Gesetze I **7** 30.
Konsulargebiete, Strafrecht I **7** 49, 50.
— Testamentsform I **7** 38.
— Vereine I **7** 31.
— Zinssätze I **7** 33, 78 Fußnote.
— Zustellung I **7** 28.
— Zwangsvollstreckung I **7** 46.
Konsulargericht, anzuwendendes Recht I **7** 19—40.
— Beisitzer I **7** 8, 9, 11—13.
— Beitreibung der Gebühren I **7** 74, 75.
— Berufung I **7** 45.
— Bezirke I **7** 4.
— Gerichtsschreiber, Gerichtsvollzieher I **7** 16.
— Hilfsbeisitzer I **7** 12.
— Rechtsanwalt bei den I **7** 17.
— Staatsanwalt (ausgeschlossen) I **7** 65.
— Wiederaufnahmeverfahren I **7** 70, 71.
— Zuständigkeit I **7** 10.
Konsulargerichtsbarkeit in den Schutzgebieten I **7** 2, 6, Umfang derselben I **7** 1—3.
Konsulargerichtsbarkeitsgesetz I **7**.
Krankenversicherungsbeiträge, Zuständigkeit bei Streitigkeiten I **14** 83.
Krankenversicherungsgesetz, Abänderung desselben II **10**.
Krankenversicherungsunternehmungen II **16** 12, 63.
Kriegsgerichtsräthe, Zuständigkeit derselben in freiwilliger Gerichtsbarkeit I **10** 1.
Kuriere I **2** 16.
Kursverluste, Versicherung gegen II **16** 116.
Küstenfahrer II **7** 134.
Kuxe III **6** 123—130.

L.

Landes=Zentralbehörden II **16** 28, 115.
Land= und Forstwirthschaftl. Unfallversicherungsgesetz II **13**.
Lebensversicherung II **16** 6 Abs. 2 u. 3, 9.
Legitimation d. Abholers I **2** 49. II **17** 44 a.
Lehrlingsverhältnisse II **17** 126 ff. 144a, 148.
Liquidation der Vers.=Unternehmungen II **16** 46, 47, 66.
Liste der Rechtsanwälte I **4** 20, 24, 112, 113.
Lohnzahlung II **17** 115, 146.
Lotterielose II **17** 35.
Luftyachten, Flaggenrecht I **11** 26.

M.

Mantelgesetz II **11**.
Manuskript, Ablieferungspflicht desselben I **12** 10, 11, nicht rechtzeitige Ablieferung I **12** 30—31.

Marinebesatzung, freiwillige Gerichtsbarkeit betr. die I **10** 5.
Markscheider III **6** 40, 73.
Marktverkehr II **17** 64 ff., 149[6].
Medizinaltaxordnung III **17**.
Meistertitel II **17** 133, 148[9].
Melodie, Recht zur Benützung derselben II **24** 13 Abs. 2.
Militärdienstversicherung II **16** 6 Abs. 3.
Militärtestament I **10** 2.
Minderjährige Arbeiter III **6** 102.
Mineralien, erworbene III **6** 12, verleihbare III **6** 1, 2.
Missionen in den Schutzgebieten II **26** 14.
Mitglieder des Aufsichtsamtes II **16** 70.
— des Versicherungsbeiraths II **16** 72.
— des Versicherungsvereins II **16** 20.
— eines kleineren Vereins II **16** 53.
Musterrolle II **7** 14, 24.
Musterung II **7** 12 ff.
Muthung III **6** 13—22.

N.

Nachhaft, korrektionelle II **18**.
Nachlaßauseinandersetzung, amtliche Vermittlung derselben I **23** 3—7, Vermittelung auf Antrag eines Betheiligten I **23** 8.
Nachlaßwesen, Gesetz über I **23**.
Nachschüsse bei Versicherungsunternehmungen II **16** 24, 25, 27, 33, 51, 52, 68.
Naturalisation in den Schutzgebieten II **26** 9.
Notar, Zuständigkeit desselben in Nachlaßsachen I **23** 2 Abs. 2, 6, 8, 9.

O.

Oberbergamt III **6** 29, 30, 224—229.
Oberkriegsgerichtsräthe, Zuständigkeit derselben in freiwilliger Gerichtsbarkeit I **10** 1.
Oberpostdirektionen, Befugnisse beim Strafverfahren I **2** 34.

P.

Patentanwälte, Gesetz betr. II **23**.
Perronwagen I **2** 4 art. 6.
Personengeld, I **2** 50.
— Defraudation I **2** 29.
— exekutive Beitreibung I **2** 25.
Pfandleiher-Vermittler II **17** 34, 38.
Pfändung, private, bei Feldschaden III **9** 6—8.
— deren Anzeige III **9** 9.
— deren Veröffentlichung III **9** 10.
Pfändungsverbot I **2** 18, 20, **5**.
Policenbeleihung II **16** 9, 57, 59.
Polizeistrafgesetzbuchnovelle III **19**.
Postanweisung, Garantie I **2** 6.
Postarmenkasse I **2** 26, 33.
Postdebit I **2** 3.
Postdiensträume I **2** 4 art. 7.
— -fuhrwerke I **2** 16.
— -haltereien I **2** 20.
— -sendungen, unbestellbare I **2** 26, 50.
Postgesetz I **2**.
Postnovelle I **2** 4.
Poststrafrecht I **2** 27 ff.
Postunterstützungskasse I **2** 26, 33.
Postwerthzeichen I **2** 27.
Prämienreservefonds, ausländischer Versicherungsunternehmungen II **16** 90.
— bei Rückversicherung II **16** 58.
— Berechnung, Buchung II **16** 56.
Private Versicherungsunternehmungen, Gesetz II **16**.
Privat-Kranken-, Entbindungs-, Irrenanstalten II **17** 30.
Privatunternehmungen zum Betrieb von Versicherungsgeschäften II **16** 1.
Protokoll in freiwilliger Gerichtsbarkeit im Felde I **10** 3.
Pseudonyme Werke II **24** 7, 31.

Q.

Quellenangabe bei Abdruck von Zeitungsartikeln II **24** 18, bei Entlehnungen II **24** 25, Strafbarkeit der Unterlassung II **24** 44.

R.

Rechtsanwalt als Beistand I **4** 26, 34, 37, als Vertheidiger I **4** 39, Beeidigung I **4** 17, 107, Beiordnung I **4** 33, Bestrafung I **4** 62, 64, 58, Pflichten I **4** 28—32, Stellvertretung I **4** 23, 25, 27, 29, 67, Strafverfahren gegen ihn I **4** 65, Suspension desselben I **4** 116, Verhalten desselben I **4** 5, 21, 28, 29, 62.
Rechtsanwaltschaft, Ausschließung von derselben I **4** 5, 63, 64, 96, Beginn der Befugniß zur Ausübung derselben I **4** 20, beim Amtsgericht I **4** 9, beim Kollegialgericht I **4** 10 ff., beim Reichsgericht I **4** 98 ff., Versagung der Zulassung I **4** 5, 6, 13, 14, 16, 93, 108—110, Zulassung I **4** 3—7, 9, 11, 12, 99, 104.
Rechtsanwaltsordnung I **4**.
Rechtsmittel im ehrengerichtlichen Verfahren I **4** 89, 90, Einlegung derselben in Strafverfahren I **4** 69—71, Zurücknehmen derselben in Civilsachen I **4** 20.

Reichsgericht, Zuständigkeit in Konsularsachen I 7 5 14.
Reisen, uneingeschriebenes I 2 29.
Reklamation I 2 14.
Rekurs I 2 42, gegen Entscheidungen des Aufsichtsamtes II 16 74, 75, gegen Entscheidungen der aufsichtführenden Landesbehörden II 16 84.
Religionsgemeinschaften, anerkannte, in den Schutzgebieten II 26 14.
Repräsentant s. Grubenvorstand.
Reservefonds II 16 37, 38, 101.
Residenzpflicht des Anwalts I 4 18, 20, 29, 107.
Rückversicherung II 16 8, 58, 116.
Rumänien, Auflassung u. Eheschließungsform in dessen Konsularbezirken I 7 78, Fußnote.

S.

Sächsische Vereine II 16 102.
Sachverständigenkammern III 24 49.
Sammelwerke I 12 3, 4, 18 Abs. 2, 19, 25 Abs. 3, 41, 43, III 24 4.
Schadensersatzansprüche III 6 184—188.
Schaumweinsteuergesetz II 3.
Schauspielunternehmungen II 17 32.
Schichtlohn III 6 87 Abs. 1 Ziff. 2.
Schiedsgericht II 16 9 Abs. 1.
Schiedsspruch des Einigungsamtes I 14 71, 72.
Schiffbruch II 7 41.
Schiffer, Begriff I 15 42, Befähigungsnachweis II 17 37.
Schiffsbesatzung II 7 2, 3, I 17 1 § 481.
Schiffsjournal I 15 11 s. Tagebuch.
Schiffsleute, Arbeitszeit II 7 35, 37—39,
— Begriff II 7 2 Abs. 3.
— Dienstantritt II 7 32.
— Dienstpflicht II 7 32, 66, 77, 96.
— Dienstuntauglichkeit II 7 43.
— Dienstzwang II 7 33.
— Disziplinarvorschriften II 7 84—91.
— Entlassung II 7 70, 74.
— Entlaufen II 7 93.
— Erkrankung II 7 59—63, I 17 1 § 553.
— Führungszeugniß II 7 19, 21.
— Gehorsamspflicht II 7 34, 41, 100, 101.
— Handgeld II 7 47, 72.
— Klage gegen den Kapitän II 7 129 ff.
— Körperverletzung II 7 126.
— Krankheitskosten II 7 59, I 17, 1 § 553.
— Logisräume II 7 55.
— Nachlaß, Aufbewahrung desselben II 7 65.
— Stellenvermittlung II 9.
— Streitigkeiten zwischen Schiffer und II 7 128.
— Tod, Beurkundung desselben II 7 65.
Schiffsleute, Verlassen des Schiffes II 7 34, 96.
— Zurückbeförderung, freie II 7 59, 60, 67, 71, 78, 79.
— Zurücklassung derselben II 7 63, 83.
Schiffsoffiziere II 7 2—4, 40.
Schlachtviehbeschau, Gesetz betr. II 19.
Schlagbaum I 2 23.
Schornsteinfeger II 17 39.
Schreibgebühren I 3 79, 80a, 80b, 86, 97.
Schulbedarfgesetz III 23.
Schulschiffe, Flaggenrecht I 11 26.
Schürfen III 6 4—12, Streitigkeiten hiewegen III 6 9, Verbot desselben III 6 5.
Schutzgebiete, Ausländer II 26 9.
— Doppelbesteuerung II 26 9 Abs. 3.
— Eheschließung II 26 7, 16.
— Eingeborne II 26 4, 7, 9, 10.
— Flaggenrecht II 26 10.
— Gerichtsverfassung II 26 2.
— gleich Inland II 7 6.
— Gouverneur II 26 4 Fußnote.
— Japaner II 26 4 Fußnote.
— Kolonialgesellschaften II 26 10—13, 15.
— Landeshauptmann II 26 4 Fußnote.
— Militärgerichtsbarkeit II 26 5.
— Personenstandsbeurkundung II 26 7, 16.
— Polizeivorschriften II 26 15.
— Reichsangehörigkeit II 26 9.
— Strafrecht und -Verfassung II 26 6 Ziff. 2.
— Todesstrafe (Form) II 26 6 Ziff. 5.
Schutzgebietsgesetz II 26.
— Novelle II 26 Fußnote.
Schutzgenossen I 7 2.
— die keinem Staate angehören I 7 25.
Schutzgewalt II 26 1.
Seeauswurf I 15 20—24, 35.
Seefahrtsbücher II 7 7—11, 22.
Seemannsamt II 7 5, 122.
— -kasse II 7 132.
— -ordnung II 7.
— — Nichtanwendbarkeit derselben II 7 135.
Seenoth I 15 4—19.
Seepaß II 7 16.
Seeraub II 7 69.
Seetriftige Gegenstände I 15 21.
Seetüchtigkeit des Schiffes II 7 99.
Seeunfallversicherungsgesetz II 15.
Serbien, Auflassungs- u. Eheschließungsform in dessen Konsularbezirken I 7 78 Fußnote.
Sicherung der amtlichen Akten einer im Felde verstorbenen Militärperson I 10 7, des Nachlasses im Felde I 10 6, 7.
Siebenergeheimniß III 1 10.
Spanndienste I 2 22.

Standesbeamte, Anzeige der Todesanzeigen an das Amtsgericht I **23** 1.
Stempelgesetz II 2.
Strafbestimmungen, bergrechtliche III **6** 87, 89, 240—252.
Strafgesetzbuchnovelle III **22**.
Strafverfahren bei Postdefraudationen I **2** 34—46, gegen die Schiffsmannschaft II **7** 123—126.
Strafvorschriften des Seerechts II **7** 93 bis 123.
Strandbehörden I **15** 1—3, 15, 18, 19, 23, 27, 29, 30, 32, 36, 37, 40, 41.
Strandtriftige Güter I **15** 20—24, 35.
Strandungsordnung I **15**.
Strandvögte I **15** 1, 5, 6, 8, 9, 11, 12, 14, 20.
Süßstoffgesetz II **22**.

T.

Tagebuch II **7** 89, 92, 98, 114.
Tagegelder der Rechtsanwälte III **2** 12
Tagwasser, Benützung desselben III **6** 183.
Taxen II **17** 72 ff., 148⁶, 149⁷.
Todesanzeigen durch Standesbeamte I **23** 1.
Todeserklärung, Zuständigkeit bezüglich des Aufgebotsverfahrens I **6**.
Tonwerke, Aufführungsrecht derselben II **24** 11, 26—28, Bearbeitungen derselben I **12** 2, II **24** 12, Entlehnungen, zulässige II **24** 21, Vorbehalt des Aufführungsrechtes II **24** 61.
Transportversicherung II **16** 116.
Trödelhandel II **17** 35.
Truppentheile, deutsche im Ausland, Zuständigkeit derselben I **10** 8, im Felde I **10** 1.

U.

Uebergangsvorschriften des Berggesetzes III **6** 253—275.
Ueberschuß bei Versicherungsvereinen II **16** 22, 38.
Unfallversicherungsgesetze, Abänderung derselben II **11**.
Unfallversicherungsunternehmung III **16** 12, 63.
Unverletztheit der Postsendungen, Vermuthung I **2** 7.
Urheber, Befugnisse II **24** 12—14, Begriff II **24** 2, 3, 4.
Urheberrecht, Inhalt II **24** 11, 12, 14.
— Uebertragbarkeit II **24** 8.
— Verjährung II **24** 50—53
— Verletzungen II **24** 36—53.
— Voraussetzungen des Schutzes II **24** 1—9.
Urheberrecht, Zuständigkeit II **24** 60.
— **Gesetz** betr. das UR. an Werken der Literatur und der Tonkunst II **24**, Rückwirkung desselben II **24** 60—63.

V.

Verbreitung, Art derselben I **12** 14.
— Beginn derselben I **12** 15
— Recht hiezu, ausschließliches I **12** 8.
— theilweise II **24** 41.
— unzulässige II **24** 36.
Verfasser, Pflichten desselben I **12** 1, 2, 10.
— Rechte desselben I **12** 2, Abs. 2, 3, 12, 20, 33, 35, 42.
Verfügungen von Todeswegen, Eröffnung derselben, Zuständigkeit I **23** 2.
Verhandlungsgebühr I **3** 18, 21, 25, 26, 27, 29, 49.
Verklarung II **7** 42, 68.
Verlagsrecht I **12** 8, Beginn desselben I **12** 9, Ende desselben I **12** 9, Inhalt desselben I **12** 1, Uebertragbarkeit I **12** 28, Zuständigkeit und letzter Inhalt I **12** 49.
Verlagsrechtgesetz I **12**.
Verleger, Konkurs desselben I **12** 36, Pflichten desselben I **12** 1, 14, 15, 16, 20, 22, Rechte desselben I **12** 1, 14, 15, 16, 20, 22.
Verleihung des Bergwerkseigenthums, Anspruch hierauf III **6** 23, 24, Kosten desselben III **6** 39.
Verlochsteinung III **6** 40, 41.
Vermessung des Feldes III **6** 40, 41.
Vermittlungsagenten II **17** 35.
Vernichtung der Nachdrucksexemplare II **24** 42, 46 47.
Verschollenheit des Schiffes II **7** 53.
Versicherungsagent II **16** 65, 85.
— Aktiengesellschaft II **16** 6, 8, 106, 109, 123.
— Anstalten öffentl. II **16** 65, 70, 71, 72, 119.
— Bedingungen II **16** 4, 9, 10, 41.
— Beirath II **16** 55, 72, 73, 74, 80, 81, 86, 114.
— Geschäfte II **16** 1, 21, 53, 85.
— Unternehmungen, ausländische II **16** 85 bis 91.
— Vereine auf Gegenseitigkeit II **16** 9, 15 bis 53, 67, 101, 103, 116, 124.
— Vertrag II **16** 9, 10, 115, 108.
Versicherungsunternehmungen, private, Gesetz II **16**, Ausführungsgesetz hiezu III **25**, Vollzugsverordnung hiezu III **26**.
Versteigerung gepfändeter Thiere III **9** 12.
Versunkene Gegenstände I **15** 20—25, 35.

Vertrauensmänner als Beisitzer am Einigungsamt I **14** 67.
Vervielfältigung, Art derselben I **12** 14.
— Beginn derselben I **12** 15.
— Recht hiezu, ausschließliches I **12** 8.
— theilweise II **24** 41.
— unzulässige II **24** 15, 17 Abs. 2, 19 bis 24, 36.
— Verbot derselben I **12** 2.
— zulässige II **24** 11, 15 Abs. 2, 17 bis 22.
Verwaltungsrechtsentscheidungen in den Konsulargebieten I **7** 23.
Verwaltungsstreitverfahren bei Entscheidungen der Landesbehörden betr. Versicherungsunternehmungen II **16** 84.
— beim Vollzuge der Unfallversicherungsgesetze III **27**.
Verweis I **4** 6, 15, 43, 63, 116.
Volksschulen, deren Besetzung u. Errichtung III **23** 4—6.

W.

Waarenbestellungen Aufsuchen solcher II **17** 44, 44a.
Wahrscheinlichkeitstafel bei Versicherungsunternehmungen II **16** 11, 12.
Waisenversicherung II **16** 6.
Wandergewerbe II **17** 55, 148.
Weingesetz II **21**.
Werke, an welchen ein Urheberrecht nicht besteht I **12** 39, 41.
Werthangabe bei Postsendungen I **2** 7.
Wirthschaften II **17** 33.
Württemberg, Eisenbahnen I **2** 4 art. 13.

Z.

Zeitungen (Abdruck einzelner Artikel) I **12** 41, 42, Postzwang I **2** 1, 2.
Zeugniß über fortgesetzte Gütergemeinschaft, Zuständigkeit hiefür I **23** 9.
Zollbehörden, Ausschluß derselben I **15** 46, Befugnisse derselben bei Bergung und Hilfeleistung in Seenoth I **15** 6, 14, 15, 16, 23, 28.
Zulassung der Versicherungsunternehmungen II **16** 4—14, 94, 95.
— Versicherungsunternehmungen ohne dieselbe II **16** 116.
Zuschußexemplare I **12** 6.
Zwangserziehung, Begriff III **28** 1.
— Beendigung III **28** 6.
— Beschlußfassung III **28** 4.
— Kosten I **23** 8.
— — rechtliche Natur III **28** 11.
— — streitigkeiten III **28** 9.
— Sicherung III **28** 7.
— Strafbestimmung III **28** 13.
— Verfahren bei Anordnung III **28** 3.
— Vollzug III **28** 5.
— Voraussetzungen III **28** 1.
— Vorläufiges Verwaltungsverfahren III **28** 10.
— Zuständigkeit III **28** 12.
Zwangserziehungsgesetz III **28**.
Zwangsrechte gewerbliche II **17** 7 ff.
Zwangsvollstreckung in den Schutzgebieten II **26** 6 Ziff. 7.

FSC
www.fsc.org
MIX
Papier | Fördert
gute Waldnutzung
FSC® C083411

Kolibri 360 GmbH
Ferdinand-Jühlke-Straße 7
99095 Erfurt, Deutschland
produktsicherheit@kolibri360.de